Haubrock/Schär
Betriebswirtschaft und Management im Krankenhaus

Verlag Hans Huber
Programmbereich Pflege

Beirat Wissenschaft
Angelika Abt-Zegelin, Dortmund
Silvia Käppeli, Zürich
Doris Schaeffer, Bielefeld

Beirat Ausbildung und Praxis
Jürgen Osterbrink, Salzburg
Christine Sowinski, Köln
Franz Wagner, Berlin

Bücher aus verwandten Sachgebieten

Pflegeprozess

Brobst et al.
Der Pflegeprozess in der Praxis
2007². ISBN 978-3-456-83553-2

Doenges/Moorhouse/Geissler-Murr
Pflegediagnosen und Maßnahmen
2002³. ISBN 978-3-456-82960-9

McCloskey-Dochtermann/Bulecheck
Pflegeinterventionsklassifikation (NIC)
2007. ISBN 978-3-456-83298-2

MOSBY/Krämer/Schnabel (Hrsg.)
Pflegedokumentation – leicht gemacht
2005². ISBN 978-3-456-84160-1

Wilkinson
Das Pflegeprozess-Lehrbuch
2007. ISBN 978-3-456-83348-4

Pflegewissenschaft und -forschung

Brandenburg/Dorschner (Hrsg.)
Pflegewissenschaft 1
Lehr- und Arbeitsbuch zur Einführung in die Pflegewissenschaft
2007². ISBN 978-3-456-84161-8

Polit/Beck/Hungler
Lehrbuch Pflegeforschung
2004. ISBN 978-3-456-83937-0

Pflegemanagement

Applebaum/Straker/Geron
Patientenzufriedenheit
2004. ISBN 978-3-456-83844-1

Darley
Kommunikationsmanagement
2005. ISBN 978-3-456-84079-6

Dykes/Wheeler (Hrsg.)
Critical Pathways – Interdisziplinäre Versorgungspfade
2002. ISBN 978-3-456-83258-6

Ewers/Schaeffer (Hrsg.)
Case Management in Theorie und Praxis
2000. ISBN 978-3-456-83467-2

Fischer
Diagnosis Related Groups (DRGs) und Pflege
2002. ISBN 978-3-456-83576-1

Gebert/Kneubühler
Qualitätsbeurteilung und Evaluation der Qualitätssicherung in Pflegeheimen
2003². ISBN 978-3-456-83934-9

Gertz
Die Pflegedienstleitung
2002². ISBN 978-3-456-83809-0

Haubrock/Nerlinger/Hagmann
Managed Care
2000. ISBN 978-3-456-83312-5

Heering (Hrsg.)
Das Pflegevisiten-Buch
2004. ISBN 978-3-456-84094-9

JCAHO (Hrsg.)
Ergebnismessung in der Pflegepraxis
2002. ISBN 978-3-456-83826-7

Johnson (Hrsg.)
Interdisziplinäre Versorgungspfade
2002. ISBN 978-3-456-83315-6

Leuzinger/Luterbacher
Mitarbeiterführung im Krankenhaus
2000³. ISBN 978-3-456-83434-4

Loffing
Coaching in der Pflege
2003. ISBN 978-3-456-83841-0

Loffing/Geise
Personalentwicklung in der Pflege
2006. ISBN 978-3-456-84239-4

Loffing/Geise (Hrsg.)
Management und Betriebswirtschaft in der ambulanten und stationären Altenpflege
Lehrbuch für Pflegedienst-, Wohnbereichs- und Stationsleitungen
2005. ISBN 978-3-456-84189-2

Manthey
Primay Nursing
2005². ISBN 978-3-456-84158-8

Matthews/Whelan
Stationsleitung
Handbuch für das mittlere Management in der Kranken- und Altenpflege
2002. ISBN 978-3-456-83373-6

Müller
Leitbilder in der Pflege
2001. ISBN 978-3-456-83598-3

Offermann
Selbst- und Qualitätsmanagement für Pflegeberufe
2002. ISBN 978-3-456-83679-9

Poser/Ortmann/Pilz
Personalmarketing in der Pflege
2004. ISBN 978-3-456-84002-4

Poser/Schlüter
Mediation für Pflege- und Gesundheitsberufe
2005. ISBN 978-3-456-84248-6

Poser/Schneider (Hrsg.)
Leiten, Lehren und Beraten
Fallorientiertes Lehr- und Arbeitsbuch für Pflegemanager und Pflegepädagogen
2005. ISBN 978-3-456-84207-3

Walton
Selbst- und Stationsmanagement
2004. ISBN 978-3-456-83354-5

Zapp (Hrsg.)
Controlling in der Pflege
2004. ISBN 978-3-456-83846-5

Weitere Informationen über unsere Neuerscheinungen finden Sie im Internet unter:
www.verlag-hanshuber.com oder per E-Mail an: verlag@hanshuber.com.

Prof. Dr. Manfred Haubrock
Prof. em. Dr. habil. Walter Schär
(Hrsg.)

Betriebswirtschaft und Management im Krankenhaus

4., vollständig überarbeitete und erweiterte Auflage

Unter Mitarbeit von
- Jürgen Georg
- Heiner Laux
- Marie Luise Müller
- Dipl.-Päd. Margarete Reinhart
- Jörg Reschke
- Prof. Dr. rer. pol. Winfried Zapp

Verlag Hans Huber

Prof. Dr. Manfred Haubrock. Lehrstuhl für Krankenhausbetriebswirtschaftslehre, Gesundheits- und Sozialmanagement, Gesundheitsökonomie, Fachhochschule Osnabrück
E-Mail: haubrock@wi.fh-osnabrueck.de

Prof. em. Dr. habil. Walter Schär. Humbolt-Universität Berlin. Universitätsklinikum Charité, Institut für Medizin- und Pflegewissenschaft, Schulungstätigkeit in den Bereichen Fort- und Weiterbildung

Lektorat: Jürgen Georg, Michael Herrmann
Bearbeitung: Michael Herrmann
Herstellung: Kurt Thönnes, die Werkstatt, Liebefeld-Bern
Illustration: SOS-Buch, Mainz
Titelillustration: pinx. Winterwerb und Partner, Design-Büro, Wiesbaden
Umschlag: Atelier Mühlberg, Basel
Satz: MedienTeam Berger, Ellwangen (Jagst)
Druck und buchbinderische Verarbeitung: AZ Druck und Datentechnik, Kempten

Printed in Germany

Bibliographische Information der Deutschen Bibliothek
Die Deutsche Bibliothek verzeichnet diese Publikation in der Deutschen Nationalbibliografie; detaillierte bibliografische Angaben sind im Internet unter http://dnb.d-nb.de abrufbar

Dieses Werk, einschließlich aller seiner Teile, ist urheberrechtlich geschützt. Jede Verwertung außerhalb der engen Grenzen des Urheberrechtes ist ohne Zustimmung des Verlages unzulässig und strafbar. Das gilt insbesondere für Vervielfältigungen, Übersetzungen, Mikroverfilmungen sowie die Einspeicherung und Verarbeitung in elektronischen Systemen.

Die Verfasser haben größte Mühe darauf verwandt, dass die therapeutischen Angaben insbesondere von Medikamenten, ihre Dosierungen und Applikationen dem jeweiligen Wissensstand bei der Fertigstellung des Werkes entsprechen.
Da jedoch die Pflege und Medizin als Wissenschaft ständig im Fluss sind, da menschliche Irrtümer und Druckfehler nie völlig auszuschließen sind, übernimmt der Verlag für derartige Angaben keine Gewähr. Jeder Anwender ist daher dringend aufgefordert, alle Angaben in eigener Verantwortung auf ihre Richtigkeit zu überprüfen.
Die Wiedergabe von Gebrauchsnamen, Handelsnamen oder Warenbezeichnungen in diesem Werk berechtigt auch ohne besondere Kennzeichnung nicht zu der Annahme, dass solche Namen im Sinne der Warenzeichen-Markenschutz-Gesetzgebung als frei zu betrachten wären und daher von jedermann benutzt werden dürfen.

Anregungen und Zuschriften bitte an:
Verlag Hans Huber
Hogrefe AG
Lektorat: Pflege
z. Hd.: Jürgen Georg
Länggass-Strasse 76
CH-3000 Bern 9
Tel: 0041 (0)31 300 4500
Fax: 0041 (0)31 300 4593
georg@hanshuber.com
www.verlag-hanshuber.com

1. Auflage 1994. Ullstein Mosby, Berlin/Wiesbaden
2. Auflage 1997. Ullstein Mosby, Berlin/Wiesbaden
3. Auflage 2002. Verlag Hans Huber, Bern
4. Auflage 2007. Verlag Hans Huber, Bern

© 2002/2007 by Verlag Hans Huber, Hogrefe AG, Bern

ISBN 978-3-456-83943-1

Danksagung

Den Herausgebern und Autoren ist es ein Anliegen, anlässlich des Erscheinens der 4. Auflage dieses Titels unseres verstorbenen Mitherausgebers und Autors, Prof. Dr. rer. pol. H. F. Peters, zu gedenken.

Seinem hohen persönlichen Einsatz und großen fachlichen Engagement war es wesentlich zu verdanken, dass 1994 die 1. Auflage in der erwarteten Qualität auf dem Buchmarkt erscheinen konnte.

Inhaltsverzeichnis

Geleitwort 17
Vorwort 19

1 Grundlagen der Gesundheitsökonomie 23
   1.1 Interdependenzen zwischen Gesundheit und Ökonomie *(M. Haubrock)* 23
      1.1.1 Ökonomische Grundlagen 23
      1.1.2 Gesundheit als ökonomisches Gut 32
      1.1.3 Angebots- und Nachfragesteuerung von Gesundheitsgütern 37
          1.1.3.1 Gesundheitsgüter als Angebots- und Nachfrageobjekte 37
          1.1.3.2 Steuerungsmöglichkeiten 38
   1.2 Struktur des Gesundheitswesens *(M. Haubrock)* 46
      1.2.1 Sektoren des Gesundheitssystems 46
      1.2.2 Elemente der Versorgungssysteme 47
      1.2.3 Grundmodelle exemplarischer Versorgungssysteme 55
   1.3 Funktion der Sozial- und Gesundheitspolitik *(M. Haubrock)* 61
   1.4 Prinzipien und Bausteine der sozialen Sicherung *(M. Haubrock)* 63
   1.5 Einrichtungen als Leistungselemente des sozialen Netzes *(W. Schär)* 66
      1.5.1 Abgrenzung der Krankheit von der Pflegebedürftigkeit 66
      1.5.2 Ambulante ärztliche Einrichtungen 67
      1.5.3 Teilstationäre Behandlungseinrichtungen 69
      1.5.4 Stationäre Behandlungseinrichtungen 69
      1.5.5 Ambulante pflegerische Versorgung 73
          1.5.5.1 Einleitende gesundheitspolitische Bemerkungen 73
          1.5.5.2 Zu einigen gesetzlichen Grundlagen und Verordnungen .. 74
          1.5.5.3 Zur Aufgabenstellung der Pflegedienstleitung im ambulanten Bereich 74
          1.5.5.4 Formen der ambulanten Hilfe 75
          1.5.5.5 Träger der ambulanten pflegerischen Versorgung 77
          1.5.5.6 Sonstige Angebote der ambulanten Hilfen und Unterstützungen ... 78
          1.5.5.7 Fazit 79
   1.6 Hospizdienste *(W. Schär)* 81
      1.6.1. Einleitende Bemerkungen 81
      1.6.2. Zur Aufgabenstellung der Hospizbewegung 82
      1.6.3. Zur Aufgabenstellung der Palliativpflege 84
      1.6.4. Weitere Aspekte 84

2 Versicherungen als Finanzierungselemente des sozialen Netzes ... 89
W. Schär

- 2.1 Zu einigen Entwicklungsetappen der deutschen Sozialpolitik ... 89
- 2.2 Aspekte der deutschen Sozialpolitik am Beispiel der Entwicklung des Sozialversicherungssystems ... 90
- 2.3 Träger und Rentenarten ... 90
- 2.4 Sozialversicherung als Körperschaft des öffentlichen Rechts und Organ der Selbstverwaltung ... 91
- 2.5 Formen der Sozialversicherung ... 93
  - 2.5.1 Rentenversicherung ... 93
    - 2.5.1.1 Einführende Bemerkungen ... 93
    - 2.5.1.2 Grundlagen, Maßnahmen, Entwicklungstendenzen ... 94
  - 2.5.2 Zur Bedeutung der Arbeitsförderung ... 99
    - 2.5.2.1 Einleitende Bemerkungen ... 99
    - 2.5.2.2 Zur Aufgabenstellung der Arbeitsförderung ... 99
    - 2.5.2.3 Leistungen bei Arbeitslosigkeit ... 100
    - 2.5.2.4 Zur Altersteilzeitförderung ... 101
  - 2.5.3 Unfallversicherung ... 101
  - 2.5.4 Krankenversicherung ... 103
    - 2.5.4.1 Einleitende Bemerkungen ... 103
    - 2.5.4.2 Gesetzliche Krankenversicherung ... 103
    - 2.5.4.3 Private Krankenversicherungen ... 104
  - 2.5.5 Pflegeversicherung ... 106
    - 2.5.5.1 Einleitende historische Bemerkungen ... 106
    - 2.5.5.2 Zur Bedeutung und Aufgabenstellung ... 106
    - 2.5.5.3 Private Pflegeversicherung ... 108
    - 2.5.5.4 Leistungen der Pflegeversicherung ... 108
  - 2.5.6 Zur Weiterentwicklung der Rentenreform ab 2003 und Stabilisierung der Rentenversicherung ... 112
    - 2.5.6.1 Einige Grundannahmen zur demographischen Entwicklung ... 112
    - 2.5.6.2 Zu einigen vorgesehenen Veränderungen der Organisation und Modifizierung der Rentenversicherung ... 113
    - 2.5.6.3 Zu Verfahrensvereinfachungen der «Riester-Rente» ... 114
    - 2.5.6.4 Zur Anhebung der Altersgrenzen ... 114
    - 2.5.6.5 Zu einigen Maßnahmen der steuerlichen Belastung/Entlastung der Beitragszahler ... 115
    - 2.5.6.6 Zur betrieblichen Altersversorgung ... 116
    - 2.5.6.7 Zur Tragung des Beitrags der Pflegeversicherung durch die Rentner ab 1. 4. 2004 ... 116

3 Das Krankenhaus als Betrieb ... 119
W. Schär, J. Reschke

- 3.1 Aspekte der Betriebswirtschaftslehre ... 119
  - 3.1.1 Erkenntnis- und Erfahrungsobjekte der Betriebswirtschaftslehre ... 119
  - 3.1.2 Einbettung des Unternehmens in den Marktprozess ... 122
  - 3.1.3 Betriebswirtschaft und wirtschaftliche Prinzipien ... 127
- 3.2 Betriebliche Rechtsformen ... 130
  - 3.2.1 Einführende Bemerkungen zur Problematik der Rechtsformen ... 130

	3.2.2	Unterscheidung betrieblicher Rechtsformen	131
		3.2.2.1 Die Einzelunternehmung	132
		3.2.2.2 Die Offene Handelsgesellschaft (OHG)	133
		3.2.2.3 Die Kommanditgesellschaft (KG)	133
		3.2.2.4 Die Kapitalgesellschaften	133
		3.2.2.5 Die Aktiengesellschaft (AG)	134
	3.2.3	Vergleichende Betrachtung der Rechtsformen	134
		3.2.3.1 Leitungsbefugnis	134
		3.2.3.2 Haftung	135
		3.2.3.3 Gewinnverteilung	135
		3.2.3.4 Finanzierung und Kreditbasis	135
		3.2.3.5 Steuern	135
		3.2.3.6 Publizierungsvorschriften	135
	3.2.4	Die Wahl der Rechtsform	136
3.3	Ziele und Zielsysteme		136
	3.3.1	Unternehmenszweck	136
	3.3.2	Unternehmensleitbild	137
	3.3.3	Steuerungssysteme	139
		3.3.3.1 Costcenter	140
		3.3.3.2 Profitcenter	140
		3.3.3.3 Investmentcenter	141
3.4	Betriebliche Prozesse und Aspekte der Leistungserstellung		141
	3.4.1	Begriff der Leistungserstellung	142
	3.4.2	Leistungsplanung	144
	3.4.3	Ablauf der Leistungserbringung	146
3.5	Übertragung exemplarischer betriebswirtschaftlicher Aspekte im Krankenhausbereich		148
	3.5.1	Einleitende Bemerkungen	148
	3.5.2	Betriebliche Grundtatbestände	149
	3.5.3	Wesentliche Rechtsformen	150
		3.5.3.1 Trägerschaft	151
		3.5.3.2 Betriebsführung durch Dritte	153
	3.5.4	Betriebsführungsstrukturen	153
	3.5.5	Ziele und Zielsysteme	155
		3.5.5.1 Zu wesentlichen Zielstellungen des Leistungsprozesses	155
		3.5.5.2 Darstellung von Zwischenzielen und Prozessschritten	159
		3.5.5.3 Leistungsplanung und -steuerung im Krankenhaus	161
4	**Managementmethoden als Lösungsansatz**		**167**
M. Haubrock			
4.1	Vorbemerkungen		167
4.2	Managementmethoden		168
	4.2.1	Kaizen	168
	4.2.2	Lean Management	170
	4.2.3	Prozessmanagement	170
		4.2.3.1 Begriffliche Abgrenzungen	170
		4.2.3.2 Systemdenken als Grundlage	172
		4.2.3.3 Von der Funktions- zur Prozessorientierung	172

		4.2.3.4	Prozessarten	173
		4.2.3.5	Leitgedanken des Prozessmanagements	173
		4.2.3.6	Prozessstrukturtransparenz	176
		4.2.3.7	Prozessleistungstranparenz	178
		4.2.3.8	Prozessmanagement im Krankenhaus	178
		4.2.3.9	Anforderungen an das Krankenhausmanagement	180
	4.2.4	Qualitätsmanagement		181
		4.2.4.1	Qualitätsbegriffe	181
		4.2.4.2	Entstehung und Definition von Qualitätsmanagement	182
		4.2.4.3	Qualitätsmanagementsystem	184
		4.2.4.4	Total Quality Management	186
		4.2.4.5	Qualitätsmanagement im Dienstleistungsunternehmen Krankenhaus	187
	4.2.5	Managed Care als Basis der Integrierten Versorgung		205
		4.2.5.1	Grundlegende Aspekte	205
		4.2.5.2	Historische Entwicklung von Managed Care	206
		4.2.5.3	Managed-Care-Techniken	209
		4.2.5.4	Managed-Care-Organisationsformen	213
		4.2.5.5	Umsetzungsansätze von Managed Care in den USA	217
		4.2.5.6	Beispiele umgesetzter Managed-Care-Strukturen	219
		4.2.5.7	Akzeptanz von und Kritik an Managed-Care-Strukturen	220
		4.2.5.8	Integrierte Versorgung als Managed-Care-Ansatz in Deutschland	221

5 Krankenhausmanagement

5.1	Controlling als wesentliches Managementinstrument (*W. Zapp*)			227
	5.1.1	Hinführung		227
	5.1.2	Theoretische Grundlagen		227
		5.1.2.1	Die Ausgangslage: Controllingleitbild	227
		5.1.2.2	Die Basis: Begriffsbestimmung von Controlling	228
	5.1.3	Werkzeuge des Controllings		235
		5.1.3.1	Planungssystem	237
		5.1.3.2	Kontrollsystem	245
		5.1.3.3	Informationsberichte	253
	5.1.4	Organisation des Controllings		260
		5.1.4.1	Binnenstrukturierung	260
		5.1.4.2	Außenstrukturierung	261
	5.1.5	Ausblick		261
5.2	Kosten-, Leistungs-, Erlös- und Ergebnisrechnung (KLEE-Rechnung) (*W. Zapp*)			264
	5.2.1	Hinführung zum Thema – Grundlagen und Ausrichtung		264
		5.2.1.1	Die Wetterkarte als Ausgangspunkt einer ökonomischen Betrachtung und Begriffsdefinition	265
		5.2.1.2	Betriebswirtschaftliches Rechnungswesen als Rahmen der Kosten- und Leistungsrechnung	267
	5.2.2	Die Kosten-, Leistungs-, Erlös- und Ergebnisrechnung		273
		5.2.2.1	Zwecke, Ziele und Funktionen	273
		5.2.2.2	Anforderungen	274
		5.2.2.3	Aufgaben	276
		5.2.2.4	Begriffsdefinition	276

	5.2.3	Aufbau und Konzeption	277
		5.2.3.1 Kostenrechnung	277
		5.2.3.2 Leistungsrechnung	295
		5.2.3.3 Erlös- und Ergebnisrechnung	297
	5.2.4	Rechensysteme und Unterscheidungskriterien der Kosten-, Leistungs-, Erlös- und Ergebnisrechnung	299
		5.2.4.1 Unterscheidung nach Umfang: Voll- vs. Teilkostenrechnung	299
		5.2.4.2 Unterscheidung nach der Zeit: Ist- vs. Plankostenrechnung	301
	5.2.5	Rechnungszielorientierung – daten- vs. verhaltensorientierte Rechnung	301
5.3	Personalmanagement *(W. Schär)*		303
	5.3.1	Bedeutung und Entwicklungstendenzen	303
	5.3.2	Zu den Zielsetzungen	305
	5.3.3	Personalplanung	306
	5.3.4	Aspekte der Ermittlung des Personalbedarfs	310
	5.3.5	Personalbeschaffung	311
	5.3.6	Personalentwicklung	315
	5.3.7	Personalerhaltung	316
	5.3.8	Personalanpassung	318
5.4	Aspekte der Führung und Führungsstile *(W. Schär)*		322
	5.4.1	Zu Unterschiedlichkeiten zwischen Managen und Führen	322
	5.4.2	Führungseffizienz und Führungsinstrumente	322
	5.4.3	Aspekte von Führungseigenschaften	323
		5.4.3.1 Einführende Bemerkungen	323
		5.4.3.2 Zu spezifischen Bereichen des Selbstbewusstseins	324
		5.4.3.3 Persönliche Grenzen der Führung	325
		5.4.3.4 Selbstsicheres Agieren als Führungskraft	325
	5.4.4	Zu Führungstheorien	325
	5.4.5	Zu Situationstheorien	326
	5.4.6	Führungsstile	327
	5.4.7	Zu Führungsmodellen	328
	5.4.8	Dilemmata der Führung	329
	5.4.9	Einzelne Aspekte des Führungsprozesses	330
		5.4.9.1 Organisation	330
		5.4.9.2 Entscheidungsfindung	332
		5.4.9.3 Delegieren	333
	5.4.10	Elemente einer effektiven Führung	333
5.5	Kennzahlensysteme *(M. Haubrock)*		336
	5.5.1	Vorbemerkungen	336
	5.5.2	Traditionelle Kennzahlen und Kennzahlensysteme	336
		5.5.2.1 Der Kennzahlenbegriff	336
		5.5.2.2 Kennzahlenarten	337
		5.5.2.3 Kennzahlen als Vergleichszahlen	337
		5.5.2.4 Grenzen der Anwendung von Kennzahlen	338
	5.5.3	Traditionelle Kennzahlensysteme	338
		5.5.3.1 Vorbemerkungen	338
		5.5.3.2 Aufbau eines Kennzahlensystems	339
		5.5.3.3 Funktion von Kennzahlen und Kennzahlensystemen	339
		5.5.3.4 Das DuPont-Kennzahlensystem	340

	5.5.3.5	Das ZVEI-Kennzahlensystem	340
	5.5.3.6	Grenzen finanzieller Kennzahlensysteme	342
5.5.4		Innovative Performance-Measurement-Systeme	343
5.5.5		Die Balanced Scorecard als innovatives Performance-Measurement-System	344
	5.5.5.1	Grundlegende Aspekte	344
	5.5.5.2	Begriffliche Abgrenzungen	345
	5.5.5.3	Perspektiven	346
	5.5.5.4	Verknüpfung vorhandener Managementsysteme mit der Balanced Scorecard	350
5.5.6		Einsatzmöglichkeiten der Balanced Scorecard im Krankenhaus	351
	5.5.6.1	Status quo des strategischen Managements	351
	5.5.6.2	Balanced Scorecard als Möglichkeit für das Krankenhausmanagement	353
	5.5.6.3	Die Wahl der Perspektiven im Krankenhaus	354
	5.5.6.4	Exemplarische Ziele und Kennzahlen für den Krankenhausbereich	355
5.6 Materialmanagement *(M. Haubrock)*			359
5.6.1		Elementare und dispositive Produktionsfaktoren	359
5.6.2		Sachgüter im Sinne der Abgrenzungsverordnung	361
5.6.3		Grundsätzliche Überlegungen zur Materialwirtschaft	363
5.6.4		Abfallmanagement	370
5.7 Marketing als marktorientierte Unternehmensführung *(M. Haubrock)*			381
5.7.1		Begriffliche Abgrenzungen	381
5.7.2		Bedeutungswandel des Marketingbegriffs	381
5.7.3		Etablierung einer Marketingstrategie in die Unternehmung Krankenhaus	384
5.7.4		Marketingziele und Marketingstrategien	386
5.7.5		Marketinginstrumente	389
5.7.6		Rechtliche Rahmenbedingungen für das Krankenhausmarketing	392
5.8 Krankenhausfinanzwirtschaft *(M. Haubrock)*			394
5.8.1		Rechtliche Grundlagen	394
	5.8.1.1	Chronologie der Gesetzgebung	394
	5.8.1.2	Das Sozialgesetzbuch V	403
	5.8.1.3	Das Krankenhausfinanzierungsgesetz	407
	5.8.1.4	Das Krankenhausentgeltgesetz	410
	5.8.1.5	Die Bundespflegesatzverordnung 2004	413
	5.8.1.6	Fallpauschalenverordnungen	416
5.8.2		Investitionsförderung	421
	5.8.2.1	Vorbemerkungen	421
	5.8.2.2	Einzel- und Pauschalförderung	422
5.8.3		Betriebskostenfinanzierung	425
	5.8.3.1	Begriffliche Abgrenzungen	425
	5.8.3.2	Behandlungsformen	429
	5.8.3.3	Finanzierungsformen	432

6 Dokumentation und Informatik im Gesundheitswesen 455
H. Laux, W. Schär

- 6.1 Zu einigen Entwicklungsetappen des Dokumentationswesens 455
- 6.2 Datenerfassung im Gesundheitswesen 455
- 6.3 Begriffe und Begriffssysteme 457
  - 6.3.1 Dokumentation 457
  - 6.3.2 Hardware 457
  - 6.3.3 Software 458
  - 6.3.4 Elektronische Datenverarbeitung (EDV) 459
  - 6.3.5 Einstellung zu Computern und zur EDV 459
- 6.4 Ärztliche und pflegerische Dokumentation 460
  - 6.4.1 Ärztliche Dokumentation 460
  - 6.4.2 Pflegerische Dokumentation 461
- 6.5 Dokumentation am Beispiel der Krankenakte und der Ambulanzkarte 462
  - 6.5.1 Vorbemerkung 462
  - 6.5.2 Datengruppe Krankenakte 462
  - 6.5.3 Datengruppe Ambulanzkarte 462
- 6.6 Spezifische Aussagen zur EDV-gestützten Pflegedokumentation 463
  - 6.6.1 Inhalte und Funktionen 463
  - 6.6.2 Anforderungen an die Dokumentation 464
- 6.7 Zu einigen rechtlichen Grundlagen der Dokumentation 465
  - 6.7.1 Zuständigkeiten und Dokumentationspflichten 465
  - 6.7.2 Aufbewahrungsfristen 465
- 6.8 Zu Grundlagen der Informatik und des Krankenhausinformationssysteme 467
  - 6.8.1 Einleitende Bemerkungen 467
  - 6.8.2 Aufgaben der Informationsverarbeitung im Krankenhaus 467
  - 6.8.3 Bedeutung und Funktionen des Krankenhausinformationssystems 467
  - 6.8.4 Anwendung des Krankenhausinformationssystems nach Personengruppen 469
  - 6.8.5 Zu einigen Charakteristika der Dokumentation und Informatik der medizinischen Versorgung und pflegerischen Betreuung 469
- 6.9 EDV-gestützte Dokumentation am Beispiel praktischer Demonstrationen 470
  - 6.9.1 Vorbemerkungen zur Bedeutung EDV-gestützter Dokumentationssysteme . 470
  - 6.9.2 Datenkataloge Medizin und Pflege 471
  - 6.9.3 Der klinische Arbeitsplatz 476
    - 6.9.3.1 Anwendung medizinischer Bereich 477
    - 6.9.3.2 Anwendung pflegerischer Bereich 481
    - 6.9.3.3 Anwendung Pflegediagnosen, Leistungserfassung und Auswertung 483
    - 6.9.3.4 Anwendung Dienst- und Terminplan 487

7 Klinisches Risikomanagement 491
J. Georg

- 7.1 Definition und Ziele 491
- 7.2 Risikoassessment 491
  - 7.2.1 Risikoassessmentformen und -instrumente 491
  - 7.2.2 Risikoassessment-Protokolle 494
- 7.3 Risikopflegediagnosen und potenzielle Komplikationen 494

7.4	Risikomanagement, Pflegeinterventionen und Expertenstandards	496
7.5	Risikomanagement und interdisziplinäre Versorgungspfade	498

8 Pflegemanagement 501
M. Reinhart, J. Georg

- 8.1 Die pflegerische Aufgabenstellung als Teilleistung der Krankenhausleistung *(M. Reinhart)* 501
  - 8.1.1 Pflegemanagement – Bedeutung und Spezifik 502
  - 8.1.2 Das pflegerische Management im Krankenhaus 503
  - 8.1.3 Betriebsführungsstrukturen 504
  - 8.1.4 Gesundheit/Krankheit im pflegerischen Alltag 506
  - 8.1.5 Professionalisierung der Pflege 509
    - 8.1.5.1 Pflege – ein Frauenberuf? 509
    - 8.1.5.2 Verberuflichung in der Pflege 510
    - 8.1.5.3 Professionalisierung in der Pflege 510
    - 8.1.5.4 Stand der Professionalisierung 511
- 8.2 Instrumente zur Prozessgestaltung in der Pflege *(J. Georg)* 514
  - 8.2.1 Der Pflegeprozess 514
    - 8.2.1.1 Pflegeassessment 515
    - 8.2.1.2 Pflegediagnosen und -diagnostik 517
    - 8.2.1.3 Pflegeziele und -ergebnisse 522
    - 8.2.1.4 Pflegeplanung 523
    - 8.2.1.5 Pflegeintervention 523
    - 8.2.1.6 Pflegeevaluation 523
    - 8.2.1.7 Die Umsetzung des Pflegeprozesses in die Pflegepraxis 524
  - 8.2.2 Interdisziplinäre Prozessgestaltung und Pflegeprozess 526
    - 8.2.2.1 Clinical Pathway und DRGs 527
    - 8.2.2.2 Entwicklung interdisziplinärer Behandlungspfade 527
  - 8.2.3 Pflegesysteme *(M. Reinhart)* 531
    - 8.2.3.1 Tätigkeitenorientiertes Pflegesystem 531
    - 8.2.3.2 Personenorientierte Pflegesysteme 532
    - 8.2.3.3 Aspekte der Einführung eines neuen Pflegesystems 534
- 8.3 Arbeitszeitorganisation 537
  - 8.3.1 Flexibilisierungsmodelle der Arbeitszeit im Pflegebereich 537
- 8.4 Die Pflegevisite 539
  - 8.4.1 Zum Begriff 539
  - 8.4.2 Die Pflegevisite als Instrument des pflegerischen Managements 540
  - 8.4.3 Die Pflegevisite als partizipatives Instrument der Pflegenden und Patienten 541
  - 8.4.4 Die Gestaltung der Pflegevisite 542
  - 8.4.5 Aufwand und Nutzen der Pflegevisite 542
- 8.5 Pflegebildung im Prozess des gesellschaftlichen Wandels 544
  - 8.5.1 Begriffe und Abgrenzungen 544
  - 8.5.2 Wissen als bedeutende Unternehmensressource 545
  - 8.5.3 Pflegebildung im Prozess des gesellschaftlichen Wandels 546
  - 8.5.3 Reformbestrebungen in der Pflegeausbildung 548
    - 8.5.3.1 Die Pflegeberufsausbildung als Hochschulstudium 549

9 Zu einigen Aspekten der Pflegepolitik ... 555
Marie-Luise Müller
- 9.1 Problemaufriss ... 555
- 9.2 Rahmenbedingungen einer Pflegepolitik in der Gesundheitspolitik ... 555
- 9.3 Institutionalisierte Pflegepolitik ... 560
- 9.4 Zur Bedeutung und Aufgabenstellung des Deutschen Pflegerates e.V. ... 560
- 9.5 Beispiele für Pflegepolitik in der Gesundheitspolitik ... 565
  - 9.5.1 KTQ®-Kooperation, Transparenz und Qualität im Gesundheitswesen GmbH ... 565
  - 9.5.2 Gesetzliche Qualitätssicherung nach SGB V und XI ... 567
  - 9.5.3 Umsetzung des G-DRG-Systems 2002 bis 2007 ... 572
  - 9.5.4 Integrierte Versorgung ... 574
- 9.6 Abschließende perspektivische Bemerkungen ... 575

Autorenverzeichnis ... 579

Sachwortverzeichnis ... 581

Geleitwort zur dritten Auflage

Die Gesundheitspolitik der Vergangenheit, vor allem die der letzten beiden Jahre, hat für das Krankenhaus eine Wende in der Ordnungspolitik gebracht mit tiefen Einschnitten in Struktur, Organisation und Finanzierung der Krankenhäuser. Bestimmend dafür ist zum einen die erweiterte Aufgabenstellung des Krankenhauses mit der Einführung der vor- und nachstationären Behandlung sowie des ambulanten Operierens. Danach ist die vorstationäre Krankenhausversorgung eigentlich nur noch die ultima ratio. Noch gravierender aber ist die Kehrtwende im Entgeldsystem. Die Krankenhäuser müssen künftig ihr Leistungs- und Kostengeschehen an regional gültigen fallbezogenen Preisen orientieren.

Weiterhin hat die bereits bisher vollzogene sukzessive Reduzierung der stationären Versorgungsmöglichkeiten, die sich mit Sicherheit künftig verstärkt fortsetzen wird, dazu geführt, dass einmal die Position des einzelnen Krankenhauses am Krankenhausmarkt vom regionalen Preis- und Qualitätswettbewerb bestimmt wird; ferner, dass sich der Schwerpunkt des Krankenhauszielsystems immer mehr von «Deckung des Bedarfs an Krankenhausversorgung» auf «Überschuss- oder sogar Gewinnerzielung» verschoben hat. Dies gilt vor allem für die immer stärker in den Vordergrund drängenden Krankenhausketten. Dabei findet diese zunehmende Ökonomisierung der Zielsetzung auch in der Philosophie und Kultur des einzelnen Krankenhauses ihren Niederschlag.

Den sich daraus ergebenden Herausforderungen kann das Krankenhaus nur dann entsprechen, wenn das Management der Krankenhäuser qualitativ verstärkt wird. Voraussetzung dafür ist wiederum eine qualitativ hochwertige Ausbildung von Krankenhausführungskräften.

Bei dieser notwendigen Forcierung der Qualifizierung von Krankenhausführungskräften kann das vorliegende Werk eine wertvolle Hilfe sein. denn von seiner Konzeption her gesehen will es als Leitfaden für Krankenhausführungskräfte auf allen Ebenen, kaufmännische Administrativen, ärztlichen und pflegerischen Bereich angesehen werden. Aber auch diejenigen, denen an einer Hochschule, Fachhochschule oder anderen Ausbildungsstätte für Gesundheits- und Krankenhausmanagement die Grundlagen der Gesundheits- und Krankenhauswirtschaft vermittelt wurden, werden gerne auf dieses Werk zurückgreifen.

Prof. Dr. Siegfried Eichhorn
DKI GmbH Düsseldorf

Vorwort

In **Kapitel 1** werden grundsätzliche Aspekte der Realisierung einer bedarfsgerechten Versorgung mit Gesundheitsleistungen aufgezeigt. In diesem Zusammenhang wird dargelegt, dass Gesundheitsleistungen Wirtschaftsgüter sind, die durch Veränderungen von Angebot und Nachfrage beeinflusst werden. Weiterhin wird verdeutlicht, dass die wettbewerbliche Preissteuerung im Gesundheitssystem durch alternative Steuerungsmodelle ersetzt worden ist.

Vor dem Hintergrund, dass durch die Gesundheitsreformen der Jahre 2000 und 2004 die sektor- und berufsgruppenübergreifende Versorgung in den Mittelpunkt gestellt wurde, werden die Sektoren Prävention und Kuration dargestellt und deren Vernetzungsmöglichkeiten aufgezeigt.

Bedingt durch die demographische Entwicklung werden in Zukunft neben den Behandlungsleistungen nach SGB V die pflegerischen Leistungen nach SGB XI immer größere Bedeutung gewinnen. Diese Versorgungsangebote werden flankiert durch die Hospizdienste.

In **Kapitel 2** werden die Versicherungen als Finanzierungselemente des sozialen Netzes behandelt. Nach Darstellung einiger Entwicklungsetappen der deutschen Sozialpolitik werden ausgewählte Aspekte am Beispiel der Entwicklung des Sozialversicherungssystems dargestellt.

Anschließend wird auf die Formen der Sozialversicherung eingegangen. An verschiedenen Stellen im Text wird angedeutet, dass es langfristig um Finanzierungsprobleme geht, die sich aus der steigenden Lebenserwartung und dem gleichzeitig immer ungünstigeren zahlenmäßigen Verhältnis zwischen Beitragszahlern und Rentnern ergeben.

Neben Bemerkungen zur Arbeitsförderung wird jeweils auf die Aufgabenstellung und Leistungsbreite der Unfallversicherung sowie der gesetzlichen und privaten Krankenversicherung eingegangen. Auf der Grundlage ausgewählter Beispielbereiche wird abschließend die Weiterentwicklung der Rentenreform ab 2003 und die Stabilisierung der Rentenversicherung in Form von Grundannahmen zur demographischen Entwicklung angedeutet.

In **Kapitel 3** wird bei der Behandlung ausgewählter Aspekte der Betriebswirtschaftslehre auf Erkenntnis- und Erfahrungsobjekte, auf die Einbettung von Unternehmen in den Marktprozess sowie auf Betriebswirtschaft und wirtschaftliche Prinzipien eingegangen.

Nach Ausführungen zur Problematik der Rechtsförderung und deren prinzipiellen Unterschieden kommt es zu einer vergleichenden Betrachtung der dargestellten Rechtsformen. Anschließend wird auf den Problembereich der Ziele und Zielsysteme eingegangen, und es werden einführend Aspekte wie Unternehmenszweck und Unternehmensleitbild betrachtet. Bei der Darstellung von Steuerungssystemen wird auf die Begriffe «Cost Center», «Profitcenter» und «Investment Center» eingegangen.

Danach werden die Leistungsplanung und der Ablauf der Leistungserbringung eingehender betrachtet. In einem folgenden Hauptabschnitt wird die Übertragung exemplarischer betriebswirtschaftlicher Aspekte im Krankenhaus dargestellt. Insbesondere wird auf den Ablauf der Leistungserbringung, auf spezifische betriebliche Grundtatbestände, auf ausgewählte Rechtsformen und Betriebsführungsstrukturen sowie auf Ziele und Zielsysteme eingegangen.

In **Kapitel 4** wird die gesamte Bandbreite des Managements aufgezeigt. Ausgelöst durch die

Vorgaben des Gesundheitsstrukturgesetzes von 1993 sowie des Gesundheitsreformgesetzes 2000 werden im Gesundheitssystem der Bundesrepublik Deutschland zurzeit die Fragen der Wirtschaftlichkeitssteigerung und der Qualitätsverbesserung intensiv diskutiert und ansatzweise gelöst. Lösungswege, die im angloamerikanischen Gesundheitswesen seit Jahren unter der Bezeichnung «Managed Care» eingeschlagen wurden, werden hinsichtlich ihrer Übertragbarkeit auf die deutschen Verhältnisse evaluiert. In diesem Zusammenhang sind auch Fragen zu sehen, die sich aus der Auseinandersetzung mit dem Qualitäts-, Prozess- und Risikomanagement ergeben. Hierbei treten u. a. Überlegungen auf, wie das Management der Gesundheitseinrichtungen die Ziele «Kundenorientierung», «Qualität» und «Wirtschaftlichkeit» gleichrangig realisieren kann. Managementmethoden, wie z. B. «Kaizen» oder «Lean Management», zeigen Lösungsansätze auf. Vor diesem Hintergrund sind auch die Überlegungen der Gesundheitseinrichtungen zu sehen, Managementsysteme auf der Grundlage spezifischer, in den anderen Wirtschaftsbereichen fest etablierter Modelle einzuführen und zu verbessern. Der Anlass zur Verwirklichung derartiger Ansätze kann zum einen die Erkenntnis sein, die Mitarbeiter mit dem Qualitäts-, Prozess- und Integrationsthema zu konfrontieren, andererseits aber auch die Hoffnung, mit der Übernahme eines Modells Wettbewerbsvorteile zu erzielen.

In **Kapitel 5** erfolgen zunächst Ausführungen zum Controlling. Insbesondere wird begründet, dass Controlling sich durch eine teamartige Vorgehensweise für ein erfolgreiches und ergebnisorientiertes Controllinghandeln in den Unternehmungen der Gesundheitsbranche notwendig macht. An Beispielen wird verdeutlicht, dass sich die Mitarbeiter darüber im Klaren sein müssen, dass sie durch ihre Verrichtungen zum Gelingen des Gesamtprozesses beitragen.

Nach einleitenden Bemerkungen zu Grundlagen und zur Ausrichtung der Kosten-, Leistungs-, Erlös- und Ergebnisrechnung wird auf das ökonomische Berichtssystem, auf Funktionen bzw. Aufgaben sowie auf die Klassifikation bzw. Gliederung der Kosten-, Leistungs-, Erlös- und Ergebnisrechung eingegangen.

Abschließend werden Rechensysteme und Unterscheidungskriterien der Kosten-, Leistungs-, Erlös- und Ergebnisrechnung sowie die Unterscheidung nach dem Zeitfaktor «Istkosten- vs. Plankostenrechnung» vorgestellt.

Beim Eingehen auf Kennzahlensysteme wird der Schwerpunkt auf die Balanced Score Card gelegt. Dieses vierdimensionale Steuerungselement wird in Zukunft für Gesundheitseinrichtungen im Rahmen strategischer Planungen und Entscheidungen elementar wichtig. Gerade die Kombination so genannter harter und weicher Erfolgsparameter ist für das Management von Unternehmen relevant. Ein weiterer Schwerpunkt wird auf das Materialmanagement gelegt, wobei die ökologische Komponente der Materialwirtschaft besonders herausgehoben wird. Die steigenden Entsorgungskosten haben die Krankenhäuser schon in der Vergangenheit gezwungen, dem sparsamen Einsatz von Rohstoffen und der Wiederverwendung von Gütern Vorrang gegenüber der Entsorgung zu geben.

Wachsender Wettbewerb sowie die zunehmenden Kooperations- und Konzentrationsprozesse werden viele Krankenhäuser in ihrer Existenz bedrohen. Zur Sicherung des eigenen Marktanteils ist es somit erforderlich, sich gegenüber dem Kunden als Vertrauen erweckender Leistungsanbieter zu präsentieren. Daher ist in den Gesundheitseinrichtungen Marketing angebracht. Die Häuser müssen erkennen, dass Marketing ein Unternehmensziel sein muss. Sind diese Ziele fixiert, sind Marketingstrategien zu entwickeln, die mittels geeigneter Marketinginstrumente umgesetzt werden können.

Der abschließende Teil dieses Kapitels ist der Krankenhausfinanzierung gewidmet. Hier liegt der Schwerpunkt selbstverständlich auf den DRG-Fallpauschalen. Die DRGs werden sowohl historisch als auch im realen Einsatz für die stationäre Versorgung dargestellt und analysiert.

In **Kapitel 6** wird auf die Dokumentation und Informatik im Gesundheitswesen eingegangen. Durch geänderte Anforderungen der Gesetzgebung, Verordnungen und Zwänge der Ökonomie unter Einbeziehung des Controllings ergeben sich weit reichende Veränderungen.

Auf der Grundlage der Entwicklungsetappen der Dokumentation und Datenerfassung im Gesundheitswesen wird, unter Einbeziehung der Begriffe und Begriffssysteme der elektronischen Dokumentation beschrieben, weshalb, von wem und was zu dokumentieren ist. Außerdem wird auf die Pflichten von Ärzten und Pflegenden in Bezug auf die Dokumentation eingegangen. Im Gesamtzusammenhang werden auch die zentralen Inhalte der Dokumentation und die daraus entstehenden Anforderungen an die Informatik beschrieben. Ebenso werden die rechtlichen Grundlagen in Bezug auf Zuständigkeiten und Aufbewahrungspflichten erläutert. Entsprechend dem vermehrten Einsatz der EDV zur Dokumentation wird die Umsetzung der formularbasierten Dokumentation in eine «elektronische Patientenakte» thematisiert. Die zur Führung einer solchen Akte erforderlichen Datenkataloge für Ärzte und Pflegende werden als Grundlage beschrieben. Insbesondere wird hier Wert auf eine prozessorientierte Datenverarbeitung gelegt. Dies umfasst die Komponenten der Daten zur Beschreibung der Befindlichkeit des Patienten (Informationssammlung), der Diagnostik, der Zielorientierung, der Leistungsplanung unter Einbeziehung von Behandlungspfaden und der Ergebnisdokumentation. Anhand von Bildschirmmasken werden exemplarisch die Umsetzungsmöglichkeiten in der Praxis aufgezeigt.

In Anlehnung an den Workflow einer Klinik werden die Prozessschritte «ärztliche und pflegerische Anamnese», «Festlegung und Erfassung von Diagnosen», «zielorientierte Planung/Anordnung von Diagnostik/Therapie/Pflege», «Verlaufsdokumentation in Verlaufskurven und Berichten» bis hin zum «Verfassen von Arztbriefen» oder zum «Pflegeüberleitungsbericht» aufgezeigt. Auch der in Zusammenhang mit der neuen Gesetzeslage entstandene DRG-Arbeitsplatz wird vorgestellt. An Bedeutung gewinnen im Rahmen der Prozessoptimierung zunehmend Programme zur Dienst-, Ressourcen- und Terminplanung.

In **Kapitel 7** wird das Thema Risikomanagement aus klinisch-pflegerischer Sicht beschrieben und im Pflegeprozess. Risiko-Pflegediagnosen und potenzielle Komplikationen werden definiert und Risikoassessmentformen, -instrumente und -protokolle angeführt sowie Hinweise zu ihrer Dokumentation gegeben. Exemplarisch wird eine Risikopflegediagnose und eine potenzielle Komplikation dargestellt und der Zusammenhang mit Expertenstandards und interdisziplinären Versorgungspfaden (Critical Pathways) wird aufgezeigt und an so genannten «Co-Pathways» erläutert.

In **Kapitel 8** werden pflegerische Aufgabenstellungen als Teilleistungen der Krankenhausleistung beschrieben. Verschiedene Pflegesysteme werden tätigkeiten- und personenorientiert dargestellt. Einzelne Instrumente zur Prozessgestaltung in der Pflege werden in Form des Pflegeprozesses und von interdisziplinären Versorgungspfaden (Critical Pathways) beschrieben. Die Pflegevisite wird als Instrument des Managements und als partizipatives Instrument der Pflegenden und Patienten vorgestellt. Den Abschluss bildet ein Kapitel zur Pflegebildung im Prozess des gesellschaftlichen Wandels.

In **Kapitel 9** wird zu einigen Aspekten der Pflegepolitik Stellung genommen.

In einer Kernaussage wird darauf hingewiesen, dass ein systemorientiertes Gesundheitswesen, welches in seinem Aufbau dem Primat folgt, dem zufolge Finanzierer (Kassen) und Verordner (Ärzteschaft) sich selbst im System steuern, gestalten, entscheiden und kontrollieren, einer Erneuerung bedarf.

An Beispielen wird belegt, dass im Rahmen der Gesundheitspolitik die Zielgröße «Gesundheit» als zentraler Bezugspunkt zu betrachten ist und eine auf die Bevölkerung gelenkte Gestaltung von medizinischer Versorgungssicherstellung und -verbesserung angestrebt wird.

Ausgehend von einer historisch gewachsenen institutionalisierten Pflegepolitik wird begründet, dass sich Pflegeverbände entschlossen haben, einen Pflegebeirat zur Konzertierten Aktion im Gesundheitswesen zu bilden. Exemplarisch werden die Entwicklungschancen und Einflussmöglichkeiten des Deutschen Pflegerates insbesondere auf der politischen Ebene aufgezeigt.

Nachfolgend wird im Rahmen der Pflegepolitik auf die Beispielbereiche «Kooperation für Transparenz und Qualität» (KTQ), «Qualitätssicherung nach SGB V und XI», «Umsetzung des politisch vorgegebenen Zeitplans zur Einführung, Angleichung und endgültigen Integration des neuen Entgeltsystems der German-Diagnosis-Related-Groups» (G-DRG) sowie an pflegepraktischen Beispielen auf die Notwendigkeit und Bedeutung einer integrierten Versorgung eingegangen.

Auch diesmal war es ein besonderes Grundanliegen der Autoren, bei der methodisch-didaktischen Aufbereitung des Inhalts für den Nutzer durch ausgewählte Abbildungen, Tabellen und praktische Beispiele im Sinne der Erkenntnisgewinnung neben dem Text zusätzliche Möglichkeiten der Veranschaulichung anzubieten. Die Autoren gehen von der Erwartung aus, dass die Nutzerin/der Nutzer durch solche Gestaltungselemente zur schöpferischen Durchdringung motiviert wird und Querverbindungen bzw. Systeme im Bereich ihrer/seiner beruflichen Tätigkeiten deutlicher und damit besser erkennt.

Die Herausgeber danken den Autoren für die Bemühungen um wissenschaftliche Aktualität sowie um eine fachgerechte und sorgfältig aufbereitete Darstellung der vertretenen Inhalte.

Osnabrück/Berlin

Prof. Dr. rer. pol. Manfred Haubrock
Prof. Dr. habil. Walter Schär

1 Grundlagen der Gesundheitsökonomie

1.1 Interdependenzen zwischen Gesundheit und Ökonomie

M. Haubrock

1.1.1 Ökonomische Grundlagen

Die Bundesrepublik Deutschland ist nach der Konzeption der **sozialen Marktwirtschaft** aufgebaut, deren Konzept auf der Wirtschaftsordnungsidee der so genannten Freiburger Schule basiert (**Abb. 1.1-1**). Die Idee beinhaltet zum einen die Ablehnung staatlicher Wirtschaftsplanung und Kontrolle und stattdessen Einsetzung einer freien Marktpreisbildung, Garantie des Privateigentums und der Vertragsfreiheit. Zum anderen wird aber auf Grund der in der Vergangenheit gemachten Erfahrung, dass das marktwirtschaftliche System ohne korrigierende Eingriffe des Staates dazu neigt, sich selbst zu zerstören, eine institutionelle Sicherung des Wettbewerbsprinzips gefordert. Die Politik des postulierten starken Staates sollte somit darauf gerichtet sein, möglichst alle wirtschaftlichen Machtgruppen zu verhindern bzw. aufzulösen und zum anderen für das gesamte Wirtschaftsgeschehen einen rechtlich-institutionellen Rah-

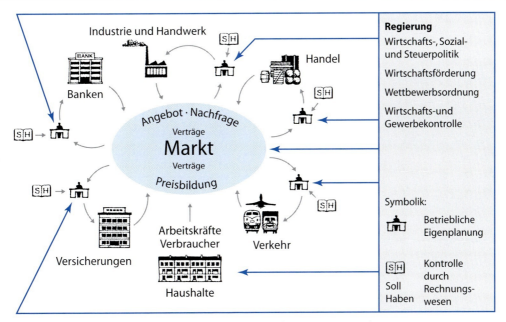

Abbildung 1.1-1: Soziale Marktwirtschaft (Quelle: Wochenschau, 1991, 4; 5: 145)

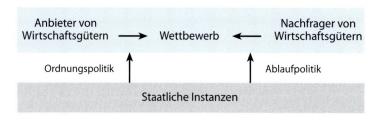

Abbildung 1.1-2: Konzept der sozialen Markwirtschaft (Quelle: Haubrock, M.; Lehrmaterialien Gesundheitsökonomie, Fakultät Wirtschafts- und Sozialwissenschaften; Stiftung Fachhochschule Osnabrück, Osnabrück, 2003)

men festzusetzen, in dem für alle Wirtschaftssubjekte ein fairer Wettbewerb stattfinden kann.

Aus dem skizzierten Konzept (**Abb. 1.1-2**) lassen sich folgende wirtschaftspolitische Schwerpunkte ableiten: die Ordnungs- und die Prozesspolitik. Hierbei fällt der Ordnungspolitik die Aufgabe zu, Grundsätze, Spielregeln und Kompetenzen für das wirtschaftliche Handeln und für staatliche Interventionen in den Wirtschaftsprozess festzuschreiben. So gehören z. B. die Errichtung der Wirtschaftsverfassung sowie der Eigentums-, Geld- und Wettbewerbsordnung (**Abb. 1.1-3**) zur Ordnungspolitik. Die Prozess- oder Ablaufpolitik dient der Beeinflussung der volkswirtschaftlichen Prozesse, die innerhalb eines festgelegten ordnungspolitischen Rahmens ablaufen.

Ein einheitliches Merkmal aller Industriegesellschaften ist die hochgradige Arbeitsteilung, die sich in der Spezialisierung auf verschiedenen Ebenen (regional, sektoral, betrieblich, beruflich) niederschlägt. Dieser Entwicklungsprozess ist aus dem Streben der jeweiligen Wirtschaftssubjekte heraus zu verstehen, die Produktionsfaktoren im Sinne des ökonomischen Prinzips zu verwenden.

Als Folge dieser Arbeitsteilung sind Steuerungsmechanismen notwendig, die in der Lage sind, Angebots- und Nachfrageinteressen zur Deckung zu bringen. In dem für die Bundesrepublik relevanten Wirtschaftssystem der sozialen Marktwirtschaft ist der Wettbewerb die Größe, der die Steuerung und Kontrolle der ökonomischen Prozesse zufällt.

Der **Wettbewerb** hat somit im **Konzept einer sozialen Marktwirtschaft** eine wirtschaftliche und eine gesellschaftspolitische Funktion. Eine Einschränkung dieser Funktionen kann z. B. da-

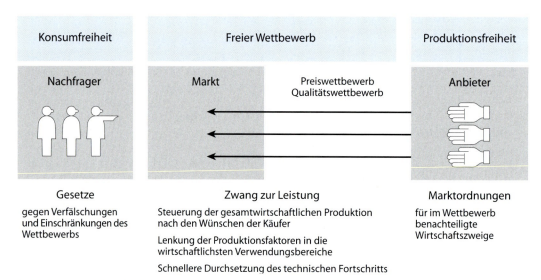

Abbildung 1.1-3: Die Wettbewerbsordnung (Quelle: Wochenschau, 1991, 4; 5: 168)

durch erfolgen, dass sich die Zahl der Wirtschaftsteilnehmer verkleinert und sich gleichzeitig der Einfluss der verbleibenden Anbieter bzw. Nachfrager vergrößert. Eine Einschränkung des Wettbewerbs impliziert somit automatisch die Entstehung oder Verstärkung von **Kooperationen** und **Konzentrationen.** Bei den Kooperationen handelt es sich um die freiwillige Zusammenarbeit von Wirtschaftseinheiten in vorab festgelegten Bereichen, wobei die Unternehmen aber ansonsten wirtschaftlich und rechtlich selbstständig bleiben. Die Kooperationsformen reichen von einer Verhaltensabstimmung bis zum Kartell. Bei den Konzentrationen verliert mindestens eine Unternehmung ihre wirtschaftliche Selbstständigkeit (Konzernbildung) bzw. die wirtschaftliche und rechtliche Selbstständigkeit (Fusion).

Durch eine staatliche Wettbewerbspolitik sollen diese Tendenzen verhindert bzw. abgebremst werden. Seit Gründung der Bundesrepublik Deutschland ist die Wettbewerbspolitik durch die sich verändernden theoretischen Ansätze geprägt worden. Die frühen wettbewerbspolitischen Vorstellungen sind sehr stark durch die Vorstellungen des Ordoliberalismus beeinflusst worden. Nach diesem Ansatz ist der Leistungswettbewerb in der Marktform der **vollständigen Konkurrenz** die ideale Wirtschaftsordnung. Nur für den Fall, dass erhebliche Wettbewerbsbeschränkungen auftreten, wird in diesem Modell dem Staat die Kompetenz für die Ordnung des Wettbewerbs übertragen.

Mitte der sechziger Jahre des vergangenen Jahrhunderts vollzieht sich eine Abkehr vom ordnungspolitisch orientierten Leitbild des Wettbewerbs der Liberalen hin zum Konzept eines **funktionsfähigen Wettbewerbs.** Kantzenbachs Variante der Theorie des funktionsfähigen Wettbewerbs, die sich auf ökonomische Zusammenhänge beschränkt, zeigt den Wettbewerbspolitikern Handlungsanweisungen auf, wie im Bereich weiter Oligopole mittels der dynamischen Wettbewerbsfunktionen optimale Marktergebnisse erzielt werden können (Kantzenbach, 1975).

Die Überlegungen von Kantzenbach führen zu einer Kontroverse mit Wettbewerbstheoretikern, die der Wettbewerbsfreiheit eine zentrale Bedeutung zuschreiben. Diese so genannte neoklassische Definition des Wettbewerbs, deren Hauptvertreter Hoppmann und von Hayek sind, greift auf die **freie Konkurrenz** im klassischen Sinne zurück (z. B. Hoppmann, 1975). Die Wettbewerbsfreiheit, die die Rücknahme staatlicher Interventionen durch Deregulierung und Privatisierung verlangt, ist Voraussetzung für diesen Wettbewerb. Ein solcher freier Wettbewerb bietet den Wettbewerbern die Möglichkeit, ihre individuellen Vorteile auszunutzen.

Einen erweiterten theoretischen Wettbewerbsansatz liefern Mitte der siebziger Jahre des vergangenen Jahrhunderts Blattner und Ramser (1976) mit ihrer **Theorie der Firma.** Ihrer Ansicht nach lassen sich unter dem Aspekt der Globalisierung der Märkte unternehmerisches Marktverhalten sowie die Marktergebnisse nicht aus der Marktstruktur ableiten, vielmehr spielt die Organisationsstruktur der Großunternehmung eine dominante Rolle. Der Ansatz der «Theorie der Firma» geht davon aus, dass die Konzentrationsstrategien, sowohl in horizontaler als auch in vertikaler und diagonaler Richtung, aus organisationsstrukturellen Bedingungen von einer Kapitalgesellschaft verfolgt werden (müssen).

Verschiedene wettbewerbspolitische Konzepte lassen sich wie folgt darstellen:

- vollkommene Konkurrenz
- funktionsfähiger Wettbewerb
- freier Wettbewerb
- Theorie der Firma.

Zusammenfassend lässt sich somit festhalten, dass sich die Vorstellungen, welche Rolle der Wettbewerb in einem marktwirtschaftlichen Wirtschaftssystem haben soll, radikal verändert haben. Mit jeder Neuorientierung ist der Wettbewerb immer mehr von dem ursprünglichen Ansatz, in dem die Erhaltung der Konkurrenzsituation als ein anzustrebendes Ziel verstanden wurde, abgerückt und in die Richtung verändert worden, dass der Wettbewerb nur noch eine Funktion zu erfüllen hat. Gerade vor dem Hintergrund, dass seit einigen Jahren auch im

Gesundheitssystem Kooperationen bzw. Fusionen vollzogen werden, ist die aktuelle, offizielle wettbewerbspolitische Vorstellung, wie denn der Gesundheitsmarkt strukturiert sein soll, zu beachten. Wird eine Wettbewerbsvorstellung realisiert, die von einer oligopolistischen Marktstruktur als der idealen Marktform ausgeht, so «vermachtet» der Gesundheitsmarkt in absehbarer Zukunft, das heißt, Gesundheitskonzerne werden als die idealen Unternehmenseinheiten angesehen, die am besten eine ausreichende, wirtschaftliche und qualitativ angemessene Versorgung der Bevölkerung mit Gesundheitsgütern erreichen können.

Zieht sich der Staat gleichzeitig auf seine ordnungspolitischen Aufgaben zurück, so werden den Selbstverwaltungsorganen auf den Länder- und Bundesebenen, das sind z. B. die Spitzenverbände der Ärzte, der Krankenversicherungen und der Krankenhäuser, wesentliche Steuerungskompetenzen übertragen. Als Beispiel sei an dieser Stelle auf die zwei- und dreiseitigen Verträge nach §§ 112 ff. SGB V verwiesen.

Für die sozialmarktwirtschaftlich orientierten Länder bilden die individuelle Freiheit, die soziale Gerechtigkeit, die soziale Sicherheit sowie der soziale Friede das gesellschaftspolitische Wertesystem. Zu diesen übergeordneten staatlichen Zielen kommt das generelle Ziel der Wirtschaftspolitik, die Förderung des wirtschaftlichen Wohlstands in einer Wettbewerbsordnung hinzu.

Gerade das Wohlstandsziel war es, das dem **Stabilitäts- und Wachstumsgesetz** von 1967 seinen Namen und seine Zielsetzung gegeben hat. Mit Hilfe des Gesetzes soll die gesamtwirtschaftliche Entwicklung, gemessen u. a. an den Kriterien «Wachstumsrate des Bruttoinlandsproduktes», «Beschäftigungsgrad» und «Stabilität des Preisniveaus», gefördert werden. Aus **Tabelle 1.1-1** lassen sich die Bestimmungsfaktoren der gesamtwirtschaftlichen Entwicklung ablesen.

Das Stabilitäts- und Wachstumsgesetz, das in der Phase der Koalition zwischen der CDU und der SPD verabschiedet wurde, ist sehr stark von den Vorstellungen des funktionsfähigen Wettbewerbs und des **Keynesianismus** geprägt worden. Die Vertreter der Lehre von John M. Keynes (1883–1946) gehen davon aus, dass Störungen der gesamtwirtschaftlichen Entwicklung dem privatwirtschaftlichen Sektor anzulasten sind. Daher muss der Staat als Krisenmanager auftreten und durch seine Maßnahmen eine Gegensteuerung betreiben, die zur Stabilisierung des Wirtschaftsablaufs führt. Nach Keynes muss hierbei die staatliche Stabilisierung bei der Förderung der Nachfrageseite ansetzen.

Bereits im Jahre 1976 forderte der Sachverständigenrat zur Begutachtung der gesamtwirtschaftlichen Entwicklung einen Strategiewechsel in der Wirtschaftspolitik. Die Kommission trat für den Ansatz einer angebotsorientierten Wirtschaftspolitik ein. Mit der politischen Wende im Jahre 1982 wurde diese Theorie Grundlage für die Wirtschafts- und Sozialpolitik der Regierung Kohl. Im Rahmen der angebotsorientierten Wirtschaftspolitik hat der Staat sich, entsprechend der Idee des **Wirtschaftsliberalismus**, hauptsächlich darauf zu beschränken, Rahmendaten zu schaffen, innerhalb derer sich privatwirtschaftliche Initiativen entfalten können. Hieraus ergeben sich Deregulierungs- und Privatisierungsentscheidungen, das heißt, der Staat zieht sich aus der Ablaufpolitik zurück und überlässt die Prozessgestaltung den Marktteilnehmern. In **Tabelle 1.1-2** sind die Merkmale einer nachfrage- und einer angebotsorientierten Wirtschaftspolitik aufgeführt.

Tabelle 1.1-1: Volkswirtschaftliche Ziele – Stabilitäts- und Wachstumsgesetz (Quelle: Haubrock, M.; Lehrmaterialien Gesundheitsökonomie, Fakultät Wirtschafts- und Sozialwissenschaften; Stiftung Fachhochschule Osnabrück, Osnabrück, 2003)

Ziele (u. a.)	Instrumente (u. a.)
• Wirtschaftswachstum	• Globalsteuerung
• Vollbeschäftigung	• Korporatismus
• Stabilität des Preisniveaus	

Tabelle 1.1-2: Strategiewechsel in der Wirtschaftpolitik zwischen Nachfrage- und Angebotsorientierung (Quelle: Bundeszentrale für politische Bildung; Informationen zur politischen Bildung, 1987, 177, S. 16)

Nachfrageorientiert	Angebotsorientiert
Ansatzpunkt der politischen Bemühungen	
Nachfrageseite: Steuerung der Wirtschaft über die gesamtwirtschaftliche Nachfrage	Angebotsseite: Herstellung der Selbstheilungskräfte durch verbesserte Rahmenbedingungen für die Unternehmungen
↓ Initialzündung ↓	
zusätzliche staatliche Nachfrage	verbesserte Rentabilität für private Investitionen
↓ durch ↓	
antizyklische Fiskalpolitik (deficit spending); unterstützende Geldpolitik	Ausrichtung der Geldversorgung (Geldpolitik) an der Verstetigung des Wachstums; Steuererleichterungen für Unternehmungen
↓ Primäreffekt ↓	
Produktion, Beschäftigung und Einkommen in den betreffenden Branchen steigen	Investitionen, insbesondere Innovationen nehmen zu
↓ Folgeeffekte ↓	
Nachfrage und Beschäftigung in den Konsumgüterindustrien steigen (Kaufkraft steigt)	Nachfrage und Beschäftigung in den Investitionsgüterindustrien steigen (Verbesserung des Produktionsapparates in den Unternehmen)
→ Steigerung des Wachstums und der Beschäftigung in der Wirtschaft ←	

Mit dem Wechsel von der Regierung Kohl zur Regierung Schröder hat sich die Wirtschafts- und damit auch die Sozial- und Gesundheitspolitik ein Stückchen von der angebotsorientierten in Richtung nachfrageorientierter Politik verändert. Der Begriff der «Neuen Mitte» kann als Kennzeichnung dieser Politik herangezogen werden. Die Politik sucht somit den Mittelweg zwischen den beiden aufgezeigten Positionen.

Mitte der siebziger Jahre des vergangenen Jahrhunderts setzten mit dem Krankenversicherungskostendämpfungsgesetz die finanziellen Entlastungsstrategien für das gesetzliche Krankenversicherungssystem ein. Der gesamtwirtschaftliche Auslöser dieser Reformpolitik war die potenzielle Gefährdung der Wettbewerbsfähigkeit der deutschen Unternehmen auf den internationalen Märkten. In diesen Kontext gehört auch die Diskussion um die so genannten Lohnnebenkosten, die auch die Sozialversicherungsbeiträge der Arbeitgeber einschließt. Ziel dieser Politik war und ist es, eine Stabilisierung oder sogar eine Reduktion der Arbeitgeberanteile, u. a. für die Krankenversicherungen, zu erreichen.

Die in diesem Zusammenhang gesetzlich verordneten Sparmaßnahmen wurden in den letzten Jahren u. a. mit dem Gesundheitsreformgesetz 1989, dem Gesundheitsstrukturgesetz 1993, der Bundespflegesatzverordnung 1995, den Neuordnungsgesetzen von 1997 und der GKV-Gesundheitsreform 2000 fortgesetzt. Die Umsetzung dieser Reformen lässt sich zunächst primär durch die Begriffe der Beitragssatzstabilisierung, der grundlohnsummenorientierten Ausgabenpolitik und durch die Termini «Kundenorientierung», «Wettbewerb», «Qualitätssicherung» und «Mobilisierung von Wirtschaftlichkeitsreserven» verdeutlichen.

Mit den Teilzielen Grundlohnsummenorientierung und Beitragssatzstabilisierung wird versucht, die Ausgaben der Kassen und damit die Budgets der Leistungsanbieter nur noch parallel zur Bruttolohnsteigerung der sozialversicherten Erwerbspersonen ansteigen zu lassen. Damit sollen die Beitragssätze stabil gehalten werden. Nach Ansicht des Sachverständigenrates für die Konzertierte Aktion im Gesundheitswesen liegt die Bedeutung dieser **grundlohnsummenorientierten Ausgabenpolitik** darin, dass sie auf alle Leistungsbereiche im Gesundheitswesen angewendet und damit als strukturelles Steuerungsinstrument für den Ressourceneinsatz herangezogen wird.

Gesundheit ist auf Grund der knappen Ressourcen in den letzten Jahrzehnten in zunehmendem Maße zum Gegenstand wissenschaftlicher Überlegungen in verschiedenen Bereichen geworden. So haben sich auch die Wirtschaftswissenschaften verstärkt mit dem Gut Gesundheit auseinander gesetzt. Dabei werden als Güter im wirtschaftlichen Sinne nur solche verstanden, die im Verhältnis zu den ihnen gegenüberstehenden menschlichen Bedürfnissen knapp sind, d. h. nicht in unbeschränktem Ausmaß zur Bedürfnisbefriedigung zur Verfügung stehen. Derartige Güter bilden den Gegenstand des Wirtschaftens, wobei unter Wirtschaften das Entscheiden über die Verwendung knapper Güter im Hinblick auf eine bestmögliche Befriedigung menschlicher Bedürfnisse verstanden wird. Die Bedeutung der Gesundheit als wirtschaftliches Gut wird beispielhaft deutlich durch die folgende Aussage «Gesundheit ist das höchste Gut, und um die Gesundheit zu erhalten, ist nichts zu teuer» oder durch die Aussage «Das Gesundheitswesen ist in einer Krise: Wenn die Kosten weiter im bisherigen Tempo steigen, können wir uns Gesundheit bald nicht mehr leisten.»

Wenn das Problem der Zuordnung von knappen Gütern auf zu befriedigende Bedürfnisse als wesentliches Merkmal des Wirtschaftens angesehen wird, dann lässt sich Wirtschaften inhaltlich als Entscheiden erklären, und zwar als das Entscheiden oder Disponieren über knappe Güter im Hinblick auf ihre direkte oder indirekte Verwendung zur Befriedigung menschlicher Bedürfnisse. Diese Entscheidungen sollen im Verständnis der Wirtschaftswissenschaften rational getroffen werden. Das bedeutet, dass durch eine Entscheidung diejenige Handlungsalternative auszuwählen ist, die im Hinblick auf ein verfolgtes Ziel oder Zielsystem u. a. eine höchstmögliche Leistungsfähigkeit (Effektivität) und Wirtschaftlichkeit (Effizienz) zu leisten verspricht. Aus dieser Tatsache folgt, dass Wirtschaften das Vorhandensein von Zielen voraussetzt, denn **Effektivität** bedeutet Wirksamkeit im Hinblick auf verfolgte Ziele. **Effizienz** dagegen betrifft die Einhaltung des Rationalprinzips, das in wirtschaftlicher Ausprägung als ökonomisches Prinzip oder Wirtschaftlichkeitsprinzip bezeichnet wird. Im Zentrum der Überlegungen steht die Wirtschaftlichkeit der Leistungserstellungen bzw. -bereitstellungen. Um objektive Bewertungskriterien für die Ermittlung der Wirtschaftlichkeit zu schaffen, werden Berechnungen durchgeführt. Wesentliches Element zur Feststellung der Wirtschaftlichkeit ist die Gegenüberstellung von Leistungen und Kosten bzw. von Erträgen und Aufwendungen. Bei der Wirtschaftlichkeit werden folglich zwei Euro-Beträge in eine Relation gebracht, das Ergebnis ist eine Kennzahl. Diese kann dann als Entscheidungsgrundlage für die Ressourcenallokation (Verteilung der zur Verfügung stehenden Produktionsfaktoren) herangezogen werden. Soll die Wirtschaftlichkeit in einem Krankenhaus erhöht werden, kann grundsätzlich entweder das Minimalprinzip oder das Maximalprinzip angewendet werden.

Als Minimalprinzip bedeutet das ökonomische Prinzip, dass ein vorgegebenes Ziel wirtschaftlichen Handelns mit einem minimalen Einsatz knapper Güter realisiert wird, während das Maximalprinzip verlangt, dass mit einem vorgegebenen Einsatz knapper Güter ein höchstmögliches Ergebnis des wirtschaftlichen Handelns erreicht wird.

Als Ziel oder Ergebnis wird ganz allgemein ein zukünftiger Zustand irgendwelcher Objekte verstanden, der durch ein entsprechendes eigenes Verhalten erreicht werden soll.

Im Hinblick auf die verfolgten **Ziele** kann unterschieden werden zwischen:

- Individualzielen
- Betriebszielen
- gesamtwirtschaftlichen Zielen.

Individualziele sind dabei solche Ziele, die das wirtschaftlich handelnde Individuum seinen Entscheidungen zu Grunde legt.

Betriebsziele sind dagegen Ziele, an denen die Wirtschaftseinheiten, deren Zweck auf die Erstellung und Verwertung von Leistungen für den Bedarf Dritter gerichtet ist, ihre Entscheidungen im Hinblick auf die Verwendung knapper Mittel ausrichten.

Gesamtwirtschaftliche Ziele schließlich sind solche Ziele, die die Entscheidungen in einer Volkswirtschaft oder in einer anderen übergeordneten Wirtschaftseinheit beeinflussen.

Im Hinblick auf die Gesundheit als Wirtschaftsgut beinhalten Individualziele Normen, nach denen der einzelne Mensch als Individuum Entscheidungen bezüglich seiner Gesundheit bzw. deren Erhaltung oder Wiederherstellung trifft. Betriebsziele stellen die Zielsetzungen von Wirtschaftseinheiten dar, deren Zweck in der Behandlung, Pflege und Rehabilitation von gesundheitlich Beeinträchtigten und Kranken sowie im Sinne der Prävention in der Förderung und dem Erhalt der Gesundheit besteht. Die Erfüllung dieses Betriebszweckes wird durch ein hoch differenziertes Geflecht medizinischer Berufsgruppen und Einrichtungen verfolgt, deren Pole im ambulanten Sektor durch die niedergelassenen Ärzte und im stationären Bereich durch die Krankenhäuser gebildet werden. Bestandteil des Gesundheitssystems sind aber auch Institutionen, die sich mit den gesundheitlich Beeinträchtigten befassen, die sich nicht (mehr) in medizinischer Akut-Behandlung befinden, aber gleichwohl der gesundheitlichen Betreuung bedürfen. Dazu gehören vor allem die Einrichtungen zur Pflege und Rehabilitation kranker oder behinderter Menschen (z. B. Pflegeheime, Kuranstalten). Gesundheitlich bedeutsame Leistungen werden aber auch von den Einrichtungen, z. B. Sozialstationen, erbracht, die neben den gesundheitlichen Aufgaben auch allgemeine soziale Dienstleistungsfunktionen erfüllen.

Die gesamtwirtschaftlichen Ziele als oberste Gruppe der oben aufgeführten Ziele verkörpern diejenigen Zielsetzungen, deren Erreichung mit Hilfe der staatlichen Gesundheitspolitik angestrebt wird. Die Gesundheitspolitik betrifft hierbei die folgenden Ebenen:

- Förderung und Erhalt der Gesundheit durch eine Minimierung der gesundheitsbedrohenden Risikopotenziale und ihrer Ursachen
- Wiederherstellung der Gesundheit durch Behandlung, Pflege und Rehabilitation von Kranken und gesundheitlich Beeinträchtigten durch die Einrichtungen des Gesundheitssystems
- Sicherung des materiellen Lebensunterhalts im Fall von Krankheit, Arbeits- und Erwerbsunfähigkeit.

Fragen des individuellen Verhaltens gegenüber dem Wirtschaftsgut Gesundheit sind zwar im Hinblick auf alle genannten Ziele von besonderer Bedeutung, da der Gesundheitszustand des Einzelnen durch sein eigenes Verhalten entscheidend beeinflusst wird. Diese Probleme werden jedoch im Rahmen des vorliegenden Lehrbuches nicht behandelt, weil sich die gewählte Thematik ausschließlich mit betriebs- und volkswirtschaftlichen Fragestellungen des Gesundheitswesens befasst.

In betriebswirtschaftlicher Hinsicht geht es um die Analyse der Gesundheitseinrichtungen als Wirtschaftseinheiten mit dem zuvor dargestellten Betriebszweck. Bei diesen Unternehmen handelt es sich um eine Teilmenge der Menge aller Betriebe, wobei innerhalb dieser Teilmenge den Krankenhausbetrieben eine besondere Bedeutung zukommt. Die **Krankenhäuser** sind quasi zu Produktionsanlagen des Gesundheitsgutes geworden. Das Klinikum der Neuzeit hat mit dem christlichen Hospiz und dem Spital des vorigen Jahrhunderts nicht mehr viel gemeinsam. Das Krankenhaus wird den Produktionsbetrieben anderer Wirtschaftszweige immer ähnlicher. Aus dieser Tatsache resultiert die Notwendigkeit, sich mit den Problemen der Führung von Krankenhausbetrieben in einer Weise auseinander zu setzen, wie dies für die Führung von industriellen Unternehmen bereits seit langer Zeit erfolgt.

In diesem Zusammenhang ist allerdings auf die unterschiedlichen Strukturen des betrieblichen Zielsystems in Krankenhausbetrieben und industriellen Unternehmen marktwirtschaftlicher Prägung einzugehen. Bezüglich des betrieblichen Zielsystems kann allgemein davon ausgegangen werden, dass jeder Betrieb innerhalb seines Zielsystems über eine leistungswirtschaftliche, eine finanzwirtschaftliche und eine soziale Zielkomponente verfügt, wie in **Abbildung 1.1-4** veranschaulicht wird.

Abbildung 1.1-4: Zielsystem von Betrieben (Quelle: Haubrock, M., Peters, Sönke H. F., Schär, W. [Hrsg.]; Betriebswirtschaft und Management im Krankenhaus, 2. Aufl.; Berlin, Wiesbaden, 1997, S. 3)

Bei den Industrieunternehmen marktwirtschaftlicher Prägung ist grundsätzlich davon auszugehen, dass der **finanzwirtschaftlichen Zielkomponente**, insbesondere in der Form des Gewinnstrebens, ein absoluter Primat eingeräumt wird. Damit spielen die leistungswirtschaftliche und die soziale Zielkomponente in derartigen Unternehmen im Hinblick auf die Entscheidungsfindung in der Regel lediglich eine nach- bzw. untergeordnete Rolle.

In Betrieben des Gesundheitswesens, insbesondere in Krankenhausbetrieben, liegt demgegenüber eine völlig andere Situation vor. Hier wird im Allgemeinen eine Dominanz der **leistungswirtschaftlichen Zielkomponente** gegeben sein, die sich in Krankenhausbetrieben vornehmlich in der Form der Erfüllung eines Versorgungsauftrags gegenüber der Bevölkerung darstellt. Dieser Primat der leistungswirtschaftlichen Zielkomponente ist in der Bundesrepublik Deutschland sogar bis zu einem gewissen Grad gesetzlich verankert. Die leistungswirtschaftliche Zielkomponente dokumentiert sich konkret beispielsweise darin, dass ein Krankenhausbetrieb zur Aufnahme von Notfallpatienten verpflichtet ist. Die Erfüllung der genannten leistungswirtschaftlichen Zielkomponente ist in einem marktwirtschaftlichen System allerdings ohne angemessene Berücksichtigung der finanzwirtschaftlichen Zielkomponente nicht möglich. Jeder Betrieb und damit auch jeder Krankenhausbetrieb muss zur Erfüllung seiner leistungswirtschaftlichen Aufgabe finanzielle Mittel aufwenden, beispielsweise für die Verwendung von Gebrauchs- und Verbrauchsgütern und den Einsatz von Arbeitskräften, und er wird dies nur dauerhaft tun können, wenn ihm dieser Einsatz von den Abnehmern seiner betrieblichen Leistungen direkt oder indirekt finanziell erstattet wird. Trotz einiger Übereinstimmungen unterscheidet sich aber die finanzwirtschaftliche Zielkomponente in Krankenhausbetrieben von derjenigen industrieller Unternehmen marktwirtschaftlicher Prägung dadurch, dass die Industrieunternehmungen in der Regel nach maximalem Gewinn streben und die zurzeit noch überwiegende Zahl der Krankenhäuser lediglich ihre Kosten decken müssen bzw. die Erwirtschaftung eines angemessenen Gewinns anstreben, der im Unternehmen verbleibt.

Über die leistungswirtschaftliche und die finanzwirtschaftliche Zielsetzung hinaus besitzt in Krankenhausbetrieben auch die **soziale Zielkomponente** eine hervorragende Bedeutung. Die soziale Zielkomponente stellt darauf ab, dass jeder Betrieb einerseits ein soziales System, d. h. eine Menge von ihm angehörenden Menschen verkörpert, und andererseits als Wirtschaftseinheit ein Element eines umfassenden gesellschaftlichen Systems darstellt. Aus dem ersten Aspekt resultiert für den Betrieb die Aufgabe, dass er die Interessen seiner Mitarbeiter in seinem Zielsystem zu berücksichtigen hat. Dieser Teil der sozialen Zielkomponente wird im vorliegenden Lehrbuch im Zusammenhang mit dem Personalmanagement behandelt. Demgegenüber ist der zweite Aspekt der sozialen Zielkomponente für Krankenhausbetriebe vor allem deswegen von hervorragender Bedeutung, weil es sich bei diesen Betrieben um Dienstleistungsbetriebe handelt, die ihre Leistungen unmittelbar am Menschen erstellen, und diese Menschen als Leistungsobjekte Mitglieder der Gesellschaft sind, in die der Krankenhausbetrieb eingebettet ist. Die soziale Zielkomponente schlägt sich in erster Linie in der Ausgestaltung und Durchführung des Pflegedienstes im Krankenhaus nieder.

Die Struktur des betrieblichen Zielsystems in der dargestellten Weise findet sich real meist in der Aufbauorganisation der Krankenhausleitung wieder. Hier ist nämlich im Allgemeinen eine Dreiteilung gegeben, und zwar in:

- die ärztliche Leitung (mit dem Primat der leistungswirtschaftlichen Zielkomponente)
- die Verwaltungsleitung (mit dem Primat der finanzwirtschaftlichen Zielkomponente) und
- die Pflegeleitung (mit dem Primat der sozialen Zielkomponente).

Hieraus resultiert naturgemäß ein permanenter Zielkonflikt im Krankenhausbetrieb, da eine optimale, integrierte Gesamtzielsetzung unter diesen Gegebenheiten nur über einen Zielkompromiss gefunden werden kann, der überdies im Allgemeinen die Eigenschaft aufweist, das er im Zeitablauf nicht stabil ist. Dieser permanente Zielkonflikt soll, so sehen es die Befürworter einer singulären Führungsstruktur, dadurch gelöst werden, dass die Gesamtverantwortung einer Gesundheitseinrichtung in die Hände einer Geschäftsführung gelegt wird. Diese Veränderung im Top-Management der Krankenhäuser vollzieht sich in der Regel durch eine Veränderung der Rechtsform in Richtung Gesellschaft mit beschränkter Haftung (GmbH; s. a. Kap. 3.2).

Die Betriebe im Gesundheitsbereich, insbesondere die Krankenhausbetriebe dürfen aber nicht nur isoliert als eigenständig handelnde Wirtschaftseinheiten, die ihre Zielsetzung bestmöglich zu erreichen versuchen, betrachtet werden, sondern es ist darüber hinaus die Tatsache zu berücksichtigen, dass diese Betriebe in das gesellschaftliche und ökonomische Gesamtsystem als Elemente eingebettet sind. Innerhalb dieses Gesamtsystems ist Gesundheit ein wichtiges Wirtschaftsgut, das es im Interesse der Zielsetzung des Gesamtsystems sowohl aus sozialen als auch aus ökonomischen Gründen zu erzeugen, zu bewahren, zu pflegen und wiederherzustellen gilt.

Die hohe wirtschaftliche Bedeutung des Gesundheitswesens zeigt sich, wenn die Ausgaben dieses Wirtschaftssektors ins Verhältnis zum Bruttoinlandsprodukt als der bewerteten Menge aller in einer Periode in einer Volkswirtschaft erstellten Güter in Form von Sach- und Dienstleistungen gesetzt werden. Für die Bundesrepublik Deutschland und andere Länder sind diesbezüglich die in **Tabelle 1.1-3** aufgeführten Kennzahlen ermittelt worden.

Aus den vorangegangenen Ausführungen wird ersichtlich, dass es zur Erhaltung bzw. Wiederherstellung der Gesundheit des Einsatzes von Gütern bedarf, die als Wirtschaftsgüter gelten. **Wirtschaftsgüter** sind knappe Güter, die in einem marktwirtschaftlichen System dementsprechend ihren Preis haben. Bei den **Gesundheitsgütern** handelt es sich um Dienstleistungen (immaterielle Güter) und um Sachleistungen (materielle Güter). Die Annahme, es handele sich bei den Gesundheitsgütern um freie Güter

Tabelle 1.1-3: Ausgaben für die Gesundheit in Prozent der Wirtschaftsleistung (Bruttoinlandsprodukt) in absteigender Reihenfolge, Stand 1999 (Quelle: OECD)

Land	[%]
USA	12,3
Deutschland	10,5
Frankreich	9,3
Belgien	8,6
Italien	8,3
Österreich	8,3
Dänemark	8,3
Niederlande	8,2
Schweden	8,0
Griechenland	7,9
Japan	7,8
Slowenien	7,7
Tschechische Republik	7,6
Portugal	7,5
Großbritannien	7,1
Spanien	6,7
Finnland	6,6
Ungarn	6,4
Polen	6,3
Irland	6,1
Luxemburg	5,6
Rumänien	2,6

in dem Sinne, dass jedes Mitglied der Gesellschaft diese Güter bzw. ihre Erzeugung, Bewahrung, Pflege und Wiederherstellung entsprechend seinen individuellen Bedürfnissen zu Lasten der Gesellschaft oder Teilen der Gesellschaft in Anspruch nehmen kann, ist durch die Gegebenheiten und Fakten in modernen und hoch entwickelten Industrie- und Gesundheitsgesellschaften widerlegt. Der Einsatz dieser Güter verursacht Kosten, die entweder kollektiv (z. B. im Rahmen der Umlagefinanzierung der Sozialversicherungen) oder individuell (z. B. durch Selbstzahlung) gedeckt werden müssen. Vor diesem Hintergrund ist es einsichtig, dass die Entscheidungen der Unternehmungen im Gesundheitswesen in Zukunft noch mehr als bisher durch die Kriterien Qualität und Wirtschaftlichkeit beeinflusst werden. So gilt u. a. für das Management der Krankenhäuser, bei der Erstellung bzw. Bereitstellung von Gesundheitsgütern unbedingt das **Qualitäts- und das Wirtschaftlichkeitsgebot** zu beachten. In diesem Zusammenhang wird in Zukunft die Beantwortung der Frage wichtig, welcher Nutzen durch den Einsatz der Gesundheitsgüter bei den Abnehmern dieser Leistungen gestiftet wird. Der in Geld bewertete Einsatz der Gesundheitsgüter wird in Kosten ausgedrückt, die Bedürfnisbefriedigung, welche die Gesundheitsgüter z. B. bei den Kostenträgern bzw. bei den Patienten erzeugen können, wird als Nutzen bezeichnet. Dieser Nutzen kann in Geld oder z. B. in Qualitätsparametern gemessen werden. So kann u. a. durch die **Gegenüberstellung von Kosten und Qualität** eines Gesundheitsgutes im Zeitvergleich bzw. im Vergleich zu einem anderen Gesundheitsgut die relevante relative **Effizienz eines Gesundheitsgutes** ermittelt werden. Diese Effizienzen werden vor dem Hintergrund der in Zukunft noch knapper werdenden finanziellen Ressourcen der Sozialversicherungen als Antwort auf die Frage herangezogen, ob diese Güter weiterhin, z. B. durch die Kostenträger Krankenkassen, bezahlt werden sollen.

Literatur
Bundeszentrale für politische Bildung; Informationen zur politischen Bildung, 1987: 177
Deutsche Krankenhausgesellschaft: Daten, Zahlen, Fakten. Düsseldorf, 2003
Haubrock, M.: Lehrmaterialien Gesundheitsökonomie. Fakultät Wirtschafts- und Sozialwissenschaften, Stiftung Fachhochschule Osnabrück, Osnabrück, 2003
Haubrock, M.; Peters, Sönke H. F.; Schär, W. (Hrsg.): Betriebswirtschaft und Management im Krankenhaus (2. Aufl.). Berlin, Wiesbaden, 1997
Haubrock, M.; Schär, W. (Hrsg.): Betriebswirtschaft und Management im Krankenhaus, 3. Auflage. Bern u.a., 2002
Hoppmann, E.: Wettbewerb als Norm der Wettbewerbspolitik. In: Herdzina, K. (Hrsg.): Wettbewerbstheorie. Köln, 1975, S. 230–243
Kantzenbach, E.: Die Funktionsfähigkeit des Wettbewerbs: Weite Oligopole als Wettbewerbsbedingung. In: Herdzina, K. (Hrsg.): Wettbewerbstheorie. Köln, 1975, S. 194–214
Ramser, J.: Neuere Ansätze in der Theorie der Form und ihre wettbewerbspolitischen Implikationen. In: Bombach, G.; Gahlen, B.; Ott, A. E. (Hrsg.): Probleme der Wettbewerbstheorie und -politik. Tübingen, 1976, S. 299–335
Sachverständigenrat für die Konzertierte Aktion im Gesundheitswesen; Sachstandsbericht 1994 – Gesundheitsversorgung und Krankenversicherung 2000, Kurzfassung, Bonn, 1994
van Eiff, W. u.a.; Der Krankenhausmanager. Berlin, Heidelberg, New York, 2003
Wochenschau (1991) 4; 5
Zwierlein, E.: Klinikmanagement. München, Wien, Baltimore, 1997

1.1.2 Gesundheit als ökonomisches Gut

In der Literatur werden verschiedene Krankheits- bzw. Gesundheitsdefinitionen angegeben. So lassen sich z. B. der christliche, der philosophische und der soziologische Terminus unterscheiden. Für das Gesundheitssystem in der Bundesrepublik Deutschland ist jedoch ausschließlich die begriffliche Krankheitsbestimmung des Bundessozialgerichts vom 16. 5. 1972 von Bedeutung. Danach ist **Krankheit** «ein regelwidriger Körper- und Geisteszustand, dessen Eintritt entweder die Notwendigkeit einer Heilbehandlung – allein oder in Verbindung mit Arbeitsunfähigkeit – oder Arbeitsunfähigkeit zur Folge hat.» Die Notwendigkeit einer Heilbehandlung macht den wirtschaftlichen Einsatz von materiellen oder immateriellen Gesundheitsgütern erforderlich, und zwar zur:

- Prävention
- Kuration und
- Rehabilitation.

Die **Prävention** hat hierbei die Funktion, den Eintritt einer Krankheit zu verhindern oder zeitlich zu verzögern. Dies soll durch Gesundheitserziehung, -beratung und -aufklärung (primäre Prävention), durch Früherkennung einer Krankheit und Vorsorge (sekundäre Prävention) und durch Hygiene sowie Umweltschutz (tertiäre Prävention) erfolgen. Die **Kuration** setzt den Eintritt der Krankheit voraus. Somit steht die ambulante und stationäre Behandlung (Diagnose, Therapie etc.) im Mittelpunkt. Im Rahmen der **Rehabilitation**, also der Nachsorge, ist die Wiedereingliederung der Betroffenen in den Beruf, in die Gesellschaft usw. die zentrale Aufgabe.

Im Gegensatz zum deutschen sozialgerichtlichen Terminus der Krankheit geht die Weltgesundheitsorganisation (WHO) davon aus, dass **Gesundheit** ein Zustand vollkommen körperlichen, geistigen und sozialen Wohlbefindens und nicht allein das Fehlen von Krankheit und Gebrechen ist. Eine Anwendung des WHO-Begriffs hätte für das deutsche Krankenversicherungssystem enorme Auswirkungen. Eine erhebliche Leistungserweiterung in Richtung einer allgemeinen Daseinsfürsorge wäre die Folge. Die sich hieraus ergebenden Veränderungen können **Abbildung 1.1-5** entnommen werden.

Aus der versicherungsrechtlichen Definition von Krankheit lässt sich ableiten, dass z. B. zur Beseitigung oder Linderung des regelwidrigen Körper- und/oder Geisteszustandes durch eine Heilbehandlung materielle und immaterielle Güter eingesetzt werden müssen. Diese Sach- und Dienstleistungen heißen Gesundheitsgüter. Diese Güter werden wie alle anderen Güter angeboten und nachgefragt. Dem begrenzten Angebot an Gesundheitsgütern steht eine weitaus größere Nachfrage gegenüber. Die Ökonomie hat es sich schon immer zur Aufgabe gemacht,

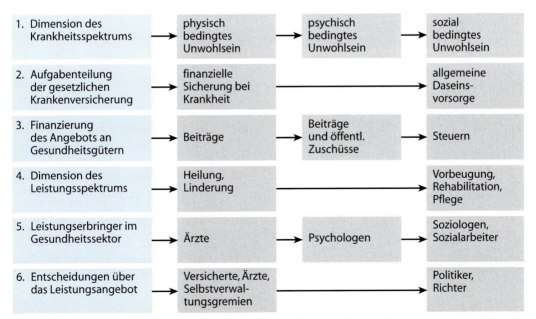

Abbildung 1.1-5: Auswirkungen der Anwendung des Gesundheitsbegriffes (Quelle: in Anlehnung an Metze, I.; Gesundheitspolitik; Stuttgart, Köln, Mainz, 1992, S. 12)

die Verwendung knapper Ressourcen so zu regulieren, dass der Versorgungsbedarf der Gesellschaft optimal gedeckt wird. Diese Funktion beschränkte sich lange Zeit auf den ersten (z. B. land- und forstwirtschaftliche Produktion) und den zweiten (z. B. handwerkliche und industrielle Produktion) Sektor einer Volkswirtschaft. Erst in den letzten Jahren haben die Dienstleistungsbereiche als dritter Sektor einer Volkswirtschaft (Dienstleistungsökonomie) und insbesondere auch das Gesundheitswesen (Gesundheitsökonomie) für die Analyse ökonomischer Zusammenhänge an Bedeutung gewonnen. Gesundheit hat in der Wertschätzung (Bedürfnisskala) der Bevölkerung einen hohen Stellenwert: So bildet sie für den einzelnen Menschen z. B. die Grundlage, Einkommen zu erzielen und das Leben selbstständig gestalten zu können. Zur Befriedigung dieser Bedürfnisse nach Gesundheit sind Gesundheitsgüter in Form einer Sach- und/oder Dienstleistung einzusetzen. Hierbei treten folgende Besonderheiten auf, die die **Eigentümlichkeiten im Gesundheitswesen** erklären:

- Es existieren Sicherungssysteme, die im Bedarfsfalle den Zugang zu Gesundheitsgütern garantieren (Gesundheitsgüter als Kollektivgüter).
- Das Angebot und die Inanspruchnahme von Gesundheitsgütern (Mengenkomponente) ist von der Finanzierung dieser Gesundheitsgüter (Preiskomponente) abgekoppelt (Zahlungsumwege).
- Der Zugang zu den Gesundheitsgütern, die von den Krankenkassen bezahlt werden, erfolgt ausschließlich durch die Profession der Medizin (objektiver Bedarf).

Der Gesundheitssektor ist in den Wirtschaftskreislauf der Bundesrepublik Deutschland eingebettet, und als Gesundheitsbereich konkurriert er mit anderen Bereichen der Volkswirtschaft. In diesem Zusammenhang untersucht die Gesundheitsökonomik die Zielvorstellungen einer Gesellschaft bezüglich der Verteilung von Ressourcen auf das Gesundheitswesen und der Mittelverteilung auf verschiedene gesundheitliche Aktivitäten.

Ein wichtiges Instrument der Gesundheitsökonomie stellen hierbei die Kosten-Nutzen- und die Kosten-Wirksamkeits-Analysen dar. Auf der Grundlage dieser Analysen lassen sich Wirtschaftlichkeitsuntersuchungen für alternative Behandlungsmaßnahmen durchführen, bzw. es lässt sich ein temporärer Vergleich bei einer Maßnahme realisieren.

Ein weiteres Spezifikum des Gesundheitssektors besteht darin, dass die Lenkung der Angebots- und Nachfrageseite nicht oder nur bedingt über den Preis erfolgt. Durch das Fehlen des Preiswettbewerbs müssen andere Steuerungsmechanismen, wie z. B. die Planung, die Gruppenverhandlungen, die Globalsteuerung oder die integrierte Versorgung, den Markt koordinieren.

Das Bruttoinlandsprodukt bildet den Indikator für den Wohlstand einer Gesellschaft. Dieses Sozialprodukt beinhaltet u. a. die bewerteten Sozial- und Gesundheitsgüter, d. h. die Sach- und Dienstleistungen, die eingesetzt werden, um die soziale bzw. gesundheitliche Versorgung zu gewährleisten. Der Anteil der sozialen Leistungen (Sozialbudget) bzw. der Gesundheitsleistungen (Gesundheitsbudget) am Sozialprodukt wird als **Sozialleistungsquote** bzw. als **Gesundheitsquote** bezeichnet. Die Betrachtung dieser Quoten in einem Zeitvergleich zeigt auf, dass zwischen 1960 und 2002 erhebliche Steigerungen eingetreten sind (**Tab. 1.1-4**).

Für die Einnahmenentwicklung der gesetzlichen Krankenversicherung (GKV) haben neben der Beitragssatzgestaltung die Entwicklung der sozialversicherungspflichtigen Bruttolöhne (Grundlöhne) eine zentrale Bedeutung. Unter dem Grundlohn ist folglich der Teil des Bruttoarbeitsentgelts eines Versicherten bis zur Beitragsbemessungsgrenze zu verstehen. Die Summe aller Grundlöhne einer Krankenkasse bildet die **Grundlohnsumme** dieser Kasse, die gesamten Grundlöhne aller gesetzlichen Krankenversicherungen bilden die Grundlohnsumme für das Krankenversicherungssystem der Bundesrepublik Deutschland. Die Grundlohnsummen weisen Unterschiede auf, und zwar regional (z. B. Süd-Nord-Gefälle bzw. West-Ost-Gefälle) und sektoral (Gefälle zwischen den Krankenkassen). Diese Summe aller Grundlöhne in

Tabelle 1.1-4: Bruttoinlandprodukt, Ausgaben für Gesundheit, GKV-Ausgaben für Krankenhauspflege 1960–2002 (Quelle: Deutsche Krankenhausgesellschaft; Daten, Zahlen, Fakten; Düsseldorf, 2003, S. 51)

	Jahr	BIP*	Bruttolohn- und Gehaltssumme		Ausgaben für Gesundheit			GKV-Ausgaben KH-Pflege	
					gesamt	davon: Krankenhaus			
		Mrd. €	Mrd. €	% BIP	Mrd. €	Mrd. €	% BIP	Mrd. €	% BIP
West	1960	154,8	63,7	41,1	–	–	–	0,8	0,5
	1970	345,3	157,4	45,6	35,6	6,0	1,7	3,1	0,9
	1975	524,9	251,9	48,0	68,8	14,1	2,7	8,9	1,7
	1980	752,6	362,8	48,2	98,6	20,0	2,7	13,0	1,7
	1985	932,2	426,3	45,7	121,8	26,2	2,8	17,4	1,9
	1990	1240,4	546,9	44,1	155,3	33,4	2,7	22,8	1,8
	1991	1353,7	593,7	43,9	172,3	36,9	2,7	25,1	1,9
Ost	1991	105,3	76,3	72,5	21,5	5,9	5,6	4,1	3,9
D	1992	1613,2	750,2	46,5	163,2	46,5	2,9	32,9	2,0
	1993	1654,2	770,0	46,5	168,1	49,5	3,0	35,0	2,1
	1994	1735,5	781,3	45,0	180,2	53,2	3,1	38,1	2,2
	1995	1801,3	806,4	44,8	194,0	55,5	3,1	39,7	2,2
	1996	1833,7	815,0	44,4	203,0	56,0	3,1	40,0	2,2
	1997	1871,6	813,6	43,5	203,9	57,6	3,1	42,3	2,3
	1998	1929,4	830,3	43,0	208,4	59,4	3,1	43,6	2,3
	1999	1974,3	854,6	43,3	214,3	60,2	3,0	43,7	2,2
	2000	2025,5	882,9	43,6	218,4	61,1	3,0	44,5	2,2
	2001	2071,2	904,6	43,7	225,9	62,0	3,0	45,0	2,2
	2002[1]	2108,2	911,5	43,2	–	–	–	46,2	2,2

* BIP: Bruttoinlandsprodukt
[1] Vorläufige Zahlen

Deutschland spielt im Rahmen der Diskussion um die Kostenreduktion im Gesundheitswesen eine wichtige Rolle. Sie dient als Richtschnur für die Ausgabenentwicklung (Beitragssatzstabilität, grundlohnsummenorientierte Ausgabenpolitik).

Seit den siebziger Jahren ist der Begriff der so genannten **Kostenexplosion** im Gesundheitswesen im Gespräch. Hinter diesem Terminus versteckt sich eine Entwicklung, bei der die beitragspflichtigen Bruttoentgelte der bei den gesetzlichen Krankenkassen Versicherten nicht so schnell gewachsen sind wie die Ausgaben der Krankenversicherungen.

Diese Grundlohnsumme (**Abb. 1.1-6**) bildet die Schnittstelle zwischen der Gesamtwirtschaft und dem Gesundheitssystem.

Da nach dem auch für die Sozialversicherungsträger relevanten Haushaltsprinzip (**Abb. 1.1-7**) die Ausgaben durch die Einnahmen gedeckt werden müssen, waren die Krankenkassen auf Grund des scherenförmigen Auseinander-Gehens der Ausgaben- und der Grundlohnsummenentwicklung gezwungen, ihre Finanzsituation durch den zweiten Einnahmenfaktor, den Beitragssatz, zu verbessern. Kontinuierliche Beitragssatzsteigerungen, die zudem zwischen den

Abbildung 1.1-6: Die Grundlohnsumme als Schnittstelle der Systeme (Quelle: Haubrock)

- Mitgliederzahl
- Mitgliederstruktur
- demographische Entwicklung
- Arbeitsmarktsituation
- wirtschaftliche Entwicklung
- Beitragsbemessungsgrenze
- u. a.

Abbildung 1.1-7: Haushaltsprinzip der Krankenkassen (Quelle: Haubrock)

Regionen (Süd-Nord-Gefälle) und den einzelnen Kassenarten (z. B. Ortskrankenkassen versus Betriebskrankenkassen) unterschiedlich verliefen, waren die Folge.

Die Grundlohnsummenentwicklung hängt von mehreren gesamtwirtschaftlichen und -gesellschaftlichen Indikatoren ab. Unter anderem beeinflussen folgende Indikatoren die Grundlohnsummenentwicklung:

- Zahl und Struktur der Kassenmitglieder
- Zahl der Erwerbstätigen/Nichterwerbstätigen
- Entwicklung der Zahl des Potenzials der Erwerbspersonen in Relation zu der Zahl der älteren Personen
- Tarifabschlüsse
- Entwicklung der Beitragsbemessungsgrenze.

Aus dem Blickwinkel der Krankenkassen lässt sich sagen, dass die Grundlohnsumme nur bedingt (z. B. Mitgliederzahl) oder gar nicht (z. B. Arbeitslosigkeit) zu beeinflussen ist. Die Grundlohnsumme stellt somit einen exogen Faktor dar. **Tabelle 1.1-5** zeigt die Entwicklung der Grundlohnsumme in der Zeit ab 1970.

Mitte der siebziger Jahre des vergangenen Jahrhunderts setzten die finanziellen Entlastungsstrategien für das gesetzliche Krankenversicherungssystem ein. Der gesamtwirtschaftliche Auslöser dieser Reformpolitik war die potenzielle Gefährdung der Wettbewerbsfähigkeit der deutschen Unternehmen auf den internationalen Märkten. Aus dem Blickwinkel der exportorientierten Wirtschaft muss auch der Preis einer Leistung, die in Deutschland her- bzw. bereitgestellt wird, neben dem Qualitätskriterium im internationalen Vergleich konkurrenzfähig sein. In diesen Kontext gehört die Diskussion um die so genannten **Lohnnebenkosten**, die u. a. die Sozialversicherungsbeiträge der Arbeitgeber beinhalten. Ziel dieser Politik war und ist es somit, eine Stabilisierung oder sogar eine Reduktion der Arbeitgeberanteile u. a. für die Krankenversicherungen zu erreichen. Es wird politisch der **Grundsatz der Beitragssatzstabilität** vorgegeben. So wird in § 71 SGB V in der Fassung vom Juli 2003 festgehalten, dass die Vertragspartner auf Seiten der Krankenkassen und der Leistungserbringer Vereinbarungen so zu gestalten haben, dass Beitragssatzerhöhungen ausgeschlossen werden. Ausnahmen werden nur dann akzeptiert, wenn die notwendige medizinische Versorgung auch nach Ausschöpfung von Wirtschaftlichkeitsreserven ohne Beitragssatzerhöhungen nicht zu gewährleisten sind. Das Gesetz zur Modernisierung der gesetzlichen Krankenversicherung (GKV-Modernisierungsgesetz – GMG) aus dem Jahre 2003 nimmt diesen Ansatz auf. So wird als Ziel des Gesetzes festgehalten, ein hohes Versorgungsniveau bei angemessenen Beitragssätzen auch in der Zukunft zu gewährleisten. An einer anderen Stelle wird formuliert, dass das GMG zu finanzwirksamen Entlastungen der Krankenkassen führen wird und somit das Beitragssatzniveau der gesetzlichen Krankenversicherungen gesenkt werden kann. Die Erwartungen der Bundesregierung gehen dahin, dass die durchschnittlichen Beitragssätze von 14,3 % im Jahre 2003 in den folgenden Jahren auf 13,6 % gesenkt werden können.

Literatur

Ärzte Zeitung: Januar bis Dezember 2003
Bundessozialgericht: Urteilssammlung für die gesetzliche Krankenversicherung Nr. 12/1972, S. 281
Deutsche Krankenhausgesellschaft: Daten, Zahlen, Fakten. Düsseldorf, 2003
Gäfgen, G.: Gesundheitsökonomie. Baden-Baden, 1990
Gesetz zur Modernisierung der gesetzlichen Kranken-

Tabelle 1.1-5: Beitragspflichtige Einnahmen, Beitragsbemessungsgrenze und GKV-Beitragssatz 1970–2002 (Quelle: Deutsche Krankenhausgesellschaft; Daten, Zahlen, Fakten; Düsseldorf, 2003, S. 52)

	Jahr	Beitragspflichtige Einnahmen[a] in Mio. €	Veränd. zu Vorj. in %	Beitragspflichtige Einnahmen[a] pro Mitglied	Veränd. zu Vorj. in %	Beitragsbemessungsgrenze zur Krankenversicherung[b] in € am 1.1.d.J.	Veränd. zu Vorj. in %	Durchschnittlicher Beitragssatz zur GKV[c]	Veränd. zu Vorj. in %
West*	1970	120072	–	5475	–	614	–	8,2	–
	1975	211228	8,2	9201	9,5	1074	12,0	10,4	10,1
	1980	300792	7,6	12568	5,4	1611	5,0	11,4	1,1
	1985	380387	3,7	15431	3,1	2071	3,8	11,8	3,3
	1990	475701	7,7	18255	5,1	2416	3,3	12,5	2,9
	1992	546640	6,8	20141	5,1	2608	4,6	12,7	4,4
	1993	570326	4,3	20941	4,0	2761	5,9	13,4	4,6
	1995	601416	–	21526	–	2991	2,6	13,4	–0,2
	1997	745662	1,0	18588	0,8	3144	2,5	13,5	0,0
	1999	775226	2,4	19209	1,7	3259	1,2	13,5	–0,7
	2000	794591	2,5	19574	1,9	3298	1,2	13,5	0,0
	2001[1]	804809	1,3	19793	1,1	3336	1,2	13,6	0,7
	2002[1]	809727	0,5	19874	0,3	3375	1,2	14,1	3,7
Ost*	1992	110592	29,4	13008	29,3	1841	60,0	12,6	–1,5
	1995	115145	–	16479	–	2454	8,5	12,8	–0,9
	1997	149963	–0,5	14885	0,0	2723	4,4	13,9	3,0
	1999	148634	0,6	14974	–1,0	2761	2,9	13,9	–1,4
	2000	148375	–0,2	15131	1,1	2723	–1,4	13,8	–0,7
	2001[1]	150991	–1,8	15563	–2,9	3336	22,5	13,7	–0,7
	2002[1]	151256	0,2	15749	–1,2	3375	1,2	14,0	2,2

* Bei der Aufteilung in West und Ost wird ab 1995 Berlin-Ost dem Westen zugeordnet.
a Vor dem Inkrafttreten des GRG im Jahr 1989 wurde anstatt beitragspflichtiger Einnahmen der Begriff Grundlohnsumme verwendet, ab 1996 beitragspflichtige Einnahmen der Mitglieder inklusive Rentner für den Risikostrukturausgleich.
b Gleichzeitig Versicherungspflichtgrenze für Angestellte.
c Durchschnittlicher Beitragssatz für Pflichtmitglieder mit Entgeltfortzahlungsanspruch für mindestens 6 Wochen, einschließlich Arbeitslose, 2002 jeweils Dezemberwerte.
1 Vorläufige Ergebnisse.

versicherung (GKV-Modernisierungsgesetz – GMG), BTD 15/1525, 8. 9. 2003

Krankenhausumschau (Hrsg.): Krankenhausfinanzierungsrecht 2004. KU-Sonderheft aktuell, KU-profi-Reihe, Kulmbach, 2004

Metze, I.: Gesundheitspolitik. Stuttgart, Berlin, Köln, Mainz, 1982

Zdrowomyslaw, N.; Dürig, W.: Gesundheitsökonomie. München, Wien, 1997

1.1.3 Angebots- und Nachfragesteuerung von Gesundheitsgütern

1.1.3.1 Gesundheitsgüter als Angebots- und Nachfrageobjekte

Gesundheitsgüter sind wirtschaftliche Güter, die eingesetzt werden, um im Falle einer Krankheit den Zustand eines Menschen positiv zu beeinflussen. Diese Güter können im stationären, im teilstationären und im ambulanten Bereich eingesetzt werden. Gesundheitsgüter lassen sich in materielle Güter (Produkte) und immaterielle Güter (Dienstleistungen) einteilen.

Im Gesundheitssektor werden überwiegend Gesundheitsgüter in Form von **Dienstleistungen** eingesetzt. Abhängig von möglichen Kombinationen von Leistungsgebern und Leistungsnehmern (Person, Objekt) lassen sich mindestens zwei unterschiedliche Definitionen von Dienstleistungen unterscheiden:

- Dienstleistungen im engeren Sinne sind der Bedarfsdeckung Dritter dienende geistige und/oder körperliche Tätigkeiten, deren Vollzug und Nutzung einen zeitlich und räumlich synchronen Kontakt zwischen Leistungsgeber und Leistungsnehmer erfordern.
- Dienstleistungen im weiteren Sinne sind der Bedarfsdeckung Dritter dienende geistige und/oder körperliche Tätigkeiten, deren Vollzug und Nutzung einen zeitlich und räumlich synchronen Kontakt zwischen Leistungsgeber und Leistungsnehmer bzw. deren Objekten erfordern.

Nach Berekhoven (1993) können die Dienstleistungsmärkte unter dem Gesichtspunkt der Kombination von Leistungsgeber und Leistungsnehmer als Person bzw. als Objekt in vier Ausprägungen auftreten:

- beiderseitig personenbezogener Dienstleistungsmarkt
- nachfrageobjektbezogener Dienstleistungsmarkt
- anbieterobjektbezogener Dienstleistungsmarkt
- beiderseitig objektbezogener Dienstleistungsmarkt.

Bei den Dienstleistungen im Gesundheitswesen handelt es sich schwerpunktmäßig um beiderseitig personenbezogene Dienste. Aus dieser Kennzeichnung ergeben sich für die Dienstleistungen im Gesundheitsbereich grundsätzlich folgende Eigenschaften:

- Gültigkeit des Uno-actu-Prinzips
- Nichtlagerfähigkeit
- geringe Rationalisierbarkeit
- geringe Kapazitätselastizität
- Existenz von Präferenzen.

Neben den skizzierten Merkmalen der Gesundheitsgüter als Dienstleistungen sind folgende Kennzeichnungen wichtig:

- Gesundheitsgüter sind Zukunftsgüter
- Gesundheitsgüter sind Kollektivgüter.

Zukunftsgüter sind hierbei Gesundheitsgüter, die erst in der Zukunft genutzt werden können, für die jedoch in der Gegenwart ein Aufwand erbracht werden muss. Da nach der **Theorie der Mindereinschätzung zukünftiger Güter** (Böhm von Bawerk, 1976) der Homo oeconomicus (als ausschließlich von Erwägungen der wirtschaftlichen Zweckmäßigkeit geleiteter Mensch) diesen Aufwand nicht freiwillig zur Verfügung stellt, muss er dazu gezwungen werden.

Kollektivgüter sind hingegen Güter, von deren Konsum niemand ausgeschlossen werden darf. Nach der **Logik des kollektiven Handelns** (Olson, 1968) sieht der einzelne Mensch keinen Anlass, für ein Gut, das ihm nicht vorenthalten werden darf, freiwillig zu zahlen. Zur Finanzierung von kollektiven Gütern muss der Mensch somit ebenfalls gezwungen werden.

Aus der Kennzeichnung der Gesundheitsgüter als Zukunfts- bzw. Kollektivgüter erklärt sich u. a. die Versicherungspflicht der gesetzlichen Krankenversicherungen.

1.1.3.2 Steuerungsmöglichkeiten

Die Entwicklung der gesundheitlichen Versorgung in Form von Gesundheitsleistungen, die von den Gesundheitseinrichtungen angeboten und von den Bürgern in Anspruch genommen werden, wird durch eine Vielzahl von demographischen, sozialen und wirtschaftlichen Determinanten beeinflusst. Die Entscheidungen der Anbieter und Konsumenten dieser Güter entwickeln sich aus einem Zusammenspiel von z. B. ökonomischen und verhaltensbezogenen Einflüssen. Hierbei ist eine eindeutige Zuordnung der Determinanten in Richtung von angebots- bzw. nachfrageseitiger Beeinflussung der Inanspruchnahme der Gesundheitsgüter nicht möglich. So erzeugt z. B. ein steigendes Volkseinkommen eine quantitativ und qualitativ bessere Ausstattung mit Personal und Sachkapital. Zur gleichen Zeit erhöhen sich jedoch mit steigendem Lebensstandard auch die Ansprüche der Versicherten gegenüber dem Angebot an Gesundheitsleistungen. Die Interdependenzen zwischen der Inanspruchnahme der Gesundheitsgüter infolge von Angebot und Nachfrage im Gesundheitswesen lassen sich durch **Abbildung 1.1-8** veranschaulichen.

Eine zentrale Funktion des «Gesundheitsmarktes» ist nun darin zu sehen, dass die Angebots- und Nachfrageströme so gesteuert werden, dass eine optimale Ressourcenallokation erreicht wird. Dies bedeutet, die knappen Gesundheitsgüter so einzusetzen, dass die bestehenden Bedürfnisse, die im Verhältnis zu den Gütern einen weitaus größeren Umfang haben, optimal befriedigt werden können.

Nach dem Konzept der Marktwirtschaft soll die Steuerung von Angebot und Nachfrage über den Preis erfolgen. Eine Analyse der Steuerung von Angebot und Nachfrage im Gesundheitssystem zeigt jedoch, dass der Preismechanismus in der Beziehung zwischen dem Versicherten und dem Anbieter von Gesundheitsgütern ausgeschaltet ist. Der Gesundheitssektor ist hierbei bewusst unter der Annahme aus der Wettbewerbssteuerung herausgenommen worden, dass das Angebot des Gutes bzw. die Nachfrage nach dem Gut Gesundheit durch den Preis nur suboptimal erfolgen kann. Die Gesundheitsversorgung ist somit zu einer so genannten **hoheitlichen Versorgung** gemacht worden. Diese Versorgung ist als bedarfsgerechte Versorgung festgeschrieben worden. Ziel einer am Bedarf orientierten Angebotssteuerung des Gesundheitssystems muss es sein, das **Angebot** an Gesundheitsleistungen auf einer realen **Nachfrage** der Versicherten aufzubauen. Die angebotenen Güter müssen zudem bei den Patienten eine Verbesserung ihres augenblicklichen Gesundheitszustandes bewirken, und die Leistungen sind in der geforderten fachlichen Qualität zu erbringen. Weiterhin darf eine wirtschaftliche Bereitstellung von Gesundheitsleistungen, als Teil einer bedarfsgerechten Versorgung, einschränkend jedoch nur die Leistungen oder Versorgungsformen mit den besten Kosten-Nutzen-Relationen umfassen.

Die **bedarfsgerechte Versorgung** der Bevölkerung mit Gesundheitsgütern ist folglich *Ziel* der Steuerungsalternativen. Dieser Terminus ist so zu interpretieren, dass sich das Angebot an Gesundheitsgütern am Bedarf auszurichten hat. Der Bedarf setzt sich als Nachfragekomponente wiederum aus den Teilen Bedürfnis und Kaufkraft zusammen. Die **Bedürfnisse** sind die Wünsche der Patienten, durch den Einsatz von Gesundheitsgütern wiederum gesund zu werden, die **Kaufkraft** ist die Geldsumme, die die Mitglieder monatlich an die Versicherungen abführen müssen (Pflichtversicherung). Im Gesundheitssystem treten somit auf der Nachfrageseite zwei Partialkunden auf, nämlich die Patienten mit ihren Bedürfnissen (**Bedürfnisträger**) und die Krankenkassen mit ihrer Kaufkraft (**Kostenträger**). Diese Besonderheit der

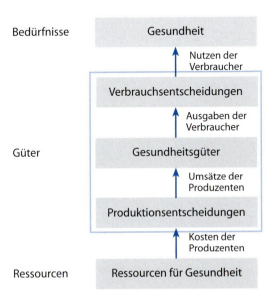

Abbildung 1.1-8: Steuerungselemente der Transformation von Ressourcen in Bedürfnisbefriedigung (Quelle: in Anlehnung an Metze, I.; Gesundheitspolitik; Stuttgart, Berlin, Köln, Mainz, 1982, S. 17)

Leistungsfinanzierung erklärt den so genannten **Zahlungsumweg**. Eine weitere Eigentümlichkeit des Gesundheitssystems besteht darin, dass der Patient nur mit der Genehmigung der Profession Medizin den Zugriff auf die sozialfinanzierten Gesundheitsgüter erhält. Die Medizin ist somit der so genannte **Leistungsveranlasser**. Hierbei muss der subjektive Bedarf des Patienten in einen so genannten objektiven Bedarf umgewandelt werden. Unter **Bedarf** wird hierbei ein personenbezogener Zustand verstanden, dessen Behandlung durch spezifizierbare Maßnahmen einen gesundheitlichen Nutzen erwarten lässt. Im Folgenden werden die Unterschiede zwischen subjektivem und objektivem Bedarf verdeutlicht:

1. Der **subjektive Bedarf** setzt einen Wunsch bzw. gewisse Präferenzen eines Individuums nach einer Leistung voraus, die Inanspruchnahme dieser Leistung wird zudem tatsächlich gewünscht.
2. Der **objektive Bedarf** setzt die professionell und wissenschaftlich bestätigte Feststellung, z. B. einer Krankheit bzw. einer Funktionseinschränkung, voraus.

Aus diesen Vorbemerkungen lässt sich ableiten, dass erst die Feststellung einer Krankheit etc. durch die Profession Medizin die Bereitstellung der Gesundheitsgüter auslöst.

In diesem Kontext lassen sich eine **bedarfsgerechte Versorgung** und eine **wirtschaftliche Versorgung** definieren:

- Die Leistungen basieren auf einem individuellen, auf einem professionellen/wissenschaftlichen und auf einem gesellschaftlich anerkannten Bedarf (indizierte Leistung).
- Die Leistungen haben einen hinreichend gesicherten Nettonutzen (Effektivitätskriterium).
- Die Leistungen werden fachgerecht erbracht.

Die **wirtschaftliche Versorgung** als Teil einer bedarfsgerechten Versorgung umfasst die Leistungen oder Versorgungsformen mit den besten Kosten-Nutzen-Relationen (Effizienzkriterium).

Die Funktion einer Steuerung des Angebotes auf dem so genannten Quasimarkt Gesundheit muss es sein, beide Seiten (Angebot und Nachfrage) in Übereinstimmung zu bringen (optimale Ressourcenallokation durch bedarfsgerechte Versorgung). Dennoch kann nicht ausgeschlossen werden, dass es zu suboptimalen Ergebnissen kommen kann. Zu diesen «Marktverfehlungen» kommt es, wenn eine **Unter-**, **Über-** oder **Fehlversorgung** vorliegt:

- Bei der *Unterversorgung* werden bedarfsgerechte Leistungen, die zudem effizient zur Verfügung gestellt werden können, teilweise oder gänzlich nicht erbracht.
- Bei der *Überversorgung* ist zu unterscheiden zwischen:
  – medizinischer Überversorgung, das heißt, es werden Leistungen über die bedarfsgerechte Versorgung hinaus erbracht (nicht indiziert bzw. ineffektiv).
  – ökonomischer Überversorgung, das heißt, es werden Leistungen erbracht, die ineffizient sind.
- *Fehlversorgung* ist jede Versorgung mit Leistungen, durch deren Anwendung ein medizinisch vermeidbarer Schaden entsteht.

Da der Preiswettbewerb auf dem Gesundheitsmarkt nicht oder nur eingeschränkt existiert, müssen Alternativen die Steuerung übernehmen. Im Gesundheitsbereich der Bundesrepublik Deutschland lassen sich zurzeit die drei alternativen **Steuerungsvarianten** unterscheiden:

- Planung
- Gruppenverhandlung und
- Verhaltensabstimmung

Die Steuerung durch Planvorgaben ist z. B. unter dem Terminus **Krankenhaus(bedarfs)planung** in Deutschland realisiert. Für die Krankenhauslandschaft schreibt das Krankenhausfinanzierungsgesetz (KHG) in § 6 (Krankenhausplanung und Investitionsprogramme) vor, dass die Länder zur Verwirklichung der bedarfsgerechten Versorgung der Bevölkerung mit leistungsfähigen, eigenverantwortlich wirtschaftenden Krankenhäusern u. a. Krankenhaus- und Investitionspläne aufstellen müssen. Mit Hilfe dieser Pläne wird versucht, das Angebot an Krankenhäusern dem Bedarf planerisch weitgehend anzupassen. Damit ist die Sicherung der bedarfsgerechten Versorgung der Bevölkerung das Ziel der Krankenhausplanung, so wie es in § 1 KHG festgeschrieben ist. Vor dem Hintergrund prinzipiell begrenzter Ressourcen ist die Krankenhausplanung notwendig, um:

- Disproportionalitäten bei den regionalen Angeboten und hinsichtlich der horizontalen und der vertikalen Differenzierung auszugleichen und
- das bestehende Angebot an stationärer Versorgung nach Umfang und Struktur den veränderten Bevölkerungszahlen und den Veränderungen in der Morbidität (Häufigkeit der Erkrankungen innerhalb einer Bevölkerungsgruppe) sowie im Verhalten der Bevölkerung anzupassen.

Weiterhin ist es Aufgabe der Krankenhausplanung, das Krankenhauswesen so zu entwickeln und zu gestalten, dass der Bedarf der Bevölkerung nach Leistungen jederzeit zu möglichst gleichen Bedingungen und zu sozial tragbaren Preisen befriedigt werden kann. Von der Aufnahme in den Krankenhausplan ist die Gewährung von staatlichen Mitteln abhängig. Der Erstellung des Planes ist Angelegenheit der Bundesländer. Der Ablauf des Planungsverfahrens vollzieht sich in der Regel in den folgenden sechs Schritten:

1. Ermittlung des Bedarfs an stationärer Krankenhausversorgung
2. Aufstellung eines Planentwurfs durch den zuständigen Minister oder Senator (in der Regel für Arbeit und Soziales)
3. Diskussion des Planentwurfs in Zielplankonferenzen mit den beteiligten bzw. betroffenen Stellen (Krankenhausträger, Krankenhausgesellschaft, Krankenkassen, kommunale und Gebietskörperschaften)
4. Stellungnahme oder Beschluss des Landesparlaments
5. Beschluss des Landesministers bzw. Senators
6. Veröffentlichung im Landesgesetzblatt.

Kernstück dieser Entscheidungsabläufe ist die Ermittlung des zukünftig zu erwartenden Bedarfs an Krankenhausleistungen und seiner regionalen Verteilung. Bei den Ansätzen zur Bedarfsermittlung lassen sich fünf Methoden unterscheiden. In der Bundesrepublik wird überwiegend die *inanspruchnahmeorientierte Bedarfsprognose* eingesetzt.

Morbiditätsorientierte Bedarfsprognose

Die morbiditätsorientierte Bedarfsprognose versucht, Art und Umfang der je Erkrankung notwendigen Gesundheitsversorgung zu ermitteln, um über eine Erhebung und Prognose der Morbiditätsstruktur der Bevölkerung den entsprechenden Bedarf hochzurechnen. Dieser Ansatz stößt neben der Problematik und Aufwändigkeit der Ermittlung von Morbiditätsstatistiken auf das Problem der Zuordnung von Gesundheitsleistungen nach Art und Umfang zu Krankenhausarten im Einzelfall.

Mortalitätsorientierte Bedarfsprognose

Die mortalitätsorientierte Bedarfsprognose geht von festen Relationen zwischen der Zahl der Krankenhaussterbefälle und dem Bedarf an stationären Leistungen aus. Auch wenn statistisch nachweisbar ist, dass über längere Zeiträume gesehen eine solche Relation besteht, dürfte diese ausschließliche Betrachtungsweise den vielfältigen Einflussfaktoren auf den Bettenbedarf und deren Entwicklungstendenzen kaum gerecht werden.

Angebotsorientierte Bedarfsprognose

Die angebotsorientierte Bedarfsprognose beschreibt den pragmatischsten Weg, indem die gegebene Relation zwischen Bettenangebot und Bevölkerungszahl (als Bettenziffer, Planbetten je 1000 Einwohner) unter Berücksichtigung der Bevölkerungsentwicklung hochgerechnet wird. Diese Erhebung des Ist zum Soll ist jedoch problematisch, da weder die Bedarfsgerechtigkeit des Istzustandes hinterfragt wird noch die Entwicklungstendenzen anderer Einflussfaktoren als der Bevölkerungszahl berücksichtigt werden.

Ressourcenorientierte Bedarfsprognose

Die ressourcenorientierte Bedarfsprognose geht von der These der Beeinflussung der Inanspruchnahme durch die Steuerung des Angebotes aus (angebotsinduzierte Nachfrage). Dieser Ansatz bewertet am stärksten die Notwendigkeit der Bedarfsdeckung in den einzelnen Bereichen des Gesundheitswesens und versucht, die entsprechende Inanspruchnahme nach Maßgabe dieser Bewertungen im Rahmen einer umfassenden Budgetierung zu steuern.

Inanspruchnahmeorientierte Bedarfsprognose

Die inanspruchnahmeorientierte Bedarfsprognose (analytische Bedarfsprognose) misst der bisherigen Inanspruchnahme von Krankenhausleistungen eine Indikatorfunktion für den zukünftigen Versorgungsbedarf zu. Die Inanspruchnahme wird nach verschiedenen Determinanten differenziert, ggf. modifiziert und unter Berücksichtigung von Entwicklungen der den Bedarf beeinflussenden Faktoren prognostiziert. Dieser analytische Prognoseansatz wird derzeit in Deutschland und anderen Industriestaaten verwendet.

Bei der inanspruchnahmeorientierten Bedarfsprognose wird durch eine multiplikative Verknüpfung der globalen Bedarfsdeterminanten «Bevölkerungszahl», «Krankenhaushäufigkeit», «Verweildauer» und «Belegungsgrad» ein in der Regel disziplinbezogener Bettenbedarf errechnet. In den Prognosen wird unterstellt, dass die Leistungsmengen der Vergangenheit in Art und Umfang unter Einbeziehung von Trends dem zukünftigen Bedarf entsprechen.

Für die Berechnung des Bettenbedarfs wird die folgende Formel verwendet:

$$\frac{E \times KH \times VD \times 100}{1000 \times 365 \times BN} = \text{Bettenbedarf}$$

mit:
– E = prognostizierte Einwohnerzahl (verfeinert durch die Bildung von Altersgruppen und durch die Berücksichtigung des Geschlechts)
– KH = durchschnittliche Krankenhäufigkeit (verfeinert nach Fachdisziplinen) je 1000 Einwohner
– VD = durchschnittliche Verweildauer in Tagen (verfeinert nach Fachdisziplinen) und
– BN = durchschnittliche Bettennutzung in Prozent (verfeinert nach Fachdisziplinen) – eine durchschnittliche Bettennutzung von 85 % entspricht einer Nutzung von 310 Tagen im Jahr.

Die Umsetzung der Planungen geschieht in mehreren Stufen. In der ersten Stufe werden die Kapazitäten disziplin- und regionenbezogen festgelegt. In der zweiten Stufe erfolgt die Zuordnung von Teilkapazitäten zu Versorgungsstufen (vertikale Differenzierung) und Krankenhäusern (horizontale Differenzierung).

Im Rahmen der ambulanten Bedarfsermittlung sind zunächst die Regelungen des Gesetzes zur Verbesserung der **kassenärztlichen Bedarfsplanung** vom 1. 1. 1987 zu nennen. Mit der Einführung des Sozialgesetzbuches V (SGB V) zum 1. 1. 1989 sowie der Ergänzungen, die am 1. 1. 1993 in Kraft getreten sind, gelten die Regelungen der §§ 98 bis 105 des Gesetzes. So haben z. B. nach § 99 SGB V die Kassenärztlichen Vereinigungen im Einvernehmen mit den Landesverbänden der Krankenkassen und den Verbänden der Ersatzkassen sowie im Einvernehmen mit den zuständigen Landesbehörden nach Maßgabe der von den Bundesausschüssen erlassenen Richtlinien auf Landesebene einen Bedarfsplan zur Sicherstellung der vertragsärztlichen Versorgung aufzustellen und jeweils der Entwicklung anzupassen.

Für den Fall einer Überversorgung wird in § 103 SGB geregelt, dass die Landesausschüsse der Ärzte und Krankenkassen feststellen, ob eine Überversorgung vorliegt. Hierbei orientieren sich die Ausschüsse an den Richtlinien, die auf Bundesebene zwischen den Ärzten und den Krankenkassen beschlossen worden sind. Von einer Überversorgung ist auszugehen, wenn der allgemeine bedarfsgerechte Versorgungsgrad um 10 % überschritten wird. Liegt eine Überversorgung vor, dann hat der Landesausschuss Zulassungsbeschränkungen anzuordnen. Hierbei sind diese räumlich zu begrenzen. Sie können einen oder mehrere Planungsbereiche einer Kassenärztlichen Vereinigung umfassen. Sie sind arztgruppenbezogen unter angemessener Berücksichtigung der Besonderheiten bei den

Kassenarten anzuordnen. Die Zulassungsbeschränkungen sind dann aufzuheben, wenn die Überversorgung entfällt.

Liegt eine Unterversorgung vor, so ist es Aufgabe der Kassenärztlichen Vereinigung, diese Unterversorgung in einer angemessenen Frist abzubauen. Eine Unterversorgung ist dann zu vermuten, wenn in der allgemeinärztlichen Versorgung der Bedarf um 25 % und in der fachärztlichen Betreuung um 50 % unterschritten ist.

Im Gesundheitsbereich der Bundesrepublik Deutschland lassen sich derzeit neben der Planung die zwei folgenden Steuerungsinstrumente unterscheiden, die dem Aspekt der berufsgruppenübergreifenden Zusammenarbeit entsprechen. Es handelt sich hierbei jedoch um eine Zusammenarbeit auf einer Makroebene:

- Kollektivverträge auf Landes- und/oder Bundesebene
- Neokorporativismus oder die Verhaltensabstimmung zwischen Interessenverbänden und dem Staat.

Die erste wichtige Größe im Zusammenspiel der Interessengruppen ist die **Gruppenverhandlung**. Ziel dieser Verhandlungen ist der Abschluss von Verträgen zwischen Selbstverwaltungsorganen. Die Vertragsinhalte unterliegen hierbei keiner direkten staatlichen Beeinflussung, der Staat legt nur den ordnungspolitischen Rahmen fest.

Die Gesundheitsreformgesetzgebungen von 1989, 1993, 2000 und 2003 lassen auf Landes- und Bundesebene den Trend erkennen, wichtige Entscheidungen nicht mehr durch Gesetze und Verordnungen zu treffen, sondern den Selbstverwaltungsorganen der mittleren oder höchsten Verbandsebene zu übertragen. Diese Entwicklung lässt sich mit den Begriffen der **staatlichen Deregulierung** bzw. **Stärkung der Selbstverwaltung** umschreiben. Für die Realisierung dieser Aufgaben der Landes- bzw. Bundesverbände müssen Kompetenzen beispielsweise von der Versicherten- oder Arzt- bzw. Krankenhausebene durch Wahlen auf die Verbandsebene (z. B. auf die Landesebene der Krankenkassen, der Kassenärztlichen Vereinigungen, der Krankenhausgesellschaften) übertragen werden. Die Verbandsebene verhandelt anschließend im Auftrag der Mitglieder und schließt für die Mitglieder mit bindender Wirkung Verträge (**Kollektivverträge**) ab. Beispiele für derartige Verträge sind die Regelungen für die externe Qualitätssicherung nach §§ 137 ff. SGB V sowie die Vorgaben des 17 B KHG (Einführung eines pauschalierenden Entgeltsystems). Nach § 137 SGB V haben die Spitzenverbände der Krankenkassen und der Verband der privaten Krankenversicherung mit der Deutschen Krankenhausgesellschaft unter Beteiligung der Bundesärztekammer sowie der Berufsorganisationen der Krankenpflegeberufe Maßnahmen der Qualitätssicherung für zugelassene Krankenhäuser einheitlich für alle Patienten zu vereinbaren.

Die Regelungen über die so genannten zweiseitigen Verträge (§ 112 SGB V) und über die so genannten dreiseitigen Verträge (§ 115 ff. SGB V) sind ein weiteres Indiz für diese Entwicklung. Am Beispiel des § 115b SGB V soll dies belegt werden. So haben die Spitzenverbände der Krankenkassen, die Deutsche Krankenhausgesellschaft oder alternativ die Bundesverbände der Krankenhausträger und die Kassenärztlichen Bundesvereinigungen einen Katalog ambulant durchführbarer Operationen und sonstiger stationsersetzender Eingriffe, eine einheitliche Vergütung für Krankenhäuser und Vertragsärzte und Maßnahmen zur Sicherung der Qualität und der Wirtschaftlichkeit festzulegen.

In Anlehnung an die im Stabilitäts- und Wachstumsgesetz von 1967 festgelegte Konzeption der Konzertierten Aktion für die Gesamtwirtschaft (Globalsteuerung) ist 1977 im Rahmen des Krankenversicherungskostendämpfungsgesetzes die Konzertierte Aktion im Gesundheitswesen ins Leben gerufen worden. Dieses Modell der gesetzlich fixierten Zusammenarbeit ist am 31. 12. 2003 ausgelaufen und durch eine «informelle» Gesprächsrunde abgelöst worden. Ausgangspunkt dieser Vorgehensweise ist die Vorstellung, im Rahmen eines **Runden-Tisch-Gespräches** wesentliche Berufsgruppen des Gesundheitswesens auf eine vom Staat mitbeeinflusste gesundheits- und finanzpolitische Richtung festzulegen. Mittels dieser Abstimmungsgespräche soll eine **Verhaltensab-**

stimmung der relevanten Interessengruppen erreicht werden, um u. a. die Schere zwischen der Einnahmen- und Ausgabenentwicklung der Krankenkassen zu schließen.

Aus dem seit dem 1. 1. 2004 gestrichenen § 141 SGB V wurde deutlich, dass es zwei wesentliche Aufgabenkomplexe für die Mitglieder der Konzertierten Aktion gab:

- Entwicklung von Orientierungsdaten sowie
- Vorschläge zur Erhöhung der Leistungsfähigkeit, Wirksamkeit und Wirtschaftlichkeit.

Die Mitglieder des Gremiums standen auf Grund der gesetzlichen Vorschriften fest. Hierbei war auffällig, dass die größte Personengruppe im Gesundheitswesen, die Gruppe der Pflegekräfte, nur mit einer Stimme vertreten war.

Ruft man sich die Entstehungsgeschichte der Konzertierten Aktion in Erinnerung, so ist offensichtlich, dass es sich im wirtschaftspolitischen Sinne um ein Disziplinierungsinstrument handelte. Die Verbände waren durch ihre Funktionäre der Bundesebene vertreten. Die auf höchster Ebene gefassten Beschlüsse hatten keine rechtliche Bindung, sie mussten somit entweder in Form von Verordnungen oder Gesetzen oder durch Verträge umgesetzt werden. Im Rahmen einer Deregulierungsstrategie, bei der dem Staat Steuerungsaufgaben entzogen werden sollen, ist folglich die Realisierung der Beschlüsse durch Verträge der angemessene Umsetzungsweg. Die Durchsetzbarkeit der Beschlüsse lässt sich grundsätzlich dadurch erleichtern, dass dieser Umsetzungsprozess durch Verträge auf Bundes- und/oder Landesebene verkürzt wird In diesen Kontext sind die Kollektivverträge einzuordnen. In **Abbildung 1.1-9** wird dieser Mechanismus aufgezeigt.

Die Konzertierte Aktion hat sich in den Jahren ihres Bestehens mit komplexen Themen beschäftigt und viele Orientierungsdaten abgegeben. Über die Wirkung dieser Empfehlungen gibt es unterschiedliche Auffassungen. Unter wirtschaftlichen Gesichtspunkten spielten naturgemäß die wirtschaftlichen Orientierungsdaten eine große Rolle. Unter der Zielsetzung der Beitragssatzstabilität und der einnahmeorientierten Ausgabenpolitik kam den an der Grundlohnsummenentwicklung angelehnten Empfehlungen für die Ausgabenerweiterungen einzelner Gesundheitssektoren eine besondere Bedeutung zu. Die Konzertierte Aktion konnte unter den Bedingungen erfolgreich arbeiten, bei denen der Zuwachs der finanziellen Budgets zu verteilen war. Mit der Zunahme der Umverteilungsauseinandersetzungen zwischen den Interessengruppen des Gesundheitssystems sank die Konsensfähigkeit, und die Notwendigkeit der gemeinsamen Absprachen wurde in Frage gestellt. Letztendlich lässt sich festhalten, dass der **Neokorporativismus** oder die Verhaltensabstimmung zwischen Interessenverbänden und dem Staat im Gesundheitssystem in den Vorgaben des § 141 SGB V gescheitert ist.

Laut § 142 SGB V (in der Fassung des GKV-Modernisierungsgesetzes) beruft das Bundesministerium für Gesundheit und Soziale Sicherung

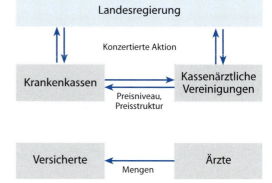

Abbildung 1.1-9: Seelenmassage als Steuerung (Quelle: Peters, Sönke H. F., Schär, W.; Betriebswirtschaft und Management im Krankenhaus; Berlin, 1994, S. 39)

(BMGS) einen **Sachverständigenrat zur Begutachtung der Entwicklung im Gesundheitswesen**. Dieser Sachverständigenrat hat die Aufgabe, Gutachten zur Entwicklung der gesundheitlichen Versorgung zu erstellen. Im Fokus stehen hierbei die medizinischen und wirtschaftlichen Auswirkungen. Neben dieser analytischen Tätigkeit geht es darum, Lösungsansätze zu entwickeln, wie einerseits der Abbau von Versorgungsdefiziten und bestehenden Überversorgungen erfolgen und andererseits das Gesundheitssystem weiterentwickelt werden kann. Der Gegenstand der Gutachten kann durch das Ministerium näher bestimmt werden. Zudem besteht seitens des BMGS die Möglichkeit, Sondergutachten anzufordern.

Die Gutachten müssen im Abstand von 2 Jahren erstellt werden. Nach den gesetzlichen Vorgaben, die durch das GKV-Modernisierungsgesetz erfolgt sind, ist das nächste Gutachten bis zum 15. 4. 2005 zu erstellen.

Der Sachverständigenrat für die Konzertierte Aktion, dies war der Name des Gremiums bis zum 31. 12. 2003, wurde erstmals 1985 durch den damaligen damals zuständigen Bundesminister für Arbeit und Sozialordnung für eine begrenzte Dauer berufen. Der jetzige Rat ist von der Bundesgesundheitsministerin Schmidt am 28. 8. 2003 offiziell ernannt worden. Der Rat ist interdisziplinär durch die folgenden Personen besetzt:

- Fischer, Gisela C., Abt. Allgemeinmedizin, Medizinische Hochschule Hannover
- Glaeske, Ger, Zentrum für Sozialpolitik, Universität Bremen
- Kuhlmey, Adelheid, Fachbereich Humanmedizin, Freie Universität Berlin
- Lauterbach, Karl W., Institut für Gesundheitsökonomie und Klinische Epidemiologie, Universität zu Köln
- Rosenbrock, Rolf, Arbeitsgruppe Public Health, Wissenschaftszentrum Berlin
- Scriba, Peter C., Medizinische Klinik Innenstadt, Ludwig-Maximilians-Universität München
- Wille, Eberhard, Lehrstuhl für Volkswirtschaftslehre, Universität Mannheim

Der Rat hat seit 2000 zwei Gutachten erstellt, mit den Themenschwerpunkten:

- Bedarfsgerechtigkeit und Wirtschaftlichkeit (Gutachten 2000/2001)
- Finanzierung, Nutzerorientierung und Qualität (Gutachten 2003).

Literatur

Berekoven, L.: Der Dienstleistungsmarkt in der Bundesrepublik Deutschland, Band 1. Göttingen, 1983

Böhm von Bawerk: Minderschätzung zukünftiger Güter. In: Herder-Dorneich, Ph.: Wachstum und Gleichgewicht im Gesundheitswesen, Köln, 1976, S. 36

das Krankenhaus (2000) 1: Redaktionsbeilage

Deutsche Krankenhausgesellschaft: GKV-Gesundheitsreform 2000. das Krankenhaus (2000) 1: Redaktionsbeilage

Eichhorn, S.: Krankenhausbetriebslehre, Band 11 (3. Aufl.). Stuttgart, Berlin, Köln, Mainz, 1975

Gäfgen, G.: Gesundheitsökonomie. Baden-Baden, 1990

Gesetz zur Modernisierung der gesetzlichen Krankenversicherung (GKV-Modernisierungsgesetz – GMG), BTD 15/1525, Berlin, 2003

Meffert, H.; Bruhn, M.: Dienstleistungsmarketing (2. Aufl.). Wiesbaden, 1997

Metze, I.: Gesundheitspolitik. Stuttgart, Berlin, Köln, Mainz, 1982

Olsen, M.: Die Logik des kollektiven Handelns. Tübingen, 1968

Peters, Sönke H. F.; Schär, W.: Betriebswirtschaft und Management im Krankenhaus. Berlin, 1994

Sachverständigenrat für die Konzertierte Aktion im Gesundheitswesen: Bedarfsgerechtigkeit und Wirtschaftlichkeit, Gutachten 2000/2001, Bonn, 2001

Sachverständigenrat für die Konzertierte Aktion im Gesundheitswesen: Finanzierung, Nutzerorientierung und Qualität, Gutachten 2003, Bonn, 2003

1.2 Struktur des Gesundheitswesens

M. Haubrock

1.2.1 Sektoren des Gesundheitssystems

Das Gesundheitssystem (Gesundheitswesen) ist ein Subsystem des gesamten sozialen Bereichs. Hierbei bilden alle im Dienst der Gesundheit wirkenden Elemente (Personen, Sachmittel und Einrichtungen) das Gesundheitssystem. Das Gesundheitssystem hat demnach primär die Aufgabe, Krankheiten vorzubeugen und zu heilen. Das Gesundheitssystem wird unter dem Aspekt der unterschiedlichen Aufgabenverteilung in die Sektoren Prävention, Kuration, Rehabilitation sowie Forschung, Lehre und Ausbildung eingeteilt (**Abb. 1.2-1**).

Unter **Prävention** sollen Maßnahmen verstanden werden, die das generelle Einwirken auf die Lebensweisen der Menschen durch Aufdeckung oder Ausschaltung von Risikofaktoren oder auch durch gezielte Behandlungsmaßnahmen beinhalten. Weiterhin zählen hierzu spezielle gesundheitsfördernde bzw. krankheitsverhütende Leistungen. Der präventive Charakter des Gesundheitswesens hat an Bedeutung zugenommen. Einzel- und gruppenprophylaktische Untersuchungen (z. B. Krebsvorsorge- und Zahnarztvorsorgeuntersuchungen) sind in die Gesetzgebung aufgenommen worden. Dazu zählen z. B. auch Maßnahmen wie Nichtrauchertraining und Fitnessprogramme.

Die **Kuration,** die historisch den eigentlichen Kern des Gesundheitssystems darstellt, umfasst die ambulante und die stationäre ärztliche Behandlung und Pflege.

Unter **Rehabilitation** sind alle Maßnahmen zu verstehen, die der Eingliederung bzw. Wiedereingliederung einer körperlich und/oder geistig behinderten Person in Arbeit, Beruf und Gesellschaft dienen.

Die Bereiche der Ausbildung, der Forschung und Lehre dienen einerseits dazu, die erforderlichen personellen Ressourcen aller Berufsgruppen der drei anderen Sektoren in quantitativer und qualitativer Hinsicht zu stellen, andererseits sind Prävention, Kuration und Rehabilitation Untersuchungsobjekte für Forschungsaktivitäten.

Das Gesundheitssystem ist folglich in drei eigenständige Säulen eingeteilt, die z. B. unterschiedliche Finanzierungssysteme haben. Diese Selbstständigkeit hat neben den Vorteilen aber auch erhebliche Nachteile, die im Rahmen einer

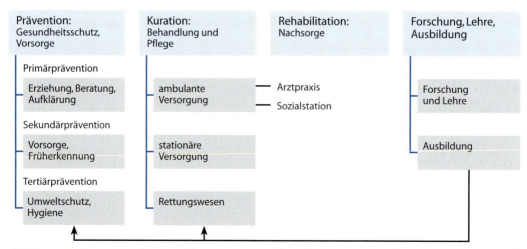

Abbildung 1.2-1: Sektoren des Gesundheitssystems (Quelle: Haubrock, M., Schär, W.; Betriebswirtschaft und Management im Krankenhaus, 3. Aufl.; Bern, 2002, S. 36)

sektorübergreifenden Zusammenarbeit auftreten. Die hierdurch entstehenden Schnittstellenprobleme zeigen sich in den Ineffizienzen der Versorgung und in den auftretenden Qualitätsmängeln. Zur Behebung dieser Schwachpunkte ist die Kooperation zwischen den Säulen im Sinne einer sektor- und berufsgruppenübergreifenden Versorgung ein zentrales Anliegen der Gesundheitsreformen 2000 und 2003.

Literatur
Beske, F.; Hallauer, J. F.: Das Gesundheitswesen in Deutschland (3. Aufl.). Köln, 1999
Gesetz zur Modernisierung der gesetzlichen Krankenversicherung (GKV-Modernisierungsgesetz – GMG). BTD 15/1525, Berlin, 2003
Haubrock, M.; Schär, W.: Betriebswirtschaft und Management im Krankenhaus (3. Aufl.). Bern u. a., 2002
Krämer, W.: Die Krankheit des Gesundheitswesens. Frankfurt/M., 1989

1.2.2 Elemente der Versorgungssysteme

Die Angebotsseite des Gesundheitssystems setzt sich zusammen aus den Versorgungssystemen:

- stationäre Versorgung
- ambulante Versorgung
- Arzneimittelversorgung
- Versorgung mit Heil- und Hilfsmitteln und
- Krankentransport und Rettungsdienst.

Einzelne Versorgungseinrichtungen werden in Kapitel 1.5 differenzierter betrachtet, soweit sie für die Behandlung bzw. Betreuung der Versicherten notwendig und wichtig sind.

Im Bereich der **stationären Versorgung** werden – entsprechend der sektoralen Aufteilung nach Prävention, Kuration und Rehabilitation – folgende Einrichtungen unterschieden:

- Vorsorgeeinrichtungen im Bereich der Prävention
- Krankenhäuser im Bereich der Kuration
- Nachsorgeeinrichtungen im Bereich der Rehabilitation.

Nach § 107 SGB V dienen **Vorsorgeeinrichtungen** der stationären Behandlung der Patienten, um eine Schwächung der Gesundheit, die in absehbarer Zeit voraussichtlich zu einer Krankheit führen könnte, zu beseitigen oder einer Gefährdung der gesundheitlichen Entwicklung eines Kindes entgegenzuwirken.

Die stationäre kurative Behandlung erfolgt im **Krankenhaus.** Es handelt sich um Einrichtungen, in denen primär durch ärztliche und pflegerische Leistungen Krankheiten, Leiden oder Körperschäden festgestellt, geheilt oder gelindert werden sollen oder Geburtshilfe geleistet wird. Zu diesen Leistungen tritt noch die Verpflichtung, für Unterbringung und Verpflegung zu sorgen. Durch das Gesundheitsreformgesetz von 1993 hat der Gesetzgeber die folgenden **Formen der Krankenhausbehandlung** vorgeschrieben:

- vollstationäre Behandlung
- teilstationäre Behandlung
- vor- und nachstationäre Behandlung
- ambulantes Operieren und
- andere ambulante Institutsleistungen.

Gleichzeitig wird der Vorrang der teilstationären, der vor- und nachstationären und der ambulanten Behandlung vor der vollstationären Behandlung explizit verankert.

Durch das **GKV-Modernisierungsgesetz**, das am 1.1.2004 in Kraft getreten ist, wird diese gesetzliche Vorgabe durch die Neueinführung der §§ 116a ff. SGB V noch ausgeweitet.

Diese Vorschriften beinhalten zum einen die Möglichkeit für die Krankenhäuser, bei einer festgestellten Unterversorgung im vertragsärztlichen Bereich ambulant tätig zu werden (**§ 116a SGB V**). Der Zulassungsausschuss kann den Krankenhäusern, die zugelassen sind, für die entsprechenden Fachgebiete, in denen der Landesausschuss der Ärzte und Krankenkassen eine Unterversorgung festgestellt hat, auf deren Antrag eine Ermächtigung erteilen (Ermessensentscheidung). Die Teilnahme an der vertragsärztlichen Versorgung ist abhängig von der Dauer und der Intensität der Unterversorgung. Die Leistungen des medizinischen Versorgungszentrums werden aus der vertragsärztlichen Gesamtvergütung honoriert.

Die zweite Erweiterung bezieht sich nunmehr auch auf die ambulante Durchführung von strukturierten Behandlungsprogrammen bei chronischen Krankheiten. Die ambulante Behandlung des Krankenhauses im Rahmen von **Disease-Management-Programmen** ist in § 116 b Abs. 1 SGB V geregelt. Die Teilnahme an der stationären Behandlung ist für die Krankenhäuser seit Einführung der Disease-Management-Programme möglich gewesen.

Im Jahre 2001 ist das Gesetz zur Reform des Risikostrukturausgleichs verabschiedet worden. Kernstück der zum 1. 1. 2002 in Kraft getretenen Neuregelungen des Risikostrukturausgleichs sind die Einführung eines besonderen Ausgleichsverfahrens für Versicherte, die in Disease-Management-Programmen eingeschrieben sind, sowie die Eröffnung eines mittelfristigen Umbaus des Risikostrukturausgleichs zu einem unmittelbaren «morbiditätsorientierten Ausgleichssystem». Somit wird den gesetzlichen Krankenkassen seit Januar 2002 die Möglichkeit eröffnet, gezielt Disease-Management-Programme zur optimalen Behandlung chronischer Erkrankungen einzurichten. Im Sinne des Risikostrukturausgleichs ergeben sich zwischen den Krankenkassen finanzielle Erstattungen.

Die Details zu den **strukturierten Behandlungsprogrammen** bei chronischen Krankheiten sind in § 137 f SGB V geregelt. Bei der Auswahl der vom gemeinsamen Bundesausschuss (ehemals Koordinierungsausschuss) zu empfehlenden chronischen Krankheiten sind u. a. folgende Kriterien zu berücksichtigen:

- Zahl der von der Krankheit betroffenen Versicherten
- Möglichkeiten zur Verbesserung der Versorgungsqualität
- Verfügbarkeit von evidenzbasierten Leitlinien
- sektorübergreifender Behandlungsbedarf
- hoher finanzieller Aufwand der Behandlung.

Die Zulassung der strukturierten Behandlungsprogramme erfolgt nach den Vorgaben des § 137 g SGB V. Danach hat das Bundesversicherungsamt auf Antrag einer Krankenkasse oder eines Verbandes der Krankenkassen die Zulassung von Disease-Management-Programmen zu erteilen, wenn die Programme die gesetzlich geregelten Voraussetzungen erfüllen.

Die Teilnahme eines Krankenhauses an einem Disease-Management-Programm ist an einen Vertrag gebunden, der zwischen einem zugelassenen Krankenhaus und den Krankenkassen, den Landesverbänden der Krankenkassen oder den Verbänden der Ersatzkassen abgeschlossen wird. Hierbei können neben den stationären Leistungen auch ambulante ärztliche Behandlungen vereinbart werden. Seitens der Krankenhäuser besteht jedoch kein Rechtsanspruch auf Abschluss eines Vertrages. Die gesetzlichen Vorschriften für die sächlichen und personellen qualitativen Anforderungen nach § 135 SGB V sind mindestens zu erfüllen. Die vertraglich erbrachten Leistungen des Krankenhauses werden unmittelbar von der Krankenkasse vergütet.

Wie für viele der aus dem amerikanischen Gesundheitswesen importierten Begriffe fehlt auch für *Disease Management (DM)* eine einheitliche Definition. Von den vielen begrifflichen Festlegungen soll in diesem Zusammenhang die Definition von Lauterbach herangezogen werden:

> DM ist ein systematischer, sektorenübergreifender und populationsbezogener Ansatz zur Förderung einer kontinuierlichen, evidenzbasierten Versorgung von Patienten mit chronischen Erkrankungen über alle Krankheitsstadien und Aspekte der Versorgung hinweg. Der Prozess schließt die kontinuierliche Evaluation medizinischer, ökonomischer und psychosozialer Parameter sowie eine darauf beruhende kontinuierliche Verbesserung des Versorgungsprozesses auf allen Ebenen ein. (Lauterbach/Stock, 2001)

Im Kern steht das Disease Management also für die indikationsbezogene Optimierung von Versorgungsprozessen unter medizinischen und ökonomischen Gesichtspunkten. Es steuert die Therapie als Ganzes und nicht nur einzelne, ambulante oder stationäre Teilprozesse. Die Umsetzung des Disease Management erfolgt in Form von Programmen, die eine Zusammenstellung aufeinander abgestimmter Maßnahmen beinhalten. Ein Disease-Management-Programm behandelt alle relevanten Behandlungsaspekte einer bestimmten Krankheit. Hierbei sollen sektorübergreifende Prozesse aufgebaut werden, das heißt, Prozesse der Vorsorge, der Behandlung und der Nachsorge sind logisch und zeitlich zu optimieren. Letztlich ist ein Disease-Management-Programm ein speziell für eine Erkrankung entwickelter Tätigkeitsablauf, an dem sich alle am Versorgungsprozess Beteiligten orientieren sollen. Alle Disease-Management-Programme haben folgende Grundprinzipien gemein:

- Sie gewährleisten eine sektorenübergreifende medizinische Versorgung.
- Durch Vermeidung von Über-, Unter- und Fehlversorgung erfolgt ein effizienter Umgang mit den zur Verfügung stehenden Ressourcen des Gesundheitssystems.
- Sie orientieren sich an medizinischen Leitlinien und medizinischer Evidenz.
- Sie ermöglichen dem Arzt eine optimale und regelmäßige Versorgung seiner Patienten.
- Die Teilnahme an strukturierten Behandlungsprogrammen ist für die Versicherten freiwillig.
- Sie helfen den Patienten, ihre Erkrankung besser zu verstehen und danach zu handeln. (Broweleit, 2002)

Im Rahmen der Zieldefinition von Disease Management wird ersichtlich, dass grundsätzlich alle Personen, Gruppen und Institutionen, die mit der Behandlung einer chronischen Krankheit zu tun haben, als Zielgruppen in Frage kommen könnten. In diesem Zusammenhang sind z. B. Ärzte, Apotheker und Krankenhäuser zu nennen. Primäre Zielgruppe sind jedoch die chronisch kranken Versicherten. Durch ein für das jeweilige Krankheitsbild relevantes Programmangebot können die Krankenkassen den Gesundheitszustand ihrer Mitglieder verbessern oder eine Verschlechterung verhindern. In diesem Zusammenhang spielt die aktive Mitwirkung der Versicherten eine große Rolle. Ein informierter und motivierter Patient trägt zum Programmerfolg bei. Daher können Kassen durch eine patientenzentrierte Informationspolitik die Programmeffektivität erheblich steigern. Die Vorteile der strukturierten Behandlungsprogramme, die sich für einzelne Zielgruppen ergeben, werden in **Tabelle 1.2-1** zusammengefasst.

Weiterhin können die Krankenhäuser nach § 116b Abs. 2–5 SGB V auch die ambulante Behandlung bei **hochspezialisierten Leistungen**, **seltenen Erkrankungen** und **Erkrankungen mit besonderem Behandlungsverlauf** übernehmen. Die Krankenkassen, die Landesverbände der Krankenkassen oder die Verbände der Ersatzkassen können mit den zugelassenen Krankenhäusern Verträge über spezielle ambulante Leistungen abschließen. Die relevanten Leistungen sind in § 116b Abs. 3 SGB V aufgelistet. Der Gemeinsame Bundesausschuss muss diesen Katalog kontinuierlich um Erkrankungen und hochspezialisierte Leistungen erweitern. Seitens der Krankenhäuser besteht jedoch kein Rechtsanspruch auf Abschluss eines Vertrages. Die gesetzlichen Vorschriften für die sächlichen und personellen qualitativen Anforderungen nach § 135 SGB V sind mindestens zu erfüllen. Die vertraglich erbrachten Leistungen des Krankenhauses werden von den Krankenkassen vergütet.

Rehabilitationseinrichtungen haben die Aufgabe, die krankheitsbedingten Fähigkeitsstörungen durch frühzeitige Einleitung relevanter Maßnahmen zu beseitigen bzw. zu mindern, um eine dauerhafte Beeinträchtigung der beruflichen Tätigkeit und des so genannten gesellschaftlichen Lebens zu vermeiden. Die Rehabilitation soll somit im Anschluss an die Krankenhausbehandlung den dabei erzielten Behandlungserfolg sichern und festigen. Hierzu kommt u. a. das Ziel, eine drohende Behinderung oder Pflegebedürftigkeit abzuwenden bzw. sie nach Eintritt zu beseitigen, zu mindern, auszugleichen, ihre Verschlimmerung zu verhüten sowie ihre Folgen zu mildern. Für die einzelnen Rehabilitationsträger lassen sich die jeweiligen Ziele wie folgt definieren:

Tabelle 1.2-1: Vorteile der Disease-Management-Programme (Quelle: Broweleit, K.; Disease-Management-Programme im Wettbewerb, Diplomarbeit; Fachhochschule Flensburg, Flensburg, 2002)

Vorteile für Patienten	Vorteile für Kostenträger	Vorteile für Ärzte	Vorteile für die Gesellschaft
Optimierte Krankheitswahrnehmung	Versichertenbindung durch Zufriedenheit	der «mündige Patient» wird angestrebt	leistungsfähiges, finanzierbares Gesundheitswesen
Verbesserung der Krankheitssymptomatik	Kompetenzzuwachs als Prozesskoordinator	kompetente Behandlungsunterstützung	Arbeitsplatzentlastung durch geringere Fehlzeiten
Komplikationsvermeidung	effizienter Ressourceneinsatz	Aufwertung des ambulanten Bereiches	Entlastung des sozialen Umfeldes eines Chronikers
Anstieg der Lebensqualität	hochwertige Behandlungsprogramme	sektorenübergreifende Versorgung	
Anstieg der Patientenzufriedenheit	langfristige Kosteneinsparungen	bessere Patienten-Compliance	
eigenständiges Krankheitsmanagement		Kompetenzzuwachs des Arztes	
		rascher Informationsmaterialzugriff	

- Krankenversicherung
  - Vorbeugung einer drohenden Behinderung oder Pflegebedürftigkeit
  - Beseitigung, Besserung oder Verhütung der Verschlimmerung einer Krankheit
- Rentenversicherung
  - Verhinderung der Beeinträchtigung der Erwerbstätigkeit oder des vorzeitigen Ausscheidens aus dem Erwerbsleben
  - möglichst dauerhafte Wiedereingliederung in das Erwerbsleben
- Unfallversicherung
  - Beseitigung oder Besserung der durch einen Arbeitsunfall verursachten Körperverletzung
  - Gesundheitsstörung und Minderung der Erwerbsfähigkeit
  - Erleichterung der Auswirkungen der Unfallfolgen

Seit 1993 sind intensive Bemühungen festzustellen, das traditionelle System der stationären Rehabilitation durch ambulante Formen zu ergänzen oder zu ersetzen. Motor dieser Veränderung ist die Forderung nach einer Effizienz- und Qualitätssteigerung.

Unter **ambulanter Versorgung** wird das medizinische Leistungsgeschehen verstanden, das nicht auf die Einrichtungen eines Krankenhauses angewiesen ist. Unter den vielfältig möglichen ambulanten Versorgungsformen dominiert in der Bundesrepublik die Versorgung durch den niedergelassenen Arzt. Darüber hinaus werden auch Krankenhausfachärzte sowie Universitätskliniken über Polikliniken und Krankenhäuser durch Institutionsverträge für ambulante Versorgungsaufgaben herangezogen.

Die ambulante Versorgung durch den niedergelassenen Arzt umfasst Leistungen, die von der Feststellung und Bestätigung der Gesundheit bis hin zur Veranlassung von Hilfeleistungen durch andere Gesundheitsberufe gehen können. Diese Leistungen werden in der Bundesrepublik überwiegend in der kassenärztlichen **Einzelpraxis** erbracht. Hierbei betreibt ein zugelassener Arzt die Praxis. Neben dieser herkömmlichen Einzelpraxis gibt es die folgenden Kooperationsformen, die unter dem Sammelbegriff **Gruppenpraxis** geführt werden:

- *Praxisgemeinschaft:* Diese Gemeinschaft ist dadurch gekennzeichnet, dass die Vertragsärzte die Praxisräume und Praxiseinrichtun-

gen gemeinsam nutzen. Zudem können sie gemeinsame Beschäftigte haben. Jeder Arzt hat jedoch seine eigenen Patienten und rechnet auch getrennt ab.
- *Gemeinschaftspraxis:* Die oben genannten Kriterien hinsichtlich der Räume, der Einrichtung und des Personals gelten auch für eine Gemeinschaftspraxis. Bei dieser Kooperationsform wird die Praxis aber unter einem Namen geführt, die Patienten werden nicht den einzelnen Ärzten zugerechnet, zudem erfolgt die Abrechnung gemeinschaftlich.
- *Praxisklinik:* Hierbei handelt es sich um eine Praxisgemeinschaft oder um eine Gemeinschaftspraxis mit angeschlossenen Belegbetten. Diese Kliniken haben im Zusammenhang mit dem ambulanten Operieren eine große Bedeutung.
- *Apparategemeinschaft:* Hier steht die gemeinsame Nutzung der medizinischen Geräte im Mittelpunkt.
- *Laborgemeinschaft:* Es handelt sich um eine spezifische Apparategemeinschaft, bei der die beteiligten Vertragsärzte ein Laboratorium (Personal, Geräte und Räume) betreiben. Die Abrechnung gegenüber der Kassenärztlichen Vereinigung erfolgt getrennt, intern werden die Kosten nach einem bestimmten Schüssel umgelegt.

Ab dem 1. 1. 2004 sind nach § 95 SGB V auch die medizinischen Versorgungszentren zugelassen. **Medizinische Versorgungszentren** nehmen u. a. an der vertrags- und privatärztlichen Versorgung teil. Sie sind jedoch nicht auf diese Versorgungsvarianten begrenzt. Die weiteren Tätigkeiten des Zentrums können sich z. B. nach einem neu mit den Kassen abzuschließenden Vertrag zur integrierten Versorgung nach dem GKV-Modernisierungsgesetz richten.

Bei den Versorgungszentren handelt es sich um fachübergreifende, ärztlich geleitete Einrichtungen, in denen Ärzte, die in das Arztregister eingetragen sind, als Angestellte oder als freiberufliche Vertragsärzte tätig sind. Sie entsprechen somit den bereits in § 311 SGB V beschriebenen ehemaligen Gesundheitszentren in den neuen Bundesländern.

Bei den medizinischen Versorgungszentren ist es zudem erlaubt, dass die kaufmännische Leitung z. B. durch einen nichtärztlichen Geschäftsführer übernommen wird.

Die Zentren können sich aller gesetzlich zulässigen Organisationsformen (z. B. Aktiengesellschaft, Gesellschaft mit beschränkter Haftung, BGB-Gesellschaft) bedienen.

Die Gründung eines Versorgungszentrums kann von allen Leistungserbringern, die auf der Grundlage einer Zulassung, einer Ermächtigung oder auf Grund eines Vertrages an der vertragsärztlichen Versorgung teilnehmen dürfen, erfolgen. Somit können neben Heilmittelerbringern, Physiotherapeuten, Vertragsärzte, ermächtigte Leistungserbringer, Pflegedienste und Apotheken auch Krankenhäuser Träger dieser Versorgungszentren werden. Krankenhäuser haben folglich die Möglichkeit, Versorgungsbereiche der Klinik in ein medizinisches Zentrum auszugliedern. Dies kann z. B. der Röntgen-, der Anästhesie- oder der Endoskopiebereich sein. Diese Bereiche können dann zur gemeinsamen Nutzung zur Verfügung gestellt werden. Weiterhin ist es möglich, dass angestellte Ärzte im medizinischen Zentrum gleichzeitig Angestellte des Krankenhauses sein können.

Soweit es sich um die vertragsärztliche Versorgung gesetzlich Krankenversicherter handelt, ist mit der Zulassung über den Zulassungsausschuss der Kassenärztlichen Vereinigung die Teilnahme in den Fachgebieten erteilt, für die die im Zentrum tätigen Ärzte die weiterbildungsrechtlichen Befähigungen haben. Vertragsärzte können ihre Kassenzulassungen in die medizinischen Versorgungszentren einbringen. Die Zentren können aber auch frei werdende KV-Sitze aufkaufen. Die im Zentrum als Angestellte tätigen Ärzte sind dabei nicht an die möglicherweise vorher bestehenden Einschränkungen der Ermächtigung oder der Zulassung gebunden.

Die gesetzlichen Vorschriften für die sächlichen und personellen qualitativen Anforderungen nach § 135 SGB V sind mindestens zu erfüllen.

Die neue Vergütungsform EBM 2000 plus fördert die Zentren. Nach dem EBM 2000 plus ist vorgesehen, ärztliche Kooperationen mit mehr als drei Vertragsärzten um bis zu 30 % höher zu vergüten. Die geplanten Fallpauschalen für Leistungen, die sowohl ambulant als auch stationär erbracht werden können, werden auf das gleiche Niveau gebracht. Hinzu kommt, dass bei der Teilnahme an einer integrierten Versorgung die Vergütungen zwischen dem Anbieter und den Kassen frei ausgehandelt werden.

Zur **Sicherstellung der ärztlichen Versorgung** wirken Ärzte und Krankenkassen zusammen, das heißt, die Sicherstellung wird den Ärzten und Krankenkassen übertragen. Diese Zusammenarbeit entsteht durch den Abschluss von Verträgen zwischen den Kassenärztlichen Vereinigungen und den Krankenkassenverbänden. Zu den Aufgaben der Kassenärztlichen Vereinigung gehört weiterhin die Wahrnehmung der Rechte der Ärzte gegenüber den Kassen. Für die im Rahmen der vertraglichen Verpflichtungen anfallenden ärztlichen Leistungen haben beide für eine angemessene Vergütung zu sorgen. Hieraus resultieren die drei wesentlichen Aufgaben der **Kassenärztlichen Vereinigung**:

- Sicherstellungsauftrag
- Gewährleistungsauftrag und
- Interessenvertretung.

Die Mitgliedschaft in einer Kassenärztlichen Vereinigung ist für jeden Arzt obligat, der an der kassenärztlichen Versorgung teilnimmt. Es besteht also Pflichtmitgliedschaft (**Abb. 1.2-2**).

Die Kassenärztlichen (Landes-)Vereinigungen sind Körperschaften des öffentlichen Rechts. Im Rahmen ihrer Selbstverwaltung werden die Organe Vertreterversammlung und Vorstand aus der Mitte der Kassenärzte bzw. aus der Mitte der Vertreterversammlung gewählt. Die Landesvereinigungen sind auf Bundesebene zur Kassenärztlichen Bundesvereinigung zusammengefasst. Ein analoger Aufbau liegt bei den Zahnärzten vor.

Die Zahl der zur kassenärztlichen Versorgung zugelassenen Ärzte hat sich in den letzten Jahren

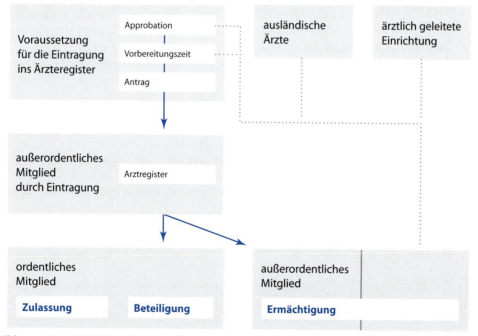

Abbildung 1.2-2: Mitgliedschaft in der Kassenärztlichen Vereinigung und Arztregistereintragung (Quelle: Haubrock, M., Peters, Sönke H. F., Schär, W. [Hrsg.]; Betriebswirtschaft und Management im Krankenhaus, Berlin/Wiesbaden, 1997, S. 49)

bedeutend erhöht. An der Spitze dieses Anstiegs befinden sich die Nervenärzte und Psychiater. Durch die Strukturgesetze von 1989 und 1993 ist die **Bedarfsplanung für Ärzte** eingeführt worden. Die Grundlage für diese Bedarfsplanung ist eine **Richtlinie**, die der ehemalige **Bundesausschuss der Ärzte und Krankenkassen** festgelegt hat. In dieser Richtlinie, die für alle Krankenkassen und Ärzte verbindlich ist, werden Relationen zwischen der Bevölkerungszahl einer Region und der Zahl der niedergelassenen Ärzte festgeschrieben, bei denen eine bedarfsgerechte Versorgung angenommen wird. Wird dieser Versorgungsgrad um mehr als 10 % überschritten, tritt **Überversorgung** ein. Hierbei stellen die Landesausschüsse der Ärzte und Krankenkassen fest, ob eine Überversorgung vorliegt. Tritt dieser Fall ein, so hat der Landesausschuss eine Zulassungsbeschränkung auf den Raum, in dem eine Überversorgung festgestellt wurde, anzuordnen. **Unterversorgung** wird testiert, wenn in der allgemeinärztlichen Versorgung der Bedarf um 15 % und in der fachärztlichen Versorgung der Bedarf um 50 % unterschritten wird. In diesem Fall müssen seitens des Landesausschusses Anreize geschaffen werden, um die Unterversorgung zu beheben.

Ab 1. 1. 1999 greift zudem die Altersgrenze für Kassenärzte und Kassenzahnärzte. Dann endet die Zulassung mit Vollendung des 68. Lebensjahres. Ausnahmen sind jedoch vorgesehen.

Neben der ärztlichen Behandlung im ambulanten Bereich erhalten die Versicherten auf Grund der gesetzlichen Vorschriften des 37 SGB V **häusliche Krankenpflege** durch examiniertes Krankenpflegepersonal bzw. durch andere zur Krankenpflege geeignete Personen, wenn Krankenhauspflege zwar angezeigt, aber nicht durchführbar ist bzw. wenn durch die häusliche Pflege ein Krankenhausaufenthalt vermieden oder verkürzt werden kann. Die Krankenkassen haben weiterhin die Pflicht, Leistungen auch dann zu gewähren, wenn diese zur Unterstützung der ärztlichen Behandlung erforderlich sind. Im Mai 2000 ist die Richtlinie des Bundesausschusses der Ärzte und Krankenkassen über die Verordnung «Häuslicher Krankenpflege» in Kraft getreten.

In dieser **Richtlinie**, die bindenden Charakter für die betroffenen Gruppen hat, werden neben der Zielformulierung und den Angaben über den Verordnungsweg, die Dauer und über die Genehmigung einer Verordnung ein **Verzeichnis der verordnungsfähigen Maßnahmen der häuslichen Krankenpflege** festgelegt. In diesem Verzeichnis sind alle Leistungen der Grundpflege und der hauswirtschaftlichen Versorgung sowie der Behandlungspflege aufgeführt.

Bis zum 31. 12. 2003 hat es im Zusammenhang mit der medizinischen Versorgung der Bevölkerung unterschiedliche **Gremien** gegeben, die innerhalb der Sektoren des Gesundheitssystems bestimmte Koordinationsaufgaben zu übernehmen hatten. In diesem Zusammenhang sind zu nennen:

- Bundesausschuss der Ärzte und Krankenkassen
- Bundesausschuss der Zahnärzte und Krankenkassen
- Ausschuss Krankenhaus
- Koordinierungsausschuss.

Die beiden **Bundesausschüsse** wurden durch die Vorschriften des **§ 91 SGB V** geregelt. Nach den gesetzlichen Vorgaben waren die Kassenärztliche bzw. Kassenzahnärztliche Vereinigung und die Vertreter der Krankenkassen jeweils mit gleicher Stimmenzahl vertreten. Hinzu kommen drei neutrale Mitglieder.

Der **Ausschuss Krankenhaus** ergab sich aus den Vorschriften des **§ 137 c SGB V**. Der Ausschuss bestand aus Vertretern der Krankenkassen und der Krankenhäuser auf Bundesebene sowie der Bundsärztekammer und aus unparteiischen Mitgliedern. Seine Funktion bestand darin, Untersuchungs- und Behandlungsmethoden, die im Krankenhaus angewandt wurden, darauf hin zu untersuchen, ob die Methoden im Sinne einer ausreichenden, zweckmäßigen, effizienten und effektiven Versorgung erforderlich waren.

Der **Koordinierungsausschuss**, dessen Zusammensetzung und Aufgaben im **§ 137 e SGB V** festgeschrieben waren, bildete quasi die Klammer zwischen den oben genannten Gremien. Im Koordinierungsausschuss waren folglich die

Spitzenorganisationen der Ärzte und Krankenkassen, die die Bundesausschüsse bildeten, ebenso vertreten wie die Mitglieder des Ausschusses Krankenhaus. Er hatte somit die Funktion, Empfehlungen in sektorenübergreifenden Angelegenheiten zu geben. Insbesondere sollte nach § 137 e Abs. 3 SGB V der Ausschuss...

> ... auf der Grundlage evidenzbasierter Leitlinien die Kriterien für eine im Hinblick auf das diagnostische und therapeutische Ziel ausgerichtete zweckmäßige und wirtschaftliche Leistungserbringung für mindestens zehn Krankheiten je Jahr beschließen, bei denen Hinweise auf unzureichende, fehlerhafte oder übermäßige Versorgung bestehen und deren Beseitigung die Morbidität und Mortalität der Bevölkerung nachhaltig beeinflussen kann.

Seit dem 1.1.2004 übernimmt nach § 91 SGB V der **Gemeinsame Bundesausschuss** die Aufgaben der bisherigen Ausschüsse. Zudem gibt er die Anforderungen für die Qualitätssicherung im ambulanten und stationären Bereich vor. Der Gemeinsame Bundesausschuss hat eine je nach Beschlussgegenstand unterschiedliche Besetzung der 21 Sitze. So können sich z. B. bei der Verabschiedung von Richtlinien im vertragsärztlichen Bereich nach § 92 SGB neun Vertreter der Ärzte und neun Vertreter der Kassen gegenübersitzen. Hinzu kommen die drei neutralen Personen. Bei Fragen der Verfahrens- und Geschäftsordnung kann das Stimmenverhältnis 9 : 4 : 4 : 1 : 3 (GKV : DKG : KBV : KZBV : UNP) betragen. Erkennbar ist, dass die Sitze jeweils paritätisch zwischen den gesetzlichen Krankenkassen (GKV) und den Leistungserbringern (Deutsche Krankenhausgesellschaft (DKKG), Kassenärztliche Bundesvereinigung (KBV) und Kassenzahnärztliche Bundesvereinigung (KZBV) mit jeweils neun Sitzen verteilt sind. Hinzu kommen die drei stimmberechtigten unparteiischen Personen (UNP). Die Entscheidungen des Gemeinsamen Bundesausschusses sind in der Regel für Versicherte, Krankenkassen, zugelassene Krankenhäuser und an der ambulanten Versorgung teilnehmende Leistungserbringer verbindlich. Nach den gesetzlichen Vorschriften des **§ 139 a SGB V** hat der Gemeinsame Bundesausschuss ein fachlich unabhängiges, rechtsfähiges, wissenschaftliches **Institut für Qualität und Wirtschaftlichkeit im Gesundheitswesen** zu gründen. Zugleich ist der Bundesausschuss Träger dieses Institutes. Das Institut gibt u. a. Bewertungen und Empfehlungen an den Bundesausschuss zu folgenden Bereichen ab:

- Stand des aktuellen medizinischen Wissens
- Qualität und Effizienz von GKV-Leistungen
- evidenzbasierte Leitlinien für epidemiologisch wichtige Krankheiten
- Disease-Management-Programme
- Nutzen von Arzneimitteln.

Zusätzlich hat das Institut allgemein verständliche Informationen zu Fragen der Qualität und der Effizienz für die Bevölkerung zur Verfügung zu stellen. Die Finanzierung des Ausschusses und des Institutes erfolgt zur einen Hälfte durch die Krankenhäuser. Die andere Hälfte wird durch den ärztliche Bereich aufgebracht.

Literatur

Beske, F.; Hallauer, J. F.: Das Gesundheitswesen in Deutschland (3. Aufl.). Köln, 1999

Broweleit, K.: Disease-Management-Programme im Wettbewerb, Diplomarbeit. Fachhochschule Flensburg, Flensburg, 2003

Gesetz zur Modernisierung der Gesetzlichen Krankenversicherung (GKV-Modernisierungsgesetz – GMG)

Haubrock, M.; Schär, W.: Betriebswirtschaft und Management im Krankenhaus (3. Aufl.). Bern u. a., 2002

Jeschke, H. A.; Lang, J. R. (Hrsg.): Rehabilitation im Umbruch. Kulmbach, 1997

Lauterbach, K. W.; Stock, St.: Reform des Risikostrukturausgleichs: Disease Management wird aktiviert. In: Deutsches Ärzteblatt, 30, 2001, S. 1935–1937

1.2.3 Grundmodelle exemplarischer Versorgungssysteme

Die Versorgungssysteme sind um die Grundbeziehung Patient-Arzt herum entwickelt worden. Daneben bestehen aber auch weitere Beziehungen, z. B. zwischen Arzt und Kassenärztlicher Vereinigung bzw. zwischen Krankenkasse und Krankenhaus. Die Beziehungen zwischen den einzelnen Systemelementen bedingen sich gegenseitig, sodass sich Beziehungsketten ergeben.

Die **Theorie der Beziehungsketten** ermöglicht es, die Systeme in so genannten Grundmodellen hinsichtlich der Zahlungswege, der Steuerungsmittel usw. verständlich zu machen. An einigen exemplarischen Grundmodellen sollen die einzelnen Aggregate dargestellt und verdeutlicht werden.

Als erstes Beispiel wird das **System der ambulanten (kassenärztlichen) Versorgung** vorgestellt. Die Elemente in diesem System (K = Krankenkasse, V = Versicherter, Ä = Ärzte, KV = Kassenärztliche Vereinigung) bilden eine in sich geschlossene Kette (**Abb. 1.2-3**).

Bei Eintritt des Krankheitsfalles sucht der Versicherte mit seiner Krankenversichertenkarte (Berechtigungsschein) den Arzt auf. Auf Grund der Garantie, für diesen Berechtigungsschein ein Honorar zu bekommen, führt der Arzt die Behandlung durch (Sachleistungsprinzip). Es erfolgt somit auf dem so genannten Quasimarkt ein Tausch von Schein gegen Leistung. Am Quartalsende reicht der Arzt seine ausgefüllten Scheine an seine Kassenärztliche Vereinigung weiter.

Die Abrechnung erfolgt nach **Gebührenordnungen**. Die unterschiedlichen Gebührenordnungen sind **Abbildung 1.2-4** zu entnehmen.

Die Ordnungen für Kassenpatienten (BMÄ für die Pflichtkassen, EGO für die Ersatzkassen) haben den Einheitlichen Bewertungsmaßstab (EBM) als Grundlage, der auf Grund der gesetzlichen Regelung des Sozialgesetzbuches V zwischen der Kassenärztlichen Bundesvereinigung und den Bundesverbänden der Krankenkassen als Bestandteil der Bundesmantelverträge vereinbart werden muss.

Für Privatpersonen erfolgt die Abrechnung nach der Gebührenordnung der Ärzte (GOÄ).

An dieser Stelle sei erwähnt, dass sowohl GOÄ als auch EBM für die innerbetriebliche Leistungsverrechnung von Krankenhausleistungen bzw. für die Abrechnung von ambulanten Krankenhausleistungen Verwendung finden.

Die Kassenärztliche Vereinigung hat die Inkassofunktion für ihre Mitglieder. Neben dieser Funktion erfüllt die Vereinigung weitere Aufgaben. Von zentraler Bedeutung ist hierbei die Interessenvertretung der Ärzteschaft gegenüber der Krankenkassenseite. Bei dieser Beziehung geht es um die Honorierungsfrage. Grundsätzlich lassen sich nach § 85 SGB V verschiedene **Gesamtvergütungsformen** unterscheiden. So kann die Gesamtvergütung als Festbetrag oder auf der Grundlage des Bewertungsmaßstabes z. B. nach Einzelleistungen, nach einer Kopfpauschale oder einer Fallpauschale erfolgen. In der Vergangenheit wurden im Wesentlichen das Einzelleistungs- und Pauschalhonorierungsverfahren angewendet. Bei der Einzelleistungsvergütung ist der Verhandlungsgegenstand zwischen Kassen und Kassenärztlicher Vereinigung der Wert der Einzelleistungen (Wert des Leistungspunktes), der in den Gebührenordnungen fixiert ist. Bei der Pauschalierung zahlen die Kassen – mit befreiender Wirkung – für sämtliche Leistungen der Ärzte eine Gesamtvergütung an die

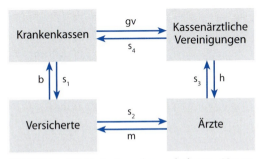

Abbildung 1.2-3: System der ambulanten Versorgung. Die Elemente in diesem System bilden eine in sich geschlossene Kette (b = Beitrag; gv = Gesamtvergütung; h = Honorar; m = medizinische Leistung; s_1, s_2, s_3, s_4 = Krankenschein) (Quelle: Haubrock, M., Schär, W.; Betriebswirtschaft und Management im Krankenhaus, 3. Aufl.; Bern, 2002, S. 38)

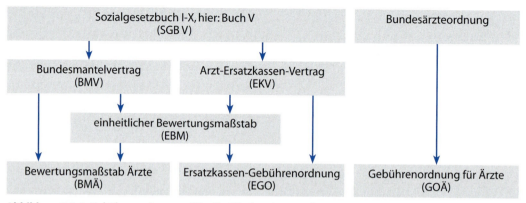

Abbildung 1.2-4: Gebührenordnungen (Quelle: Haubrock, M., Schär, W.; Betriebswirtschaft und Management im Krankenhaus, 3. Aufl.; Bern, 2002, S. 39)

Kassenärztliche Vereinigung. Unter der Betrachtung, dass die Gesamtvergütung sich aus der Preis- und Mengenkomponente zusammensetzt, wird deutlich, warum die Krankenkasse die Pauschallösung (Preis und Menge sind fix) und die Ärzteschaft die Einzelleistungslösung (Preis ist fix, Menge ist variabel) favorisiert.

Mit dem 1. 1. 2004 sind für die gesetzlich Versicherten einige **Zuzahlungsveränderungen** in Kraft getreten. Im Folgenden werden die wichtigsten Neuregelungen festgehalten. Danach gilt u. a.:

- Die so genannten versicherungsfremden Leistungen (z. B. Aufwendungen für Mutterschaft) sind aus dem Leistungskatalog der GKV ausgegliedert worden und sollen nunmehr aus Steuermitteln (Erhöhung der Tabaksteuer in drei Stufen bis 2005 um insgesamt 1 Euro pro Packung) finanziert werden.
- Der Zahnersatz muss ab 2005 allein von den Versicherten finanziert werden.
- Das Krankengeld wird ab 2006 nicht mehr durch den allgemeinen Beitragssatz, sondern durch einen zusätzlichen Beitragssatz in Höhe von 0,5 % allein durch den Arbeitnehmer finanziert.
- Fahrtkosten für Taxi- und Mietwagenfahrten werden nur noch in Ausnahmefällen (z. B. Patienten mit außergewöhnlichen Gehbehinderungen, Pflegebedürftige der Stufen 2 und 3, Versicherte, die eine Dialysebehandlung, eine onkologische Strahlentherapie oder eine Chemotherapie benötigen) erstattet.
- Sehhilfen, Brillen, Sterbe- und Entbindungsgeld sowie Sterilisation werden nicht mehr bzw. nicht mehr vollständig gezahlt.
- Bei einem Krankenhausaufenthalt fallen täglich 10 Euro für maximal 28 Tage pro Jahr an.
- Bei Heilmitteln und häuslicher Krankenpflege (Zuzahlung begrenzt auf die ersten 28 Tage der Inanspruchnahme je Kalenderjahr) ist eine Zuzahlung von 10 % je einzelner Leistung zuzüglich eines Betrages von 10 Euro für die Verordnung zu leisten.
- Grundsätzlich wird bei allen Leistungen eine Zuzahlung von 10 % der Kosten erhoben. Hierbei sind mindestens 5 und höchstens 10 Euro zu zahlen. Liegen die Kosten unter 5 Euro, ist der tatsächliche Preis zu zahlen.
- Kinder und Jugendliche bis zum vollendeten 18. Lebensjahr sind jedoch von den meisten Zuzahlungen befreit.

Neben den aufgelisteten Veränderungen ist die so genannte **Praxisgebühr** eingeführt worden. Bei einem Arztbesuch ist grundsätzlich eine Praxisgebühr von 10 Euro pro Quartal fällig. Wer von einem Arzt zu einem anderen Arzt überwiesen wird, zahlt dort keine weitere Praxisgebühr, wenn der zweite Besuch in dasselbe Quartal fällt. Geht man jedoch ohne Überweisung zu einem weiteren Arzt, ist eine weitere Praxisgebühr zu zahlen. Da es zum Zahnarzt keine Überweisung gibt, muss dort, bis auf die Kontrollbesuche, immer eine Praxisgebühr hinterlegt werden. Neben den Kontrollbesuchen beim Zahnarzt sind auch die Vorsorge- und Früherkennungsuntersuchungen sowie die Schutzimpfungen von der Gebühr ausgenommen.

Auf Grund der zu Beginn des Jahres 2004 aufgetretenen Unsicherheiten hat der Gemeinsame Bundesausschuss im Januar 2004 mehr Klarheit für den Umgang mit der Praxisgebühr geschaffen. Der Bundesausschuss hat in diesem Zusammenhang die folgenden **vier Ausnahmefälle** vereinbart, bei denen die Gebühr nicht bezahlt werden muss:

- Ärzte können allen Frauen ein Sechs-Monats-Rezept bei der Verordnung oraler Kontrazeptiva ausstellen. Dadurch entfällt für die Betroffenen die Zahlung der Praxisgebühr in jedem Quartal.
- Bei so genannten planbaren Notfällen entfällt eine zusätzliche Zahlung. Hierunter fällt eine Behandlung, bei der z. B. ein Patient auf Anraten des Arztes den Notdienst mehrfach wegen derselben Krankheit aufsucht.
- Bei Laboruntersuchungen, die erst im neuen Quartal durchgeführt werden, muss der Patient nur einmal die Gebühr bezahlen.
- Bei den Besuchen eines nichtärztlichen und eines ärztlichen Psychotherapeuten fällt die Praxisgebühr nur einmal an.

Mit Beginn des Jahres 2004 sind auch die alten Befreiungs- und Überforderungsregelungen verändert worden. Seit diesem Zeitpunkt entfällt die generelle Härtefallbefreiung. Für alle Versicherten einschließlich der Sozialhilfeempfänger gilt für die Summe der Zuzahlungen eine **Belastungsobergrenze** in Höhe von **2 % des Bruttoeinkommens** pro Jahr. Wird diese Belastungsgrenze im laufenden Jahr überschritten, werden die zu viel gezahlten Eigenanteile sofort erstattet, und für den Rest des Jahres wird eine Befreiung ausgesprochen. Bei Familien werden Freibeträge berücksichtigt. Für schwer wiegend **chronisch Kranke** ist eine Sonderregelung eingeführt worden. Für diesen Versichertenkreis gilt die Überforderungsklausel von **1% des Bruttoeinkommens** im Jahr.

Auf Grund der Tatsache, dass mit Inkrafttreten des GKV-Modernisierungsgesetzes keine eindeutige sozialrechtliche Definition einer schwer wiegenden chronischen Krankheit existierte, hat der Gemeinsame Bundesausschuss im Januar 2004 durch die so genannte **Chroniker-Richtlinie** die folgende Definition beschlossen. Ein Patient gilt als schwer wiegend chronisch krank:

- wenn er ein Jahr lang mindestens einmal pro Quartal ärztlich wegen derselben Krankheit behandelt wird und zusätzlich eines der folgenden Merkmale zutrifft:
- Er ist pflegebedürftig nach den Pflegestufen 2 oder 3.
- Er ist zu mindestens 60 % behindert, oder seine Erwerbsminderung beträgt mindestens 60 %
- Er muss kontinuierlich medizinisch versorgt werden, weil sich andernfalls sein Gesundheitszustand stark verschlechtert.

Das **System der privatärztlichen Versorgung** beinhaltet lediglich drei Elemente, nämlich Ärzte (Ä), Versicherte (V) und das Versicherungsunternehmen (VU). Die Beziehungen zwischen Ärzten und Versicherten sowie zwischen diesen und dem Versicherungsunternehmen werden durch individuelle Verträge geregelt. Die Leistung des Arztes muss durch den Versicherten bezahlt werden (Marktbeziehung). Das Versicherungsunternehmen erstattet den vorab vom Versicherten ausgelegten Betrag ganz oder teilweise (Selbstbeteiligung). Dieses Verfahren bezeichnet man als Kostenerstattungsverfahren (Kostenerstattungsprinzip) (**Abb. 1.2-5**).

Durch das GKV-Modernisierungsgesetz können die gesetzlichen Kassen neben ihren Bonusangeboten (z. B. Hausarztmodell, integrierte Versorgung) und Individualtarifen (Selbstbehalte und Beitragsrückzahlungen) in Kooperation mit privaten Krankenversicherungen **Zusatzversicherungspakete** anbieten. Dazu zählen z. B. die folgenden Einzelbausteine:

- Zahnersatz
- Sehhilfen

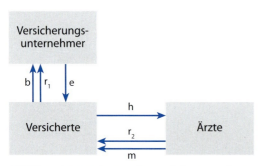

Abbildung 1.2-5: System der ambulanten privaten Gesundheitsversorgung (b = Beitrag; e = Erstattung; h = Honorar; m = medizinische Leistung; r_1, r_2 = Rezept) (Quelle: Haubrock, M., Schär, W.; Betriebswirtschaft und Management im Krankenhaus, 3. Aufl.; Bern, 2002, S. 40)

- Zuzahlungen
- Auslandsreiseschutz
- Vorsorge und Impfungen.

Das dritte Grundmodell zeigt die Elemente und die Beziehungen im **System der stationären Krankenversorgung**. Zu den bereits bekannten Größen Ärzte (Ä), Krankenhaus (K) und Versicherten (V) treten die Parameter Krankenhaus (KH) und Landesregierung (R) neu hinzu (**Abb. 1.2-6**).

Der Versicherte wird durch die Überweisung des Arztes in das Krankenhaus aufgenommen und nimmt die Krankenhausleistungen in Anspruch. Durch die seit dem 1. 1. 1993 gesetzlich fixierte Möglichkeit der Krankenhäuser, ambulant zu operieren, können Patienten auch ohne Überweisung Krankenhausleistungen in Anspruch nehmen. Diese Möglichkeit wurde im Jahre 2004 durch die folgenden neuen Versorgungsformen erweitert:

- Teilnahme an medizinischen Versorgungszentren
- ambulante Behandlung im Krankenhaus im Rahmen von Disease-Management-Programmen
- ambulante Behandlung im Krankenhaus bei hochspezialisierten Leistungen, seltenen Erkrankungen und Erkrankungen mit besonderem Behandlungsverlauf
- ambulante Versorgung durch Krankenhäuser bei Unterversorgung
- Teilnahme an integrierten Versorgungsnetzen.

Details dieser neuen Versorgungsformen wurden bereits in Kapitel 1.2.2 dargestellt. Die Finanzierungsmöglichkeiten der Krankenhausleistungen werden in Kapitel 5.8 detailliert dargestellt.

Am Beispiel der **Arzneimittelversorgung** soll aufgezeigt werden, wie der Tausch von Rezept gegen Medikament realisiert wird. Es handelt sich auch hier um einen so genannten Quasimarkt (**Abb. 1.2-7**).

Im System der Arzneimittelversorgung tauchen die Aggregate Apotheke (Ap) und pharmazeutische Industrie (I) neu auf. Der Versicherte bekommt vom Arzt seinen Berechtigungsschein (Rezept) ausgehändigt. Gegen dieses Rezept tauscht er Arzneimittel ein. Der Apotheker rechnet mit der Krankenkasse auf der Grundlage dieses Rezeptes ab. Die Apotheken kaufen die Medikamente von der Industrie (Hersteller oder Großhändler). Bei diesem Kauf spielen Rabatte

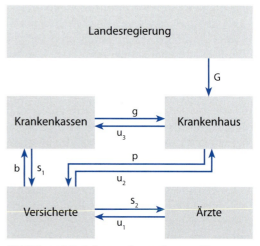

Abbildung 1.2-6: System der stationären Versorgung (b = Beiträge; p = Krankenhaus-[Pflege-]Leistung; g = Zahlung für das Krankenhaus-Budget [Pflegesätze]; G = Fördermittel der Länder; u_1, u_2 = Überweisung; s_1, s_2 = Krankenschein) (Quelle: Haubrock, M., Schär, W.; Betriebswirtschaft und Management im Krankenhaus, 3. Aufl.; Bern, 2002, S. 40)

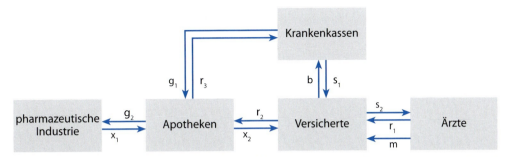

Abbildung 1.2-7: System der Arzneimittelversorgung (b = Beitrag; m = ärztliche Leistung; s_1, s_2 = Krankenschein; r_1, r_2 = Rezept; r_3 = Forderung der Apotheken an Krankenkassen [Rezeptabrechnung]; x_1, x_2 = Medikamente; g_1 = Zahlungen der Krankenkasse; g_2 = Zahlung der Medikamente) (Quelle: Haubrock, M., Schär, W.; Betriebswirtschaft und Management im Krankenhaus, 3. Aufl.; Bern, 2002, S. 41)

und Sonderkonditionen eine Rolle. Durch die Gesundheitsreformgesetze der letzten Jahre hat der Gesetzgeber in diese Beziehungen kostendämpfend eingegriffen. In diesem Zusammenhang sind folgende gesetzliche Regulierungen zu nennen:

- Liste verordnungsfähiger Arzneimittel (1999)
- Arzneimittelbudget-Ablösungsgesetz (2001)
- Arzneimittelausgabenbegrenzungsgesetz (2002)
- Beitragssicherungsgesetz (2002)
- 12. SGB V-Änderungsgesetz (2003).

Bereits im Jahre 1989 wurden durch das Gesundheitsreformgesetz die so genannten Festbeträge eingeführt. Diese Regelung setzte für bestimmte Arzneimittel, die durch den ehemaligen Bundesausschuss der Ärzte und Krankenkassen in drei Gruppen eingeteilt worden waren, Erstattungshöchstbeträge fest, die von den Krankenkassen bezahlt wurden. Für alle Medikamente, die in dieser Festbetragsregelung aufgenommen worden sind, bezahlten die Krankenkassen somit nur den festgelegten Festbetrag, abzüglich der vom Patienten zu leistenden Zuzahlung. Mehrkosten hatte ggf. der Versicherte selbst zu zahlen. Patentgeschützte Arzneimittel mit einer Zulassung nach 1995 wurden nicht von der Festbetragsregelung erfasst.

Im Rahmen der Gesundheitsreformen sind hinsichtlich der Zuzahlungen gesetzliche Veränderungen vorgenommen worden. So galt z. B. für das Jahr 1993 eine nach Preisklassen gestufte Zuzahlung (Zuzahlung 3,–/5,–/7,– DM). Seit 1994 trat an die Stelle der Preisklasse die Packungsgröße. Mit dem GKV-Solidaritätsstärkungsgesetz von 1999 ist der Preis pro Packung wie folgt festgelegt worden: 8,– DM/kleine Packung, 9,– DM/mittlere Packung und 10,– DM/große Packung. Diese Preise wurden später mehrfach geändert. Kinder und Jugendliche bis zu 18 Jahren waren jedoch von Zuzahlungen grundsätzlich befreit. Die Erfahrungen mit den Festbeträgen zeigt in Deutschland, dass in den meisten Fällen die Pharmaindustrie die Arzneimittelpreise so abgesenkt hat, dass das jeweilige Arzneimittel nicht über dem Festbetrag lag. In Deutschland entfielen in den letzten Jahren ca. 98 % aller Rezepte auf Arzneimittel, deren Preis unter dem jeweiligen Festbetrag lag.

Mit dem GKV-Modernisierungsgesetz wurde die **Festbetragsregelung ab 2004** in einigen Punkten reformiert. Weiterhin bleiben patentgeschützte Arzneimittel, die erkennbare therapeutische Verbesserungen bewirken, festbetragsfrei. Patentgeschützte Arzneimittel ohne oder mit geringfügigem zusätzlichem Nutzen werden nun jedoch der Festbetragsregelung unterworfen. Hier sind z. B. «Me-too-Präparate» zu nennen, die keine wirkliche Verbesserung der Arzneimitteltherapie erzielen. Die Zuzahlung für die Patienten beträgt ab Januar 2004 10 % der Kosten des Arzneimittels, jedoch mindestens 5 und maximal 10 Euro, aber nie mehr als das Arzneimittel selber kostet. In diesem Zusammenhang muss beachtet werden, dass zeitgleich die Apothekenvergütung bei **verschreibungspflichtigen Fertigarzneimitteln** novelliert worden ist. Danach wird bei jedem Arzneimittel ein preisunabhängiger Festzuschlag von 8,10 Euro je Packung zuzüglich eines preisabhängigen Festzuschlags in Höhe von 3 % des Großhandelshöchstabgabepreises erhoben. Der Apothekenabschlag an die gesetzlichen Krankenversicherungen ist zudem in einen festen Abschlag von 2 Euro je Packung verändert worden. Für den Versicherten haben diese Veränderungen zur Folge, dass sich preiswerte Arzneimittel zum Teil erheblich verteuern werden. Es wird praktisch kein rezeptfreies Arzneimittel mehr geben, das den zuzahlungspflichtigen Patienten weniger als 5 Euro kosten wird. So wird z. B. ein Generikum, das bislang für 1 Euro erhältlich war, ohne dass eine mögliche Erhöhung des Herstellerabgabepreises berücksichtigt wird, nahezu 10 Euro kosten. Die 10 Euro müssen durch den Versicherten in Höhe von 5 Euro und von der Krankenkasse in Form des Differenzbetrages bezahlt werden. Die **nicht verschreibungspflichtigen Arzneimittel** werden von der gesetzlichen Krankenkasse seit Beginn des Jahres 2004 nicht mehr erstattet. Hiervon ausgenommen sind Kinder bis zum 12. Lebensjahr sowie Jugendliche mit Entwicklungsstörungen. Gleichzeitig sind die bisher geltenden einheitlichen Abgabepreise für diese Over-the-Counter-Produkte (OTC-Produkte) aufgehoben worden.

Auch nach der GKV-Gesundheitsreform 2000 war weiterhin an einem **Arzneimittelbudget** festgehalten worden. Arzneimittelbudgets sind Obergrenzen für die insgesamt von den Vertragsärzten einer Kassenärztlichen Vereinigung (KV) veranlassten Ausgaben für Arzneimittel. Somit gab es kein arztbezogenes individuelles Arzneimittelbudget. Wurde dieses Budget überschritten, verringerten sich die von den Krankenkassen an die Kassenärztliche Vereinigung zu entrichtenden Gesamtvergütungen um einen Ausgleichsbetrag, der auf 5 % des Gesamtbudgets begrenzt war. Flankierend zur Budgetregelung hatten die Ärzte und die Kassen arztgruppenbezogene Richtgrößen für das Volumen der verordneten Arznei- und Heilmittel zu vereinbaren. Diese Budgetierung wurde Ende 2001 wieder aufgehoben. An ihre Stelle traten so genannte Zielvereinbarungen. Damit hatten Krankenkassen und die Kassenärztlichen Vereinigungen u. a. vertraglich das Ausgabenvolumen festzulegen. Im Rahmen dieser Vereinbarungen sind Vergütungskürzungen nicht zwingend vorgeschrieben, tendenziell waren in der Vergangenheit eher Bonuszahlungen bei Einhaltung der Vorgaben die Regel.

Die **Aut-idem-Regelung**, bei der der Apotheker unter bestimmten Voraussetzungen ein preiswerteres als das auf dem Rezept verordnete Arzneimittel herausgeben konnte, wird nunmehr auch angewandt, wenn der Arzt schon von sich aus ein preisgünstiges Medikament verordnet hat. Durch die neue Ausgestaltung der Aut-idem-Regelung muss selbst ein verordnetes preiswertes Präparat durch ein noch preisgünstigeres Arzneimittel ersetzt werden.

Stichpunktartig werden in der folgenden Auflistung die **weiteren Veränderungen** festgehalten:

- Bewertung des Nutzens von Arzneimitteln durch das Institut für Qualität und Wirtschaftlichkeit im Gesundheitswesen
- Einführung der Preisabstandsklausel bei Importarzneimitteln (Festlegung einer Mindestpreisdifferenz)
- Zulassung von Apothekenmehrbesitz. Danach darf jeder Apotheker bis zu vier Apotheken besitzen.
- Freigabe des Versandhandels von apothekenpflichtigen Arzneimitteln (Internet-Apotheken).

Die im Text exemplarisch dargestellten Systeme bilden zusammen mit den anderen Bereichen des Gesundheitswesens ein System der integrierten Gesundheitsfürsorge und Krankenversorgung. Durch die §§ 140 a ff SGB V, die seit dem 1. 1. 2000 greifen, hat die Verzahnung von ambulanter und stationärer Versorgung deutlich an Bedeutung gewonnen. Danach können z. B. Krankenhäuser zusammen mit anderen Anbietern, etwa mit Rehabilitations- und Pflegeeinrichtungen, ein integriertes Versorgungssystem aufbauen (s. Kap. 4.2.5).

Literatur

GKV-Solidaritätsstärkungsgesetz vom 19. 12. 1999, Bundesgesetzblatt 1998, Teil 1, Nr. 85

GKV-Gesundheitsreformgesetz 2000, DKG-aktuell, Dezember 1999

Gesetz zur Modernisierung der gesetzlichen Krankenversicherung (GKV-Modernisierungsgesetz – GMG), BTD 15/1525, Berlin 2003

Herder-Dorneich, P.: Wachstum und Gleichgewicht im Gesundheitswesen. Köln, 1976

Herder-Dorneich, P.: Gesundheitsökonomie. Stuttgart, 1980

Kassenärztliche Vereinigung Niedersachsen: Kassenarzt in Niedersachsen. Hannover, 1985

Haubrock, M.; Schär, W.: Betriebswirtschaft und Management im Krankenhaus (3. Aufl.). Bern u.a., 2002

Sozialgesetzbuch (SGB) in der Fassung vom 17. 7. 2003

Schwabe, U./Paffrath, D. (Hrsg.): Arzneimittelreport 2003, Heidelberg 2003

1.3 Funktion der Sozial- und Gesundheitspolitik

Auf Grund der während der Weimarer Republik gemachten negativen Erfahrungen mit der «Freien Marktwirtschaft» und der damit verbundenen ausschließlichen Rolle des Staates als rahmengebender Ordnungsfaktor («Nachtwächterstaat») nahm die so genannte Freiburger Schule, die das Konzept der Wirtschaftsverfassung der Bundesrepublik Deutschland theoretisch im Wesentlichen geprägt hat, das Marktmodell der «Sozialen Marktwirtschaft» auf. In diesem Modell werden dem Staat bei Versagen der Marktkräfte Interventionskräfte zugestanden. Die verfassunggebende Versammlung der Bundesrepublik Deutschland übernahm diese sozialpolitische Komponente und verknüpfte im Grundgesetz rechts- und sozialpolitische Elemente miteinander. So entstanden neben dem Demokratie- und dem Bundesstaatsprinzip die beiden anderen konstitutionellen Säulen des Grundgesetzes: das Rechts- und das Sozialstaatsprinzip.

Das **Rechtsstaatsprinzip** beruht ursprünglich auf der Vorstellung einer sich selbst regulierenden, bürgerlichen Gesellschaft, in der der Staat nur ordnungspolitische Aufgaben zugewiesen bekommt. Das **Prinzip des Sozialstaats** enthält umgekehrt die Forderung nach weit gehenden staatlichen Eingriffen in die Gesellschaftsordnung. Das Grundgesetz normiert Rechts- und Sozialstaat jedoch nicht als Gegensätze: Es will vielmehr den «sozialen Rechtsstaat», der die soziale Gerechtigkeit fördern soll.

Das Grundgesetz (GG) liefert folglich die verfassungsrechtlichen Grundlagen des bundesrepublikanischen Sozialstaates (**Tab. 1.3-1**). Hieraus leitet sich die Verpflichtung des Staates zum sozialen Handeln ab.

Im Sozialstaat hat der Staat nicht länger nur Ordnungs- sondern auch Ablaufpolitik zu betreiben. Dieser Vorgang wird manchmal als Verstaatlichung der Gesellschaft bezeichnet. Dieser Tendenz steht jedoch die Vergesellschaftung des Staates gegenüber, d. h. die Bestrebung der verbandlichen und parteipolitischen Organisationen, soziale, besonders ökonomische Teilinteressen durchzusetzen. Der Sozialstaat liegt daher stets im Spannungsfeld zwischen Gruppeninteressen und staatlichem Handlungsspielraum.

In einem Sozialstaat verbinden sich in der Regel zwei Aspekte, nämlich die soziale Sicherung und die soziale Teilhabe.

Die soziale Sicherung verfolgt die Zielsetzung, Armut, Lebensangst usw. zu verhindern. Die politische Umsetzung erfolgt durch die Sozialpolitik. Hierzu werden die Sozialversicherungen, die Sozialhilfe, die Ausbildungsförderung u. a. instrumental eingesetzt. Soziale Teilhabe bedeutet einerseits z. B. die Zulassung von Selbstverwaltungsorganisationen (z. B. Krankenkassen, Kassenärztliche Vereinigungen), die im Rahmen ihrer Autonomie versuchen, ihre Vorstellungen durchzusetzen, andererseits stellt sie auf die Gestaltungsfreiheit des Staates, gesellschaftliche Ordnungen zu verändern, ab. Diese Dimension wird durch die Gesellschaftspolitik erfüllt. In **Tabelle 1.3-2** werden diese Ansätze aufgelistet.

Nach Lampert lässt sich praktische **Sozialpolitik** als das politische Handeln beschreiben, das darauf abzielt, die wirtschaftliche und soziale Stellung von wirtschaftlich und/oder sozial schwachen Personen durch den Einsatz geeignet erscheinender Mittel zu verbessern bzw. den Eintritt wirtschaftlicher und/oder sozialer Schwäche zu vermeiden.

Sozialpolitik setzt eine so genannte «soziale Frage» voraus. Hierunter versteht man die Existenz von Unterschieden in den politischen, persönlichen und/oder wirtschaftlichen Rechten von Individuen sowie die Verfügungsmöglich-

Tabelle 1.3-1: Verfassungsrechtliche Grundlagen des Sozialstaates (Quelle: Haubrock, M.; Schär, W.; Betriebswirtschaft und Management im Krankenhaus; 3. Aufl., Bern, 2002, S. 42)

Sozialstaatsprinzip	Soziale Grundwerte	Bestandsgarantie
Art. 20 I GG: «Die Bundesrepublik Deutschland ist ein demokratischer und sozialer Bundesstaat.»	Art. 1 GG: «Die Würde des Menschen ist unantastbar. Sie zu achten und zu schützen ist Verpflichtung aller staatlichen Gewalt.» (Abs. 1)	Art. 79 III GG: «Eine Änderung dieses Grundgesetzes, durch welche … die in den Art. 1 und 20 niedergelegten Grundsätze berührt werden, ist unzulässig.»
Art. 28 I Satz 1 GG: «Die verfassungsmäßige Ordnung in den Ländern muss den Grundsätzen des republikanischen und sozialen Rechtsstaates im Sinne dieses Grundgesetzes entsprechen.»	«Die nachfolgenden Grundrechte binden Gesetzgebung, vollziehende Gewalt und Rechtsprechung als unmittelbar geltendes Recht.» (Abs. 3)	Art. 19 II GG: «In keinem Falle darf ein Grundrecht in seinem Wesensgehalt angetastet werden.»
	Grundrechte, insbesondere Art. 3 GG – Gleichheit vor dem Gesetz Art. 6 GG – Schutz von Ehe und Familie Art. 9 III GG – Koalitionsfreiheit Art. 14 II GG – Sozialbindung des Privateigentums	

Tabelle 1.3-2: Aspekte des Sozialstaates (Quelle: Haubrock, M.; Schär, W.; Betriebswirtschaft und Management im Krankenhaus; 3. Aufl.; Bern, 2000, S. 43)

Soziale Sicherung	Soziale Teilhabe
Rentenversicherung	Koalitionsfreiheit
Krankenversicherung	Tarifautonomie
Unfallversicherung	Arbeits- und Sozialgerichtsbarkeit
Invalidenversicherung	Mitbestimmung
Arbeitslosenversicherung	Betriebsverfassungsgesetz
Sozialhilfe	Vermögensverteilung
Ausbildungsförderung	Steuerprogression
Umschulungsförderung	Konzentrations- und Kartellkontrolle
Einkommenshilfen in der Wirtschaft	Konjunktursteuerung
u. a.	Sozialisierung
	u. a.
Sozialpolitik	**Gesellschaftspolitik**

keiten von sozialen Gruppen über Wirtschaftsgüter.

Die Sozialpolitik hat somit eine ökonomische und eine politische Funktion. Ein Teilaspekt der Sozialpolitik ist die Gesundheitspolitik. Nach Metze hat die **Gesundheitspolitik** die Aufgabe, den Rahmen für die Entfaltung der wirtschaftlichen Aktivitäten der Ärzte, Patienten, Krankenhausträger und Krankenkassen so zu gestalten (zu ordnen, zu beeinflussen, unmittelbar festzulegen), dass das gesellschaftliche Ziel einer Sicherung der Gesundheit der Bevölkerung optimal erreicht wird.

Während über das Ziel der Gesundheitspolitik weitgehend Einigkeit besteht, weichen die Vorstellungen über den gewünschten staatlichen Einfluss auf die Anbieter von und die Nachfrager nach Gesundheitsgütern weit voneinander ab. Durch Entscheidungen der Regierungen können Abläufe im Gesundheitssektor sowie Strukturen des Systems verändert werden.

Literatur
Bundeszentrale für politische Bildung: Informationen zur politischen Bildung (1975) 165
Bundeszentrale für politische Bildung: Informationen zur politischen Bildung (1987) 215
Haubrock, M.; Schär, W.: Betriebswirtschaft und Management im Krankenhaus (3. Aufl.). Bern u.a., 2002
Lampert, H.: Sozialpolitik. Berlin, Heidelberg, New York, 1980
Metze, I.: Gesundheitspolitik. Stuttgart, Berlin, Köln, Mainz, 1982

1.4 Prinzipien und Bausteine der sozialen Sicherung

Die soziale Sicherung und das daraus resultierende sozialstaatliche Handeln besteht im Wesentlichen darin, mit sozialen Leistungen die materiellen Existenzbedingungen der Mitglieder einer Gesellschaft zu beeinflussen. Hieraus lassen sich konkrete Aufgaben und Inhalte des Systems der sozialen Sicherung ableiten, wie:

- kollektiver Schutz des Individuums vor einer unzumutbaren Verschlechterung seiner Existenzbedingungen und
- Verbesserung der materiellen Existenzbedingungen von wirtschaftlich und sozial schwachen Gruppen.

Bei der sozialen Sicherung lassen sich zwei Gestaltungsgrundsätze unterscheiden. Der erste Grundsatz umfasst die Art und Weise, in der die Leistungs- mit der Finanzierungsseite verbunden ist. Die Interdependenzen dieser beiden Grundprinzipien sind in **Tabelle 1.4-1** aufgeführt.

Der zweite Grundsatz betrifft das Ausmaß des Sicherungszwangs. Hierbei lassen sich die freiwillige und die zwangsweise Sicherung in Gestalt der Pflichtversicherung unterscheiden. Diese Differenzierung spielt beim Versicherungsprinzip eine zentrale Rolle. Der privaten Sicherung wird hierbei der Status der Freiwilligkeit zugeschrieben, die einzelnen Sparten der Sozialversicherung sind hingegen als Pflichtversicherung organisiert.

Die Ausgestaltung des Systems der sozialen Sicherung nach den drei Grundprinzipien lässt sich auf sozialethische Grundentscheidungen zurückführen (**Tab. 1.4-2**). So wird das Versicherungs- und Versorgungsprinzip grundsätzlich nach dem Solidaritätsprinzip aufgebaut. Der Solidareffekt wird beim Versicherungsprinzip jedoch durch die Versicherungspflicht- und die Beitragsbemessungsgrenze geschmälert. Beim Fürsorgeprinzip dominiert hingegen das Subsidiaritätsprinzip. Es steht nicht im Gegensatz zum Solidarprinzip, sondern ist als dessen Ergänzung zu sehen. Durch dieses Prinzip wird eine Rangordnung bei der Hilfestellung zu Grunde gelegt.

Unter dem **System der sozialen Sicherung** versteht man die Summe aller Einrichtungen und Maßnahmen, die das Ziel verfolgen, die Mitglieder einer Gesellschaft gegen Risiken zu schützen. Hinter den Einrichtungen verbergen sich die Träger und Organe der staatlichen Sozialpolitik.

Die staatliche Sozialpolitik umfasst die sozialpolitische Verantwortung und Aktivität des

Tabelle 1.4-1: Solidaritäts- und Subsidiaritätsprinzip (Quelle: Peters, S. und Schär, W.; Betriebswirtschaftslehre und Management im Krankenhaus; Berlin, 1994, S. 43)

Subsidiaritätsprinzip	Solidaritätsprinzip
«Das in der katholischen Soziallehre entwickelte … Subsidiaritätsprinzip besagt erstens, dass es gegen die Gerechtigkeit verstoße, … das, was die kleineren und untergeordneten Gemeinwesen leisten und zum guten Ende führen können, für die weitere und übergeordnete Gemeinschaft in Anspruch zu nehmen …», weil «… jedwede Gesellschaftstätigkeit subsidiär (ist); sie soll die Glieder des Sozialkörpers unterstützen, darf sie aber niemals zerschlagen oder aufsaugen» (Päpstliche Enzyklika Quadragesimo anno von 1931) Nach dieser Auffassung verdient Selbsthilfe vor Fremdhilfe den Vorzug, sollte die Sorge der Kinder für die Eltern der Hilfe der Gesellschaft für die alten Menschen vorausgehen, sollten Gemeinden und Verbände der freien Wohlfahrtspflege als Träger der Sozialpolitik nicht durch Länder und Zentralstaat ihrer Aufgaben beraubt werden. Zweitens verlangt das Prinzip, dass die Gemeinschaft die Individuen und kleineren Gemeinschaften in den Stand setzt, sich möglichst weitgehend selbstverantwortlich zu verwirklichen. Das Subsidiaritätsprinzip soll die Entfaltung der personalen Kräfte ermöglichen, Selbstbestimmung und Selbstverantwortung des Menschen in den ihn umgebenden Sozialgebilden fördern …	Das Solidaritätsprinzip ist als Gestaltungsprinzip für Staat, Gesellschaft und Wirtschaft in der Sozialphilosophie seit langem bekannt. In der Arbeiterbewegung, im Genossenschaftswesen sowie – im Anschluss an die Wirtschafts- und Sozialphilosophie von Heinricht Pesch – vor allem in der katholischen Soziallehre ist das Solidaritätsprinzip ein ideologischer Eckpfeiler. In der Sozialpolitik besagt das Solidaritätsprinzip, dass die aus Übereinstimmungen in den Lebenslagen und in den Lebensanschauungen resultierende, durch Zusammengehörigkeitsgefühl und Interessenkonvergenz verstärkte, gruppenbildende gegenseitige (Schicksals-)Verbundenheit ein die Sozialordnung gestaltendes Prinzip ist bzw. sein soll. Die Bildung von Solidargemeinschaften zur Abwehr von Risiken und zum Ausgleich wirtschaftlicher und sozialer Schwäche, handle es sich um die relativ kleinen, berufsständischen Organisationen früherer Zeit, um die Versicherungsgemeinschaften der Arbeiter oder der Angestellten oder um die Staatsbürgerversorgung, geht von der Existenz von Solidarität aus.

Tabelle 1.4-2: Grundprinzipien sozialer Sicherung (Quelle: Haubrock, M.; Schär, W.; Betriebswirtschaft und Management im Krankenhaus, 3. Aufl.; Bern, 2002, S. 45)

	Versicherungsprinzip	Versorgungsprinzip	Fürsorgeprinzip
Sicherungsvoraussetzung	Mitgliedschaft in Versicherung	Speziell eingeräumter Rechtsanspruch	Individuelle Notlage
Leistungsanspruch	Bei Eintritt Versicherungsfall	Bei Vorliegen gesetzlich bestimmter Merkmale	Bei Bedürftigkeit
Leistungshöhe	Standardisiert nach Art des Versicherungsfalls	Standardisiert nach Art des Versorgungsfalls	Individualisiert nach Art und Umfang der Bedürftigkeit
Gegenleistung	Ja, Versicherungsbeiträge	Ja, nichtfinanzielle Sonderopfer (-leistungen) für Gemeinschaft	Nein
Bedürftigkeitsprüfung	Nein	Nein	Ja
Gliederung wichtiger Sicherungszweige nach dem überwiegenden Grundprinzip	Sozialversicherung: – gesetzliche Rentenversicherung – gesetzliche Krankenversicherung – gesetzliche Unfallversicherung – Arbeitslosenversicherung (Arbeitslosengeld)	– Kriegsopferversorgung – soziale Entschädigung bei Impfschäden – Beamtenversorgung – Kindergeld (ohne Einkommensgrenzen)[1]	– Sozialhilfe – Jugendhilfe – Resozialisierung – Wohngeld – Kindergeld (bei Einkommensgrenzen)[1]

[1] nur mit Einschränkungen klassifizierbar

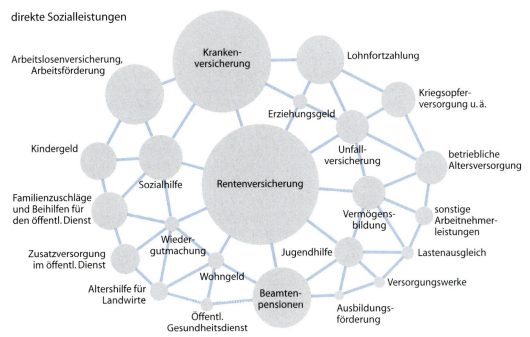

Abbildung 1.4-1: Das soziale Netz (Quelle: Haubrock, M., Schär, W.; Betriebswirtschaft und Management im Krankenhaus, 3. Aufl.; Bern, 2002, S. 46)

Bundes, der Länder und Gemeinden sowie der freien Wohlfahrtsverbände. Als Träger der Sozialpolitik sind Einrichtungen definiert, die überwiegend in der Entscheidungsphase tätig werden. Demgegenüber werden Einrichtungen, die nur in der Planungs- oder Durchführungsphase tätig werden, als Organe bezeichnet.

Maßnahmen können z. B. gegen Risiken, wie Alter und Krankheit, gerichtet sein. Zum System der sozialen Sicherung gehören aber auch die Maßnahmen der Kriegsopferversorgung, die Sozialhilfe sowie Sozialtransfers im Rahmen der Familien- und Wohnungsbaupolitik und die Politik der Ausbildungsförderung. Die Summe der Sozialleistungen bildet ein Netz von Maßnahmen gegen die aufgezeigten Risiken. Es entsteht das soziale Netz. **Abbildung 1.4-1** verdeutlicht den Aufbau dieses Netzes.

Innerhalb des sozialen Netzes nehmen die Zweige der Sozialversicherung den größten Anteil ein. Es handelt sich hierbei um Pflichtversicherungen, die z. B. nach Risikoarten, nach Berufsständen, nach Wirtschaftssektoren und nach regionalen Gesichtspunkten aufgegliedert werden. Pflichtversichert sind grundsätzlich alle Arbeiter und Angestellten. Folgende Zweige werden unterschieden, die in Kapitel 2 ausführlicher dargestellt werden:

- Rentenversicherung
- Arbeitslosenversicherung
- Krankenversicherung
- Unfallversicherung und
- Pflegeversicherung.

Die sozialpolitische Diskussion der vergangenen Jahre hat gezeigt, dass bei allen Versicherungen Finanzierungsprobleme aufgetreten sind. Die Ausgaben der gesetzlichen Sozialversicherungen haben sich schneller entwickelt als die Einnahmen. Diese scherenhafte Entwicklung zwischen Einnahmen und Ausgaben führte zur so genannten Kostenexplosion. Zur Eindämmung dieser Kostenexpansion sind Beitragssatzerhöhungen und/oder Leistungseingrenzungen vorgenommen worden. In den letzten Jahren ist die Diskussion um den so genannten Krankheits- bzw. Behandlungsfall und um den so genannten Pflegefall intensiv geführt worden. Hintergrund dieser Diskussion ist die Kostenträgerfrage bzw. die Frage nach der Dominanz des Solidaritäts- bzw. des Subsidiaritätsprinzips im Sozialversicherungssystem der Bundesrepublik Deutschland. Eine Differenzierung von Krankheit und Pflegebedürftigkeit ergibt sich vorrangig aus der daraus folgenden Zuständigkeit unterschiedlicher Kostenträger. Im Krankheitsfall, der durch ärztliche Diagnose festgestellt werden muss, treten die Krankenversicherungen als Kostenträger auf. Im Pflegefall müssen die Pflegekassen die gesetzlich fixierten Leistungen erbringen. Die Zuständigkeit für die Beurteilung eines Pflegefalles ist dem Medizinischen Dienst der Krankenkassen übertragen worden.

Literatur
Beske, F.; Hallauer, J. F.; Das Gesundheitswesen in Deutschland, 3. Auflage. Köln, 1999
Bundeszentrale für Politische Bildung: Informationen zur politischen Bildung (1987) 215
Lampert, H.: Sozialpolitik. Berlin, Heidelberg, New York, 1980
Haubrock, M.; Schär, W.: Betriebswirtschaft und Management im Krankenhaus (3. Aufl.). Bern u.a., 2002

1.5 Einrichtungen als Leistungselemente des sozialen Netzes

W. Schär

1.5.1 Abgrenzung zwischen Krankheit und Pflegebedürftigkeit

Die Abgrenzung einer Krankheit (Behandlungsfall) von einer Pflegebedürftigkeit ist auch unter *ökonomischen Gesichtspunkten* von Bedeutung, da sich aus der Zuordnung jeweils unterschiedlicher Kostenträger und Finanzierungsmodalitäten ergeben. Der Behandlungsfall setzt jeweils das Vorhandensein einer Krankheit voraus, die Pflegebedürftigkeit beruht auf einem dauerhaften Hilfebedarf bei den so genannten Lebensaktivitäten.

Der Sachverständigenrat geht in seinem Sachstandsbericht 1994 davon aus, dass der «Begriff Gesundheit […] auf die Freiheit des Menschen von:

- der Bedrohung der Gesundheit durch Krankheit
- der Bedrohung der Funktionalität (Lebensqualität bzw. Produktivität) und
- Leid (z. B. Schmerz, Depression)

zielt». Gesundheit liegt also dann vor, wenn Krankheit, eine Bedrohung der Funktionalität und Leid fehlen.

Für die ökonomische Betrachtung des Gesundheitssystems in der Bundesrepublik Deutschland ist ausschließlich die begriffliche Krankheitsbestimmung des Bundessozialgerichts vom 16. 5. 1972 von Bedeutung. Nach dem Urteil des Bundessozialgerichts ist Krankheit im Sinne der gesetzlichen Krankenversicherung «ein regelwidriger Körper- und Geisteszustand, dessen Eintritt entweder die Notwendigkeit einer Heilbehandlung – allein oder in Verbindung mit Arbeitsunfähigkeit – oder Arbeitsunfähigkeit zur Folge hat» (Urteil vom 16. 5. 1972 – 9 RV 556/71 – Urteilssammlung für die gesetzliche Krankenversicherung, Nr. 12, 1972: 281). Das soziale Versicherungssystem, dem auch die Krankenkassen zuzuordnen sind, ist grundsätzlich nach dem Solidargedanken aufgebaut. In Analogie zu diesem Solidaritätsprinzip hat der Gesetzgeber im Sozialgesetzbuch V (SGB V) festgehalten, dass die gesetzliche Krankenversicherung als *Solidargemeinschaft* die Aufgabe hat, die Gesundheit der Versicherten zu erhalten, wiederherzustellen oder ihren Gesundheitszustand zu verbessern. Der Versicherte hat somit ein Anrecht auf ambulante, teilstationäre oder stationäre medizinische Versorgung in den dafür zugelassenen Einrichtungen. Diese Behandlungen werden in dem verordneten Umfang von den Krankenkassen als Sachleistung finanziert.

Darüber hinaus wird davon ausgegangen, dass eine weitere Aufgabe der Krankenversicherung in der Realisierung krankheitsvorbeugender Maßnahmen für den Einzelnen besteht. Dazu zählen neben Vorsorgeuntersuchungen und z. B. Impfungen auch individuelle Schulungen, wie z. B. Ernährungsberatung.

Mit der Einführung des Pflegeversicherungsgesetzes sind Auswirkungen dieses Leistungsfeldes verändert worden. Diese für alle relevanten Gesetze einheitliche Begrifflichkeit geht von einer *dauerhaften Hilflosigkeit des Pflegebedürftigen für die gewöhnlichen und regelmäßig wiederkehrenden Verrichtungen des täglichen Lebens* aus. Ursache dieser Hilflosigkeit kann eine Krankheit oder eine Behinderung sein. Es wird außerdem darauf hingewiesen, dass körperliche, seelische oder geistige Krankheiten und körperliche, seelische oder geistige Behinderungen die Ursachen sind, die für die Anerkennung einer Pflegebedürftigkeit in Betracht kommen.

1.5.2 Ambulante ärztliche Einrichtungen

In der ambulanten Versorgung nimmt der niedergelassene Arzt eine führende Position ein. Bei der hervorgehobenen Stellung einer Arztpraxis und der Vielfalt der Aufgaben und Ereignisse können nachfolgend nur einige wesentliche betriebswirtschaftliche Überlegungen angestellt werden. Der Struktur nach ist eine Arztpraxis ein kleiner bis mittlerer Dienstleistungsbetrieb. Trotz dieser Feststellung kann der Arzt seinen umfangreichen Tätigkeitsbereich ohne examinierte MitarbeiterInnen in der Regel nicht allein bewältigen. Neben seinen rein medizinischen Tätigkeiten wird er mit einer Fülle von Kooperationsbeziehungen bzw. regelmäßig wiederkehrenden Erfüllungsleistungen konfrontiert.

In **Abbildung 1.5-1** wird diese Aussage verdeutlicht. Das dargestellte Beziehungsgefüge erhebt keinen Anspruch auf Vollständigkeit. Letztlich bestimmt der Arzt die jeweils auszuführenden Handlungen bzw. Leistungen.

In § 12 Abs. 1 SGB V wird ausdrücklich darauf hingewiesen, dass die Leistungen *ausreichend, zweckmäßig* und *wirtschaftlich* sein müssen. Leistungen, die nicht notwendig oder unwirtschaftlich sind, können Versicherte nicht beanspruchen, dürfen die Leistungserbringer nicht bewirken und die Krankenkassen nicht bewilligen. Ausdrücklich wird auch darauf hingewiesen, dass Versicherte Anspruch auf ärztliche Behandlung und Versorgung mit Arznei-, Verband-, Heil- und Hilfsmitteln haben, um:

- eine Schwächung der Gesundheit, die in absehbarer Zeit voraussichtlich zu einer Krankheit führen würde, zu beseitigen
- einer Gefährdung der gesundheitlichen Entwicklung eines Kindes entgegenzuwirken oder
- Pflegebedürftigkeit zu vermeiden.

Damit wird zum Ausdruck gebracht, dass ein Anspruch auf Krankenbehandlung besteht, wenn sie notwendig ist, um eine Krankheit zu erkennen, zu heilen, ihre Verschlimmerung zu verhüten oder Krankheitsbeschwerden zu lindern.

Krankenkassen und Leistungserbringer haben in den Vereinbarungen über die Vergütung der Leistungen den Grundsatz der *Beitragsstabilität* zu beachten (§ 141 Abs. 2/§ 71 SGB V).

Der Arzt ist somit bei Ausübung seiner gesamten ärztlichen Tätigkeit grundsätzlich verpflichtet, nur solche Leistungen zu erbringen, die gegenüber dem Patienten in der jeweils eingetretenen Behandlungs- bzw. Versorgungssituation erforderlich sind. Die Einhaltung dieses so genannten *Wirtschaftlichkeitsgebotes* wird durch Prüfungsausschüsse überwacht, die auf der Grundlage gesetzlicher Bestimmungen bei den Kassenärztlichen Vereinigungen bestehen und paritätisch mit Vertretern der Ärzte und der Krankenkassen besetzt sind.

Die Darstellung der rechtlichen Grundlagen für die Wirtschaftlichkeit des «Unternehmens» macht allerdings auch deutlich, dass die Interpretation solcher wenig präzisen Begriffe wie «ausreichend», «zweckmäßig» und «notwendig» für den Arzt problematisch werden kann, wenn es in der Krankenbehandlung konkret darum geht, diagnostische oder therapeutische Entscheidungen zu treffen. Auch entsprechende Entscheidungen des Bundessozialgerichts geben dazu nur eine grobe Orientierung.

Abbildung 1.5-1: Beziehungsgefüge der ärztlichen Praxisführung (Quelle: Haubrock, M., Schär, W.; Betriebswirtschaft und Management im Krankenhaus, 3. Aufl.; Bern, 2002, S. 48)

Betriebswirtschaftlich lässt sich der Inhalt des Gebotes der Wirtschaftlichkeit in zwei Richtungen umschreiben:

- im Sinne des Maximalprinzips, d. h. mit den gegebenen Mitteln den größtmöglichen Nutzen zu erreichen, oder
- im Sinne des Minimalprinzips, d. h. einen bestimmten Zweck mit den geringstmöglichen Mitteln zu erreichen (vgl. BSG Urteil vom 20. 2. 1984, AZ 6 Rka 27/82).

Der Arzt muss zunächst in jedem Einzelfall das mit seiner Therapie verbundene Behandlungsziel definieren. Hierfür hat er einen weiten Ermessensspielraum, denn er muss nach humanwissenschaftlichen, insbesondere medizinischen Kriterien vorgehen. Anhaltspunkte für das Behandlungsziel finden sich im Sozialgesetzbuch. Zu berücksichtigen sind dabei auch der Sicherheits- und der Zeitfaktor für den angestrebten therapeutischen Erfolg. Die Regelungen des Haftungsrechts gehen sogar so weit, den frühestmöglichen Einsatz des wirksamsten Mittels als Ziel zu fordern, da die vermeidbare Verzögerung des Heilerfolgs wie auch die vermeidbare Aufrechterhaltung von Schmerzen von der Rechtsprechung als rechtswidrige Handlung gewertet werden. Selbst bei zurückhaltend zögerlicher Einstellung zum betriebswirtschaftlichen Geschehen des Unternehmens «Praxis» wird der Arzt sicherlich Überlegungen anstellen wie:

- Ablauf des Praxisalltags
- Erbringung der jeweiligen Leistungen bzw. eines Leistungsspektrums oder
- attraktive Gestaltung der Praxis.

Angestrebt wird ein *professioneller Praxisablauf* durch *zufriedene Patienten*, um *zufriedene MitarbeiterInnen* und einen *zufriedenen Arzt* zu bekommen. Es gibt Faktoren, die eine solche Idealzielstellung besonders im organisatorischen Bereich beeinflussen können. **Tabelle 1.5-1** gibt einen Überblick über die Beeinflussung interner und externer Faktoren.

Ausgehend von der Darstellung der Beeinflussung solcher Faktoren werden aus betriebswirtschaftlicher Sicht einige spezielle Hinweise zu den Begriffen «Klarheit», «Zweckmäßigkeit» und «Kontinuität» gegeben. Diese lassen erkennen, dass der niedergelassene Arzt die Vielfalt der Aufgaben und Situationen nur im Team bewältigen kann.

Die Klarheit verlangt, dass

- Arbeitsablauf und Abgrenzung der einzelnen Tätigkeitsbereiche klar und in der Zielstellung transparent sein müssen.
- für das planvolle und reibungslose Zusammenarbeiten der Mitarbeiter Praxisregeln

Tabelle 1.5-1: Faktoren, die die Organisation einer Praxis beeinflussen (Quelle: Schär, W.; unveröffentl. Weiterbildungsskript)

Interne Faktoren	Externe Faktoren
Praxisgröße	Zahl der Patienten
Zahl der MitarbeiterInnen	Ansprüche der Patienten
Raumaufteilung	Patientenstruktur
Qualifikation der MitarbeiterInnen	Lage und Umfeld der Praxis
Zeitplan/Bestellsystem	Zusammenarbeit mit Kollegen

aufgestellt und deren Einhaltung beachtet werden müssen.
- für die Mitarbeiter geregelte Zuständigkeitsbereiche gegeben sein müssen, die in bestimmten Zeitabständen kontrolliert werden sollten.

Die Zweckmäßigkeit setzt voraus, dass

- ein größtmöglicher Nutzen der gegebenen bzw. vorhandenen Mittel erzielt wird.
- der Ablauf der Sprechstunden gut geplant ist.
- die vorgegebenen Aufgaben ordnungsgemäß erledigt werden.

Kontinuität wiederum fordert, dass

- sich die Organisation an einen Wechsel der Bedingungen anzupassen vermag.
- weder zu viel Leerlauf noch häufige Arbeitsüberlastungen auftreten.
- regelmäßige Kontrollen, Besprechungen und Befragungen stattfinden, um Organisationsmängel festzustellen und damit auch das Arbeitsklima positiv zu gestalten.

1.5.3 Teilstationäre Behandlungseinrichtungen

Typische teilstationäre Behandlungseinrichtungen sind die Tages- oder Nachtkliniken. *Sie verfügen über nahezu alle Behandlungsmöglichkeiten einer vollstationären Einrichtung, haben aber den Vorteil, dass die Patienten abends bzw. tagsüber in ihre gewohnte Umgebung zurückkehren können.* Die unterschiedlichen Zielsetzungen dieser Einrichtungen bewirken natürlich auch Unterschiede hinsichtlich der Patientenstruktur, der Verweildauer und der Behandlungskosten. Insgesamt lässt sich sagen, dass Tageskliniken sich als effektive und flexible Behandlungseinrichtungen bewährt haben. Sowohl Tages- als auch Nachtkliniken stehen unter ärztlicher Leitung. Während des Tages bzw. der Nacht können Leistungen angeboten werden, die denen in Vollzeitkliniken vergleichbar sind. Die Leistungen dieser Einrichtungen dienen aber auch der Nachbehandlung eines stationären Krankenhausaufenthaltes. Voraussetzung für die Aufnahme in eine Tagesklinik ist, dass sich der Patient in der übrigen Zeit selbst versorgen kann oder durch Angehörige versorgt wird.

1.5.4 Stationäre Behandlungseinrichtungen

Die Begriffe «Kundenorientierung» und damit «Patientenorientierung» einerseits und «Mitarbeiterorientierung» andererseits sind kein spezifisches Problemfeld der neunziger Jahre, sondern von dauerhafter Aktualität.

Die **neue Ordnungspolitik** für die Krankenhauswirtschaft besagt, dass Kosten gespart bzw. begrenzt werden und damit der Sozialetat entlastet wird. Wichtige Ansatzpunkte dieser neuen Betrachtungsweise sind:

- Aufhebung des Anspruchs auf Deckung der krankenhausspezifischen Selbstkosten
- schrittweise Aufhebung der starren Trennung zwischen Krankenhaus und ambulanter Betreuung
- Tendenz zur Konzentration und Spezialisierung parallel zum Rückgang des Bedarfs an Krankenhausbetten.

Vor dem Hintergrund dieser Aspekte erhält der *Patient als Kunde* einen anderen Stellenwert.

In den so genannten **Wohlfahrtsindikatoren** wird u. a. darauf hingewiesen, dass die Förderung des Volkswohlstandes im Rahmen einer Wettbewerbsordnung als ein generelles Ziel der Wirtschaftspolitik zu den übergeordneten gesellschafts- und staatspolitischen Postulaten gehört.

In der Krankenhauswirtschaft gibt es im Prinzip nur zwei Erfolg versprechende **Wettbewerbspotenziale**:

- die Qualität der Krankenhausleistung und
- die Kosten der Krankenhausleistung.

Das Ziel der Qualität stellt Einrichtungen vor die Aufgabe, die Leistungen durch Mitwirkung aller Führungskräfte und MitarbeiterInnen zu günstigen Kosten kontinuierlich zu gewährleisten bzw. zu verbessern. Durch die Gegenüberstellung von Qualität und Kosten geht es also im Grunde um die Wirtschaftlichkeit der Leistungserstellung.

Unter dem Aspekt begrenzter Finanzmittel im Gesundheitsbereich benötigt man objektive Bewertungskriterien für die Entscheidungen über den Einsatz der knappen Güter. Als Instrument können dazu *Kosten-Nutzen-Untersuchungen* herangezogen werden, bei denen auf «rationale Entscheidungshilfen» hingewiesen wird, um:

- Kosten und Nutzen von Maßnahmen zu messen und zu bewerten
- unnötige Leistungen auszuschließen und
- Wirtschaftlichkeitsreserven zu aktivieren.

Unter der gegenwärtigen Restriktion, dass bei steigenden Möglichkeiten und Ansprüchen an die Gesundheitsversorgung nur begrenzt finanzielle Mittel für deren Realisierung zur Verfügung stehen, wird angeregt, mit Hilfe von Kosten-Nutzen-Untersuchungen Hinweise darauf zu gewinnen, ob in den bewerteten Situationen aus wirtschaftlicher Sicht Alternativen realisiert werden sollten. Kosten-Nutzen-Untersuchungen bieten Krankenhäusern und Krankenkassen Hilfestellungen, wenn es darum geht, Lösungen für gesundheitspolitische Strategien zu finden.

Damit werden Funktionen als politische Entscheidungsgrundlage, Argumentationshilfe in Verhandlungen, Diskussions- und Planungsgrundlage sowie als Instrument der Effizienzkontrolle erfüllt.

Zu den klassischen Formen der Kosten-Nutzen-Untersuchungen zählen:

- die Kosten-Nutzen-Analyse (KNA) und
- die Kosten-Wirksamkeits-Analyse (KWA).

Jedes dieser Untersuchungsverfahren zeigt folgende Merkmale:

- Ein mehrdimensionales Zielsystem, das entsprechend den Präferenzen des Entscheidungsträgers aufgebaut ist, bildet die Ordnungsgrundlage.
- Komplexe Handlungsalternativen, die in der Regel zum Zeitpunkt der Untersuchung noch nicht realisiert sind, müssen anhand des Zielsystems in eine vorgedachte Ordnung gebracht werden.
- Aus den Alternativen ist die beste Variante herauszusuchen.

Der *Unterschied beider Analysearten* (**Abb. 1.5-2**) besteht nicht in der Erfassung der Kosten. Diese werden immer in Geldeinheiten erfasst. Es ist vielmehr die Seite des Outputs, des Nutzens, die bei der Messung differiert. Werden bei der KWA physische Einheiten gemessen, so sind es bei der KNA Geldeinheiten. Die KNA ist ein Instrument zur Auswahl von Alternativen durch Vergleich. Es geht darum, die aus der Durchführung medizinischer bzw. pflegerischer Maßnahmen resultierenden Effekte in Geldeinheiten auszudrücken. Handelt es sich dabei um überwiegend positive Effekte, wird vom «Geld-Nutzen» gesprochen. Sind die auftretenden Effekte mehrheitlich negativer Art, so werden sie als «Geld-Kosten» bezeichnet.

Bei Kosten-Nutzen-Analysen werden jedoch nur Komponenten berücksichtigt, die sich relativ problemlos in Geldeinheiten umwandeln lassen. Diese Reduktion auf begrenzte Größen birgt die Gefahr, Aspekte zu übersehen und nicht in die Bewertung einzubeziehen.

Die ökonomische Bewertung von Gesundheit, Krankheit, Behinderung, Leben und Tod stellt das

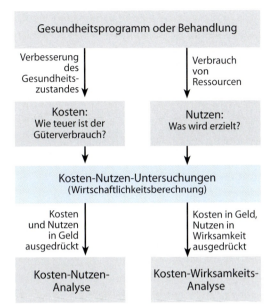

Abbildung 1.5-2: Unterscheidung zwischen Kosten-Nutzen-Analyse (KNA) und Kosten-Wirtschaftlichkeits-Analyse (KWA) (Quelle: Scholtz, M.; Haubrock, M.; Kosten-Nutzen-Untersuchungen bei ambulanten Schulungsmaßnahmen für asthmakranke Kinder und ihre Familien; Pneumologie 50: 540 [1996])

größte Problem der Kosten-Nutzen-Analyse dar, da sich die Bestimmung dieser Werte den Marktmethoden völlig entzieht.

Die Kosten-Wirksamkeits-Analyse ist für Gesundheitsprojekte vergleichsweise gut geeignet, da sich das Output bei Maßnahmen dieser Art vielfach nicht in Marktpreisen bewerten lässt.

Die Erfassung des Inputs ist wenig problematisch, daher lassen sich die notwendigen Kosten und der ihnen zuzuschreibende Nutzen ermitteln und einander gegenüberstellen. Als Ergebnis erhält man die relative Effizienz einer Maßnahme. In einer Kosten-Wirksamkeits-Analyse werden demnach die Kosten einem nichtmonetären Effekt gegenübergestellt. Auf diese Weise können durch das Bilden von Input-Output-Relationen alternative Verfahren miteinander verglichen werden.

Oberender (1995) formulierte die aktuellen ökonomischen Probleme des Gesundheitswesens wie folgt:

Das grundlegende Problem des Gesundheitswesens ist die Knappheit der Ressourcen. Besonders dann, wenn man bedenkt, dass die Gesundheit höchstes Gut des Menschen ist [...]. Es versteht sich von selbst, dass zunächst Verschwendungserscheinungen in der Krankenversorgung berücksichtigt werden müssen. (Oberender, 1995)

Nach Meinung Oberenders ist eine Rationalisierung im Gesundheitswesen unumgänglich: «Nicht alles medizinisch Sinnvolle und Wünschenswerte kann künftig allein mit dem Geld der gesetzlichen Krankenversicherung finanziert werden.» (ebd.: 11).

Eine Verknappung der Mittel führt tendenziell zu der verständlichen Forderung, die Gelder für bestimmte Leistungsmaßnahmen erst nach genauer Überprüfung ihrer Wirksamkeit zu verwenden. Auch nach Ansicht des Sachverständigenrates für die Konzertierte Aktion im Gesundheitswesen erfordern begrenzte Ressourcen im Gesundheitswesen und der Grundsatz der Beitragssatzstabilität «bei einer sich weiter entwickelnden Medizin und einer alternden Bevölkerung die Ausgrenzung unnötiger Leistungen und die Mobilisierung von Wirtschaftlichkeitsreserven» (Sachverständigenrat, 1987: 23).

Im Gegensatz zu den übrigen marktwirtschaftlich organisierten Wirtschaftssektoren ist im Gesundheitswesen der unmittelbare Zusammenhang von Leistungsbedarf, -veranlassung, -verbrauch und -finanzierung nicht gegeben.

Am Beispiel des Krankenhauses bedeutet diese Aussage:

- Patienten als Bedarfsträger und Leistungsempfänger treten in der Regel weder als Leistungsveranlasser noch als Leistungsfinanzierer auf.
- Durch unterschiedliche Personen und Institutionen wird die Funktion der Nachfrageseite wahrgenommen. Ärzte und Pflegepersonal entscheiden über Art und Umfang der Inanspruchnahme von Leistungen, und Sozi-

alleistungsträger übernehmen ganz oder teilweise die Finanzverantwortung.

Durch diese Aufspaltung der verschiedenen Nachfragefunktionen auf unterschiedliche Entscheidungsträger ergibt sich dann die Notwendigkeit, die Entscheidungen der Bedarfsträger, der Leistungsveranlasser, der Leistungserbringer sowie der Finanzierungsträger in einer Weise zu koordinieren, dass die Leistungen dem «notwendigen» Bedarf der in Anspruch nehmenden Personen entsprechen und gleichzeitig der zur Leistungsfinanzierung notwendige Finanzbedarf sichergestellt ist.

Der Versorgungs- oder Behandlungsauftrag ist also das autorisierte Ergebnis des Entscheidungsprozesses und damit das Spiegelbild der Machtverhältnisse aller daran Beteiligten.

Am Beispiel der Krankenhauswirtschaft lassen sich Funktionen und Aufgaben des Steuerungs- und Koordinierungssystems wie folgt darstellen:

- Sicherstellung der dem notwendigen Bedarf an Krankenhausleistungen entsprechenden Angebotskapazitäten
- regionale Verteilung der Angebotskapazitäten unter Berücksichtigung und Forderung nach möglichst gleichwertiger räumlicher Erreichbarkeit der Krankenhausleistungen für die Bevölkerung der betreffenden Region
- Begrenzung der Leistungen auf das zweckmäßige und ausreichende Maß, betreffend sowohl die Einzelleistungen in den jeweiligen Bereichen als auch die Verweildauer der Patienten
- Begrenzung des Einsatzes an personellen und sachlichen Ressourcen auf das notwendige Maß.

Im Gegensatz zu den übrigen marktwirtschaftlich organisierten Wirtschaftssektoren ist im Krankenhaus der unmittelbare Zusammenhang von Leistungsbedarf, -veranlassung, -verbrauch und -finanzierung nicht gegeben. Die marktwirtschaftlich orientierte Alternative entspricht mehr dem nach dem Gesundheitsstrukturgesetz (GSG) 1993 ab 1995/96 gültigen System der Steuerung und Koordinierung der Versorgung, dem zufolge durch *Abbau externer staatlicher Reglementierung* und durch *Förderung von Elementen der marktwirtschaftlichen Steuerung* – etwa durch Stärkung des Wettbewerbs zwischen Krankenhäusern, Einführung von Preisen und finanziellen Anreizen zur Steuerung des Leistungsangebotes und der Leistungserbringung – die Effektivität und die Effizienz der Leistungen positiv beeinflusst werden sollen. Dies ist mit dem gegenwärtigen Finanzierungssystem nur unzureichend realisiert, da weiterhin Leistungsobergrenzen in Form so genannter «gedeckelter Budgets» maßgeblich sind.

Durch den Abbau externer staatlicher Reglementierungen und die Förderung der eher marktwirtschaftlichen Steuerung sollen vor allem – wie bereits angeführt – eine Stärkung des Wettbewerbs, die Erhöhung der Transparenz des regional- und einzelwirtschaftlichen Leistungsgeschehens sowie die Anwendung von Preisen und finanziellen Anreizen zur Steuerung des Angebotes und der Leistungserbringung erreicht werden.

Am Beispiel der Steuerung und Koordinierung der regionalen Krankenhausversorgung zeigen sich mithin folgende Aspekte:

- Auf Bundesebene vereinbaren Krankenhäuser und Krankenkassen Richtlinien für eine bedarfsgerechte Krankenhausversorgung der Bevölkerung, die der Zustimmung der zuständigen Bundesbehörde bedarf.
- Eine solche Vereinbarung entscheidet über:
  – Grundsätze für die Gliederung der Krankenhausregion nach Versorgungsgebieten
  – Grundsätze für Art und Umfang der zur Deckung des Bedarfs notwendigen Angebotskapazitäten in Form von «Korridoren» mit einer Ober- und Untergrenze
  – Zulassungsbedingungen für die Krankenhäuser zur Teilnahme an der Krankenversorgung
  – eine Untergrenze für die zur Deckung des Bedarfs notwendigen Bettenkapazitäten als Interventionsindikator für staatliche Eingriffe zur Sicherstellung der Krankenversorgung

- Grundsätze und Einzelheiten des Entgeltsystems
- Maßnahmen zur Durchführung von Qualitätsprüfungen.

Die dargelegten bevorzugten Grundzüge der Ordnungspolitik lassen erkennen, dass es der Staat unter Beachtung des Subsidiaritätsprinzips der Selbstverwaltung der Einrichtungen und Krankenkassen überlässt, wie die Versorgung der Bevölkerung sichergestellt wird. Der Staat beschränkt seine Aufgaben darauf, die *Einhaltung des Sicherstellungsauftrags* zu überwachen und ggf. *regulierende Maßnahmen* zu ergreifen.

Es ist Aufgabe der Länder, in ihrem Zuständigkeitsbereich eine Krankenhausplanung aufzustellen, in der Grundsätze für Art und Umfang der nach Versorgungsregionen gegliederten, zur Deckung des Bedarfs notwendigen Angebotskapazitäten festgelegt sind. Die Ausführung dieser vorgegebenen Rahmenplanung obliegt der Selbstverwaltung der Krankenhauseinrichtungen und der Krankenkassen.

Abschließend und zusammenfassend soll darauf hingewiesen werden, dass sich in den meisten Einrichtungen eine berufsgruppenspezifische, mehr oder weniger anonyme Betrachtungsweise des Patienten als «Fall» findet. Dabei integriert man den Patienten ausgehend von der Einweisungs- und Aufnahmediagnose in den Versorgungsprozess, schreibt ihm eine krankenhaustypische Identität und Motive zu, klassifiziert ihn als akuten oder chronischen, vor- oder nachstationären oder ambulanten «Fall» und macht ihn auf diese Weise immer stärker zu einem technischen Objekt des Versorgungsprozesses. Dieses Patientenbild muss der angestrebten Qualität jedoch diametral zuwiderlaufen, denn es ist der Patient, der die Qualität misst, indem er eine Leistung in Anspruch nimmt und letztlich auch dafür zahlt.

Qualität erfordert den Dialog zwischen Patient, Arzt und Pflegeperson. Die Orientierung des Patienten wird damit vom Prinzip des Dialogs bestimmt. Es ist der instrumentelle Ansatz, um Spannungen und Konflikte zu vermeiden oder lösen.

Patienten registrieren Defizite vor allem im Bereich der Servicequalität, die sie besser beurteilen können als die medizinisch definierte Produktqualität. Die Servicequalität betrifft aber nicht nur den Komfort des Krankenzimmers, das Fernsehen sowie Patienten- und Besucherrestaurants. Schon frühzeitig sollten grundlegende dauerhafte Beziehungen zu den Kunden (Patienten) des Krankenhauses aufgebaut und vertieft werden, etwa in Form einer vom Krankenhaus organisierten und vermittelten Haus- oder Heimpflege für entlassene Patienten oder in Form ergänzender Angebote im Bereich der Kurzzeit- und Altenpflege.

Der Hauptgrund für die oft anzutreffende Vernachlässigung der Interaktionsqualität liegt sicher darin, dass die MitarbeiterInnen eines Krankenhauses in diesem Punkt am stärksten gefordert sind, sich nicht nur körperlich und geistig, sondern auch emotional zu engagieren.

1.5.5 Ambulante pflegerische Versorgung

1.5.5.1 Einleitende gesundheitspolitische Bemerkungen

Durch das Angebot der verschiedenen Formen ambulanter Versorgung werden Grundvoraussetzungen geschaffen, um jungen, alten, kranken und sterbenden Menschen (s. Kap. 1.6) den Verbleib in der gewohnten eigenen Wohnung zu sichern und damit den Aufenthalt in einer Krankenhauseinrichtung oder einem Pflegeheim zu verhindern.

Ambulante pflegerische Versorgung hat sich damit zu einem notwendigen gesundheitspolitischen Aufgabengebiet entwickelt und stellt einen immer größer werdenden Markt in der gesundheitlichen Versorgung dar. So sind ambulante Pflegestationen und Sozialstationen nicht mehr wegzudenken durchstrukturierte organisierte Unternehmen mit einer klaren Aufgabenstellung.

Der Gesetzgeber hat mit der Einführung der Pflegeversicherung, dem 2002 in Kraft getretenen PQSG (Pflegequalitätssicherungsgesetz) und dem Entwurf eines 5. Neuordnungsgesetzes des SGB XI dem am 1. 1. 2004 in Kraft getretenen GKV-Modernisierungsgesetz Rechnung getragen.

Es ist abzusehen, dass es in den nächsten Jahren und Jahrzehnten am Beispiel der demographischen Entwicklung Deutschlands zu weit reichenden Veränderungen der Bevölkerungsstruktur und damit auch zu neuen gesellschaftlichen und individuellen Lebensbedingungen kommen wird.

Im Jahre 2030 wird der **Altersquotient** doppelt so hoch sein wie im Jahre 1983. Lebten zu Beginn des 20. Jahrhunderts in Deutschland ca. 4,4 Mio. Menschen, die 60 Jahre und älter waren, so sind es heute etwa 16 Mio. Menschen. Das bedeutet, dass jede/r Fünfte heute 60 Jahre und älter ist. Diese Entwicklung wird sich weiter fortsetzen. Im Jahre 2030 wird in Deutschland mehr als ein Drittel der Bevölkerung 60 Jahre und älter sein. Auf Grund der genannten demographischen Veränderungen wird besonders der Anteil derer, die 75 Jahre und älter sind, deutlich zunehmen.

Nach Aussage aktueller statistischer Erhebungen erreichen gegenwärtig:

- in den alten Bundesländern die Frauen durchschnittlich 79,5 Jahre und Männer 73,1 Jahre
- in den neuen Bundesländern die Frauen durchschnittlich 77,2 Jahre und Männer 69,9 Lebensjahre.

Ziel der **ambulanten Betreuung** älterer Menschen ist es vorwiegend, die bisherigen Lebensgewohnheiten so gut wie möglich zu erhalten, das gewohnte soziale Beziehungsnetz nicht zu zerstören und die allgemeine Bedürfnisbefriedigung in einem privaten Bereich zu belassen. Die Form dieser Betreuung ist vom Grundsatz der individuellen Leistungsinanspruchnahme durch Berücksichtigung der Einzelfallsituation gekennzeichnet.

1.5.5.2 Zu einigen gesetzlichen Grundlagen und Verordnungen

Bei der Unterscheidung ambulanter Pflegeeinrichtungen ist die Trennung zwischen den Kostenträgern und damit den Leistungsinhalten der Versorgung von ausschlaggebender Bedeutung. Es wird zwischen häuslicher Krankenpflege nach dem Sozialgesetzbuch XI (Pflegegesetzbuch) und der Versorgung nach dem Bundessozialhilfegesetz (BSHG) unterschieden.

Häusliche Krankenpflege, bestehend aus allgemeiner Krankenpflege (grundpflegerische Versorgung) und spezieller Krankenpflege (behandlungspflegerische Versorgung), dient, wie weiter oben bereits angedeutet, in erster Linie der Verkürzung bzw. Verhinderung eines Krankenhausaufenthaltes und/oder der Sicherung des Ziels der ärztlichen Behandlung. Die entsprechende Verordnung der häuslichen Krankenpflege ist im Paragraph 92, Absatz 7 SGB V geregelt.

Vor Inanspruchnahme von Leistungen des Bundessozialhilfegesetzes (BSHG) muss der Patient seine finanzielle Situation offen legen. Nach Prüfung der Kriterien des BSHG wird der Bedarf an Hilfeleistungen ermittelt und nach Bewilligung durch einen Vertragspartner (ambulanter Pflegedienst/Sozialstation) erbracht. Ambulante Pflegestation bzw. Sozialstation schließen als Voraussetzung für die zu beanspruchenden Leistungen Verträge mit den jeweiligen Kostenträgern wie Krankenkasse, Pflegekasse oder Sozialhilfeträger. Innerhalb dieser Verträge werden die Modalitäten, Rechte und Pflichten der Vertragspartner untereinander festgehalten (§132/132a SGB V, § 72 SGB XI, § 75 SGB XI bzw. § 93 BSHG).

1.5.5.3 Zur Aufgabenstellung der Pflegedienstleitung im ambulanten Bereich

Menschen in speziellen Lebenssituationen in ihrer gewohnten Umgebung individuell zu versorgen, ist oft eine komplizierte Aufgabenstellung des ambulanten Pflegebereichs.

Die Pflegedienstleitung ist im Wesentlichen

verantwortlich für die Innen- und Außenorganisation der ambulanten Pflege- bzw. Sozialstation.

Die Pflegedienstleitung entscheidet auch in diesem Versorgungsbereich über den Einsatz des Personals und trifft in Zusammenarbeit mit dem Hausarzt, dem Patienten und in der Regel mit den Angehörigen die Entscheidung über die Art und Weise der Versorgung. Dabei wird auf Wünsche des Patienten eingegangen und organisatorisch der Ablauf der einzelnen Touren, d. h. die Reihenfolge der Versorgung, abgestimmt.

Für jeden Patienten wird die Pflege geplant, ausgewertet und ggf. immer wieder dem aktuellen Gesundheitszustand angepasst.

Pflegeleistungen, die am Patienten erbracht wurden, müssen entsprechend dokumentiert werden (s. Kap. 6.4.2). Die Leistungen werden übersichtlich, transparent und für den Patienten, die Angehörigen, den Kostenträger, den Hausarzt und andere Beteiligte nachvollziehbar dargestellt. Das therapeutische Team kann nur im gewünschten Sinne und damit erfolgreich arbeiten, wenn mit Kontinuität und entsprechender Qualität gearbeitet wird.

1.5.5.4 Formen der ambulanten Hilfe

Ausgehend vom Grad an Selbstständigkeit der betroffenen Person soll geholfen werden, Schwierigkeiten im gewohnten Wohnumfeld zu bewältigen. Hierbei kann eine solche Hilfestellung:

- vorübergehend (z. B. bei akuten Erkrankungen)
- gelegentlich (z. B. bei schwierigen häuslichen Verrichtungen) sowie
- auf Dauer erbracht werden.

Die Formen der Hilfestellung sind vom Grundsatz der individuellen Leistungsinanspruchnahme durch Berücksichtigung der Einzelfallsituation gekennzeichnet. Es soll noch einmal darauf hingewiesen werden, dass betreutes Wohnen in besonderer Weise geeignet ist, hilfs- und pflegebedürftige Menschen in ihrem Wunsch zu unterstützen, so lange wie möglich in der eigenen Wohnung bleiben und den Alltag gestalten zu können.

Offene ambulante pflegerische Betreuung
Sozialstationen haben u. a. die Aufgabe, kranke Personen (Behandlungsfälle) und pflegebedürftige Personen in Form der häuslichen Pflege zu versorgen. Um die Effektivität und Effizienz von Sozialstationen zu steigern, werden immer deutlicher Überlegungen angestellt, eine mögliche Kooperation und *Vernetzung von Sozialstationen untereinander und zu anderen Trägern der Gesundheitsversorgung* anzustreben bzw. zu verbessern. In **Abbildung 1.5-3** wird ein ausgewählter Leistungsbereich einer Sozialstation vorgestellt.

Teilstationäre ambulante pflegerische Betreuung
Zur teilstationären ambulanten pflegerischen Betreuung gehören Einrichtungen, die eine Tages- bzw. Nachtversorgung anbieten. Beispielhaft für die teilstationäre Altenhilfe wird hier die Tagesversorgung dargestellt. Wenn die Angehörigen tagsüber berufstätig sind, gibt es die Möglichkeit der Unterbringung in einem Tagesheim. Nachts und an den Wochenenden sorgt die Familie zu Hause für die Pflege. Auch im Tagesheim sind Leistungen der Pflegeversicherung möglich. Diese Einrichtungen sind in der Regel tagsüber von montags bis freitags geöffnet. Die *Aufgabe der Tagespflegeheime* besteht darin, durch bedarfsgerechte Hilfe in erster Linie die *stationäre Unterbringung eines Hilfsbedürftigen hinauszuzögern, abzukürzen oder im besten Falle zu verhindern*. Diese Tagespflegeheime sind, bezogen auf den ambulanten und stationären Bereich, noch relativ gering ausgebaut und sehr oft an eine stationäre klinische Institution angegliedert.

Stationäre ambulante pflegerische Betreuung
Stationäre oder **geschlossene Betreuung** umfasst alle Formen der Betreuung, die mit einem Wechsel des sozialen Lebensraumes verbunden sind. Diesem Bereich zuzurechnen sind:

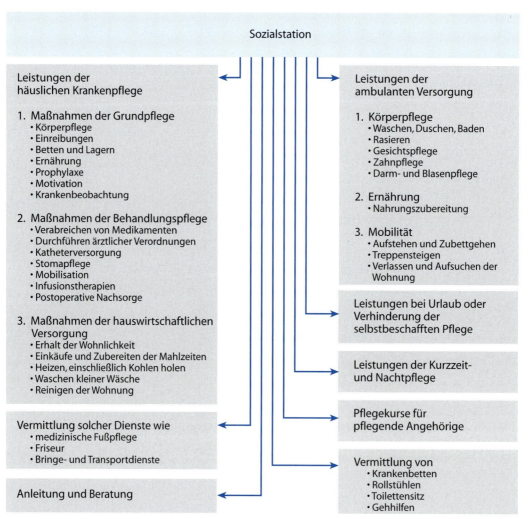

Abbildung 1.5-3: Beispielhaft ausgewählter Leistungsbereich einer Sozialstation (Quelle: Haubrock, M., Schär, W.; Betriebswirtschaft und Management im Krankenhaus, 3. Aufl.; Bern, 2002, S. 55)

- Altenheime
- Altenwohnheime und
- Altenpflegeheime.

Ein **Altenheim** ist eine Einrichtung, deren BewohnerInnen vom Heim Unterkunft, Verpflegung und Betreuung sowie ggf. bei Erkrankung Pflege und Therapie erhalten. Unter dem Begriff «Betreuung» wird in diesem Zusammenhang auch die zu gewährende *vorübergehende leichte Pflege* verstanden. Altenheime werden von Städten, Kreisen und Gemeinden, Wohlfahrtsverbänden und Privatleuten betrieben. Hierbei gilt jedoch die Nachrangigkeit der öffentlichen Trägerschaft.

Bei den **Altenwohnheimen** handelt es sich um einen Zusammenschluss von in sich abgeschlossenen Wohnungen, die in ihrer Anlage, Ausstattung und Einrichtung den Bedürfnissen alter Menschen Rechnung tragen. Diese selbstständige Lebensführung kann allein oder mit dem Lebenspartner aufrechterhalten werden. Selbstverständlich dürfen die eigenen Möbel verwendet werden. Bewohner von Altenwohnheimen können je nach Neigung ein völlig selbstständiges Leben führen oder sich mit anderen Mitbewohnern zu einer Gemeinschaft zusammenschließen. Im Bedarfsfall erhalten sie zusätzliche Betreuung.

Die Beratung kann vom Sozialamt durchgeführt werden. Aber auch die Wohlfahrtsverbände und Kirchen übernehmen Informationsaufgaben. Die Träger entsprechen den oben aufgeführten Institutionen.

Das **Altenpflegeheim** ist nach Bau, Ausstattung und Personalbesetzung darauf ausgerichtet, verbliebene Kräfte der alten Menschen durch aktivierende Pflege und ärztliche Hilfe zu üben und zu erhalten.

Die **Pflegeheime** haben regelmäßig Verträge mit den Pflegekassen geschlossen, sodass die stationären Leistungen der Pflegeversicherung erbracht werden können. Da sich die Zahl der Hochbetagten in den kommenden Jahren erhöhen wird, muss sich der Bedarf an Heimpflegeplätzen ausweiten.

Heime, die sowohl Betreuungs- als auch Pflegeplätze anbieten, bezeichnet man als *mehrgliedrige Einrichtungen*.

Die jeweiligen Betreuungs- bzw. Pflegeleistungen werden nach dem speziellen Bedarf ausgerichtet. Diese kombinierte Form macht einen großen Teil der stationären Altenhilfe aus. Da die Betreuung und Versorgung der Heimbewohner ohne aufwändigen Umzug oder Verlegung in eine andere Einrichtung erfolgen kann, ist dieser Trend begrüßenswert.

Kurzzeitpflegeeinrichtungen übernehmen die vorübergehende, befristete Versorgung von Pflegebedürftigen. Sie gelten als eine wichtige Ergänzung zum Leistungsangebot.

Pflegebedürftige nehmen diese Hilfsform in Anspruch, weil sie u. a. vorübergehend mehr Pflege brauchen als sie zu Hause von Angehörigen und/oder ambulanten Diensten bekommen können oder weil die pflegenden Angehörigen, z. B. wegen Krankheit, Urlaub und Kur, zeitweise ausfallen.

1.5.5.5 Träger der ambulanten pflegerischen Versorgung

In dem schon beschriebenen allgemeinen System der sozialen Sicherheit in der Bundesrepublik Deutschland nehmen die ambulanten pflegerischen Leistungen einen beträchtlichen Teil ein. Der Bund kann nicht Leistungs- bzw. Kostenträger in der Altenhilfe und auch nicht Träger von Einrichtungen sein. In diesem Kontext kann er in Zusammenarbeit und Koordination mit den Ländern die sozialen Belange der Bevölkerung durch Impulsgebung positiv beeinflussen. Seine Mitgestaltungsmöglichkeiten beschränken sich insbesondere auf die Förderung von Modellen zur Weiterentwicklung solcher Betreuungsmaßnahmen. Bundesinitiativen sollen unterstützend dazu beitragen, dass das in der Öffentlichkeit immer noch vorhandene Bild vom wenig aktiven, einsamen, kranken oder pflegebedürftigen Menschen korrigiert wird. **Tabelle 1.5-2** zeigt eine Gegenüberstellung positiver und negativer Faktoren, die das Alter beeinflussen.

Als Träger eigener Einrichtungen betätigen sich die Länder nur in Ausnahmefällen. Eine wesentliche Mitwirkung der Länder in der stationären Altenhilfe ergibt sich durch die staatliche Aufsichts- und Fürsorgepflicht.

Die Kommunen (kreisfreie Städte und Landkreise) sind nach § 96 Bundessozialhilfegesetz (BSHG) die örtlichen bzw. überörtlichen Träger der Sozialhilfe. Nach den Bestimmungen einzelner Bundesländer sind die Länder selbst überörtliche Träger der Sozialhilfe.

Paragraph 93 BSHG legt fest, dass Einrichtungen in öffentlicher Trägerschaft (z. B. für die Altenhilfe) nicht neu zu schaffen sind, wenn geeignete Einrichtungen der freien Träger der Wohlfahrtspflege oder private Träger vorhanden sind, von diesen ausgebaut oder geschaffen werden können.

Die Übersicht der Träger im ambulanten pflegerischen Bereich (**Abb. 1.5-4**) lässt auch erkennen, dass in der Rubrik «sonstige Träger» die privaten Leistungsanbieter an Bedeutung zugenommen haben (geschätzt werden über 50 % des Gesamtvolumens der Versorgungsleistungen.

Tabelle 1.5-2: Das Alter beeinflussende Faktoren (Quelle: Haubrock, M., Schär, W.; Betriebswirtschaft und Management im Krankenhaus, 3. Aufl.; Bern 2002, S. 57)

Positive Faktoren	Negative Faktoren
Wahrung der Würde und Autonomie, z. B. in Heimen und in der häuslichen Umgebung	Missachtung der Würde, z.B. durch Unterbinden freier Entscheidungen und Missachtung des Willens, Verletzung der Privat- oder Intimsphäre, Bevormundung
Realistische und positive Darstellung des Alters in den Medien	Unrealistische und/oder überzogene Darstellung des Alters in den Medien
Anerkennung und Akzeptanz von Lebenserfahrung, Kompetenz und Wissen	Missachten oder Ignorieren von Erfahrung, Wissen und Fähigkeiten
Angemessene Förderung und Integration in den Alltag	Über- und Unterforderung in verschiedenen Lebenssituationen
Integration in die Familie und/oder in andere gesellschaftliche Gruppen	Nichteinbeziehen in soziale Gruppen, Isolierung und Ausgrenzung
Die Bereitschaft, in jedem Lebensabschnitt positive Aspekte zu sehen und zu erleben	Glorifizieren von Jugend, Schönheit und Leistung

Träger der ambulanten pflegerischen Versorgung

öffentliche Träger			freie Träger		sonstige Träger	
Bund	Länder	Kommunen	Arbeiterwohlfahrt	Diakonisches Werk der Evangelischen Kirche in Deutschland	Selbsthilfegruppen	private Leistungsanbieter
			Deutscher Paritätischer Wohlfahrtsverband	Deutscher Caritasverband		
			Deutsches Rotes Kreuz	Zentrale Wohlfahrtsstelle der Juden in Deutschland		

Abbildung 1.5-4: Träger der ambulanten pflegerischen Versorgung (Quelle: Schär, W., nach Haubrock, M., Schär, W.; Betriebswirtschaft und Management im Krankenhaus, 3. Aufl.; Bern, 2002, S. 56)

1.5.5.6 Sonstige Angebote der ambulanten Hilfen und Unterstützungen

Neben den bislang aufgezeigten Leistungsbereichen der ambulanten Hilfen zählen u. a. auch die Beratungsstellen, die Altentagesstätten, die Altenklubs sowie die fahrbaren Mahlzeitendienste.

Die **Stellen der Altenberatung** bieten Hilfe bei sozialen und individuellen Problemen sowie bei der Erörterung von Lösungsmöglichkeiten.

Nur selten sind **Beratungsstellen** eigenständige Institutionen. Sie sind in der Regel an Sozial-, Versorgungs-, Versicherungs-, Arbeitsämter oder Krankenkassen angegliedert.

Unter **Altentagesstätten** versteht man eine ortsgebundene Einrichtung, die für ältere EinwohnerInnen einer Gemeinde oder eines Stadtteils zu bestimmten Zeiten offen steht. Eine solche Einrichtung dient den Bedürfnissen alter Menschen nach Kommunikation, Information, Bildung und Freizeitgestaltung. Diese Einrichtungen werden meist von Gemeinden oder Wohlfahrtsverbänden betrieben und sind oft

Tabelle 1.5-3: Ambulante Versorgung (Quelle: Meißner, T., Berlin)

Pflegedienste/Sozialstationen	Pflegedienste/Sozialstationen	Andere Anbieter (Auswahl)
Vertrag SGB V	Vertrag SGB XI	Physiotherapie
Vertrag SGB XI	Vertrag BSGH	Krankenstransport
Vertrag BSGH	Privat	Hilfsdienste
Sondervereinbarungen SGB V/BSGH		Fußpflege
Privatverträge		Rehamittelvertrieb

räumlich an stationäre Einrichtungen gebunden.

Der **Altenklub** ist ein Zusammenschluss älterer Menschen mit gleichen Interessen und Neigungen. Er unterscheidet sich von den Altentagesstätten im Wesentlichen durch die Eigenfinanzierung. Gelegentlich erfolgt die Finanzierung durch Mitgliedsbeiträge oder Zuschüsse. Entsprechend dieser Charakteristik kann ein solcher Klub auch als eine Form der Selbsthilfegruppe angesehen werden.

Das «**Essen auf Rädern**» ist einer der bekanntesten Hilfsdienste unter den fahrbaren Mahlzeitendiensten. Diese Hilfsform wurde 1961 in Krefeld als Verein gegründet. Die Kommunen, freien Wohlfahrtsverbände und später auch private Anbieter übernahmen diesen mobilen Hilfsdienst. «Essen auf Rädern» ist ein Hilfsangebot, das sich keineswegs nur an einen finanziell bedürftigen Personenkreis richtet. Dieses Angebot steht vielmehr den alten Menschen zur Verfügung, die entweder dauernd oder vorübergehend nicht in der Lage sind, sich täglich selbst eine warme Mahlzeit zuzubereiten.

1.5.5.7 Fazit

Zusammenfassend wird der Bereich der ambulanten Versorgung anhand von **Tabelle 1.5-3 bis 1.5-5** und **Abbildung 1.5-5** noch einmal veranschaulicht. In den jeweilgen Netzstrukturen werden die entsprechenden gesetzlichen Grundlagen und Paragraphen eingefügt. Außerdem werden Leistungen bzw. Leistungsbereiche in ihrer unterschiedlichen Beziehung zueinander vorgestellt. Insgesamt wird auch verdeutlicht,

Tabelle 1.5-4: Ambulante Versorgung (Quelle: Meißner, T., Berlin)

Pflegedienste/Sozialstationen	Pflegedienste/Sozialstationen	Andere Anbieter (Auswahl)
• § 37 Häusliche Krankenpflege	• grundpflegerische Maßnahmen	• weiterführende Leistungen SGB XI
– spezielle Krankenpflege (Behandlungspflege)	• Ernährung	• ergänzende Leistungen
– allgemeine Krankenpflege (Grundpflege)	• Mobilität	
– hauswirtschaftliche Versorgung	• hauswirtschaftliche Versorgung	
• Sondervereinbarungen		
– Infusionstherapie		
– Onkologie		
– Intensivtherapie		
– Beratung		
– Aids-Therapie		
– Kindertherapie		
• § 38		
– Verhinderungspflege		
– Familienpflege		

80 1 Grundlagen der Gesundheitsökonomie

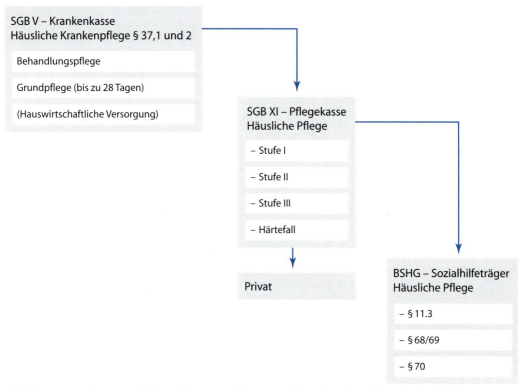

Abbildung 1.5-5: Vor- bzw. Nachrangigkeit von Leistungsbereichen (Quelle: Meißner, T., Berlin)

Tabelle 1.5-5: Voraussetzungen für die Leistungen (Quelle: Meißner, T., Berlin)

SGB V – Häusliche Krankenpflege	SGB XI – Pflegeversicherung	BSGH (Bundessozialhilfegesetz)
• Verordnungen durch den Vertragsarzt	• Antrag an die Pflegekasse (1–5 Monate)	• Antrag an Sozialhilfeträger
• Empfehlung durch das Krankenhaus	• Prüfung durch MDK	• Prüfung, Begutachtung
• Sicherung des Ziels der ärztlichen Behandlung	• Einstufen in die Pflegestufe durch die Pflegekasse	• Bewilligung
• Krankenhausverkürzung	• Leistungsgewährung bei positivem Bescheid ab Antragstellung	
• Krankenhausvermeidung		
• wenn Krankenhausaufenthalt geboten, aber nicht ausführbar ist		

dass dieses gesundheitspolitische Anliegen immer bedeutsamer werden wird und der Gesetzgeber dieser Tendenz Rechnung tragen muss. Abschließend soll ausdrücklich darauf hingewiesen werden, dass die weitere Entwicklung dieser wichtigen gesundheitspolitischen Zielstellung mit den dargestellten Formen der ambulanten Hilfen nicht abgeschlossen ist.

Literatur

Abraham, I. et al. (Hrsg.): Pflegestandards für die Versorgung alter Menschen. Bern 2001
Barth: Qualitätsentwicklung und -sicherung in der Altenpflege (2. Aufl.). 2002
Eichhorn, S.; Schmidt-Rettig, B. (Hrsg.): Krankenhausmanagement im Werte- und Strukturwandel, Handlungsempfehlungen für die Praxis. Stuttgart, Berlin, Köln, 1995
Hafner, M.; Meier, A.: Geriatrische Krankheitslehre. Teil I: Psychiatrische und neurologische Syndrome, 1998; Teil II: Allgemeine Krankheitslehre und somatogene Syndrome. Huber, Bern, 1999
Lampert, H.: Sozialpolitik. Berlin, Heidelberg, New York, 1980
Metze, I.: Gesundheitspolitik. Stuttgart, Berlin, Köln, Mainz, 1992
Neubauer, G.; Demmler, G.: Leistungssteuerung im Krankenhaus – Instrumente zur Sicherung der Qualität und Wirtschaftlichkeit in der stationären Versorgung. Landsberg, 1989
Sachverständigenrat für die Konzertierte Aktion im Gesundheitswesen, Jahresgutachten 1987. Baden-Baden, 1987: 23
Sachverständigenrat für die Konzertierte Aktion im Gesundheitswesen: Sachstandsbericht 1994. Baden-Baden, 1994: 36
Scholtz, M.; Haubrock, M.: Kosten-Nutzen-Untersuchungen bei ambulanten Schulungsmaßnahmen für asthmakranke Kinder und ihre Familien. Pneumologie (1996) 50: 540

1.6 Hospizdienste

W. Schär

1.6.1 Einleitende Bemerkungen

Hospiz wird vom lateinischen *hospitium* abgeleitet und mit Gastfreundschaft, Herberge, Ruheplatz, Einkehr und Unterkunft übersetzt. Aus dieser mehr christlichen Herberge des Mittelalters entwickelte sich mit der Zeit ein Konzept, welches die physischen, psychischen, sozialen und spirituellen Leiden Sterbender erleichtern möchte. Häufig wurde dieser Begriff mit unterschiedlichen und diffusen Vorstellungen belegt. Solche Vorstellungen reichen vom Altenheim über eine Art Hospital, eine Stätte, in der mittellose Arme aufgenommen werden, einen «(im christlichen Geist geführten) Beherbergungsbetrieb» (Duden, 1996) bis hin zur Sterbeklinik.

Bis zum 19. Jahrhundert starb der Mensch vorwiegend im Kreise seiner Familie, Nachbarn und Freunde, zu Hause in seiner vertrauten Umgebung. Größtenteils lag es in der Hand des Sterbenden, welche äußeren Umstände sein Sterben bestimmten. Rituale wurden abgehalten, Feste wurden gefeiert, und das Sterben konnte zu einem mehr oder weniger akzeptablen Anlass werden. Der Tod gehörte gewissermaßen auch zum Leben und war damit etwas Natürliches.

Im gegenwärtigen Sinne ist es Ziel der Hospizbewegung, Sterbende nicht auszugrenzen, sondern ihnen ein Leben und zuletzt ein Sterben in Würde und nach Möglichkeit in vertrauter Umgebung zu ermöglichen. Mit vertrauter Umgebung ist in erster Linie die eigene Wohnung gemeint, wenn der Betroffene dies wünscht und aus medizinisch-pflegerischer Sicht keine Bedenken bestehen.

Im Mittelpunkt der Hospizarbeit stehen die betroffenen Menschen und deren Bedürfnisse. Abgesehen von den individuellen Bedürfnissen, die in der Hospizarbeit befriedigt werden, und der Achtung des Selbstbestimmungsrechtes der Menschen ist es für die Pflegenden richtungsweisend, die Menschen aus ihrer Einsamkeit zu befreien und ihnen nach Möglichkeit Schmerzen zu nehmen.

Die Unterstützung und Pflege unheilbar Kranker und Sterbender gehört zu den schwersten Aufgaben der Angehörigen und der Gesellschaft.

1.6.2 Zur Aufgabenstellung der Hospizbewegung

Das Hospiz ist eine Institution, die entweder stationär, ambulant oder als Verbund aus beiden strukturiert ist und in der Ärzte und Pflegende Menschen in ihrer letzten Lebensphase begleiten.

Die stationären und ambulanten Hospize werden nicht nur durch Ärzte und Pflegende, sondern auch durch andere Personen betrieben. In manchen Einrichtungen ist die Profession also nicht nur im medizinischen Bereich angesiedelt. Überwiegend bestehen interdisziplinäre Teams aus Pflegepersonal, Psychologen und Seelsorgern. Einige Hospizeinrichtungen können zusätzlich die Stelle eines Arztes finanzieren.

> Maßgebliches Abgrenzungskriterium zu anderen stationären Einrichtungen mit medizinisch-sozialer Betreuungsfunktion ist die zwingende Einbindung der ärztlichen Behandlung in das Versorgungskonzept der Zielsetzung nach. (Deutsch, 1994: 16)

Dies ist in einem stationären Hospiz nicht vordergründig notwendig, da die Pflege und nicht die ärztliche Betreuung im Vordergrund steht.

Nicht selten wird die Behandlung solcher Patienten auf Schmerzkontrolle reduziert. Untersuchungen haben ergeben, dass Menschen, die ihren Arzt um Sterbehilfe bitten, dies selten auf Grund von unerträglichen Schmerzen tun. Meist stecken die Erfahrung des Verlusts der Selbstbestimmung, die Einschränkung körperlicher Funktionen, Einsamkeit dahinter. Grundsätzlich wird darauf hingewiesen, dass die Hospizbewegung stets eine Bewegung gegen aktive Sterbehilfe ist. Auch wenn die erweiterten Aufgabenstellungen der Hospizdienste in einer Zeit entstanden sind, als sich die Deutsche Gesellschaft für Humanes Sterben mit ihren Forderungen nach einer gesetzlichen Regelung zur aktiven Sterbehilfe zu Worte meldete, hat die Hospizbewegung nicht dogmatisch eine Gegenposition bezogen, sondern ein praktisches Angebot an Menschen gemacht, bei dem sich die aktive Sterbehilfe erübrigen sollte. So gesehen wäre der Hospizdienst eine Prävention gegen aktive Sterbehilfe.

Die Hospizbewegung muss sich vor dem Eindruck bewahren, dass das edle, schöne Sterben möglich ist und vor allem deswegen eine Aufnahme angefragt wird. Eine Aufnahme ins stationäre Hospiz ist vor allem notwendig wegen der Intensität der Versorgung und Betreuung.

Nach Schöniger reduziert man den Auftrag von Hospizen auf den Minimalanspruch «Pflege, Unterkunft und menschliche Betreuung». Pflege wird an erster Stelle genannt und jeder, der Hospizbetreuung auch beruflich praktisch erlebt hat, weiß, dass diese Reihenfolge nicht zufällig ist, weiß um die Bedeutung pflegerischer Versorgung am Ende des Lebens.

Schöniger weist außerdem darauf hin, dass in theoretischen Ansätzen der pflegerischen Profession das Begleiten Sterbender als Aufgabenbereich verankert ist. Sie kann auf dezidierte Methoden für die Gestaltung dieser Begleitung zurückgreifen. Da die Pflege im Gegensatz zu den Ärzten – mit einem eigenständigen Fach Palliativmedizin – keine Ausnahmesituation Palliativpflege kennt, muss sie nicht eine beschwerdelindernde Pflege von einer ursachenbekämpfenden unterscheiden. In diesem Aufgabenbereich ist also die Pflege des sterbenden Menschen nicht als Versagen von Maßnahmen zu sehen, sondern als Teil einer individuellen Lebensspanne. Gleichzeitig hat sie als Teil ihres Verantwortungsbereiches andere – vielleicht auch weiter gefasste – Erkenntnisse, die in die Gesamtsituation Hospizversorgung stützend und klärend eingebracht werden können.

Die Gestaltung des eigenen Lebens ist unterschiedlich begrenzt. Menschen haben immer individuelle Bedürfnisse hinsichtlich eines würdigen Sterbens. Der Wunsch nach dem vertrauten sozialen Umfeld und eine größtmögliche

Schmerzfreiheit rangieren hier an erster Stelle. Nach Umfrageergebnissen möchten bis zu 90 % der Deutschen zu Hause sterben, allerdings beenden 60 % der Bundesbürger in Krankenhäusern und weitere 25–30 % in Alten- und Pflegeheimen ihr Leben.

Trotz großer Fortschritte in der Medizin – besonders bezogen auf unheilbare oder schwer beherrschbare Krankheiten – sterben immer noch viele Erwachsene und Kinder. Allein an Krebs erkranken jährlich in Deutschland fast 1800 Kinder neu. Im Gegensatz zu Großbritannien, der Schweiz und den USA sind Hospize für Kinder in Deutschland noch im Aufbaustadium. Das Kinder-Hospiz in Berlin wird das Zweite in Deutschland sein. Besondere Ereignisse, wie etwa das Erkranken der Mutter, können zu unüberwindlichen Problemen für die ganze Familie führen. Gerade in der Sterbesituation, in der das betroffene Kind jede Fürsorge und Aufmerksamkeit benötigt, droht solch ein «System» zusammenzubrechen.

Im Hospiz der Björn-Schulz-Stiftung (Wilhelm-Wolff-Straße 36/38, DE-13156 Berlin) können die Kinder, Jugendlichen und jungen Erwachsenen im Gegensatz zum Krankenhaus von ihren Geschwistern, Freunden oder Klassenkameraden besucht werden und ein geliebtes Haustier mitbringen. Ein Bewegungsbad, ein «Snoezelzimmer» – ein spezieller Raum, der alle Sinne der Kinder verwöhnt – bis hin zu Appartements für die Eltern, ein parkähnlicher Garten oder eine riesige Terrasse sollen unter anderem dazu beitragen, dass die Kinder ihre noch verbleibende Lebenszeit voll genießen können. Insgesamt 12 Kinder, Jugendliche und junge Erwachsene im Alter von 0 bis 30 Jahren werden im Hospiz ganzheitlich betreut.

Diese Hospizstiftung hat das Ziel, Familien mit einem schwerst und unheilbar kranken Kind in dieser existenziellen Krise zu unterstützen. Es ist ein Ort, der sich größtmöglich an häuslicher Atmosphäre orientiert. Selbstbestimmung der Familien und minimale Routine stehen im Vordergrund des Konzeptes für das Hospiz.

Die Arbeitsgemeinschaft zur Förderung der Hospizbewegung in Deutschland beim Bundesministerium für Arbeit und Sozialordnung stellte im Oktober 1996 folgende Leitlinien für die Hospizarbeit (Malteser Hilfsdienst, 2000) vor:

1. Ansprechpartner der Hospizarbeit sind der Sterbende und die ihm nahe stehenden Menschen. Im Mittelpunkt steht der Sterbende mit seinen Bedürfnissen und Rechten. Auch die ihm nahe Stehenden benötigen Aufmerksamkeit, Fürsorge, Wahrhaftigkeit. Die Hospizarbeit sollte sich in ihren Hilfen und ihrer Organisation dem Sterbenden und den ihm nahe Stehenden anpassen.
2. Die Hospizbewegung sieht das menschliche Leben als Ganzes von seinem Beginn bis zum Tode. Sterben ist Leben – Leben vor dem Tod. Die Hospizarbeit zielt vor allem auf lindernde Pflege und Fürsorge, nicht auf lebensverlängernde Therapie. Die lebensbejahende Grundidee schließt aktive Sterbehilfe aus.
3. Zur Hospizarbeit gehört als wesentlicher Bestandteil der Dienst Ehrenamtlicher. Sie sollen gut vorbereitet, befähigt und in regelmäßigen Treffen begleitet werden.

Zwei Jahre später hat der Malteser Hilfsdienst ebenfalls Grundsätze der Hospizarbeit vorgestellt (Malteser Hilfsdienst, 1998). Die Malteser orientieren sich in ihrer Arbeit an folgenden Grundsätzen:

1. Die Hospizdienste bieten ganzheitliche, an den Bedürfnissen orientierte Zuwendung für sterbende und ihnen nahe stehende Menschen.
2. Der gezielte Einsatz, insbesondere der Schmerztherapie, ist für die Hospizarbeit wesentlich.
3. Ehrenamtliche sind ein unverzichtbarer Bestandteil der Hospizarbeit. Die Ehrenamtlichen tragen durch ihre Sterbebegleitung dazu bei, dass sich der sterbende Mensch mit seinem sozialen Umfeld als Teil der Gesellschaft erlebt und eingebunden fühlt. Für diesen Dienst werden sie sorgfältig vorbereitet, regelmäßig weitergebildet und begleitet.
4. Alle in der Hospizarbeit Tätigen, sei es unmittelbar in Begleitung oder mittelbar durch Übernahme anderer Aufgaben, sollen eine

ihnen gemäße Form der Begleitung und Reflektionsmöglichkeit, z. B. in Form der Supervision, erhalten. Für diejenigen, die sterbende und trauernde Menschen begleiten, ist eine fallbezogene Praxisbegleitung verpflichtend.
5. Hospizdienste setzen sich für die Verwirklichung eines interdisziplinären Teams ein. Dazu gehören u. a. Ärzte, Seelsorger, Pflegekräfte, Sozialarbeiter und Ehrenamtliche.
6. Die Hospizdienste verstehen sich als notwendige Ergänzung des Gesundheits- und Sozialsystems. Sie suchen im Sinne der Hospizidee eine enge Vernetzung, um die Situation sterbender Menschen nachhaltig zu verbessern.
7. Die ambulante Hospizarbeit bildet den Schwerpunkt des Malteser-Engagements und ist die Basis für teilstationäre und stationäre Einrichtungen, die die Malteser im Rahmen der finanziellen Möglichkeiten unterstützen und fördern.
8. Zur Hospizarbeit gehört wesentlich die Trauerbegleitung.

1.6.3 Zur Aufgabenstellung der Palliativpflege

Nach Pschyrembel (257. Aufl., S. 1135) sind Palliativa «Mittel, die gegen Symptome, aber nicht gegen die Ursache einer Erkrankung wirken». Der Begriff stammt aus dem lateinischen *palliare*, d. h. «mit einem Mantel bedecken».

Im *Sozialgesetzbuch V (SGB V)* wird in § 39a darauf hingewiesen, dass Versicherte, die keiner Krankenhausbehandlung bedürfen, im Rahmen der Verträge nach Satz 4 Anspruch auf einen Zuschuss zu stationärer oder teilstationärer Versorgung in Hospizen haben, in denen *palliativ-medizinische Behandlung* erbracht wird, wenn eine ambulante Versorgung im Haushalt oder in der Familie des Versicherten nicht erbracht werden kann. Die Höhe des Zuschusses ist in der Satzung der Krankenkasse festzulegen.

Eine Palliativstation ist in der Regel an ein Krankenhaus angegliedert und auf die personellen und technischen Ressourcen des Krankenhauses angewiesen. Ärztliches Personal (Stationsarzt) soll auf einer solchen Station vorhanden sein. Ehrenamtliche Mitarbeiter spielen sowohl bei der Pflege wie auf der ärztlichen Seite nur eine untergeordnete Rolle (s. a. Malteser Hilfsdienst, 1998). Therapieziele auf der Palliativstation sollten die Symptomlinderung und die mögliche Entlassung nach Hause sein. Es werden vorwiegend *Schwerstkranke* und *Sterbende* aufgenommen, um deren Leiden, z. B. durch gezielte Schmerztherapie, zu lindern.

Nach der Definition der *Weltgesundheitsorganisation* ist palliative Therapie die umfassende und aktive Behandlung von Patienten, deren Erkrankung einer kurativen Therapie nicht mehr zugänglich ist und für die das Behandlungsziel die bestmögliche Lebensqualität für sie selbst und für ihre Angehörigen ist.

Die Definition der *European Association for Palliative Care* lautet ähnlich: Palliativmedizin ist die angemessene medizinische Versorgung von Patienten mit fortgeschrittenen und progredienten Erkrankungen, bei denen die Behandlung auf die Lebensqualität zentriert ist und die eine begrenzte Lebenserwartung haben – obwohl die Lebenserwartung gelegentlich mehrere Jahre betragen kann. Palliativmedizin schließt die Berücksichtigung der Bedürfnisse der Familie vor und nach dem Tod des Patienten ein und soll sich dabei nicht auf die letzte Lebensphase beschränken.

Wie bereits angedeutet, dürfen die mögliche Rückkehr in die häusliche Umgebung und eine temporäre Rehabilitation dabei niemals aus den Augen verloren werden (**Abb. 1.6-1**). Das Bundesministerium für Gesundheit hat ein Förderprogramm zur Einrichtung von Palliativstationen aufgelegt.

1.6.4 Weitere Aspekte

Es wurde festgestellt, dass das Hospiz eine eigenständige Einrichtung ist, die oft in enger Anbindung an eine andere Einrichtung, wie z. B. ein Krankenhaus, zu verstehen ist. Im Hospiz wird palliativmedizinische Behandlung erbracht, wenn keine Krankenhausbehandlung erforderlich und ambulante Versorgung im

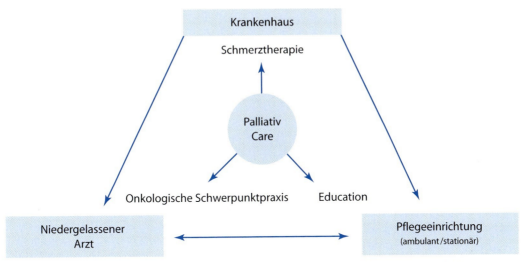

Abbildung 1.6-1: Vernetzung von Schmerztherapie und Symptomkontrolle im Konzept «Palliative Care» (Quelle: Laux; vgl. Pera, H., Hospiz GmbH, Halle, 2000)

Haushalt und in der Familie nicht möglich ist. Während die Pflege wie auf der Palliativstation durch hauptamtlich tätiges Pflegepersonal erfolgt, wird die ärztliche Versorgung überwiegend durch Hausärzte oder durch mit dem Hospiz kooperierende niedergelassene Ärzte sichergestellt.

Ein Tageshospiz ist ähnlich wie ein Hospiz ausgerüstet. Die Patienten kommen in die Räume des Tageshospizes, dort erfolgen die palliativmedizinische Pflege und psychosoziale Betreuung. Trauer, Verlustbewältigung und Abschied sind wesentliche Themen. Wie beim Hospiz wird die ärztliche Betreuung in der Regel durch Hausärzte fortgesetzt. Nachts kehren die Patienten in ihre häusliche Umgebung zurück. Ziel des Tageshospizes ist die Entlastung und Unterstützung der Patienten und der Angehörigen, sodass der Patient möglichst lange in seiner häuslichen Umgebung bleiben kann.

Behandlungsziel der ambulanten Hospizdienste ist es, den Patienten und die Angehörigen in der häuslichen Umgebung zu unterstützen und eine stationäre Aufnahme möglichst überflüssig zu machen.

Eine Form der ambulanten Hospizdienste sind die Hausbetreuungsdienste. Die überwiegend hauptamtlich tätigen Pflegekräfte sollten auch in der Lage sein, komplizierte pflegerische und medizinische Aufgaben, wie z. B. die Pflege von Schwerstpflegebedürftigen und den Umgang mit PCA-Systemen, zu übernehmen. Nach Möglichkeit sollte angeboten werden, Patienten über kürzere Zeit auch rund um die Uhr versorgen zu können (24-Stunden-Pflege), eine Rufbereitschaft auch nachts und an Feiertagen ist zu fordern. Nachfolgend eine erste Hospizstatistik der Bundesrepublik Deutschland:

> Pünktlich zum Jahresbeginn 2000 stellt die Deutsche Hospiz Stiftung in Dortmund die erste bundesweite Hospiz-Statistik vor. Bislang fehlten verlässliche quantitative Angaben über die Hospizarbeit in Deutschland. Im Herbst 1999 wurden daher über 800 Hospizdienste und Palliativstationen bundesweit mit einem ausführlichen Erhebungsbogen von der Deutschen Hospiz Stiftung angeschrieben. Der überraschend hohe Rücklauf und seine Auswertung erlauben nun erstmals Aussagen darüber, wie viele Sterbende mit welcher durchschnittlichen Dauer von wie viel in der Sterbebegleitung Tätigen betreut und begleitet werden.
>
> Die ambulanten Hospizdienste begleiten

jährlich etwa 25900 Sterbende; 4600 Menschen sterben in stationären Hospizen. Insgesamt erfahren somit jährlich über 30 000 Schwerstkranke und Sterbende Begleitung und Betreuung durch einen Hospizdienst. Die durchschnittliche Betreuungsdauer liegt bei 59 Tagen (ambulant) bzw. 38 Tagen (stationär), wobei jeder ambulante Dienst durchschnittlich 37 Personen, jede stationäre Einrichtung 66 Personen begleitet hat. Beachtlich ist auch das Ausmaß des ehrenamtlichen Engagements, die die Hospizarbeit vor allem im ambulanten Bereich trägt. 16 000 Mitarbeiterinnen und Mitarbeiter sind in den ambulanten Diensten ehrenamtlich tätig, darunter finden sich auch Mediziner, Krankenschwestern, Psychologen, Seelsorger und Sozialbeiter – meistens handelt es sich um Frauen. Über 90% der Einrichtungen bieten dabei regelmäßige Fort- und Weiterbildungen an. (Deutsche Hospiz Stiftung, 2000)

Stappen und Dinter (1999) haben einige allgemeine Grundsätze der Hospizbewegung aufgelistet:

1. Die Begleitung Sterbender ist als Lebenshilfe zu sehen, die sich an den Bedürfnissen der Betroffenen und ihrer Angehörigen ausrichtet. Es gilt dabei, Selbstbestimmung und die vorhandenen Ressourcen der beteiligten Personen zu fördern und ergänzend Unterstützung anzubieten. Lebensverlängernde Maßnahmen wie auch (aktive) Euthanasie verbieten sich aus ethischen Gründen.
2. Patienten im Hospiz sollen geachtet in Würde bis zum Tode leben. Ihre persönlichen Wünsche und körperlichen, sozialen, psychischen und spirituellen Bedürfnisse stehen dabei im Mittelpunkt aller Bemühungen.
3. Wertvoll und in Würde bis zum Tode leben heißt, möglichst beschwerde- und schmerzfrei zu sein. Den Patienten ist größtmögliche Freiheit in der Gestaltung der verbleibenden Lebenszeit zuzugestehen.
4. Der Patient soll in seiner Selbstbestimmung und Entscheidung über Art und Ausmaß der Therapie voll akzeptiert und unterstützt werden.
5. Durch das Angebot einer zugewandten ganzheitlichen Pflege und mitmenschlich einfühlsamen Begleitung gewinnt die Zeit des Sterbens an Lebensqualität und Lebensmotivation.
6. Jede Art von «Sterbehilfe» im Sinne einer Tötung auf Verlangen lehnt die Hospizbewegung entschieden ab.
7. Ziel der Hospizidee ist es, möglichst vielen unheilbar schwer kranken Menschen ein menschenwürdiges und weitgehend schmerzfreies Sterben zu Hause zu ermöglichen. Dazu bedarf es insbesondere der Verbesserung der bestehenden ambulanten Versorgungsstrukturen (ambulante Dienste, teilstationäre Dienste, stationäre Hospize), vor allem aber der Stärkung der Angehörigen- und Nachbarschaftshilfe.

Abschließend sei darauf hingewiesen, dass sich immer mehr Frauen und Männer in der Trauerbegleitung ehrenamtlich zur Verfügung stellen. So hat z. B. das Hospiz in Frechen bei Köln ein Modell zur Befähigung solcher ehrenamtlicher TrauerbegleiterInnen entwickelt (Laurs et al., 1997).

Literatur
Allbrecht, E.; Orth, C.; Schmidt, H.: Hospizpraxis. Freiburg i. Br., 1995
Bundesgesetzblatt Nr. 12 vom 30. Juni 1997, § 39a – Stationäre Hospize
Bundesministerium für Gesundheit (Hrsg.): Statistisches Taschenbuch Gesundheit. Bonn, 1996
Deutsche Hospiz Stiftung: Erste Hospizstatistik: Sterbebegleitung für 30.000 Menschen – Menschenwürde durch Engagement und Vernetzung. Pressemitteilung, Dortmund, 5. 1. 2000
Dreßler, S.; Günnewig, M.: Sterben im Hospiz. Pflege 11 (1995) 48: 2–11
Haubrock, M., Schär, W.; Betriebswirtschaft und Management im Krankenhaus, 3. Aufl.; Bern u. a., 2002
Haubrock, M.; Peters, Sönke H. F.; Schär, W. [Hrsg.]; Betriebswirtschaft und Management im Krankenhaus, 2. Aufl.; Berlin, Wiesbaden, 1997
Krabbe, B.: Das Hospiz als Modell. In: Bundesministerium für Familie und Senioren, Referat Öffentlich-

keitsarbeit (Hrsg.): Sterben und Sterbebegleitung. Stuttgart, Berlin, Köln, 1994: 107–108

Laurs, Schmagg, Spohr in: Alpha Rheinland (Hrsg.): Befähigung Ehrenamtlicher zur Trauerbegleitung – Ein Modell des Hospiz in Frechen e. V. Pallia Med. Verlag, 1997

Malteser Fachstelle Hospizarbeit (Hrsg.): Rechtsfragen bei der Einrichtung von Hospizen. München, 1994: 1–54

Malteser Hilfsdienst e. V.: Grundsätze der Malteser Hospizarbeit (Stellungnahme des Malteser-Hilfsdienstes e. V.). Referat Hospizarbeit, in Köln, vom 14. 9. 1998

Malteser Hilfsdienst e. V.: Weil Sterben auch Leben ist – Grundlagen der Hospizarbeit bei den Maltesern. Köln, 2000

Schöniger, U. In: Gronemeyer, R.; Loewy, E. H. (Hrsg.): Wohin mit Sterbenden? Hospize in Europa – Ansätze zu einem Vergleich. Forum «Hospiz», Bd. 3

Stappen, B.; Dinter, R.: Kath. Fachhochschule Mainz. Quelle: BAGSO-Nachrichten 1/1999: 11

Zielinski, R.: Palliative Therapie und Hospizbewegung in der Bundesrepublik Deutschland. Saarbrücken/Scheidt, 1993

2 Versicherungen als Finanzierungselemente des sozialen Netzes

2.1 Zu einigen Entwicklungsetappen der deutschen Sozialpolitik

W. Schär

Die Idee, aber auch die Notwendigkeit sozialer Maßnahmen des Staates für die Bürger hatte ihren Ausgangspunkt in der sozialen Frage des 19. Jahrhunderts.

Diese neue Betrachtungsweise zeigte den Beginn einer Abkehr von der damals vorherrschenden Wirtschaftsidee, nach der die ökonomische Entwicklung eines Landes allein durch die freien, individuellen Entscheidungen der Bürger beeinflusst werden sollte. Der Staat hielt sich bei dieser Konzeption aus dem allein bestimmenden Marktprozess heraus. Der Markt reguliert sich selber.

Im Gegensatz zu dieser Idee des Wirtschaftsliberalismus hat der Sozialstaat regulierenden Charakter. Er wird aktiv, um z. B. soziale Unterschiede zwischen den Menschen auszugleichen. Bis in die achtziger Jahre des vorletzten Jahrhunderts hinein schützte der deutsche Staat jedoch im Wesentlichen immer noch die gesellschaftlichen und wirtschaftlichen Interessen des Adels und des Großbürgertums. Diese Kreise standen der sozialen Frage distanziert bis indifferent gegenüber. Erste praktische Ansätze zur Verbesserung der Lage der Arbeiter kamen deshalb von anderer Seite (z. B. politische Gruppen, Gewerkschaften, Kirchen).

Flankierende Ursachen der sozialen Frage im 19. Jahrhundert, die im Kern durch die Industrialisierung ausgelöst wurde, sind in der Bevölkerungsentwicklung und in der Verschiebung der regionalen Verteilung der Bevölkerung zu sehen.

Das Bevölkerungswachstum wurde durch die Annullierung der so genannten Heimatgesetzgebung, in die Ehehindernisse eingebaut waren, aufgehoben. Diese Liberalisierung führte zu einer steigenden Geburtenzahl. Gleichzeitig konnte als Folge medizinischer Fortschritte eine Verminderung der Sterblichkeit erreicht werden.

Die **Ursache der sozialen Frage** war aber nicht nur der starke Anstieg der Bevölkerung, sondern auch die Änderung der Verteilung der Bevölkerung. Es traten eine Binnenwanderung von Ost nach West und eine Verstädterung ein, die eine Verelendung in den Städten und in den industriellen Ballungszentren (z. B. Ruhrgebiet, Berlin) und eine soziale und religiöse Entwurzelung breiter Bevölkerungskreise nach sich zogen. Es entstanden Gewerkschaften und Arbeiterparteien. Diese Fakten führten aus Sicht der damals Regierenden zu einer Destabilisierung des überkommenen Staates.

Erst als das gesellschaftliche System und damit die Machtverhältnisse durch die Arbeiterorganisation gefährdet wurden, griff auch der Staat zögerlich sozialpolitisch ein. Die ersten Interventionen waren Maßnahmen des Arbeitnehmerschutzes. Ein Beispiel für diese Haltung ist das 1839 erlassene preußische «*Regulativ über die Beschäftigung jugendlicher Arbeiter in Fabriken*».

Nach den Sozialistengesetzen, mit denen der Staat zwischenzeitlich versuchte, die soziale Frage durch ein Verbot von Arbeiterorganisationen zu lösen, willigte der deutsche Kaiser unter dem Zwang, den Staat zu erhalten, mit seiner Botschaft im Jahre 1881 der Einführung der vom

Reichskanzler Bismarck entwickelten Sozialgesetze zu.

Literatur
Siehe am Schluss des Kapitels.

2.2 Aspekte der deutschen Sozialpolitik am Beispiel der Entwicklung des Sozialversicherungssystems

Im Jahre 1994 wurde die fünfte Säule im System der Sozialversicherung geschaffen. Mit dem 11. Buch des Sozialgesetzbuches wurde die gesetzliche Pflegeversicherung geregelt.

Bisherige gesetzliche Etappen der Entwicklung waren:

- 1883 – Gesetzliche Krankenversicherung
- 1884 – Gesetzliche Unfallversicherung
- 1889 – Invaliditäts- und Altersversicherung (heute Rentenversicherung)
- 1927 – Arbeitslosenversicherung.

Rückblickend kann festgestellt werden, dass diese über mehr als 150 Jahre erkämpften und bewährten sozialen Sicherungen entscheidend zum sozialen Frieden des deutschen Staates beigetragen haben.

Literatur
Siehe am Schluss des Kapitels.

2.3 Träger und Rentenarten

Die gesetzliche Rentenversicherung bildet neben der betrieblichen Altersversorgung und der Eigenvorsorge den konstitutiven Bestandteil des Drei-Säulen-Konzepts. Im SGB VI wird die gesetzliche Rentenversicherung geregelt.

Die Rentenversicherung ist ein auf gesetzlicher Basis bestehender Versicherungsschutz, durch den bei Eintritt des Versicherungsfalls an den Versicherten oder Hinterbliebene regelmäßige Zahlungen geleistet werden. Der Versicherte muss Vorleistungen in Form von Beiträgen zahlen. Zur Beitragszahlung ist der Arbeitgeber des Versicherten ebenfalls verpflichtet.

Bei den Trägern lassen sich die Landesversicherungsanstalten (Arbeiter), die Bundesversicherungsanstalt für Angestellte und die so genannten Sonderanstalten (z. B. Seeleute, Bahn, Bergleute) unterscheiden. Allerdings ist diese Unterscheidung obsolet. Noch im Verlauf dieser Legislaturperiode ist davon auszugehen, dass diese überkommene Organisationsform den Realitäten angepasst wird.

Die *Versicherungspflicht* gilt auch für Auszubildende, Behinderte in anerkannten Werkstätten sowie Wehr- und Zivildienstleistende. Darüber hinaus gilt für eine Reihe von selbstständig Erwerbstätigen, wie z. B. Hebammen und Entbindungspfleger, selbstständige Pflegepersonen, die Versicherungspflicht. Handwerker können sich jedoch nach 18 Jahren von dieser Pflicht befreien lassen. *Sonderregelungen* gibt es weiterhin für selbstständige Künstler und Publizisten sowie für Landwirte.

Für die Personen, die nicht pflichtversichert sind, besteht grundsätzlich die Möglichkeit, sich nach Vollendung des 16. Lebensjahres freiwillig zu versichern. Hierbei gelten für Beamte, Richter, Berufssoldaten und Soldaten auf Zeit bestimmte Einschränkungen. Aus einem solchen Dienstverhältnis ausscheidende Personen werden in der gesetzlichen Rentenversicherung nachversichert. Zudem gibt es die Möglichkeit der Nachversicherung bzw. der Versicherung auf Grund eines Versorgungsausgleichs.

Die Versicherungsleistungen umfassen nach §§ 8 ff. SGB VI zunächst die Rehabilitation. Es gilt der Grundsatz «*Rehabilitation geht vor Rente*». Deshalb prüft der Träger der Rentenversicherung jeden Antrag auf Rente wegen verminderter Erwerbstätigkeit darauf, ob Rehabilitationsmaßnahmen die Rentenleistung vermeiden können. Die Rehabilitation umfasst folgende Teilleistungen:

- medizinische Leistungen der Rehabilitation
- berufsfördernde Leistungen der Rehabilitation
- Übergangsgeld
- ergänzende Leistungen.

Nach den Vorschriften des SGB VI lassen sich folgende Rentenarten unterscheiden:

- Renten wegen Alters
- Renten wegen verminderter Erwerbsfähigkeit
- Renten wegen Todes.

Renten wegen Alters
Einen Anspruch auf Rente wegen Alters hat nur der Versicherte selbst. Hierbei muss er ein bestimmtes Alter erreicht haben und eine bestimmte Zeit (Wartezeit, Mindestversicherungszeit) versichert sein (§§ 35 ff. SGB VI).

Renten wegen verminderter Erwerbsfähigkeit
Renten wegen verminderter Erwerbsfähigkeit werden bis zum Beginn der Laufzeit einer Altersrente gezahlt und dann in eine Altersrente umgewandelt. Für die Inanspruchnahme müssen bestimmte versicherungsrechtliche und persönliche Voraussetzungen erfüllt sein (§§ 43 ff. SGB VI). Zu diesen Renten gehören:

- Berufsunfähigkeitsrente (nicht mehr für Personen, die am 1.1.2002 jünger waren als 40 Jahre)
- Erwerbsminderungsrente
- Erwerbsminderungsrente für Behinderte.

Renten wegen Todes
Durch Renten wegen Todes erhalten Hinterbliebene des verstorbenen Versicherten einen Ersatz für entgangenen Unterhalt. Erst mit der Neuordnung der Hinterbliebenenversorgung von 1984 ist eine Gleichstellung von Witwern und Witwen erfolgt. Bei den Renten wegen Todes werden folgende Arten unterschieden (§§ 46 ff. SGB VI):

- Witwen-/Witwerrente
- Waisenrente
- Erziehungsrente.

Literatur
Siehe am Schluss des Kapitels.

2.4 Sozialversicherung als Körperschaft des öffentlichen Rechts und Organ der Selbstverwaltung

Die Beiträge für alle relevanten Sozialversicherungszweige sind als so genannter Gesamtsozialversicherungsbeitrag durch den Arbeitgeber an die Krankenkassen, die als Einzugsstellen fungieren, zu zahlen.

> Die Einzugsstelle überwacht die Einreichung des Beitragsnachweises und die Zahlung des Gesamtsozialversicherungsbeitrags. [...] Die Einzugsstelle entscheidet über die Versicherungspflicht und Beitragshöhe in der Kranken-, Pflege- und Rentenversicherung sowie über die Beitragspflicht und Beitragshöhe nach dem Arbeitsförderungsgesetz. (§ 28h SGB IV)

Die Einzugsstellen leiten dem zuständigen Träger der Pflegeversicherung, der Rentenversicherung und der Bundesanstalt für Arbeit die jeweiligen Beiträge weiter.

Die Träger der Sozialversicherung sind rechtsfähige Körperschaften des öffentlichen Rechts mit Selbstverwaltung. Hierbei wird die Selbstverwaltung durch die Versicherten und die Arbeitgeber ausgeübt. Für den Bereich der Sozialversicherung hat die Selbstverwaltung eine existenzielle Bedeutung. Die Autonomie der Organe gegenüber einer staatlichen Reglementierung soll hierdurch gewährleistet werden. Alle 6 Jahre werden die Vertreter der Versicherten und der Arbeitgeber durch die Sozialwahl bestimmt.

Die Regelung der Sozialversicherungswahlen erfolgt in §§ 45 ff. SGB IV. Danach sind die Wahlen frei und geheim, es gelten die Grundsätze der Verhältniswahl. Jeder Versicherte hat eine Stimme. Das Stimmrecht der Arbeitgeberseite bemisst sich nach der Zahl der beim Arbeitgeber beschäftigten und beim Versicherungsträger versicherungspflichtigen und wahlberechtigten Personen.

Der Vorstand verwaltet den Versicherungsträger und vertritt ihn gerichtlich und außergerichtlich. Der Geschäftsführer führt hauptamtlich die laufenden Verwaltungsgeschäfte, und soweit nichts anderes vereinbart wird, vertritt er den Versicherungsträger gerichtlich und außergerichtlich. Der Geschäftsführer wird auf Vorschlag des Vorstandes von der Vertreterversammlung gewählt.

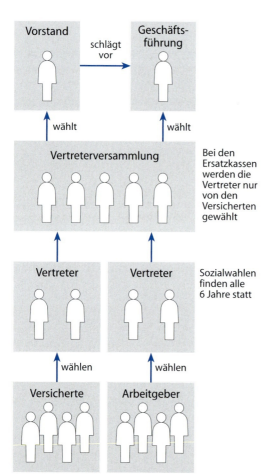

Abbildung 2.4-1: Organe der Selbstverwaltung. Sozialwahlen finden alle 6 Jahre statt. Bei den Ersatzkassen werden die Vertreter nur von den Versicherten gewählt. (Quelle: Peters, Sönke H. F., Schär, W. [Hrsg.]; Betriebswirtschaft und Management im Krankenhaus; Berlin, 1993: 53)

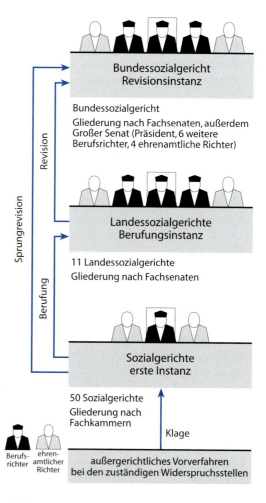

Abbildung 2.4-2: Instanzen der Sozialgerichtsbarkeit (Quelle: Haubrock, M.; Aspekte der Gesundheitsökonomie, unveröffentl. Vorlesungsskript; Fachhochschule Osnabrück, Osnabrück, 1994, S. 150)

Bei den Orts-, Betriebs-, Innungskrankenkassen sowie bei den Ersatzkassen sind die Organe «Vorstand» und «Geschäftsführung» zu dem gemeinsamen Organ «Geschäftsführender Vorstand» zusammengeschlossen worden, der die Geschäfte hauptamtlich tätigt. Weiterhin wird bei diesen Krankenkassen anstelle der Vertreterversammlung ein Verwaltungsrat gebildet.

Abbildung 2.4-1 zeigt die Selbstverwaltungsorgane im Überblick. Die Zusammensetzung der Selbstverwaltungsorgane wird im § 44 SGB IV geregelt. Danach setzen sich allgemein diese Organe grundsätzlich zur Hälfte aus Vertretern der Versicherten und der Arbeitgeber zusammen.

Nach den gesetzlichen Vorgaben dürfen die Selbstverwaltungsorgane nur Geschäfte zur Erfüllung ihrer gesetzlich vorgeschriebenen oder zugelassenen Aufgaben führen und ihre Mittel nur für diese Aufgaben sowie für die Deckung der Verwaltungskosten verwenden. Zur Überprüfung dieser Vorgaben ist eine staatliche Aufsicht eingerichtet worden.

Diese rechtliche Kontrolle der Selbstverwaltungskörperschaften ist dem *Bundesversicherungsamt für länderübergreifende Versicherungen* übertragen worden. Dieses Amt ist eine selbstständige Bundesoberbehörde, die dem Bundesministerium für Gesundheit und Soziale Sicherung zugeordnet ist.

Die Aufsicht über die landesunmittelbaren Versicherungsträger üben die jeweils zuständigen *obersten Verwaltungsbehörden der Länder* (Arbeits- bzw. Sozialministerien) aus. Dem *Bundesministerium für Gesundheit und Soziale Sicherung* obliegt es, die Bundesanstalt für Arbeit sowie das Gebiet der Unfallverhütung und der ersten Hilfe bei Arbeitsunfällen zu beaufsichtigen.

Gegen Entscheidungen der Sozialversicherungen kann, nachdem im außergerichtlichen Vorverfahren ein eingereichter Widerspruch abgelehnt wurde, Klage erhoben werden. Die Klage muss binnen eines Monats nach Zustellung des Widerspruchsbescheides vor dem zuständigen Sozialgericht erhoben werden. Die Mechanismen der Sozialgerichtsbarkeit werden skizzenhaft in **Abbildung 2.4-2** aufgezeigt.

Literatur
Siehe am Schluss des Kapitels.

2.5 Formen der Sozialversicherung

2.5.1 Rentenversicherung

2.5.1.1 Einführende Bemerkungen

Im Rahmen der Weiterentwicklung der Rentenreform des Jahres 2001 bleibt die gesetzliche Rentenversicherung die wichtigste Säule der Alterssicherung in Deutschland.

Grundsätzlich ist davon auszugehen, dass die Rente dann sicher und zukunftsfest ist, wenn sie finanzierbar ist. Langfristig geht es um Finanzierungsprobleme, die sich aus der steigenden Lebenserwartung und dem gleichzeitig ungünstiger werdenden zahlenmäßigen Verhältnis zwischen Beitragszahlern und Rentnern ergeben.

Zur steigenden Lebenserwartung wäre festzustellen, dass sich seit 1960 die Lebenserwartung der Männer um rund 3 Jahre und bei den Frauen um 4,5 Jahre erhöht hat. Bis zum Jahr 2030 wird die Lebenserwartung voraussichtlich noch einmal um weitere 3 Jahre ansteigen. Mit dieser Prognose wird sich die Rentenbezugsdauer von 1960 bis 2030 in etwa verdoppeln. Im Zuge der voraus rechenbaren Entwicklung wird sich das Verhältnis von Beitragszahlern zu den Rentnern verändern. Lag das Verhältnis im Jahre 1960 noch bei ca. 5:1, wird es im Jahre 2030 bei ca. 2:1 liegen.

Demographische und ökonomische Grundannahmen der Reform von 2001 mussten infolge neuer wissenschaftlicher Erkenntnisse teilweise revidiert werden. Zu den notwendig werdenden weiteren Schritten mit Langfristwirkung zählt u. a. die zu treffende Entscheidung über ein höheres Renteneintrittsalter. Ziel der Reformbestrebungen muss es allerdings sein, den Grundsatz der Generationengerechtigkeit zu wahren.

In **Abbildung 2.5-1** wird dargestellt, wie sich Versicherungsformen zu einem sozialen Netz zusammenfügen. Der Darstellung des sozialen Netzes ist zu entnehmen, dass das System die

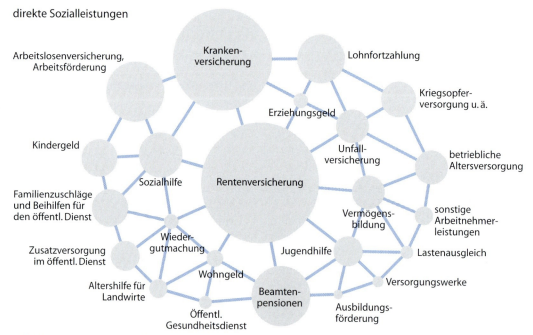

Abbildung 2.5-1: Das soziale Netz (Quelle: Haubrock, M., Schär, W.; Betriebswirtschaft und Management im Krankenhaus, 2. Aufl.; Berlin, Wiesbaden, 1997, S. 21)

Summe aller Maßnahmen und Einrichtungen umfasst, die das Ziel haben, die Bürger eines Landes u. a. gegen die finanziellen Risiken des Alters, der Arbeitslosigkeit, des Arbeitsunfalls, der Krankheit oder der Pflegebedürftigkeit zu schützen.

Die gesamten Leistungsausgaben des sozialen Netzes werden als Sozialbudget bezeichnet. Als Träger dieser Ausgaben fungieren die Sozialversicherung und der Staat. Von diesen direkten Sozialausgaben können die Ausgaben ausgegliedert werden, die für die direkte Finanzierung der Gesundheitsleistungen angefallen sind. Diese Aufgaben werden auch als Gesundheitsbudget bezeichnet.

Dieses Gesundheitsbudget ist nicht deckungsgleich mit den Gesamtausgaben für Gesundheitsgüter. Diese Gesamtausgaben umfassen neben den Ausgaben der Sozialversicherung und des Staates auch die privaten Ausgaben der Bürger für Gesundheitsleistungen.

2.5.1.2 Grundlagen, Maßnahmen, Entwicklungstendenzen

Rückblickend kann festgestellt werden, dass seit Gründung der Bundesrepublik Deutschland die gesetzliche Rentenversicherung vielfach reformiert worden ist. Die erste wesentliche Veränderung erfolgte im Jahre 1957.

Seit dem 1. 1. 1992 gilt im gesamten Bundesgebiet ein einheitliches Rentensystem. Für den Versicherten ist die Rente der Ersatz für den Lohn, wenn er alt oder vermindert erwerbsfähig ist. Für seine Hinterbliebenen ist sie Ersatz für entgangenen Unterhalt, wenn der Versicherte verstorben ist. Aus den bisherigen Ausführungen wurde bereits deutlich, dass es unterschiedliche Rentenarten gibt.

Mit dem Wachstums- und Beschäftigungsförderungsgesetz (WFG) von 1996 und dem Rentenreformgesetz von 1999 wurde das gesetzliche Eintrittsalter für Renten verändert. Das Eintrittsalter für Altersrenten wurde stufenweise auf 65 Jahre angehoben.

Während der Altersaufbau 1900 mit nur sehr geringen Abweichungen einer Pyramide ähnelte, die sich relativ gleichmäßig nach oben hin verjüngt, das heißt, nahezu jedem älteren Jahrgang folgte ein zahlenmäßig größerer jüngerer Jahrgang, zeigt die Darstellung der Prognose für 2030 ein völlig anderes Bild. Bis hin zu den etwa 55-Jährigen ist jeder jüngere Jahrgang kleiner als sein Vorgängerjahrgang.

Bei den unter 55-Jährigen zeigen sich deutlich die Folgen der zurückgegangenen Geburtenrate. Die zweite Auffälligkeit besteht darin, dass 1900 die Zahl der über 70-Jährigen sehr gering ist, während die Vergleichszahl für 2050 für diese Personengruppe immer noch sehr hoch liegt und mit weiter steigendem Lebensalter auch nur sehr langsam zurückgeht. Hier zeigen sich die Auswirkungen der bereits bis jetzt stark gestiegenen und noch weiter steigenden Lebenserwartung.

Das Sozialversicherungssystem bildet den Kern der sozialen Sicherung. Zum System der sozialen Sicherung gehören z. B. auch die Maßnahmen der Kriegsopferversorgung, die Neuordnung der Sozialhilfe sowie Sozialtransfers im Rahmen der Familien- und Wohnungsbaupolitik sowie die Ausbildungsförderung.

Bei den Sozialversicherungen handelt es sich um Pflichtversicherungen für nahezu alle Arbeitnehmer. Die Versicherungen werden z. B. nach Risikoarten, nach Berufsständen, nach Wirtschaftssektoren und nach regionalen Gesichtspunkten aufgegliedert.

Im 4. Buch Sozialgesetzbuch (SGB IV) wird der *relevante Personenkreis* für die Sozialversicherung wie folgt festgeschrieben: Nach § 2 SGB IV umfasst die Sozialversicherung Personen, die kraft Gesetzes oder Satzung (Versicherungspflicht) oder auf Grund freiwilligen Beitritts oder freiwilliger Fortsetzung der Versicherung (Versicherungsberechtigung) versichert sind. Weiterhin legt das Gesetz fest, dass in allen Zweigen der Sozialversicherung unter Beachtung der besonderen Vorschriften für die einzelnen Versicherungszweige u. a. Personen versichert sind wie:

- Personen, die gegen Arbeitsentgelt oder zu ihrer Berufsausbildung beschäftigt sind,
- Behinderte, die in geschützten Einrichtungen beschäftigt werden, und
- Landwirte.

Für Seeleute und andere spezifische Personengruppen gelten separate Regelungen.

Aus der Festlegung des Personenkreises wird deutlich, dass das *Kriterium der Beschäftigung* eine bestimmende Rolle spielt. Im Sinne des SGB IV gilt Beschäftigung als eine «[...] nichtselbstständige Arbeit, insbesondere in einem Arbeitsverhältnis. Als Beschäftigung gilt auch der Erwerb beruflicher Kenntnisse, Fertigkeiten oder Erfahrungen im Rahmen betrieblicher Berufsbildung».

Von der Beschäftigung sind die geringfügige Beschäftigung und die selbstständige Tätigkeit zu unterscheiden. Eine geringfügige Beschäftigung liegt unter folgenden Bedingungen vor:

- Die Beschäftigung wird regelmäßig weniger als 15 Stunden in der Woche ausgeübt, und das Arbeitsentgelt ist regelmäßig im Monat nicht höher als 400 Euro.
- Die Beschäftigung innerhalb eines Jahres ist auf längstens 2 Monate oder 50 Arbeitstage begrenzt.
- Mehrere geringfügige Beschäftigungen sind zusammenzurechnen.

Als Lösungsmöglichkeiten für die Probleme, die sich aus der Alterung der Gesellschaft ergeben, werden eine Erhöhung der Geburtenrate und/oder eine verstärkte Zuwanderung genannt. Dagegen steht, dass der Altersquotient nur sehr begrenzt gestaltbar ist.

Reformmaßnahmen im Bereich der Rentenversicherung in den zurückliegenden etwa 25 Jahren im Leistungs- und Finanzierungsbereich sind im Wesentlichen drei Zielsetzungen zuzuordnen:

- Es wurden zahlreiche Einzelmaßnahmen ergriffen, mit denen das Leistungsniveau entweder global oder durch Einschränkungen bei einzelnen Leistungen begrenzt wurde, um Steigerungen des Beitragssatzes zur Rentenversicherung entweder zu vermeiden oder aber zumindest in Grenzen zu halten.

- Zweitens enthielten viele der vergangenen Reformmaßnahmen Elemente, die zu einer erheblichen Ausweitung jener Anwartschaften führten, die durch die Erziehung von Kindern begründet sind.
- Die dritte Zielrichtung, eingeleitet durch das Rentenreformgesetz 1992 und massiv verstärkt in der zweiten Hälfte der neunziger Jahre, bestand in der Erhöhung des steuerfinanzierten Bundesanteils an den Ausgaben der Rentenversicherung. Zu nennen sind hier insbesondere der Transfer im Umfang eines Steuersatzpunktes aus dem Umsatzsteueraufkommen (1997) sowie ab 1999 des Ökosteueraufkommens mit einer beitragsäquivalenten Finanzierung der Kindererziehungszeiten durch den Bund.

Im Zentrum der Rentenreform 2001 stand die Veränderung der Bedeutung von gesetzlicher Rentenversicherung und betrieblicher Altersversorgung bzw. privater Vorsorge. Bisher war die gesetzliche Alterssicherung von dem Ziel geprägt, dass die Rentenversicherung für langjährig Versicherte allein ein Versorgungsniveau sicherstellt, das eine annähernde Aufrechterhaltung des im Erwerbsleben erreichten Lebensstandards ermöglicht.

Ein weiteres Ziel der Bundesregierung bestand im Rahmen der Rentenreform darin, dass eine Senkung und langfristige Stabilisierung des Beitragssatzes zur Rentenversicherung erreicht werden sollte. Hierin kam ein doppelter Paradigmenwechsel zum Ausdruck. Zum einen strebte die Bundesregierung einen Regimewechsel weg von der «ausgabenorientierten Einnahmepolitik» an, bei der sich die Einnahmeerfordernisse an einem vorgegebenen festen Leistungsniveau orientieren, und hin zu einer «einnahmenorientierten Ausgabenpolitik», bei der die Rentenleistungen eine abhängige Variable eines *ex ante* definierten Pfades der Beitrags- bzw. Einnahmenentwicklung sind. Der zweite Positionswechsel war der Abschied von der Vorstellung, durch ein einschichtiges, umlagefinanziertes Sozialrentensystem ein Versorgungsniveau zu gewährleisten, das es erlaubt, im Prinzip den im Erwerbsleben erreichten Lebensstandard auch im Alter aufrechtzuerhalten.

Kernstück der Reform war der Auf- bzw. Ausbau eines kapitalgedeckten privaten Zusatzversorgungssystems. Dies soll das gesetzliche System ergänzen. Im Grundsatz soll private Ersparnisbildung – beginnend mit 1% im Jahre 2002 und einem Zielwert von 4 % des Bruttoeinkommens jeweils bis zur Beitragsbemessungsgrenze im Jahre 2008 – mit 154 Euro pro Person und 185 Euro pro kindergeldberechtigtem Kind gefördert werden, bzw. alternativ und soweit günstiger, soll der Sparbetrag bis zu 4 % bis zur Beitragsbemessungsgrenze steuerfrei gestellt werden.

Staatliche Förderung von Ersparnisbildung durch Zulagen oder steuerliche Begünstigung war in Deutschland kein Novum, sondern in verschiedenen Vermögensbildungsgesetzen seit Jahrzehnten Praxis. Unabhängig davon wäre festzuhalten, dass der damalige Grundansatz der staatlichen Förderung von privater Altersvorsorge auf breite Zustimmung stieß. Unstreitig ist auch, dass es nach einer entsprechend langen Ansparphase und bei Ausschöpfung des Förderrahmens gelingen kann, ein in Kauf genommenes Sinken des Vorsorgeniveaus aus der gesetzlichen Rente sogar mehr als zu kompensieren.

Damit sollte die «materielle Sicherung» bzw. «Einkommenssicherheit» im Alter auch das zentrale Ziel eines kapitalgedeckten Ergänzungssystems werden.

Aus diesem Grund hat u. a. auch der Sachverständigenrat für die Begutachtung der gesamtwirtschaftlichen Entwicklung betont, dass es richtig und konsequent ist, die staatliche Förderung der Privatvorsorge auf solche Sparformen zu beschränken, die sicher sind, dass durch die über eine daraus fließende Rente oder einen langfristigen Auszahlungsplan das Risiko der Langlebigkeit abgesichert werden kann.

Die vom Deutschen Bundestag beschlossene Konzeption für die private kapitalgedeckte Altersvorsorge war im Vorfeld vor allem unter drei Aspekten kritisiert worden:

1. Bezieher niedriger Einkommen könnten sich eine private Vorsorge in der beabsichtigten

Höhe nicht leisten; gerade bei ihnen komme es auf ein ausreichendes Rentenniveau an, wenn sie im Alter den im Erwerbsleben erreichten Lebensstandard in etwa halten wollen.
2. Arbeitgeber beteiligen sich – im Gegensatz zum Rentenversicherungsbeitrag – nicht an den Aufwendungen für die private Altersvorsorge.
3. private Vorsorge könne deswegen, weil sie auf Freiwilligkeit beruhe, nicht 100 % des förderfähigen Personenkreises bzw. 100 % der förderfähigen Sparbeträge erreichen.

Es ist darauf hinzuweisen, dass von einer echten paritätischen Finanzierung der Rentenversicherung noch nie die Rede sein konnte. Mochte der Anteil des Bundes an den Gesamtausgaben (oder enger gemessen an den Rentenausgaben) in einzelnen Phasen auch auf wenig mehr als 10 % gesunken sein, so liegt er, je nach Bezugsgröße und je nachdem, wie weit man den Begriff des Bundesanteils fasst, jedenfalls derzeit deutlich über 30 % der Ausgaben. Bei diesen Dimensionen lässt sich faktisch von einer Drittelparität sprechen; zumindest macht der Sachverhalt deutlich, dass es eine paritätische Finanzierung der Rentenversicherung durch Arbeitgeber und Arbeitnehmer nicht gab bzw. gibt.

Anzumerken ist, dass es Personen bzw. Haushalten mit niedrigem Einkommen erheblich schwerer fällt als anderen Einkommensgruppen, in einem für die Alterssicherung nennenswerten Umfang Sparkapital zu bilden. Dagegen steht jedoch nochmals der Verweis auf die beträchtliche Förderung gerade bei Personen mit unterdurchschnittlichen Einkommen.

Eine weitere Form der kapitalgedeckten Rentenversicherung ist die betriebliche Altersversorgung. Sie ist mit der Rentenreform 2001 weiter ausgebaut worden.

Neben den bisherigen Formen tritt eine Beitragszusage mit garantierter Mindestleistung in das Gesetz zur Verbesserung der betrieblichen Altersversorgung, sodass es diese neben der Möglichkeit der Leistungszusage gibt. Bei der Beitragszusage verpflichtet sich der Arbeitgeber, regelmäßig einen bestimmten Beitrag an einen Pensionsfonds, eine Pensionskasse oder eine Direktversicherung abzuführen. Mit einer Leistungszusage – dies ist der Unterschied zum bisherigen Recht – verpflichtet sich der Arbeitgeber, dem Arbeitnehmer zu Beginn des Altersvorsorgeplans eine Rente in verbindlicher Höhe auszuzahlen.

Arbeitnehmer bzw. -geber können die Förderung wie bisher mit steuer- und beitragsfreiem Aufwand fortführen. Wenn allerdings der Aufwand aus Entgeldumwandlung stammt, gilt Beitragsfreiheit nur bis 2008. Mit beitragspflichtigem Aufwand kann die Zulage bzw. der Sonderausgabenabzug im Rahmen der Einkommensbesteuerung in Anspruch genommen werden. Der Pensionsfonds stellt eine Brücke dar, die die steuerunschädliche Übertragung von Anwartschaften aus der Direktzusage und Unterstützungskasse in den Pensionsfonds ermöglicht.

Vorteile eines solchen genannten Pensionsfonds sind:

- Die Finanzierung erfolgt durch Kapitaldeckung, sodass sie nicht in dem Maße vom demographischen Wandel betroffen ist, wie dies bei umlagefinanzierten Systemen der Fall ist.
- Die hohe Anlagefreiheit für den Pensionsfonds ermöglicht es, über dieses externe Instrument potenziell höhere Renditen zu erwirtschaften als bisher und damit die schon bestehende Versorgungseffizienz der betrieblichen Altersversorgung noch zu steigern.
- Darüber hinaus erfolgt die Finanzierung extern, d. h. unabhängig von dem versorgenden Unternehmen, sodass auch der Pensionsfonds vom Insolvenzrisiko des Trägerunternehmens unabhängig ist.
- Aus der unternehmensexternen Finanzierung ergibt sich als weiterer Vorteil eine vermutlich effizientere Kapitallokation, da das Vorsorgevermögen auf diese Weise unmittelbar dem Kapitalmarkt zur Verfügung gestellt wird.
- Es sind sowohl beitragsbezogene (*defined contributions*) als auch leistungsbezogene (*defined benefit*) Zusagen möglich.
- Anwartschaften der Arbeitnehmer sind bei ei-

nem grenzüberschreitenden Arbeitsplatzwechsel grundsätzlich übertragbar.

Ein weiteres Hauptanliegen der Bundesregierung bei ihren Vorschlägen zur Reform des Hinterbliebenenrechts war die Ausrichtung von Witwen- und Witwerrenten auf Personen, die wegen der Erziehung von Kindern regelmäßig keine geschlossene Erwerbsbiografie aufweisen. Mit der Rentenreform kam es zu weit reichenden, allerdings erst sehr langfristig voll wirksamen Änderungen bei den Hinterbliebenenrenten. Dies betrifft insbesondere solche Bereiche wie die Quasi-Abschaffung der «kleinen» Witwenrente, die Absenkung des Leistungsniveaus der regulären Hinterbliebenenrente von bisher 60 % auf 55 %, wenn auch zumindest teilweise ausgeglichen durch eine Kinderkomponente, sowie eine Ausweitung der Anrechnungsbestimmungen für Einkommen des überlebenden Ehegatten und die Einführung eines Optionsrechts, wonach durch eine gemeinsame Erklärung auf einen künftigen Hinterbliebenenrentenanspruch verzichtet werden kann und stattdessen – analog dem Verfahren beim Versorgungsausgleich – eine hälftige Teilung der während der Ehezeit erworbenen Anwartschaften vorgenommen werden kann.

Am Ende des Gesetzgebungsverfahrens steht, dass das Rentensplitting nur dann durchzuführen ist, wenn am Ende der Splittingzeit bei den Ehegatten 25 Jahre an rentenrechtlichen Zeiten vorhanden sein müssen. Damit soll eine ungerechtfertigte Begünstigung von Personen vermieden werden, die den Schwerpunkt ihrer Versorgung außerhalb der Rentenversicherung haben. Diese Regelungen sollten für Ehen gelten, die nach dem 31. 12. 2001 geschlossen wurden, weiterhin für bestehende Ehen, in denen beide Partner jünger sind als 40 Jahre. Altes Recht soll weitergelten für jetzige Witwen und Witwer sowie für am 31. 12. 2001 bestehende Ehen, in denen mindestens ein Partner älter ist als 40 Jahre.

Erklärtes Ziel der Rentenreform war es auch, die eigenständige soziale Sicherung von Frauen zu verbessern. Eine Notwendigkeit hierzu entsteht insbesondere daraus, dass Frauen in der Regel nach der Geburt eines Kindes zumindest für eine gewisse Zeit ganz oder teilweise aus dem Erwerbsleben ausscheiden.

Das Rentenniveau ist definiert als Quotient aus der jeweiligen Standardrente und dem jeweiligen Nettodurchschnittslohn. Einer Standardrente liegen 45 Versicherungsjahre jeweils mit Durchschnittsentgelt zu Grunde. Der Nettolohn wird auf der Basis von Angaben der Arbeitgeber unter Auswertung der ihnen vorliegenden Lohnsteuerkarten vom Statistischen Bundesamt nach Maßgabe der geltenden Vorschriften zu den volkswirtschaftlichen Gesamtrechnungen ermittelt.

An der grundsätzlichen Haltung der Bundesregierung, dass im Zuge der weiteren Angleichung der Lebensverhältnisse in Ost und West sich mit der Lohnentwicklung auch die Rentenwerte weiter annähern werden, hat sich nichts geändert. Es ist davon auszugehen, dass die Angleichung der Verhältnisse in den neuen und in den alten Bundesländern zu einem aus heutiger Perspektive nicht exakt zu bestimmenden Zeitpunkt erreicht wird. Zu diesem Zeitpunkt sollen die Brutto- und Nettolöhne in den alten und neuen Bundesländern annähernd gleich sein. Dies wird dann zu gleichen Rentenanpassungssätzen in Ost und West führen.

Ein wesentliches Element der Sozialversicherung besteht darin, dass die Beiträge vom Bruttoeinkommen der Versicherten abhängig sind. Im SGB IV wird daher festgelegt, was unter einem Gesamteinkommen bzw. unter einem Arbeitsentgelt bzw. Arbeitseinkommen zu verstehen ist. Nach § 18 SGB IV ist das Gesamteinkommen die Summe der Bruttoeinkünfte im Sinne des Einkommensteuerrechts, insbesondere das Arbeitsentgelt und das Arbeitseinkommen. Das Arbeitsentgelt umfasst alle laufenden oder einmaligen Einnahmen aus einer Beschäftigung. Ist ein Nettoarbeitsentgelt vereinbart worden, so gelten die Einnahmen des Beschäftigten einschließlich der darauf entfallenden Steuern und entsprechenden Beiträge für die Sozialversicherungen als Arbeitsentgelt. Das Arbeitseinkommen ist der nach den Vorschriften des Einkommensteuergesetzes ermittelte Gewinn aus einer Tätigkeit. Von diesen Bruttoeinkünften, die noch bemessen werden, sind die Beiträge für die Sozialversicherung (Ausnahme: Unfallversicherung) zu erheben. Die Finanzmittel werden grundsätzlich durch Beiträge der Versicherten und der Arbeitgeber sowie durch staatliche Zuschüsse aufgebracht. *Die Bemessung der Bruttoeinkünfte wird in jedem Jahr neu festgelegt.* Als obere Begrenzung der Einkünfte gilt die Beitragsbemessungsgrenze, als untere Grenze gilt das monatliche Arbeitsentgelt für geringfügige Beschäftigung. Die verbleibenden Einkünfte werden als *beitragspflichtige Einnahmen* bezeichnet.

Der Beitragssatz in der Rentenversicherung der Arbeiter und der Angestellten beträgt seit 1.1.2003 19,5 % des beitragspflichtigen Arbeitsentgelts oder Arbeitseinkommens. Bei versicherungspflichtiger Beschäftigung tragen Arbeitgeber und Versicherter den Beitrag je zur Hälfte (also je 9,75 %). Beträgt das monatliche Arbeitsentgelt aus einer Berufsausbildung bis 31.3.2003 nicht mehr als 325 Euro und seit 1.4.2003 nicht mehr als 400 Euro («Geringverdienergrenze»), trägt der Arbeitgeber den Beitrag allein. Wird die Grenze von 325 Euro (seit 1.4.2003 400 Euro) durch einmalig gezahltes Arbeitsentgelt (z.B. Urlaubs- oder Weihnachtsgeld) überschritten, so tragen der Versicherte und der Arbeitgeber den Beitrag von dem die Geringverdienergrenze überschreitenden Teil des Arbeitsentgelts jeweils zur Hälfte.

Beträgt das monatliche Arbeitsentgelt außerhalb einer Berufsausbildung 400,01 bis 800 Euro, hat der Versicherte seit 1.4.2003 nur einen reduzierten Arbeitnehmerbeitrag zu zahlen (der Versicherte kann aber auch den vollen Arbeitnehmerbeitrag zahlen, um damit seine spätere Rente zu erhöhen).

Auch im Jahre 2003 sind die Beitragsbemessungsgrenzen in der Rentenversicherung erhöht worden. Sie betragen nunmehr in der Rentenversicherung der Arbeiter und der Angestellten in den alten Bundesländern (in Klammern die Werte für die neuen Bundesländer) 61.200 Euro (51.000 Euro) jährlich oder 5100 Euro (4250 Euro) monatlich.

Bis zu diesen Grenzbeträgen sind Beiträge zur Rentenversicherung zu berechnen. Die darüber hinausgehenden Teile des Arbeitsentgelts bzw. Arbeitseinkommens unterliegen somit nicht der Beitragspflicht. Sie werden aber auch nicht bei einer späteren Rentenleistung berücksichtigt.

Bezugsgröße im Sinne der Vorschriften für die Sozialversicherung ist nach § 18 Abs. 1 des IV. Buches des Sozialgesetzbuches das Durchschnittsentgelt der gesetzlichen Rentenversicherung im vorvergangenen Kalenderjahr, aufgerundet auf den nächsthöheren, durch 420 teilbaren Betrag. Danach ergibt sich im Jahr 2003 eine Bezugsgröße von 28.560 Euro jährlich bzw. 2380 Euro monatlich.

Die Bezugsgröße für die neuen Bundesländer betrug im Jahr 2003 23.940 Euro jährlich bzw. 1995 Euro monatlich.

Die Bezugsgröße ist u.a. Bemessungsgrundlage für den Regelbeitrag für versicherungspflichtige Selbstständige.

2.5.2 Zur Bedeutung der Arbeitsförderung

2.5.2.1 Einleitende Bemerkungen

Im Arbeitsförderungsgesetz (AFG) sind die Vorschriften zur Arbeitsförderung festgelegt worden. Das AFG ist nunmehr Teil des Sozialgesetzbuches. Träger der Arbeitsförderung ist die Bundesanstalt für Arbeit – seit dem 1.1.2004 Bundesagentur für Arbeit – in Nürnberg mit ihren Landesarbeitsagenturen und den regionalen Arbeitsagenturen vor Ort.

2.5.2.2 Zur Aufgabenstellung der Arbeitsförderung

Arbeitsförderung ist das Kernstück der staatlichen Arbeitsmarktpolitik. Im Rahmen der Sozial-, Wirtschafts- und Finanzpolitik soll sie dazu beitragen, einen möglichst hohen Stand der Beschäftigung zu erreichen und zu erhalten und die Struktur der Beschäftigung ständig zu verbessern.

Leistungen der Arbeitsförderung haben in erster Linie die Aufgabe, den Ausgleich am Arbeitsmarkt zu unterstützen. Ausbildung und Arbeit Suchende sollen über die Lage und Entwicklung des Arbeitsmarktes und der Berufe beraten werden. Offene Stellen sollen besetzt und Möglichkeiten von benachteiligten Ausbildung und Arbeit Suchenden für eine Erwerbstätigkeit verbessert werden. Dadurch soll Arbeitslosigkeit vermieden oder verkürzt werden. So weit dies nicht erreicht werden kann und dennoch Arbeitslosigkeit eintritt, soll die Arbeitsförderung betroffene Arbeitnehmer bei eingetretener Arbeitslosigkeit finanziell absichern.

Dieser Zielsetzung entsprechend stellt das Arbeitsförderungsrecht ein breit gefächertes Instrumentarium der aktiven, d. h. auf Schaffung und Erhaltung von Arbeitsplätzen gerichteten Arbeitsmarktpolitik wie auch zur sozialen Sicherung bei Arbeitslosigkeit zur Verfügung.

Zusammenfassend und komprimiert könnten insbesondere solche Aufgabenbereiche genannt werden wie:

- Arbeits- und Berufsberatung
- Vermittlung von Arbeits- und Ausbildungsplätzen
- Hilfen zur Verbesserung der Beschäftigungschancen
- Förderung der beruflichen Eingliederung
- soziale Hilfe bei Arbeitslosigkeit.

2.5.2.3 Leistungen bei Arbeitslosigkeit

Arbeitslos ist ein Arbeitnehmer, der vorübergehend nicht beschäftigt ist (**Beschäftigungslosigkeit**) und eine versicherungspflichtige, mindestens 15 Wochenstunden umfassende Beschäftigung sucht (**Beschäftigungssuche**).

Entsprechend dem Grundsatz des SGB III, dass der Vermittlung in Ausbildung der Vorrang vor der finanziellen Sicherung zukommt, wird Arbeitslosengeld nur gewährt, so weit und so lange die Arbeitslosigkeit auch durch intensive Vermittlungsbemühungen nicht beseitigt werden kann.

Das Arbeitslosengeld ist eine Entgeltersatzleistung, die an die Stelle des während der Zeit der Arbeitslosigkeit ausfallenden Arbeitsentgelts tritt; dem Arbeitnehmer soll sie ermöglichen, seinen Lebensstandard in der Zeit der Arbeitslosigkeit in etwa aufrechtzuerhalten.

Anspruch auf Arbeitslosengeld hat, wer arbeitslos ist, sich beim Arbeitsamt arbeitslos gemeldet und die Anwartschaftszeit erfüllt hat. Arbeitnehmer, die das 65. Lebensjahr vollendet haben, zählen zum Schutzbereich der gesetzlichen Rentenversicherung oder anderer Alterssicherungssysteme und haben keinen Anspruch

Tabelle 2.5-1: Dauer des Anspruchs auf Arbeitslosengeld (Quelle: Sozialgesetzbuch, Bundesversicherungsanstalt für Angestellte, Landesversicherungsanstalten im Verband Deutscher Rentenversicherungsträger; Stand: Februar 2003; dritter Teil, Anspruchsdauer, § 127, Grundsatz, S. 148/149)

Nach Versicherungspflichtverhältnissen mit einer Dauer von insgesamt mindestens n Monaten	und nach Vollendung des n-ten Lebensjahres	Monate
12		6
16		8
20		10
24		12
28	45.	14
32	45.	16
36	45.	18
40	47.	20
44	47.	22
48	52.	24
52	52.	26
56	57.	28
60	57.	30
64	57.	32

auf Geldleistungen aus der Arbeitslosenversicherung. Die Dauer des Anspruchs auf Arbeitslosengeld richtet sich nach der Dauer der Versicherungspflichtverhältnisse innerhalb der letzten 7 Jahre von der Arbeitslosmeldung und dem Lebensjahr des Betroffenen. Die jeweilige Dauer des Anspruchs auf Arbeitslosengeld ist in **Tabelle 2.5-1** wiedergegeben.

2.5.2.4 Zur Altersteilzeitförderung

Das Altersteilzeitgesetz soll älteren Arbeitnehmern den gleitenden Übergang in den Ruhestand ermöglichen. Dieses Gesetz regelt die Rahmenbedingungen, unter denen Arbeitgeber und Arbeitnehmer einen schrittweisen Übergang in den Ruhestand in Form einer verminderten Arbeitszeit vereinbaren können.

Das Altersteilzeitgesetz verpflichtet weder Arbeitnehmer noch Arbeitgeber, eine Altersteilzeitvereinbarung abzuschließen. Auf der Grundlage des Gesetzes sind jedoch zahlreiche Tarifverträge abgeschlossen worden, die zum Teil Rechtsansprüche auf Altersteilzeitarbeit vorsehen.

Altersteilzeitarbeit im Sinne des Altersteilzeitgesetzes liegt vor, wenn ein mindestens **55 Jahre** alter Arbeitnehmer, seine bisherige **wöchentliche Arbeitszeit** in einer Vereinbarung mit dem Arbeitgeber **auf die Hälfte herabgesetzt** hat. Auch nach der Verminderung der Arbeitszeit muss der Arbeitnehmer noch versicherungspflichtig in der Arbeitslosenversicherung beschäftigt sein. Als bisherige wöchentliche Arbeitszeit in diesem Sinne ist grundsätzlich die Arbeitszeit maßgebend, die mit dem Arbeitnehmer vereinbart war, bevor er in Altersteilzeit gewechselt ist. Allerdings darf höchstens die Arbeitszeit herangezogen werden, die im Durchschnitt der letzten 24 Monate vor dem Übergang in Altersteilzeit vereinbart war.

2.5.3 Unfallversicherung

Die Regelung der Unfallversicherung erfolgt ebenfalls im Sozialgesetzbuch. Im 7. Sozialgesetzbuch (SGB VII) werden die Berufsgenossenschaften verpflichtet, mit allen geeigneten Mitteln für die Verhütung von Arbeitsunfällen, Berufskrankheiten und arbeitsbedingten Gesundheitsgefahren und für eine wirksame erste Hilfe in den Betrieben und Verwaltungen zu sorgen. Hierfür erlassen die Berufsgenossenschaften Vorschriften zur Unfallverhütung, die für ihre Mitglieder (Unternehmen) und die Versicherten rechtsverbindlich sind.

Neben den Vorschriften des SGB VII gibt es weitere Bestimmungen zum Arbeitsschutz und zur Unfallverhütung. Dazu zählen z. B.:

- das Arbeitsschutzgesetz
- die Arbeitsstättenverordnung
- das Gerätesicherheitsgesetz
- die Gefahrstoffverordnung
- das Arbeitszeitgesetz
- das Jugendschutzgesetz
- das Mutterschutzgesetz sowie
- das Arbeitssicherheitsgesetz.

Eine Übersicht der verschiedenen Träger der Unfallversicherung gibt **Tabelle 2.5-2**.

Tabelle 2.5-2: Gliederung der gesetzlichen Unfallversicherung (Quelle: Haubrock, M., Aspekte der Gesundheitsökonomie, unveröffentlichtes Vorlesungsskript; Fachhochschule Osnabrück, Osnabrück, 1994, S. 135)

Gewerbliche Unfallversicherung	Landwirtschaftliche Unfallversicherung	Eigenunfallversicherung des Bundes, der Länder und der Gemeinden
Hauptverband der gewerblichen Berufsgenossenschaften, St. Augustin/Bonn	Bundesverband der landwirtschaftlichen Berufsgenossenschaften, Kassel	Bundesverband der Unfallversicherungsträger der öffentlichen Hand (BAGUV), München
Gewerbliche Berufsgenossenschaften	Landwirtschaftliche Berufsgenossenschaften	Unfallversicherungsträger der öffentlichen Hand
Seeberufsgenossenschaft	Gartenbau-Berufsgenossenschaft	

Tabelle 2.5-3: Gegenüberstellung der gesetzlichen und privaten Unfallversicherung (Quelle: Haubrock, M., Schär, W.; Betriebswirtschaft und Management im Krankenhaus, 3. Aufl.; Bern, 2002, S. 73)

Kriterium	Gesetzliche Unfallversicherung	Private Unfallversicherung
Gestaltung	Durch Gesetz oder Verordnung geregelt; keine Gestaltungsmöglichkeit	Nach ihren individuellen Bedürfnissen; Versicherung nach Vertrag
Versicherungsschutz	Nur für Berufs- und Schulunfälle und auf dem direkten Weg zur und von der Arbeits- und Ausbildungsstätte	Für alle Unfälle des täglichen Lebens, rund um die Uhr
Geltungsbereich	Bundesrepublik; «Ausstrahlung» der Geltung auf andere Länder möglich	Weltweit – im Ausland mit besonderen Leistungen über die UnfallCard
Versicherte	Personen, die in einem Dienst-, Arbeits- oder Lehrverhältnis stehen, außerdem Kinder in Tageseinrichtungen (z.B. Kindergärten), Schüler und Studenten	Alle versicherbaren Personen, also praktisch jedermann
Versicherungsleistungen	Heilbehandlung, Berufshilfe, Übergangsgeld, Verletztenrente, Sterbegeld, Witwen- und Waisenrente	Leistungsarten: Invaliditätsleistung, bei hohen Invaliditätsgraden bis zu 400% der Summe; Unfallrente, Übergangsleistung, Krankenhaustagegeld, ab viertem Tag doppelt, Tagegeld, Todesfallsumme, kosmetische Operationen, Bergungskosten
	Geldleistungen bemessen sich nach dem **Jahresarbeitsverdienst** Im **Todes- und Invaliditätsfall** grundsätzlich Rentenzahlung	Leistung entsprechend frei vereinbarter **Versicherungssummen** Im **Invaliditätsfall** Kapitalzahlung sowie Unfallrente, im **Todesfall** immer Kapitalzahlung
	Dynamisierung der Leistungen	**Dynamisierung** der Versicherungssummen
	Verletztenrente: Zahlung erst ab Minderung der Erwerbsfähigkeit von mindestens 20%	**Invaliditätsleistung** für jeden messbaren Invaliditätsgrad; bei einem Invaliditätsgrad ab 50% eine Unfallrente
	Nachuntersuchung und **Leistungsneufestsetzung jederzeit** möglich = keine sichere Rente	**Neubemessung** längstens 3 Jahre vom Unfalltag an (5 Jahre in der Kinder-Unfallversicherung)
	Leistungsverrechnung mit anderen Vorsorgeeinrichtungen = Abzüge möglich	**Leistungen** unabhängig von anderen Vorsorgeeinrichtungen oder Schadenersatzleistungen = keine Abzüge
	Behandlung nur durch **Ärzte**, die vom Träger der gesetzlichen Unfallversicherung bestellt sind	Freie Arztwahl

Aufgabe der Unfallversicherung ist es, Arbeitsunfälle zu verhüten sowie Verletzte und deren Angehörige und Hinterbliebene bei Arbeits- und Wegeunfällen sowie bei Berufskrankheiten zu entschädigen. Ein Arbeitsunfall ist ein Unfall, den ein Versicherter bei einer im Gesetz fixierten Tätigkeit erleidet. Als Wegeunfall gilt ein Unfall auf einem Weg nach und von dem Ort der Tätigkeit weg. Eine Krankheit ist dann eine Berufskrankheit, wenn sie in einer Liste von Krankheiten, die per Rechtsverordnung der Bundesregierung herausgegeben wird, auftaucht.

In **Tabelle 2.5-3** werden die Positionen der gesetzlichen und privaten Unfallversicherung einander gegenüber gestellt.

2.5.4 Krankenversicherung

2.5.4.1 Einleitende Bemerkungen

Länger leben und aktiver leben zu können ist für jeden Bürger bestmöglich zu gewährleisten. Das Gesundheitswesen qualitativ auf hohem Stand und gleichzeitig finanzierbar zu halten, ist die Herausforderung, vor der die Gesundheitspolitik auch in Zukunft steht. Der Zugang zu den Möglichkeiten, gesund zu bleiben oder gesund zu werden, muss für jeden Bürger ohne Rücksicht auf seine finanzielle Situation, auf seinen Platz in der Gesellschaft und unabhängig von seinem Wohnort gegeben sein. Dazu bedarf es eines umfassenden Systems gesundheitlicher Sicherung (s. a. Kap. 1.2)

Jede Reform in der Finanzierung des Gesundheitswesens hat unmittelbare Aus- und Nebenwirkungen auf die Gesundheitspolitik und vor allem auf die Leistungsanbieter im Gesundheitswesen. Die teilweise drastischen Umsatzeinbußen in den Kurorten, bei Zahnärzten, Optikern, Hörgeräteakustikern, Taxi- und Beerdigungsunternehmen im Jahre 1989, dem ersten Jahr nach In-Kraft-Treten des Gesundheitsreformgesetzes, oder bei Masseuren, Pharmaindustrie und Apothekern im Jahr 1993, nach In-Kraft-Treten des Gesundheitsstrukturgesetzes, machen diese Wechselwirkung, aber auch Verunsicherungen bei den Versicherten besonders deutlich.

Veränderungen im Gesundheitswesen, wie beispielsweise der medizinische und medizinisch-technische Fortschritt oder eine veränderte (teils lediglich so empfundene) Morbidität, beeinflussen ständig die der Krankenversicherung gestellten Aufgaben. Dabei hat die Krankenversicherung wegen ihrer engen Beziehungen zu den Versicherten zugleich die Möglichkeit, das Gesundheitsbewusstsein, das Gesundheitsverhalten und die Inanspruchnahme von Gesundheitsleistungen ihrer Versicherten durch Rat und Information zu verändern.

2.5.4.2 Gesetzliche Krankenversicherung

Das Krankenversicherungssystem gliedert sich in die gesetzliche Krankenversicherung (GKV) und in die private Krankenversicherung (PKV). Rechtliche Grundlage für die gesetzliche Krankenversicherung ist das Sozialgesetzbuch V, das erst mit der Gesundheitsreform 1989 eingeführt worden ist.

Die gesetzliche Krankenversicherung ist eine Pflichtversicherung für den Personenkreis, der in § 5 ff. SGB V gesetzlich umrissen ist. Zu diesem Personenkreis gehören Arbeiter, Angestellte und Auszubildende. Weiterhin gehören u. a. die Bezieher von Arbeitslosengeld, Arbeitslosenhilfe und Unterhaltsgeld, landwirtschaftliche Unternehmer sowie deren hauptamtlich mitarbeitende Familienangehörigen, Behinderte, die in einer anerkannten Einrichtung beschäftigt sind, Rentner und Studenten, die an staatlichen oder staatlich anerkannten Hochschulen eingeschrieben sind, zu der Gruppe der versicherungspflichtigen Personen. Eine *freiwillige Versicherung* können bei Erfüllung bestimmter Voraussetzungen auch Schwerbehinderte sowie Familienangehörige abschließen, deren Mitversicherung z. B. bei Aufnahme einer Beschäftigung endet. Die gesetzliche Krankenversicherung umfasst auch eine Familienversicherung. In dieser Versicherung sind Ehepartner und Kinder (bis zu einer bestimmten Altersgrenze) mitversichert. Der Umfang der Leistungen, den die Krankenkassen zu erfüllen haben, ist in § 11 SGB V festgeschrieben. Danach haben Versicherte Anspruch auf Leistungen:

- zur Verhütung von Krankheiten (§§ 20–24b SGB V)
- zur Früherkennung von Krankheiten (§§ 25 und 26 SGB V)
- zur Behandlung einer Krankheit (§§ 27–52 SGB V)
- Anspruch auf Sterbegeld (§§ 58 und 59 SGB V)
- medizinische und ergänzende Leistungen zur Rehabilitation.

Die Finanzsituation der Krankenkassen gibt seit Jahren Anlass, nach Lösungsansätzen zu suchen. Die ungleiche Entwicklung der Einnahmen und Ausgaben ist in der breiten Öffentlichkeit unter dem Terminus «Kostenexplosion» verdeutlicht worden. Als Folge dieser ungleichen Entwicklung mussten die Beitragssätze der gesetzlichen Krankenversicherung kontinuierlich angehoben werden, damit Einnahmen und Ausgaben zur Deckung gebracht werden konnten. Die höheren Beiträge wiederum führten zu einer höheren Belastung der Beitragszahler (Arbeitnehmer und Arbeitgeber). Ohne hier auf einzelne Modellvorstellungen bzw. Lösungswege der Kassen eingehen zu können, soll auf die Bedeutung des Begriffs «Grundlohnsumme» eingegangen werden.

Die Einnahmeseite der Kassen setzt sich aus den Größen «Grundlohnsumme» und «Beitragssatz» zusammen. Die Grundlohnsumme resultiert aus Faktoren, die außerhalb des Entscheidungsspielraums der Krankenkassen liegen. So lassen z. B. die Mitgliederstruktur einer Krankenkasse (Risikogruppen, Ledige, Familien usw.), die demographische Entwicklung der Bevölkerung (Rentneranteil) sowie die wirtschaftliche Entwicklung (Zahl der Voll- und Teilzeitbeschäftigten, Arbeitslose, Lohnentwicklung usw.) bei den einzelnen Krankenkassen unterschiedliche Grundlohnsummen entstehen. Je günstiger diese Einflussfaktoren sind, desto günstiger ist die Grundlohnsumme. Unterschiede bestehen sowohl in regionaler (Nord-/Süd- bzw. Ost-/Westgefälle) als auch in sektoraler Hinsicht (wirtschaftliche Wachstums-/Schrumpfbranchen). Die Ausgabenseite setzt sich aus den gesetzlichen Pflicht- und Satzungsleistungen zusammen. Die Pflichtleistungen sind für alle Kassenarten verbindlich festgeschrieben. Die Satzungsleistungen werden hingegen im Rahmen der Selbstverwaltungsaufgaben autonom von den Krankenkassen festgelegt.

Vom 1. 6. 2000 an ist nicht mehr versicherungspflichtig, wer:

- beim Eintritt der Versicherungspflicht das 55. Lebensjahr vollendet hat
- in den letzten 5 Jahren vor diesem Zeitpunkt nicht gesetzlich krankenversichert war und
- mindestens die Hälfte dieses Zeitraums versicherungsfrei, von der Versicherungspflicht befreit oder hauptberuflich selbstständig erwerbstätig oder mit einer solchen Person verheiratet war.

Vom 1. 1. 2001 an wurden auf Grund des Gesetzes zur Rechtsangleichung in der gesetzlichen Krankenversicherung die Unterschiede im Versicherungs-, Beitrags-, Leistungs- und Vertragsrecht zwischen den alten und den neuen Ländern aufgehoben. Von diesem Zeitpunkt an gelten daher in allen Bundesländern einheitliche Versicherungspflicht- und Beitragsbemessungsgrenzen sowie einheitliche Einkommensgrenzen für die Befreiung von Zuzahlungen. Privat krankenversicherte Arbeitnehmer, deren Arbeitsentgelt dann unter der Versicherungspflichtgrenze lag, hatten hierdurch die Möglichkeit, wieder in die gesetzliche Krankenversicherung zurückzukehren.

2.5.4.3 Private Krankenversicherungen

Das PKV-System unterscheidet sich vom GKV-System durch folgende Merkmale:

- Das Sachleistungsprinzip wird durch das Kostenerstattungsprinzip ersetzt.
- An die Stelle der Körperschaft des öffentlichen Rechts treten überwiegend die Rechtsformen «Aktiengesellschaft» und «Versicherungsvereine auf Gegenseitigkeit».
- Das Äquivalenzprinzip tritt an die Stelle des Solidarprinzips.

Das private Krankenversicherungssystem ist somit einerseits durch das Kostenerstattungsprinzip geprägt, das heißt, die Leistungen der Anbieter von Gesundheitsgütern müssen vom Versicherten unmittelbar bezahlt werden. Andererseits gilt das Äquivalenzprinzip. Das Äquivalenzprinzip beinhaltet den Grundsatz des Gleichgewichts von Leistung und Gegenleistung. Die Anwendung dieses Prinzips weist darauf hin, dass die PKV leistungsbezogen und erwerbswirtschaftlich orientiert ist. So wird z. B. von den Versicherungsunternehmen vor der Aufnahme des Versicherten das zu erwartende Risiko kalkuliert und daraufhin die Beitragshöhe festgelegt. *Es besteht somit eine enge Beziehung zwischen der Beitragshöhe und dem Versicherungsschutz.*

Die Anwendung des Äquivalenzprinzips macht sich bei der Beitragskalkulation an den folgenden Faktoren bemerkbar:

- Die Beitragshöhe hängt vom Umfang der versicherten Leistung ab.
- Die Beitragshöhe hängt ab vom Eintrittsalter.
- Der Gesundheitszustand zu Beginn der Versicherung bestimmt die Beitragshöhe.
- Das Geschlecht bestimmt die Beitragshöhe.

Die Rechtsgrundlagen des Versicherungsvertrages der privaten Krankenversicherung sind:

- das Bürgerliche Gesetzbuch bzw. das Handelsgesetzbuch
- das Versicherungsvertragsgesetz und
- die Allgemeinen Versicherungsbedingungen.

Mit dem Gesundheitsreformgesetz ist eine Reihe neuer Regelungen für privat Versicherte in Kraft getreten. Das betrifft insbesondere:

- Neuversicherte müssen bis zum 60. Lebensjahr einen Zuschlag auf ihre Prämie zahlen. Anwartschaftsversicherungen sind von diesem Zuschlag ausgenommen. Für Krankentagegeldversicherungen, mit denen ein Verdienstausfall während einer Krankheit ausgeglichen wird, ist kein Zuschlag zu erheben. Ebenfalls kein Zuschlag gilt für die Pflegepflichtversicherung. Der Zuschlag dient dazu, die Höhe des Beitrags ab dem 65. Lebensjahr konstant zu halten. Ab dem 80. Lebensjahr sind Beitragsreduzierungen möglich.
- Versicherte, die bereits vor dem 1. 1. 2000 in der PKV versichert waren, müssen keinen Zuschlag bezahlen. Sie haben jedoch die Möglichkeit, sich ab dem 1. 1. 2001 freiwillig für einen Zuschlag von 2 % zu entscheiden, der dann in den nächsten 4 Jahren um jeweils weitere 2 % erhöht wird. Der Zuschlag kann nur erhoben werden, wenn der Versicherte dem nicht widerspricht. Auch PKV-versicherte Kinder gelten dabei als Altfälle. Das Widerspruchsrecht des Versicherungsnehmers gilt deshalb auch für die mitversicherten Kinder.

Bei der Krankheitskosten-Vollversicherung werden alle Kosten übernommen, die mit Krankheit, Unfall, Entbindung und Vorsorge zusammenhängen. Dabei gibt es im Wesentlichen folgende Tarifarten (**Tab. 2.5-4**):

- Selbstbehaltetarife, die eine Selbstbeteiligung des Versicherungsnehmers an seinen Kosten vorsehen. Diese Selbstbeteiligung kann in Form eines absoluten Betrags oder eines bestimmten Prozentsatzes des Rechnungsbetrags verwirklicht werden.

Tabelle 2.5-4: Tarifarten in der privaten Krankenversicherung (Quelle: Peters, Sönke H. F., Schär, W. [Hrsg.]; Betriebswirtschaft und Management im Krankenhaus; Berlin, 1993, S. 66)

Krankheitskosten-Vollversicherungen	Krankheitskosten-Zusatzversicherungen	Tagegeld-Versicherungen
Selbstbehalttarife	Krankenhauskosten-Zusatzversicherung	Krankenhaus-Tagegeld-Versicherung
Quotentarife	Zahnersatz-Zusatzversicherung	Verdienstausfall-Versicherung = Krankheitstagegelder
Aufbautarife	Auslandsreise-Versicherung	

- Quotentarife, die die Krankheitskosten mit einem vom Versicherungsnehmer gewählten Prozentsatz erstatten
- Aufbautarife, bei denen die Versicherungsnehmer die Höhe des Versicherungsschutzes für jede einzelne Kostenart jeweils selbst bestimmen.

2.5.5 Pflegeversicherung

2.5.5.1 Einleitende historische Bemerkungen

Das Jahr 1994 geht in die deutsche Sozialgeschichte ein. In diesem Jahr wurde die fünfte Säule im System der Sozialversicherung geschaffen. Die **gesetzliche Pflegeversicherung** wurde im 11. Buch des Sozialgesetzbuches verankert. Kritiker bezeichnen die Pflegeversicherung als eine «Erben-Schutz-Versicherung». Sie überträgt zahlreiche Lasten, die früher innerhalb der Familie oder eines weiteren Kreises von Angehörigen oder Freunden von Pflegebedürftigen geregelt wurden, einer anonymen Solidargemeinschaft. Auch die Rürup-Kommission hat sich damit auseinander gesetzt (vgl. www.sozialesicherungssysteme.de). Mit der Pflegeversicherung wurde eine Entwicklung zu einem vorläufigen Abschluss gebracht, die vor mehr als 100 Jahren mit der Schaffung der gesetzlichen Krankenversicherung ihren Anfang genommen hatte:

- 1883 – die gesetzliche Krankenversicherung
- 1884 – die gesetzliche Unfallversicherung
- 1889 – die Invaliditäts- und Altersversicherung (entsprechend der heutigen Rentenversicherung)
- 1927 – die Arbeitslosenversicherung.

Zusammenfassend kann festgestellt werden, dass sich das System der sozialen Sicherung der Marktwirtschaft zur sozialen Marktwirtschaft weiterentwickelt hat und damit zu einem konstitutiven Element unserer Gesellschaft geworden ist.

2.5.5.2 Zur Bedeutung und Aufgabenstellung

Neben der allgemeinen Bedeutung als fünfte Säule der Sozialversicherung wurde durch die Pflegeversicherung der Grundsatz des Umbaus eines Sozialstaates praktiziert.

Pflegebedürftig ist, wer wegen einer körperlichen, geistigen oder seelischen Krankheit oder Behinderung für die gewöhnlichen und regelmäßig wiederkehrenden Verrichtungen des täglichen Lebens auf Dauer der Hilfe bedarf, und zwar in den Bereichen der Körperpflege, der Ernährung, der Mobilität und der hauswirtschaftlichen Versorgung. Pflegebedürftigkeit ist danach zu unterscheiden von Krankheit und Behinderung: Nicht jeder Kranke oder jeder Behinderte ist pflegebedürftig; aber jeder Pflegebedürftige ist entweder krank oder behindert (vgl. SGB Sozialgesetzbuch, Hrsg. BfA, 39. Aufl., [2/2003] Na 11. Buch [XI], S. 1599, § 14, Pflegebedürftigkeit). Derzeit erhalten rund 2 Mio. Menschen Leistungen der Pflegeversicherung. Der größte Teil dieses Personenkreises, nämlich rund 1,67 Mio., ist über 60 Jahre alt. Pflegebedürftigkeit ist aber nicht nur eine Frage des Alters. Auch junge Menschen können pflegebedürftig werden:

- Zirka 146.000 Pflegebedürftige sind zwischen 40 und 60 Jahre alt.
- Zirka 188.300 Pflegebedürftige sind jünger als 40 Jahre.

Rund 1,37 Mio. Pflegebedürftige werden zu Hause in den Familien von Angehörigen, Nachbarn oder durch ambulante Pflegedienste betreut. Etwa 630.000 pflegebedürftige Personen werden stationär in Pflegeheimen oder in Einrichtungen der Behindertenhilfe versorgt. (vgl. SGB XI, Pflegeversicherung)

Die Sozialpolitik hat in den letzten Jahren damit begonnen, ein soziales Sicherungsnetz aufzubauen sowie dessen Finanzierung zu sozial verträglichen Beiträgen zu erhalten. Folgende Faktoren veranlassten die Sozialpolitik zu dieser Zielstellung:

- Es werden immer weniger Menschen aus ihrem Arbeitseinkommen die Versorgung älterer Menschen bestreiten müssen.
- Für das Gesundheitswesen treten Probleme auf. Eine Verschiebung der Altersstruktur hatte zur Folge, dass sich die gesundheitliche Versorgung vermehrt auf ältere Menschen konzentrieren musste. Mit zunehmendem Alter steigt die Anfälligkeit für Krankheiten, wohingegen die Regenerationskraft abnimmt. Rund 50 % der Leistungen der GKV gehen an Menschen über 65 Jahre.
- Die Verkleinerung familiärer Netze erforderte einen erhöhten Handlungsbedarf der Sozialpolitik.
- Es fehlt, teils berechtigt, die Akzeptanz, steigende Soziallasten solidarisch zu finanzieren.

Ein wesentlicher Grundsatz dieser Versicherung lautet «*Prävention und Rehabilitation haben Vorrang vor Pflege*».

Ein weiterer Grundsatz lautet: «*Ambulant vor stationär*». Dieser Leitgedanke, der auch im Behandlungsbereich Gültigkeit hat, bedeutet, dass im Fall einer Pflegebedürftigkeit die häusliche Pflege Vorrang vor der stationären Pflege hat. Intention des Gesetzgebers ist es, die Pflegebereitschaft der Angehörigen zu unterstützen und damit die Pflegebedürftigen möglichst lange in ihrer häuslichen Umgebung zu belassen. Dabei sollen auch die Möglichkeiten der teilstationären Pflege und der Kurzzeitpflege ausgeschöpft werden, bevor es zu einer vollstationären Unterbringung kommt.

Die Lösung der Pflegeproblematik war im Wesentlichen durch folgende Rahmenbedingungen dringlich:

- durch die unbefriedigende Situation der Pflegebedürftigen und ihrer Familien
- durch die unzureichende Pflegeinfrastruktur, die insbesondere durch weitere ambulante Dienste, Tages- und Kurzzeitpflege ausgebaut werden muss
- durch die bisherige Rechtslage, die nur einzelnen Gruppen von Pflegebedürftigen ausreichende Leistungen eröffnete, die große Zahl der Pflegebedürftigen aber auf die Sozialhilfe und die damit verbundene Bedürftigkeitsprüfung verwies
- durch die Zunahme der Zahl älterer Menschen, mit der trotz besserer allgemeiner Lebensbedingungen und immer leistungsfähigerer Medizin in gewissem Umfang auch die Zahl pflegebedürftiger Menschen steigt.

Auch im jüngsten und mittleren Erwachsenenalter sind Unfälle – besonders Verkehrsunfälle – Ursache von Pflegebedürftigkeit. Querschnittslähmungen mit Bewegungsunfähigkeit der Arme und Beine oder der Verlust von Großhirnfunktionen (apallisches Syndrom) lösen häufig eine aufwändige und lebenslange Pflegebedürftigkeit aus. Im Endstadium der AIDS-Erkrankung kommt es häufig zu Pflegebedürftigkeit mit Bettlägerigkeit und völliger Hilflosigkeit bei der Essenszubereitung und Körperpflege.

Allgemein kann bei Behinderungen folgende Gruppierung vorgenommen werden:

- Verluste, Lähmungen oder andere Funktionsstörungen am Stütz- und Bewegungsapparat
- Funktionsstörungen der inneren Organe oder der Sinnesorgane
- Störungen des Zentralnervensystems wie Antriebs-, Gedächtnis- oder Orientierungsstörungen sowie endogene Psychosen, Neurosen oder geistige Behinderungen.

Pflegebedürftigkeit im Sinne von *Hilfebedarf bei den regelmäßig wiederkehrenden Verrichtungen des täglichen Lebens* ist abzugrenzen von einer Behinderung.

Behinderungen sind gekennzeichnet durch einen vollständigen oder teilweisen Verlust normaler Körperfunktionen, die durch weitere medizinische Behandlung kurzfristig nicht mehr besserungsfähig sind. Hilflosigkeit bei den Verrichtungen des täglichen Lebens im Sinne von Pflegebedürftigkeit besteht nur bei sehr ausgeprägten Behinderungen. Daher ist nur ein Teil der behinderten Menschen pflegebedürftig. Das gilt auch für psychisch Kranke und geistig Behinderte. So weit sie auf Unterstützung bei den Verrichtungen des täglichen Lebens angewiesen sind, erhalten sie diese Hilfen von der Pflegeversicherung. Betreuung und Beaufsichtigung über den ganzen Tag hinweg kann jedoch auch bei geistig Behinderten und psychisch Kranken nicht Aufgabe der Pflegeversicherung sein.

Allerdings ist der im Wesentlichen auf Anleitung und Beaufsichtigung ausgerichtete Hilfebedarf dieser Menschen bei den Verrichtungen im Ablauf des täglichen Lebens im Rahmen der Begutachtung entsprechend den individuellen Besonderheiten des jeweiligen Einzelfalles zu berücksichtigen.

Bei der Krankenhausbehandlung sind Pflegeleistungen integrierter Bestandteil der Krankenhauspflege und werden von der Krankenkasse im Pflegesatz mit abgedeckt.

Für den Fall, dass die Behandlung einer Krankheit im häuslichen Umfeld erfolgt, gibt es eine zeitliche Verpflichtung der Krankenkasse zur Übernahme auch pflegerischer Leistungen. Versicherte erhalten dann häusliche Krankenpflege einschließlich der hauswirtschaftlichen Versorgung. Der Anspruch besteht mindestens bis zu 4 Wochen je Krankheitsfall. Sind die Möglichkeiten der Krankenbehandlung einschließlich der häuslichen Krankenpflege erschöpft, hatte der überwiegende Teil der Pflegebedürftigen bisher keinen versicherungsrechtlichen Anspruch mehr auf Hilfe bei den Verrichtungen des täglichen Lebens, obwohl hier ein erheblicher Hilfebedarf auf Dauer bestand. Hier setzt jetzt die Pflegeversicherung ein.

2.5.5.3 Private Pflegeversicherung

Die **private Pflegeversicherung** wird von den privaten Krankenversicherungsunternehmen durchgeführt. Die Leistungen entsprechen den Leistungen der sozialen Pflegeversicherung. Für die Beitragsgestaltung gelten im Interesse der Versicherten besondere Bedingungen, vor allem zum **Höchstbeitrag**, zu **Risikozuschlägen** und zur **Mitversicherung von Angehörigen**, aber auch zum **Ausschluss von Vorerkrankungen**.

Das bedeutet, dass die sonst üblichen Bedingungen einer privaten Krankenversicherung kraft Gesetzes wesentlich verändert worden sind, und zwar im Sinne einer Annäherung an die Prinzipien der sozialen Pflegeversicherung. So sind **Kinder** bis zum 18. Lebensjahr kostenlos bei den Eltern mitversichert, und der nicht erwerbstätige **Ehegatte** braucht nicht den vollen Beitrag zu entrichten, sondern nur den halben. Der **Höchstbeitrag** darf den Höchstbeitrag der sozialen Pflegeversicherung nicht übersteigen, also ab 1. 1. 2003 nicht über monatlich 58,66 Euro hinausgehen.

Diese besonderen Bedingungen waren notwendig, weil der Gesetzgeber zum 1. 1. 1995 an die freiwillige private Krankenversicherung die zwingende Pflicht zur privaten Pflegeversicherung geknüpft hat; es lag also insoweit ein besonderes Schutzbedürfnis für die Versicherten vor.

Die in ihrer Gestaltung einfachste Form der privaten Pflegefallabsicherung ist die private Absicherung durch das Ansparen eines eigenen «Vermögens». Eine individuelle Versicherung zur Absicherung des Pflegefalls bei erwerbswirtschaftlichen Versicherungsunternehmen kann nur dann wirksam werden, wenn bei Vertragsabschluss keine Pflegebedürftigkeit vorliegt.

Als Sicherungsalternativen werden die Pflegekranken-, die Pflegetagegeld- und die Pflegerentenversicherung angeboten.

Die Pflegekrankenversicherung der privaten Krankenversicherer umfasst Leistungen bei ambulanter, teilstationärer und stationärer Pflege. Ambulante bzw. häusliche Pflege soll durch ausgebildete Pflegekräfte ausgeführt werden. Stationäre oder teilstationäre Pflege hat in zugelassenen Pflegeeinrichtungen zu erfolgen. Die Versicherung zahlt bei stationärer Pflege Transport- und Pflegekosten, allerdings keine Kosten für Unterkunft und Verpflegung. Die Pflegekrankenversicherung ist also eine reine Kosten- bzw. Schadensversicherung.

2.5.5.4 Leistungen der Pflegeversicherung

Für die meisten Pflegebedürftigen ist es wichtig, so lange wie möglich zu Hause, in der gewohnten familiären und sozialen Umgebung bleiben zu können. Den Bedürfnissen und Wünschen der Pflegebedürftigen entsprechend wird daher mit dem Pflege-Versicherungsgesetz der häuslichen Pflege Vorrang vor der stationären Pflege eingeräumt. Ein ganzes Bündel von Maßnahmen ist darauf gerichtet, die Bedingungen der häuslichen Pflege entscheidend zu verbessern und damit auch die Bereitschaft der Familien, Angehörige zu Hause zu pflegen, nachhaltig zu stützen und zu fördern. Die Leistungen der häuslichen Pflege bilden den Schwerpunkt der Pflegeversicherung.

Zusammenfassend werden die Paragraphen der Leistungen der häuslichen Pflege erfasst:

- häusliche Pflegehilfe – Pflegesachleistung (§ 36 SGB XI)
- Pflegegeld für selbst beschaffte Pflegehilfen (§ 37 SGB XI)
- Kombination von Geldleistung und Sachleistung – Kombinationsleistung – (§ 38 SGB XI)
- häusliche Pflege bei Verhinderung der Pflegeperson (§ 39 SGB XI)
- Tagespflege und Nachtpflege (§ 41 SGB XI)
- Kurzzeitpflege (§42 SGB XI)
- zusätzliche Betreuungsleistung bei erheblich eingeschränkter Alltagskompetenz (§ 45b SGB XI)
- Pflegehilfsmittel, technische Hilfen und Zuschüsse zu pflegebedingtem Umbau der Wohnung (§ 40 SGB XI)
- Leistungen zur sozialen Sicherung der Pflegepersonen (§ 44 SGB XI)
- Pflegekurse für Angehörige und ehrenamtliche Pflegepersonen (§ 45 SGB XI).

Mit dem achten Euro-Einführungsgesetz wurden für den Bereich der Pflegeversicherung ab dem 1. 1. 2002 die Leistungsbeiträge auf Euro umgestellt. Die Umrechnung der Leistungsbeträge wurde centgenau durchgeführt, das Ergebnis wurde auf den nächsten vollen Euro aufgerundet. Danach ergaben sich vom 1. 1. 2002 die in **Tabelle 2.5-5** wiedergegeben Leistungsbeträge.

Stufen der Pflegebedürftigkeit (§ 15 SGB XI)
Für die Zwecke der Leistungsgewährung sind die Erscheinungsformen der Pflegebedürftigkeit in drei Pflegestufen einzuteilen. Maßgeblich sind die *Art*, die *Häufigkeit* und der *Zeitaufwand* für die benötigten Hilfen bei der Körperpflege, der Ernährung oder der Mobilität. Zusätzlich wird in allen Pflegestufen Hilfebedarf für die hauswirtschaftliche Versorgung vorausgesetzt.

Pflegestufe I (erhebliche Pflegebedürftigkeit). Pflegebedürftige der Pflegestufe I (erhebliche Pflegebedürftigkeit) haben mindestens einmal täglich Hilfebedarf bei wenigstens zwei der aufgeführten Verrichtungen aus den Bereichen der Körperpflege, der Ernährung oder der Mobilität. Zusätzlich werden mehrfach in der Woche Hilfen bei der hauswirtschaftlichen Versorgung benötigt.

Bei psychisch kranken, dementen und hirnverletzten Menschen ist mindestens einmal täglich die Notwendigkeit der Beaufsichtigung oder Anleitung bei zwei oder mehr Verrichtungen des täglichen Lebens Voraussetzung für die Anerkennung der Pflegestufe I.

Zur Pflegestufe I gehört auch der Personenkreis, der zwei Mal täglich – z. B. am Morgen und am Abend – Hilfebedarf hat.

Pflegestufe II (Schwerpflegebedürftige). Pflegebedürftige der Pflegestufe II (Schwerpflegebedürftige) haben mindestens drei Mal täglich zu verschiedenen Tageszeiten Hilfebedarf bei der Körperpflege, der Ernährung oder der Mobilität. In der Regel wird dies am Morgen, am Mittag und am Abend der Fall sein. Zusätzlich werden mehrfach in der Woche Hilfen bei der hauswirtschaftlichen Versorgung benötigt.

Psychisch kranke, demente und hirnverletzte Menschen werden dieser Pflegestufe zugeordnet, wenn sie mindestens drei Mal täglich – insbesondere am Morgen, am Mittag und am Abend – die Beaufsichtigung und Anleitung bei den regelmäßig wiederkehrenden Verrichtungen des täglichen Lebens bedürfen.

Pflegestufe III (Schwerstpflegebedürftige). Pflegebedürftige der Pflegestufe III (Schwerstpflegebedürftige) sind rund um die Uhr bei der Körperpflege, der Ernährung oder der Mobilität hilfebedürftig. Der Hilfebedarf besteht regelmäßig auch in der Nacht. Zusätzlich werden mehrfach in der Woche Hilfen bei der hauswirtschaftlichen Versorgung benötigt.

Tabelle 2.5-5: Leistungen der Pflegeversicherung einschließlich ergänzender weiterer Änderungen (€) (Quelle: www.intakt.info/information/pflegeversicherung.htm)

		Pflegestufe I Erheblich Pflegebedürftige	Pflegestufe II Schwer Pflegebedürftige	Pflegestufe III Schwerst Pflegebedürftige (in besonderen Härtefällen)
Häusliche Pflege	Pflegesachleistung monatlich bis	384	921	1.432 (1.918)
	Pflegegeld monatlich	205	410[1]	665
Pflegevertretung (Urlaubs- und Verhinderungspflege), Pflegeaufwendungen für bis zu 4 Wochen im Kalenderjahr	durch nahe Angehörige	205	410	665
	durch sonstige Personen	1.432[1]	1.432[1]	1.432[1]
Kurzzeitpflege	Pflegeaufwendungen im Jahr bis	1.432	1.432	1.432
Teilstationäre Tages- und Nachtpflege	Pflegeaufwendungen monatlich bis	384	921	1.432
Vollstationäre Pflege	Pflegeaufwendungen pauschal monatlich	1.023	1.279	1.432 1.688
Pflege in vollstationären Einrichtungen der Behindertenhilfe	Pflegeaufwendungen in Höhe von	10 % des Heimentgelts, höchstens 256 € monatlich		
Weitere Änderungen				
§ 37 (3) SGB XI	Höchstbetrag für Pflegeeinsätze Pflegestufe II			16 €
§ 37 (3) SGB XI	Höchstbetrag für Pflegeeinsätze Pflegestufe III			26 €
§ 40 (2) SGB XI	Hilfsmittel			31 €
§ 40 (3) SGB XI	technische Hilsmittel			25 €
§ 40 (4) SGB XI	Wohnumfeldverbeserung			2.557 €

1 Auf Nachweis werden den ehrenamtlichen Pflegepersonen notwendige Aufwendungen (Verdienstausfall, Fahrtkosten usw.) bis zum Gesamtbetrag von 1.432 € erstattet

Bei psychisch kranken, dementen und hirnverletzten Menschen sind die Voraussetzungen dann erfüllt, wenn der Bedarf an Beaufsichtigung oder Anleitung so groß ist, dass der Pflegebedürftige rund um die Uhr, d. h. auch in der Nacht, beaufsichtigt oder angeleitet werden muss.

Für Pflegebedürftige in vollstationären Einrichtungen der Behindertenhilfe nach § 43a SGB XI reicht die Feststellung, dass die Voraussetzungen der Pflegestufe I erfüllt werden. Eine weiter gehende Differenzierung nach Pflegestufen erfolgt für diesen Personenkreis nicht.

Pflegebedürftige Kinder

Pflegebedürftige Kinder sind zur Feststellung ihres Hilfebedarfs mit einem gesunden Kind gleichen Alters zu vergleichen. Maßgebend für die Begutachtung eines Antrags auf Pflegeleistungen bei einem Säugling oder Kleinkind ist nicht der natürliche, altersbedingte Pflegeaufwand, sondern nur der darüber hinausgehende Hilfebedarf bei der Ernährung, der Körperpflege und – bei Kindern jenseits des Säuglingsalters – der Mobilität.

Eine Vereinfachung bei der Feststellung des Hilfebedarfs hinsichtlich der hauswirtschaftlichen Versorgung von Kindern ist in den Begutachtungsrichtlinien geregelt:

> Bei kranken oder behinderten Kindern bis zum vollendeten achten Lebensjahr gilt der Zeitbedarf für die hauswirtschaftliche Versorgung als erfüllt, wenn neben den übrigen in § 15 Abs. 1 SGB XI genannten Voraussetzungen der Pflegestufe I bis III über den eines gesunden gleichaltrigen Kindes liegender hauswirtschaftlicher Versorgungsbedarf z.B. beim Kochen, Spülen, Wechseln oder Waschen der Wäsche bzw. Kleidung nachgewiesen ist.
> Bei Kindern im Alter zwischen acht und vierzehn Jahren kann unter den genannten Voraussetzungen in einzelnen Pflegestufen ein bestimmter Anteil des zeitlichen Mindestwertes für den Hilfebedarf bei den hauswirtschaftlichen Verrichtungen unterstellt werden: in der Pflegestufe I 30 Minuten, in der Pflegestufe II und III jeweils 45 Minuten.
> Reichen diese zeitlichen Pauschalen zur Erfüllung der Voraussetzungen für die jeweilige Pflegestufe nicht aus, müssen die jeweiligen zeitlichen Voraussetzungen durch einen Hilfebedarf bei Verrichtungen der Grundpflege aufgefüllt oder ein konkreter zeitlicher Mehrbedarf bei den hauswirtschaftlichen Verrichtungen nachgewiesen werden.

Es ist zu unterscheiden zwischen Leistungen bei häuslicher und stationärer Pflege, ferner zwischen **Sachleistungen** und **Geldleistungen** sowie zwischen Leistungen an den Pflegebedürftigen selbst und Leistungen an Pflegepersonen.

Die Leistungen der häuslichen Pflege werden nach dem Grad der Pflegebedürftigkeit gestaffelt.

Unter Sachleistung ist die Inanspruchnahme von Pflegeleistungen einer ambulanten Pflegeeinrichtung, z. B. einer Sozialstation, auf Kosten der Pflegeversicherung zu verstehen. Allerdings trägt die Pflegekasse die Kosten nur bis zu den im Gesetz genannten Höchstbeiträgen; darüber hinausgehende Kosten muss der Pflegebedürftige selbst tragen.

An Stelle der Sachleistung kann der Pflegebedürftige als **Geldleistung Pflegegeld** in Anspruch nehmen.

Die Begutachtung bezüglich der Feststellung der jeweiligen Pflegestufe ist dem medizinischen Dienst der Krankenkassen übertragen worden. Diese Aufgaben werden in der Regel durch Ärzte in enger Zusammenarbeit mit Pflegefachkräften wahrgenommen.

Die Leistungen der Pflegeversicherung werden i. d. R. als Geldleistung oder als Sachleistung für den Bedarf der Grundpflege und der hauswirtschaftlichen Versorgung erbracht. Der Umfang der Leistungen richtet sich nach der Schwere der Pflegebedürftigkeit und nach der Art der Pflege (ambulante, teilstationäre oder vollstationäre Pflege).

Bei der häuslichen Pflege übernimmt die Pflegekasse z. B. nach § 36 SGB XI Sachleistungen, die nach dem Grad der Pflegebedürftigkeit gestaffelt sind.

Das alternative Pflegegeld für eine selbstbeschaffte Pflegehilfe, z. B. Pflege durch Angehörige, wird entsprechend der ermittelten Pflegestufe berechnet.

Es ist auch möglich, Pflegesachleistung und Pflegegeld miteinander zu kombinieren. Außerdem übernimmt die Pflegekasse einmal je Kalenderjahr bei einer Verhinderung der Pflegeperson eine *Urlaubspflege*. Bei der Urlaubspflege werden bis zu 4 Wochen Kosten für eine Ersatzpflegekraft durch die Pflegekasse übernommen.

Die Leistungen bei häuslicher Pflege werden ergänzt um die Versorgung mit Pflegehilfsmitteln, soweit sie nicht von anderen Kostenträgern finanziert werden. Pflegebedingte Umbaumaßnahmen in der Wohnung können bezuschusst werden.

Zu diesen Leistungen kommen noch die Leistungen zur Sicherung der Pflegepersonen. Pflegepersonen, die nicht erwerbsmäßig einen Pflegebedürftigen in seiner häuslichen Umgebung pflegen, können bei Vorliegen bestimmter Voraussetzungen in der Renten-, Unfall- und Arbeitslosenversicherung durch die Pflegekasse abgesichert werden.

Seit dem 1. 4. 1995 wird auch die teilstationäre pflegerische Versorgung finanziert. Es handelt sich hierbei um Pflege in Einrichtungen der

Tages- oder Nachtpflege. Die Leistungen der Pflegekasse erstrecken sich hierbei in Abhängigkeit von der jeweiligen Pflegestufe. Außerdem wird seit April 1995 die Kurzzeitpflege in einer vollstationären Einrichtung bezahlt, wenn die häusliche Pflege nicht in vollem Umfang erbracht werden kann und teilstationäre Pflege nicht möglich ist. Gedacht ist auch an eine Versorgung im Anschluss an stationäre Behandlung oder eine Krisensituation im häuslichen Umfeld des zu pflegenden Menschen, in der es nicht ausreicht, eine Ersatzkraft mit der Pflege zu beauftragen.

In der **stationären Pflege** übernimmt die Pflegekasse die **pflegebedingten Aufwendungen**, die Aufwendungen **der sozialen Betreuung** sowie bis zum 31. 12. 2004 die Aufwendungen für Leistungen der **medizinischen Behandlungspflege** bis zu 1432 Euro monatlich, und zwar als Sachleistung. Für Schwerstpflegebedürftige stehen zur Vermeidung von **Härtefällen** ausnahmsweise bis zu 1688 Euro monatlich zur Verfügung.

Für einen Übergangszeitraum – bis zum 31. 12. 2004 – sind die von den Pflegekassen zu tragenden monatlichen Leistungen pauschal festgelegt. Die Pflegekassen übernehmen danach im Monat für

- Pflegebedürftige der Stufe I 1.023 Euro
- Pflegebedürftige der Stufe II 1.279 Euro
- Pflegebedürftige der Stufe III 1.432 Euro, in Härtefällen 1.688 Euro.

Die Pflegekassen erhalten den **Sicherstellungsauftrag** für eine bedarfsgerechte und gleichmäßige, dem allgemein anerkannten Stand medizinisch-wissenschaftlicher Erkenntnisse entsprechenden Pflege. Sie schließen zu diesem Zweck **Versorgungsverträge** und **Vergütungsvereinbarungen** mit den Trägern von ambulanten und stationären **Pflegeeinrichtungen**. Die Sicherung der fachlichen und menschlichen **Qualität** der **Pflegeleistungen** ist eine ständige Aufgabe der Pflegekassen.

Die Versicherungspflicht in der Pflegeversicherung wurde am Grundsatz «Pflegeversicherung folgt Krankenversicherung» ausgerichtet.

Dies bedeutet: Wer in der gesetzlichen Krankenversicherung Mitglied ist, wird versicherungspflichtig in der sozialen Pflegeversicherung, und zwar bei der Pflegekasse, die bei seiner Krankenkasse errichtet ist. Wer bei einem privaten Versicherungsunternehmen krankenversichert ist, wird in der privaten Pflegeversicherung versicherungspflichtig. Dies hat den Vorteil, dass ein einheitlicher Träger für Pflege- und Krankenversicherung zuständig ist und der mit der Erfassung des versicherungspflichtigen Personenkreises verbundene Melde- und Kontrollaufwand auf ein Minimum reduziert wird.

2.5.6 Zur Weiterentwicklung der Rentenreform ab 2003 und Stabilisierung der Rentenversicherung

2.5.6.1 Einige Grundannahmen zur demographischen Entwicklung

Die Annahmen zur demographischen Entwicklung entsprechen dem Bevölkerungsszenario der *Kommission für die Nachhaltigkeit in der Finanzierung der Sozialen Sicherungssysteme*. Ebenso werden ökonomische Annahmen der Kommission für die langfristige Entwicklung übernommen. Kurz- und mittelfristige Annahmen zur Wirtschafts- und Arbeitsmarktentwicklung basieren auf den aktuellen Voraussetzungen der Bundesregierung, die am 22. 10. 2003 veröffentlicht wurden (Bundesministerium für Gesundheit und Soziale Sicherung (Hrsg.): Informationen zur Weiterentwicklung der Rentenreform des Jahres 2001 und zur Stabilisierung des Beitragssatzes in der gesetzlichen Rentenversicherung, Stand vom 24. 10. 2003) (**Tab. 2.5-6**).

Zu vorgesehenen Veränderungen der Organisation der deutschen Rentenversicherung. Hauptziel der Organisationsreform in der gesetzlichen Rentenversicherung ist die Verbesserung der Wirtschaftlichkeit und Effektivität der Verwaltungsstrukturen. Wichtigste Neuregelung ist dabei die Schaffung eines Bundesträgers mit integriertem Dachverband, in dem BfA und VDR aufgehen. Weiterer Bestandteil der Organi-

Tabelle 2.5-6: Annahmen zur Arbeitsmarktentwicklung – Erwerbstätige (Quelle: Näheres unter www.bmgs.de)

Kriterium	Zeitraum	Veränderung
Erwerbstätige	in 2002	rund 38,7 Mio.
	bis 2007	fast keine Veränderung
	bis 2010	Zunahme um 600.000
	bis 2020	etwa konstant
	bis 2030	Rückgang um 1,5 Mio. auf 37,75 Mio. Erwerbstätige

sationsreform ist die Reduzierung der Zahl der Versicherungsträger durch Fusionen. Auf Bundesebene soll die Zahl der Rentenversicherungsträger von 4 auf 2 reduziert werden. Annahmen zur Bevölkerungsentwicklung und zum Anteil der Altersgruppen zeigt **Tabelle 2.5-7**.

2.5.6.2 Zu einigen vorgesehenen Veränderungen der Organisation und Modifizierung der Rentenversicherung

Um steigenden Beitragssätzen entgegenzuwirken, sieht der Gesetzentwurf der Bundesregierung als zentrale Maßnahme die Einführung eines Nachhaltigkeitsfaktors in die Rentenanpassungsformel vor. Die Erhöhung der Rentenzuwächse der Ruheständler soll unter anderem auch daran bemessen werden, wie sich das Verhältnis von Beitragszahlern zu Rentenempfängern darstellt. Damit werden Veränderungen in der zahlenmäßigen Relation zwischen Beitragszahlern und Leistungsempfängern widergespiegelt. Veränderungen, die für die finanzielle Situation der Rentenversicherung von Bedeutung sind, werden bei der Bestimmung der jährlichen Anpassungssätze berücksichtigt. Grundgedanke des Nachhaltigkeitsfaktors ist die Überlegung, bei einer Zunahme der Zahl der Beitragszahler im Verhältnis zur Zahl der Rentner zu höheren und umgekehrt bei einer Zunahme der Zahl der Rentenbezieher zu geringeren Rentenanpassungen zu gelangen. Mit diesem Faktor wird ein «regelgebundener Stabilisator» in die Rentenanpassungsformel eingebaut.

Der Nachhaltigkeitsfaktor ist nicht identisch oder auch nur wirkungsgleich mit dem mit der Rentenreform 1999 von der alten Bundesregierung eingeführten, aber nie wirksam gewordenen «demographischen Faktor», durch den die Rentenanpassungen vermindert werden sollten, wenn sich die durchschnittliche künftige Lebenserwartung erhöht.

Das zahlenmäßige Verhältnis von Beitragszahlern und Rentnern innerhalb der Formel ist standardisiert: Mit der Standardisierung soll verhindert werden, dass u. a. durch eine Zunahme der Zahl niedrigerer Renten, die z. B. auf kurze Versicherungszeiten zurückgehen, die Rentnerzahl künstlich erweitert wird. Durch die Standardisierung wird die Anpassungsformel

Tabelle 2.5-7: Bevölkerungsentwicklung – Anteil der Altersgruppen (Quelle: Näheres unter www.bmgs.de)

Bevölkerung	2000	2010	2020	2030	2040
insgesamt (Mio.)	82,2	82,7	82,7	81,0	78,1
unter 15 Jahre	12,8	11,1	10,5	10,0	9,1
zwischen 15 und 64 Jahre	55,9	54,7	53,5	48,8	45,2
65 Jahre und älter	13,5	16,9	18,7	22,2	23,8
80 Jahre und älter	3,0	4,2	5,9	6,3	7,7
Anteile (%)					
unter 15 Jahre	15,6	13,5	12,7	12,4	11,6
zwischen 15 und 64 Jahre	67,9	66,2	64,7	60,3	57,965
65 Jahre und älter	16,4	20,4	22,6	27,4	30,5
80 Jahre und älter	3,7	5,1	7,1	7,8	9,8
Altersquotient (65+/[20–64])	24,2	30,8	34,9	45,5	52,6

gegen Strukturveränderungen bei den Rentnern und Beitragszahlern immunisiert.

Somit entwickelt der Nachhaltigkeitsfaktor eine auch kurzfristig stabilisierende Wirkung: Nimmt die Zahl der Äquivalenzbeitragszahler konjunkturell bedingt ab, wie in der gegenwärtigen Situation, wird die nächste Rentenanpassung weiter gedämpft, sodass ein evtl. notwendiger Anstieg des Beitragssatzes reduziert oder vermieden werden kann. Umgekehrt: Steigt die Zahl der Beitragszahler an oder wird flächendeckend z. B. von Teil- auf Vollzeitarbeit gewechselt, hat dies einen positiven Einfluss auf die Höhe der Rentenanpassung. Im Ergebnis werden die Rentner zwar an den Auswirkungen zyklischer Schwankungen beteiligt, indem sie zur Stabilisierung der Finanzierungsbasis der Rentenversicherung beitragen; sie partizipieren jedoch auch an einer positiven Wirtschaftsentwicklung, die sich in steigender Beschäftigung niederschlägt – nicht nur wie bisher über höhere Lohnzuwachsraten und deren Einfluss auf die Anpassungsraten.

2.5.6.3 Zu Verfahrensvereinfachungen der «Riester-Rente»

Im zurückliegenden Zeitraum von eineinhalb Jahren wurden fast 4 Mio. so genannter Riester-Verträge abgeschlossen. Die bislang elf Zertifizierungskriterien für die Riester-Rente wurden deutlich reduziert. Folgende Kriterien bleiben erhalten:

- Förderung einer monatlichen Alters-, Invaliditäts- und Hinterbliebenenversorgung (Absicherung der drei Risiken ist wegen Schaffung der Voraussetzungen für Unisex-Tarife notwendig)
- in der Form einer monatlichen Altersrente frühestens ab 60 oder eines Kapitalauszahlungsplans mit anschließender Restverrentung im hohen Alter
- Garantie der eingezahlten Beiträge sowie ein Kündigungsrecht.

Durch weitere Verfahrensvereinfachungen werden Fehlerquellen bei der Antragstellung ausgeschlossen:

- Künftig braucht nicht mehr für jedes Jahr ein Antrag auf Zulage gestellt zu werden, sondern der erstmalige Antrag reicht für alle Folgejahre aus.
- Die jährliche Aktualisierung der Einkünfte erfolgt in Zukunft durch einen Datenabgleich der Zulagenstelle mit der Rentenversicherung.
- Der Sockelbetrag, den Geringverdiener als Mindesteigenbeitrag, bisher nach der Kinderzahl gestuft, zahlen müssen, wird vereinfacht. Damit wurde die Akzeptanz der Riester-Rente erheblich verbessert.

Vorgesehene Veränderungen vereinfachen das Verfahren und machen es bürgerfreundlicher. Zertifizierungskriterien werden auf einen Mindeststandard reduziert. Der Impuls zur Ausweitung der privaten Altersvorsorge wird damit verstärkt.

Künftig sollen auch Rentner mit Altersruhesitz im Ausland in der Lage sein, die staatlich geförderte Riester-Rente dort zu beziehen. Die neue Regelung soll gewährleisten, dass Zahlungen aus der Riester-Rente und Zahlungen aus der Gesetzlichen Rente steuerlich einheitlich behandelt werden. Langfristig soll eine Änderung der Doppelbesteuerungsabkommen mit den übrigen europäischen Ländern angestrebt werden.

2.5.6.4 Zur Anhebung der Altersgrenzen

Es wird angestrebt, darin sind sich alle einig, das faktische Renteneintrittsalter anzuheben. Eine Anhebung der Erwerbsquoten Älterer ist möglich, indem bestehende Anreize zur Frühverrentung abgebaut werden. Arbeitsrechtliche und tarifliche Begünstigungen und Benachteiligungen Älterer müssen beseitigt, und die Weiterbildung älterer Arbeitnehmer muss verstärkt werden. Die Bundesregierung wird zusammen mit den Sozialpartnern Initiativen starten, um in Betrieben und Verwaltung die Beschäftigung älterer Arbeitnehmerinnen und Arbeitnehmer zu erhöhen. Anstrengungen werden unternommen, um die Erwerbstätigkeit von Frauen zu erhöhen. Alle derzeitigen Erkenntnisse und Annahmen über die künftige demographische und arbeitsmarktliche Entwicklung weisen darauf hin, dass im Jahr 2035 ein gesetzliches Rentenalter von 67 Jahren erforderlich sein wird. Die dazu notwendigen gesetzlichen Entscheidungen müssen jedoch nicht vor dem Jahr 2010 getroffen werden. Bei der Entscheidung wird zu berücksichtigen sein, wie sich dann die Lage auf dem Arbeitsmarkt sowie die Erwerbsverläufe älterer Arbeitnehmer darstellen werden.

Wie in anderen vergleichbaren Industrieländern ist auch in Deutschland seit rund drei Jahrzehnten eine stark rückläufige Geburtenentwicklung zu verzeichnen. Die Bevölkerung nimmt damit langfristig zahlenmäßig ab. Mit dem Geburtenrückgang geht eine Steigerung der Lebenserwartung einher (**Tab. 2.5-8**).

Das durchschnittliche Eintrittsalter in die Altersrente lag im Jahr 2002 bei 62,7 Jahren. Das durchschnittliche Zugangsalter bei Erwerbsminderungsrenten lag 2002 bei rund 60,5 Jahren. Das in der kritischen Diskussion befindliche durchschnittliche Renteneintrittsalter von 60,4 Jahren berücksichtigt die unabhängig vom Erreichen einer Altersgrenze geleisteten Renten wegen verminderter Erwerbsfähigkeit und bildet deshalb im Zusammenhang mit Frühverrentung die Realität falsch ab.

Die Entwicklung zeigt, dass die Versicherten ihren Eintritt in die Altersrente unter Vermeidung von Rentenabschlägen bestimmen. Vor diesem Hintergrund wird in den Langfristberechnungen davon ausgegangen, dass das durchschnittliche Eintrittsalter in die Altersrente künftig um ein weiteres Jahr steigen wird. Die Anhebung der Altersgrenzen für die frühestmögliche Inanspruchnahme der Altersrente wegen Arbeitslosigkeit oder nach Altersteilzeitarbeit von 60 auf 63 Jahre ab 2006 bis 2008 verstärkt diesen Trend.

Dazu ein Beispiel (vgl. ebenso: Abschnitt II.2.1/Anhebung der Altersgrenzen für die frühestmögliche Inanspruchnahme der Altersrente wegen Arbeitslosigkeit oder nach Altersteilzeit von 60 auf 63 Jahre): Eine Versicherte will mit 58 Jahren in 2004 in Altersteilzeit gehen. Mit 60 Jahren möchte sie 2006 frühestmöglich in die Altersrente eintreten. Ist dies so noch nach Inkrafttreten des 2. Gesetzes zur Änderung des Sechsten Buches SGB möglich? Ja, wenn sie den Altersteilzeitvertrag bereits abgeschlossen hat, ändert sich für sie nichts.

Auch wenn dies nicht der Fall ist, hat sie jedoch die Möglichkeit, vor dem Erreichen des 63. Lebensjahres in Rente zu gehen. Die schrittweise Anhebung der Altersgrenze führt jedoch dazu, dass der konkrete Zeitpunkt zum vorzeitigen Renteneintritt von ihrem Geburtsmonat abhängt. Ist sie im Mai 1946 geboren, muss sie 60 Jahre und fünf Monate arbeiten. Hat sie erst im Dezember Geburtstag, muss sie bis zum 61. Lebensjahr arbeiten bzw. versicherungspflichtig beschäftigt sein, wenn sie vorzeitig Rente wegen Altersteilzeit erhalten will.

Für Frauen bleibt darüber hinaus unverändert die Möglichkeit erhalten, auch ohne Altersteilzeit mit 60 Jahren in die Altersrente für Frauen zu gehen. Sie müssen allerdings wie bisher in den letzten 20 Jahren mindestens 121 Monate Pflichtbeiträge in die gesetzliche Rentenversicherung geleistet haben.

2.5.6.5 Zu einigen Maßnahmen der steuerlichen Belastung/Entlastung der Beitragszahler

Bei der Neuordnung der einkommensteuerrechtlichen Behandlung von Altersvorsorgeaufwendungen und Altersbezügen soll zu einer nachgelagerten Besteuerung übergegangen werden. Grundsätzlich gilt:

Tabelle 2.5-8: Fernere Lebenserwartung von 65-Jährigen (Quelle: www.bmgs.de; Abschnitt 1.1; Anhebung der Altersgrenzen für die frühestmögliche Inanspruchnahme der Altersrente wegen Arbeitslosigkeit oder nach Alterszeitarbeit von 60 auf 63 Jahre)

Jahr	Lebenserwartung von 65-Jährigen	
	Männer	Frauen
2000	15,79	19,51
2005	16,51	20,16
2010	17,07	20,80
2020	17,78	21,90
2030	18,40	22,58

- Ab dem Jahr 2005 werden die Beiträge zur gesetzlichen Rentenversicherung schrittweise steuerlich freigestellt.
- Begonnen wird mit einem Freistellungsanteil von 60 %; jährlich erfolgt eine Steigerung um 2 Punkte bis auf 100 % im Jahr 2025.

Ab dem Jahr 2005 wird der Anteil der jeweiligen Sozialrenten, der der Besteuerung unterliegt, schrittweise angehoben:

- Es beginnt mit einem steuerpflichtigen Rentenanteil von 50 %.
- Für jeden neu hinzukommenden Rentnerjahrgang erfolgt bis zum Jahre 2020 eine jährliche Steigerung in Schritten von 2 % auf 80 %.
- Es schließen sich Schritte von 1% bis zum Jahre 2040 auf 100 % an.
- Bestandsrentner behalten über ihre gesamte Rentenbiografie einen persönlichen Steuerfreibetrag.

2.5.6.6 Zur betrieblichen Altersversorgung

Ergebnisse des Endberichts zum Forschungsvorhaben von Infratest Sozialforschung, Situation und Entwicklung der betrieblichen Altersversorgung in Privatwirtschaft und öffentlichem Dienst 2001 bis 2003 zeigen (vgl. ebenso: Abschnitte 3.1.1 und 3.1.2 – Der Abbau von Hemmnissen bei der betrieblichen Altersversorgung):

- Ende März 2003 verfügten ca. 15,3 Mio. Beschäftigte über eine betriebliche Altersversorgung (ca. 10,3 Mio. in der Privatwirtschaft, ca. 5 Mio. bei den öffentlichen Zusatzversorgungseinrichtungen). Dies entspricht ca. 57 % aller sozialversicherungspflichtig Beschäftigten (im Rahmen des letzten Mikrozensus im April 2001 hatten erst 29 % der befragten Beschäftigten angegeben, über eine betriebliche Altersversorgung zu verfügen).
- Ca. 300.000 Betriebe haben zwischen Dezember 2002 und März 2003 eine Zusatzversorgung neu eingeführt (ca. 15 % der Betriebe).
- Ende März 2003 wurde die neue Steuer- und (noch bis 2008) Sozialversicherungsfreiheit der Entgeltumwandlung (nach § 3 Nr. 63 Einkommensteuergesetz bis zu 4 % der Beitragsbemessungsgrenze in der GRV) von ca. 1,1 Mio. Arbeitnehmern in Anspruch genommen.

Gegenwärtig verfügen ca. 15,3 Mio. Arbeitnehmerinnen und Arbeitnehmer über eine betriebliche Altersversorgung, dies entspricht etwa 57 % aller sozialversicherungspflichtig Beschäftigten. Das Ziel ist eine flexible betriebliche Altersversorgung, die sich an den Erwerbsbiografien der heutigen und der zukünftigen Beschäftigten orientiert.

Bundesregierung, Arbeitgeber und Gewerkschaften sind sich einig, dass die Portabilität von Betriebsrentenanwartschaften verbessert werden muss. Das Konzept der Bundesregierung sieht im Einzelnen vor, dass künftig eine Mitnahme der Anwartschaften problemlos möglich ist, wenn zwischen den Beteiligten (ehemaliger Arbeitgeber, neuer Arbeitgeber und Arbeitnehmer) Einvernehmen besteht.

2.5.6.7 Zur Tragung des Beitrags der Pflegeversicherung durch die Rentner ab 1.4.2004

Durch die Tragung des Beitrags zur Pflegeversicherung durch die Rentner wird die Nettorente ab 1. 4. 2004 um 0,85 % gemindert. Bezogen auf die Standardrente West (1175,85 Euro) ergibt sich eine Minderung des Zahlbetrages von rd. 10 Euro. Für die Standardrente Ost (1033,65 Euro) ergibt sich eine Minderung des Zahlbetrages von rd. 8,70 Euro.

Die Pflegeversicherungsbeiträge sollen in voller Höhe von allen Rentnern gezahlt werden. Alle Rentnerinnen und Rentner werden mit dem gleichen Beitragssatz von 0,85 belastet. Das heißt, eine Rentnerin mit 1000 Euro Rente zahlt künftig 8,50 Euro mehr Beitrag. Eine Rentnerin mit 750 Euro nur 6,37 Euro.

Bei Rentnern, die Leistungen der bedarfsorientierten Grundsicherung erhalten, weil ihre Alterseinkünfte nicht ausreichen, um ihnen einen ausreichenden Lebensstandard zu garantieren, wirkt sich die volle Übernahme der Pflegeversicherungsbeiträge nicht negativ aus, da die Träger der Grundsicherung die Mehrbelastung ausgleichen müssen. Das verfügbare Einkommen der Empfänger von Leistungen der Grundsicherung bleibt somit erhalten.

Die Leistung der Grundsicherung hängt von dem Bedarf und dem Unvermögen, diesen Bedarf durch eigenes Einkommen, Einkommen des nicht getrennt lebenden Ehegatten oder Partners einer eheähnlichen Gemeinschaft oder verwertbares Vermögen befriedigen zu können.

Literatur

Bundesministerium für Gesundheit und Soziale Sicherung: Informationen zur Weiterentwicklung der Rentenreform des Jahres 2001 und zur Stabilisierung des Beitragssatzes in der Gesetzlichen Rentenversicherung. Stand: 24. 10. 2003

Bundesministerium für Gesundheit und Soziale Sicherung: Die Gesundheitsreform. Eine gesunde Entscheidung für alle! Stand: 17. 10. 2003. Referat Öffentlichkeitsarbeit

Bundesministerium für Gesundheit und Soziale Sicherung: Entwicklung der Pflegeversicherung. Zweiter Bericht. Referat Öffentlichkeitsarbeit

Bundesministerium für Gesundheit und Soziale Sicherung: Soziale Sicherung im Überblick. Stand: 1. Juli 2003. Referation Information, Publikation, Redaktion

Bundesministerium für Gesundheit und Soziale Sicherung: www.gesundheitsziele.de. Referat Öffentlichkeitsarbeit. Stand: Juni 2003

Bundesministerium für Gesundheit und Soziale Sicherung: Nachhaltigkeit in der Finanzierung der sozialen Sicherungssysteme. Bericht der Kommission. Stand: August 2003. Referat Öffentlichkeitsarbeit

Lampert, H.: Sozialpolitik. Berlin, Heidelberg, New York, 1980

Metze, I.: Gesundheitspolitik. Stuttgart, Berlin, Köln, Mainz, 1992

Neubauer, G.; Demmler, G.: Leistungssteuerung im Krankenhaus – Instrumente zur Sicherung der Qualität und Wirtschaftlichkeit in der stationären Versorgung. Landsberg, 1989

Wehowsky, W.; Winter, L.: Rentenleistungen und Rentenberechnung. Das Handbuch für die betriebsbezogene, praxisorientierte Anwendung des Rentenreformgesetzes. Reihe ASB-Wirtschaftspraxis, Band 9 (Ergänzungen nach Abschluss der Redaktionsarbeiten). Renningen-Malsheim, 1996

3 Das Krankenhaus als Betrieb

3.1 Aspekte der Betriebswirtschaftslehre

W. Schär, J. Reschke

3.1.1 Erkenntnis- und Erfahrungsobjekte der Betriebswirtschaftslehre

Die Betriebswirtschaftslehre hat die Funktion, Erkenntnisse über das Objekt Unternehmen bzw. Betrieb zu gewinnen, die es ermöglichen, in der praktischen Anwendung zu qualifizierten Schlussfolgerungen zu kommen. Diese Erkenntnisgewinnung erstreckt sich einerseits auf den Aufbau und den Prozess und andererseits auf die Ableitung von Handlungsregeln, die zur Zielerreichung eingesetzt werden.

Gegenstand der Betriebswirtschaftslehre sind wirtschaftliche Vorgänge in Betriebswirtschaften, wobei aus diesem umfassenden Erfahrungsobjekt ein abstraktes Erkenntnisobjekt herausgeschält wird.

Während in der Volkswirtschaftslehre als Teildisziplin der Wirtschaftswissenschaften gesamtwirtschaftliche Fragestellungen untersucht werden, ist die Betriebswirtschaftslehre auf die Einzelwirtschaft ausgerichtet. Beide Teildisziplinen ergänzen sich, weil bestimmte Wirkungselemente und Fragestellungen nur unter Berücksichtigung beider Betrachtungsweisen betrachtet bzw. beantwortet werden können. Es treten zum Teil Überschneidungen auf, so z. B. in den Bereichen Preis-, Produktions- und Kostentheorie sowie bei der Investitions- bzw. Wirtschaftlichkeitsrechnung. Es wird hier auch auf Einflüsse hingewiesen, die sich aus der sich entwickelnden Globalisierung ergeben.

Die Betriebswirtschaftslehre ist nach funktionellen und institutionellen Kriterien aufgefächert:

- Funktionelle Kriterien ergeben sich aus den Hauptaufgabengebieten, die innerhalb eines Betriebes zu erfassen sind. Typische Funktionen erfassen z. B. Unternehmensführung, Materialwirtschaft, Produktion, Finanzierung, Personalwirtschaft (Personalwesen), Marketing und Rechnungswesen.
- Die Einteilung nach institutionellen Kriterien ergibt sich aus der Zuordnung einzelner Betriebswirtschaften zu verschiedenen Wirtschaftszweigen.

Das Erkenntnisobjekt der Betriebswirtschaftslehre ist als gedankliches Gebilde der Betrieb. Ein **Betrieb** ist eine besondere Erscheinungsform von Wirtschaftseinheiten oder Einzelwirtschaften. Ein Betrieb erfüllt eine gesamtwirtschaftliche Aufgabe, indem er in der arbeitsteiligen Wirtschaft zur Befriedigung menschlicher Bedürfnisse beiträgt. Die Begriffe «Betrieb» und «Unternehmen» sind als Synonyme für das Erkenntnisobjekt der Betriebswirtschaftslehre zu betrachten. Die «**Unternehmung**» wird als eine historische Erscheinungsform verstanden, die durch folgende Merkmale gekennzeichnet ist:

- Selbstbestimmung des Wirtschaftsplanes (Autonomieprinzip)
- Streben nach Gewinn (erwerbswirtschaftliches Prinzip) und
- Prinzip des privaten, genossenschaftlichen und öffentlich-rechtlichen Eigentums.

Gemäß § 1 des Betriebsverfassungsgesetzes wird ein gemeinsamer Betrieb mehrerer Unternehmen vermutet, wenn zur Verfolgung arbeitsrechtlicher Zwecke die Betriebsmittel sowie die

Arbeitnehmer von den Unternehmen gemeinsam eingesetzt werden oder die Spaltung eines Unternehmens zur Folge hat, dass von einem Betrieb ein oder mehrere Betriebsteile einem an der Spaltung beteiligten anderen Unternehmen zugeordnet werden, ohne dass sich dabei die Organisation des betroffenen Betriebes wesentlich ändert.

Damit sind die Begriffe «Betrieb» bzw. «Unternehmen» inhaltlich umfassender als der Begriff «Unternehmung», das heißt, jede Unternehmung ist ein Betrieb, aber nicht jeder Betrieb ist eine Unternehmung (vgl. Peters, 1994: 6/7).

Die betriebswirtschaftliche Erkenntnisgewinnung erstreckt sich dabei einerseits auf den Aufbau und den Prozess und andererseits auf die Ableitung von Handlungsregeln, die zum Erreichen der Unternehmensziele eingesetzt werden.

Erkenntnisobjekt und -ziel sind hierbei so komplex und heterogen, dass in Bezug auf beides Differenzierungen vorgenommen werden müssen. Demnach wird unterschieden zwischen:

- der allgemeinen Betriebswirtschaftslehre und
- den speziellen Betriebswirtschaftslehren.

Die *allgemeine Betriebswirtschaftslehre* befasst sich mit Sachverhalten und Problemen, die allen Unternehmen unabhängig von ihren jeweils konkreten Ausprägungen gemeinsam sind.

Die *speziellen Betriebswirtschaftslehren* beschäftigen sich im Gegensatz zur allgemeinen Betriebswirtschaftslehre mit den spezifischen Problemen in den Unternehmen einzelner Wirtschaftszweige, wie z. B. die:

- Industriebetriebslehre
- Bankbetriebslehre
- Verkehrsbetriebslehre und
- Krankenhausbetriebslehre.

Bei funktionalen Gesichtspunkten wird an die verschiedenen im Betrieb auszuübenden Tätigkeiten angeknüpft, wobei es sich um die betrieblichen Hauptfunktionen oder Tätigkeitsbereiche handelt, z. B.:

- Finanzwirtschaft
- Beschaffung
- Leistungserstellung
- Marketing
- Absatz und
- Rechnungswesen.

Unternehmungen erstellen Güter in Form von Sach- und Dienstleistungen zur Befriedigung des Bedarfs Dritter und bieten diese Güter am Markt zum Tausch gegen Geld an. In individuellen und gesellschaftlichen Haushalten als weiterer Erscheinungsform von Wirtschaftseinheiten vollzieht sich anschließend die Konsumtion. Diese Wirtschaftssubjekte treten in allen drei volkswirtschaftlichen Bereichen, d. h. im primären, im sekundären und im tertiären Sektor auf (**Tab. 3.1-1**).

Tabelle 3.1-1: Sektoren der Volkswirtschaft (Quelle: Haubrock, M.; Konzentration und Wettbewerbspolitik; Frankfurt/M., 1974, S. 47)

Primärer Sektor	Sekundärer Sektor	Tertiärer Sektor
1. Land- und Forstwirtschaft	1. Energiewirtschaft und Wasserversorgung	1. Handel
2. Fischerei	2. Bergbau	2. Verkehr und Nachrichtenübermittlung
	3. Verarbeitendes Gewerbe	3. Kreditinstitute, Versicherungsunternehmen
	a) Grundstoff- und Produktionsgütergewerbe	4. Wohnungsvermietung
	b) Investitionsgütergewerbe	5. Sonstige Dienstleistungen
	c) Verbrauchsgütergewerbe	
	d) Nahrungs- und Genussmittelgewerbe	
	4. Baugewerbe	

Im makroökonomischen Verständnis werden Unternehmen – im Gegensatz zu den Haushalten als den konsumierenden Wirtschaftseinheiten – zur Kennzeichnung der produzierenden Wirtschaftseinheiten verwendet. So fassen einige Ökonomen (z. B. Gutenberg, Mellerowicz) den Betrieb als Oberbegriff auf, nach Lehmann, Schäfer und anderen werden Betrieb und Unternehmung als Synonym zur Bezeichnung der produzierenden Wirtschaftseinheit verwendet. Lohmann, Walther und andere sind dagegen der Meinung, der Betrieb sei dem Unternehmen untergeordnet. Der letzten Auffassung würden wir uns anschließen.

Die **Unternehmung** als das übergeordnete wirtschaftlich-rechtlich organisierte Gebilde, in dem nicht nur die Kombination produktiver Faktoren zur Herstellung materieller Güter oder zur Bereitstellung immaterieller Güter sowie die Verwertung der erstellten Leistungen erfolgt, umfasst auch die zur Leistungserstellung und -verwertung erforderlichen finanziellen Mittel und die rechtlichen Erscheinungsformen.

Deckungsgleiche Definitionen verwendet das Statistische Bundesamt bei seinen Erhebungen. Unternehmen stellen für die amtlichen Statistiker rechtliche Wirtschaftseinheiten dar, Betriebe lassen sich als örtlich getrennte Niederlassungen der Unternehmen einschließlich der zugehörigen Verwaltungs- und Hilfsbetriebe bestimmen.

Unabhängig vom Wirtschaftssystem lassen sich Unternehmen auch durch systemunabhängige bzw. systemindifferente Kriterien beschreiben:

- Betriebe erstellen Güter bzw. vollziehen Dienstleistungen durch Kombination der Produktionsfaktoren Arbeit und Betriebsmittel (z. B. Maschinen und Werkstoffe).
- In Betrieben werden Entscheidungen nach ökonomischen Prinzipien getroffen. Das ökonomische Prinzip wird als Rational- oder Wirtschaftlichkeitsprinzip bezeichnet.

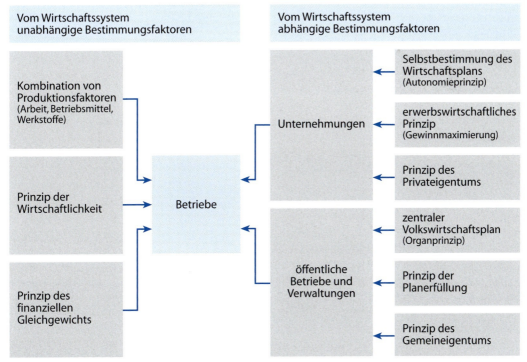

Abbildung 3.1-1: Bestimmungsfaktoren von Betrieben (Quelle: Schierenbeck, H.; Grundzüge der Betriebswirtschaftslehre, 9. Aufl.; München, Wien, 1987, S. 24)

- Grundsätzliche Bedeutung hat für die Betriebe das Prinzip des finanziellen Gleichgewichts. Sie sind nur so lange existenzfähig, wie die fälligen Verbindlichkeiten mit finanziellen Mitteln beglichen werden können und ein existenzieller Gewinn erzielt wird.
- Die systemunabhängigen und systemabhängigen Bestimmungsfaktoren von Betrieben werden in **Abb. 3.1-1** (S.119) zusammengefasst. Der verwendete Begriff «Betrieb» ist dem Unternehmensbegriff gleichzusetzen.

In der Realität gibt es viele unterschiedliche Unternehmungen. Um prägnantere Aussagen über einzelne Arten zu erhalten, können Unternehmen nach verschiedenen Aspekten typisiert werden. Wesentliche Abgrenzungsmerkmale werden in **Tabelle 3.1-2** wiedergegeben.

3.1.2 Einbettung des Unternehmens in den Marktprozess

Unternehmen bieten ihre her- bzw. bereitgestellten Leistungen auf dem Markt an. Gleichzeitig treten die Konsumenten mit ihrer Nachfragemacht auf dem Markt auf. Der in diesem Zusammenhang verwendete Marktterminus ist als Sammelbegriff zu verstehen, da es nicht nur einen Markt, sondern viele Märkte gibt.

Aus **Abbildung 3.1-2** wird ersichtlich, dass Faktormärkte existieren. Auf den Märkten werden die bereits genannten Produktionsergebnisse angeboten und nachgefragt. Weiterhin lassen sich Konsumgüter- und Investitionsgütermärkte unterscheiden. Allen Märkten gemeinsam ist, dass das Unternehmerangebot von bestimmten Größen determiniert wird.

Ein Unternehmen lässt sich durch den auf dem Markt zu realisierenden Preis seines Produktes und durch die Preise der konkurrierenden Güter ebenso beeinflussen wie durch die Her- bzw. Bereitstellungskosten (z. B. Lohn- und Materialkosten). Einfluss haben auch die Nachfrageintensität, das technische Niveau der Produkte bzw. Leistungen und andere Innovationsaspekte. In **Abbildung 3.1-3** zeigt die Bestimmungsgrößen des Angebotes.

Den Einflussfaktoren des Unternehmerangebotes stehen die Bestimmungsfaktoren der

Abbildung 3.1-2: Verschiedene Formen von Märkten (Quelle: Seidel, H., Temmen, R.; Volkswirtschaftslehre; Bad Homburg vor der Höhe, Berlin, Zürich, 1980, S. 105)

Tabelle 3.1-2: Betriebstypen und ihre wesentlichen Abgrenzungsmerkmale (Quelle: Haubrock, M., unveröffentl. Vorlesungsskript)

Lfd. Nr.	Merkmale	Ausprägungen der Merkmale Betriebstypen	Beispiele
1	Wirtschaftszweige, Branchen	1. Industriebetriebe 2. Handwerksbetriebe 3. Handelsbetriebe 4. Bankbetriebe 5. Verkehrsbetriebe 6. Versicherungsbetriebe 7. sonstige Dienstleistungsbetriebe	1. VW-Werk 2. VW-Werkstatt 3. Autozubehörhandel 4. Stadtsparkasse 5. Bundesbahn 6. Allianz 7. Gaststätte
2	Art der erstellten Leistung	1. Sachleistungsbetrieb 2. Dienstleistungsbetrieb	1. VW-Werk 2. Stadtsparkasse
3	Fertigungsprinzipien (Anzahl erstellter Güter)	1. Massenfertigungsbetrieb 2. Sortenfertigungsbetrieb 3. Serienfertigungsbetrieb 4. Partie-/Chargenfertigungsbetrieb 5. Einzelfertigungsbetrieb	1. Kohlebergbau, Elektrizitätswerk 2. Herrenanzugfabrik 3. VW-Werk 4. Stahlwerk 5. Schiffsbau
4	Organisationsprinzipien der Betriebsmittel	1. Fließfertigungsbetrieb 2. Werkstattfertigungsbetrieb 3. Gruppenfertigungsbetrieb	1. VW-Werk 2. Dreherei 3. ...
5	vorherrschender Produktionsfaktor	1. arbeitsintensiver Betrieb 2. anlagenintensiver Betrieb 3. materialintensiver Betrieb 4. energieintensiver Betrieb	1. optischer Betrieb 2. Bergbau 3. Goldschmiede 4. Aluminiumwerk
6	Standortabhängigkeit	1. rohstofforientierter Betrieb 2. energieorientierter Betrieb 3. arbeitsorientierter Betrieb 4. absatzorientierter Betrieb	1. Eisenhüttenwerke 2. Aluminiumwerke 3. optische Werke 4. Lebensmittelwerke
7	Versorgungsstufen/ medizinische Aufgabenstellung	Betriebe (KH) der: 1. Grundversorgung (VS I) 2. einfachen Regelversorgung (VS II) 3. differenzierten Regelversorgung (VS III) 4. Zentralversorgung (VS IV) 5. Maximalversorgung (VS V)	1. ... 2. ... 3. ... 4. ... 5. Universitätskliniken
8	Verweildauer	1. Akutbetrieb (KH) 2. Langzeitbetrieb (KH)	1. Städt. Kliniken Osnabrück 2. Nds. Landeskrankenhaus Osnabrück
9	Träger	1. kommunaler/s Betrieb (KH) 2. Landesbetrieb (Landes-KH) 3. Bundesbetrieb (Bundes-KH) 4. freigemeinnütziger/s Betrieb (KH) 5. privater/s Betrieb (KH)	1. Städt. Kliniken Osnabrück 2. Nds. Landeskrankenhaus Osnabrück 3. Bundeswehrkrankenhaus Osnabrück 4. Marienhospital Osnabrück 5. Paracelsus-Klinik Osnabrück
10	Spezialisierung	1. Fachbetrieb (Fach-KH) 2. Allgemeinbetrieb (Allgemein-KH)	1. Frauenklinik, Kinderklinik 2. Städt. Kliniken Osnabrück

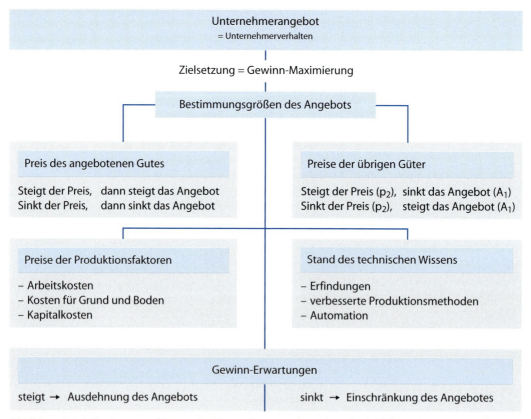

Abbildung 3.1-3: Bestimmungsfaktoren des Unternehmerangebotes (Quelle: Seidel, H., Temmen, R.; Volkswirtschaftslehre; Bad Homburg vor der Höhe, Berlin, Zürich, 1980, S. 129)

Haushaltsnachfrage gegenüber. Die Haushaltsmitglieder lassen sich danach von ihren Bedürfnissen, von ihrem verfügbaren Haushaltseinkommen sowie von dem Niveau der angebotenen Preise und den Leistungsparametern der Angebote beeinflussen. Selbstverständlich prägt auch die eigene wirtschaftliche Zukunftsperspektive das Nachfrageverhalten (**Abb. 3.1-4**).

Die wirtschaftliche Nachfrage wird u. a. durch Wünsche ausgelöst. Diese werden in der Betriebswirtschaftslehre als Bedürfnisse bezeichnet. Bei einem **Bedürfnis** handelt es sich um die Empfindung eines Mangels, mit dem Bestreben, diesen Mangel zu beseitigen. Bedürfnisse können nach ihrer Wertigkeit in Gruppen eingeteilt werden, wie z. B.:

- Existenzbedürfnisse (z. B. Wohnung)
- Kulturbedürfnisse (z. B. Musik)
- Luxusbedürfnisse (z. B. Weltreise).

Dabei ist zu beachten, dass es nicht möglich ist, Bedürfnisse eindeutig gegeneinander abzugrenzen. Bedürfnisse lassen sich weiterhin danach unterscheiden, ob sie für eine einzelne Person oder für eine Personengruppe Befriedigung bringen:

- Bedürfnisse, die dem Einzelnen Befriedigung bringen, werden als Individualbedürfnisse (z. B. Nahrung) bezeichnet.
- Bedürfnisse, die einer Gruppe Befriedigung bringen, heißen Kollektivbedürfnisse (z. B. Rechtssicherheit).

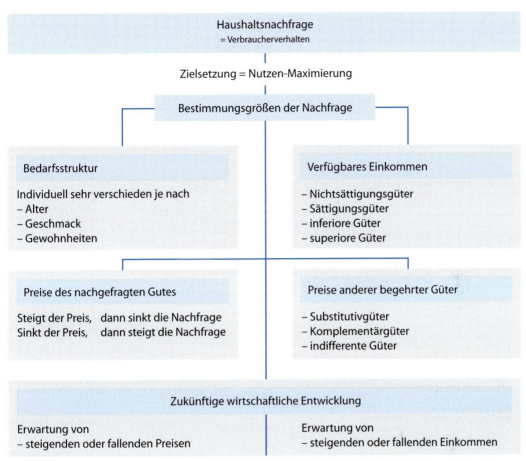

Abbildung 3.1-4: Bestimmungsfaktoren der Haushaltsnachfrage (Quelle: Seidel, H., Temmen, R.; Volkswirtschaftslehre; Bad Homburg vor der Höhe, Berlin, Zürich, 1980, S. 119)

Neben diesen Bedürfnissen spielt unter wirtschaftlichen Gesichtspunkten auch die so genannte Kaufkraft die zentrale Rolle. Unter **Kaufkraft** oder **Bedarf** wird die Geldmenge verstanden, die dem Käufer zur Befriedigung seiner Bedürfnisse zur Verfügung steht. Realisierte oder zu realisierende Kaufkraft ist der Bedarf.

Das Spannungsverhältnis lässt sich bei wirtschaftlichen Gütern prinzipiell nicht auf Dauer lösen. Der Bedarf (Kaufkraft) befriedigt vorübergehend ein Bedürfnis, bis sich dieses neu entwickelt. Wird also also der Bedarf auf den Märkten wirksam, so entsteht eine mit Kaufkraft ausgestattete Nachfrage mit dem Ziel, einen Teil der vorhandenen Bedürfnisse zufrieden zu stellen (**Abb. 3.1-5**).

Als Nachfrager treten im Wirtschaftsprozess neben den öffentlichen Haushalten (z. B. Haushalte des Bundes, der Länder, der Kommunen) überwiegend die privaten Haushalte auf. Die privaten Haushalte sind somit wichtige Entscheidungsträger in einer Volkswirtschaft. Sie sind bestrebt, mit den vorhandenen finanziellen Mitteln die Mitglieder des Haushaltes möglichst gut mit Gütern zu versorgen.

Die **Güter** stellen somit die Mittel zur Bedürfnisbefriedigung dar. Zu den so genannten *freien Gütern* wird nur noch die Luft gezählt. Ökonomisch von Bedeutung sind die wirtschaftlichen Güter, bei denen eine gegenüber den Bedürfnissen latent vorhandene Knappheit unterstellt wird.

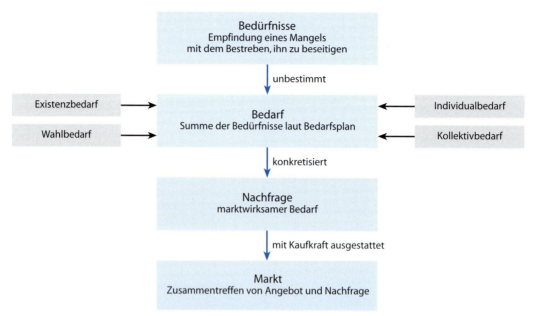

Abbildung 3.1-5: Bedürfnisse, Bedarf und Nachfrage (Quelle: Seidel, H., Temmen, R.; Volkswirtschaftslehre; Bad Homburg vor der Höhe, Berlin, Zürich, 1980, S. 5)

Um diesem o. g. Spannungsverhältnis entgegenzuwirken, muss der Mensch sinnvoll und vernünftig handeln, damit eine Knappheit bestimmter Güter verringert wird. Der Markt ist kompliziert. Hier treffen sich oft viele Anbieter bei verschiedenen Produkten. Im Ergebnis unterschiedlicher Bedarfsträger und den entstehenden Konkurrenzkampf der Anbieter können Insolvenzen eintreten.

Die Einteilung der Güter wird in **Abbildung 3.1-6** noch einmal grafisch dargestellt.

Herstellung und Bereitstellung der Güter ist Aufgabe der Unternehmungen. Diese stellen somit als Produktionseinheiten den Gegenpart zu den Konsumeinheiten «Haushalte» dar.

Wie erwähnt, lassen sich die Unternehmen den drei Wirtschaftssektoren Urerzeugung, Weiterverarbeitung und Dienstleistungen zuordnen. Hinsichtlich der Ziele lassen sich wiederum gewinnorientierte Unternehmen und Unternehmungen, die lediglich eine Kostendeckung anstreben, unterscheiden. **Abbildung 3.1-7** (S. 128) veranschaulicht diese Problematik.

Der Markt hat nun die Aufgabe, die zunächst unterschiedlichen Vorstellungen der Anbieter und der Nachfrager in mögliche Übereinstimmung zu bringen. Die zwischen den Unternehmen und den Haushalten differenten Mengen- und Preisvorstellungen müssen sich anpassen. Wie in **Abbildung 3.1-8** (S. 129) zu erkennen ist, ergibt sich sowohl bei einem anfänglichen Angebotsüberhang (obere Grafik) als auch bei einem anfänglichen Nachfrageüberhang (untere Grafik) die Tendenz eines Gleichgewichtspreises bzw. einer Gleichgewichtsmenge. An dieser Stelle liegt für den Anbieter und für den Nachfrager das so genannte Marktoptimum. Beide Seiten streben diesen Gleichgewichtszustand an.

Am Beispiel eines anfänglichen Angebotsüberhanges soll der so genannte Spinnwebeneffekt verdeutlicht werden. Am Anfang dieses Prozesses tritt der Anbieter mit einem Anfangspreis und einer erwarteten Menge auf den Markt. Der Nachfrager ist bei diesem Preis lediglich bereit, eine kleinere Menge zu kaufen. Es entsteht ein Angebotsüberhang. Der Anbieter wird daraufhin seinen Preis senken, was wiederum zu einer Erhöhung der nachgefragten Menge führt (Abb. 3.1-8).

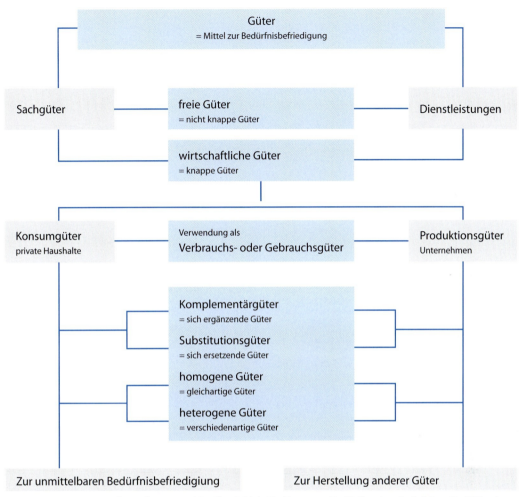

Abbildung 3.1-6: Einteilung der Güter (Quelle: Seidel, H., Temmen, R.; Volkswirtschaftslehre; Bad Homburg vor der Höhe, Berlin, Zürich, 1980, S. 10)

3.1.3 Betriebswirtschaft und wirtschaftliche Prinzipien

Aus dem in Kapitel 3.1.2 Gesagten folgt: Das Erkenntnisobjekt der Betriebswirtschaft kann insgesamt auch umschrieben werden als die Summe aller wirtschaftlichen Entscheidungen, die im Rahmen eines Betriebes getroffen werden. Dazu zählen:

- Entscheidungen über die Zielsetzung des Betriebes (z. B. Gewinnmaximierung, optimale Güterversorgung, Erbringungen wirtschaftlicher Machtpositionen)
- Entscheidungen über den Aufbau des Betriebes (z. B. die Wahl der wirtschaftlich zweckmäßigsten Rechtsform, die Wahl des optimalen Standortes)
- Entscheidungen über die Durchführung der Leistungserstellung und -verwertung (z. B. Investitions- und Finanzentscheidungen, Entscheidungen über die Zusammensetzung des Produktionsprogramms, Entscheidungen über die Auswahl der Produktionsverfahren oder Entscheidungen über die Absatzpolitik).

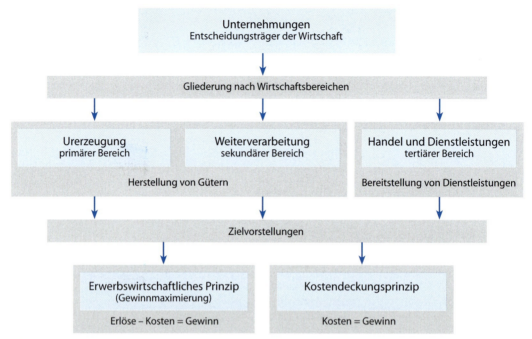

Abbildung 3.1-7: Zuordnung der Unternehmen zu Wirtschaftssektoren (Quelle: Seidel, H., Temmen, R.; Volkswirtschaftslehre; Bad Homburg vor der Höhe, Berlin, Zürich, 1980, S. 10) (s. Text S. 126)

Das wirtschaftliche Handeln unterliegt, wie jedes auf Zwecke gerichtete menschliche Handeln, dem allgemeinen Vernunftprinzip (Rationalprinzip), das fordert, ein bestimmtes Ziel mit dem Einsatz möglichst geringer Mittel zu erreichen. Auf die Wirtschaft übertragen lässt sich das **Rationalprinzip** (ökonomisches Prinzip) mengenmäßig oder wertmäßig formulieren:

- Die *mengenmäßige Definition* besagt, dass mit einem gegebenen Aufwand an Produktionsfaktoren der größtmögliche Güterertrag zu erzielen ist, das heißt, der Ertrag soll maximiert werden (Maximalprinzip), oder dass ein gegebener Güterertrag mit geringstmöglichem Einsatz von Produktionsfaktoren zu erwirtschaften ist, das heißt, der Mitteleinsatz soll minimiert werden (Minimalprinzip).
- Die *wertmäßige Definition* verlangt so zu handeln, dass mit einem gegebenen Geldaufwand ein maximaler Erlösbetrag oder ein bestimmter Erlös mit einem minimalen Geldeinsatz erwirtschaftet wird.

Ein Beispiel soll die Prinzipien verdeutlichen: Ausgehend vom Minimalprinzip soll mit möglichst wenig Aufwand eine Arbeit, wie z. B. das Streichen einer Wand, verrichtet werden. Dies bedeutet u. a. den Verbrauch von möglichst wenig Farbe. Es ist also darauf zu achten, dass beim Streichen möglichst wenig Farbe verkleckert wird und die Wand nach dem Streichen keine ungedeckten Stellen aufweist. Übertragen auf das Maximalprinzip, stellt sich die Aufgabe dahingehend dar, dass mit einer bestimmten Menge an Farbe eine möglichst große Wandfläche fach- und sachgerecht gestrichen wird.

Die Prinzipien lassen sich nicht vermischen. Ein Mini(mal)-Max(imal)-Prinzip funktioniert nicht. Transformiert auf das o. g. Beispiel würde dies bedeuten: Es soll eine möglichst große Fläche mit möglichst wenig Farbe gestrichen wer-

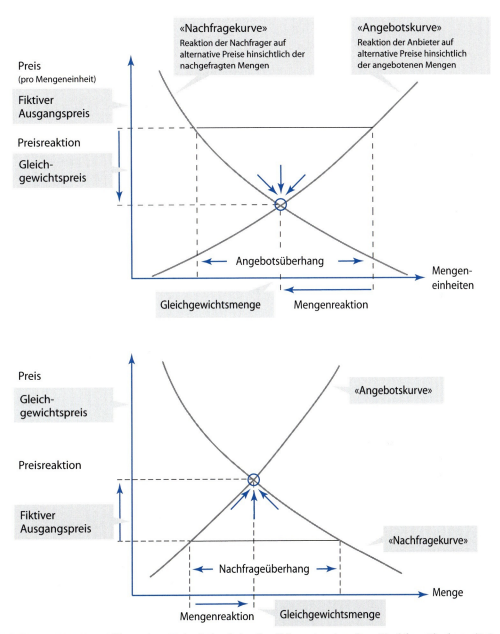

Abbildung 3.1-8: Entwicklung einer Preisrelation bei anfänglichem Angebot- bzw. Nachfrageüberhang (Spinnwebeneffekt) (Quelle: Schierenbeck, H.; Grundzüge der Betriebswirtschaftslehre, 9. Aufl.; München, Wien, 1987, S. 19) (s. Text S. 126)

den. Wie aber ließe sich in diesem Fall die Zielerreichung messen?

Zusammenfassend ist festzustellen, dass mindestens ein Faktor determiniert sein muss, entweder der Mitteleinsatz oder der Umfang des Güterertrags.

Literatur
Siehe am Schluss des Kapitels.

3.2 Betriebliche Rechtsformen

3.2.1 Einführende Bemerkungen zur Problematik der Rechtsformen

Als Rechtsträger gibt es im Rechtsleben nicht nur Menschen (natürliche Personen) sondern auch Personenvereinigungen oder Vermögensmassen (juristische Personen). Diese Personengruppen sind im Bürgerlichen Gesetzbuch (BGB) verankert.

Nach § 1 BGB beginnt die **Rechtsfähigkeit** des Menschen «[...] mit der Vollendung der Geburt». Von der Rechtsfähigkeit muss die **Geschäftsfähigkeit** abgegrenzt werden, die erst mit der Volljährigkeit, d. h. mit Vollendung des 18. Lebensjahres erreicht wird. Von der Geschäftsfähigkeit sind wiederum die **Geschäftsunfähigkeit** und die **beschränkte Geschäftsfähigkeit** abzugrenzen. Nach den Vorgaben des § 104 BGB ist geschäftsunfähig:

- wer nicht das 7. Lebensjahr vollendet hat
- wer sich in einem die freie Willensbestimmung ausschließenden Zustande krankhafter Störung der Geistestätigkeit befindet, sofern nicht der Zustand seiner Natur nach ein vorübergehender ist und
- wer wegen Geisteskrankheit entmündigt ist.

Natürliche Personen sind beschränkt geschäftsfähig, wenn sie:

- das 7., aber noch nicht das 18. Lebensjahr vollendet haben oder
- wegen Geistesschwäche, Verschwendung, Trunksucht oder Rauschgiftsucht entmündigt oder unter vorläufige Vormundschaft gestellt worden sind.

Juristische Personen des öffentlichen Rechts werden zur Erfüllung staatlicher Zwecke geschaffen. Ihre Entstehung und Verfassung ist öffentlich-rechtlich geregelt.

Juristische Personen des Privatrechts verfolgen private Zwecke, ihre Entstehung und Verfassung ist privatrechtlich geregelt.

Von diesen Personen sind im BGB nur die Vereine und Stiftungen geregelt, die anderen Personen, z. B. Aktiengesellschaften (AG) und Gesellschaften mit beschränkter Haftung (GmbH), sind in Sondergesetzen enthalten.

Juristische Personen werden im Rechtsleben wie Menschen behandelt, wenn sie von der Rechtsordnung als rechtsfähig anerkannt werden. Während jeder Mensch rechtsfähig ist, müssen bei juristischen Personen aber gewisse

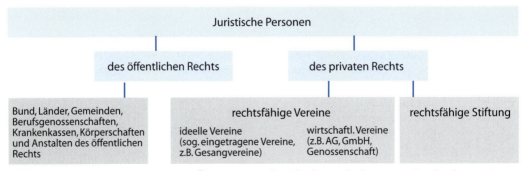

Abbildung 3.2-1: Juristische Personen – Übersicht (Quelle: Erbach, K., Blank, W.; Der Bürokaufmann; Darmstadt, 1975, S. 45)

Voraussetzungen für die Rechtsfähigkeit gegeben sein. Dazu gehört z. B. die Eintragung in das Vereins- bzw. Handelsregister.

Die verschiedenen Arten juristischer Personen werden in **Abbildung 3.2-1** dargestellt.

Juristische Personen können ebenso wie natürliche Personen selbst handeln. Deshalb müssen bei einer juristischen Person Menschen beauftragt werden, um diese juristische Person zu vertreten. Die Vertretung kann gesetzlich oder satzungsmäßig geregelt werden.

Damit natürliche und juristische Personen Rechtsgeschäfte im Sinne des BGB ausführen können, müssen die Gegenstände dieser Rechtsgeschäfte klar umrissen sein. Nach den Vorgaben des BGB werden lediglich körperliche Gegenstände in die Geschäfte eingebunden. Körperliche Gegenstände werden als **Sachen** bezeichnet. Zu den Sachen gehören nach §§ 90 ff. BGB bewegliche und unbewegliche Sachen.

Zur Regelung der Beziehungen zwischen den Individuen innerhalb der Wirtschaftseinheit Betrieb und der Beziehungen zwischen den durch Austauschbeziehungen miteinander verbundenen Wirtschaftseinheiten werden vom Gesetzgeber im Rahmen der bestehenden Rechtsordnung verschiedene Grundtypen möglicher Rechtsformen angeboten. Der Betrieb hat den seinem Betriebsziel entsprechenden Grundtyp mittels einer konstitutiven Entscheidung auszuwählen.

Jede Rechtsform weist eine Reihe von Merkmalen auf, die bei der Wahl zu beachten sind (Peters, 1994: 40):

- Rechtsgestaltung, v. a. Haftung
- Leitungsbefugnis
- Gewinn- und Verlustbeteiligung
- Finanzierungsmöglichkeiten
- Steuerbelastung
- Aufwendungen in Verbindung mit der Rechtsform
- Publizitätsverpflichtung
- Mitbestimmung der Arbeitnehmer bzw. Anteilseigner.

Tabelle 3.2-1 gibt eine Übersicht der Rechtsformen.

3.2.2 Unterscheidung betrieblicher Rechtsformen

Eine Unternehmung hat eine nach außen wirksame Struktur, die als Rechtsform bezeichnet wird. Sie ist insofern nach außen wirksam, als die Rechtsbeziehungen zwischen einer Unternehmung einerseits und der Umwelt andererseits von der Rechtsform abhängen. Mit Umwelt sind dabei außenstehende Personen, andere Unternehmungen und der Staat gemeint. Die Rechtsform ist aber nicht nur nach außen wirksam, sondern auch für bestimmte Fragen der inneren Organisation von Bedeutung, z. B. bei Fragen der Leitungsbefugnis.

Folgende Kriterien spielen bei der Wahl der Rechtsform (Tab. 3.2-1) für eine zu gründende Unternehmung eine Rolle:

- Leitungsbefugnis
- Haftung
- Gewinnverteilung
- Finanzierung und Kreditbasis
- Steuern
- Publizierungsvorschriften.

Tabelle 3.2-1: Betriebliche Rechtsformen. Durch Fettdruck werden hier die fünf betriebswirtschaftlich bedeutendsten Rechtsformen hervorgehoben. (Quelle: Reschke, J.; unveröffentl. Unterrichtsmaterial; Westsächsische Fachhochschule Zwickau)

Rechtsformen der Unternehmung				
privatwirtschaftliche Unternehmungen				öffentliche Unternehmungen
erwerbswirtschaftliche Unternehmungen			gemeinwirtschaftliche Unternehmungen	
Einzelunternehmung	Personengesellschaften, insbesondere **OHG** und **KG**	Kapitalgesellschaften, insbesondere **GmbH** und **AG**		

Grundsätzlich kann jede rechtsfähige Person in der Bundesrepublik Deutschland einen Gewerbebetrieb eröffnen (Gewerbefreiheit) und die Rechtsform frei wählen. Außer bei der Einzelunternehmung sind mehrere Gesellschafter erforderlich.

Beschränkungen der Gewerbefreiheit gibt es in solchen Fällen, wo es der Schutz der Öffentlichkeit erfordert, z. B. bei Gefahren und Belästigungen für die Öffentlichkeit, gefährlich Abgasen und/oder Lärm. Jede Unternehmung muss nach ihrer Gründung bei verschiedenen Behörden angemeldet werden, und zwar bei der/dem zuständigen:

- Gemeindebehörde (Gewerbeamt)
- Finanzamt
- Industrie- und Handelskammer
- Handwerkskammer
- Krankenkasse
- Berufsgenossenschaft
- Amtsgericht; hier erfolgt der Eintrag in das Handelsregister. Das Handelsregister ist für jedermann einsehbar und enthält Angaben über die Firma und den Ort der Unternehmung sowie über alle haftenden und vertretungsberechtigten Personen.

Die Informationen über die Vertretungsberechtigung ist für Außenstehende bei jedem Rechtsgeschäft mit einer Unternehmung von zentralem Interesse, denn einem Rechtsgeschäft folgt für eine Unternehmung nur dann eine Verpflichtung, wenn es von vertretungsberechtigten Personen abgeschlossen wurde.

Für den Außenstehenden, v. a. den Gläubiger, ist ferner die Kenntnis der persönlich haftenden Gesellschafter wichtig, die ebenfalls im Handelsregister eingetragen werden müssen.

Im Zusammenhang mit den haftenden Gesellschaftern ist die Frage der rechtlichen Selbstständigkeit von Unternehmungen von Bedeutung. Grundsätzlich haben nur Kapitalgesellschaften eine rechtliche Selbstständigkeit. Sie sind juristische Personen, das heißt, sie können wie natürliche Personen am Rechtsverkehr teilnehmen. Da eine juristische Person rechtlich selbstständig ist, haftet sie selbst mit ihrem Vermögen gegenüber Gläubigern.

Im Gegensatz dazu haben Einzelunternehmungen und Personengesellschaften keine rechtliche Selbstständigkeit. Zwar können sie unter ihrem Namen an gewissen Rechtsgeschäften teilnehmen, die Verpflichtung zur Haftung schließt dabei jedoch automatisch die haftenden Gesellschafter ein.

3.2.2.1 Die Einzelunternehmung

Unter den erwerbswirtschaftlichen Unternehmungen spielt die Einzelunternehmung mit ca. 91% aller Unternehmungen die größte Rolle. Mit durchschnittlich etwas mehr als 5 Beschäftigten je Unternehmung handelt es sich jedoch überwiegend um Kleinbetriebe.

Eine Einzelunternehmung wird von einer einzelnen Person gegründet und hat folgende Merkmale:

- Der Gründer ist der Eigentümer und leitet im Allgemeinen die Unternehmung.
- Der Eigentümer ist voll verantwortlich für die Unternehmung.
- Die Unternehmung ist Bestandteil seines Vermögens, und er haftet daher mit seinem Gesamtvermögen für die Schulden der Unternehmung.
- Da nur der Eigentümer am Unternehmen beteiligt ist, bedarf es im Gegensatz zu den anderen Rechtsformen auch keines Gesellschaftervertrags.

Beispiele für Einzelunternehmungen:

- Einzelhandelsläden
- Handwerksbetriebe
- Handelsvermittlung
- Produktionsbetriebe.

Bei **Personengesellschaften** betreibt nicht eine Person alleine, sondern mehrere Gesellschafter betreiben gemeinsam eine Unternehmung, z. B.:

- Offene Handelsgesellschaft (OHG)
- Kommanditgesellschaft (KG)
- Gesellschaft bürgerlichen Rechts (GBR)
- stille Gesellschaft.

Die rechtliche Vorschriften über die OHG und die KG sind im Handelsgesetzbuch (HGB) niedergelegt. Etwa 6 % der Unternehmungen in der Bundesrepublik Deutschland haben die Rechtsform der OHG oder KG. Die durchschnittliche Zahl der Beschäftigten je Unternehmung liegt bei knapp 50 Personen.

3.2.2.2 Die Offene Handelsgesellschaft (OHG)

Die Gründung und Führung einer OHG erfordert mindestens zwei Gesellschafter. Diese schließen einen Gesellschaftervertrag, in dem alle Fragen der Unternehmensleitung, der Gewinnverteilung, der Kapitaleinlagen etc. geregelt werden können, soweit sie nicht zwingend durch das HGB oder sonstige Gesetze vorgeschrieben werden.

Jeder Gesellschafter einer OHG haftet für die Schulden der Gesellschaft persönlich und unbegrenzt. Diese gesamtschuldnerische Haftung kann durch den Gesellschaftsvertrag nicht eingeschränkt oder ausgeschlossen werden.

Die Leitung der OHG steht gewöhnlich allen Gesellschaftern zu, kann aber im Gesellschaftsvertrag anders festgelegt werden.

Das Kapital einer OHG wird gewöhnlich durch Einlagen der Gesellschafter bereitgestellt. Die Höhe dieser Einlagen ist im Gesellschaftsvertrag festgelegt. Untere Grenzen für das Kapital einer OHG sind gesetzlich nicht vorgeschrieben.

Die Beschaffungsmöglichkeit von Fremdkapital hängt bei einer OHG weitgehend von dem Vermögen der Gesellschafter ab, da diese mit ihrem gesamten Privatvermögen haften.

3.2.2.3 Die Kommanditgesellschaft (KG)

Im Unterschied zur OHG gibt es bei der KG zwei Arten von Gesellschaftern:

- Die *Komplementäre* entsprechen den Gesellschaftern der OHG. Sie haften gesamtschuldnerisch und uneingeschränkt für Schulden der Unternehmung. Ihnen unterliegt im Allgemeinen auch die Leitung der KG.
- Die *Kommanditisten* haben im Wesentlichen die Funktion der Kapitalgeber. Sie leisten die im Gesellschaftsvertrag festgelegen Kapitaleinlagen. Sie haften für Schulden der Unternehmung nur bis zu der im Gesellschaftsvertrag festgelegten Kommanditeinlage.

Eine KG besteht immer aus mindestens einem Komplementär und mindestens einem Kommanditisten.

3.2.2.4 Die Kapitalgesellschaften

Kapitalgesellschaften sind juristische Personen, das heißt sie besitzen eine rechtliche Selbstständigkeit. Sie können somit alle Rechtsgeschäfte wie eine natürliche Person im eigenen Namen abschließen. Ferner können sie vor Gericht Klage erheben und auch verklagt werden.

Ein Vertrag, der mit einer Kapitalgesellschaft geschlossen ist, ist daher nur gegen diese Gesellschaft, nicht aber gegen die Gesellschafter persönlich wirksam. Dies bedeutet, dass auch die Haftung der Gesellschafter von Kapitalgesellschaften beschränkt ist. Sie haften nicht unmittelbar, sondern nur mittelbar in Höhe ihrer Kapitaleinlage, nicht aber mit ihrem Privatvermögen.

Aus der juristischen Selbstständigkeit folgt weiterhin, dass eine Identität von Gesellschafter und Unternehmungsleitung keineswegs üblich ist, wie bei den Personengesellschaften. Vielmehr werden zur Geschäftsführung oft Personen eingesetzt, die nicht Gesellschafter sind.

Die Gesellschaft mit beschränkter Haftung (GmbH)

Die rechtlichen Vorschriften über die GmbH sind im Gesetz betreffend die Gesellschaften mit beschränkter Haftung (GmbH-Gesetz) festgelegt. Die Gesellschafter einer GmbH beteiligen sich an der Unternehmung durch Zahlung von Stammeinlagen auf das Stammkapital. Das Mindeststammkapital beträgt zurzeit 25 000 Euro.

Die Höhe der Stammeinlagen und des Stammkapitals sind im Gesellschaftsvertrag festgelegt. Änderungen der Stammeinlage sowie jeder Wechsel von Gesellschaftern bedürfen der Änderung bzw. Ergänzung des Gesellschaftsvertrags. Zu Geschäftsführern einer GmbH können entweder Gesellschafter oder andere Personen bestellt werden.

Für Schulden der GmbH haften die Gesellschafter nicht. Vielmehr haftet die GmbH als juristische Person für ihre Schulden selbst. Das heißt, die Gesellschafter können maximal ihre im Gesellschaftsvertrag festgelegte Stammeinlage verlieren.

Die GmbH ist verpflichtet, ihren Jahresabschluss (Bilanz) zu veröffentlichen.

Etwas weniger als 2 % der Unternehmungen in der Bundesrepublik Deutschland haben die Rechtsform einer GmbH. Durchschnittlich werden rund 95 Personen beschäftigt.

Die GmbH & Co KG
Außer der reinen GmbH gibt es auch die GmbH & Co KG. Hier handelt es sich um eine so genannte Doppelgesellschaft, bei der eine GmbH als juristische Person der Komplementär der KG ist. Die Gesellschafter der GmbH sind ferner meistens gleichzeitig die Kommanditisten der KG. Die GmbH fungiert als haftender Gesellschafter. Dies hat folgende Vorteile:

- Es besteht nur beschränkte Haftung für alle Gesellschafter.
- Steuervorteile der Personengesellschaft können genutzt werden.

3.2.2.5 Die Aktiengesellschaft (AG)

Während die gesetzlichen Vorschriften für eine GmbH auf eine geringe Anzahl von Gesellschaftern abzielen, sind die im Aktiengesetz festgelegten Vorschriften für eine Aktiengesellschaft auf eine beliebig hohe Zahl von Gesellschaftern abgestellt. Im Gegensatz zur GmbH können die Anteile von Aktiengesellschaften, die so genannten Aktien, von beliebigen Personen gekauft und verkauft werden, ohne dass dazu jeweils eine Änderung der Gesellschaftsverträge erforderlich ist.

Eine AG kann mit einem Grundkapital von mindestens 50.000 Euro gegründet werden. Dieses Grundkapital ist in Aktien mit einem Nennbetrag von mindestens 25 Euro zerlegt. Seit 1996 ist auch ein Nennbetrag von 2,5 Euro möglich.

Für Verbindlichkeiten der AG haftet nur das Gesellschaftsvermögen, nicht aber das Privatvermögen der Aktionäre. Der Handel von Aktien vollzieht sich an Wertpapierbörsen, an denen sich der Kurs der Aktien je nach Angebot und Nachfrage entwickelt.

Es besteht die Verpflichtung, den Jahresabschluss zu veröffentlichen.

Damit der Aktionär einen gewissen Einfluss ausüben kann, sind bestimmte Organe vorgeschrieben (Hauptversammlung, Aufsichtsrat, Vorstand, Vertreter etc.). Dem Vorstand obliegt die Geschäftsführung einer AG. Er wird vom Aufsichtsrat eingesetzt und kontrolliert.

Zwei Drittel der Aufsichtsratsmitglieder werden von der Hauptversammlung gewählt. Ein Drittel der Aufsichtsratsmitglieder muss nach Betriebsverfassungsgesetzen aus den Jahren 1952 und 1972 aus Vertretern der Arbeitnehmer bestehen.

Vorstand und Aufsichtsrat sind der Hauptversammlung Rechenschaft schuldig.

Nur rund 0,1% der Unternehmungen der Bundesrepublik Deutschland haben die Rechtsform einer Aktiengesellschaft. Die durchschnittliche Zahl der Beschäftigten je Unternehmung liegt bei 1600.

Die KGaA
Eine Mischform ist die Kommanditgesellschaft auf Aktien (KGaA). Hier haftet mindestens ein Gesellschafter persönlich unbeschränkt mit seinem Vermögen.

3.2.3 Vergleichende Betrachtung der Rechtsformen

3.2.3.1 Leitungsbefugnis

Einzelunternehmung
Die Leitungsbefugnis obliegt voll dem Inhaber.

OHG und KG
Die Leitungsbefugnis steht allen voll haftenden Gesellschaftern zu, falls im Gesellschaftsvertrag nichts anderes festgelegt ist.

Kapitalgesellschaften

Die Leitungsbefugnis liegt nicht unmittelbar bei den Gesellschaftern, sondern bei den verfassungsmäßigen Organen der Gesellschaft. Diese können jedoch mit Gesellschaftern besetzt werden, insbesondere bei der GmbH. Bei der AG wird der Vorstand durch den Aufsichtsrat bestellt, der wiederum von der Hauptversammlung gewählt wird.

3.2.3.2 Haftung

In Einzelunternehmungen und Personengesellschaften, in denen die Leitungsbefugnis den haftenden Gesellschaftern voll zusteht, ist die Haftung dieser Gesellschafter unbegrenzt. In Kapitalgesellschaften hingegen ist die Haftung der Gesellschafter jeweils auf ihre Einlage beschränkt.

3.2.3.3 Gewinnverteilung

Bei einer Einzelunternehmung steht der gesamte Gewinn dem Eigentümer zu.

Bei der OHG und der KG wird der Modus der Gewinnverteilung im Gesellschaftsvertrag festgelegt. Andernfalls werden für die OHG nach § 128 HGB die Kapitaleinlagen zu 4 % verzinst und der Rest des Gewinns nach Köpfen verteilt.

Bei den Kapitalgesellschaften wird der ausgeschüttete Gewinn gewöhnlich auf Grund der Kapitalbeteiligung an die Kapitaleigner verteilt.

3.2.3.4 Finanzierung und Kreditbasis

Die Finanzierung einer Einzelunternehmung ist im Allgemeinen durch das Vermögen des Eigentümers begrenzt. Fremdkapital (Kredit) ist nur zu erhalten, wenn entsprechende Sicherheiten durch vorhandene Vermögenswerte gegeben werden können.

Bei einer OHG ist in ähnlicher Weise durch das Vermögen der Gesellschafter eine Grenze des beschaffbaren Kapitals gegeben.

Bei KGs ist man hingegen bezüglich der Beschaffung von Eigenkapital etwas beweglicher, da es oft eher möglich ist, Kommanditisten, die nur mit dem jeweiligen Kommanditkapital haften, zur Beteiligung an einer Unternehmung zu veranlassen.

Bei einer GmbH lässt sich das Eigenkapital durch Erhöhung der Stammanteile oder durch die Aufnahme weiterer Gesellschafter vergrößern. Wegen der Haftungsbeschränkung der Gesellschafter ist die Beschaffung von Fremdkapital oft schwierig.

Eine AG kann zur Erhöhung des Eigenkapitals das Grundkapital vergrößern. Dies geschieht durch Ausgabe neuer Aktien mit der Notwendigkeit einer Satzungsänderung durch die Hauptversammlung).

3.2.3.5 Steuern

Kapitalgesellschaften sind gegenüber den Einzelunternehmungen und den Personengesellschaften dadurch benachteiligt, dass ihre Gewinne zur Körperschaftssteuer herangezogen werden und ihr Vermögen mit der Vermögensteuer belastet ist. Alle Gewinne unterliegen bei den Gesellschaftern oder Kapitaleignern der Einkommensteuer. Ferner unterliegt das gesamte Vermögen jeder Person und damit auch der Besitz an Aktien der Vermögensteuer. Daraus folgt, dass der Gewinn und das Vermögen der Kapitalgesellschaften gegenüber den Einzelunternehmungen und den Personengesellschaften einer zweifachen Besteuerung unterliegen.

3.2.4.6 Publizierungsvorschriften

Jede GmbH und jede AG ist verpflichtet, den Jahresabschluss (Bilanz, Gewinn-und-Verlust-Rechnung) und den Geschäftsbericht zu veröffentlichen. Dies gilt auch für jedes Unternehmen, das an wenigstens drei aufeinander folgenden Abschlussstichtagen zwei der folgenden drei Kriterien erfüllt:

- eine Bilanzsumme von mehr als 60 Mio. Euro
- Umsatzerlöse von über 120 Mio. Euro
- durchschnittliche Zahl der Arbeitnehmer über 5000.

3.2.4 Die Wahl der Rechtsform

Mit der Wahl der Rechtsform eines Betriebes oder Unternehmens wird über mehrere Tatbestände zugleich disponiert. Die Rechtsform hat z. B. Auswirkungen auf die Möglichkeiten der Kapitalbeschaffung, die Haftung der Eigentümer, die Bestellung der Geschäftsführer und die Gewinnverteilung, aber auch auf die steuerliche Belastung des Betriebes und die Verpflichtungen zur Publizität.

Auswirkungen treten dabei zwangsläufig auf, etwa Besteuerungs- und Publizitätsfolgen, andere können durch die Vertragsgestaltung beeinflusst werden. Weiterhin ist zu beachten, dass bei einzelnen Rechtsformen zwar bestimmte Rechtsformen möglich sind, jedoch erst in Kombination mit anderen Tatbeständen tatsächlich eintreten. Die Auswirkungen der Rechtsform hinsichtlich des Betriebszieles sind von besonderer Bedeutung. So mag sich für einen Betrieb z. B. die Rechtsform einer Kapitalgesellschaft wegen der Haftungsbeschränkung anbieten, gleichzeitig aber aus steuerlichen Gründen als unerwünscht erweisen. Es ist deshalb notwendig, die Vor- und Nachteile im Einzelnen zu ergründen und im Hinblick auf das Betriebsziel zu gewichten. Bei allen Überlegungen ist zudem zu berücksichtigen, dass die Rechtsformen vielfach wandelbar sind und damit eine sehr große Zahl an Variationsmöglichkeiten besteht.

Die Rechtsform stellt in der Regel eine langfristige Entscheidung dar, die normalerweise in der Gründungsphase einer Unternehmung getroffen wird. Grundsätzlich steht es jedem Betrieb offen, eine einmal gewählte Rechtsform zu ändern. Die Überführung eines Betriebes aus seiner bisherigen in eine andere Rechtsform wird als **Umwandlung** bezeichnet.

Literatur
Siehe am Schluss des Kapitels.

3.3 Ziele und Zielsysteme

Das Betriebsziel ist – wie jede Sollgröße – Ergebnis einer Entscheidung. Die Bildung des Betriebszieles erfolgt deshalb in einem Entscheidungsprozess. Zu entscheiden und zu handeln vermögen nur Personen als Repräsentanten des Betriebes. Dementsprechend muss jeder Betrieb über ein Organ verfügen, das zur Führung der Geschäfte des Betriebes berufen ist. Dieses Organ besteht jedoch nicht unbedingt nur aus einer einzigen Person. Je nach der rechtlichen Ausgestaltung, insbesondere nach der Rechtsform des Betriebes und der Satzung, können auch mehrere Personen gemeinsam mit der Führung der Geschäfte des Betriebes betraut sein.

In allen Fällen, in denen mehr als nur eine Person auf das Betriebsziel Einfluss nimmt, ist der Zielentscheidungsprozess zwangsläufig mehrstufig. Die erste Stufe bilden die individuellen Zielentscheidungsprozesse, in denen einzelne Personen jeweils für sich festlegen, welche Ziele sie vom Betrieb verfolgt sehen möchten. Das Ergebnis dieser individuellen Zielentscheidungsprozesse sind also Ziele für den Betrieb. An die individuellen schließen sich kollektive Zielentscheidungsprozesse an. Sie sind dadurch charakterisiert, dass sich mehrere Personen auf ein gemeinsam zu vertretendes Betriebsziel zu einigen versuchen. Einerseits besteht das Ziel des Betriebes (z. B. Einbringen einer bestimmten Leistung), andererseits das Ziel für den Betrieb (Wirtschaftlichkeit) als Zielsystem. Darüber hinaus bestehen partikuläre Ziele derjenigen Personengruppen, welche an den Zielen des Betriebes mitwirken und dies auch zu vertreten haben. Grundlagen für die Entwicklung eines Zielsystems sind neben den gesellschaftlichen Grundwerten die Unternehmensphilosophie, die Unternehmenskultur und die Leitbilder.

3.3.1 Unternehmenszweck

Erfolgreiche Unternehmensführung braucht eine feste Basis. Dieses Fundament bilden zwei übergeordnete Zieldefinitionen:

1. die persönlichen Ziele des Inhabers und
2. die grundsätzlichen Aufgaben des Unternehmens selbst, die konstante Grundaufgabe, definiert als Nutzenstiftung.

Nur wenn diese beiden Ziele klar definiert sind, ist ein kontinuierliches, effektives und damit erfolgreiches Arbeiten möglich. Aus dieser Festlegung resultiert der Unternehmenszweck (**Abb. 3.3-1**).

Die Ziele eines Unternehmens sind eingebettet in ein sehr komplexes System, dessen einzelne Faktoren sehr entscheidend miteinander verbunden sind. Nur wenn die Basis für dieses Zielsystem klar und präzise definiert ist, können Ziele und Maßnahmen auf der operativen Ebene, im Tagesgeschäft zielführend und effizient sein.

Management by objectives (MBO) – Führen durch Zielvereinbarungen – ist von allen Managementtechniken die praxisgerechteste. Hierzu ist es unumgänglich notwendig, dass die übergeordneten Ziele, also Inhaberziele, die konstante Grundaufgabe und die Unternehmensvision sowie die langfristigen Ziele, klar und exakt definiert sind.

Zielvereinbarungen mit den Mitarbeitern können im Regelfall erst auf der operativen Ebene ansetzen. Damit Mitarbeiter ihre Ziele erreichen können, ist es notwendig, dass die übergeordneten Ziele bekannt sind und verstanden wurden und dass die Mitarbeiter auch die Kompetenzen erhalten, die für die Zielerreichung notwendig sind.

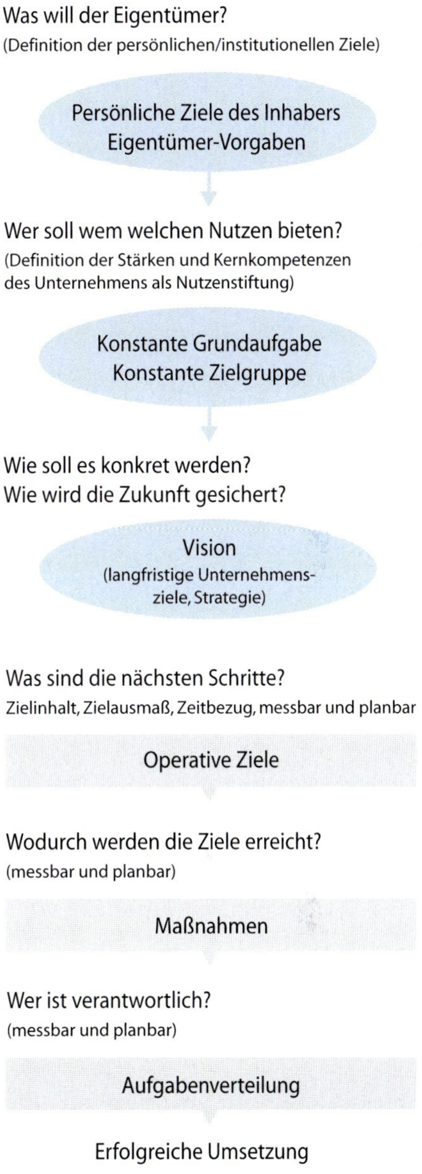

3.3.2 Unternehmensleitbild

Wenn eine Organisation ihr Zielsystem entwickelt hat, ergibt sich oft die Frage, wie denn das Zielsystem umgesetzt werden soll. Zu diesem «Wie» gehören im weitesten Sinne alle Zielsetzungen und Verhaltensweisen bezüglich Zusammenarbeit, Führung, Kooperation, Kommunikation und aktivem Wissensmanagement in der Organisation. Mit anderen Worten: Ein Leitbild ist die explizite Beschreibung eines Teiles

Was will der Eigentümer?
(Definition der persönlichen/institutionellen Ziele)

Persönliche Ziele des Inhabers
Eigentümer-Vorgaben

Wer soll wem welchen Nutzen bieten?
(Definition der Stärken und Kernkompetenzen des Unternehmens als Nutzenstiftung)

Konstante Grundaufgabe
Konstante Zielgruppe

Wie soll es konkret werden?
Wie wird die Zukunft gesichert?

Vision
(langfristige Unternehmensziele, Strategie)

Was sind die nächsten Schritte?
Zielinhalt, Zielausmaß, Zeitbezug, messbar und planbar

Operative Ziele

Wodurch werden die Ziele erreicht?
(messbar und planbar)

Maßnahmen

Wer ist verantwortlich?
(messbar und planbar)

Aufgabenverteilung

Erfolgreiche Umsetzung

Abbildung 3.3-1: Unternehmenszielfindung (Quelle: Reschke, J.; unveröffentl. Unterrichtsmaterial; Westsächsische Fachhochschule Zwickau)

der Unternehmenskultur – und dies oft im Sinne einer Zukunftsdefinition: «Wir wollen zukünftig nach unserem Leitbild leben, unsere Organisation entsprechend entwickeln und neue Mitarbeiter passend zu unserem Leitbild in die Organisation aufnehmen».

Ein Leitbild fungiert als Orientierungsrahmen und dient als Kommunikationsgrundlage. Zum «Leben» wird ein Leitbild dann erweckt:

- wenn «darüber gesprochen wird»
- wenn es in die tägliche Arbeit einfließt und
- wenn es weiterentwickelt wird.

In vielen Organisationen wird das Leitbild implizit gelebt, in anderen explizit definiert, aktiv eingeführt und bewusst reflektiert. Dabei ist der Anlass für eine Neudefinition eines Leitbildes oft ein Change-Management-Projekt, das – wie fast immer – auch Auswirkungen auf die Unternehmenskultur hat.

Das Leitbild dient der Identitätsbildung in der Organisation. Es unterstützt die Kohäsion, d. h. den inneren Zusammenhalt der Organisationsmitglieder, und trägt wesentlich zur Identifikation des einzelnen Mitarbeiters mit der Organisation bei. Als Folge daraus entstehen Engagement und Leistung, die zu Ergebnissen im Sinne des Zielsystems führen.

Die Basis eines Leitbildes sind die Werte und die ethischen Grundsätze, die eine Organisation für sich in Anspruch nimmt und die gelebt werden sollen. Auf dieser Grundlage lässt sich in Verbindung mit dem Zielsystem (Vision, Strategien usw.) ein Leitbild erarbeiten.

Der Begriff «Leitbild» ist nicht genormt. Ein Leitbild enthält deshalb in verschiedenen Organisationen verschiedene Ausprägungen. Typische Elemente in einem Leitbild sind:

- Unternehmenswerte in Bezug auf Kunden, Business und Mitarbeiter
- Führungsgrundsätze oder -leitlinien
- Definition der Grundsätze in Bezug auf ethische Geschäftsgrundsätze, z. B. Themen wie das Einhalten von Gesetzen, Umgang mit dem Datenschutz, Umgang mit Geschenken und Schmiergeldern, das Für und Wider von Provisionssystemen im Vertrieb usw.
- Kompensation, z. B. die Fragen: Nach welchen Richtlinien erfolgt die Entlohnung, nach Leistung oder nach anderen Kriterien? Welche monetären und nichtmonetären Bestandteile hat ein Kompensationspaket? Gibt es ein Bonussystem für besondere Leistungen?
- Beförderung, z. B.: Den Mitarbeitern werden Entwicklungsmöglichkeiten geboten. Vor einer Neueinstellung wird die Möglichkeit einer internen Besetzung bzw. Beförderung geprüft. Das Unternehmen soll für die besten Mitarbeiter am Markt attraktiv sein.
- Kommunikationspolitik, z. B.: Für Vorschläge oder Beschwerden kann jeder beliebige (!) Vorgesetzte angesprochen werden, und: Wie hat sich dieser in einem solchen Fall zu verhalten?
- Gleichbehandlung, z. B.: keine Diskriminierung von Bewerbern und Mitarbeitern auf Grund von Geschlecht, Rasse, Staatsangehörigkeit, Hautfarbe, Religion, Alter, möglicher Behinderung usw.
- Betriebsrichtlinien, z. B. zu Drogenmissbrauch, Alkoholkonsum, Sicherheitsbestimmungen, professionellen Standards (z. B. bezüglich Kleidung, Auftreten, Präsentation usw.)
- Definition der Zusammenarbeit, Kooperation und Kommunikation, z. B.:
  – Wofür stehen wir?
  – Wie gehen wir miteinander um?
  – Was bedeutet Verantwortung für uns?
  – Was bedeutet Information und Kommunikation für uns?
  – Was bedeutet soziale Verpflichtung für uns?
  – Leitsätze zur Entscheidungsfindung, z. B.: Wer hat welche Befugnisse?
  – Verhalten in Fällen von Abwesenheit der Kompetenzträger?
  – In welche Entscheidungen werden die Mitarbeiter wie eingebunden?

Bei der Definition und Implementierung eines Leitbildes stehen die Führungskräfte und Mitarbeiter oft vor besonderen Herausforderungen. Einige davon werden im Folgenden beleuchtet.

Bei der Definition eines Leitbildes ist die Frage zu klären, in wieweit die Erarbeitung Chefsache ist bzw. die Belegschaft beteiligt wird. In neu gegründeten Unternehmen oder in signifikanten Veränderungsprozessen wird das Leitbild oft vom Gründer, dem Gründungsteam oder den Top-Führungskräften definiert. In anderen Fällen kann es sinnvoll sein, die Mitarbeiter an der Erarbeitung eines Leitbildes zu beteiligen – sei es in Arbeitskreisen oder in Großgruppenveranstaltungen (z. B. Open Space).

Ist ein Leitbild ausformuliert, geht es um die Verbreitung im Unternehmen und um das «Leben» der gefassten Vorsätze. Da ein Leitbild in der Regel keine Manifestierung des Ist-Zustandes ist, werden mit der Einführung implizit oder explizit Veränderungen in der Unternehmenskultur und somit in der Einstellung und im Verhalten der Mitarbeiter gefordert.

Die Maßnahmen zur Implementierung von Unternehmensleitbildern sind sehr unterschiedlich ausgeprägt und umfassen eine große Bandbreite, und zwar vom:

- Verteilen der gedruckten «Hochglanzleitbilder» über
- Informationsveranstaltungen für die Mitarbeiter, die
- Schulung der Führungskräfte und Multiplikatoren, die
- Aufnahme von leitbildrelevanten Kriterien im Beurteilungssystem bis hin zu
- Veränderungsprozessen, die ein Leitbild über die persönliche Ebene hinaus auch im organisationalen Wissen und Handeln verankern.

Diese Verankerungen dienen dazu, die Gesamtorganisation in Bewegung zu bringen und die angestrebten Veränderungen wirksam und nachhaltig zu entwickeln. Die dazu notwendigen sozialen, mentalen und methodischen Prozesse sind zumeist zeitintensiv und komplex. Dabei geht es auch darum, die Balance zwischen Verändern und Bewahren zu suchen.

3.3.3 Steuerungssysteme

Ein Unternehmen ohne Steuerungssysteme ist undenkbar. Jede Art von Organisation verfügt über Steuerungs- bzw. Kontrollsysteme, die Entscheidungszentren koordinieren. Außerdem erfüllen diese Systeme eine weitere wichtige Funktion: Sie messen, welche Auswirkungen Entscheidungen auf die Ergebnisse haben. Damit geben sie zugleich an, inwieweit die jeweiligen Unternehmensziele erreicht wurden. In diesem Sinne beeinflussen also Steuerungssysteme das Verhalten der Entscheidungsträger gegenüber den Interessen des Unternehmens. Beide Funktionen hängen eng zusammen.

Kontroll- bzw. Steuerungssysteme bestehen aus formellen und informellen Elementen. Mit formellen Elementen sind festgelegte Richtlinien und Verfahren gemeint. Informelle Elemente sind «Tradition», etablierte Verfahrensweisen und die Unternehmenskultur. Ein Kontroll- bzw. Steuerungssystem ist in erster Linie formaler Natur.

Steuerung reicht innerhalb eines Unternehmens sehr viel weiter als physische Kontrollen (z. B. Passwörter oder ein Sicherheitsdienst) oder festgelegte Vorschriften.

Eines der abstraktesten und zugleich wirkungsvollsten Steuerungssysteme eines jeden Unternehmens ist das Rechnungswesen, bei dem bedeutend ist, auf welche Weise Zahlen, Daten und Fakten aufbereitet und interpretiert werden. Es gibt verschiedenste Gründe, warum das Rechnungswesen innerhalb eines Unternehmens eine so wichtige Rolle spielt. Zunächst einmal bedient es sich einer Sprache, die allen Unternehmen gemeinsam ist. Physische Leistungsparameter wie Kundenzufriedenheit lassen sich nur schwer beziffern und miteinander vergleichen. Die Zahlen des Rechnungswesens sind dagegen schnell zu erheben und gut vergleichbar. Zudem sind sie genau dem Anliegen angepasst, das im Zentrum jeder geschäftlichen Aktivität steht: Sie kontrollieren die Ergebnisse. Buchhaltungssysteme messen die Effektivität des Managements – nicht dessen Verhalten oder Engagement.

Diese Ergebnisorientierung verlangt einige Grundvoraussetzungen für die erfolgreiche Einrichtung von Buchhaltungssystemen. Zunächst ist zu bestimmen, wie die Ergebnisse gemessen werden sollen. Nur wenn die Möglichkeit überhaupt gegeben ist, sie zu quantifizieren und zu messen, kann ein Kontrollsystem wirkungsvoll eingesetzt werden. Ein typisches Beispiel für ein leicht zu bezifferndes Ergebnis sind die Umsatzzahlen.

Äußere Einflüsse können die Ergebnisse eines Unternehmens verfälschen. Ein wirksam arbeitendes Rechnungswesen muss die tatsächlichen Ergebnisse von den äußeren Einflüssen bereinigen können.

Steuerung ist im Wesentlichen hierarchisch und geht von oben nach unten. Dies soll aber nicht bedeuten, dass die Steuerung auf einzelne Entscheidungsträger konzentriert sein sollte. Die Verantwortung für die Steuerung lässt sich im Unternehmen auf verschiedene Zentren verteilen. In diesen Verantwortungszentren entscheiden Führungskräfte ohne direkte Einwirkung der Unternehmensspitze nach ihrem eigenen Urteil über bestimmte geschäftliche Angelegenheiten. Sie werden nur nach ihren Ergebnissen beurteilt. Zur Leistungsbewertung müssen Kriterien entwickelt sein und die Tätigkeiten in sich überschneidenden Bereichen festgelegt sein.

Grundsätzlich unterscheidet man zwischen drei Arten solcher Verantwortungszentren:

- Costcenter
- Profitcenter
- Investmentcenter.

3.3.3.1 Costcenter

Costcenter können auf zweierlei Arten funktionieren: Nach dem Effizienzprinzip führt eine optimale Entscheidung entweder dazu, dass ein vorgegebenes Ergebnis noch übertroffen wird, oder man setzt weniger Mittel ein, um es zu erreichen. Was jeweils vorteilhafter ist, hängt von der geschäftlichen Situation ab. So ist z. B. eine Marketingabteilung häufig mit einem festen Budget und klar umrissenen Ressourcen ausgestattet. Ihre Aufgabe ist es, aus den zur Verfügung stehenden Mitteln das Beste zu machen.

Andere Dienstleistungsbereiche innerhalb eines Unternehmens funktionieren dagegen als mittelminimierende Costcenter: So hat etwa die Reinigungsabteilung die Aufgabe, eine bestimmte Anzahl von Räumen sauber zu halten und dabei so wenig aufzuwenden wie möglich. Auch Personalbereich und Produktion funktionieren auf dieser Grundlage und sind somit Costcenter.

In beiden Fällen entscheiden die Führungskräfte selber darüber, wie viel sie aufwenden wollen, um Ergebnisse zu erreichen oder zu übertreffen. Ihr Entscheidungsspielraum ist jedoch begrenzt: Die Marketingabteilung kann nicht ohne Zustimmung der Unternehmensleitung die Preise senken, um die Verkäufe zu steigern, und die Reinigungsabteilung kann ihre Aufwendungen nicht einfach minimieren, indem sie die Anzahl der zu säubernden Büros reduziert.

Wenn das Kontrollsystem allein auf Finanzkennzahlen beruht, könnten die beiden Abteilungsleiter im Beispiel versucht sein, die Qualität zu senken, um Kosten zu sparen. Wenn ein Unternehmen eine Costcenterstruktur einrichtet, muss unbedingt eine entsprechende Qualitätssicherung vorgesehen sein.

3.3.3.2 Profitcenter

Manager von Profitcentern haben viel größere Entscheidungsbefugnisse als jene von Costcentern. Ihr Ziel ist es, die Erträge zu steigern, indem sie sowohl über den Einsatz der Mittel als auch über die Preise entscheiden. Deshalb würden sie aus einer Qualitätsminderung keinerlei Vorteile ziehen – diese würde sie daran hindern, ihr Leistungsziel zu erreichen, das ausschließlich anhand der Differenz zwischen dem tatsächlichen und dem budgetierten Ertrag beurteilt wird.

Wenngleich keine Qualitätsminderung im Interesse der Kostensenkung zu befürchten ist, so bringen Profitcenter doch andere Probleme mit sich, die vor allem in Zusammenhang mit wechselseitigen Abhängigkeiten auftreten können, etwa dann, wenn zwei Profitcenter in ihren Entscheidungen nicht konform gehen: Produktion und Vertrieb. Beide operieren letztlich mit den gleichen Umsatzzahlen.

Ein weiteres Beispiel soll dies verdeutlichen: Der Vertrieb investiert in Werbung, um mehr zu verkaufen. Der steigenden Nachfrage kann die Produktion nur nachkommen, wenn sie reorganisiert. Das ist teuer und schmälert ihre kurzfristigen Ergebnisse. In einem solchen Fall ist es ratsam, die Abteilungen als separate Costcenter zu organisieren und auf einer übergeordneten Ebene der Hierarchie, die als Profitcenter organisiert ist, zusammenzuführen. Verantwortungszentren sind in beschränktem Umfang flexibel zu strukturieren, wobei unterjährig keine Veränderung des Status erfolgen soll.

3.3.3.3 Investmentcenter

Profitcenter vermeiden zwar den Anreiz zur Qualitätsminderung, aber sie berücksichtigen die Frage der Finanzierung nicht – was zu einer Vergeudung von Ressourcen führen kann. Daher ist es sinnvoll, Profitcenter auch mit finanzieller Entscheidungsbefugnis auszustatten, sie also selbst darüber bestimmen zu lassen, wie sie vorgegebene Mittel auf Projekte verwenden.

Diese so genannten Investmentcenter werden nach ihrem Ergebnis einschließlich der Kapitalrendite bewertet. Eine recht verbreitete Methode zur Bestimmung der relativen Rentabilität eines Investitionszentrums ist das ROI-Schema (*return on investment*, i. e. Kapitalrendite). Es erlaubt einfache Vergleiche der einzelnen Investmentcenter miteinander, birgt allerdings die Gefahr, dass die Manager in erster Linie kurzfristige Gewinne anstreben.

Um die Vergleichbarkeit der Resultate zu gewährleisten, muss sichergestellt sein, dass für sämtliche Center die gleichen Bewertungsregeln angewandt werden. Relative Werte haben allerdings auch Nachteile: Sie lassen nicht erkennen, welche Bedeutung eine Einheit für ein Unternehmen hat. Darüber hinaus können kurzfristig durch Kapitalreduzierung die Ertragsverhältnisse bei gleich bleibendem oder sogar geringerem Umsatz geschönt werden.

Die Koordination zwischen den einzelnen Centern ist daher unabdingbar. Ein bewährtes Mittel dafür ist die interne Verrechnung zu Transferpreisen, die administrativ festgesetzt werden. Solche Transferpreise für Produkte zu ermitteln, ist relativ einfach. Zumeist orientiert man sich an den Marktpreisen. Weniger leicht sind Transferpreise für Dienstleistungen zu ermitteln. Ein Transferpreis ist dann richtig bemessen, wenn er jeden Mitarbeiter der Organisation dazu veranlasst, die richtigen Entscheidungen – also diejenigen, die zu einer Gewinnmaximierung führen – zu treffen. Als Bemessungsstandard wird überwiegend der Preis zu Grunde gelegt, der auf dem freien Markt für die entsprechenden Produkte oder Dienstleistungen zu zahlen wäre und stellt dem betroffenen Bereich frei, sich ggf. dort zu versorgen. Ein derartiges Arrangement fördert zugleich den Wettbewerb innerhalb des Unternehmens.

Ein anderes Verfahren setzt Vollkosten an und geht davon aus, dass diese an der Untergrenze des Marktpreises liegen. Im Regelfall ist dies unproblematisch. Sinken die Marktpreise, dann dürften die Entscheidungsträger dazu neigen, sich von außerhalb der Organisation zu versorgen – was dazu führt, dass die Fixkosten der organisationsinternen Anbieter nicht gedeckt werden. Sind die Marktpreise hoch, kann sich die Situation umkehren: Die internen Anbieter verkaufen auf dem freien Markt, und es kommt zu Auslastungslücken in der eigenen Produktionskette. Um dies zu verhindern, müssen zusätzliche administrative Maßnahmen eingeführt werden. Letztlich sichert dieser Wettbewerb allerdings eine ständige Reflexion über das eigene Handeln und führt zu einer Konzentration auf erfolgsorientiertes Handeln.

Literatur
Siehe am Schluss des Kapitels.

3.4 Betriebliche Prozesse und Aspekte der Leistungserstellung

Unter einem Prozess versteht man im allgemeinen eine Folge von Aktionen sowie die Umformung und den Transport von Materie, Energie und Informationen von einem Anfangszustand ein einen Endzustand nach genau festgelegten Regeln.

Als Geschäftsprozess werden diejenigen sachlogisch zusammenhängenden und inhaltlich abgeschlossenen Aktivitäten und Funktionen bezeichnet, die der Rationalisierung der übergeordneten Ziele der Unternehmens dienen und eine Wertschöpfung erbringen. Prozesse:

- haben einen eindeutigen Anfang und Abschluss
- sind zielgerichtet und ergebnisorientiert
- bestehen aus eine Kette betrieblicher Aktivitäten
- werden von Aktionsträgern durch Sachmittel gesteuert
- integrieren Kunden und Lieferanten in ihren Ablauf
- verursachen Kosten durch Verbrauch von Ressourcen.

Der Wertschöpfungsprozess erfasst alle Vorgänge, die zur Erfüllung des Kundenwunsches beitragen. Die Wertschöpfung ist optimal, wenn der Ressourcenverbrauch minimal ist. Die Wertschöpfungskette umfasst alle betrieblichen Wertschöpfungsaktivitäten einschließlich vor- und nachgelagerter Stufen. Es gibt:

- Kernprozesse mit unmittelbarer Schnittstelle zum Kunden; sie erbringen eine Wertschöpfung für den Kunden.
- Unterstützungs- bzw. Serviceprozesse ohne unmittelbare Schnittstelle zum Kunden; sie erbringen eine Wertschöpfung für die Kernprozesse.

Prozessorganisation ist die Umsetzung der Management- und Führungsprozesse durch eine konsequente Ausrichtung an Geschäftsprozessen. Als Input gelten die Erwartungen der Kunden an die Leistungen des Unternehmens. Als oberstes Ziel ist die Fähigkeit der Realisierung der Kundenwünsche anzusehen. Durch einen Soll-Ist-Prozessabgleich werden Input und Output miteinander verglichen. Prozessänderungen können die Folge sein.

Folgende Faktoren können die Ergebnisse des Prozesses beeinflussen:

- Geschwindigkeit
- Qualität
- Flexibilität
- Kosten
- Kundenzufriedenheit.

3.4.1 Begriff der Leistungserstellung

Der Begriff der Leistungserstellung beschreibt den organisatorischen Aufbau eines Betriebes bei der Herstellung von Gütern oder Dienstleistungen. Unter der **betrieblichen Organisation** versteht man die Festlegung des Betriebsaufbaus und die Regelung der Arbeitsabläufe. Die Organisation schafft Regelungen zur Verwirklichung der Planung. Organisation ist demnach auf ein Ziel ausgerichtetes Gestalten eines planvolles Vorgehens. Voraussetzungen für Organisation sind dabei die Teilbarkeit der Aufgaben und Wiederholung gleicher Aufgaben.

Es gibt folgende Organisationsgrundsätze:

- Grundsatz des organisatorischen Gleichgewichts
- Grundsatz der Zweckmäßigkeit
- Grundsatz der Koordination
- Grundsatz der Wirtschaftlichkeit.

Die Organisationsplanung sorgt für Stabilität im Betriebssystem. Disposition und Improvisation erhöhen die Elastizität, der Betrieb reagiert flexibel. **Improvisation** ist die außerplanmäßige Regelung für Einzelvorgänge. Auslöser für Improvisation können sein:

- unvorhersehbare Ereignisse
- veränderte Bedingungen
- finanzielle Engpässe.

Die **Ablauforganisation** gliedert die Aufgaben in Aufgabenbereiche und bestimmt die Stelle und Abteilungen, die diese bearbeiten. Es gibt Aufgabengliederung nach:

- Objekten
- Verrichtungen
- Phasen
- Rangstufen.

Die **Stelle** ist die kleinste organisatorische Einheit im Betrieb. Sie entsteht, wenn Teilaufgaben durch Aufgabensynthese zum Arbeitsbereich für einen Aufgabenträger zusammengefasst werden. Folgende Stellenarten können unterschieden werden:

- ausführende Stelle – Stelle ohne Leitungsfunktion
- Instanz – Stelle mit Leitungsfunktion
- Stabsstelle – Hilfsstelle ohne Weisungsbefugnis für die Instanz – Beratung, Information.

Die konkrete Beschreibung einer Stelle ist jeweils determiniert durch die Struktur des Unternehmens:

- Die Struktur einer Unternehmung bestimmt ihr Verhalten.
- In einer Einzelpersonenunternehmung erbringt eine Person fast alle anfallenden Arbeiten.
- In Mehrpersonenunternehmungen wird die Gesamtarbeitsfähigkeit durch Stellenbildung und Auflistung der Einzeltätigkeiten in Stellenbeschreibungen aufgeteilt.
- In einer Stellenbeschreibung für ausgebildetes Personal brauchen die konkreten Arbeitsschritte nicht im Einzelnen aufgelistet zu werden.
- Je unqualifizierter eine Tätigkeit ist, desto mehr konkrete Arbeitsschritte müssen aufgelistet werden. (Schindewolf, 2002: 5)

Mehrere Stellen mit gleichen Aufgabenbereichen werden zu Abteilungen zusammengefasst. In größeren Unternehmen können mehrere Abteilungen zu Hauptabteilungen zusammengefasst werden.

Bei der betrieblichen Organisation wird unterschieden zwischen Aufbauorganisation, Ablauforganisation und Prozessorganisation.

Die **Aufbauorganisation** gliedert die Aufgaben in Aufgabenbereiche und bestimmt die Stelle und Abteilungen, die diese bearbeiten sollen, und zwar durch:

- Bildung organisatorischer Einheiten durch Definition und Abgrenzung
- Besetzung von Einheiten durch Aufgabenträger
- Festlegung von Rangordnung und Weisungsbefugnissen
- Festlegung der Managementkonzeption.

Grundformen der Aufbauorganisation sind:

- die verrichtungsorientierte Organisation
- die objektorientierte Organisation
- die Matrixorganisation.

Matrixorganisation heißt eine spezielle Form eines Unternehmensleitungssystems. Die Stellen unterstehen sowohl einem verrichtungs- als auch einem objektorientierten Manager.

Faktoren mit Einfluss auf die Organisationsform der Unternehmen sind:

- Unternehmensgröße
- Unternehmensform
- Marktleistungen
- Fertigungstechnologie
- Informationstechnologie
- Kundenstruktur
- Mitbewerber am Markt.

Aufgabe der Ablauforganisation ist die rationelle Gestaltung der Arbeitsabläufe im Betrieb. Ziele der Ablauforganisation sind:

- reibungsloser Ablauf
- Qualitätssicherung
- Terminsicherung
- Pflege der Arbeitswilligkeit.

Die **Prozessorganisation** ist die Abwicklung der Prozesse in organisatorisch selbstständigen Einheiten, die durch funktionale Gruppen unterstützt werden. Es werden prozess- oder produktbezogene Teams und Arbeitsgruppen eingesetzt, die für eine ganzheitliche Bearbeitung des Auftrags zuständig sind.

Vor der eigentlichen Prozessgestaltung müssen Prozesse identifiziert, abgegrenzt und ausgewählt werden.

Ziel der Neugestaltung von Geschäftsprozessen ist es, die Prozesse effizienter zu gestalten und effektiver zu sein – dies führt meist zum Abbau von Arbeitsplätzen, da mitunter ganze Abteilungen zusammengefasst werden.

Schlüsselprozesse sind diejenigen Prozesse in einer Unternehmung, die einen unmittelbaren und wichtigen Bezug zu ihren strategischen Zielen haben und ihre Wirtschaftlichkeit erhöhen.

Folgende Faktoren sind die bei der Gestaltung von Geschäftsprozessen zu berücksichtigen:

- Kenntnis des Aufbaus der Organisationseinheit
- Einbeziehen der Leistungserstellung und der Abnahmen der Leistung
- Informieren von Kunden über die Leistungspalette
- Beachtung von Rechtsvorschriften und Verfahrensregelungen
- Kenntnis der Zusammenarbeit interner und externer Stellen
- Erkennen des Zusammenhangs zwischen Leistungserstellung und Informationsfluss
- Einsetzen von IT-Technik zur Erledigung der Aufgaben.

Aufgabe der funktionsorientierten Ablauffunktion ist die optimale Anordnung der Teilprozesse in Unternehmen. Sie regelt, welche Aufgaben in welcher Reihenfolge von welchen Mitarbeitern ausgeführt werden müssen.

Ein gesamter Prozess wird von Anfang bis zum Ende einschließlich der Planungs- und Kontrolltätigkeiten der Verantwortlichkeit eines Aufgabenträgers zugeordnet. Prozessteams erhalten den Auftrag zur Prozessabwicklung. Bei der funktionsorientierten Ablauforganisation wird der Arbeitsablauf optimiert. Bei der prozessorientierten Ablauforganisation wird das Prozessergebnis optimiert.

Bereiche mit betrieblichen Querschnittsfunktionen sind für alle Funktionsbereiche zuständig. Die übergreifenden Aufgaben liegen quer zu den Funktionsaufgaben des Betriebes.

Die Kontrolle von Geschäftsprozessen erfolgt durch:

- Zielerreichungskontrolle
  - Die durch Zielvereinbarungen festgelegten Planwerte werden mit den im Prozess realisierten Istwerten verglichen.
  - Auftretende Abweichungen zwischen Soll- und Istwerten sind durch Ursachenforschung festzulegen.
- Prozessablauforientierte Kontrolle
  - auf die Übereinstimmung des Prozessergebnisses mit den Vorgaben
  - auf den Auslastungsgrad von Mitarbeitern
  - auf das Identifizieren inhaltlich gleicher Arbeitsschritte in unterschiedlichen Teilprozessen
  - auf Engpässe.

Messgrößen, die bei der Kontrolle von Geschäftsprozessen aufgenommen werden, sind:

- Fehlerquote
- Bearbeitungszeiten und Kosten für Kundenaufträge
- Arbeitsproduktivität
- Abweichung von Qualitätsstandards.

3.4.2 Leistungsplanung

Die Planung bildet den logischen Ausgangspunkt des Managementprozesses. In ihrem Rahmen wird erarbeitet, was im Planungszeitraum durch das Unternehmen erreicht werden soll und wie es am besten zu erreichen ist.

Mit der Planung kann man natürlich die Zukunft nicht genau abbilden. Das ist auch nicht ihr Ziel, vielmehr geht es um eine möglichst exakte Vorausschau auf die Zukunft, um die Unternehmen in die Lage zu versetzen, frühzeitig reagieren zu können.

Ein Planungssystem ist eine geordnete Gesamtheit verschiedener Teilpläne, die nach einheitlichen Grundsätzen aufgebaut sind. Damit soll ein effektives Controlling im Sinne einer Integration von Planung, Steuerung und Kontrolle ermöglicht werden.

Viele einzelne Teilpläne werden in den Unternehmen zu einer Gesamtplanung zusammengeführt. Das ist eine nicht zu unterschätzende Aufgabe mit erheblichem Arbeitsaufwand. Es ist daher kaum verwunderlich, dass es in vielen Unternehmen spezielle Planungsabteilungen gibt. Diese Zusammenführung und Vereinheitlichung von Plänen und den Vorgehensweisen bei der Planung ermöglicht den Aufbau eines Planungssystems, also eines Systems einzelner Pläne, die einen inhaltlichen und sachlichen Zusammenhang haben. Diese Teilpläne entstammen in der Regel den betrieblichen Funktionsbereichen:

- Beschaffung
- Produktion und
- Absatz.

bzw. den diese Funktionen abdeckenden Abteilungen. Es gibt also einen Beschaffungsplan (= Einkaufsplan), einen Produktionsplan und einen Absatzplan (= Vertriebsplan). Darüber hinaus gibt es Pläne, die alle oder mehrere Funktionsbereiche betreffen und als funktionsübergreifende Pläne bezeichnet werden. Dies sind z. B. der Kostenplan und der Finanzplan, weil in diesen die Kosten und Finanzen für alle Funktionsbereiche und für die Gesamtunternehmung aufgeführt werden. Die Teilpläne sind also der wesentliche Bestandteil des Planungssystems. Eine Kategorisierung dieser Teilpläne ist für die weitere Erarbeitung des Themas «Planung» hilfreich. Pläne lassen sich nach vier unterschiedlichen Arten charakterisieren:

1. nach Art und Umfang
2. nach der Dimension
3. nach der Tiefe und
4. nach der zeitlichen Reichweite.

Ein wichtiges Gestaltungsmerkmal eines Planungssystems ist die Planungsrichtung. Wir unterscheiden in diesem Zusammenhang:

- Top-down-Planung
- Bottom-up-Planung
- Gegenstromverfahren.

Die **Top-down-Planung** findet von «oben nach unten» statt, wobei mit *top* (oben) die Unternehmensführung bzw. das Top-Management und mit *down* (unten) die untere Führungsebene, z. B. die Gruppe oder Abteilung gemeint ist. Von der Unternehmensführung werden Zielvorstellungen und Rahmendaten festgelegt. Ausgehend von dieser Basis werden konkrete Vorgaben für die Bereiche des Unternehmens festgelegt.

Die **Bottom-up-Planung** findet dagegen von «unten nach oben», d. h. vom Boden oder Grund (*bottom*) nach oben (*up*) statt, und zwar ausgehend von der Grundüberlegung, dass die operativen Einheiten «vor Ort» am besten planen können, was im nächsten Geschäftsjahr möglich ist.

Bei der Planung nach dem **Gegenstromverfahren** erfolgt der Start des Planungsprozesses auf der obersten Führungsebene. Das Top-Management trifft die übergeordneten Grundsatzentscheidungen und entwickelt grobe Vorgaben für die Bereiche. Die Bereiche führen nun in Kenntnis dieser groben Vorgaben ihre Detailplanung nach dem Bottom-up-System durch. Die Ergebnisse dieser Planung werden dann zusammengeführt und auf oberer Ebene wieder mit den groben Vorgaben abgeglichen. Sofern Änderungen der Detailpläne notwendig sind, wird die Korrektur wieder von oben nach unten gegeben. Das Gegenstromverfahren verbindet die Vorteile der Top-down- und Bottom-up-Planung ohne die mit diesen Methoden verbundenen Nachteile. Durch die Vorgabe der Unternehmensleitung ist eine klare Zielorientierung der Planungsprozesse gegeben. Auf Grund der dazu erfolgenden grundlegenden Bottom-up-Planung in der Funktionsbereichsebene werden auch die Gegebenheiten in den Funktionsbereichen ausreichend berücksichtigt. Zudem wird auch hier eine gute Identifikation mit den Planungszielen erreicht. Die genannten Vorteile des Gegenstromverfahrens haben dazu geführt, dass dieses Verfahren die meiste Verbreitung in deutschen Unternehmen gefunden hat.

Die **zeitliche Reichweite** der Pläne bezeichnet die Betrachtungszeitraum der Planungswerte. Die Reichweite wird demnach in Kalenderzeiträumen ausgedrückt. Es gibt:

- Tagespläne
- Wochenpläne
- Monatspläne
- Quartalspläne
- Halbjahrespläne
- Jahrespläne
- Mehrjahrespläne.

Je nach Sinn und Zweck des Plans muss die zeitliche Reichweite an die Ziele und Vorgaben des Planenden angepasst werden. Die zeitliche Struktur unterliegt dabei vielen Beschränkungen. Besonders kurzfristige Planungen (für den nächsten Monat) zeichnen sich in der Regel dadurch aus, dass der Kenntnisstand über den Planungszeitraum sehr hoch ist. Viele Unternehmen wissen z. B. aus ihren vorliegenden Kundenaufträgen sehr genau, wie viel Arbeit in ihrem Betrieb im nächsten Monat anfällt. Sie können also im Rahmen der operativen Planung sehr genau planen.

Bezogen auf die Fristigkeit unterscheidet man die:

- langfristige Planung für Zeiträume über 5 Jahre
- mittelfristige Planung für Zeiträume von einem Jahr bis zu 5 Jahren und die
- kurzfristige Planung für Zeiträume bis zu einem Jahr.

Langfristige Planungen, wie z. B. 5-Jahres-Pläne, zeichnen sich im Gegensatz zu den kurzfristigen Plänen dadurch aus, dass naturgemäß eine große Unsicherheit über den Planungszeitraum vorherrscht (= Planung unter Unsicherheit). Diese Planungen werden daher normalerweise grob durchgeführt, eventuell werden nur die Eckpunkte der unternehmerischen Tätigkeit geplant. Damit hat man zumindest ein grobes Raster von Planung und Zielen, an dem sich die Unternehmung orientieren kann. Diese langfristigen Pläne bilden dann auch den Mantel für die kurzfristigen Pläne.

Kurzfristige Pläne mit Detailplanungen und konkreten Vorgaben nennt man **operative Pläne**, langfristige Pläne mit Festlegung von Zielen und Strategien werden **strategische Pläne** genannt. Es geht bei der Abgrenzung zwischen operativen und strategischen Plänen also nicht nur um die zeitliche Dimension. Die Pläne unterscheiden sich auch in der Bedeutung, Detaillierung und Beteiligung der Betroffenen.

Es gibt in der Literatur und Unternehmenspraxis alternative Unterscheidungen zur Aufteilung in operative und strategische Pläne, so z. B. die Differenzierung in:

- Grundsatzplanung
- strategische Planung
- operative Planung und
- taktische Planung.

Dabei werden zur Grundsatzplanung die Festlegung der Ziele und Unternehmensstrategien gezählt, und zur taktischen Planung zählen die detaillierte und die kurzfristige Planung unterster Führungsebenen. Die weiteste Verbreitung und größte Akzeptanz hat jedoch die Aufteilung nach operativer und strategischer Planung gefunden. Die Hauptunterschiede zwischen der strategischen und der operativen Planung zeigt **Tabelle 3.4-1**.

3.4.3 Ablauf der Leistungserbringung

Unter Leistungserbringung sind sämtliche Aktivitäten zur Herstellung eines Produktes zu subsumieren. Diese Aktivitäten lassen sich aneinander gereiht als so genannte Wertschöpfungskette darstellen. Diese wurde von Porter in Form einer Grafik dargestellt, welche die Reihenfolge der zielgerichteten Kombinationen von Produk-

Tabelle 3.4-1: Grundformen der Planung (Quelle: Reschke, J.; unveröffentl. Unterrichtsmaterial; Westsächsische Fachhochschule Zwickau)

Unterscheidungsmerkmal	Strategische Planung	Operative Planung
Planungsträger	höchste Führungsebene	mittlere Führungsebene
zeitliche Reichweite	langfristige Planung	mittel- bis kurzfristige Planung
inhaltliche Reichweite	Gesamtheit der Unternehmensaktivitäten	Aktivitäten der Teilbereiche des Unternehmens
Konkretisierungsgrad der Aussagen	globale Aussagen	detaillierte Aussagen
Sicherheitsgrad	relativ große Unsicherheit	geringe Unsicherheiten
Zentralisierungsgrad	zentrale Planung	dezentrale Planung
benötigte Informationen	Umwelt- und Unternehmensinformationen	in erster Linie Unternehmensinformationen

tionsfaktoren zeigt, die aus Input-Faktoren (Boden, Kapital, Arbeit, Information) ein marktfähiges Produkt machen (sollen), dessen Verkaufswert größer als die Summe der Einstandskosten aller Produktionsfaktoren ist. Es gibt eine Vielzahl von Versionen dieser Grafik, von denen wir in **Abbildung 3.4-1** eine der bekanntesten (und quellennächsten) präsentieren. Man unterscheidet dabei primäre betriebliche Funktionen, die originär den Wert der Produktionsfaktoren erhöhen, und abgeleitete, sekundäre Wertschöpfungsaktivitäten, welche die primären Funktionen unterstützen, selbst aber keinen Wertfortschritt bewirken. Primäre Funktionen sind Einkauf, Logistik, Produktion und Marketing; sekundäre (aber deshalb keineswegs überflüssige) Funktionen sind Personalentwicklung, Forschung und Entwicklung sowie Verwaltung. Als Richtschnur kann man sagen, dass primär ist, was irgendwo im Prozesszusammenhang Einzelkosten erzeugt oder zumindest erzeugen könnte, und sekundär, was keine Einzelkosten erbringt, also als allgemeine oder Hilfskostenstelle auf Hauptkostenstellen umgeschlagen oder auf Herstellkosten des Umsatzes (HKU) abgerechnet werden muss.

Dem gesamten Modell liegt der Begriff des Produktionsfaktors zu Grunde. Ein **Produktionsfaktor** ist, was der betrieblichen Leistungserstellung dient oder wenigstens dienen könnte. Traditionell, d. h. seit Karl Marx' berühmtem Werk «Das Kapital» unterscheidet man Boden, Kapital und Arbeit, wobei heute allgemein zusätzlich auch noch die Information als Produktionsfaktor angesehen wird.

Dem Begriff «Produktionsfaktor» liegt der Güterbegriff zu Grunde. Ein **Gut** ist, was der menschlichen Bedürfnisbefriedigung dient oder dienen könnte. Man kann daher sagen, dass ein Produktionsfaktor ist, was der Schaffung von

Forschung und Entwicklung	Beschaffung	Produktion	Marketing
• Suche nach neuen Erkenntnissen als Grundlagen- oder als Zweckforschung • Suche nach neuen Anwendungsmöglichkeiten als Neu- oder Weiterentwicklung	• Bedarfsermittlung • Beschaffungsmarktforschung • Lieferantenermittlung, Lieferantenbeurteilung • Bestelldisposition mit entsprechender Kennzahlenrechnung	• Eingangskontrolle • Eingangslagerung • Durchführung des eigentlichen Produktionsprozesses mit Zwischenlagerung je nach tatsächlich angewandtem → Fertigstellungsverfahren	• Absatzmarktforschung • Marktsegmentierung • Zielmarktbezogene Werbung, Verkaufsförderung und Public Relations • Kundendienst, After-Sales-Service
	Material-Eingang → Eingangsprüfung →	innerbetrieblicher Transport →	Ausgangslagerung → Verkauf, Versand
• F&G-Controlling	• Beschaffungscontrolling Dispositionsrechnung	• Fertigungscontrolling Prozessoptimierung	• Marketingcontrolling Statistik, Marktforschung
In allen Bereichen: Personalcontrolling, allgemeine Operations-Research-Techniken, speziell Optimierungsrechnung, Kennzahlenrechnung, speziell Produktivität, Rentabilität und «Time-to-Market», Berichtswesen an die Geschäftsleitung			
• Budgetrechnung • Investitionsplanung • Projektwürdigkeitsbeurteilung • Technologieprognose • «Strategische Vision»	• Budgetrechnung • Investitionsplanung • Lieferanten-Scoring-Modell • Bestellmengenoptimierung • Lagerkostenrechnung • Transportoptimierung	• Budgetrechnung • Investitionsplanung • Produktionsprogrammoptimierung, Materialmengenrechnung und Durchlaufplanung, zum Beispiel mit der → Simplexmethode • Transportoptimierung	• Budgetrechnung • Investitionsplanung • Werbeeffizenzkontrolle • Transportrechnung bei eigenem Versand • Personalkostenoptimierung

Abbildung 3.4-1: Der Leistungsprozess (Quelle: Reschke, J.; unveröffentl. Unterrichtsmaterial; Westsächsische Fachhochschule Zwickau)

Gütern dient oder dienen könnte. **Wertschöpfung** ist der Prozess der Gütererstellung, wenn Wirtschaft der Prozess des Austausches nützlicher Güter ist.

Kosten sind «bewerteter, periodisierter Güterverzehr zur Leistungserstellung und Bereitschaftserhaltung». Der Begriff impliziert also den Verzehr von Produktionsfaktoren.

Da Kosten nur sind, was der Leistungserstellung oder wenigstens der Bereitschaftserhaltung dient, können Dinge, die dem Unternehmer aufgebürdet werden, die aber nichts mit seiner Leistungserstellung zu tun haben, keine Kosten, auch keine externen Kosten sein.

Literatur
Siehe am Schluss des Kapitels.

3.5 Übertragung exemplarischer betriebswirtschaftlicher Aspekte im Krankenhausbereich

3.5.1 Einleitende Bemerkungen

Erste Ansatzpunkte betriebswirtschaftlicher Überlegungen finden sich auf dem Gebiet des Rechnungswesens. Zwar wurden Ergebnisse auf der Grundlage von Aufzeichnungen und Registrierungen zahlenmäßig erfassbarer betrieblicher Vorgänge erzielt, aber nicht primär, um die Notwendigkeit, die Ergebnisse des Rechnungswesens bewusst als Grundlage betrieblicher Entscheidungen zu nutzen und im Hinblick auf eine Optimierung der Entscheidungsprozesse weiter auszubauen. Neben den geldlichen und in Geld ausdrückbaren Vorgängen stehen zunehmend Verbrauchsmengen und Arbeitszeiten, vor allem aber Effektivität, Qualität und Effizienz des Behandlungs- und Pflegeprozesses als primärem Leistungsgeschehen im Vordergrund.

Das Gesundheitsstrukturgesetz von 1993 und nachfolgende gesetzliche Grundlagen haben bei den Krankenhäusern zum Umdenken in Richtung auf mehr Wirtschaftlichkeit geführt.

Dabei liegt es nahe, sich Anregungen in der Volkswirtschaft, konkret in der Industrie zu holen. Die Industrie hat vermeintlich die größte Erfahrung und die besten Ergebnisse in Sachen Produktivität und Rentabilität aufzuweisen.

Wenn man in der Industrie beispielgebende Strukturen, Prozesse, Methoden und Hilfsmittel vorfindet, die sich zur Nachahmung empfehlen, dann ist es nur noch ein kleiner Schritt zu einem Denkmodell, welches das Krankenhaus insgesamt als medizinischen Industriebetrieb mit kleinen nomenklatorischen Abstrichen erscheinen lässt.

Sauerbrei (1996) erkennt drei große Themenblöcke, die in diesem Zusammenhang in kritischer Sicht eingehender betrachtet werden sollen:

1. Analogiefähigkeit zwischen Krankenhaus und Industrie
2. Qualität industrieller Ansätze
3. Übertragungsmodus industrieller Erfahrungen und Methoden auf das Krankenhaus.

Industriebetriebe sind Wirtschaftseinheiten, die standardisierte Produkte für einen anonymen Markt entwickeln, herstellen und vertreiben. Mit dem demographischen Übergang zur Bevölkerungsstagnation, mit Marktsättigungstendenzen, dem Heranwachsen neuer Anbieterländer und der zunehmenden Bedeutung der Dienstleistungen in der Mittelverwendung der privaten und öffentlichen Nachfrager war die klassische Industrie gezwungen, sich völlig neuen Herausforderungen zu stellen. Die Entwicklung verlangt von der Industrie eine Kehrtwendung in Verhalten und Einstellung, ein Überbordwerfen bewährter Methoden und Denkmuster.

Wollte man aus Krankenhäusern nun veritable Betriebe machen, so müsste dies geradezu einen Anachronismus darstellen.

Industriezweige können neue Methoden betriebswirtschaftlicher Prozesse offensichtlich schneller ein- bzw. umsetzen. Viel vernünftiger ist es daher, die Hinwendung zum Dienstleistungsbetrieb in der Industrie zu beobachten und die damit zusammenhängenden Erkenntnisse über Schwierigkeiten und Erfolge für das Krankenhaus zu nutzen. (ebd.)

Zur Qualität industrieller Ansätze wäre festzustellen, dass im Zuge dieser Umstellung die Industrie ihre alten Methoden, Instrumente, Strukturen und Prozesse aufgibt, anpasst und modernisiert. Ob diesbezügliche Versuche erfolgreich sein werden, muss abgewartet werden. Die Qualität industrieller Veränderungsansätze muss kritisch beobachtet werden.

Es ist ohne Zweifel sinnvoll und empfehlenswert, dass Verantwortliche in Krankenhäusern sich über die Wege der Industrie informieren und darin prüfenswerte Alternativen für eigene Aktivitäten suchen und erkennen. Bei der Suche eines Übertragungsmodus industrieller Erfahrungen und Methoden auf das Krankenhaus sollte die Anwendung einer vernünftigen Mischung aus praktikablen Ideen und den jeweiligen Bedingungen im Krankenhaus angestrebt werden. Gesunde Skepsis gegenüber industriellen Methoden ist dabei gefordert. Es wäre falsch bzw. problematisch, wenn man die Besonderheiten im Krankenhaus, in seiner Geschichte, Aufgabenstellung, Vergütung und Finanzierung sowie im (Standes-)Denken des Ärzte- und Pflegepersonals ignorierte und auf den automatischen Erfolg sachlich richtiger, aber für das Umfeld ungeeigneter Maßnahmen setzte. (ebd.)

3.5.2 Betriebliche Grundtatbestände

Ausgehend von der volkswirtschaftlichen Gesamtaufgabe der weitestgehenden Befriedigung aller materiellen und immateriellen Bedürfnisse des Menschen spielt die Gesundheitsfürsorge eine bedeutende Rolle. Im Mittelpunkt der Gesundheitsfürsorge steht das Erkennen, Heilen, Bessern oder Lindern von Krankheiten, Leiden oder Körperschäden der Patienten, die das Krankenhaus aufsuchen. Ferner werden die semistationäre Krankenversorgung (Diagnostik und Therapie in Tages- oder Nachtkliniken, auch bei nur stundenweisem Aufenthalt) und die ambulante Krankenversorgung angeboten.

In der betrieblichen Betätigung des Krankenhauses steht die vollstationäre Krankenversorgung, z. B. in Form einer Intensiv-, Normal- und Langzeitversorgung im Zentrum. Sie umfasst Unterbringung und Versorgung, ärztliche Behandlung (Diagnostik und Therapie) und pflegerische Betreuung, dazu in geeigneten Fällen soziale Fürsorge und seelsorgerische Hilfe.

Von anderen Dienstleistungsbetrieben unterscheidet sich das Krankenhaus dadurch, dass die Leistung unmittelbar am Patienten ausgeübt und vom Patienten im Krankenhaus selbst konsumiert wird. Erstellungen und Inanspruchnahme dieser Leistungen geschehen also an ein und demselben Ort. Der Betriebsprozess im Krankenhaus wird nicht nur von ärztlichem, pflegerischem und medizinisch-technischem Personal sowie vom Wirtschafts- und Verwaltungspersonal der Einrichtung getragen, sondern er bindet auch den kranken Menschen, den Patienten unmittelbar mit ein. Diese Besonderheit der Leistungserstellung hat einen tief greifenden Einfluss auf das gesamte Betriebsgeschehen. In Anlehnung an die Begriffsbestimmung des § 2,1 KHG wird die Aufgabenstellung im Gesundheitssystem wie folgt definiert: Krankenhäuser sind Einrichtungen, in denen Patienten Hilfeleistungen, insbesondere ärztlich-pflegerischer Art, erhalten, durch die Krankheiten, Leiden oder Körperschäden festgestellt, geheilt oder gelindert werden sollen oder Geburtshilfe geleistet wird und in denen Patienten untergebracht und versorgt werden können.

Die voll- und teilstationäre Krankenversorgung stellen damit zentrale Ziele des Krankenhausbetriebes dar. Sie umfassen, wie bereits angeführt, die Teilleistungen der ärztlichen Behandlung, der pflegerischen Betreuung und der sozialen Fürsorge sowie seelsorgerische Hilfe und Hotelversorgung. Zu diesen stationären Leistungen kommt ggf. die ambulante Krankenversorgung hinzu.

Die spezifischen Leistungen des Krankenhausbetriebes ergeben sich aus dem Zusammenwirken der Elementarfaktoren «Arbeitsleistungen», «Sachgüter» und «Betriebsmittel». Diese Leistungen werden durch die Krankenhausbetriebsleitung sowie ggf. durch die zuständigen Organe des Krankenhausträgers geplant, organisiert und kontrolliert.

Primärer Gegenstand des Betriebsprozesses sind also nicht Veränderungen von Beschaffen-

Tabelle 3.5-1: Einteilung der Krankenhäuser nach Bedarfsbereichen (Quelle: Schär, W.; unveröffentl. Weiterbildungsskript)

Kriterium	Art des Krankenhauses
Ärztlich-pflegerische Zielsetzung	Allgemeinkrankenhaus
	Fachkrankenhaus
	Sonderkrankenhaus
Art der ärztlichen Besetzung	Anstaltskrankenhaus
	Belegkrankenhaus
Intensität der Behandlung und Pflege	Akutkrankenhaus
	Langzeitkrankenhäuser
	Krankenhäuser für chronisch Kranke
Anforderungs- und Versorgungsstufe	Krankenhaus der Grundversorgung
	Krankenhaus der Schwerpunktversorgung
	Krankenhaus der Zentral- bzw. Maximalversorgung

heitsmerkmalen und Eigenschaften von Materialien oder Informationen, sondern Veränderungen derjenigen Personen, die als Patienten die Leistungen des Krankenhauses in Anspruch nehmen.

Ausgehend von den auch für das Betriebsgeschehen im Gesundheits- und Krankenhauswesen geltenden Wirtschaftsgrundsätzen ist der Krankenhausbetrieb bemüht, seine Leistungen mit einem möglichst günstigem Verbrauch von Einsatzfaktoren zu erbringen.

Diese eher globalen Wirtschaftlichkeitsbetrachtungen der Krankenhausproduktion beziehen sich konkret auf die Erlöse der im «Pflegetag» gebündelten Einzelleistungen in der Diagnostik, Therapie, Pflege und Hotelversorgung sowie auf die Kosten der ärztlichen, pflegerischen und medizinisch-technischen Dienste, der Versorgungs- und Verwaltungsdienste, sowie auf den bewerteten Verbrauch und Gebrauch von Sachgütern des medizinischen, technischen und wirtschaftlichen Bedarfs.

Der eigentliche Versorgungsprozess ergibt sich aus den interaktiven Beziehungen zwischen den Patienten einerseits und dem Krankenhaus andererseits. Die Versorgungsaufgaben vollziehen sich in überwiegend informellen, mehr oder weniger konkreten Interaktionen mit dem Patienten, differenziert nach den Entscheidungsbereichen «Diagnostik», «Therapie», «Pflege» und «Versorgung».

Die Krankenversorgung ist somit nicht nur als die Summe aller Interaktionen zwischen dem Patienten und dem Krankenhaus, sondern als ein geschlossenes, dynamisches System zu verstehen. Die unterschiedlichen Ausprägungen der eingesetzten personellen Ressourcen werden vom Fachwissen und von der Erfahrung, den manuellen Fähigkeiten, der Beobachtungsgabe, dem Denk- und Einfühlungsvermögen sowie der Zuverlässigkeit des eingesetzten Personals determiniert. Bei den sachlichen Ressourcen stehen die Modernität und Betriebssicherheit der Apparate, Geräte, Einrichtungen und Ausstattungen sowie die Zweckdienlichkeit und Qualität der Sachgüter im Vordergrund.

Die Intensität der am Patienten orientierten Krankenhausarbeit hängt davon ab, ob und inwieweit die am Versorgungsprozess beteiligten Entscheidungsträger die Ganzheitlichkeit des Patienten in ihre Überlegungen einbeziehen und sich dafür verantwortlich fühlen.

Eine Einteilung der Krankenhäuser nach Bedarfsbereichen findet sich in **Tabelle 3.5-1**.

3.5.3 Wesentliche Rechtsformen

Krankenhäuser werden als Körperschaften, Regiebetriebe oder Eigenbetriebe von Ländern, Gemeinden oder Kommunen geführt.

Der **Regiebetrieb** ist ein unselbstständiger Teil der Kommune und steht unter deren Leitung. Der **Eigenbetrieb** hingegen ist ein organisatorisch, wirtschaftlich und finanziell gesondertes Unternehmen, wenn auch ohne eigene Rechtspersönlichkeit, das sich selbst verwaltet. Ein Eigenbetrieb kann in jeglicher Rechtsform (s. Kap. 3.2) geführt werden.

Darüber hinaus sind private oder freigemeinnützige Einrichtungen Träger von Krankenhäusern, ebenfalls in jeglicher Rechtsform.

3.5.3.1 Trägerschaft

Als Krankenhausträger werden diejenigen Personen, Körperschaften oder Institutionen bezeichnet, die ein Krankenhaus besitzen oder betreiben. Das deutsche Gesundheitswesen ist durch einen Pluralismus der Träger gekennzeichnet. Zu unterscheiden sind öffentliche, freigemeinnützige und private Träger und private Eigentümer. Daneben unterhalten auch Berufsgenossenschaften einige Kliniken, die aber in diesem Zusammenhang nicht näher untersucht werden.

Öffentlich-rechtliche Träger
Öffentliche Krankenhäuser sind solche, deren Träger eine kommunale Gebietskörperschaft, ein Bundesland, die Bundesrepublik Deutschland oder eine sonstige Körperschaft des öffentlichen Rechtes ist.

Freigemeinnützige Träger
Freigemeinnützige Krankenhäuser werden von einem religiösen, kirchlichen, humanitären oder sozialen Träger geführt.

Privatrechtliche Träger
Private Krankenhäuser stehen in privater Rechtsform und werden von ihren Trägern nach erwerbswirtschaftlichen Grundsätzen betrieben.

Langfristig betrachtet zeigt sich eine deutliche Schrumpfung des öffentlichen Sektors, während die freigemeinnützigen Kliniken ihre Position behaupten konnten. Deutliche Wachstumsraten zeigt jedoch der Sektor der Kliniken mit privater Trägerschaft und privater Betriebsführung. So zeigen sich seit 1960 die in **Tabelle 3.5-2** wiedergegebenen Entwicklungstendenzen.

Die Zahl der Krankenhäuser sank von 1960 bis 1989 von 3604 auf 3046. Dies gilt für alle Krankenhäuser mit Ausnahme der privaten Kliniken, deren Anzahl im gleichen Zeitraum von 912 auf 979 im Jahre 1989 anstieg. Durch die Ausgliederung der Vorsorge- und Rehabilitationseinrichtungen im Jahre 1990 werden Zahlen in allen Bereichen dezimiert, jedoch setzt sich der zahlenmäßige Anstieg der privaten Kliniken im Verhältnis zur Gesamtzahl der Krankenhäuser fort (s. Tab. 3.5-2).

Tabelle 3.5-2: Krankenhäuser und Betten, 1960 bis 1994 (Quelle: Reschke, J.; unveröffentl. Unterrichtsmaterial; Westsächsische Fachhochschule Zwickau)

Jahr	Gesamt KH	Akut-KH[a]	Sonder-KH[b]	öffentl.-KH[c]	fr.-gem.-KH[c]	private-KH[c]
1960	3.604	2.656	945	1.385	1.307	912
1970	3.587	2.441	1.146	1.337	1.270	980
1972	3.519	2.364	1.155	1.322	1.239	958
1975	3.481	2.260	1.221	1.297	1.187	997
1980	3.234	1.991	1.243	1.190	1.097	947
1985	3.098	1.825	1.273	1.104	1.049	945
1989	3.046	1.735	1.311	1.046	1.021	979
1990	2.447	2.207	240	1.043	843	321
1993	2.354	2.112	242	917	847	348
1995	2.325	2.081	244	863	845	373
1997	2.258	2.020	238	818	820	382
1999	2.252	2.014	238	753	832	429
2000	2.242	2.003	239	744	813	446
2001	2.240	1.995	245	723	804	468

a) Ab 1990: Allgemeine Krankenhäuser; b) Ab 1990: Krankenhäuser mit ausschließlich psychiatrischen oder neurologischen Betten; c) Ab 1990 erfolgt in der Statistik eine Aufteilung nach Trägern nur für Allgemeine Krankenhäuser.

Eine genauere Betrachtung macht Tendenzen einer trägerspezifischen Arbeitsteilung deutlich. Private Träger konzentrieren sich (Stand: 2001) vor allem auf den Bereich der Sonderkrankenhäuser, wo sie mit 52 % die Mehrheit aller Kliniken stellen, während die anderen beiden Trägergruppen jeweils nur einen Anteil von 24 % erreichen. Die Akutkrankenhäuser sind dagegen überwiegend in öffentlicher Hand oder haben freigemeinnützige Träger, die hier 43 % bzw. 41 % aller Kliniken vorhalten, während private Eigentümer bereits 20 % der Akutkrankenhäuser mit steigender Tendenz stellen.

Privatisierungen lassen sich als Übertragung von Staatsvermögen an private Eigentümer definieren. Zu unterscheiden sind die Privatisierung im weiteren Sinne (formelle Privatisierung) und die Privatisierung im engeren Sinne (materielle Privatisierung). Die formelle Privatisierung in Form der finanzwirtschaftlichen Privatisierung beschränkt sich auf den finanziellen Aspekt und ist z. B. dann anzutreffen, wenn öffentliche Investitionsobjekte von Privatpersonen errichtet und von den Behörden angemietet werden. Zur formellen Privatisierung zählt auch die rechtliche, die dann vorliegt, wenn die öffentliche Einrichtung rechtlich verselbstständigt wird.

Im Unterschied zur formellen Privatisierung wird bei der Privatisierung im engeren Sinne die Durchführung oder der materielle Inhalt einer staatlichen Leistung oder Aufgabe auf Privatpersonen übertragen. Zu unterscheiden sind für die materielle Privatisierung die organisatorische und die funktionale Form. Bei der organisatorischen Form materieller Privatisierung bleibt die öffentliche Hand weiterhin für die Aufgabe und die Leistung verantwortlich. Beispielhaft sei hier die Übertragung der Trägerschaft von Kindergärten angeführt. Von der organisatorischen Form der materiellen Privatisierung unterscheidet sich die funktionale Form dadurch, dass hierbei bisher staatliche Aufgaben oder Leistungen auf Private übertragen werden (echte Privatisierung).

Als Vorteile der Privatisierung von Krankenhäusern im engeren Sinne, z. B. in Form einer GmbH (s. Kap. 3.2.2.4), sind verbesserte Managementqualitäten durch erfolgsabhängige Vertragsgestaltung, Zeitverträge, Entscheidungsautonomie und attraktive Vergütung herauszustellen.

Auch schnellere Beschlüsse durch kurze Entscheidungswege, wenige, dafür kompetente und kleine Pflichtorgane sowie die Trennung von Entscheidung und Kontrolle sprechen für eine solche Lösung. Die Beschlüsse des Geschäftsführers sind durch seine letztinstanzliche Kompetenz und durch die Identität von Verantwortung und Entscheidung stabil. Ein weiterer, nicht zu unterschätzender Vorteil besteht darin, dass der Geschäftsführer Dienstvorgesetzter aller Mitarbeiter, also auch der Chefärzte, ist.

Letztlich ist ein auf den Betrieb von Krankenhäusern spezialisiertes Unternehmen in der Lage, gleiche Leistungen zu günstigeren Kosten zu erbringen als beispielsweise eine Stadt, für deren ehren- und hauptamtliche Verwaltung das Krankenhaus ein Sonderbetrieb ist, und dessen spezifischen Anforderungen das normale kommunale Management nicht voll Rechnung tragen kann.

Gründe für eine Privatisierung. Die im Zusammenhang mit einer Privatisierung u. U. auftretenden Probleme lassen sich anhand der Argumente pro und kontra Privatisierung aufführen und diskutieren (vgl. dazu und im Folgenden Hammer/Gebhard, 1992). Für die Privatisierung wird u. a. angeführt:

- Die private Wirtschaft kann die gleichen Leistungen billiger als der Staat erbringen.
- Privatisierung ist für Leistungsbereiche geboten, weil die staatlichen Organisationsstrukturen hierfür ungeeignet sind. Jede Form von Privatisierung bedeutet mehr Marktwirtschaft und damit tendenziell eine Leistungssteigerung.
- Privatisierung verändert nicht nur die Leistungsform, sondern auch das Leistungsverhalten der Mitarbeiter zu Gunsten stärkerer Motivation.
- Etliche Leistungsbereiche stehen in konkreter Missbrauchsgefahr, Privatisierung bedeutet Ausschluss der Missbräuche.
- Privatisierung öffentlicher Monopolleistun-

gen mindert die arbeitsrechtliche Erpressbarkeit des öffentlichen Verbandes.
- Privatisierung macht kostenbewusster.
- Privatisierung sichert den größten Fortschritt in den Leistungsmethoden und bei Leistungsverbesserungen.
- Privatisierung vermindert den öffentlichen Kapitalbedarf und trägt dadurch zur finanziellen Entlastung bei.
- Privatisierung beendet die Inflation des öffentlichen Sektors.
- Privatisierung bringt einer Volkswirtschaft die Erweiterung des privaten Sektors und damit die Zunahme von Dynamik und den Ausbau von Steuereinnahmen.

Gründe gegen eine Privatisierung. Argumente gegen die Privatisierung sind:

- Öffentliche Leistungen sind die Folge privaten Marktversagens.
- Privatisierung dient nur dem Vorteil der Privatwirtschaft.
- Durch die Privatisierung verliert der Staat Einflussmöglichkeiten auf Preis und Leistung.
- Privatisierung ist falsch, weil für öffentliche Leistungen privatwirtschaftliche Maßstäbe ungeeignet sind.
- Privatisieren ist Rosinenpickerei, weil nur die rentablen Leistungen von der Privatwirtschaft übernommen werden.
- Privatisierung geht immer zu Lasten der Beschäftigten.
- Privatisierung gefährdet Arbeitsplätze.
- Privatisierung gefährdet die Gewerkschaft.
- Privatisierung mindert die politische Kontrolle über den Leistungsbereich.
- Privatisierung gefährdet die Sicherheit der Leistungen.
- Privatisierung scheidet aus, wenn die Leistung an ein privates Monopol vergeben werden müsste.
- Soziale Dienste sind nicht privatisierbar, da man bei ihnen die Leistung nicht messen kann.

3.5.3.2 Betriebsführung durch Dritte

Unabhängig von der Form der Trägerschaft ist eine Betriebsführung, d. h. die Übernahme der Geschäftsführungstätigkeit durch externe Unternehmen möglich.

3.5.4 Betriebsführungsstrukturen

Die Tatsache, dass eine Person Mitglied der Betriebsführung ist, lässt sich objektiv aus ihrer Stellung innerhalb der Organisationsstruktur eines Unternehmens entnehmen. Anhand des Umfangs der daraus abgeleiteten Kompetenzen kommt die Einzigartigkeit eines spezifischen Tätigkeitsbereiches zum Ausdruck. So sind z. B. die Führungs- und Budgetverantwortung notwendige Voraussetzungen, um die Funktion und Rolle dieses Aufgabenfeldes erfolgreich erfüllen zu können. Ausgehend von der Feststellung, dass es auf Grund der unterschiedlichen Rechtsformen unterschiedliche Leitungsstrukturen gibt, werden in **Tabelle 3.5-3** die verschiedenen Leitungsebenen eines Betriebes verallgemeinert dargestellt. **Abbildung 3.5-1** zeigt exemplarisch die Organisationsstruktur eines Krankenhauses. Es wird deutlich, dass sich unterhalb des Krankenhausdirektoriums weitere Managementebenen befinden.

In Bezug auf die Aufgabenstellungen der verschiedenen Berufsgruppen lässt sich die organisatorische Grundstruktur in Funktionskreisen darstellen. Entsprechend dem Gesamtleistungsprozess lassen sich die Funktionskreise des Ärztlichen Dienstes, des Pflegedienstes und der Verwaltung unterscheiden. In diesen Funktionskreisen werden die berufsbezogenen Aufgaben erfasst und entsprechend der funktionalen Ordnung abgegrenzt. Für den praktischen Verlauf des wirtschaftlichen Geschehens mit seinen unvermeidlichen Überschneidungen und möglichen Reibungsverlusten ist eine solche Abgrenzung erkennbarer und festgelegter Verantwortungsbereiche wichtig, z. B. bei der Abgrenzung pflegefremder Tätigkeiten. Im Sinne der Zielsetzung eines Krankenhauses werden die Funktionskreise zu einer Organisationseinheit ver-

Abbildung 3.5-1: Funktionskreise eines Krankenhauses (Quelle: Haubrock, M., Peters, Sönke H. F., Schär, W. [Hrsg.]; Betriebswirtschaft und Management im Krankenhaus, 2. Aufl.; Berlin, Wiesbaden, 1997, S. 220)

knüpft. Diese berufsständisch getrennte Zuständigkeit ist in der Regel auch für die ausführenden Instanzen der tieferen hierarchischen Ebenen gegeben.

Zur Darstellung einer Krankenhausstruktur können die unterschiedlichsten Organisationsformen eingesetzt werden. Zu nennen wären u. a.:

- die Linienorganisation
- die Matrixorganisation
- die Stabslinienorganisation
- das Produkt- und Projektmanagement
- die Divisionalorganisation sowie
- die Teamorganisation.

Die Linienorganisation ist bei den öffentlichen Einrichtungen besonders stark ausgeprägt. Dieses lineare System ist u. a. durch folgende Aspekte gekennzeichnet:

- einheitlicher Instanzenweg
- klare Zuständigkeitsbegrenzung
- Überlastung der Führungskräfte
- hierarchischer Führungsstil.

In **Abbildung 3.5-2** wird eine Organisationsstruktur in einer Krankenhauseinrichtung im Überblick dargestellt. Grundsätzlich muss festgestellt werden, dass die Gestaltung der Strukturen bzw. Systeme wesentlich vom Willen des Trägers und der Unternehmensphilosophie des jeweiligen Krankenhauses abhängt.

Ausgehend von der Heterogenität der Direktoriumsmitglieder, die dazu führen kann, dass in erster Linie weniger gesamtbetrieblich, sondern vielmehr berufsgruppenbezogen gedacht wird, denkt man immer häufiger über eine Alternative nach, der zufolge das mehrköpfige Führungsgremium z. B. durch eine Einpersonenführung abgelöst werden kann. Für die Form der Führungsorganisation können nicht nur situative Aspekte, sondern auch grundsätzliche Überlegungen sprechen.

Tabelle 3.5-3: Leitungsebenen eines Unternehmens – Übersicht (Quelle: Haubrock, M., Hellmann, Th., Kramer, E.; Unterrichtsleitfaden Pflegemanagement; Basel, Eberswalde, 1994, Folie 32)

Oberste Leitungsebene	Mittlere Leitungsebene	Untere Leitungsebene
Unternehmenspolitik		
Bestimmung des Unternehmensziels	Anleitung der Mitarbeiter	
Einrichtung einer betrieblichen Organisation	Koordinierung und Überwachung der Zusammenarbeit	Überwachung
Besetzung der Führungsstellen	Treffen von Entscheidungen im eigenen Bereich	Ausführung
Lenkung der Führungskräfte	Mitwirkung bei der Entscheidungsvorbereitung	Vorbereitung der Arbeit
Außergewöhnliche geschäftliche Maßnahmen		Übertragung der Ausführung an die ausführenden Stellen

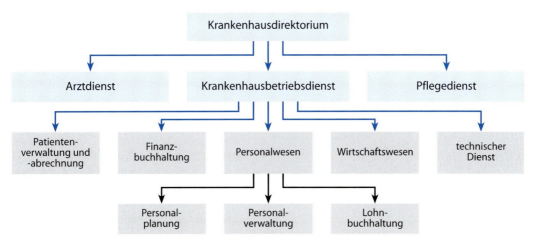

Abbildung 3.5-2: Organisationsstruktur eines Krankenhauses (Quelle: Haubrock, M., Hellmann, Th., Kramer, E.; Unterrichtsleitfaden Pflegemanagement; Basel, Eberswalde, 1994, Folie 31)

3.5.5 Ziele und Zielsysteme

3.5.5.1 Zu wesentlichen Zielstellungen des Leistungsprozesses

Das gesamte Handeln ist primär auf die Deckung des Bedarfs an spezifischen Leistungen ausgerichtet.
Dienstleistungen werden unmittelbar am Patienten ausgeübt und vom Patienten konsumiert.
Der Betriebsprozess ist in der Regel nicht erwerbswirtschaftlich-privatwirtschaftlich, sondern bedarfswirtschaftlich-gemeinnützig orientiert.
In § 1 des Krankenhausfinanzierungsgesetzes werden Aspekte genannt, die durch die Einführung dieses Gesetzes erreicht werden sollen:

- bedarfsgerechte Versorgung der Bevölkerung mit Krankenhausleistungen
- wirtschaftliche Sicherung der Krankenhäuser
- Leistungsfähigkeit und Wirtschaftlichkeit der Krankenhäuser
- sozial tragbare Pflegesätze bzw. Vergütungen (DRG's)
- Beachtung der Vielfalt der Krankenhausträger.

Maßgeblich für die Entwicklung der betrieblichen Zielvorstellungen ist der Krankenhausträger. Die Zielvorstellungen eines Krankenhauses leiten sich folglich aus dem Grundanliegen des Krankenhausträgers und dem institutionellen Sinn, dem die öffentlichen und freigemeinnützigen Krankenhäuser ihre Existenz verdanken, ab. Dem Krankenhausträger obliegen somit richtungweisende Entscheidungen, in deren Rahmen die eigentliche Durchführung der Krankenhausarbeit bei der Krankenhausleitung liegt. Wie aufgezeigt, geht der Gesetzgeber bei der Fixierung der Zielvorstellungen davon aus, dass die Deckung des Bedarfs an Krankenhausleistungen das Hauptziel der betrieblichen Bedingungen ist. Dieses Ziel ist auch bestimmend für die Art und den Umfang der Vorgaben, z. B. im Bereich der Leistungserstellung sowie der Finanz- und Personalwirtschaft.

In der Krankenhauspraxis können durchaus unterschiedliche Vorstellungen zwischen den Zielen des Trägers einerseits und den Zielvorstellungen der Entscheidungsinstanzen im Krankenhaus andererseits bestehen.

Neben internen Vorstellungen können auch externe Interessen Einfluss auf die Zielbildung gewinnen. So ist beispielsweise das öffentliche Interesse an der Bereitstellung der Krankenhausleistungen so groß, dass man meint, das Krankenhaus nicht sich selbst überlassen zu können, sondern seine organisatorische und rechtliche Selbstständigkeit u. U. eingrenzen zu müssen.

Diese Aussage trifft z. B. dort zu, wo die Krankenhäuser nicht als selbstständige Betriebe, sondern in Form eines Regiebetriebes geführt werden.

Der Patient ist nicht mehr ein ausschließlich passives Objekt karitativer Bemühungen und «strenger Regelungen der Anstaltsordnung», sondern tritt verstärkt als Fordernder, als Verlangender auf und sieht sich auf Grund seiner Beitragszahlung zur Sozialversicherung bzw. seiner Selbstzahlung in der Rolle des Mitfinanzierers der Krankenhausleistungen.

Zielvorstellungen des Patienten können hierbei sehr wohl von denen des Krankenhauses abweichen. Im Gegensatz zu früher sieht sich der heutige Patient mehr als aktives Subjekt im Rahmen des Betriebsprozesses und möchte auf diese Weise auch bei den Zielvorstellungen und bei den Abläufen der Entscheidungsprozesse mitbestimmen.

Bei der Festlegung von Zielen ist auch darauf zu achten, dass die Krankenhäuser sozial-technische, zielgerichtete, dynamisch-offene Systeme sind. Die einzelnen Elemente dieser Aussage lassen sich wie folgt beschreiben:

- Krankenhäuser sind Systeme, weil sie auf einer Menge von Einzelelementen beruhen, die in bestimmten Relationen und wechselseitigen Zusammenhängen korrelieren, wobei die Gesamtheit dieser Beziehungen die Struktur des Systems ausmacht.
- Krankenhäuser sind sozial-technische Systeme, weil sich ihre Elemente als die menschlichen und technischen Produktivfaktoren Arbeitskräfte, Sachgüter und Betriebsmittel darstellen.
- Krankenhäuser sind zielgerichtete Systeme, weil die Systeme bei ihren Aktionen bestimmte Ziele verfolgen.
- Krankenhäuser sind dynamisch-offene und adaptive Systeme, weil die Elemente in einem fortschreitenden Prozess zusammenwirken, aus ihrer Umwelt Daten und Kostengüter aufnehmen, in Informationen und Leistungen transformieren und diese wiederum an die Umwelt abgeben. Dabei bedarf es einer ständigen Anpassung an die Veränderungen dieser Umwelt als dem ranghöheren System.

Neben dem Hauptziel des Krankenhauses, den Bedarf der Bevölkerung an Krankenhausleistungen zu decken, treten gelegentlich eines oder mehrere Nebenziele auf, die parallel zum Hauptziel angestrebt werden. Dazu gehören z. B.:

- Ausbildung von Krankenhauspersonal
- medizinische Forschung in speziellen Kliniken
- Repräsentation des Krankenhausträgers
- Verbesserung der Arbeitsbedingungen und der Lebenslage des Krankenhauspersonals
- Steigerung der Anziehungskraft des Krankenhauses und
- Ausdehnung des Einzugsgebietes.

Wenn Ziele die betrieblichen Entscheidungen sowie Struktur und Ablauf des Krankenhausgeschehens determinieren sollen, müssen sie weiter konkretisiert werden: Aus den Hauptzielen werden Zwischen- und Unterziele abgeleitet, welche die Mittel zur Realisierung der betrieblichen Haupt- und Nebenziele darstellen.

Geht man von den genannten Haupt- und Nebenzielen aus und unterstellt, dass der Krankenhausträger den Betrieb von Krankenhäusern initiiert, um die Realisierung dieser Ziele langfristig sicherstellen zu können, dann implizieren die Haupt- und Nebenziele auch die in **Tabelle 3.5-4** wiedergegebenen Zwischen- und Unterziele.

Leistungserstellungsziel

Das Leistungserstellungsziel legt fest, welche Leistungen nach Art, Anzahl und Qualität erbracht werden sollen. Allgemein wird dieses Ziel im Rahmen der ärztlich-pflegerischen Zielsetzung definiert. Entsprechend der Zweistufigkeit des Betriebsprozesses sind Primärleistungen und Sekundärleistungen festzulegen:

- Bei den Primärleistungen handelt es sich um die Statusveränderung des Patienten, das heißt, es geht um die Erfassung der Veränderung des Krankheitszustandes als Ergebnis des Behandlungsprozesses.
- Die Sekundärleistungen sind als Zwischenprodukt des zweistufigen Leistungsprozesses zu betrachten.

Tabelle 3.5-4: Zielsystem Krankenhausbetrieb (Quelle: Schär, W.; unveröffentl. Weiterbildungsmanuskript)

Hauptziel	Deckung des Bedarfs der Bevölkerung an voll- und semistationärer Krankenhausversorgung
Nebenziele	Sicherung der Arbeitszufriedenheit des Krankenhauspersonals, Aus- und Weiterbildung, Forschung, Erzielung von Einkünften u.a.
Zwischen- und Unterziele	
Leistungserstellungsziel	Betriebsführung, Leistungsfähigkeit, Kostenwirtschaftlichkeit
Bedarfsdeckungsziel	Dringlichkeitsgemäße Bedarfskongruenz, räumliche Bedarfskongruenz, zeitliche Bedarfskongruenz
Personalwirtschaftsziel	Sicherung des Personalbestandes, Sicherung der Arbeitszufriedenheit und der Leistungen des Personals, Sicherung der Personaleffizienz
Finanzwirtschaftsziel	Liquiditätssicherung, Sicherung der Eigenwirtschaftlichkeit, Sicherung der funktionellen Kapitalerhaltung
Angebotswirtschaftsziel	Optimale Preisgestaltung, externe Kontakte und Information
Autonomie- und Integrationsziel	Entscheidungs- und Handlungsautonomie, Kooperation mit anderen Krankenhäusern, Medizinbetrieben und sonstigen Betrieben

Zur weiteren Konkretisierung dieses Zieles lassen sich die im Folgenden beschriebenen Zwischenziele nennen.

Mit der Realisierung dieses Zieles werden im Rahmen der Betriebsführung die grundsätzlichen organisatorischen und personellen Voraussetzungen für die Durchführung des betrieblichen Leistungsprozesses geschaffen. Hierbei werden Entscheidungen u. a. über die Rechtsform, über die Grundsätze der Aufbau- und der Ablauforganisation, über Führungsgrundsätze sowie über die Bestellung der Mitglieder des Direktoriums und des sonstigen leitenden Personals vorausgesetzt.

Unter Leistungsfähigkeit versteht man die Fähigkeit eines Betriebes, die hinsichtlich der Menge und Güte festgelegte Leistung unter Berücksichtigung der dem Krankenhaus zur Verfügung stehenden Ressourcen zu erbringen. Diese Zielorientierung ist demnach gegeben, wenn unter Einsatz der verfügbaren Ressourcen die in der ärztlich-pflegerischen Zielsetzung beschriebenen Leistungen erbracht werden können. Die Realisierung der Kostenwirtschaftlichkeit setzt voraus, dass nicht mehr Sekundärleistungen erbracht werden als zur Realisierung der Primärleistung notwendig sind und nicht mehr Ressourcen eingesetzt werden als für die Hervorbringung der Sekundärleistungen tatsächlich erforderlich sind.

Bedarfsdeckungsziel

Das Bedarfsdeckungsziel wird durch die Forderung konkretisiert, das Leistungsangebot so zu gestalten, dass es der Dringlichkeit des Bedarfs sowie der räumlichen und zeitlichen Verteilung des Bedarfs entspricht.

Das Bedarfsdeckungsziel lässt sich u. a. aufteilen in:

- dringliche Bedarfskongruenz und
- räumliche Bedarfskongruenz.

Dringliche Bedarfskongruenz. Ausgehend von den stets knappen Ressourcen muss damit gerechnet werden, dass nicht alle oder überzogene Erwartungen an Krankenhausleistungen vollständig realisiert werden können. Das Leistungsangebot der Krankenhauswirtschaft wird entsprechend der Dringlichkeit gestaltet. Dabei ist unter objektiv und bedingt notwendigem Bedarf derjenige Individualbedarf zu verstehen, dessen Befriedigung auf Grund ethisch-kultureller und gesundheitspolitischer Grundsatzentscheidungen im Hinblick auf das Sozialprodukt und den allgemeinen Wohlstand notwendig erscheint und damit dringlicher ist als die Befriedigung anderer Bedürfnisse.

Räumliche Bedarfskongruenz. Der Bestand an Krankenhausleistungen ist in der Regel nicht gleichmäßig über eine Region verteilt. Entsprechend der natürlich gegebenen Bevölkerungsdichte innerhalb einer Region ist auch der Bedarf an Krankenhausleistungen uneinheitlich verteilt. Dem verständlichen Wunsch nach wohnortnaher Krankenversorgung wird jedoch sicher nur in Bezug auf die Grund- und Regelversorgung entsprochen werden können. Das Angebot an Krankenhausleistungen der Schwerpunktversorgung und der Zentral- bzw. Maximalversorgung wird dagegen zentralisiert. Folgende Gründe sprechen für die Zentralisierung des Angebotes an Leistungen der Schwerpunkt- bzw. Maximalversorgung:

- Leistungen der Schwerpunkt- bzw. Maximalversorgung werden sehr viel seltener nachgefragt als Leistungskategorien der Grund- und Regelversorgung und mithin auch seltener erbracht. Diese Leistungen lassen sich nur dann in der notwendigen Qualität erbringen, wenn sie häufig gefordert werden und die dafür zuständigen Mitarbeiter durch häufiges Wiederholen spezieller Leistungen auf einem qualitativ hohen Niveau auch die zur Leistungsrealisierung notwendige Sicherheit gewinnen.
- Die Realisierung einer bestimmten Leistung setzt den Einsatz personeller, apparativer und räumlicher Ressourcen voraus. Meist benötigt man eine bestimmte Mindestausstattung an Personal. Gleiches gilt für Geräte und Räume, die zur Verfügung gestellt werden müssen.

Finanzwirtschaftsziel

Durch das Finanzwirtschaftsziel werden die Bedingungen der kurz-, mittel- und langfristigen Finanzierung definiert. Dieses Ziel umfasst die nachfolgend beschriebenen Unterziele:

- *Liquiditätssicherung* bedeutet die Erhaltung der Zahlungsfähigkeit. Eine Besonderheit bilden Regiebetriebe, da diese Krankenhäuser voll in die Finanzwirtschaft des öffentlichen Krankenhausträgers eingegliedert sind, sodass Liquiditätsprobleme in der Regel über den Trägerverband ausgeglichen werden können.
- *Eigenwirtschaftlichkeit:* Soweit nicht zwingende Gründe dagegen sprechen, sollen die Preise der Krankenhausleistungen grundsätzlich die Kosten decken. Abgesehen davon, dass die damit erreichte Eigenwirtschaftlichkeit zu wirtschaftlichem Verhalten anhält, bietet sie die beste Gewähr für die Erhaltung der finanziellen und damit auch betrieblichen Autonomie des jeweiligen Krankenhauses.
- *Sicherung der funktionellen Kapitalerhaltung:* Die Sicherung dieses Unterzieles soll dem Krankenhausbetrieb auf lange Sicht die notwendige Investitionskraft geben. Dabei ist die Sicherung der Funktionsfähigkeit des Krankenhauses quantitativ und qualitativ auf die im Leistungserstellungsziel festgelegten ärztlichen und pflegerischen Aufgaben beschränkt.

Angebotswirtschaftsziel

Das Angebotswirtschaftsziel wird zum einen hinsichtlich der Preisgestaltung des Krankenhauses und zum anderen durch dessen Kontakte zur Umwelt und deren Informationen definiert. Bestandteil dieses Zieles ist das Ziel der optimalen Preisgestaltung, mit dem sich folgende Fragen verbinden lassen:

- Welchen Mengenverbrauch an Arbeitsleistungen, Sachgütern und Betriebsmitteln schließt der Kostendeckungsbegriff ein?
- Wie wird der Mengenverbrauch an Arbeitsleistungen, Sachgütern und Betriebsmitteln bewertet?

Weitere Ziele

Weitere Ziele im Bereich der Angebotswirtschaft betreffen den Aufbau von Beziehungen zu den verschiedenen Umweltgruppen. Dazu gehören:

- Kontakte zu den einweisenden Ärzten, die den Bedarf bestimmen
- Kontakte zu den gesetzlichen Krankenkassen, die für den überwiegenden Teil der Patienten zahlungspflichtig sind
- Kontakte zu anderen Krankenhäusern und
- Kontakte zu den übrigen Einrichtungen der Krankenversorgung und der Gesundheitsfürsorge sowie
- die Information der Öffentlichkeit über die Krankenhausarbeit.

Zielausrichtung

Zur Sicherung der Wettbewerbsfähigkeit müssen Krankenhausträger ihr Unternehmen hinsichtlich der Zielausrichtung positionieren. Am Beispiel folgender Fragen kann eine solche Definition vorgenommen werden:

- Zielausrichtung auf Patienten
  - Wollen wir als Krankenhaus im Rahmen unseres Versorgungsauftrags gleichmäßig für alle Patientengruppen da sein, oder
  - wollen wir zwar für alle Patientengruppen da sein, aber einen besonderen Schwerpunkt bei der Leistungsentwicklung für einzelne Gruppen im Rahmen unserer Kräfte setzen?
- Zielausrichtung auf alle Anspruchsgruppen, Zielgruppen, Kunden
  - Welchen weiteren Anspruchsgruppen wollen wir besondere Aufmerksamkeit schenken?
  - Welche Grundwerte, Einstellungen und Verhaltensweisen wollen wir den Anspruchsgruppen gegenüber entwickeln?
  - Wollen wir langfristige Erfolge erzielen oder den Anspruchsgruppen schon relativ kurzfristig Ergebnisse bieten?
- Entwicklungsorientierung
  - Sind wir in unseren Leistungen auf das Konventionelle bezogen, präferieren Sicherheit und wollen Störungen beseitigen?
  - Wollen wir in unseren Leistungen zukunftsorientiert sein, über den Status quo hinausgehen und visuelle Entwicklungen vorantreiben?
- Gesellschaftliche Zielrichtung
  - Wollen wir im Bereich der Ökologie und Mitarbeiterorientierung stark sein?
  - Wollen wir im Bereich der Ökologie und Mitarbeiterorientierung vorgegebene Minimalstandards erfüllen?
- Privatisierungsüberlegungen
  - Wollen wir einzelne Aufgaben erfüllen oder ganze Organisationseinheiten des Krankenhauses an gesellschaftliche Anspruchsgruppen wie private Unternehmen oder weitere Institutionen, wie z. B. Selbsthilfeeinrichtungen, übertragen?
  - Wollen wir die traditionell übertragenen Aufgaben ausschließlich durch uns selbst und eigene Anstrengungen effektiv und effizient erfüllen?

3.5.5.2 Darstellung von Zwischenzielen und Prozessschritten

Damit eine Leistungsplanung überhaupt möglich ist, müssen die in Anspruch genommenen Ressourcen (Personal- und Sachleistungen) bekannt sein. Daher ist es notwendig, die Prozesse in einem Krankenhaus abzubilden. Die Prozesserfassung ist u. a. relevant für eine Reihe von Themengebieten, wie z. B.:

- Wirtschaftlichkeitsanalyse
- Kundenorientierung
- Mitarbeitermotivation
- Behandlungsleitlinien
- Reorganisation
- Benchmarking
- Bauzielplanung
- Qualitätsmanagement.

Um einen Anhaltspunkt für ein strukturiertes Vorgehen bei der Prozesserfassung zur Verfügung zu stellen, sollten Mustervorlagen zur Durchführung einer Prozessanalyse standardisiert verwendet werden. Damit ist eine gleichartige Erfassung möglich.

Betrachtet man nun den allgemeinen «Prozess im Krankenhaus», gliedert sich dieser Hauptprozess grob in die vier Teilschritte Aufnahme – Diagnose – Therapie – Entlassung. Sobald man jedoch detailliertere Fragestellungen verfolgt, ist eine weitere Unterteilung in tiefere, 2. und 3. Prozessebenen erforderlich (**Abb. 3.5-3**). In Kombination mit den oben genannten Themengebieten resultiert daraus wiederum eine Vielzahl von möglichen Projekten und Fragestellungen, die so durch ein einzelnes Haus bei begrenzten Ressourcen kaum umsetzbar sind.

Stellt man nun die Ergebnisse der individuellen Projekte generell zur Verfügung, ermöglicht dies den Zugang zu Grundinformationen und Erfahrungswerten für Bereiche, die man selbst zwar als «Problemgebiet» zu bewältigen hat, für deren Hinterfragung jedoch zu wenig Ressourcen und Zeit zur Verfügung stehen.

Die Darstellung der geplanten, laufenden und abgeschlossenen Projekte soll innerhalb dieser Gliederung so erfolgen, dass andere Kliniken der Gruppe in kurzer und überschaubarer Weise auf die Arbeitsstände und Ergebnisse dieser Projekte zurückgreifen können. Im Zeitablauf ergänzen sich die verfügbaren Ergebnisse und vervollständigen dadurch in zunehmendem Maße das bisher noch unscharfe Bild der Prozesswelt im Krankenhauses. Durch verbesserte Zuordnung der vorhandenen Ergebnisse, die im Zeitablauf zu entwickeln ist, ergeben sich Möglichkeiten zur Weiterentwicklung einer «Lernenden Organisation», und man verhindert, das Rad ein zweites Mal zu erfinden.

Die Ergebnisse der Projekte zur Prozesserfassung sollten in einem Ergebnisbericht zusammenfassend dargestellt werden. Beim weiteren Aufbau des Wissensmanagements können diese Ergebnisse über entsprechende Verknüpfung von Schlüsselwörtern mit einer Suchmaschine so organisiert werden, dass der Zugang zu diesen Informationen schnell und einfach ist. Die Eingaben und Pflege dieser Wissensbasis sollten dezentral (d. h. in den einzelnen Bereichen, dort wo die Daten anfallen) organisiert werden.

Ein **Ergebnisbericht** sollte folgende Punkte beinhalten:

- *Zielbeschreibung:* Durch Nennung von verschiedenen Schlüsselwörtern schafft man die Basis zur Verknüpfung zum Wissensmanagement.

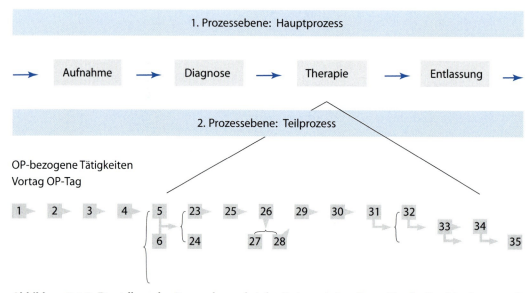

Abbildung 3.5-3: Darstellung der Prozessebenen bei der Patientenbehandlung (Quelle: Reschke, J.; unveröffentl. Unterrichtsmaterial; Westsächsische Fachhochschule Zwickau)

- *Vorgehensweise:* Durch kurze Darstellung, durch wen und in welchem Zeitraum das Projekt durchgeführt wurde, entsteht ein Überblick über die «Tiefe» des Projektes.
- *Ergebnisse:* Die Ergebnisse sollten zusammengefasst werden. Dabei ist es sinnvoll, auf die Fragestellungen der Zielbeschreibung des Projektes einzugehen. Zudem ist es hilfreich, wenn auch weitere Aussagen, die zwar nicht als ursprüngliche Fragestellung zum Projekt, jedoch als «Beibrot» bei der Auswertung angefallen sind, erläutert werden.

Abschließend können im Erfahrungsbericht Anregungen für weitere Vorgehensweisen formuliert werden.

3.5.5.3 Leistungsplanung und -steuerung im Krankenhaus

Ausgehend von den in Kapitel 3.4.2 genannten Planungs- und Steuerungsinstrumenten für Betriebe im Allgemeinen bestehen für Krankenhäuser darüber hinausgehende Besonderheiten im Einzelnen.

Zunächst sei auch für das Krankenhaus die interne Budgetierung als Führungsinstrument dargestellt.

Zwecke der internen Budgetierung sind in diesem Zusammenhang zum einen die Vorbereitung und konsequente Realisierung des externen Teilbudgets, das im Rahmen der Pflegesatzverhandlungen festgesetzt wird (Pflegesätze, Fallpauschalen, Sonderentgelte sowie Erlöse aus vor- und nachstationärer Behandlung etc. sowie die dadurch entstandenen Kosten). Dieses externe Teilbudget bildet mit ca. 80 % den Löwenanteil des internen Gesamtbudgets. Ungefähr 20 % des internen Gesamtbudgets stellt das interne Teilbudget dar (Einnahmen aus Wahlleistungen, ambulanter Behandlung, Serviceleistungen, Behandlung ausländischer Patienten, für Forschung und Lehre, Investitionen etc. sowie damit verbundene Kosten). Die interne Budgetierung verdeutlicht also jedem Budgetverantwortlichen die ökonomischen Grenzen, innerhalb derer das Unternehmen Krankenhaus wirtschaftlich geführt werden soll.

Zum anderen dient die interne Budgetierung aber auch der internen betriebswirtschaftlichen Steuerung eines Krankenhauses und ist somit Führungsinstrument. Die Krankenhausleitung delegiert Verantwortung an die betreffenden Budgetverantwortlichen und schafft somit Kostenbewusstsein und Transparenz. Dabei ist zu beachten, dass Kostenverantwortung stets mit entsprechenden Entscheidungsspielräumen und Weisungsbefugnissen einhergehen muss. Im Einzelnen lassen sich die Funktionen wie folgt beschreiben:

- *Bewilligungsfunktion:* Mit der «Bewilligung» eines Budgets werden den Budgetverantwortlichen Entscheidungsspielräume gegeben, und ein höherer Identifikationsgrad wird geschaffen.
- *Koordinationsfunktion:* Mit Hilfe der internen Budgetierung ist ein zielorientierter Mitteleinsatz gewährleistet.
- *Motivationsfunktion:* Die Durchsetzung eines internen Budgets kann nur mit einem geeigneten Anreizsystem funktionieren, das die Motivation der Mitarbeiter erhöht.
- *Steuerungsfunktion:* Im Rahmen der Budgeterstellung kann das Unternehmen Krankenhaus in eine bestimmte Richtung gesteuert werden, Formalziele können operationalisiert werden.
- *Kontrollfunktion:* Mit Hilfe des Informations- und Berichtswesens als Teil der internen Budgetierung wird der Erreichungsgrad der dokumentierten Ziele festgestellt.

Mit den gewonnenen Daten aus der internen Budgetierung ist das Krankenhaus in der Lage, zukünftige Leistungs-, Kosten- und Erlösentwicklungen zu prognostizieren und zu planen. Die interne Budgetierung hat also nicht nur zum Zweck, das aus den Pflegesatzverhandlungen hervorgegangene externe Teilbudget in die einzelnen Abteilungen fortzuschreiben, sondern stellt im Wesentlichen ein attraktives Hilfsmittel zur betriebswirtschaftlichen Führung eines Krankenhauses dar.

Bezüglich der Realisierung der internen Budgetierung sind allerdings einige Voraussetzungen zu beachten. Zum einen ist die Akzeptanz bei allen Beteiligten absolut notwendig. Sämtliche betroffenen Mitarbeiter müssen von der internen Budgetierung überzeugt sein und entsprechend motiviert am Budgetierungsprozess mitwirken. Eine weitere Vorraussetzung ist eine geeignete Organisation des Krankenhauses. Innerhalb der Budgetbereiche muss Budgetverantwortung stets mit entsprechenden Entscheidungsspielräumen und Weisungsbefugnissen gekoppelt sein. Bei den budgetierten Kosten bzw. Leistungen muss es sich zwingend um seitens der Verantwortlichen beeinflussbare Größen handeln. Die Letztverantwortung des Krankenhausträgers sowie die Budgetgesamtverantwortung der Krankenhausleitung bleiben im Übrigen unberührt. Beeinflussbare Kosten- und Leistungszahlen können z. B. folgende sein:

- im Rahmen der ärztlichen Tätigkeit (Budgetverantwortung beim Chefarzt):
  - Personalkosten (Überstunden, Bereitschaftszeiten, Ausfallzeiten etc.)
  - Sachkosten, verrechnete Kosten der medizinischen Institutionen (Zeitpunkt der Inanspruchnahme)
  - Belegungs- und Fallzahlen
  - Verweildauer
  - Kosten für Fort- und Weiterbildung etc.
- im Rahmen der pflegerischen Tätigkeit (Budgetverantwortung bei der Pflegedienstleitung):
  - Personalkosten (Überstunden, Aushilfskräfte, Ausfallzeiten etc.)
  - Sachkosten
  - Pflegeplanung
  - Pflegestandards etc.

Dies sollen nur zwei ausgewählte Beispiele zur Veranschaulichung sein. Im Rahmen der Budgetverantwortlichkeit ist hier noch auf die divisionale Organisation hinzuweisen, die in der Regel auf den bettenführenden Stationen als dem klassischen Ort der Leistungserbringung vorherrscht (gewachsene 3-Säulen-Organisation der Krankenhäuser). Dies ist für die interne Budgetierung insbesondere bezüglich der Weiterentwicklung im Sinne der Profitcenter-Idee hinderlich, da sich auf der Station als Budgetbereich keine eindeutige Verantwortung und Weisungsbefugnis festlegen lässt. Für den Pflegedienst ist die Pflegedienstleitung weisungsbefugt, für den ärztlichen Dienst der Chefarzt. Für eine konsequente Weiterführung der internen Budgetierung hin zum Profitcenter wäre statt einer divisionalen eine prozessorientierte Organisation notwendig.

Die wichtigsten Voraussetzungen müssen jedoch im Bereich des Rechnungswesens geschaffen werden. In diesem Zusammenhang lässt sich das Rechnungswesen in die Kosten- und Leistungsrechnung, die Finanzbuchhaltung und das Informations- und Berichtswesen gliedern. Der Einsatz von geeigneter EDV in diesen Bereichen ist selbstverständlich.

Eine differenzierte Leistungserfassung ist unverzichtbar. Auf der oben bereits erwähnten bettenführenden Station als Budgetbereich wären beispielsweise Leistungsdaten wie Pflegetage, Verweildauer, ICD- und PPR-Dokumentationen zu erfassen. Der Kostenstellenplan müsste ebenso wie der Kostenartenplan weit über die Mindestanforderungen der KHBV hinausgehen. Bezüglich der Kostenarten müsste beispielsweise eine homogene Struktur im Hinblick auf die Beeinflussbarkeit der Kosten gegeben sein.

In der Finanzbuchhaltung sind das Materialinformationssystem, das Personalinformationssystem sowie das System der Leistungsabrechnung zu erwähnen. Das Materialinformationssystem sollte die variablen und damit beeinflussbaren Sachkosten nach Artikel, Preis, Menge, Datum und anfordernder Kostenstelle erfassen sowie eine artikelgruppenbezogene Auswertung ermöglichen. Im Personalinformationssystem, das im Wesentlichen fixe Personalkosten erfasst, die ca. 70 % der Gesamtkosten darstellen, sollte eine Auswertung der beeinflussbaren Überstunden, Bereitschaftsstunden, Ausfallzeiten und Aushilfseinsätze möglich sein. Das Leistungsabrechnungssystem sollte die oben bereits erwähnte differenzierte Leistungserfassung nach Budgetbereichen ermöglichen.

Nicht zuletzt muss das Informations- und Berichtswesen als Teil des Rechnungswesens auf- bzw. ausgebaut werden. Zeitnahe, zuverlässige, verständliche, aussagefähige, adressatenindividuelle und kontinuierliche Berichterstattung der

Budgetverantwortlichen, der Krankenhausleitung sowie des Krankenhausträgers ist unbedingt notwendig. Ein Berichtssystem muss eine Ursachenanalyse sowie einen Periodenvergleich zulassen, es dient der Kommunikation und Koordination im Rahmen des Budgetierungsprozesses und soll nur die wesentlichen Daten für den entsprechenden Adressaten enthalten. Sinnvoll ist ein so genanntes gestuftes Berichtssystem, das auf der einen Seite verschiedene Adressatenebenen und auf der anderen Seite verschiedene Detaillierungsstufen der enthaltenen Informationen unterscheidet.

Als weitere Vorraussetzung für die interne Budgetierung ist ein funktionierendes Anreizsystem zu nennen.

Grundsätzlich unterscheidet man bei der Budgeterstellung den Top-down-Ansatz vom Bottom-up-Ansatz. Im Krankenhaus bedingen beide einander, eine Mischform von beidem wird Gegenstromverfahren genannt (s. Kap. 3.4.2). Chronologisch kann man die Bildung eines internen Gesamtbudgets (Gegenstromverfahren) vor den Pflegesatzverhandlungen von der Realisierung des verhandelten externen Teilbudgets (Top-down-Ansatz) nach den Pflegesatzverhandlungen unterscheiden. Die folgende Betrachtung des Budgetierungsprozesses bezieht sich zunächst auf die Erstellung des internen Gesamtbudgets vor den Pflegesatzverhandlungen.

Nach einer Leistungsplanung folgen die Kosten- und Erlösplanung sowie die Aggregation zum Gesamtbudget. Zu beachten ist in besonderem Maße die Einbeziehung der Budgetverantwortlichen in jeden Schritt des Budgetierungsprozesses (Budgetkonferenz):

1. Die *Leistungsplanung* gliedert sich in:
   - die Definition des Leistungsprogramm, abhängig von der personellen und technischen Infrastruktur, vom Versorgungsauftrag und von den strategischen Zielsetzungen (Leitbild etc.)
   - eine Konkretisierung in Form von Leistungsspektren der einzelnen Leistungsbereiche. Dies geschieht in Form einer Prognose anhand von Istwerten (Leistungsstatistiken etc.).
   - Anschließend findet die Leistungsplanung ihren höchsten Konkretisierungsgrad in der Planung der Leistungsmengen. Im Zuge der Leistungsplanung sind auch so genannte Sekundärleistungen zu berücksichtigen (z. B. Beköstigungstage der Küche).
2. Die *Kostenplanung* findet auf der Grundlage der nun erfolgten Leistungsplanung statt. Die zu erwartende Kostenentwicklung ist zu berücksichtigen. Ebenso sind die Sekundärleistungen zu bewerten.
3. Die *Erlösplanung* bildet den dritten Schritt. Im Rahmen einer kritischen Kostendeckungsprüfung wird dann die Realisierbarkeit der geplanten Tätigkeit überprüft. Gegebenenfalls werden Veränderungen bei der Leistungsplanung vorgenommen.

Mit diesen drei Schritten ist die Budgeterstellung abgeschlossen. Das externe Teilbudget bildet nun die Grundlage für die Pflegesatzverhandlungen. Nachdem diese erfolgt sind, werden evtl. Veränderungen im Rahmen des Top-down-Ansatzes auf die Abteilungsbudgets heruntergebrochen.

Im Anschluss daran findet die Budgetüberwachung mit Hilfe des bereits erwähnten Informations- und Berichtswesens statt. Es werden Leistungs-, Kosten- und Erlösabweichungen festgestellt. Eine Ursachenanalyse schließt sich in Zusammenarbeit mit den Budgetverantwortlichen an. Unter Umständen müssen entsprechende Maßnahmen bzw. Budgetanpassungen vorgenommen werden. Zur Vermeidung eines Etat-Denkens ist die Festlegung von Budgetanpassungsmechanismen unvermeidbar. In Frage kommen hier z. B. Kostenarten-, Kostenstellen- oder intertemporäre Ausgleiche. Bezüglich der Analyse von Ursachen und der Konsequenzen ist darauf hinzuweisen, dass diese Aufgaben im Kompetenzbereich der Budgetverantwortlichen liegen. Das Controlling bzw. das Rechnungswesen liefert nur die dafür nötigen Daten, kann aber u. U. auch Hilfestellung dabei geben.

Der Budgetierungsprozess ist ein sich ständig wiederholender Regelkreis, dessen Schritte sich gegenseitig bedingen. Mit der Hilfe der internen Budgetierung wird das betriebswirtschaftliche Denken in die Budgetbereiche gebracht.

Im Folgenden soll nun auf die Krankenhausfinanzierung nach § 17 KHG, den Diagnosis Related Groups als durchgängiges, leistungsorientiertes und pauschalierendes Vergütungssystem, und deren Einfluss auf die interne Budgetierung eingegangen werden.

Es lässt sich vorwegnehmen, dass sich mit der Einführung der DRG's und der damit verbundenen Änderung der Erlösstruktur von Krankenhäusern eine Vielzahl von Chancen ergeben wird. Hierzu gehören u. a. die Möglichkeiten, die sich innerhalb der internen Budgetierung ergeben werden.

Mit Einführung des neuen Entgeltsystems werden die Leistungen der Krankenhäuser in der Regel unabhängig von krankenhausindividuellen Kosten vergütet. Dies bedeutet, dass bestimmte Leistungen unter Umständen nicht kostendeckend erbracht werden können. Daraus müssen sich dann entsprechende Konsequenzen ziehen lassen. In Frage kommen neben einer Änderung der Leistungsplanung oder einer Optimierung der betroffenen Prozesse wettbewerbliche Konsequenzen (Kooperationen, Subventionierung aus anderen Leistungsbereichen etc.).

Abgesehen von den zu treffenden Entscheidungen sind in jedem Falle die entscheidungsrelevanten Informationen notwendig. Diese werden über das Führungssystem der internen Budgetierung zugänglich, welche die Transparenz von Kosten und Leistungen gewährleistet.

Im Zuge der DRG-Einführung wird im Rahmen des Budgetierungsprozesses die Leistungsrechnung bzw. -planung wesentlich detaillierter möglich. Eine Leistungsplanung der umsatzstärksten Fallgruppen tritt an die Stelle der Planung von Pflegesätzen etc.

Mit Hilfe der Rohfallkostenkalkulation als Vollkostenrechnung auf der Basis von Istkosten (Kalkulationshandbuch) kann eine detailliertere kostenmäßige Bewertung der geplanten Leistungen im Rahmen der Kostenplanung durchgeführt werden. Auf der Basis der Rohfallkostenkalkulation besteht die Chance, eine managementorientierte Kostenträgerrechnung als Teilkostenrechnung für die umsatzstärksten Fallgruppen zu implementieren. Dies würde bei dispositiven Fragestellungen, Plankostenrechnungen und Bewertungen von Alternativen eine nicht zu unterschätzende Entscheidungshilfe geben.

Im Rahmen des Informations- und Berichtswesens und der damit verbundenen Kennzahlensysteme ergeben sich viele neue Möglichkeiten zur differenzierteren Leistungsbewertung von Budgetbereichen. Dies hängt mit den Daten zusammen, die im DRG-System ohnehin erfasst werden. Bislang war ein zu hoher Erfassungsaufwand das Argument gegen eine zunehmend leistungsorientierte Budgetierung.

Zu erwähnen sind in diesem Zusammenhang u. a. der Casemix als Summe aller Relativgewichte, der Casemix-Index als durchschnittliche Fallschwere (Casemix/Anzahl der Fälle), budgetbereichsindividuelle Basisfallwerte etc. In Zukunft werden im Informations- und Berichtswesen völlig neue Kennzahlen, z. B. die Qualität betreffend, Einzug halten müssen. In diesem Zusammenhang wird auf den Ansatz der Balanced Scorecard verwiesen. Des Weiteren ebnen diese Daten den Weg zu einem aussagefähigeren Krankenhausbetriebsvergleich (Benchmarking-Projekte).

Literatur

Arnold, M.: Zur Wirtschaftlichkeit im Krankenhaus. Krankenhaus Umschau, Heft 8/1991: 607

DIN-ISO-Norm 9004, Teil 2: Qualitätsmanagement und Elemente eines Qualitätssicherungssystems. Juni 1992: 9

Bamberg, G.; Coenberg, A. G.: Betriebswirtschaftliche Entscheidungstheorie (5. Aufl.). München, 1989

Bestmann, U. (Hrsg.): Kompendium der Betriebswirtschaftslehre (5. Aufl.). München, Wien, 1990

Bleicher, K.: Zentralisation und Dezentralisation. In: Grochla, E. (Hrsg.): Handwörterbuch der Organisation (2. Aufl.). Stuttgart, 1980: Sp. 240 ff.

Bruckenberger, E. T.: Auswirkungen der BPfV auf die Krankenhauspolitik der Länder. Das Krankenhaus, Heft 4/1994: 154–160

Bundeszentrale für politische Bildung (Hrsg.): Informationen zur politischen Bildung, Heft 165, Bonn, 1975

Bundeszentrale für politische Bildung (Hrsg.): Informationen zur politischen Bildung, Heft 215, Bonn, 1987

Cesanne, W.; Franke, J.: Volkswirtschaftslehre – Eine Einführung (5. Aufl.). München, Wien, 1990

Diederich, H.: Allgemeine Betriebswirtschaftslehre (7. Aufl.). Stuttgart, Berlin, Köln, 1992

Eichhorn, S., Schmidt-Rettig, B. (Hrsg.): Krankenhausmanagement im Werte- und Strukturwandel, Handlungsempfehlungen für die Praxis. Stuttgart, 1995

Eichhorn, S. (Hrsg.): Handbuch Krankenhaus-Rechnungswesen (2. Aufl.), Grundlagen – Verfahren – Anwendungen. Wiesbaden, 1988

Erbach, K.; Blank, W.: Der Bürokaufmann. Darmstadt, 1975: 45

Gutenberg, E.: Grundlagen der Betriebswirtschaftslehre, 3. Bd., Die Finanzen (8. Aufl.). Berlin, Heidelberg, New York, 1980

Hammer, E.; Gebhard, R.: Krankenhausprivatisierung, 1992

Haubrock, M.: Kosten-Nutzen-Betrachtung im Zusammenhang mit der Ökonomisierung des Gesundheitswesens. Die Schwester/Der Pfleger, Heft 8/1995: 699–705

Haubrock, M.: Konzentration und Wettbewerbspolitik. Frankfurt/M., 1974: 47

Haubrock, M.; Hellmann, Th.; Kramer, E.: Unterrichtsleitfaden Pflegemanagement. Basel, Eberswalde, 1994, Folie 32

Haubrock, M.; Schär, W. (Hrsg.): Betriebswirtschaft und Management im Krankenhaus (3. Aufl.). Bern u.a., 2002

Heinen, E.: Grundlagen betriebswirtschaftlicher Entscheidungen. Das Zielsystem der Unternehmung (3., durchges. Aufl.). Wiesbaden, 1976

Herder-Dorneich, Ph.: Gesundheitsökonomie. Stuttgart, 1980

Herder-Dorneich, Ph.: Wachstum und Gleichgewicht im Gesundheitswesen. Köln, 1976

Imdahl, H.: Privatisierung von Krankenhäusern – Eine Möglichkeit zur Verbesserung der Wirtschaftlichkeit und der Leistungsfähigkeit. In: Arnold, U.; Paffrath, D. (Hrsg.): Krankenhaus-Report '93. Stuttgart, 1993: 137–146

Kaupen-Haas, H.; Rothemales, Ch. (Hrsg.): Strategie der Gesundheitsökonomie, Sozialhygiene und Public Health, Bd. 4. Frankfurt/M., 1998

Kirsch, W.: Einführung in die Theorie der Entscheidungsprozesse (2. durchges. und erg. Aufl. d. Bände I bis III als Gesamtausgabe). Band II: 143. München.

Laux, H.; Liermann, F.; Hofmann, M.; von Rosenstiel, L.; Wild, J.: Betriebswirtschaftliche Führungslehre. In: Wunderer, R. (Hrsg.): Betriebswirtschaftslehre als Management- und Führungslehre. Stuttgart, 1988: 277 ff.

Meier, J. (Hrsg.): Das moderne Krankenhaus – Managen statt verwalten. Berlin, 1994

Oberender, P.: An der Rationalisierung führt kein Weg vorbei. Ärzte-Zeitung 10./11. November 1995: 11

Peters, S.: Betriebswirtschaftslehre (6. Aufl.). München, Wien, 1994

Peters, S.: Planung. In: Müller, W.; Krink, J. (Hrsg.): Rationelle Betriebswirtschaft. Neuwied, 1973

Sachverständigenrat für die Konzertierte Aktion im Gesundheitswesen: Jahresgutachten 1987. Baden-Baden, 1987

Sauerbrei, G.: Das Krankenhaus als Industriebetrieb – ein gefährlicher Ansatz? Management und Krankenhaus, 11/1996, 2–4

Schierenbeck, H.: Grundzüge der Betriebswirtschaftslehre (9. Aufl.). München, Wien, 1987

Schindewolf, K.: Betriebswirtschaftslehre. Minden, Jena, 2002: 5

Seidel, H.; Temmen, R.: Volkswirtschaftslehre. Bad Homburg vor der Höhe. Berlin, Zürich, 1980

Seelos, H. J.: Die konstruktiven Merkmale der Krankenhausleistungsproduktion. Führen und Wirtschaften im Krankenhaus, Heft 2/1993

Sieben, G.; Schildbach, Th.: Betriebswirtschaftliche Entscheidungstheorie (2. Aufl.). Düsseldorf, 1980

Szucs, T. D.: Medizinische Ökonomie. Eine Einführung. München, 1997

Ulrich, H.: Die Unternehmung als produktives soziales System (2. Aufl.). Bern, Stuttgart, 1970

Wöhe, G.: Einführung in die Allgemeine Betriebswirtschaftslehre (15. Aufl.). München, 1984

4 Managementmethoden als Lösungsansatz

4.1 Vorbemerkungen

M. Haubrock

In den vergangenen Jahren haben gesellschaftliche Veränderungen, wachsender Kostendruck und die zunehmende Bereitschaft und Fähigkeit von Konsumenten, zwischen verschiedenen Angeboten zu wählen, den Konkurrenzdruck auch auf Gesundheitsorganisationen und den Wettbewerb am Gesundheitsmarkt verstärkt. Der Struktur des Gesundheitssystems entsprechend wird dieser Wettbewerb weniger über Preise als vielmehr über die Qualität von Gesundheitsleistungen ausgetragen. Gesundheitseinrichtungen sind gefordert, sich dieser Entwicklung zu stellen und Qualitätsverbesserung systematisch anzugehen. Sie werden nur dann erfolgreich sein, wenn sie qualitativ hochwertige Leistungen bei zugleich effizientem und effektivem Ressourceneinsatz anbieten können. Wesentlich ist, diese Herausforderung rechtzeitig zu erkennen und zum Wohle der Patienten zu nutzen. Kunden und Lieferanten einer Leistung müssen hierbei vorab eine Leistungsvereinbarung treffen, die als Maßstab für die zu erreichende Qualität gilt. Parallel dazu fordert der Gesetzgeber, dass Versorgungsleistungen ausreichend, zweckmäßig und wirtschaftlich erbracht werden müssen. Hierbei darf das Maß des Notwendigen nicht überschritten werden.

Aus den genannten Gründen unterliegt das Gesundheitswesen seit einigen Jahren erheblichen Veränderungen. Das GKV-Neuordnungsgesetz 2000 wird diesen **Veränderungsprozess** weiter vorantreiben. Im Krankenhaussektor hat der Gesetzgeber bereits in der Vergangenheit durch den Übergang vom Kostenerstattungsprinzip zu prospektiven, fallorientierten Entgelten die Krankenhäuser zur wirtschaftlichen Erstellung bzw. Bereitstellung ihrer Leistungen angehalten. Das zum 1. 1. 2003 einzuführende leistungsorientierte pauschalierende Preissystem auf DRG-Basis, die Verstärkung einer integrierten Versorgung und die Verpflichtung zum internen Qualitätsmanagement werden Rationalisierungseffekte haben. Die dabei gestellten Anforderungen an die Krankenhausleistungen heißen: hohe Qualität bei gleichzeitiger Kostenreduzierung. Zudem werden die Krankenhäuser zukünftig stärker in einem Wettbewerbsverhältnis zu anderen Leistungsanbietern stehen, wobei die Realisierung der Patienten- und der Mitarbeiterzufriedenheit zentrale Kriterien sind. Die Krankenhäuser werden sich diesen Anforderungen stellen und dazu ihre Unternehmensstrategien den veränderten Rahmenbedingungen anpassen müssen. Für Organisationsoptimierungen reicht eine Reaktion auf störende, sich verändernde Einflüsse nicht aus. Vielmehr sind die Krankenhäuser gefordert, ihre Kompetenzen mit den zukünftigen Markterfordernissen in Übereinstimmung zu bringen.

Auf der Suche nach Lösungen setzen sich die Krankenhäuser zunehmend mit betriebswirtschaftlichen Konzepten, wie Lean Management, Total Quality Management oder Prozessmanagement, auseinander. Kerngedanke aller dieser Konzepte ist die Schaffung von **Kundenzufriedenheit** und die primäre Ausrichtung der Wertschöpfungsprozesse an den Kriterien **Kosten**, **Qualität** und **Zeit**. Die gesamten Behandlungsprozesse rücken funktionsübergreifend in den Mittelpunkt der Betrachtung. Eine prozessorientierte Steuerung bewirkt selbstverständlich eine Veränderung der Strukturen, das heißt, die Krankenhäuser werden ihre Aufbauorganisationen nicht mehr ausschließlich verrichtungsorientiert gestalten, vielmehr werden Matrixstrukturen entstehen, in denen die Objekt- bzw. Projektorientierung integriert sein wird.

Insbesondere kostenintensive Bereiche eines Krankenhauses sollen durch abgestimmte Planungs- und Ablaufprozesse optimiert werden. Die Erfüllung dieser Ansprüche ist Führungsaufgabe und Gegenstand des Managements. Gesundheitseinrichtungen werden in Zukunft ohne eine Optimierung des funktionalen und strukturellen Managements nicht mehr auskommen. Die Notwendigkeit der Anwendung umfassender Managementkonzepte wird immer notwendiger.

Literatur
Bösenberg, D.; Metzen, H.: Lean Management (4. Aufl.). Landsberg/Lech, 1993
Gaitanides, M. u.a.: Prozeßmanagement. München, Wien, 1994
Greulich, A.; Thiele, G.; Thiex-Kreye, M.: Prozeßmanagement im Krankenhaus. Heidelberg, 1997
Hammer, M.; Champy, J.: Business Reengeneering (4. Aufl.). Frankfurt/M., New York, 1994

4.2 Managementmethoden

4.2.1 Kaizen

Alle Managementmethoden, ob sie nun Lean Management, Business Reengeneering, Prozessmanagement oder Qualitätsmanagement genannt werden, gehen auf die Kaizen-Konzeption zurück. Die Kaizen-Philosophie basiert auf der Erkenntnis, dass durch den Wandel vom Verkäufer- zum Käufermarkt neue Ansätze der Qualitätsbemühungen gefunden werden mussten. Das Konzept der produktorientierten Qualitätskontrolle war zu ersetzen durch eine Sichtweise, bei der die Kundenorientierung eine wichtige Rolle spielen sollte.

Der Katalysator für die Umsetzung vieler Qualitätskonzepte sowie deren Weiterentwicklung war Japan. Ab 1945 wurde der Amerikaner Homer Sarasohn seitens der amerikanischen Regierung beauftragt, den Wiederaufbau der zerstörten japanischen Industrie zu leiten. Zu seinem Auftrag gehörte u. a. die Einführung von Qualitätsstandards für Produkte. Darüber hinaus organisierte er Managementseminare für die Ausbildung japanischer Top-Manager. Einer der Kursleiter war W. E. Deming. Deming führte die neuen Managementprinzipien seines 14-Punkte-Programmes sowie das Prinzip der «ständigen Verbesserung» ein.

Dieser so genannte **Deming-Zyklus,** auch PDCA-Regelkreis genannt, verläuft wie folgt:

- Planen (*plan*)
- Ausführen (*do*)
- Überprüfen (*check*)
- Verbessern (*act*).

Nach der Vorstellung von Deming (1982) tritt folgende Kettenreaktion ein:

- Qualität verbessern
- Produktivität verbessern
- Kosten senken
- Preise senken
- Marktanteil verbessern
- Im-Geschäft-Bleiben
- Arbeitsplätze sichern
- Return on investment.

Dieses Prinzip bekam in Japan den Namen «**Kaizen**». Der Japaner G. Taguchi entwickelte in der Folge industrielle Standards, indem er statistische Methoden zur Verbesserung von Produkten und Prozessen anwandte. Er entwickelte das Konzept der Qualitätsverlustfunktion. Qualitätsverlust zieht einen Imageverlust und einen sich daraus ergebenden Nachfragerückgang nach sich. Weiterhin sind sowohl Produktreparaturkosten seitens des Unternehmens als auch Folgekosten, die das Resultat von Kundenunzufriedenheit sind, zu verzeichnen. K. Ishikawa nahm das Konzept «Total Quality Control», das der Amerikaner A. V. Feigenbaum entwickelt hatte, auf und entwickelte es weiter zu seinem Company-Wide-Quality-Control-Konzept. Im Rahmen seines mitarbeiterorientierten Konzeptes für die unternehmensweite Qualitätsarbeit integrierte Ishikawa sein Ursachen-Wirkungs-Diagramm (Fishbone-Diagram). Im Jahre 1966 stellte Y. Akao sein Quality-Function-Deployment-Modell vor (Akao, 1991). Dieses Modell ermöglicht es, auf der Basis von Teamarbeit

Abbildung 4.2-1: Der Kaizen-Schirm (Quelle: Haubrock, M.; Lehrmaterialien Krankenhausmanagement; Fachhochschule Osnabrück, Osnabrück, 1999)

Kundenbedürfnisse zu identifizieren und in die Planung der Produktentwicklung, der Prozesse und der Herstellung einzubauen.

Diese beispielhaften Einwirkungen haben die Kaizen-Philosophie beeinflusst. Der Kaizen-Gedanke wird im Wesentlichen durch die folgenden Aspekte bestimmt:

- prozessorientiertes Denken
- kundenorientierte Verbesserungsstrategie
- ständige Verbesserung in kleinen Schritten
- Mitarbeiterorientierung
- umfassende Qualitätskontrolle
- Effizienzsteigerung.

Diese Aspekte lassen sich unter dem so genannten Kaizen-Schirm zusammenfassen (**Abb. 4.2-1**). Zur Realisierung dieser Ziele sind nach dem Kaizen-Modell z. B. zu beachten:

- Sieben statischen Werkzeuge
  – Pareto-Diagramm
  – Ursache-Wirkungs-Diagramm
  – Histogramm
  – Kontrollkarten
  – Streuungsdiagramm
  – Kurven
  – Prüfformulare
- 5-S-Bewegung
  – Ordnung schaffen
  – Gegenstand am richtigen Ort aufbewahren
  – Sauberkeit
  – persönlicher Ordnungssinn
  – Disziplin.

a) Pareto-Diagramm

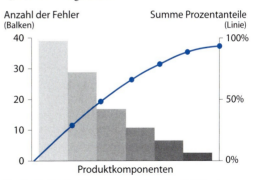

Durch das Pareto-Diagramm werden die wichtigen von den weniger wichtigen Ursachen eines Problems getrennt (ABC-Analyse). Die Hauptursachen können besser erkannt und gezielt behandelt werden.

b) Ursache-Wirkungs-Diagramm

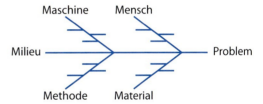

Probleme bzw. Fehler haben häufig mehrere Ursachen, die in vielen Fällen miteinander in Zusammenhang stehen.
Im Ursache-Wirkungs-Diagramm werden einem Problem die potenziellen Fehlerursachen zugeordnet, und dadurch wird die Lösung des Problems erleichtert.

c) Histogramm

Das Histogramm ist die graphische Darstellung einer Verteilungsfunktion. Es hilft, Einzelereignisse in eine Gruppe gleicher Ereignisse einzuordnen oder den Bereich zu bestimmen, in dem ein einzelnes Ereignis zu erwarten ist. Wichtige Bestimmungsgrößen sind «Mittelwert» und «Streuung».

Abbildung 4.2-2: Kaizen-Werkzeuge. (Quelle: Haubrock, M.; Lehrmaterialien Krankenhausmanagement; Fachhochschule Osnabrück, Osnabrück, 1999)

In **Abbildung 4.2-2** sollen exemplarisch das Pareto-Diagramm, das Ursachen-Wirkungs-Diagramm und das Histogramm vorgestellt werden. Die in den folgenden Abschnitten exemplarisch dargestellten Prozess- und Qualitätsmanagementansätze haben somit die gleichen «wissenschaftlichen Wurzeln.»

Literatur
Akao, Y.: Hoshin Kanri – Policy deployment for successful TQM. Cambridge, 1991
Deming, W. E.: Quality, productivity and competitive position. Cambridge, 1982
Haubrock, M.: Lehrmaterialien Krankenhausmanagement. Fachhochschule Osnabrück, Osnabrück, 1999
Imai, M.: Kaizen – Der Schlüssel zum Erfolg der Japaner im Wettbewerb. Berlin, Frankfurt/M., 1994

4.2.2 Lean Management

Lean Management ist ein komplexes System, welches das gesamte Unternehmen umfasst. Es stellt den Menschen in den Mittelpunkt des unternehmerischen Geschehens und arbeitet mit Leitlinien, Strategien mit neuen Organisationsüberlegungen, naturwissenschaftlichen Methoden sowie mit pragmatischen Werkzeuge für die Mitarbeiter. Der zentrale Leitgedanke lautet: Vermeidung jeder Verschwendung durch konsequente Verringerung nichtwertschöpfender Tätigkeiten. Lean Management organisiert dezentral mit gleichgerichteten Arbeitsprinzipien sowie mit strikter Kunden- und Qualitätsorientierung, Gruppenarbeit und sorgfältiger Planung der Aktivitäten.

Lean Management ist eine Weiterentwicklung der Lean Production. Lean Production wurde vom Massachusetts Institute of Technology (MIT) im Rahmen einer großen Vergleichsstudie im Bereich der Automobilindustrie entwickelt. Mit Hilfe dieses Konzeptes sollten die Produktionssysteme «schlank und fit» gemacht werden.

Die Entstehung des Lean-Management-Konzeptes begann etwa 1950 durch den Start des Toyota-Produktionssystems. In den sechziger und siebziger Jahren wurden Elemente wie z. B. Just-in-time oder Total Productive Maintenance eingebaut. Anfang der neunziger Jahre des vergangenen Jahrhunderts wurde es als Managementsystem anerkannt. Lean Management wird bestimmt durch seine:

- Leitgedanken
- Grundstrategien für die praktische Umsetzung
- Arbeitsprinzipien.

Diese wesentlichen Kennzeichen werden in **Tabelle 4.2-1** bis **4.2-3** zusammenfassend dargestellt.

Literatur
Bösenberg, D.; Metzen, H.: Lean Management, 4. Auflage. Landsberg/Lech, 1993
Hammer, M.; Champy, J.: Business Reengeneering, 4. Auflage. Frankfurt/M., New York, 1994
Haubrock, M.: Lehrmaterialien Krankenhausmanagement. Fachhochschule Osnabrück, Osnabrück, 1999

4.2.3 Prozessmanagement

4.2.3.1 Begriffliche Abgrenzungen

Im Folgenden sollen die wichtigsten Termini, die beim Prozessmanagement von Bedeutung sind, vorgestellt werden.

Tabelle 4.2-1: Leitgedanken des Lean Managements (Quelle: Haubrock, M.; Lehrmaterialien Krankenhausmanagement, Fachhochschule Osnabrück, Osnabrück, 1999)

- *Proaktives Denken* – künftige Handlungen vorausschauend initiativ durchdenken und gestalten
- *Sensitives Denken* – mit allen verfügbaren Sensoren die Umwelt erfassen und anpassungsbereit darauf reagieren
- *Ganzheitliches Denken* – die Wirkung auf das Ganze bedenken und Mut zur Komplexität beweisen
- *Potenzialdenken* – alle verfügbaren Ressourcen erschließen und nutzen
- *Ökonomisches Denken* – jede Verschwendung vermeiden und sparsam wirtschaften

Tabelle 4.2-2: Grundstrategien des Lean Managements (Quelle: Haubrock, M.; Lehrmaterialien Krankenhausmanagement; Fachhochschule Osnabrück, Osnabrück, 1999)

- *Kontinuierlicher Materialfluss* – (Just-in-Time, Kanban) – kundenorientierte, schlanke Fertigung
- *Simultaneous Engineering* – schnelle, sichere Entwicklung und Einführung neuer Produkte
- *Strategischer Kapitaleinsatz* – Wachstums- und Eroberungsfähigkeit
- *Umfassendes Qualitätsmanagement* – Unternehmensqualität in allen Bereichen
- *Proaktives Marketing* – Kunden gewinnen und erhalten
- *Unternehmen als Familie* – Unternehmen harmonisch in die Gesellschaft einbinden

Prozess

In der Literatur wird der Begriff «Prozess» unterschiedlich definiert. Osterloh beschreibt einen Prozess als einen Ablauf, «… das heißt den Fluss und die Transformation von Material, Informationen, Operationen und Entscheidungen» (Osterloh/Frost, 1996: 31). Er betont somit den dynamischen Aspekt des Begriffes. Chrobok konkretisiert den Begriff:

> Ein Prozess in einer Organisation ist eine Reihe von aufeinanderfolgenden Handlungen (Verrichtungen), die zu einem definierten Zeitpunkt oder durch ein definiertes Ereignis angeregt wird und zu einem definierten Ende und einem messbaren Ergebnis führt bzw. führen soll. (Chrobok, 1996: 190)

Somit lässt sich jeder Prozess in eine Folge von Aktivitäten zerlegen, wobei deren Anreihung nicht zwingend gradlinig erfolgen muss, sondern Verzweigungen enthalten kann. Corsten betont in seiner Definition, dass ein Prozess eine wiederholbare Folge von Tätigkeiten mit einem

Tabelle 4.2-3: Arbeitsprinzipien des Lean Managements (Quelle: Haubrock, M.; Lehrmaterialien Krankenhausmanagement; Fachhochschule Osnabrück, Osnabrück, 1999)

1. *Gruppe, Team* – Die Aufgaben werden in der Gruppe oder im Team erledigt. Der Konsensgedanke ist bei der Lösung der Aufgabe dominant, interner Wettbewerb wird vermieden.
2. *Eigenverantwortung* – Jede Tätigkeit wird in Eigenverantwortung durchgeführt. Den Rahmen dazu bilden die Standards, die für jede Tätigkeit erstellt werden. Kann die geforderte Qualität nicht eingehalten werden, wird der Arbeitsfluss unterbrochen und Hilfe angefordert.
3. *Feedback* – Alle Aktivitäten, vom Einzelnen bis zum kompletten Funktionsbereich, werden von außergewöhnlich intensivem Feedback begleitet. Die Reaktionen von Außenwelt, System oder Anlagen dienen der Steuerung des eigenen Handelns.
4. *Kundenorientierung* – Alle Aktivitäten sind streng auf den Kunden orientiert. Die Wünsche des Kunden haben oberste Priorität im Unternehmen.
5. *Wertschöpfung der Priorität* – Die wertschöpfenden Tätigkeiten haben oberste Priorität im Unternehmen. Das gilt für alle verfügbaren Ressourcen.
6. *Standardisierung* – Formalisierung und Standardisierung der Arbeitsgänge durch einfache schriftliche und bildliche Darstellungen.
7. *Ständige Verbesserung* – Die ständige Verbesserung aller Leistungsprozesse bestimmt das tägliche Denken. Es gibt keine endgültigen Ziele, sondern nur Schritte in die richtige Richtung.
8. *Sofortige Fehlerabstellung an der Wurzel* – Jeder Fehler wird als Störung des Prozesses angesehen, dem bis auf die eigentliche Ursache nachzugehen ist.
9. *Vorausdenken, Vorausplanen* – Nicht die erfolgreiche Reaktion, sondern die Vermeidung künftiger Probleme gilt als Ideal. Das Denken erfolgt wie bei einem Schachspieler über mehrere Züge im Voraus.
10. *Kleine, beherrschte Schritte* – Die Entwicklung erfolgt in kleinen, beherrschten Schritten. Das Feedback auf jeden Schritt steuert den nächsten. Die Geschwindigkeit wird durch die schnelle Folge der Schritte erhöht.

messbaren Input und Output, sowie einer messbaren Wertschöpfung darstellt (Corsten, 1996: 6). Gekennzeichnet wird ein Prozess folglich durch das systematische Zusammenwirken von Menschen, Maschinen, Material und Methoden entlang der Wertschöpfungskette zur Erzeugung eines Produktes oder Erbringung einer Dienstleistung.

Geschäftsprozess
«Ein Geschäftsprozeß ist ein am Kerngeschäft orientierter Arbeits-, Informations- und Entscheidungsprozeß mit einem für den Unternehmenserfolg relevanten Resultat.» (van Eiff, 1994: 365). Er lässt sich charakterisieren als ein System von funktionsübergreifenden Aktivitäten mit definiertem Input und Output und damit verbundenen Kunden-Lieferanten-Beziehungen. Das Ergebnis soll die Bedürfnisse Dritter (z. B. Patienten) erfüllen. Somit verliert ein Prozess seine Existenzberechtigung, sobald die Nachfrage nach den Ergebnissen des Prozesses nachlässt und nicht mehr existiert. Jeder Geschäftsprozess setzt sich in der Regel aus mehreren Teilprozessen zusammen. Jeder Subprozess beinhaltet wiederum eine Vielzahl seriell und parallel ablaufender Aktivitäten.

Wertschöpfung
Wertschöpfung bezeichnet einerseits den Prozess der Wertentstehung (dynamischer Wertschöpfungsbegriff), andererseits aber auch das Ergebnis dieses Prozesses (statischer Wertschöpfungsbegriff). Somit lässt sich die Wertschöpfungskette als eine Kette miteinander verbundener Aktivitäten definieren, die zur Herstellung eines Produktes oder einer Dienstleistung durchlaufen werden.

Kernkompetenz
Unter einer Kernkompetenz versteht man die funktionsübergreifende Bündelung des vorhandenen Kern-Know-hows der Mitarbeiter mit dem im Unternehmen vorhandenen Potenzial. Durch die Kombination soll im Unternehmen der Handlungsspielraum geschaffen werden, um eine Leistung zu erzeugen, die für den Kunden einen Zusatznutzen schafft.

4.2.3.2 Systemdenken als Grundlage

Ein System «ist eine gegenüber der Umwelt abgegrenzte Gesamtheit von Elementen, die durch Beziehungen miteinander verknüpft sind» (Schulte-Zurhausen, 1995: 28). Durch das Systemdenken erfahren Organisationsprozesse eine Unterstützung. Hierbei werden Probleme klar abgegrenzt und strukturiert. Das Unternehmen wird hierbei als zweckorientiertes, offenes, dynamisches und soziotechnisches System gesehen. Seinen Ausgangspunkt hatte das Systemdenken zunächst in den naturwissenschaftlichen Bereichen und wurde dann auch auf die Betriebswirtschaftslehre übertragen. Von den dort entwickelten Modellen werden im Folgenden die Grundsätze des soziotechnischen Ansatzes dargestellt, da dieser die Gedanken der Prozessorientierung widerspiegelt:

- Das Arbeitssystem ist eine funktionierende Einheit mit einer Reihe aufeinander abgestimmter Aktivitäten. Die Grundeinheit ist also das Arbeitssystem und nicht die einzelne Tätigkeit.
- Die Gruppe ist das zentrale Kriterium.
- Die Gruppe kontrolliert sich selber, sie benötigt keine Beaufsichtigung von außen durch Vorgesetzte.
- Vereinbarte Entscheidungsspielräume bilden den Handlungsrahmen für die Mitarbeiter.

Im soziotechnischen Ansatz wird die Unternehmensaufgabe als eine so genannte Wertschöpfung angesehen. Eine Wertschöpfung erfolgt durch die im Rahmen des Betriebsprozesses ablaufende Umwandlung der eingesetzten Produktionsfaktoren (Mitarbeiter, Anlage- und Verbrauchsgüter) in Sachgüter bzw. in Dienstleistungen. Hierbei kann ein Optimum nur erreicht werden, wenn die technischen und sozialen Subsysteme parallel und integrativ kooperieren.

4.2.3.3 Von der Funktions- zur Prozessorientierung

Das Prinzip der Funktionsorientierung umfasst eine weitestgehende Arbeitsteilung und Spezialisierung, welche sich durch die Zerlegung von

Aufgaben und Abläufen sowohl in der Ablauforganisation (horizontale Zerlegung) als auch in der Aufbauorganisation (vertikale Zerlegung) wiederfindet. Aufbauorganisatorisch entsteht so eine hierarchische Gliederung des Unternehmens in Organisationseinheiten mit unterschiedlichen Handlungs- und Kompetenzzuweisungen. Bei der ablauforganisatorischen Zerlegung der Gesamtaufgabe werden dem Aufgabenträger sehr kleine Arbeitsinhalte zugeordnet, um Produktivitätsvorteile zu nutzen. Durch die horizontale und vertikale Zerlegung entstehen zahlreiche Schnittstellen, die dadurch gekennzeichnet sind, dass an diesen Stellen häufig ein System-, Arbeits-, Mitarbeiter-, Lieferanten-, Kunden-, Ziel- oder Methodenwechsel erfolgt. Ein erhöhter Koordinationsaufwand ist erforderlich, um den richtigen Ablauf zu gewährleisten oder Fehlentwicklungen bzw. Fehler auszugleichen. Schnittstellenprobleme werden insbesondere durch Informationsverluste, Wartezeiten, Verschwendung, Zusatzaufwand, Übermittlungsfehler oder Lücken im Ablauf deutlich. Aber auch lange Entscheidungswege, erhöhte Durchlauf- und Reaktionszeiten sowie eine hohe Komplexität und fehlende Transparenz der ablaufenden Prozesse sind die Folge funktionsorientierter Strukturen.

Ferner kommt hinzu, dass durch die fehlende Eigenverantwortung der Mitarbeiter und durch die Monotonie in Folge der arbeitsteiligen Strukturen die Mitarbeitermotivation sinkt. In den achtziger Jahren des vergangenen Jahrhunderts wurden neue Ansätze gesucht, um diese Defizite zu beseitigen. Es zeigte sich, dass Unternehmen dem neuen Wettbewerbsdruck nicht gewachsen waren. Die zunehmende Globalisierung verlangte flexible Strukturen, die die funktionalen Unternehmensgebilde nicht bieten konnten. Zudem brachten Rationalisierungen nicht den erwünschten Erfolg.

Es erfolgte ein Sichtwechsel in den Unternehmen, bei dem sich der Blick verstärkt auf Unternehmensprozesse richtete. Neue Managementmethoden wurden aufgegriffen, wie z. B. Business Reengeneering, Lean Management und Prozessmanagement, die alle den Übergang von der Funktions- zur Prozessorientierung beinhalten.

Prozessmanagement beschreibt ein ganzheitliches Konzept zur Steuerung, Kontrolle und Führung aller Geschäftsprozesse eines Unternehmens. Es umfasst somit planerische, organisatorische und kontrollierende Maßnahmen, um eine zielorientierte Steuerung der Wertschöpfungskette hinsichtlich Qualität, Zeit, Kosten und Kundenzufriedenheit zu ermöglichen. Geprägt wird diese Managementmethode vom Prinzip der Prozess- und Kundenorientierung. Die Implementierung von Maßnahmen des Prozessmanagements soll so den Nachteilen der funktionalen Strukturen entgegenwirken.

4.2.3.4 Prozessarten

Prozesse lassen sich durch viele unterschiedliche Merkmale klassifizieren. Nachfolgend werden einige wichtige Klassifizierungen dargestellt:

- nach der Art der Leistung (Dienstleistungs- und Produktionsprozesse)
- nach der Art der Wertschöpfung (wertschöpfende und nichtwertschöpfende Prozesse)
- nach der Bedeutung (Kern- und Unterstützungsprozesse)
- nach der Komplexität (Makro- und Mikroprozesse)
- nach der Art des untersuchten Objektes (materielle und informationelle Prozesse)
- nach der Managementfunktion (Ausführungs- und Entscheidungsprozesse)
- nach der Unmittelbarkeit der Erstellung (Kern- oder Wertschöpfungs- bzw. primäre Prozesse und unterstützende oder Supportprozesse bzw. sekundäre Prozesse).

4.2.3.5 Leitgedanken des Prozessmanagements

Zu Beginn der neunziger Jahre wurden prozessorientierte Managementkonzepte entwickelt und veröffentlicht. Nach diesen Konzepten werden die Verbesserungspotenziale in den Strukturen und Prozessen der Unternehmen gesehen, z. B. durch Verflachung der Hierarchien sowie durch Verringerung der Durchlaufzeit und der

Kosten bei gleichzeitiger Qualitätsverbesserung, um die gewünschte Kundenzufriedenheit zu erreichen. Das Prozessmanagement soll die Basis für die Umsetzung dieser Ziele schaffen. «Prozessmanagement umfasst planerische, organisatorische und kontrollierende Maßnahmen zur zielorientierten Steuerung der Wertschöpfungskette eines Unternehmens hinsichtlich Qualität, Zeit, Kosten und Kundenzufriedenheit» (Gaitanides, 1994: 16).

In **Abbildung 4.2-3** lassen sich die oben genannten Aspekte wiederfinden. Wie in Abbildung 4.2-3 zu erkennen, besteht zwischen den Prinzipien des Prozessmanagements ein Zusammenhang. Die Ergebnisgröße «Kundenzufriedenheit» bildet das Dach der drei Prozessparameter Qualität, Zeit und Kosten. Nur durch ganzheitliche Steuerung der Unternehmensprozesse werden die wesentlichen Voraussetzungen für die Realisierung der Wertschöpfung bzw. die Erlangung von Wettbewerbsvorteilen durch Kundenzufriedenheit erreicht.

Bei der Kundenzufriedenheit gilt die Kundennähe als wesentliches Merkmal erfolgreicher Unternehmen. Die konsequente Ausrichtung der Prozesse auf die Kundenbedürfnisse ist somit ein zentraler Punkt des Prozessmanagements. Was vom internen und/oder externen Kunden nicht nachgefragt wird, gilt als Verschwendung und muss, ganz im Sinne der Kaizen-Philosophie, vermieden werden.

Das Konzept **Kundenzufriedenheit** lässt sich zerlegen in die beiden Komponenten:

- Identifizierung der Kundenwünsche und
- Befriedigung der identifizierten Wünsche.

Die Mitarbeiter als interne Kunden zählen zu den wichtigsten Ressourcen eines Unternehmens. Sie sind für die Notwendigkeit der Reformen zu gewinnen und davon zu überzeugen. Der Erfolg der prozessorientierten Unternehmensgestaltung ist wesentlich an ihre Einstellungen und Verhaltensweisen geknüpft. Erst die Akzeptanz neuer Denkweisen und Verhaltensmuster durch die betroffenen Mitarbeiter ermöglicht die Umsetzung neuer Konzepte. **Mitarbeiterorientierung** äußert sich u. a. in der Schaffung größtmöglicher Transparenz der Unternehmensziele und Arbeitsprozesse. Dies erfolgt durch aktives Einbinden der Mitarbeiter in die betrieblichen Abläufe. Hierbei muss jedem Mitarbeiter seine individuelle Bedeutung klar gemacht werden, inwieweit er zum Nutzen sowohl des internen als auch des externen Kunden beiträgt.

Das Konzept **Qualität** umfasst eine prozessorientierte Qualitätssicherung im gesamten Unternehmen. Dies erfordert die Einrichtung eines Qualitätsmanagementsystems.

Im Vordergrund des Konzeptes **Zeitmanagement** steht die Optimierung der *Durchlaufzeit*. Unter der Durchlaufzeit wird die Zeit verstan-

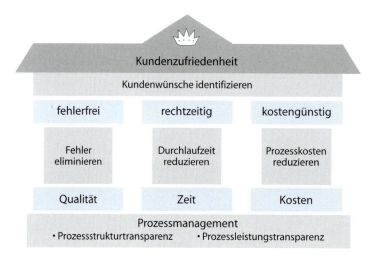

Abbildung 4.2-3: Dach und Säulen des Prozessmanagements (Quelle: Gaitanides, M. u. a.; Prozeßmanagement; München, Wien, 1994, S. 16)

den, die «zwischen einem Ereignis, das den Prozess auslöst, bis zur Verfügbarkeit des Produktes bzw. der Dienstleistung für den Kunden» (Gaitanides, 1994: 14) liegt. Die Durchlaufzeit ist wichtig, weil hierdurch die Reaktionsfähigkeit des Unternehmens auf Marktereignisse beeinflusst wird.

Das Konzept **Kosten** (Prozesskosten) besteht aus der prozessspezifischen Verrechnung der Vollkosten auf die verursachenden Unternehmensprozesse.

Im **Prozessmanagement** stehen die Prozesse und nicht die Funktionen bzw. Verrichtungen im Mittelpunkt. Von einer Funktions- bzw. Verrichtungsorientierung wird gesprochen, wenn die Verantwortlichkeiten analog zu den unternehmerischen Aufgaben verteilt werden, z. B. Einkauf, Produktion, Verkauf bzw. Pflege, Behandlung oder Verwaltung. Eine Prozess-, Produkt- oder Projektorientierung liegt vor, wenn die Verantwortlichkeiten z. B. für Prozesse determiniert werden. Im Prozessmanagement sollen diese so genannten crossfunktionalen Prozesse im Unternehmen mit dem Ziel der Aufdeckung von Doppelarbeiten, verlängerten Durchlaufzeiten und nicht abgestimmten Schnittstellen transparent gemacht werden. Damit ist der Abbau von Koordinationsbedarf an den Schnittstellen ein bedeutender Kernpunkt des Prozessmanagements.

Prozessmanagement hat den reibungslosen Ablauf aller Kunden-Lieferanten-Beziehungen zu garantieren. Die internen und externen Lieferanten-Kunden-Beziehungen werden dabei im Rahmen des Prozessmanagements besonders berücksichtigt. Hierdurch will man erreichen, dass nur diejenigen Leistungen erstellt werden, die auch einen Kosten übernehmenden Nachfrager haben. Damit wird deutlich, dass Prozessmanagement das Unternehmen als Geflecht von internen und externen Leistungen ansieht. Ein weiterer Grundgedanke des Prozessmanagements ist darin zu sehen, dass es für jeden Prozess auch einen Prozessverantwortlichen geben muss.

Die folgende Zusammenfassung zeigt noch einmal die wichtigsten Funktionen des Prozessmanagements:

- Strukturieren und Optimieren der Prozesse
- Erkennen und Definieren der erforderlichen Schnittstellen
- Steuern von prozessgerechten Abläufen
- Schaffen der Prozessstruktur- und Prozessleistungstransparenz
- Bewerten der Prozesseffizienz
- Anpassen der Organisationsstrukturen an die Prozessorientierung
- Übertragen der Verantwortung an einen Prozessverantwortlichen.

Wie aus Abbildung 4.2-3 weiterhin ersichtlich ist, umfasst das Prozessmanagement die Prozessstrukturtransparenz und die Prozessleistungstransparenz.

Die Prozessstruktur beschreibt die logischen und zeitlichen Abläufe von Prozessen oder Prozesssegmenten. Hierbei ist die Visualisierung von Prozessabläufen das wichtigste Instrument, um **Prozessstrukturtransparenz** zu schaffen.

Die **Prozessleistungstransparenz** versucht die Prozessparameter «Qualität», «Durchlaufzeit» und «Prozesskosten» so zu gestalten, dass die erbrachte Leistung den Kundenanforderungen entspricht. Die Übereinstimmung des Prozessergebnisses mit den Kundenanforderungen zeigt sich in der Kundenzufriedenheit.

Die kleinste Einheit eines Prozesses ist das so genannte Prozessmodul (**Abb. 4.2-4**), das sich aus folgenden Bestandteilen zusammensetzt:

- *Lieferant:* Ein Lieferant ist derjenige, der seine Dienst- oder Sachleistung als Input zur Verfügung stellt. Hierbei werden z. B. die Menge und die Güte sowie der Zeitpunkt vorab festgelegt.
- *Input/Output:* Innerhalb des Prozesses erfolgt die Transformation von Input in Output. Der Input dient als Auslöser der Prozesse. Dies kann z. B. das Eintreten eines bestimmten Zeitpunktes oder der Eingang einer Vorleistung sein. Der Input besteht aus materiellen oder immateriellen Leistungen, die dann verändert werden. Das Startereignis muss präzise formuliert sein. Das erzeugte Produkt oder die Dienstleistung stellt den Output des Pro-

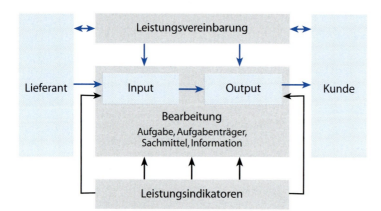

Abbildung 4.2-4: Prozessmodule als Basiskomponenten des Prozessmanagements (Quelle: Gaitanides, M. u. a.; Prozeßmanagement; München/Wien, 1994, S. 23)

zesses dar. Das Prozessende muss ebenfalls genau bestimmt sein.
- *Kunde:* Kunde ist derjenige, der Leistungen vom Prozess erhält. Der Kunde kann als externer Kunde außerhalb des Unternehmens oder als interner Kunde innerhalb des Unternehmens auftreten. Bei der Gestaltung und/oder Ausgrenzung von Prozessen ist das Vorliegen einer eindeutigen Lieferanten-Kunden-Beziehung wichtig.
- *Wert:* Innerhalb des Prozesses erfolgt ein Wertzuwachs, das heißt, ein Produkt, eine Dienstleistung oder Teile davon schaffen Nutzen für den Kunden. Ein Nutzen liegt dann vor, wenn die Bedürfnisse des Kunden in hinreichendem Maße befriedigt sind.
- *Aufgaben mit logischen Folgebeziehungen:* Die Aufgaben bilden den Kern des Prozesses. Sie werden auch als Aktivitäten im Sinne von Verrichtungen an Objekten bezeichnet. Durch sie geschieht die Veränderung des Input in Output. Die logischen Folgebeziehungen legen die sachlich bedingten Reihenfolgen der Aufgaben fest. Werden mehrere Prozesse aus funktionalen Gründen miteinander verbunden, spricht man von Prozessketten. Eine Prozesskette, die zu einem inhaltlich abgeschlossenen Ergebnis führt, wird als Geschäftsprozess bezeichnet.
- *Leistungsvereinbarung:* Hierbei handelt es sich um exakte Input- und Outputabstimmungen, die zwischen dem Lieferanten und dem Kunden erfolgen.

- *Leistungsindikatoren:* Während des Prozessablaufs gibt es immer wieder Vorgaben (Sollgrößen) und Ergebnisse (Istgrößen). Treten zwischen den Vorgaben und den Ergebnissen Differenzen auf, ist es Aufgabe des Prozessmanagements, diese Soll-Ist-Abweichungen zu analysieren und zu beheben. Mit Hilfe von Kennzahlensystemen können die auftretenden Abweichungen erfasst werden.

Im Zentrum der Betrachtung des Prozessmanagements stehen, wie aufgezeigt, die Prozesse. Die nachfolgend aufgeführten Kriterien dienen der Identifikation der für den Unternehmenserfolg wichtigen Prozesse:

- Erkennen der zentralen Prozesse mit Erstellen eines Prozessdiagramms
- Identifizieren und Zuweisen der Teilprozesse
- Darlegen der Wechselbeziehungen der zentralen Prozesse innerhalb des Unternehmens
- Festlegen der Bedeutung der Prozesse bezüglich der Zufriedenheit externer Kunden
- Ermitteln der Ressourcenintensität (Kapazitäts-, Arbeits-, Zeit- und Kostenintensität)
- Aufzeigen der Bedeutung der Prozesse für die Erlangung eines Wettbewerbsvorteils.

4.2.3.6 Prozessstrukturtransparenz

Auf die Identifikation der Prozesse folgt ihre Strukturierung. «Die Prozeßstruktur beinhaltet die hierarchische Darstellung aller in einem Geschäftsprozess enthaltenen Teilprozesse und Aktivitäten sowie ihre Input-Output-Beziehungen» (Schulte-Zurhausen, 1995: 80). Sie wird als Ablaufdiagramm dargestellt und beschreibt die logischen bzw. zeitlichen Sequenzen eines Prozesses oder Teilprozesses.

Durch die Zerlegung von Geschäftsprozessen in Teilprozesse (auch Sub- oder Unterprozesse genannt) entsteht eine hierarchische Prozessstruktur mit verschiedenen Prozessebenen. In der obersten Ebene finden sich Unternehmensprozesse, im Krankenhaus z. B. Diagnostik und Therapie. Die weitere Aufteilung der Teilprozesse bildet dann die Beschreibung einzelner Arbeitsschritte, sodass auf der untersten Prozessebene die einzelnen Aktivitäten, z. B. Blutentnahme oder Schreiben eines EKGs, stehen. Die Prozessstrukturierung wird nach zweckmäßigen und wirtschaftlichen Kriterien vorgenommen. Ihre Ziele sind die Schaffung von Transparenz und die Modellierbarkeit der Prozesse für eine effiziente Prozesssteuerung.

Das wichtigste Instrument zur Schaffung der Prozessstrukturtransparenz ist die **Visualisierung** der Prozessabläufe. Damit sollen die jeweils relevanten Prozesse in ihrem Ablauf grafisch dargestellt werden. Anhand der visualisierten Abläufe kann auch die Aufbauorganisation bezüglich ihrer Anpassung an das Prozessgeschehen transparent gemacht werden.

Die Darstellung der Prozessstruktur erfolgt also nicht nur zum Zweck der Tätigkeitsbeschreibung, sondern sie schafft die Voraussetzung für eine effektive Prozessarbeit.

Die Darstellung der Prozessabbildung ist vertikal oder horizontal möglich. In der **vertikalen Darstellung** werden alle Prozesse aus funktionaler Sicht den verschiedenen Prozessebenen zugeordnet, es liegt eine verrichtungsorientierte Sichtweise zu Grunde. Schnittstellen und Abhängigkeiten zu anderen Bereichen werden damit aber nur ungenügend dargestellt, vor allem wenn Aufbau- und Prozessorganisation nicht identisch sind. Organisationsoptimierungen reduzieren sich somit auf funktionsspezifische Aspekte. Eine ausschließlich vertikale Darstellung wird somit der Anforderung nach Prozessstrukturtransparenz nicht gerecht.

Die **horizontale Darstellung** enthält in jeder Prozessebene komplette Prozessabläufe. Die Anzahl der dabei beteiligten Abteilungen ist nicht relevant. Weiterhin besteht durch den einheitlichen Detaillierungsgrad innerhalb der definierten Prozessebenen die geforderte Prozessstrukturtransparenz. In **Abbildung 4.2-5** wird eine Prozessstruktur exemplarisch am Krankenhausprozess dargestellt.

In dem oben aufgezeigten Zusammenhang beziehen sich **Schnittstellen** auf die Interaktionen von Menschen oder organisatorischen Teileinheiten in einem Unternehmen. Sie entstehen «beim Übergang von einem Aufgabenbereich zum anderen infolge von sich ändernden Arbeitsinhalten, Funktionen oder Meßsystemen» (Fischer, 1996: 316). Folglich werden die Berührungspunkte zwischen den verschiedenen Tätigkeits- bzw. Entscheidungsbereichen Schnittstellen genannt.

An Schnittstellen können Engpässe auftreten, die u. a. zu den nachfolgend aufgeführten Problemen führen können:

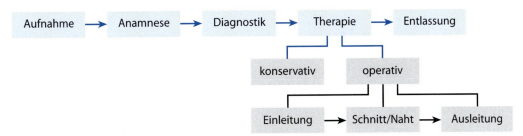

Abbildung 4.2-5: Geschäftsprozesse im Krankenhaus (Quelle: in Anlehnung an Greulich, A., Thiele, G., Thiex-Kreye, M.; Prozeßmanagement im Krankenhaus; Heidelberg, 1997, S. 23)

- gegenseitige Schuldzuweisungen und Abwehr von Kritik statt gemeinsamer Problemsuche
- einseitige Durchsetzung von Problemlösungen an Stelle gemeinsamer Erarbeitung
- Abstimmungsprobleme durch Zurückhaltung, Verzögerung oder Verfälschung von Informationen
- kurzfristige Ad-hoc-Entscheidungen statt langfristiger, ganzheitlicher Problemlösungen
- höhere Kosten durch vermehrten Anfall von Ausschuss in Folge mangelnder Abstimmung bei der Qualitätssicherung
- höhere Kosten durch Verlängerung der Durchlaufzeit auf Grund unnötiger Wartezeiten.

Zur Vermeidung dieser Schnittstellenprobleme werden im Rahmen der Prozessorganisation Schnittstellen reduziert und/oder harmonisiert. Sie werden somit im Sinne des Wortes von der «Schnittstelle» zu einer «Verbindungsstelle».

4.2.3.7 Prozessleistungstransparenz

Generelle Kriterien zur Ermittlung der Prozesseffizienz sind Prozessdurchlaufzeit, Prozessqualität und Prozesskosten. Sie stehen untereinander in Wechselbeziehungen. Eine ganzheitliche Bewertung der Prozessleistung setzt voraus, dass alle drei Leistungsparameter berücksichtigt werden.

Die **Durchlaufzeit** umschließt die gesamte Zeitspanne vom Prozessbeginn (Eingangsschnittstelle des Prozesses) bis zum Prozessende (Ausgangsschnittstelle des Prozesses). Der Prozess endet dann, wenn das geforderte Prozessergebnis für externe bzw. interne Kunden oder für nachfolgende Prozesse vorliegt. Die Durchlaufzeit hat bei der Prozessleistung maßgebliche Bedeutung. Zum einen führen längere Durchlaufzeiten zu einer geringeren Kundenzufriedenheit, und zum anderen zu erhöhten Kosten. Die Durchlaufzeit ergibt sich aus der Summe von Bearbeitungszeiten, Liegezeiten und Transferzeiten. Mit Bearbeitungszeit ist die Zeitdauer aller Tätigkeiten gemeint, die der Transformation von Prozessinput in Output dienen. In der Liegezeit erfolgt innerhalb des Prozesses keine Bearbeitung an dem jeweiligen Prozessobjekt. Ursachen können z. B. in einer falschen logischen Reihenfolge der Aufgaben liegen. Die Transferzeit umfasst die Zeit, die für den Transport des Objektes nötig ist.

Die **Qualität** des Prozesses bestimmt entscheidend die Kundenzufriedenheit. Somit ist Qualität kein absolutes, allgemein gültiges Maß, sondern ein Kriterium für den Erfüllungsgrad spezifischer Kundenanforderungen. Gemessen wird sie an der Anzahl von Fehlern und Abweichungen gegenüber der Vorgabe. Die Erhebung der Abweichungen soll sich aber nicht nur auf den Prozessoutput beschränken, sondern auf den gesamten Prozessverlauf beziehen. Durch Qualität als Prozessparameter sollen daher Fehlerkorrekturkosten reduziert, prozessuale Schwachstellen behoben und eine höhere Kundenzufriedenheit erreicht werden. Prozessqualität beeinflusst auch die Prozessdauer, da aus jeder Nachbesserung eine Verlängerung der Prozessdauer resultiert.

Ziel der Prozesskostenrechnung ist die Erzeugung der zur Prozesssteuerung notwendigen Transparenz der Kostenstrukturen durch Ermittlung der **Kosten** von Istprozessen und der Prognostizierung der Kosten von Sollprozessen. Dadurch soll eine verursachungsgerechtere Verteilung der Gemeinkosten auf die Prozesse erfolgen.

4.2.3.8 Prozessmanagement im Krankenhaus

Die Planung und Organisation der Aufbau- und Ablauforganisation der Krankenhäuser erfolgen im Wesentlichen aus einer leistungsbereichs- und leistungsstellenbezogenen Sicht. Die Organisation ist an speziellen Arbeitsabläufen, z. B. Radiologie, Operationen, Speisenversorgung oder Transportdienst, oder an der Auslastung der Geräte einzelner Leistungsstellen, z. B. Strahlendiagnostik bzw. -therapie, Operationsabteilung oder Küche, und nicht auf den patientenbezogenen Versorgungs- und Behandlungsverlauf ausgerichtet. Diese Arbeitsteilung auf Grund der Spezialisierung erschwert die ganzheitliche Patientenversorgung und -behandlung.

Die Verteilung der Prozesse entgegen ihrem logischen Ablauf auf verschiedene Organisationseinheiten und damit auch der Aufgaben auf viele Aufgabenträger führt zu vielen Schnittstellen, die eine Quelle für zahlreiche Planungs- und Steuerungsfehler bilden. Diese Probleme äußern sich z. B. in langen Wartezeiten, Reibungsverlusten durch Konflikte bei der Terminabsprache zwischen den Abteilungen oder durch Verzögerungen in der Datenübermittlung.

Hinzu kommt, dass die Leistungen am Patienten in den Krankenhäusern von mehreren Berufsgruppen mehr oder weniger gleichzeitig erbracht werden. Diese Berufsgruppen sind stark hierarchisch strukturiert und stehen auch zueinander in hierarchischen Verhältnissen, sodass die beteiligten Personen unterschiedliche fachliche und disziplinarische Vorgesetzte haben.

Eine gute Zusammenarbeit zwischen bettenführenden Abteilungen und den Funktionsabteilungen ist vor dem Hintergrund der Leistungsfinanzierung aber von besonderer Bedeutung.

Will man eine zeitgemäße Organisationsstruktur schaffen, um eine einheitliche Aufgabenerfüllung zu erreichen und Reibungsverluste möglichst gering zu halten, ist eine Modifizierung vom Arbeiten in Funktionen zum Denken in Prozessen erforderlich. Die durch Spezialisierung und Hierarchisierung zerlegte Funktionsgliederung des Arbeitsablaufs in den Krankenhäusern muss überwunden und zu einem aus Patientensicht übereinstimmenden Behandlungs- und Versorgungsprozess verändert werden. In **Abbildung 4.2-6** wird die prozessorientierte Krankenhausgestaltung grafisch dargestellt.

> Die Wertschöpfungskette des Krankenhauses beginnt beim Patienten (Patient value), beinhaltet den Prozess der medizinischen [und

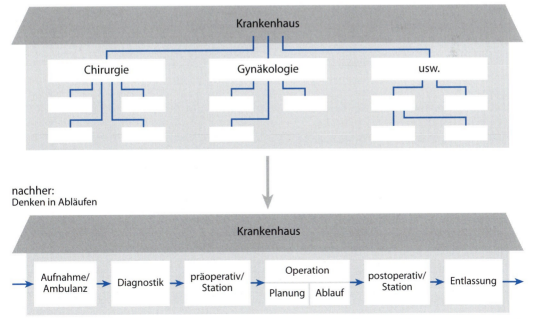

Abbildung 4.2-6: Prozessorientierte Gestaltung der Abläufe im Krankenhaus (Quelle: in Anlehnung an Dullinger, F.; Krankenhaus-Management im Spannungsfeld zwischen Patientenorientierung und Rationalisierung, 2. Aufl.; München, 1996. S. 30)

pflegerischen] Versorgung (Diagnose und Therapie), umfasst alle diesen Leistungsprozeß ergebniswirksam ergänzenden Aufgaben (Hotel- und Serviceleistungen) und schließt auch die vor- und nachgelagerten Wertketten der Einweiser als «Lieferanten» und Nachsorgeeinrichtungen als «Abnehmer» ein. (Dullinger, 1996: 30)

Mit diesem Aspekt wird auch die gesetzlich geforderte Verbesserung der Kooperationen zwischen ambulanter und stationärer Behandlung berücksichtigt. Verluste an den Schnittstellen zwischen den Stufen der Versorgungsketten sollen durch Vernetzung der Anbieter minimiert werden.

Die vielfältigen Prozesse der Krankenhäuser in den Bereichen Diagnostik, Therapie, Pflege und Hotelversorgung müssen jeweils definiert und nach Leitlinien bzw. Standards festgelegt werden. Die Leistungserstellung lässt sich hierbei in mehrere, miteinander verbundene und funktionsübergreifende Arbeitsprozesse gliedern.

Die Optimierung der einzelnen Prozesse im Rahmen des Prozessmanagements hat folgende Ziele:

- Kürzung der Verweildauer durch verbesserte Abstimmung einzelner Funktionen und Teilprozesse
- Reduktion von Wartezeiten auf Grund ungenau abgestimmter Termine
- Erreichen einer zeitnahen Befundweitergabe an den entsprechenden Auftraggeber
- Vermeidung von Doppeluntersuchungen
- schnelles Reagieren bei Notfällen
- Automatisieren des Datenaustausches
- Verringerung der Kommunikations- und Koordinationstätigkeiten zwischen Medizin und Pflege und damit Schaffung von mehr Zeit für die Primäraufgabe Betreuung bzw. Behandlung des Patienten
- Ausbilden einer Grundlage für verursachungsgerechte Prozesskostenrechnung im Krankenhaus.

4.2.3.9 Anforderungen an das Krankenhausmanagement

Die Krankenhausleitungen bestehen derzeit überwiegend aus einem berufsständisch strukturierten Krankenhausdirektorium aus Ärztlichem Direktor, Pflegedirektor und Verwaltungsdirektor, wobei die Leitungsfunktion in der Regel kollegial wahrgenommen wird. Als Folge dieses berufsständisch gegliederten Dreiergremiums der Leitung besteht die Gefahr, dass sich ein stark versäultes Denken der Berufsgruppen in den Krankenhäusern manifestieren kann.

Jeder der drei Bereiche organisiert und optimiert «seine» Abläufe. Das Bereichsdenken der Berufsgruppen im Management, die Durchsetzung von Partialinteressen bestimmter Berufsgruppen und die fortschreitende Funktionsspezialisierung hat zu Arbeitsabläufen und Strukturen geführt, die den geänderten Anforderungen bezüglich Wirtschaftlichkeit und Patientenorientierung auf Dauer nicht gerecht werden.

Das Denken im Management der Krankenhäuser muss von einem vorausschauenden, eigenverantwortlichen, kosten- und marktorientierten Krankenhausmanagement bestimmt werden, um dem erhöhten wirtschaftlichen Druck standzuhalten. Eine wesentliche Voraussetzung für die Umsetzung des Prozessmanagements ist, dass die Krankenhausträger den Krankenhausleitungen die dafür notwendige organisatorische und wirtschaftliche Autonomie gewähren. Die zentrale Aufgabe des Krankenhausmanagements liegt künftig in der besseren Koordination der Leistungserstellung mit Ausrichtung auf hohe Qualitätsstandards und niedrigen Ressourcenverbrauch. Die konsequente Gestaltung aller betrieblichen Abläufe, ausgerichtet an den Kundenanforderungen, muss im Mittelpunkt des Managements stehen.

Wesentliche Bedeutung im Rahmen des Prozessmanagements kommt, neben dem Aufbau eines prozessunterstützenden Informations- und Controllingsystems, der Mitarbeiterführung und dem Führungsverhalten des Managements selbst zu. Motivation und Professionalität der Mitarbeiter sind entscheidend für den erfolgreichen Arbeitsablauf in den Krankenhäusern. Das Management muss demnach Sorge dafür tragen, dass die Mitarbeiter die nötigen Fähigkeiten entwickeln, anwenden und dabei ihre Motivation aufrechterhalten können.

Literatur
Chrobok, R.: Zfo – Stichwort: (Geschäfts-)Prozeßorganisation. zfo (1996) 3: 190
Corsten, H.: Grundlagen und Elemente des Prozeßmanagements. Schriften zum Produktionsmanagement, Nr. 4, Universität Kaiserslautern, 1996
Dullinger, F.: Krankenhaus-Management im Spannungsfeld zwischen Patientenorientierung und Rationalisierung (2. Aufl.). München, 1996
Fischer, T. M.: Sicherung unternehmerischer Wettbewerbsvorteile durch Prozeß- und Schnittstellen-Management. zfo (1996) 3: 310–316
Gaitanides, M.: Prozeßmanagement. München, Wien, 1994
Greulich, A.; Thiele, G.; Thiex-Kreye, M.: Prozeßmanagement im Krankenhaus. Heidelberg, 1997
Kattner, M.: Diplomarbeit. Fachhochschule Osnabrück, Osnabrück, 2000
Osterloh, M.; Frost, J.: Prozeßmanagement als Kernkompetenz. Wiesbaden, 1996
Schulte-Zurhausen, M.: Organisation. München, 1995
van Eiff, W.: Geschäftsprozeßmanagement. zfo (1994) 6: 364

4.2.4 Qualitätsmanagement

4.2.4.1 Qualitätsbegriffe

Dreh- und Angelpunkt des Qualitätsmanagements ist der Begriff «Qualität». Bei der theoretischen Auseinandersetzung mit der Bedeutung des Begriffs zeigt sich sehr schnell, dass es sich um ein komplexes und nicht eindeutiges Phänomen handelt.

Der Ursprung des Wortes «Qualität» liegt im lateinischen *qualitas*, das sich aus *qualis* (wie beschaffen) ableitet und in seiner Übersetzung für Beschaffenheit, Vortrefflichkeit, Verhältnis oder Eigenschaft steht.

In der Vergangenheit hat es viele Versuche gegeben, das Wesen von Qualität festzulegen. Diese alternativen Ansätze drücken sich in den verschiedenen Definitionen von Qualität aus. Die Grundlage des heute gültigen Qualitätsverständnisses findet sich in der weit gefassten Definition der internationalen Normung. Nach der DIN EN ISO 8402 ist **Qualität** die «Gesamtheit von Merkmalen (und Merkmalswerten) einer Einheit bezüglich ihrer Eignung, festgelegte und vorausgesetzte Erfordernisse zu erfüllen» (Deutsches Institut für Normung, DIN)

Unter dem Terminus «Einheit» kann eine Tätigkeit, ein Produkt, eine Organisation, ein System, eine Person oder irgendeine Kombination der genannten Objekte verstanden werden.

Merkmale sind Eigenschaften von Einheiten, die sowohl qualitativer (z. B. Farbe) als auch quantitativer Art sein können (z. B. Länge). Merkmalswerte beschreiben deren Ausprägungen (z. B. Farbe: rot). Erst hierdurch werden Merkmale überprüfbar. Die Gesamtheit der Merkmale und Merkmalswerte einer Einheit macht die Beschaffenheit aus.

Aus diesem Definitionsansatz lassen sich folgende Erkenntnisse ableiten:

- Qualität ist nichts Absolutes. Qualität bezieht sich immer auf vorab festgesetzte Anforderungen.
- Qualität lässt sich in der Regel nicht durch eine einzige messbare Größe bestimmen. Zur Bestimmung müssen mehrere Eigenschaften herangezogen werden.

Ein pragmatisch ausgerichteter Ansatz zur Operationalisierung von Qualität wurde von dem Amerikaner Garvin vorgestellt. Seiner Ansicht nach sind die folgenden fünf **Sichtweisen von Qualität** zu unterscheiden:

- *Transzendente Sichtweise*. Qualität ist etwas Absolutes. Sie kann nicht analysiert werden, sondern wird nur durch individuelle Erfahrung empfunden.
- *Produktorientierte Sichtweise*. Qualität ist anhand definierbarer Eigenschaften eines Produktes genau messbar. Qualität ist objektiv zu erfassen.
- *Anwenderbezogene Sichtweise*. Qualität wird vom Kunden durch seine Wünsche und Bedürfnisse festgelegt. Sie ist subjektiv; eine all-

gemein gültige Definition ist daher nicht möglich.
- *Prozessbezogene Sichtweise*. Qualität ist das Ergebnis von Arbeitsabläufen, die nach zuvor definierten Regeln und Standards ausgeführt werden.
- *Wertorientierte Sichtweise*. Qualität lässt sich durch das Verhältnis von Preis und Nutzen definieren.

Eine Orientierung an nur einer der genannten Sichtweisen führt zu einer eingeschränkten Sichtweise von Qualität. In der Praxis sollte somit versucht werden, alle Aspekte zu berücksichtigen, die bei der Festlegung von Qualitätsforderungen und der Bewertung einer Einheit eine Rolle spielen können.

Die Deutsche Gesellschaft für Qualität (DGQ) hat das Wesen des Qualitätsbegriffs mit der folgenden Aussage vereinfacht zusammengefasst: Qualität ist die «realisierte Beschaffenheit einer Einheit bezüglich Qualitätsforderung» (Deutsche Gesellschaft für Qualität, S. 30).

4.2.4.2 Entstehung und Definition von Qualitätsmanagement

Auf dem Weg zum Qualitätsmanagement wurden viele Entwicklungsstufen durchlaufen. Nicht nur Strategien, Methoden und Instrumente unterlagen einem Wandel, sondern auch der Gegenstand der Qualitätsbetrachtung selbst. Vereinfacht lassen sich drei historische **Phasen** beschreiben:

- In der Zeit der Industrialisierung mit ihrer tayloristischen Arbeitsweise war die Qualitätskontrolle im Sinne einer systematischen Endkontrolle der Produkte vorherrschendes Prinzip. Die Qualitätsverantwortung wurde mit der rein technischen Funktion der Qualitätssicherung verknüpft.
- In der Phase der Qualitätssicherung dominierte die Überzeugung, dass Qualität nicht geprüft, sondern nur produziert werden kann. Umfangreiche Programme, die neue Mess- und Regeltechniken sowie statistische Methoden einsetzten, versuchten schon während des Produktionsprozesses Fehler zu vermeiden. In dieser Phase wurden jedoch weiterhin die der Produktion vorgelagerten Bereiche aus der Betrachtung ausgespart.
- Die betriebswirtschaftliche Erkenntnis, dass das Korrigieren von Fehlern viel teurer ist als ihre vorausschauende Verhinderung, führte zu einer Weiterentwicklung des Qualitätswesens. Qualität sollte durch präventive, in die Zukunft gerichtete Methoden, die bereichsübergreifend in allen Phasen der Produkterstellung eingesetzt werden, gemessen und gesichert werden. Das Augenmerk richtete sich nunmehr vermehrt auf die umfassende Fehlerverhütung. Gleichzeitig, vor allem in Japan, fand eine stärkere Einbeziehung aller Mitarbeiter in die Qualitätsbemühungen statt, z. B. durch Gruppenarbeit und durch die Bildung von Qualitätszirkeln. Mit der Entwicklung internationaler Normen für Qualitätsmanagementsysteme und ihrer zunehmenden Bedeutung wurde die Qualitätsgestaltung zu einer Aufgabe der Unternehmensführung. Höhepunkt der Entwicklung stellen umfassende, vor allem in Japan und in den USA erarbeitete Qualitätskonzepte, wie z. B. das des Total Quality Management, dar, die im Wesentlichen durch einige Qualitätsexperten (z. B. Deming, Juran, Feigenbaum, Crosby und Ishikawa) geprägt worden sind.

Nach der Norm DIN EN ISO 8402 versteht man unter **Qualitätsmanagement** «alle Tätigkeiten des Gesamtmanagements, die im Rahmen des Qualitätsmanagementsystems die Qualitätspolitik, die Ziele und Verantwortungen festlegen sowie diese durch Mittel wie Qualitätsplanung, Qualitätslenkung, Qualitätssicherung/Qualitätsmanagement-Darlegung und Qualitätsverbesserung verwirklichen» (Deutsches Institut für Normung).

Qualitätsmanagement ist also nach heutigem Verständnis eine Führungsaufgabe. Die Unternehmensleitung kann ihre Verantwortung für das Qualitätsmanagement nicht delegieren, sie muss vielmehr aktiv für die unternehmensweite, konsequente Umsetzung auf allen Hierarchieebenen sorgen. Neben den Wünschen und Anforderungen der Kunden sind vielfältige Einflussfaktoren, wie z. B. Effizienz und Effektivität der Leistungserstellung, zu berücksichtigen. Qualitätsmanagement ist eine unternehmensweite Aufgabe von normativer, strategischer und operativer Art.

Die **Qualitätspolitik** ist Bestandteil der Unternehmenspolitik. Es ist Aufgabe der Unternehmensleitung, die allgemeinen Grundsätze und Ziele für die Gestaltung der Qualität zu formulieren. Je einfacher und prägnanter sie beschrieben werden, desto besser werden sie von den Mitarbeitern verstanden und akzeptiert. Damit sich der einzelne Mitarbeiter weitestgehend mit den Qualitätszielen identifizieren kann, sollten bei der Erarbeitung der konkreten Ziele u. a. die jeweiligen Bedürfnisse der Mitarbeiter berücksichtigt werden. Die Ausgabe von Informationsbroschüren und Handzetteln, Aushängen am «schwarzen Brett», persönliche Gespräche und Informationsveranstaltungen tragen wesentlich dazu bei, die unternehmerische Qualitätspolitik transparent zu machen. Die Umsetzung der Qualitätspolitik erfolgt durch das operative Qualitätsmanagement. Es beinhaltet die folgenden Teilaufgaben: Qualitätsplanung, Qualitätslenkung, Qualitätssicherung und Qualitätsverbesserung.

Voraussetzung für Effektivität und Effizienz des Qualitätsmanagements ist die Einbindung aller Managementebenen in eine bestimmte **Qualitätskultur**, die das Qualitätsbewusstsein der Führungskräfte und Mitarbeiter in allen strategischen Fragen und bei den operativen Handlungen bestimmt.

Die Umsetzung der Erwartungen, die Kunden an die Qualität von Produkten stellen, beginnt mit einer umfassenden **Planung**. Die Qualitätsforderungen müssen festgelegt und beschrieben werden. Die Tätigkeiten umfassen das Auswählen, Klassifizieren und Gewichten der Qualitätsmerkmale sowie das schrittweise Konkretisieren aller Einzelforderungen an die Beschaffenheit einer Einheit. Nicht die Qualität selbst, sondern die Anforderungen, die an die Qualität gestellt werden, werden bestimmt.

Das Festlegen der Qualitätsforderungen bezieht sich zunächst auf das Produkt selbst. Daraus leitet sich die Planung qualitätskonformer Realisierungsbedingungen für die relevanten Prozesse und Strukturen ab. Es werden Ablauf- und Zeitpläne erstellt und die eingesetzten personellen und materiellen Ressourcen festgelegt.

Qualitätslenkung umfasst die vorbeugenden, überwachenden und korrigierenden Tätigkeiten bei der Realisierung einer Einheit mit dem Ziel, die in der Qualitätsplanung festgelegten Qualitätsforderungen unter Verwendung von Ergebnissen der Qualitätsprüfungen zu erfüllen. Qualitätsprüfung ist somit ein Instrument der Qualitätslenkung. Durch Einhaltung der Spezifikationen für die Erstellung der Produkte und deren Überwachung sollen die Prozesse beherrscht und Fehler wie Ausschuss, Nacharbeit und Korrekturen vermieden sowie Fehlerursachen beseitigt werden. Maßnahmen der Qualitätslenkung können sich auf die Produkte, auf den Herstellungsprozess und auf die eingesetzten Ressourcen beziehen. Sie müssen in allen Bereichen implementiert sein.

Bis 1994 war in der deutschsprachigen Übersetzung der internationalen Normenreihe DIN EN ISO 9000 ff. der Begriff «**Qualitätssicherung**» mit der Gesamtheit aller qualitätsbezogenen Tätigkeiten und Zielsetzungen gleichgestellt. Seitdem der Oberbegriff in «Qualitätsmanagement» umbenannt wurde, bezeichnet Qualitätssicherung (*quality assurance*) die Darlegung aller Maßnahmen, die im Qualitätsmanagement verwirklicht sind. Ziel der Qualitätssicherung ist es, sowohl die Öffentlichkeit als auch die Eigentümer, die Unternehmensführung und die Mitarbeiter davon zu überzeugen, dass eine Einheit die Qualitätsforderungen erfüllen wird.

Die Aufgabe der **Qualitätsverbesserung** ist als eher übergeordneter Bestandteil des Qualitätsmanagements zu betrachten. Sie umfasst sämtliche «innerhalb einer Organisation ergriffenen Maßnahmen zur Erhöhung der Effektivität und Effizienz von Tätigkeiten und Prozessen» (Deutsche Gesellschaft für Qualität, S. 47). Das Element der Qualitätsverbesserung fördert die Dynamik im Unternehmen. Alle Mitarbeiter stellen eine bedeutende Quelle für Verbesserungspotenziale dar und sind gleichzeitig diejenigen, die die Verbesserungen realisieren. Dem einzelne Mitarbeiter kommt daher eine bedeutende Rolle für das Qualitätsmanagement zu. Als Instrumente zur Umsetzung der Qualitätsverbesserung soll hier z. B. die Einrichtung eines betrieblichen Vorschlagswesens genannt werden.

Mit jeder Verbesserung der Produkte, Prozesse und Potenziale beginnt der Kreislauf der Planung, Lenkung, Sicherung und Verbesserung von neuem. Als grundlegendes Prinzip des Qualitätsmanagements stellt sich somit das Regelkreisprinzip dar. Jede betrachtete Einheit, jede Aktivität und jedes Verfahren kann ständig weiterentwickelt und verbessert werden. Ein derartiges, erweitertes Verständnis von Qualität wird als das **Prinzip der ständigen Verbesserung** bezeichnet. Es beruht auf der Erkenntnis, dass selbst die Ziele und die daraus abgeleiteten Standards nicht als statische, sondern als dynamische, veränderbare Größen aufzufassen sind. Das Regelkreisprinzip liegt allen modernen Qualitätsmanagementansätzen zu Grunde. Sein Urheber ist der Amerikaner Deming, der davon ausging, dass jeder Vorgang als Prozess betrachtet und als solcher schrittweise über die Teilschritte Planen (*plan*), Ausführen (*do*), Überprüfen (*check*) und Verbessern (*act*) qualitativ weiterentwickelt werden kann. Der PDCA- oder Deming-Zyklus veranschaulicht diesen Sachverhalt (**Abb. 4.2-7**).

Zur Umsetzung der komplexen, zunächst abstrakten Aufgaben des Qualitätsmanagements in einem Unternehmen bedarf es der Ordnung von Zuständigkeiten und Abläufen. Dies geschieht im Rahmen des Qualitätsmanagementsystems.

4.2.4.3 Qualitätsmanagementsystem

Unter einem System versteht man ganz allgemein eine Menge von Elementen, zwischen denen bestimmte Beziehungen bestehen. Speziell das Qualitätsmanagementsystem ist definiert als «zur Verwirklichung des Qualitätsmanagements erforderliche Organisationsstruktur, Verfahren, Prozesse und Mittel» (Deutsche Institut für Normung, S. 7).

Das QM-System dient der Strukturierung und der systematischen Umsetzung von Qualitätsaufgaben im Unternehmen durch die Organisation und die Koordination sämtlicher qualitätsbezogener Tätigkeiten. Gestaltung und Umfang des QM-Systems müssen den spezifischen Bedingungen der Unternehmungen gerecht werden. Deshalb kann es kein einheitliches, normiertes Qualitätsmanagementsystem geben. Die im Folgenden beschriebene Struktur eines Qualitätsmanagementsystems orientiert sich an den Begriffsbestimmungen der Deutschen Industrienorm bzw. der Deutschen Gesellschaft für Qualität.

Als Elemente eines Qualitätsmanagementsystems unterscheidet die Deutsche Gesellschaft für Qualität:

- Aufbauelemente
- Ablaufelemente und
- Führungselemente.

In der Aufbauorganisation werden alle Stellen oder Personen zusammengefasst, die mit den Aufgaben des Qualitätsmanagements betraut sind. Für jedes **QM-Aufbauelement** sind Aufgabe, Kompetenz und Verantwortung festzulegen. Neben speziellen Aufbauelementen, wie z. B. der Stelle eines Qualitätsmanagementbeauftragten, gehören alle Stellen oder Personen mit Verantwortung für Qualität zur Aufbauorganisation des Qualitätsmanagementsystems. Mit ihr werden somit vor allem Zuständigkeiten (Verantwortlichkeiten und Befugnisse) geregelt.

Die **Ablaufelemente** legen hingegen die zur

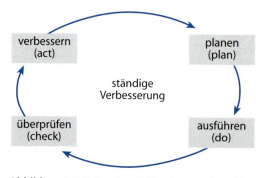

Abbildung 4.2-7: Deming-Zyklus der ständigen Verbesserung. (Quelle: Kaminske, G. F., Brauer, J. P.; Qualitätsmanagement von A bis Z, 2. Aufl.; München, Wien, 1995, S. 218)

Erfüllung der Qualitätsplanung, -lenkung, -sicherung und -verbesserung notwendigen Abläufe fest. Die Ablauforganisation hat zum Ziel, einzelne Tätigkeiten im betrieblichen Ablauf miteinander zu verknüpfen und die Qualitätsmanagementmaßnahmen darin zu integrieren.

Zu den **Führungselementen** schließlich gehören z. B. die Qualitätspolitik und die Schaffung der personellen, organisatorischen und technischen Rahmenbedingungen für das Qualitätsmanagement, ferner die Mitarbeiterzufriedenheit sowie die regelmäßige Bewertung des Qualitätsmanagementsystems.

Die **Dokumentation** des QM-Systems wird als ein Element der Aufbauorganisation betrachtet. Mit der Dokumentation des QM-Systems werden alle qualitätsbezogenen Strukturen und Abläufe zweckmäßig und übersichtlich dargelegt. Sie dient somit der Außendarstellung gegenüber Kunden und anderen Anspruchsgruppen und kann als Basis für die Erteilung eines Zertifikats gelten. Innerhalb des Unternehmens macht sie das QM-System transparent, erleichtert die Einarbeitung neuer Mitarbeiter und stellt ein Kommunikationsmedium zwischen den Mitarbeitern und der Geschäftsleitung dar. Gleichzeitig veranlasst die Erstellung der Dokumentation, die angewendeten Regelungen immer wieder zu reflektieren und Verbesserungspotenziale aufzudecken.

Das zentrale Dokument eines Qualitätsmanagementsystems ist das **Qualitätsmanagement-Handbuch**. Es beinhaltet die Qualitätspolitik und -ziele, die Beschreibung der Aufbau- und Ablauforganisation, die Festlegung von Zuständigkeiten sowie Regelungen zur Dokumentation und Überwachung der Qualitätsmanagementmaßnahmen. Das Handbuch ist ein «lebendes» Dokument und verlangt im Rahmen der laufenden Pflege ein organisatorisch sicheres und leichtes Aktualisieren. Deshalb ist es als Loseblatt-Sammlung aufzubauen. Seine strukturelle Gestaltung unterliegt grundsätzlich keinen Vorgaben, wird sich jedoch aus dem Zweck der Dokumentation ergeben. Auch die Gliederung eines QM-Handbuches ist grundsätzlich freigestellt. Die einzelnen Kapitel sollten aber für alle beschriebenen Elemente einheitlich aufgebaut und u. a. den Zweck, den Anwendungsbereich, die Verantwortlichkeit, die Beschreibung der Verfahren, die Hinweise zur Dokumentation sowie die Arbeits- und Prüfanweisungen beinhalten.

Verfahrensanweisungen können als schriftliche Vorgaben eingeordnet werden, die Tätigkeitsarten und -ausführungen beinhalten. Sie müssen festhalten, was und durch wen, wie und zu welchem Zweck getan, welche Materialien benutzt und wie die Tätigkeit gelenkt und aufgezeichnet werden muss. Verfahrensanweisungen dienen vornehmlich der Regelung von Abläufen und Zuständigkeiten an Schnittstellen zwischen verschiedenen Leistungsstellen und Teilprozessen innerhalb des Leistungserstellungsprozesses. Sie sollten übersichtlich gestaltet und den gleichen formalen Aufbau aufweisen, damit die Abläufe und Arbeitsschritte für die zuständigen Mitarbeiter verständlich werden.

Verfahrensanweisungen werden durch Arbeitsanweisungen inhaltlich ergänzt. **Arbeitsanweisungen** beschreiben die einzelnen Arbeits- und Prüfschritte und liefern konkrete Vorgehenshinweise für die konkrete Umsetzung. Ihr Umfang richtet sich nach dem Qualifikationsgrad der Mitarbeiter.

Weitere Dokumentationsunterlagen sind **Qualitätsaufzeichnungen**. Sie enthalten die Ergebnisse von Qualitätsprüfungen und geben Auskunft darüber, inwieweit die Qualitätsforderung an eine Tätigkeit bzw. an ein Produkt erfüllt ist. Sie legen die Wirksamkeit des Qualitätsmanagementsystems dar und bilden gleichzeitig die Grundlage für Analysen und das Einleiten von Korrektur- bzw. Verbesserungsmaßnahmen. Daher müssen sie sorgfältig aufbewahrt und gepflegt werden. Ihre jeweils erforderliche Aufbewahrungsfrist muss festgelegt sein.

Die Überwachung des Qualitätsmanagementsystems und der eingesetzten Verfahren geschieht im Rahmen von **Qualitätsaudits**. Ziel dieser systematischen und unabhängigen Untersuchungen ist es, «festzustellen, ob die qualitätsbezogenen Tätigkeiten und damit zusammenhängenden Ergebnisse den geplanten Anordnungen entsprechen, und ob diese Anordnungen tatsächlich verwirklicht und geeignet sind, die Ziele zu erreichen» (Deutsches Institut für Normung, S. 25). Auditergebnisse liefern Hinweise auf Schwachstellen, aus denen dann anschließend Korrektur- und Vorbeugungsmaßnahmen abgeleitet werden können. Sie tragen dazu bei, den Ansatz der ständigen Verbesserung zu realisieren.

Externe Qualitätsaudits werden durch unabhängige Stellen veranlasst und erfolgen z. B. im Rahmen einer Zertifizierung. Interne Audits werden durch Mitarbeiter des eigenen Unternehmens durchgeführt.

Basis für ein wirksames QM-System bilden Informationen bzw. ein funktionstüchtiges, effektives Informationssystem. Dieses umfasst die Gesamtheit aller Komponenten und Medien, die im Unternehmen für die Gewinnung, Aufbereitung, Weiterleitung, Bearbeitung und Archivierung von Informationen angewendet werden. Für die Bewältigung der umfangreichen Aufgaben im Zusammenhang mit der Informationsverarbeitung werden zunehmend spezielle EDV-Systeme eingesetzt, die als unternehmensweite Qualitätsinformationssysteme die benötigten Informationen redundanzfrei bereitstellen sollen.

Zur Umsetzung sowie zur methodischen und instrumentellen Unterstützung der einzelnen Aufgaben des Qualitätsmanagements im Rahmen des Qualitätsmanagementsystems wurden verschiedene **Qualitätstechniken** entwickelt. Sie basieren in der Regel auf mathematisch-statistischen Grundlagen. Neben den traditionellen statistischen Methoden der Problemlösung wie beispielsweise der Fehlermöglichkeits- und -einflussanalyse (FMEA), der statistischen Versuchsplanung (SVP) und der statistischen Prozessregelung (SPR), werden zurzeit viele neue Methoden aus dem Bereichen der Kreativitäts- und Problemlösetechniken eingesetzt. Zu ihnen gehören beispielsweise die Sieben Elementaren Qualitätswerkzeuge (Q7) oder die Sieben Management-Werkzeuge (M7). Für den Bereich der Dienstleistung wurden spezielle Techniken zur Ermittlung der Erwartungen und zur Messung der Zufriedenheit von Kunden entwickelt (Sieben Qualitätstechniken für den Dienstleistungsbereich, D7).

4.2.4.4 Total Quality Management

Aus den bisherigen Ausführungen geht hervor, dass Qualitätsmanagement als Gesamtheit aller qualitätsbezogenen Zielsetzungen und Tätigkeiten zunächst eine Führungsfunktion darstellt, die in ein System gekleidet werden muss, um Gestalt anzunehmen, und schließlich eines Konzepts bedarf, um gelebt zu werden.

Ein Konzept ist das Total Quality Management (TQM). TQM gilt als das umfassendste Qualitätskonzept. Der Begriff «Total Quality Management» tauchte in Deutschland erstmals etwa Mitte der achtziger Jahre des vergangenen Jahrhunderts in der fachlichen Diskussion auf. Zu dieser Zeit blieben die Erfolge der europäischen Industrie deutlich hinter denen der japanischen und amerikanischen zurück. Ein Umdenken hinsichtlich der eigenen Qualitätspraktiken erschien notwendig, um die verlorenen Marktanteile zurückzugewinnen. In Japan und Amerika waren verschiedene Ansätze entwickelt und umgesetzt worden, in denen die in den vergangen Jahren erfolgte Weiterentwicklung des Verständnisses von Qualität und der ihr beigemessenen Bedeutung zum Ausdruck kommt.

Zur Abgrenzung gegenüber der bestehenden Begrifflichkeit des Qualitätsmanagements wurde der Begriff «TQM» in die internationale Norm DIN ISO 8402 unter der Bezeichnung «Umfassendes Qualitätsmanagement» aufgenommen und folgendermaßen definiert:

> Auf die Mitwirkung aller ihrer Mitglieder gestützte Managementmethode einer Organisation, die Qualität in den Mittelpunkt stellt und durch Zufriedenstellung der Kunden auf langfristigen Geschäftserfolg sowie auf Nutzen für die Mitglieder der Organisation und für die Gesellschaft zielt. (Deutsches Institut für Normung, S. 18)

Damit wird TQM als ein umfassendes Unternehmensführungskonzept beschrieben, das die Qualität zur zentralen Führungsaufgabe erklärt. Weiterhin beinhaltet dieses Konzept, dass alle

Tabelle 4.2-4: Qualitätsmanagement (Quelle: Haubrock, M.; Lehrveranstaltungsunterlagen Gesundheitsökonomie; Fachhochschule Osnabrück, Osnabrück, 2004)

• Qualität ist Unternehmensziel und damit Managementaufgabe
• Qualität ist allumfassend
• Qualitätsverbesserung erfolgt dauerhaft
• Qualitätsverbesserung induziert Kostensenkung
• Qualität schafft Kundenzufriedenheit
• Kundenzufriedenheit führt zu Wettbewerbsvorteilen

Berufsgruppen, alle Hierarchieebenen sowie alle Prozesse eingebunden werden, um die Zufriedenheit bzw. den Nutzenzuwachs der externen und internen Kunden zu realisieren. Durch die ständige Qualitätsverbesserung sind die Unternehmen in der Lage, ihre Kosten zu senken. Eine an den Kunden ausgerichtete Qualitätsverbesserung schafft Kundenzufriedenheit. Die Kundenzufriedenheit wiederum ist die Grundlage für die Wettbewerbsfähigkeit der Unternehmen (**Tab. 4.2-4**).

4.2.4.5 Qualitätsmanagement im Dienstleistungsunternehmen Krankenhaus

Mit der partiellen Einführung von marktwirtschaftlichen Steuerungselementen in das Gesundheitssystem müssen sich Krankenhäuser zunehmend dem Wettbewerb untereinander und gegenüber anderen Gesundheitseinrichtungen stellen. Es hat sich die Erkenntnis durchgesetzt, dass gerade die Qualität ein wichtiger **Wettbewerbsparameter** ist. Das Qualitätsgebot nimmt somit neben dem Gebot einer effizienten Leistungserstellung einen zentralen Stellenwert ein.

Nach dem Wirtschaftlichkeitsgebot des SGB V müssen die Leistungen ausreichend, zweckmäßig und wirtschaftlich sein. Weiterhin dürfen sie das Maß des Notwendigen nicht überschreiten, damit die Versicherten sie in Anspruch nehmen können und die Krankenkassen sie bezahlen müssen. Für den Leistungsanbieter ergibt sich somit die Notwendigkeit, sich mit dem Output (Gesundheitsleistungen) und mit dem Input (Produktionsfaktoren) auseinander zu setzen. Input- und Output werden ihrerseits durch die Faktoren Quantität, Qualität und Preis bestimmt.

Auf der Outputseite erfolgte bis zum Jahr 2003 die Mengenfestsetzung im stationären Bereich im Rahmen der Pflegesatz-, Budget- bzw. Strukturverhandlungen. Die Preise wurden, ebenfalls im Rahmen dieser Verhandlungen, entweder in Form von Pflegesätzen ermittelt, oder sie wurden auf Landes- oder Bundesebene durch die Selbstverwaltungsorgane für alle Einrichtungen vorgegeben. Lediglich die Komponente Leistungsqualität wurde bislang nur unzureichend fixiert.

Der Gesetzgeber hat zwar mit dem Gesundheitsreformgesetz von 1989 und mit dem **Gesundheitsstrukturgesetz** von 1993 die bestehende Lücke geschlossen. In den §§ 135 ff. SGB V sind Ausführungen über die Sicherung der Qualität der Leistungserbringung im Gesundheitssektor festgehalten worden. Für den Bereich der zugelassenen Krankenhäuser galten bis zum 31. 12. 1999 die §§ 137, 137 a und 137 b SGB V.

In den Regelungen für die Qualitätssicherung verpflichtete der Gesetzgeber z. B. die Krankenhäuser, sich an Maßnahmen zur Sicherung der Struktur-, der Prozess- und der Ergebnisqualität zu beteiligen.

Die **Strukturqualität** wird bestimmt durch die zur Leistungserstellung notwendigen Leistungspotenziale des Krankenhauses mit seinen Mitarbeitern sowie der technischen Einrichtung und Ausstattung, die physischen und organisatorischen Arbeitsbedingungen sowie den Zugang zur Nutzungsmöglichkeit des Leistungsangebots durch die Patienten.

Die **Prozessqualität** bezieht sich auf alle Maßnahmen und Aktivitäten der Leistungserbringung, die im Verlauf der Krankenhausbehandlung in den Bereichen der Diagnostik, Therapie, Pflege und Hotelversorgung unter

Verwendung der gegebenen Ressourcen durchgeführt werden. Sie umfasst also die Summe aller Teilprozesse der Leistungserstellung einschließlich der organisatorisch-technischen Abläufe.

Prozessorientierte Qualitätsüberlegungen gehen davon aus, dass die besten Behandlungsergebnisse dann erzielt werden, wenn die Behandlung selbst nach nachvollziehbaren bzw. nachprüfbaren Regeln, die dem Stand des medizinischen und pflegerischen Wissens entsprechen, systematisiert erfolgt. Eine Analyse des Versorgungsprozesses erfasst eine Vielzahl von spezifischen Merkmalen zur Qualität und kann detaillierte Informationen über den erreichten Grad der Produktqualität liefern sowie Verbesserungsmöglichkeiten aufzeigen.

Die **Ergebnisqualität** bezieht sich auf das Erreichen der spezifischen Ziele und die Erfüllung der Erwartungen in Bezug auf die Veränderung des Gesundheitszustandes des Patienten und somit auf das Outcome (Primäroutput) der Behandlung. Sie ist der primäre Beurteilungsmaßstab für die Dienstleistung insgesamt, bietet aber auch die größten Schwierigkeiten hinsichtlich ihrer Messung, weil sie nicht mehr nur die Sichtweise professioneller Experten, sondern auch die subjektive Einschätzung von Patienten berücksichtigen muss.

Struktur- und Prozessqualität bilden gemeinsam die notwendigen Voraussetzungen für die Erzielung von Ergebnisqualität.

Diese gesetzlich fixierten Qualitätssicherungsaufgaben der Leistungsanbieter gehören in die Gruppe der externen Qualitätssicherungsmaßnahmen. Bei einer externen Qualitätssicherung werden z. B. die Maßstäbe und die Verfahrenswege durch Einrichtungen entwickelt und vorgegeben, die außerhalb der betroffenen Unternehmen angesiedelt sind. Analog hierzu ist im stationären Bereich die Sicherung der Qualität der Leistungserbringung zur Pflichtaufgabe der Selbstverwaltungspartner auf Landesebene gemacht worden. Danach waren im Rahmen der zweiseitigen Verträge nach § 112 SGB V gemeinsam von den Landeskrankenhausgesellschaften und den Landesverbänden der Kassen Richtlinien zur Qualitätssicherung aufzustellen. Ergänzend zu diesen Landesverträgen gab es auf der Bundesebene Rahmenempfehlungen zum Inhalt der Verträge. Ziel dieser Maßnahmen war es, vergleichende Prüfungen von Anbietern durch eine Prüf- bzw. Zertifizierungsstelle zu ermöglichen. Jede Prüfung setzt grundsätzlich voraus, dass eine Messlatte in Form von Kriterien aufgebaut wird, damit die Prozess-, Struktur- und Ergebnisqualitäten gemessen, verglichen, verändert oder an ein vorab definiertes Qualitätsniveau herangeführt werden können. Die Qualitätskomponenten gehören somit notwendigerweise auch zu den vorab festzulegenden Merkmalen von Gesundheitsgütern.

An dieser Stelle soll kurz ergänzt werden, dass im Rahmen des 2. Neuordnungsgesetzes die Qualitätssicherung ärztlicher Leistungen im Krankenhaus neu geregelt und die Arbeitsgemeinschaft zur Förderung der Qualitätssicherung in der Medizin neu eingerichtet worden sind.

Mit dem **GKV-Reformgesetz 2000** und dem **GKV-Modernisierungsgesetz**, das am 1. 1. **2004** in Kraft getreten ist, sind die bisherigen Vorschriften zum Teil aufgehoben, zum Teil aber auch wesentlich ergänzt worden.

In § 135 a SGB V ist für **alle Leistungserbringer** zunächst die Verpflichtung zur **externen Qualitätssicherung** festgeschrieben worden. Danach:

> … sind sie zur Sicherung und Weiterentwicklung der Qualität der von ihnen erbrachten Leistungen verpflichtet. […] Vertragsärzte, zugelassene Krankenhäuser sowie Erbringer von Vorsorgeleistungen und Rehabilitationsmaßnahmen sind […] verpflichtet, sich an einrichtungsübergreifenden Maßnahmen der Qualitätssicherung zu beteiligen, die insbesondere das Ziel haben, die Ergebnisqualität zu verbessern. (GKV-Gesundheitsreform 2000)

Im Unterschied zu der früheren Vorgabe wird nunmehr der Ergebnisqualität gegenüber der Struktur- und Prozessqualität eine deutlich höhere Priorität zugestanden. Im Bereich der externen Qualitätssicherung bei **zugelassenen Kran-**

kenhäusern schreibt § 137 SGB V seit dem 1. 1. 2004 nunmehr vor, dass der Gemeinsame Bundesausschuss unter Beteiligung des Verbandes der privaten Krankenversicherung, der Bundesärztekammer sowie der Berufsorganisationen der Krankenpflegeberufe Maßnahmen der Qualitätssicherung einheitlich für alle Patienten beschließt. Ergänzend verlangt der Gesetzgeber in § 137 SGB V, dass der Ausschuss u. a. Kriterien für die indikationsbezogene Notwendigkeit und Qualität der im Rahmen der Krankenhausbehandlung durchgeführten diagnostischen und therapeutischen Leistungen festzulegen hat.

Die Zusammensetzung dieses **Gemeinsamen Bundesausschusses** wird in **§ 91 SGB V** geregelt. Danach sind Mitglieder:

- die Kassenärztlichen Bundesvereinigungen
- die Deutsche Krankenhausgesellschaft
- die Bundesverbände der Krankenkassen
- die Bundesknappschaft und
- die Verbände der Ersatzkassen.

Zu diesen 18 Interessenvertretungen (neun Sitze Krankenkassen, neun Sitze Leistungserbringer) kommen drei unparteiische Mitglieder. Diese unparteiischen Sitze werden im Einvernehmen besetzt. Kommt es hierbei zu keiner Einigung, entscheidet das Bundesministerium für Gesundheit und Soziales.

Der Gemeinsame Bundesausschuss ist rechtsfähig. Seine in der Regel mit der Mehrheit der Mitglieder gefassten Beschlüsse sind für Versicherte, Krankenkassen, zugelassene Krankenhäuser und die weiteren Leistungserbringer verbindlich. Dieser Gemeinsame Bundesausschuss übernimmt alle Aufgaben der bisherigen Bundesausschüsse, des Ausschusses Krankenhaus und des Koordinierungsausschusses und gibt zusätzlich die Anforderungen für die Qualitätssicherung im ambulanten und stationären Bereich vor. Danach hat der Gemeinsame Bundesausschuss z. B. auf Antrag eines Spitzenverbandes der Krankenkassen oder der Deutschen Krankenhausgesellschaft die Untersuchungs- und Behandlungsmethoden im Krankenhaus auf Effizienz und Effektivität zu untersuchen. Der Gemeinsame Bundesausschuss hat eine je nach dem Beschlussgegenstand unterschiedliche Besetzung der 21 Sitze.

Der Gemeinsame Bundesausschuss ist Gründer und Träger des fachlich unabhängigen, rechtsfähigen, wissenschaftlichen **Instituts für Qualität und Wirtschaftlichkeit im Gesundheitswesen** nach **§ 139 a SGB V**. Das Institut gibt Darstellungen, Bewertungen und Empfehlungen an den Gemeinsamen Bundesausschuss zu Fragen von grundsätzlicher Bedeutung für die Qualität und die Wirtschaftlichkeit der GKV-relevanten Leistungen. Dazu gehören z. B.:

- Darstellung und Bewertung des aktuellen medizinischen Wissensstandes zu diagnostischen und therapeutischen Verfahren
- Erstellung von Gutachten zu Fragen der Qualität und Wirtschaftlichkeit
- Bewertungen evidenzbasierte Leitlinien
- Bewertung des Nutzens von Arzneimitteln sowie
- Bereitstellung von Informationen für die Bevölkerung.

Qualitätssicherung kann nur dann flächendeckend eingerichtet und verbessert werden, wenn es eine zentrale Koordinierungsstelle gibt. Aus dieser Erkenntnis heraus hat die Bundesregierung im Jahre 2004 den seit 2000 bestehenden **§ 137 b SGB V** verändert, der die Förderung der Qualitätssicherung in der Medizin zum Inhalt hat. Für diese Aufgabe ist nunmehr auch der Gemeinsame Bundesausschuss zuständig. Er löst die Arbeitsgemeinschaft zur Förderung der Qualitätssicherung in der Medizin ab, zu der die Bundesärztekammer, die Kassenärztliche Bundesvereinigung, die Deutsche Krankenhausgesellschaft, die Spitzenverbände der Krankenkassen, der Verband der privaten Krankenversicherung sowie die Berufsorganisationen der Krankenpflegeberufe gehört haben. Die Aufgabe des Bundesausschusses ist es aber weiterhin:

> … den Stand der Qualitätssicherung im Gesundheitswesen festzustellen, sich daraus ergebenden Weiterentwicklungsbedarf zu benennen, eingeführte Qualitätssicherungsmaßnahmen auf ihre Wirksamkeit hin zu

> bewerten und Empfehlungen für eine an ein heitlichen Grundsätzen ausgerichtete sowie sektoren- und berufsgruppenübergreifende Qualitätssicherung im Gesundheitswesen einschließlich ihrer Umsetzung zu erarbeiten. (GKV-Gesundheitsreform 2000)

Zu den Aufgaben gehört es auch, in regelmäßigen Abständen einen Bericht über den Stand der Qualitätssicherung zu erstellen.

Zusätzlich zu der oben erwähnten Arbeitsgemeinschaft existierte bis zum 31. 12. 2003 nach **§ 137 c SGB V** ein Ausschuss Krankenhaus. Mitglieder dieses Ausschusses waren die Bundesärztekammer, die Bundesverbände der Krankenkassen, die Bundesknappschaft, die Verbände der Ersatzkassen und die Deutsche Krankenhausgesellschaft. Dieses Organ hatte die Aufgabe zu erfüllen, die Untersuchungs- und Behandlungsmethoden, die zu Lasten der gesetzlichen Krankenversicherung im Rahmen einer Krankenhausbehandlung angewandt werden bzw. werden sollen, unter dem Aspekt zu untersuchen, ob sie unter den Gesichtspunkten Effizienz, Effektivität und Qualität erforderlich sind. Ergab die Überprüfung, dass die Methoden die erforderlichen Kriterien nicht erfüllen, durften sie nicht zu Lasten der GKV eingesetzt werden. Seit dem 1. 1. 2004 ist der § 137 c SGB V neu formuliert worden. An die Stelle der Ausschusses Krankenhaus tritt der Gemeinsame Bundesausschuss.

Die externe Qualitätssicherung bei den ambulanten und stationären Vorsorge- oder Rehabilitationseinrichtungen ist in **§ 137 d SGB V** geregelt. Vertragspartner im stationären Bereich sind die Spitzenverbände der Krankenkassen und die Bundesorganisationen der stationären Vorsorge- oder Rehabilitationseinrichtungen. Im ambulanten Sektor tritt neben den Spitzenverbänden der Kassen und den Bundesverbänden der ambulanten Leistungserbringern die Kassenärztliche Bundesvereinigung als Vertragspartner auf. Die Inhalte der Vereinbarungen (ambulanter und stationärer Bereich) müssen sich auch hier an den Vorgaben des § 135 a SGB V orientieren sowie die grundsätzlichen Anforderungen an ein einrichtungsinternes Qualitätsmanagement berücksichtigen.

Der erst im Jahre 2003 eingeführte **§ 137 e SGB V** ist mit dem GKV-Modernisierungsgesetz 2004 aufgehoben worden. Diese Spitzenorganisation, die die Bundesauschüsse der Ärzte und Krankenkassen sowie den Ausschuss Krankenhaus umfasste, war der so genannte **Koordinierungsausschuss**. Zu den Aufgaben dieses Ausschusses gehörte es insbesondere:

> … auf der Grundlage evidenzbasierter Leitlinien die Kriterien für eine im Hinblick auf das diagnostische und therapeutische Ziel ausgerichtete zweckmäßige und wirtschaftliche Leistungserbringung für mindestens zehn Krankheiten pro Jahr (zu) beschließen, bei denen Hinweise auf unzureichende, fehlerhafte oder übermäßige Versorgung bestehen und deren Beseitigung die Morbidität und Mortalität der Bevölkerung nachhaltig beeinflussen kann. (GKV-Gesundheitsreform 2000)

Diesem Gremium fiel somit die Kompetenz zu, bundesweite, bindende Handlungsempfehlungen zur Verbesserung von ausgesuchten Behandlungs- und Pflegeabläufen auf der Grundlage einer **Evidence Based Medicine** (EBM) zu arbeiten.

Mit der Einführung der **Disease Management Programme** sind seit 2001 die **§§ 137 f bis g SGB V** neu entstanden. Der Disesase-Management-Ansatz ist Teil des Managed-Care-Konzeptes aus den USA. Mit dem **Gesetz zur Reform des Risikostrukturausgleichs** in der gesetzlichen Krankenversicherung vom Dezember 2001 sind die so genannten **Strukturierten Behandlungsprogramme** bei chronischen Krankheiten (§ 137 f SGB V) eingeführt worden. Seit dem 1. 1. 2004 hat der Gemeinsame Bundesausschuss die Aufgabe, dem Bundesministerium für Gesundheit und Soziale Sicherung die geeigneten chronischen Krankheiten zu empfehlen, für die strukturierte Behandlungsprogramme entwickelt werden sollen. Weiterhin hat der Ausschuss Empfehlungen für die Ausgestaltung der

Behandlungsprogramme zu machen. Zu benennen sind insbesondere Anforderungen, die eine Behandlung nach dem aktuellen Stand der medizinischen Wissenschaft unter Berücksichtigung der evidenzbasierten Leitlinie ermöglichen.

In § **137 g SGB V** ist die **Zulassung zu den strukturierten Behandlungsprogrammen** geregelt.

Danach hat das Bundesversicherungsamt auf Antrag einer gesetzlichen Krankenkasse oder eines Verbandes der Krankenkassen die Zulassung eines Disease-Management-Programms dann zu erteilen, wenn die Programme und die notwendigen Verträge die in den §§ 28 b ff. Risikostruktur-Ausgleichsverordnung (RSAV) formulierten Anforderungen erfüllen. Zu diesen Anforderungen gehören u. a. die folgenden Aspekte:

- Die Behandlung muss auf der Grundlage evidenzbasierter Leitlinien erfolgen.
- Die Behandlung muss den diagnosebezogenen Therapiezielen entsprechen.
- Die Qualitätssicherungsmaßnahmen müssen erfüllt sein.
- Die schriftliche Bestätigung einer gesicherten Diagnose durch den behandelnden Arzt muss verliegen.
- Die Programme müssen Patientenschulungen beinhalten.
- Die Realisierung von Evaluationen der Programme muss sichergestellt sein.
- Die festgelegte Dokumentation und Datenübermittlung muss gesichert sein.

Das Bundesversicherungsamt genehmigt die Programme nur befristet. Die Befristung beträgt höchstens 3 Jahre. Zu Beginn des Jahres 2004 waren Programme für die folgenden chronischen Krankheiten genehmigt worden: Diabetes mellitus Typ 1 und 2, chronisch obstruktive Atemwegerkrankungen (COPD und Asthma bronchiale), Brustkrebs und koronare Herzkrankheit.

Von dieser externen Qualitätssicherung muss die **interne Qualitätssicherung** unterschieden werden. Diese internen Regelungen liegen ausschließlich in der Hand der leistungserbringenden Unternehmen. Sie werden seit einigen Jahren mit dem Terminus «Qualitätsmanagement» belegt. Logischerweise muss es eine Interdependenz zwischen den externen und den internen Maßnahmen geben.

Mit dem Reformgesetz vom 1. 1. 2000 hat die Legislative erstmalig auf der Grundlage des **§ 135a SGB V** zugelassene Krankenhäuser sowie Vorsorge- und Rehabilitationseinrichtungen verpflichtet, einrichtungsintern ein **Qualitätsmanagement** einzuführen und weiterzuentwickeln. Den Leistungserbringern ist damit die Verantwortung für die Qualität ihrer Leistungen übertragen worden. Mit dem GKV-Modernisierungsgesetz ist diese Verpflichtung auch auf die Vertragsärzte sowie die medizinischen Versorgungszentren ausgedehnt worden.

Das Qualitätsmanagement erstreckt sich selbstverständlich auch auf Dienstleitungen. Von **Dienstleistungen** im ökonomischen Sinne spricht man nur dann, wenn folgende Wesensmerkmale vorliegen:

- *Potenzialorientierung.* Die Potenzialdimension der Dienstleistung verweist auf die Fähigkeit eines Betriebes, jederzeit eine nachgefragte Dienstleistung zu erstellen und die Bereitschaft, dies auch zu tun.
- *Prozessorientierung.* Die Prozessdimension beschreibt die Dienstleistung als Folge von dienstleistenden Aktivitäten, also als einen Prozess, der gekennzeichnet ist durch zeitlich-räumliche Synchronisation von Erbringung und Inanspruchnahme (Uno-actu-Prinzip).
- *Ergebnisorientierung.* Die Ergebnisdimension betrachtet schließlich das tatsächlich produzierte immaterielle Gut im Sinne einer Veränderung am Kunden oder an seinen Verfügungsobjekten.

Meffert und Bruhn kennzeichnen diese Merkmale wie folgt:

> Erst aus den spezifischen Fähigkeiten und der Bereitschaft des Dienstleistungsanbieters zur Erbringung einer Dienstleistung (Potenzialorientierung) und der Einbringung des externen Faktors durch den Dienstleistungs-

nachfrager als prozessauslösendes und -begleitendes Element (Prozessorientierung) resultiert ein Dienstleistungsergebnis (Ergebnisorientierung). (Meffert/Bruhn, 1997: 25)

Die Erscheinungsformen der Dienstleistung sind höchst vielfältig und heterogen. Zur weiteren Beschäftigung mit dem Dienstleistungsbegriff sei auf folgende Kapitel verwiesen.

Das Behandlungsgeschehen gestaltet sich also als ein komplexes Zusammenspiel einer Vielzahl von Prozessen, die zu einer Vielzahl von Schnittstellen führen. Hierbei treten die Schnittstellen sowohl zwischen einzelnen Berufsgruppen als auch zwischen den verschiedenen Leistungsbereichen auf. Gelingt es, die komplexen Behandlungsabläufe so zu gestalten, dass sie reibungslos und auf den Heilungsprozess des einzelnen Patienten ausgerichtet sind, so wird hierduch die Krankenhausqualität positiv beeinflusst. Ein Element der Krankenhausqualität ist die **Dienstleistungsqualität**:

> Dienstleistungsqualität ist die Fähigkeit eines Anbieters, die Beschaffenheit einer primär intangiblen und der Kundenbeteiligung bedürfenden Leistung aufgrund von Kundenerwartungen auf einem bestimmten Anforderungsniveau zu erstellen. (Bruhn, 1997: 27)

Eine umfassende Definition der Dienstleistungsqualität speziell in Einrichtungen des Gesundheitswesens erweist sich als äußerst schwierig. Die Gründe hierfür sind vielfältig und liegen u. a. in der Komplexität der Dienstleistung, in der Problematik des Kundenbegriffs im Gesundheitswesen und in der Schwierigkeit, den Begriff der Gesundheit zu determinieren. Um dennoch die Qualität der Dienstleistung erfassen, beurteilen und gestalten zu können, nutzt man eine differenziertere Betrachtungsweise.

Allen Überlegungen zum Qualitätsmanagement im Gesundheitsbereich liegt der Ansatz der Qualitätskategorien nach Donabedian zu Grunde, der, wie bereits ausgeführt, die Teilqualitäten der Struktur, des Prozesses und des Ergebnisses unterscheidet.

Nach Eichhorn bleibt der Ansatz nach Donabedian auf die Beschreibung der medizinisch-pflegerischen Sachdimension der Leistungsqualität beschränkt und vernachlässigt die persönliche Interaktion als zentrales konstitutives Merkmal einer Dienstleistung. Nach seinem Modell tritt daher gleichwertig neben die Sachdimension die Interaktionsdimension der Dienstleistungsqualität.

Dabei ist auf der Ebene der **Sachdimension** neben der medizinisch-pflegerischen Produktqualität die Servicequalität zu unterschieden, die z. B. von der so genannten Hotelversorgung (räumliche Ausstattung der Krankenzimmer, Medienangebote) und von den zusätzlich angebotenen Dienste (Informations- und Beratungsdienste, Angebote im Bereich der ambulanten Pflege, kulturelle Veranstaltungen u. a.) beeinflusst wird.

Die Bedeutung der Servicequalität hinsichtlich des Qualitätsmanagements liegt darin, dass Patienten diese besser beurteilen können als die medizinisch-pflegerisch definierte Produktqualität. Bedingt durch die Intangibilität der Dienstleistung suchen Patienten nach für sie erkennbaren Aspekten. So ist es ein erwiesenes Phänomen, dass Patienten von ihren Wahrnehmungen im Bereich der Servicequalität ein Urteil über die Qualität der Leistung insgesamt ableiten. Empirische Untersuchungen zeigen, dass sich die Erwartungen von Kunden an Dienstleistungsorganisationen im Wesentlichen auf folgende Faktoren der Servicequalität richten:

- Annehmlichkeit des Umfeldes – Erscheinungsbild des Dienstleistungsortes, Ausstattung der Räume, Erscheinungsbild und Auftreten des Personals
- Zuverlässigkeit – Fähigkeit des Dienstleistungsanbieters, die Dienstleistung in der vereinbarten Qualität zu liefern
- Reaktionsfähigkeit – generelle Bereitschaft und Schnelligkeit des Dienstleistungsanbieters, auf die spezifischen Anforderungen und Bedürfnisse des Kunden einzugehen und sie zu erfüllen

- Leistungskompetenz
- Fachliche und persönliche Kompetenz des Personals
- Einfühlungsvermögen – Bereitschaft und Fähigkeit, auf individuelle Wünsche der Kunden und spezifische Situationen einzugehen.

Die Dienstleistung im Gesundheitswesen wird seitens der Patienten ebenfalls nach diesen Kriterien gemessen. Die Qualität der persönlichen Interaktion zwischen dem Krankenhaus und dem Patienten drückt sich in der emotionalen Zufriedenheit der Patienten und der Mitarbeiter aus. Auch hier gilt, dass ein Patient von einzelnen Erlebnissen, wie z. B. seinem persönlichen Empfang bei der Aufnahme, auf die Gesamtqualität des Krankenhauses schließt. Dabei nimmt er die **Interaktionsqualität** nicht als Einheit, sondern über eine Vielzahl von aufeinander folgenden Kontaktpunkten wahr. Bei all diesen handelt es sich um «Augenblicke der Wahrheit», an denen Qualität gemessen wird und sich das Qualitätsmanagement bewähren muss.

Die Möglichkeiten zur direkten Einflussnahme auf die Qualität werden wesentlich von der Ausgestaltung der zwischenmenschlichen Beziehung zwischen dem Patienten und den Leistungserbringern bestimmt. Persönliche Einstellungen, soziale und kommunikative Kompetenzen sind bedeutende Faktoren.

Der Erfolg der Behandlung wird dabei maßgeblich vom Patienten selbst beeinflusst. Als aktives Element kann er durch sein Mitwirken auf der Grundlage seiner Bedürfnisse, Erwartungen, seiner Motivation und seiner «Fähigkeiten» den Leistungserstellungsprozess fördern oder behindern.

Die Qualität des Dienstleistungserstellungsprozesses lässt sich nicht derart steuern, wie es in der industriellen Sachgüterproduktion möglich ist, da weder das Verhalten des einzelnen Dienstleisters noch seine Wirkung auf den Patienten und dessen Reaktion darauf eindeutig vorhersehbar sind. Nach Eichhorn stellen somit der nichtdeterminierte Charakter des Leistungserstellungsprozesses sowie die Subjektivität und Relativität der Dienstleistungsqualität eine Übertragbarkeit der für die Industrie gültigen Konzepte zum Qualitätsmanagement auf den Bereich der persönlich-interaktiven Dienstleistungsbetriebe in Frage.

Mittels des Strukturmodells der Krankenhausqualität von Eichhorn (**Tab. 4.2-5**) soll noch einmal die Komplexität verdeutlicht werden. Unter der Annahme, dass die Krankenhäuser zunehmend auch Forderungen aus dem gesellschaftliches Umfeld beachten müssen, hat Eichhorn zusätzlich die «gesellschaftliche Dimension» der Krankenhausqualität in sein Modell eingebaut.

Gestaltung und Verbesserung der Krankenhausdienstleistungsqualität setzen voraus, dass die Qualitätsanforderungen bekannt sind und hinsichtlich ihres Erfüllungsgrades gemessen werden können.

Aus dem Charakter einer Dienstleistung ergeben sich mindestens zwei Möglichkeiten, zu einem Qualitätsurteil zu kommen. Die Qualität kann zum einen aus der Sicht des Patienten, zum anderen aus der Sicht der Gesundheitseinrichtung als Dienstleister gemessen werden. Beide Sichtweisen müssen im Rahmen des Qualitätsmanagements berücksichtigt werden.

Zur Ermittlung der Erwartungen der Patienten und zur Messung ihrer Zufriedenheit, stehen eine Reihe von Messinstrumenten aus dem Dienstleistungsmarketing zur Verfügung, die der Zufriedenheitsforschung entstammen und die Art und Weise der Qualitätswahrnehmung durch den Kunden berücksichtigen. Das zentrale Problem der subjektiven Qualitätsmessung besteht darin, dass bei den verschiedenen Methoden die Sollgröße ungenau ist und jeder Patient individuelle Erwartungen hegt. Der Gestaltung der Erhebungsinstrumente kommt daher entscheidende Bedeutung zu.

Am häufigsten werden schriftliche **Kundenzufriedenheitsbefragungen** eingesetzt. Sie beruhen auf der Vorstellung, dass sich das Qualitätsurteil des Patienten aus der Differenz zwischen seinen Erwartungen und seinen Erfahrungen im Kontakt mit dem Krankenhaus ergibt. Diese Befragungen sind nur eingeschränkt einsetzbar. Ergänzend sollten daher ereignisorientierte Verfahren eingesetzt werden. Bei dieser Methode werden Patienten z. B. münd-

Tabelle 4.2-5: Strukturmodell der Krankenhausqualität (Quelle: Eichhorn, S.; Integratives Qualitätsmanagement im Krankenhaus; Stuttgart u.a., 1997, S. 27)

Qualitätskategorien	Qualitätsdimensionen				
	Sachdimension Produkt-/Servicequalität		**Interaktionsdimension** Interaktionsqualität		**Gesellschaftliche Dimension** Umweltqualität
	Krankenhaus	Patient	Krankenhaus	Patient	
Potenzialqualität	Persönliche und sachliche Ressourcen	Persönlichkeits- und Krankheitsartenmuster	Räumliche Gestaltung und Atmosphäre	Problemverständnis, Erfahrung, soziale Einstellung	Einhaltung gesetzlicher Vorschriften und gesellschaftlicher Rahmenbedingungen
			Persönliche Einstellung des Kontaktpersonals		
			Image des Krankenhauses		
	Individualisierungspotenzial	Integrationspotenzial	Kontaktpotenzial	Interaktionspotenzial	
Prozessqualität	Versorgungsprozess: Ablauf von Diagnostik, Therapie, Pflege und Hotelversorgung aus technischer und zeitlicher Sicht		Wechselseitige Beachtung von Regeln und Normen im sozialen Umgang von Seiten des Kontaktpersonals und der Patienten		Schonung von Ressourcen, Reduzierung der Umweltbelastung
Ergebnisqualität	Prozessuales Versorgungsergebnis – bei Entlassung – auf Dauer		Interaktionsergebnis als emotionale Zufriedenheit der Patienten und des Kontaktpersonals		Sicherheit von Leben und Gesundheit; Schutz von Umwelt und Eigentum

lich aufgefordert, über positive und negative Erlebnisse zu berichten (Methode kritischer Ereignisse), bzw. den Ablauf der Krankenhausbehandlung noch einmal gedanklich nachzuvollziehen und ihr Erleben an den einzelnen Kontaktpunkten zu schildern (Sequenzielle Ereignismethode). Der Aufwand für diese Erhebungen ist hoch; sie liefern aber konkrete Ansatzpunkte für praktische Verbesserungsmaßnahmen.

Bei der dienstleisterorientierten Qualitätsmessung können subjektive und objektive Verfahren unterschieden werden. Subjektiv ist die Einschätzung der Qualität durch das Patientenkontaktpersonal nach subjektiven Kriterien, wie sie z. B. im Rahmen der Qualitätszirkelarbeit, des betrieblichen Vorschlagswesens oder im Rahmen von Mitarbeiterbefragungen erfolgt. Objektive Messansätze setzen voraus, dass die eher abstrakten Qualitätsvorstellungen in spezifische Kriterien und Standards bzw. Indikatoren umgesetzt werden. Kriterien sind anerkannte Merkmale oder Eigenschaften der Struktur, des Prozesses und des Ergebnisses einer Krankenhausbehandlung, die entscheidenden Einfluss auf die Beurteilung der Qualität haben. Sie müssen wahrnehmbar, relevant, messbar und quantifizierbar sein. Ein Beispiel für ein Strukturkriterium sind die Anzahl und die Qualifikation des Personals eines bestimmten Leistungsbereichs.

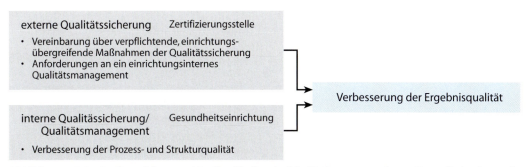

Abbildung 4.2-8: Qualitätssicherung (Quelle: Haubrock, M.; Vorlesungsunterlagen Gesundheitsökonomie; Fachhochschule Osnabrück, Osnabrück, 2004)

Als Prozesskriterien wären die Wartezeit vor Untersuchungen, die Art und die Anzahl von Laboranforderungen, das Führen der Krankengeschichte und der Pflegedokumentation (z. B. hinsichtlich Vollständigkeit und Verfügbarkeit) zu nennen. Zu Ergebniskriterien zählen die Rate der Sekundärheilungen oder der prozentuale Anteil der Patienten mit Dekubitus.

An der Schnittstelle zwischen den Innen- und den Außenaktivitäten der Gesundheitseinrichtungen ist die Ergebnisqualität angesiedelt (**Abb. 4.2-8**). Hiermit ist der Gesundheitszustand des Patienten am Ende der Behandlungskette gemeint. Eichhorn hat diesen Zustand als Statusveränderung bezeichnet. Eine Statusveränderung ergibt sich aus der Gegenüberstellung des Aufnahme- und des Entlassungszustandes.

Beide Qualitätssicherungsmaßnahmen zielen letztendlich darauf ab, den Entlassungszustand des Patienten (Kunden) qualitativ zu sichern. Beide Absätze sind patientenorientiert (kundenorientiert). An dieser Stelle muss darauf hingewiesen werden, dass der in diesem Zusammenhang verwendete Kundenbegriff nur einen externen Kunden, nämlich den Patienten, umfasst. Zu den externen Kunden können aber auch die Besucher, die Krankenkassen, die Sozialstationen usw. zählen. Interne Kunden sind z. B. die Mitarbeiter eines Krankenhauses.

Der Gesetzgeber hat durch die Neufassung der Regelungen zur Qualitätssicherung die beiden Größen «Qualität» und «Wirtschaftlichkeit» sinnvoll miteinander verbunden. Qualität und Wirtschaftlichkeit sind kein Widerspruch, sie bilden vielmehr eine sinnvolle Einheit. Somit soll eine effiziente Leistungserstellung, die zudem sektor- und berufsgruppenübergreifend erfolgen kann, die Grundlage für ein fachlich gebotenes sowie wissenschaftlich adäquates qualitatives Behandlungsergebnis sein.

Das Zusammenwirken von Wirtschaftlichkeit und Qualität soll in **Abbildung 4.2-9** noch einmal verdeutlicht werden. Aus der Darstellung wird ersichtlich, dass die kosten- und die qualitätsorientierte Betrachtung des Gesundheitssektors letztendlich zu einer ergebnisorientierten Sichtweise führt. In diesem Zusammenhang muss kritisch vermerkt werden, dass in der Vergangenheit nur die für die Bereit- bzw. Erstellung von Gesundheitsleistungen erforderlichen Kosten erhoben und bewertet wurden, die relevanten qualitativen Ergebnisgrößen konnten aber gar nicht bzw. nur ansatzweise analysiert werden. Somit ist festzuhalten, dass das Aufwand-Nutzen-Verhältnis einer Behandlungsintervention nicht zu ermitteln war. Hieraus ist zu folgern, dass die Berücksichtigung von ergebnisrelevanten Leistungsparametern (Ergebnisqua-

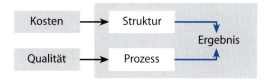

Abbildung 4.2-9: Einflussfaktoren (Quelle: Haubrock, M.; Vorlesungsunterlagen Gesundheitsökonomie; Fachhochschule Osnabrück, Osnabrück, 2004)

lität) eine zwingende Voraussetzung zur Erfassung und Bewertung von Wirtschaftlichkeit im Gesundheitswesen ist.

Ein auf die spezifischen Gegebenheiten eines Krankenhauses zugeschnittenes **Qualitätsmanagementkonzept** sollte grundsätzlich folgende Aspekte beachten:

- Qualitätsmanagement liegt in der Verantwortung der Leitung.
- Qualität ist gleichzeitig Aufgabe aller Beteiligten. Alle Mitarbeiter müssen einbezogen werden, ständig an der Verbesserung der Leistungsprozesse zu arbeiten.
- Kundenorientierung sollte das Handeln aller bestimmen.
- Alle notwendigen Maßnahmen erfolgen auf der Basis eines einheitlichen, strukturierten Systems.

Normen sind allgemeine Regeln, die der Handlungsorientierung dienen. Normung bezeichnet die einheitliche Festlegung einer als sinnvoll anerkannten Ordnung von materiellen und immateriellen Gegenständen mit Hilfe von Normen. Sie dient der Sicherheit der Menschen und Sachen und fördert Rationalisierung und Qualitätsverbesserung in allen Lebensbereichen.

Die **Normen DIN EN ISO 9000 ff.** zum Qualitätsmanagement wollen eine Handlungsanleitung zur sinnvollen Gestaltung aller notwendigen Maßnahmen zur Förderung der Qualität in einem Unternehmen geben.

Der Name der Normenfamilie DIN EN ISO 9000 ff. drückt ihre

- nationale (DIN = Deutsches Institut für Normung),
- supranationale (EN = Europäische Norm) und
- internationale (ISO = International Standard Organisation)

Gültigkeit aus. Die Normen zum Qualitätsmanagement stellen eine einheitliche Grundlage dar, auf denen der Anwender mit seinem Wissen und seinen Möglichkeiten aufbauen muss, um ein auf das eigene Unternehmen zugeschnittenes Qualitätsmanagement einzurichten und aufrechtzuerhalten. Im Jahre 2000 sind die Normen überarbeitet worden. Nach der Revision wurden die folgenden vier Kernnormen festegelegt:

- DIN ISO 9000:2000 – Grundlegende Gedanken und Begriffe
- DIN ISO 9001:2000 – Anforderungen an das Qualitätsmanagementsystem
- DIN ISO 9004:2000 – Leitfaden für ein Qualitätsmanagement von Dienstleistern
- DIN ISO 10011:2000 – Leitfaden für das Audit von Qualitätsmanagementsystemen.

Für die Anwendung des Systems im Gesundheitswesen sind die beiden folgenden Normen besonders relevant:

- *DIN ISO 9001: Qualitätsmanagementsysteme.* Das Prozessmodell fordert, dass diejenigen Prozesse gestellt und ausgeführt werden müssen, die notwendig sind, um die Anforderungen des Kunden zu erfüllen. Hierbei werden vier Bereiche unterschieden:
  - Verantwortung der Leitung
  - Management der Mittel/Ressourcenmanagement
  - Prozessmanagement/Leistungsrealisierung
  - Messung, Analyse und Verbesserung.
- *DIN ISO 9004:2000.* Der Leitfaden dient der Unterstützung bei Entwicklung, Einführung und Anwendung eines Qualitätsmanagementsystems und basiert auf den folgenden acht Grundsätzen:
  - Kundenorientierung
  - Führung
  - Einbeziehung des Menschen
  - prozessorientierter Ansatz
  - systemorientierter Managementansatz
  - ständige Verbesserung
  - sachlicher Ansatz zur Entscheidungsfindung
  - Lieferantenbeziehung zum gegenseitigen Nutzen.

Der Kerngedanke der DIN-ISO-Normen besteht darin, eine Organisation als ein Netzwerk von Prozessen mit einer ziemlich komplexen Struktur zu begreifen. Ein Hauptzweck des Qualitätsmanagements nach den ISO-Normen ist es, die Systeme und Prozesse zu analysieren und derart zu verbessern, dass eine kontinuierliche Qualitätsverbesserung erreicht werden kann. Qualitätsmanagement in einer Organisation wird also durch Prozessmanagement gestaltet. Hiermit wird das Prinzip der Prozessorientierung der ISO-9000-Familie deutlich hervorgehoben. Alle Anleitungen und Forderungen konzentrieren sich auf Zufriedenstellung der Kunden. Gleichzeitig sollen die Erwartungen und Erfordernisse der Mitarbeiter, der Unterlieferanten und der Eigentümer berücksichtigt werden. Betont wird die zunehmende Bedeutung gesellschaftlicher Ansprüche auf verantwortungsvolles Handeln eines Unternehmens. Die ständige Verbesserung von Produkten und Prozessen sowie die Schaffung von Vertrauen nach innen gegenüber der Leitung und den Mitarbeitern sowie nach außen gegenüber Kunden sind die qualitätsbezogenen Schlüsselziele der DIN-EN-ISO-Normen.

Im Jahre 1988 gründeten 14 führende europäische Unternehmen die gemeinnützige **European Foundation for Quality Management (EFQM)** mit Sitz in Brüssel. Der deutsche Vertreter dieser Organisation ist die Deutsche Gesellschaft für Qualität e. V. (DGQ). Die nationale Sektion hat ihren Sitz in Frankfurt am Main.

Philosophie der EFQM ist es, Interessenvertretung der Unternehmen zu sein, die es sich zur Zielsetzung gemacht haben bzw. machen wollen, durch ein zweckmäßiges Managementsystem eine überragende Vorgehensweise in der Unternehmensführung zu erreichen und herausragende Qualitätsergebnisse zu erzielen. Das Managementsystem bildet hierbei die Struktur der Prozesse und Verfahren, mit denen die Unternehmung sicherstellt, dass sie alle Aufgaben bewältigt, die zum Erreichen der Qualitätsziele erforderlich sind. Die EFQM hat im Jahre 1999 ein **EFQM-Modell für Excellence** entwickelt, um den Ansatz des Total Quality Managements zu verwirklichen. Hierbei setzt dieses Modell in erster Linie auf die Selbstbewertung, das heißt, es will den Unternehmungen helfen, die eigenen Qualitätslücken zu erkennen, zu verstehen und auf Grund der Schwachstellen Lösungen zu entwickeln. Eine Zertifizierung ist dann angedacht, wenn ein Unternehmen sich um den deutschen bzw. den europäischen Qualitätspreis beworben hat.

Das EFQM-Modell basiert zurzeit auf den folgenden grundlegenden Konzepten:

- Ergebnisorientierung
- Kundenorientierung
- Führung und Zielkonsequenz
- Management mit Prozessen und Fakten
- Mitarbeiterentwicklung und -beteiligung
- kontinuierliches Lernen, Innovation und Verbesserung
- Aufbau von Partnerschaften
- Verantwortung gegenüber der Öffentlichkeit.

Diese Konzepte können sich verändern, sobald sich «excellente Organisationen» weiterentwickeln und verbessern. Durch die ständige Implementierung des Inputs von bewährten *best practices* wird sichergestellt, dass das Modell einen wirklich dynamischen Charakter bekommt.

Das EFQM-Excellence-Modell hat eine offen gehaltene Grundstruktur. Diese Grundstruktur besteht aus den fünf Befähigerkriterien und vier Ergebniskriterien. Die Befähigerkriterien umfassen die Elemente der Struktur- und Prozessqualität nach Donabedian, die Ergebniskriterien die der Ergebnisqualität. Analog zum Ishikawa-Diagramm lassen sich die Befähiger als Ursache und die Ergebnisse als Wirkung bezeichnen. Damit die Stärken und Schwächen der Ergebniskriterien Veränderungen bei den Befähigern bewirken können, werden die Resultate im Sinne des Regelkreises durch «Innovation und Lernen» an die sie verursachenden Befähigermerkmale gekoppelt.

Im Einzelnen lassen sich die folgenden neun Kriterien unterscheiden:

- **Befähigerkriterien**
  - Führung
  - Mitarbeiter
  - Politik und Strategie
  - Partnerschaften und Ressourcen
  - Prozesse.
- **Ergebniskriterien**
  - mitarbeiterbezogene Ergebnisse
  - kundenbezogene Ergebnisse
  - gesellschaftsbezogene Ergebnisse
  - wichtige Ergebnisse der Organisation.

Die *Kriterien* ihrerseits werden definiert und in Teilkriterien untergliedert. Die *Teilkriterien* wiederum setzen sich aus *Ansatzpunkten* zusammen. Sie haben die Funktion, die Teilkriterien detailliert darzustellen. Hieraus ergibt sich folgende Hierarchie: Kriterium → Teilkriterien → Ansatzpunkte.

In der nachstehenden Übersicht werden die neun Kriterien mit ihren jeweiligen Teilkriterien dargestellt. Auf eine Aufzeichnung der Ansatzpunkte wird verzichtet.

1. Befähigerkriterium: **Führung**
   1. Teilkriterium: Führungskräfte erarbeiten die Mission, die Vision und die Werte und agieren als Vorbilder für eine Kultur der Excellence.
   2. Teilkriterium: Führungskräfte stellen durch persönliche Mitwirkung sicher, dass das Managementsystem der Organisation entwickelt, eingeführt und kontinuierlich verbessert wird.
   3. Teilkriterium: Führungskräfte bemühen sich um Kunden, Partner und Vertreter der Gesellschaft.
   4. Teilkriterium: Führungskräfte motivieren und unterstützen die Mitarbeiter der Organisation und erkennen ihre Leistungen an.

2. Befähigerkriterium: **Politik und Strategie**
   1. Teilkriterium: Politik und Strategie beruhen auf den gegenwärtigen und zukünftigen Bedürfnissen und Erwartungen der Interessengruppen.
   2. Teilkriterium: Politik und Strategie beruhen auf Information und Leistungsmessungen, Marktforschung sowie den lernorientierten und kreativen Aktivitäten.
   3. Teilkriterium: Politik und Strategie werden entwickelt, überprüft und nachgeführt.
   4. Teilkriterium: Politik und Strategie werden durch eine Struktur von Schlüsselprozessen umgesetzt.
   5. Teilkriterium: Politik und Strategie werden kommuniziert und eingeführt.

3. Befähigerkriterium: **Mitarbeiter**
   1. Teilkriterium: Mitarbeiterressourcen werden geplant, gemanagt und verbessert.
   2. Teilkriterium: Wissen und Kompetenzen der Mitarbeiter werden ermittelt, ausgebaut und aufrechterhalten.
   3. Teilkriterium: Mitarbeiter sind beteiligt und zu selbstständigem Handeln ermächtigt.
   4. Teilkriterium: Mitarbeiter und Organisation führen einen Dialog.
   5. Teilkriterium: Mitarbeiter werden belohnt, anerkannt, und man kümmert sich um sie.

4. Befähigerkriterium: **Partnerschaften und Ressourcen**
   1. Teilkriterium: Externe Partnerschaften werden gemanagt.
   2. Teilkriterium: Finanzen werden gemanagt.
   3. Teilkriterium: Gebäude, Einrichtungen und Material werden gemanagt.
   4. Teilkriterium: Technologie wird gemanagt.
   5. Teilkriterium: Informationen und Wissen werden gemanagt.

5. Befähigerkriterium: **Prozesse**
   1. Teilkriterium: Prozesse werden systematisch gestaltet und gemanagt.
   2. Teilkriterium: Prozesse werden bei Bedarf verbessert. Hierbei werden Innovationen eingesetzt, um Kunden voll zufrieden zu stellen und ihre Wertschöpfung zu steigern.
   3. Teilkriterium: Produkte und Dienstleistungen werden anhand der Bedürfnisse und Erwartungen von Kunden entworfen und entwickelt.
   4. Teilkriterium: Produkte und Dienstleistungen werden hergestellt, geliefert und gewartet.
   5. Teilkriterium: Kundenbeziehungen werden gemanagt und vertieft.

1. Ergebniskriterium: **kundenbezogene Ergebnisse**
   1. Teilkriterium: Messergebnisse aus Sicht der Kunden
   2. Teilkriterium: Leistungsindikatoren

2. Ergebniskriterium: **mitarbeiterbezogene Ergebnisse**
   1. Teilkriterium: Messergebnisse aus Sicht der Mitarbeiter
   2. Teilkriterium: Leistungsindikatoren

3. Ergebniskriterium: **gesellschaftsbezogene Ergebnisse**
   1. Teilkriterium: Messergebnisse aus Sicht der Gesellschaft
   2. Teilkriterium: Leistungsindikatoren

4. Ergebniskriterium: **wichtige Ergebnisse der Organisation**
   1. Teilkriterium: wichtige leistungsbezogene Ergebnisse
   2. Teilkriterium: wichtige leistungsbezogene Indikatoren

Zur Überprüfung der jeweiligen Befähiger- und Ergebnisteilkriterien baut das EFQM-Modell auf eine festgelegte, logische Handlungsabfolge. Dieses logische Konzept trägt den Namen RADAR. Dieser Kunstname setzt sich aus den Anfangsbuchstaben der folgenden Prozesskette zusammen:

- R – Results (Ergebnisse)
- A – Approach (Vorgehen)
- D – Deployment (Umsetzung)
- A – Assessment (Bewertung)
- R – Review (Überprüfung).

Zu Beginn der Tätigkeiten steht somit die Bestimmung der gewünschten Ergebnisse, die mit dem Politik- und Strategieprozess seitens der Unternehmung erzielt werden soll. Zur Realisierung der fixierten Ziele sind konkrete Planungs- und Umsetzungsschritte abzuleiten. In der dritten Stufe sind die geplanten Vorgänge umzusetzen. Letztendlich schließen sich Bewertung und Überprüfung der erzielten Ergebnisse an. Auf der Grundlage dieser letzten Maßnahme lassen sich Verbesserungspotenziale erkennen, die in der Zukunft zu berücksichtigen sind.

Zur Beurteilung seiner Befähiger- und Ergebniskriterien werden in dem Excellence-Modell den Kriterien und den Teilkriterien Gewichtungsrelationen bzw. Punkte zugeteilt.

Insgesamt werden 1000 Punkte (= 100 %) verteilt, die sich je zur Hälfte auf die Befähiger- und Ergebnisaspekte verteilen. Die Verteilung der Prozentwerte erfolgt nach folgenden Vorgaben:

- Führung 10 %, davon 1. bis 4. Teilkriterium je ¼
- Mitarbeiter 9 %, davon 1. bis 5. Teilkriterium je ⅕
- Politik und Strategie 8 %, davon 1. bis 4. Teilkriterium je ¼
- Partnerschaften und Ressourcen 9 %, davon 1. bis 5. Teilkriterium je ⅕
- Prozesse 14 %, davon 1. bis 5. Teilkriterium je ⅕
- mitarbeiterbezogene Ergebnisse 9 %, davon 1. Teilkriterium ¾ und 2. Teilkriterium ¼
- kundenbezogene Ergebnisse 20 %, davon 1. Teilkriterium ¾ und 2. Teilkriterium ¾
- gesellschaftsbezogene Ergebnisse 6 %, davon 1. Teilkriterium ¼ und 2. Teilkriterium ¼
- wichtige Ergebnisse der Organisation 15 %, davon 1. und 2. Teilkriterium je ½.

Mit Hilfe der RADAR-Bewertungsmatrix, die für Befähiger- und Ergebniskriterien unterschiedlich aufgebaut ist, wird jedes Teilkriterium prozentual bewertet. Anschließend werden alle Teilresultate auf dem Formblatt «Zusammenfassung der Bewertung» zusammengefasst, um letztendlich eine Gesamtpunktzahl für alle neun Kriterien zu errechnen. Diese Gesamtpunktzahl, kann hierbei zwischen 0 und 1000 Punkten liegen.

Im Jahre 1996 erstellte der Verband der Angestellten-Krankenkassen/der Arbeiter-Ersatzkassen-Verband e. V. (VdAK/AEV) das «Zertifikat A: Verfahren zur Erstellung von Qualitätssicherungsberichten von Krankenhäusern». Ein Jahr später veröffentlichte die Bundesärztekammer einen Leitfaden zum Qualitätsmanagement im Krankenhaus. Auf der Grundlage dieser Vorarbeiten verständigten sich die Bundesärztekammer und der VdAK/AEV im Juni 1997, in einer gemeinsamen Aktion Möglichkeiten des Qualitätsmanagements in Krankenhäusern sowie ein Zertifizierungsverfahren für stationäre Einrichtungen zu entwickeln und zu evaluieren. Hierbei sollten relevante Erkenntnisse aus dem Demonstrationsverfahren des Bundesministeriums für Gesundheit «Qualitätsmanagment im Krankenhaus», das zeitgleich ablief, berücksichtigt werden. Bewährte internationale Zertifizierungskonzepte, z. B. die Joint Commission on Accreditation of Healthcare Organizations aus den USA oder die Australian Council on Healthcare Standards, galten als Vorbilder.

Als organisatorische Einheit wurde die **Kooperation für Transparenz und Qualität im Krankenhaus (KTQ)** gegründet. Zu den bereits aufgeführten Partnern gehörten ab 2000 die Deutsche Krankenhausgesellschaft sowie zusätzlich der Deutsche Pflegerat und die proCum Cert GmbH als Kooperationspartner. Die Einbindung aller Partner im Gesundheitswesen wird angestrebt, um eine breite Akzeptanz zu erreichen.

Die KTQ hat es sich zur Zielsetzung gemacht, ein spezifisches Zertifizierungsverfahren für Krankenhäuser zu entwickeln und empirisch zu erproben. Seit September 1998 wurde dieses Projekt durch das Bundesgesundheitsministerium gefördert. Ab Mai 2000 fand eine etwa einjährige Pilotphase statt, in der die entwickelten Kriterien in 25 Krankenhäusern im Echtbetrieb erprobt worden sind. Die für die Überführung in den Routinebetrieb notwendigen Strukturen und Abläufe wurden dann eingehend durch das Institut für Medizinische Informationsverarbeitung (IMI), Tübingen, wissenschaftlich untersucht.

Der Routinebetrieb fand ab Herbst 2001 statt. Zu diesem Zweck musste eine Organisationsstruktur aufgebaut werden, damit das Zertifizierungsverfahren abgewickelt werden kann. In diese Struktur sind die nachstehenden **Institutionen** eingebunden, die jeweils spezifische Aufgaben zu erfüllen haben:

- Lenkungsgremium KTQ
- KTQ-Arbeitsgruppen
- KTQ-Geschäftsstelle/KTQ-Akkreditierungsstelle
- akkreditierte Zertifizierungsstellen
- akkreditierte Visitoren
- Krankenhäuser vor Ort.

Die Funktion des **Lenkungsgremiums** besteht u. a. darin, die Inhalte des Bewertungskataloges, die Verfahrensgrundsätze der Zertifizierung sowie die Akkreditierungskriterien für die Stellen und Visitoren festzulegen und zu überwachen.

Die **KTQ-Arbeitsgruppen** sind von Krankenhauspraktikern besetzt, die zurzeit z. B. aus den folgenden Fachgebieten bzw. Bereichen kommen: Anästhesie und Intensivmedizin, Chirurgie, Gynäkologie, Krankenhausleitung und Pflege. Aufgabe der Arbeitsgruppen ist es, praxisorientierte Kriterien der Prozess-, Struktur- und Ergebnisqualität zu benennen.

Die **KTQ-Geschäfts- bzw. -Akkreditierungsstelle**, die für den Zeitraum der Projektphase beim VdAK/AEV angesiedelt wurde, ist die zentrale Informations-, Kontakt- und Akkreditierungsstelle, u. a. mit folgenden Aufgaben:

- inhaltliche Weiterentwicklung des Zertifizierungsverfahrens
- Auswahl, Schulung, Akkreditierung und Begleitung von Visitoren
- abschließende Erteilung eines Zertifikates auf Empfehlung der Zertifizierungsstellen.

Die akkreditierten **Zertifizierungsstellen** übernehmen die gesamten organisatorischen Arbeiten der Visitation vor Ort. So übersenden sie Antragsunterlagen an die Krankenhäuser und sichten die eingegangenen Anträge. Weiterhin wählen sie u. a. die Visitoren aus, unterstützen diese bei der Vorbereitung der Visitation und betreiben die Terminkoordination.

Die **Visitoren** gehen in die Krankenhäuser und führen das Zertifizierungsverfahren durch. Dazu müssen z. B. Gespräche (Auftakt-, Zwischen- und Abschlussgespräche) mit dem betroffenen Krankenhaus geführt sowie Berichte mit einer Abschlussbeurteilung erstellt werden. Zur Umsetzung dieser Tätigkeiten werden bestimmte berufliche Qualifiaktionen bzw. Qualitätsmanagement-Kenntnisse vorausgesetzt. Das Berufsprofil sowie die Kenntnisse sind den **Tabellen 4.2-6** und **4.2-7** zu entnehmen.

Das Konzept ist im Wesentlichen an internationalen Vorbildern ausgerichtet. Dazu zählen die Joint Commission on Accreditation of Healthcare Organizations, die Canadian Council

Tabelle 4.2-6: Qualifikationsanforderungen an die potenziellen KTQ-Visitoren (Quelle: Beck, T., Schoppe, C.; Krankenhauszertifizierung. das Krankenhaus, 2000, 1, S. 22)

	Ärztliche Visitoren	Pflegerische Visitoren	Kaufmännische Visitoren
Grundausbildung	Studium der Humanmedizin	Krankenpflege Kinderkrankenpflege Altenpflege Hebammenwesen und Studium, zum Beispiel: • Pflegemanagement • Krankenhausbetriebswirtschaft	1. Studium, zum Beispiel • Wirtschaftswissenschaften • Rechtswissenschaften • Sozialwissenschaften **oder:** 2. Kaufmännische Berufsausbildung mit Zusatzqualifikation/Weiterbildung, zum Beispiel als • staatlich geprüfter Betriebswirt • Betriebswirt (VWA) • Krankenhaus-Betriebswirt (VKD)
Weiterbildung	Facharzt	Pflegedienstleitung	
Berufserfahrung	Mindestens 5 Jahre	Mindestens 5 Jahre	Zu 1.: mindestens 3 Jahre Zu 2.: mindestens 5 Jahre
Derzeitige Position	Leitend in der Funktion als • Chefarzt im Krankenhaus • Oberarzt im Krankenhaus • Vergleichbare Position mit Vorgesetztenfunktion in der Krankenhausleitung, zum Beispiel im Vorstand (dies würde ggf. auch Stabsfunktionen in großen Stabsabteilungen einschließen)	Leitend in der Funktion als • Leitung des Pflegedienstes im Krankenhaus • Stv. Leitung des Pflegedienstes im Krankenhaus • Ressortleitung in der Krankenhausleitung mit Verantwortung für den Pflegedienst • Vergleichbare Position mit Vorgesetztenfunktion in der Krankenhausleitung, zum Beispiel im Vorstand (dies würde ggf. auch Stabsfunktionen in großen Stabsabteilungen einschließen)	Leitend in der Funktion als • Geschäftsführer/stellv. Geschäftsführer im Krankenhaus • Verwaltungsleiter/stellv. Verwaltungsleiter im Krankenhaus • Verwaltungsdirektor/stellv. Verwaltungsdirektor im Krankenhaus • Vergleichbare Position mit Vorgesetztenfunktion in der Krankenhausleitung, zum Beispiel im Vorstand (dies würde ggf. auch Stabsfunktionen in großen Stabsabteilungen einschließen)
Qualitätsmanagement-Kenntnisse	Die Schulung der ärztlichen Visitoren soll nach den Kriterien des Curriculums für Ärztliches Qualitätsmanagement (Stufe I bis III), herausgegeben von der Bundesärztekammer, erfolgt sein. Einzelheiten der inhaltlichen Anforderungen ergeben sich aus der Liste der vorausgesetzten Qualitätsmanagement-Kenntnisse (siehe Tab. 4.2-7).		

Tabelle 4.2-7: Vorausgesetzte Qualitätsmanagement-Kenntnisse (Quelle: Beck, T., Schoppe, C.; Krankenhauszertifizierung. das Krankenhaus, 2000, 1, S. 24)

Grundlagen Qualitätsmanagement/Qualitätssicherung
- Begriffe und Definitionen
- Rechtsvorschriften bezüglich Qualitätssicherung im Krankenhaus
- Ansprüche an das Qualitätsmanagement
- Qualitätsmanagement als Managementaufgabe
- Rahmenbedingungen des Qualitätsmanagements: Leitbilder Dienstleistungsgedanke, Schlüsselprozesse usw.
Qualitätsmanagementmodelle
Evaluation und Zertifizierung
- Begriffe und Definitionen
- Kenntnisse über die bekannten Evaluierungs- und Zertifizierungsansätze
- Kenntnisse über die gängigen Bewertungs- und Zertifizierungssysteme
Qualitäts-/Outcome-Messung
- Ergebnisdimension
- Indikatorenentwicklung
- Messverfahren und -systeme
Qualitätsmanagementinstrumente
Methodik Qualitätsmanagement
- Ablauf von Qualitätsverbesserungs- und Qualitätsplanungsprojekten
- Instrumente des Qualitätsmanagements
- Methoden der internen und externen Qualitätssicherung
Moderation
- Rolle des Moderators
- Instrumente und Techniken
- Präsentationsvorbereitung, -durchführung und -nachbereitung
- Koordination von Veranstaltungen
- Individuelles Feed-back der Teilnehmer (zum Beispiel Video)
Projektmanagement (Change-Management)
- Begriffe, Bedeutung und Zielsetzung
- Projektplanung, -steuerung, -dokumentation und -evaluation
Dokumentation/Datenerhebung/Datenanalyse
- Dokumentationstechniken
- Statistik: deskriptiv, Streuungsmaße (zum Beispiel Varianz), Messgrößen (Indikatoren)
- Epidemiologie
- Testverfahren
- Messen (zum Beispiel ASA)
- Datenanalyse
- Informationssysteme
- Graphische Darstellungsformen
Kommunikationstraining
- Kommunikation als persönliche Qualifikation
- Kommunikation in der eigenen Berufsgruppe und mit anderen Berufsgruppen (Teamfähigkeit)
- Kommunikation innerhalb des Krankenhauses und mit Kunden
- Motivationstechniken
Qualitätskosten
- Begriffe, Definitionen und Grundlagen
- Qualitätskostenarten, Fehlerkosten
- Anwendungsmöglichkeiten

Projektarbeit
- Nachweis der Aufarbeitung der theoretischen Lehrgangsinhalte in Projekten
Beispiele
- Einrichten eines Qualitätszirkels, Reorganisation der Patientenaufnahme, Zusammenarbeit mit einweisenden Ärzten, Entwickeln von Leitlinien, Fehleranalysen usw.
- inkl. anschließender Reflexion der Projektarbeit
Prüfung

on Health Services Accreditation und die Australian Council on Healthcare Standards. Das KTQ-Konzept basiert auf drei Säulen:

- Selbstbewertung
- Fremdbewertung
- Zertifikat.

Der Zertifizierung wird eine strukturierte Selbstbewertung des Krankenhauses vorangestellt. In einem ersten Schritt müssen hierbei alle krankenhausrelevanten Daten, Strukturen sowie die Angaben zur personellen und materiellen Ausstattung im Strukturerhebungsbogen erfasst werden. Danach erfolgt die Bearbeitung des KTQ-Kriterienkataloges, der aus sechs Kategorien mit 21 Subkategorien besteht. Diese Subkategorien untergliedern sich wiederum in 69 Kriterien. Hieraus ergibt sich der hierarchische Aufbau des Kataloges:

- Kategorien
  - Patientenorientierung in der Krankenversorgung
  - Sicherstellung der Mitarbeiterorientierung
  - Sicherheit im Krankenhaus
  - Informationswesen
  - Krankenhausführung
  - Qualitätsmanagement.

Jede Kategorie wird in Subkategorien zerlegt. Am Beispiel der Kategorie «Patientenorientierung in der Krankenversorgung» soll dies verdeutlicht werden:

- Subkategorien
  - Vorfeld der stationären Versorgung und Aufnahme
  - Ersteinschätzung und Planung der Behandlung
  - Durchführung der Patientenversorgung
  - Übergang des Patienten in andere Versorgungsbereiche.

Die Subkategorien bestehen wiederum aus Kriterien. Am Beispiel der Subkategorie «Vorfeld der stationären Versorgung und Aufnahme» soll dieses verdeutlicht werden:

- Kriterium
  - Die Vorbereitungen einer stationären Behandlung sind patientenorientiert
  - Orientierung im Krankenhaus
  - Patientenorientierung während der Aufnahme
  - ambulante Patientenversorgung.

Die einzelnen Kriterien werden mittels Fragen erhoben. Diese Fragen sind den PCDA-Schritten zugeordnet. Für jeden PCDA-Schritt werden Punkte vergeben, die zu einer Gesamtpunktzahl pro Kriterium und anschließend zu einer Gesamtpunktzahl über den KTQ-Katalog verdichtet werden.

Die Selbstbewertung liefert dem Krankenhaus einen Überblick über die Stärken und Schwächen. Wenn ein Haus sich entschließt, an einer Zertifizierung teilzunehmen, werden die Ergebnisse der Selbstbewertung an die Zertifizierungsstelle und von dort an die Visitoren weitergeleitet. Diese Daten dienen der Vorbereitung der Begehung im Rahmen der Fremdbewertung. Die im Selbstbewertungsbericht dargestellten Inhalte werden von den Visitoren stichprobenartig hinterfragt. Für die Zertifikatsvergabe hat die KTQ folgende Voraussetzungen festgelegt:

- Erreichen einer Mindestpunktzahl (mindestens 55 % der Gesamtpunktzahl)

- Teilnahme an den externen Qualitätssicherungsverfahren nach SGB V
- Veröffentlichung des KTQ-Qualitätsberichtes.

Im Frühjahr 1998 wurde auf Initiative des Katholischen Krankenhausverbandes Deutschlands, des Deutschen Evangelischen Krankenhausverbandes, der Wohlfahrtsverbände Caritas und Diakonie sowie des Versicherungsdienstleisters Ecclesia die **proCum Cert GmbH** gegründet. Seit 2001 ist die Deutsche Gesellschaft zur Zertifizierung von Managementsystemen weiterer Gesellschafter der proCum Cert GmbH. Primäre Zielsetzung dieser ökumenischen Initiative ist die Sicherung und Weiterentwicklung der Qualität in kirchlichen Krankenhäusern und sozialen Einrichtungen. Zur Erfüllung dieser Aufgabe wurden gemeinsam mit der KTQ und anderen Organisationen medizinische und pflegerische Qualitätskriterien entwickelt. Auf der Grundlage eines Kooperationsvertrages zwischen der proCum Cert GmbH und KTQ erfolgt eine gegenseitige Akzeptanz. Hierbei sind im Rahmen der proCum Cert GmbH Beurteilung zusätzliche konfessionelle Qualitätskriterien zu erfüllen.

Die Krankenhäuser vor Ort sollen im Routinebetrieb unter den akkreditierten Zertifizierungsstellen frei wählen können. Auf der Grundlage einer engen Abstimmung zwischen Krankenhaus und Zertifizierungsstelle erfolgt letztendlich die Auftragserteilung durch das Krankenhaus.

Mit dem oben dargestellten Verfahren sollen die folgenden Aspekte realisiert werden:

- Motivationsschub für die Krankenhäuser
- Patientenorientierung durch Stärkung der Prozess- und Ergebnisqualität
- Mitarbeiterorientierung durch Förderung der Mitarbeiterzufriedenheit und Evaluation der Leistungsfähigkeit
- Schaffung von Transparenz der Leistungen, der Leistungsfähigkeit und der Qualität.

Literatur

Beck, T.; Schoppe, C.: Krankenhauszertifizierung. das Krankenhaus (2000) 1: 20–25

Borken, R.: Diplomarbeit, Fachhochschule Münster. Münster, 1998

Bruhn, M.: Qualitätsmanagement für Dienstleistungen: Grundlagen, Konzepte, Methoden (2. Aufl.). Berlin, Heidelberg, New York u.a., 1997

Bundesministerium für Gesundheit: Qualitätsentwicklung in der Pflege: Teil 1: Voraussetzungen und Darstellung der Methode der stationsgebundenen Qualitätssicherung. Teil 2: Einführung der stationsgebundenen Qualitätssicherung im Universitätsklinikum Benjamin Franklin: ein Werkstattbericht. Band 79 der Schriftenreihe des BMG. Baden-Baden, 1996

Deutsche Gesellschaft für Qualität: Begriffe zum Qualitätsmanagement. DGQ-Schrift Nr. 11-04 (5. Aufl.). Berlin, Wien, Zürich, 1993

Deutsche Gesellschaft für Qualität: Qualitätsmanagement bei Dienstleistungen. DGQ-Band 30-01 (1. Aufl.). Berlin, Wien, Zürich, 1996

Deutsches Institut für Normung: DIN EN ISO 8402. Berlin/Wien/Zürich, 1995

Deutsches Institut für Normung: Qualitätsmanagement und Statistik (2. Aufl.). Berlin/Wien/Zürich, 1995

Deutsches Institut für Normung: Qualitätsmanagement und Statistik. Verfahren 3: Qualitätsmanagementsysteme. Normen, DIN-Taschenbuch 226 (2. Aufl)., Berlin, Wien, Zürich, 1995

Eichhorn, S.: Integratives Qualitätsmanagement im Krankenhaus: Konzeption und Methoden eines qualitäts- und kostenintegrierten Krankenhausmanagements. Stuttgart, Berlin, Köln, 1997

European Foundation für Quality Management: Das EFQM-Modell für Excellence 1999. Brüssel, 1999

GKV-Gesundheitsreform 2000, das Krankenhaus, Redaktionsbeilage

Kaminske, G. F.; Brauer, J. P.: Qualitätsmanagement von A bis Z (2. Aufl.). München, Wien, 1995

KTQ-Manual, Version 4.0

Meffert, H.; Bruhn, M.: Dienstleistungsmarketing: Grundlagen, Konzepte, Methoden (2. Aufl.). Wiesbaden, 1997

Pinter, E. u.a.: DIN ISO 9004 Teil 2 als Leitlinie für eine zeitgemäßes Qualitätsmanagement im Krankenhaus. KU-Spezial (1995) 2–3

4.2.5 Managed Care als Basis der Integrierten Versorgung

4.2.5.1 Grundlegende Aspekte

Der Begriff «Managed Care» lässt sich nicht durch eine allgemein gültige und umfassende Definition festlegen. Ein Grund ist darin zu sehen, dass Managed Care mit sehr unterschiedlichen Organisations- und Finanzmodellen agiert. Ein zweiter Grund ist darauf zurückzuführen, dass sich Managed Care seit knapp 20 Jahren in einem ständigen Anpassungs- und Perfektionsprozess befindet, in dem sich häufig Komponenten ändern. Im Kern steht dabei die Verbetrieblichung medizinischer Arbeit. Die Hauptmerkmale dieser Vertrieblichung sind eine zunehmende Standardisierung, höhere Arbeitsteilung, Kontrolle und Steuerung durch ein Management und eine tendenzielle Deprofessionalisierung.

Anhand der folgenden Definitionen soll die Vielfalt von Managed Care verdeutlicht werden:

> Die beiden grundlegenden Funktionsprinzipien von Managed Care sind der Marktmechanismus und die Doppelfunktion einer Organisation als Versicherer und Leistungserbringer. Die Durchsetzung der Instrumente von Managed Care und die Effizienz des ganzen Systems basiert auf dem Zusammenspiel dieser Prinzipien. (Seng, 1997: 289)

> Managed Care bedeutet Gestaltung von Versorgungsabläufen aus der Perspektive des Kostenträgers, d.h. mit dem Interesse, bestehende Wirtschaftlichkeitsreserven in der medizinischen Versorgung zu erschließen. (Stillfried, 1997: 7)

> «Management» meint zunächst nichts anderes als Erkennen, Nutzanwenden und Lenken aller verfügbaren Kräfte und Ressourcen einer Organisation zur Erreichung definierter Ziele. Entsprechend bedeutet «Managed Care» zum einen die Anwendung von Managementprinzipien auf die medizinische Versorgung, besonders auf die ärztlichen und pflegerischen Tätigkeiten und das Inanspruchnahmeverhalten der Patienten, zum anderen meint es die Integration der Funktionen Versicherung und Versorgung. (Kühn, 1997: 7)

Voraussetzung für ein Managed-Care-System ist ein wettbewerbsorientiertes Gesundheitswesen. Leistungserbringer sollten miteinander im Wettbewerb stehen, ebenso wie die Managed-Care-Organisationen hinsichtlich Preis und Leistungsangebot. Eine weitere Voraussetzung ist ein ausreichend großes Netz von Versicherten und Leistungsanbietern (Ärzten, Krankenhäuser u. a.). Nur wenn eine Managed-Care-Organisation über eine starke Wettbewerbsposition verfügt, können weitere Anbieter und Versicherte gewonnen werden, indem Serviceleistungen und Kostenvorteile werbewirksam genutzt werden. Um qualitativ hochwertige und effiziente Ergebnisse zu erzielen, muss eine Managed-Care-Organisation geeignete Leistungserbringer auswählen. Dabei muss sie z. B. überlegen, ob und wie sie Leistungen selektieren oder ob sie ihr Leistungsspektrum erweitern will. Zudem muss ein umfassendes, alle Leistungserbringer einschließendes Informationssystem aufgebaut und genutzt werden, damit dann auch eine optimale Verzahnung der Behandlungsschritte gewährleistet ist.

Das Ziel von Managed Care ist es, die Versorgung durch ein Management der Leistungsinanspruchnahme und der Preise zu kontrollieren. Besonders Art, Niveau, Häufigkeit und Finanzierung der Behandlung sind von Interesse. Zudem besteht bei den Organisationen immer die Zielsetzung, auf dem Markt zu dominieren. So werden mit ausgewählten Leistungserbringern Verträge abgeschlossen, auf deren Leistungserstellung konkret Einfluss genommen wird. Dies ist immer dann sinnvoll, wenn auf dem Gesundheitsmarkt Überkapazitäten bestehen. Netzwerke werden gegründet und integrierte Versorgungssysteme gebildet, um Marktanteile zu sichern.

Managed Care geht von der Annahme aus, dass ein unkoordiniertes System der Einzelleistungsvergütung zu einer ineffizienten und teuren Versorgung führt. Dieser Effekt tritt infolge von unnötigen Leistungen, hohen Preisen und mangelnder Koordination ein. Managed Care setzt auf Innovationsmanagement durch kostensparende Technologien und Leistungskontrolle. Der Schwerpunkt liegt im Leistungsmanagement, nicht im Gesundheitsmanagement.

Ein vergleichbarer Begriff für Managed Care ist in der deutschen Sprache nicht zu finden. Sinngemäß könnte Managed Care mit «geleitete Versorgung» übersetzt werden. Einerseits sollen die Patienten zu ihrem passenden Leistungserbringer geleitet werden, und andererseits sollen Leistungserbringer dahin geführt bzw. motiviert werden, dass sie die gewünschte Leistung erbringen. Die Inanspruchnahme von Leistungen und die Leistungserbringung werden dabei direkt oder indirekt durch finanzielle Anreize gesteuert. Organisations- und Finanzmodelle von Managed Care versuchen, durch strukturelle Änderungen des Versorgungssystems eine möglichst kostengünstige medizinische Versorgung auf hohem qualitativen Niveau zu realisieren. Die scharfe Trennung zwischen medizinischem Verantwortungsbereich und Finanzierungs- und Verwaltungsaufgaben wird aufgehoben zu Gunsten einer funktionsübergreifenden Steuerung unter dem Ziel der Kostenreduzierung. Die dirigierende Funktion liegt hierbei in den Händen der Kostenträger, die entweder direkt oder vertreten durch den Versicherungsträger die betriebswirtschaftliche Führung übernehmen.

Managed Care steht folglich für die Organisationsformen der Gesundheitsversorgung, in denen die Steuerung vom Kosten- oder Versicherungsträger ausgeht. Damit dominiert nicht mehr der Arzt als Anbieter medizinischer Leistungen, sondern der Kostenträger der Leistung. Ökonomische Erwägungen haben einen großen Einfluss auf die Entscheidungen einer Managed-Care-Organisation. Dabei wird u. a. entschieden, ob Versorgungsleistungen selbst erbracht oder andere Dienstleister dafür unter Vertrag genommen werden.

Managed Care kann im Extremfall bewirken, dass der Versicherte das Recht auf uneingeschränkte freie Arztwahl gegen die Absicherung eines breiteren Leistungsspektrums oder gegen günstigere Tarife abtritt. Die ausgewählten Leistungserbringer ihrerseits sichern jedoch uneingeschränkte Therapiefreiheit zu. Eine Gegenüberstellung von Managed Care und traditionellem System zeigt **Tabelle 4.2-8**.

4.2.5.2 Historische Entwicklung von Managed Care

Die Anfänge von Managed Care in den USA gehen auf das Jahr 1910 zurück. Damals bot die Western Clinic in Tacoma ihren Angestellten für einen geringen Monatsbeitrag medizinischen Schutz an. Die eigentlichen Wegbereiter für Managed Care waren jedoch Versicherungsmodelle, die ihren Ursprung in den dreißiger Jahren des vergangenen Jahrhunderts hatten. Besondere Bedeutung in der Entwicklung von Managed Care kommt den **Prepaid Group Practices (PGP's)** zu. Dies waren Modelle zur privaten Gesundheitssicherung, bei denen die Mitglieder durch vorherige Bezahlung an den Leistungserbringer einen Anspruch auf medizinische Behandlung erwarben und im Falle einer Erkrankung keine weiteren Eigenleistungen anfielen. Für die Leistungserbringer in diesem System, meistens Gruppenpraxen, war daher nicht mehr die Erkrankung ihrer Patienten lukrativ, sondern deren Gesundheit. Auf Grund ihrer überschaubaren Größe waren die PGP's in der Lage, sich auf Prävention und ganzheitliche medizinischer Versorgung zu orientieren. Trotz ihrer Vorteile blieb die Verbreitung dieser Organisationen bis in die siebziger Jahre des vergangenen Jahrhunderts gering. In den Jahren 1927 und 1938 wurde versucht, für diese Versicherungsform staatliche Unterstützung zu bekommen. Diese Anträge fanden jedoch im Kongress keine Mehrheit.

Zeitgleich mit den PGP's entstanden auch die Non-Profit-Krankenversicherungen **Blue Cross (BC)** und **Blue Shield (BS)**. Während BC auf eine bestimmte Zielgruppe ausgerichtet war, war dies bei der 10 Jahre später entstandenen BS nicht der Fall. Bei beiden Formen war, wie auch bei den PGP's, ein monatlicher Beitrag zu zahlen. Im Unterschied zur PGP behielten BC und BS nicht ihren lokalen Charakter, sondern breiteten sich mit Unterstützung der Ärzteverbände landesweit aus. Ebenfalls zu den Wegbereitern von Managed Care sind die Profit-Krankenversicherungen zu zählen, die schon im ersten Jahrzehnt des vergangenen Jahrhunderts entstanden. Sie unterschieden sich von den PGP's, BC und BS durch die Berechnung ihres Beitrags, der nicht pauschal gezahlt, sondern vom individuellen Gesundheitszustand des Versicherten abhängig gemacht wurde.

Wie bereits erwähnt, fand Managed Care seinen eigentlichen Ursprung in den dreißiger Jahren des vergangenen Jahrhunderts und hat sich seit dieser Zeit permanent weiterentwickelt und verändert. Henry Kaiser war der erste Unternehmer in den USA, der die medizinische Versorgung seiner Mitarbeiter durch Verträge mit Ärzten sicherzustellen versuchte. Die Grundstruktur dieser Versicherungspläne ist bis heute für die Organisationen kennzeichnend.

Der Krankenversicherungsschutz in den USA war (und ist bis heute) an ein Arbeitsverhältnis geknüpft, wobei der Arbeitgeber den größten Anteil der Versicherungsbeiträge leisten muss. In der Regel erfolgt der Versicherungsschutz in einer betrieblichen Gruppenversicherung. Die Höhe des Arbeitgeberanteils ist nicht durch den Gesetzgeber vorgegeben, wie dies in zahlreichen europäischen Ländern der Fall ist. Diese Anteile werden vielmehr von den Verhandlungspartnern ausgehandelt. Meistens beträgt die Beteiligung der Arbeitgeber an den Krankenversicherungskosten ca. 80 %, was ihr Interesse an kostendämpfenden Maßnahmen verständlich macht.

In den sechziger Jahren des vergangenen Jahrhunderts wurde ein rasanter Kostenanstieg im Gesundheitssystem verzeichnet, der zu einem starken Wettbewerbsdruck unter den Versiche-

Tabelle 4.2-8: Gegenüberstellung von Managed Care und traditionellem System (Quelle: Koch-Suna, B.; Diplomarbeit; Fachhochschule Osnabrück, Osnabrück, 2000, S. 20)

Managed Care	Traditionelles System
Managed-Care-Instrumente	
• Gatekeeping • Utilization Review • Präventionsorientierung • Standardisierung über Guidelines • Integriertes Qualitätsmanagement • Integrierte Behandlungsprozesse durch Case und Disease Management • Outcomes-Orientierung	• Freie Arztwahl • Kontrolle nur bei Verdachtsmomenten • Kurationsorientierung • weit reichende Therapiefreiheit • Qualitätssicherung • Fragmentierte Behandlungsabläufe mit Informationsverlusten an den Schnittstellen • Prozess-Orientierung
Integration der Leistungsfinanzierung und -erstellung	
• Leistungsersteller und -finanzierer teilen sich die Risikoübernahme • Delegation des finanziellen Risikos auf die unterste Ebene der Leistungserstellung (Primärärzte) • Eigene Ressourcen der Leistungsfinanzierer zur Leistungserstellung • Integrierte Gesundheitsversorgungssysteme • Sachleistungsprinzip	• Risiko liegt ausschließlich beim Leistungsfinanzierer • Keine finanzielle Einbindung der Primärärzte in das Risiko der Leistungserstellung • Strikte Trennung zwischen Leistungserstellung und -finanzierung • Fragmentierte Leistungserstellung mit erheblichen Schnittstellenproblemen • Kostenerstattungsprinzip
Selektives Kontrahieren	
• Gezielte Auswahl der Leistungsanbieter • Differenzierte Systeme zur Auswahl von Leistungsanbietern • Einschränkung der Wahlfreiheit	• Kontrahierungspflicht • Keine Instrumente zur Beurteilung von Leistungsanbietern • Freie Wahl des Leistungsanbieters

rungen führte. Die Kosten wurden auf die Versicherungsnehmer umgelegt, was zur Folge hatte, dass die Versicherungsprämien anstiegen und die Arbeitgeber belasteten, sodass sie es sich teilweise nicht mehr leisten konnten, ihren Angestellten Versicherungsschutz zu bieten.

Aus den Erfahrungen mit einem betrieblichen Krankenversicherungsschutz der dreißiger Jahre des vergangenen Jahrhunderts, entwickelte Paul M. Ellwood in den siebziger Jahren des vergangenen Jahrhunderts ein Konzept, welches er unter dem Namen **Health Maintenance Organization (HMO)** vermarktete. Es entsprach im Wesentlichen der bekannten Form der PGP's. Manager großer Unternehmen begrüßten dieses Konzept, da es ihrer eigenen wirtschaftlich orientierten Denk- und Handlungswelt entsprach.

Die gesetzliche Grundlage für die HMO's wurde 1973 mit dem Health Maintenance Act geschaffen, einem Gesetz für staatlich qualifizierte HMO-Programme. Dieses Gesetz legte den HMO's jedoch Reglementierungen auf, die durch die Gesetzesnovellierungen von 1976 und 1978 teilweise aufgehoben wurden. Obwohl die Gründung von HMO's begünstigt wurde, breiteten sich diese zunächst nur langsam aus. Diese anfängliche Zurückhaltung hatte vielerlei Gründe. Die Ärzte wollten ihre professionelle Autonomie und Versicherte ihre freie Arztwahl nicht aufgeben. Erst in den achtziger Jahren des vergangenen Jahrhunderts kam der starke Zuwachs der HMO's. Ursache waren neben der staatlichen Förderung auch die Tatsache, dass die Beiträge in dieser Versicherungsform unter denen der traditionellen Indemnity Health Insurance lagen. Diese niedrigen Prämien wurden nicht zuletzt durch ein konsequentes Utilization Review ermöglicht. Zwischen 1988 und 1996 fiel der Marktanteil der traditionellen Versicherungen von über 70 % auf unter 30 % ab. Mittlerweile sind fast drei Viertel der Arbeitnehmer, die über ihren Arbeitgeber versichert sind, in einer MCO. Der wachsende Anteil der HMO's an der medizinischen Versorgung bewirkte, dass die Kapitalanleger ihre abwartende Haltung gegenüber den HMO's verringerten. Diese erhielten günstigere Kreditbedingungen, womit sich die Expansionsmöglichkeiten der HMO's verbesserten.

In den achtziger Jahren des vergangenen Jahrhunderts gab es eine breite Bewegung in den USA, die sich gegen eine staatliche Subventionierung sozialer Leistungen, aber für privatwirtschaftliche Mechanismen im Gesundheitswesen aussprach. Analog zu diesen neoliberalen Vorstellungen versuchte die Regierung von Roland Reagan, im sozialen Bereich sowohl den Wettbewerb zu fördern als auch staatliche Sozialausgaben einzusparen. Private Investoren brachten Kapital ein, und HMO's wurden zu erwerbswirtschaftlichen Versicherungsunternehmen, die von immer mehr Versicherten in Anspruch genommen wurden. Arbeitgeber begannen ihren Beschäftigten die Mitgliedschaft in den MCO's nahe zu legen, da der Arbeitgeberanteil zur Krankenversicherung immer weiter anstieg. Das US-amerikanische Gesundheitssystem von heute, in dem um Anlagekapital und Absatzmärkte bzw. Kunden konkurriert wird, wird zunehmend von privaten Investitionen, Zusammenschlüssen, Aufkäufen und Kämpfen um Marktanteile bestimmt. Um regionale Märkte unter Kontrolle zu bringen, müssen möglichst viele Stufen der medizinischen Versorgungskette abgedeckt werden. Das hat zur Folge, dass schnell recht oberflächliche Netzwerke gebildet werden, wobei die großen Zusammenschlüsse ihre Kaufkraft entsprechend einsetzen.

Unter den meisten US-amerikanischen Gesundheitsökonomen herrscht die Ansicht, dass sich in den nächsten Jahren, auch ohne gravierende staatliche Eingriffe, die Formen von Managed Care weiter ausbreiten werden. Es wird allgemein angenommen, dass sich der Konkurrenzkampf auf dem Gesundheitsmarkt verstärken wird, wobei die Formen von Managed Care weiter verwischen. Immer neue Organisationsformen drängen auf den Markt und lösen alte Formen ab bzw. entstehen neben ihnen. Es darf aber auch nicht verhehlt werden, dass sich in den USA zur gleichen Zeit der Widerstand gegen die MCO auf Seiten der Leistungsanbieter und der Versicherten verstärkt hat. So wandten sich beispielsweise im Staat Massachusetts Ende 1997 über 2000 Ärzte und Pflegekräfte an die Öffentlichkeit. Ihr Slogan hieß: «*For our patients – not for profits*». Mit diesem Aufruf wollten sie das Geschäftsgebaren einiger Managed-Care-Organisationen anprangern.

4.2.5.3 Managed-Care-Techniken

Die einzelnen angebotenen Versicherungsformen, auf die später noch näher eingegangen werden soll, lassen sich als Managed Care Produkte bezeichnen, die von Kunden gekauft werden können. Innerhalb dieser Produkte werden Managed-Care-Techniken angewandt, deren Kerngedanken im Folgenden dargestellt werden sollen.

Im Zentrum aller Anstrengungen, die medizinische Versorgung nach wirtschaftlichen Kriterien zu steuern, steht die Kontrolle über die Arzt-Patient-Beziehung. Um die primären Ziele von Managed Care – Effizienzerhöhung und Qualitätsverbesserung – zu erreichen, werden unterschiedliche Techniken eingesetzt. Diese Techniken können grob in Globalsteuerung und Feinsteuerung unterteilt werden (**Abb. 4.2-10**).

Die Instrumente der **Globalsteuerung** versuchen, auf makroökonomischer Ebene regulierend zu wirken. Krankenversicherungsunternehmen analysieren den Markt sowie die potenziellen Nachfrage von Leistungen. Auf Grund der Analyse kaufen sie gezielt Gesundheitsleistungen ein und steuern durch ihre Einkaufsmacht Kosten und Leistungen. Leistungserbringer werden nur dann an Managed-Care-Organisationen vertraglich gebunden, wenn der Auslastungsgrad als hoch eingestuft wird.

Unter die Globalsteuerung fallen das Network Management und das Produktmanagement, die im Folgenden näher dargestellt werden.

Beim **Network Management** werden, je nachdem, wie eine MCO organisiert ist, einzelne Ärzte, Ärztegruppen oder -vereinigungen, Krankenhäuser und sonstige Leistungserbringer zu einem Versorgungsnetzwerk zusammengeschlossen. Die Auswahl der Leistungserbringer erfolgt nach wirtschaftlichen und qualitativen Gesichtspunkten. Angebote und Strukturen des Netzes werden aufeinander abgestimmt, und die Versorgung der Versicherten wird durch ein funktionierendes Informationssystem transparent gemacht. Zur Versorgung innerhalb dieses Netzwerks bedarf es eines gezielten Network Managements. Neben den genannten Aufgaben soll das Network Management bei gleich bleibend hoher qualitativer Versorgung die Ausgaben für Gesundheitsleistungen senken. Ins-

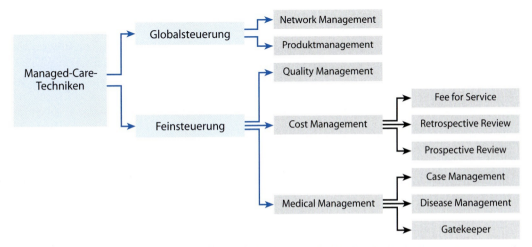

Abbildung 4.2-10: Übersicht der Managed-Care-Techniken (Quelle: Haubrock, M.; Vorlesungsskript Gesundheitsökonomie; Fachhochschule Osnabrück, Osnabrück, 2004)

gesamt stellt das Network Management eine organisatorische Verbindung von Leistungsangebot und Finanzierung dar, mit dem Ziel, die Leistungen zu einem möglichst niedrigen Preis zu erbringen.

Das Versicherungsrisiko sinkt mit steigender Anzahl der Versicherten eines Versicherungsunternehmens. Somit sinken auch die Ausgaben pro Mitglied, was wiederum zu einer Verringerung der Versicherungsprämie führt. Niedrige Prämien haben zur Folge, dass die Versicherungsprodukte an Attraktivität gewinnen und neue Mitglieder zur Versichertengemeinschaft hinzukommen. Die Attraktivität von Versicherungsprodukten hängt jedoch nicht allein am Preis, sondern muss auf die Bedürfnisse der Versicherten zugeschnitten sein. Gegenstand des **Produktmanagements** ist es somit, die Herstellung und den Ablauf einzelner Produkte zu koordinieren und weiterzuentwickeln bzw. durch neue Produkte zu ersetzen.

Wie bei der Globalsteuerung sollen auch bei der **Feinsteuerung** die Sicherung von Wirtschaftlichkeit und Qualität für eine zweckmäßige Gesundheitsversorgung im Mittelpunkt des Bemühens stehen. Die Feinsteuerung umfasst individuelle Regelungen, die auf die besonderen Interessen einzelner Beteiligter abgestimmt sind. Ansatzpunkt ist dabei die Beziehung zwischen MCO, dem Versicherten und dem Leistungserbringer, wobei die Instrumente der Feinsteuerung hauptsächlich beim Leistungserbringer ansetzen. Durch Restriktionen und finanzielle Anreize wird versucht, den Versicherten zu ausgewählten Leistungserbringern zu dirigieren. Bei Leistungsinanspruchnahme trägt der Versicherte einen Teil der Leistungskosten selbst in Form einer Eigenbeteiligung. Die Höhe der Eigenbeteiligung variiert mit der Organisationsform der MCO. Je größer die Wahlfreiheit des Versicherten, desto höher die Eigenbeteiligung bzw. Versicherungsprämie. Die niedrigste Eigenbeteiligung ist immer dann gegeben, wenn der Versicherte Leistungen innerhalb des Netzwerks in Anspruch nimmt.

Die Instrumente der Feinsteuerung beim Leistungserbringer sollen im Weiteren genauer dargestellt werden. Dabei ist die Ausgestaltung der Steuerungsinstrumente von der jeweiligen Organisationsform der MCO abhängig.

Versicherte erwarten von MCO's ein umfassendes Leistungsangebot zu möglichst niedrigen Versicherungsprämien bei hohem qualitativen Niveau. Aus dieser Erwartungshaltung heraus bedienen sich MCO's zur Überprüfung ihrer Behandlungsqualität der Instrumente der **Qualitätssicherung**. Qualitativ hochwertige Leistungen sind für den Versicherer nicht nur kosteneffizient, sondern auch werbewirksam und werden in die Unternehmensphilosophie einbezogen. Im Sinne einer kontinuierlichen Qualitätsverbesserung wird eine permanente Kontrolle des Versorgungsprozesses mittels Leistungs-, Qualitäts- und Kostenprofilen durchgeführt. Die Langzeitqualität der Versorgung hat hierbei Priorität.

Die Qualitätssicherung wird in interne und externe Maßnahmen unterteilt und orientiert sich an den Prinzipien des Total Quality Managements (TQM).

Innerhalb der **internen Qualitätssicherung** sollen anhand von Schlüsselfaktoren Kundenwünsche evaluiert werden. Diese Bedürfnisse bilden die Ausgangsbasis für qualitative Bemühungen. Hierzu gehören z. B. Daten über Leistungsinhalte, Eigenbeteiligungen, Krankenhausimage, Behandlungsergebnis und Qualität der ärztlichen und pflegerischen Versorgung sowie die Analyse von Patientenbeschwerden. Anhand dieser Daten werden elementare Kundenwünsche und -bedürfnisse ermittelt und Standards definiert, um damit Behandlungsergebnisse zu optimieren. Verschiedene Organisationen haben bereits Qualitätsmindeststandards definiert, die MCO's bei der internen Qualitätssicherung behilflich sein sollen. Diese Standards haben jedoch keinen zwingenden, sondern lediglich einen empfehlenden Charakter. Die Messung von Qualität ist, wie in Kapitel 4.2.4 bereits verdeutlicht, ein aufwändiges und zugleich problematisches Unterfangen. Sinnvolle Indikatoren zu definieren ist nicht einfach. Allgemein gültige und objektive Indikatoren gibt es nur wenige, wie z. B. die Mortalitätsrate. Jede MCO kann eigene Indikatoren definieren und Qualitätsstandards entwickeln. Dadurch ist es für den Kunden schwierig, einen Qualitätsvergleich zwischen den Anbietern durchzuführen.

Die individuell definierten Qualitätsindikatoren und -standards der einzelnen MCO's machen eine **externe Qualitätssicherung** notwendig. Ein Programm, das als Instrument der externen Qualitätssicherung eingesetzt wird, ist z.B. das *Health Plan Employer Data and Information Set (HEDIS)*. An diesem Programm nehmen über 80 % der MCO's freiwillig teil. Es soll die Leistungsfähigkeit von MCO's vergleichbar machen. Seit der Einführung 1995 wurden die Kriterien kontinuierlich überarbeitet, und es wurde versucht, der Ergebnisqualität mehr Beachtung zu schenken. Die MCO's übermitteln ihre Behandlungsdaten in eine Datenbank und ermöglichen dadurch einen Vergleich von Tarifen, Leistungsumfang, Zugang zu Leistungen, Kundenzufriedenheit, Qualitätsrichtlinien u. ä. Es ist jedoch anzumerken, dass die zurzeit benutzen Indikatoren fast ausschließlich die Prozessqualität erfassen. Zudem wird seitens der Kritiker dieses Systems angemerkt, dass die Indikatoren zu oberflächlich sind und Kundenbedürfnisse nur unzureichend berücksichtigt werden. Gegenüber Wettbewerbern schafft ein effektives Qualitätsmanagement Vorteile, sie setzt aber hohe Investitionen voraus, die gegen die Vorteile abzuwägen sind.

Im Rahmen von **Cost Management** geht es um die Frage der Finanzierung von medizinischen Leistungen. Der erste Abrechnungsmodus – **Fee for Service** – entspricht der Einzelleistungsvergütung. Diese Form der Honorierung findet sich häufig bei den Organisationsformen Indemnity (IDY), Point of Service (PSO) und Preferred Provider Organization (PPO), also für Leistungen, die außerhalb des Netzwerks erbracht wurden. Sie bietet ökonomisch wenig Anreiz für eine MCO, da sie nur eine geringe Möglichkeit der Kostensteuerung bietet. Ein Arzt kann mit dieser Vergütungsform sein Einkommen beeinflussen, indem er Leistungen intensiviert und profitable Behandlungen abrechnet, die möglicherweise nicht notwendig gewesen wären. Dies steht dem wirtschaftlichen Gedanken von Managed Care entgegen. Ein wesentliches Merkmal des Cost Managements ist die Übertragung des wirtschaftlichen Risikos auf die Leistungserbringer. Auf Grund der mangelnden Möglichkeit der Kostensteuerung der Einzelleistungsvergütung gingen die MCO's dazu über, Leistungen nicht mehr einzeln *ex post* zu bezahlen, sondern pauschal zu honorieren. Das **Prospective Payment** ist ein erwartetes Budget in Form von Kopfpauschalen innerhalb eines festgelegten Zeitraums, welches dem Arzt im Voraus zur Verfügung gestellt wird und welches er zu verwalten hat. Der Arzt ist bei dieser Form der Vergütung am Versicherungsrisiko beteiligt. Diese meist monatlich gezahlte Kopfpauschale ist auch unter dem Namen «**Capitation**» bekannt. Ein Arzt hat einen abgegrenzten Patientenstamm und erhält für diesen von der zuständigen MCO vertraglich fixierte Pauschalen. Die Höhe dieser Pauschalen richtet sich nach unterschiedlichen Kriterien, meistens nach Alter, Geschlecht und Risikopotenzial des Versicherten. Je höher das Alter und das Risikopotenzial, desto höher sind die Pauschalen. Weitet ein Arzt seine Leistungen aus, wirkt sich dies nicht auf sein Einkommen aus, wie es bei der Honorierung nach *Fee for Service* der Fall ist. Das Capitation-System soll einen Anreiz geben, bei hoher qualitativer Gesundheitsversorgung niedrige Kosten zu produzieren und vermehrt präventiv tätig zu werden. Je geringer der Behandlungsaufwand gehalten wird, desto höher ist das Einkommen des Arztes. Ein Arzt ist daher bemüht, Arztbesuche durch Aufklärungen und Schulungen zu reduzieren und Behandlungsabläufe zu optimieren. Zur Sicherung der Behandlungsqualität ist eine Überwachung notwendig. Wesentlich bei der Capitation ist, dass die Zahlung unabhängig von der Menge der in Anspruch genommenen Leistungen stets konstant ist.

Im Managed-Care-System gilt generell, dass die Vergütungsform und die Höhe der Vergütung individuell zwischen Leistungserbringer und MCO ausgehandelt werden. Vertraglich vereinbart werden auch Withholds und Capitation Pools, die dazu dienen, das finanzielle Risiko besser zu verteilen. Dabei wird ein Prozentsatz der monatlichen Kopfpauschale von den MCO's einbehalten, um evtl. Mehrausgaben zu decken. In der Regel haben die Leistungserbringer mit mehreren MCO's Versorgungsverträge abgeschlossen, die unterschiedliche Vergütungsformen beinhalten. Dies kann zur Folge haben, dass Anreiz- und Steuerungsinstrumente gegenläufig sein können und schwer überschaubar sind.

Einer Feinsteuerung des Verhaltens der Leistungsanbieter durch Vergütungssysteme sind Grenzen gesetzt. Man kann es auf die folgende Aussage verkürzen: Je pauschaler die Vergütung, desto größer der Anreiz, Kosten zu verlagern und Risiken zu selektieren.

Der Retrospective Review setzt nach einer Leistungserbringung an und überprüft, ob eine Behandlung erfolgreich und vor allem effizient war. Hierbei steht die Effizienzprüfung im Vordergrund des Interesses. Überprüft wird, ob die in Rechnung gestellten Leistungen wirklich erbracht wurden und ob die Gebühren in ihrer Höhe angemessen sind. Sollte sich bei dieser rückschauenden Überprüfung zeigen, dass die abgerechnete Behandlung unangemessen war oder die Abrechnung Unregelmäßigkeiten aufweist, können finanzielle Sanktionen erfolgen.

Zum **Medical Management** gehören das Case Management, das Disease Management und der Gatekeeper. Beim Case Management werden systematisch risikoreiche Versicherte erfasst, die einer individuellen kostenintensiven und aufwändigen Gesundheitsversorgung bedürfen. Zielgruppe sind in der Regel Patienten mit medizinisch komplexen Problemen.

Entsprechend den individuellen Gesundheitsbedürfnissen der Patienten wird von einem Case-Manager der Versorgungsprozess festgelegt und begleitet. Die Behandlung wird koordiniert, Rehabilitationsmaßnahmen werden eingeleitet, und für Kontinuität der Behandlung wird gesorgt. Diese Funktion kann von einem Primärarzt oder direkt von speziell ausgebildetem Personal einer MCO wahrgenommen werden. Ziel des **Case Managements** ist es, Hilfestellung bei der Suche nach der zweckmäßigen und effizienten Versorgung zu geben.

Durch die Auswertung von Patientendaten versuchen die MCO's, Erkenntnisse über die Erfolg versprechenden und günstigen Behandlungsmethoden zu gewinnen. Von den Ergebnissen werden standardisierte Behandlungsabläufe abgeleitet, die den behandelnden Ärzten als «Musterlösung» nahe gelegt werden. Die genaue Untersuchung und Analyse von Krankheitsverläufen dient jedoch nicht nur der Koordination und der Standardisierung des Versorgungsprozesses, sondern auch der Information des Patienten über seine Erkrankung und der Schulung ihrer Handhabung.

Neben dem Case Management ist auch das **Disease Management** eine Methode, um den Versorgungsprozess optimal zu koordinieren. Bevölkerungsgruppen mit erhöhtem Krankheitsrisiko stehen im Mittelpunkt des Disease Managements. Hierzu gehören chronische Erkrankungen wie Herz- und Nierenkrankheiten, Stoffwechselkrankheiten (z. B. Diabetes), Atemwegskrankheiten (z. B. Asthma) u. a. Patienten mit diesen Erkrankungen gehören zu dem relativ kleinen Teil der Versicherten, auf die ein Großteil der Gesundheitsausgaben entfällt. Wie aus **Abbildung 4.2-11** zu sehen ist, verursachen 5 % der Bevölkerung ca. 60 % der Gesundheitsausgaben. Daher ist es ökonomisch sinnvoll, zunächst bei dieser Bevölkerungsgruppe Rationalisierungsansätze zu realisieren. Für diese Krankheitsbilder werden standardisierte Behandlungen konzipiert, bei denen Behandlungsstrategie, Eingriffe, Kontroll- und Messverfahren festgelegt sind. Das Disease Management soll die Gesundheitsversorgung von Patienten über den gesamten Verlauf ihrer Erkrankung und deren Behandlung über sektorale Grenzen hinweg koordinieren und begleiten. Im Gegensatz zum Case Management steht im Disease Manage-

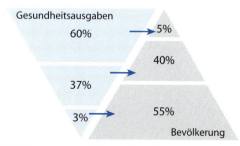

Abbildung 4.2-11: Verwendung der Ressourcen zur Krankheitsversorgung (Quelle: Koch-Suna, B.; Diplomarbeit; Fachhochschule Osnabrück; Osnabrück 2000, S. 33)

ment nicht der kostenintensive Einzelfall im Vordergrund, sondern die von einer bestimmten Erkrankung betroffenen Patientengruppe. Das Disease Management konzentriert sich auf Prävention, Früherkennungsdiagnostik, Schulung, Therapie, Rehabilitation und Nachsorge spezieller Krankheitsbilder. Eine effiziente Versorgung soll erreicht, und unnötige Behandlungsmethoden sollen vermieden werden, um das Kosten-Nutzen-Verhältnis möglichst optimal zu gestalten. Der Erfolg einzelner Leistungen innerhalb des Versorgungsprozesses wird jedoch nicht nur an wirtschaftlichen Gesichtspunkten, sondern auch an der Patientenzufriedenheit, der Steigerung der Lebensqualität, der Linderung der Krankheitssymptome u. a. gemessen. Für eine so umfassende Analyse ist es notwendig, dass genaue Kenntnisse über die Ursache einer Erkrankung, ihr Verlauf und ihre Merkmale und über die mit einer Behandlung verbundenen Kosten vorhanden sind.

Ein gut funktionierendes Informationssystem, das relevante Daten an den Leistungserbringer übermittelt, ist beim Disease Management von großer Wichtigkeit.

Unter das Medical Management fällt auch der so genannte **Gatekeeper** oder **Primärarzt**. Über 90 % der HMO's setzen einen Gatekeeper, der in der Regel ein Allgemeinarzt ist, ein. Dieses Instrument wurde als Reaktion auf den hohen Anteil praktizierender Spezialisten und die dadurch verursachten hohen Kosten eingeführt. Der Gatekeeper ist vertraglich an eine MCO gebunden und deren Lenkung und Kontrolle ausgesetzt. Die ärztliche Behandlungsfreiheit ist, je nach Vertragsform, durch diese Lenkung mehr oder weniger beeinflusst. Im Idealfall bildet der Gatekeeper die obligatorische erste Anlaufstelle für Patienten und führt eine allgemeinärztliche Diagnose und Behandlung durch. Er sichert die Kontinuität der Behandlung über das gesamte Spektrum der medizinischen Dienstleistungen, von der Prävention bis hin zur Rehabilitation. Der Schwerpunkt sollte in der Prävention liegen, und der Gatekeeper berät und erzieht seine Patienten entsprechend. Der Gatekeeperfunktion liegt die Annahme zu Grunde, dass durch ihn ca. 80 % aller erforderlichen medizinischen Dienstleistungen kontrolliert werden können. Hierdurch soll eine «Überbehandlung» vermieden werden.

In den meisten Managed-Care-Organisationen sucht der Versicherte für eine medizinische Behandlung zunächst den Gatekeeper auf, der die Versorgung des Patienten bis zur Grenze seiner fachlichen Kompetenz übernimmt. Dem Versicherten steht eine Liste von Primärärzten zur Verfügung, aus denen er auswählen kann. Für eine vorgegebene Zeit ist er an diesen Arzt für die primärärztliche Versorgung gebunden. Mit der Einschränkung der freien Arztwahl ist eine günstige Versicherungsprämie verbunden, die das Gatekeeper-Prinzip für den Versicherten und für seinen Arbeitgeber attraktiv macht. Die Aufgaben des Gatekeepers liegen neben der direkten medizinischen Leistungserbringung auch in der Koordination aller notwendigen Behandlungsschritte, über die er jederzeit informiert ist. Der Behandlungsverlauf liegt somit in einer Hand, ist überschaubar und soll dadurch zu einer effizienten und qualitativ hochwertigen Gesundheitsversorgung führen. Eine Krankenhauseinweisung ist dem Gatekeeper in der Regel verwehrt, sie ist dem weiterbehandelnden Facharzt vorbehalten. Eine Facharztbehandlung kann der Versicherte nur per Überweisung durch den Gatekeeper erhalten.

Gatekeeper werden durch finanzielle Anreize dazu veranlasst, möglichst wenige Überweisungen zu Spezialisten vorzunehmen. Ein Teil ihres Honorars wird einbehalten und zum Jahresende nur dann ausgezahlt, wenn Vorgaben über die Anzahl der Überweisungen nicht überschritten wurden. Die medizinische Versorgung soll also auch nach Kostengesichtspunkten gewährt werden, indem Diagnostik, Spezialbehandlungen und Krankenhausaufenthalte optimiert werden.

4.2.5.4 Managed-Care-Organisationsformen

Unter Managed-Care-Organisationen (MCO's) werden Institutionen verstanden, die ausgewählte Managed-Care-Instrumente

> einsetzen und zumindest bis zu einem gewissen Grad die Funktionen Versicherung und Leistungserstellung integrieren. Neben diesen MCO's existieren Institutionen, die im Managed-Care-Umfeld agieren. Hierzu gehören insbesondere spezialisierte Unternehmensberatungen, die bei der Entwicklung und Umsetzung der Managed-Care-Instrumente behilflich sind, respektive Beratungsleistungen zum Umgang mit Managed-Care-Instrumenten anbieten. (Amelung/Schumacher, 1999: 13)

Das Grundprinzip von Managed-Care-Organisationen (MCO's) ist die Vereinigung von Versicherung und Leistungserbringung. Die MCO's gewähren ihren Mitgliedern zu einem prospektiv festgelegten Beitrag ein fest definiertes Spektrum an Versorgungsleistungen für einen bestimmten Zeitraum. Die Höhe der pro Kopf einheitlichen Prämie ergibt sich aus der Risikostruktur der Versicherungsgemeinschaft. Bestimmte Personengruppen können von einer Aufnahme in eine MCO ausgeschlossen werden. Hierzu gehören in der Regel Personen, die besonders kostenintensiv zu sein scheinen. Zum Zweck der medizinischen Versorgung gehen MCO's Beziehungen zu ausgewählten Anbietern ein. Diese Versorgungsleistungen werden von Ärzten erbracht, die bei den MCO's mit festem Gehalt angestellt oder per Versorgungsvertrag an die Organisation gebunden sind. MCO's sind unternehmerisch handelnde Organisationen, die miteinander im Wettbewerb liegen. Soweit ein Leistungserbringer nicht exklusiv für eine MCO arbeitet, kann er Patienten von vielen, miteinander konkurrierenden MCO's behandeln. Hierbei unterliegen Behandlung und Abrechnung jeweils eigenen Vertragsrichtlinien.

Das Spektrum organisatorischer Möglichkeiten ist breit und vielfältig, wobei jedoch alle Organisationstypen auch gemeinsame Merkmale haben. Hierzu gehört die schon erwähnte prospektive Finanzierungsform, die das wirtschaftliche Behandlungsrisiko von der Versicherung auf die Leistungserbringer überträgt. Die Versicherten müssen von einem festgelegten Budget umfassend medizinisch versorgt werden, egal wie hoch der medizinische Bedarf auch sei. Hieraus ergibt sich der Gewinn oder Verlust des Leistungserbringers.

Die Leistung von MCO's besteht im Wesentlichen darin, aus der Vielfalt der unterschiedlichen Leistungsanbieter zusammenhängende vertragliche Strukturen aufzubauen, über die ein für den Kostenträger spezifischer Leistungskatalog kostengünstig bereitgestellt werden kann. Dabei stützen sich die MCO's auf zwei Prinzipien: Patientenführung und Leistungskontrolle (**Tab. 4.2-9**).

Mittlerweile haben sich MCO's im Preiswettbewerb gegenüber herkömmlichen Versicherungsanbietern durchgesetzt, sodass Managed-Care-Prinzipien fast flächendeckend Eingang in die Gesundheitsversorgung gefunden haben. In den traditionellen Indemnity-Versicherungen verfügen die Versicherten über eine unbegrenzte Freiheit bei der Auswahl von Leistungserbringern. Bei den HMO's ist diese Freiheit jedoch massiv eingeschränkt.

Zwischen diesen beiden extremen Ausprägungen positioniert sich die Versicherungsform des Point of Service (POS). Die Preferred Provider Organization (PPO) verbindet die Vorteile einer HMO und einer IDY miteinander. Die selektive Vertragspolitik ist eines der wichtigsten

Tabelle 4.2-9: Typologie von Managed-Care-Organisationen (Quelle: Koch-Suna, B.; Diplomarbeit; Fachhochschule Osnabrück, Osnabrück, 2000, S. 38)

Versicherungsorientierte Produkte	Anbieterorientierte Produkte
• Staff-, Group-, IPA- und Network-HMOs • Point-of-Service-Produkte	• Preferred Provider Organizations • Provider Networks • Integrated Delivery Systems • Physician Hospital Organizations

Unterscheidungsmerkmale der MCO's zu den traditionellen Versicherungen. Auf der Anbieterseite erlangen Integrated Delivery Systems bzw. Organized Delivery Systems zunehmend an Bedeutung. Eine weitere Form sind die Physician Hospital Organizations (PHO's), Krankenhäuser mit eigener Arbeitsstruktur und fest rekrutierten Ärztegruppen, die zunehmend auf den Markt drängen. Die Stärke der Einbindung und die Kontrollintensität der unterschiedlichen MCO's wird in **Abbildung 4.2-12** dargestellt.

Alle genannten Versicherungsformen werden im Folgenden kurz skizziert, wobei exemplarisch auf die HMO als ursprünglichste Form detaillierter eingegangen wird.

Die **Health Maintenance Organization (HMO)** ist eine typische Form der MCO und in allen Staaten der USA zu finden. Trotz regionaler Unterschiede weisen die HMO's grundsätzliche Gemeinsamkeiten auf. Sie heben die Trennung zwischen Leistungsfinanzierung und -erbringung partiell auf. Die HMO's bieten ihren Versicherten medizinische Leistungen in Form genau definierter Versicherungspakete von medizinischen Leistungen an. Die Leistungserbringung erfolgt eigenständig durch ein Netz von angestellten Ärzten oder Ärzten mit vertraglicher Vereinbarung, die einen Teil des finanziellen Risikos tragen müssen. Die Art des Vertragsverhältnisses zu den Ärzten unterscheidet die Form einer HMO. Über organisatorische und/oder vertragliche Regelungen ist die Verantwortung für die medizinische Versorgung an das Netz der Leistungserbringer übertragen worden, was einerseits die freie Arztwahl des Versicherten in unterschiedlichem Maße einschränkt, andererseits die Leistungserbringer als Gruppe für die Kosten ihrer Behandlung haften lässt. Das HMO-Konzept bringt insbesondere Finanzierung und medizinische Leistungserbringung unter eine gemeinsame Verantwortlichkeit. Der Versicherer übernimmt nicht nur seine Finanzierungsfunktion, sondern muss die medizinische Leistungen entweder selbst erbringen oder durch Hinzuziehung u. a. von außenstehenden Ärzten und Krankenhäusern garantieren. HMO's verlangen keine bzw. nur geringe Selbstbeteiligungen. Eine Selbstbeteiligung wird auch immer nur dann erhoben, wenn Leistungen von Leistungsanbietern außerhalb des HMO-Netzwerks in Anspruch genommen werden. Die im Voraus festgelegte Versicherungsprämie ist um ca. 20 % niedriger als bei anderen Versicherungsmodellen.

Die HMO's handeln in der Regel mit dem Arbeitgeber des Versicherten Tarifkonditionen aus. Je nach Berufsrisiko und geographischer Besonderheit des Versorgungsangebots erhebt die HMO unterschiedliche Tarife. Ein HMO Mitglied kann im klassischen Modell nur Leistungen von einem HMO-Arzt in Anspruch nehmen, sonst verliert es einen Teil seines Versicherungsschutzes oder muss Zuzahlungen leisten. Unter den Vertragsärzten sind Primärärzte bzw. Gatekeeper der erste Anlaufpunkt für die Patienten. Ihnen obliegt die Koordination der Behandlung. Eine HMO hat eine Versicherungslizenz und kann somit selbstständig auf dem Markt agieren. Welche Organisationsform den Bedürf-

Abbildung 4.2-12: Basisformen von Managed Care (Quelle: Koch-Suna, B.; Diplomarbeit, Fachhochschule Osnabrück; Osnabrück, 2000, 39)

nissen der Versicherten und den Anbietern von Gesundheitsgütern am besten entspricht, soll auf dem Markt entschieden werden.

Bei den HMO's werden drei Systeme unterschieden: das offene, das geschlossene und das gemischte System. Im geschlossenen System sind das Staff Model und das Group Model dominierend, im offenen System sind die Independent Practice Association (IPA) und das Direct Contract Model und im gemischten System das Network und das Mixed Model vorherrschend.

In einem **geschlossenen System** (Closed Panel) darf ein Leistungserbringer nur Mitglieder der vertraglich festgelegten HMO behandeln. Die Staff-HMO ist die ursprünglichste Form der HMO's. Im **Staff Model** sind die behandelnden Ärzte Angestellte der HMO mit einem festen Gehalt zuzüglich eventueller Bonuszahlungen entsprechend Leistung und Produktivität. Budgetvorgaben sind üblich in diesem Modell. Die Ärzte erhalten pro Versichertem eine bestimmte Summe, die Kopfpauschale bzw. Capitation, von der die Facharztgebühren und die Kosten der Krankenhausbehandlung gezahlt werden müssen. Diese Pauschale ist unabhängig von der Leistungsinanspruchnahme eines Patienten. Da der Arbeitgeber die HMO selber ist, kann sie auch die Behandlungsautonomie des Arztes reglementieren, wenn sie dies möchte. Aus diesem und anderen Gründen ist eine Staff-HMO bei Ärzten äußerst unbeliebt. Auch bei den Versicherten ist dieses Modell nicht sehr populär, da das Vertrauen zu einem angestellten Arzt geringer ist, als zu einem frei praktizierenden. Der Anreiz einer Mengenausweitung besteht bei diesem Modell nicht, jedoch der Anreiz der Leistungsvorenthaltung, was einer internen und externen Kontrolle bedarf. Die älteren HMO's waren bzw. sind größtenteils nach diesem Modell konzipiert. Sie beschränken sich auf die klassischen medizinischen Disziplinen und kaufen zusätzliche Leistungen ein.

Beim **Group Model** schließt die HMO Versicherungsverträge mit Arztgruppen verschiedener Fachrichtungen ab, die Angestellte einer Gruppenpraxis sind. Medizinische Einrichtung, Personal und Administration werden von dieser Gruppe gemeinsam genutzt. Die Ärzte bleiben formal selbstständig. Die Arztgruppen verpflichten sich, die Versicherten mit den vertraglich vereinbarten Leistungen zu behandeln. Die Vergütung erfolgt durch eine prospektive Pauschale pro Monat und Patient. Zudem werden Gehälter in Abhängigkeit von den jeweiligen Qualifikationen der Ärzte von den Gruppenpraxen gezahlt. Bei den Group-HMO's sind überdurchschnittlich viele Medicare-Patienten versichert, was die im Vergleich zu anderen HMO-Formen starke Inanspruchnahme an Gesundheitsleistungen erklärt.

In den **offenen Systemen** (Open Panel) darf ein Arzt Patienten mit unterschiedlichen Versicherungsverhältnissen behandeln. Dem Versicherten steht in diesen Systemen eine größere Auswahl an Leistungserbringern zur Verfügung als in den geschlossenen Systemen. Die offenen Systeme verzeichnen zurzeit ein starkes Wachstum, da die HMO in diesem System die ärztliche Behandlungsautonomie nur begrenzt einschränkt.

Die **Independent Practice Association** (IPA) ist eine Vereinigung, die sich aus einzelnen, frei praktizierenden Ärzten zusammensetzt. Diese praktizieren in eigenen Räumlichkeiten und mit eigenem Personal und eigener Ausstattung. Sie können auch Patienten anderer Versicherungen behandeln, sind also nicht auf HMO-Versicherte beschränkt. Die professionelle Autonomie der Ärzte bleibt weitgehend bestehen. Die HMO's schließen mit dieser Vereinigung Versorgungsverträge ab. Eine Vergütung der Ärzte erfolgt nach dem Capitation-Verfahren, nach Einzelleistungsvergütung oder nach ausgehandelten Gebühren. Üblich ist jedoch ein Pauschalhonorar, welches unabhängig von der Leistungsinanspruchnahme der HMO-Versicherten gezahlt wird. Diese Form hat mittlerweile den größten Marktanteil bei den HMO's und nimmt weiterhin stark zu.

Bei einem **Direct Contract Model** schließen die HMO's direkt mit einzelnen, unabhängigen Ärzten Behandlungsverträge ab, die keiner Ärztevereinigung angehören. Die Vergütung der Leistungserbringer erfolgt identisch zur IPA.

Die meisten HMO's sind nicht eindeutig einem der Modelle im Open Panel oder Closed Panel zuzuordnen, sondern bestehen aus einer Kombination von mindestens zwei Vertragsformen, die zu einer gemeinsamen Form zusammengeschmolzen sind. Sie werden daher **Mixed Models** genannt.

Neben dem Wachstum von IPA's kam es vor allem zur Verbreitung von Network-HMO's. Sie stellen eine Erweiterung der Group-HMO's dar. Bei dieser Form wird die medizinische Versorgung an mehrere Leistungserbringer übertragen, um einen ausreichenden geographischen Abdeckungsgrad zu erreichen. Die HMO's müssen deren Tätigkeit organisieren, koordinieren und kontrollieren. Ein Network Model kann ein offenes oder ein geschlossenes System sein, je nachdem wie und mit wem eine HMO Verträge abschließt. Heute bieten die meisten HMO's ihren Versicherten eine Ansammlung von verschiedenen Arrangements an.

4.2.5.5 Umsetzungsansätze von Managed Care in den USA

Wie im historischen Überblick (s. Kap. 4.2.5.2) bereits aufgezeigt, ist das heutige US-amerikanische Gesundheitssystem auf Grund diverser politischer Kontroversen sowie auf Grund eines erheblichen Innovationsdrucks auf die Krankenversicherungen entstanden. Es besteht aus einer Vielzahl von Subsystemen, die einzelne Bevölkerungsgruppen auf unterschiedliche Weise absichern.

Der private Versicherungssektor ist durch kommerzielle Versicherungsgesellschaften, gemeinnützige Versicherungen, wie Blue Cross und Blue Shield, sowie durch HMO's und andere unabhängige Träger gekennzeichnet. Im Mittelpunkt der Leistungserbringung steht die privatärztliche Praxis, die auch die Krankenhausversorgung koordiniert. Die Gewährleistung ambulanter ärztlicher Leistung ist oft mit einer Selbstbeteiligung des Versicherten verbunden und erfolgt nach dem Kostenerstattungsprinzip. Die Vergütung erfolgt mittels Einzelleistungsvergütung oder Pauschalen.

In den USA dominiert das Subsidiaritätsprinzip, das heißt, es ist eine individuelle Angelegenheit, die Art und den Umfang seiner Krankenversicherung zu bestimmen und für Krankheitsfolgen aufzukommen. Die Folge ist, dass aus finanziellen Gründen viele Bewohner der USA keine bzw. nur eine sehr eingeschränkte medizinische Versorgung haben.

Die Ursachen der Nichtversicherung von Teilen der US-Amerikaner sind vielfältig. Fast 15 % der Bevölkerung sind nicht krankenversichert. Dies betrifft hauptsächlich die unteren sozialen Schichten. Die Mehrzahl gehört den *working poor* an. Es handelt sich hierbei um Personen, die zwar Arbeit haben, deren Einkommen jedoch nur knapp über der Armutsgrenze liegen. Weiterhin fallen die Menschen darunter, die wegen ihres hohen Krankheitsrisikos aus den privaten Versicherungen ausgeschlossen sind sowie Arbeitnehmer in Kleinbetrieben, die keinen Versicherungsschutz anbieten, und Freiberufler, die die hohen Prämien nicht zahlen können.

Die an einen Arbeitsplatz gebundenen Krankenversicherungen haben einen Anteil von über 80 % am privaten Versicherungsbestand. Die meisten US-Amerikaner und ihre Angehörigen genießen nur im Rahmen eines Beschäftigungsverhältnisses Versicherungsschutz. Der Arbeitgeber zahlt in der Regel den größeren Teil der gesamten Versicherungsprämie für seinen Arbeitnehmer. Die Prämie richtet sich hierbei nach der Größe und der Risikostruktur der Belegschaft. Die Risikostruktur ist abhängig von verschiedenen Faktoren, u. a. Alter, Geschlecht und Gefahrengrad der Tätigkeit. Der Verlust des Arbeitsplatzes geht mit einem Verlust des Versicherungsschutzes und mit einer Eigenverantwortung für die Absicherung im Krankheitsfall einher.

Motor der Reformen im Gesundheitssystem der USA war der rasante Anstieg der Gesundheitsausgaben. Seit den siebziger Jahren des vergangenen Jahrhunderts belief sich der Ausgabenzuwachs jährlich auf 8 bis 10 %. Diese Entwicklung beruht zum einen auf einer höheren Lebenserwartung, zum anderen auf einem gewachsenen Gesundheitsbewusstsein sowie auf den Innovationen im Bereich der Medizintechnik. Hinzu kommen die hohen Arzthonorare und Verwaltungskosten sowie das Überangebot an Leistungserbringern. Ein weiterer Effekt ist der hohe Spezialisierungsgrad der Ärzte im ambulanten Sektor. Nur jeder sechste niedergelassene Arzt ist Allgemeinmediziner.

Mittlerweile ist der konventionelle Versicherungstyp in reiner Form fast vom Markt verschwunden. Dieser wies die Merkmale der strikten bilateralen Vertragsbeziehungen, freie Arztwahl, Einzelleistungsvergütung und Kostenerstattungsprinzip auf. Der behandelnde Arzt hatte seine professionelle Autonomie, in der jede begründete Leistung als legitim galt und finanziert wurde. Diese Form ist einem **marktwirtschaftlichen System** gewichen, das durch MCO's geprägt wird.

Im öffentlichen, staatlich geförderten Sektor des Gesundheitswesens gibt es zwei Programme: Medicare und Medicaid. Diese Steuerungselemente sind angebotsorientiert. Bis in die sechziger Jahre des vergangenen Jahrhunderts war das Ausscheiden aus der Erwerbstätigkeit mit dem Verlust der Krankenversicherung verbunden. Mit dem staatlichen **Medicare-Programm** sollte diese Versicherungslücke ausgefüllt werden. Im Jahre 1964 wurde der Medicare Act verabschiedet, der seit dieser Zeit die über 64-Jährigen, Dialysepflichtige und Behinderte krankenversichert. Die Versicherung hat seit 1977 zwei Leistungsbereiche: Teil A deckt die stationäre Grundversorgung, die Krankenhausversorgung, medizinische Haushaltshilfe und Sterbehilfe ab, Teil B ist eine freiwillige Zusatzversicherung zur ambulanten medizinischen Versorgung. Teil A des Medicare-Programms wird völlig aus Bundes- und Ländermitteln finanziert, Teil B über Beiträge und Steuern.

Das **Medicaid-Programm** entstand 1965 und versorgt die sozial schwachen Bevölkerungsgruppen, die bereits Unterstützungsgelder aus einem bestehenden Fürsorgeprogramm erhalten. Ein Problem besteht darin, dass Medicaid nur einen Teil der Sozialschwachen erfasst. Das Medicaid-Programm zielt darauf ab, auch dieser Bevölkerungsschicht den Zugang zur Gesundheitsversorgung zu ermöglichen. Jedoch wird diese Möglichkeit durch den Widerstand der privat praktizierenden Ärzte und der privaten Krankenhäuser begrenzt, die ungern bereit sind, die niedrigeren Gebühren zu akzeptieren. Es wird zur Hälfte durch die Länder und zur Hälfte staatlich finanziert.

Während Medicare von der Health Care Financing Administration (HCFA) direkt gesteuert wird, werden bei Medicaid nur die Rahmenbedingungen festgelegt, die erfüllt werden müssen und staatlich bezuschusst werden. Damit sind in den USA nur bestimmte Personengruppen gesetzlich abgesichert. Der größte Teil der Bevölkerung besitzt keinen gesetzlichen Versicherungsschutz und ist entweder gar nicht oder privat versichert.

Nach Einführung der beiden Programme Medicare und Medicaid kam es zu einem Anstieg der Gesamtkosten im Gesundheitssystem. Zur Reduzierung der gestiegenen Kosten wurde 1983 die diagnosebezogene Fallpauschale für den stationären Bereich eingeführt, die **Diagnosis Related Groups** (DRG's). Diese DRG's bilden in der Bundesrepublik durch das GKV-Reformgesetz 2000 die Grundlage für das neue pauschalierte Entgeltsystem. Zusätzlich wurde in den USA die Ressource Based Relative Value Scale eingeführt, die als Bewertungsmaßstab ärztlicher Leistungen verwendet wird und die Gesamtkosten der ärztlichen Vergütung kontrolliert. Eine kostenbezogene Gebührenordnung für Ärzte wurde entwickelt und ein Budget für die ärztliche Vergütung festgelegt, um teure medizinische Leistungen zu reduzieren und Leistungszunahmen einzuschränken. Der Erfolg dieser staatlichen Maßnahmen war gering, da sich die Gesundheitskosten nur minimal reduzierten.

Entsprechend groß sind auch die Anstrengungen, Managed-Care-Elemente im staatlichen Sektor einzuführen. Etliche Staaten sind inzwischen dazu übergegangen, Gruppenverträge mit HMO's für Medicare- und Medicaid-Versicherte abzuschließen. Neben dem Staat sind die privaten Arbeitgeber die wichtigsten Leistungsfinanzierer von Gesundheitsleistungen. Entweder übernehmen sie die Versicherungsfunktion für ihre Mitarbeiter selbst, die *self insurer*, oder sie bieten ihren Mitarbeitern Krankenversicherungen als betriebliche Sozialleistung an. Der private Sektor des Gesundheitswesens ist aus finanzieller Sicht erfolgreicher als der öffentliche

Sektor. Wie viel der Leistungserbringer aber letztendlich für seine Dienstleistung erhält, hängt von der Höhe der Gebühren und vom Erstattungssystem ab. Der Versicherte selbst tritt nur mittelbar in Erscheinung und hat nur einen sehr geringen Einfluss auf die Gestaltung.

Die hohen Gesundheitsausgaben einerseits und der fehlende Versicherungsschutz für einen beträchtlichen Teil der Bevölkerung andererseits, führten Mitte der neunziger Jahre des vergangenen Jahrhunderts zu einer intensiven Diskussion über eine staatliche Krankenversicherung, die für alle US-Amerikaner verpflichtend sein sollte. Dieser Plan fand jedoch im Kongress keine politische Mehrheit.

4.2.5.6 Beispiele umgesetzter Managed-Care-Strukturen

Eine MCO kann durch selektives Auswählen der Vertragspartner nach ihren Fähigkeiten und ihrer Reputation das Qualitätsniveau der Organisation beeinflussen. In der Regel unterzieht eine MCO ihre Vertragsärzte und solche, die es werden wollen, einem Bewertungsverfahren. Es soll Aufschluss über die Arbeitsqualität eines Vertragspartners bzw. potenziellen Vertragspartners geben. Dabei geht es zunächst darum, die formale Qualifikation des Arztes zu überprüfen. Hierzu zählen Approbation, Belegarztberechtigung, Eintragung in die National Practitioner Data Bank, Arzthaftpflichtversicherung u. a. Viele MCO's lassen es dabei bewenden. Einige prüfen darüber hinaus auch weitere Qualifikationskriterien. So werden die Praxisräume sowie deren Ausstattung inspiziert, die Auslastung der Praxis und Wartezeiten der Patienten werden analysiert und Abrechnungsmuster geprüft. Zudem wird Einsicht in die Krankenakten genommen. Die Teilnahme an Fort- und Weiterbildung muss vom Arzt bei der jeweils nach ca. 2 Jahren erneut stattfindenden Prüfung nachgewiesen werden. Neben der routinemäßigen Überprüfung werden Ärzte aufgesucht, bei denen ein überdurchschnittlich hoher Umsatz zu verzeichnen ist oder Patientenbeschwerden vorliegen.

Das Telefon-Triage-System ist ein kostenloser 24-Stunden-Notruf- und Beratungsservice, der Versicherten von einigen MCO's angeboten wird. Speziell geschultes Personal (meist Krankenpflegepersonal) steht dem Versicherten als kompetenter Ansprechpartner zur Verfügung, unterstützt durch ein computergestütztes Informationssystem. Meistens wird dieser Service nicht von den MCO's selbstständig angeboten, vielmehr wird ein Fremdunternehmen beauftragt, im Namen der MCO zu agieren.

Die Ursprünge der Überprüfungen liegen in den Kostendämpfungsgesetzen von Präsident Nixon, die Anfang der siebziger Jahre des vergangenen Jahrhunderts verabschiedet worden sind. Er richtete eine Organisation ein, um ärztliche Standards bei der Versorgung von Medicare- und Medicaid-Versicherten zu überprüfen. Diese Idee hat sich zum heutigen **Utilization Review** weiterentwickelt. Da MCO's personenbezogene Dienstleistungsunternehmen sind, muss deren Management im Prinzip darauf angelegt sein, nicht nur die Entscheidungen der Ärzte, sondern auch die der Patienten im Sinne der Unternehmensziele zu steuern. Dies geschieht durch ein entsprechendes Utilization Management bzw. einen Utilization Review. Diese beinhaltet Beobachtungs- und Beeinflussungsinstrumente. Zunächst kontrolliert ein Gatekeeper den Zugang zu allen ambulanten und stationären Leistungen. Kostspielige Maßnahmen benötigen die Genehmigung durch ein Management. Die Arzt-Patient-Beziehung wird somit auch von der Finanzierungsseite her kontrolliert. Dies wird meistens von Utilization Review Organizations durchgeführt, die Mitte der achtziger Jahre des vergangenen Jahrhunderts entstanden sind. Anhand von Leistungsdaten werden Leistungserbringer verglichen, indem im Sinne eines Benchmarkings Kosten, Inanspruchnahme und Qualität beleuchtet werden.

Die Methode des **Health Risk Appraisal** analysiert die Risikofaktoren einer bestimmten Versichertengruppe hinsichtlich der Ausgabenverteilung. Es soll Aufschluss darüber gewonnen werden, welche Versicherten mit welchen Risikofaktoren welche Gesundheitsleistungen in Anspruch nehmen. So wird eine bestimmte Gruppe von Versicherten (z. B. die Belegschaft eines Arbeitgebers) im Rahmen einer Vorsorgeuntersuchung nach Risikoparametern klassifiziert. Die Analyse der Ausgabenverteilung zeigt, dass in der Regel bei einer geringen Anzahl der Versicherten überproportional hohe Ausgaben anfallen. Die Vorsorgeuntersuchung muss präventiv sein, damit festgelegt werden kann, welcher Versorgungsbedarf in der nächsten Zeit entsteht und welche Ausgaben damit verbunden sein werden. Risikoauffällige Personen sollen gezielt in Präventionsmaßnahmen eingebunden oder einem Fallmanagement zugeführt werden.

Das Case Management soll in der Gesundheitsversorgung zukünftig intensiver genutzt werden. Ziel soll sein, der Unübersichtlichkeit des Behandlungsgeschehens entgegenzuwirken, die durch die Anbietervielfalt und unterschiedliche Vertragsverhältnisse entsteht. Der Behandlungsprozess soll durch eine verbesserte Kommunikation der Beteiligten an Qualität gewinnen, da einzelne Elemente besser aufeinander abgestimmt werden können. Zu diesem Zweck sollen Case Manager vor Ort präsent sein, nicht nur in den Krankenhäusern, sondern auch in den Arztpraxen. Sie sollen Ansprechpartner für Versicherte sein, die sich in Behandlung begeben, und organisatorische Assistenten für die Ärzte.

Dem Case Manager obliegt die Aufgabe, den individuellen Behandlungsprozess eines Patienten vorausschauend zu begleiten und zwar schon beginnend bei der Konsultation eines niedergelassenen Arztes. Voraussetzungen für dieses früh einsetzende Case Management sind Transparenz der Daten und Kooperationsbereitschaft seitens der behandelnden Ärzte. Idealerweise umfassen die Funktionen eines Case Managers die Betreuung bei der medizinischen Behandlung einschließlich einer psychologischen Betreuung und die Beratung bei finanziellen und berufsbezogenen Problemen, damit der Patient eine effektive medizinische und pflegerische Versorgung erhält.

Im klassischen HMO-Konzept besitzen die Versicherungsträger den Großteil an baulichen Einrichtungen, in denen die Gesundheitsleistungen angeboten werden. Die Ärzte, die diese Leistungen erbringen, sind vertraglich an den Versicherungsträger gebunden. Trotz einer Risikoverteilung auf die Leistungserbringer liegt das wirtschaftliche Risiko letztlich bei den MCO's. Natürlich versuchen die Organisationen genau dieses Risiko auf ein Minimum zu reduzieren. Es wird zum einen versucht, Fixkosten abzubauen und zum anderen mit dem Einkauf von Leistungen einen möglichst großen Teil des Versicherungsrisikos an die Anbieter dieser Leistungen abzugeben.

Neu auf dem Managed-Care-Markt sind die **Provider Sponsored Organizations.** Hierbei integrieren die Leistungserbringer die Versicherungsfunktion, indem sie direkt Verträge mit Arbeitgebern oder staatlichen Organisationen abschließen. Dies hat für die Ärzte den Vorteil, dass sie die vollen Prämien bekommen, ohne einen Anteil von 15–20 % an die Versicherungsgesellschaft zu verlieren. Sie werden dadurch von Partnern zu Konkurrenten der Versicherungsanbieter.

In dem stark wettbewerbsorientierten Markt der USA kann mit einem weiteren Rückgang der traditionellen Versicherungen gerechnet werden, auch wenn diese immer mehr Managed-Care-Elemente übernehmen. Die Managed-Care-Unternehmen werden hingegen weiter wachsen, wenn auch nicht so stark wie in den vergangenen 10 Jahren.

4.2.5.7 Akzeptanz von und Kritik an Managed-Care-Strukturen

Die starke Aufsplitterung und Komplexität des amerikanischen Gesundheitssystems machen eine einheitliche Planung oder Kostenkontrolle unmöglich und führen zu hohen administrativen Kosten. Ein wachsender Teil der Arbeit wird, so die Kritiker, den Verwaltungs-, Kontroll- und Berichtstätigkeiten gewidmet. Der weiterer Kritikpunkt wird darin gesehen, dass Managed-Care-Versicherer auf Grund ihres schnellen Wachstums ihre Prozesse nicht mehr genügend steuern und kontrollieren konnten, was wiederum Fehler bei der Leistungsabwicklung zur Folge haben kann. Befürworter der Managed-Care-Steuerungsmethoden weisen auf die positive Beziehung zwischen Leistungs- bzw. Kostenreduzierung und Qualitätssteigerung hin. Ein

Verfechter von Managed Care formuliert diesen Effekt wie folgt:

> Die wissenschaftliche Literatur zeigt ziemlich eindeutig, dass die Qualität der Versorgung in Managed-Care-Systemen mindestens gleich gut ist wie in traditionellen, nicht «gemanagten» Systemen – wenn nicht sogar besser. (Kongstvedt/Yates, 1999: 35)

Hinzu kommt, dass bei den Managed-Care-Organisationen eine veränderte Sichtweise eingetreten ist. So erlauben mittlerweile eine ganze Reihe MCO's ihren Mitgliedern wieder den direkten Zugang zu den Fachärzten, sodass diese erneut verstärkt in Anspruch genommen werden. Gruppenpraxen, die in der Vergangenheit auf Grund des Gatekeeper-Modells ihre Allgemeinmediziner höher bezahlten als ihre Spezialisten, haben begonnen, wieder mehr Geld aus dem Gesamteinnahmetopf an die Fachärzte zu verteilen. Hinter diesem Kurswechsel steht die Befürchtung, dass die Gruppenpraxen letztendlich ohne gute Spezialisten auskommen müssen.

Ob die Einführung von Managed-Care-Elementen tatsächlich zur Kostendämpfung beitragen konnte, ist angesichts der Tatsache, dass das US-Gesundheitssystem gemessen an seinem Anteil am BIP immer noch zu den teuersten der Welt gehört, fragwürdig. Jedoch ist dagegenzuhalten, dass MCO's die ihnen zur Verfügung stehenden Maßnahmen und die damit verbundenen Einsparungspotenziale nicht ausreichend ausgeschöpft haben.

4.2.5.8 Integrierte Versorgung als Managed-Care-Ansatz in Deutschland

Im 11. Abschnitt des Gesetzes zur Reform der gesetzlichen Krankenversicherung aus dem Jahr 2000 (GKV-Gesundheitsreformgesetz 2000) waren die vernetzten Beziehungen zwischen den Krankenkassen und den Leistungserbringern in den Regelungen zur **integrierten Versorgung** festgeschrieben worden. In den §§ 140a bis 140h SGB V wurden die Details geregelt. Diese alte gesetzliche Regelung war allerdings aus dem Blickwinkel einiger Leistungserbringer unpraktikabel. So machte z. B. die Verbindung zwischen dem Sicherstellungsauftrag der Kassenärztlichen Vereinigung und der einzelvertraglichen Absprache die Rechtslage und die Abwicklung der Rechtsbeziehungen unübersichtlich und unberechenbar. Sie erwies sich als ein wesentliches Hindernis für den Abschluss von Verträgen zur integrierten Versorgung.

Nach § 140a SGB V in der Fassung des GKV-Modernisierungsgesetzes können die Krankenkassen Verträge über eine verschiedene Leistungssektoren übergreifende Versorgung der Versicherten oder eine interdisziplinär-fachübergreifende Versorgung mit den in § 140b SGB V genannten Vertragspartnern abschließen. Die Verträge regeln das Versorgungsangebot und die Voraussetzungen ihrer Inanspruchnahme. Weiterhin legt der Gesetzgeber fest, dass eine derartige auf einem Vertrag basierende integrierte Versorgung den Sicherstellungsauftrag nach § 75 SGB V (Inhalt und Umfang der Sicherstellung) einschränkt.

Bei einer integrierten Versorgung sind die folgenden drei **Vertragskreise** zu berücksichtigen:

- Verträge Krankenkassen – Leistungserbringer
- Verträge zwischen den Leistungserbringern (Binnenverhältnis)
- Verträge zwischen den Leistungserbringern und Dritten (Lieferanten).

Bei dem **ersten Vertragskreis** schließen die einzelnen **Krankenkassen** und nicht deren Verbände Verträge mit den Leistungserbringern ab, die nach § 140b SGB V zugelassen sind. Hierbei handelt es sich um die nachstehend aufgeführten **Leistungserbringer**:

- einzelne zugelassene Ärzte und Zahnärzte
- einzelne sonstige berechtigte Leistungserbringer (Psychotherapeuten, ermächtigte Krankenhausärzte, Apotheken, Pflegedienste, Soziotherapeuten, Hebammen u. a.)
- Träger von Krankenhäusern, Vorsorge- und Rehabilitationseinrichtungen
- medizinische Versorgungszentren
- Träger von Einrichtungen, die eine Integra-

tionsversorgung durch berechtigte Leistungserbringer anbieten (Managementgesellschaften)
- Gemeinschaften der vorgenannten Leistungserbringer (Leistungserbringergemeinschaften) und deren Gemeinschaften (Gemeinschaften von Leistungserbringergemeinschaften – Dachgemeinschaften).
- Als Vertragspartner wurden die pharmazeutischen Unternehmen, die Medizinproduktehersteller und die Kassenärztlichen Vereinigungen ausgeschlossen.

Diese Verträge können von den Leistungserbringern gegenüber den Krankenkassen als Einzelne in Form eines mehrseitigen Vertrages oder als einheitliche Vertragspartner in Form eines zweiseitigen Vertrages (Verbundlösung) abgeschlossen werden.

Als **Organisationsform** stehen grundsätzlich alle allgemein zulässigen Formen zur Verfügung. Somit können z. B. die Gesellschaft bürgerlichen Rechts, der Verein, die Gesellschaft mit beschränkter Haftung, die Stiftung oder die Aktiengesellschaft gewählt werden. Bei der Wahl der relevanten Rechtsform sind u. a. Aspekte wie die Eigentumsverhältnisse, die Geschäftsführung, die Haftung und das Steuerrecht zu beachten. Sollen Ärzte und Apotheker beteiligt werden, so können nur die berufsrechtlich zulässigen Organisationsformen gewählt werden. Die Wahl der Organisationsform gehört zum **zweiten Vertragskreis**. Weiterhin sind im **Innenverhältnis** die Vergütungsverteilung, die Haftung, der Datenschutz, die Schweigepflicht, die Regelung des Eintritts neuer und des Austritts alter Gemeinschaftsmitglieder sowie die gemeinsame Willensbildung zu regeln. Zusätzlich sind die Fragen der sachlichen und personellen Ausstattung regelungsbedürftig.

Der **Inhalt der Verträge** zwischen den Krankenkassen und den Leistungserbringern zur Integrationsversorgung kann:

- eine verschiedene Leistungssektoren übergreifende **oder** eine interdisziplinär-fachübergreifende Versorgung beinhalten oder
- eine verschiedene Leistungssektoren übergreifende **und** eine interdisziplinär-fachübergreifende Versorgung beinhalten.

Unter dem Ansatz, **sektorübergreifend** zu arbeiten, ist zu verstehen, dass es eine Kooperation zwischen Prävention, Kuration und Rehabilitation bzw. zwischen ambulanten und stationären Einrichtungen geben kann. Hierbei ist es ausreichend, wenn **ein** Leistungserbringer mehrere Sektoren überschreitet. Dies ist z. B. gegeben, wenn ein Krankenhausträger eine ambulante und eine stationäre Versorgung anbietet.

Von einer interdisziplinären, fachübergreifenden Versorgung wird gesprochen, wenn die Versorgung mindestens zwei medizinische Fachgebiete im Sinne der Weiterbildungsverordnung umfasst.

Für die **Versicherten** ist die Teilnahme an der integrierten Versorgung freiwillig. Die Versicherten haben somit ein Wahlrecht. Sie können entweder weiterhin die Regelversorgung der Kasse oder einen «Integrationstarif» (Wahltarif) in Anspruch nehmen. Die Versicherten müssen bei der Wahl des Integrationstarifs ihre Einwilligung geben, damit die betreffenden Behandlungsdaten und die Befunde den Leistungserbringern zugängig gemacht werden können.

In den Verträgen müssen sich die Vertragspartner der Kassen verpflichten, eine qualitätsgesicherte, zweckmäßige, wirksame, ausreichende, zweckmäßige und wirtschaftliche Versorgung der Versicherten zu erreichen. Weiterhin gilt die Gewährübernahme für die Erfüllung der organisatorischen, betriebswirtschaftlichen sowie der medizinischen und medizinisch-technischen Voraussetzungen. Die Voraussetzungen orientieren sich an dem allgemein anerkannten Stand der medizinischen Erkenntnisse und des medizinischen Fortschritts. Weiterhin schließen sie eine an dem Versorgungsbedarf der Versicherten orientierte Zusammenarbeit zwischen allen Beteiligten ein. Analog zu dieser Regelung hat sich die medizinische und pflegerische Versorgung z. B. an internen Leitlinien bzw. an Kriterien der Evidence Based Medicine zu orientieren.

Inhalt der Verträge zur integrierten Versorgung ist weiterhin die Festlegung der **Leistungs-**

vergütung. Diese Vergütungen sind frei verhandelbar. Folglich sind Varianten von der Einzelpreisvergütung bis zu Komplexpauschalen denkbar. So ist z. B. auch eine Anlehnung an bestehende Vergütungssysteme (EBM, DRG) möglich. Hinsichtlich der Vergütung ist für die Jahre 2004 bis 2006 geregelt, dass die Krankenkassen jeweils bis zu 1% der vertragsärztlichen Gesamtvergütung und der Krankenhausrechnungen für die voll- und teilstationäre Versorgung einbehalten sollen. Diese einbehaltenen Geldbeträge sind ausschließlich zur Finanzierung der Leistungen vorgesehen, die auf der Grundlage der Verträge zur integrierten Versorgung erbracht werden. (Anschubfinanzierung). Für die teilnehmenden Krankenhäuser bedeutet diese Regelung, dass die Krankenhausbudgets nicht um die Leistungen bereinigt werden, die ein Krankenhaus in der Integrationsversorgung erbringt. Die darüber hinausgehenden vereinbarten Leistungen werden unmittelbar über die pauschal einbehaltenen Mittel vergütet. So stehen z. B. für das Jahr 2004 bis zu 700 Mio. Euro zur Verfügung.

Werden die von den Krankenkassen einbehaltenen Geldbeträge jedoch nicht innerhalb von 3 Jahren für den vorgesehenen Zweck verwendet, sind die nicht verwendeten Mittel auszuzahlen.

Ein zusätzlicher Anreiz ist darin zu sehen, dass für die Integrationsverträge, die bis zum 31. 12. 2006 geschlossen werden, der Grundsatz der Beitragssatzstabilität aufgehoben worden ist.

Die in den alten gesetzlichen Vorschriften festgelegten Rahmenvereinbarungen sind ersatzlos gestrichen worden. So mussten nach § 140 d SGB V die Spitzenverbände der Krankenkassen mit den Kassenärztlichen Bundesvereinigungen im Rahmen der Sicherstellung der vertragsärztlichen Versorgung Rahmenvereinbarungen über die integrierte Versorgung nach § 140 a SGB V abschließen. Analog zu dieser Vorschrift konnten die Spitzenverbände der Krankenkassen und die Deutsche Krankenhausgesellschaft ebenfalls eine Rahmenvereinbarung über den Inhalt und die Durchführung der integrierten Versorgung abschließen.

Durch diese ab 1. 1. 2004 geltenden Regelungen wird sich ein neues Versorgungssystem parallel zum alten entwickeln. Diese experimentelle Versorgungs- und Finanzierungsform innerhalb der GKV hat das Ziel, die sektorielle Versorgung abzulösen. Diese Neuentwicklung bekommt ihre Impulse durch die freiwillig vertraglich zusammengeschlossenen Partner, die die herkömmliche Versorgung und Finanzierung verlassen, um eine aus ihrer Sicht bessere und effizienter abgestimmte Versorgung aufzubauen, bei der u. a. Haus- und Fachärzte, ärztliche und nichtärztliche Leistungserbringer, ambulanter und stationärer Bereich koordiniert zusammenwirken. Der Gesetzgeber hat als Vertragspartner die zur ambulanten und stationären Versorgung zugelassenen Einrichtungen abschließend festgelegt. Somit können Pharmaunternehmungen keine Partner sein.

Nach den Vorschriften haben die einzelnen Kassen Vertragsfreiheit. Danach ist es den Kassen freigestellt, ob sie einzeln, in Verbandsform oder in anderen Kombinationen Verträge abschließen oder sich aus einem Abschluss ausklinken werden. Durch diese Freiheit wird es zum Wettbewerb zwischen den Kassen kommen. Dieser Schritt in eine marktwirtschaftliche Struktur des Gesundheitssystems wird zu einer Veränderung der Träger- und Versorgungslandschaft sowie der Wahlmöglichkeiten der Versicherten führen. In Folge dieser Regelungen wird letztendlich der Druck für kleine Krankenkassen zunehmen, mit anderen Kassen zu fusionieren, um als Vertragspartner interessant zu bleiben.

Mit der Einführung der integrierten Versorgung durch die vertragliche Bindung zwischen den ambulanten und stationären Leistungsanbietern sowie den Krankenkassen ist ein weiterer Schritt in Richtung Managed Care in Deutschland vollzogen worden.

In diesem Zusammenhang fällt dem Hausarzt bzw. der hausärztlichen Versorgung eine wesentliche Organisations- und Koordinationsfunktion zu. Der Gesetzgeber hat konsequenterweise **die Stärkung der hausärztlichen Versorgung** festgeschrieben. Die Hausärzte, das sind nach § **73 SGB V** Ärzte für Allgemeinmedizin und Ärzte ohne Gebietsbezeichnung sowie Kinderärzte und Internisten ohne Teilgebietsbezeichnung, die die Teilnahme an der hausärztlichen Versorgung gewählt haben, gelten als kompetente «Lotsen» (Gatekeeper), die den gesamten Behandlungsablauf kennen und u. a. durch die zeitnahe Übermittlung von Befunden und Berichten an die nachfolgenden Fachärzte und Krankenhäuser Doppeluntersuchungen vermeiden sollen. Zur Orientierung der Versicherten werden die Hausärzte verpflichtet, ihre Teilnahme an der hausärztlichen Versorgung auf dem Praxisschild anzugeben. Alle anderen Ärzte nehmen an der fachärztlichen Versorgung teil. Nach dem **§ 73 b SGB V**, der ab Januar 2004 gültig ist, können sich Versicherte gegenüber ihrer Krankenkassen schriftlich verpflichten, eine ambulante fachärztliche Leistung nur auf Überweisung des von ihnen aus dem Kreis der Hausärzte gewählten Hausarztes in Anspruch zu nehmen. An diese **hausarztzentrierte Versorgung** ist der Versicherte mindestens ein Jahr gebunden. Nur in Ausnahmefällen kann der Hausarzt gewechselt werden. Zur Sicherung dieser Versorgung können die Kassen Verträge abschließen mit:

- besonders qualifizierten Hausärzten
- Gemeinschaften dieser Hausärzte sowie
- zugelassenen medizinischen Versorgungszentren.

Ein Anspruch auf Abschluss besteht nicht. Das Nähere über den Inhalt der Verträge sowie über die Vergütung wird in den **Gesamtverträgen**, die nach **§ 83 SGB V** zwischen den Kassenärztlichen Vereinigungen und den Landesverbänden der Krankenkassen und den Verbänden der Ersatzkassen abgeschlossen werden, geregelt. In diesen Gesamtverträgen muss seit dem 1. 1. 2004 auch die Förderung der Qualität in der vertragsärztlichen Versorgung nach § 73 c SGB V festgehalten werden.

Nach **§ 65 a SGB V** (Bonus für gesundheitsbewusstes Verhalten) können die Krankenkassen in ihren Satzungen bestimmen, unter welchen Voraussetzungen ein Versicherter, der regelmäßig Leistungen zur Früherkennung von Krankheiten oder qualitätsgesicherte Leistungen der Krankenkasse zur primären Prävention in Anspruch nimmt, Anspruch auf einen Bonus hat. Die Versicherten, die freiwillig an einer hausarztzentrierten Versorgung, an einem strukturierten Behandlungsprogramm bei chronischen Krankheiten (Disease-Management-Programm) oder an einer integrierten Versorgung teilnehmen, können für die Dauer der Teilnahme seitens der Kassen ermäßigte Zuzahlungen zugestanden bekommen. Weiterhin haben die Krankenkassen die Möglichkeit, bei Maßnahmen der betrieblichen Gesundheitsförderung dem Arbeitgeber und dem Versicherten einen Bonus zu gewähren. Diese Bonusregelungen sind jedoch an Einsparungen gekoppelt. Werden folglich keine Einsparungen erzielt, dürfen auch keine Boni gewährt werden.

Ein weiterer Ansatz, der bereits vor der Reform 2004 zum Tragen kam, sind die Erprobungsregelungen nach **§ 63 SGB V**. Hiernach können die Krankenkassen und ihre Verbände seit dem 2. Neuordnungsgesetz von 1997 in Form von **Modellvorhaben** neue Leistungen, Maßnahmen und Verfahren erproben, um die gesetzliche Krankenversicherung weiterzuentwickeln. Hierbei lassen sich die Strukturmodelle und die Leistungsmodells unterscheiden. Die Strukturmodelle ermöglichen eine Erhöhung der Wirtschaftlichkeit und der Qualität der Versorgung durch neue Versorgungs-, Organisations-, Finanzierungs- und Vergütungsformen. Die Leistungsmodelle ermöglichen die Neuaufnahme von Leistungen, die bislang noch nicht Bestandteil der Krankenversicherung sind. Diese Erprobungsregelungen sind jedoch zeitlich auf maximal 8 Jahre befristet und wissenschaftlich zu begleiten. Ein weiterer Ansatz ist in der Vernetzung der Vertragsärzte zu sehen. Eine derartige Zusammenarbeit von niedergelassenen Ärzten konnte auch bereits vor dem 1. 1. 2004 durch **Strukturverträge** nach **§ 73 a SGB V** vereinbart werden. Hierbei werden die Verträge zwischen der Kassenärztlichen Vereinigung und den Landesverbänden der Krankenkassen in dem Sinne geschlossen, dass ein Arzt oder ein Arztnetz die Verantwortung für die wirtschaftliche und qualitative Erbringung der vertragsärztlichen Leistungen erhält. Dabei können neue Vergütungsmodelle verwendet werden, die sich nicht nach dem EBM richten. Es dürfen jedoch keine neue Leistungen aufgenommen werden, so wie es bei den Modellvorhaben möglich ist. Die Strukturverträge sind zeitlich nicht befristet.

Im Dezember 2001 führte die Kassenärztliche Bundesvereinigung insgesamt 49 Modellvorhaben und 59 Strukturverträge auf. Die sektorale Trennung ist in fast keinem Projekt aufgehoben worden. Als Beispiele sollen das BKK-Netz Berlin, die medizinische Qualitätsgemeinschaft Rendsburg, das medizinische Qualitätsnetz München und das Praxisnetz Kiel genannt werden. Diese Praxisnetze setzten auf die horizontale Kooperation der ambulanten Leistungsanbieter, um eine bessere und effizientere Versorgung in einer Region zu erreichen. Das anfängliche Konzept wurde später durch die Erkenntnis ersetzt, dass die Patientenversorgung nur in Kooperation mit den regionalen Krankenhäusern verbessert werden kann. So haben die Kassenärztliche Vereinigung Hessen und die Hessische Krankenhausgesellschaft Mitte Dezember 1999 in der «Frankfurter Erklärung» ihre Vorstellungen zur besseren Verzahnung der ambulanten und der stationären Krankenhausversorgung festgeschrieben und konkrete Vorhaben definiert. Eine ständige Arbeitsgruppe bekam den Auftrag, die vernetzten Versorgungsformen schrittweise weiterzuentwickeln und kontinuierlich zu verbessern.

Literatur

Amelung, V.; Schuhmacher, H.: Managed Care: Neue Wege im Gesundheitsmanagement. Wiesbaden, 1999

Gesetz zur Modernisierung der gesetzlichen Krankenversicherung (GKV-Modernisierungsgesetz – GMG). BTD 15/1525

Koch-Suna, B.: Diplomarbeit, Fachhochschule Osnabrück. Osnabrück, 2000

Kongstvedt, P.; Yates, P.: Steckt Managed Care in den USA in der Sackgasse? Managed Care (1999) 3:35–39

Kuhlmann, Jens M.: Vertragliche Regelungen und Strukturen bei der integrierten Versorgung, Reader. Management Center of Competence, Köln, 2004

Kühn, H.: Managed Care: Medizin zwischen kommerzieller Bürokratie und integrierter Versorgung – Am Beispiel USA. Berlin, 1997

Pieper, C.: Fachärzte in den USA sind begehrt wie nie zuvor. Ärzte-Zeitung (2000) 11./12.2.: 10

Seng, T.: Managed Care – Instrumente und institutionelle Grundlage. Sozialer Fortschritt (1997) 12:289–293

Stillfried, D.: Managed Care im Wandel, Beobachtungen aus den USA. Die Ersatzkasse (1997) 3:41–47

5 Krankenhausmanagement

5.1 Controlling als wesentliches Managementinstrument

Winfried Zapp

5.1.1 Hinführung

Der Begriff «Controlling» ist vielfältig und schillernd. Seit etwa 1960 lässt sich in deutschen Unternehmungen eine Controllingabteilung oder die Beschäftigung eines Controllers feststellen (vgl. Zapp, 2004). Welche Bedeutung kann man diesem Bereich zumessen? Ist das Aufgabenspektrum überhaupt auf den Gesundheitsbereich übertragbar? Welche Funktionen, Aufgaben und Ziele soll das Controlling erfüllen? Wie sind die Anforderungen an die Mitarbeiter, die im Controlling arbeiten, zu formulieren? Und wie werden Controller in den Krankenhausbetrieb eingebunden? Diese und weitere daraus abgeleitete Fragen und Aufgaben sollen in diesem Abschnitt erörtert werden. Neben der theoretischen Fundierung stehen die Werkzeuge und Instrumente im Vordergrund dieser Ausführungen.

5.1.2 Theoretische Grundlagen

Ausgangspunkt der Überlegungen um das Controlling soll das Leitbild sein, das den Grundgedanken des Controllings formuliert und Anregungen für die Gestaltung und Umsetzung im Gesundheitsbetrieb gibt.

5.1.2.1 Die Ausgangslage: Controllingleitbild

Da das Controlling ein schillernder Begriff ist und je nach Ausgestaltung fast chamäleonartige Formen annehmen kann, ist eine Orientierung für die Unternehmungsführung notwendig.

Das Controlling verändert sich, je nachdem, welche Ausgestaltung es annimmt: Eine Controllingstruktur ist davon abhängig, ob das Controlling das Finanz- und Rechnungswesen umfasst, ob es ebenbürtig und gleichberechtigt neben dem Finanzwesen steht oder ob es ein Teil davon ist und zum Beispiel die Kostenrechnung in das Controlling integriert. Die Persönlichkeit des Controllers ändert sich mit dem Aufgabenspektrum von Fremd- bis Eigenkontrolle. Während bei der Fremdkontrolle Management und Controlling auseinander fallen, werden bei der Eigenkontrolle Controllinganteile in das Management subsummiert. Darüber hinaus ist wesentlich, ob das Controlling als Stab oder als Linie konzipiert wird.

Von daher ist bei der organisatorischen Gestaltung des Controllings und dessen Einbindung in die Unternehmungen der Gesundheitsbranche eine Orientierung notwendig und unumgänglich. Diese führende Rolle soll in diesem Buch mit dem Leitbild umschrieben werden. Durch solche Kernaussagen und Zielvorstellungen können sowohl eine Philosophie als auch das Grundverständnis von Controlling formuliert werden. Die Funktion eines Leitbildes soll verhindern, dass der Controller bei seiner Aufgabenerledigung nicht in einen Bremsvorgang durch Mitarbeiter oder Strukturen hineinläuft. Damit wird einer Kontrolleurhaltung vorgebeugt. Auch die Controller selbst benötigen ein Leitbild als einheitliches Denkmuster, um die

Aufgabenerfüllung und die Sinnhaftigkeit ihres Vorgehens dazustellen und für Vertrauen innerhalb der Institution einzuwerben (Zapp et al., 2002:3).

Die industriellen Unternehmungen sind diesen Weg gegangen und haben Leitbilder konzipiert. Das Leitbild der International Group of Controlling (ICG) (www.controllerakademie.de/cainfo/igcleit.html) und das Leitbild der Controllerakademie (www.controllerakademie.de) beschreiben die controllingspezifischen Aufgaben- und Tätigkeitsbereiche sehr prägnant. Jürgen Weber (2002) hat sein Controllingleitbild mit vier prägnanten Kernsätzen beschrieben:

(1) Wir übernehmen Mitverantwortung dafür, dass die gewollte dezentrale Führung durch eine gemeinsame, miteinander abgestimmte Ausrichtung zu den gewünschten Gewinnen des Unternehmens führt.
(2) Wir verstehen uns als Servicefunktion mit aktiven Gestaltungsaufgaben.
(3) Wir haben unsere Aufgabe nur dann erfüllt, wenn wir von Führungskräften gebraucht und nicht nur geduldet sind.
(4) Vertrauen ist die Basis unseres Geschäfts (Weber, 2002: 506).

Der Deutsche Verein für Krankenhaus-Controlling (DVKC e.V.) hat in einer Arbeitsgruppe ein Leitbild für Controller in Unternehmen des Gesundheitswesens erarbeitet (**Tab. 5.1-1**). Hier wird ein einheitliches Controlling verdeutlicht, dass nicht in Bindestrich-Controlling-Felder zerfällt. Trotz des Ringens um eine einheitliche Leitbildfunktion bleiben die Definitionen in der Literatur unterschiedlich.

5.1.2.2 Die Basis: Begriffsbestimmung von Controlling

Spannweite des Begriffs Controlling
Beim Controlling handelt es sich um einen schillernden und häufig verwendeten Begriff der neueren Managementliteratur. In Theorie und Praxis liegen aber dennoch keine einheitlichen Definitionen oder Begriffsbestimmungen vor (Ebert, 1996: 16; Schmidt, 1995; Horváth, 2001: 57 ff.).

Für die Wortbedeutung sind die lateinischen Begriffe «Contra» und «rotulus» verantwortlich. Im 12. Jahrhundert entwickelte sich im französischen der Begriff «contre-role» = Gegenrolle und im Englischen «counterroullour» als eine Bezeichnung für einen Berufsstand, der die

Tabelle 5.1-1: Leitbild für Controller in Unternehmen des Gesundheitswesens (Quelle: www.dvkc.de)

• Controlling ist eine originäre Führungsaufgabe zur Sicherung der Unternehmensziele.
• Angesichts der steigenden Aufgabenvielfalt arbeitsteiliger Systeme wird zunehmend an institutionell verankerte Controller delegiert.
• Controlling begleitet und berät das Management zur zielorientierten Planung und Steuerung, damit die Unternehmensziele gesichert werden.
• Controlling bezieht sich auf den gesamten Leistungsprozess und auf alle Managementebenen.
• Controlling wird unterstützt durch kooperative Führung.
Daraus ergeben sich folgende Gestaltungsfelder für Controller:
• Koordination von Aufgabenträgern zur Erreichung von Unternehmenszielen
• Transparenz (z.B. hinsichtlich Strategien, Personal, Finanzen, Prozessen und Ergebnissen) durch die Gestaltung eines Berichtswesens mit den entscheidungsrelevanten Daten und Informationen
• Einrichtung und Pflege zukunftsorientierter Controllingsysteme
• Moderation der am Controllingprozess Beteiligten und vertrauensvolle Kommunikation berufsgruppen-, hierarchieebenen- und bereichsübergreifend
• Dienstleistungsfunktion in einem System ständigen Lernens.

Gegenrolle bzw. das Gegenregister führt, um die Richtigkeit von Angaben in einem Originalregister zu prüfen.

Aus einer Fehlinterpretation des Wortinhalts der comptroller (von compter = rechnen, zählen) entstand im 16. Jahrhundert eine Begriffsverschiebung mit der Folge, dass sich bis heute beide Begriffe nebeneinander erhalten haben. In Deutschland wurde im 18. Jahrhundert der Begriff «Kontrolle» (Aufsicht, Überwachung, Prüfung) dem französischen «contre-role» entlehnt; ähnlich wie das Wort Kontrolleur.

Damit war die ursprüngliche Bedeutung verwischt, sodass nun zwei Entwicklungen nebeneinander bestehen:

1. *to control* als beherrschen, steuern, unter Kontrolle haben, im Griff haben, führen, leiten
2. *to check* als überprüfen, kontrollieren, überwachen, beaufsichtigen.

«Controlling» bedeutet im deutschen Sprachraum die Funktion; der Träger von Controllingaufgaben wird als «Controller» bezeichnet. In seiner ursprünglichen Bedeutung ist Controlling der Managementaufgabe zuzurechnen (Unternehmungslenkung), sodass mit Controlling eigentlich «Controllership» gemeint ist. Dieser Begriff hat sich jedoch nicht durchsetzen können. Controllership ist die im angloamerikanischen Sprachraum verwendete Bezeichnung für die institutionelle Ausprägung, also den organisatorisch abgegrenzten Aufgabenbereich des Controllings, der vom Controller wahrgenommen wird (Weber, 2002: 1 ff.).

Außenwelt und Innenwelt als Aufgabengebiete des Controllings
In diesem Abschnitt sollen die verschiedenen Ebenen dargestellt werden, mit denen das Controlling beschrieben werden kann. Dabei wird die Betrachtung von außerhalb der Unternehmung nach innerhalb der Unternehmung vorgenommen.

Abstimmung als Ausgangspunkt. Als wesentliche Aufgabe von Unternehmungen der Gesundheitsbranche ist das Agieren in der Umwelt anzusehen. In einer solchen von Dynamik und Komplexität geprägten Umwelt, in der Unternehmungen agieren müssen, ist die Abstimmung zwischen Unternehmung und Umwelt eine wesentliche Aufgabe. Diese Abstimmungen umfassen die Bereiche zwischen Umwelt und Unternehmung (intersystemischer Bereich) und die Abstimmung innerhalb der Unternehmung (intrasystemischer Bereich). Dabei kann eine Komplexitätsreduzierung dadurch erreicht werden, dass die Welt reduziert wird in das für die Unternehmung relevante Umsystem. Für ein Krankenhaus ist die Entwicklung des Preises für den Blauen Saphir in Sri Lanka und dem Weltmarkt nicht unbedingt relevant; die Entwicklung der Strompreise als Auswirkungen auf den Energiehaushalt schon eher.

Das Führungssystem. Der extrasystemische Bereich, der außerhalb der Unternehmung liegt, muss von Seiten der Unternehmung nach innen abgestimmt sein. Je komplexer und dynamischer das relevante Umsystem ist oder wahrgenommen wird, desto ausgeprägter ist das Controllingsystem (Schmidt, 1995: 13). Der intra-systemische Abstimmungsprozess weist wiederum unterschiedliche Parameter und Variablen auf: Je größer die Unternehmung ist, desto höher ist der Abstimmungsprozess (Schmidt, 1995: 13).

Folgende Subsysteme im Führungssystem können unterschieden werden:

- Im *Personalführungssystem* sind die Führung, das Anreizsystem und die Personalwirtschaft verankert.
- Das *Planungs- und Kontrollsystem* umfasst Aktivitäten der Planung und Kontrolle. Kontrolle kann ohne Planung nicht durchgeführt werden; deshalb stehen beide Begriffe in einem Abhängigkeitsverhältnis zueinander. (Küpper, 2001: 15; Weber, 2002: 223 ff.).
- Das *Informationssystem* beliefert die verschiedenen Systeme mit Informationen und ist für das Planungs- und Kontrollsystem von wesentlicher Bedeutung.
- Das *Organisationssystem* bildet die Strukturen ab und ist damit in besonderer Weise unter Berücksichtigung von Führungsaspekten mit dem Personalführungssystem verbunden.

Aber auch die anderen Systeme benötigen eine formale Struktur für eine Orientierung.
- Das *Wertesystem* beinhaltet Werte, Normen und die Kultur. Das Wertesystem beeinflusst das Führungs-, Ausführungs- und Controllingsystem und wird gleichzeitig von diesen Systemen selber beeinflusst. So wird zum Beispiel eine besonders sozial geprägte Institution sozial engagierte Mitarbeiter auswählen, die wiederum das Innenleben der Unternehmung bestimmen oder beeinflussen. Damit wird das Wertesystem neben die Systeme gestellt.

Das *Zielsystem* ist hier teilweise abgebildet, es findet sich zum Beispiel im Planungssystem wieder; da eine Planung eine Zielsetzung voraussetzt (Küpper, 2001: 63). Ziele sind aber auch im Wertesystem oder in anderen Subsystemen zu finden.

Das Ausführungssystem stellt das System unterhalb des Führungssystems dar. Hier werden die Leistungen der Unternehmung erstellt (**Abb. 5.1-1**).

Begriffsdefinition: Abstimmung – Koordination – Harmonisation. Diese unterschiedlichen komplexen und dynamisch sich entwickelnden Umsysteme und innerbetrieblichen Systembereiche (**Abb. 5.1-2**) müssen aufeinander abgestimmt werden (intersystemischer Abstimmungsprozess). Das Abstimmungsproblem tritt darüber hinaus deshalb auf, weil die Prozesse intrasystemisch arbeitsteilig vorgenommen werden (Arzt, Pflege, Verwaltung, innerhalb der Pflege kann zwischen Stations- oder Wohnbereichsleitung bis zur Aushilfe unterschieden werden). Diese Segmente erfordern Abstimmungs- und Anpassungsprozesse.

Die grundlegende Arbeit von Alfred Kieser und Herbert Kubicek (Kieser/Kubicek, 1992) unterscheidet den Koordinationsbegriff instrumental in:

a) persönliche und
b) vorwiegend unpersönliche Koordination (**Tab. 5.1-2**).

Die persönlichen Koordinationsinstrumente teilen sich in die Koordination durch Weisung und in Koordination durch Selbstabstimmung.

Die persönliche Weisung erfolgt durch Vorgesetzte und ist in ein mehr oder weniger ausgeprägtes Hierarchiemodell eingebettet (Kieser/Kubicek, 1992: 85 f.; Schulte-Zurhausen, 2002: 210; Zapp/Dorenkamp, 2002: 57).

Die Selbstabstimmung erfolgt zwischen gleichberechtigten Organisationseinheiten auf der Grundlage von Vertrauen, Offenheit und Transparenz (Kieser/Kubicek, 1992: 87; Schulte-Zurhausen, 2002: 211 ff.).

Beide Koordinationsinstrumente der persönlichen Variante sind durch ein Feedback gekennzeichnet; sodass erst nach dem Eintritt von Ereignissen koordiniert oder sich abgestimmt wird. Darüber hinaus kann auch eine Koordination im Vorhinein als Vorauskoordination erfolgen (Kieser/Kubicek, 1992:79). Dieses Koordina-

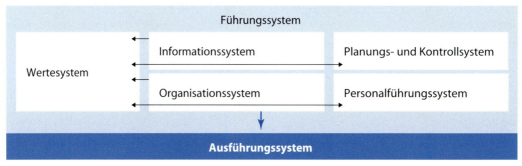

Abbildung 5.1-1: Führungs- und Ausführungssystem (Quelle: eigene Darstellung, in Anlehnung an Weber, J.; Einführung in das Controlling, 9., aktualis. u. erw. Aufl.; Stuttgart, 2002, S. 25 sowie Zapp, W. [Hrsg.]; Controlling in der Pflege; Bern, 2004)

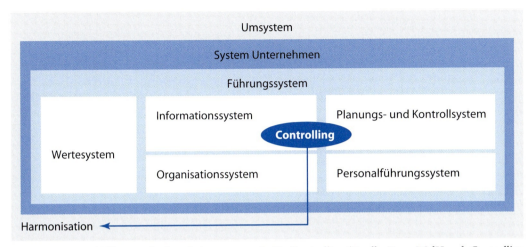

Abbildung 5.1-2: Teilharmonisation als Ausgangspunkt für Controlling (Quelle: Zapp, W. [Hrsg.]; Controlling in der Pflege; Bern, 2004)

tionsinstrument erfolgt auf persönlicher Ebene und stellt auf Verhaltensbeeinflussung ab durch persönliche Führung, indem im Vorhinein durchgeführte Absprachen und abgestimmte Aktivitäten stattfinden, die je nach konkreter Situation umgesetzt werden.

Die unpersönlichen Koordinationsinstrumente unterteilen sich in Pläne und Programme. Planung wird als die «Vorwegnahme künftiger Ereignisse verstanden» (Hahn, 2001: 45). Bei den Plänen werden deshalb Ziele der Lösung von Aufgaben vorgegeben und als Vorauskoordination strukturiert, sodass sich die Koordination in vorherbestimmten Prozessen und Ereignissen regeln lässt (Kieser/Kubicek 1992: 82 f.; Zapp/Dorenkamp, 2002: 59).

Die Programme werden durch Ziele für den Lösungsprozess determiniert. Sie werden geregelt über Lernprozesse bzw. Verfahrensrichtlinien oder Handbücher (Kieser/Kubicek 1992: 90) und führen zu einer «Standardisierung der Aufgabenerfüllung» (Kieser/Kubicek 1992: 92).

Die unpersönlichen oder technischen Koordinationsinstrumente eignen sich als Vorauskoordination in besonderer Weise (Kieser/Kubicek 1992: 91 ff.).

Abstimmungen sind zu treffen, und Koordinationsaufgaben sind durchzuführen. Diese Tätigkeiten sollen aber nicht nur durch Improvisation und durch eine fallweise Disposition erledigt werden. Abstimmung und Koordination müssen generell geregelt werden. Die Ausgangs-

Tabelle 5.1-2: Koordination in instrumenteller Sichtweise (eigene Darstellung, in Anlehnung an Kieser, A., Kubicek, H., Organisation [3., völlig neu bearb. Aufl.]; Berlin, New York, 1992, S. 104 ff. sowie Zapp, W., Dorenkamp, A.; Gestaltung und Lenkung von Prozessen, in Zapp, W. [Hrsg.]; Prozessgestaltung im Krankenhaus; Heidelberg, 2002, S. 59)

Koordinations-instrument	Koordination durch direkte persönliche Kommunikation		Koordination durch technokratisch bestimmte Kommunikation	
Vorgehensweise	Direkte persönliche Weisung	Selbstabstimmung	Programme	Pläne
Erläuterung	Kommunikations-richtung: vertikal	Kommunikations-richtung: horizontal	Orientierung am Prozess der Aufgabenlösung	Orientierung am Ziel der Aufgabenlösung

bereiche sind in die Struktur zu integrieren oder in eine neue Struktur zu überführen. Die Regelungen können dabei dauerhaft und generell konzipiert werden (Aufnahme eines angemeldeten und einbestellten Patienten); sie können auch auf spezifische Fälle ausgerichtet sein (Notfälle).

Dieser Aufgabenbereich der Optimierung der Abläufe soll mit dem Begriff «Harmonisation» versehen werden, der die «Abstimmung zielorientierter, arbeitsteiliger Systeme» meint (Bleicher/Meyer, 1976: 48). Die Harmonisation inter- und intrasystemischer Systeme erfolgt durch Koordination, die in eine bestehende Struktur integriert wird oder zu neuen Strukturen führt (Integration). Dabei stehen Koordination als Abstimmung und Integration als Überführung in Struktur nebeneinander.

Das Controlling reserviert in dieser Arbeit einen Harmonisationsbegriff und begrenzt die Harmonisation innerhalb des Führungssystems auf die Harmonisation von Planungs- und Kontrollsystem einerseits und Informationssystem andererseits, um in diesen Systemen intra- und intersystemische Abstimmung sicherzustellen (Horváth, 2001: 150 ff. – bezogen auf die Koordination). Die Harmonisation der oben genannten Subsysteme wirkt auf die anderen Subsysteme (Personal-, Organisations- und Wertesystem) ein; diese unterliegen aber nicht dem Aufgabengebiet der Harmonisation im Controlling.

Die Harmonisation des gesamten Führungssystems ist Unternehmungsführung. Diese Gesamtausrichtung ist Führungsaufgabe; sie kann an das Controlling bezogen auf die Harmonisation von Planungs- und Kontrollsystem und Informationssystem teilweise delegiert werden. Wird diese unternehmungsbezogene Harmonisation auf ein System – womöglich das Controlling – delegiert, dann wäre dieses System eine Führungsinstitution, in der sich die Führung wiederfindet. Das Führungssystem würde so zu einem System verschmelzen. Die Autoren, die also die Koordination sämtlicher Teilsysteme verfolgen (Küpper/Weber, 1995), verstehen Controlling als Unternehmungsführung und setzen damit quasi beide einander gleich. Damit wird ein alter Begriff durch einen neuen ersetzt und somit kein Erkenntnisfortschritt erzielt.

Mit der Entwicklung eines Leitbildes oder einer Marketingstrategie sollte nach unserer Auffassung nicht das Controlling beauftragt werden, weil die Harmonisation über die Führungssubsysteme «Information» sowie «Planung» und «Kontrolle» hinausgeht und auch Einfluss auf die Subsysteme «Personal», «Werte» und «Organisation» nimmt. Die Unternehmungsführungsaufgabe wäre hier auf eine Assistenz als Stabsstelle zu delegieren. Würden diese Aufgaben im Controlling gebündelt, würden die Aufgaben ins «Unermessliche» steigen. Das Spezifische des Controllings würde so in der allgemeinen Unternehmungsführung letztlich verkümmern.

Diese Begrenzung auf diesen Harmonisationsansatz für Controlling liegt darin begründet, dass:

- Planung und Kontrolle eine zentrale Position im Führungssystem innehaben
- die Informationen eine wesentliche Bedeutung für Entscheidungen haben
- beide Subsysteme miteinander korrespondieren und für die ökonomische Ausrichtung das Ergebnis mitbestimmen (Horváth, 2001: 112 f.).

Perspektiven von Controlling
Controlling kann aus unterschiedlichen Blickrichtungen betrachtet werden und mit unterschiedlichen Schwerpunkten versehen sein.

Zeitebene. Controlling kann sich auf verschiedene Zeitebenen beziehen, die unterschiedliche Methoden und Techniken verlangen. Die Bereitstellung eines wirtschaftlichen Instrumentariums kann nach Hahn (2001: 291 ff.) sowohl operativ (bis zu einem Jahr), taktisch (2–5 Jahre) als auch strategisch (ab 3–5 Jahre) angelegt sein. Schirmer (1998: 42) differenziert das operative Controlling für einen Zeitraum von 1–3 Jahren und das taktische Controlling für einen Zeitraum von 3–5 Jahren. Das strategische Controlling ist ab einen Zeitraum von 5 Jahren zuständig.

Lenkungsebene. Der Begriff «lenken» wird oft als Synonym für die Begriffe «steuern» und/oder «regeln» verwandt (Kempf/Winkler, 2002: 54ff.). Dennoch soll im Folgenden der Begriff «Lenkung» aus der Betrachtungsweise der Kybernetik definiert werden. Die Begriffe «Steuerung», «Regelung», «Anpassung» und «Lenkung» in Bezug auf Führungsentscheidungen haben in der Kybernetik und Systemtheorie eine zentrale Bedeutung.

«Lenkung beschreibt das harmonische Zusammenspiel von gezielten Lenkungseingriffen von außen (extrinsische Lenkung) und der selbstorganisierenden und selbstregulierenden Kräfte eines Systems (intrinsische Lenkung)» (Bleicher/Meyer, 1976: 61). Der systemischen Betrachtung und somit der Lenkung liegt ein Regelkreis zu Grunde, der das Planen, Ausführen und Kontrollieren beinhaltet, um ggf. bei Abweichungen Anpassungen vornehmen zu können. Die Kontrolle ist eine regelmäßige Rückkopplung, die Auskunft über den Grad der Zielerreichung gibt. Durch die Definition der Lenkung wird deutlich, dass sie in der Hierarchie über der Steuerung und Regelung steht und somit den Oberbegriff für beides darstellt (**Abb. 5.1-3**) (Zapp et al., 2000: 60; Zapp/Dorenkamp, 2002: 87; vgl. hierzu und im Folgenden v. a. Zapp, 2004):

a) *Steuerung:* Eine Steuerung liegt vor, wenn ein Ziel (Sollwert) von außen gesetzt wird und entsprechend die Richtung und Art des Verhaltens und somit der Weg zur Zielerreichung von außen vorgegeben wird (Flechtner, 1966: 44; Bessai, 2000: 143f.).

Eine Störgröße (z.B. Patientenrückgang in der Ambulanz des Chefarztes) erreicht das System, wobei die Steuereinrichtung (Krankenhausleitung, Controller etc.) diese Information (Stellgröße) nicht erhält oder nicht erreicht. Damit besteht keine Möglichkeit, auf die Störgröße einzuwirken. Da Störgrößen nicht bekannt sind, kann keine Reaktion erfolgen. Eine Steuerung kann also nur dann implementiert werden, wenn Störungen nicht auftreten (vgl. hierzu und im Folgenden Zahn/Kapmeier, 2002: 1919ff.).

Soll das System reagieren können, müssen Vorkoppelungen stattfinden. Informationen über Störgrößen müssen der Steuereinrichtung vor Erreichen des Systems zur Verfügung stehen. Als ein betriebswirtschaftliches Instrumentarium kann das Frühwarnsystem (Hahn, 2001; Krystek, 1992) angesehen werden. Bevor die Störung das System erreicht hat, soll schon herausgearbeitet werden, wie auf die Störung zu reagieren ist.

b) *Regelung:* Die Regelung wird von Bleicher (1981: 96) dadurch definiert, dass zwar ein Sollwert von außen vorgegeben wird, innerhalb des Systems allerdings die Freiheit der Auswahl des zur Zielerreichung am besten geeigneten Verhaltens besteht. Hierbei wird zugelassen, dass die Störung die Unternehmung erreicht und erst dann eine Reaktion erfolgt – bei der Steuerung mit Vorkoppelung wird die Störung vor Erreichen der Unternehmung erkannt, sodass eine Reaktion erfolgen kann, bevor die Störung Schaden angerichtet hat. Nachdem die Störgröße das System erreicht hat, wird eine Kurskorrektur

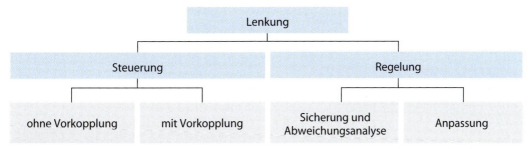

Abbildung 5.1-3: Lenkung als Oberbegriff (Quelle: Zapp, W. [Hrsg.]; Controlling in der Pflege; Bern, 2004)

durchgeführt: Ist die zeitliche Reaktionszeit zu knapp bemessen, dann wird aus der Steuerung mit Vorkoppelung eine Regelung. Um bei der Regelung reagieren zu können, müssen Soll-Vorgaben vereinbart werden. Dieser Abweichungswert ist von der lenkenden Instanz festzulegen und beim Regler zu hinterlegen. Durch eine Abweichungsanalyse wird versucht, den Output wieder wie geplant zu stabilisieren. Während des Lenkungsvorgangs sind immer wieder diese Ist-, Plan- und Sollwerte abzugleichen. Planung und Kontrolle, Abweichungsanalysen und Hochrechnungen spielen in dieser Lenkungsart eine bedeutende Rolle.

c) *Anpassung:* Die Berücksichtigung der Umwelt in ihrer komplexen und dynamischen Form soll durch eine Anpassung an die Steuereinrichtung erreicht werden. Das System verfügt über Adaptionsmechanismen, um sich veränderten Inputs bzw. differenzierten Störgrößen anpassen zu können. Selbstregulation und Selbstorganisation sollen gestärkt werden, um die Umwelteinflüsse verarbeiten zu können. Lernprozesse spielen dabei eine wesentliche Rolle, um über Verbesserungslernen eine Anpassung des Systems an Störungen sicherstellen zu können.

Ergebnisebene. Gesundheitsunternehmen können in vielerlei Hinsicht gesteuert, geleitet oder gelenkt werden. Die Blickrichtung ist dabei unterschiedlich (**Abb. 5.1-4**). Während einige Autoren die Ergebnisebene an der Wirtschaftlichkeit messen (Horváth, 2001: 145; in Anlehnung an Dellmann/Pedell, 1994: 2; vgl. auch Zapp/Dorenkamp, 2002: 1–11), versuchen andere Autoren die Einordnung im Sinne eines Ansatzes für Maßnahmen zu strukturieren (Bramsemann, 1993).

Abbildung 5.1-4: Varianten der Ergebnisebene (Quelle: Zapp, W. [Hrsg.]; Controlling in der Pflege; Bern, 2004)

Beiden Ansätzen ist gemeinsam, dass sie versuchen, die Hebelwirkung von Controlling herauszubilden unter dem Aspekt dessen, was im Mittelpunkt optimaler wirkungsvoller Aktivitäten stehen muss, die von Controlling ausgehen:

a) *Wirtschaftlichkeitsbetrachtung:* Die Betrachtung aus der Sicht der Wirtschaftlichkeit setzt an bei der Frage, ob und inwieweit eine Tätigkeit sich am Wirtschaftlichkeitsprinzip orientiert. Dies geschieht unabhängig vom jeweiligen Wirtschaftssystem und kann auch bei unterschiedlichen Zielen der Unternehmungen eingesetzt werden (Profit- und Non-profit-Unternehmungen) (Steinmüller, 1999: 585). Dieses ökonomische Wirtschaftlichkeitsprinzip aus den Wirtschaftswissenschaften ist dort als Minimal- und als Maximalprinzip gegeben:

- Das Minimalprinzip verlangt, dass mit geringstmöglichem Einsatz von Produktionsfaktoren (Arbeitsleistungen, Betriebsmittel und Werkstoffe) ein gegebener Güterertrag (betriebliche Leistung) zu erwirtschaften ist.
- Das Maximalprinzip fordert, dass der größtmögliche Güterertrag mit einem bestimmten Aufwand an Produktionsfaktoren zu erzielen ist (Wöhe, 2000: 1).

b) *Maßnahmenbetrachtung:* Aus der Sicht der Maßnahmen lassen sich im Controlling folgende Aspekte voneinander unterscheiden (Bramsemann, 1993: 54; Haiber, 1997) (**Tab. 5.1-3**). Während die Ergebnisebene in der Variante der Wirtschaftlichkeit insbesondere die ökonomische Ausgestaltung und Analyse in den Vordergrund der Betrachtung rückt, geht die Ergebnisebene in der Variante der Maßnahmen von einer weiten Auffassung der Ergebniserzielung aus. Sicherlich ist der Gewinn in marktwirtschaftlich orientierten Systemen als das oberste Ziel zu verstehen, was empirische Untersuchungen auch belegen (Horváth, 2001: 147). Bei der Verfolgung dieses Ziels können aber unterschiedliche Maßnahmen in den Vordergrund treten (Kosteneinsparung versus Qualitätsverbesserung mit Preiserhöhung), oder die Verfolgung dieses Ziels kann aus unterschiedlichen Instrumenten abgeleitet werden. Der maßnahmenorientierte An-

Tabelle 5.1-3: Ansatzpunkte von Controllingmaßnahmen in eindimensionaler Darstellung (eigene Darstellung, in Anlehnung an Bramsemann, R.; Handbuch Controlling [3., durchges. Aufl.]; München, 1993, S. 54 sowie Zapp, W. [Hrsg.]; Controlling in der Pflege; Bern, 2004, S. 110)

Ergebnisebene – Maßnahme						
	Eindimensional					
	Ökonomisch orientierte Ebene			Systemebene		
Unterscheidungskriterium	rentabilitätsorientiert	finanz- und liquiditätsorientiert	phasenorientiert	potenzialorientiert	prozessorientiert	markt- und umfeldorientiert
Ansatzpunkt für Ergebnislenkung	Kosten, Erlöse, Ergebnis, Gewinn, Deckungsbeitrag	Mittelherkunft, Mittelverwendung, Liquidität, Wirtschaftlichkeitsanalysen	Projektlenkung	Personal, Investition, Qualität, Struktur	Prozesse, Schnittstellen, Shareholder, Stakeholder	Output, Outcome

satz ist also weiter gewählt und verfolgt dennoch die gleiche Zielrichtung; nämlich ein optimales Ergebnis.

Die Unterscheidungskriterien nach Maßnahmen sind wichtig, um das richtige, d. h. effektive, Instrumentarium in der jeweiligen Situation herauszufinden und einzusetzen (s. Tab. 5.1-3). Die Maßnahmen können einerseits ein- oder mehrdimensional und andererseits nach ökonomischen und systemischen Kriterien unterschieden werden. Aus den jeweiligen Abbildungen lassen sich dann unterschiedliche Instrumente ableiten (z. B. Kostenmanagementstrategien, Qualitätsaspekte, Bewertung des Outcome usw.). Ziel aller Aktivitäten bleibt es, ein positives Ergebnis für die Unternehmung zu erreichen.

Kombinationen davon könne zwei- oder mehrdimensional angelegt sein: Als bekanntes Beispiel gilt die Balanced Sorecard (BSC).

Darstellung der Perspektiven. Aus den einzelnen Controllingperspektiven können nun die verschiedenen Schwerpunkte und Unterteilungen dargestellt werden. Diese einzelnen Perspektiven und Differenzierungen können unterschiedlich kombiniert werden (**Abb. 5.1-5**, S. 236). Ein Controlling-System müsste nun diese aufgezeigten und ausformulierten Perspektiven als Anforderungen enthalten und aufzeigen, wie diese Daten in den Unternehmungsalltag involviert werden. Auf diesen Perspektiven aufbauend, ist es nun auch möglich, eine Controllingdefinition zu formulieren, die auch die Abgrenzung zu anderen Definitionen ermöglicht.

Von Controlling-Perspektiven zur Controllingdefinition
Auf Grund der dargestellten Ausgangslage und den ausformulierten Perspektiven können wir nun die in **Tabelle 5.1-4** (S. 236) wiedergegebene Definition für das Controlling ableiten.

5.1.3 Werkzeuge des Controllings

Controlling ist auf verschiedenen hierarchischen Ebenen, in unterschiedlichen Bereichen mit unterschiedlichen Ansprüchen an die Fachlichkeit tätig und setzt zu unterschiedlichen Zeiten Controllingmaßnahmen ein. Kein Wunder, dass sich eine Fülle von Instrumenten und Tools anbietet, um die notwendigen Aufgaben zu erfüllen. Spezifische Controllinginstrumente, in dem Sinn, dass sie nur für Zwecke des Controllings eingesetzt werden, sind unseres Erachtens nicht konzipiert worden. Die Instrumente können in der allgemeinen Betriebswirtschaftslehre entwickelt oder eingesetzt werden; Tools können aus der Planungstheorie entnommen sein oder aus dem Bereich der EDV stammen.

Die Darstellung der Controllinginstrumente erfolgt nach unterschiedlichen Kriterien: So ist nach Straub ein vollständiger Katalog nicht abbildbar (Straub, 1997: 89), Weber (2002: 265ff.) behandelt die Instrumente in den spezifischen

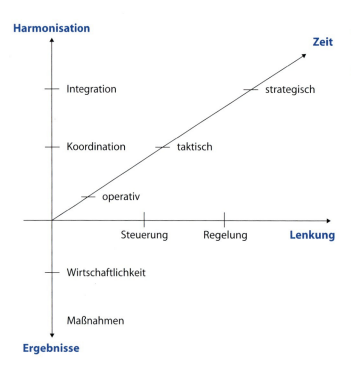

Abbildung 5.1-5: Schwerpunkte und Unterteilungen des Controllings (Quelle: Zapp, W. [Hrsg.]; Controlling in der Pflege; Bern, 2004)

Tabelle 5.1-4: Definition von Controlling (Quelle: Zapp, W. [Hrsg.]; Controlling in der Pflege; Bern, 2004, S. 111)

Controlling ist…	die ergebnisorientierte Harmonisation von Informations- sowie Planungs- und Kontrollsystem, die funktional im Führungssystem als Unterstützung verankert ist
Ergebnisorientierung	**Dimensionen von Controlling** Dabei spielen numerische Daten eine wesentliche Rolle (Leistungen, Kosten und Erlöse werden die Ergebnisse).
Harmonisation	Abstimmung zielorientierter, arbeitsteiliger sozialer Systeme, unter Beachtung intersystemischer Beziehungen und deren Integration in die Unternehmung
bezogen auf das Informations-, Planungs- und Kontrollsytem	Controlling beschränkt sich auf die Harmonisation wesentlicher Subsysteme des Führungssystems unter dem besonderen Aspekt der Ergebnisorientierung.
im Führungssystem…	ist Controlling verankert.
funktional	Die Funktionsbetrachtung soll unterschiedliche, austauschbare Strategien herausarbeiten.
Unterstützung	Informationenweiterleitung, Beratung, Service, Kreativität und Innovation
verankert	organisatorische Einbindung von Controlling in das Unternehmen

Controllingsystemen, während Küpper (2001: 407ff.) die Instrumente darüber hinaus im bereichsbezogenen Controlling darstellt (Marketing, Logistik usw.). Horváth (2001: 150ff.) wiederum behandelt die Controllinginstrumente innerhalb des Planungs- und Kontroll- sowie des Informationssystems. Diese Vorgehensweise soll hier ebenfalls gewählt werden: Die Harmonisation von Planungs-, Kontroll- und Informationssystemen bestimmt die Einteilung.

Dabei kann nur eine Auswahl von Instrumenten ausgewählt und dargestellt werden. Die anwendungsorientierten Instrumente muss dann jede einzelne Unternehmung der Gesundheitsbranche für sich selber zusammenstellen. «Dem strategischen Controlling kann es dann obliegen, einen für das spezifische Krankenhaus sinnvollen Werkzeugkasten zusammenzustellen. Ausgehend von einer bestimmten Ausgangssituation gilt es herauszuarbeiten, welche Informationen zur Entscheidungsfindung notwendig sind, und eine Systematik in die Instrumente zu bringen, damit nicht ‹alles was gut und teuer ist› in Form eines Bauchladens zur Erzeugung ‹unnützer Papierberge› verwendet wird» (Straub, 1997: 89).

5.1.3.1 Planungssystem

Die Planung kann – als gedankliche Vorwegnahme zukünftig erwarteter bzw. angestrebter Handlungen und Ereignisse (Staehle, 1999: 539; auch: Horváth, 2001: 170 ff.; auch: Hahn, 2001: 45 ff.) – in die strategische, taktische und operative Planung unterschieden werden, wobei die langfristigen, unternehmensbezogenen Größen aus der strategischen Planung über die taktische und operative Planung in detailliert beschriebene und umsetzbare Größen übertragen werden (Strehlau-Schwoll, 1995: 22). Die operative Planung wird in Aktionsplanung und Budgetierung unterteilt – entsprechend einer sach- und formalzielorientierten Betrachtung (Mensch, 1993: 819). **Abbildung 5.1-6** stellt diese Hierarchie der Planungsschritte dar.

Für die operative Budgetierung ist die Abbildung des Leistungsgeschehens in der Aktionsplanung (z.B. Pflegeleistung, Diagnostik, medizinische Versorgung sowie Unterkunft und

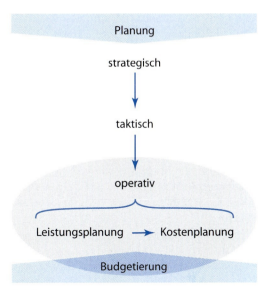

Abbildung 5.1-6: Planung und Budgetierung (eigene Darstellung, in Anlehnung an Mensch, G.; Budgetierung – Ein Ansatz zur inhaltlichen Abgrenzung. DBW, Die Betriebswirtschaft, 53. Jg., Heft 6/1993: 820 sowie Zapp, W. [Hrsg.]; Controlling in der Pflege; Bern, 2004)

Verpflegung) die Ausgangsbasis. Ziel der Budgetierung ist die Einhaltung der vorgegebenen Leistungs- und Wertdaten – das kann als das Formalziel angesehen werden.

Man muss im Gesundheitsbereich das Budget in seiner Außenwirkung (extrasystemisches Budget) und in seiner Innenwirkung (intrasystemisches Budget) betrachten. Als das Finanzierungssystem mit Abteilungs- und Basispflegesätzen erstellt wurde, wurde ein Budget zwischen den Sozialleistungsträgern verhandelt. Solch eine Vorgehensweise ist in dieser Form in der Industrie nicht denkbar. Neben dem verhandelten Budget ist ein innerbetriebliches Budget notwendig, um die Lenkung im System sicherzustellen (Zapp, 2004; Zapp et al., 2000).

Das Budget als wesentliches Planungsinstrument

Die Ableitung des Planungsgedankens zum Budget bedeutet die Abkehr vom Etatbegriff aus der Kameralistik. Das Budget ist aufzufassen als «die flexibel gestaltete, vorwiegend wertmäßige Darstellung von Plandaten auf der Grundlage der geplanten Leistungen (Aktionsplanung), bezogen und abgestimmt auf organisatorische Verantwortungsbereiche und auf eine Zeitperiode»; damit lassen sich folgende Merkmale herausstellen (Zapp et al., 2000: 29):

- *Flexibilität:* Damit ist sowohl eine Anpassung an rechtliche Änderungen und an das jeweils geltende Finanzierungssystem wie auch eine Anpassung auf Grund planerischer und zeitlicher Veränderungen gemeint.
- *Leistungsorientierung* meint, dass die Leistungen als Grundlage von Entscheidungen zu sehen sind.
- *Wertorientierung* führt zur Übertragung von Leistungen in (Geld-)Werte.
- *Planorientierung* verlangt eine Benennung von zu erreichenden Größen (Leistungen und Werte).
- *Verantwortungsorientierung* verlangt vor dem Tätigwerden die Übernahme der Verantwortung für das Handeln und das Erreichen des vorgegebenen Ziels unter Beachtung der Flexibilität mit der entsprechenden Zeitorientierung.

Die Vorgehensweise der Budgetierung
In diesem Kapitel wird ein weit gefasster Budgetierungsbegriff, angelehnt an Horváth (2001: 237), verwandt. Daraus abgeleitet ergibt sich die folgende Definition: Die Budgetierung umfasst die Planung, Realisation und Kontrolle von Vorgaben für konkrete Verantwortungsbereiche (Zapp et al., 2000: 31 f.).

Die Planung wiederum umfasst die Budgeterstellung, die Prüfung auf Realisierbarkeit, die Budgetvergabe und -durchsetzung; das heißt Verabschiedung des Plans durch die entsprechenden Gremien.

Die Budgetrealisation ist die Umsetzung des Budgets.

Die Budgetkontrolle findet ihre Ausführung im Berichtswesen.

Der Verbindlichkeitsgrad bezieht sich ggf. nicht nur auf das Budget selber, das im Hinblick auf die Anpassung an äußere Einflüsse als flexibel anzusehen ist, sondern auf die Verantwortlichkeit der jeweiligen Mitarbeiter für die Einhaltung der Budgets.

Leistungsorientierte und kostenorientierte interne Budgetierungsformen. Die interne Budgetierung lässt sich unterscheiden in eine leistungs- und eine kostenorientierte Form der Budgetierung (Ernest & Whinney, 1986: 41; **Abb. 5.1-7**). Die kostenorientierte Budgetierungsform setzt an bei der kostenarten- oder kostenstellenbezogenen Extrapolation der Kostenarten der zurückliegenden Periode(n). Dabei werden die Leistungen nicht als Verursachung der Kosten berücksichtigt. Damit ist ein wesentlicher Kritikpunkt dieser Budgetierungsform benannt: die Vernachlässigung und die Verknüpfung der Leistungsprozesse.

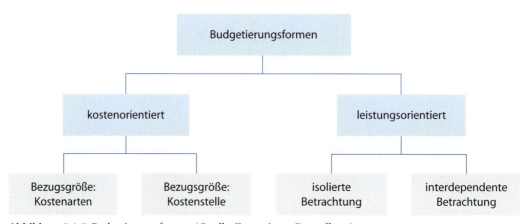

Abbildung 5.1-7: Budgetierungsformen (Quelle: Zapp, eigene Darstellung)

Eine Aussage über die Wirtschaftlichkeit einer Tätigkeit, einer Kostenstelle oder eines Prozesses kann nur im Zusammenhang mit dem Mitteleinsatz oder dem Output (s. o.) gemacht werden (Küpper, 2001: 170 ff.). Deshalb sind die Kostenstellenkosten und die Bezugsgrößen der Kostenverursachung notwendig zur Beurteilung der Wirtschaftlichkeit (Kilger, 2002: 44). Erst dann werden Aussagen hinsichtlich einer Kostensteigerung auf Grund einer Mengenausweitung und einer Kostensteigerung aus anderen Gründen zu differenzieren sein. Eine nur auf Kostenarten bezogene Budgetierung ist nur begrenzt aussagefähig, weil die Verursacher der Kosten oder Leistungen dabei nicht benannt werden. Die Aussage: «Die Kosten sind um 50 000 Euro zu hoch» besagt nicht, wer dafür verantwortlich ist (Pflege, Arzt, Chirurgie, Innere Medizin, Verwaltung, Küche usw.).

Die leistungsorientierte Budgetierung wird unterschieden in eine leistungsbezogene und eine leistungsabhängige Budgetierungsform (Ernest & Whinney, 1986: 125). Die leistungsbezogene Budgetierung errechnet Leistungen der Kostenstellen unabhängig von betrieblichen Leistungsverflechtungen und -abhängigkeiten. Die Bezugsgrößen werden nicht benannt und die Einflussgrößen der Leistungserstellung nicht beachtet. Die Belegungsänderungen werden bei der Budgetierung der Küche nicht berücksichtigt. Damit kommt diese Form der Budgetierung insbesondere dann zum Einsatz, wenn Leistungen auch unabhängig vom Leistungs- oder Belegungsgrad erbracht werden müssen – wie zum Beispiel die Gebäudereinigung.

Die leistungsabhängige Budgetierungsform berücksichtigt demgegenüber die Verflechtung von Mitteleinsatz und Output. Die mengenmäßigen Beziehungen (z. B. zwischen der Auslastung einer stationären Einrichtung und dem hierfür notwendigen Personal- und Sachmittelaufwand) werden berücksichtigt (Ernest & Whinney, 1986: 43). Der Planungsaufwand dieser Form ist aufwändig. Die Analysen bei Abweichungen sind damit aber umso differenzierter möglich, sodass auch Lenkungsaktivitäten daraus abgeleitet werden können.

Als Aufgaben der leistungsabhängigen Budgetierung können benannt werden:

- Ermittlung und Erstellung konkreter Vorgaben für die Kostenstellen (Ziegler, 1997: 43)
- Bestimmung von Budgetverantwortlichen und deren Verpflichtung auf die Einhaltung der Budgets im Sinne eines *management by objectives*
- Schaffung größerer Transparenz in Kosten- und Organisationsaspekten und
- Koordination der einzelnen Leistungsstellen im Hinblick auf das unternehmerische Gesamtziel.

Abweichungen werden durch die laufende Kontrolle und Analyse der Budgeteinhaltung schnell erkannt, damit noch im laufenden Pflegesatzzeitraum Maßnahmen der Lenkung in Gang gesetzt und durchgeführt werden können. Mit einer differenziert durchgeführten Budgetierung, die sich an einer klaren Kostenarten- und aussagefähigen Kostenstellenrechnung orientiert, werden der Unternehmungsleitung und den Budgetverantwortlichen für ihre Entscheidung spezifische und entscheidungsrelevante Informationen zur Verfügung gestellt.

Für die Beurteilung der Wirtschaftlichkeit sind folgende Aufgaben zu erledigen:

- Erstellung von Plandaten und Sollwerten auf der Basis der Leistungs-, Kosten- und Erlösplanung
- Vergleich von Plan-, Soll- und Istwerten in der Budgetkontrolle
- Erhöhung der Kostentransparenz zur Aufdeckung von Wirtschaftlichkeitsreserven.

Vorteile der Budgetierung sind:

- die Quantifizierung von leistungs- und wertorientierten Daten (Ernest & Whinney, 1986: 12, auch: Deutsche Krankenhaus Gesellschaft, 1995: 12)
- der Nachweis wirtschaftlicher Betriebsführung
- die Verstärkung der Transparenz von Leistungen und Kosten
- die entscheidungs- und zielorientierte Ausrichtung der Unternehmung, ihrer Mitarbeiter und Gremien.

Aufbau und Ablauf der internen Budgetierung. An *Voraussetzungen* ist zunächst zu klären, ob und für welche Bereiche eine wie immer geartete differenzierte Budgetplanung erfolgt (Ernest & Whinney, 1986: 14). Darüber hinaus ist der Aufbau einer entscheidungsorientierten Kostenstellen-Budgetierung zu gewährleisten, sodass die Kosten in beeinflussbare und nichtbeeinflussbare Anteile untergliedert werden müssen. Der Kostenstellenleiter kann nur die Kosten verantworten, die von ihm tatsächlich beeinflusst werden können. Schließlich ist der Aspekt der Wirtschaftlichkeit zu beachten; der Aufwand für die Budgeterstellung und -kontrolle darf nicht höher sein als das Einsparvolumen.

An *organisatorischen Maßnahmen* sind festzulegen:

- die Budgetorgane: Das sind Mitarbeiter, die an der Planung und Erstellung der Einzelbudgets einzubeziehen sind: Kostenrechner, Kostenplaner und Controller, die Leitung, die strategische Vorgaben einbringt, und die Kostenstellenverantwortlichen, um die Akzeptanz der internen Budgetierung zu erhalten.
- die systematische Darstellung der Budgetaktivitäten: Hier geht es um eine systematische Abstimmung der Teilaktivitäten bei der Budgetierung; insbesondere der Einsatz eines Planungskalenders (Horváth, 2001: 237, 225).
- die Einbindung der Budgetierung in die betriebliche Organisation (Integrationsfunktion). Die Integration der Strukturen in die Budgetierung ist geboten, um sie in die betriebliche Hierarchie einzubinden.

Die *Budgeterstellung* zeigt **Abbildung 5.1-8**.

a) *Systematische Kosten- und Leistungsrechnung*: Eine leistungsorientierte interne Budgetierung erfordert als Basis eine gut strukturierte und in-

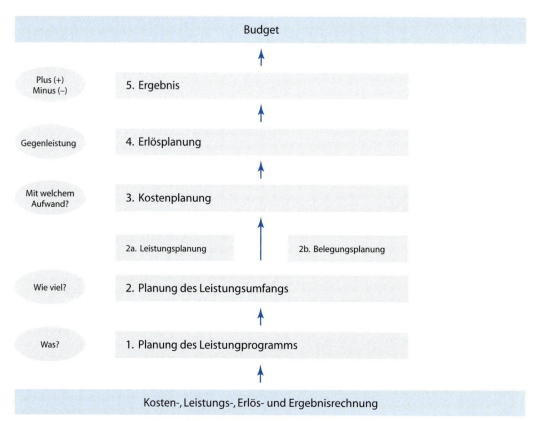

Abbildung 5.1-8: Budgeterstellung (Quelle: Zapp, eigene Darstellung)

formative Kosten-, Leistungs- und Erlösrechnung (Zapp, 2000: 5 ff.; und Kap. 5.2).

b) *Leistungsplanung:* Leistungen gehen den Kosten voraus (Kilger, 2002: 103; auch: Weber, 2002: 175). Die Problematik, dass Kosten auch als Vorleistungs- oder beschäftigungsunabhängige Kosten entstehen, soll hier nicht weiter behandelt werden. Leistungen wiederum sind auf das Sachziel zu beziehen und daraus abzuleiten. Nach Konkretisierung des Sachziels ist im Rahmen der Budgetplanung die Planung von Leistungen nach Art, Menge und Ort der Leistungserbringung durchzuführen. Damit einhergehend müssen die Formalziele beachtet werden.

Der Planungsprozess zur Budgeterstellung kann in folgende Schritte gegliedert werden:

- Planung des Leistungsprogramms einrichtungsbezogen und je Kostenstelle
- Belegungsplanung einrichtungsbezogen und je Kostenstelle
- Leistungsmengenplanung einrichtungsbezogen und je Kostenstelle.

Die *Leistungsprogrammplanung* bestimmt die zu erbringenden Leistungen – Leistungen aus den direkten und indirekten Pflegeleistungen, den gesondert berechenbaren Zusatzleistungen sowie der Unterkunft und Verpflegung.

Das Leistungsprogramm umfasst die Bestimmung für das Programm der Einrichtung sowie das Programm je Leistungsstelle (Abteilung, Klinik und ähnliche Größen).

Die *Belegungsplanung* bestimmt auf der Grundlage der vorgenommenen Leistungsprogrammplanung die geplante (oder erwartete) Auslastung der Abteilung (Betten, Bewohner, Plätze). Eine Ausgangsbelegung von 100 % würde bedeuten, dass alle Betten der Einrichtung über den gesamten Planungszeitraum, in der Regel das Kalenderjahr, voll und komplett ausgelastet sind. Eine Auslastung des OP zu 100 % nur für stationäre Fälle könnte schnell zu einer Flaschenhalsproblematik auf der Intensivstation oder der Normalstation führen. Die dem OP nachfolgenden Abteilungen wären möglicherweise überlastet mit schweren Fällen, die dazu führen, dass die Intensivabteilung «überläuft» und die Patienten direkt aus dem OP auf die Station verlegt werden und hier zu Versorgungsengpässen führen können. Neben der Belegungsplanung sind die Einbestellpraxis und die Berücksichtigung von Prozessabläufen zu beachten. Darüber hinaus ist die Besetzung der Stellen zu berücksichtigen, die wiederum von der Ausfallzeit beeinflusst wird.

Die Belegungsplanung ist eingebettet in die operative Leistungsprogrammplanung unter Beachtung der strategischen Programmplanung, die wiederum abhängig ist vom Marktumfeld und von der jeweiligen Marktsituation (Zapp, 2000: 1 ff.).

Die *Leistungsmengenplanung* gibt die Planung der konkreten Patientenstruktur wieder. Im Bereich der Unterkunft könnten dies Belegungstage und bei der Verpflegung die Beköstigungstage sein. In den Bereichen des Pflege- und des ärztlichen Dienstes gestalten sich die Mengenplanungen schwierig. Die genaue Patientenstruktur nach Krankheitsbildern ist nicht unbedingt vorhersehbar und vom Kostenstellenverantwortlichen zu beeinflussen. Daher ist die Forderung nach einem flexiblen Budget mit Anpassungsmöglichkeiten und Varianten verständlich.

c) *Kostenplanung:* Die Kostenplanung schließt sich der Leistungsplanung an: Sach- und Personalaufwand müssen differenziert nach vorgegebenen Kriterien geplant werden. Es war schon ausgeführt worden, dass die Kosten leistungs- und entscheidungsorientiert den Kostenstellen differenziert nach Kostenarten zugerechnet werden müssen (Zapp, 2000: 5 ff.).

Die zugeordneten Kosten ergeben dann das Budget der Kostenstelle, das über einen bestimmten Zeitraum die über die Kostenstelle verrechneten Kostenarten als Plankosten vorgibt (Kilger, 2002: 235). Der Kostenstellenverantwortliche ist in die Planung mit einzubeziehen. Die Kostenplanung kann nach unterschiedlichen Verfahren, den statistischen und analytischen Verfahren, erfolgen.

Beim statistischen Verfahren wird versucht, Plankosten aus den Istkosten abgelaufener Perioden mit Hilfe statistischer Berechnungen zu ermitteln. Da solche Verfahren jedoch immer auf Vergangenheitswerten beruhen, sollten sie nur ergänzend zur analytischen Kostenplanung genutzt werden (Kilger, 2002: 271).

Die analytischen Methoden gehen von einer Prozessanalyse unter kostenwirtschaftlichen Aspekten aus, wobei die Plankosten aus Einzelinformationen gebildet werden (Kilger, 2002: 272). Analytische Methoden sind, wie **Abbildung 5.1-9** zeigt, zum Beispiel Schätzungen durch die Kostenplaner, interne oder externe Vergleiche sowie Messungen oder Berechnungen (Hentze/Kehres, 1999: 156). Messungen und Berechnungen auf der Basis geplanter Leistungen sind als sehr zuverlässige, aber auch aufwändige Verfahren zu verstehen.

Inhaltliches Ergebnis einer leistungsbezogenen Kostenplanung sollte die Antwort auf die vier folgenden Fragen sein (Mensch, 1997: 60):

1. Was wird verbraucht   – Bei wirtschaftlichem Handeln?
2. Was ist es wert?   – Wie ist es zu bewerten?
3. Wodurch wird
   a) der Verbrauch
   b) der Wert
   beeinflusst?   – Prozessparameter
4. Wo erfolgt der Verbrauch?   – Kostenstelle
5. Wofür erfolgt der Verbrauch? – Kostenträger

Die Kostenplanung umfasst Angaben für das Gesamtunternehmen, die einzelnen Kostenstellen und für Kostenstellenbereiche. Auf der Kostenplanung baut die Budgetvergabe und -kontrolle auf. Für die Kostenkontrolle sind weitere Informationen notwendig, wie die Wirkungen der Kosteneinflussgrößen (Zapp, 2000: 4). Schließlich kann die Analyse von Kostenabweichungen nur dann sachgerecht erfolgen, wenn die Basisinformationen der Kostenplanung bekannt sind (Mensch, 1997: 60).

d) *Erlösplanung:* In der Kostenplanung werden die Selbstkosten je Leistungsstelle veranschlagt. Für die Einrichtung bilden sie zusammengefasst die Basis für das Gesamtbudget. Die Erlöse können entsprechend der Leistungs- und Kostenstrukturen den einzelnen Bereichen zugeordnet werden, was im Allgemeinen als Erlösplanung bezeichnet wird. Dabei ist zu beachten, ob eine Vollkosten- oder Teilkostenmethode angewendet wird (s. o.). Der Erlösplanung kommen verschiedene Aufgaben zu:

- Aufteilung der Erlöse auf die Kostenstellen
- Analyse der Realisierbarkeit der vorher geplanten Kosten (Ernest & Whinney, 1986: 18).
- Vorbereitung der Budgetüberwachung.

Die Erlösplanung schafft die optimale Aufteilung des externen Budgets im Innenverhältnis, vervollständigt damit den Informationsgehalt der Budgetierung (Ziegler, 1997: 44) und bildet somit die Grundlage eines Erlöscontrollings. Dieses hat zum Ziel, Abweichungen in der ge-

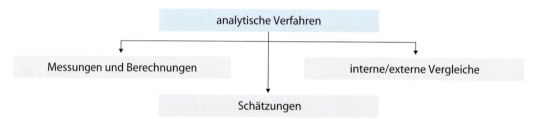

Abbildung 5.1-9: Analytische Kostenplanungsverfahren (Quelle: eigene Darstellung in Anlehnung an Zapp, W.; Bettig, U.; Interne Budgetierung als zielorientiertes Lenkungsinstrument im Controlling; in Zapp, W. [Hrsg.]; Controlling in der Pflege; Bern, 2004, S. 293)

planten Erlössituation möglichst frühzeitig aufzuzeigen und mögliche Gegenmaßnahmen zu entwickeln.

e) *Budgetvergabe und Budgetdurchsetzung:* Als Adressatenkreis für die Budgetvergabe kommen die Führungskräfte einer Einrichtung in Frage, die nicht nur Entscheidungs- und Führungsverantwortung, sondern auch Finanz- und Budgetverantwortung tragen. Dabei sind nicht nur die pflegerischen Bereiche, sondern auch der Verwaltungs-, Technik- und Versorgungsbereich zu berücksichtigen (Eichhorn, 1995: 338). Damit die interne Budgetierung erfolgreich als Instrument zur zielorientierten Lenkung dieser organisatorischen Teileinheiten (Grimmer, 1980: 73) eingesetzt werden kann, muss zunächst eine Organisationsstruktur vorliegen, die das Festlegen von Ressortverantwortlichen zulässt. Eine Grundlage hierfür kann das Organigramm oder der Kostenstellenplan der Einrichtung bieten. Geht man von einer hierarchisch gestuften Leitungsorganisation aus, wie sie in den meisten Einrichtungen zu finden ist, so ergibt sich für die unterschiedlichen Leitungsebenen eine abgestufte Budgetverantwortung (Eichhorn, 1995: 338). Die Vergabe auf die Stellen oder Budgetbereiche erfolgt je nach Unternehmungsform durch den Vorstand oder das Aufsichtsgremium. Die Budgetierung kann dabei über einen Wirtschafts-, Stellen-, Instandhaltungs- und Finanzplan bestimmt werden.

Den Mitarbeitern, denen Budgetverantwortung übertragen wird, müssen auch die hierfür erforderlichen Kompetenzen eingeräumt werden (Deutsche Krankenhausgesellschaft, 1995: 6). Damit wird die Forderung «Aufgabe, Kompetenz und Verantwortung in eine Hand» berücksichtigt. Nur wenn diese Regelung beachtet wird, können Budgets sinnvoll umgesetzt werden, indem die Budgetverantwortlichen über einen gewissen – flexiblen – Handlungsspielraum verfügen, in dem sie selbstständig Maßnahmen zur Budgeterreichung auswählen und durchführen können (Grimmer, 1980: 14). Damit wird eine begrenzte Delegation von Entscheidungsrechten im Bereich der operativen Planung in Bezug auf Auswahl und Kombination von Handlungsvariablen vorgenommen (Küpper, 2001: 315).

f) *Verhaltensbeeinflussende Maßnahmen beim Budget:* Um die Realisationschancen für aufgestellte Budgets zu erhöhen, sind verhaltensbezogene Gestaltungsempfehlungen zu berücksichtigen (Horváth, 2001: 248):

- Der Verantwortungsbereich muss klar dargestellt sein.
- Die Budgetvorgaben sind messbar.
- Die Budgetvorgaben müssen realisierbar sein.
- Die Budgetverantwortlichen müssen in den Budgetierungsprozess einbezogen werden.

Weiterhin ist die Ausgestaltung eines sinnvollen Anreiz- und Belohnungssystems vorzunehmen. Im Rahmen kooperativer Führungsstile werden vermehrt Verfahren angewandt, die die Kreativität der Führungskräfte und ihrer Mitarbeiter nutzen und ihnen die Möglichkeit bieten, eigene Überlegungen und Handlungsabsichten in den Budgetierungsprozess einzubringen (Küpper, 2001: 340). Motivation ist dabei nur über eine Vielfalt an Anreizen zu erreichen – eine monokausale Denkstruktur hilft da nicht weiter. (Wottawa/Gluminski, 1995: 194), um die besondere Unternehmungssituation mit ihren Mitarbeitern zu berücksichtigen (Stoll, 1997: 126).

Prozesskostenrechnung
Die Prozesskostenrechnung ist als Ergänzung zur traditionellen Kostenrechnung zu verstehen. In den USA wurde in den achtziger Jahren das Activity-based Costing konzipiert, entwickelt und in den Unternehmungen eingeführt (Schmidt-Rettig/Böhning, 1999: 121). Grund für diese Vorgehen war der Anstieg der Gemeinkosten und ihre nicht leistungsorientierte Zuordnung auf die Kostenträger (Zapp/Bettig, 2002: 278). In Deutschland wurde diese Vorgehensweise als Prozesskostenrechnung bezeichnet. Der Schwerpunkt ihres Einsatzes liegt in Deutschland vor allem in den indirekten Bereichen (Verwaltung, Qualität). Durch die flexible Plankostenrechnung (siehe Abweichungsanalyse) sind in Deutschland bereits ein Denkmo-

dell und ein praktikables Vorgehen über eine Verrechnung der Kosten durch eine Leistungsrechnung entstanden. Damit werden die Kosten über eine qualifizierte Leistungsverrechnung auf die Kostenträger weiterverrechnet. Allerdings können auch im Krankenhaus nicht sämtliche Kosten in dieser Form verrechnet werden. So sind Qualitätsleistungen oder Leistungen der Verwaltung durch eine innerbetriebliche Leistungsverrechnung nur schwer auf den Patienten zu verrechnen (Zapp/Gläser, 2001: 2 ff.). Hier ist man auf die Prozesskostenrechnung angewiesen, die über die Prozessanalyse die Kosten auf den Kostenträger verrechnet.

Für ein Krankenhaus besteht die Kernleistungsaufgabe aus einer Zustandsveränderung des Patienten, die eine Gesundheitsverbesserung bzw. ein verbessertes Wohlbefinden des Patienten zum Inhalt hat. Hieraus folgt, dass der Kernprozess im Krankenhaus aus den Handlungen von Ärzten, Pflegekräften und anderen beteiligten Berufsgruppen sowie den benötigten Sachmitteln für die Erreichung dieser Zustandsveränderung besteht (Zapp, 2003: 9).

Die Prozesse, die nicht direkt für die Erbringung der Kernleistungsaufgabe des Krankenhauses benötigt werden, also beispielsweise die Zubereitung der Speisen für die Patienten, werden als Supportprozesse bezeichnet. Bei den Supportprozessen handelt es sich um Prozesse, die die Grundlage für die Leistungserbringung einer Unternehmung darstellen (Gaitanides et al., 1994: 210). Sie unterstützen und entlasten die Kernprozesse, es sind beispielsweise Prozesse wie Personal betreuen, Ressourcen bereitstellen, Informationsversorgung sicherstellen usw. (Osterloh/Frost, 1996: 224). Supportprozesse beinhalten ebenso wie Kernprozesse umfassende Wertschöpfungsketten und können durch Zukauf von außen ausgelagert werden (Outsourcing bzw. Privatisierung) (Osterloh/Hunziker, 1998: 10). Die Abgrenzung von Kern- und Supportprozessen ist nicht ganz einfach. Insbesondere im Gesundheitsbereich ist die Einteilung immer wieder zu hinterfragen, weil die Gesundheit des Patienten im Vordergrund steht und der Support anderweitig erstellt werden kann (Zapp et al., 2003: 1–24).

Ein Hauptprozess ist die Zusammenfassung von verschiedenen Teilprozessen, die die Erfüllung einer definierten, abgrenzbaren Arbeitsaufgabe zum Ziel haben, zum Beispiel der Verwaltungsprozess für einen Patienten im Krankenhaus; dieser lässt sich beispielhaft in die Teilprozesse Patientenaufnahme, Patientenbetreuung und Patientenentlassung zerlegen (Zapp, 1999: 265 ff.).

Die Vorgehensweise einer Prozesskostenrechnung kann folgendermaßen vorgenommen werden (vgl. ausführlich Zapp/Bettig, 2002: 281 ff.; vgl. auch Horváth/Meyer, 1993: 20 f.; Joos-Sachse, 2001: 258 f.):

1. Prozessanalyse zum Aufbau einer Prozesskostenrechnung. Zunächst sind die betreffenden Prozesse zu benennen. Hier wird empfohlen, entsprechend den ersten fünf Schritten der Vorgehensweise der Prozessgestaltung vorzugehen (vgl. hierzu ausführlich Zapp/Dorenkamp, 2002: 62 ff.; Zapp et al., 2000).

Die Basis für eine Prozessgestaltung bildet die Analyse in sich geschlossener Prozesse. Hier bildet die:

- **Prozessidentifikation**, d. h. das Erkennen der in einer Institution ablaufenden Prozesse den Ausgangspunkt. Ein Krankenhaus besteht aus einer Vielzahl von Prozessen. Um diese als Prozessmodell abbilden zu können, ist es ratsam, sich auf die charakterisierenden Prozesse des Krankenhauses zu konzentrieren (vgl. hierzu Gaitanides et al., 1994).
- Da nur wesentliche Prozesse untersucht werden sollen, erfolgen die **Prozessauswahl** und die **Abgrenzung** zu anderen Prozessen.
- Mit der **Darstellung** der im Krankenhaus vorhandenen Prozesse wird die Voraussetzung für spätere Gestaltungsmaßnahmen geschaffen. Die Darstellung soll eine wertfreie Ordnung jener wichtigen Informationen gewährleisten, aus denen eine klare Prozessbeschreibung und Definition der Schnittstellen hervorgeht. Die wesentliche Aufgabe einer Darstellung der Prozessabläufe ist die Schaffung von Transparenz, um allen Prozessbeteiligten ein einheitliches Verständnis über

Inhalte und Ziele der Prozesse zu vermitteln.
- Verbunden mit der Prozessanalyse ist die **Analyse der Schnittstellen**. Die Schnittstellenanalyse dient der Entschlüsselung und Gestaltung komplexer Systemstrukturen. Hier werden die Abfolge und das Ineinandergreifen der einzelnen Teilprozesse des gesamten Prozesses nachvollzogen. Dabei richtet sich die Aufmerksamkeit auf Brüche im zeitlichen Ablauf, auf Mängel der inhaltlichen Abstimmung sowie auf Kommunikationsdefizite zwischen den Teilbereichen.

Nach der Erfassung des Iststandes folgt die Prozesswürdigung. Sie bildet die Grundlage für die Lösungsmöglichkeiten, die in den Entwurf einer Sollkonzeption einfließen (Zapp/Dorenkamp, 2002: 68). Diese Vorgehensweise wird in **Abbildung 5.1-10** zusammengefasst.

2. Ableitung von Maßgrößen durch eine Tätigkeitsanalyse und Bildung von Teilprozessen. Dieser Schritt soll dazu führen, dass die Teilprozesse in Tätigkeiten abgebildet werden und eine Maßgröße zugeordnet werden kann. Diese Maßgrößen können:

- leistungsmengenneutral sein. Dann fallen die Kosten unabhängig von der Häufigkeit der Tätigkeiten an. Die Bezeichnung für leistungsmengenneutral ist die Abkürzung «lmn».
- leistungsmengeninduziert sein. Die anfallenden Kosten hängen von dieser Leistungsmaßgröße ab. Die Bezeichnung für leistungsmengeninduziert ist die Abkürzung «lmi».

Die Maßgröße wird als Kostenreiber (Cost Driver) bezeichnet (Horváth/Mayer, 1993: 17; Zapp/Bettig, 2002: 277).

3. Zuordnung der Kosten. Die Kosten müssen den einzelnen Kostenstellen, Tätigkeiten oder Teilprozesse zugeordnet werden (**Abb. 5.1-11**).

4. Ableitung der Kostensätze. Die Kostensätze ergeben sich, indem die Prozessteilkosten durch die Prozessmenge dividiert werden und daraus der Prozesskostensatz gebildet wird.

5.1.3.2 Kontrollsystem

Kontrolldefinition
Kontrolle kann im Sprachgebrauch wiedergegeben werden mit der Überprüfung oder Überwachung eines Vorgangs oder einer Tätigkeit durch eine oder mehrere Personen (Lenz, 2002: 975). Aus betriebswirtschaftlicher Sicht definiert Frese (1968: 53), Kontrolle als den «Vergleich zwischen geplanten und realisierten Werten zur Information über das Ergebnis des betriebswirtschaftlichen Handelns». Die Vielschichtigkeit des Kontrollbegriffs mit seinen facettenhaften Differenzierungen kann folgendermaßen differenziert werden: Überwachung wird als Oberbegriff der Kontrolle mit Selbst- und Fremdkontrolle verstanden, während die interne Prüfung als Revision und die externe Prüfung als Wirtschaftsprüfung verstanden wird (**Abb. 5.1-12, S. 245**). Nach diesem Modell wird Überwachung als der Oberbegriff konzipiert und verstanden, als Vergleich zwischen einer Ist- und einer Normgröße (vgl. Lenz, 2002: 977; Freiling, 1978: 297; Weber, 2002: 226)

Leffson (1983: 1289), stellt den Sachverhalt

Aufbau einer Prozesskostenrechnung

Analyse von Prozessen
- Identifikation der Prozesse
- Auswahl der Prozesse
- Abgrenzung der Prozesse
- Darstellung der Prozesse
- Analyse der Schnittstellen

Abbildung 5.1-10: Vorgehensweise einer Prozessgestaltung (Quelle: eigene Darstellung, in Anlehnung an Zapp, W., Dorenkamp, A.; Anwendungsorientierte Prozessgestaltung im Krankenhaus; in Zapp, W. [Hrsg.]; Prozessgestaltung im Krankenhaus; Heidelberg, 2002, S. 69)

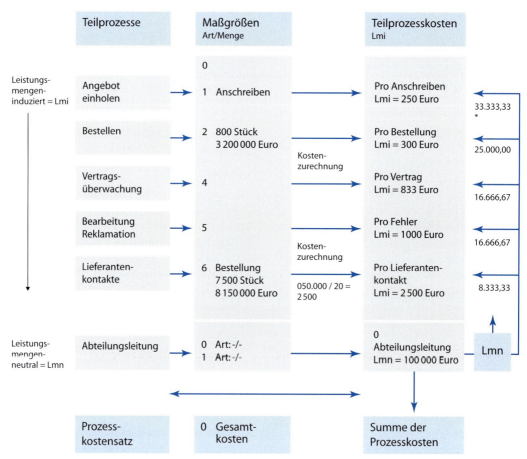

Abbildung 5.1-11: Bildung der Prozesskostensätze durch Zuordnung zu den Teilprozessen. * Kosten lmn (100.000) : Gesamtkosten lmi (600.000): Prozesskosten (200.000) = 3,333 (Quelle: eigene Darstellung, in Anlehnung an Zapp, W.; Bettig, U.; Die Bedeutung der Prozesskostenrechnung für eine Gestaltung von Prozessen; in Zapp, W. [Hrsg.]; Prozessgestaltung im Krankenhaus; Heidelberg, 2002, S. 283)

etwas anders da, indem er als Obergriff die Revision einführt und darunter die Kontrolle neben der Prüfung stellt. Beide Ansichten stützen sich zu sehr auf eine überwachungsorientierte Definition.

Mit dieser Über- und Unterordnung wird das eigentliche Ansinnen der Kontrolle nicht erreicht. Kontrolle ist aus dem Managementkreislauf (Planen, Entscheiden, Kontrollieren, Ändern) heraus zu verstehen. Prüfung dagegen ist als eine Tätigkeit zur Überprüfung der richtigen Handlung anzusehen, während Überwachung den Schwerpunkt auf die Wachsamkeit legt, mit der Tätigkeiten beobachtet werden. In diesem Kapitel wird auf einen Oberbegriff verzichtet.

Kontrolle soll in diesem Kapitel dann vorliegen, wenn Aufgaben, Ereignisse, Vorgänge, Potenziale, Prozesse bzw. Ergebnisse in Form von Istdaten zu Soll- oder Plandaten managementorientiert verglichen werden. Kontrolle als managementorientierter Vergleich umfasst:

- die Differenz von Istdaten zu Soll- oder Plandaten und
- die Analyse der Differenz (Abweichungsanalyse)
- die Ausarbeitung von Korrekturmaßnahmen

Abbildung 5.1-12: Abgrenzungen des Kontrollbegriffs (Quelle: Zapp, eigene Darstellung)

innerhalb eines vorgegebenen Handlungsrahmens und
- die darüber hinausgehende Konzipierung von Maßnahmen, die auch die Möglichkeit zur Änderung des Handlungsrahmens umfasst (Weber, 2002: 226 ff.).

Die handlungs- und rechtsorientierte Prüfung stellt auf die interne Revision oder die externe Wirtschaftsprüfung ab. Die objektorientierte Überwachung erfolgt maschinell (z. B. Video) oder personell (Personal).

Kontrollobjekte
Die Kontrollobjekte können nach verschiedenen Kriterien unterschieden werden:

- Die ergebnisorientierten Kontrollen orientieren sich am Output betrieblichen Geschehens und lassen sich wie folgt unterteilen:
  - Die Prämissenkontrollen analysieren die Treffsicherheit und die Qualität der Planung.
  - Die Planfortschrittskontrollen analysieren die Treffsicherheit der zukünftigen Ereignisse auf der Grundlage von Zwischenzielen.
  - Die Ergebniskontrollen im eigentliche Sinn analysieren die Istergebnisse am Ende des Planungszyklus.
- Die verfahrensorientierten Kontrollen konzentrieren sich auf die angewendeten Verfahren und Methoden, um die Verbesserung der Instrumente zu erreichen.
- Die verhaltensorientierten Kontrollen setzen bei den Aufgabenträgern und den Personen an, die den Prozess begleiten, initiieren und managen, um hier die Verbesserung der Vorgehensweise zu optimieren. Dieser Bereich ist auf Grund der Beteiligung von Personen und der Kontrolle über Vorgehen durch Personen besonders sensibel anzugehen.
- Die inputorientierten Kontrollen analysieren die Einsatzfaktoren in qualitativer und quantitativer Form. Ergebnisorientierte Kontrollen dringen ebenfalls zu diesen Inputfaktoren vor. Sie tun dies aber retrograd, während hier der Input als Kontrollpunkt in den Mittelpunkt gestellt und sowohl bei den beeinflussbaren Faktoren als auch die weniger beeinflussbaren Ressourcen im Blickpunkt behalten wird (Dinkelbach/Rosenberg, 2000: 2–6; Betz, 2002: 988 ff.).

Kontrollinstrumente und -verfahren
Eine Fülle von Instrumenten kann genannt und folgendermaßen subsummiert werden:

- kennzahlenorientierte Instrumente
- kostenorientierte Instrumente.

Kennzahlenorientierte Instrumente. Als Instrument für die Darstellung von Vergleichen sind Kennzahlen geeignet.

Neben der Bildung von absoluten Zahlen (z. B. Gewinn oder Bilanzsumme), können auch Verhältniszahlen gebildet werden (Liessmann, 1997: 348 f.). In Non-Profit-Organisationen treten vor allem die in **Tabelle 5.1-5** wiedergegebenen Arten von Kennzahlen auf (Steinmüller, 2000: 227).

Tabelle 5.1-5: Kennzahlenorientierte Vorgehensweise (Quelle: Zapp, eigene Darstellung nach Steinmüller, P. H. [Hrsg.]; Die neue Schule des Controllers [Bd. 3]: Spezielles Controlling; Stuttgart, 2000, S. 227)

Kennzahlen	Beispiele
Effizienzkennzahlen	Bettenbelegung
Kostenwirtschaftliche Kennzahlen	Prozesskostensätze
Ergebniskennzahlen	Budget einer Einrichtung
Liquiditätskennzahlen	Liquiditätsgrade
Marktorientierte Kennzahlen	Änderung der Belegung in einer Periode
Leistungswirtschaftliche Kennzahlen	Anzahl der gesund entlassenen Patienten
Personalkennzahlen	Ausfallzeiten

Die Vorgehensweise setzt an bei der Erarbeitung und Festlegung von Vorgabeziffern, die intern entwickelt oder extern aus Branchenanalysen übernommen und auf die Situation des Hauses übertragen werden. Diese Vorgabeziffern sind differenzierte Plandaten, die an die Entwicklung flexibel angepasst werden und damit zu Solldaten werden. Diese Daten sind für die verschiedenen Ebenen in der Unternehmung der Gesundheitsbranche festgelegt (Kostenstellen, Kostenarten, Bereiche und Ähnliches). Diese Plandaten werden den Istdaten gegenübergestellt. Dabei wird sich auf die wesentlichen, bedeutenden und kontrollbedürftigen Daten abgestellt.

Als Nachteile von Kennziffern können benannt werden:

- Nur relative Abweichungen werden ausgewiesen.
- Absolute Abweichungen sind nicht bekannt.
- Es besteht kein Bezug zur realen Leistung, weil nur Kennziffern eine Abweichung darstellen.

Kennziffern kommen als Ergänzung in Betracht; im Vordergrund steht die Abweichungsanalyse.

Abweichungsanalyse. Es gibt verschiedene Formen. Die Abweichungsanalyse kann:

- gesamtsystemisch durchgeführt werden.
  - Als umfassende Analyse wird die gesamte Unternehmung analysiert.
  - In der fokussierten Analyse werden ausgewählten Schwerpunkten analysiert.

- kostensystemisch durchgeführt werden.
  - In die geschlossene Analyse werden sämtliche Daten in Form der Kosten, Leistungen, Erlöse und Ergebnisse einbezogen, auch solche, die durch den unmittelbar Verantwortlichen nicht beeinflusst werden können. So bleibt der Gesamtüberblick erhalten.
  - Die partielle Analyse betrachtet für das Responsibility Accounting nur die beeinflussbaren Daten (Personalkosten, Medikamente, Reparatur- und Instandhaltungskosten und Ähnliches). Die anderen – durch den Kostenstellenleiter – nicht beeinflussbaren Kostenarten werden nicht in die Kostenabweichung integriert (kalkulatorische Abschreibungen, kalkulatorische Zinsen, Raum-, Transport- und Leitungskosten werden in der laufenden Analyse nicht berücksichtigt). Der Nachteil ist, dass die Kontrollrechnung dann die Geschlossenheit verliert.

Als **generelle Grundsätze** und **Anforderungen** der Abweichungsanalyse können benannt werden:

- Die Ergebnisse sollen schnell vorliegen: Zum 5. des Folgemonats sollen die Daten vorliegen, weil sonst eine Beeinflussung der laufenden Kosten im nachfolgenden Monat kaum oder nur erschwert möglich ist.
- Die Kontrollperiode ist der Kalendermonat. Damit ist die Periodenabgrenzung vorgegeben. Der Arbeitsaufwand würde erhöht, sollte die Kontrollperiode noch kürzer als ein

Monat angesetzt werden. Dabei nimmt die Beeinflussbarkeit nicht unbedingt zu. Eine kürzere Kontrollperiode ist bei Liquiditätsproblemen empfehlenswert.
- Die Kostenkontrolle soll nach Kostenarten und Kostenstelle in den Budgetbereich gegliedert sein.

Ansatzpunkt für die **Durchführung des Vergleichs** ist die flexible Plankostenrechnung (**Abb. 5.1-13**). Dabei können folgende Abweichungen voneinander unterschieden werden:

a) *Verbrauchsabweichung:* Sie stellt die Differenz von Ist- zu Sollkosten dar. Die Sollkosten geben die Kosten bei Istbeschäftigung wieder und errechnen sich dadurch, dass zu den fixen Kosten die variablen Kosten bei Istbeschäftigung dazugerechnet werden. Die variablen Kosten bei Istbeschäftigung errechnen sich durch Division der variablen Kosten durch die Planbeschäftigung, multipliziert mit der Istbeschäftigung.

Diese Verbrauchsabweichungen werden:
- periodisch, und zwar monatlich und kumuliert, ausgewiesen, um zu zeigen, ob die Kosten ständig über den Sollkosten liegen
- nach Kostenartengruppen ausgewiesen. Personalkosten, Werkzeugkosten, Materialkosten werden aggregiert.

Die Verbrauchsabweichung stellt die durch die Bereiche beeinflussbaren und zu verantwortenden Kosten und Leistungen dar.

b) *Beschäftigungsabweichung:* Sie stellt die Differenz zwischen Sollkosten und verrechneten Plankosten dar. Die verrechneten Plankosten errechnen sich, indem die gesamten Plankosten durch die Planbeschäftigung dividiert und mit der Istbeschäftigung multipliziert werden.

Die Beschäftigungsabweichung gibt die nichtausgelasteten Kapazitäten an und ist deshalb durch die Unternehmungsleitung zu verantworten.

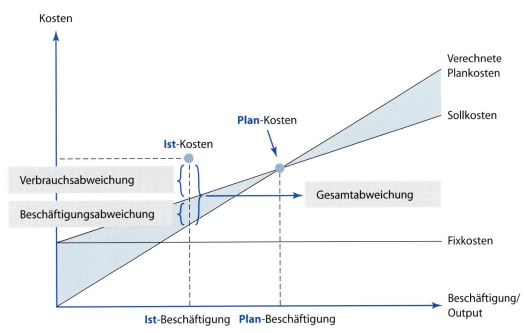

Abbildung 5.1-13: Soll- und Plankostenkurve in einer flexiblen Plankostenrechnung (Quelle: Zapp, eigene Darstellung)

c) *Preisabweichung:* Die Preisabweichung wird in der Regel durch Planpreise ausgeschaltet, da die Preise oft nicht durch die zuständigen Kostenstellenverantwortlichen zu verantworten sind.

Bei der **Analyse** reicht die rechnerische Ermittlung allein nicht aus, um die Ziele zu erreichen. Neben dem Ausweis der Kostenstellenabweichungen sind Analysen dieser ausgewiesenen Abweichungen durchzuführen und in Kostenberichte zu überführen, um mit den Verantwortlichen Kostendurchsprachen vorzunehmen. Die Kostendurchsprachen umfassen:

- die Darstellung und
- sachliche Erörterung der Abweichungen und
- die vorgesehen Maßnahmen.

Die Kostendurchsprachen sollten monatlich erfolgen. Daran nehmen die betreffenden Bereichs- oder Leistungs- und Kostenstellen-Leiter teil. Um die Bedeutung dieser Gespräche zu erhöhen, sollte der jeweilige Vorgesetzte daran teilnehmen.

Benchmarking. Benchmarking ist ein kontinuierlicher Prozess, bei dem

- Produkte,
- Dienstleistungen und
- insbesondere Prozesse und Methoden betrieblicher Funktionen über mehrere Unternehmen hinweg verglichen werden. Dabei sollen
- die Unterschiede zu anderen Unternehmen offen gelegt,
- die Ursachen für die Unterschiede und Möglichkeiten zur Verbesserung aufgezeigt
- sowie wettbewerbsorientierte Zielvorgaben ermittelt werden.

Der Vergleich findet dabei mit Unternehmen statt, die die zu untersuchende Methode oder den Prozess hervorragend beherrschen (Horváth/Herter, 1992). Damit kann das Benchmarking als eine Form des Vergleichs angesehen werden, um die jeweiligen Verbesserungsmöglichkeiten aufzuzeigen. Viele betriebswirtschaftliche Ansätze sind hier in diesem Benchmarkingverfahren subsummiert. So setzt der Vergleich ein Team in der Begleitung des Verfahrens voraus, das aus etwa sechs Teilnehmern bestehen sollte.

Die verschiedenen Formen des Benchmarking sind in der **Tabelle 5.1-6** zusammengefasst. Folgende Merkmale des Benchmarkings sind zu benennen (Riegler, 2002: 127; Spendolino, 1992; Schäfer/Seibt, 1998: 365 ff.):

- Vergleich: Benchmarking setzt auf den Vergleich von Parametern und Ausprägungen (s. Tab. 5.1-6). Über den Vergleich soll die Ausgangssituation beschrieben werden.
- Strategie: Die Vergleichsmerkmale stellen ab auf strategische Elemente, die jeweils von besonderer Bedeutung für die Erhaltung des Problemlösungspotenzials der Unternehmung sind.
- Verbesserung: Durch den Prozess des Benchmarkings sollen die eigene Potenziale, Prozesse und Ergebnisse verbessert werden.
- Implementierung: Die Untersuchung soll in Aktivitäten der Umsetzung überführt werden.
- Kontinuität: Der Benchmarking-Prozess soll als kontinuierliche Begleitung in den Unternehmungsalltag angesiedelt sein, um Verbesserungen zu finden und implementieren zu können, um so den Ablauf anzupassen und zu optimieren.

Tabelle 5.1-6: Formen des Benchmarkings (Quelle: Zapp, eigene Darstellung)

	Kriterien	Formen und Inhalte
Parameter	Perspektive	intern (z.B. Abteilung, Station
		extern (z.B. Deutschland – USA, Krankenhaus Nord – Süd)
	Branche	eigene Branche (z.B. Krankenhaus, Altenheim)
		andere Branche (z.B. Industrie, Dienstleistungsproduktion)
	Vergleichsparameter	ökonomische Vergleiche (z.B. Kosten und Ergebniszahlen)
		prozessorientierte Vergleiche (z.B. Zeit, Qualität, Kundenzufriedenheit)

Tabelle 5.1-7: Vorgehensweise von Benchmarking-Projekten (Quelle: Zapp, eigene Darstellung)

1. Vorbereitung	2. Analyse

1.1 Bestimmung des Benchmarkingparameters
1.2 Festlegung der Leistungsbeurteilungsgrößen
1.3 Bestimmung der Vergleichsunternehmen oder der internen Abteilungen
1.4 Suche nach Informationsquellen für das Benchmarking
	2.1 Leistungslücke zwischen den beteiligten Unternehmungen und Abteilungen
	2.2 Ursachenanalyse der Leistungslücken
	2.3 Umsetzung
	    2.3.1 Ziele und Strategien festlegen und beachten
	    2.3.2 Aktionspläne erarbeiten
	    2.3.3 Implementierung vornehmen
	    2.3.4 Fortschrittskontrolle durchführen

Die Vorgehensweise ergibt sich aus **Tabelle 5.1-7**. Beim Benchmarkingverfahren ist allerdings zu beachten, dass vor allem die Supportprozesse einem Benchmarking zu unterziehen sind, da sie sich vergleichen lassen. Die Kernprozesse sind meist unternehmungsspezifisch ausgerichtet und deshalb nur begrenzt vergleichbar. Darüber hinaus wird ein Krankenhaus, dass einen optimalen Pfad gefunden hat, diesen nicht an Mitbewerber und Konkurrenten weiterleiten, sondern daran arbeiten, diesen über einen kontinuierlichen Verbesserungsprozess weiter zu optimieren. Man wird sich deshalb eher auf Kostenvergleiche oder Kennziffernermittlungen begrenzen, um zu verhindern, dass Vorteile bekannt werden. Ein qualifiziertes Benchmarking wird sich innerhalb von eigenen Stationen, Abteilungen, Bereichen oder innerhalb eines Konzerns oder Verbundes erfolgreich umsetzen lassen und zu konkreten Auswirkungen führen.

Gemeinkostenmanagement. Die Gemeinkostenwertanalyse – auch Overhead-Value-Analysis genannt – stellt ab auf die Gemeinkosten, die in der Unternehmung einen großen Block darstellen und über ihre Höhe eine wirtschaftliche Belastung für die Unternehmung darstellen (Hardt, 1998: 61; Meyer-Piening, 1994: 137; Burger, 1995: 220). «Ziel der GWA (Gemeinkostenwertanalyse) ist die Optimierung indirekter Bereiche in Unternehmen durch die Eliminierung nicht notwendiger Leistungen und die kostengünstige Erstellung erhaltenswerter Leistungen» (Lange, 2002: 618). Insbesondere im medizinischen Sachbedarf bietet sich diese Vorgehensweise an, um die Kosten zu senken und die nicht notwendigen Leistungen zu identifizieren, zu reduzieren oder zu eliminieren. Der Grundgedanke ist von der Wertanalyse übernommen, die über eine Kosten-Nutzen-Betrachtung nicht wertschöpfende Tätigkeiten herausfinden möchte (Bogaschewsky, 2002: 2112 ff.). Das Vorgehen zeigt **Tabelle 5.1-8**.

Prozesslenkung. Ausgang aller Überlegungen um Prozesse ist deren Gestaltung. Diese Managementfunktion umfasst die Teilbereiche:

- Prozessidentifikation
- Prozessauswahl

Tabelle 5.1-8: Vorgehensweise der Gemeinkostenwertanalyse (Quelle: Zapp, eigene Darstellung)

1. Vorbereitung
  1.1. Festlegung des Projektziels
  1.2. Festlegung der Projektorganisation

2. Analyse
  2.1. Analyse der Leistungen und Kosten
  2.2. Entwicklung von Maßnahmen der Reorganisation
  2.3. Beurteilung der Maßnahmenvorschläge
  2.4. Entscheidung über Aktionsprogramme

3. Realisation
  3.1. Durchführung von Personalmaßnahmen
  3.2. Durchführung von Sachmaßnahmen

4. Kontrolle und Beurteilung

- Prozessabgrenzung
- Prozessdarstellung
- Schnittstellenanalyse
- Prozesswürdigung
- Sollkonzeption
  (Zapp/Dorenkamp, 2002: 68 f.).

Empfehlenswert ist hier ein Prozessteam, das sich aus den verschiedenen Akteuren einzelner Bereiche zusammensetzt und die Prozessverantwortung wahrnimmt. Das Controlling ist hier von untergeordneter Bedeutung.

Darauf aufbauend setzt das Prozessmanagement ein: «Das Prozessmanagement ist ein zielorientiertes Gestalten und Lenken von Prozessen in soziotechnischen Unternehmungen mit personen- und sachbezogener Komponente zur Optimierung der unternehmerischen Wertschöpfungskette» (Zapp/Dorenkamp, 2002: 34). Das Management gestaltet strategisch die Prozesse und lenkt sie operativ. Controlling setzt vor allem an in der Prozesslenkung. Gleichzeitig werden die Prozesse einem kontinuierlichen Verbesserungsprozess unterworfen (**Abb. 5.1-14**). Als controllingspezifische Instrumente kann hier auf andere, bereits genannte und vorgestellte Instrumente verwiesen werden, wie zum Beispiel Benchmarking, Prozesskostenrechnung oder Balanced Scorecard (Zapp, 2003: 11).

Darüber hinaus kann die Wertschöpfungsanalyse erwähnt werden. Durch eine Prozessanalyse sollen die Aktivitäten in folgende vier Bereiche eingeteilt werden:

- effektive und effiziente Verrichtungen
- Verrichtungen, die zwar wertschöpfend sind, aber auch effizienter ausgeführt werden können
- Verrichtungen, die nicht wertschöpfend sind und deshalb unterlassen werden müssen
- Verrichtungen, die vom Patienten als nicht wertschöpfend erkannt werden, aber dennoch beibehalten werden müssen; diese Verrichtungen können sein:
  - effektive und gleichzeitig effiziente Verrichtungen; damit sind keine Veränderungen notwendig
  - Verrichtungen, die effizienter ausgeführt werden können.

Die Durchführung dieser Analysen ist Aufgabe des Managements; das Controlling unterstützt diese Bewertung mit dem fachlichen Know-how. Im Vordergrund dieser aufgezeigten Instrumente steht jeweils die Sicherstellung der Ergebnisorientierung nach Kosten, Qualität und Zeit. Die Mitarbeiter müssen sich bewusst sein, durch ihre Verrichtungen zum Gelingen des Gesamtprozesses beizutragen. Ergebnisverantwortung

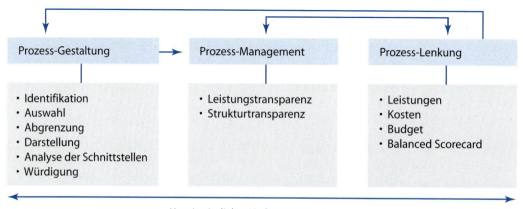

Abbildung 5.1-14: Zusammenspiel von Prozessgestaltung, -management und -lenkung (Quelle: Zapp, eigene Darstellung in Anlehnung an Zapp, W.; Dorenkamp, A.; Anwendungsorientierte Prozessgestaltung im Krankenhaus; in Zapp, W. [Hrsg.]; Prozessgestaltung im Krankenhaus; Heidelberg, 2002, S. 109)

übernimmt nicht nur die Krankenhausleitung, sondern dies tun auch die am Prozess Beteiligten. Ein Controlling, das bei den Prozessen ansetzt, ist deshalb auf den unmittelbaren, dezentralen Bezug zum entsprechenden Bereich und zum engagierten Mitarbeiter angelegt.

Frühwarnsystem. Im medizinischen Bereich wird von Vorsorgeuntersuchung (Prophylaxe) gesprochen, um Krankheiten rechtzeitig – also vor irreparablen Störungen – zu erkennen oder um frühzeitig – mit genügend Zeit – Gegensteuerungsmaßnahmen einleiten zu können. Im betriebswirtschaftlichen Bereich wird von Frühwarn- oder Früherkennungssystemen gesprochen; damit gemeint sind «spezifische Teilsysteme, Verfahren und Instrumente zum frühzeitigen und präzisen Erkennen künftiger Entwicklungen und zur Bewertung dadurch ausgelöster Risiken und Chancen» (Rehkugler, 2002: 586). Hier sollen vor allem zunächst Krisen, aber auch Chancen erkannt oder durch eine Frühaufklärung identifiziert werden. Neben der kurz- und mittelfristigen Optimierung sind auch langfristige Trends zu berücksichtigen und zu erkennen. Dazu ist es notwendig, unternehmungsrelevante Entwicklungen möglichst frühzeitig zu erkennen und zu beeinflussen. Auch weniger exakte Informationen können in den Entscheidungsprozess einbezogen werden, die erst auf bestimmte zukünftige Ereignisse hindeuten – das sind die so genannten *weak signals* oder schwache Signale (Simon, 1986). Schwache Signale sind relativ unstrukturierte Informationen aus dem Umfeld. Sie sind vage, utopisch und klingen unrealistisch und betreffen schleichende Veränderungen. Sie basieren auf weichem Wissen und intuitiven Urteilen. Sie sind qualitativer Natur, mit relativ grober Streubreite; sind nicht aus Statistiken ersichtlich und lassen anfänglich noch keine deterministischen Aussagen zu. Sie erlauben keine eindeutige Interpretation und implizieren unklare, schlecht strukturierte Probleme.

Ausgangspunkt ist damit die Aussage, dass man für die Zukunft mit Sicherheit sagen kann, dass sie turbulent wird. Die Umwelt wird komplex und dynamisch sein; diese Entwicklungen werden nicht durch objektiv zu bestimmende Extrapolationen zu bestimmen sein. Die Umfeldbedingungen werden unübersichtlich sein, sodass die Unternehmungen nur relativ schwerfällig reagieren können. Um den Zeitraum zwischen eintretendem Umweltereignis und unternehmerischer Reaktion möglichst groß werden zu lassen bzw. den Aktionsradius zu erweitern, setzt die Früherkennung im strategischen Bereich an.

Dabei sind zwei Aspekte zu beachten:

1. Früherkennung heißt rechtzeitige – unbedingt frühzeitige – Diagnose. Es geht nicht um eine generelle Fristigkeit, sondern um eine individuelle Zeitspanne von der Diagnose bis zu Therapie, die sich aus einer individuell eingeschätzten Dringlichkeit ergibt.
2. Früherkennung heißt aber auch die Analyse und Bewertung des Ausmaßes, der Dringlichkeit und der Strukturierung der Situation.

Für die Früherkennung sind Konzeptionen von Kennzahlen oder Indikatoren notwendig, um Gefährdungen und Chancen sichtbar zu machen. Die Indikatoren können aus vier Bereichen hergeleitet werden:

1. Branchen- und Absatzmarktsituation: Belegung, Nachfrage
2. Stärke- und Schwächeprofil der Unternehmung: gute Lage, kostengünstig, gute Betreuung
3. Umweltsituation: Erstellung von Portfolios
4. unternehmungsinterne Problemsituation: Darstellung in Form einer Balanced Scorecard

Die Bündelung dieser Früherkennung kann in Workshops oder in Beiräten angegangen werden.

5.1.3.3 Informationsberichte

Entscheidungsrelevante Informationen sind in einem System zu bündeln und als Informationsmanagement so aufzubereiten und in ein Berichtssystem zu institutionalisieren, dass die Geschäftsführung lenkend in die Leistungsprozesse eingreifen kann und auf Abteilungsebene Handlungsalternativen aufgezeigt werden.

Begriffsbestimmung Berichtswesen
Der Begriff des Berichtswesens ist in der Literatur unterschiedlich weit gefasst worden. Einige Ansätze beschreiben mit diesem Begriff das Informationssystem, andere Ansätze fassen den Begriff enger und gliedern das Berichtswesen in das Informationssystem ein (Zapp et al., 2000: 53).

Das Informationssystem ist dabei anzusehen als ein wesentliches Führungsteilsystem, das in das Aufgabengebiet des Controllers fällt (s. o.). Wird die Information als zweckorientiertes Wissen definiert (Wittmann, 1992: 1865 ff.), dann hat das Informationssystem die Aufgabe, den weiteren Führungsteilsystemen das für die Erfüllung ihrer Aufgaben notwendige Wissen zweckorientiert aufbereitet am richtigen Ort und zur richtigen Zeit zur Verfügung zu stellen (Horváth, 2001: 349 f)

Das Berichtswesen bildet damit ein «Basissystem für alle anderen Führungsteilsysteme» (Küpper, 2001: 109). Für Küpper umfasst das Berichtswesen «[...] alle Personen, Einrichtungen, Regelungen, Daten und Prozesse [...], mit denen Berichte erstellt und weitergegeben werden» (Küpper, 2001: 152). Das Berichtswesen beschränkt sich so auf die Übermittlung von Informationen und ordnet sich als Teilsystem in das Informationssystem ein. Gleichzeitig bildet es aber auch das wesentliche Element für die Verbindung des Informationssystems mit den anderen Führungsteilsystemen, was weiterhin bedeutet, dass das Berichtswesen vorwiegend innerbetrieblich ausgerichtet ist (Horváth, 2001: 605 f.).

Die Zusammenfassung der Informationsübermittlungsvorgänge wird auch von Horváth als Berichtswesen bezeichnet (Horváth, 2001: 605 ff.).

Damit ist unter dem Berichtswesen ein System der Erstellung und Weiterleitung von Berichten zur Überwindung der Distanz von Informationsentstehung und Informationsverwendung zu verstehen. Die Aufgabenstellung des Budgetberichtswesens liegt in der Erstellung und Abgabe anwendungsbezogener Budgetberichte – im Reporting – mit der Zielsetzung der entscheidungsorientierten Unterstützung des Planungs- und Kontrollsystems. Das bedeutet, hinsichtlich der institutionellen Eingliederung in das Führungssystems einer Unternehmung kann das Berichtswesen im Informationssystem angesiedelt werden, hinsichtlich der Gestaltung des Instrumentes «Berichtswesens» ist aber im Sinne eines koordinationsorientierten Controllings die Interdependenz zu den anderen Führungsteilsystemen zu beachten (Zapp et al., 2000: 54).

Berichtswesen als Institution
Unter Berichtswesen als Institution werden Einrichtungen, Regelungen, Daten, Prozesse und Personen, die mit der Erstellung und Weitergabe von Berichten in Verbindung stehen, zusammengefasst (Küpper, 2001: 152). Es entsteht eine geordnete Struktur aller Berichte, die dem Informationsbedarf angepasst ist und zugleich unter dem Begriff «Berichtssystem» zusammengefasst wird (Horváth, 2001: 608). Die Mehrzahl der Berichtssysteme wird mit Hilfe der EDV umgesetzt. Sie berücksichtigen in Anlehnung an die Organisationsebenen das untere, mittlere und obere Management sowie zeitliche Aspekte und die Phasen des Managementprozesses. Unter zeitlichen Aspekten werden die Berichtsperioden verstanden: Erscheinen die Berichte regelmäßig (z. B. täglich, monatlich, jährlich) oder unregelmäßig? Bezüglich der Phasen des Managementprozesses lassen sich Planungs- und Kontrollberichte bzw. operative und strategische Berichte differenzieren (Horváth, 2001: 608 f.).

Berichtswesen als Funktion
Unter dem Berichtswesen als Funktion werden allgemeine, systembezogene Aufgaben verstanden. Es geht dabei um die Problematik, Informationen zu sammeln und in geeigneter Form zur richtigen Zeit an den geeigneten Adressaten weiterzuleiten. Berichte stellen keinen Selbstzweck dar, sondern provozieren Aktionen und Reaktionen (Horváth & Partner, 1998: 206). Berichte sollen der Lenkung der Unternehmung dienen. Dieser Zweck wird jedoch nicht durch

die reine Dokumentation, die in fast allen hierarchischen Ebenen der Unternehmung zu finden ist, erreicht. Berichte, die zum Beispiel der Analyse von Kosten dienen, haben in der Regel bereichsübergreifende Funktion und somit ein gewisses Maß an Lenkungsrelevanz. Direkte Konsequenzen ziehen Berichte nach sich, die – stark verdichtet – an Verantwortliche im Management übermittelt werden. Hier spricht man von einer Kontrollfunktion der Berichterstattung mit hoher Lenkungsrelevanz (Birk, 1991: 8).

Das Berichtswesen bildet ein geschlossenes System und ermöglicht die Erstellung von wiederkehrenden Berichten, die je nach Empfänger zu Planungs-, Kontroll- und Dispositionszwecken verwendet werden (Eckner, 1960: 14).

Dokumentationsberichte ziehen in der Regel keine Konsequenzen nach sich. Sie bilden häufig ein stark vergangenheitsorientiertes Zahlenwerk, das zur Kenntnis genommen, jedoch nicht als Entscheidungsgrundlage herangezogen wird. Daraus folgt die geringe Steuerungsrelevanz, die dieser Berichtskategorie zugesprochen wird.

Berichte, die der Analyse von Situationen dienen, bewirken auf indirektem Weg Veränderungen. Sie ermöglichen die Darstellung von Abweichungen und Hintergrundinformationen, welche zur Steuerung auf Dispositions- und Planungsebene benötigt werden.

Berichte mit Kontrollfunktion werden an bestimmte Personen oder Gremien gerichtet, die Verantwortung für geplante Ziele übernehmen. In dieser Funktion erreichen Berichte ein hohes Maß an Lenkungsrelevanz mit direkten Konsequenzen in Form von Entscheidungen und eventuell Anweisungen an untergeordnete Ebenen (Birk, 1991: 9).

Anforderungen an ein Berichtswesen
Zum Thema Berichtswesen sind zahlreiche Veröffentlichungen erschienen, die jedoch vor allem theoretische Abhandlungen enthalten und insbesondere Einrichtungen des Gesundheitswesens kaum oder nur in Ausschnitten tangieren (Küpper, 2001: 152 ff.; auch: Asser, 1971: 653 ff.). Der Grund liegt vor allem darin, dass in Einrichtungen des Gesundheitswesens spezifische Anforderungen an ein Informationssystem gestellt werden müssen, da häufig verschiedene Leistungsbereiche mit unterschiedlichen Finanzierungssystemen unter einer Trägerschaft zusammengefasst sind. Hierbei stellt sich das Problem der ökonomischen Lenkung der einzelnen Einheiten (Zapp et al., 2000: 54 f.). Zwar liegen theoretische Konzepte vor, jedoch ist ein komplexes, alle Ansprüche, insbesondere die des Gesundheitswesens, (annähernd) erfüllendes Konzept bislang nicht entwickelt worden. Dies hat sich zum einen durch die Einführung prospektiver Budgets verändert, zum anderen hat ein Trend hin zu Kooperationen, Fusionen und letztlich der Bildung von Holdings eingesetzt. Gerade diese Entwicklung hin zu komplexen Gesundheitseinrichtungen führt zu spezifischen Anforderungen, die an ein Berichtswesen gestellt werden müssen.

So können allgemein gültige Fragestellungen formuliert werden, die für die Ermittlung des Informationsbedarfs entscheidend sind (Hardegen/Marquis, 1998: 18):

- Feststellung des Informationsbedarfs: Welche Daten werden benötigt? In welchem zeitlichen Rhythmus werden die Daten benötigt?
- Definition des Empfängerkreises: Wer ist für die Lenkung der jeweiligen Größen verantwortlich?
- Definition der Berichtsinhalte: In welcher Form sind die Daten für den Empfänger darzustellen und aufzubereiten?

Ein Berichtswesen muss unterschiedlichen Anforderungen genügen. In der Literatur werden zum Beispiel genannt: Empfängerorientierung, Aktualität, Flexibilität, Nachvollziehbarkeit, Sparsamkeit, Häufigkeit und Genauigkeit (vgl. hierzu: Horváth & Partner, 2000: 245 f.; Liessmann, 1997: 51 f.; Zapp et al., 2000: 55).

Als wichtigste Aspekte werden Aktualität, Häufigkeit und Genauigkeit angeführt. Unter Aktualität in Bezug auf das Berichtswesen wird die Zeitspanne verstanden, die vergeht, bis der Erhebung eines bestimmten Istwertes die dazu gehörige Soll/Ist-Abweichung gegenübergestellt werden kann. Bei der Abstimmung der Anforderungskriterien «Aktualität» und «Häufigkeit» muss beachtet werden, dass der Berichtszeitraum einerseits so lang ist, dass eine ausreichend große statistische Masse für eine Analyse vorhanden ist, und andererseits der Zeitraum nicht so groß wird, dass die Informationen für den Empfänger erheblich an Aussagekraft verlieren und eventuelle Lenkungsmaßnahmen nicht schnell genug eingeleitet werden können (Zapp et al., 2000: 56).

Das Kriterium der Genauigkeit wird nach Posselt (1986) bestimmt durch den Auswertungszweck des Berichtes. Eine hohe Genauigkeit wird für unabdingbar gehalten, wenn die Daten primär vergangenheitsorientierten Funktionen, wie der Leistungsbeurteilung, oder als Planungsgrundlage für kommende Perioden dienen. Stellen die Informationen jedoch eine Unterstützung der Lenkung dar, hängt ihr Wert entscheidend von der Schnelligkeit ab, mit der sie bereitgestellt werden können. In diesem Sinne kann jede Genauigkeit, die über die Anforderungen des Auswertungszweckes hinausreicht, als unnötig und unwirtschaftlich angesehen werden (Posselt, 1986: 154).

Welche Prioritäten im Einzelfall bezüglich Schnelligkeit und Genauigkeit gesetzt werden, soll zwischen den Berichtsempfängern und dem Rechnungswesen als Informationsersteller und -versender geklärt und abgesprochen werden. Je nach Funktionsbereich, Hierarchieebene oder Verwendungszweck kann diese Gewichtung uneinheitlich vorgenommen werden (Posselt, 1986: 154).

In vertikaler, hierarchischer oder konfiguraler Hinsicht lassen sich die unterschiedlichen Ebenen des betriebswirtschaftlichen Geschehens benennen: Die Geschäftsführung, die Abteilung und die Station. Die Daten sind nach unterschiedlichen Ebenen zu aggregieren oder differenziert aufzubereiten (**Abb. 5.1-15**), um je nach Konfigurationsebene entsprechende Entscheidungen vorbereiten und umsetzen zu können (Müller-Bellingroth, 1997: 15).

Diese Ansichten werden auch von Kübler vertreten (Kübler, 1994: 92 ff.), der für die Gestaltung eines Berichtswesens folgende Prinzipien formuliert: «So wenig Zahlen wie möglich. Zahlen nie ohne Grafiken! Informationen sind gestaffelt und tiefengegliedert aufzubereiten!»

Berichtsformen und -inhalte

Als Berichtsformen für die Informationsbereitstellung zur Unterstützung der verschiedenen Führungsteilsysteme sind die Standardberichte, die Abweichungsberichte sowie die Bedarfsberichte von Bedeutung.

Standardberichte stellen die geplante Berichtserstellung zu vorher festgelegten Terminen mit definiertem Inhalt in bestimmter Form dar

Abbildung 5.1-15: Konfigurale differenzierte Aufbereitung der Daten (Quelle: Zapp, eigene Darstellung in Anlehnung an Ernest & Whinney; Leitfaden für DV-gestützte interne Budgetierung im Krankenhaus; Wiesbaden, 1986, S. 107)

(Beck, 1999: 35). Sie basieren auf einem zuvor definiertem Informationsbedarf des Empfängers, dieser muss die relevanten Informationen erkennen und auswählen (Liessmann, 1997: 50). Der Informationsbedarf wird zweckmäßigerweise als Informationsbedarfsanalyse im Vorfeld der Berichterstellung ermittelt (Küpper, 2001: 152). Der Vorteil von Standardberichten liegt in dem geringen Arbeitsaufwand des einzelnen Berichts, somit sind sie wirtschaftlich zu erstellen, der Nachteil ist darin zu sehen, dass sie nicht flexibel sind und sie eine Beeinflussung der Erscheinungsweise oder -häufigkeit durch den Berichtsempfänger nicht zulassen. Hierdurch unterbleibt einerseits die Anpassung der Berichte an die sich ständig ändernden Rahmenbedingungen, und andererseits können die Berichte spezifischen, nur fallweise auftretenden Informationsbedarf nicht erfüllen (Zapp et al., 2000: 57).

Abweichungsberichte sind «der formale Ausdruck des Prinzips des Management by Exception» (Horváth, 2001: 607). Sie werden dann erstellt, wenn bestimmte vorgegebene Werte nicht eingehalten oder Toleranzwerte überschritten werden und damit der Ausnahmefall eingetreten ist. Die Leitung oder nächsthöhere Instanz wird so auf Entwicklungen aufmerksam gemacht, die besondere Beachtung verdienen. Grundlage für diese Berichte sind Planvorgaben und die laufende Kontrolle des betroffenen Sachverhalts, sodass bei unzulässigen bzw. unerwünschten Abweichungen ein Bericht erstellt werden kann, der seinerseits wiederum Korrekturmaßnahmen auslöst. Solche Berichte sind zur Auslösung von Anpassungsmaßnahmen geeignet, nicht aber zur Durchführung neuer Planungsprozesse (Küpper, 2001: 154). Weiterhin ist die Gefahr gegeben, dass bei unzureichender Definition der Abweichungen der Ist- von den Planwerten gravierende Fehlentwicklungen unentdeckt bleiben.

Neben der Auswahl der Berichtsform ist die inhaltliche und formale Gestaltung der Berichte ein weiterer Aspekt der instrumentalen Analyse des Berichtswesens. Die inhaltliche Gestaltung betrifft im Wesentlichen die Auswahl der Informationen, während die formalen Aspekte sich auf die Darstellungsform beziehen (Zapp et al., 2000: 58).

Die grafische Darstellungsform ist die wohl anschaulichste Darstellungsform und wird deshalb im Allgemeinen als leicht verständlich eingestuft. Sie ist besonders dazu geeignet, zusammenhängende Daten, wie zum Beispiel Datenreihen, -entwicklungen oder -vergleiche, übersichtlich darzustellen. Die tabellarische Darstellung setzt sich aus einem Zahlen- und einem Textteil zusammen (Küpper, 2001: 159). Hiermit können größere Datenmengen in verschiedener Form aufbereitet und dargestellt werden. Zum besseren Verständnis werden diese Zahlen in die grafische Darstellung übertragen, da auf diese Weise sehr anschaulich und einprägsam präsentiert werden kann.

Ein weiterer wesentlicher Faktor sind die zeitlichen Berichtsmerkmale. So können Berichte regelmäßig und unregelmäßig erscheinen, außerdem werden Wochen- Monats- und Quartalsberichte erstellt (Küpper, 2001: 159).

Ein weiterer formaler Aspekt ist der einheitliche Aufbau der Berichte. Für den Berichtsempfänger erhöhen sich Akzeptanz und Verwertbarkeit, wenn gleichartige Daten zu verschiedenen Berichtszeitpunkten gleichartig aufbereitet werden.

Als Übermittlungsmedium eignen sich sowohl die manuelle Übergabe (Papier, Diskette, CD-ROM) als auch die maschinelle Übermittlung (LAN, Internet). Letzteres gewinnt auf Grund der gestiegenen technischen Ausstattung eine immer höhere Bedeutung.

Im Rahmen der Berichtserstellung sind außerdem personale Merkmale zu beachten. Für jeden Bericht existieren Sender (z. B. Controlling) und Empfänger (z. B. Heimleitung). Zwischen beiden sollte eine enge Bestimmung hinsichtlich der Inhalte und der Darstellungsform stattfinden, damit die Berichte adressatenspezifisch ausgerichtet sind und somit an Akzeptanz gewinnen.

In **Abbildung 5.1-16** sind die wesentlichen Merkmale zur Kennzeichnung und Gestaltung von Berichten zusammengefasst.

Beim Aufbau eines Berichtswesen sind wesentliche Punkte zu beachten: Zum einen unter-

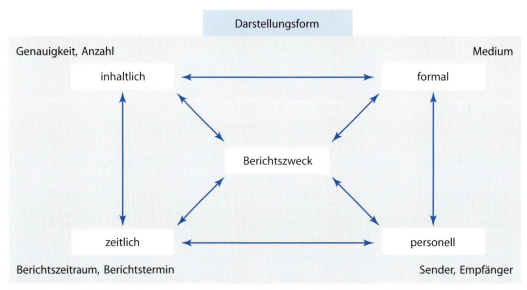

Abbildung 5.1-16: Merkmale zur Kennzeichnung und Gestaltung von Berichten (Quelle: Zapp, eigene Darstellung in Anlehnung an Koch, R. et al.; Betriebliches Berichtswesen als Informations- und Steuerungsinstrument; Frankfurt, 1994: 59 sowie Zapp, W. [Hrsg.]; Controlling in der Pflege; Bern, 2004)

liegt das Gesundheitswesen einer sehr restriktiven, sich stetig wandelnden Gesetzgebung. Dieser Tatsache hat das Berichtswesen Rechnung zu tragen und sich stets den wandelnden Erfordernissen anzupassen. Ein weiterer wesentlicher Punkt ist die Beachtung des Zusammenhangs zwischen Informationsbedarf auf der einen und den Merkmalen von Berichten auf der anderen Seite.

Balanced Scorecard (BSC)
Die Balanced Scorecard ist als Managementsystem zu verstehen, das von den beiden amerikanischen Autoren Robert S. Kaplan und David P. Norton in den neunziger Jahren entwickelt wurde. Es ist dem Golfspiel entlehnt (Straub, 2004: 226). Das Managementsystem versucht «aus einem Hypothesensystem werttreibender Ursachen-Wirkungszusammenhänge ein Kennzahlensystem zu entwickeln, welches die meist abstrakte Vision und Strategie [...] einer Unternehmung in handfeste Ziele und Messgrößen transformiert und dadurch deren Implementation ins operative Tagesgeschäft unterstützt» (Kunz/Pfeiffer, 2002: 101 f.). Die Balanced Scorecard ist zwar sehr stark kennziffernorientiert angelegt, kann aber nicht mehr als reines Kennziffernsystem verstanden werden. Vielmehr orientiert sich dieses Instrument an ausgewogenen Indikatoren, die nicht nur den Finanzbereich in den Vordergrund stellen, sondern auch immaterielle Erfolgspotenziale berücksichtigen. Im Blickpunkt stehen vier Perspektiven (Zapp/Dorenkamp, 2002: 106; Horváth & Partner, 2000: 240) (**Tab. 5.1-9**), und zwar die:

1. finanzwirtschaftliche Perspektive mit den Kennziffern «Rentabilität», «Wachstum» und «Unternehmungswert» zum Zweck der Verbesserung der Ergebnisse
2. Kundenperspektive mit den Kennziffern «Kundenzufriedenheit», «Marktanteil» und «Service» zum Zweck der Darstellung der Unternehmung aus der Sicht der Kunden
3. interne Perspektive mit den Kennziffern «Fertigungs- und Durchlaufzeit» und «Produktivität» zum Zweck der Information über den Ablauf interner Prozesse.
4. Lern- und Entwicklungsperspektive mit den Kennziffern «Mitarbeiterzufriedenheit» und

Tabelle 5.1-9: Dimensionen der Balanced Scorecard (Quelle: Zapp, eigene Darstellung, in Anlehnung an Horváth & Partner; Das Controllingkonzept: Der Weg zu einem wirkungsvollen Controllingsystem [4., durchges. u. überarb. Aufl.]; München, 2000, S. 240 sowie Zapp, W., Dorenkamp, A.; Gestaltung und Lenkung von Prozessen, in Zapp, W. [Hrsg.]; Prozessgestaltung im Krankenhaus; Heidelberg, 2002, S. 106)

Perspektive	Zweck	Kennzahlen
Finanzwirtschaftliche Perspektive	Gibt Hinweis, ob die Strategie eines Unternehmens zur Verbesserung des Ergebnisses führt	Rentabilität, Wachstum, Unternehmenswert
Kundenperspektive	Stellt dar, wie das Unternehmen aus der Kundensicht eingeschätzt wird	Zeit, Qualität, Preis, Service, Produktleistung
Perspektive der internen Prozesse	Informationen über betriebsinterne Prozesse, die wesentlichen Einfluss auf die die Kundenzufriedenheit haben	Zykluszeiten, Qualität, Fertigungszeiten des Personals, Produktivität
Lern- und Entwicklungsperspektive	Informationen über die Fähigkeit des Unternehmens, sich zu verbessern und Innovationen einzuführen	Durchschnittsalter der Produkte, Umsatzanteil der Neuprodukte, Verringerung der Lieferzeiten

«Umsatzanteile von Neuprodukten» zum Zweck der Beurteilung der Fähigkeiten zur Verbesserung und der Einführung von Innovationen.

Die Vorteile der Balanced Scorecard liegen in folgenden Bereichen:

- Verknüpfung von strategischem und operativem Geschäft
- Verbindung von finanziellen und operativen Daten
- Fokussierung und Begrenzung auf die vier wesentlichen Perspektiven
- Kommunikation der Vision in die Unternehmung hinein
- Hervorhebung der strategischen Ziele.

Als Nachteile sind anzuführen: Die Begrenzung auf vier Variablen als Indikatoren für eine Beurteilung der Unternehmung oder zum Einsatz als Management- oder Controllinginstrument mag einer Komplexitätsreduzierung entsprechen, aber die Wirkungszusammenhänge sind nicht oder nicht hinreichend bekannt (Kaplan,1998: 92). Empirisch lassen sich kaum Aussagen zur Kausalität zwischen Kundenzufriedenheit und Unternehmungserfolg oder von Produktqualität und Unternehmungserfolg herstellen oder beweisen (Kunz/Pfeiffer, 2002: 107). Die Balanced Scorecard baut auf einem Ursache-Wirkungszusammenhang auf, der im Rahmen der Systemtheorie von Luhmann auf die Funktionalität erweitert wurde. Danach ist es möglich, Ziele auf unterschiedlichem Wege zu erreichen, nämlich im Rahmen der funktionalen Eignung. Die funktionale Analyse weist die Zusammenhänge zwischen realen oder erlebten Problemen und denkbaren unsicheren (kontingenten) Lösungen auf. «Die Funktion ist also ein Vergleichsschema für unterschiedliche Problemlösungen, die mit Bezug auf die Funktion als äquivalent gelten. Die Leistung der Analyse besteht darin, funktional äquivalente Lösungen für das betreffende Problem in Betracht zu ziehen» (Baraldi et al., 1999: 61; Luhmann, 1974: 9ff., 1984: 83ff., 1990). Die Ursache-Wirkungsbeziehung ist eine Verkürzung dieses Schemas, denn die funktionale Analyse zeigt Verbindungen zwischen unterschiedlichen Ursachen und derselben Wirkung auf oder zwischen unterschiedlichen Wirkungen und derselben Ursache. Diese Sichtweise schafft die Balanced Scorcard nicht.

5.1.4 Organisation des Controllings

Organisation wird hier ergebnisbezogen verstanden als ein «System [...], dessen Elemente durch institutionalisierte generalisierte Beziehungen untereinander verknüpft sind» (Bleicher, 1981: 50). Beziehungen können dann institutionalisiert werden, wenn die Systeme arbeitsteilig und multipersonal angelegt sind. Beziehungen sind dann zu generalisieren, wenn die Tätigkeiten sich wiederholen und in gewisser Weise vorhersehbar sind. Davon zu unterscheiden ist die Disposition, die eine einzelfallspezifische kasuistische Regelung erfordert und die Improvisation, die situativ zu Handlungen führt. Institutionalisierung bedeutet die Strukturierung des System und dessen Offenlegung.

Tätigkeitsbezogen wird das Organisieren als «zielorientierte Institutionalisierung von generellen Verhaltenserwartungen» verstanden (Bleicher/Meyer,1976: 89 f.). Generalisierende Verhaltensweisen umfassen die konkrete Abstimmung des sozialen Verhaltens mehrerer Personen. Das Controlling kann dabei als eigenes System strukturiert werden, dann spricht man von Binnenstrukturierung. Wird das Controlling in die Unternehmung integriert, dann liegt eine Außenstrukturierung vor.

5.1.4.1 Binnenstrukturierung

Oft wird das Controlling in den Unternehmungen der Gesundheitsbranche als Assistenz der Geschäftsführung gesehen. Daneben ist das Finanz- und Rechnungswesen angesiedelt. Mit der Einführung des G-DRG-Systems wurde zusätzlich die Schaffung eines Medizincontrollings geschaffen, das möglicherweise durch ein Pflegecontrolling ergänzt wird.

Es bietet sich an, das Controlling als eigenständige Abteilung zu verstehen, welche die wesentlichen Aufgaben des Controllings erfüllen kann. Dazu ist das Controlling neben das Finanzmanagement zu stellen und die Kostenrechnung in das Controlling zu integrieren. Das Controlling in der Verwaltung, Pflege und Medizin ist in einer Abteilung zu bündeln, um vor allem ein Auseinanderbrechen in eine kaufmänni-

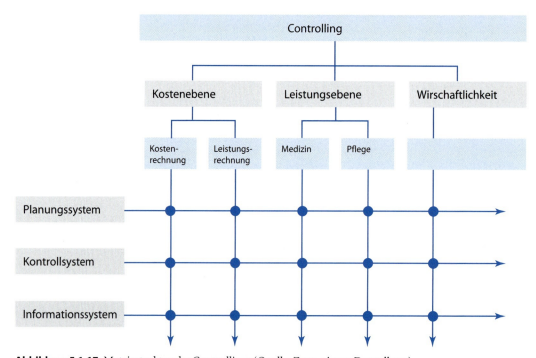

Abbildung 5.1-17: Matrixstruktur des Controllings (Quelle: Zapp, eigene Darstellung)

sche und eine leistungsorientierte Denkschule zu vermeiden (**Abb. 5.1-17**).

Das Controlling ist dabei als Stab zu verstehen, sodass die disziplinarische Anordnung nur über den Vorgesetzten erfolgen kann. Im Rahmen seiner Fachaufgabe werden aber den Mitarbeitern im Controlling weit reichende Handlungsmöglichkeiten aufgetan. Ein abgestimmter Budgetplan ist von den Linieninstanzen einzuhalten. Ansonsten muss dem Controlling Entscheidungskompetenz eingeräumt werden.

5.1.4.2 Außenstrukturierung

Das Controlling ist direkt unter der Geschäftsführung anzusiedeln. Es ist von den Aufgaben der Finanzen zu entlasten. Die weitere Außenstrukturierung ist abhängig von der Strukturierung der Krankenhausleitung oder des Geschäftsführerprinzips (vgl. hierzu Eichhorn/Schmidt-Rettig, 2001). Als ein Beispiel kann **Abbildung 5.1-18** gelten.

5.1.5 Ausblick

Die Ausführungen machen deutlich: Wenn der Einfluss von Controllinggedanken in der Unternehmung der Gesundheitsbranche zunimmt, so wird dies weit reichende Folgen auf die Struktur und die Menschen mit ihren Erkenntnissen und ihren Handlungen haben.

Controlling kann nicht nur durch Anordnung erfüllt und auch nicht durch eine einzelne Person durchgeführt werden. Damit ist eine teamorientierte Vorgehensweise für ein erfolgreiches und ergebnisorientiertes Controllinghandeln in den Unternehmungen der Gesundheitsbranche notwendig. Damit ist auch die Abgrenzung von eigenen Tätigkeiten zu den Tätigkeiten anderer, das Festhalten an der säulenartigen Organisation und das Agieren in Suboptima nicht Erfolg versprechend. Die Mitarbeiter müssen sich bewusst sein, das sie durch ihre Verrichtungen zum Gelingen des Gesamtprozesses beitragen. Ergebnisverantwortung übernimmt nicht nur die Krankenhausleitung, sondern auch die am Prozess Beteiligten.

Ein handlungs- und erkenntnisorientiert ausgerichtetes Controlling ist deshalb auf den unmittelbaren, dezentralen Bezug zum entsprechenden Bereich und zum engagierten Mitarbeiter angelegt. Damit ist die Beachtung und die Bedeutung der Patientenorientierung wesentlich; sie muss nicht ständig hervorgehoben werden, als hätte man Angst, sie zu vergessen.

Literatur

Asser, G.: Das Berichtswesen (Analyse – Aufbau – Kontrolle). In: Bobsin, R. (Hrsg.): Handbuch der Kostenrechnung. München, 1971: 653–678

Baraldi, C.; Corsi, G.; Esposito, E.: GLU Glossar zu Niklas Luhmanns Theorie sozialer Systeme (3. Aufl.). Frankfurt/M., 1999

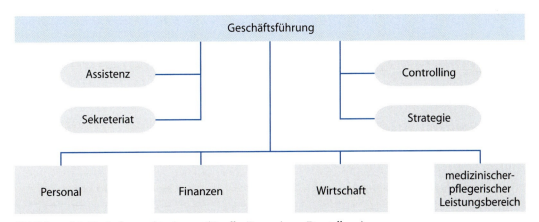

Abbildung 5.1-18: Außenstrukturierung (Quelle: Zapp, eigene Darstellung)

Beck, G.: Controlling (2., unveränd. Aufl.). Augsburg, 1999

Bessai, B.: Organisation. In: Arens-Fischer, W.; Steinkamp, T. (Hrsg.): Betriebwirtschaftslehre. München/Wien, 2000: 143–212

Betz, St.: Kontrollsystem. In: Küpper, H.-U.; Wagenhofer, A. (Hrsg.): Handwörterbuch Unternehmensrechnung und Controlling (4., völlig neu gest. Aufl.). Stuttgart, 2002, Sp. 986–995

Birk, S.: Berichtssysteme: Operative Berichterstattung in Konzernen. München, 1991

Bleicher, K.: Organisation: Formen und Modelle (Bd. 1). Wiesbaden, 1981

Bleicher, K.: Organisation: Strategien – Strukturen – Kulturen (2., vollst. neu bearb. u. erw. Aufl.). Wiesbaden, 1991 (1. Auflage unter dem Titel: Organisation: Formen und Modelle, Gabler, Wiesbaden 1981)

Bleicher, K.; Meyer, E.: Führung in der Unternehmung: Formen und Modelle. Reinbek bei Hamburg, 1976

Bramsemann, R.: Handbuch Controlling (3., durchges. Aufl.). München, 1993

Bogaschewsky, R.: Wertanalyse. In: Küpper, H.-U.; Wagenhofer, A. (Hrsg.): Handwörterbuch Unternehmensrechnung und Controlling (4., völlig neu gest. Aufl.). Stuttgart, 2002, Sp. 2111–2120

Burger, A.: Kostenmanagement, München/Wien, 1995

Dellmann, K.; Pedell, B. (Hrsg.): Controlling von Produktivität und Ergebnis. Stuttgart, 1994

Deutsche Krankenhaus Gesellschaft: Grundsätze und Hinweise der DKG zur Internen Budgetierung. das krankenhaus, 1/1995, Redaktionsbeilage, S. 5–11

Dinkelbach, W.; Rosenberg, O.: Erfolgs- und umweltorientierte Produktionstheorie. Berlin u. a., 2000

Ebert, G.: Controlling (6., überarb. u. erw. Aufl.). Landsberg/Lech, 1996

Eckner, K.: Das Berichtswesen industrieller Betriebe. Wiesbaden, 1960

Ernest & Whinney: Leitfaden für DV-gestützte interne Budgetierung im Krankenhaus. Wiesbaden, 1986

Eichhorn, S.; Schmidt-Rettig, B. (Hrsg.): Mitarbeitermotivation im Krankenhaus (1. Aufl.). Gerlingen, 1995

Eichhorn, S.; Schmitt-Rettig, B. (Hrsg.): Krankenhausmanagement. Zukünftige Strukturen und Organisation der Krankenhausleitung. Stuttgart/New York 2001

Flechtner, H.-J.: Grundbegriffe der Kybernetik: Eine Einführung. Marburg/Lahn, 1966

Frese, E.: Kontrolle und Unternehmensführung. Wiesbaden, 1998

Freiling, C.: Systeme unternehmungsinterner Überwachung. Wist, 7: 297–301 (1978)

Gaitanides, M. et al. (Hrsg.): Prozessmanagement: Konzepte, Umsetzung und Erfahrungen des Reengineering. München, 1994

Gaitanides, M.; Scholz, R.; Vrohlings, A.: Grundlagen und Zielsetzungen. In: Gaitanides, M. et al. (Hrsg.): Prozessmanagement: Konzepte, Umsetzungen und Erfahrungen des Reengineering. München, 1994

Grimmer, H.: Budgets als Führungsinstrument in der Unternehmung. Frankfurt/M., 1980

Hahn, D.: PuK, Controllingkonzepte: Planung und Kontrolle, Planungs- und Kontrollsysteme, Planungs- und Kontrollrechnung (6. überarb. u. erw. Aufl.). Wiesbaden, 2001

Haiber, T.: Controlling für öffentliche Unternehmen: Konzeption und instrumentelle Umsetzung aus der Perspektive des New Public Management. München, 1997

Hardegen, T.; Marquis, R.: Controlling in der Altenhilfe. Hrsg.: DSK Deutsches Wohlfahrtswerk e. V., Friedenweiler, 1998

Hardt, R.: Kostenmanagement. Methoden und Instrumente. München/Wien, 1998

Hentze, J.; Kehres, E.: Kosten- und Leistungsrechnung in Krankenhäusern: systematische Einführung (4., überarb. Aufl.). Stuttgart, 1999

Horváth, P.: Controlling (8., vollst. Überarb. Aufl.). München, 2001

Horváth & Partner: Das Controllingkonzept: Der Weg zu einem wirkungsvollen Controllingsystem (4., durchges. u. überarb. Aufl.). München, 2000

Horváth, P; Meyer, R.: Prozesskostenrechnung – Konzeption und Entwicklung. In: kpr – Kostenrechnungspraxis, Sonderheft 2/1993, S. 16, 20 f.

Horváth, P.; Herter, R. N.: Benchmarking – Vergleich mit den Besten der Besten. Controlling 4, 1992

Joos-Sachse, T.: Controlling, Kostenrechnung und Kostenmanagement. Grundlagen – Instrumente – Neue Ansätze (2., überarb. Aufl.). Wiesbaden, 2002

Kaplan, R.: Innovation Action Research: Creating New Management Theory and Practice. Journal of Management Accounting Research, 10: 87–118 (1998)

Kaplan, R. S.; Norton, D. P.: Balanced sorecard: Strategien erfolgreich umsetzen. Stuttgart, 1998

Kempf, Th.; Winkler, M.: Lenkung im DRG-System auf Basis eines Benchmark-Projektes (unveröffentlichte Diplomarbeit). Osnabrück, 2002

Kieser, A.; Kubicek, H.: Organisation (3., völlig neu bearb. Aufl.). Berlin, New York, 1992

Kilger, W.: Flexible Plankostenrechnung (11., vollst. überarb. u. erw. Aufl.) Wiesbaden, 2002

Koch, R. et al.: Betriebliches Berichtswesen als Informations- und Steuerungsinstrument. Frankfurt, 1994

Krystek, U.: Beitrag der Kostenrechnung zur Krisen-Früherkennung. In: Männel, W. (Hrsg.): Handbuch Kostenrechnung. Wiesbaden, 1992: 1429–1446

Kübler, J. Ch.: Soziales Controlling: Bausteine eines modernen Managements. Overath, 1994

Küpper, H.-U.: Controlling: Konzeption, Aufgaben und Instrumente. 3., überarb. u. erw. Aufl.). Stuttgart, 2001

Küpper, H.-U.; Weber, J.: Grundbegriffe des Controlling. Stuttgart, 1995

Kunz, A.-H.; Pfeiffer, Th.: Balanced Scorecard. In: Küpper, H.-U.; Wagenhofer, A. (Hrsg.): Handwörterbuch Unternehmensrechnung und Controlling (4., völlig neu gest. Aufl.). Stuttgart, 2002, Sp. 101–109

Leffson, K.: Revision, begriffliche Abgrenzung. In: HWR ev. Stuttgart, 1983, Sp. 1288–1305

Lange, CH.: Gemeinkostenmanagement. In: Küpper, H.-U.; Wagenhofer, A. (Hrsg.): Handwörterbuch Unternehmensrechnung und Controlling (4., völlig neu gest. Aufl.). Stuttgart, 2002, Sp. 617–625

Lenz, H.: Kontrollprozess. In: Küpper, H.-U.; Wagenhofer, A. (Hrsg.): Handwörterbuch Unternehmensrechnung und Controlling (4., völlig neu gest. Aufl.). Stuttgart, 2002, Sp. 975–985

Liessmann, K. (Hrsg.): Gabler Lexikon Controlling und Kostenrechnung. Wiesbaden, 1997

Luhmann, N.: Die Wissenschaft der Gesellschaft. Frankfurt/M., 1990

Luhmann, N.: Soziale Systeme. Grundriss einer allgemeinen Theorie. Frankfurt/M., 1984

Luhmann, N.: Soziologische Aufklärung (Bd. 1): Aufsätze zur Theorie sozialer Systeme (4. Aufl.). Köln-Opladen, 1974

Mensch, G.: Kostenplanung – Ein Modell zur Prinzipdarstellung. krp – Kostenrechnungspraxis, Zeitschrift für Controlling, 41. Jg., Heft 1/1997, S. 60–63

Mensch, G.: Budgetierung – Ein Ansatz zur inhaltlichen Abgrenzung. DBW, Die Betriebswirtschaft, 53. Jg., Heft 6/1993, S. 819–827

Meyer-Piening, A.: Zero Base Planning als analytische Personalplanungsmethode im Gemeinkostenbereich. Einsatzbedingungen und Grenzen der Methodenanwendung. Stuttgart, 1994

Müller-Bellingroth, Th.: Krankenhausinternes Controlling und Kostenmanagement. Das Krankenhaus, 1: 13–15 (1997)

Osterloh, M.; Hundziker, A.-W.: Strategisches Prozessmanagement in der öffentlichen Verwaltung. zfo, Zeitschrift Führung und Organisation, 67. Jg., Heft 1/1998, S. 10–14

Osterloh, M.; Frost, J.: Prozessmanagement als Kernkompetenz. Wiesbaden, 1996

Posselt, S.-G.: Budgetkontrolle als Instrument zur Unternehmungssteuerung. Darmstadt, 1986

Rehkugler, H.: Früherkennungsmodelle. In: Küpper, H.-U.; Wagenhofer, A. (Hrsg.): Handwörterbuch Unternehmensrechnung und Controlling (4., völlig neu gest. Aufl.). Stuttgart, 2002, Sp. 586–596

Riegler, C.: Benchmarking. In: Küpper, H.-U.; Wagenhofer, A. (Hrsg.): Handwörterbuch Unternehmensrechnung und Controlling (4., völlig neu gest. Aufl.). Stuttgart, 2002, Sp. 126–134

Simon, D.: Schwache Signale der Früherkennung von strategischen Diskontinuitäten durch Erfassung von «weak signals». Wien, 1986

Schmidt, R.: Grundfunktionen des Controlling. Eine Analyse der betriebswirtschaftlichen Literatur zum Stand der aufgabenorientierten Controlling-Diskussion. Frankfurt/M., 1995

Schmidt-Rettig, B.; Böhning, T.: Bedeutung und Konzeption einer Prozesskostenrechnung im Krankenhaus. In: Eichhorn, S.; Schmitt-Rettig, B. (Hrsg.): Profitcenter und Prozessorientierung. Optimierung von Budget, Arbeitsprozesse und Qualität. Stuttgart/Berlin/Köln, 1999: 142

Schirmer, H.: Krankenhaus-Controlling: Handlungsempfehlungen für Krankenhausmanager und Krankenhauscontroller. Renningen-Malmsheim, 1998

Schulte-Zurhausen, M.: Organisation (3., überarb. Aufl.). München, 2002

Staehle, W.: Management: Eine verhaltenswissenschaftliche Perspektive (8., überarb. Aufl.). München, 1999

Steinmüller, P. H. (Hrsg.): Die neue Schule des Controllers (Bd. 3): Spezielles Controlling. Stuttgart, 2000

Steinmüller, P. H. (Hrsg.): Die neue Schule des Controllers (Bd. 2): Kosten- und Leistungsrechnung, ganzheitliches Controlling. Stuttgart, 1999

Strehlau-Schwoll, H.: Strategische Planung und BPflV 1995. das Krankenhaus, Heft 1/1995, S. 22–28

Straub, S.: Die Bedeutung der Balanced Scorecard für ein Controlling in der Pflege. In: Zapp, W. (Hrsg.): Controlling in der Pflege. Bern, 2004

Straub, S.: Controlling für das wirkungsorientierte Krankenhausmanagement: ein Value-Chain basierter Ansatz. Bayreuth, 1997

Stoll, S.: Die Kostenrechnung als Instrument der Internen Organisation. Frankfurt/M., 1997

Spendolino, J.: The Benchmarking Book. New York et al., 1992

Schäfer, S.; Seibt, D.: Benchmarking – Eine Methode zur Verbesserung von Unternehmensprozessen. In: BfuP, 50. Jg. S. 365–380 (1998)

Weber, J.: Einführung in das Controlling (9., aktualis. u. erw. Aufl.). Stuttgart, 2002

Wittmann, W.: Information. In: Frese, E. (Hrsg.): Handwörterbuch der Organisation (3., neugest. Aufl.). Stuttgart, 1992, Sp. 1865 ff.

Wottawa, H.; Gluminski, I.: Psychologische Theorien für Unternehmen. Göttingen, 1995

Wöhe, G.: Einführung in die Allgemeine Betriebswirtschaftslehre (20., neubearb. Aufl.). München, 2000

Zahn, O.-K.; Kapmeier, F.: Systemanalyse. In: Küpper, H.-U.; Wagenhofer, A. (Hrsg.): Handwörterbuch Unternehmensrechnung und Controlling (4., völlig neu gest. Aufl.). Stuttgart, 2002, Sp. 1919–1932

Zapp, W. (Hrsg.): Controlling in der Pflege. Bern, 2004

Zapp, W.: Im Mittelpunkt die Prozesse. In: Controlling ku-Special: Controlling. Heft 04, Baumann Fachverlag, Kulmbach, 2003: 9

Zapp, W. (Hrsg.): Prozessgestaltung im Krankenhaus. Heidelberg, 2002

Zapp, W.: Aufbau einer Internen Budgetierung auf der Grundlage der Pflegeversicherung. Fachhochschule Osnabrück (Hrsg.): Forschungsbericht 1995–2000, Osnabrück 2000

Zapp, W.: Leistungsorientierung in der Ergotherapie. Ergotherapie & Rehabilitation, Heft 4, Juli 1999, S. 265–268

Zapp, W.; Bettig, U.: Interne Budgetierung als zielorientiertes Lenkungsinstrument im Controlling. In: Zapp, W. (Hrsg.): Controlling in der Pflege. Bern, 2004

Zapp, W.; Bettig, U.; Torbecke, O.; Dorenkamp, A.: Prozessgestaltung. In: Fischer u.a. (Hrsg.): Management Handbuch Krankenhaus. Loseblattwerk, Heidelberg, 1997, 52. Erg.-Lfg., August 2003, S. 1–24

Zapp, W.; Dorenkamp, A.: Anwendungsorientierte Prozessgestaltung im Krankenhaus. In: Zapp, W. (Hrsg.): Prozessgestaltung im Krankenhaus. Heidelberg, 2002

Zapp, W.; Bettig, U.: Die Bedeutung der Prozesskostenrechnung für eine Gestaltung von Prozessen. In: Zapp, W. (Hrsg.): Prozessgestaltung im Krankenhaus. Heidelberg, 2002: 274–295

Zapp, W.; Dorenkamp, A.: Gestaltung und Lenkung von Prozessen. In: Zapp, W. (Hrsg.): Prozessgestaltung im Krankenhaus. Heidelberg, 2002: 63–110

Zapp, W.; Schmidt-Rettig, B.; Siegel, S.: Orientierungsrahmen für das Controlling. Empfehlungen für ein Controller-Leitbild in der Gesundheitswirtschaft. In: ku-Special: Controlling, Heft 04, Baumann Fachverlag, Kulmbach, 2002: 2–6

Zapp, W.; Funke, M.; Schnieder, S.: Interne Budgetierung auf der Grundlage der Pflegeversicherung. Ergebnisse eines anwendungsorientierten Forschungsprojektes in der stationären Altenhilfe. Wanne-Eickel, 2000

Zapp, W.; Rickel, R.: Belegungsplanung. In: Bergener, M. u.a. (Hrsg.): Management Handbuch Alteneinrichtung. Loseblattwerk, Heidelberg, 1997: 12; Ergänzungslieferung Juli 2000a

Zapp, W.; Rickel, R.: Kostenplanung. In: Bergener, M. u.a. (Hrsg.): Management Handbuch Alteneinrichtung. Loseblattwerk, Heidelberg, 1997: 12. Ergänzungslieferung Juli 2000b

Zapp, W.; Erlemann, C.; Torbecke, O.: Schnittstellenproblematik – dargestellt am Beispiel der Röntgenabteilung. In: Fischer u.a. (Hrsg.): Management Handbuch Krankenhaus, Loseblattwerk, 28. Ergänzungslieferung (8/2000). Heidelberg, 2000

Zapp, W.; Gläser, I.: Prozessanalysen im Verwaltungsbereich. In: Fischer u.a. (Hrsg.): Management Handbuch Krankenhaus, Loseblattwerk, 35. Ergänzungslieferung (7/2001). Heidelberg, 2000

Ziegler, H.: Ansätze für operatives Controlling. In: Altenheim, Zeitschrift für das Altenhilfe-Management, 36. Jg., Heft 1/1997, S. 43–48

Internet
www.controllerakademie.de/cainfo/igcleit.html
www.controllerakademie.de
www.dvkc.de

5.2 Kosten-, Leistungs-, Erlös- und Ergebnisrechnung (KLEE-Rechnung)

W. Zapp

5.2.1 Hinführung zum Thema – Grundlagen und Ausrichtung

Beginnen wir ganz pragmatisch – mit einer Wetterkarte (**Abb. 5.2-1**). Bei der ersten Betrachtung fallen uns dazu Fragen ein, wie:

- Was sieht man? Oder: Was ist hier abgebildet?
- Was können wir damit anfangen? Oder: Was sagt mir das Bild?
- Etwas konkreter könnten wir formulieren: Würden wir auf Grund dieser Karte nach München zum Skifahren fahren? Wenn ja, warum? Wenn nein, warum nicht?

Bei genauer Betrachtung können wir sehen, wann und wo die Karte erstellt wurde und welches Gebiet sie umschreibt. Dennoch helfen uns die Fragen nicht unbedingt weiter, und die genaue Betrachtung hat uns keine weiter gehenden Wetterprognosen vermittelt. Um zu hilfreichen Aussagen zu kommen oder die Wetterkarte begreifen und interpretieren zu können, sind weitere Kenntnisse notwendig.

5.2.1.1 Die Wetterkarte als Ausgangspunkt einer ökonomischen Betrachtung und Begriffsdefinition

Wie bei der Betrachtung der Wetterkarte oder ähnlich ergeht es uns, wenn wir eine Bilanz oder eine nach Kostenarten differenzierte Kostenstelle betrachten, um daraus für die jeweilige Unternehmung – Krankenhaus, Altenheim oder soziale Institution – hilfreiche Informationen abzuleiten.

Folgende Voraussetzungen sind bei der Betrachtung einer Wetterkarte, beim Studieren eines Kostenstellenblatts oder bei der Interpretation einer Bilanz zu berücksichtigen (siehe hierzu und im Folgenden Streim, 1988: 2 f.):

1. *Darstellung von Inhalten durch Daten, Zahlen und numerische Formen.* Zur Kurzkennzeichnung in der Wetterkarte werden Interpretationszeichen verwendet. Eine ausführliche verbale Erläuterung ist oft mit hohem Zeitaufwand verbunden, fordert zu Nachfragen heraus und ist subjektiv gefärbt. Bei numerischen Zeichen werden von vornherein Abkürzungen benutzt, die dem interessierten Leser bekannt sein müssen: Es sind allgemein gültige Absprachen getroffen worden. Die Deutungen der in der Wetterkarte hinterlegten Zeichen, Bilder und Zahlen müssen deshalb bekannt sein, um daraus notwendige Entscheidungen ableiten zu können. Dazu reicht die Legende am Ende der Wetterkarte jedoch meist nicht aus. Es muss also nicht nur

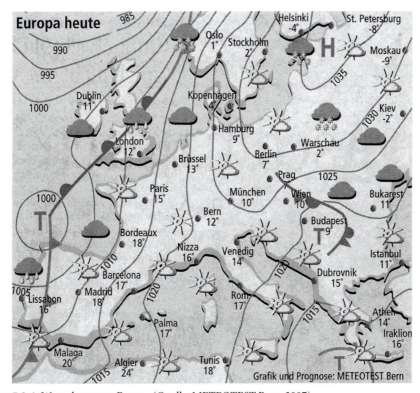

Abbildung 5.2-1: Wetterkarte von Europa (Quelle: METEOTEST Bern, 2007)

bekannt sein, dass der Buchstabe oder das Zeichen «T» ein Tief bedeutet, sondern die Wirkungen eines Tiefs müssen erschlossen sein, sonst helfen die Daten nicht weiter. Ein Problem bleibt dabei grundsätzlich bestehen – Zahlen und Daten können nicht alles abdecken und offen legen. Obwohl Zahlen oder Daten nur eindimensional ausgerichtet sind, sind sie wichtig, zumindest für den, der sie interpretieren kann in dem Sinne, dass die Zahlen Informationen für zu treffende Entscheidungen enthalten.

2. *Es sind deshalb die Daten notwendig, denen der Empfänger Informationen entnehmen kann.* Daten beschreiben einen Zustand (sie kennzeichnen ein Phänomen). Diese Zustandsbeschreibung muss für den Empfänger eine Bedeutung haben, damit er die Daten liest, beachtet und verwertet, z. B. um Entscheidungen treffen zu können. Daten sind deshalb zweckorientiert anzulegen: Informationen sind als solche zweckorientierten Nachrichten zu verstehen. Nun sind nicht alle Informationen zu verwenden, die jemanden erreichen oder die abzurufen sind. Warum nicht? Der Grad der Glaubwürdigkeit oder der Verlässlichkeit ist entscheidend, wie bedeutend die Informationen eingeschätzt und ob sie überhaupt verwendet werden. Der Begriff der Verlässlichkeit ist dabei subjektiv bestimmt. Es geht also um die Generierung von verlässlichen Informationen. Darüber hinaus sind Nachrichten zielorientiert angelegt.

3. *Relevante Wissenslücken sollen geschlossen werden.* Daten sind für entscheidungsrelevante Tatbestände wesentlich. Daten sollen dem Empfänger helfen, seine Zwecke und Ziele besser zu erreichen als es ohne die Daten möglich wäre.

Aus diesen drei Anforderungen kann eine erste Definition des betriebswirtschaftlichen Rechnungswesens im Allgemeinen gegeben werden. Betriebswirtschaftliches Rechnungswesen soll:

a) verlässliche Informationen
b) in numerischer Form produzieren,
c) von denen man zumindest vermutet, dass sie relevante Wissenslücken schließen können.

Mit dieser weit angelegten Definition werden auch die Defizite im Gesundheitsbereich offen benannt:

- zu a) ... verlässliche Informationen: Oft messen die einzelnen Berufsgruppen den Daten anderer Berufsgruppen keine besondere Bedeutung bei. Es wird nur den Daten vertraut, die man selber generiert hat. Dadurch werden Doppelarbeiten durchgeführt, die zu Mehrarbeit und zu Misstrauen führen.
- zu b) ... in numerischer Form: Zahlen schrecken viele Mitarbeiter in Gesundheitseinrichtungen ab, also werden verbale Erläuterungen gewünscht, die aber in der Regel zeitaufwändig und subjektiv gefärbt sind.
- zu c) ... relevante Wissenslücken: Oft werden zu allen möglichen Belangen Daten gefordert, ohne zu berücksichtigen, ob es sich um relevante Daten handelt. Vor dem Abrufen von Daten muss das Problem benannt sein, um entscheidungsrelevante Daten benennen zu können.

Insoweit kann die Wetterkarte als Orientierungsgröße gelten, die sich mit einem Kostenstellenblatt vergleichen lässt. Über solche Zahlengrößen kann eine Unternehmung der Gesundheitsbranche zielsicher geführt werden, wenn die leitenden Mitarbeiter in der Lage sind, solche «Wetterkarten» zu verstehen und umzusetzen. Weiteren Definitionen des Rechnungswesens:

- Auf Grund eines Erlasses des Reichswirtschaftsministeriums von 1937, der Richtlinien zur Organisation der Buchhaltung enthält, wird dem betrieblichen Rechnungswesen als generelle Aufgabe, die «ziffernmäßige Erfassung der betrieblichen Vorgänge» zugeordnet.
- Erich Schneider verwendet die Bezeichnung «Rechnungswesen» als Oberbegriff für alle Registrierungen und Berechnungen (Kalküle), die in einer Unternehmung mit dem Ziel vorgenommen werden, ein zahlenmäßiges Bild des tatsächlichen Geschehens und

eine zahlenmäßige Grundlage für die Disposition für die Leitung zu gewinnen (Schneider, 1969: 2).
- Erich Kosiol definiert das betriebliche Rechnungswesen als ein System von Zahlen, durch das die realen Vorgänge des Wirtschaftsgeschehens abgebildet werden, die sich rechnerisch ausdrücken lassen und die geeignet sind, die Wirklichkeit des Unternehmungsprozesses in ihren für den betrachteten Zusammenhang charakteristischen Zügen inhaltsgetreu wiederzugeben (Kosiol, 1979: 18).
- Helmut Kurt Weber schlägt daher die folgende Definition vor: «Betriebswirtschaftliches Rechnungswesen = System zur Ermittlung, Darstellung und Auswertung von Zahlen über die gegenwärtigen und zukünftigen wirtschaftlichen Tatbestände und Vorgänge im Betrieb sowie die gegenwärtigen und zukünftigen wirtschaftlichen Beziehungen des Betriebs zu seiner Umwelt» (Weber, 1993: 2).
- Ein Rechnungswesen soll verlässliche Informationen in numerischer Form produzieren, von denen man zumindest vermutet, das sie relevante Wissenslücken schließen können (Streim, 1988: 3).

5.2.1.2 Betriebswirtschaftliches Rechnungswesen als Rahmen der Kosten- und Leistungsrechnung

In diesem Abschnitt steht nicht das gesamte Rechnungswesen. sondern das betriebswirtschaftliche oder betriebliche Rechnungswesen im Vordergrund. Im betriebswirtschaftlichen Rechnungswesen werden vorwiegend Zahlen für Personen produziert, die ein ökonomisches Interesse an der Unternehmung haben oder auf die ökonomischen Wirkungen ihrer Entscheidungen abstellen wollen.

Grundlage eines ökonomischen Berichtssystems

Das betriebswirtschaftliche Rechnungswesen ist zentraler Bestandteil eines Informationssystems einer Unternehmung. Das Unternehmungsgeschehen ist in einer arbeitsteiligen Wirtschaft durch einen ständigen interdependenten Umsatzprozess gekennzeichnet: Auf der eine Seite können wir güterwirtschaftliche Beschaffungs-, Produktions- und Absatzvorgänge identifizieren; auf der anderen Seite erkennen wir Zahlungsströme aus dem Erwerb oder dem Verkauf von Gütern oder Dienstleistungen. Diese Abfolge von:

1. Zahlungsmittelbeschaffung
2. Zahlungsmittelverwendung
3. Transformationsprozess (Wertschöpfung)
4. Zahlungsmittelfreisetzung
5. Ablösung der finanziellen Verpflichtung (Eisele, 1998: 3–5)

lässt sich als Sachverhalt wie folgt abbilden:

- **Unternehmungen:** Die Aufgabe einer Unternehmung besteht in der Produktion und dem Absatz von Wirtschaftsgütern und Dienstleistungen, um eigene oder fremde Bedarfe zu decken. Um diese Aufgaben erfüllen zu können, werden als Elementarfaktoren eingesetzt:
  – Betriebsmittel = Grundstücke, Gebäude, Maschinen, Werkzeuge
  – Arbeitsleistungen = ausführende Arbeit und
  – Werkstoffe = Roh-, Hilfs- und Betriebsstoffe.
  – Der dispositive Faktor stellt ab auf die Betriebsführung und auf den Managementprozess.
  – Die Unternehmung produziert für sich, für andere Unternehmungen, für den Staat, für private Haushalte oder dergleichen. Damit haben wir zwei Häuser quasi fertig gebaut (**Abb. 5.2-2**).
- **Güter- sowie Dienstleistungs- und Zahlungsströme:** Zwischen diesen Häusern bewegt sich ein Güterstrom. Er beginnt mit der Beschaffung auf der linken Seite der Abbildung 5.2-2 und setzt sich durch die Produktion im Unternehmen fort über den Absatz zu den privaten Haushalten, dem Staat oder einem anderen Abnehmer. Über diesen Güterstrom lässt sich bereits wirtschaftliches Handeln verdeutlichen. Hier können:

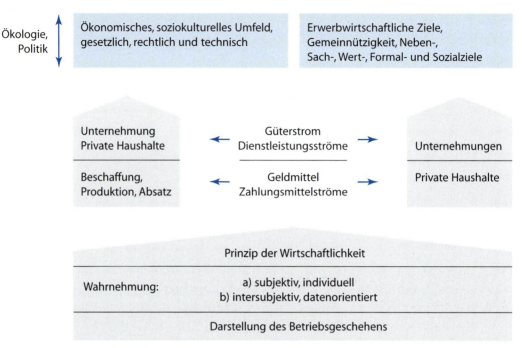

Abbildung 5.2 2: Privathaushalte und Unternehmungen (Quelle: Zapp, 2004)

– Rabatte ausgehandelt werden,
– über große Bestellmengen Preisvorteile erwirtschaftet werden, denen allerdings ggf. Lagerkosten gegenübergestellt werden müssen.
– Diesem Güterstrom entgegengesetzt fließt und bewegt sich der monetäre Strom als Geld- oder Zahlungsmittelstrom. Die von den Beschaffungsmärkten bezogenen Produktionsfaktoren müssen bezahlt werden. Für die verkauften Produktmengen gehen Zahlungsmittel von den Absatzmärkten ein. Hier liegen in aller Regel die Liefertermine vor den Zahlungsterminen. Man kann aber auch hier schon wirtschaftlich handeln und Vorauszahlungen verlangen oder ablehnen. Man kann Skonto gewähren oder verfallen lassen. Zahlungsströme können auch von staatlichen Stellen erfolgen (Subventionen) oder zu staatlichen Stellen fließen (Steuern).

• **Wirtschaftlichkeit:** Auf diese Unternehmungen und Ströme wirkt das Prinzip der Wirtschaftlichkeit. Es ist ein systemimmanentes Prinzip und besagt, dass mit einer bestimmten Einsatzmenge eine maximale Ausbringung an Gütern oder eine vorgegebene Gütermenge mit einem minimalen Einsatz von Produktionsfaktoren erreicht werden soll. Das Prinzip kann dargestellt werden:
– wertmäßig: Istkosten/Sollkosten
– mengenmäßig: Ertrag (kg)/Aufwand (h) = technische Produktivität.

• **Ziele:** Ein anderes Gegengewicht stellt die Zieldefinition der Unternehmung dar. Sie kann auf Gewinn als erwerbswirtschaftlichem Ziel oder auf Gemeinnützigkeit angelegt sein. Das Zielsystem integriert auch die:
– *Sachziele:* Hier werden Art und Umfang der während eines Zeitraums abzusetzenden und/oder herzustellenden Produkte festgelegt.
– *Wertziele* (= Erfolg) als Differenz zwischen Güterentstehung und Güterverbrauch sollen möglichst günstig gestaltet werden. Was günstig ist, bestimmt der Wettbewerb. Wertziele sind monetäre Ziele: Gewinn, Kosten, Erlöse.

- *Formalziele:* Gestaltung und Festlegung des Erfolgs werden durch das Formalziel umschrieben = Gewinn, Rentabilität, Liquidität.
- *Sozialziele:* Daneben sind Sozialziele umschrieben, die monetär oder nichtmonetär sein können.
- Hier lassen sich Zielhierarchien entwickeln und abbilden. Als Ziel wird oft die Bestandsformel erwähnt (hierzu Bleicher/Meyer, 1976: 15ff.): Es geht darum, dass das Unternehmen in seinem Bestand erhalten bleibt. Alle Aktivitäten werden darauf konzentriert, dieses Ziel sicherzustellen. Andererseits soll eine Unternehmung, die unwirtschaftlich arbeitet, vom Markt verschwinden. Das Ziel kann also nicht die Sicherung der Unternehmung als Bestand sein. Im Zentrum der ökonomisch relevanten Aktivitäten steht deshalb die Problemlösungspotenzialformel. Sie besagt, dass die Unternehmung ihr Problemlösungspozenzial am Leben erhält – in welcher Unternehmungsform auch immer.
- Wichtig ist, das die Problemlösung erhalten bleibt: Heilung und Linderung von Krankheiten, der Bau von Autos usw. Die Erhaltung dieser Wertekultur steht im Mittelpunkt. Die Frage der Abhängigkeit ist dann eine Frage der wirtschaftlichen Stärke.

- **Umwelt:** Die Umwelt der Unternehmung kann unterschieden werden in die ökonomische, die soziokulturelle, die technische und die gesetzlich-rechtliche Umwelt, die jeweils in ihren relevanten Bereichen auf die Unternehmung einwirken. Die relevante Umwelt wird so zum Umfeld, das beachtet werden muss (**Abb. 5.2-3**).

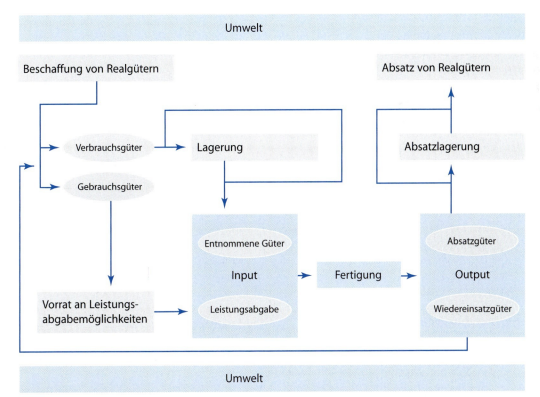

Abbildung 5.2-3: Zusammenhänge im ökonomischen System (Quelle: Zapp, in Anlehnung an Schweitzer, M., Küpper, H.-U.; Systeme der Kosten- und Erlösrechnung, 7., überarb. u. erw. Aufl.; München, 1998, S. 17ff.)

Die Fülle von Informationen, die Berücksichtigung unterschiedlicher Daten und Unwägbarkeiten muss nun ver- und bearbeitet werden. Dazu gibt es folgende Möglichkeiten:

- **Das Betriebsgeschehen wird subjektiv und individuell nachvollzogen.** Ein Dachdecker geht durch seinen Ort (z. B. Osnabrück) und betrachtet die Häuser, die er mit seinen Mitarbeitern eingedeckt hat: 15 Dächer in 4 Jahren – alles gleich große Einfamilienhäuser. Jedes Jahr hat er 4 Dächer neu geschaffen, dieses Jahr leider nur 3. Er hat einen Meister entlassen müssen.
- **Das Betriebsgeschehen wird zahlen- und datenmäßig sowie intersubjektiv nachvollzogen.** Ein anderer Handwerksmeister geht durch einen anderen Ort (z. B. München) und betrachtet die Häuser, die er mit seinen Leuten bedacht hat: 115 Dächer; jedes Jahr unterschiedliche Häuser: kleine Häuser, Anbauten. Dieses Jahr sind es nur 3 Häuser geworden, zusätzlich viele Hotels.

Der zuletzt genannte Meister weiß nicht, ob er wirtschaftlich gearbeitet hat; die Besichtigungen sind nicht aussagefähig. Hier benötigt er Zahlen, die ihm offen legen, dass seine Leute bei der Eindachung eines Hotels vielleicht viel zu langsam gearbeitet haben, weil sie nicht darauf spezialisiert sind. Er hat sich nun für eine zahlenmäßige Darstellung seiner Aktivitäten entschieden. Eine zahlen- oder datenmäßige Abbildung des Unternehmungsprozesses kann grundsätzlich wie folgt aussehen:

1. **Bewertung:** Wirtschaftliche Tauschprozesse vollziehen sich zwischen der Unternehmung und den Wirtschaftspartnern auf monetärer Basis. Daraus kann man ableiten, dass sich betriebliche Entscheidungen und ihre ökonomischen Konsequenzen durch monetäre Zahlungsströme abbilden lassen. Geld kann als Vergleichsmaßstab herangezogen werden, hat als Vergleichsmittel aber auch Grenzen.
   - Die ökonomischen Konsequenzen lassen sich errechnen! Die Entscheidungskonsequenzen reichen von der Fremd- bis zur Eigenfertigung, von der Herstellung z. B. als Kunststoffschrank oder Holzschrank. Die Konsequenzen in technischer, ökologischer oder sozialer Ausgestaltung sind schwierig in Geldwerte zu fassen, hier ist eine Bewertung nicht ganz so einfach.
   - Eine reine Geldrechnung greift generell zu kurz; Mengen- und Zeitrechnungen über wirtschaftliche Sachverhalte ergänzen die Geldrechnungen.
   - Der Erfolg einer Periode setzt sich aus Mengen und Wertkomponenten zusammen, z. B.:
     - Chefarzt: 15 min : 30 Euro/min = 450 Euro
     - Facharzt: 30 min : 15 Euro/min = 450 Euro
     - Assistenzarzt: 45 min : 10 Euro/min = 450 Euro
   - Um eine optimale Ausbringungsmenge zu errechnen, spielen Mengen- und Zeitangaben eine Rolle. Auch die Frage der Qualität wurde bisher nicht angesprochen.
   - Wir werden uns hier vorwiegend mit quantitativen Daten beschäftigen. Weitere Elemente stehen nicht im Vordergrund, werden aber angesprochen. Einen wesentlichen Beitrag stellt dabei die Leistung dar.

2. **Zeitaspekt:** Der Unternehmungsprozess kann sich auf realisierte oder zukünftige Abläufe beziehen. Sind Unternehmungsprozesse bereits realisiert, spricht man von einer Nachrechnung. Es handelt sich hier um eine Ex-post-Betrachtung: Die Vorgänge sind abgeschlossen und werden nun aufbereitet. Sind Unternehmungsprozesse nicht abgeschlossen, sind sie durch eine Vorrechnung abbildbar. Dabei werden Planungsmodelle entwickelt, in denen die zukünftige Entwicklung hochgerechnet wird. Es entsteht eine Vorkalkulation.

Funktionen und Aufgaben

Das Rechnungswesen richtet sich an folgende Kreise:

- extern: potenzielle und aktuelle Banken, Lieferanten, Kunden, Verbände, Gewerkschaften, Wettbewerber etc.

- intern: Unternehmungsleitung, Management, Personalrat oder Mitarbeitervertretung etc.

Man könnte behaupten, das betriebswirtschaftliche Rechnungswesen sei in der Lage, das wirtschaftliche Verhalten einer Unternehmung abzubilden. Würde diese Aufgabe auf Grund gesetzlicher Normen durchgeführt, läge ein Selbstzweck vor: Man bilanziert nur, um gesetzliche Auflagen zu erfüllen. Dies ist aber nicht der Grund, aus dem ein Rechnungswesen aufgebaut wird. Abbildung und Darstellung der Zahlenwerte erfolgen, weil man meint, so besser wirtschaften zu können und Prozesse und Handlungen wirtschaftlicher zu steuern. Folgt man dieser Auffassung, dann

- dient das betriebswirtschaftliche Rechnungswesen der Gestaltung des Wirtschaftsprozesses.
- ist das betriebswirtschaftliche Rechnungswesen Mittel zum Zweck.
- hat das betriebswirtschaftliche Rechnungswesen instrumentalen Charakter (Weber, 1993: 14).

Klassifikation und Gliederung
Die Klassifikation kann in zweifacher Hinsicht durchgeführt werden (vgl. hierzu Hummel/Männel, 1986: 3 ff.; Eisele, 1998: 7, 8; Schweitzer/Küpper, 1998; Zapp, 2004):

- institutionalisierte Gliederung oder formale Gestaltung
- problemorientierte Gliederung oder inhaltliche Gestaltung.

Institutionalisierte Gliederung oder formale Gestaltung. Man kann die institutionalisierte Unterteilung auch die organisatorische oder die klassische Gliederung nennen. Sie umfasst folgende Elemente:

- Finanzbuchhaltung (der Geschäftsbuchhaltung zugeordnet)
- Kosten- und Leistungsrechnung einschließlich Erlös- und Ergebnisrechnung (der Betriebsbuchhaltung zugeordnet)
- Statistik (eigene Abteilung, der Betriebsbuchhaltung oder der Geschäftsführung zugeordnet)
- Planungsrechnung.

In der *Finanzbuchhaltung* als externem Element werden die Geschäftsvorfälle nach den Vorschriften des Handels- und Steuerrechts und weiterer Rechtsvorschriften erfasst und verarbeitet. In der Bilanz und in der Gewinn- und Verlustrechnung schlagen sich die Geschäftsvorfälle nieder und zeigen einen Verlust oder einen Gewinn auf. Hier werden vorwiegend die Geschäftsvorfälle der Unternehmung mit der Außenwelt erfasst.

In der *Kosten- und Leistungsrechnung* werden in der Betriebsbuchhaltung vor allem interne Abläufe erfasst und abgebildet, die im Kombinationsprozess in der Unternehmung entstehen. Die Hauptaufgabe besteht darin, den bewerteten Verbrauch an Produktionsfaktoren und die Umwandlung der eingesetzten Produktionsfaktoren in die vom Betrieb hergestellten und verkauften Produktionsmengen rechnerisch festzuhalten. Auf Grund dieser internen Aufgabe hat sich die Betriebsbuchhaltung als selbstständiger Teilbereich neben der Finanzbuchhaltung etabliert. Die Aufbereitung von Informationen erfolgt vorwiegend in statistisch-tabellarischer Form (Matrix), weil die Informationen damit leichter nachvollziehbar sind. Die Kostenrechnung war zunächst eine reine Kosten(!)-Rechnung, bis man feststellte, dass neben den Kosten die Leistungen zu berücksichtigen sind. Schließlich wurden auch die Erlöse wesentlich, sodass man heute sicherlich von einer Kosten-, Leistungs- und Erlösrechnung sprechen könnte. Als weiterer Bereich etabliert sich zurzeit die Ergebnisrechnung als Differenz von Erlösen und Kosten unter Beachtung von Leistungsverläufen. Dieser Bereich kann weiter untergliedert und differenziert werden. In diesem Abschnitt wird dieser Bereich behandelt.

In der *Statistik* werden Unterlagen ausgewertet, u. a. die Bilanz und die Kostenrechnung. Im Vordergrund steht damit das Vergleichbarmachen von Zahlen durch Zeitvergleiche, Verfahrensvergleiche zwischenbetriebliche Vergleiche.

Wichtige Statistiken sind z. B. die Verkaufsstatistik, die Personalstatistik und die Erfolgsstatistik. Die Betriebsstatistik ist oft kein selbstständiger Bereich, sondern wird in den entsprechenden Abteilungen durchgeführt (im Krankenhaus oft im Controlling oder in der Patientenverwaltung).

Die *Planungsrechnung* stellt die mengen- und wertmäßigen Zahlen in Form von Schätzung und Hochrechnungen dar. Auch hier bedient man sich der Zahlen aus der Finanz- und Betriebsbuchhaltung sowie der Statistik. Da jedoch die Planung in die Zukunft gerichtet ist, müssen diese Zahlen hinsichtlich der Zukunftserwartung geschätzt und bewertet werden. Auch dieser Planungsbereich wird oft im Krankenhaus nicht durch eine selbstständige Abteilung erledigt, sondern einer bestimmten Abteilung zugeordnet, und zwar der Kostenrechnung, der Leistungsabteilung oder dem Controlling.

Problemorientierte oder inhaltliche Gestaltung. Wesentlich im Rechnungswesen sind die Begriffe «Erfolg» und «Liquidität»: Wird ein Überschuss erwirtschaftet, bleibt der Betrieb zahlungsfähig. Diese ökonomischen Zielvorstellungen waren der Ursprung für den Aufbau eines Rechnungswesens und prägen noch heute die Gestaltung des betriebswirtschaftlichen Rechnungswesens.

Es haben sich unterschiedliche Rechnungskonzepte oder -systeme entwickelt, die innerhalb des betriebswirtschaftlichen Rechnungswesens bestimmte Aufgaben übernehmen und damit auf unterschiedliche Weise in den Unternehmungsprozess eingreifen.

Die Unterteilung bzw. Aufgabenteilung ist deshalb wesentlich, weil je nach Zielvorstellung und Aufgabenstellung unterschiedliche Konzepte zum Tragen kommen:

- Besteht Bedarf an Produkt A, so wird es von einem entsprechenden Hersteller bzw. Händler und nicht von einem Hersteller bzw. Händler für Produkt B bezogen.
- Besteht die Frage, ob eine Unternehmung morgen die offenen Rechnungen noch bezahlen kann, wird man nicht den Kostenrechner, sondern den Bilanzbuchhalter bemühen.
- Lautet die Frage, ob eine Fremd- oder Eigenleistung kostengünstiger ist, dann handelt es sich hier um eine Wirtschaftlichkeitsanalyse und nicht nur um ein kostenrechnerisches Problem.

Folgende Systeme lassen sich unterscheiden:

- Die Bilanzrechnung enthält die Elemente:
  Bilanz = Beständerechnung = Bestände an Vermögen und Schulden
  Gewinn und Verlustrechnung = Bewegungsrechnung = Bewegung an Aufwand und Ertrag.
- Die Kosten- und Leistungsrechnung bildet die Bewegungen innerhalb des Unternehmens ab, die für die Leistungserstellung notwendig sind.
- Die Investitionsrechnung stellt Wirkungen des Einsatzes finanzieller Mittel auf die Zahlungsströme über mehrere Perioden dar.
- Die Finanzrechnung stellt Geldströme dar und überwacht die Ein- und Auszahlungen, um hier eine Zahlungsunfähigkeit zu verhindern. (Schweitzer/Küpper 1998: 10 f.).

Diese verschiedenen Rechnungssysteme der Unternehmungsrechnung sollen Informationen für eine zielorientierte Führung der Unternehmung liefern.

Unterschiedliche Zielvorstellungen erfordern eine problemorientierte Gliederung des betriebswirtschaftlichen Rechnungswesens und unterschiedliche Strategien. Diese wiederum können durch unterschiedliche Systeme der Unternehmungsführung abgebildet werden:

- Finanzrechnung
- Bilanzrechnung
- Kosten-, Leistungs-, Erlös- und Ergebnisrechnung
- Investitionsrechnung (in Anlehnung an Schweitzer/Küpper, 1998: 11).

Im folgenden Abschnitt werden wir uns mit der Kosten- und Leistungsrechnung als dem Instrument für interne Abläufe befassen.

5.2.2 Die Kosten-, Leistungs-, Erlös- und Ergebnisrechnung

Untersuchungs- und Betrachtungsgegenstand der Kosten-, Leistungs- und Erlösrechnung ist der schon erwähnte Unternehmungsprozess mit seinen Teilprozessen und deren einzelnen Komponenten. Im Folgenden wird verkürzt von der Kosten- und Leistungsrechnung gesprochen.

5.2.2.1 Zwecke, Ziele und Funktionen

Der oben bereits zitierte Dachdeckermeister aus Osnabrück kann seinen Betrieb ab einer bestimmten Größe nicht mehr durch Besicht, sondern nur noch durch Bericht führen. Das Informationssystem zur Beurteilung seiner geleisteten Arbeit und zur Vorbereitung weiterer Entscheidungen muss die persönliche Wahrnehmung ersetzen und auf logisch-abstrakte, nachvollziehbare Informationen setzen.

Die Kosten- und Leistungsrechnung, ergänzt um die Erlös- und Ergebnisrechnung, wird somit zu einem Informations- und Lenkungssystem, das insbesondere von der Führungsebene eingesetzt wird, um den Betrieb optimal zu führen. Die Managementfunktion tritt damit ins Zentrum der Kosten- und Leistungsrechnung, die die Aufgabe hat, über den Verzehr von Produktionsfaktoren und die Entstehung von Leistungen zu berichten.

Dieser Berichtscharakter verführt manche zu der Ansicht, die Kosten- und Leistungsrechnung müsse die notwendigen Informationen dokumentieren und mit abrechnungstechnisch-mathematischen Formeln aufwarten. Ziel wäre dann ein gut organisiertes, in sich geschlossenes Zahlenumwälzungswerk, frei nach dem Motto: von der Wiege bis zur Bahre nichts als Formulare. Diese dokumentarische Funktion zeichnet sicherlich eine gute Kosten- und Leistungsrechnung aus. So wichtig die Dokumentation als Grundlage weiterer Analysen aber auch sein mag, ist sie dennoch nicht das wesentliche Kriterium für den Aufbau einer Kosten- und Leistungsrechnung.

Nicht die Ausgangsdaten bestimmen das Vorgehen, sondern die Auswertungsziele bestimmen das Verfahren, das Rechnungssystem, das angewendet wird. Wer setzt die Auswertungsziele fest? Der Gesetzgeber hält sich aus dem internen Rechnungswesen fast vollständig heraus und scheidet als Vorgabensetzer aus. Damit ist die Unternehmungsführung der Akteur, der die Ziele vorgibt. Zwecke werden von außen (Gesetzgeber, Umwelt, Volkswirtschaft) vorgegeben. Ziele gibt sich die Unternehmung selbst; Funktionen leiten sich aus den Zielen ab.

Die Kosten-, Leistungs-, Erlös- und Ergebnisrechnung orientiert sich, gerade weil sie frei von gesetzlichen Vorgaben ist, an dem wesentlichen Informationsbedarf

- der Führungskräfte und
- der Entscheidungsträger.

Dieser Informationsbedarf ist abhängig

- von dem System, in welchem sich die Unternehmung befindet, und
- von den Zielvorgaben, die sich die Unternehmungsleitung selbst gegeben hat.

Stehen Formalziele im Vordergrund, ist das Rechnungswesen darauf auszurichten. Stehen Sachziele im Vordergrund, sind sie zu erfüllen. Vermutlich werden beide Aspekte zu berücksichtigen sein. Dazu sind die Funktionen aus dem Managementprozess herauszubilden, die zu folgenden Managementfunktionen der Kosten- und Erlösrechnung zusammengefasst werden können:

1. Sämtliche Kosten und Erlöse sind zu erfassen (Ermittlungsfunktion).
2. Der tatsächliche Kostenverlauf ist zu dokumentieren und offen zu legen (Dokumentationsfunktion).
3. Zu erwartende Kosten, Leistungen und Erlöse sind zu prognostizieren (Prognosefunktion).
4. Anzustrebende Zielgrößen sind vorzugeben (Vorgabefunktion).
5 Auftretende Abweichungen sind darzustellen und zu analysieren (Kontrollfunktion).
6. Der Leistungserstellungsprozess ist zu begleiten und zu lenken (Lenkungsfunktion: 1. sachrational, bezogen auf Daten und Zahlen; 2. sozioemotional, bezogen auf das Verhalten

der Mitarbeiter (in Anlehnung an: Zapp, 1999: 265 f.).

Die aufgeführten Funktionen werden von anderen Autoren unter anderen Gliederungsaspekten, z. B. unter dem Aspekt der Zielorientierung, betrachtet (vgl. hierzu Schweitzer/Küpper, 1998: 20 f.).

5.2.2.2 Anforderungen

Neben Funktionen, Zwecken und Aufgaben werden oft Grundsätze der Kosten- und Leistungsrechnung aufgezählt und benannt. Hinter diesen Grundsätzen verbergen sich Anforderungen oder Bedingungen an eine effiziente Kosten-, Leistungs-, Erlös- und Ergebnisrechnung, die bei der Durchführung und Umsetzung zu beachten sind. Will man diese Anforderungen in eine Ordnung bringen, bietet es sich an, sie auf drei Arten zu unterscheiden (Hummel/Männel, 1980: 25 f.; Preißler/Dörrie, 1987: 23; Ebert, 1991: 25; Brink, 1992: 175; Zapp/Torbecke, 2004):

1. **querschnittsorientiert**
   a) Wirtschaftlichkeit
   b) Anwendungsorientiertheit
   - klar und übersichtlich
   - schnell und einfach

2. **rechnungsorientiert**
   a) Objektivität
   b) Einheitlichkeit
   c) Flexibilität

3. **benutzerorientiert**
   a) Relevanz
   b) Adäquanz
   c) Aktualität (in Anlehnung an: Zapp, 2004).

Querschnittsorientierte Anforderungen
Die querschnittsorientierten Anforderungen durchziehen die weiteren Anforderungen und stellen die generelle Zielperspektive dar. Sie gliedern sich wiederum in

- Wirtschaftlichkeit und
- Anwendungsorientiertheit.

Wirtschaftlichkeit. Bei allem, was bisher gesagt wurde, ist dieses Kriterium zu beachten: Die Wirtschaftlichkeit ist Grundlage aller Überlegungen. Was für die Buchhaltung die Gesetzgebung, ist für die Kostenrechnung die Wirtschaftlichkeit.

Kein Unternehmen kann sich ein Rechnungssystem erlauben, das mehr kostet als es an Erkenntnissen bringt. Die Verliebtheit mancher in komplizierte Rechnungssysteme hat da ein Ende, wo dieses Prinzip verletzt wird. Es wird schon da Beachtung finden, wenn die anderen oben genannten Anforderungen verletzt werden, denn sie haben sofort Auswirkungen und berühren die Wirtschaftlichkeit.

Anwendungsorientiertheit. Diese Anforderungen sind abgeleitet aus den oben genannten Kriterien. Hier geht es vor allem um die Darstellung und Präsentation der Daten aus dem Rechnungssystem:

- *Klar und übersichtlich:* Die Zahlen sind übersichtlich zu präsentieren, sie sind eindeutig abzubilden, damit die Ableitungen daraus nachvollzogen werden können. Daher wird für die Kostenrechnung oft die tabellarisch-statistische Form und nicht die Kontenform gewählt, wie sie aus der Buchhaltung bekannt ist.
- *Schnell und einfach:* Kaufleute eruieren die Zahlen aus der Kostenrechnung; sie können sie verstehen, nicht aber Ärzte oder Laborkräfte. Wenn ihnen die Daten etwas helfen sollen, müssen sie einfach erklärbar sein. Mit einem Blick muss erkennbar sein, was gemeint ist.

Rechnungsorientierte Anforderungen
Rechnungsorientierte Anforderungen beziehen sich auf die Anforderungen der Rechenoperationen und auf die Rechnungskonzepte oder -systeme. Eine Kosten- und Leistungsrechnung hat diese Anforderungen zu beachten, damit sie umgesetzt und effektiv eingesetzt werden kann. Hier lassen sich je nach Autor unterschiedliche Kriterien benennen. Wollte man sie systematisieren, dann lägen drei übergeordnete Kriterien vor:

1. Objektivität
2. Einheitlichkeit und
3. Flexibilität.

Objektivität. Das Kriterium «objektiv» kann weiter umschrieben werden mit den Begriffen:

- *richtig und genau*. Die Kosten und Leistungen müssen, um objektiv zu sein, richtig erfasst und verarbeitet werden; sie müssen genau sein, weil sonst die Zurechnung und die Aussagen nachher nicht mehr stimmig sind und zu falschen Schlüssen führen würden. Die Frage der Genauigkeit wird später immer wieder wichtig sein: Während der Buchhalter centgenau rechnet, wird der Kostenrechner die Zahlen auf 100 oder 1.000 Euro aufrunden. Eine Preiskalkulation sollte präzise sein, eine Kostenüberwachung sollte sich von Centbeträgen («Pfennigfuchser») lösen. Die Frage der Genauigkeit ist auch eine Frage der Zeit und damit des Geldes.
- *realitätsgetreu*. Die Zahlen sind realitätsgetreu wiederzugeben: Holz ist nicht Eisen, Pflegekräfte sind keine Ärzte.
- *sicher und nachvollziehbar*. Die Zahlen sollen sicher sein. Nur sichere Zahlen verbreiten Vertrauen. Zwar lässt sich ein gewisser Unsicherheitsfaktor gerade bei Planungszahlen nicht vermeiden, aber nur, wenn die Personen, die die Zahlen präsentieren, sich ihrer sicher und davon überzeugt sind, werden andere ihnen diese Zahlen auch abnehmen. Im Krankenhaus gibt es dafür ein beliebtes Beispiel: Die Zahlen um die Vollkräfte aus der Personalabteilung stimmen mit den Daten aus der Pflegedienstleitung nicht überein. Sie können aus einer Vielzahl von Gründen nicht stimmen, weil die Sichtweise eine andere ist, dennoch müssen sich Personal und Pflege auf eine einheitliche Systematisierung einigen. Die Zahlen sollen intersubjektiv nachvollziehbar sein. Mit Zahlen und Gleichungen lassen sich Sachverhalte sehr gut darstellen.

Einheitlichkeit (Stetigkeit, Ordnungsgemäßheit). Die angewandten Systeme und Verfahren sollten einheitlich oder stetig sein. Ein ständiger Wechsel in der Erfassungs- und Darstellungsform würde die Kontrollierbarkeit der Daten mindern oder unmöglich machen. Selbst der Vergleich oder die Analyse wäre so verhindert.

Die Ordnungsgemäßheit sollte gewährt werden, um die Nachvollziehbarkeit zu erhalten, um die Herleitung aus der Buchhaltung sicher geschehen zu lassen: Personalkosten sollten nicht als Sachkosten ausgewiesen werden. Dieser Begriff korrespondiert mit der Richtigkeit und Genauigkeit.

Flexibilität. Ein Kostenrechnungssystem sollte flexibel angelegt sein. Anpassungen lassen sich dennoch nicht vermeiden. Flexibel heißt, dass rechtliche Änderungen relativ leicht hinzugefügt werden können – beim DRG-System eine wesentliche Forderung, um Anpassungen integrieren zu können.

Benutzerorientierte Anforderungen
Benutzerorientierte Anforderungen stellen auf diejenigen Personen ab, welche die Informationen erhalten und umsetzen müssen. Ziel der Rechnungssysteme ist das Ermöglichen von Entscheidungen. Die benutzerorientierten Anforderungen treten oft in den Vordergrund:

- Relevante Informationen teilen genau das mit, was man in einer bestimmten Situation kennen muss, um ein Problem lösen zu können.
- Adäquate Informationen werden von den Informationsempfängern verstanden, um sie verwerten zu können. Zunächst sind die Informationen relevant, dann adäquat.
- Aktuelle Informationen zielen auf den Zeitpunkt ab. Nach der Informationsbereitstellung und einer Analysetätigkeit müssen Handlungsanweisungen zeitgerecht ableitbar sein.

Diese Anforderungen sind nicht isoliert zu betrachten. Sie sind miteinander verbunden und nicht immer alle gleichermaßen zu erfüllen. Zwischen den Anforderungen können Zielkonflikte bestehen: Der Forderung, aktuell zu sein, und der Forderung, genau zu sein, ist nicht immer nachzukommen.

5.2.2.3 Aufgaben

Differenzierte Aufgabenbildung

Zweck der Kosten- und Leistungsrechnung ist die Unterstützung der Geschäftsführung bei der ökonomischen Entscheidungsfindung. Dies muss aber mit weiterem Leben gefüllt werden. Der Zweck ist nicht anwendungsorientiert formuliert. Was daraus folgt, ist durch die einzelnen Aufgaben zu umschreiben und darzulegen (**Tab. 5.2-1**).

Ablauforientierte Aufgabenbildung

Die oben aufgeführten Aufgaben können auch in zeitlichem Ablauf gesehen werden, dann würde man folgende Aufgaben herausfiltern:

- *Kostenerfassung (= Kostenermittlung, Kostenmessung)*: Die Kosten sind zu registrieren, zu erfassen und zu dokumentieren. Man orientiert sich hierbei in der Regel an Kostenarten oder Kostenartengruppierungen.
- *Kostenverteilung*: Hier werden die Kosten nach bestimmten Prinzipien verteilt. Die Bezugsgrößen sind hier Kostenstellen, Prozesse oder Kostenträger.
- *Kostenauswertung*: Nach der Erfassung und Verteilung muss dann die Auswertung erfolgen. Kosten und Erlöse werden entscheidungsorientiert zusammengestellt. Dabei sollen Abweichungen von Vorgaben herausgearbeitet und analysiert werden, um dann steuernd in den Prozess eingreifen zu können.

Bei unseren Betrachtungen steht der Prozess der Kosten- und Erlösrechnung im Vordergrund.

5.2.2.4 Begriffsdefinition

Begrifflich lässt sich die Kosten- und Leistungsrechnung auf drei verschiedene Weisen betrachten:

- In *funktionaler Sicht* versteht man unter Kosten- und Leistungsrechnung eine Aufgabe, die Informationen über sachzielbezogene, bewertete Güterverbräuche und Güterentstehungen liefert.
- In *instrumentaler Sicht* versteht man unter Kosten- und Leistungsrechnung einen Informationsgenerator, der gekennzeichnet ist durch einen spezifischen strukturellen Aufbau und nach festgelegten Regeln quantitative, auf bestimmte Entscheidungen und an-

Tabelle 5.2-1: Aufgaben der Kostenrechnung (Quelle: Zapp, in Anlehnung an Hummel, S., Männel, W.; Kostenrechnung 1 [4., völlig neu bearb. u. erw. Aufl.]; Wiesbaden, 1986; S. 27–40)

1. Preiskalkulation
1.1 Mitwirkung bei der Festlegung von Verkaufspreisen
1.2 Errechnung von Preisunter- und Preisobergrenzen für den Absatz bzw. für den Einkauf
1.3 Festlegung von Verrechnungspreisen
2. Kontrolle der Wirtschaftlichkeit
2.1 Kontrolle von Kostenarten und Kostenstruktur
2.2 Kontrolle für Abteilungen und Verantwortungsbereiche
3. Gewinnung von Unterlagen für Entscheidungsrechnungen
3.1 Kostenvergleichsrechnungen für die Verfahrenswahl sowie die Wahl zwischen Fremd- und Eigenfertigung
3.2 Kosten-, Leistungs- und Erlösrechnungen zur Planung und Analyse des Produktions- und Absatzprogramms
4. Erfolgsermittlung und Bestandsbewertung
4.1 Kurzfristige, differenzierende Erfolgsrechnung
4.2 Bewertung von Beständen (unfertig, fertig) und von selbsterstellten Anlagen
5. Sonstige Aufgaben
5.1 Schadensersatzforderungen aus Versicherungsschäden
5.2 Erstellen von Statistiken

dere Anwendungen bezogene Informationen bereitstellt.
- In *institutioneller Sicht* kann die Kosten- und Leistungsrechnung entweder als Stelle, Abteilung oder Bereich, als Linie, Stab oder Zentraleinheit geführt werden (Schweitzer/Küpper, 1998: 13).

Man kann sagen, dass die Frage nach der Preiskalkulation des Produktes «Mon cheri» ein anderes System der Eruierung von Kosten und Erlösen erfordert als die Frage, ob eine Firma «Mon cheri» als Ganzes, die Kirsche als Einzelstück selber herstellen und alkoholisieren oder diese bereits im alkoholisierten Zustand erwerben soll. Gelingt es, eine Kosten- und Leistungsrechnung so zu strukturieren, dass sie das Generieren von Kosten und Erlösen im Sinne des Entsprechungsprinzips von Entscheidung und Rechnung ermöglicht, dann ist dieses Rechnungssystem als entscheidungsspezifisch zu klassifizieren.

Nach heutigem Erkenntnisstand genügt eine Kosten- und Leistungsrechnung nur dann diesen Anforderungen, wenn das Rechnungskonzept selbst entscheidungsspezifisch ist und die ermittelten Kosten- und Erlösinformationen entscheidungsrelevant sind (Schweitzer/Küpper, 1998: 45).

5.2.3 Aufbau und Konzeption

Kosten werden in Geld ausgedrückt und fallen an für den Verbrauch an Produktionsfaktoren, der durch die Leistungserstellung bedingt ist. Die Produktionsfaktoren umfassen z. B. Sachgüter, Dienstleistungen und die menschliche Arbeitskraft, die für den Prozess der Leistungserstellung eingesetzt werden. Damit wird der Verbrauch beim Produktionsprozess gemessen und bewertet. Demgegenüber stellt die Leistungsrechnung auf die Güterentstehung und auf den Produktionsausschuss ab. Erlöse schließlich fließen der Unternehmung für die Produktion und den Verkauf zu. Zunächst werden Leistung und Erlös synonym verwandt.

5.2.3.1 Kostenrechnung

Einen guten Überblick über die Kostenrechnung verschafft **Abbildung 5.2-4**. Die Darstellung des realisierten Unternehmungsprozesses bzw. der Leistungsfähigkeit und Beurteilung der Wirtschaftlichkeit verlangt die Ermittlung der tatsächlich entstandenen Kosten (Istkosten). Die Kostenermittlung unterteilt sich dabei in die Kostenerfassung und Kostenverrechnung. Mit der *Kostenerfassung* ist die Messung der Verbrauchsmengen und Güterpreise gemeint. Die *Kostenverteilung* bezeichnet die Zuordnung der erfassten Kosten auf Kostenstellen bzw. auf Prozesse und Kostenträger (Schweitzer/Küpper, 1998: 39f.). Die *Kostenauswertung* dient der Lenkung der Kosten. Die Kostenrechnung selbst wird in drei Teile gegliedert:

1. Kostenartenrechnung
2. Kostenstellenrechnung und
3. Kostenträgerrechnung.

Kostenartenrechnung
Sämtliche anfallenden Kosten können nach Kostenarten unterteilt werden. Sie bilden die erste Stufe der Kosten- und Leistungsrechnung. Hier erfolgt die Erfassung und Gruppierung sämtlicher Kostenarten, die in einer Abrechnungsperiode angefallen sind. Wichtigstes Unterscheidungsmerkmal: Sach- und Personalkosten.

Die entscheidende Frage lautet: Welche Kosten fallen an? Die Kostenartenrechnung gibt – gegliedert nach der Art der verzehrten Wirtschaftsgüter und ausgedrückt in Geldgrößen – Auskunft darüber, welche Produktionsfaktoren in der Abrechnungsperiode verbraucht oder in Anspruch genommen wurden.

Aufgabe. Mit der Kostenartenrechnung sollen sämtliche für die Erstellung und Verwertung betrieblicher Leistungen innerhalb einer Periode anfallenden Kosten vollständig, eindeutig und überschneidungsfrei nach einzelnen Kostenarten gegliedert erfasst und ausgewiesen werden (Hummel/Männel, 1986: 128). Dabei wird deutlich, dass die Kostenrechnung unterschiedliche Aufgaben erledigen kann, die sich wiederum in

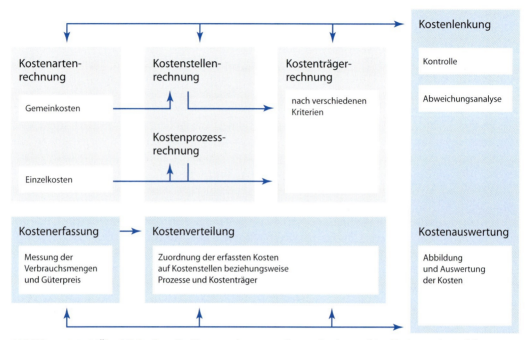

Abbildung 5.2-4: Überblick über die Kostenrechnungsstufen und -phasen (Quelle: Zapp, in Anlehnung an Schweitzer, M.; Küpper, H.-U.; Systeme der Kosten- und Erlösrechnung, 7., überarb. u. erw. Aufl.; München, 1998, S. 39 sowie Zapp, W. [Hrsg.]; Controlling in der Pflege; Bern, 2004)

der Ausgestaltung der Kostenartenrechnung niederschlagen. Die Spannweite reicht dabei von der Erfassung aller Kosten bis zur Bereitstellung von Informationen zum Zwecke weiterer Analyse. Die Kostenartenrechnung ist nicht nur Lieferant von Daten für die nachfolgenden Kostenstellen oder Kostenträgerrechnungen. Auch die Kostenartenrechnung kann für Analysen, Untersuchungen und damit für Lenkungszwecke eingesetzt werden, wenn auch nicht so effektiv wie z. B. die Kostenstellenrechnung. Aber auch in der Kostenstellenrechnung wird man wieder auf Kostenarten zurückgreifen müssen, um lenkend in den Leistungserstellungsprozess eingreifen zu können.

Kostenarten sind Kostenelemente des Betriebes. Darunter sind verschiedenartige Stoffe, wie Materialien, Leistungen, Nutzungen usw. zu verstehen, die sich als Kosten im Produkt bzw. in der Betriebsleistung niederschlagen.

Bei der Kostenartenrechnung handelt es sich nicht um ein spezifisches Verfahren oder eine bestimmte Rechenmethode, sondern um eine systematische und geordnete Erfassung.

Definition des Begriffs «Kosten». Kosten lassen sich unterschiedlich definieren:

- «Kosten sind der bewertete Verzehr von Gütern und Dienstleistungen, der zur Erstellung und zum Absatz der betrieblichen Leistungen sowie zur Aufrechterhaltung der Betriebsbereitschaft erforderlich ist.» (Haberstock, 1998: 26)
- «Kosten sind bewerteter, durch die Leistungserstellung bedingter Güter- oder Dienstleistungsverzehr.» (Hummel/Männel, 1986: 69)
- «Kosten sind durch die Erstellung und Verwertung betrieblicher Leistungen bewirkter, in Geldeinheiten ausgedrückter Verbrauch an Gütern und Dienstleistungen.» (Preißler/Dörrie, 1987: 41)
- «Kosten sind allgemein der wertmäßige Verzehr von Produktionsfaktoren zur Leistungs-

erstellung und Leistungsbewertung sowie zur Sicherung der dafür notwendigen betrieblichen Kapazitäten.» (Olfert, 1999: 38)
- «Kosten sind der bewertete sachzielbezogene Güterverbrauch einer Abrechnungsperiode.» (Schweitzer/Küpper, 1998: 17).

Kennzeichnend für den Kostenbegriff sind drei Merkmale, die erfüllt sein müssen, damit Kosten vorliegen:

1. mengenmäßiger Verbrauch an Gütern
2. Sachzielbezogenheit und
3. Bewertung des sachzielbezogenen Güterverbrauchs.

Die Kostenartenrechnung ist *branchenspezifisch* und *entscheidungsorientiert* anzulegen.
Die Untergliederung der Kostenarten wird bestimmt:

- vom Arbeitsaufwand und damit von der Frage, welcher erkennbare Nutzen von der detaillierten Aufteilung ausgeht.
- von dem Ziel, eine Gewährleistung der Kostenlenkung sicherstellen zu können. Eine Unterscheidung der Personalkosten nach Dienstarten ist nicht aussagefähig: Zu berücksichtigen sind Bereitschaftsdienst, Überstunden u. ä.
- von der Schaffung einer Grundlage für eine exakte Weiterverrechnung auf Kostenstellen und Kostenträger.

Darstellung der unterschiedlichen Kostenarten. Die Aufgabe der Kostenartenrechnung besteht darin, die während einer Abrechnungsperiode angefallenen Istkosten belegmäßig und in ausgewiesener Höhe zu erfassen. Auf die verfolgten Rechnungsziele muss eine Klassifikation der Kostenarten vorgenommen werden. Hierzu stehen unterschiedliche Gliederungsmerkmale zur Verfügung.
Eine Kostenart ist dann dadurch gekennzeichnet, dass sämtliche Kosten, die in diese Art fallen, durch ein bestimmtes Merkmal gekennzeichnet sind, das in gleicher Weise ausgeprägt ist. Durch diese Gliederungsmerkmale lässt sich eine Systematik der Kostenarten entwickeln:

1. Gliederung nach den Produktionsfaktoren
   a) Sachkosten (auch Stoff- oder Materialrechnung genannt): Gegenstand der Sachkosten sind die beweglichen, materiellen Güter, die im Vollzug des Unternehmungsprozesses eingesetzt und bearbeitet, verarbeitet oder aufgebraucht werden. Zu ihnen gehören vor allem:
   - Fertigungsstoffe, die als Hauptbestandteile unmittelbar in die Erzeugnisse eingehen; Rohstoffe, Werkstoffe, bezogene Teile, Implantate.
   - Hilfsstoffe, die ebenfalls unmittelbar in das Erzeugnis eingehen; diese Stoffe erfüllen aber quasi nur Hilfsfunktionen; Nägel, Schrauben, Leim, Nahtmaterial.
   - Betriebsstoffe. Sie gehen nicht in die Erzeugnisse ein, sondern sie werden verbraucht bei der Herstellung mittelbar oder unmittelbar; Poliermittel, Heizung.
   - Büromaterial. Diese Materialien werden benötigt für die Planung und Steuerung des Unternehmungsprozesses; Papier, Vordrucke, Formulare, Stifte, Farbbänder.

   b) Personalkosten: Die Personalkosten stellen oft den größten Block der Kosten dar, spielen also für die Überlebensstrategie der Unternehmung die wichtige Rolle. Ihre exakte Erfassung und Zuordnung in der Kostenartenrechnung ist deshalb sehr wichtig. Personalkosten stellen Kosten dar, die durch den Verbrauch von Arbeitsleistung entstehen. Sie beinhalten Gehälter und Löhne, gesetzliche und freiwillige Sozialabgaben sowie sonstige Personalnebenkosten (Betriebsarzt). Die Erfassung der Personalkosten erfolgt üblicherweise im Rahmen vorgelagerter Lohn- und Gehaltsabrechnungen.

   c) Dienstleistungskosten: Diese Kosten entstehen, wenn die Unternehmung von anderen Institutionen Leistungen in Anspruch nimmt. Man könnte diese Kostenart auch als Fremdleistungskosten bezeichnen. Unter diesen Kosten können folgende Arten subsumiert werden:

- Fremdleistungskosten
- Abgaben; obwohl diese eigentlich Betriebsstoffe darstellen, werden sie hier erfasst.
- Als weiteren Block zählen wir hier auch die öffentlichen Abgaben auf und fassen sie zu den Dienstleistungskosten zusammen. (Eisele, 1998: 640f.).

2. Gliederung nach dem Verhalten bei Beschäftigungsschwankungen
    a) Hier können fixe von variablen Kosten unterschieden werden (**Abb. 5.2-5**).
    b) Die Kostengliederung nach Art ihrer Beschäftigungsabhängigkeit stellt die Beziehungen zwischen den fixen und variablen Kosten dar. Zu den variablen Kosten zählen die Einzelkosten, die verursacht werden, um z.B. eine Einheit zu produzieren. Die fixen Kosten dagegen sind immer Gemeinkosten, da diese für die Betriebsbereitschaft verursacht werden. Im Umkehrschluss können Gemeinkosten sowohl fixe als auch variable Kosten sein (Haberstock, 1998: 58). Die beschäftigungsabhängigen bzw. variablen Kosten verändern sich bei Beschäftigungsschwankungen, während im Allgemeinen die Fixkosten zeitbezogen und bei Veränderung der Beschäftigung konstant bleiben (Haberstock, 1998: 32ff.).

3. Gliederung nach der Zurechenbarkeit
    a) Einzelkosten sind Kosten die dem einzelnen Kostenträger direkt zugerechnet werden können und auch sollen. Einzelkosten sind genau und problemlos erfassbar. Beispiele sind Löhne und Material, die direkt zugeordnet werden, oder Fremdleistungen durch Rechnungsstellung (Preißler/Dörrie, 1987: 73ff.; Haberstock, 1998: 71).
    b) Gemeinkosten sind Kosten, die dem einzelnen Kostenträger nicht unmittelbar, sondern nur indirekt zugeordnet werden können (echte Gemeinkosten) Diese Gemeinkosten fallen also für mehrere Aufträge gemeinsam an; sie sind einer oder mehreren Kostenstellen zuzuordnen oder fallen für den gesamten Betrieb an. Für die Verrechnung sind bestimmte Bezugsgrößen zu errechnen. Beispiele sind Verwaltung, Ärztlicher Direktor, Gebäude, Versicherungen (siehe hierzu auch Schmolke/Deitermann, 2000: 396ff.).
    c) Von unechten Gemeinkosten spricht man bei Kosten, die den Leistungen zwar direkt zurechenbar sind, also Einzelkosten darstellen, die aber aus Gründen der abrechnungstechnischen Vereinfachung wie Gemeinkosten behandelt werden. Beispiele sind Hilfs- und Betriebsstoffe (Nahtmaterial, OP-Abdeckungen im Krankenhaus, Nägel, Lacke, Leim in der Möbelindustrie).
    d) Sondereinzelkosten sind Kosten, die nicht pro Stück, aber pro Auftrag anfallen. Sie sind auf kundenspezifische Besonderhei-

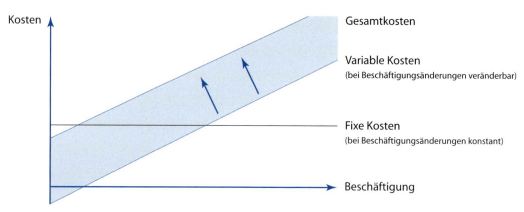

Abbildung 5.2-5: Kostenunterteilung bei Beschäftigungsänderung (Quelle: Zapp, in Anlehnung an Olfert, K.; Kostenrechung, 11., durchges. Aufl.; Ludwigshafen, 1999, S. 259)

ten zurückzuführen und spielen im Krankenhaus keine Rolle.
4. Gliederung nach der Herkunft der Kostengüter und nach der Zurechenbarkeit
   a) Primäre Kosten werden auch ursprüngliche oder einfache Kosten genannt. Sie entstehen
   b) beim Verzehr von Gütern und Leistungen, die von außen über den Markt bezogen werden. Beispiele sind Personal- und Materialkosten, Zinsen, Abschreibungen und Fahrtkosten.
   c) Sekundäre Kosten sind das geldmäßige Äquivalent des Verbrauchs an innerbetrieblichen Leistungen. Sie entstehen also erst abrechnungstechnisch in der Kostenstellenrechnung. Sie entstehen beim Verzehr selbsterzeugter Leistungen und werden nicht in der Kostenartenrechnung berücksichtigt. Beispiele sind Raumkosten (Strom, Reparatur in die Kostenstellen), Eigenreparaturkosten und Kekse für den Vorstand.
5. Gliederung nach dem Zeitbezug
   a) Istkosten werden erfasst, nachdem der Güterverbrauch abgeschlossen ist. Sie sind die innerhalb einer Periode für ein Kalkulationsobjekt effektiv, tatsächlich angefallenen Kosten.
   b) Normalkosten werden aus den Istkosten abgelaufener Perioden abgeleitet und stellen somit Durchschnittskosten dar. Als solche können sie als Vergleichszahlen herangezogen werden. Normalkosten führen zu einer Kostennivellierung, die Zufälligkeiten und Schwankungen aus den abgelaufenen Perioden fern halten soll. Die Kostenrechnung orientiert sich an Normalverläufen, sodass dieser Betrachtung Beachtung beizumessen ist. Sie ist aber in ein Kostenrechnungssystem einzubeziehen, wobei auch die Schwächen dieser Betrachtung zu beachten sind.
   c) Plankosten sind die im Voraus für eine geplante Beschäftigung methodisch ermittelten, bei ordnungsgemäßem Betriebsablauf und unter gegebenen Produktionsverhältnissen als erreichbar betrachteten Kosten, die dadurch Norm- oder Vorgabecharakter erreichen. Aus dieser Kostenaufteilung ergeben sich Kostenrechnungssysteme, die sich an Ist-, Normal- oder Plankosten orientieren.
6. Gliederung nach relevanten und irrelevanten Kosten
   a) Relevante Kosten sind entscheidungsabhängige Kosten, also Kosten, die von einer Entscheidung für eine bestimmte Aktion, Maßnahme oder Handlungsmöglichkeit zusätzlich ausgelöst werden und demzufolge auch bei der kostenmäßigen Beurteilung dieser Disposition zu berücksichtigen sind.
   b) Irrelevante Kosten sind Werteverzehre, die von der Entscheidung über eine Handlungsalternative unabhängig sind und deshalb in der Entscheidungsrechnung nicht berücksichtigt werden dürfen (vgl. hierzu Hummel/Männel, 1986: 115f.).
7. Gliederung nach sonstigen Kriterien
   a) Gliederung nach Kostenbereichen: Hier stellt sich die Frage, wo die Kosten anfallen. Man unterscheidet dann Beschaffungs-, Fertigungs-, Verwaltungs- und Vertriebskosten.
   b) Gliederung nach Kostenträgern: Hier werden unterschiedliche Produkte mit ihren Kosten aufgelistet.
   c) Gliederung nach Kostenstelle: Hier werden die Kostenarten nach Kostenstellen gegliedert.
   d) Gliederung nach Kostenprozess: Hier werden unterschiedliche Prozesse abgebildet.

Im Krankenhaus wird für die Kostenartenrechnung (DKG, 1992: 152f.) in Anlage 4 der Krankenhausbuchführungsverordnung (KHBV) eine Mindestanforderung an den Kontenplan gestellt. Um eine gezielte Kostenanalyse vornehmen zu können, ist für die Betriebslenkung eine differenziertere Betrachtung der einzelnen Kontenklassen notwendig. Dabei ist es empfehlenswert, die Kontenklassen als Kostenarten nach Artikelgruppen weiter aufzugliedern, die entweder durch ihren Wert (ABC-Analyse) oder durch ihre hohe Anzahl einen großen Kostenblock darstellen. Als Beispiel dient **Tabelle 5.2-2**. Auch Arzneimittel könnten in Arzneimittel allgemein, Infusionen, Zytostatika, Antibiotika, Fibrinolytika und Zytokine untergliedert werden (Verband der Krankenhausdirektoren Deutschlands, 1995: 28 f.). Weitere Kostenarten können differenzierter aufgespalten werden.

Diese Differenzierungen müssen auf die Ziele der Kostenlenkung ausgerichtet sein. Die Unterteilungen der Kostenartenrechnung haben Einfluss auf die nachfolgenden Rechnungen, da die Kostenartenrechnung den Charakter des Datenlieferanten besitzt (Schweitzer/Küpper, 1998: 94). Dabei müssen auch Wirtschaftlichkeitsgesichtspunkte berücksichtigt werden. Jede feinere Unterteilung bedeutet bei der Verbuchung einen höheren Aufwand. Es sollte daher vorweg überlegt werden, was mit der Untergliederung bezweckt werden soll. Im Zuge einer Kostenträgerrechnung unter DRG-Aspekten empfiehlt sich eine detailliertere Kostenartenrechnung, die auch durch das Kalkulationshandbuch zur Kalkulation von Fallkosten eingefordert wird, um in der Kostenträgerrechnung diese Kostenarten als Einzelkosten direkt dem Fall zuordnen zu können (DKG/GKV/PKV, 2002: 32 f.). Für die Kostenartenrechnung werden die Aufwendungen der Kontenklassen 6 und 7 des Kontenrahmenplans sowie der Kontenklasse 87 als Abgrenzung des periodenfremden Aufwands verwandt (DKG, 1992: 152 f.) (**Tab. 5.2-3**).

Kostenstellenrechnung
Kosten sind hinsichtlich ihrer Art (Personal- oder Sachkosten) zu unterscheiden, entstehen aber in Kostenstellen: in der Lackiererei (beim Produktionsbetrieb), in der Verwaltung, auf der Station (im Krankenhaus oder Altenheim) usw.

Nachdem feststeht, welche Kosten anfallen, ist zu fragen, wo die Kosten anfallen (Straub, 1997: 265). Jede Kostenstelle kann dann auch nach Kostenarten untergliedert werden. Die Kostenstellenrechnung beantwortet die Frage: Wo sind während der Abrechnungsperiode in welcher Höhe Kosten angefallen? Man könnte auch fragen: Bei welchen Prozessen sind die Kosten angefallen?

Den Kostenstellen entsprechen die Erlösstellen. Die Erlösstellen können nach verschiedenen Kriterien gebildet werden (**Tab. 5.2-4**).

Neben diesem angeführten Aspekt lassen sich Kostenstellen auch durch ihre Funktion definieren. Die Kostenstellenrechnung erfüllt neben der Aufgabe der Kontrolle (z. B. Überwachung des

Tabelle 5.2-2: Gliederung der Sachkosten (Quelle: Zapp, in Anlehnung an Dietz, O., Bofinger, W.; Krankenhausfinanzierungsgesetz, Bundespflegesatzverordnung und Folgerecht, Kommentare; Loseblatt-Ausgabe; Wiesbaden, 2000)

Klassische Gliederung der Sachkosten	
Medizinischer Bereich	**Verwaltungsbereich**
Blut, Blutkonserven und Blutplasma Die Aufwendungen für Blut, Blutbestandteile usw. werden hier zusammengefasst.	6700 Wasser, Energie, Brennstoffe
Detaillierte Gliederung der oben genannten Sachkosten	
66020 Blutkonserven 66021 Albumine 66022 Immunglobuline 66023 Gerinnungsfaktoren 66024 Transportkosten für Blutkonserven	6700 Wasser, Energie, Brennstoffe 67011 Wasser, einschließlich Abwasser 67030 Energie 67032 Strom 67033 Fernwärme 67034 Sonstige Wärme 67050 Brennstoffe 67052 Öl 67053 Gas 67055 Kohle 67056 Sonstige Brennstoffe

Tabelle 5.2-3: Besonderheiten im Musterkontenplan (Quelle: Zapp, in Anlehnung an Zapp, W. [Hrsg.]; Controlling in der Pflege; Bern, 2004)

Klassische Gliederung der Personalkosten (nach KHBV)	
60	Löhne und Gehälter
61	Gesetzliche Sozialabgaben
62	Aufwendungen für Altersversorgung
63	Aufwendungen für Beihilfe und Unterstützungen
Differenzierte Gliederung der Personalkosten	
60	Personalkosten Ärztlicher Dienst
6001	Grundgehalt
6002	Überstunden
6003	Bereitschaftsdienst
6004	Rufbereitschaft
6005	Sitzwachen
6007	Gesetzliche Sozialabgaben
6008	Aufwendungen für die Altersversorgung
6009	Aufwendungen für Beihilfen und Unterstützungen
6010	Fort- und Weiterbildungskosten
6011	Sonstige Personalaufwendungen

Budgets) die Vorbereitung auf die Kostenträgerrechnung. Sie erlaubt somit Aussagen (und Einflussnahme) über Kostenentwicklungen innerhalb einer Periode.

Aufgaben. Die Kostenstellenrechnung hat mehrere Aufgaben zu erfüllen, die man unterschiedlich systematisieren kann. Hier wird folgende Aufteilung vorgenommen:

1. Verteilung der Kosten auf Kostenträger
   a) Verrechnung von Kostenarten auf Kostenträger: Die Verteilung der Kosten auf Kostenträger dient dazu, dass nicht nur die Einzelkosten, sondern auch die Gemeinkosten tatsächlich dem Ort oder dem Tätigkeitsbereich zugerechnet werden, dem sie zugehören, damit sie betriebsgerecht in die Kostenträgerrechnung eingehen (Wedell, 2003: 1210 f., 1229). Wenn die Kostenträger die einzelnen Betriebsabteilungen unterschiedlich beanspruchen, würde die Verrechnung der Gemeinkosten mit einem einzigen Gesamtzuschlag auf die Einzelkosten alle Kostenträger im gleichen Verhältnis mit Gemeinkosten belasten, obwohl die einzelnen Kostenträger ganz unterschiedliche Kosten verursacht haben können. Die Aufteilung in Kostenstellen bedeutet, dass ein Zuschlag auf Kostenträger nur erfolgt, wenn er die betreffende Kostenstelle auch beansprucht hat.

Tabelle 5.2-4: Kosten- und Erlösstellen (Quelle: Zapp, eigene Darstellung)

Erlösstellen	Kostenstellen im Produktionsbetrieb	Kostenstellen im Dienstleistungsbetrieb (Krankenhaus)
nach Produkten	Nutzfahrzeuge Personenkraftfahrzeuge	Chirurgie, Innere Medizin, Gynäkologie, einzelne DRG's
nach Regionen	Osnabrück, Niedersachsen Deutschland, Europa, USA	Nord, Süd
nach Absatzwegen	Direkt, Händler	Stationär – ambulant, niedergelassener Bereich

b) Innerbetriebliche Leistungsverrechnung: Mit dem oben genannten Verfahren werden die Kostenarten auf die Kostenstellen weiterverrechnet. Die einzelnen Kostenstellen erfahren so, mit welchen Kosten sie belastet werden.
c) Kalkulationsverfahren: Dies führt dazu, dass die Verteilung zur Genauigkeit der Kalkulation beiträgt. In der Kostenstellenrechnung werden entsprechende Zuschläge errechnet.
d) Bestandsbewertung: Unfertige Erzeugnisse können zum Bilanzstichtag gemäß dem erreichten Produktionsfortschritt bewertet werden. Dies trifft auf die Überlieger im DRG-System zu.
2. Feststellung der Wirtschaftlichkeit
a) Verantwortungsbereiche: Durch die Bildung von Kostenstellen und die Verteilung der Kosten auf diese Stellen, werden die Kostenstellen zu Verantwortungsbereichen erhoben (= Responsibility Accounting), denen ein Kostenstellenverantwortlicher vorsteht. Somit können Kosten effektiver vor Ort gesteuert werden, statt über Kostenarten, ohne zu wissen, wo sie anfallen. Ein spezifischer Ausdruck der Kosten nach Bereichen lässt Aussagen über die Wirtschaftlichkeit spezifischer und gezielter zu. Über Vorgaben, Entwicklung von Normwerten oder dem Vergleich von Istwerten sind eine Kontrolle, eine Abweichungsanalyse und eine Steuerung der Kosten möglich (Buggert, 1994: 63).
b) Kostenbudgets und Kostenplanung: Durch Kostenstellen sind die Unternehmungen in der Lage, eine Kostenbudgetierung und eine sinnvolle Kostenplanung durchzuführen. Diese Planung korrespondiert wiederum mit der innerbetrieblichen Leistungsverrechnung, weil hier die Leistungsströme aufgezeigt werden.

Definition der Kostenstelle. Mit dem Begriff Kostenstelle ist im weitesten Sinn der Ort der Kostenentstehung gemeint (Schweitzer/Küpper, 1998: 127). Andere Definitionen setzen teilweise andere Prioritäten:

- «Die Kostenstelle ist ein betrieblicher Teilbereich, der kostenrechnerisch selbstständig abgerechnet wird.» (Haberstock, 1998: 105)
- «Die Kostenstelle ist ein für Zwecke der Kostenrechnung abgegrenzter, überschaubarer, homogener betrieblicher Verantwortungsbereich, für die Kostenbelastungen und -entlastungen individuell und überprüfbar durchgeführt werden.» (Preißler/Dörie, 1987: 119)
- «Kostenstellen sind funktional, organisatorisch, raumorientiert oder nach anderen Kriterien voneinander abgegrenzte Teilbereiche einer Unternehmung, für die die von ihnen jeweils verursachten Kosten erfasst und ausgewiesen, gegebenenfalls auch geplant und

Tabelle 5.2-5: Differenzierte Betrachtung der Kostenstelle (Quelle: Zapp, in Anlehnung an Zapp, W. [Hrsg.]; Controlling in der Pflege; Bern, 2004)

Klassische Gliederung der Kostenstelle	
Labor	**Verwaltung**
922 Laboratorium	901 Leitung und Verwaltung des Krankenhauses
Differenzierte Gliederung	
9220 Chemisches Labor	9010 Krankenhausdirektorium (Verwaltungsdirektor, anteilig Ärztlicher Direktor, Pflegedienstleitung)
9220 Hämatologie	9012 Allgemeine Verwaltung
9223 Serologie	9013 Rechnungswesen
9225 Bakteriologie	9016 Controlling
9226 Zytologie	9017 EDV
9228 Sonstige Laboratorien	9018 Archiv
9229 Blutdepot	

kontrolliert werden.» (Hummel/Männel, 1986: 190)

Kostenstellen allein in dieser Begriffsbestimmung sagen nicht viel aus; sie sind vielmehr in Bezug zu einander zu setzen und werden dann in ihrer wirtschaftlichen Zielorientierung greifbar.

Der Kostenrechnung im Krankenhaus liegt der Kostenstellenrahmen der Krankenhausbuchführungsverordnung (KHBV), Anlage 5 zu Grunde. Da jede Kostenstelle einen selbstständigen Verantwortungsbereich darstellen sollte, um eine eindeutige Beziehung zwischen der Kostenstelle, der erbrachten Leistung und den anfallenden Kosten und somit eine zweifelsfreie und eindeutige Zuordnung der Kosten zu ermöglichen, ist eine weitere Differenzierung des Kostenstellenrahmens vorzunehmen (**Tab. 5.2-5**). Diese gestattet z. B. eine abteilungsbezogene Lenkung. Dabei sind die Prinzipien der Transparenz und Wirtschaftlichkeit zu beachten (Hentze/Kehres, 1999: 41 ff.).

Im Zusammenhang mit der Vorbereitung der Kostenträgerrechnung werden Kostenstellen unter verschiedenen Gesichtspunkten gesehen (**Tab. 5.2-6**). Sie lassen sich einteilen in (Kilger, 1993: 8 ff.):

a) *produktions- bzw. ablauftechnische Aspekte:* Die Haupt- oder Marktleistung, also die stationäre Behandlung der Patienten (primäre Krankenhausleistung) wird in den Hauptkostenstellen erbracht. Als Hilfskostenstellen werden die Kostenstellen bezeichnet, die ihre Leistungen an andere Kostenstellen abgeben und damit indirekt an der Hauptleistung beteiligt sind (z. B. 922, das Labor, oder 926, die physikalische Therapie). Als Nebenkostenstellen werden die Kostenstellen bezeichnet, die nicht am Hauptleistungserstellungsprozess des Krankenhauses beteiligt sind. Hier werden z. B. die Kosten für die Ausbildung oder für Forschung und Lehre erfasst (Hentze/Kehres, 1999: 43 ff.).

b) *rechnungstechnische Aspekte:* Vorkostenstellen werden auf die Kostenstellen verrechnet, für die sie Leistungen erbracht haben. Die Verbuchung der Vorkosten- auf die Endkostenstellen erfolgt im Krankenhaus über die innerbetriebliche Leistungsverrechnung und die Umlagenverrechnung.

Kostenträgerrechnung
Bisher stand die Verbrauchsorientierung im Vordergrund. Nun – in der dritten Stufe – werden verwendungsbezogen die Kosten aufgelistet. Für Endprodukte und für Kostenträger, die die

Tabelle 5.2-6: Einteilung der Kostenstellen nach KHBV (Quelle: Zapp, in Anlehnung an Zapp, W. [Hrsg.]; Controlling in der Pflege; Bern, 2004)

Gliederung Kostenstellengruppen		Kategorie nach	
Nr.	Inhalt	ablauftechnischen Gesichtspunkten	abrechnungstechnischen Gesichtspunkten
90	Gemeinsam genutzte Kostenstellen	Hilfskostenstellen	Vorkostenstellen
91	Versorgungseinrichtungen		
92	Medizinische Institutionen		
93–95	Pflegebereiche Normalbereich	Hauptkostenstelle	Endkostenstelle
96	Pflegefachbereiche abweichende Pflegeintensität		
97	Sonstige Einrichtungen	Nebenkostenstellen	Endkostenstellen
98	Ausgliederungen		

Kosten tragen, und für Leistungen lassen sich nun die Kosten ausweisen. Die Kostenträgerrechnung beantwortet die Frage: Wofür oder für welche Produkte oder Leistungen sind die Kosten in welcher Höhe angefallen?

Aufgabe. Die Aufgabe der Kostenträgerrechnung besteht darin, die Erfolgsbestimmung von Kostenträgern durchzuführen. Dies geschieht vorwiegend durch eine Kalkulation. Damit ist auch die Bestimmung von Preisuntergrenzen möglich. Darüber hinaus werden Informationen für kostenträgerbezogene Plan-Ist-Soll-Vergleiche sowie für die Planung und Lenkung des Produktions- und Absatzprogramms bereitgestellt (Hummel/Männel, 1986: 258f.; Olfert, 1999: 186; Eisele, 1998: 699 ff.).

Hauptaufgabe ist es, aufzuzeigen, ob einzelne Leistungen profitabel erbracht werden können (Wirtschaftlichkeitskontrolle). Damit wird eine Kostentransparenz geschaffen, die als Grundlage für die Deckungsbeitragrechnung dient (Straub, 1997: 265f.).

Die Kostenträgerrechnung schließt die Kostenrechnung ab, deshalb soll in **Tabelle 5.2-7** ein Vergleich mit der Kostenartenrechnung vorgenommen werden.

Definition der Kostenträger. Kostenträger sind nach Lothar Haberstock (1998: 143) die betrieblichen Leistungen, die die verursachten Kosten tragen müssen. Hiernach unterscheidet man Außen- und Innenaufträge. Klaus Olfert (1999: 185) definiert Kostenträger als Leistungen der Unternehmung, deren Erstellung Kosten verursacht hat.

Arten von Kostenträgern. Die Definition und die Arten von Kostenträgern hängen eng miteinander zusammen. Kostenträger sind direkt oder indirekt dem Betriebszweck entsprechende Leistung der Unternehmung. Hiernach werden unterschieden:

- Hauptkostenträger für Leistungen, deren Erstellung und Vertrieb der eigentliche Gegenstand der Unternehmung ist
- Nebenkostenträger für Leistungen, deren Erstellung in einem technischen oder wirtschaftlichen Zusammenhang mit der Erstellung der Hauptkostenträger stehen. Sie werden neben den Hauptkostenträgern am Markt angeboten.
- Hilfskostenträger für Leistungen, deren Ergebnisse zur Verwendung im eigenen Betrieb bestimmt sind. Sie dienen indirekt der Erstellung der Haupt- und Nebenkostenträger (selbsterstellte Anlagen, eigene Instandhaltung) (Preißler/Dörrie, 1987: 163; Ebert, 1978: 86f.; Schweitzer/Küpper, 1998: 165).

Nach der KHBV ist die Kostenträgerrechnung für das Krankenhaus zurzeit nicht verpflichtend bzw. unterliegt keinen gesetzlichen Vorgaben (Janssen, 1999: 147; vgl. aber Fallpauschalengesetz). Entsprechend wird sie in den meisten Krankenhäusern nicht oder nur mangelhaft durchgeführt, obwohl sie zur Krankenhausführung sinnvoll und zweckmäßig ist. Im Rahmen

Tabelle 5.2-7: Vergleich der Kostenarten mit der Kostenträgerrechnung (Quelle: Zapp, eigene Darstellung)

Kostenartenrechnung	Kostenträgerrechnung
Sämtliche innerhalb eines Zeitraums angefallenen Kosten werden erfasst, dokumentiert und analysiert.	dito
Beantwortung der Frage: Welche Güter werden verbraucht werden?	Beantwortung der Frage: Für welche Produktarten sind Kosten entstanden?
Kostenvolumen wird herkunftsbezogen gegliedert.	Kostenvolumen wird hinkunftsbezogen gegliedert.
Einzelkosten der Kostenarten werden in die Kostenträgerrechnung übernommen.	Gemeinkosten werden über die Kostenstellenrechnung in die Kostenträgerrechnung transferiert.

Tabelle 5.2-8: Darstellung der Kostenträger (Quelle: Zapp, eigene Darstellung)

1. BRT	bezogen auf:	
	1.1. Abteilung	Haupt-/Belegabteilung/besondere Einrichtungen
	1.2. Versorgungsart	voll-/teilstationär
	1.3. Basispflegesatz	(auch im G-DRG-System denkbar)
2. Fall		zum Beispiel nach bestimmten DRG's
3. Leistungen	bezogen auf:	
	1.1. Entgelte	G-DRG-Erlöse, ambulante OP, vor- und nachstationär
	1.2. Spezifische Leistungen (CT, Labor)	
4. Patient	Herrn A oder Frau B	
	nach den verschiedenen Ordnungskriterien: Geschlecht, Alter usw.	

der DRG-Erstkalkulation erfolgt eine fallbezogene Zuordnung der DRG-relevanten Kosten direkt auf die Kostenträger, daher wird die Kostenträgerrechnung explizit im 5. Kapitel des Handbuchs zur Kalkulation von Fallkosten der Version 2.0 erwähnt (DKG/GKV/PKV, 2002: 107 ff.). Die Kostenträgerrechnung wird für das Krankenhaus überlebenswichtig (Bader/Theiss, 2001: 169). Der Begriff «Kostenträger» ist vielseitig (**Tab. 5.2-8**).

Im Krankenhaus werden unter Kostenträgern aus der Sicht der Kostenrechnung die Leistungsempfänger verstanden, durch die Kosten verursacht werden. Weil die Leistung eines Krankenhauses sich nicht unmittelbar operationalisieren lässt, wird auf eine Hilfsgröße zurückgegriffen. Dies kann z.B. der Behandlungsfall oder die DRG sein (DKG, 1992: 171 f.). Eine Nachkalkulation erfolgte bisher auf Grund des hohen personellen Aufwands in den seltensten Fällen (Straub, 1997: 262).

Mit dem Beschluss des Fallpauschalengesetzes vom 1. 3. 2002 ist eine Kostenträgerrechnung ab 2003/2004 unumgänglich, um Kosteninformationen pro DRG zu bekommen, daher muss die Kostenträgerrechnung mit der Kalkulation der Rohfallkosten stark vorangetrieben werden. Krankenhäuser haben dabei Probleme, da viele Kosten bisher nicht entsprechend patientenbezogen vorliegen (Hentze/Kehres, 1999: 58).

Für die Kalkulation der DRG's ist ein Schema entwickelt worden (DKG/GKV/PKV, 2002: 47). Danach kann die Ableitung der Kosten im Krankenhaus angedacht werden, wie in **Abbildung 5.2-6** wiedergegeben. Auch dabei erfolgt die Kostenrechnung nach dem Aufbau von Kostenarten, Kostenstellen und Kostenträger.

Systematik der Kostenträgerrechnung. Die Kostenträgerrechnung kann bezogen auf die Periode oder bezogen auf das Stück angelegt sein: Die Kostenträgerzeitrechnung ist eine Periodenrechnung. Sie ermittelt die nach Leistungsarten gegliederten, in der Abrechnungsperiode insgesamt angefallenen Kosten. Die Kostenträgerstückrechnung ermittelt die Selbst- oder Herstellkosten der betrieblichen Leistungseinheiten. Sie stellt die Kalkulation dar (Preißler/Dörrie, 1987: 165). Die Kalkulation selbst kann man unterteilen in (Haberstock, 1998: 146; Keun, 1999: 158):

- *Vorkalkulation:* Sie ist eine ex ante durchgeführte Kalkulation, die in der Regel kurzfristig für spezielle Aufträge durchgeführt wird. Mit ihrer Hilfe soll über die Aufnahme oder Ablehnung dieser Aufträge entschieden werden. Sie rechnet mit geplanten Kosten, aber nur auf spezielle Einzelaufgaben bezogen. Die Plankostenrechnung ermittelt Kosten für die Planung mit einem Jahr
- *Nachkalkulation:* Sie ist eine ex post durchgeführte Kalkulation. Mit ihrer Hilfe sollen die Istkosten der während einer Abrechnungsperiode erstellten und verkauften Leistungseinheiten ermittelt werden.

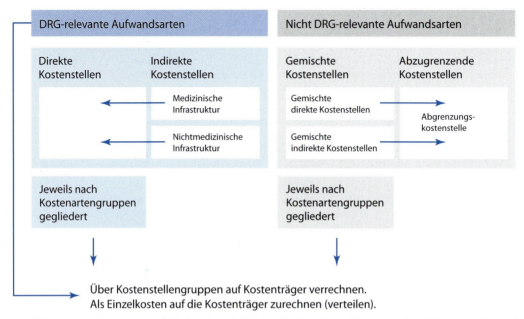

Abbildung 5.2-6: Schema zur Kalkulation der DRG's (Quelle: Zapp, in Anlehnung an DKG, GKV, PKV [Hrsg.]; Kalkulation von Fallkosten: Handbuch zur Anwendung in Krankenhäusern, Version 2.0. 2002, S. 47 sowie Zapp, W. [Hrsg.]; Controlling in der Pflege; Bern, 2004)

- *Zwischenkalkulation:* Sie ist eine mitlaufende Kalkulation. Sie wird bei Produktionen mit langer Produktionsdauer angewendet (für Bilanz und Dispositionszwecke) = Nachkalkulation für Halbfabrikate.

Kostenträgerstückrechnung: Hier wird nun am einzelnen Kalkulationsobjekt angesetzt kalkuliert. Diese Kalkulation spielt auch im Krankenhaus eine Rolle bei DRG's (und Fallpauschalen nach altem Recht). Die Kostenträgerstückrechnung dient dabei der Berechnung von Herstellkosten eines Produktes (Coenenberg, 1999: 92 f.) bzw. einer Krankenhausleistung, nämlich der Vor- und Nachkalkulation der einzelnen DRG's.

Hier geht es darum, unterschiedliche Verfahren kennen zu lernen, ihre Schwächen und Stärken zu sehen und später im Alltag erkennen zu können. Man kann grob drei Verfahren unterscheiden, die in sich wiederum gegliedert sind. Diese Verfahren werden oft speziell für bestimmte Betriebstypen eingesetzt (**Abb. 5.2-7**) (vgl. hierzu Preißler/Dörrie, 1987: 171; Haberstock, 1998: 186).

Aus dem Krankenhausbereich lassen sich allgemein für die Ermittlung der Kosten eines Kostenträgers Kalkulationsverfahren ableiten. Bei der Berechnung der Leistungen für eine Fallgruppe bzw. -pauschale wird die Verrechnungssatz- bzw. Bezugsgrößenkalkulation angewandt, und für die Kalkulation der künstlichen Kostenträger (tagesgleicher Pflegesatz) bietet sich die Divisionskalkulation an (Maltry/Strehlau-Schwoll, 1997: 547 ff.). Beispielsweise wird der tagesgleiche Pflegesatz durch eine Divisionskalkulation ermittelt, dabei werden die relevanten Gesamtkosten einer Abrechnungsperiode auf die auf einer bestimmten Auslastung basierenden Berechnungstage oder auf die tatsächlichen Berechnungstage bezogen.

a) *Divisionskalkulation* – Bei der einstufigen Divisionskalkulation dividiert man die Gesamtkosten der Periode durch die in dieser Periode produzierte Leistungsmenge und erhält die Selbstkosten pro Stück. Es besteht bei dieser Vorgehensweise keine Trennung von Einzel- und Gemeinkosten (vgl. hierzu Eisele, 1998: 702 f.;

Haberstock, 1998: 148; Zimmermann, 1998: 102 ff.).

In den Abteilungen der Psychiatrie, in Altenheimen und in Reha- und Fachkliniken erfolgt die Berechnung des tagesgleichen Pflegesatzes nach dem Verfahren der Divisionskalkulation. Aber dabei handelt es sich nicht um eine Kalkulation im eigentlichen Sinne, sondern um einen Abschlag auf eine zeitraumbezogene Leistungsvergütung (Hentze/Kehres,1999: 101). Daneben kann die Divisionskalkulation zur Ermittlung der Stückkosten je Leistungseinheit eingesetzt werden. Die DRG, das Krankheitsbild oder die Fallpauschale haben Kostenträgercharakter, entsprechend müssen sämtliche Kosten, die durch diese abgegolten werden, erfasst werden (Keun, 1999: 161 f.). Die Divisionskalkulation ist auch für die Verrechnungssätze der innerbetrieblichen Leistungsverrechnung anwendbar. Zu nennen wären z. B. die Berechnung der Stückkosten bei der Speisenherstellung und die Kosten einer bestimmten Kostenstelle pro Pflegetag (Keun, 1999: 161 f.). Allgemein findet die Divisionskalkulation bei Kostenträgergemeinkosten Anwendung, wenn es sich dabei um Kostenstelleneinzelkosten handelt und in der Kostenstelle nur eine Leistungsart erbracht wird. So sind die Kosten der Pflege, bedingt durch die Schwierigkeit der patientenbezogenen Leistungserfassung und das damit verbundene Problem der direkten Zuordnung zu einem Kostenträger, oft Kostenträgergemeinkosten, die mittels Divisionskalkulation verteilt werden. Dabei kommt oft die im Folgenden beschriebene Äquivalenzziffernrechnung zum Einsatz, um die Kosten den Leistungen vergleichbar zu gestalten.

b) *Äquivalenzziffernrechnung* – Sie ist eine weitere Art einer Kalkulationsform und kann als spezielle Ausprägung einer Divisionsrechnung bei Mehrproduktfertigung interpretiert werden. Bei dieser Rechnung liegt keine Einproduktunternehmung zu Grunde, sondern eine Unternehmung, die mehrere Produkte gleichzeitig herstellt (vgl. hierzu Eisele, 1998: 706 f.; Haberstock, 1998: 148 ff.; Zimmermann, 1998: 102 ff.).

Es handelt sich um artverwandte, also artähnliche Produkte. In diesem Fall spricht man von Sorten. Darunter fallen z. B. Bleche, Ziegel, Bier, Bekleidung und Werkzeuge. Im Krankenhaus kann die Intensivabteilung darunter subsumiert werden, bei der Intensivbehandlung, Intensivpflege und Beatmungsplätze unterschieden werden. Die Sortenfertigung ist dadurch gekennzeichnet, dass die Kosten der verschiedenen Produktarten auf Grund der fertigungstechnischen Ähnlichkeiten in einem bestimmten Verhältnis zueinander stehen. Dieses Verhältnis spiegelt die Kostenverursachung wider. Insoweit können die Leistungen des Labors oder der Ra-

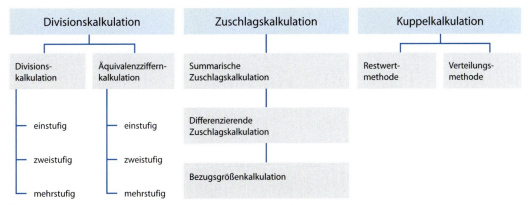

Abbildung 5.2-7: Kalkulationsverfahren (Quelle: Zapp, in Anlehnung an Haberstock, L.; Kostenrechnung 1; 10., unveränd. Aufl.; Berlin, 1998, S. 147 sowie Zapp, W., Torbecke, O.; Konzeption einer Kostenträgerrechnung als Grundlage für ein entscheidungsorientiertes Controlling in der Pflege; in Zapp, W. [Hrsg.]; Controlling in der Pflege; Bern, 2004)

diologie nach GOÄ-Ziffern unterschieden werden.

Die Kostenstruktur der einzelnen Sorten ist damit zwar nicht identisch, aber doch ähnlich. Eine ähnliche Kostenstruktur ist zu vermuten, wenn eine Sortenfertigung vorliegt. Aber wie ließe sich die ähnliche Kostenstruktur auch noch umschreiben? Welche Gegebenheiten müssten vorliegen? Man kann eine ähnliche Kostenstruktur vermuten, wenn:

- stets derselbe Rohstoff verwendet wird. Dann wäre nur die zeitliche Inanspruchnahme des Fertigungspersonals und/oder der Maschinen von Sorte zu Sorte verschieden.
- verschiedene Rohstoffe weitgehend ähnlichen Produktionsbedingungen (oder Fertigungsprozessen) unterworfen sind.

Wenn solche Voraussetzungen gegeben sind, wenn also die Sortenfertigung vorliegt, dann geht es darum, die unterschiedliche kostenmäßige Belastung der verschiedenen Produktsorten mit Hilfe einer Methode der Kostenverteilung zu erreichen: Die tatsächlich vorgegebenen unterschiedlichen Kostenstrukturen sind formal in eine gleichmäßige Belastung der zu kalkulierenden Objekte umzuformen. Das kann durch Gewichtungs- oder Umrechnungsfaktoren erreicht werden. Über diese Faktoren ist eine künstliche Homogenisierung heterogener Leistungsarten zu erreichen. Damit schafft man die Voraussetzungen für die Anwendung dieser Art von Divisionskalkulation. Voraussetzungen sind also:

1. Es liegt eine Sortenfertigung vor.
2. Die Kostenstruktur wird künstlich homogenisiert, und diese Homogenisierung wird durch Äquivalenzziffern erreicht.

Äquivalenzziffern sind die Gewichtungs- oder Umrechnungsfaktoren, die zur Angabe von Kostenbelastungsrelationen benötigt werden (Hummel/Männel, 1986: 277). Die Ermittlung dieser Ziffern ist das Kernproblem:

1. Ausgangsbasen sind hierbei die
   - Erfahrungen, die man in der Vergangenheit gesammelt hat
   - produktionstechnische Berechnungen
   - Plausibilitätsüberlegungen.
2. Folgende Arten von Kennziffern können unterschieden werden:
   - technisch orientierte Maßstäbe
     – Merkmale der Produktabmessung (Länge, Breite, Höhe, Fläche, Volumen)
     – Produktgewicht
     – physikalische Werte (Heizwerte, Temperaturen, Energieverbrauch)
   - Zeitmaßstäbe
     – Arbeitszeiten (Konstruktions-, Fertigungszeiten)
     – Maschinenzeiten (Rüstzeiten, Zeiten für Be- und Verarbeitung)
     – Durchlaufzeiten der Produkte (Gesamtdurchlauf, Lagerzeit)
   - monetäre Größen (Marktpreise, Beschaffungspreise u. ä.).
3. Vorgehensweise
   - Ausgangsbasis: Eine Bezugssorte muss als Bezugsgröße ausgewählt werden. Diese erhält die Äquivalenzziffer 1,0. Die übrigen Sorten orientieren sich daran und stellen über die Kennziffer die Kostenrelation zu dieser Bezugssorte her.
   - Herleitung der Bezugssorte: Die Bezugssorte wird die Produktsorte sein, von der man die größte Menge innerhalb der Abrechnungsperiode beschafft, produziert oder absetzt. Von diesem Vorgehen kann man natürlich auch abweichen, da sowieso nur Relationen abgebildet werden. Die übrigen Produktsorten werden mit dieser Bezugssorte oder Ausgangsgröße durch die Äquivalenzziffern in eine Relation gebracht, die die Kostenrelation ausdrücken soll. Die für richtig erachtete Kostenbelastungsdivergenz des Ausgangsproduktes zu den übrigen Sorten und den Sorten untereinander wird damit zum Ausdruck gebracht.

Die Äquivalenzziffernkalkulation kann dann eingesetzt werden, wenn sich Kostenunterschiede zwischen den Indikationen durch Zeitfaktoren erklären lassen (Keun, 1999: 162). Darüber hinaus ist diese Kalkulationsvariante einsetzbar, wenn Äquivalenzziffern durch Verordnungen, wie z. B. GOÄ-Punkte, vorliegen. So können artverwandte Leistungen der Diagnostik verglichen werden, da sie Kostenverhältnisse zum Ausdruck bringen. Diese können der Realität entsprechen, müssen es aber nicht unbedingt (Hentze/Kehres,1999: 92f.).

Dies gilt für Reha- und Fachkliniken für den Kurmittelbereich und für den diagnostischen Bereich. Hier müssen die verschiedenen Leistungen durch Zeit- oder Punktwerte gewichtet werden (Maltry/Strehlau-Schwoll, 1997: 547ff.).

c) *Zuschlagskalkulation* – Die Zuschlagskalkulation wird angewandt, wenn die Voraussetzungen für die Divisionskalkulation nicht bestehen, das heißt:

- wenn Serienfertigung oder Einzelfertigung vorliegen
- wenn mehrstufige Produktionsabläufe bei heterogener Kostenverursachung durchlaufen werden und
- wenn Veränderung der Halb- und Fertigfabrikate vorkommen können.

Ausgangspunkt der Betrachtung sind jetzt nicht mehr die Gesamtkosten, sondern die Serie, der Auftrag oder das einzelne Stück.

Kennzeichnend für die Zuschlagskalkulation ist die Unterteilung der Gesamtkosten der Unternehmung in Einzel- und Gemeinkosten. Während die als Einzelkosten behandelten Kostenelemente den Kostenträgern direkt zugerechnet werden, lastet man die Gemeinkosten den einzelnen Produkten mit Hilfe von Zuschlagssätzen an (Hummel/Männel, 1986: 283).

Der Einsatz im Krankenhaus ist als begrenzt anzusehen, auch wenn vielfach versucht wird, die Dienstleistung als Einzelfertigung darzustellen. Die Zuschlagskalkulation, die eine Trennung der Kosten in Kostenträgereinzel- und Kostenträgergemeinkosten voraussetzt, ist durch den hohen Erfassungsaufwand der direkten Kosten nur bedingt einsetzbar (Keun, 1999: 164). So ist keine umfassende Aufteilung der Kosten in Patienteneinzel- und Patientengemeinkosten gegeben, aus der Zuschlagssätze ableitbar wären (Maltry/Strehlau-Schwoll, 1997: 547ff.).

d) *Bezugsgrößenkalkulation* – Die Bezugsgrößen- oder Verrechnungssatzkalkulation besagt, dass die Kosten einzelner Kostenstellen oder -plätze proportional zu deren Leistungsvolumen errechnet werden. Man bezieht die kostenstellenbezogen erfassten Kosten auf die Kostenstellenleistung und ermittelt so leistungsbezogene Verrechnungssätze (Haberstock, 1998: 179f.; Hummel/Männel, 1986: 304).

Zur Ermittlung der Verrechnungssätze bezieht man sich auch auf die Divisionskalkulation: Die kostenstellen- oder kostenplatzbezogen erfassten Kosten werden durch die von diesem Unternehmungsbereich innerhalb einer Periode voraussichtlich erstellten Leistungseinheiten dividiert. Der Unterschied besteht darin, dass diese Verrechnungssatzkalkulation für eine differenzierte Kalkulation komplexer, sich stark voneinander unterscheidender Produktarten eingesetzt wird. Das Rechnungswesen muss bei diesem Verfahren genau dokumentieren, welche Kostenstellenleistungen in die einzelnen Kostenträger eingehen. Diese Kostenstellenleistungen werden zum Zwecke der Produktkalkulation mit den für sie berechneten Verrechnungssätzen bewertet. Die Art der Kostenstellenleistung bestimmt die Dimension, in der gemessen wird. Als Maßgröße kommen in Betracht:

- Mengengrößen: Stück, Kilogramm, Tonnen
- Zeitgrößen bei verschiedenartigem Produkt.

In den Unternehmungen der Gesundheitsbranche können die Kosten, die durch DRG's oder Fallpauschalen vergütet werden, anhand geeigneter Bezugsgrößen ermittelt werden. Bezugsgrößen sind hierbei der Personaleinsatz in Minuten in den verschiedenen Kostenstellen oder der mengenmäßige Sachbedarf. Die dazugehörigen Minutensätze resultieren aus den Personalkosten einer Kostenstelle oder aus den Einstandspreisen der Sachkosten. Bei Kostenträgereinzelkosten empfiehlt sich die Erstellung von Stücklisten (Maltry/Strehlau-Schwoll,1997: 547ff.).

e) *Kuppelproduktion* – Bisher haben wir betrachtet:

- Einproduktunternehmung mit Massenfertigung
- Mehrproduktunternehmung mit Serienfertigung in paralleler oder wechselnder Serie
- Einzelfertigung.

Die Erzeugnisse waren produktionswirtschaftlich nicht eng miteinander verbunden. Nun geht es um Kalkulationsverfahren, in denen die produktionswirtschaftliche Leistungsverbundenheit vorliegt und berücksichtigt wird. Eine solche Produktionsart wird Kuppelproduktion genannt. Kennzeichnend für diese Art von Produktion ist, dass aus demselben Produktionsprozess technisch zwangsläufig mehrere verschiedenartige Erzeugnisse in einem meist starren Mengenverhältnis hervorgehen.

Beispiele hierfür sind im Bereich Kokerei Koks, Gas, Teer und Benzol oder etwa im Bereich Raffinerien Benzine, Öle und Gase. Im Krankenhausbereich gilt die Kuppelproduktion als unwesentlich. Als Beispiel ließe sich eine Operation anführen, die zwei Bereiche abdeckt, wie etwa Appendektomie und Korrektur eines Leistenbruchs.

Ziel der Kuppelkalkulation ist es, die Verteilung der Gesamtkosten der Leistungserstellung auf die einzelnen Kuppelprodukte zu errechnen. Verursachungsgemäß ist eine Verteilung der Kosten nicht möglich, denn es lässt sich nicht sagen, welcher Kostenanteil von welchem Produkt veranlasst wurde. Der Produktionsprozess ist so miteinander verbunden, dass diese Zuteilung so nicht möglich ist. Fixe und variable Kosten eines Kuppelproduktionsprozesses sind echte Kostenträgergemeinkosten. Ohne Willkür ist eine Zurechnung der Kosten auf die verschiedenen Produktionsverfahren nicht möglich (Hummel/Männel, 1986: 306).

Es haben sich zwei Verfahren herausgebildet, die als Kalkulationsform angewendet werden:

- Restwert- oder Subtraktionsmethode
- Verteilungsmethode oder Schlüsselungsverfahren (Haberstock, 1998: 183; Hummel/Männel, 1986: 309 ff.; Olfert, 1999: 209 ff.).

Kostenträgerzeitrechnung: Die Ergebnisrechnung der Kostenträgerstückrechnung kann man auch zeitbezogen durchführen. Dann erhält man Aussagen über eine bestimmte Periode. Man nennt diese Vorgehensweise Kostenträgerzeitrechnung oder kurzfristige Betriebsergebnisrechnung. So ergeben die zusammengefassten Ergebnisse der verschiedenen Kostenträger einer Abteilung das Gesamtergebnis der Abteilung (Röhrig/Schnee, 1995: 278 ff.).

Die Kostenträgerzeitrechnung stellt nicht auf die Kosten einer produzierten Leistungseinheit, sondern auf die Kosten der Rechnungsperiode ab. Die gesamten Kosten einer Periode werden betrachtet. Durch die Einbeziehung der Erlöse der verschiedenen Kostenträger erfolgt die Erweiterung der Kostenträgerzeitrechnung zur kurzfristigen Erfolgsrechnung (Betriebsergebnisrechnung). Diese stellt den Kosten die Erlöse für eine bestimmte Abrechnungsperiode gegenüber und verknüpft die Kostenrechnung mit der Leistungs- bzw. Erlösrechnung. Neben der Transparenz sollen die Kostenstrukturen ermittelt werden, und in Verbindung mit der kurzfristigen Erfolgsrechnung soll über die Ergebnisdarstellung die Analyse der Erfolgsquellen erfolgen. Hierbei steht die Kontrolle der Wirtschaftlichkeit der gesamten Unternehmung oder einzelner Teilbereiche im Fokus der Betrachtung. Die kurzfristige Erfolgsrechnung dient der laufenden Kontrolle und Lenkung des Unternehmungsprozesses, sie soll auch Informationen für die Planung und Entscheidungsfindung liefern können (Hentze/Kehres, 1999: 138 und Coenenberg, 1997: 102 f.) (**Abb. 5.2-8**). Mittels dieser Gegenüberstellung wird der kurzfristige Betriebserfolg ermittelt, und seine Zusammensetzung, gegliedert nach Produktgruppen, Bereichen, Erfolgsquellen etc., wird offen gelegt.

Je nach Aufgabenstellung kann die kurzfristige Erfolgsrechnung unterschiedlich ausgestaltet werden: Im Gesamtkostenverfahren werden, wie im Gesundheitsbereich, die gesamten Kosten einer Periode und die Bestandsveränderung der Zwischen- und Endprodukte berücksichtigt (Eisele, 1998: 805 ff.). Im Umsatzkostenverfahren werden nur die Kosten der abgesetzten Produkte verrechnet, sodass der Betriebserfolg auf

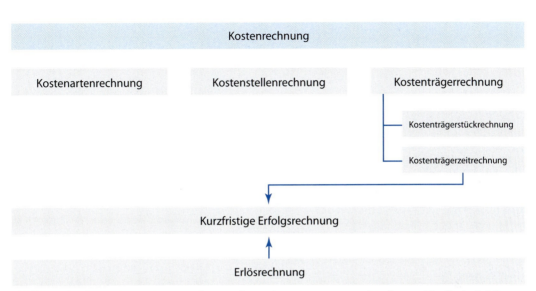

Abbildung 5.2-8: Kurzfristige Erfolgsrechnung als erweiterte Kostenträgerzeitrechnung (Quelle: in Anlehnung an Hentze, J., Kehres, E.; Kosten- und Leistungsrechnung in Krankenhäusern: systematische Einführung, 4., überarb. Aufl.; Stuttgart, 1999, S. 138 sowie Zapp, W., Torbecke, O.; Konzeption einer Kostenträgerrechnung als Grundlage für ein entscheidungsorientiertes Controlling in der Pflege; in Zapp, W. [Hrsg.]; Controlling in der Pflege; Bern, 2004)

die Differenz zwischen den Erlösen und den Selbstkosten der in einer Abrechnungsperiode abgesetzten Leistungen beruht (Schweitzer/Küpper, 1998: 196 f.). So ist das kostenträgerorientierte Umsatzkostenverfahren für die Analyse der Betriebsergebnisse und somit zur Lenkung besser geeignet als das kostenartenorientierte Gesamtkostenverfahren (Hentze/Kehres, 1999: 142 f.).

Die Kostenträgerzeitrechnung, in der die in einer Abrechnungsperiode (z. B. in einem Monat) entstandenen Kosten den zugehörigen Erlösen gegenübergestellt werden, ist als kurzfristige Erfolgsrechnung zu verstehen. Das Betriebsergebnis wird als Differenz zwischen Erlösen und Kosten errechnet (DKG, 1992: 175; zu den Besonderheiten in der stationären Altenhilfe siehe Zapp/Funke/Schnieder, 2000: 168 ff.).

Innerbetrieblich Kostenverteilung auf Grund der Leistungsverflechtung

Im Unternehmungsprozess wird auch eine Reihe von Gütern produziert, die nicht für den Absatzmarkt bestimmt sind. Es handelt sich um:

- Eigenleistungen, wie die Reparatur durch die eigenen Handwerker, oder
- Innenaufträge, wie das Herstellen des schwarzen Schreibtisches für den Geschäftsführer, die Röntgen-Leistung der Radiologie für die Chirurgie oder Leistungen für ambulante Patienten.

Diese Eigenleistungen können aktivierungspflichtig sein und sind damit in der Bilanz zu verzeichnen. Über den Werteverzehr würde dann der Rückfluss in die Kostenrechnung erfolgen (wobei im Krankenhaus die Besonderheiten der dualen Finanzierung zu berücksichtigen sind). Die Eigenleistungen können aber auch nichtaktivierungspflichtig sein. Im Krankenhaus hat diese Zuteilung auch Auswirkungen auf die Finanzierungsseite und stellt deshalb dort ein besonderes Problem dar.

Kostenstellen können in unterschiedlichem Maße innerbetriebliche Leistungen erstellen und erbringen (Hummel/Männel, 1986: 211):

- Leistungen materieller Art, wie z. B. Werkzeuge, Anlagen, Brunnen im Garten eines Krankenhauses
- Leistungen immaterieller Art, wie z. B. Forschungs- und Entwicklungsarbeiten, Planung
- Vorhaltung und Verfügbarmachung betrieblicher Potenziale, Überlassen von Räumlichkeiten.

Die Erfassung dieser innerbetrieblichen Leistungsverflechtung ist vor allem aus zwei Gründen wichtig:

1. Ermittlung der Selbstkosten der Kostenträger, um möglichst genaue Aussagen über die Inanspruchnahme von Kostenstellen machen zu können
2. Bereitstellung von Informationen darüber, ob Fremd- oder Eigenbezug wirtschaftlich sinnvoll ist (Olfert, 1999: 172).

Die Leistungsverflechtungen können einfach und komplex sein und können deshalb entsprechend einfach oder komplex abgebildet werden. Eine chirurgische Abteilung oder Station (Endkostenstelle) fordert z. B. vom Labor oder von der Radiologie (Vorkostenstelle) Leistungen an. Diese werden als innerbetriebliche Leistungen oder Betriebsleistungen definiert (Hummel/Männel, 1986: 211 f.; Zapp/Torbecke, 2004). Die Kostenträgerrechnung erfordert für eine proportionale oder verursachungsgerechte Zuordnung die Verrechnung der Leistungen und Kosten der Vorkostenstellen auf die Endkostenstellen, sodass die primären Kosten der Vorkostenstellen zu Sekundärkosten der Haupt- bzw. Endkostenstellen werden (Hentze/Kehres, 1999: 56 ff.).

Die Verrechnung kann einerseits über die innerbetriebliche Leistungsverrechnung oder andererseits ohne Leistungsmessung als pau-

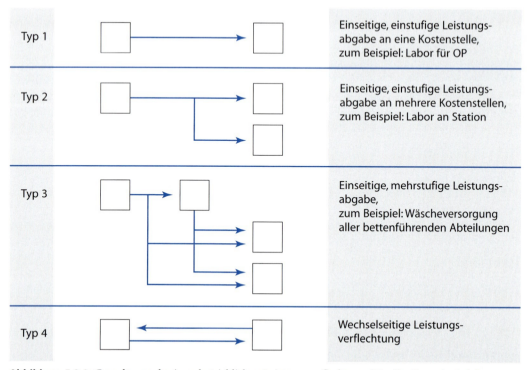

Abbildung 5.2-9: Grundtypen der innerbetrieblichen Leistungsverflechtung (Quelle: Zapp, in Anlehnung an Hummel, S., Männel, W.; Kostenrechnung 1; 4., völlig neu bearb. u. erw. Aufl.; Wiesbaden, 1986, S. 212 sowie Zapp, W.; Torbecke, O.; Konzeption einer Kostenträgerrechnung als Grundlage für ein entscheidungsorientiertes Controlling in der Pflege; in Zapp, W. [Hrsg.]; Controlling in der Pflege; Bern, 2004)

schale Umlageverrechnung erfolgen. Die Wahl des Verfahrens hängt dabei im Wesentlichen von der Leistungserfassung und -darstellung ab. Diese werden nach Siegfried Hummel und Wolfgang Männel in vier Grundtypen unterschieden und in **Abbildung 5.2-9** dargestellt.

Die Differenzierung der Leistungsverrechnung soll unter dem Gebot der Wirtschaftlichkeit erfolgen. Dabei ist zu beachten: Je differenzierter die Verrechnung ist, umso aufwändiger und teurer dürfte sie sein. Mit einer differenzierten Verrechnung ist ein entsprechender Erkenntnisfortschritt einzukaufen und sichtbar zu machen (Tuschen/Quaas, 1998: 53).

Eine (Leistungs-)Verrechnung erfolgt, wenn Leistungen gemessen und die Kosten zugeordnet werden können. Ist das nicht möglich, erfolgt eine Umlagerechnung, die nicht über Leistungen, sondern über andere Größen eine Verrechnung ermöglicht (Umsatz, Vollkraft) (Hummel/Männel, 1986: 215f.).

5.2.3.2 Leistungsrechnung

Das Krankenhaus kann ebenso wie die stationäre Altenhilfe oder Reha- und Fachkliniken als Dienstleistungsunternehmung eingestuft werden (vgl. hierzu Zapp/Dorenkamp, 2002: 18ff.). Im Vordergrund der Leistung stehen hier die Zustandsveränderung, -linderung oder -verbesserung, die Lebensqualität und das Wohlbefinden. Im Bereich der Pflege in der stationären Altenhilfe wurde in einem Projekt «Interne Budgetierung auf der Grundlage der Pflegeversicherung», das von der Arbeitsgruppe Innovative Projekte beim Ministerium für Wissenschaft und Kultur des Landes Niedersachsen (AGIP) finanziert und an der Fachhochschule Osnabrück durchgeführt wurde, der Leistungsbegriff anschaulich dargestellt (**Abb. 5.2-10**) Nach Erich Kosiol (Kosiol, 1959: 9) sind «sämtliche Ergebnisse der vielfältigen Tätigkeiten im Betrieb ausnahmslos als Leistungen anzusehen». Dabei kann zwischen dem Mengenbegriff und dem Wertbegriff (Erlös) unterschieden werden (Her-

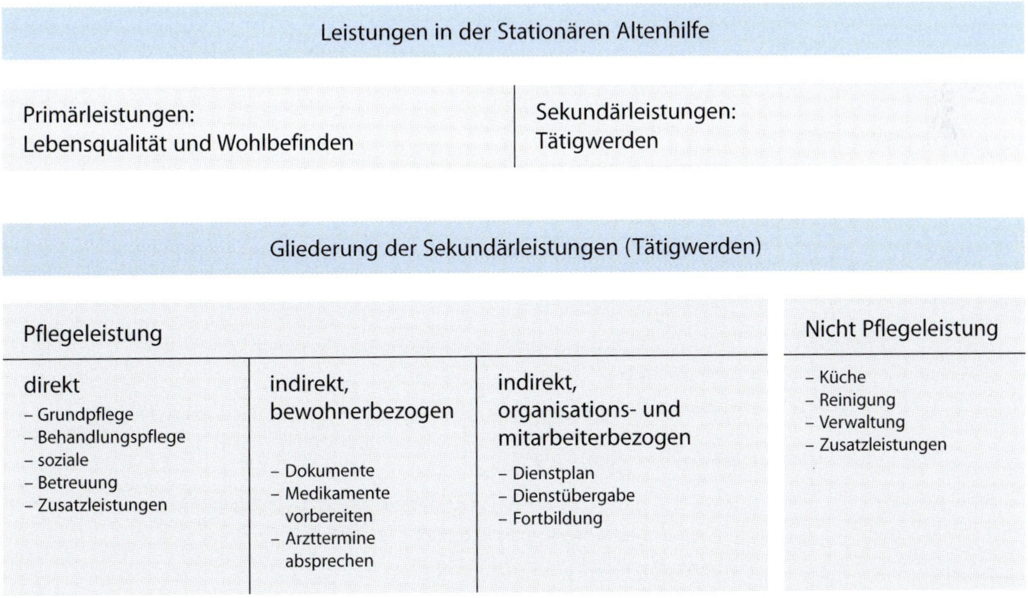

Leistungen in der Stationären Altenhilfe	
Primärleistungen: Lebensqualität und Wohlbefinden	Sekundärleistungen: Tätigwerden

Gliederung der Sekundärleistungen (Tätigwerden)			
Pflegeleistung			Nicht Pflegeleistung
direkt – Grundpflege – Behandlungspflege – soziale – Betreuung – Zusatzleistungen	indirekt, bewohnerbezogen – Dokumente – Medikamente vorbereiten – Arzttermine absprechen	indirekt, organisations- und mitarbeiterbezogen – Dienstplan – Dienstübergabe – Fortbildung	– Küche – Reinigung – Verwaltung – Zusatzleistungen

Abbildung 5.2-10: Leistungsprogramm stationärer Altenhilfeeinrichtungen (Quelle: Zapp, in Anlehnung an Zapp, W., Funke, M., Schnieder, S.; Interne Budgetierung auf der Grundlage der Pflegeversicherung. Ergebnisse eines anwendungsorientierten Forschungsprojektes in der stationären Altenhilfe; Wanne-Eickel, 2000, S. 69 sowie Eichhorn, S.; Krankenhausbetriebslehre – Theorie und Praxis des Krankenhausbetriebes, Bd. 1 (3. Aufl.); Stuttgart, 1975, S. 16)

der-Dorneich/Wasen, 1986: 104; Schmalenbach, 1963: 12; Zapp/Dorenkamp, 2002: 99).

Nicht alle Leistungen und Verbräuche werden zu Kosten in einem Unternehmen. Nur diejenigen Verbräuche sind als Kosten zu definieren, die zum Zwecke der Erstellung und Verwendung auf das Sachziel der Unternehmung hin (als betriebliche Leistungen) und zur Aufrechterhaltung der Betriebsbereitschaft in Kauf genommen werden. Unter einem Sachziel versteht man das geplante Produktionsprogramm, d.h. die nach Art, Menge und zeitlicher Verteilung von der Unternehmung zu produzierenden Ausbringungsgüter (Schweitzer/Küpper, 1998: 20f.). Diese Beziehung ist z.B. gegeben, wenn ein geplantes Produkt durch den Verkaufspreis oder die pflegerische Leistung durch ein Entgelt gedeckt wird.

Leistungen sind z.B. nicht sachzielbezogen, wenn sie sich außerhalb des Tätigkeitsfeldes des Unternehmens befinden. Keine Leistung für eine Einrichtung der stationären Altenhilfe wäre etwa die gelegentliche Vermietung eines Raumes für Vereinszwecke. Solche Erträge dürfen nicht als Leistungen in die Kosten- und Leistungsrechnung eingehen. Die Festlegung der Häufigkeit der Leistungen, z.B. in der Pflege, unter Beachtung des zeitlichen Aufwands und unter Berücksichtigung der Qualität oder eines festgelegten Qualitätsstandards ist für die Ermittlung einer bedarfsadäquaten Leistungsmenge (Zeitaufwand) wesentlich (Neubauer/Schallemeier, 1998: 363ff.).

Als Informationsinstrument der Unternehmensleitung hat die Leistungsrechnung die Aufgabe, die bewerteten Güter und Dienstleistungen, die zur Erreichung des Betriebszwecks erstellt bzw. geplant werden, zu erfassen (Hentze/Kehres, 1999: 2). Dabei kann die betriebliche Leistung als Gegenstück oder Korrelatbegriff zu den Kosten einer Unternehmung gesehen werden (Plinke, 1993: 2654). Die Leistungsrechnung hat als Ergänzung zur Kostenrechnung eine große Bedeutung. Sie gibt Antworten auf die in **Tabelle 5.2-9** wiedergegebenen Fragen und erfüllt somit interne und externe Ansprüche.

Durch die Leistungsrechnung wird das Leistungsgeschehen in der stationären Altenhilfe transparent gemacht. Dies ist notwendig, da der Output der Pflegeleistung nicht direkt oder unmittelbar mit Geld bewertet wird. Die monetäre Quantifizierung von Leistungen, die in anderen Wirtschaftsbereichen die Lenkung des Leis-

Tabelle 5.2-9: Ansprüche der Leistungsrechnung (Quelle: Zapp, in Anlehnung an Zapp, W., Funke, M., Schnieder, S.; Interne Budgetierung auf der Grundlage der Pflegeversicherung. Ergebnisse eines anwendungsorientierten Forschungsprojektes in der stationären Altenhilfe; Wanne-Eickel, 2000, S. 63)

Wer erbringt …	Die Dienstart, die diese Leistung erbringt, z.B. erbringt die Pflege Dienstleistungen ➥ Personalkostenart
… mit welchen Mitteln …	Die Sachmittel, die zur Leistungserstellung benötigt werden. ➥ Sachkostenart
… wo …	Die Leistungsstelle, in der die Leistung erbracht wird, z.B. der Wohnbereich Leistungsstelle ➥ Kostenstelle
… für wen …	Der Leistungsträger, der die Leistung empfängt, z.B. der Bewohner Leistungsempfänger ➥ möglicher Kostenträger
… wann …	Zeitpunkt der Leistungserstellung
… welche Leistung?	Die Art der Leistung, z.B. eine Mahlzeit (Verpflegungsleistung), ein Bad (Pflegeleistung), eine Theaterbegleitung (Zusatzleistung) Leitungsart = Leitungsträger ➥ Kostenträger Ist die Leistungsart eine abzurechnende Leistung, dann stimmen Leistungsart und Leistungsträger überein

tungsgeschehens übernimmt, wird in der Pflege nicht auf Einzelleistungen, sondern lediglich auf durchschnittliche bewohnerbezogene Leistungsmengen angewandt, das heißt, es ist erforderlich, im Pflegebereich eine weiterführende Leistungsrechnung aufzubauen, mit der es möglich wird, den Leistungsbereich Pflege sinnvoll zu lenken und zu planen (Weber, 1998: 186 ff.).

Die Leistungsbetrachtung muss mit der Kostenperspektive übereinstimmen oder vergleichbar sein, um eindeutige Aussagen durchführen zu können. Sind Leistungen nicht eindeutig einer Kostenstelle oder einem (Teil-)Prozess zurechenbar, werden Aktivitäten der kostenorientierten Manager zu verfehlten Eingriffen führen.

Das Controlling sollte sich als Controlling von Leistungen verstehen. Da die Personen in der Regel näher an der Leistung gebunden sind, werden sie auch eher ein Leistungscontrolling verstehen. Statt darauf hinzuweisen, dass die Personalkosten im Pflegebereich um 50 000 Euro zu hoch ausgefallen sind, wäre es sinnvoller, zu sagen, dass eine Vollkraft mehr eingesetzt wurde, obwohl die Berechnungstage, Fallzahlen usw. zurückgegangen sind. So kann eine qualifizierte Diskussion entstehen, die in diesem Beispiel noch vereinfacht dargestellt wurde. Die Orientierung an Leistungen ist deshalb im Gesundheitsbereich als ein wesentliches Kriterium festzuhalten.

5.2.3.3 Erlös- und Ergebnisrechnung

Die Erlös- und Ergebnisrechnung schließt sich an die Kostenrechnung und die Leistungsrechnung an (siehe hierzu und im Folgenden Zapp/Torbecke, 2004). Die auf der Leistungsrechnung aufbauende Erlösrechnung soll die Wertentwicklung abbilden (Weber, 1995: 190). Sie hat die Aufgabe, alle durch die Erstellung und Verwertung von Leistungen zufließenden Werte zu erfassen und zu strukturieren (Liessmann, 1997: 193). Wolfgang Kilger definiert den Erlös als Nettomarktwert der innerhalb einer Periode abgesetzten Wirtschaftsgüter: Dieser Marktwert ergibt sich aus dem Abzug sämtlicher Erlösschmälerungen vom Verkaufspreis. Hinzu kommen noch Erlöse aus neutralen Geschäftsfällen.

Dagegen kann der Ertrag, als der um die zu Herstellungskosten bewertete Bestandsveränderungen korrigierte Umsatz bezeichnet werden (Kilger, 1987: 29 f.). Marcel Schweitzer und Hans-Ulrich Küpper (Schweitzer/Küpper, 1998: 29 f.) sehen in dem Begriff «Erlös» die sachzielbezogen bewertete Güterentstehung einer Abrechnungsperiode. Die Erlöse stellen als Entstehungsgröße das Gegenstück zu den Kosten als Verbrauchsgröße dar. Mit Güterentstehung ist in diesem Sinne die Wertschöpfung gemeint. Durch die eingesetzten Güter werden neue werthafte Güter geschaffen. Dabei kann es sich um Absatzgüter oder Wiedereinsatzgüter handeln. Grundsätzlich kann die Güterentstehung als jedes wirtschaftlich verwertbare Ergebnis der eingesetzten Güter bezeichnet werden. So sind bei den Erlösen sämtliche nominalen und realen Wirtschaftsgüter zu berücksichtigen. Nicht jede Güterentstehung wird als erfolgswirksam angesehen, daher ist ein Merkmal notwendig, mit dem die Mengenkomponente festlegbar ist. Durch das Merkmal sollen die Erlöse das Spiegelbild zu den Kosten darstellen. Daher muss das gesuchte Merkmal einen Vergleich der erlöswirksamen Güterentstehung mit dem kostenwirksamen Güterverbrauch gewährleisten. Hier gilt als passendes Merkmal die Sachzielbezogenheit, welche bedeutet, dass die Wertschöpfung dem Unternehmenszweck entspricht (Schweitzer/Küpper, 1998: 31 ff.).

Analog zur Kostenrechnung lässt sich auch die Erlösrechnung in Erlösarten-, Erlösstellen- und Erlösträgerrechnung unterteilen.

Bei den Erlösarten werden die spezifischen Unterscheidungsmerkmale betont. Die verschiedenen Erlösarten entstehen gemäß dieser Betrachtungsweise durch die Konkretisierung der Merkmale «Güterentstehung», «Sachzielbezogenheit» und «Bewertung». Daraus lassen sich die Erlöse entsprechend **Tabelle 5.2-10** differenzieren.

Erlösarten im Krankenhaus sind die budgetorientierten Erlöse, die zur Deckung der Kosten für die Leistungen der Krankenhausbehandlung entstehen. Hierzu zählen als Entgeltformen die tagesgleichen Pflegesätze, Sonderentgelte und Fallpauschalen sowie DRG's. Auch die Erlöse, die

Tabelle 5.2-10: Möglichkeiten der Klassifikation von Erlösarten (Quelle: Zapp, in Anlehnung an Schweitzer, M., Küpper, H.-U.; Systeme der Kosten- und Erlösrechnung [7., überarb. u. erw. Aufl.]; München, 1998, S. 99 sowie Zapp, W., Torbecke, O.; Konzeption einer Kostenträgerrechnung als Grundlage für ein entscheidungsorientiertes Controlling in der Pflege; in Zapp, W. [Hrsg.]; Controlling in der Pflege; Bern, 2004)

Merkmal	Ausprägung
Art der Ausbringungsgüter	• Produkterlöse • Sachmittel-, Anlageerlöse • Arbeitserlöse • Informationserlöse • Nominalerlöse • Vermietererlöse
Bezugsgröße	• Stückerlöse • Periodenerlöse
Wertansatz	• pagatorische Erlöse • nichtpagatorische Erlöse
Zurechenbarkeit	• Einzelerlöse • Gemeinerlöse
Veränderlichkeit	• variable Erlöse • fixe Erlöse
Erlösbereich, -stelle	• Bereich A, Bereich B
Erlösträger	• Produkt A, Produkt B

nicht zur Deckung von Kosten für die Leistungen der Krankenhausbehandlung dienen («auszugliedernde Kosten»), sind zu beachten, dazu zählen z. B. die Erlöse für Wahlleistungen (Hentze/Kehres, 1999: 139), Ambulanzen (Kostenstelle 928) oder Mitarbeiteressen (nach KHBV, Anlage 5).

Des Weiteren ist das Merkmal der Zurechenbarkeit mit der Differenzierung zwischen Einzel- und Gemeinerlösen zu erwähnen. Durch die in der Regel auftretende absatzwirtschaftliche Leistungsverbundenheit entstehen Gemeinerlöse (Schweitzer/Küpper, 1998: 97 ff.). Die Leistungsverbundenheit darf nicht wegen einer möglichst vollständigen Verrechnung von Erlösen auf Leistungsbereiche ignoriert werden. Sonst würde die Kosten- und Leistungsrechnung kein Abbild der betrieblichen Leistungserstellung, sondern ein Zerrbild schaffen, durch das Managemententscheidungen erschwert würden.

Im Dienstleistungsbereich – entsprechend im Gesundheitswesen – ist der Grad der Leistungsverbundenheit sehr hoch, wodurch Zuordnungsprobleme auftauchen. Diese beziehen sich auf die Tatsache, dass Erlöse (und Kosten) mehreren Leistungseinheiten gemeinsam zugehören. Da die Erlöse nicht eindeutig zuordenbar sind, können sie als echte Gemeinerlöse bezeichnet werden (Bertsch, 1991: 51 f.). Die Gemeinerlöse verhalten sich spiegelbildlich zu den Gemeinkosten. So fallen Erlöse schon weg, wenn eine Teilleistung nicht erbracht wird (Schweitzer/Küpper, 1998: 97 ff.).

Die Erlösstellenrechnung lässt sich in außer- und innerbetriebliche Rechnungen unterscheiden. Hierbei dient die Bildung außerbetrieblicher Erlösstellen zum einen der Zurechnung der Erlöse auf die Erlösträger und zum anderen der Erlösplanung und -kontrolle. Dabei sollte die Erlösstelle ein einheitlicher Verantwortungsbereich mit homogenen Absatzbedingungen sein (z. B. Regionen, Kundengruppen) (Weber, 1995: 114).

Bei der innerbetrieblichen Erlösrechnung soll ermittelt werden, in welchem Maße Teilbereiche der Unternehmung zur Erlösentstehung beigetragen haben, es handelt sich also um eine Planungs- und Kontrollrechnung (Weber, 1995: 114).

Die Kostenträgerstückrechnung dient der Ermittlung der Stückerlöse je Produktart. Erlösträger sind Absatzleistungen einer Unternehmung, denen Erlöse direkt zugeordnet werden können (Liessmann, 1997: 194). Wenn die Erlöse den Produkteinheiten direkt zuzurechnen sind, sind die Stückerlöse direkt aus der Erlösartenrechnung ersichtlich. Problematischer ist es, wenn für Produkte Gemeinerlöse anfallen (z. B. bei Mindestabnahmemengen oder Kombinationsgeschäften). Die Gemeinerlöse können in der Regel nicht verursachungsgerecht zugerechnet werden, je nach Rechnungszweck bieten sich die Divisionsrechnung, Äquivalenzziffernrechnung oder die Zuschlagsrechnung an (Schweitzer/Küpper, 1998: 192).

Stellt man auf Stückbasis die Kosten der Kostenträger deren Erlösen gegenüber, erhält man die Ergebnisse des wirtschaftlichen Handelns. Auf Grund dieser Gegenüberstellung erhält man wichtige Aussagen zur Sortimentspolitik und -analyse, soweit die Bezugsbasen stimmen und Kostenträger und Erlösträger übereinstimmen. In der Istkostenrechnung sind die Erlöse der verkauften Produkte bekannt. Sind Gemeinerlöse, also Erlöse, die auf mehrere Produkte zu verteilen sind, angefallen, dann sind diese Gemeinerlöse zu verteilen, was nicht ganz einfach sein dürfte.

Die Formel dürfte dann lauten: Ergebnis pro Stück = Preis – Stückkosten. Schwierig wird es erst, wenn Fixkosten anfallen. Diese sind auf lange Sicht angelegt und können in der Regel oft nur von der Unternehmungsleitung beeinflusst werden. Eine Verteilung dieser Fixkosten auf die Stücke ist nicht einfach, da ein Schlüssel fehlt. Diese Problematik weist auf die Teilkostenaspekte hin.

5.2.4 Rechensysteme und Unterscheidungskriterien der Kosten-, Leistungs-, Erlös- und Ergebnisrechnung

5.2.4.1 Unterscheidung nach Umfang: Voll- vs. Teilkostenrechnung

Bei der Unterscheidung nach Umfang werden die Kosten nach dem Umfang der Zurechnung der Kosten zugeteilt. Werden sämtliche Kostenarten, die im Unternehmen anfallen, auf die Kalkulationsobjekte weiterverrechnet, spricht man von einer Vollkostenrechnung. Werden nur bestimmte Teile der gesamten Kosten auf die Kalkulationsobjekte weiterverrechnet, spricht man von einer Teilkostenrechnung. In beiden Systemen werden sämtliche Kosten erfasst. Nur die Weiterverrechnung gestaltet sich unterschiedlich.

In Teilkostensystemen werden nur einzelne Teile weiterverrechnet; die restlichen Kosten werden später durch eine andere Systematik weiterverrechnet.

Beispiele

Aus dem Produktionsbetrieb: Die Produktion für LKW und PKW findet auf dem gleichen Gelände statt. Die Kosten für die Pforte ist nicht verteilbar, sodass sie nicht auf die einzelnen Objekte verteilt, sondern als Block am Ende bei den Gesamtkosten berücksichtigt werden. Hier liegt eine Teilkostenrechnung vor, weil diese Kosten nicht weiterverrechnet werden können.

Aus dem Krankenhaus: Ambulante und stationäre Untersuchungen finden mit dem gleichen Gerät statt. Die Nachtschwester ist für eine Station zuständig, die Pflegedienstleitung für das gesamte Haus.

Es stellt sich die Frage, ob die kurzfristige Erfolgsrechnung als Voll- oder als Teilkostenrechnung durchgeführt werden soll (Eisele, 1998: 805 ff.) Für Lenkungsaspekte bietet sich die Teilkostenrechnung an (vgl. hierzu Zapp/Torbecke, 2004). Im Rahmen der kurzfristigen Erfolgsrechnung ist zu beachten, dass die Erfolgsbeiträge, die auf der Vollkostenrechnung basieren, falsche Ergebnisse für die interne Lenkung liefern können. Dies gilt für die Produktionsprogrammplanung oder für die Frage nach Eigen- oder Fremdbezug (Maltry/Strehlau-Schwoll, 1997: 551 f.). Zu nennen ist in diesem Zusammenhang die Verrechnung aller Kosten auf die betrieblichen Leistungen, auch der nicht verursachungsgerecht zurechenbaren Fixkosten, und die schmale Bezugsbasis bei großen Gemeinkostenblöcken (Eisele, 1998: 722). Gerade die Leistungserstellung im stationären Bereich ist, bedingt durch die Schwierigkeit der Leistungserfassung (z. B. patientenbezogene Erfassung der Pflegeleistung), durch hohe Kostenträgergemeinkosten gekennzeichnet. Daher ist die Anwendung einer Deckungsbeitragsrechnung sinnvoll, die auf die Trennung von fixen und variablen Kosten bzw. Einzel- und Gemeinkosten basiert (Maltry/Strehlau-Schwoll, 1997: 551 f.).

Durch die Deckungsbeitragsrechnung erhält man Kenntnisse über die Beeinflussbarkeit der Kosten und über die Kostenstruktur der Leistungserstellung. Als Deckungsbeitrag wird definiert: Deckungsbeitrag = Erlös – variable Kosten (gesamter Deckungsbeitrag). Der Stückdeckungsbeitrag errechnet sich aus dem Preis minus der variablen Stückkosten.

Hierbei ist zu beachten, dass die einfache (einstufige) Deckungsbeitragsrechnung auf Grund des Volumens der fixen Kosten und der Krankenhausstruktur nicht die gewünschten Ergebnisse liefern kann. Der Fixkostenblock wird bei der einstufigen Deckungsbeitragsrechnung nicht näher betrachtet. Hier muss eine differenzierte Form der Deckungsbeitragsrechnung angewandt werden.

Empfehlenswert für die kurzfristige Erfolgsrechnung ist die Bildung von Kostenträgerhierarchien, mit deren Hilfe die Deckungsbeiträge den Fixkosten gemäß der Fixkostenrechnung stufenweise zugeordnet werden können. Für Reha- und Fachkliniken, auf Grund der Art der Leistungserstellung, kommt als Deckungsbeitragsrechnung die stufenweise Fixkostendeckung in Frage. Bei einer entsprechenden Gliederung kann der Anteil einer Abteilung sowie einzelner Therapien (bei Fallpauschalen) am ökonomischem Erfolg des Gesamthauses aufgezeigt werden. Die Deckungsbeiträge können nach Fallgruppen und Krankenhausabteilungen hierarchisch gestaffelt werden (**Abb. 5.2-11**). So kann beispielsweise die Entwicklung der Deckungsbeiträge im Hinblick auf Auslastung, Erlöse und Kosten dargestellt und verglichen werden, und somit lassen sich die Stärken und

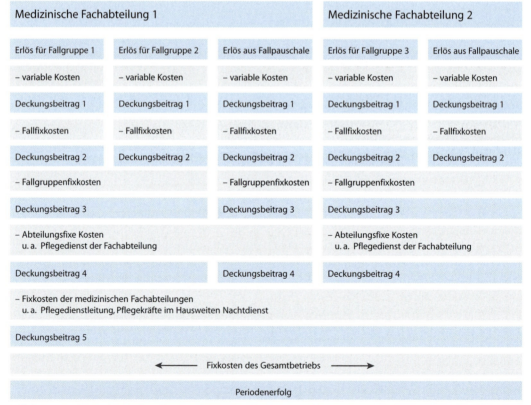

Abbildung 5.2-11: Mehrstufige Deckungsbeitragsrechnung (Quelle: Zapp, in Anlehnung an Preuß, O. F.; Kosten- und Deckungsbeitragsmanagement im Krankenhaus unter besonderer Berücksichtigung von Fallpauschalen und Sonderentgelten; Frankfurt/M., 1996, S. 193 sowie Zapp, W., Torbecke, O.; Konzeption einer Kostenträgerrechnung als Grundlage für ein entscheidungsorientiertes Controlling in der Pflege; in Zapp, W. [Hrsg.]; Controlling in der Pflege; Bern, 2004)

Schwächen einzelner Teilbereiche zeigen (Straub, 1997: 274 ff.).

So ergänzen sich die Kalkulation auf Vollkostenbasis und die kurzfristige Erfolgsrechnung auf Teilkostenbasis und liefern somit die jeweils benötigten Informationen.

5.2.4.2 Unterscheidung nach der Zeit: Ist- vs. Plankostenrechnung

Bei der Unterscheidung nach der Zeit wird eine Verteilung nach dem zeitlichen Bezug der Kosten vorgenommen. Rechnungssysteme können als Ex-post- oder Ex-ante-Rechnung aufgefasst werden.

Werden die Istkosten betrachtet, handelt es sich um eine nachherige Betrachtung, denn Istkosten liegen vor, wenn die Kosten bereits angefallen bzw. realisiert sind. Sind die Kosten noch nicht real angefallen, dann können sie prognostiziert werden. Die Ermittlung realisierter Kosten und Erlöse bezieht sich auf Istgrößen; Planung und Lenkung sind aber auf kommende Perioden angelegt. Deshalb unterscheidet man die Istkosten- von der Plankostenrechnung.

Die Istkostenrechnung ist ein Rechensystem, das als Nachrechnung durchgeführt wird. Hier werden die Tatbestände des vollzogenen Leistungsprozesses eines abgelaufenen Zeitraums abgebildet.

Die Plankostenrechnung ist ein Rechensystem, das im Vornherein als Planung durchgeführt wird. Hier werden geplante, prognostizierte oder hinreichend vermutete Zustände abgebildet, die sich auf zukünftige wirtschaftliche Gegebenheiten beziehen.

Plankostenrechnungen unterscheiden sich generell auf Grund der Planabsicht in zwei Ausgestaltungsmöglichkeiten (vgl. Schweitzer/Küpper: 244 ff.):

1. Prognosekostenrechnung
2. Standardkostenrechnung.

Werden die erwarteten Kosten und Erlöse abgebildet und errechnet, liegt eine Prognosekostenrechnung vor! Die Prognosekostenrechnung wird in der Regel für die Unternehmungsleitung relevant. Hier geht es darum, ob die Planvorstellungen realisiert werden und ob das prognostizierte Ergebnis erreicht werden kann.

Werden die wirtschaftlichen Kosten abgebildet und errechnet, liegt eine Standardkostenrechnung vor. Die Standardkostenrechnung wird notwendig, um bei einer Abweichungsanalyse Handlungskonzepte einsetzen zu können. Steigen die Kosten bei gleicher Ausgangslage überproportional, dann sind Plan-Ist-Vergleiche durchzuführen. Daraufhin können Abweichungsanalysen mit Handlungskonzeptionen entwickelt werden.

5.2.5 Rechnungszielorientierung – Daten- vs. verhaltensorientierte Rechnung

Bisher sind verschiedene Rechnungsziele dargestellt worden:

1. Die *Abbildung, Ermittlung* und *Dokumentation* von Kosten, Leistungen, Erlösen und Ergebnissen ist notwendig, um realisierte Kosten und Erlöse zu ermitteln. Realisierte Kosten deuten auf eine Istkostenrechnung hin. Aber auch Plankostenrechnungen verfolgen das Ziel, die Größen abzubilden.
2. *Prognose, Vorgabe* und *Kontrolle* sind planungsorientierte Systeme, die sehr datenorientiert sind. Die Konzepte basieren auf der Verteilung der vollen Kosten, die auf die Kostenträger heruntergebrochen werden. Hier spielt die Auflösung in variable und fixe oder in Einzel- und Gemeinkosten eine wesentliche Rolle. Planungsorientierte Systeme stellen aber auch die Teilkostenrechnung in den Vordergrund um Entscheidungen für die Unternehmungsleitung oder das Management aufzubereiten. Diese informationsorientierte Aufbereitung reicht aber für eine Lenkung allein nicht aus, sowie der sachrationale Aspekt in den Vordergrund gestellt wird.
3. Deshalb ist das Ziel, *verhaltenslenkende Systeme* zu generieren. Sie sind in der Regel ermittlungsorientiert aufgebaut, um die Eigeninitiative der (leitenden) Mitarbeiter zu erreichen und den Motivationsaspekt hervor-

zuheben (vgl. Schweitzer, Küpper, 1998: 79). Neben dieser auf die Einzelperson abgestellten Motivation ist auch das Team als Wir-Gefühl bei der Lenkung im Fokus zu behalten und die Kohäsionsfunktion zu beachten (Bleicher/Meyer, 1976: 67 ff.).

Hier rücken dann neben den harten, zahlenorientierten Daten weiche Daten in den Blickpunkt. Die Beschreibung weicher Daten leitet sich aus dem Denken um Prozesse (Kosiol, 1979; Gaitanides, 1994), Prozessmanagement (Gaitanides, 1994; Haist/Fromm, 1991; Striening, 1998), Prozessanalyse (Greulich,1997) und Prozessgestaltung (Zapp, 2002) her. Sie sind in besonderer Weise für ein Controlling zu berücksichtigen und in entsprechend verwertbare Daten zu transferieren, um darauf aufbauend Controllingaktivitäten starten zu können. Diese weichen Daten werden durch Prozesse, Qualität, Zeit und Patientenanforderungen umschrieben (vgl. Zapp/Dorenkamp, 2002).

Literatur
Bader, J.; Theiss, M.: Die Kostenträgerrechnung wird überlebenswichtig. f&w – Führen und Wirtschaften im Krankenhaus, 18. Jg., Heft 2/2001: 169
Bertsch, L. H.: Expertensystemgestützte Dienstleistungskostenrechnung. Stuttgart, 1991
Bleicher, K.; Meyer, E.: Führung in der Unternehmung: Formen und Modelle. Rowohlt-Verlag, Reinbek bei Hamburg, 1976
Brink, H.-J.: Einflußfaktoren auf die Gestaltung der Kostenrechnungssysteme. In: Männel, W. (Hrsg.): Handbuch Kostenrechnung. Wiesbaden, 1992: 167–181
Buggert, W.: Kosten- und Leistungsrechnung (11., überarb. Aufl.). Darmstadt, 1994
Coenenberg, A. G.: Kostenrechnung und Kostenanalyse (3., überarb. u. erw. Aufl.). Landsberg/Lech, 1997
Coenenberg, A. G.: Kostenrechnung und Kostenanalyse (4., aktualis. Aufl.). Landsberg/Lech, 1999
Deutsche Krankenhaus Gesellschaft (Hrsg.): Hinweise der DKG zum Rechnungswesen der Krankenhäuser. Eigendruck, Düsseldorf, 1992
Dietz, O.; Bofinger, W.: Krankenhausfinanzierungsgesetz, Bundespflegesatzverordnung und Folgerecht, Kommentare; Loseblatt-Ausgabe. Wiesbaden, 2000
DKG, GKV, PKV (Hrsg.): Kalkulation von Fallkosten: Handbuch zur Anwendung in Krankenhäusern, Version 2.0. 2002
Ebert, G.: Kosten- und Leistungsrechnung (1. Aufl.). Wiesbaden, 1978
Ebert, G.: Kosten- und Leistungsrechnung (6., erw. Aufl.). Wiesbaden, 1991
Eichhorn, S.: Krankenhausbetriebslehre – Theorie und Praxis des Krankenhausbetriebes, Bd. 1 (3. Aufl.). Stuttgart, 1975
Eisele, W.: Technik des betrieblichen Rechnungswesens: Buchführung und Bilanzierung – Kosten und Leistungsrechnung – Sonderbilanzen (6., überarb. u. erw. Aufl.). München, 1998
Gaitanides, M. et al. (Hrsg.): Die Synthese von Prozeßmanagement und Kundenmanagement. In: Prozeßmanagement: Konzepte, Umsetzung und Erfahrungen des Reegineering. München, 1994
Greulich, A.: Prozeßmodellierung als Instrument für organisatorische Verbesserungen. In: Thiele, G. (Hrsg.): Prozeßmanagement im Krankenhaus. Heidelberg, 1997
Haberstock, L.: Kostenrechnung 1 (10., unveränd. Aufl.). Berlin, 1998
Haist, F.; Fromm, H.: Qualität im Unternehmen: Prinzipien – Methoden – Techniken (2., durchges. Aufl.). München, 1991
Hentze, J.; Kehres, E.: Kosten- und Leistungsrechnung in Krankenhäusern: systematische Einführung (4., überarb. Aufl.). Stuttgart, 1999
Herder-Dornreich, P.; Wasen, J.: Krankenhausökonomie zwischen Humanität und Wirtschaftlichkeit. Baden-Baden, 1986
Hummel, S.; Männel, W.: Kostenrechnung, Teil 1: Grundlagen, Aufbau und Anwendung (2., erw. u. verb. Aufl.). Wiesbaden, 1980
Hummel, S.; Männel, W.: Kostenrechnung 1 (4., völlig neu bearb. u. erw. Aufl.). Wiesbaden, 1986
Janssen, D.: Wirtschaftlichkeitsbewertung von Krankenhäusern: Konzepte und Analysen von Betriebsvergleichen. Stuttgart, 1999
Keun, F.: Einführung in die Krankenhaus-Kostenrechnung (3., überarb. Aufl.). Wiesbaden, 1999
Kilger, W.: Einführung in die Kostenrechnung (3., durchges. Aufl.). Wiesbaden, 1987
Kilger, W.: Flexible Plankostenrechnung und Deckungsbeitragsrechnung (10., vollst. überarb. und erw. Aufl., bearb. durch K. Vikas). Wiesbaden, 1993
Kosiol, E.: Verrechnung innerbetrieblicher Leistungen (2. Aufl.). Wiesbaden, 1959
Kosiol, E.: Kostenrechnung der Unternehmung (2., überarb. u. ergänzte Aufl.). Wiesbaden, 1979
Liessmann, K. (Hrsg.): Gabler Lexikon Controlling und Kostenrechnung. Wiesbaden, 1997: 193
Maltry, H.; Strehlau-Schwoll: Kostenrechnung und Kostenmanagement im Krankenhaus. In: Frei-

dank, C. C. et al.: Kostenmanagement. Berlin, 1997: 533–564

Neubauer, G.; Schallemair, C.: Das Leistungsgeschehen in der stationären Altenhilfe. In: DOK: Politik, Praxis, Recht. AOK Bundesverband, Heft 11–12 (1998) 363–367

Olfert, K.: Kostenrechung (11., durchges. Aufl.). Ludwigshafen, 1999

Plinke, W.: Leistungs- und Erlösrechnung. In: Wittmann, W. u.a.: Handwörterbuch der Betriebswirtschaft, Teilband 2. I–Q (5., völlig neu gest. Aufl.). Stuttgart, 1993: 2654

Preißler, P.-R.; Doerrie, U.: Grundlagen Kosten- und Leistungsrechnung (2. Aufl.). Landsberg/Lech, 1987

Preuß, O. F.: Kosten- und Deckungsbeitragsmanagement im Krankenhaus unter besonderer Berücksichtigung von Fallpauschalen und Sonderentgelten. Frankfurt/M., 1996

Röhrig, R.; Schnee, St.: Kostenarten, Kostenstellen, Kostenträgerrechnung. In: Eichhorn, S.; Schmidt-Rettig, B.: Krankenhausmanagement im Werte- und Strukturwandel. Stuttgart/Berlin/Köln, 1995

Schmalenbach, E.: Kostenrechnung und Preispolitik (8., erw. u. verb. Aufl.). Wiesbaden, 1963

Straub, S.: Controlling für das wirkungsorientierte Krankenhausmanagement. Bayreuth, 1997

Streim, H.: Grundzüge der handels- und steuerrechtlichen Bilanzierung. Stuttgart, 1988

Striening, H.-D.: Prozeß-Management. Frankfurt/M., 1998

Schmolke, S.; Deitermann, M.: Industrielles Rechnungswesen IKR (28., überarb. Aufl.). Darmstadt, 2000

Schneider, E.: Einführung in die Wirtschaftstheorie. Wirtschaftspläne und wirtschaftliches Gleichgewicht in der Verkehrswirtschaft (12., durchges. u. verb. Aufl.). Tübingen, 1969

Schweitzer, M.; Küpper, H.-U.: Systeme der Kosten- und Erlösrechnung (7., überarb. u. erw. Aufl.). München, 1998

Tuschen, K. H.; Quaas, M.: Bundespflegesatzverordnung: Kommentar mit einer umfassenden Einführung in das Recht der Krankenhausfinanzierung (4., überarb. u. erw. Aufl.). Stuttgart, 1998

Verband der Krankenhausdirektoren Deutschlands e. V. (Hrsg.): Informationsmanagement im Krankenhaus: Anforderungen an die Kosten- und Leistungsrechnung für die Leistungs- und Kalkulationsaufstellung (LKA) und die innerbetriebliche Steuerung – Grundstufe. Mühlheim/Ruhr, 1995

Weber, H. K.: Betriebswirtschaftliches Rechnungswesen, Bd. 1: Bilanz und Erfolgsrechnung (4., überarb. Aufl.). München, 1993

Weber, J.: Einführung in das Controlling (6., durchges. u. erw. Aufl.). Stuttgart, 1995

Weber, J.: Einführung in das Controlling (7., durchges. u. erw. Aufl.). Stuttgart, 1998

Wedell, H.: Praxis der Unternehmensführung und -steuerung, Teil A: Die Kosten- und Leistungsrechnung als Controllinginstrument, 7. Kapitel. In: Endriss, H. W. (Hrsg.): Bilanzbuchhalter-Handbuch (4., wesentlich aktualis. u. erw. Aufl.). Herne/Berlin, 2003: 1210 f., 1229

Zapp, W.: Leistungsorientierung in der Ergotherapie. In: Ergotherapie & Rehabilitation, Heft 4, 7/1999: 265–268

Zapp, W.; Funke, M.; Schnieder, S.: Interne Budgetierung auf der Grundlage der Pflegeversicherung. Ergebnisse eines anwendungsorientierten Forschungsprojektes in der stationären Altenhilfe. Wanne-Eickel, 2000

Zapp, W.; Dorenkamp, A.: Anwendungsorientierte Prozessgestaltung im Krankenhaus. Bericht über ein Forschungsprojekt. In: Zapp, W. (Hrsg.): Prozessgestaltung im Krankenhaus. Heidelberg, 2002

Zapp, W. (Hrsg.): Prozessgestaltung im Krankenhaus. Heidelberg, 2002

Zapp, W. (Hrsg.): Controlling in der Pflege. Bern, 2004

Zapp, W.; Torbecke, O.: Konzeption einer Kostenträgerrechnung als Grundlage für ein entscheidungsorientiertes Controlling in der Pflege. In: Zapp, W. (Hrsg.): Controlling in der Pflege. Bern, 2004

Zimmermann, G.: Grundzüge der Kostenrechnung (7., durchges. Aufl.). München, 1998

5.3 Personalmanagement

W. Schär

5.3.1 Bedeutung und Entwicklungstendenzen

In letzter Zeit setzt sich immer deutlicher die Auffassung durch, dass die optimale Nutzung des eingesetzten Personals die wirkungsintensivste Managementaufgabe in Unternehmen der Wirtschaft und in der öffentlichen Verwaltung darstellt.

Nach Wunderer und Kuhn (1995) müssen – neben der Nutzung von Flexibilisierungspotenzialen im Markt und dem Wettbewerb – Mitarbeiter als wichtigste, wertvollste und sensitivste

Unternehmensressource betrachtet werden. Denn es sind nicht die Unternehmen, welche erfolgreich sind, nicht die Prozesse, die effizient sind, sondern die Menschen, die sie entsprechend bilden und verwirklichen.

Vertreter des Begriffs «Personalmanagement» legen Wert darauf, dass die Personalfunktion als Teil des übergreifenden Managementsystems und -prozesses verstanden wird. Diese Integration der Personalfunktion in die obersten Managementbereiche und in die Verantwortung der Vorgesetzten zielt darauf hin, dass die Formulierung der betrieblichen Strategien, die Gestaltung der Organisationsstruktur, die Bestimmung von personeller Verantwortung sowie Personalaufgaben, die nicht mehr allein eine Angelegenheit der Personalabteilung sind, u. a. durch Personalmanager auf der obersten Ebene mitbestimmt werden.

Gefragt ist eine Neuorientierung der Personalarbeit bis hin zu einer integrativen, proaktiven und strategischen Auffassung der Personalfunktion. Das Personalmanagement ist mithin ein wesentlicher Bestandteil der Organisationsentwicklung. Eine Organisation kann nur so gut sein wie ihre Mitarbeiter. Qualität wird gewährleistet durch die Mitarbeiter vor Ort. Die Arbeit eines Krankenhauses ist abhängig vom Engagement der Mitarbeiter. Die Menschen machen den Erfolg, besonders im Dienstleistungsbereich, aber nur, wenn die richtigen Mitarbeiter an der richtigen Stelle eingesetzt werden. Der Begriff «Personalpolitik» ist unterschiedlich belegt. Im weiten Sinne umfasst er alle Entscheidungen des betrieblichen Managements und wird dadurch mit diesem quasi gleichgesetzt. Zweckmäßiger ist es hingegen, die einzelnen Objektbereiche voneinander abzugrenzen, um so den Begriff der Personalpolitik enger zu fassen.

Personalpolitik betont die verfügbaren Machtpotenziale und -strategien und steht für die grundlegenden Entscheidungen im Personalbereich sowie für deren Einbettung in die Unternehmensführung und -politik.

Personelle Grundsatzentscheidungen sind demnach Ausdruck der generellen Zielrichtung und prinzipiellen Verhaltensnormen des Personalmanagements im Betrieb. Personalpolitik bezieht sich auf die gesamte Personalarbeit und/oder auf einzelne Teilfunktionen.

Zur Bestimmung des Stellenwerts des Personalmanagements könnten u. a. folgende Indikatoren als Anhaltspunkte betrachtet werden:

- Grad der Anbindung des Personalmanagements an die Unternehmensstrategie und organisatorische Integration des Personalmanagements in die Unternehmenshierarchie.
- Qualität der Zusammenarbeit zwischen Mitarbeitern der Personalabteilung und den personalverantwortlichen Führungskräften.
- Konzeptionelle und methodische Qualität der personalwirtschaftlichen Steuerungsinstrumente, insbesondere in den Kernfunktionen Personalmarketing, Personalentwicklung und Personalführung.
- Vertrauen der Mitarbeiter gegenüber den Ansprechpartnern im Personalmanagement.
- Bemühen um Evaluation von Personalmanagementaktivitäten und Ermittlung der Wertschöpfung der Personalarbeit.

Im Dienstleistungsbereich zeichnet sich Personalarbeit u. a. besonders durch folgende Faktoren aus:

- zunehmende inner- und zwischenbetriebliche Verflechtungen in Form abteilungsübergreifender Arbeitsabläufe und vertikaler Integration der Leistungsprozesse
- zunehmender Kostendruck auf Grund des hohen Personalkostenanteils
- zunehmende Transparenz der Leistungsprozesse, insbesondere auch im Hinblick auf Benchmarking, bei denen das Dienstleistungsunternehmen Krankenhaus andere Gesundheitseinrichtungen mit dem Ziel beobachtet und wertet, um die eigene Personalarbeit zu verbessern.

Den dargelegten Aspekten kann entnommen werden, dass der Personalarbeit im Bereich Krankenhaus immer größere Bedeutung zukommt. Das Personal im Krankenhaus erbringt die Dienstleistung am Patienten und bestimmt damit die Qualität der Leistungen. Auf Grund der notwendigen Personalintensität der Krankenhäuser machen die Personalkosten 65–75 % der Betriebskosten aus.

5.3.2 Zu den Zielsetzungen

Personalmanagement ist die wichtigste Voraussetzung, um als Unternehmen den Anforderungen der sich permanent verändernden Markt- und Wettbewerbssituation gewachsen zu sein. Ob ein Kunde mit den angebotenen Gütern und Dienstleistungen zufrieden ist, hängt nicht nur vom Preis, von der Qualität und der Wertanmutung eines Produktes ab, sondern in starkem Maß auch von der erlebten Kompetenz und Motivation der Mitarbeiter.

Über Inhalte personalwirtschaftlicher Ziele kann kaum Allgemeines gesagt werden, da diese Inhalte von konkreten sonstigen Zielen einer Unternehmung abhängen: Die generelle, unternehmensübergreifende Zielsetzung des Personalmanagements besteht darin, in einem Unternehmen die Leistung des Faktors Personal auf einem marktfähigen Qualitätsniveau zu angemessenen Kosten zu sichern und so die Qualitätserwartungen der Kunden auf dem Markt zu realisieren und die Kosten der Arbeit auf einem akzeptablen Niveau zu halten.

Ein zeitgemäßes und modernes Personalmanagement sollte sich von folgenden Anforderungen an die Mitarbeiter leiten lassen:

- zunehmende Befähigung zur Umsetzung qualitativer und struktureller Veränderungen im Arbeitsbereich
- gezielte Unterstützung des Bedürfnisses nach individueller Weiterentwicklung
- Zunahme einer motivierten Beteiligung an Entscheidungen und deren Umsetzung im Arbeitsalltag
- Zunahme der Dezentralisation von Verantwortung und Einrichtung selbstständiger Organisationseinheiten.

An späteren Stellen wird dargelegt, wie solche Anforderungen umgesetzt bzw. Ziele durch entsprechende Instrumente oder Einsatzfelder erreicht werden.

Formal gesehen stehen sich in der Personalwirtschaft wirtschaftliche und soziale Aspekte gegenüber. Es muss davon ausgegangen werden, dass die Erwartungen des einzelnen Mitarbeiters auf den Erwartungen des Unternehmens gegenüberstehen. Als Leitlinie der Strategie kann die Forderung nach integrierter Planung von ökonomischen und sozialen Maßnahmen betrachtet werden.

Wie bereits angedeutet stellt das Unternehmen dem Markt Produkte oder Leistungen zur Verfügung, die für die Investition oder den Konsum unerlässlich sind. Die Herstellung dieser Produkte oder Leistungen muss rentabel erfolgen und sich an ökonomischen Rationalisierungsprinzipien orientieren. Unter wirtschaftlichem Aspekt muss es deshalb das Ziel der Personalwirtschaft sein, im Betrieb eine möglichst hohe Effizienz der menschlichen Arbeitskraft zu erreichen.

Nach Bestmann (1990) ergeben sich daraus allgemeine Aufgabenschwerpunkte wie:

- *Bereitstellung der erforderlichen Arbeitskräfte:* Dazu gehört auch die Fortbildung des Personals, damit freiwerdende Positionen auf Grund einer mittel- oder langfristigen Personalplanung entsprechend besetzt werden können. Sind Arbeitskräfte in bestimmten Abteilungen nicht mehr einsetzbar, muss überlegt werden, in welchen anderen Abteilungen eine Verwendung für sie besteht. Sollten im gesamten Unternehmen keine passenden Aufgaben zur Verfügung stehen, lässt sich eine Trennung unter Umständen nicht vermeiden. Es geht insbesondere um eine ständige Qualifizierung der Leistungsfähigkeit.
- *Verbesserung der Arbeitsleistung im Betrieb:* Diesem Ziel wird insbesondere durch verbesserte Mitarbeiterführung seitens der Vorgesetzten entsprochen. Es hat sich immer mehr gezeigt, dass die Zufriedenheit der Mitarbeiter am Arbeitsplatz die Leistung steigert. Hierauf haben die Vorgesetzten einen maßgebenden Einfluss. Es ist deshalb eine wesentliche Aufgabe des Personalwesens, die Qualität der Menschenführung durch inner- und außerbetriebliche Schulungen zu erhöhen.

Die soziale Struktur im Betrieb ist durch Gruppen gekennzeichnet, die auf die Beziehungen zwischen den Mitarbeitern zurückzuführen sind. Aus dem Unternehmensziel ergeben sich formelle Beziehungen. Es entstehen Abteilungen und andere betriebliche Einheiten, die bestimmte Ergebnisse zu erbringen haben. Neben formellen Beziehungen gibt es auch informelle Beziehungen. Sie beruhen auf Kontakten, die über das rein Betriebliche hinausgehen. Gespräche über Urlaub, Kindererziehung, Freizeit und Hobbys gehören hierher. Informelle Beziehungen decken sich nur teilweise mit den formellen, das heißt, die Personenkreise überschneiden sich. Die informellen Beziehungen eines Mitarbeiters schließen also nicht alle Angehörigen der eigenen Arbeitsgruppe ein, reichen aber andererseits auch über die eigene Arbeitsgruppe hinaus und in andere Arbeitsgruppen hinein.

Das Personalwesen muss diese Mitarbeiterstrukturen erkennen. Es kommt darauf an, das Betriebsklima so gut wie möglich zu gestalten. Deshalb muss sich das Personalwesen nicht nur mit der Verbesserung der materiellen Verhältnisse, wie z. B. Lohn und Gehalt, Arbeitszeit oder Altersversorgung, auseinander setzen, sondern auch mit Problemen, die sich auf die immateriellen Verhältnisse im Betrieb beziehen. Dazu gehören u. a. Verbesserungen der Arbeitsverhältnisse durch günstigere räumliche Bedingungen, gute Lichtverhältnisse, eine gute Kantine und Waschräume.

Aus diesen Aufgabenschwerpunkten lassen sich wesentliche Arbeitsbereiche des Personalmanagements ableiten.

Nachfolgend werden am Beispiel ausgewählter Bereiche des Personalmanagements einzelne Instrumente der Personalwirtschaft vorgestellt.

5.3.3 Personalplanung

Personalplanung ist die systematische gedankliche Vorwegnahme von zukünftigen personellen Entscheidungen bzw. von Zielen und Maßnahmen im Rahmen des Personalmanagements.

Hauptaufgabe der Personalplanung ist es, Ziele und Maßnahmen so festzulegen, dass zur richtigen Zeit am richtigen Ort die richtigen Mitarbeiter in der erforderlichen Anzahl beschäftigt sind. **Abbildung 5.3-1** zeigt das System der Personalplanung in gekürzter und überschaubarer Form. Spezielle Angaben sind in den verschiedenen Ebenen erkennbar.

Im umfassenden Sinne wird in dieser Darstellung auch deutlich, wie die Personalplanung in den gesamten Gegenstandsbereich des Personalmanagements eingreift. Eine weitere Differenzierung der Personalplanung wird nach qualitativen bzw. quantitativen Aspekten vorgenommen:

- qualitative Personalplanung – vorausschauende Analysen und Planungen vorhandener und notwendiger Qualifikationen der Mitarbeiter, deren Qualifizierung und der Personalbeschaffung
- quantitative Personalplanung – Erarbeitung von Zahlen, die auf Grund eines bestimmten Frageschemas zusammengestellt bzw. ermittelt werden.

Wesentliche Fragen im Prozess der Personalplanung sind:

- Wo will unser Betrieb in nächster Zeit hin?
- Wie viele Mitarbeiter nach Zahl und Art (Qualifikation) benötigt der Betrieb gegenwärtig bzw. bis zu bestimmten Zeitpunkten?
- Wie viele Mitarbeiter welcher Qualifikationen sind wann ersatzweise oder zusätzlich und auf welche Weise zu beschaffen?
- Wie viele Mitarbeiter welcher Qualifikationen sind wann und auf welche Weise freizusetzen?

Im Gesamtplanungssystem eines Betriebs ist die Personalplanung mit all ihren Teilbereichen ein integraler Bestandteil des Gesamtsystems der Unternehmensplanung mit erheblichen finanziellen und arbeitsrechtlichen Konsequenzen.

Im Pflegebereich wurde im Rahmen der Personalplanung im Krankenhaus zwischen 1993 und 1995 eine Pflegepersonalregelung (PPR) durchgeführt. Sicherlich sind in den Jahren der PPR bei den Einstufungen der Patienten sowohl zu Gunsten der Krankenkassen als auch der Krankenhäuser Fehler gemacht worden. Dieses

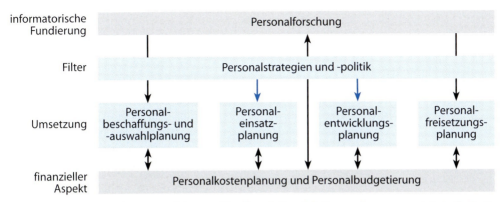

Abbildung 5.3-1: System der Personalplanung (Quelle: vgl. Bertel, J.; Personalmanagement, 3. Aufl.; Stuttgart, 1991 sowie Thom, N.; Personalentwicklung und Personalentwicklungsplanung; in Gaugler, V. E., Weber, W. [Hrsg.]; HWP, 2. Aufl.; Stuttgart, 1992)

Defizit kann jedoch durch regelmäßige Schulungen der Personals gering gehalten werden. Auch die Krankenkassen haben die Möglichkeit, vor Ort nach dem Rechten zu sehen. Gegenseitiges Lernen und Verstehen wäre eine sinnvolle Basis für die Zusammenarbeit. Die veralteten, starren Anhaltszahlen zur Personalberechnung von 1969 usw. sind für die heutige Zeit keine Grundlage mehr. Die Entwicklungen in Medizin und Pflege passen nicht mehr in das damalige Konzept. Jeder spricht sowohl außerhalb als auch innerhalb der Klinik von Leistungen, die messbar sein sollen, um danach Zahlungsmodalitäten zu entwickeln.

Die PPR war eine Leistungsberechnung mit variablen Größen in der allgemeinen und speziellen Pflege. Durch die Einstufung des Patienten in Pflegestufen und Leistungsbereiche ist z. B. der Genesungsprozess eines Patienten leicht ablesbar. Nimmt die Pflegestufe in den Leistungsbereichen ab, so nimmt zwangsläufig die für den Patienten notwendige Pflegeleistung ab, und dieser wird selbstständiger.

Als Grundlage für eine leistungsbezogene Personalbemessung wurden Basispositionen erarbeitet, und zwar:

- ein neues, übersichtliches Raster zur Patienteneinstufung in je drei Pflegestufen in der «allgemeinen Pflege» und in der «speziellen Pflege» und die Bildung neuer Patientengruppen, welche die Breite des unterschiedlichen Pflegeaufwandes differenziert wiedergibt
- Tätigkeitsprofile für alle pflegerischen Leistungen, die in einem Krankenhaus mit zentralisierten Versorgungsdiensten notwendig sind.

Diese Pflegepersonalregelung wurde vor dem Hintergrund des damals geltenden Krankenhausrechtes entworfen. Noch während diese Regelung erarbeitet wurde, änderten sich jedoch die bestehenden Rahmenbedingungen grundlegend. In den Erläuterungen zu dieser Leistungserfassung wurde darauf hingewiesen, dass die materiellen Vorgaben der Regelung – in erster Linie die Grundlagen zur Ermittlung des Personalbedarfs im Rahmen der Verordnung über Fallpauschalen – bei der Kalkulation Berücksichtigung finden müssen.

Da es gegenwärtig zur Personalbemessung auf dem Markt nichts Adäquates gibt, müsste dies dazu führen, dass die PPR in den Krankenhäusern als Arbeitsgrundlage zur Leistungserfassung mitgenutzt wird.

In der Schweiz wird seit über 10 Jahren eine Methode zur Erfassung des Pflegeaufwandes in Zusammenarbeit von Sozialwissenschaftlern und Pflegenden entwickelt und ständig aktualisiert. Diese Form der Leistungserfassung wurde folgendermaßen begründet:

- Es wird eine Datenbasis für die Planung, Steuerung und Auswertung der pflegerischen Tätigkeit geschaffen.
- Die systematische und standardisierte Erhebung der Pflegeleistung erhöht die Transparenz pflegerischen Handelns. Es wird aufgezeigt, dass weder die Bettenbelegung noch die medizinische Diagnose die entscheidenden Faktoren für die Arbeitsbelastung der Pflegenden sind.
- Die Berechnung von Stellenplänen wird aussagekräftiger und besser nachvollziehbar vorgenommen.
- Es besteht eine Grundlage zur Berechnung von Fallkosten und zur Nachkalkulation von Pflegekosten.

Grundlage für die Anwendung dieser Methode ist die tägliche routinemäßige Erfassung des Patienten mittels definierter «Variablen». Der Variablenkatalog besteht aus Variablentypen, die in Gruppen aufgeteilt sind:

- *Stammdaten (Gruppe 1):* Diese Daten bilden die Schnittstelle des Verwaltungsbereichs und werden betriebsspezifisch definiert. Durch

Tabelle 5.3-1: Pflegevariablen des LEP® 1 (Quelle: Maeder, C., Brügger, U., Bamert, U.; Beschreibung der Methode LEP – Anwendungsbereich Gesundheits- und Krankenpflege für Erwachsene und Kinder im Spital, 3. Aufl.; Geschäftsstelle LEP, St. Gallen, 1999, S. 8)

Bereiche	Anzahl und Kurzform der Pflegevariablen	
1. Mutation (Übersetzung d. V. Veränderung	9 Pflegevariablen	Eintritt, Notfalleintritt, Zimmerwechsel innerhalb der Station, Verlegung intern von anderer Station, Verlegung intern nach anderer Station, Urlaub, Austritt, Ambulant
2. Bewegung	6 Pflegevariablen	Mobilisation selbstständig, Mobilisation mit Hilfe, Mobilisation aufwändig, Bettruhe, Umlagern bis 4 x, Umlagern mehr als 4 x
3. Körperpflege	5 Pflegevariablen	Körperpflege selbstständig, Körperpflege mit Hilfe, Körperpflege aufwändig, Körperpflege zusätzlich, Prophylaxe speziell
4. Essen und Trinken	4 Pflegevariablen	Essen/Trinken selbstständig, Essen/Trinken mit Hilfe, Essen/Trinken aufwändig, Sondenkost
5. Ausscheidung	7 Pflegevariablen	Ausscheidung selbstständig, Ausscheidung mit Hilfe, Ausscheidung mit Hilfe, Ausscheidung aufwändig, Dauerkatheter, Flüssigkeitsbilanz, Erbrechen mehr als 3 x, Darmspülung
6. Gespräch/Betreuung	9 Pflegevariablen	Pflegegespräch, Instruktion Pat./Angehörige, Betreuung in Krise, Selbsthilfegruppe, Hör- und Sprachproblem, Sehbehinderung, Desorientiertheit/Verwirrtheit, Isolation, dauernde Präsenz
7. Dokumentation	2 Pflegevariablen	Pflegedokumentation einfach, Pflegedokumentation aufwändig
8. Besprechung	4 Pflegevariablen	Arztvisite, Verordnung/Kardexvisite, Besprechung mit anderen Diensten, Vorstellung, Vorlesung
9. Überwachung	2 Pflegevariablen	Überwachung 1–20, Überwachung 21–40
10. Laborprobe	3 Pflegevariablen	Blutentnahme, andere Laborprobe, Tests durch Pflegende
11. Medikation	7 Pflegevariablen	Medikation oral/anal/u.a. 1–20, Medikation oral/anal/u.a. 21–40, Injektion i/v, Infusion richten/anschliessen 1–20, Infusion richten/anschliessen 1–20, Bluttransfusion, Zytostatika i/v richten
12. Behandlung	15 Pflegevariablen	Mundpflege 1–20, Mundpflege 21–40, Absaugen oral/nasal/tracheal 1–20, Absaugen oral/nasal/tracheal 21–40, Inhalieren/O_2 verabreichen, Verbandswechsel aufwändig, Therapeutische Lagerung, Wickel, ergänzende pflegerische Maßnahmen, Einlauf/Practoclyss, Drainage/Spülung, Katheter/Sonde einlegen, Untersuchung, Verrichtung mit Arzt/Ärztin, Operations-/Eingriffstag, Rasur OP-Feld
13. Stationsvariable	7 Pflegevariablen	Stationsvariable 1–7

Verknüpfung der aus der Verwaltung übernommenen Patientendaten wird mit den zu ermittelnden Pflegeleistungen die Zuordnung des Patienten zur Informationsgruppe eindeutig ermöglicht.
- *Informationen über den Patienten (Gruppe 2):* Diese Zuordnung der Daten ergibt sich aus der Notwendigkeit, Auswertungen über einzelne Patienten oder Patientengruppen machen zu können, und bietet auch die Voraussetzung dafür, die erfassten Daten an andere Informationssysteme weiterzugeben.
- *Pflegevariablen (Gruppe 3):* Diese Daten erfassen den direkt dem Patienten zuordenbaren Pflegeaufwand. Es werden einzelne Pflegeeinrichtungen nach einem spezifischen Ordnungssystem erfasst. Grundsätzlich ist festzustellen, dass diese Gruppe als das eigentliche Herzstück dieser Methode zu betrachten ist.

In **Tabelle 5.3-1** ist erkennbar, dass jede Variable über eine bestimmte Nummer verfügt und eine inhaltliche Bezeichnung auf den jeweils relevanten Sachverhalt verweist. Erkennbar ist auch, dass die Graduierung bzw. Zahlenkombination bestimmte geordnete Tätigkeiten aufweist.

Die Daten dieses Erfassungsinstrumentes werden aus der Sicht der Pflegenden erhoben. Insgesamt werden 80 verschiedene Pflegevariablen erfasst, welche die täglichen Routinearbeiten der Pflegenden entsprechend der jeweiligen Situation abbilden.

Die Kostentransparenz ist sowohl für die interne Mittelverteilung in der Einrichtung als auch für die Verhandlung mit externen Stellen von großer Bedeutung und kann als Grundlage zur Berechnung von Fallkosten und zur Nachkalkulation in der Pflege verwendet werden.

Aus den vorgestellten Ausführungen wurde deutlich, dass sich LEP® (*L*eistungs*e*rfassung in der *P*flege) zur Darstellung des Pflegeaufwandes mit allen seinen Bemessungsmöglichkeiten gut übernehmen bzw. einführen lässt. Einschränkend wird darauf hingewiesen, dass diese Methode zurzeit keinen Rahmen für die Beurteilung des Pflegebedarfs darstellt. Die erhobenen Daten und grafisch angedeuteten Bemessungsmethoden können in der Bundesrepublik Deutschland nur unter Berücksichtigung gegenwärtiger Abrechnungssysteme nur als Argumentation zur Bemessung des Pflegepersonalschlüssels im Rahmen der Pflegesatzverhandlungen verwendet werden.

LEP® bildet im Gegensatz zur PPR eine detailliertere Grundlage für die Bedarfspersonalplanung. Diese Methode bietet auch die Möglichkeit einer Kategorisierung der Patienten und – anhand der erhobenen Daten – entsprechende Kostenrechnungen für die monetäre Bewertung der Pflege. Dadurch können z. B. auch die Kostenschwankungen innerhalb der Fallpauschalen (DRG's) abgebildet werden.

DRG ist die Abkürzung für die englische Bezeichnung *diagnosis related groups*. Es handelt sich um diagnoseorientierte Fallpauschalen zur Leistungsabrechnung im Krankenhaus (**Abb. 5.3-2**). Für ein einheitliches nationales DRG-System haben sich neben den USA auch Australien, Kanada, China und in Europa u. a. auch

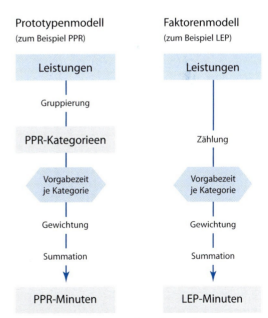

Abbildung 5.3-2: Gegenüberstellung der Ansätze von Prototypen und Faktorenmodellen (Quelle: Fischer, W.; Diagnosis related groups [DRGs und Pflege] – Grundlagen, Codierungssysteme, Integrationsmöglichkeiten; Bern, 2002, S. 145)

Deutschland entschieden. In Österreich wird nach einem Mischsystem abgerechnet.

Deutschland hat sich im Rahmen der langfristigen Einführung von DRG's dem australischen System angeschlossen. Australische DRG´s werden als AR-DRG´s bezeichnet. Die davon abgeleitete deutsche Bezeichnung heißt G-DRG´s (*german diagnosis related groups*). Es ist vorgesehen, bis zum Jahr 2004 die Vergütung von Krankenhausleistungen komplett auf DRG-Fallpauschalen umzustellen. Ab 2007 soll die Leistungsberechnung landesweit nach einheitlichen Basisfallwerten erfolgen.

5.3.4 Aspekte der Ermittlung des Personalbedarfs

Personalbedarf betrifft betrieblicherseits die benötigte Arbeitskapazität, die im Rahmen der Personalbedarfsermittlung erfasst wird. Es lassen sich verschiedene Arten differenzieren, und zwar:

- nach Facetten oder Dimensionen:
  - Qualitativer Personalbedarf betrifft die erforderlichen Qualifikationen.
  - Beim quantitativen Personalbedarf ist die benötigte Anzahl an Mitarbeitern bzw. die benötigte Arbeitskapazität gemeint.
  - Örtlicher Personalbedarf steht für eine Aufgabenerfüllung in einem bestimmten Arbeitsbereich.
  - Zeitlicher Bedarf entspricht dem Zeitpunkt und dem Zeitraum.
- nach dem Ursprung (Ersatz-, Reserve-, Mehr- und Zusatzbedarf):
  - Ersatzbedarf ist abhängig vom Betriebsplan, von der Organisationsstruktur und dem Organisationsablauf, von Tarifabschlüssen usw.
  - Reservebedarf hängt ab von Fehlzeiten, Einarbeitungszeiten sowie Freistellungen.
- nach dem Inhalt.

Im Rahmen der Personalbedarfsermittlung (**Abb. 5.3-3**) wird der aktuelle und vor allem der zukünftige Personalbedarf erfasst. Die Ermitt-

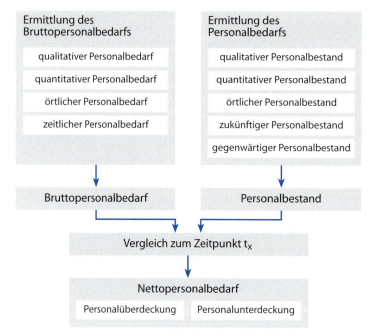

Abbildung 5.3-3: Ablauf der Personalbedarfsermittlung (Quelle: vgl. Drumm, H. J.; Personalwirtschaftslehre, 2. Aufl.; Berlin, 1992 sowie Qualitative Personalplanung, in FfbF, 39, 1987)

lung vollzieht sich in zum Teil parallel verlaufenden Schritten:

- Der *Bruttopersonalbedarf* ergibt sich abgeleitet aus den geplanten betrieblichen Aufgaben und ergänzt um den Mehrbedarf, der sich durch Fehlzeiten ergibt.
- Der *Personalbestand zum Planungszeitpunkt* betrifft die Fortschreibung des gegenwärtigen Personalbestandes in seinen Facetten innerhalb des Planungshorizontes, und zwar prognostisch anhand feststehender Zu- und Abgänge (z. B. anstehender Rentenbeginn, Übernahme von Auszubildenden, abgeschlossene neue Arbeitsverträge, ausgesprochene Kündigungen, zu erwartende Abschlüsse aus Maßnahmen von Fort- und Weiterbildung usw.) sowie nachfolgend anhand von Prognosen mitarbeitergruppenspezifischer Fehlzeiten und Fluktuationsquoten.
- Der *Nettopersonalbedarf* ergibt sich aus dem zeitpunktbezogenen Vergleich der beiden mehrdimensionalen Ergebnisse des Bruttopersonalbedarfs und der Personalbestandsermittlung:
  - Ein positiver Nettopersonalbedarf bedeutet eine Personalüberdeckung (Überhang) und hat einen Freisetzungsbedarf zur Folge.
  - Ein negativer Nettopersonalbedarf bedeutet eine Personalunterdeckung und ist gleich bedeutend mit Personalbeschaffungsbedarf.
- Die *Personalbedarfsermittlung* kann auch in qualitativer Hinsicht betrachtet werden:
  - Die qualitative Personalbedarfsermittlung beschäftigt sich mit der Ermittlung derjenigen Qualifikationsmerkmale, über die die Mitarbeiter zukünftig bis zu einem bestimmten Zeitpunkt verfügen müssen.
  - Die quantitative Personalbedarfsermittlung bezieht sich auf die Anzahl der benötigten Mitarbeiter, auf die zeitliche Personalbedarfsermittlung hinsichtlich der zweckmäßigen Zeitpunkte und auf die benötigten Zeitperioden des Personalbedarfs. Zu erwähnen wäre auch die örtliche Personalbedarfsermittlung bezüglich sinnvoller Einsatzorte der Mitarbeiter.

Die Stellenbeschreibung ist ein unentbehrliches Instrument der Personalplanung. Bestätigte Stellenbeschreibungen sind Grundlage und Voraussetzung für die Ermittlung der qualitativen Anforderungsprofile der (Plan-)Stellen und damit auch für die Ermittlung des qualitativen Personalbedarfs (s. o.).

Die Gegenüberstellung der Anforderungsprofile der Stellen und der Qualifizierungsprofile der Stelleninhaber ist die Grundlage für eine bestmögliche Stellenbesetzung.

Stellenbeschreibungen liefern darüber hinaus Informationen für die Auswahl und die Einarbeitung der Mitarbeiter. Die jeweilige Beschreibung enthält die wesentlichen Merkmale einer spezifischen Arbeitsstelle, und zwar:

- Stellenbezeichnung
- Unterstellungs- bzw. Überstellungsverhältnisse
- Ziele der Stelle
- Hauptaufgaben
- Befugnisse bzw. Vollmachten
- Stellenvertretungsrecht
- Beziehungen zu anderen Stellen
- Tarifgruppe
- Organisationseinheit.

5.3.5 Personalbeschaffung

Bei der Personalbeschaffung wird versucht, potenzielle und qualifizierte Bewerber zu einer Bewerbung für vakante Positionen zu bewegen:

- Im engeren Sinne ist die Aufgabenstellung dann beendet, wenn der für die Personalauswahl zuständigen Stelle Bewerbungsunterlagen zugegangen sind.
- Im weiteren Sinne wird unter Personalbeschaffung auch die Personalauswahl verstanden.

Allgemein wird nach der internen (innerbetrieblichen) Personalbeschaffung und der externen (außerbetrieblichen) Personalbeschaffung differenziert (**Tab 5.3-2**).

Interne Beschaffungspotenziale sind in der Gesamtheit der im Betrieb beschäftigten Mitarbeiter zu sehen. Dabei werden vakante Stellen innerbetrieblich auf anderen Positionen beschäftigten Mitarbeitern allgemein oder individuell angeboten.

Bei kurzfristigem Deckungsbedarf ist das Stellenclearing neben der innerbetrieblichen Stellenausschreibung eine weitere Möglichkeit der internen Personalbeschaffung. Bei langfristigem Personalbedarf greifen eine systematische Karriereplanung und Fortbildung im Rahmen der Personalentwicklungsmaßnahmen. Differenziert wird hier zwischen offenen und latenten Potenzialen. So sind die Mitarbeiter des offenen Beschaffungspotenzials im Betrieb in der Regel bekannt. Dazu zählen z. B.:

- Mitarbeiter, die ein Qualifizierungsziel zu einem festgelegten Zeitpunkt erreichen
- Mitarbeiter, die durch Rationalisierungsmaßnahmen oder Veränderungen im Tätigkeitsfeld freigesetzt werden, dem Betrieb aber noch zur Verfügung stehen
- Mitarbeiter, die von sich aus oder in Absprache den Wunsch nach einem Stellenwechsel geäußert haben.

Wird innerhalb der Einrichtung eine zu besetzende Stelle angeboten, können sich für die interessierten Mitarbeiter auch gewisse Nachteile ergeben:

- Der Mitarbeiter befürchtet, in der eigenen Einrichtung abgelehnt zu werden.
- Der Mitarbeiter empfindet bei Ablehnung eine gewisse Diskreditierung seiner Person.
- Der Mitarbeiter befürchtet negative Reaktionen bisheriger Vorgesetzter.

Externe Beschaffungspotenziale stellen die Arbeitnehmer auf dem außerbetrieblichen Arbeitsmarkt dar. Die externe Beschaffungsstrategie betrifft demnach die Neueinstellung von Mitarbeitern.

Diese Form der Personalbeschaffung ist sinnvoll, wenn in bestimmten Aufgabenbereichen hohe Fluktuation herrscht, wenn Arbeitsstellen intern nicht besetzt werden können oder wenn zur Vermeidung von «Betriebsblindheit» neue Ideen gesucht werden. Beschaffungswege zeigt Tabelle 5.3-2.

Es können unterschiedliche Beschaffungsinstrumente eingesetzt werden, z. B.:

- Auswertung bereits vorhandener Stellengesuche
- Auswertung von Personalanzeigen
- Bearbeitung von Initialbewerbungen
- Kontaktaufnahme mit ausgewählten Einzelpersonen und
- Einschaltung des Arbeitsamtes.

Die Wirksamkeit externer Personalbeschaffung wird durch das akquisitorische Potenzial des Krankenhauses beeinflusst. Darunter wird dessen Fähigkeit verstanden, leistungsfähige Mitarbeiter an sich zu binden und diese Fähigkeit nach außen zu kommunizieren.

Das Personalmarketing versucht, als Basis für eine externe Beschaffung die Erwartungen aktueller und potenzieller Mitarbeiter zu analysie-

Tabelle 5.3-2: Strategien der Personalbeschaffung (Quelle: vgl. Bertel, J.; Personalmanagement; 3. Aufl., Stuttgart, 1991)

Interne Beschaffungsstrategie	Externe Beschaffungsstrategie	
Änderung bestehender Arbeitsverhältnisse durch Versetzung und Aufgabenveränderung	Abschluss von Arbeitnehmerüberlassungsverträgen	Abschluss neuer Arbeitsverträge
Instrumente: innerbetriebliche Stellenausschreibung, Direktansprache, Karrieregespräch, Personalentwicklung		**Instrumente:** Arbeitsvermittlung, Inserate, Direktansprache, Personalberatung, Personalmarketing, Nutzung von Stellensuchanzeigen

ren bzw. ihre Erfüllung zu signalisieren. Ein solcher Weg hätte die Konsequenz, dass:

- Erwartungen zukünftiger Mitarbeiter im Beschaffungsverfahren eruiert werden müssen
- das Anreizsystem so flexibel gestaltet sein muss, dass Erwartungen differenziert angeboten werden können
- die Mitarbeiter auch als Multiplikatoren nach außen wirken.

Es sollte nach darauf hingewiesen werden, dass eine zu starke Bevorzugung interner Personalbeschaffung die Gefahr einer gewissen «Beförderungsautomatik» erweckt (**Tab. 5.3-3**). Bei einer zu einseitigen Bevorzugung der externen Methode kann der Eindruck entstehen, dass der «Prophet im eigenen Lande nichts gilt». So gesehen kann es zu unnötigen bzw. nicht beabsichtigten Frustrationen kommen.

Stellenausschreibung

Die Besetzung offener Stellen erfordert zunächst eine Stellenausschreibung. Sie erfolgt betriebsintern, damit sich interessierte Mitarbeiter aus dem eigenen Betrieb auf die Stelle bewerben können. Gleichzeitig erscheint normalerweise eine Stellenanzeige in der örtlichen Tagespresse und in der einschlägigen Fachpresse. Es ist eine Ermessensfrage und vor allem eine Kostenfrage, in wie vielen Printmedien man ausschreiben will.

Die Stellenausschreibung soll so gestaltet sein, dass das Stellenprofil deutlich wird. Sie soll ferner erkennen lassen, welche Erwartungen an den neuen Mitarbeiter gerichtet werden und welche Leistungen der potenzielle Arbeitgeber gewähren will. Bei der Gestaltung der Stellenausschreibung sind gesetzliche Erfordernisse zu berücksichtigen, etwa die sich aus dem Gleichstellungsgesetz ergebenden speziellen Anforderungen im Hinblick auf Bewerber und Bewerberinnen sowie die Berücksichtigung Schwerbeschädigter bzw. Behinderter.

Die Stellenausschreibung soll in der Regel besonders geeignete potenzielle Mitarbeiter anziehen, daher sollte auf die Gestaltung einer Stellenausschreibung hinreichend Mühe verwandt werden.

Bewerbungsgespräch bzw. Einstellungsverfahren

Wenn geeignete Bewerbungen vorliegen, werden die Bewerber nach Prüfung der eingereichten Unterlagen zu einem Vorstellungsgespräch gebeten. Es ist eine Entscheidung des Managements, wer an diesem Vorstellungsgespräch teilnimmt. Unter den Gesprächspunkten einer modernen Betriebsführung scheint es sinnvoll, auch die jeweilige Leistung des zukünftigen Einsatzgebietes hinzuzuziehen. Wie sich der potenzielle Arbeitgeber ein Bild von dem Bewerber machen will, so soll sich auch der Bewerber ein Bild von seinem möglichen Arbeitsfeld machen können.

Im Übrigen gelten für das Bewerbungsgespräch die durch das Tarif- und Arbeitsrecht festgelegten Restriktionen, die Art und Inhalt der Gesprächsgegenstände begrenzen. Nach dem Bewerbungsgespräch erhält der Bewerber innerhalb eines vereinbarten Zeitraums Bescheid. Falls eine Zusage erfolgt, wird sich die betriebsärztliche Gesundheitsprüfung anschließen, danach erhält der Bewerber durch die Personalabteilung den Arbeitsvertrag zur Unterschrift ausgehändigt. Mit dem Arbeitsvertrag werden in der Regel die geltenden Dienstanweisungen und sonstige verbindliche Betriebsregelungen bekannt gegeben.

Nimmt der neue Mitarbeiter die Arbeit auf, ist es in vielen Gesundheitseinrichtungen inzwischen üblich, dass er nach einem festgelegten Einarbeitungsverfahren innerhalb eines definierten Zeitraumes in das neue Arbeitsgebiet eingewiesen wird. Diese Einarbeitungszeit und ihr Ergebnis ist ein wesentlicher Baustein für die erforderliche Personalbeurteilung am Ende der Probezeit. Besonders sei hier auf Literatur zur Assessment-Center-Problematik verwiesen.

Durch ein geplantes bzw. vorbereitetes Bewerbungsgespräch können für beide Seiten Effekte erzielt werden:

- Durch den persönlichen Eindruck des Bewerbers von der Einrichtung insgesamt und der ausgeschriebenen Position (Tätigkeitsbereich) erhält der Bewerber die Möglichkeit zu einer sicheren Entscheidung für oder gegen

Tabelle 5.3-3: Interne und externe Personalbeschaffung im Vergleich (Quelle: Klimecki/Gmür: Personalmanagement-Funktionen, Strategien, Entwicklungsperspektiven; Stuttgart, 1998; in Schär, W.; Studienbrief Hamburger Fern-Fachhochschule, 2003, S. 32)

	Personalbeschaffung intern	**Personalbeschaffung extern**
Ökonomische Vorteile	– geringe Informationskosten – geringe Zeitverluste – geringe Verhandlungs-, Einarbeitungs- und Fluktuationskosten – geringere Entgelderwartungen in den ersten Einsatzjahren – geringe Kontrollkosten	– größere Auswahlmöglichkeiten – höhere Leistungsbereitschaft, da die subjektiv eingeschätzte Arbeitsplatzsicherheit geringer ist – geringere Kosten bei Personalabbau – insgesamt niedriges Lohnniveau – Personalentwicklungsaufwand wird als externe Vorleistung «miteingestellt»
Aktivierungsausweitende Aspekte	**Motivationswirkung:** – Motivationsprobleme sind bereits bekannt – geringere Frustationsgefahr durch unerfüllte Erwartungen – allgemeines Signal für Aufstiegschancen, sofern diese erreichbar erscheinen; dadurch auch geringere Gefahr unerwünschter Solidarisierung gegen Unternehmensziele – geringere Wahrscheinlichkeit ungeplanter Individualstrategien auf dem Karriereweg **Qualifikationswirkung:** – Qualifikationspotenziale bereits bekannt – unmittelbar betriebsspezifischer Qualifikationen – unabhängig von extern verfügbaren Qualifikation	**Motivationswirkung:** – Anpassung der Motivationsprobleme an aktuell wirksame Umweltentwicklungen – größere Disziplinierungsmöglichkeiten des Personals durch externe Alternativen – Aufbrechen bestehender Deutungs- und Wertmuster – Dispositionsspielraum in der Altersstruktur mit lebensalterspezifischen Motivationen – Verhinderung von Beförderungsautomatismus **Qualifikationswirkung:** – Erwerb neuartiger Qualifikationspotenziale, die betriebsintern nicht erzeugt werden können – Verhinderung von Betriebsblindheit – Chance zur Gewinnung von Informationen über direkte Konkurrenten bzw. mögliche Kooperationspartner
	tendenziell stabilisierend	**tendenziell flexibilisierend**
Aktivierungs-beschränkende Aspekte	**Motivationswirkung:** – möglicher Rückgang der Leistungsbereitschaft durch geringe externe Konkurrenz **Qualifikationswirkung:** – Gefahr der Veralterung fachspezifischer Qualifikationen durch fehlende Anreize zur Weiterqualifizierung – Förderung der «Betriebsblindheit»	**Motivationswirkung:** – Demotivierung des internen Personals durch fehlende Aufstiegsperspektiven **Qualifikationswirkung:** – höhere Fluktuation, verbunden mit der Abwanderung aufgebauter Qualifikationen

die offerierte Stelle. Damit wird die Problematik einer späteren Fluktuation verringert.

- Fehlende Informationen zur Person, zur Berufserfahrung und zur Einsatzfähigkeit können eventuell ergänzend erfragt werden.
- Die verantwortlichen Mitarbeiter können sich durch den persönlichen Eindruck vom Bewerber eine bessere notwendige Integrationsfähigkeit im ausgeschriebenen Arbeitsfeld vorstellen.
- Für die Auswahlentscheidung ergeben sich häufig weitere wichtige Hinweise, wie z. B. über die Motivation zum Stellenwechsel, das gegenwärtige Arbeitsumfeld und zukünftige Zielvorstellung des Bewerbers.
- Es ergibt sich auch die Möglichkeit der Überprüfung der schriftlichen Angaben durch den

Vergleich mit den mündlichen Aussagen. Sich ergebende Differenzen können sofort geklärt werden.

5.3.6 Personalentwicklung

Münch (1995) meint zur Personalentwicklung Folgendes:

> Eine einheitliche Definition dessen, was Personalentwicklung ist oder zu sein hat, gibt es nicht und kann es nicht geben. Der Begriff Personalentwicklung ist kein Etikett einer einfach vorzufindenden Wirklichkeit, sondern beinhaltet auch Sollensanforderungen und hat insoweit auch normativen Charakter. (Münch, 1995: 7)

Neuberger (1994) gibt eine Definition, die den Begriff «Arbeitsvermögen» betont, da er kritisch anmerkt, dass Personalentwicklung meistens personalisiert (individuelle Qualifikationen!), aufs Technische reduziert und instrumentalisiert, oft auch harmonisiert würde, die Widersprüche, Probleme und Konfliktfelder hingegen eliminiert würden. Deshalb definiert er: «Personalentwicklung ist die Umformung des unter Verwertungsabsicht zusammengefassten Arbeitsvermögens» (Neuberger, 1994).

Neuberger (ebd.) stellt drei Ansätze einander gegenüber, die auch zur Personalentwicklung im Handlungsfeld der Krankenhausbetriebswirtschaft herangezogen werden können:

- Personalentwicklung als systematischer und rationaler Problemlösungsprozess, der die Diskrepanz zwischen Ist- und Sollsituation überbrückt
- Personalentwicklung als Vollzug eines vorgezeichneten immanenten Phasenablaufs
- Personalentwicklung als ungeplante Konsequenz selbsterzeugter, vernetzter Handlungsfolgen in komplexen Systemen.

Es soll jedoch darauf hingewiesen werden, dass eine technokratische Auffassung von Personalentwicklung, die den Mitarbeiter als beliebig «entwickelbar» ansieht, die individuellen und gesamtgesellschaftlichen Wertveränderungen und deren Ziele konterkariert, welche die Eigenverantwortung und Verpflichtung zur Mitgestaltung der eigenen Lebens- und Arbeitsumwelt einfordert (Borsi, 1999).

Personalentwicklung im erweiterten Sinne umfasst Forderung und Bildung. Nach Becker (1999: 266) ist es Aufgabe der Förderung, «Potenziale der Mitarbeiter herauszufinden und im Rahmen betrieblicher sowie überbetrieblicher Möglichkeiten zu entfalten». Mitbedingt durch die oben beschriebenen Wertvorstellungen und Anspruchshaltungen in Bezug auf die Arbeit ist nach heutiger Managementforschung und -praxis der moderne Mitarbeiter letztlich für seine Entwicklung und Bildung in hohem Maße selbst verantwortlich. Selbstmanagement, Selbststeuerung und Selbstevaluation werden wichtige Schlüsselkomponenten, die mit der Personalentwicklung verbunden werden müssen. Vorgesetzte und Pflegemanager sollen im Wesentlichen nur Hilfe zur Selbsthilfe leisten.

Eine erfolgreiche Personalentwicklungsmaßnahme setzt grundsätzlich Folgendes voraus:

- die Bereitschaft zur Entwicklung
- die Fähigkeit zur Entwicklung
- die Beteiligung am Entwicklungsprogramm
- die Umsetzung bzw. Anwendung des Gelernten (Borsi, 1999).

Maßnahmen

Die Personalentwicklung beinhaltet alle planmäßigen personen-, stellen- und arbeitsplatzbezogenen Maßnahmen zur Ausbildung, Erhaltung oder Wiedererlangung der beruflichen Qualifikation. Die berufliche Qualifikation als Handlungspotenzial zur erfolgreichen Bewältigung der beruflichen Anforderungen besteht vorwiegend aus Fähigkeiten, Fertigkeiten und Kenntnissen. Aber auch die Motivation, Einstellungen, Interessen und andere Verhaltensdispositionen sind wichtige Bestandteile der beruflichen Qualifikation (ebd.).

Unter Maßnahmen der Personalentwicklung werden betriebliche Maßnahmen verstanden, mit denen Qualifikationen von Mitarbeitern vor allem in ihren Kenntnis- und Könnenskomponenten erfasst und bewertet werden. Es handelt sich also um Maßnahmen, die der individuellen beruflichen Entwicklung der Mitarbeiter aller Hierarchieebenen dienen und unter Beachtung ihrer Interessen die zur Wahrnehmung ihrer aktuellen und zukünftigen Aufgaben entsprechenden Qualifikationen vermitteln. Dabei geht es vordergründig um zielgerichtete Bildungsarbeit und zielgerichtetes Lernen zur Bewältigung der Arbeitsaufgaben und zur Entwicklung der Fähigkeiten und Neigungen. Bei diesen Entwicklungsmaßnahmen werden die Übereinstimmung von Anlagen und Fähigkeiten mit den Anforderungen des Unternehmens, die Berücksichtigung individueller Vorstellungen, etwa im Hinblick auf eine Veränderung des Arbeitsplatzes im Zuge der Entwicklung des Mitarbeiters, sowie eine Abstimmung der Entwicklungsmaßnahmen angestrebt. **Abbildung 5.3-4** zeigt den Ablauf der Personalentwicklung. Die darin wiedergegebene Gleichstellung betrieblicher und individueller Ziele suggeriert eine real nicht bestehende Gleichwertigkeit beider Größen. Es muss davon ausgegangen werden, dass die betrieblichen Ziele den Ausschlag für die Entscheidung des Betriebs geben, spezifische Personalentwicklungen durchzuführen. Individuelle Ziele haben also nur mittelbaren Charakter. Sie tragen dazu bei, die Motivation zur Personalentwicklung positiv oder – bei Nichtbeachtung – negativ zu beeinflussen.

Während und nach der Ermittlung, Planung und Durchführung der Personalentwicklung erfolgen unterschiedliche Evaluierungsmaßnahmen. Sie beziehen sich auf Input-Informationen, z. B. über den qualitativen Personalbedarf, und auf Output-Informationen über die tatsächlich erzielten Effekte sowie auf Prozess-Informationen über den adäquaten bzw. angestrebten Verlauf der einzelnen Phasen der Personalentwicklung.

In **Tabelle 5.3-4** werden die Ziele der Personalentwicklung aus der Sicht des Betriebs und aus der Sicht des Mitarbeiters dargestellt.

5.3.7 Personalerhaltung

Unter Personalerhaltung wird die Erhaltung des Mitarbeiters im eigenen Interesse und im Interesse des Unternehmens gesehen. Zu ihrer Beurteilung können nur die vermeidbaren Austritte herangezogen werden. Krankheitsquote und Unfallhäufigkeit sind weitere Aspekte, die im Rahmen von Erfahrungswerten zu betrachten

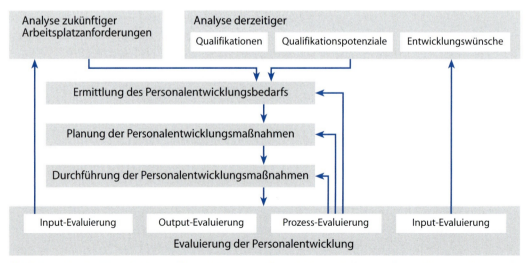

Abbildung 5.3-4: Ablauf der Personalentwicklung (Quelle: vgl. Thom, N.; Personalentwicklung und Personalentwicklungsplanung; in Gaugler, V. E., Weber, W. [Hrsg.]; HWP, 2. Aufl.; Stuttgart, 1992)

Tabelle 5.3-4: Ziele der Personalentwicklung (Quelle: Thom, N.; Personalentwicklung und Personalentwicklungsplanung; in Gaugler, V. E., Weber, W. [Hrsg.]; HWP, 2. Aufl.; Stuttgart, 1992)

Ziele aus der Sicht des Betriebs	Ziele aus der Sicht des Mitarbeiters
• Sicherung eines notwendigen qualitativen wie quantitativen Personalbestands	• Aktivierung des Qualifikationspotenzials
• Entwicklung von Nachwuchskräften und Spezialisten	• Verbesserung von Chancen zur Selbstverwirklichung am Arbeitsplatz
• Unabhängigkeit von externen Arbeitsmärkten	• Schaffung von Voraussetzungen zur weiteren Karriere
• Erhaltung und Verbesserung der Mitarbeiterqualifikation (z.B. Führungs- und Sozialverhalten, Kommunikationsfähigkeiten)	• Minderung der Risiken des Arbeitsplatzverlustes und der Entgeltminderung
• Anpassung der Mitarbeiterqualifikationen an Erfordernisse von Technologien und Marktverhältnissen	• Erhöhung individueller Mobilität (regional, fachlich, hierarchisch)
• Erhöhung der Arbeitszufriedenheit	• Erhaltung und Verbesserung der Qualifikation • Erhöhung des Entgelts • Steigerung des Prestiges • Befriedigung immaterieller Motive

sind. Kurzfristig lässt sich eine Deckung des Personalbedarfs einzelner Organisationseinheiten durch innerbetriebliche Maßnahmen bewirken, z. B. durch den Einsatz von Springern oder durch Verschiebung von Urlauben. **Abbildung 5.3-5** zeigt Faktoren, welche die Anwesenheit von Mitarbeitern beeinflussen.

Im Rahmen der Einsatzplanung sind die vorhandenen Mitarbeiter den vorgegebenen Aufgabenbereichen so zuzuordnen, dass die Aufgaben dem jeweiligen Qualifikationsstand entsprechend termin- und qualitätsgerecht durchgeführt werden können. Grundsätzlich muss darauf geachtet werden, dass die Qualifikation des Mitarbeiters den Anforderungen der Stelle entspricht. In diesem Zusammenhang sei noch ein-

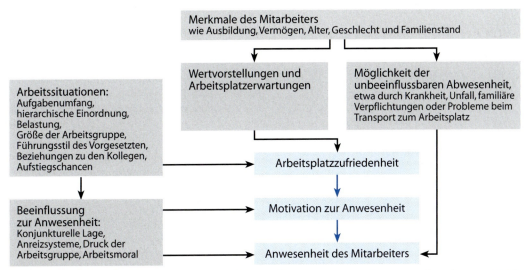

Abbildung 5.3-5: Faktoren, welche die Anwesenheit von Mitarbeitern beeinflussen (Quelle: vgl. Steers, R. M., Rhodes, S. R.; Attendance Controlling; Abb. IV/11)

mal auf die Bedeutung korrekter Stellenbeschreibungen hingewiesen.

Notwendige Bestrebung eines Unternehmens muss sein, Mitarbeiter nicht nur physisch an den Arbeitsplatz zu binden, sondern ihr Potenzial für die Ziele des Unternehmens zu gewinnen. Es sollte angestrebt werden, dass Erwartungen der Mitarbeiter im Einklang mit den Zielsetzungen des Unternehmens stehen. Trotz differenzierter Erwartungen sollte weit gehende Interessengleichheit erreicht werden.

Grundsätzlich sollte im Rahmen der Personaleinsatzplanung eine möglichst hohe Deckung zwischen Anforderungs- und Qualifikationsprofil sowie des kurzfristigen Personalbedarfs in einer anderen Organisationseinheit erreicht werden.

5.3.8 Personalanpassung

In Umkehrung der Personalbedarfsdeckung befasst sich die Personalanpassung mit dem Abbau von Personalüberhängen. Personalüberhänge entstehen, wenn Arbeitnehmer in der bisherigen Funktion – ggf. kurzfristig – nicht mehr eingesetzt werden können.

Nach Mag (1998: 169) ist somit der Gegenstand der Personalanpassung, quantitative, örtlich wie zeitlich bedingte Personalüberhänge zu erfasssen und zu beseitigen bzw. idealerweise personelle Überhänge erst gar nicht entstehen zu lassen.

Das bedeutet, dass sich Personalanpassung nicht erschöpft in der Saldierung von geringem Bedarf oder zu hohem Bestand einer Personalkategorie. Sie ist vielmehr insbesondere eine Planung von Verwendungsalternativen für das freigesetzte Personal auf einer anderen geeigneten Tätigkeitsbasis.

Alternativ zum Begriff «Personalanpassung» werden in der entsprechenden Fachliteratur die Begriffe «Personalfreistellung», «Personalfreisetzung» und «Personalabbau» synonym verwendet.

Der Begriff «Personalanpassung» wird bevorzugt, da nicht alle Maßnahmen zu einer Beendigung bestehender Arbeitsverhältnisse führen.

Außerdem hat der Begriff «Personalfreistellung» in der Praxis oft eine eigenständige Bedeutung, wie z. B. Freistellung zu Weiterbildungsmaßnahmen oder Freistellung für die Mitarbeit an einem Forschungsprojekt.

Lösungen dieser Problematik werden unter Berücksichtigung der damit verbundenen sozialen und betrieblichen Konsequenzen gesucht. Sie beinhalten Reduzierungen der nicht benötigten Personalkapazität, die sich wiederum ausweisen lassen:

- in Quantität (Überdeckung hinsichtlich der Anzahl der Mitarbeiter) in Qualität (Überdeckung in bestimmten Qualifikationsebenen)
- im Zeitfaktor (Überdeckung in einem bestimmten Zeitraum) und/oder
- im Örtlichkeitsfaktor (Überdeckung in bestimmten Betriebsteilen/Bereichen).

Damit soll auch zum Ausdruck gebracht werden, dass eine Personalfreisetzung nicht unmittelbar mit Abbau des Personals, etwa durch Kündigungen, gleichzusetzen ist. Die Aussage bedeutet vielmehr, dass Überkapazitäten zum einen rein örtlich bzw. standortbezogen, rein zeitpunktbezogen oder durch Überqualifikationen entstehen und zum anderen auch durch Maßnahmen reduziert werden können, bei denen die Beschäftigten im Betrieb verbleiben.

Ursachen einer notwendigen Kapazitätsminderung müssen analysiert werden, um Ansatzpunkte einer künftigen Vermeidung bzw. Durchführung von Freisetzungen rechtzeitig zu erkennen. Das Ausmaß und die Dauer einer einmal eingetretenen Personalüberdeckung können dann früher erfasst werden, und die Wirkungen von Maßnahmen lassen sich antizipieren. Die Ursachen einer Personalüberdeckung können vorübergehend oder anhaltend, geplant oder ungeplant, betriebsintern oder -extern sein. Solche Situationen können die gesamte Belegschaft, einzelne Mitarbeiter oder Mitarbeitergruppen mit bestimmten Qualifikationen in bestimmten Bereichen treffen.

Als Ursachen einer aktuellen und/oder zukünftigen Personalüberdeckung sind neben Managementfehlern, wie z. B. Fehlinvestitionen, auch folgende Situationen zu nennen:

- weitgehend vorhersehbare Ursachen:
  - unzutreffende bzw. unzureichende Personalplanung
  - Reorganisation, Rationalisierungen
  - Verlagerungen von Betriebsteilen oder Betriebsbereichsumstellungen
  - Fusionen
  - periodische Schwankungen des Personalbedarfs
- relativ unvorhersehbare Ursachen:
  - Bedürfnis- und Bedarfsänderungen
  - strukturell bedingte Schrumpfungsprozesse
  - personenbezogene Faktoren, wie z. B. mangelnde Eignung.

Qualitative Anpassungsmaßnahmen betreffen unmittelbar den Bereich der Personalentwicklung und tragen dazu bei, in einem anderen Bereich einen qualitativen Mehrbedarf durch die Qualifizierung von in anderen Bereichen freizustellenden Mitarbeitern zu decken sowie nach Möglichkeit die Einsatzflexibilität der Mitarbeiter und deren Versetzungspotenzial zu verbessern.

Fasst man die Personalanpassung als eine Reduzierung der personellen Überkapazität des Gesamtbetriebes wie auch einzelner Betriebsteile auf, so können die damit verbundenen quantitativen Anpassungsmaßnahmen nach örtlichen, zeitlichen und quantitativen Maßnahmen im engeren Sinne wie folgt differenziert werden:

- Örtliche Anpassungsmaßnahmen dienen einem Kapazitätsausgleich innerhalb des Unternehmens und werden generell dann empfohlen, wenn eine Überdeckung in einem Bereich durch eine Unterdeckung in einem anderen Bereich kompensiert werden kann (z. B. Umstellungsprozesse in Teilbereichen).
- Mit zeitlichen Anpassungsmaßnahmen wird eine Verringerung der quantitativen Überkapazität ohne einen Abbau der Beschäftigtenzahl angestrebt (z. B. Abbau von Mehrarbeit, Überstunden, Sonderschichten, Arbeitszeitverkürzung und Kurzarbeit).

Quantitative Anpassungsmaßnahmen
Quantitative Anpassungsmaßnahmen können die Gesamtbelegschaft, einzelne Mitarbeiter oder Mitarbeitergruppen mit bestimmten Qualifikationen in bestimmten Bereichen betreffen.

Unternehmungs- und personalpolitische Maßnahmen
Unternehmungs- und personalpolitische Maßnahmen können nach ihrer konkreten Aussage unterschieden werden in unternehmens- und personalpolitische, in qualitative und in quantitative Kategorien. Im engeren Sinne lassen sich die quantitativen Maßnahmen in örtliche, zeitliche und quantitative Anpassungsmaßnahmen differenzieren. In **Abbildung 5.3-6** werden in Form einer strukturellen Übersicht Maßnahmen bzw. Möglichkeiten einer Personalanpassung dargestellt. Es werden Anpassungsmaßnahmen differenziert dargestellt, die nur den Anspruch stellen können, Ansatzpunkte zur Reduzierung des Freisetzungsbedarfs zu sein. Durch unternehmenspolitische Maßnahmen kann ebenfalls versucht werden, die Erfolgslage zu verbessern.

Wegen der mangelnden Steuerbarkeit können beschriebene Maßnahmen jedoch nicht gezielt eingesetzt werden.

Personalfreisetzungsmaßnahmen können auch nach dem Zeitpunkt ihres Einsatzes klassifiziert werden:

- Reaktive Personalanpassungsmaßnahmen setzen erst bei oder nach Entstehen einer Personalüberdeckung ein. Diese Maßnahmen erfordern weniger planerischen Aufwand, können aber bestimmte Härten für die Mitarbeiter weniger ausgleichen.
- Durch antizipative Personalanpassungsmaßnahmen wird versucht, das Entstehen von Personalüberdeckungen durch Beeinflussung planbarer Freisetzungsursachen sowie durch vorzeitige Verwendung so genannter «weicher Maßnahmen», wie z. B. Einstellungsstopp, mit der Nutzung der natürlichen Fluktuation zu vermeiden.

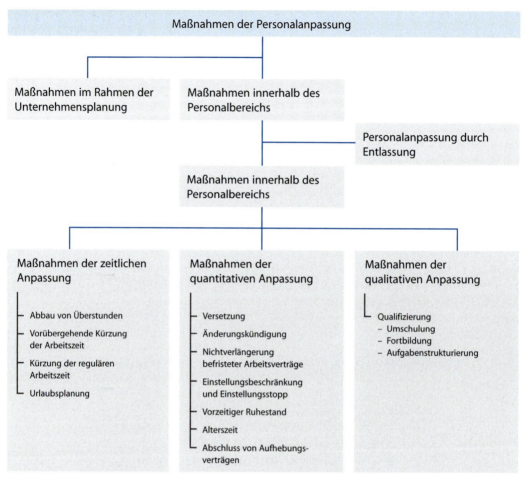

Abbildung 5.3-6: Maßnahmen der Personalanpassung (Quelle: Horsch, 1999, S. 13 sowie Studienbrief Nr. 2-034-0009; in Schär, W.; Studienbrief Hamburger Fern-Fachhochschule, Personalmanagement [Personalplanung, Personalbedarfsdeckung, Personalanpassung], 2003, S. 38)

Durch einen Einstellungsstopp wird versucht, das Ausscheiden von Mitarbeitern aus dem Betrieb zur Personalfreisetzung zu nutzen. Die ausscheidenden Mitarbeiter werden prinzipiell nicht durch Neueinstellungen ersetzt. Dies kann jedoch zu einer Überalterung des vorhandenen Personals führen, und eingefahrene Arbeitsabläufe werden nicht in Frage gestellt. Nach Wagner (1992) werden folgende Formen des Einstellungsstopps unterschieden:

- genereller Einstellungsstopp
- relativer Einstellungsstopp
- qualifizierter Einstellungsstopp
- modifizierter Einstellungsstopp
- befristeter Einstellungsstopp.

Bei einem generellen Einstellungsstopp erfolgen keine Ersatz- und Neueinstellungen. Diese Form betrifft alle Bereiche des Betriebes. Von daher wird keine differenzierte, konkret steuerbare Maßnahme benötigt.

Bei relativem Einstellungsstopp erfolgen nur Ersatzeinstellungen. Zusätzliche Planstellen werden nicht genehmigt. Verringerungen der personellen Überkapazität werden kaum erwirkt.

Bei einem qualifizierten Einstellungsstopp erfolgen nur Einstellungen für bestimmte Mitarbeitergruppen (z. B. Experten, Führungskräfte, Teilzeitbeschäftigte) oder Einstellungen für bestimmte Bereiche. Dadurch werden aufgetretene Engpässe z. B. in einzelnen Betriebsbereichen, vermieden. Obwohl problemangemessen, ist diese Form des Einstellungsstopps wegen der unterschiedlichen Betroffenheit der Organisationseinheiten schwer durchsetzbar.

Bei einem modifizierten Einstellungsstopp wird der Ersatzbedarf bei frei werdenden Stellen bzw. der Planstellenbedarf besonders geprüft. Obwohl diese Variante einen hohen Kontrollaufwand erfordert, kann sie inhaltlich am besten auf die Komponenten der personellen Überkapazität abgestimmt werden.

Bei einem befristeten Einstellungsstopp werden für einen bestimmten Zeitraum keine Einstellungen vorgenommen. Diese Form des Einstellungsstopps kann in allen genannten Varianten zur Anwendung kommen und ist besonders bei zeitlicher Personalüberdeckung sinnvoll.

Abschließend sei gesagt, dass die Wirkungen der Maßnahmen oft nur begrenzt sind und es angebracht ist, ein Bündel Maßnahmen durchzuführen, um das Äußerste, die Entlassung, zu vermeiden und die negativen Auswirkungen zu minimieren.

Beeinflussung personalwirtschaftlicher Entscheidungen durch außerbetriebliche Umfelder

Ökonomisches Umfeld. Auf die betriebliche Personalarbeit wirken volkswirtschaftliche und besonders arbeitsmarktbezogene Rahmendaten und Faktoren ein. Ökonomische Rahmendaten setzen Bedingungen für den betriebswirtschaftlichen Ablauf.

Soziokulturelles Umfeld. Es handelt sich um Faktoren, die die individuellen Einstellungen und Verhaltensweisen der Arbeitnehmer beeinflussen. So werden beispielsweise die individuelle und soziale Leistungsbereitschaft sowie die Einstellung der Mitarbeiter zu Autorität und Mobilität von verschiedenen soziokulturellen Faktoren beeinflusst.

Technologisches Umfeld. Der technische Fortschritt und insbesondere die Informationstechnologie und Automatisierung bedeuten für alle Wirtschaftszweige und ihre Mitarbeiter tief greifende Wandlungen, die auch die Personalarbeit betreffen. So führt die Einführung neuer Geräte und Anlagen zu einer Substitution der menschlichen Arbeit durch Sachkapital. Als Folge veränderter Arbeitsbedingungen kann es zu Maßnahmen der Personalfreisetzung bzw. Personalentwicklung kommen.

Ökologisches Umfeld. Bei diesem Umfeld sind z. B. Umweltbedingungen, wie die Infrastruktur, und klimatische Bedingungen angesprochen, die das Verhalten der Arbeitnehmer stark beeinflussen. Einerseits besteht bezogen auf eine Steigerung der Lebensqualität gesteigertes Interesse an einer weitgehend belassenen Umwelt bzw. Arbeitsumwelt, andererseits wird der Umweltschutz auch wegen der Schaffung und Sicherung von Arbeitsplätzen kritisch betrachtet.

Rechtlich-politisches Umfeld. Für die betriebliche Personalarbeit sind eine Vielzahl verschiedener Bestimmungen, wie z. B. die bestehende Sozial- und Rechtsordnung, relevant. Außerdem ist der rechtliche Rahmen für die Ausgestaltung der Beziehungen zwischen Arbeitnehmerschaft und Arbeitgeber durch den Gesetzgeber festgelegt. Der rechtliche Rahmen lässt sich bestimmen durch:

- das kollektive Vertragsrecht (z. B. Tarifvertrag)
- das individuelle Vertragsrecht (z. B. Arbeitsvertrag)
- die Mitbestimmungsgesetze (z. B. Betriebsverfassungsgesetz)
- die Schutzgesetze (z. B. Mutterschutzgesetz, Schwerbehindertengesetz)
- die Sozialgesetzgebung (z. B. Unfall- und Rentenversicherung, Krankenversicherung).

Literatur
Siehe Literatur zu Kapitel 5.4.

5.4 Aspekte der Führung und Führungsstile

W. Schär

5.4.1 Zu Unterschiedlichkeiten zwischen Managen und Führen

Die Differenzierung zwischen sachorientierten Managementfunktionen (z. B. Planung, Organisation, Kontrolle) und interpersonalen Funktionen des Führens (z. B. Kommunikation, Motivation) stellt auch einen grundlegenden Unterschied in der Persönlichkeitsstruktur zwischen Managern und Führungspersonen dar. Es ist festzustellen, dass Management- und Führungsfunktionen, bedingt durch die unterschiedlichen Persönlichkeitstypen, nur in seltenen Fällen von ein und derselben Person wahrgenommen werden.

In **Tabelle 5.4-1** wird versucht, durch einen solchen Funktionsvergleich die funktionalen Divergenzen zwischen Management und Führung darzustellen. Nach Neuberger (1994) ist in diesem Zusammenhang davon auszugehen, dass es an Stelle eines Entweder-Oder oft auch ein dialektisches zu bestimmendes Sowohl-als-auch gibt. Es gilt zweifellos, dass es individuelle Akzentsetzungen bei Führungskräften gibt, die deren Handschrift verraten und in einer individuellen Vermittlung zwischen den Polen zum Ausdruck kommen.

5.4.2 Führungseffizienz und Führungsinstrumente

Führungseffizienz zu erklären und zu ermöglichen ist explizites oder implizites Ziel von *Führungstheorien*. Zur Bestimmung dieser Theorien werden unterschiedliche ökonomische und soziale bzw. individuelle Kriterien herangezogen.

Führungskraft zu sein lässt sich auf verschiedene Arten anstreben:

- Der erste Weg dorthin ist die informelle oder formelle Wahl durch das jeweilige Team bzw. die Gruppenmitglieder, die den Einfluss bestimmter Führungseigenschaften der betreffenden Personen erkannt und akzeptiert haben.
- Der zweite Weg zur Führungskraft ist die Ernennung bzw. Wahl durch eine Gruppe oder Person, die sich außerhalb der zu führenden Gruppe befindet. So kann beispielsweise die Ernennung einer Person von der Krankenhausverwaltung vorgenommen werden. Dieser Weg wird als verordnete oder organisatorische Führung bezeichnet.

Der Vorteil der aus der Gruppe hervorgegangenen Führung liegt darin, dass die Geführten die Führung der betreffenden Person als kompetent anerkennen und ihr entsprechend Vertrauen entgegenbringen.

Aus einer verordneten Führung können Schwierigkeiten erwachsen. Da die Gruppe die beauftragte Führungsperson nicht kennt, könnte die normalerweise erwartete Unterstützung ausbleiben. Im Idealfall wäre die aus beiden Wegen hervorgegangene Führungskraft ein und dieselbe Person, das heißt, wenn die Gruppe ein Mitspracherecht hätte, könnte ihre Wahl auf dieselbe Person fallen, die auch von der übergeordneten Stelle bestimmt wird.

Unter Führungsinstrumenten sind Mittel und Verfahren zu verstehen, die im Rahmen von Führungskonzeptionen in Verbindung mit Führungsstilen zur Verhaltensbeeinflussung von Mitarbeitern eingesetzt werden.

Bezogen auf den Wirkungsmechanismus von Führungsinstrumenten wird nach zwei Richtungen differenziert:

1. Mit strukturellen bzw. organisatorischen Führungsinstrumenten werden Aufgaben-, Entscheidungs-, Kontroll- und Informationsprozesse im Rahmen von Führungssituationen gestaltet, mit der Absicht, das Mitarbeiterverhalten positiv zu beeinflussen.
2. Personale Führungsinstrumente dienen dazu, unmittelbar Wirkungen auf das Mitarbeiterverhalten zu erzielen, so z. B. die Personalbeurteilung, das Mitarbeitergespräch und im weiteren Sinne auch andere Anreizsysteme.

Tabelle 5.4-1: Gegenüberstellung der sachorientierten Managementfunktionen und der interpersonalen Funktion des Führens (Quelle: vgl. Kotter: Divergenz-Theorien zwischen Management und Führung.

	Management	Führung
Aktionspläne erstellen	Planung, Budgetierung, detaillierte Gliederung in Teilschritte, Errichtung eines Zeitrasters zur Erzielung der notwendigen Ergebnisse. Allokation der notwendigen Ressourcen zur Zielerreichung.	Richtungsgebung – Entwicklung einer Zukunftsvision, oft die entfernte Zukunft betreffend. Entwicklung von Strategien, welche die zur Umsetzung der Vision erforderlichen Veränderungen bewirken.
Aufbau eines Netzwerkes von Beziehungen zur Umsetzung der Aktionspläne	Organisation und Personaleinsatz, Aufbau notwendiger Strukturen zur Erfüllung der Pläne, personelle Ausstattung dieser Struktur, Delegation von Verantwortung und Autorität zur Durchführung des Planes, Schaffung allgemeiner Richtlinien und Vorgehensweisen als Hilfen bei der Personalführung. Etablierung von Methoden oder Systemen, um Implementierung zu überwachen.	Mitarbeiter in eine Reihe bringen – Vermittlung der Leitidee durch Worte und Taten an all jene, deren Kooperation erforderlich ist. Schaffung von Arbeitsteams und Gruppen, welche die Vision und Strategien verstehen und sie als gültig akzeptieren.
Durchführung	Kontrolle und Problemlösung, Überwachung von Ergebnissen im Vergleich zur Detailplanung. Ermittlung von Abweichungen und anschließendes Planen und Organisieren, um Probleme zu lösen.	Motivation und Inspiration – Menschen mit Energie ausstatten, die notwendig ist, um größere politische, bürokratische und ressourcenbedingte Barrieren gegen Veränderungen zu überwinden, durch die Erfüllung grundlegender aber oft ungestillter menschlicher Bedürfnisse.
Ergebnisse	Produziert einen bestimmten Grad an Vorhersagbarkeit und Ordnung und hat das Potenzial, regelmäßig die von verschiedenen Interessensnehmern erwarteten Resultate hervorzubringen (z. B. für Kunden immer rechtzeitig zu liefern; für Aktionäre innerhalb des Budgets zu bleiben).	Schafft Veränderungen, oft in einem dramatischen Ausmaß und hat das Potenzial, außerordentlich nutzbringende Effekte zu bewirken (z. B. neue Produkte, die dem Wunsch des Kunden entsprechen, neue Wege bei der Gestaltung von Arbeitsbeziehungen, die helfen, ein Unternehmen wettbewerbsfähiger zu machen).

5.4.3 Aspekte von Führungseigenschaften

5.4.3.1 Einführende Bemerkungen

Verantwortlichkeit und Engagement sowie Selbstbewusstsein und Selbstsicherheit sind wichtige Attribute einer effektiven Führungskraft und miteinander verbunden.

Führungskräfte sind verantwortlich für sich selbst, für ihre Gruppe, für die Durchsetzung ihres Berufsethos und für ihre Vorgesetzten. Die der Gruppe gegenüber verantwortliche Führungskraft muss deren Mitgliedern die Sachverhalte mitteilen, die im Führungsprozess geleistet wurden. Zur Verantwortlichkeit gehören sowohl negative als auch positive Elemente.

Verantwortlichkeit bedeutet auch die Bereitschaft, die Mitglieder der eigenen Berufsgruppe zu beurteilen und eine gewissenhafte Entwicklung des Urteilsvermögens dieser Mitglieder zu fördern.

Die Führungskraft ist auch gegenüber ihren Vorgesetzten verantwortlich und muss Rechenschaft ablegen für die festgelegten Aufgaben, die sie selbst und die Gruppe erledigt oder nicht erledigt haben. Engagement ist ein weiteres wichtiges Attribut einer effektiven Führungskraft.

Eine engagierte Führungskraft ist bemüht, die Machtstruktur so zu verändern, dass sich die Situation der Gruppe oder Klienten bei erkennbaren Benachteiligungen verbessert.

Führungskräften stehen eine Gruppe, ein Umfeld und eine Auswahl an Führungstheorien zur Verfügung. Durch eine Analyse der Beziehung dieser drei Komponenten untereinander kann die Führungskraft die Verhaltensweisen bestimmen, die es ihr ermöglichen, ihre Gruppe bei der Zielbindung und Zielerreichung zu unterstützen. Die Kombination der drei Komponenten bietet einen Rahmen, mit dessen Hilfe die entsprechende Führungstheorie entwickelt werden kann. In **Abbildung 5.4-1** wird dieses Beziehungsgefüge veranschaulicht.

Abbildung 5.4-1: Komponenten der Führung (Quelle: Schär, W.; unveröffentl. Weiterbildungsskript)

5.4.3.2 Zu spezifischen Bereichen des Selbstbewusstseins

Der Reifegrad
Reife wird hier als die Bereitschaft und Fähigkeit betrachtet, anfallende Führungsaufgaben zu erfüllen. Die Führungskraft muss ihre Motivation kennen und über die Wissensgrundlage in Bezug auf die Aufgabe verfügen. Motivation ist wesentlich für eine effektive Führung, und dazu gehören auch der Wille und die Fähigkeit, Verantwortung nicht nur für eigene Handlungen, sondern auch für die Gruppe zu übernehmen. Wissen im Bereich der Verantwortung, Stärken und Schwächen hinsichtlich des Themas müssen identifiziert werden. Die Führungskraft muss bereit sein, *erkennbare Schwächen zu minimieren* und *sich über materielle und menschliche Ressourcen zu informieren*, die die Gruppe und die Führungskraft bei ihren Bemühungen unterstützen können.

Selbstbewusstsein in der Bewertung von Zielen
Die Führungskraft sollte in der Lage sein, im Sinne der Ausrichtung auf das jeweilige Gesamtziel angemessen zu erfüllende Ziele zu setzen. Die Führungskraft muss diese Ziele vermitteln und behilflich sein können, ihrerseits zum Erreichen des Gesamtzieles eigene Ziele zu setzen und diese zu erreichen. Dabei geht es auch um die Fähigkeit, Ressourcen zu erlangen, zu bewahren und anzuregen.

Einsatz von Macht
Die Führungskraft muss erkennen, dass sie Macht hat, die oft auf Grund einer bestimmten Position bzw. Verantwortung erreicht wird. *Macht kann im positiven und negativen Sinne eingesetzt werden.* Die zu Führenden sollen dahin gebracht werden, das zu tun, was die Führungskraft will bzw. als Ziel vorgibt. Die Macht kann auch mit den zu Führenden geteilt werden, sodass alle Mitglieder gleichberechtigt sind. Das würde bedeuten, dass die Interaktion von Führungskraft und Mitgliedern hilft, eine Basis von Gruppenmacht zu schaffen, die auf das Gesamtziel gerichtet ist.

Pflege zwischenmenschlicher Beziehungen
Die Pflege zwischenmenschlicher Beziehungen in der Gruppe der zu Führenden kann zum entscheidenden Faktor für die Durchsetzung bestimmter Führungsaufgaben werden. Die Führungskraft setzt so bewusst ihre Kommunikationsfähigkeiten ein und übermittelt den Mitgliedern eine deutliche und offene Botschaft.

5.4.3.3 Persönliche Grenzen der Führung

Stress, Leistungsdruck und Ausdauer
Stress bzw. Leistungsdruck und Ausdauer muss die Führungskraft auch bei sich selbst analysieren. Besonders in Bezug auf Ausdauer muss sie sich bewusst machen, wie sie mit Erfolg und Misserfolg umgeht. Erfolge werden bekanntlich gern akzeptiert, aber es ist oft viel Geschick und Beharrlichkeit erforderlich, um die Führungstätigkeit nach einer Niederlage normal fortzuführen und so zu helfen, im Sinne der Zielorientierung weiterzuarbeiten.

Zufriedenheit der Gruppenmitglieder
Die Zufriedenheit der Gruppenmitglieder ist ein auch im relativen Maße zunehmender Faktor, wenn die Zahl gut vorbereiteter Besprechungen zunimmt. Die Mitarbeiter empfinden es als positiv, wenn sie nach ihrer Meinung und nach der Handhabung bestimmter Situationen, an denen sie beteiligt sind, gefragt werden.

Selbstsicherheit
Das Verhalten einer Führungskraft kann als *unsicher*, *sicher* oder *aggressiv* eingestuft werden. Es ist davon auszugehen, dass sich niemand zu jeder Zeit gleich verhält. Dem Einsatz des Attributs «Selbstsicherheit» entspricht im Rahmen der Führungs- und Leitungstätigkeit die Bewahrung sowohl der eigenen Integrität als auch der Integrität der anderen Person bzw. der Gruppe.

Personen, die Selbstsicherheit ausstrahlen, bauen gute Beziehungen auf, treffen eigene Entscheidungen, identifizieren und erfüllen ihre eigenen Bedürfnisse und drücken positive und negative Gefühle sowohl verbal als auch nonverbal aus.

5.4.3.4 Selbstsicheres Agieren als Führungskraft

Einer Führungskraft stehen verschiedene Arten selbstsicheren Agierens zur Verfügung:

- Die grundsätzliche Selbstsicherheit ist Ausdruck der eigenen Gefühle, Bedürfnisse oder Gedanken.
- Bei der empathischen Selbstsicherheit richtet die Führungskraft ihre Aufmerksamkeit zuerst auf die Gefühle der Person bzw. Gruppe und anschließend auf ihre eigenen Position.
- Die eskalierende Selbstsicherheit wird eingesetzt, wenn die andere Person bzw. Gruppe keine Reaktion zeigt. Dazu gehören aufeinander folgende Aussagen, die immer bestimmter, kürzer und direkter werden. Unnötige Machtkämpfe führen jedoch leicht zu Aggressivität und schaden dem Ansehen der Führungskraft.
- Bei der konfrontativen Selbstsicherheit beschreibt die Führungskraft objektiv, was die andere Person bzw. Gruppe erledigen wollte, was tatsächlich erreicht wurde und was sie selbst möchte.

Unsicherheit kann als die Verneinung der eigenen Gefühle, Bedürfnisse und Vorstellungen, die Unkenntnis eigener Rechte und Pflichten oder das Zulassen der Verletzung der eigenen Rechte durch andere bezeichnet werden. Unsicherheiten können aber auch durch ungenügende Kenntnisse entstehen. Unsichere Personen neigen dazu, sich selbst zu erniedrigen und andere für sich entscheiden zu lassen. Sie wollen Konflikte vermeiden. Eine solche Verhaltensweise führt jedoch häufig zu Ärger auf sich selbst und andere.

Aggressivität kann als Ausdruck der eigenen Gefühle, Bedürfnisse und Gedanken auf Kosten anderer deutlich werden. Man verteidigt eigene Rechte, ignoriert die der anderen und versucht zu dominieren und zu demütigen. Aggressive Führungspersonen wollen hauptsächlich eigene Ziele erreichen, fühlen sich aber letztlich verbittert, schuldig und oft einsam.

5.4.4 Zu Führungstheorien

Führungstheorien dienen der *Beschreibung, Erklärung und Prognose von Bedingungen, Strukturen, Prozessen und Konsequenzen der Mitarbeiterführung*. Zielstellung kann nur die Ausarbeitung von Gestaltungsempfehlungen für Führungskräfte sein. Angesichts der Komplexität des Problemfeldes kann nicht davon ausgegangen werden, dass es solche Theorien oder gar eine allgemeine integrierende Führungstheorie in absolut spezifischer Form gibt. Vielmehr liegt eine Vielzahl verschiedener theoretischer Ansätze vor, die sich teilweise ausschließen und/oder in ihren Kernaussagen veraltet sind oder teilweise aufeinander aufbauen bzw. weiterentwickelt wurden. Diese Erkenntnis bedeutet, dass zur Verhinderung einer einheitlichen Führungstheorie mit beigetragen wird.

5.4.5 Zu Situationstheorien

Situationstheorien machen die erfolgreiche Mitarbeiterführung vom *Zusammenwirken verschiedener Situationsvariablen mit bestimmten Führungsstilen* abhängig. Führungserfolg ist ein sehr stark situationsspezifisches Konstrukt. Die Art und Zahl der Situationsfaktoren, die in der Führungsforschung verwendet wurden und werden, weichen sehr voneinander ab. In **Abbildung 5.4-2** wird versucht, eine sinnvolle Kategorisierung der verschiedenen Determinanten im Rahmen der Gruppenleistung vorzunehmen.

Situationsansätze lassen sich auf verschiedene Weise klassifizieren:

- Der Moderatoransatz betrachtet die Situation als intervenierende Variable, sodass es bei einer gegebenen Führungssituation einen spezifischen Führungsstil gibt, der den höchsten Erfolg bewirkt.
- Der situationsanalytische Ansatz richtet sein Hauptaugenmerk auf die Systematik der Situationserkundung. Führungsverhalten und ausgewählte Situationsfaktoren gelten als unabhängige Variable. Ziel ist es, die jeweilige Führungssituation so zu gestalten, dass sich mit einem zur Verfügung stehenden Führungsstil der höchstmögliche Erfolg erzielen lässt.
- Der instrumentalistische Ansatz begreift den Führungsstil selbst als Situationselement.

Um die Effektivität solcher Theorien zu beurteilen, wurden auch in Einrichtungen des Gesundheitswesens spezifische Untersuchungen durchgeführt und allgemeine Modellvorstellungen in übertragbarer Form angewendet, die z. B. für eine Führungskraft in der Pflege empfohlen wurden.

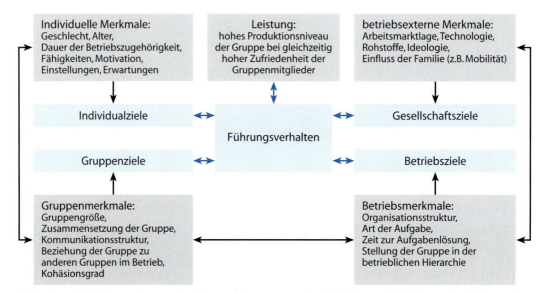

Abbildung 5.4-2: Determinanten der Gruppenleistung (Quelle: vgl. Neuberger, O.; Führen und geführt werden, 3. Aufl. von «Führung»; Stuttgart, 1990)

Bei der **Case-Methode** und beim **Primary Nursing** steht die Pflegeführungskraft immer in direktem Kontakt zum Patienten. Wenn die Pflegeführungskraft z. B. das dreidimensionale Modell der Führungseffektivität anwenden möchte, muss zuerst der Reifegrad des Patienten analysiert werden. Reife bezieht sich hier auf die Bereitschaft des Patienten, eine Aufgabe zu übernehmen, und auf die Fähigkeit, diese auch erfolgreich durchzuführen. Aus **Abbildung 5.4-3** wird erkennbar, dass das Verhalten der Pflegeführungskraft durch den Grad der Reife des Patienten bestimmt wird.

Die Autoren definieren aufgabenorientiertes Verhalten als die Organisation und Definition der Mitglieder sowie Steuerung der Handlungen. Das beziehungsorientierte Verhalten besteht im *Erleichtern, Unterstützen und Aufrechterhalten persönlicher Beziehungen durch offene Kommunikation.*

Obwohl in jeder Umgebung jede Führungstheorie verwendet werden kann, liefert keine der bestehenden Theorien Erklärungen dafür, wie eine Führungskraft die Gesundheit von Patienten effektiv fördern, aufrechterhalten und wiederherstellen kann oder wie sie sich in einer therapeutischen Beziehung verhält.

Führungsstrategien sind nützliche Überlegungen, die die Effektivität der Pflegeleitung als Führungskraft verstärken können.

5.4.6 Führungsstile

Unter Führungsstil wird in der Regel die Art und Weise verstanden, in der Führungskräfte sich ihren Mitarbeitern gegenüber verhalten. Es handelt sich um ein relativ kontinuierliches und in Bezug auf verschiedene Situationen konstantes Führungsverhalten von Vorgesetzten gegenüber Mitarbeitern zur Aktivierung und Steuerung des Leistungsverhaltens.

Der **eindimensionale Ansatz** knüpft an die Unterscheidung zwischen autoritärem und demokratischem Führungsstil an. Teilweise wird auf einem *Führungsstilkontinuum* abgestuft differenziert:

- patriarchalisch
- informierend
- beratend
- kooperativ
- partizipativ.

Auf der Grundlage dieser Ansätze wird in der Regel der Grad der Entscheidungspartizipation dargelegt. Diese Dimension wurde von Tannenbaum und Schmidt anhand eines Kontinuums schematisch dargestellt (**Abb. 5.4-4**). Je nachdem, welche der Verhaltensmöglichkeiten dominiert, übt der Vorgesetzte einen mehr oder weniger autoritären bzw. partizipativen Führungsstil aus. Der Vorteil des eindimensionalen Ansatzes ist seine Verständlichkeit. Dieser Ansatz ist zur Beschreibung etwas unzulänglich, da lediglich eine Dimension des Führungsprozesses betrachtet wird.

Die **zweidimensionalen Ansätze** orientieren sich an den Verhaltensweisen von zwei Vorgesetzten. Bei dieser Form wird zwischen mehr aufgabenorientierten und mehr mitarbeiterorientierten Führungsstilen unterschieden. Die beiden Verhaltensdimensionen stehen in einer Wechselwirkung zueinander.

Produktiv und erfolgreich ist eine Verbindung bzw. Komplexität von aufgaben- und mitarbeiterorientiertem Führungsstil. Eine lediglich

Abbildung 5.4-3: Im dreidimensionalen Führungsstil verwendete Führungsstile (Quelle: Hersey, P., Blanchard, K. H.; Management of Organization Behaviour, 3rd edn.; Englewood Cliffs, N. J., 1977, S. 3)

beziehungsorientiertes Verhalten		
stark	sehr beziehungsorientiert und wenig aufgabenorientiert	sehr beziehungsorientiert und sehr aufgabenorientiert
	wenig beziehungsorientiert und wenig aufgabenorientiert	wenig beziehungsorientiert und sehr aufgabenorientiert
schwach		stark
		aufgabenorientiertes Verhalten

Abbildung 5.4-4: Führungsstile – das eindimensionale Konzept des autoritären und des kooperativen Führungsstils (Quelle: Tannenbaum, R., Schmidt, W. H.; How to Choose a Leadrship Pattern; Harvard Business Review, 36, 1958)

auf die Willensbildung bzw. auf die Orientierung des Vorgesetzten bezogene Charakterisierung des Führungsstils vernachlässigt andere wesentliche Aspekte.

Um eine hinreichend genaue Beschreibung des Führungsstils zu ermöglichen, wurde die Zahl der Verhaltensdimensionen deutlich erweitert. **Tabelle 5.4-2** zeigt einen vieldimensionalen Analyseansatz von Führungssituation und -stil. Nachteilig wirkt sich beim vieldimensionalen Ansatz aus, dass die Führungselemente lediglich auf Plausibilität und Intuition beruhen. Es fehlt eine weitere empirische Ermittlung bzw. Bestätigung. Damit soll auch angedeutet werden, dass eine genauere Operationalisierung und theoretische Fundierung der Führungselemente für die praktische Handhabung solcher Erkenntnisse vorteilhaft wäre.

Wahrscheinlich bestehen noch weitere Beziehungen zwischen den Elementen. Vorstellbar ist, dass bei der Verhaltensform des Vorgesetzten im Normalfall eine Mischform zwischen autoritär und demokratisch vorliegt.

Als Heuristik für die Wahl des Führungsstils sind die dargestellten Elemente und ihre Beziehungen zueinander für praktische Ansätze hilfreich.

5.4.7 Zu Führungsmodellen

Differenziert handelt es sich bei Führungsmodellen um Modelle, die:

- sich mit der Führung eines Unternehmens beschäftigen und
- die Mitarbeiterführung zum Inhalt haben.

Hersey und Blanchard (1977) haben ein situatives Führungsmodell entwickelt. Dabei werden vier verschiedene Führungsstile verwendet, die sich aus der Kombination der Verhaltensdimensionen «Aufgabenorientierung» und «Personenorientierung» ergeben. In **Abbildung 5.4-4** erscheinen der autoritäre, der integrierende, der partizipative und der delegierende Führungsstil. Diese Führungsstile gelten nur in unterschiedlichen Situationen als effektiv.

Die Situation wird mit dem Reifegrad des Mitarbeiters operationalisiert, der in Relation zur jeweiligen Aufgabe steht und aus den Kategorien «Funktionsreife» (vor allem Kenntnisse und Fähigkeiten) und «psychologische Reife» (vor allem Motive und Motivation) zu ermitteln ist. Die Differenzierung des Reifegrades wird nach vier verschiedenen Stadien vorgenommen:

Tabelle 5.4-2: Vieldimensionaler Analyseansatz von Führungssituation und -stil (Quelle: Bleicher, K., Meyer, E.; Führung in der Unternehmung; Formen und Modelle; Reinbek, 1976)

		1 2 3 4 5 6 7	
Formalisierungsgrad	stark		schwach
Informationsbeziehung	bilateral		multilateral
Häufigkeit der Vorgesetzten-Mitarbeiter-Kontakte	selten		oft
Art der Willensbildung	individuell		kollegial
Verteilung der Entscheidungsaufgaben	zentral		dezentral
Art der Willensdurchsetzung	bilateral		multilateral
Verteilung der Implementierungsaufgaben	zentral		dezentral
Aufgabencharakter	generell		speziell
Art der Kontrolle	Fremdkontrolle		Selbstkontrolle
Verteilung der Kontrollaufgaben	zentral		dezentral
Handlungsmotive des/der Vorgesetzten	Pflicht, Leistung		Integration
Handlungsmotive des Mitarbeiters/der Mitarbeiterin	Sicherheit, Zwang		Selbstständigkeit, Einsicht
Einstellungen des Mitarbeiters/der Mitarbeiterin zu Vorgesetzten	Respekt, Abwehr		Achtung, Vertrauen
Bindung der Mitarbeiter an das Führungssystem	schwach		stark
Mitarbeiterqualifikation	niedrig		hoch
Soziales Gruppenklima	gespannt		stark
Grundlage des Kontraktes zwischen Vorgesetzten und MitarbeiterIn	Abstand		Gleichstellung

1. M 1, unreifer Mitarbeiter (Motivation, Kenntnisse und Fähigkeiten fehlen weitgehend)
2. M 2, Mitarbeiter mit geringer bis mäßiger Reife (Motivation ist vorhanden, aber Fähigkeiten fehlen)
3. M 3, Mitarbeiter mit mäßiger bis hoher Reife (Fähigkeiten sind vorhanden, aber Motivation fehlt)
4. M 4, reifer Mitarbeiter (Motivation, Kenntnisse und Fähigkeiten sind vorhanden).

In **Tabelle 5.4-3** wird eine mögliche Kombination von Entwicklungsstufe und Führungsstil veranschaulicht. Entsprechend dem Reifestadium gelten unterschiedliche Führungsstile als effektiv. Vorgesetzte ermitteln aufgabenspezifisch den Reifegrad der Mitarbeiter und wählen dementsprechend situativ ihren Führungsstil. In **Abbildung 5.4-5** wird dies durch eine Glockenkurve veranschaulicht. Kritisch soll angemerkt werden, dass in diesem Führungsmodell der Faktor «Reifegrad» dominiert.

5.4.8 Dilemmata der Führung

Führende sind keine autonomen Persönlichkeiten, sondern verschiedenen Zwängen und Einflüssen ausgesetzt. Sobald dies sowie die Kolli-

Tabelle 5.4-3: Kombination von Entwicklungsstufe und Führungsstil (Quelle: Hersey, P., Blanchard, K. H.; Management of Organization Behaviour, 3rd edn.; Englewood Cliffs, N. J., 1977).

Entwicklungsstufe	Führungsstil
1 niedrige Kompetenz hohes Engagement	1 *dirigieren* strukturieren, kontrollieren und supervidieren = Aufgabenorientierung
2 einige Kompetenz wenig Engagement	2 *trainieren* strukturieren, kontrollieren und supervidieren + anerkennen, zuhören und fördern = Aufgabenorientierung + Mitarbeiterorientierung
3 hohe Kompetenz schwankendes Engagement	3 *sekundieren* anerkennen, zuhören und fördern
4 hohe Kompetenz hohes Engagement	4 *delegieren* Verantwortung für die Routineentscheidungen übertragen

sion mit persönlichen Motiven wahrgenommen wird, entsteht ein Dilemma bzw. ein Intrarollenkonflikt.

Nur selten steht dem Vorgesetzten die Wahl des Führungsverhaltens frei. Entscheidungen werden getroffen nach Abwägung zwischen verschiedenen antizipierten Folgen, die oft mehrdimensionalen, nicht auf eine Ebene zurückführenden Charakter haben, zwischen Verstand und Gefühl, zwischen offenen und latenten Widersprüchen, eingezwängt in ein oft problematisches Bedingungsgefüge.

Auf Grund der inneren Zwiespältigkeit des Führungsverhaltens anderer Personen sind Kompromisse notwendig. In **Tabelle 5.4-4** schätzt Neuberger (1990) das Ignorieren der vorliegenden Ambivalenz nachteiliger ein als die Friktionen, die bei der bewussten Auseinandersetzung entstehen können.

5.4.9 Einzelne Aspekte des Führungsprozesses

5.4.9.1 Organisation

Organisation ist das Umfeld bzw. der Rahmen für die Interaktion zwischen Führungskraft und Geführten. Gesundheitseinrichtungen haben als gemeinsames Ziel die Förderung, Aufrechterhaltung und Wiederherstellung der Gesundheit des Patienten. Einzelne Organisationen bemühen sich entsprechend ihrer Zielrichtung um spezifische Aspekte:

- Ein Rehabilitationszentrum konzentriert sich auf die Wiederherstellung der Gesundheit und bietet weniger Programme zur Gesundheitsförderung an.
- Das Gesundheitsamt bemüht sich hauptsächlich um Fragen bzw. Probleme der Gesundheitsförderung.
- Leitende Lehrkräfte einer speziellen Einrich-

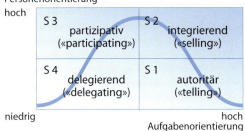

Abbildung 5.4-5: Situatives Führungsmodell (Quelle: Hersey, P., Blanchard, K. H.; Management of Organization Behaviour, 3rd edn.; Englewood Cliffs, N. J., 1977)

Tabelle 5.4-4: Rollendilemma der Führung (Quelle: vgl. Neuberger, O.; Führen und geführt werden; 3. Aufl. von «Führung», Stuttgart, 1990)

1.	Mittel Betrachtung des Einzelnen als «Kostenfaktor», «Instrument», «Leistungsträger», «Mensch als Mittel»	↔	Zweck Selbstverwirklichung und Motivbefriedigung des Einzelnen als oberstes Ziel, «Mensch im Mittelpunkt»
2.	Gleichbehandlung aller Fairness, Gerechtigkeit, Anwendung allgemeiner Regeln, keine Bevorzugungen	↔	Eingehen auf Einzelfälle Rücksichtnahme auf die Besonderheiten des Einzelfalls, Aufbau persönlicher Beziehungen
3.	Distanz Unnahbarkeit, hierarchische Überlegenheit, Statusbetonung	↔	Nähe Wärme, Gleichberechtigung, Freundschaft, Einfühlung
4.	Fremdbestimmung Gängelung, Reglementierung, Unterordnung, Zentralisierung, Kontrolle	↔	Selbstbestimmung Autonomie, Handlungs-/Entscheidungsfreiräume, Entfaltungsmöglichkeiten, Selbstständigkeit
5.	Spezialisierung «Fachmann/-frau» sein, um bei Sachproblemen kompetent entscheiden zu können	↔	Generalisierung Zusammenhänge sehen und einen allgemeinen Überblick, jedoch keine Detailkenntnisse haben
6.	Gesamtverantwortung Wenig Verantwortung und Zuständigkeit delegieren, für alle Fehler einstehen	↔	Einzelverantwortung Verantwortung und Aufgaben aufteilen, bei Fehlern Rechenschaft fordern
7.	Bewahrung Stabilität, Tradition, Vorsicht, Regeltreue, Konformität	↔	Veränderung Flexibilität, Experimentierfreude, Toleranz, Nonkonformität
8.	Konkurrenz Rivalität, Konfrontation, Aggressivität	↔	Kooperation Harmonie, Hilfeleistung, Solidarität, Ausgleich
9.	Aktivierung Antreiben, drängen, motivieren, begeistern	↔	Zurückhaltung Sich nicht einmischen, Entwicklungen abwarten
10.	Innenorientierung Sich auf interne Gruppenbeziehungen konzentrieren, Mittelpunkt sein	↔	Außenorientierung Außenkontakte pflegen; Gruppeninteressen gegenüber Dritten durchsetzen
11.	Zielorientierung Ziele vorgeben und deren Erreichung kontrollieren	↔	Verfahrensorientierung Die «Wege zum Ziel» vorgeben und kontrollieren
12.	Belohnungsorientierung Tauschbeziehung etablieren, mit Belohnung/Bestrafung operieren, Kurzzeitperspektive	↔	Wertorientierung Verinnerlichung von Normen/Werten anstreben, Belohnungsaufschub fordern, Langzeitperspektive
13.	Selbstorientierung Verfolgung eigener Interessen und Ziele	↔	Gruppenorientierung Kompromisse/übergeordnete Ziele anstreben

tung planen und realisieren Handlungen, die mit den Gesamtzielen der Organisation übereinstimmen.

Eine wesentliche Komponente von Führung zeigt sich darin, dass die Zielfindung in einer bestimmten Organisation deutlicher in der individuellen Beziehung zwischen Führungskraft und Geführten gesehen werden muss. In zentralistischen Organisationen gibt es weniger Möglichkeiten zur Kommunikation und Beratung. Dezentrale Organisationsformen fördern dagegen Kommunikation und Absprachen.

Für die Realisierung bzw. Durchsetzung bestimmter Führungsabsichten ist die Art der betreffenden Organisation von Bedeutung. In einer zentralistischen Organisation muss sich die Führungskraft mehr um eine Umgebungsform bemühen, in der auch Dialoge stattfinden können.

Organisation als wichtiger Teil des Führungsprozesses koordiniert im Wesentlichen Aktivitäten zur Erreichung eines vorgegebenen Ziels und ist damit auch als Mittel zum Zweck zu betrachten.

Die Begriffe «Planung» und «Organisation» werden oft synonym verstanden bzw. verwendet. Durch Planung wird im Managementprozess festgelegt, was erreicht werden soll. Während durch Organisation entschieden wird, in welcher Schrittfolge dies zu geschehen hat. Zur Planung im Pflegeprozess gehören das Beschreiben von Zielen, das Setzen von Prioritäten und das Festlegen von Aktivitäten zur Erreichung dieser Ziele. So gesehen, kann Organisation als Teil der Planung gesehen werden. Allgemein betrachtet können Planung und damit Organisation als Bestandteil aller Prozesse einschließlich des Führungsprozesses betrachtet werden.

Die Führungskraft bedient sich unabhängig von der Größe der Gruppe einer sachlogischen *Schrittfolge des Organisationsprozesses*, die wie folgt dargestellt werden kann:

- Beschreibung bzw. Festlegung der Ziele
- Festlegung eventuell unterstützender Ziele, Richtlinien und Pläne
- sorgfältige Erfassung bzw. Klassifizierung notwendiger Aktivitäten im Sinne der Zielerreichung
- Bereitstellung der Aktivitäten auf der Grundlage der zur Verfügung stehenden humanen und materiellen Ressourcen und ihrer bestmöglichen Nutzung
- Delegierung von Verantwortung bzw. Aufgaben zur Durchführung der jeweiligen Aktivitäten.

5.4.9.2 Entscheidungsfindung

Eine gute Entscheidungsfindung kann als eine Grundlage der Organisation, in der Veränderung bestehender Tatbestände, im Konfliktmanagement und bei der Evaluation betrachtet werden.

Der Entscheidungsprozess kann entweder als Wahl unter mehreren Alternativen oder als systematischer Prozess angesehen werden, der mit einem Bedürfnis oder Problem beginnt und nach Evaluation der Lösungsalternativen beendet ist.

Entscheidungen können in *zufrieden stellende* und *optimale* unterteilt werden:

- Die optimale Entscheidung vergleicht Lösungen mit den Zielen und wählt den Lösungsweg zur Erreichung des angestrebten Ziels.
- Die zufrieden stellende Entscheidung ist einfacher zu erreichen als die optimale. Die Führungskraft, die entscheidet, wählt die erste sich ergebende Möglichkeit. Diese Entscheidung kann, muss aber nicht die beste Lösung sein.

Bei der *Bestimmung der Qualität einer Entscheidung* sind mehrere Fragen und Faktoren zu berücksichtigen:

- Welche Art von Input führte zu der Entscheidung?
- Das Verhalten des Entscheidungsträgers beeinflusst die Art und Weise des Umgangs mit den Daten und mit der Verwendung des Entscheidungsprozesses.
- Das persönliche Wertesystem kann die Wahrnehmung des Problems beeinflussen.
- Der Entscheidungsträger muss erklären können, wie und warum die Entscheidung getroffen wurde.
- Durch eine korrekte Dokumentation kann die Richtigkeit der Entscheidung nachvollzogen werden.
- Zur Bestimmung der Qualität von getroffenen Entscheidungen müssen die erzielten Ergebnisse bewertet werden.

5.4.9.3 Delegieren

Das Delegieren von Autorität ist sicherlich die *wichtigste Stufe im Organisationsprozess*. Es ist ein Prozess der teilweisen oder vollständigen Übertragung von Aufgaben und Verantwortung durch eine Person auf die andere.

Führungskräfte haben manchmal Schwierigkeiten, bestimmte Aufgaben bzw. Tätigkeiten zu delegieren. Dies kann im Ablauf des Organisationsprozesses zu größeren Problemen führen. *Eine überarbeitete Führungskraft wird uneffektiv.* Andererseits werden auch Gruppenmitglieder uneffektiv, denen zu wenig Verantwortung delegiert wird.

Gruppenmitglieder, deren Führung in sachkundiger und überlegter Form delegiert, profitieren selbst mehrfach in ihrer Entwicklung, und zwar durch

- Stärkung des Verantwortungsbewusstseins
- Erweiterung des Wissensstandes
- Steigerung der Arbeitszufriedenheit.

Scheitert ein Delegieren oder wird dessen Notwendigkeit nicht erkannt, so kann dies auch an der Einstellung der Gruppe liegen. Dabei ist zu beobachten, dass Gruppenmitglieder Angst vor einem Versagen bzw. nicht das notwendige Vertrauen zu sich selbst und/oder zur Führungskraft haben.

Zur *Verbesserung der Delegationsfähigkeiten* können u. a. folgende Punkte dienen:

- Die Tätigkeit bzw. Aufgabe muss klar definiert sein und der betreffenden Person in begründeter Form mitgeteilt werden.
- Die Führungskraft legt fest, ob zusätzliche Anweisungen bzw. Hilfestellung zur Erledigung der speziellen Tätigkeit erforderlich sind.
- Die Führungskraft delegiert nicht nur die betreffende Aktivität, sondern auch die notwendige Autorität im Sinne der erwarteten Erfüllung der Aufgabenstellung.
- Die Führungskraft sollte bereit sein, Gruppenmitglieder für die erfolgreiche Erfüllung der Übernahme von Verantwortung auszuzeichnen.

5.4.10 Elemente einer effektiven Führung

Führungskräfte müssen ihre Mitarbeiter dahingehend beeinflussen, übertragene Aufgaben in guter Qualität zu erfüllen. Dazu bedarf es eines **situativen Führungsstils**. Gleichzeitig soll das Verhalten der Mitarbeiter dahingehend beeinflusst werden, dass sie sich von ihrer Mitarbeit im Krankenhaus einen Beitrag zur Erreichung persönlicher Ziele versprechen.

Eine **effektive Führung** berücksichtigt sowohl aufgaben- als auch mitarbeiterorientierte Komponenten:

- Mitarbeiter wollen leistungsbezogen geführt werden. Das bedeutet vor allem, dass im Führungsprozess realistische Ziele gesetzt werden, die von den Mitarbeitern mitgetragen werden müssen (Klinikleitbild). Die Leitbilder können nur globale Ziele enthalten und müssen auf einzelne Bereiche heruntergebrochen werden.
- Mitarbeiter wollen über die jeweilige Arbeitssituation und über die Beziehungen der eigenen Aufgaben zum Gesamtleistungsgeschehen im Krankenhaus informiert werden. Durch Stellenbeschreibungen kann dies klar definiert werden.
- Mitarbeiter wollen im Führungsprozess bei der Gestaltung und Durchführung der Arbeitsaufgaben in den Entscheidungsprozess einbezogen werden.
- Mitarbeiter wollen in einer erlebbaren Beziehung zu den erbrachten Leistungen nach einheitlichen Kriterien beurteilt werden.
- Mitarbeiter wollen ihre Fähigkeiten und Fertigkeiten weiterentwickeln und über Fort- und Weiterbildung gefördert werden.

Die Auswirkungen eines Führungsstils leiten sich ab aus:

- der Art und Weise, in der die Führungskraft mit ihren Mitarbeitern umgeht
- den verschiedenen Möglichkeiten des Delegierens von Verantwortung und
- dem Informationsverhalten der Führungskraft gegenüber den Mitarbeitern.

Bei der **Ausprägung eines Führungsstils** stehen u. a. folgende Aspekte im Mittelpunkt:

- Führungskräfte müssen in ihren Mitarbeitern mündige, eigenverantwortliche Personen sehen, deren persönliche Interessen bei ihrer Mitarbeit im Krankenhaus respektiert werden.
- Das Gegenstück von Veränderung ist der Widerstand.
- Führungskräfte müssen anerkennen, dass Mitarbeiter nur durch Überzeugung zu führen sind.
- Führungskräfte müssen lernen, dass die Leistungsbereitschaft der Mitarbeiter keine zwangsläufige Folge des Arbeitsvertrags ist, sondern sich aus der Übernahme sinnvoller und verantwortungsvoller Aufgaben ableitet.
- Führungskräfte müssen der Tatsache Rechnung tragen, dass ihre Mitarbeiter eigenverantwortliche Tätigkeiten ausüben wollen und dies mit einer stärkeren Dezentralisation des Entscheidungsprozesses verbunden ist.

Bisani (1992) hat in **Abbildung 5.4-6** im Rahmen der Führungsfunktion in allgemeiner Form das System der Verflechtungen von Einflussgrößen im Führungsprozess dargestellt.

Literatur

Becker, M.: Personalentwicklung. Bildung, Förderung und Organisationsentwicklung in Theorie und Praxis (2. Aufl.). Stuttgart, 1999

Berthel, J.: Personalmanagement (3. Aufl.). Stuttgart, 1991

Bestmann, U. (Hrsg.): Kompendium der Betriebswirtschaftslehre (5. Aufl.). München, Wien, 1990

Bisani, F.: Personalbeschaffung und Personalbeschaffungsplanung. In: Gaugler, E.; Weber, W. (Hrsg.): HWP (2. Aufl.). Stuttgart, 1992: 1619–1631

Bleicher, K.; Meyer, E.: Führung in der Unternehmung: Formen und Modelle. Reinbek, 1976

Borsi, G. M.: FH Jena, Fernstudiengang Pflege, Modul PM 38, Personalentwicklung – Grundlagen, Definition, Zielsetzungen. 08/1999

Borsi, G. M.: Neue Fragen zum Begriff «Personalentwicklung» im Krankenhaus. In: Hoefert, H.-W. (Hrsg.): Führung und Management im Krankenhaus. Göttingen, 1997: 111–146

Brinkmann, R. D.: Personalpflege. Gesundheit, Wohlbefinden und Arbeitszufriedenheit als strategische Größen im Personalmanagement. Heidelberg, 1993

Dahlgaard, K.: Personalmanagement. In: Breinlinger-O'Reilly, J.; Maess, Th.; Trill, R. (Hrsg.): Das Krankenhaus-Handbuch. Neuwied, Kriftel, Berlin, 1997

Demmer, H.; Bindzius, F.: Gesundheitsförderung in der Arbeitswelt. Prävention 2 (1996), Schwerpunktheft «10 Jahre Ottawa-Charta»: 55–57

Drumm, H. J.: Personalplanung. In: Gaugler, E.; Weber, W. (Hrsg.): HWP (2. Aufl.). Stuttgart, 1992: 1758–1769

Eichhorn, S.; Schär, W.: Personal- und Finanzmanagement. Heilberufe 46 (1994) 2: 12

Eichhorn, S.: Personalmanagement im Krankenhaus. In: Arbeitsbericht der FH Osnabrück, FB Wirtschaft, Bd. 24: Personalmanagement. Eigenverlag, Osnabrück, 1996

Fischer, W.: Führungswissen in der Pflege. Lehrbuch für die mittlere Führungsebene im Krankenhaus. Stuttgart, Berlin, Köln, 1996

Güntert, B.: Personalgewinnung und Personalerhaltung. Einige qualitative Überlegungen. BALK INFO Flensburg 4 (1993) 10 (1. 4. 1993): 22 ff.

Haubrock, M.; Schär, W.; Betriebswirtschaft und Management im Krankenhaus (3. Aufl.). Bern u.a., 2002

Hinterhuber, H. H.: Führungsstile und Führungseffektivität im Krankenhaus, 11. Teil. Amt und Krankenhaus, Heft 10, 1978, 18 ff.

Kolb, M.; Bergmann, G.: Qualitätsmanagement im Personalbereich. Konzepte für Personalwirtschaft, Personalführung und Personalentwicklung. Landsberg/Lech, 1997

Kossbiel, H.: Personalbedarfsermittlung und Personaleinsatz und Personaleinsatzplanung. In: Gaugler, E.; Weber, W. (Hrsg.): HWP (2. Aufl.). Stuttgart, 1992: 1569–1608 und 1654–1666

Mag, W.: Einführung in die betriebliche Personalplanung (2. Aufl.). München, 1998

Maier, H.: Personalentwicklung. Wiesbaden, 1991

Marchazina, K.: Personalpolitik. In: Gaugler, E.; Weber, W. (Hrsg.): HWP (2. Aufl.). Stuttgart, 1992: 1780–1797

Münch, J.: Personalentwicklung als Strategie moderner Unternehmensführung. Studienbrief Postgraduales Studium Personalentwicklung. TU Chemnitz-Zwickau, 1995

Neuberger, O.: Personalentwicklung (2. Aufl.). Stuttgart, 1994

Neuberger, O.: Führen und geführt werden (3. Aufl. von «Führung»). Stuttgart, 1990

Reiss, M.: Stellenbeschreibung. In: Gaugler, E.; Weber, W. (Hrsg.): HWP (2. Aufl.). Stuttgart, 1992: 2132–2141

5.4 Aspekte der Führung und Führungsstile

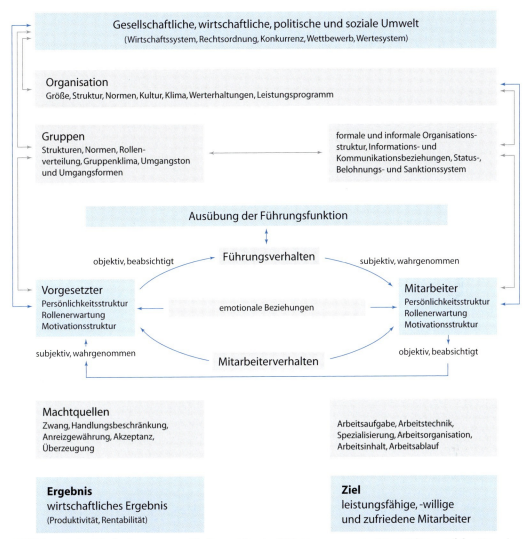

Abbildung 5.4-6: Verflechtungen von Einflussgrößen im Führungsprozess und Auswirkung auf das Organisationsergebnis (Quelle: Bisani, F. Personalwesen und Personalführung. 1995, S. 848)

Schanz, G.: Personalwirtschaftslehre – Lebendige Arbeit in verhaltenswissenschaftlicher Perspektive. München, 1993

Scholz, Ch.: Strategische Personalentwicklung (Überblick). In: Scholz, Ch.; Djarrahzadeh, M. (Hrsg.): Strategisches Personalmanagement. Konzeption und Realisation. Stuttgart, 1995: 231–245

Sonntag, K. (Hrsg.): Personalentwicklung in Organisationen. Göttingen, 1992

Wagner, D.: Personalabbau/-freisetzung. In: Gaugler, E.; Weber, W. (Hrsg.): HWP (2. Aufl.). Stuttgart, 1992: 1545–1556

Wunderer, R.; Kuhn, T.: Unternehmerisches Personalmanagement – zentrale Ansatzpunkte zur Förderung unternehmerischen Verhaltens. In: Wunderer, R.; Kuhn, T. (Hrsg.): Innovatives Personalmanagement. Theorie und Praxis unternehmerischer Personalarbeit. Neuwied, 1995

5.5 Kennzahlensysteme

M. Haubrock

5.5.1 Vorbemerkungen

Zu den Kennzahlensystemen sei auch auf Dreckmann und Piek (2004) verwiesen. Die Schwächen traditioneller finanzorientierter Steuerungskonzepte, die auf Zahlen aus dem Rechnungswesen basieren, sind seit Jahren bekannt und Gegenstand zunehmender Kritik. So werden z. B. folgende Punkte bemängelt:

- Vernachlässigung nichtmonetärer Größen
- fehlende Anbindung an die Unternehmensstrategie
- zu starke Vergangenheitsorientierung
- Kurzfristigkeit
- nur gering ausgeprägte Kundenorientierung
- falsch gesetzte Anreizpunkte.

Aufbauend auf diesen Defiziten gab es seit Ende der achtziger Jahre des 20. Jahrhunderts Überlegungen zur Schaffung neuer Konzepte. In diesem Zusammenhang wurde 1992 von Kaplan und Norton das Konzept der Balanced Scorecard entwickelt.

Die Grundidee der Balanced Scorecard ist es, eindeutige Verbindungen zwischen der Vision, den Zielen und Strategien einer Unternehmung und den operativen Handlungen herzustellen. Hierzu werden u. a. die strategischen finanziellen Perspektiven über Ursache-Wirkungs-Beziehungen mit den für die Kunden jeweils relevanten Leistungsperspektiven, mit den internen Prozessaspekten und mit den Lern- und Entwicklungsperspektiven verknüpft. Die Balanced Scorecard ist somit als ein innovatives Konzept zu verstehen, das die Vision sowie die Ziele und Strategien des Unternehmens für den jeweils betroffenen Mitarbeiter operationalisierbar macht.

5.5.2 Traditionelle Kennzahlen und Kennzahlensysteme

5.5.2.1 Der Kennzahlenbegriff

Für Kennzahlen gibt es verschiedene Definitionen, die sich im Laufe der Zeit geändert haben. Eine begriffliche Abgrenzung, die die Funktionen von Kennzahlen gut darstellt, lautet wie folgt: «Kennzahlen werden als jene Zahlen betrachtet, die quantitativ erfassbare Sachverhalte in konzentrierter Form erfassen.» (Reichmann, 1995).

Hieraus ergeben sich die folgenden wichtigen Eigenschaften einer Kennzahl (Reichmann, 1995):

- *Informationscharakter:* Kennzahlen sollen es ermöglichen, die wichtigen Sachverhalte und Zusammenhänge zu beurteilen.
- *Quantifizierbarkeit:* Durch Kennzahlen sollen die Sachverhalte und Zusammenhänge in einem metrischen Skalensystem gemessen werden, um genaue Rückschlüsse und Entscheidungen zu ermöglichen.
- *Spezifische Form der Information:* Kennzahlen sollen einen schnellen und umfassenden Überblick über komplizierte Strukturen und Prozesse schaffen.

Kennzahlen werden folglich als Messgrößen betrachtet, die interne und externe Sachverhalte in verdichteter und quantitativ messbarer Form erfassen und wiedergeben (Horvath, 1998: 547). Mit der Verdichtung von Informationen, die zur Unternehmenssteuerung und -analyse ermittelt werden, wird eine erhöhte Transparenz geschaffen, um komplexe und überbetriebliche Vorgänge schnell und relativ einfach vermitteln zu können. Kennzahlen können sowohl für den innerbetrieblichen als auch für den zwischenbetrieblichen Vergleich herangezogen werden (Aichele, 1997: 73).

Mit Hilfe von Kennzahlen können unternehmensbezogene Umstände und Abweichungen ständig kontrolliert und ggf. berichtigt werden. Demzufolge übernehmen Kennzahlen nicht nur Informationsaufgaben, sie bilden vielmehr auch die Grundlage für Planungs-, Entscheidungs- und Kontrollaufgaben.

5.5.2.2 Kennzahlenarten

Kennzahlen können sowohl absolute Zahlen als auch Verhältniszahlen (relative Zahlen) sein. Die Verhältniszahlen werden unterteilt in Gliederungs-, Beziehungs- und Indexzahlen. **Abbildung 5.5-1** soll die Kennzahlenarten grafisch veranschaulichen.

Absolute Zahlen werden unabhängig von einer anderen Zahlengröße abgebildet. Sie können als Einzelzahl (z. B. Umsatz), als Summe (z. B. Bilanzsumme) oder als Differenz (z. B. Gewinn) dargestellt werden. Eine absolute Zahl hat für sich alleine keine Aussagekraft. Erst wenn diese isolierten Zahlen mit anderen Daten verglichen werden, erhalten sie eine Bedeutung und erfüllen somit die Definition einer Kennzahl. In diesem Zusammenhang sind besonders der Zeitvergleich, der Soll-Ist-Vergleich oder der Betriebsvergleich zu nennen.

Verhältniszahlen sind relative Größen, bei denen Sachverhalte in Beziehung zueinander gesetzt werden. Dies geschieht durch Quotientenbildung. Die Verhältniszahlen werden ihrerseits noch einmal in Gliederungs-, Beziehungs- und Indexzahlen unterteilt.

Gliederungszahlen geben den Anteil einer Teilmenge an einer Gesamtgröße wieder. Sie stellen eine Beziehung zwischen gleichartigen Zahlen derselben Grundgesamtheit her. Die Ergebnisse werden oft in prozentualer Form dargestellt.

Beziehungszahlen setzen gleichwertige, inhaltlich aber nicht gleichartige Zahlen, bei denen eine Ursache-Wirkungs-Beziehung vermutet wird, ins Verhältnis (z. B. Jahresumsatz : durchschnittlich investiertes Kapital). Eine sachliche Verknüpfung muss allerdings vorhanden sein, um eine informative Aussage liefern zu können.

Indexzahlen setzen inhaltlich gleichartige Zahlen, die aber zeitliche Unterschiede aufweisen, zueinander in Beziehung. Sie sind Messzahlen, mit denen man die zeitliche Veränderung von Größen veranschaulichen kann. Als Beispiel kann man den Preisindex oder den Lohnkostenindex aufführen.

5.5.2.3 Kennzahlen als Vergleichszahlen

Eine informative Aussage über eine Kennzahl ist erst dann möglich, wenn diese mit anderen verglichen wird. Hierbei werden die folgenden vier Vergleichsarten unterschieden (Schierenbeck, 1999: 621):

- Betriebsinterne Kennzahlen aus einer vorangegangenen Periode werden als Vergleichszahlen herangezogen *(Zeitvergleich/betriebsintern)*.
- Interne Kennzahlenwerte dienen als Vergleich von Soll-Werten, die über- oder unterschritten werden können *(Soll-Ist-Vergleich/betriebsintern)*.
- Kennzahlen gleicher Periode aus Teilbereichen des Unternehmens werden verglichen *(Teilbereichsvergleich/betriebsintern)*.
- Kennzahlen einer Periode dienen als Vergleichszahlen mit anderen Unternehmen *(Betriebsvergleich/betriebsextern)*.

Im Rahmen des innerbetrieblichen Zeitvergleichs werden gleichartige Kennzahlen aus unterschiedlichen Zeitperioden gegenübergestellt. Das Ergebnis spiegelt beispielsweise die Entwicklung einer Unternehmung im Zeitablauf wider. Der Zeitvergleich kann somit als eine Art Frühwarnsystem angesehen werden, durch den

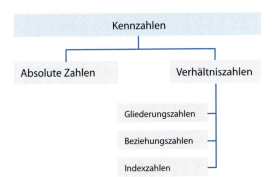

Abbildung 5.5-1: Kennzahlenarten (Quelle: Dreckmann, J., Piek, Chr.; Entwicklung einer BSC, unveröffentlichte Diplomarbeit; Fachhochschule Osnabrück, Osnabrück, 2004)

negative Entwicklungen frühzeitig erkannt und ggf. korrigiert werden können.

Der Soll-Ist-Vergleich wird ebenfalls als innerbetriebliche Vergleichsmethode eingesetzt. Den Ist-Werten werden Soll-Werte aus der gleichen Zeitperiode gegenübergestellt. Der Soll-Ist-Vergleich dient einerseits dem Planungszweck und andererseits der Kontrolle der Zielrealisierung. Mittels einer Abweichungsanalyse kann ermittelt werden, ob die unternehmerischen Zielvorgaben einer Periode erfüllt worden sind.

Kennzahlen der gleichen Periode, die aus unterschiedlichen Teilbereichen des Unternehmens stammen, werden zueinander in Beziehung gesetzt. Anhand der Ergebnisse können die Teilbereiche dann durch das Unternehmensmanagement vergleichend beurteilt werden. Für die Bereitstellung aussagekräftiger Informationen ist jedoch eine einheitliche Ermittlung der Kennzahlen notwendig.

Bei einem externen Betriebsvergleich werden die eigenen Kennzahlen mit Kennzahlen fremder Unternehmen verglichen. Der Betriebsvergleich kann z.B. die Entwicklung zum direkten Wettbewerber aufzeigen. Ziel ist es, Schwächen und Stärken des eigenen Unternehmens aufzudecken und Informationen zu erhalten, mit denen die Schwachstellen beseitigt werden können. Auch hier ist es erforderlich, dass die Kennzahlen vergleichbar sind.

5.5.2.4 Grenzen der Anwendung von Kennzahlen

Die Aussagekraft einzelner Kennzahlen ist begrenzt. Eine Kennzahl für sich allein enthält nur eine Information. Erst durch das Zusammenfassen von Kennzahlen zu einem System erhöht sich der Informationsgehalt. Hinzu kommt, dass die Bewertung eines Sachverhaltes anhand weniger Kennzahlen zu ungenauen oder mehrdeutigen Ergebnissen führen kann. Für eine sachgerechte und zuverlässige Analyse eines Tatbestandes ist es daher notwendig, eine Vielzahl relevanter Kennzahlen heranzuziehen. Die Qualität des Informationsgehaltes einer Kennzahl ist wiederum von dem zu Grunde liegenden Informationssystem abhängig.

Ein weiterer Nachteil kann darin gesehen werden, dass die Unternehmensleitung Kennzahlen heranzieht, die ihren Zielvorstellungen und Ansichten am besten entgegenkommen. Des Weiteren ist die Akzeptanz von unverbundenen und unüberschaubaren Kennzahlenansammlungen sehr gering.

Auf Grund dieser Einschränkungen gelten geschlossene Systeme, in denen die einzelnen Kennzahlen untereinander kombiniert werden, als ideale «Navigationshilfen».

5.5.3 Traditionelle Kennzahlensysteme

5.5.3.1 Vorbemerkungen

Wie bereits in Kapitel 5.5.2 ausgeführt, haben allein stehende Kennzahlen nur einen begrenzten Aussagewert und können zu Fehleinschätzungen und Fehlentscheidungen führen. Folglich wurden die Kennzahlensysteme entwickelt, um die Möglichkeiten von Fehlinterpretationen zu verringern und die Zusammenhänge zwischen einzelnen Kennzahlen zu verdeutlichen.

Unter einem **Kennzahlensystem** soll eine Zusammenstellung von Variablen verstanden werden. Hierbei stehen die einzelnen Variablen in einer sinnvollen Beziehung zueinander, sie ergänzen oder erklären sich einander, und sie sind auf ein übergeordnetes Ziel ausgerichtet.

Ein Kennzahlensystem beschreibt folglich die Verknüpfung mehrerer Einzelkennzahlen, die sachlich zusammenhängen, sich gegenseitig ergänzen und auf ein gemeinsames Ziel ausgerichtet sind. Die Navigation durch das Kennzahlensystem erfolgt durch *verdichtete Kennzahlen*. Ein Kennzahlensystem stellt ein Instrument zur koordinierten Informationsaufbereitung dar, mit dem betriebswirtschaftliche Aussagen über ein gesamtes Unternehmen und über Unternehmensteile gemacht werden, die zu Planungs-, Entscheidungs- und Kontrollaufgaben herangezogen werden können.

An der Spitze eines Kennzahlensystems steht in der Regel ein quantifizierbares Oberziel, von dem Subziele für die Entscheidungsträger in den unterschiedlichen Managementebenen abgeleitet werden. Anwendung finden die Systeme bei der Entwicklung und dem Aufbau betriebswirtschaftlicher Modelle, indem die betrieblichen Zusammenhänge eines Unternehmens durch verdichtete Kennzahlen beschreibend dargestellt werden (Reichmann, 2001: 24).

Kennzahlensysteme lassen sich in drei verschiedene Entwicklungsstufen unterteilen (Heberer/Imark et al., 2002):

- *Klassische Finanzkennzahlensysteme:* Hierunter fallen besonders das von DuPont entwickelte Kennzahlensystem sowie das ZVEI-Kennzahlensystem, welche das eingesetzte Kapital analysiert und zu steuern versucht.
- *Kombination monetärer und nichtmonetärer Kennzahlen:* Es handelt sich hierbei um eine Weiterentwicklung der klassischen Finanzkennzahlensysteme. Neben den klassischen finanziellen Kennzahlen werden nichtmonetäre Indikatoren berücksichtigt. Diese sollen u. a. Aufschluss über die Teamfähigkeit und Qualifikation der Mitarbeiter, Qualität oder Innovationsfähigkeit geben. Die nichtmonetären Zahlen sollen die zunehmende Bedeutung immaterieller Produktionsfaktoren verdeutlichen.
- *Kennzahlensysteme zur strategischen Unternehmenssteuerung:* Diese Systeme wurden entwickelt, um die Ziele des Unternehmens analog zu den unterschiedlichen Kundengruppen zu definieren und umzusetzen. Bei diesen Kennzahlensystemen wird nicht ausschließlich der finanzwirtschaftliche Bereich analysiert und gesteuert, vielmehr sind Kennzahlen für die Umsetzung der unternehmensindividuellen Strategie festzulegen.

Bis in die jüngere Vergangenheit sind vorwiegend finanzielle Kennzahlensysteme zum Tragen gekommen. Basierend auf diesen Kennzahlen wurden verschiedene Modelle zur Messung unternehmerischen Handelns geschaffen. Diese Kennzahlensysteme sollen sachgerechte Informationen über die betriebliche und wirtschaftliche Lage geben und in knapper und konzentrierter Form finanz- und güterwirtschaftliche Vorgänge abbilden.

5.5.3.2 Aufbau eines Kennzahlensystems

Kennzahlen bilden die Elemente eines Kennzahlensystems, die in einer rechnerischen Beziehung und/oder einer Ordnungsbeziehung zueinander stehen. Man unterscheidet demnach das Rechensystem und das Ordnungssystem.

Grundprinzip des **Rechensystems** ist eine mathematische Zerlegung von Kennzahlen. Die rechnerische Beziehung der Kennzahlen bewirkt, dass sich Veränderungen sowohl auf vor- als auch auf nachgelagerte Kennzahlen auswirken. Somit lassen sich die ursächlichen Zusammenhänge der Kennzahlen innerhalb einer hierarchischen Struktur verdeutlichen. Als Beispiel für ein Rechensystem ist das DuPont-Kennzahlensystem zu nennen.

Das **Ordnungssystem** weist keine mathematische Verknüpfung, sondern einen sachlogischen Zusammenhang auf. Hiermit ist gemeint, dass die Beziehungen der Kennzahlen untereinander hinsichtlich ihrer Art und Wirkungsrichtung bekannt sind. Dieses System ist im Gegensatz zum Rechensystem vor allem für Tatbestände geeignet, die sich in sachlogische Ursache-Wirkungs-Ketten aufspalten lassen.

5.5.3.3 Funktion von Kennzahlen und Kennzahlensystemen

Kennzahlen liefern Informationen für betriebliche Planungs-, Entscheidungs- und Kontrollaufgaben. Eine besondere Stellung nehmen dabei Informationen ein, die auf ein Unternehmensziel ausgerichtet sind. Die Zielvorstellungen sind Bestandteile des **Managementsystems** eines Unternehmens. Aus den im Laufe der Planungs- und Entscheidungsphase ermittelten Daten werden Kennzahlen abgeleitet, die als Planwerte vorgegeben werden. Die Planvorgaben müssen unter ständiger Kontrolle stehen, um die Realisation der Zielvorgaben nicht zu gefährden. Zur Kontrolle werden Istkennzahlen erhoben, um durch einen Soll-Ist-Vergleich mögliche Veränderungen frühzeitig zu erkennen. Liegt eine Abweichung der Istwerte von den Sollwerten vor, so müssen entsprechende Anpassungsmaßnahmen getroffen werden.

Ein **Frühwarnsystem** sendet Signale bzw. Informationen aus, durch die Risiken rechtzeitig erkannt werden. Durch die Ermittlung potenzieller Risikofaktoren lassen sich frühzeitig Gegenmaßnahmen ergreifen. Ein wichtiges Element der Früherkennung von Risiken mit Hilfe von Kennzahlensystemen ist der Zeitvergleich. Durch Hochrechnen der Istwerte auf das Ende der Periode und Vergleichen der Zahlen mit den Sollwerten können schon frühzeitig Informationen über mögliche Risikoentwicklungen aufgezeigt werden (Hahn/Krystek, 2000: 81).

Neben dieser klassischen Aufgabe kann das Frühwarnsystem ergänzt werden und somit weitere Aufgaben übernehmen. Es nutzt in diesem Falle Indikatoren, die zusätzlich Informationen über mögliche Fehlentwicklungen liefern. Diese Indikatoren können wirtschaftliche, technische oder soziale Informationen enthalten. Ein wirtschaftlicher Indikator ist beispielsweise die Kodierqualität im Zuge der DRG-Einführung. Zusammen mit den betriebswirtschaftlichen Kennzahlen liefert der Indikator «Kodierqualität» Informationen über die zukünftige Entwicklungen der Erlöse eines Krankenhauses. Die Kodierqualität ist somit für die Krankenhäuser in Zukunft ein wichtiger Bestandteil der Erlössituation.

5.5.3.4 Das DuPont-Kennzahlensystem

Eines der ältesten Kennzahlensysteme ist das DuPont-Kennzahlensystem. Es gilt als der Prototyp für die Bildung weiterer Kennzahlensysteme. Das DuPont-Kennzahlensystem existiert bereits seit 1919 und wurde von dem amerikanischen Chemiekonzern «E. I. DuPont de Nemours and Company» entwickelt.

An der Spitze dieses Systems steht der Erfolg aus investiertem Kapital, der so genannte *Return on Investment* (ROI). Er repräsentiert das oberste Unternehmensziel. Der Return on Investment gibt an, wie hoch der Eigenkapitalzuwachs durch das eingesetzte Kapital war. Bei der Ermittlung der ROI-Kennzahl werden Ergebnisgrößen auf das eingesetzte Kapital bezogen. Innerhalb des DuPont-Systems bildet der Ertrag aus dem investierten Kapital das oberste Unternehmensziel und steht somit an der Spitze der Kennzahlenpyramide. Auf der zweiten Ebene findet eine Zerlegung des ROI in die Bestandteile «Umsatzrentabilität» und «Kapitalumschlag» statt. Die Umsatzrentabilität gibt Auskunft darüber, welche Gewinnspanne mit den umgesetzten Produkten erreicht wurde. Löst man die Umsatzrentabilität auf, werden die verschiedenen Kosteneinflussgrößen sichtbar. Durch Aufspaltung des Kapitalumschlags erhält man Informationen über das Anlage- und Umlaufvermögen. Während die ersten beiden Ebenen Verhältniszahlen abbilden, bestehen die folgenden Ebenen aus absoluten Zahlen.

Der Return on Investment stellt somit eine Rentabilitätszahl dar. Die Rentabilitätsanalyse soll einem Unternehmen Aufschluss über den Erfolg geben. Eine Ergebnisgröße, wie z. B. der Gewinn, der als absolute Zahl abgebildet wird, lässt noch keine Aussage über seine Bedeutung zu, da die verursachenden Einflussfaktoren nicht bekannt sind. Rentabilitätskennzahlen setzen daher eine Ergebnisgröße (Gewinn, Jahresabschluss etc.) in Beziehung zu einer Einflussgröße.

Ausgehend von diesem obersten Unternehmensziel wird die Kennzahl des ROI auf nachfolgenden Stufen von anderen Kennzahlen gestützt. Es werden auf den unteren Ebenen weitere Kennzahlen entwickelt, durch deren Beeinflussung und Steuerung das investierte Kapital maximiert werden soll. **Abbildung 5.5-2** soll diesen Sachverhalt verdeutlichen.

Das systematische Herunterbrechen des obersten Unternehmensziels auf die einzelnen hierarchischen Ebenen ermöglicht eine Analyse der Einflussfaktoren des Unternehmensergebnisses. Das DuPont-System dient in erster Linie der unternehmensbezogenen Kennzahlenanalyse als der Steuerung mit Kennzahlenvergleichen auf Bereichsebene.

5.5.3.5 Das ZVEI-Kennzahlensystem

Das ZVEI-Kennzahlensystem stellt eine Weiterentwicklung des DuPont-Systems dar. Es wurde vom Zentralverband der elektrotechnischen Industrie (ZVEI) entworfen. Sein oberstes Ziel ist

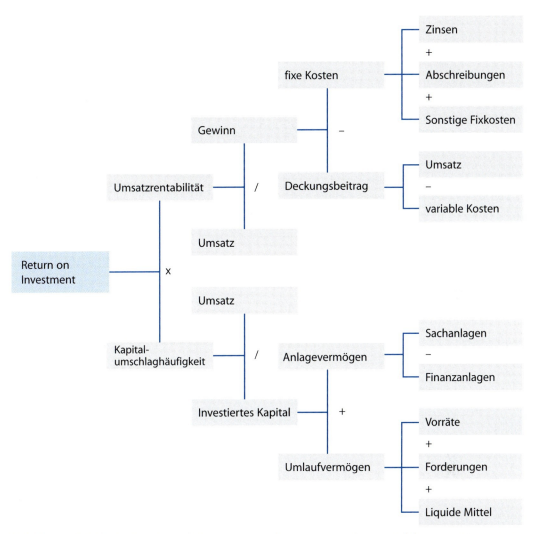

Abbildung 5.5-2: Das DuPont-Kennzahlensystem (Quelle: eigene Darstellung in Anlehnung an Kistner, K.-P., Steven, M.; Betriebswirtschaftslehre im Grundstudium 2 – Buchführung, Kostenrechnung, Bilanzen; Heidelberg, 1997, S. 408)

die Ermittlung der Effizienz eines Unternehmens. Die Idee des ZVEI-Kennzahlensystems liegt hierbei darin, z. B. sowohl die Rentabilität und die Liquidität zu steuern als auch die Möglichkeit zur internen und externen Unternehmensanalyse zu schaffen.

Als Instrument für die Unternehmenssteuerung soll es Kennzahlen bereitstellen, anhand derer sich die messbaren Ziele des Unternehmens darstellen lassen und die Zielerreichung über Kennzahlen gesteuert werden kann. Hierzu werden 210 Kennzahlen verwendet, von denen 88 als so genannte Hauptkennzahlen mit eigener Aussagekraft auftreten. Die restlichen 122 Hilfskennzahlen dienen hauptsächlich zur Verknüpfung der Hauptkennzahlen.

Im Rahmen von Zeit- und Betriebsvergleichen sollen durch die Unternehmensanalysen Rückschlüsse auf die Lage des Unternehmens ermöglicht werden. Bei dem ZVEI-Kennzahlensystem wird zwischen der Wachstums- und der Strukturanalyse unterschieden. Bei der Wachstumsanalyse werden aktuelle Werte mit Kennzahlen aus vergangenen Perioden verglichen. Die Strukturanalyse stellt den Kern des ZVEI-Kennzahlensystems dar. Die Eigenkapitalrentabilität stellt die Spitzenkennzahl dar. Im Rahmen der Strukturanalyse wird daher versucht, Informationen aus dem betrieblichen Rechnungswesen auf verschiedenen Ebenen zu strukturieren und zu verdichten, um hierdurch die Eigenkapitalrentabilität zielorientiert zu beeinflussen. **Abbildung 5.5-3** verdeutlicht die Grundzüge des ZVEI-Kennzahlensystems.

5.5.3.6 Grenzen finanzieller Kennzahlensysteme

Die Mehrzahl der bisher entwickelten und in der Praxis eingesetzten Kennzahlensysteme basiert auf den klassischen Finanzkennzahlsystemen. Diese Systeme sind unter anderen herrschenden Wettbewerbsbedingungen entwickelt worden. Den heutigen Ansprüchen werden sie nicht mehr gerecht. Die Wettbewerbsbedingungen unterscheiden sich grundlegend von denen früherer Zeiten. So führen z. B. die zunehmende Globalisierung, die Marktsegmentierung und die Deregulierungen dazu, dass sich Unternehmen zunehmend damit auseinander setzen müssen, neue Ideen und Konzepte zu verwirklichen, um im Wettbewerb bestehen zu können. Daher muss sich ein Unternehmen auch strategisch auf die zukünftigen, vielfältigen Herausforderungen einstellen können. Die finanziellen Kennzahlensysteme sind hierzu nicht geeignet, da sie überwiegend operativ ausgerichtet und vergangenheitsorientiert sind. Finanzkennzahlen lassen nur in einem geringen Umfang auf zukünftige Entwicklungen schließen und zeigen zudem nur selten die Ursachen für bestimmte Unternehmensentwicklungen auf.

Durch diese Kennzahlensysteme werden falsche Anreizpunkte gesetzt. Der wesentliche Schwachpunkt der traditionellen Systeme ist darin zu sehen, dass die so genannten «weichen Faktoren», also die nichtfinanziellen Kennzahlen, bei der Steuerung und Entwicklung eines

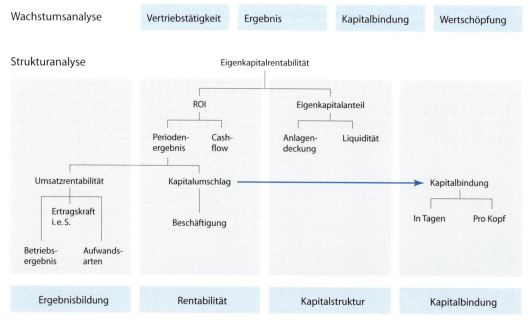

Abbildung 5.5-3: Das ZVEI-Kennzahlensystem (Quelle: Gladen, W.; Kennzahlen- und Berichtssysteme – Grundlagen zum Performance Measurement, 2. Aufl.; Wiesbaden, 2001, S. 98)

Unternehmens gar nicht oder kaum berücksichtigt werden. Diese «weichen Faktoren» werden aber in der heutigen Zeit für die optimale Steuerung der Unternehmungen immer wichtiger. So werden speziell in Deutschland nichtfinanzielle Kennzahlen in den Unternehmen kaum erfasst (Horvath & Partner, 2000: 3).

5.5.4 Innovative Performance-Measurement-Systeme

Die Schwächen traditioneller finanzorientierter Steuerungskonzepte sind seit Jahren bekannt und Gegenstand zunehmender Kritik (**Tab. 5.5-1**). Aus den vorgenannten Gründen ist es notwendig, eine integrierte, ganzheitliche und unternehmensspezifische Gesamtsicht in Form einer ausgewogenen Zusammenstellung von monetären und nichtmonetären Kennzahlen zu entwickeln. Hierdurch wird eine an der Unternehmensstrategie ausgerichtete Steuerung ermöglicht, die die notwendige Verzahnung der strategischen und operativen Ebene gewährleistet.

In den letzten Jahren wurden diverse Ansätze und Ideen zum Aufbau und zur Anwendung des so genannten Performance Measurement entwickelt (**Tab. 5.5-2**). Ein innovatives Performance-Measurement-System konzentriert sich auf die Festlegung von Maßgrößen, mit denen die Leistungen eines Unternehmens unter dem Blickwinkel der Effizienz- und Effektivitätssteigerung gesteuert werden können. Diese Maßgrößen sollen einen unmittelbaren Strategiebezug aufweisen und sowohl monetärer als auch nichtmonetärer Natur sein. Als Dimensionen für die nichtmonetären Kennzahlen lassen sich z. B. die Qualität, die Innovationsfähigkeit und die Kundenzufriedenheit anführen.

Zusammenfassend lässt sich festhalten, dass Performance-Measurement-Konzepte sowohl vergangenheits- als auch zukunftsorientierte Steuerungsinformationen für alle Leistungsebenen liefern. Darüber hinaus ermöglichen sie kurz- und langfristige Verbesserungsmöglich-

Tabelle 5.5-1: Vergleich von traditionellen und innovativen Kennzahlensystemen (Quelle: Dreckmann, J., Piek, Chr.; Entwicklung einer BSC, unveröffentl. Diplomarbeit; Fachhochschule Osnabrück, Osnabrück, 2004)

Traditionelle Kennzahlensysteme	Innovative Kennzahlensysteme
(klassische Finanzkennzahlensysteme, Kombination monetärer und nichtmonetärer Kennzahlen)	(Kennzahlensysteme zur strategischen Unternehmenssteuerung)
Keine Verbindung mit den finanziellen Zielen und der Strategie	Verbindung von Vision und Strategie auf den finanziellen Erfolg
Ausrichtung auf ein Ziel oder auf viele nicht miteinander verbundene Einzelziele (eindimensional)	Querverbindung und Synergieeffekte zwischen den Zielen (multidimensional)
Optimierung von einzelnen Zielen in der Unternehmensführung	Verbindung von finanziellen Zielen als Vision und Umsetzung der Strategie in einem Ursache-Wirkungs-Modell zur strategischen Unternehmensführung
Viele einzelne Kennzahlen und dadurch schlecht überschaubar	Konzentration auf wenige, von einander abhängige Kennzahlen
Einteilung der Kennzahlen: • operativ • Spätindikator • Kosten • ergebnisorientiert • Datenherkunft: hauptsächlich Rechnungswesen	Einteilung der Kennzahlen: • strategisch • Früh- und Spätindikator • monetär, nichtmonetär • finanzielle Ziele und Leistungstreiber • Datenherkunft: aus den Abhängigkeiten des Ursache-Wirkungs-Modells
Einfaches Lernen	Doppeltes Lernen

Tabelle 5.5-2: Auswahl verschiedener Konzepte des Performance Measurement (Quelle: Dreckmann, J., Piek, Chr.; Entwicklung einer BSC, unveröffentl. Diplomarbeit; Fachhochschule Osnabrück, Osnabrück, 2004)

• Tableau de Bord (vgl. Lebas, 1994)
• Performance Pyramid (vgl. Lynch/Cross, 1993)
• Balanced Scorecard (vgl. Kaplan/Norton, 1992 und 1997)
• Quantum-Performance-Measurement-Konzept (vgl. Hronec, 1996)
• Performance Measurement in Service Business (vgl. Fitzgerald et al., 1991 und 1996)

keiten für alle Leistungsebenen. Des Weiteren beinhalten die Konzepte monetäre und nichtmonetäre Kennzahlen. Letztendlich beinhalten sie quantitative und qualitative Informationen und neben strategischen auch operative Kennzahlen.

5.5.5 Die Balanced Scorecard als innovatives Performance-Measurement-System

5.5.5.1 Grundlegende Aspekte

Die Balanced Scorecard (BSC) wurde im Rahmen einer Studie zum Thema «Performance Measurement in Unternehmen der Zukunft», die Anfang der neunziger Jahre durch mehrere amerikanische Unternehmen durchgeführt wurde, entwickelt. Diesem Projekt lag die Annahme zu Grunde, dass die bestehenden Kennzahlensysteme der zukünftigen Entwicklung der Wertschöpfung von Unternehmen zunehmend nicht mehr gerecht werden, ja sogar für die Organisation existenzgefährdend sein könnten (Kaplan/Norton, 1997: VII).

Die Studie wurde vom Nolan Norton Institute unter Führung von David Norton begleitet. Die wissenschaftliche Beratung erfolgte durch Robert Kaplan, Professor an der Harvard Business School.

Die BSC wurde anfangs als erweitertes Performance-Measurement-System entwickelt, das neben den bisherigen finanziellen Kennzahlen weitere Leistungskennzahlen, u. a. zur Messung der Qualität sowie von Prozesszyklen und Produktentwicklung, erfassen sollte. Im Laufe des Projektes entwickelte sich eine andere Sichtweise, die BSC wurde zu einem Managementsystem fortentwickelt, das die strategische Ausrichtung der gesamten Organisation und deren Mitarbeiter in den Mittelpunkt stellt.

Die Grundidee der Balanced Scorecard liegt darin, dass aus einem bestehenden Zielsystem einer Organisation Strategien abgeleitet werden. Die Ziele und Strategien werden verschiedenen Perspektiven zugeordnet. Norton und Kaplan sprechen von der finanzwirtschaftlichen Perspektive, der Kundenperspektive, der internen Prozessperspektive sowie der Lern- und Entwicklungsperspektive. Sie betonen aber gleichzeitig, dass diese Perspektiven nicht als Korsett zu verstehen sind und Spielraum für individuelle Perspektiven lassen (Kaplan/Norton, 1997: 33).

Bei der Perspektivenwahl stellt die finanzwirtschaftliche Perspektive die Leitperspektive dar, auf welche die anderen Perspektiven hinzuwirken haben. Das bedeutet, dass die Ziele, Strategien und Kennzahlen der nachfolgenden Perspektiven ein Glied in einer Kette sein sollen, um letztendlich die finanziellen Aspekte zu verbessern. Es entstehen somit Ursache-Wirkungs-Beziehungen, durch die die Kausalität der strategischen Überlegungen widergespiegelt werden soll.

In **Abbildung 5.5-4** sind die wesentlichen Schritte im Erstellungsprozess einer Balanced Scorecard zur Verdeutlichung dargestellt.

Mit der Einführung der Balanced Scorecard wird eine Reihe von Zielen verfolgt. So lag ein Kerngedanke zur Entwicklung der Scorecard darin, die Finanzlastigkeit bestehender Kennzahlensysteme zu kompensieren. Weiterhin sollen die ausgewählten Kennzahlen zu einer ausgewogenen Kombination zur Darstellung externer und interner Ziele beitragen. Bisherige finanzielle Kennzahlensysteme weisen eine starke Vergangenheitsorientierung auf. Dem soll durch die zusätzliche Erfassung zukunftsorientierter Kennzahlen der Balanced Scorecard entgegengewirkt werden. Durch die Aufnahme dieser Kennzahlen soll die Fokussierung auf die zukünftigen Entwicklungen gewährleistet werden.

Nach Kaplan und Norton ist die Balanced Scorecard aber mehr als ein einfaches neues Kennzahlensystem. Sie sehen in der Balanced Scorecard ein Instrumentarium zum Meistern von kritischen Managementprozessen. Die BSC soll die Vision, die Ziele und die Strategien eines Unternehmens in verständliche und messbare Kennzahlen übersetzen. Diese sollen dann im gesamten Unternehmen so vermittelt werden, dass sich die Aktivitäten der Mitarbeiter an der Realisierung der langfristigen Unternehmensziele orientieren. Die Balanced Scorecard dient danach dem Unternehmen als Kommunikations-, Informations- und Lernsystem.

Nachfolgend sind noch einmal die wesentlichen Zielsetzungen der Balanced Scorecard stichpunktartig dargestellt:

- Implementierung der Unternehmensstrategie in der gesamten Organisation
- strategische Ausrichtung aller Aktionen
- Messbarkeit der Ziele und Strategien
- schnelle Anpassung von Strategien an sich ändernde Umweltbedingungen
- Kompensation der Finanzlastigkeit bestehender Kennzahlensysteme
- Kompensation der Vergangenheitslastigkeit bestehender Kennzahlensysteme
- Schließung der Lücke zwischen strategischer und operativer Planung
- Operationalisierung der Unternehmensstrategie für die Mitarbeiter
- Transparenz der Unternehmensziele, der Strategien und Aktionen
- Aufbau eines Kommunikationsmediums.

5.5.5.2 Begriffliche Abgrenzungen

Die erste Stufe, die zur Entwicklung einer Balanced Scorecard führt, beinhaltet die Bestimmung von Mission, Vision und Leitbild.

Eine **Mission** definiert die Bestimmung der Unternehmung, das heißt, sie nennt den Grund für die Existenz einer Organisation. Die Mission ist quasi das dauerhafte Fundament der Organisation und die Grundvorrausetzung für alle zukünftigen Entscheidungen. Darüber hinaus will die Mission eine Außenwirkung erreichen. Sie drückt aus, wie das Unternehmen von «außen», d. h. von den internen und externen Kunden, gesehen werden soll. Missionen drücken immer etwas Positives aus und sollen auch positiv aufgenommen werden. Daher sollte die Vermittlung der Mission durch einen möglichst eingängig formulierten Slogan erfolgen. Die Mission soll sich einerseits bei den Mitarbeitern motivationsfördernd auswirken, andererseits soll sie die Organisation vorantreiben, Veränderungen und positives Wachstum stimulieren. Sie ist der Leitstern für die Arbeit, der konstant verfolgt, aber nie erreicht wird (Niven, 2003: 110)

Visionen sind die Wunschvorstellungen, die vagen obersten Ziele, die erst im Laufe der Zeit konkrete Formen annehmen. Das Management beschäftigt sich mit der Frage, wo das eigene Unternehmen in 5–10 Jahren stehen will.

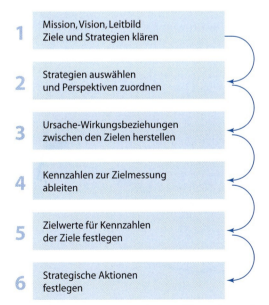

Abbildung 5.5-4: Schritte zur Entwicklung einer Balanced Scorecard (Quelle: Dreckmann, J., Piek, Chr.; Entwicklung einer BSC, unveröffentl. Diplomarbeit; Fachhochschule Osnabrück, Osnabrück, 2004)

Die Visionen sollten sich jedoch nicht vollständig von der Realität lösen, da ihre Umsetzung sonst unmöglich wird. Bei Visionen gilt der Grundsatz:

> Je kürzer eine Vision gefasst ist, desto einprägsamer ist sie und desto leichter lässt sie sich in Ziele und Strategien übertragen.

Eine gemeinsame Vision, die von allen Mitarbeitern einer Unternehmung gelebt wird, ist eine bedeutende Motivationskraft. Daher muss jeder an dem Prozess beteiligte Mitarbeiter die Vision begreifen. So muss er z. B. erkennen, welche Ziele und Strategien das Unternehmen in den nächsten Perioden verfolgt, wie diese erreicht werden können und welche Rolle er selbst dabei zu spielen hat.

Das **Leitbild** ist der unternehmerische Ansatz, den Mitarbeitern, Kunden und Lieferanten zu verdeutlichen, wie und in welcher Weise Beziehungen gepflegt werden. Außerdem wird verdeutlicht, welches der eigentliche Auftrag der Organisation ist und woraus er sich ableitet. Das Leitbild sagt demnach etwas darüber aus, wie die Organisation mit den Mitbewerbern, den Kunden und der Umwelt umzugehen gedenkt. Dieses Richtungspapier erinnert immer wieder an die gemeinsamen Ideen und Vorstellungen.

Ziele beschreiben einen erstrebenswerten zukünftigen Zustand. Sie sollen das Handeln aller im Unternehmen Beschäftigten beeinflussen. Durch die Festlegung der Ziele einer Balanced Scorecard kann eine Ausrichtung aller Mitarbeiter am Unternehmenszweck erreicht werden.

Vorraussetzung dafür ist aber, dass nur jene Ziele in die Balanced Scorecard Eingang finden, «die für die erfolgreiche Umsetzung der Strategie von besonderer Bedeutung sind, und nicht jene, die das Unternehmen operativ zur Aufrechterhaltung des laufenden Geschäfts benötigt. Die Balanced Scorecard ist ein Strategiemodell, kein Unternehmensmodell!» (Horvath & Partner, 2000: 33). Die Güte der strategischen Ziele entscheidet wesentlich über die Qualität und Brauchbarkeit der Balanced Scorecard.

In der Betriebswirtschaftslehre wird der Begriff «**Strategie**» vor allem in Zusammenhang mit der Planung und der Entscheidung verwendet. Die folgende Definition kennzeichnet die Funktion von Strategien:

> Strategien zu entwickeln bedeutet im betriebswirtschaftlichen Sinn Grundsatzentscheidungen zu treffen, die sämtliche Unternehmensbereiche tangieren. Durch Strategien werden wesentliche unternehmerische Absichten in die Realität umgesetzt. (Ehrmann, S. 25)

Die Strategie der Unternehmensführung zeigt auf, wie ein mittel- oder langfristiges Unternehmensziel erreicht werden soll. Es handelt sich um Verhaltensweisen bzw. Maßnahmen zur Verwirklichung der langfristigen Ziele.

Ein wesentliches Element der Balanced Scorecard ist die Betrachtung der Unternehmensziele aus verschiedenen **Perspektiven**. Die vier Standardperspektiven, wie sie von Kaplan und Norton vorgeschlagen werden, werden hier nur genannt und anschließend näher beschrieben:

- finanzwirtschaftliche Perspektive
- Kundenperspektive
- interne Prozessperspektive
- Lern- und Entwicklungsperspektive.

Durch die jeweilige Betrachtung des Unternehmens aus einer bestimmten Perspektive wird jeweils eine andere Fragestellung in den Vordergrund gerückt.

5.5.5.3 Perspektiven

Wie aus **Abbildung 5.5-5** ersichtlich, lässt sich die Zielsetzung der einzelnen Perspektiven mit einer Fragestellung erschließen. Die Fragen der **finanzwirtschaftlichen Perspektive** können z. B. wie folgt lauten:

- Wie sollen wir gegenüber unseren Teilhabern auftreten, um finanziellen Erfolg zu haben?
- Wie sehen die Eigentümer und Investoren das Unternehmen?

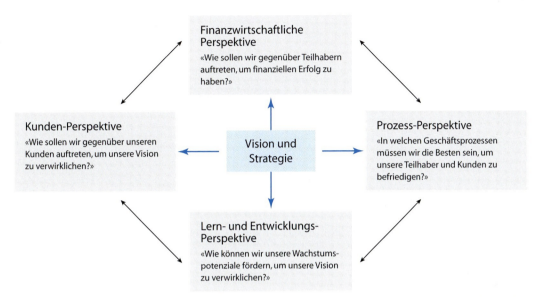

Abbildung 5.5-5: Die Grundfragen der einzelnen Perspektiven zur Betrachtung der Unternehmensziele (Quelle: eigene Darstellung in Anlehnung an Kaplan, R., Norton, D.; Balanced Scorecard; Stuttgart, 1997, S. 9)

In der finanzwirtschaftlichen Perspektive müssen für das Unternehmen die Ziele, Strategien und Messgrößen bestimmt werden.

Je nach Lebenszyklus kann die Strategie einer Unternehmung unterschiedlich sein. Befindet sich das Unternehmen in der Wachstumsphase (*growth*), so könnte das finanzwirtschaftliche Ziel z. B. in der prozentualen Ergebniswachstumsrate aus Einkünften oder in den Umsatzwachstumsraten in den Zielmärkten liegen.

In der Reifephase (*sustain*) sind die größten Investitionen abgeschlossen. Es wird jetzt nur noch investiert, wenn die Investition eine hohe Kapitalrendite aufweisen kann. Das finanzwirtschaftliche Ziel wird sich in dieser Phase an der Rentabilität ausrichten. Kennzahlen könnten in diesem Fall der Deckungsbeitrag oder das Betriebsergebnis sein.

Befindet sich ein Unternehmen bzw. eine Geschäftseinheit in der Erntephase (*harvest*), soll das investierte Kapital der vorherigen Phasen eingebracht werden. Investitionen werden nur noch getätigt, wenn ein schneller finanzieller Vorteil zu erkennen ist. Das finanzwirtschaftliche Gesamtziel in dieser Phase ist z. B. der Operating Cashflow.

Zusammenfassend kann gesagt werden, dass die finanzwirtschaftliche Perspektive bei Kaplan und Norton den Ausgangspunkt einer BSC bildet. Aus ihrer Sicht ist das Ziel jedes Unternehmens, die Erträge aus dem eingesetzten Kapital zu steigern. Alle Strategien, Konzepte und Maßnahmen dienen somit letztendlich diesem Ziel. Die Ziele der folgenden Perspektiven haben sich an den Zielen der finanzwirtschaftlichen Perspektive zu orientieren bzw. auf das Erreichen dieser Ziele hinzuwirken.

Die finanzwirtschaftlichen Ziele können nur erreicht werden, wenn beispielsweise der externe Kunde die angebotenen Güter kauft. Hierdurch erhält die Kundenperspektive ihre Wichtigkeit. Im Zusammenhang mit der Kundenperspektive können die entsprechenden Grundfragen wie folgt lauten:

- Welche Ziele sind unter Berücksichtigung der Struktur und der Anforderungen unserer Kunden festzulegen, um unsere finanziellen Ziele zu erreichen?
- Wie sollen wir gegenüber unseren Kunden auftreten, um unsere Vision zu verwirklichen?

Seit dem Aufkommen der so genannten Käufermärkte geht es im Wesentlichen um die Identifizierung von Kunden- und Marktsegmenten, in denen das Unternehmen konkurrieren will, das heißt, das Unternehmen muss festlegen, in welchem Bereich die Bedürfnisse der Kunden zu bedienen sind.

Kaplan und Norton unterscheiden innerhalb der Kundenperspektive die Kernkennzahlengruppe von den Wertangeboten. Zu der Kernkennzahlengruppe, die den Erfolg dieser Perspektive messen kann, gehören Ergebnismaßgrößen, wie z. B. die Kundenzufriedenheit, die Kundentreue, die Kundenrentabilität und die Kundenakquisition. Die Wertangebote sagen etwas darüber aus, was ein Unternehmen seinen Kunden bieten muss, um gute Ergebnisse zu erzielen. Die Wertangebote lassen sich in die Kategorien Produkt-/Dienstleistungseigenschaften, Kundenbeziehungen sowie Image und Reputation einteilen.

Die Grundfrage der **internen Prozessperspektive** (**Abb. 5.5-6**) kann wie folgt lauten:

- In welchen Geschäftsprozessen müssen wir die Besten sein, um unsere Kunden zu befriedigen?

Viele Unternehmen beschäftigen sich zwar mit der Verbesserung der vorhandenen Prozesse. Hierbei wird jedoch oft versucht, nur Teilprozesse und nicht den gesamten Geschäftsprozess zu optimieren. Von den Entwicklern der Balanced Scorecard wird daher empfohlen, sich die gesamte Wertschöpfungskette anzuschauen. Nur wer die vollständige Wertschöpfungskette interner Prozesse mit der finanzwirtschaftlichen Perspektive und der Kundenperspektive verknüpft, verschafft sich die Chance, langfristig eindeutige Wettbewerbsvorteile zu sichern (Conrad, 2001: 173).

Wie aus Abbildung 5.5-6 zu erkennen ist, beginnt die Wertschöpfungskette interner Prozesse mit der Identifizierung potenzieller Kundenwünsche, die das Unternehmen im Innovationsprozess erforschen muss. Im Innovationsprozess steht als Erstes die Marktidentifizierung an. Hier soll herausgefunden werden, welche Gebiete noch nicht abgedeckt sind und welche Gewinnmöglichkeiten existieren. Sind die Marktsegmente identifiziert, muss für die Kunden ein entsprechendes Produkt- und Dienstleistungsangebot geschaffen werden.

Das zweite Glied der oben beschriebenen Wertkette umfasst den Betriebsprozess von der Kundenbestellung über die Produktion hin zur Produktlieferung.

Das Ziel ist dieser Kette ist es, die jeweiligen Kundenbedürfnisse mit den günstigsten Bedingungen (Preis, Lieferzeit, Qualität usw.) zu befriedigen.

Das letzte Glied beschäftigt sich mit der Kundenbetreuung nach der Auslieferung und kann z. B. die Reparatur, den Wartungsservice usw. enthalten.

Im Balanced-Scorecard-Ansatz ist es wichtig, nicht nur bestehende Prozesse zu durchleuchten. Vielmehr sollten im Hinblick auf die unternehmerischen Ziele neue Prozesse eingeführt werden.

Die **Lern- und Entwicklungsperspektive** schafft die notwendige Infrastruktur, damit die anderen Perspektiven ihre Aufgaben erfüllen können. Die Grundfrage der vierten und letzten Perspektive lautet:

Abbildung 5.5-6: Die interne Prozessperspektive – das generische Wertkettenmodell (Quelle: Kaplan, R., Norton, D.; Balanced Scorecard; Stuttgart, 1997, S. 93)

- Welche Ziele sind hinsichtlich unserer Potenziale zu formulieren, um den aktuellen und zukünftigen Herausforderungen des Wettbewerbs begegnen zu können?

Hierzu müssen zunächst die Ressourcen und Kompetenzen identifiziert werden, die für das Unternehmen ausschlaggebend sind, um langfristig auf dem Markt überleben zu können. Durch eine gute Infrastruktur besteht die Möglichkeit, sich langfristig Wettbewerbsvorteile zu sichern. Dafür bedarf es nach der Identifizierung ggf. einer Verstärkung und Erneuerung der vorhandenen Infrastruktur. Diese Veränderungen können sich auf die folgenden drei Bereiche beziehen:

- Mitarbeiterpotenziale
- Potenziale von Informationssystemen
- Motivation, Empowerment und Zielausrichtung.

Für jeden Bereich müssen einzelne Ziele identifiziert werden. Im Bereich der Mitarbeiterpotenziale hat sich der Kaizen-Ansatz durchgesetzt. Danach werden die Innovationen nicht mehr von der Unternehmensführung festgelegt, die Ideen zur Verbesserung von Prozessen und Leistungen für den Kunden müssen vielmehr von den Mitarbeitern an der Basis kommen. Jede stärkere Einbindung der Mitarbeiter zieht Fort- und Weiterbildungsmaßnahmen nach sich, die von der Unternehmung zur Verfügung gestellt werden müssen.

Neben den Mitarbeiterpotenzialen sind ausgereifte Informationssysteme notwendig, damit der Mitarbeiter jederzeit die notwendigen Informationen zur Verfügung gestellt bekommt. Dies erfordert jedoch erhebliche Investitionen in Hard- und Software sowie in die Weiterbildung der Mitarbeiter.

Der dritte Bereich besteht in der Motivation, dem Empowerment und der Zielausrichtung. Kaplan und Norton halten diesen Bereich für besonders wichtig:

> Selbst hoch qualifizierte und gut informierte Mitarbeiter werden nicht zum Unternehmenserfolg beitragen, wenn sie nicht motiviert sind, den Interessen des Unternehmens zu dienen oder wenn sie nicht die Freiheit haben, eigene Entscheidungen zu treffen und selbstständig zu handeln. Deshalb stellt die dritte Vorraussetzung zur Erreichung der Innovationsziele das Unternehmensklima für Mitarbeitermotivation und -initiative in den Vordergrund. (Kaplan/Norton, 1997: 131)

Zusammenfassend kann gesagt werden, dass die Ziele der Lern- und Entwicklungsperspektive die treibenden Faktoren für die Erzielung hervorragender Ergebnisse der drei anderen Balanced-Scorecard-Perspektiven (finanzwirtschaftliche Perspektive, Kundenperspektive und interne Prozessperspektive) sind.

Die vier Perspektiven, die beschrieben wurden, haben sich in der Praxis in vielen Unternehmen als nützlich und stabil erwiesen. Sie werden daher als «die vier Standartperspektiven» bezeichnet.

Jede Organisationseinheit kann eine **Flexibilisierung der Perspektiven** vornehmen. Einen Veränderungsvorschlag machen z. B. Friedag und Schmidt, die auf der Grundlage der in mehreren Unternehmen gemachten Erfahrungen den folgendem Katalog von Perspektiven vorschlagen (Friedag/Schmidt, 1999: 198):

- Lieferantenperspektive
- Kreditgeberperspektive
- öffentliche Perspektive (Bund, Land, Kommune)
- Kommunikationsperspektive
- Einführungsperspektive
- Organisationsperspektive.

Ein anderes Beispiel der Flexibilität ist die Einführung einer Sozialperspektive für ein freigemeinnütziges und öffentliches Krankenhaus. Die Auswahl der Perspektiven für eine Balanced Scorecard sollte sich demnach nach den Kernaufgaben einer Unternehmung richten. Diese Flexibilität in der Perspektivwahl ist eine der wichtigsten Stärken der Balanced Scorecard. Die BSC ist dadurch anpassungsfähig und kann die Besonderheiten von Wirtschaftszweigen und Organisationen berücksichtigen.

5.5.5.4 Verknüpfung vorhandener Managementsysteme mit der Balanced Scorecard

Das 1986 von Alfred Rappaport entwickelte Konzept der wertorientierten Unternehmensführung stellt den Eigenkapitalgeber, den Shareholder, in den Mittelpunkt unternehmerischer Handlungen und Ziele. Ziel der Unternehmensführung ist es hierbei, den **Shareholder Value**, also den Wert des Eigenkapitals, zu erhöhen. Der Unternehmenswert ist durch Erhöhung der Eigenkapitalrendite zu maximieren, mit der Folge ständig steigender Börsenkurse, die den Aktionären zugute kommen.

Je nach unternehmensspezifischem Bedarf wird mit unterschiedlichen Shareholder-Value-Steuerungsgrößen gearbeitet, die alle dem übergeordneten Prinzip der Wertorientierung folgen. In diesem Zusammenhang sind z. B. zu nennen:

- Discounted Cashflow (DCF/SHV)
- Cashflow Return on Investment (CFROI)
- Economic Value Added (EVA).

Nach Horvath & Partner werden in der «... finanziellen Perspektive der Balanced Scorecard [...] die wichtigsten finanziellen Ziele des Unternehmens formuliert. Hier liegt der Ausgangspunkt für die unternehmensweite Ausrichtung am Gedanken des Shareholder Value und dessen unmittelbare Verknüpfung mit der Strategie. Die Anforderungen von Eigentümern, Investoren und Kapitalmärkten finden an dieser Stelle ihren Eingang in die Balanced Scorecard» (Horvath & Partner, 2000: 308). Die Integration von Sharholder Value und Balanced Scorecard zeigt **Abbildung 5.5-7**.

Die Balanced Scorecard ergänzt den Shareholder-Value-Ansatz um die nichtfinanziellen Steuerungsgrößen und erlaubt somit eine zielgerichtete und ausgewogene Unternehmenssteuerung.

Das Handeln in einem Wirtschaftsumfeld birgt immer gewisse Risiken. «Dabei soll unter einem Risiko allgemein eine mögliche positive oder negative Abweichung eines Handlungsergebnisses von einem gesetzten Ziel verstanden werden.» (Erdenberg, 2001).

Der Gesetzgeber hat mit dem **Gesetz zur Kontrolle und Transparenz im Unternehmensbereich (KonTraG)** vom 1. Mai 1998 einen Rahmen für ein Risikomanagement geschaffen. Im Gesetz fordert der Gesetzgeber von den Unternehmen, die diesen Vorschriften unterliegen, ein Risikofrüherkennungssystem im Rahmen eines umfassenden Risikomanagementsystems. Durch ein Risikomanagementsystem (RMS) sollen nicht sämtliche Risiken vermieden werden, sondern man erkennt die Risiken, versucht sie durch Kennzahlen zu überwachen und rechtzeitig durch geeignete Maßnahmen zu beeinflussen und zu steuern, um die Zielerreichung des Unternehmens zu ermöglichen.

Auch in einer solchen Situation bietet sich eine Kombination des Risikomanagements mit der Balanced Scorecard geradezu an. «Beide identifizieren steuerungsrelevante Kennzahlen, um eine an sich komplexe Situation greifbar zu machen und beschreiben Aktionsprogramme mit dem Ziel der Verbesserung der unternehmerischen Performance.» (Broetzmann/Oehler, 2002).

Das Risiko kann somit in die Unternehmensstrategie integriert werden. Die Effektivität der jeweiligen Planungs- und Steuerungsprozesse im Unternehmen kann damit nachhaltig erhöht werden.

Im Rahmen der Total-Quality-Management-Bewegung (TQM) wurde in vielen Unternehmen in den letzten Jahren das System der **European Foundation for Quality Management (EFQM)** eingeführt.

Das EFQM-System eignet sich als Teil des TQM zur umfassenden Bestandsaufnahme des Istzustandes eines Unternehmens. Es handelt sich um ein Unternehmensbewertungsmodell (Selbstbewertung) nach einem Kriterienkatalog, mit dem verschiedene für die Qualität relevante Aspekte beurteilt werden können. Durch die Selbstbewertung wird ein Unternehmen in die Lage versetzt, Stärken und Schwächen seiner Organisation aufzudecken und Verbesserungsprogramme anzuregen. Das EFQM-System arbeitet

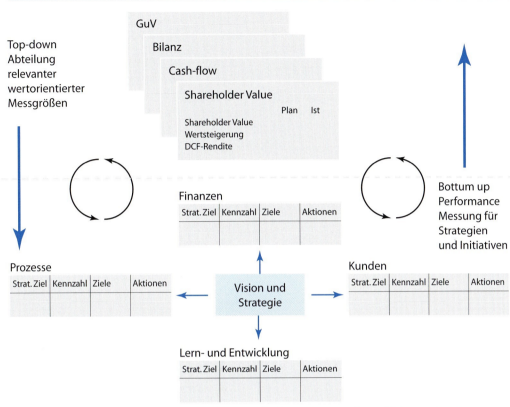

Abbildung 5.5-7: Integration von Sharholder Value und Balanced Scorecard (Quelle: Horváth & Partner; Online im Internet; URL: http://www.iwi.uni-sb.de/sat/sat_1998/folien/horvath/sld025.htm [Abruf: 19. 9. 2003])

ebenfalls mit Kennzahlen, strategischen Aktionen und Perspektiven. Es wird hauptsächlich im operativen Bereich eingesetzt, ist somit auf Prozesse fokussiert und kann nicht zur Strategieimplementierung benutzt werden. Die Tatsache, dass bei der Balanced Scorecard viele Kennzahlen deckungsgleich mit den Ergebnissen aus dem EFQM-System sind, macht es sinnvoll, das EFQM-System mit der Balanced Scorecard zu verbinden. **Abbildung 5.5-8** (S. 351) verdeutlicht das komplexe Netzwerk zwischen BSC und EFQM-System.

5.5.6 Einsatzmöglichkeiten der Balanced Scorecard im Krankenhaus

5.5.6.1 Status quo des strategischen Managements

In einer im Oktober 2002 veröffentlichten Studie wurde herausgestellt, dass im Management von Krankenhäusern immer noch gravierende Mängel bei der strategischen Ausrichtung herrschen. Eine Strategie zur Unternehmensentwicklung, welche die Wettbewerbsumwelt einbezieht, ist so gut wie nicht vorhanden (Böckelmann/Wolf, 2003; Borges/Schmidt, 2003). Die Führungskonzepte in Krankenhäusern orientieren sich mehr an traditionellen Verwaltungsvor-

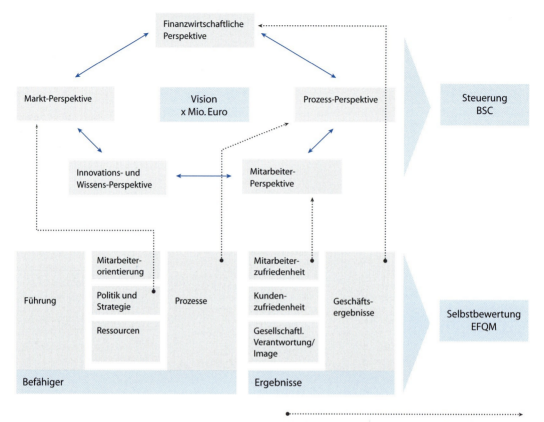

Abbildung 5.5-8: Vernetzung von Balanced-Scorecard- und EFQM-Perspektiven (Quelle: Horváth & Partner [Hrsg.], S. 319)

stellungen als an zukunftorientierten Managementansätzen.

Betrachtet man z. B. die bestehenden Controllingsysteme der Krankenhäuser, lassen sich überwiegend operative Verfahren feststellen. Ansätze des strategischen Controllings sind in der Praxis nur selten zu finden. Die im Krankenhaus bereitgestellten Zahlen beziehen sich in der Regel auf die operativen Planungen und Entscheidungen. Im Mittelpunkt stehen u. a. Kosteninformationen und Outputkennzahlen. Strategische, prospektive Zahlen, mit denen sich auf zukünftige Entwicklungen der Organisation und deren Umwelt schließen lässt, um darauf aufbauend zielgerichtete Entscheidungen treffen zu können, kommen hierbei nicht oder kaum zur Geltung.

Daher sind die Kennzahlen, die im Rahmen des operativen Controllings erfasst, aufbereitet und dem Klinikmanagement zur Verfügung gestellt werden, zur Führung von Krankenhäusern nur begrenzt geeignet. Diese Kennzahlen stellen keine Zusammenhänge im Sinne von Ursache-Wirkungs-Beziehungen dar. Zudem haben sie nur einen geringen Bezug zu den Zielen und Strategien eines Krankenhauses.

Die Komplexität des Leistungsgeschehens im Krankenhaus und die zurzeit stattfindenden Umbrüche im deutschen Gesundheitswesen machen ein effizientes und neuartiges Steuerungssystem des Krankenhauses unumgänglich. Hierbei ist eine strategische Auseinandersetzung mit den Herausforderungen des zukünftigen Gesundheitsmarktes unumgänglich.

Ziel des strategischen Managements muss es sein, sich bewusst und aktiv auf die sich ändernden Bedingungen im Krankenhausumfeld einzustellen und nicht nur eine reaktive Anpassung vorzunehmen. Letztlich es geht um den Erhalt eines Krankenhauses.

Die folgenden Fragen spielen z. B. für die Krankenhäuser im Rahmen ihrer aufzustellenden Strategie eine wichtige Rolle:

- Welche Zielgruppen wollen bzw. müssen wir zukünftig versorgen?
- Welche Leistungsschwerpunkte sind anzubieten?
- Mit welchen Stärken und Ressourcen können Wettbewerbsvorteile aufgebaut werden?

Ferner ist es für das Krankenhaus wichtig, Erkenntnisse darüber zu gewinnen, wie sich Zielgruppen und Bedarfslagen sowie die gesellschaftlichen, politischen und wirtschaftlichen Rahmenbedingungen in Zukunft entwickeln werden (Hensen/Wollert, 2003).

Für eine gesicherte strategische Positionierung des Krankenhauses im Gesundheitssektor ist eine Umfeldanalyse durchzuführen, die dem betreffenden Krankenhaus u. a. die eigenen Stärken und Schwächen sowie zukünftige Chancen und Risiken zur Generierung von Wettbewerbsvorteilen aufzeigt.

5.5.6.2 Balanced Scorecard als Möglichkeit für das Krankenhausmanagement

Der Einsatz der Balanced Scorecard im Krankenhausbereich befindet sich größtenteils noch im Anfangsstadium, sodass konkretes Zahlenmaterial über die Erfolge in diesem Sektor relativ gering ist. Dennoch lassen sich der Balanced Scorecard im Krankenhausbereich eine Vielzahl positiver Eigenschaften und mögliche Verbesserungspotenziale als innovatives Steuerungssystem zusprechen, die hier ansatzweise dargestellt werden sollen.

Strategische Planungen und deren Umsetzung weisen im Krankenhausbereich, entsprechend den vorherigen Ausführungen einen geringen Entwicklungs- und Umsetzungsstand auf. Während des Entwicklungsprozesses einer Balanced Scorecard muss sich das Krankenhaus aktiv mit der aktuellen Strategie bzw. mit der Findung oder Vervollständigung einer Strategie auseinander setzen. Mit der Balanced Scorecard steht dem Krankenhaus ein geeignetes Instrument zur Implementierung der Strategie zur Verfügung. Es kann bei diesem Umsetzungsprozess die Vorzüge der Balanced Scorecard nutzen. Die Balanced Scorecard kann der Krankenhausleitung den «Spagat» zwischen strategischer Steuerung und operativer Planung ermöglichen, das heißt, die operative Planung kann auf die strategischen Ziele abgestimmt werden. Durch eine Ursache-Wirkungs-Beziehung wird ersichtlich, ob und wie sich verschiedene Ziele beeinflussen und wie z. B. der einzelne Mitarbeiter zur Umsetzung dieser Ziele beitragen kann.

In Zukunft ist davon auszugehen, dass es in den Krankenhäusern neue Führungsstrukturen geben wird. Ein wichtiger Aspekt liegt hierbei in der Forderung der zentralen Steuerung eines Krankenhauses über die dezentrale Führung von Fachabteilungen (Schmidt-Rettig, 2003). Diesem Aspekt liegt der Gedanke zu Grunde, die Fachabteilungen in Folge des stärkeren Wettbewerbs im Krankenhausmarkt als dezentrale Erfolgsbereiche zu führen. Sie erhalten als «Subunternehmer» hohe Teilautonomie und tragen somit unternehmerische Verantwortung für ihr eigenes Handeln. Durch die zugesprochene Teilautonomie werden die Fachabteilungen in die Lage versetzt, sich dem steigenden Wettbewerbsdruck schneller und flexibler zu stellen. Neben monetären Aspekten werden vermehrt auch nichtmonetäre Erfolgsgrößen zur Beurteilung des Gesamterfolgs einer Fachabteilung herangezogen werden müssen. Die Balanced Scorecard kann durch ihre verschiedenen Perspektiven und durch die Messung nichtmonetärer Indikatoren dazu beitragen, dass die Erreichung ökonomischer Ziele nicht zu Lasten der Qualität geht.

Ein weiterer Vorteil liegt darin, dass die Balanced Scorecard sich mit verschiedenen Managementansätzen verknüpfen lässt. Ein wichtiger Aspekt im Krankenhaus besteht im Risiko- und Qualitätsmanagement. Zahlreiche Krankenhäuser haben mittlerweile die entsprechenden Systeme implementiert. Die Balanced Scorecard eignet sich zur Anbindung an bestehende Programme und schafft es, die scheinbaren Widersprüche zwischen Qualitätsverbesserung und Effizienzsteigerung zu überwinden.

5.5.6.3 Die Wahl der Perspektiven im Krankenhaus

Die Möglichkeit zur Anpassung der Perspektiven an die individuellen Gegebenheiten der Organisation wurde bereits erwähnt. In der Fachliteratur finden sich unterschiedliche Darstellungen über die Wahl der Perspektiven im Krankenhausbereich. In einigen Fällen wird eine Modifikation der Standardperspektiven vorgeschlagen. Es kann aber auch durchaus sinnvoll sein, die von Norton und Kaplan vorgeschlagenen Perspektiven zu übernehmen. Diese haben sich auch im Krankenhausbereich in den Fällen, in denen die BSC eingeführt worden ist, bewährt.

Im Folgenden sollen einige Vorschläge zur Wahl der Perspektiven aus der Praxis heraus betrachtet werden. Es handelt sich hierbei nicht um eine abschließende Betrachtung.

Kontrovers wird im Krankenhausbereich die Stellung der **finanzwirtschaftlichen Perspektive** diskutiert. Einerseits werden finanzielle Ziele nicht als Daseinszweck des Krankenhauses angesehen, da die Erfüllung des Versorgungsauftrages erste Priorität im Krankenhaus hat. Auf der anderen Seite wird aber auch betont, dass auf Grund der veränderten Bedingungen im Gesundheitswesen die ökonomischen Zielsetzungen des Krankenhauses an Bedeutung gewonnen haben. So muss die Erfüllung des Versorgungsvertrages mindestens mit einer Kostendeckung im Rahmen des Wirtschaftlichkeitsgebotes einhergehen. Dabei ist auch eine Priorisierung der ökonomischen Ziele durchaus denkbar (Schmidt-Rettig, 2003: 56).

Durch die unterschiedliche Rangstellung der finanziellen Zielsetzung des Krankenhauses haben sich verschiedene Modelle bezüglich der Positionierung der finanzwirtschaftlichen Perspektive auf der Balanced Scorecard entwickelt.

Eine Variante stellt hierbei die Möglichkeit dar, die Finanzperspektive nicht als übergeordnete Perspektive zu wählen. Die finanziellen Ziele dieser Perspektive werden als Voraussetzung zur Erfüllung der Ziele der weiteren Perspektiven verstanden. Die Anordnung der Finanzperspektive erfolgt nicht vertikal, sondern horizontal neben den weiteren Perspektiven. **Abbildung 5.5-9** verdeutlicht diese Möglichkeit.

Aus Abbildung 5.5-9 wird deutlich, dass die Kunden-Perspektive modifiziert worden ist. Neben dem Patienten kommt der Stakeholder als Kunde in Betracht. Dieser Zuordnung liegt die Überzeugung zu Grunde, dass eine alleinige Konzentration auf die Patienten, als Kunden im engeren Sinne, nicht mehr ausreicht. So wird zum Beispiel neben der Patientenperspektive die Wahl einer Stakeholder-Perspektive vorgeschlagen, in der die Interessen weiterer Anspruchsgruppen, etwa von niedergelassenen Ärzten,

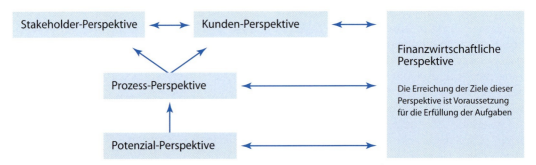

Abbildung 5.5-9: Einbindung der finanzwirtschaftlichen Perspektive (Quelle: Dreckmann, J., Piek, Chr.; Entwicklung einer BSC, unveröffentl. Diplomarbeit; Fachhochschule Osnabrück, Osnabrück, 2004)

Krankenkassen oder der Öffentlichkeit, festgehalten werden können.

Die interne Prozess-Perspektive und die Lern- und Entwicklungsperspektive werden inhaltlich kaum verändert. Jedoch werden diese unter Umständen anders benannt, um die jeweiligen individuellen Zielsetzungen der einzelnen Perspektiven stärker hervorzuheben.

Zu diesen traditionellen Perspektiven können weitere Perspektiven kommen. In der Praxis sind u. a. die beiden im Folgenden beschriebenen zusätzlichen Perspektiven gewählt worden

Öffentliche Aufgabenperspektive
Die öffentliche Aufgabenperspektive soll der Sichtweise gerecht werden, dass Krankenhäuser in der Regel eine öffentliche Aufgabe zu erfüllen haben. Neben der Möglichkeit, diese Perspektive zusätzlich mit in die Balanced Scorecard aufzunehmen, ist auch die Substitution der finanziellen Perspektive durch diese Aufgabenperspektive möglich.

Qualitätsperspektive
Auf Grund des hohen Stellenwertes des Qualitätsmanagements und der Qualitätssicherung im Krankenhaus wird die Aufnahme einer zusätzlichen Qualitätsperspektive vorgeschlagen. Bei der Wahl einer solchen Perspektive ist eine gezielte Beeinflussung der Struktur-, Prozess- und Ergebnisqualität unter Wahrung eines Gleichgewichts zu den wirtschaftlichen Zielen möglich.

5.5.6.4 Exemplarische Ziele und Kennzahlen für den Krankenhausbereich

Im Folgenden sollen für ausgewählte Perspektiven beispielhaft Ziele und deren Kennzahlen vorgestellt werden. Es handelt sich hierbei nur um einen generellen Überblick möglicher Ziele aus dem Krankenhausbereich.

Grundsätzlich kann auch im Krankenhaus ein Lebenszyklus einer Fachabteilung bzw. verschiedener Leistungsspektren unterstellt werden. So kann z. B. in dem Trend zu den nicht- oder minimalinvasiven Behandlungsformen ein Wachstumsfeld gesehen werden, in welches es zu investieren gilt. Im Folgenden werden jedoch unabhängig von den genannten Lebenszyklen mögliche strategische Ziele und Kennzahlen dargestellt.

Im Rahmen des Ertragswachstums von Krankenhäusern ist die Budgetierung zu nennen. Die fixe Budgetierung ermöglicht es dem Krankenhaus nur unter sehr eingeschränkten Vorraussetzungen, die Erlöse des stationären Bereichs zu erhöhen. Mehrerlöse, die im Rahmen der stationären Versorgung erzielt worden sind, müssen zu einem großen Teil an die Krankenkassen zurückerstattet werden. Durch diesen Mechanismus werden bestenfalls die zusätzlich entstandenen variablen Kosten gedeckt. Aus diesem Grund ist eine Ausweitung der stationären Leistungen, die unter die Budgetierung fallen, nicht für Ertragssteigerungen geeignet. Auch im DRG-System wird die Budgetierung zumindest auch in der Konvergenzphase bestehen bleiben, sodass im Rahmen eines Minimalprinzips nur versucht werden kann, die durchschnittlichen Leistungen, die mit einer DRG vergütet werden, zu möglichst geringen Kosten zu erbringen.

Unter dem Gesichtspunkt des Ertragswachstums empfiehlt es sich daher für Krankenhäuser, besonders Leistungen außerhalb ihres Kerngeschäfts, der Bereitstellung von allgemeinen Krankenhausleistungen, anzubieten. Diese können außerhalb der bestehenden Budgetierung abgerechnet werden.

Hierbei können z. B. Leistungen gezählt werden, die direkt mit dem Patienten abgerechnet werden können (z. B. Wellnessangebote, Gesundheitsberatungen oder Gesundheitsworkshops). Ein verstärktes Angebot kann zudem im Bereich des ambulanten Operierens angedacht werden. Diesem Bereich kommt zwar im Krankenhausbereich bislang wirtschaftlich nur eine untergeordnete Bedeutung zu. Im Rahmen des GKV-Modernisierungsgesetzes ist der ambulante Bereich der Krankenhäuser jedoch stark ausgebaut worden. Ein Vorteil des ambulanten Operierens liegt darin, dass diese Leistungen außerhalb des vereinbarten Budgets für stationäre Leistungen abgerechnet werden und in vollem Umfang den Krankenhäusern verbleiben. Dem Krankenhaus steht es hierbei offen, diese

Leistungen selber zu erbringen oder den niedergelassenen Ärzten die Räumlichkeiten, im Sinne einer besseren Ressourcenausnutzung der OP-Kapazitäten, zur Verfügung zu stellen. Ebenso sei an dieser Stelle auf den Ausbau integrierter Versorgungsformen und deren Bedeutung für das Krankenhaus verwiesen. Im Krankenhaus bietet sich zudem an, den Erlösen, die durch die Abrechnung einzelner DRGs erzielt werden, möglichst geringe Kosten zur Leistungserstellung gegenüberzustellen. Neben dem Versuch, die Kosten zur Leistungserstellung zu verringern, können auch Produktivitätssteigerungen durch effizientere Nutzung der Ressourcen strategische Ziele darstellen. **Tabelle 5.5-3** gibt eine Übersicht über mögliche Ziele und deren Kennzahlen für die finanzwirtschaftliche Perspektive im Krankenhausbereich.

Bei der Kundenperspektive ist anzuraten, eine Differenzierung hinsichtlich der verschiedenen Anspruchsgruppen gegenüber dem Krankenhaus vorzunehmen. Ferner ist auf die Besonderheit der jeweiligen Kunden in diesem Bereich hinzuweisen.

Dem Kunden werden in der ökonomischen Betrachtung die folgenden vier Eigenschaften zugeordnet: Der **Kunde** ist demnach

- Bedürfnisträger
- Kostenträger
- Leistungsempfänger und
- Leistungsveranlasser.

Im Bereich des Gesundheitswesens ist der Patient sowohl Bedürfnisträger als auch Leistungsempfänger. Die Zahlung erfolgt aber, bis auf die gesetzlich festgelegten Selbstbeteiligungen, nicht durch den Patienten, sondern durch dessen Krankenversicherung. Die Kassen sind somit die Kostenträger. Die Leistungsveranlasser im sozialrechtlichen Sinne sind die Mediziner. Trotz dieser Einschränkung setzt sich im Gesundheitssystem die Auffassung durch, dass die Patienten als Kunden anzusehen sind.

Daher kommt dem Aspekt der Kundenzufriedenheit eine wachsende Bedeutung zu. Krankenhäuser sind gefordert, die Bedürfnisse der verschiedenen Anspruchsgruppen zu erschließen und zu beachten, um dauerhaft bestehen zu können (Thill, 1999: V). Hierdurch werden die Kennzahlen, die Rückschlüsse über die Kundenzufriedenheit geben, zunehmend wichtiger.

Zusätzlich zu den Bemühungen um die Steigerung der Patientenzufriedenheit sollten die Bemühungen um die Kunden- bzw. Patientenakquisition begonnen bzw. verstärkt werden. In diesem Kontext sollte z. B. eine Einweiserstatistik erstellt werden, die u. a. darüber Auskunft gibt, welche niedergelassenen Ärzte des KV-Bereichs häufig in das Krankenhaus einweisen. Bei diesen Ärzten, die in das Krankenhaus einweisen, muss es das Ziel sein, die Einweisungsrate zu halten oder gar zu erhöhen. Analog den gemachten Ausführungen sollten sich die Krankenhäuser

Tabelle 5.5-3: Ziele und Kennzahlen der finanzwirtschaftlichen Perspektive (Quelle: Dreckmann, J., Piek, Chr.; Entwicklung einer BSC, unveröffentl. Diplomarbeit; Fachhochschule Osnabrück, Osnabrück, 2004)

Ziele	Kennzahlen
• abrechenbare Leistungen außerhalb des Budgets ausbauen	• Anzahl zusätzlich abrechenbarer Leistungen
• Liquidität sichern	• Forderungsreichweite, Liquiditätskennzahlen • Ø Zeitspanne Entlassung bis Rechnungsstellung
• Ausbau ambulanter Leistungen	• Anzahl ambulanter Fälle Vorjahr/aktuelles Jahr
• Kosten pro Fall senken	• Personalkosten pro Fall, Sachkosten pro Fall • Ø Kosten pro Fallgruppe (G-DRG)
• Reduzierung der Gesamtkosten	• Gesamtkosten laufendes Jahr/ Gesamtkosten Vorjahr
• Erlöse optimieren	• CMI, CC-relevante Nebendiagnosen
• finanzielles Gleichgewicht erhalten	• positiver Deckungsbeitrag pro Fachbereich

Tabelle 5.5-4: Ziele und Kennzahlen der Kundenperspektive (Quelle: Dreckmann, J., Piek, Chr.; Entwicklung einer BSC, unveröffentl. Diplomarbeit; Fachhochschule Osnabrück, Osnabrück, 2004)

Ziele	Kennzahlen
• hohe Einweisungsrate durch niedergelassene Ärzte	• Anzahl Patienten je überweisenden Arzt
• hohe Zufriedenheit von Patienten	• Zufriedenheitskennzahlen, Beschwerden, Empfehlungen
• Kooperation mit niedergelassenen Ärzten verbessern	• Arztbriefzustellung nach Entlassung
• Aufbau integrativer Versorgungsstrukturen mit niedergelassenen Ärzten	• Anzahl neuer Kooperationsverträge, Projekte mit den niedergelassenen Ärzten
• Ausbau überregionaler Reputation	• Anteil aufgenommener Patienten mit Wohnsitz außerhalb des regionalen Einzugsgebietes
• Marktanteil steigern	• Anzahl abgerechneter spezifischer DRGs im Vergleich zum Vorjahr

aber nicht nur auf niedergelassene Ärzte konzentrieren, sondern versuchen, den Patienten direkt über das Leistungsangebot zu informieren. Hier ergibt sich für das Krankenhaus die Notwendigkeit, Marketingaktivitäten zu starten bzw. zu verstärken. **Tabelle 5.5-4** gibt einen Überblick über mögliche Ziele und deren Kennzahlen im Bereich der Kundenperspektive.

In dieser internen Prozessperspektive ist es wichtig, dass die Kernprozesse, die als besonders erfolgskritisch einzustufen sind, von der Geschäftsführung identifiziert werden. Die Kernprozesse werden aus der Strategie direkt abgeleitet und ermöglichen dem Unternehmen, Wettbewerbsvorteile zu erzielen.

Im Krankenhaus besteht die Kernleistung darin, eine Zustandsveränderung beim Patienten herbeizuführen, die z. B. in einer Gesundheitsverbesserung oder durch ein verbessertes Wohlbefinden des Patienten zum Ausdruck kommt.

Analog hierzu sollten sich die primären Zielsetzungen dieser Perspektive am eigentlichen Kernprozess des Krankenhauses orientieren.

Neben diesen Kernprozessen können für ein Krankenhaus aber auch die Supportprozesse von großer Bedeutung sein. Hierunter werden die Prozesse verstanden, die im Hintergrund für die Erbringung der Kernleistung des Krankenhauses benötigt werden. Supportprozesse können als Basisanforderungen gesehen werden, die in die Balanced Scorecard aufgenommen werden sollten. Wie bereits dargestellt wurde, unterscheiden Norton und Kaplan im Rahmen der internen Prozessperspektive zwischen dem Innovations-, dem Betriebs- und dem Kundendienstprozess.

Generell kann diese Unterteilung auch im Krankenhaus herbeigeführt werden.

So könnte das Bedürfnis des Patienten nach neuen Behandlungs- und Therapieformen im Rahmen des Innovationsprozesses zufrieden gestellt werden. Beim Betriebsprozess geht es darum, die Bedürfnisse des Kunden effizient und effektiv zu befriedigen. Eine optimale, ergebnisorientierte Gestaltung von Prozessen ist zukünftig unabdingbar (Zapp, 2003). **Tabelle 5.5-5** gibt eine Übersicht über mögliche Ziele und deren Kennzahlen für die interne Prozessperspektive im Krankenhausbereich.

Bei der **Lern- und Entwicklungsperspektive** wird zwischen den Mitarbeiterpotenzialen, den Potenzialen von Informationssystemen und der Motivation, Empowerment und Zielausrichtung unterschieden.

Hier soll besonders auf die Rolle der Mitarbeiter im Rahmen dieser Perspektive kurz eingegangen werden, da sie eine wichtige Rolle im Leistungsgeschehen des Krankenhauses haben. Durch die Aufnahme von mitarbeiterrelevanten Zielen in die Balanced Scorecard und deren Verfolgung kann dazu beigetragen werden, dass die-

Tabelle 5.5-5: Ziele und Kennzahlen der internen Prozessperspektive (Quelle: Dreckmann, J., Piek, Chr.; Entwicklung einer BSC, unveröffentl. Diplomarbeit; Fachhochschule Osnabrück, Osnabrück, 2004)

Ziele	Kennzahlen
• Reduzierung der Wartezeiten	• Aufnahmezeit, Entlassungszeit
• Verbesserung der Ergebnisqualität	• Wiederaufnahmerate, Sterblichkeitsrate
• Abstimmung von Prozessen	• OP Stillstandzeiten, Verlegungsrate
• Verweildauer auf das Notwendige minimieren	• prä- und postoperative Verweildauer
• Neuorganisation von Prozessen	• Anzahl Clinical Pathways
• hohe OP-Auslastung	• Schnitt-Naht-Zeit, Wechselzeit
• Reorganisation von Prozessen	• Anzahl Prozessbeschreibungen

sem Erfolgsfaktor die nötige Aufmerksamkeit zukommt. Auf diese Weise werden erst die Vorausetzungen dafür geschaffen, die Ziele der anderen Perspektiven zu erreichen.

Zur Motivation der Mitarbeiter ist es wichtig, organisatorische Rahmenbedingungen zu schaffen, in denen sich die Motivation und die Begeisterung der Mitarbeiter entwickeln und entfalten kann. Dauerhafte Motivation kann nur intrinsisch entstehen. Es ist daher wichtig, dass die Erwartungshaltungen der Belegschaft im Personalmanagement transparent sind.

Weitere strategische Ziele in dieser Perspektive lassen sich zur Aus-, Fort- und Weiterbildung formulieren (**Tab. 5.5-6**). Es gilt hierbei, ein hohes Qualifikationsniveau zu erreichen und zu halten.

Literatur

Aichele, C.: Kennzahlenbasierte Geschäftsprozessanalyse. Wiesbaden, 1997: 73

Böckelmann, M.; Wolf, G.: Praktische Erfahrungen mit der Balanced Scorecard. f&w, Heft 3, S. 264 (2003)

Borges, P.; Schmidt, R.: Strategische Herausforderungen für Krankenhäuser. Online im Internet: http://www.gebera.de/download/Strategiestudie2002.pdf (Abruf: 15. 10. 2003)

Broetzmann, F.; Oehler, K.: Risk Enhanced Balanced Scorecard – ein Instrument für ein strategisch orientiertes Risikomanagement. Controller Magazin, Heft 6, S. 589 (2002)

Conrad, H.-J.: Das Controlling Konzept der Zukunft. Die BSC als integriertes Führungs- und Steuerungsinstrument. Kulmbach, 2001: 173

Dreckmann, J.; Piek, Chr.: Entwicklung einer BSC. Unveröffentlichte Diplomarbeit, Fachhochschule Osnabrück, Osnabrück, 2004

Ehrmann, H.: Kompakt-Training Balanced Scorecard. Kiehl, 2003, S. 25, 3. Auflage

Tabelle 5.5-6: Ziele und Kennzahlen der Lern- und Entwicklungsperspektive (Quelle: Dreckmann, J., Piek, Chr.; Entwicklung einer BSC, unveröffentl. Diplomarbeit; Fachhochschule Osnabrück, Osnabrück, 2004).

Ziele	Kennzahlen
• Mitarbeitermotivation erhöhen	• Krankenstand, Fluktuationsrate
• Servicegedanken fördern	• Anzahl erfolgter Qualitätszirkel
• innovatives Leistungsangebot	• Anzahl Zulassung für neue Therapieformen
• hohe Beteiligung am Vorschlagswesen	• eingegangene Vorschläge, prämierte Vorschläge
• hoher Level bei Fort- und Weiterbildung	• durchschnittliche Ausgaben für Fort- und Weiterbildung pro Vollzeitmitarbeiter Weiterbildungsermächtigung der Ärzte
• attraktive Arbeitsbedingungen	• Personalbestand «Ist» zu «Soll» Übereinstimmung von Eignungs- und Anforderungsprofil
• Implementierung des Qualitätsgedankens	• Selbstevaluation des Qualitätsgedankens

Erdenberg, C.: Risikomanagement – Möglichkeiten einer pragmatischen Umsetzung in mittelständischen Unternehmen. Controller Magazin Heft 1, S. 13 (2001)

Friedag, R.; Schmidt, W.: Balanced Scorecard – Mehr als ein Kennzahlensystem. Freiburg i. Br., 1999: 198

Hahn, D.; Krystek, U.: Früherkennungssysteme und KontTraG. In: Dörner, D.; Horváth, P. (Hrsg.): Praxis des Risikomanagements. Stuttgart, 2000: 81

Heberer, M.; Imark, P. u.a.: Welche Kennzahlen braucht die Spitalführung? Schweizerische Ärztezeitung, Nr. 9, S. 425 (2002)

Hensen, P.; Wollert, S.: Handlungsbedarf durch die DRG-Einführung: Vorbereitung auf den Wettbewerb. Das Krankenhaus, Nr. 5, S. 381 (2003)

Horváth & Partner (Hrsg.): Balanced Scorecard umsetzen. Stuttgart, 2000: 3

Horvath, P.: Controlling. München, 1998: 547

Kaplan, R.; Norton, D.: Balanced Scorecard. Stuttgart, 1997: VII

Niven, P.: Balanced Scorecard – Schritt für Schritt. WILEY-VCH, Weinheim, 2003, S. 110

Reichmann, T.: Controlling mit Kennzahlen und Managementberichten (4. Aufl.). München, 1995: 19

Reichmann, T.: Controlling und Managementberichte. München, 2001: 24

Schierenbeck, H.: Grundzüge der Betriebswirtschaftslehre. München, 1999: 621

Schmidt-Rettig, B.: Womit sollen/wollen Krankenhäuser steuern? Krankenhaus Umschau – Spezial, Nr. 21, S. 3 (2003)

Thill, K.-D.: Kundenorientierung und Dienstleistungsmarketing. Stuttgart, 1999: V

Zapp, W.: Im Mittelpunkt die Prozesse. Krankenhaus Umschau – Spezial, Heft 21, S. 11 (2003)

5.6 Materialmanagement

M. Haubrock

5.6.1 Elementare und dispositive Produktionsfaktoren

Das Krankenhaus als Medizinbetrieb erbringt Gesundheitsleistungen in Form der vollstationärer, semistationärer, vor- und nachstationärer sowie ambulanter Behandlungen (§ 39 Abs. 1 SGB V). Sie umfassen:

- den ärztlichen Einsatz
- die pflegerische Betreuung
- die Versorgung mit Arznei-, Heil- und Hilfsmitteln
- die soziale Fürsorge
- die seelsorgerische Hilfe sowie
- Unterkunft, Verpflegung (Hotelversorgung).

Hinzutreten können Leistungen in Lehre und Forschung.

Die Produktion von Krankenhausleistungen als Input-Output-Modell lässt sich mittels des zweistufigen Leistungserstellungsprozesses darstellen. Dieser Leistungserstellungsprozess im Krankenhaus setzt hierbei eine Differenzierung der Leistungen in Primär- und Sekundärleistungen voraus. Die eigentliche Primärleistung (Primär-Output) des Krankenhauses besteht in der Veränderung des Gesundheitszustandes (Statusveränderung) des Patienten. Als Sekundärleistung (Sekundär-Output = Primär-Input) werden die Einzelleistungen der Diagnostik, Therapie, Pflege und Versorgung bezeichnet.

Diese Einzelleistungen werden durch die Kombination so genannter Produktionsfaktoren (Sekundär-Input) im betrieblichen Leistungserstellungsprozess des Krankenhauses erstellt. Dieser Krankenhausbetriebsprozess ergibt sich somit aus der Kombination von Elementarfaktoren (ausführende menschliche Arbeitsleistungen und Wirtschaftsgüter im Sinne der Abgrenzungsverordnung) durch die dispositiven Faktoren (Leitungsorgane und leitende Tätigkeiten) (**Abb. 5.6-1**).

Aus Abbildung 5.6-1 lässt sich ableiten, dass in diesem System sieben **Produktionsfaktoren**

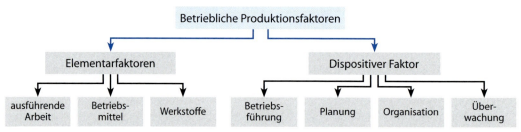

Abbildung 5.6-1: System der produktiven Faktoren (Quelle: Haubrock, M., Peters, Sönke H. F., Schär, W. [Hrsg.]; Betriebswirtschaft und Management im Krankenhaus, 2. Aufl.; Berlin, Wiesbaden, 1997, S. 112)

eingesetzt werden müssen, um die Dienst- und Sachleistung des Krankenhauses her- bzw. bereitstellen zu können.

Der Bereich der **Elementarfaktoren** gliedert sich in exekutive menschliche Leistung, in Betriebsmittel und Werkstoffe auf. Die beiden letzten Elemente werden im Krankenhaus als Anlage-, Gebrauchs- und Verbrauchsgüter bezeichnet. Der Bereich der **dispositiven Faktoren** umfasst Leitungspersonen und leitende menschliche Tätigkeiten. Er gliedert sich in den originären dispositiven Faktor (Betriebsführung/Management als Organisationseinheit des Krankenhauses) und in die derivativen dispositiven Faktoren. Hierunter ist die Managementtätigkeit von Leitungsstellen zu verstehen. Diese Tätigkeit lässt sich in Zielsetzung, Planung, Entscheidung, Organisation und Kontrolle unterteilen.

Die Menge und Güte des Einsatzes der Elementarfaktoren durch die Betriebs- bzw. Geschäftsleitung mittels Managementtätigkeiten bestimmt somit das Ergebnis des Krankenhausbetriebsprozesses in Form der Quantität und Qualität der Sekundär- und Primärleistungen. Das Erreichen der gesetzten Krankenhausziele wird somit durch die Steuerung der betrieblichen Produktionsfaktoren bestimmt.

Die Krankenhausleistungsproduktion ist somit die sich im Krankenhausbetrieb vollziehende durch den Menschen veranlasste und gelenkte Kombination von Produktionsfaktoren mit dem Ziel der Erbringung ambulanter, teilstationärer und stationärer Gesundheitsleistungen zur unmittelbaren Befriedigung individueller physischer und/oder psychischer Bedürfnisse von Patienten. Sie umfasst aber nicht nur die Erstellung der konkreten Gesundheitsleistung, sondern auch die Herstellung und Vorhaltung einer nach dem Versorgungsauftrag bzw. dem krankenhausbetrieblichen Leistungsprogramm definierten Leistungsbereitschaft.

Neben der dominanten menschlichen Tätigkeit (Dienstleistung) ist der Einsatz von Sachgütern ein wesentlicher Faktor für die Erstellung der Gesundheitsleistungen im Krankenhaus. Hierbei sind Güter generell als Gegenstände zu bezeichnen, die dazu dienen, die Bedürfnisse des Menschen unmittelbar oder mittelbar zu befriedigen. Sind diese Gegenstände – bezogen auf den jeweiligen Bedarf – knapp, werden sie als wirtschaftliche Güter bezeichnet. Diese Güter unterliegen dann dem wirtschaftenden bzw. wirtschaftlichen Handeln des Menschen.

Man kann davon ausgehen, dass alle eingesetzten **Güter** knappe Güter, also Wirtschaftsgüter, darstellen. Das Krankenhaus muss deshalb wirtschaftend bzw. wirtschaftlich tätig werden.

Wirtschaftsgüter können nach einer Reihe von Merkmalen, wie z. B. Nutzungsdauer, Wert oder Materialität, unterschieden werden. In den relevanten Rechtsgrundlagen für die Krankenhäuser werden die Sachgüter nach ihrer Pflegesatzfähigkeit unterschieden. So werden Anlagegüter in Form von Investitionsgütern, wie z. B. den Kosten für die Errichtung von Krankenhäusern, durch die Länder bezahlt, während die Gebrauchs- und Verbrauchsgüter seitens der Krankenkassen finanziert werden.

Literatur

Haubrock, M.; Peters, S.; Schär, W.: Betriebswirtschaft und Management im Krankenhaus. Berlin, Wiesbaden, 1997

Wöhe, G.: Einführung in die Allgemeine Betriebswirtschaftslehre (15. Aufl.). München, 1984

5.6.2 Sachgüter im Sinne der Abgrenzungsverordnung

In der Verordnung über die Abgrenzung der im Pflegesatz nicht zu berücksichtigenden Investitionskosten von den pflegesatzfähigen Kosten der Krankenhäuser vom 12. 12. 1985 (Abgrenzungsverordnung – AbgrV) werden im § 2 die Begriffe gegeneinander abgegrenzt. Danach sind:

- Anlagegüter die Wirtschaftsgüter des zum Krankenhaus gehörenden Anlagevermögens
- Gebrauchsgüter die Anlagegüter mit einer durchschnittlichen Nutzungsdauer bis zu 3 Jahren und
- Verbrauchsgüter die Wirtschaftsgüter, die durch ihre bestimmungsgemäße Verwendung aufgezehrt oder unverwendbar werden oder die ausschließlich von einem Patienten genutzt werden und üblicherweise bei ihm verbleiben (geborene Verbrauchsgüter, ohne Wertgrenze). Als Verbrauchsgüter gelten auch die wiederbeschafften, abnutzbaren beweglichen Anlagegüter, die einer selbstständigen Nutzung fähig sind und deren Anschaffungs- oder Herstellungskosten für das einzelne Anlagegut ohne Umsatzsteuer 51,13 Euro nicht übersteigen (gekorene Verbrauchsgüter, alles ≤ 51,13 Euro).

Eine differenzierte Betrachtung zeigt die einzelnen Bestandteile dieser Güter.

Zu den **Anlagegütern** eines Krankenhauses gehören nach der Krankenhausbuchführungsverordnung (KHBV) vom 24. 3. 1987 z. B.:

- Grundstücke und grundstücksgleiche Rechte mit Betriebsbauten einschließlich der Betriebsbauten auf fremden Grundstücken
- Grundstücke und grundstücksgleiche Rechte mit Wohnbauten einschließlich der Wohnbauten auf fremden Grundstücken
- Grundstücke und grundstücksgleiche Rechte ohne Bauten
- technische Anlagen und
- Einrichtungen und Ausstattungen.

Anlagegüter sind somit diejenigen Güter bzw. Wirtschaftsgüter, die zum Anlagevermögen des Krankenhauses gehören (§ 2 Nr. 2b KHG und § 2 Nr. 1 AbgrV). Was im Einzelnen zum Anlagevermögen eines Krankenhauses gezählt wird, ist in Anlage 1 zur KHBV, Kontenklasse 0, festgehalten.

Nach dem Merkmal der Verwendbarkeit handelt es sich um solche Güter, die mehrfach verwendet werden können, im Leistungsprozess des Krankenhauses also mehrfach eingesetzt werden können.

Diese Anlagegüter werden nun unter dem Aspekt der Förderung in kurz-, mittel- und langfristige Anlagegüter eingeteilt. Hierbei sind:

- kurzfristige Anlagegüter die Anlagegüter mit einer durchschnittlichen Nutzungsdauer von mehr als 3–15 Jahren
- mittelfristige Anlagegüter die Anlagegüter mit einer durchschnittlichen Nutzungsdauer von mehr als 15–30 Jahren und
- langfristige Anlagegüter die Anlagegüter mit einer durchschnittlichen Nutzungsdauer von mehr als 30 Jahren

Nach § 9 Abs. 3 KHG ist für wiederbeschaffte kurzfristige Anlagegüter sowie für kleine bauliche Maßnahmen eine **pauschale Förderung** vorgesehen, während in den anderen Fällen Einzelförderung gilt. Hieraus wird deutlich, dass alle Anlagegüter, die länger als 3 Jahre genutzt werden können, im Rahmen der dualen Finanzierung durch Fördermittel der Länder finanziert werden.

Zur Finanzierung der **Instandhaltungskosten** der Anlagegüter werden seitens der Krankenkassen Pauschalen bezahlt. Die dadurch entstehenden Kosten, unabhängig von ihrer Höhe, zählen somit zu den Betriebskosten. Sie gehen damit in das Krankenhausbudget ein, das von den Krankenkassen zu finanzieren ist. Auch nach Inkrafttreten des GKV-Modernisierungsgesetzes zum 1. 1. 2004 wird in § 7 BPflV 2004 (Pflegesatzfähige Kosten bei geförderten Krankenhäusern) festgehalten, dass die Kosten für die Instandhaltung der Anlagegüter des Krankenhauses pauschal in Höhe von 1,1% des Budgets einzurechnen sind. Eine Ausnahmeregelung greift in Bayern, wo das Land die Instandhaltungskosten übernimmt.

Im Sinne der AbgrV sind Gebrauchsgüter die Anlagegüter mit einer durchschnittlichen Nutzungsdauer bis zu 3 Jahren. **Gebrauchsgüter** sind also ihrer Art nach Anlagegüter, und zwar solche, die eine kürzere Nutzungsdauer als kurzfristige Anlagegüter aufweisen, die also unterhalb der kurzfristigen Anlagegüter liegen. Sie sind deshalb in logischer Fortsetzung der Fristigkeitsterminologie als ultrakurzfristige Anlagegüter zu bezeichnen.

Bei den Gebrauchsgütern wird unterschieden zwischen beweglichen, selbstständig nutzungsfähigen Gebrauchsgütern, deren Anschaffungs- und Herstellungskosten für das einzelnen Gebrauchsgut 409,04 Euro nicht übersteigen und «sonstigen Gebrauchsgütern». Gebrauchsgüter sind z. B.:

- Dienst- und Schutzkleidung, Wäsche, Textilien
- Glas- und Porzellanartikel
- Geschirr
- sonstige Gebrauchsgüter des medizinischen Bedarfs, wie Atembeutel, Heizdecken und -kissen, Hörkissen und -muscheln, Magenpumpen, Nadelhalter, Narkosemasken, Operationstischauflagen, Polster und Decken, Schienen, Spezialkatheter und Kanülen, Venendruckmesser, Wassermatratzen
- sonstige Gebrauchsgüter des Wirtschafts- und Verwaltungsbedarfs, wie Bild-, Ton- und Datenträger, elektrische Küchenmesser, Dosenöffner, Quirle und Warmhaltekannen.

Hinsichtlich der Finanzierung von Gebrauchsgütern ist zu sagen, dass diese Güter pflegesatzfähig sind, das heißt, sie gehen in die Betriebskostenkalkulation ein und werden durch die gesetzlichen Krankenkassen finanziert.

Im Einzelnen gelten die folgenden Bestimmungen:

Kosten diese Gebrauchsgüter im Einzelfall *mehr als 51,13 Euro*, aber *weniger oder gleich 409,04 Euro*, dann zählen die Kosten zu den **Betriebskosten.** Kosten die Gebrauchsgüter im Einzelfall mehr als 409,04 Euro, werden die Anschaffungs- bzw. Wiederherstellungskosten auf die Jahre der Nutzung verteilt und die dadurch entstehenden Abschreibungsbeträge den Betriebskosten zugeordnet.

Die Gebrauchsgüter sind ebenso wie die unten aufgeführten Verbrauchsgüter pflegesatzfähig.

Verbrauchsgüter sind die zum Krankenhaus gehörenden Wirtschaftsgüter, die

- durch ihre bestimmungsgemäße Nutzung
  - aufgezehrt werden (z. B. Arzneimittel, Lebensmittel, Wasch-, Reinigungs- und Desinfektionsmittel, Brennstoffe)
  - unverwendbar werden (z. B. Verbandsmaterial, Einwegspritzen, sonstige Einwegartikel) oder
- ausschließlich von einem Patienten genutzt werden und üblicherweise bei ihm verbleiben (z. B. Endoprothesen, Herzschrittmacher).

Diese Sach- bzw. Wirtschaftsgüter gehen neben dem Produktionsfaktor «Mitarbeiter» als Inputfaktoren in den Krankenhausbetriebprozess ein und dienen der Erstellung von Krankenhausleistungen.

Abbildung 5.6-2 verdeutlicht die bisherigen Aussagen hinsichtlich der Einteilung der Sach- bzw. Wirtschaftsgüter im Krankenhaus sowie ihrer Zuordnungen zu den Betriebskosten (pflegesatzfähig, Finanzierung durch die Krankenkassen) bzw. zu den Investitionskosten (Fördermittel, Finanzierung durch die Länder).

Der Aufgaben- und Arbeitsschwerpunkt der Materialwirtschaft eines Krankenhauses liegt bei den Verbrauchsgütern. Bei der Betrachtung der Wirtschaftsgüter im Krankenhaus muss zum einen die Seite der Versorgung mit diesen Gütern und zum anderen die Seite der Entsorgung einiger Güter betrachtet werden. Hierbei wird der Entsorgungsaspekt, der in der Gegenwart bereits eine große Bedeutung für das Krankenhausmanagement hat, in Zukunft unter ökologischen Gesichtspunkten noch wesentlich bedeutsamer werden, daher wird im Folgenden schwerpunktmäßig das Abfallmanagement dargestellt.

Literatur

Abgrenzungsverordnung (AbgrV) – Verordnung über die Abgrenzung der im Pflegesatz nicht zu berücksichtigenden Investitionskosten von den pflege-

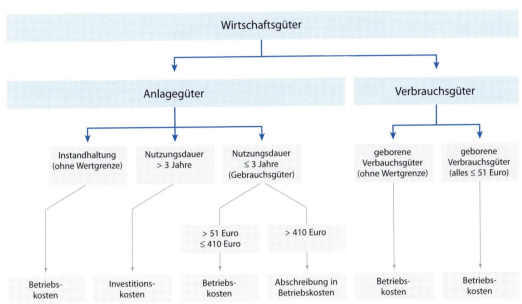

Abbildung 5.6-2: Systematik der Wirtschaftsgüter (Quelle: Haubrock, M., Peters, Sönke H. F., Schär, W. [Hrsg.]; Betriebswirtschaft und Management im Krankenhaus; Berlin, Wiesbaden, 1997, S. 115)

satzfähigen Kosten der Krankenhäuser vom 12. 12. 1985

Gesetz zur Modernisierung der gesetzlichen Krankenversicherung (GKV-Modernisierungsgesetz – GMG) vom 14. 11. 2003, BGBl. I S. 2190

Haubrock, M.; Peters, S.; Schär, W.; Betriebswirtschaft und Management im Krankenhaus (2. Aufl.). Berlin, Wiesbaden, 1997

Krankenhaus-Buchführungsverordnung (KHBV) – Verordnung über die Rechnungs- und Buchführungspflichten von Krankenhäusern in der Fassung vom 24.3 1987

Krankenhausfinanzierungsgesetz (KHG) – Gesetz zur wirtschaftlichen Sicherung der Krankenhäuser und zur Regelung der Krankenhauspflegesätze in der Fassung vom 17. 12. 1999

5.6.3 Grundsätzliche Überlegungen zur Materialwirtschaft

Die Materialwirtschaft umfasst die systematische Versorgung aller zum Erreichen des Unternehmenszweckes notwendigen Güter vom Lieferanten bis zum Patienten über sämtliche Stufen des Krankenhauses hinweg. Sie steht zwischen den Forderungen nach Sicherheit und Gewährleistung gegenüber Patient und Umwelt auf der einen Seite und der nach Wirtschaftlichkeit auf der anderen Seite.

Die Materialwirtschaft beschäftigt sich mit der Beschaffung, Verteilung und Entsorgung von Wirtschaftsgütern. Diese Elemente bilden ein gemeinsames System, das Materialwirtschaftssystem.

Das Materialwirtschaftssystem ist somit die Gesamtheit aller Tätigkeiten sowie jeglicher Informations-, Kommunikations- und Entscheidungsprozesse, bezogen auf die Ware, von der Ermittlung des Bedarfs, über die Bestellung, den Eingang, die Lagerhaltung, den innerbetrieblichen Transport bis zur Bereitstellung und Entsorgung der Ware.

Die betriebliche Materialwirtschaft hat die Aufgabe, die für den Leistungserstellungs- und Leistungsverwertungsprozess benötigten Güter unter Beachtung des Wirtschaftlichkeitsprinzips bereitzustellen und die Entsorgung von Abfällen zu organisieren.

Der Oberbegriff «Materialwirtschaft» wird in den letzten Jahren auch in die Teilbereiche Materialbeschaffung und Materiallogistik aufgeteilt.

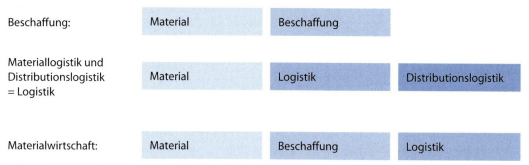

Abbildung 5.6-3: Elemente der Logistik (Quelle: Haubrock. M.; Vorlesungsunterlagen Krankenhausbetriebswirtschaftslehre; Fachhochschule Osnabrück, Osnabrück, 2004)

Die Distributionslogistik, ein weiteres Teilgebiet der Logistik (**Abb. 5.6-3**), wird gemeinhin nicht zur Materialwirtschaft gerechnet.

Aufgabe der **Materialbeschaffung** ist es, die quantitative und qualitative Versorgung der Unternehmung Krankenhaus mit Gütern auf wirtschaftliche Weise zu gewährleisten. Die Beschaffung muss die Transaktionsprozesse zwischen Lieferanten und Krankenhaus managen. Die Beschaffungsentscheidungen stehen hierbei im Spannungsverhältnis von Kostenreduktion, Leistungsverbesserung und Autonomieerhaltung. So kann z.B. die Versorgung durch langfristige Lieferverträge oder Zahlung über dem üblichen Preisniveau liegender Preise sichergestellt werden. Dadurch steigen aber die Kosten stark an. Außerdem stehen langfristige Lieferverträge dem Gesamtunternehmensziel der Autonomieerhaltung im Wege. Ein anderer Weg, die Versorgung sicherzustellen, ist die Beschaffung (**Abb. 5.6-4**) leicht lieferbarer, aber geringwertiger Güter, was wiederum das Leistungsverbesserungsziel der Unternehmung behindert.

Das zweite Element der Materialwirtschaft ist die **Materiallogistik**. Es ist die Logistik der Bereiche Beschaffung und Betriebsprozess. Die Materiallogistik übernimmt die Aufgaben der Planung, Steuerung und Kontrolle der raumzeitüberbrückenden Aktivitäten der Lagerung, des Transports und der Materialhandhabung. Hierbei sind die Kosten für den Materialfluss zu minimieren, um die Kapitalbindungskosten zu senken.

Die **Distributionslogistik**, die nicht mehr der Materialwirtschaft zugeordnet wird, ist die Logistik im Bereich des Absatzes. Die Distributionslogistik hat also dafür zu sorgen, dass die Ergebnisse des Betriebsprozesses beim Kunden auf wirtschaftliche Weise zur Verfügung gestellt werden.

Die Aufgabe der Logistik endet also nicht wie bei der Beschaffung mit der Bereitstellung der Materialien im Unternehmen, sondern umfasst den Sachgüterfluss von der Aufnahme beim Lieferanten bis zur Abgabe an den Kunden.

Der Übergang von Beschaffung und Logistik im Rahmen der Materialwirtschaft ist fließend. Beschaffung und Logistik überschneiden sich in Teilbereichen.

Eine logistisch orientierte Materialwirtschaft folgt dem Gedanken der Logistik, durch eine entsprechende Leitung und Organisation das

Abbildung 5.6-4: Die Beschaffung im Spannungsfeld (Quelle: Haubrock, M., Peters, Sönke H. F., Schär, W. [Hrsg.]; Betriebswirtschaft und Management im Krankenhaus, 2. Aufl.; Berlin, Wiesbaden, 1997, S. 118)

richtige Produkt zur richtigen Zeit in der richtigen Qualität und Menge mit optimalen Kosten an die richtige Stelle zu bringen. Aus dieser Zielsetzung ergeben sich für die Materialwirtschaft folgende Merkmale:

- kurze Reaktions- und Durchlaufzeiten
- hohe Materialbereitstellungssicherheit
- Reduzierung der Bestände und Erhöhung der Geschwindigkeit des Materialkreislaufs
- effektive Auslastung der Kapazitäten.

Folgt man der Darstellung des Materialwirtschaftssystems in Form eines Flussdiagramms, lassen sich u. a. die in **Abbildung 5.6-5** dargestellten Elemente der Materialwirtschaft unterscheiden.

In die **Bedarfsermittlung** gehen Verbrauchsinformationen der Vergangenheit sowie das zukünftige Leistungsprogramm des Krankenhauses ein. Angesichts der zukünftigen ausschließlichen Finanzierung der somatischen Krankenhausleistungen durch Pauschalentgelte ist die Bedarfsermittlung von Fallgruppen relevant. Durch Zusammenfassen homogener Leistungsgruppen lassen sich bedarfsrelevante Parameter erstellen. Auslöser eines Beschaffungsvorgangs ist somit nicht mehr die Bedarfsmeldung der verbrauchenden Stelle. Vielmehr muss die Beschaffung aus statistischen Verbrauchsdaten sowie aus einer prospektiven und an der geplanten Leistungserbringung orientierten Bedarfsplanung resultieren.

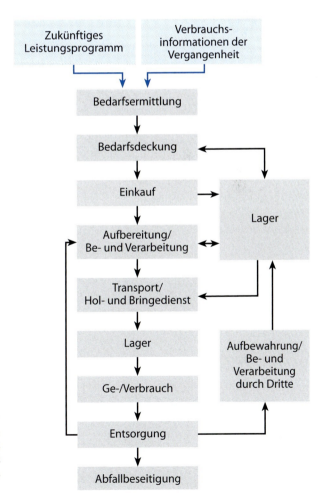

Abbildung 5.6-5: Elemente des Materialwirtschaftssystems (Quelle: Haubrock, M., Peters, Sönke H. F., Schär, W. [Hrsg.]; Betriebswirtschaft und Management im Krankenhaus, 2. Aufl.; Berlin, Wiesbaden, 1997, S. 119)

Diese Bedarfsermittlung ist Auslöser der **Bedarfsdeckung** des Beschaffungsvorganges. Hierunter kann man alle Tätigkeiten verstehen, die erforderlich sind, um das Krankenhaus auf der Grundlage der Bedarfsermittlung mit den notwendigen Sachgütern nach Art und Menge termingerecht zu versorgen. Hierbei muss bedacht werden, ob die Bedarfsdeckung mit oder ohne Vorratshaltung durchgeführt werden soll.

Ist die Bedarfsdeckung abgeschlossen, müssen die Waren bestellt und beschafft werden. Es ist die Phase des **Wareneinkaufs**. Bei der Bestellung ist zu beachten, dass die Bestellungen so rechtzeitig erfolgen, dass Termin- und Versorgungsschwierigkeiten vermieden werden.

Die Beschaffungsplanung bedarf zwingend der Ergänzung durch die Beschaffungsvollzugsplanung, die folgende Teilpläne umfasst:

- Festlegung der Beschaffungsmengen
- Fixierung der Liefertermine und
- Ermittlung der Einkaufspreise.

Bei der Bestellung lassen sich das Bestellpunktverfahren und das Bestellrhythmusverfahren unterscheiden.

Beim Bestellpunktverfahren geht man von konstanten Bestellmengen und variablen Bestellterminen aus, das heißt, für den Planungszeitraum werden die Bestellmenge und der Meldebestand festgelegt, während die Bestellintervalle, also die zwischen zwei Bestellungen liegenden Zeitabstände, variabel sind. Als Meldebestand wird der Lagerbestand bezeichnet, bei dessen Erreichen die Bestellung zu erfolgen hat. Das Bestellrhythmusverfahren wird durch die Konstanz der Beschaffungsintervalle gekennzeichnet. Die Anpassung des Bestandes an den Zielbestand (Maximalvorrat, der ausreicht, um den Bedarf zu decken) erfolgt beim Bestellrhythmusverfahren durch Veränderung der Bestellmengen. Diese müssen mindestens dem verzeichneten Lagerabgang entsprechen.

Zur Vermeidung von Störungen im Ablauf des Betriebsprozesses muss ein Reservebestand (eiserner Bestand, Mindestbestand) eingeplant werden. Zu diesem eisernen Bestand kommt weiterhin der Vorrat, der benötigt wird, um den Verbrauch während der Beschaffungszeit zu überbrücken. Zur termingerechten Bestellung wird daher eine Bestandshöhe festgelegt (Melde- oder Bestellbestand), bei deren Erreichen die Lagerverwaltung eine Meldung an den Einkauf geben muss.

In einem zweiten Schritt werden die bestellten Waren eingeliefert. Dieser Vorgang fällt in den Bereich der Warenannahme. Nach der Warenannahme bzw. -kontrolle und der Wareneingangserfassung müssen die Waren gelagert werden, es sei denn, es wird verbrauchssynchron bestellt und geliefert (Just-in-time-Verfahren).

Bei der **Lagerhaltung** sollten u. a. folgende Punkte berücksichtigt werden:

- Funktion des Lagers (z. B. Ausgleichs- oder Pufferfunktion)
- Organisation des Lagers (zentrales/dezentrales Lager) und
- Ordnung des Lagers (Magazin-/Freiplatzprinzip).

Zur Ermittlung von Lagerbewegungen und so genannten Ladenhütern bedient man sich der ABC-Analysen und der XYZ-Analysen.

Die **ABC-Analyse** teilt die Waren nach dem Wert und der Menge in drei Gruppen auf, z. B.:

- A-Güter: ca. 80 % Wertanteil, ca. 10 % Mengenanteil
- B-Güter: ca. 15 % Wert- und ca. 30 % Mengenanteil

Abbildung 5.6-6: Beispiel einer ABC-Analyse (Teil 1) (Quelle: Haubrock, M., Peters, Sönke H. F., Schär, W. [Hrsg.]; Betriebswirtschaft und Management im Krankenhaus, 2. Aufl.; Berlin, Wiesbaden, 1997, S. 121)

	A-Teile	B-Teile	C-Teile
Umsatzanteil in %	80	15	5

5.6 Materialmanagement

Umsatzverteilung			Rangliste mit Umsatzanteil in Prozenten				
Erzeugnis-gruppe	Umsatz in DM/Jahr	Umsatz/Jahr bezogen auf den Gesamtumsatz in Prozent	Rang	Erzeugnis-gruppe	Umsatzanteil in Prozent	aufaddierter Umsatzanteil in Prozent	
A	41473	3,1	1	B	43,9	43,9	A-Teile
B	587316	43,9	2	F	81,0	74,9	
C	115055	8,6	3	C	8,6	83,5	B-Teile
D	17392	1,3	4	H	6,2	89,7	
E	57528	4,3	5	E	4,3	94,0	
F	414733	31,0	6	A	3,1	97,1	C-Teile
G	21406	1,6	7	G	1,6	98,7	
H	82947	6,2	8	D	1,3	100,0	
Gesamt-umsatz	1337850	100,0					

Abbildung 5.6-7: Beispiel einer ABC-Analyse (Teil 2) (Quelle: Haubrock, M., Peters, Sönke H. F., Schär, W. [Hrsg.]; Betriebswirtschaft und Management im Krankenhaus, 2. Aufl.; Berlin, Wiesbaden, 1997, S. 121)

- C-Güter: ca. 5 % Wertanteil, ca. 60 % Mengenanteil).

Die XYZ-Analyse geht hingegen von der Vorhersagegenauigkeit des Verbrauchs über einen längeren Zeitraum aus:

- X-Güter sind die Waren mit konstantem Verbrauch.
- Y-Güter sind die Waren mit trendmäßigen oder saisonalen Schwankungen.
- Z-Güter sind die Güter mit völlig unregelmäßigen Schwankungen.

Die **Abbildungen 5.6-6**, **5.6-7** und **5.6-8** stellen ein Beispiel für eine ABC-Analyse dar. A-Teile sind die aus der Sicht des Umsatzes, des Gewinns, des Deckungsbeitrages oder der Kosten wichtigsten Produkte. B-Teile sind die weniger wichtigen Produkte, und C-Teile sind die unwichtigen Produkte mit geringem Umsatzanteil.

Während bei der ABC-Analyse die Sachgüter nach dem Kriterium Umsatz bzw. Wert eingeteilt werden, bildet die **XYZ-Analyse** eine Entscheidungshilfe für die Lösung des Sachgüterbereitstellungsproblems. Konkret geht es um die Hilfestellung bei der Beantwortung u. a. folgender Fragen:

- Vorratshaltung oder Einzelbeschaffung im Bedarfsfall?
- verbrauchssynchrone Beschaffung oder Vorratshaltung?

Mit Hilfe der XYZ-Analyse lassen sich auch Entscheidungen über den Sicherheitsbestand, den Höchstbestand usw. treffen.

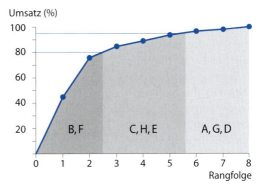

Abbildung 5.6-8: Beispiel einer ABC-Analyse (Teil 3) (Quelle: Haubrock, M., Peters, Sönke H. F., Schär, W. [Hrsg.]; Betriebswirtschaft und Management im Krankenhaus, 2. Aufl.; Berlin, Wiesbaden, 1997, S. 122)

Tabelle 5.6-1: Kombination der ABC-Analyse mit der Gliederung der Materialien nach ihrer Verbrauchsstruktur (Quelle: Haubrock, M., Peters, S., Schär, W.; Betriebswirtschaft und Management im Krankenhaus, 2. Aufl.; Berlin, Wiesbaden, 1997, S. 123)

	A	B	C
X	Hoher Verbrauchswert Regelmäßiger Verbrauch	Mittlerer Verbrauchswert Regelmäßiger Verbrauch	Niedriger Verbrauchswert Regelmäßiger Verbrauch
Y	Hoher Verbrauchswert Schwankender Verbrauch	Mittlerer Verbrauchswert Schwankender Verbrauch	Niedriger Verbrauchswert Schwankender Verbrauch
Z	Hoher Verbrauchswert Unregelmäßiger Verbrauch	Mittlerer Verbrauchswert Unregelmäßiger Verbrauch	Niedriger Verbrauchswert Unregelmäßiger Verbrauch

Sinnvoll ist zudem eine Kombination der Daten, die mittels der ABC-Analyse und der XYZ-Analyse ermittelt werden. **Tabelle 5.6-1** zeigt die Verbindung der beiden Methoden.

Durch den **Transport** der Sachgüter, z. B. zwischen dem Lager und der Ge- oder Verbrauchsstelle, werden die zur Produktions- bzw. Versorgungsleistung benötigten Güter in der erforderlichen Menge und Qualität zur richtigen Zeit und am richtigen Ort bereitgestellt.

Die Funktionserfüllung hat zu erfolgen unter Beachtung der Nebenbedingung Kostenoptimierung mit den beiden Subzielen:

- Minimierung der Beschaffungs- und Lagerhaltungskosten sowie
- Minimierung der Fehlmengenkosten.

Die Realisierung einer bestandsoptimierten Patientenversorgung erfordert in jedem Fall eine bedarfssynchrone Steuerung des gesamten Materialflusses.

Auf der letzten Stufe des Warenwirtschaftssystems steht die **Entsorgung**, das Abfallmanagement.

Zusammenfassend lässt sich sagen, dass die Funktion der Materialwirtschaft zum einen in der Versorgung des Unternehmens mit folgenden für den Leistungserstellungsprozess benötigten Gütern und Dienstleistungen besteht:

- in der notwendigen Art und Qualität
- in der wirtschaftlichen Menge
- bei den geeigneten Lieferanten
- zum günstigsten Zeitpunkt
- am richtigen Lager- und Einsatzort
- zum günstigsten Preis.

Zum anderen kommt die sachgerechte Entsorgung der Waren durch das Unternehmen bzw. Krankenhaus hinzu.

Vor allem durch die Kostenkomponente sowohl bei der Versorgung als auch bei der Entsorgung kommt die betriebswirtschaftliche Bedeutung des materialwirtschaftlichen Sektors zum Tragen. So beträgt z. B. der Anteil der Materialkosten (je nach Berechnungsumfang) an den Umsatzerlösen in der Industrie 50–70 %. Aus diesen Zahlen wird deutlich, welchen Einfluss Kostenveränderungen in der Materialwirtschaft auf das Unternehmensergebnis ausüben können (**Abb. 5.6-9**).

Im Krankenhaus hingegen liegen die Kosten der Materialwirtschaft bei ca. 40 % der Gesamtkosten des Unternehmens. Dieser Zahl liegt jedoch eine umfassende Betrachtungsweise der mit der Materialbewirtschaftung zusammenhängenden Kosten zu Grunde. Die Entstehung dieses Gesamtkostenanteils soll in **Abbildung 5.6-10** veranschaulicht werden.

Zur Verdeutlichung der Auswirkungen von Einsparungen im materialwirtschaftlichen Sektor auf die Unternehmensrentabilität wird häufig die Kennzahl «Return on Investment (ROI)» herangezogen. Hierunter ist die Gesamtkapitalrentabilität zu verstehen. Die Gesamtkapitalrentabilität setzt sich wiederum aus dem Produkt aus Umsatzrendite (Gewinn : Umsatzerlöse) und Kapitalumschlag (Umsatzerlöse : investiertes Kapital) zusammen.

In Dienstleistungsunternehmen, also auch in Krankenhäusern, kommt der Materialwirtschaft allerdings eine relativ geringe Bedeutung zu, da hier im Kern keine Sachgüter produziert werden

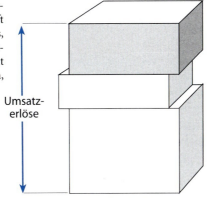

Abbildung 5.6-9: Die Kostenverantwortung der Materialwirtschaft (Quelle: Haubrock, M., Peters, Sönke H. F., Schär, W. [Hrsg.]; Betriebswirtschaft und Management im Krankenhaus, 2. Aufl.; Berlin, Wiesbaden, 1997, S. 123)

und somit die hierfür notwendigen Erzeugnisstoffe entfallen. Hier sind die Betriebsstoffe zur Gewährleistung des Dienstleistungsprozesses Gegenstand der Bewirtschaftung.

Literatur

Arnolds, H. et al.: Materialwirtschaft und Einkauf. Wiesbaden, 1978

Hartmann, H.: Materialwirtschaft – Organisation, Planung, Durchführung (6. Aufl.). Gernsbach, 1993

Haubrock. M.: Vorlesungsunterlagen Krankenhausbetriebswirtschaftslehre. Fachhochschule Osnabrück, Osnabrück, 2004

Haubrock, M.; Peters, S.; Schär, W.: Betriebswirtschaft und Management im Krankenhaus (2. Aufl.). Berlin, Wiesbaden, 1997

Peters, S.: Betriebswirtschaftslehre (5. Aufl.). München, Wien 1992

Peterssen, H.J.; Philippi, M.: Materialwirtschaft im Krankenhaus. In: Führen und Wirtschaften 1: 67–70 (1984)

Tauch, J. G.: Beschaffung/Lagerhaltung im Krankenhaus (2. Aufl.). Gütersloh, 1989

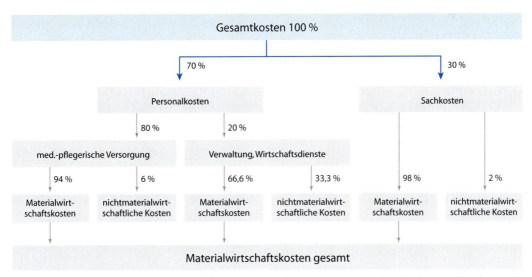

Abbildung 5.6-10: Verhältnis der Materialkosten zu den Gesamtkosten eines Krankenhauses (Quelle: Haubrock, M., Peters, Sönke H. F., Schär, W. [Hrsg.]; Betriebswirtschaft und Management im Krankenhaus, 2. Aufl.; Berlin, Wiesbaden, 1997, S. 125)

5.6.4 Abfallmanagement

Am Beispiel des Abfallmanagements im Krankenhaus, das die letzte Stufe im Materialwirtschaftssystem darstellt, soll die immer wichtiger werdende ökologische Betrachtung des Sachgütereinsatzes aufgezeigt werden. Hierbei ist es in einem ersten Schritt wichtig, den gesundheitspolitischen Auftrag des Krankenhauses mit dem Umweltschutzaspekt zu harmonisieren.

Der gesundheitspolitische Auftrag der Krankenhäuser steht im Rahmen der vom Sachverständigenrat für die Konzertierte Aktion im Gesundheitswesen definierten Ziele für das Gesundheitswesen. Er umfasst u. a. folgende Elemente:

- Bekämpfung, Verhütung, Linderung und Heilung von Krankheit und damit verbundenem Schmerz und Unwohlsein
- Wiederherstellung der körperlichen und psychischen Funktionstüchtigkeit und
- Wahrung der menschlichen Würde und Freiheit.

Die Umweltschädigung in ihrer breiten Vielfalt, wozu auch die Krankenhauswirtschaft als Verbraucher von natürlichen Ressourcen und Produzentin von Abfällen beiträgt, steht zum gesundheitspolitischen Auftrag in einem Widerspruch. Der gesundheitspolitische Auftrag muss, will er diesen in den letzten Jahren immer deutlicheren Widerspruch auflösen, auch den Umweltschutzgedanken einbeziehen.

Der Zielkonflikt zwischen optimierter medizinischer Leistungsfähigkeit, Wirtschaftlichkeit und Umweltschutz ist z. B. dadurch lösbar, dass der Umweltschutz und die Wirtschaftlichkeit nur da Vorrang haben dürfen, wo kein Therapierisiko für den Patienten besteht.

Auf Grund der fortschreitenden Umweltzerstörung hat die Bedeutung des Umweltschutzes seit Beginn der siebziger Jahre des vergangenen Jahrhunderts zugenommen. Heute werden die Folgen der Umweltzerstörung, die z. B. durch das Auftreten des Treibhauseffektes oder durch die Boden- und Gewässerbelastung eingetreten sind, deutlich.

Unter dem Gesichtspunkt, dass die Umwelt nur begrenzte Ressourcen zur Verfügung stellt und die natürliche Regenerationsfähigkeit stark gefährdet ist, ist hier die Notwendigkeit einer ressourcenschonenden Inanspruchnahme gegeben. Gerade den Einrichtungen im Gesundheitswesen kommt hierbei eine zentrale Bedeutung zu. Diese Vorreiterrolle ergibt sich aus der Aufgabenstellung dieser Unternehmen, nämlich Gesundheit zu fördern, zu erhalten bzw. wiederherzustellen. Vor dem Hintergrund, dass es zwischen dem Gesundheitszustand der Menschen und dem Grad der Umweltbelastung Interdependenzen geben kann, muss es für diese Einrichtung eine wesentliche Aufgabe sein, die Umwelt so gering wie möglich zu belasten.

Ein weiterer Aspekt ist die gesamtökonomische Vorreiterfunktion des Gesundheitssektors. Wendet dieser Wirtschaftszweig bei seiner Leistungserstellung die Prinzipien des Umweltschutzes an, so wird diese Handlungsweise bei anderen Wirtschaftsunternehmen Nachahmungseffekte auslösen.

Die Krankenhäuser haben einen Versorgungsauftrag zu erfüllen. Ein Krankenhaus muss bei der Patientenbehandlung, um die gesetzlich fixierte Versorgungsaufgaben realisieren zu können, neben den Dienstleistungen und den Sachgütern auch die Produktionsfaktoren Wasser und Boden in Anspruch nehmen bzw. verbrauchen.

Gerade das inzwischen auch für Krankenhäuser relevante unternehmerische Effizienzgebot, das traditionell auf dem Konzept der **Durchlaufwirtschaft** basiert, hat in der Vergangenheit dazu geführt, dass eine Überbeanspruchung natürlicher Ressourcen eingetreten ist. Nach diesem Konzept der Durchlaufwirtschaft wird die Umwelt als Reservoir der natürlichen Bodenschätze (Input) und als Abfallbecken (Output) angesehen. Die sich hieraus ergebenden Schadensbeseitigungen bzw. -minderungen müssen in Form von **sozialen Kosten** getragen und damit von der Allgemeinheit finanziert werden. Die ökologische Schadensbilanz der Bundesrepublik Deutschland zeigt die Auswirkungen dieser Sichtweise. Danach treten durchschnittlich pro Jahr über 60 Mrd. Euro «rechenbare» Schäden durch Luft- und Gewässerverschmutzung sowie durch Bodenbelastung und Lärm ein.

Ein wesentlicher Teil dieser Schäden wird durch Abfälle verursacht. Als Abfälle sollen hierbei z. B. stoffliche Rückstände, feste Abfälle, Reststoffe, Altprodukte und gebrauchte Materialien verstanden werden.

Im «Gesetz zur Förderung der Kreislaufwirtschaft und Sicherung der umweltfreundlichen Beseitigung von Abfällen (**Kreislaufwirtschafts- und Abfallgesetz – KrW/AbfG)**», das am 7. 10. 1996 in Kraft getreten ist, wird in § 3 Abs. 1 Abfall wie folgt definiert: «**Abfälle** im Sinne dieses Gesetzes sind bewegliche Sachen, die unter die in Anhang I aufgeführten Gruppen fallen und deren sich der Besitzer entledigt, entledigen will oder entledigen muss.» Das KrW/AbfG schreibt z. B. bei einem Anfall von mehr als 2000 t überwachungsbedürftigen Abfalls die Erstellung eines Abfallkonzeptes vor. Grundlage für dieses Konzept ist die Abfallbilanz des vorangegangenen Jahres.

In Umsetzung der EG-Abfallrahmenrichtlinie hat das KrW/AbfG mit dieser Definition den EG-rechtlichen Abfallbegriff wortgleich übernommen. Diese neue Begrifflichkeit schließt alle Wert- und Reststoffe in das Abfallrecht ein, soweit es sich um bewegliche Sachen handelt und diese in Anhang I des Gesetzes genannt sind. Eine Differenzierung ist nur noch durch die Einteilung in Abfälle zur Verwertung und Abfälle zur Beseitigung gegeben.

In § 4 Abs. 1 KrW/AbfG wird eine abfallwirtschaftliche Zielhierarchie festgelegt. Abfälle sind danach in erster Linie zu vermeiden, in zweiter Linie stofflich oder energetisch zu verwerten. Sind Abfälle weder zu vermeiden noch zu verwerten, dann müssen sie dauerhaft von der Kreislaufwirtschaft ausgeschlossen werden. Dieser Zusammenhang wird in **Abbildung 5.6-11** noch einmal verdeutlicht.

Die in Abbildung 5.6-11 aufgeführten Elemente der Abfallwirtschaft entsprechen der **Vier-V-Philosophie,** die sich an einer ökonomischen und einer ökologischen Effizienz der Abfallwirtschaft orientieren. Diese Betrachtung beinhaltet, dass sowohl die «ökonomischen» Kosten für die Entsorgung der Abfälle als auch die «ökologischen» Kosten berücksichtigt werden.

Die Vier-V-Philosophie umfasst sowohl die Festlegung der Ziele der Abfallwirtschaft als auch die Reihenfolge der Zielrealisierung. Die Ziele und die Entsorgungsstrategien lassen sich wie folgt festschreiben:

- Vermeiden vor Vermindern
- Vermindern vor Verwerten
- Verwerten vor Beseitigung.

Zur **Abfallvermeidung** bieten sich z. B. der Verzicht oder die Beschränkung des Verbrauchs, die ökologische Beschaffung sowie die Verwendung von Mehrweg- an Stelle von Einwegartikeln an. Bei der Verminderung von Abfällen geht es z. B. um die Gewichts- oder Volumenreduzierung von Stoffen und Verpackungen. Die **Abfallverwertung** beinhaltet die Rückführung und erneute wirtschaftliche Nutzung von Stoffen (Recycling). Grundsätzlich werden drei Arten des Recyclings unterschieden:

- Wiederverwendung: Ein Produkt oder Material wird für den gleichen Verwendungszweck wiederholt benutzt (z. B. Pfandflaschen, runderneuerte Reifen).
- Weiterverwendung: Abfälle werden für neue

Abbildung 5.6-11: Elemente der Abfallwirtschaft (Quelle: Haubrock, M.; Vorlesungsunterlagen Krankenhausbetriebswirtschaftslehre; Fachhochschule Osnabrück, Osnabrück, 2004)

Anwendungsbereiche nach geeigneter physikalischer, chemischer oder biologischer Vorbehandlung eingesetzt. Ein Beispiel ist die Granulierung von Altreifen und Kunststoffabfällen, wobei das Granulat als Füllstoff für Baumaterialien verwendet wird.
- Weiterverwertung: Chemische Grundstoffe werden aus Abfällen wiedergewonnen und in den Produktionsprozess zurückgeführt, wie z. B. beim Einsatz von Autoschrott in Stahlwerken.

Soweit Abfälle weder zu vermeiden noch zu verwerten sind, müssen sie nach dem Kreislaufwirtschafts- und Abfallgesetz schadlos beseitigt werden. Sämtliche Formen der **Abfallbeseitigung** nehmen immer den letzten Rang ein, denn sogar bei hochwertigen Beseitigungstechnologien kann nie von schadloser Beseitigung gesprochen werden, allenfalls von schadstoffarmer. Ein konsequent umgesetztes abfallwirtschaftliches Konzept muss, bevor weitere Beseitigungskapazitäten geschaffen werden, alle möglichen Vermeidungs- und Verwertungsstrategien ausschöpfen, um so das Abfallaufkommen zu vermindern und eine schadstoffärmere Abfallzusammensetzung zu bewirken.

Primäres Ziel der Abfallwirtschaft ist es demnach, die Abfallmengen im optimalen Falle zu vermeiden oder, wenn dies nicht möglich ist, wenigstens zu vermindern. Hieraus lässt sich ableiten, dass sich die oben aufgezeigte Sichtweise der Durchlaufwirtschaft in den letzten Jahren in Richtung des **Konzeptes einer Kreislaufwirtschaft** verändert hat. Die Konsequenz dieses Wandels ist in der steigenden Bedeutung von umweltpolitischen Maßnahmen zu erkennen. In diesem Zusammenhang spielen die im Folgenden beschriebenen Begriffe eine zentrale Rolle.

Ökologie ist die von dem deutschen Zoologen Erich Haekel 1866 geprägte Bezeichnung für die aus der Biologie hervorgegangene Wissenschaft, die sich mit den Wechselbeziehungen zwischen den Organismen und der unbelebten Umwelt (abiotische Faktoren wie Klima, Boden) und der belebten Umwelt (biotische Faktoren wie andere Organismen) befasst. Seit ungefähr 20 Jahren wird der Ökologie eine Bedeutung zugeschrieben, die umfassender ist, als das, was man unter Ökologie als einem Teilgebiet der Biologie vermutet. Ziel einer ökologisch orientierten Wissenschaft ist danach die Erhaltung und Entfaltung der menschlichen, gesellschaftlichen und natürlichen Teilsysteme der Erde bei sparsamem Umgang mit den vorhandenen Ressourcen. Aus dieser begrifflichen Festlegung geht eine enge Verbindung mit dem Umweltschutz hervor.

Unter **Umweltschutz** versteht man die Gesamtheit aller Maßnahmen und Bestrebungen, die dazu dienen, die natürlichen Lebensgrundlagen von Pflanzen, Tieren und Menschen zu erhalten bzw. ein gestörtes Gleichgewicht wieder auszugleichen. Im engeren Sinne ist darunter der Schutz vor negativen Auswirkungen, die von der ökonomischen Tätigkeit des Menschen, seinen technischen Einrichtungen und sonstigen zivilisatorischen Begebenheiten ausgehen, zu verstehen. Aus dieser Definition lässt sich ableiten, dass die Umwelt die Gesamtheit der Lebensbedingungen, und zwar sowohl die urwüchsige Natur als auch der von Menschen gestaltete Lebensraum, ist.

In der betrieblichen Praxis wird der Umweltschutz immer noch mit der Begründung abgelehnt, dass hierdurch finanzielle Mehraufwendungen entstehen. Nach wie vor stehen die ökonomischen Unternehmensziele (z. B. Effizienz, Effektivität, Produktivität und Rentabilität) im Vordergrund betrieblicher Aktivitäten. Aber auch hier zeichnet sich eine veränderte Sichtweise ab. Durch die **Balanced Scorecard** sehen die Unternehmen eine Möglichkeit, in das unternehmerische Zielsystem auch alternative Unternehmensziele aufzunehmen. Somit bietet die Einbindung des Umweltschutzes in das Zielsystem der Unternehmungen Chancen und Anreize, mittel- und langfristig ihre Wettbewerbsfähigkeit zu erhalten bzw. zu verbessern. Auf Grund der besonderen Aufgabenstellung, nämlich die Gesundheit der Bevölkerung zu erhalten und wiederherzustellen, sowie der oben aufgezeigten gesamtwirtschaftlichen Bedeutung müssen gerade die Krankenhäuser als Nachfrager von Gütern dem Beschaffungsmarkt für umweltfreundliche Produkte entscheidende Impulse geben.

Unternehmen benötigen Informationen bezüglich der ökologischen Risiken und Chancen von Produkten und Herstellungsverfahren. Aus diesem Grunde ist eine systematische Einbeziehung umweltrelevanter Aspekte dringend notwendig. Bislang stellt das traditionelle Rechnungswesen hierfür keinen relevanten Informationsbedarf zur Verfügung. Es ergibt sich demnach die Notwendigkeit für die Einrichtung eines betrieblichen Umweltinformationssystems. In dessen Rahmen haben Abfallbilanzen und Ökobilanzen, in denen die Stoff- und Energieströme systematisch erfasst werden, eine große Bedeutung.

Alle dargestellten Aspekte bilden ein **Umweltmanagementsystem**. Ein solches System ist das am 27. 4. 2001 von der Europäischen Union verabschiedete «*Environmental Management and Audit Scheme (EMAS)*». Die Zielsetzung von EMAS ist eine kontinuierliche Verbesserung der Umweltleistungen der Unternehmen. Diese Verbesserung soll u. a. über eine regelmäßige Bewertung des Systems sowie durch aktive Einbeziehung und Mitarbeit aller Beschäftigen in einem Unternehmen erreicht werden. Folgende konkrete Maßnahmen sollen umgesetzt werden:

- Entlastung der Umwelt durch Trennung und Verwertung der Abfälle
- Senkung des Verbrauchs von Energie, Rohstoffen und Wasser
- Kostensenkung durch Erkennung von Verbesserungspotenzialen
- Organisationsoptimierung
- Systematisierung der Umweltschutzaktivitäten
- Imagesteigerung
- Motivationserhöhung der Mitarbeiterschaft

Das Umweltmanagementsystem EMAS hat die folgenden **Regelkreiselemente**:

- Umweltleitlinie/Umweltprüfung
- Aufbau- und Ablauforganisation
- Umwelterklärung
- Umweltbetriebsprüfung/internes Audit
- Validierung.

Im Jahre 1971 wurde durch den Deutschen Bundestag ein Umweltprogramm verabschiedet. Mit der einstimmigen Verabschiedung wurde die Notwendigkeit aufgezeigt, den Umweltschutz zu konkretisieren und gleichzeitig die Zielsetzung formuliert, ein neues Rechtsgebiet, das Umweltrecht, zu schaffen. Das **Umweltrecht** mit seinen drei Teilgebieten Umweltverwaltungsrecht, Privatrecht und Strafrecht gilt heute als eigenständiges Rechtsgebiet.

Dem Umweltverwaltungsrecht kommt eine besondere Bedeutung zu, da mit dieser Rechtsform überwiegend gesetzliche Normen durchgesetzt werden. Zum Teilgebiet des Umweltverwaltungsrechtes gehören u. a. das Abfallrecht, das Immissionsschutzrecht und das Abwasserrecht.

Das Umweltprivatrecht wird als Summe der zivilrechtlichen Regeln zum Schutz der Umwelt definiert. Es gewährt zivilrechtliche Ansprüche auf Unterlassung, Schutzmaßnahmen oder Ausgleich von Beeinträchtigungen. Diese können sich aus dem Deliktrecht oder dem Sachenrecht ergeben.

Im Umweltstrafrecht sind seit 1980 die wichtigsten Strafvorschriften zum Schutz der Umwelt unter der Überschrift «Straftaten gegen die Umwelt» zusammengefasst.

Eine Verschärfung der Umwelthaftung erfolgte durch das am 1. 1. 1991 in Kraft getretene Umwelthaftungsgesetz. Die Zielsetzung dieses Gesetzes besteht darin, das Eigeninteresse der Unternehmen an der Vermeidung von Umweltschäden zu fördern. Durch größere finanzielle Haftungsrisiken soll gewährleistet werden, dass zu erwartende Umweltschäden in der betrieblichen Kalkulation berücksichtigt werden.

Zu den tragenden Säulen der Umweltgesetzgebung gehört das «Gesetz zur Vermeidung, Verwertung und Beseitigung von Abfällen» vom 27. 9. 1994. Bei diesem Gesetz handelt es sich um ein Artikelgesetz. So verändern einige Artikel z. B. einige Umweltschutzgesetze, wie etwa das Bundesimmissionsschutzgesetz, das Chemikaliengesetz und das Gesetz über die Umweltverträglichkeitsprüfung. Der Kern des Gesetzes ist jedoch der Artikel 1, der das «Gesetz zur Förderung der Kreislaufwirtschaft und Sicherung der umweltverträglichen Beseitigung von Abfällen

(Kreislaufwirtschafts- und Abfallgesetz)» beinhaltet. Dieses Gesetz, das am 7. 10. 1996 in Kraft getreten ist, ersetzt das bis dato geltende «Gesetz zur Vermeidung und Entsorgung von Abfällen (Abfallgesetz)». Darüber hinaus kommen eine Vielzahl von bundes-, landes- und kommunalrechtlichen Vorschriften für die Vermeidung und Entsorgung von Abfällen aus Einrichtungen des Gesundheitswesens zur Anwendung, auf die später genauer eingegangen wird.

Das Kreislauf- und Abfallgesetz stellt auch die Krankenhäuser vor neue abfallwirtschaftliche Herausforderungen. So ist der Abfallbegriff erweitert worden, wodurch auch die Entsorgungsverantwortlichkeit und die Haftungspflicht der Häuser angestiegen sind. Weiterhin wird den Krankenhäusern als Abfallproduzent die Verantwortung für die ordnungsgemäße Entsorgung übertragen. Die Abfallproduzenten, die pro Jahr mehr als 2000 t überwachungsbedürftige Abfälle oder mehr als 2000 kg besonders überwachungsbedürftige Abfälle erzeugen, sind seit dem 1. 4. 1998 verpflichtet, eine Abfallbilanz und ab dem 31. 12. 1999 ein Abfallwirtschaftskonzept zu erstellen. Nach § 20 KrW/AbfG haben die Unternehmen jeweils für das vorangegangene Jahr eine Bilanz über Art, Menge und Verbleib der verwerteten oder beseitigten besonders überwachungsbedürftige und überwachungsbedürftige Abfälle (Abfallbilanz) zu erstellen und auf Verlangen der zuständigen Behörde vorzulegen. Welche Abfälle besonders überwachungsbedürftig bzw. überwachungsbedürftig sind, ist in § 3 bzw. § 41 KrW/AbfG geregelt. In dem gesetzlich geforderten **Abfallwirtschaftskonzept** müssen die Krankenhäuser u. a. die Abfallwirtschaftsziele, die geplanten Entsorgungsaktivitäten, den dafür einkalkulierten finanziellen Mitteleinsatz sowie die technischen Verfahren und Entsorgungswege aufzeigen. Gerade vor dem Hintergrund, dass die Unternehmen den Nachweis der Entsorgungssicherheit für mindestens 5 Jahre garantieren müssen, ist es zwingend erforderlich, die folgenden Aspekte zu berücksichtigen:

- Umweltanalyse
- Unternehmensanalyse
- Stärken-Schwächen-Analyse
- Strategieentwicklung.

Das Kreislaufwirtschafts- und Abfallgesetz und das Bundesimmissionsschutzgesetz schreiben für ein abfallproduzierendes Unternehmen weiterhin die Bestellung und die Aufgaben eines Abfallbeauftragten vor.

Das Gesetz zur Verhütung und Bekämpfung übertragbarer Krankheiten beim Menschen (Bundesseuchengesetz – BSeuchG) bestimmt, dass notwendige Maßnahmen zur Abwendung von Gefahren zu treffen sind, beispielsweise, wenn Gegenstände mit Erregern meldepflichtiger übertragbarer Krankheiten behaftet sind und eine Verbreitung der Krankheit zu befürchten ist.

Neben den oben angeführten Gesetzen gibt es mit einer großen Zahl weiterer rechtlicher Bestimmungen Berührungspunkte, angefangen beim Atomgesetz bis hin zum Chemikaliengesetz, auf deren Erläuterung hier jedoch verzichtet wird. Exemplarisch soll jedoch die am 12. 6. 1991 in Kraft getretene **Verpackungsverordnung** (VerpackV) im Überblick dargestellt werden. Diese Verordnung hat zum einen für die abfallwirtschaftlichen Ziele und Strategien eine besondere Bedeutung, da zum ersten Mal durch eine gezielte Verordnung versucht wird, einen wesentlichen Hauptgrund der Abfallberge, nämlich das Verpackungsmaterial, in den Griff zu bekommen. Sie verfolgt das Ziel, Verpackungsabfälle von der öffentlichen Abfallbeseitigung fern zu halten. Dies soll über die grundsätzliche Rücknahmepflicht von Verpackungen durch den jeweiligen Vertreiber bzw. Hersteller erreicht werden.

Die bereits beschriebene bedrohliche Entwicklung im Bereich der Verpackungsabfälle steht im Widerspruch zu den im Kreislaufwirtschafts- und Abfallgesetz verankerten Zielen, Abfälle zu vermeiden und zu verwerten. In § 1 der Verpackungsverordnung werden die abfallwirtschaftlichen Ziele festgeschrieben. Demnach sind Verpackungen aus umweltverträglichen und die stoffliche Verwertung nicht belastenden Materialien herzustellen, und Abfälle sind zu vermeiden, indem die Verpackung auf ein notwendiges Maß beschränkt wird und, wo möglich, wiederbefüllbar bzw. stofflich verwertbar sein muss. Zielgruppe der Verordnung ist neben der Verpackungsindustrie primär der Handel. Drei Verpackungstypen werden dabei unterschieden:

- *Transportverpackungen:* Sie dienen dazu, Waren auf dem Weg vom Hersteller zum Vertreiber zu transportieren, wie z. B. Paletten, Kisten und Fässer.
- *Verkaufsverpackungen:* Sie werden vom Verbraucher zum Transport oder bis zum Verbrauch der Ware verwendet, z. B. Becher, Beutel, Blister und Dosen. Hierzu gehören auch Einweggeschirr und -bestecke.
- *Umverpackungen:* Sie sind dazu bestimmt, die Selbstbedienung der Ware zu ermöglichen, den Diebstahl zu erschweren und als Werbefläche zu dienen, wie z. B. Blister, Folien und Kartonagen.

Verpackungsindustrie und Handel sind in der Verordnung zur Rücknahme und Verwertung von Transport- und Verkaufsverpackungen verpflichtet. Für Umverpackungen gilt die Rücknahmepflicht für den Vertreiber. Die Rücknahmeverpflichtungen sind an bestimmte Termine gebunden.

Der Anfall krankenhausspezifischer Abfälle sowie Sonderabfälle, die einer Nachweispflicht entsprechend der Abfallnachweisverordnung (AbfNachwV) unterliegen, macht eine Klassifizierung der Krankenhausabfälle notwendig. Diese erfolgt zum einen anhand der Richtlinien der Kommission für Krankenhaushygiene und Infektionsprävention des Bundesgesundheitsamtes (**BGA-Richtlinien**), in der das Infektionsrisiko entscheidendes Kriterium ist.

Zur Gruppe A gehören danach Abfälle, für die keine besonderen Vorkehrungen zur Infektionsverhütung getroffen werden müssen, also hausmüllähnliche Abfälle. Gruppe B umfasst Abfälle, die innerhalb des Krankenhauses besonderer Maßnahmen zur Infektionsverhütung bedürfen, also insbesondere mit Sekreten oder Blut kontaminierte Abfälle. Abfälle der Gruppe C bedürfen zusätzlich auch außerhalb des Krankenhauses besonderer Maßnahmen zur Infektionsverhütung, z. B. Abfälle, die mit Erregern meldepflichtiger Krankheiten behaftet sind.

Zum anderen kann die Einteilung ebenso mit Hilfe des Merkblattes über die Vermeidung und Entsorgung von Abfällen aus öffentlichen und privaten Einrichtungen des Gesundheitsdienstes, das 1992 durch die **Länderarbeitsgemeinschaft Abfall (LAGA)** veröffentlicht wurde, erfolgen. Die Klassifizierung ist der BGA-Richtlinie ähnlich, wobei die Einteilung nach den Entsorgungsanforderungen vorgenommen wird. Im Jahre 2002 sind die verschiedenen Abfallgruppen der LAGA mit den Einteilungen der Verordnung über das Europäische Abfallverzeichnis (**Abfallverzeichnis-Verordnung – AVV**) vom 25. 4. 2002 harmonisiert worden. Die AVV zählt 839 sechsstellige Abfallschlüssel auf. Diese Schlüssel gelten europaweit und bieten somit die Grundlage für einen EU-einheitlichen Vollzug der Abfallgesetzgebung. Für das Gesundheitswesen ist insbesondere die Abfallgruppe 18 (Abfälle aus der humanmedizinischen oder tierärztlichen Versorgung) relevant. In **Tabelle 5.6-2** wird der Abfallschlüssel 180101 exemplarisch dargestellt.

Entsprechend der alten LAGA-Richtlinie werden die Abfälle weiterhin in die folgenden fünf Abfallgruppen eingeteilt:

- *Abfallgruppe A:* Hierbei handelt es sich um Abfälle, an deren Entsorgung aus infektionspräventiver und umwelthygienischer Sicht keine besonderen Anforderungen zu stellen sind (z. B. Hausmüll, Küchen- und Kantinenabfälle). Nach der aktuellen Kennzeichnung der AVV und LAGA handelt es sich hierbei um die Abfallschlüssel AS 1501xx, AS 180104, AS 2001xx.
- *Abfallgruppe B:* Es handelt sich um Abfälle, an deren Entsorgung aus infektionspräventiver Sicht innerhalb der Einrichtungen des Gesundheitswesens besondere Anforderungen zu stellen sind (z. B. Blut, Einwegwäsche, Gipsverbände). Nach der aktuellen Kennzeichnung der AVV und LAGA handelt es sich hierbei um die Abfallschlüssel AS 180101 und AS 180104.

Tabelle 5.6-2: Abfallschlüssel AS 180101 (Quelle: Richtlinien über die ordnungsgemäße Entsorgung von Abfällen aus Einrichtungen des Gesundheitswesens; www.laga-online.de)

AVV Abfallschlüssel AS 18 01 01	AVV-Bezeichnung: spitze oder scharfe Gegenstände		Abfalleinstufung: überwachungsbedürftig bei Beseitigung
Abfalldefinition: Spitze und scharfe Gegenstände, auch als «sharps» bezeichnet.			**EAKV 1996:** 18 01 01 **LAGA Gruppe:** B
Anfallstellen	**Bestandteile**	**Sammlung – Lagerung**	**Entsorgung**
Gesamter Bereich der Patientenversorgung.	Skalpelle, Kanülen von Spritzen und Infusionssystemen, Gegenstände mit ähnlichem Risiko für Schnitt- und Stichverletzungen.	Erfassung am Abfallort in stich- und bruchfesten Einwegbehältnissen, kein Umfüllen, Sortieren oder Vorbehandeln.	Keine Sortierung! Ggf. Entsorgung mit Abfällen des AS 18 01 04.
Hinweise: Eine sichere Desinfektion der Kanülen-Hohlräume ist schwierig. Analoge Anwendung auch auf AS 18 02 01.			

- *Abfallgruppe C:* Abfälle, an deren Entsorgung aus infektionspräventiver Sicht innerhalb und außerhalb der Gesundheitseinrichtungen besondere Anforderungen zu stellen sind (z. B. Abfälle aus Infektionsstationen). Dies ist der Schlüssel AS 180103
- *Abfallgruppe D:* Abfälle, an deren Entsorgung aus umwelthygienischer Sicht innerhalb und außerhalb des Krankenhauses besondere Anforderungen zu stellen sind (z. B. Desinfektionsmittel, Laborabfälle). Für diese Gruppe sind u. a. die folgenden Schlüssel wichtig: AS 180106, AS 180107.
- *Abfallgruppe E:* Es handelt sich um medizinische Abfälle, an deren Entsorgung nur aus ethischer Sicht zusätzliche Anforderungen zu stellen sind (z. B. Körperteile). Es geht bei dieser Gruppe um den Schlüssel 180102.

In den letzten Jahren sind eine Reihe von **Ökobilanzen** in Zusammenhang mit Ge- und Verbrauchsgütern erstellt worden. Dabei wurden u. a. im Krankenhausbereich die Umwelteinwirkungen von OP-Einmalabdecktüchern gegenüber textilen OP-Abdeckmaterialien und von Einmalzellstoffwindeln gegenüber Baumwollwindeln verglichen und bilanziert.

Bisher existiert jedoch noch kein verbindliches und einheitliches Bewertungsverfahren. Dies ist eine Ursache dafür, dass es bei ähnlich gelagerten Untersuchungen gegensätzliche Ergebnisse gegeben hat bzw. geben wird. Daher sind die Ergebnisse dieser Bilanzierungsarten für einzelne Ge- und Verbrauchsgüter kritisch zu beurteilen und verdeutlichen insgesamt die Bewertungsproblematik.

In der Literatur ist der Begriff «Ökobilanz» nicht eindeutig definiert. In dieser Darstellung wird auf die Festlegung des Ökobilanzbegriffes, der im Rahmen eines durch das Institut für ökologische Wirtschaftsforschung (IÖW), Berlin, entwickelten Erfassungs- und Bewertungssystems verwendet worden ist, zurückgegriffen.

Danach ist die Ökobilanz ein Instrument zur systematischen Erfassung der wirtschaftlichen Aktivitäten unter ökologischen Gesichtspunkten sowie zur Darstellung von Schwachstellen und Lösungsansätzen.

Die **Ökobilanzsystematik** des IÖW-Institutes bietet auf Grund der vierstufigen Teilbilanzierung sowohl einen Gesamt- als auch einen Einzelüberblick ökologischer Schwachstellen in dem zu betrachtenden Unternehmen. Der Aufbau der Ökobilanz nach der Systematik des Institutes für ökologische Wirtschaftsforschung lässt sich **Abbildung 5.6-12** entnehmen.

Die **Betriebsbilanz** erfasst sowohl auf der Input- als auch auf der Outputseite Stoffe und Energien, die im Unternehmen eingesetzt bzw.

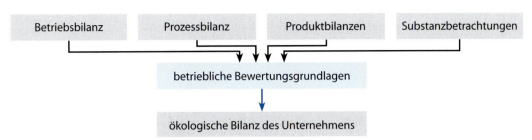

Abbildung 5.6-12: Die Ökobilanzsystematik (Quelle: in Anlehnung an Halley, H.; Die Ökobilanz – ein betriebliches Informationssystem; Berlin, 1990, S. 33)

hergestellt werden. In der Betriebsbilanz werden jedoch nicht die betriebsinternen Abläufe berücksichtigt. Diese werden in der **Prozessbilanz** dargestellt, gehen aber auch zusätzlich in die Produktbilanz ein. Der Betrieb stellt somit eine Blackbox dar, die im Rahmen der Betriebsbilanz nicht weiter untersucht wird. Durch die Prozessbilanz soll ein ökologischer Einblick in die betrieblichen Abläufe gegeben werden. Hierzu wird der gesamte betriebliche Betriebsprozess in Teilprozesse, in Produktionsschritte, zerlegt. Für diese Teilprozesse wird mit Hilfe der beschriebenen Input-Output-Systematik eine Erfassung und Bewertung von Stoff- und Energieströmen für die einzelnen Produktionsverfahren durchgeführt.

Die **Produktbilanz** hat schließlich die Aufgabe, die ökologischen Eigenschaften eines Produktes über den gesamten Produktlebenszyklus zu betrachten. Hierbei werden neben innerbetrieblichen Vorgängen auch vor- und nachgelagerte Phasen betrachtet.

Der ökologische Produktlebenszyklus umfasst fünf Stufen:

1. Stoff- und Energieeinsatz
2. Schadstoffe, Abwasser und feste Abfälle aus Produktionsverfahren
3. ökologische Probleme bei der Produktverwendung
4. ökologische Risiken der Produktentsorgung
5. ökologische Effekte während der Transportphasen.

Die Substanzbetrachtungen (**Standortbilanz**) halten die dauerhaften betrieblichen Umweltnutzungen bzw. Beeinträchtigungen der Umwelt durch den Betrieb (z. B. Flächenversiegelung) fest.

Dieses Erfassungs- und Bewertungssystem ist zwar für Industriebetriebe entwickelt worden, kann aber unter Verwendung der relevanten Begriffe auf das Dienstleistungsunternehmen Krankenhaus übertragen werden.

Obwohl der Begriff «Bilanz» verwendet wird, beinhaltet die Ökobilanzierung keine monetäre Gegenüberstellung von Gesamtvermögen und Gesamtkapital. Die systematische Erfassung und Gegenüberstellung (Bilanzierung von Input und Output) soll daher diejenigen Stoff- und Energieströme aufzeigen, die von der Umwelt aufgenommen und an die Umwelt abgegeben werden.

Zur systematischen Erfassung der Input- und Outputfaktoren ist die Anwendung physikalischer Maßeinheiten wie Stückzahl, Gewicht und Volumen sinnvoll, damit ein quantitativer Überblick gegeben werden kann. Weiterhin erfolgt die Erfassung der Input-Output-Daten in mehreren Ebenen, wobei mit jeder Abstufung eine Präzisierung der jeweiligen Daten erfolgt. An die Erfassung soll sich nach Auffassung des IÖW eine Bewertung der Stoff- und Energiefaktoren mittels einer ABC-Analyse in Verbindung mit einer XYZ-Analyse anschließen.

Die Funktion der Ökobilanz liegt folglich darin, auf der Grundlage der Erfassung und Analyse der Stoffe und Energien den Informationsbedarf für verschiedene Gruppen zu decken. Hierbei ist zum einen an den Informationsbedarf der betriebsinternen Personenkreise (z. B. Unternehmensleitung und Mitarbeiter) und zum anderen an den Bedarf von betriebsexternen Gruppen (z. B. Behörden, Lieferanten) zu denken.

Zur Erstellung der Betriebsbilanz eines Krankenhauses sind die Inputdaten in Stoffe und Energien, die Outputdaten in Produkte, stoffliche und energetische Emissionen zu unterteilen. Die anfallenden Emissionen lassen sich in Reststoffe, Abfälle, Abwasser und Abluft aufspalten.

Die Darstellung der Daten erfolgt auf zwei Ebenen. Auf Ebene 1 handelt es sich hierbei z. B. um den Lebensmittelbedarf, den medizinischen Bedarf sowie um Strom und Wasser als Inputgrößen, auf der Outputseite sind u. a. Reststoffe, Biomüll, Lacke und Abwasser zu finden (**Tab. 5.6-3**).

Die Ebene 2 ermöglicht eine detaillierte Sicht der relevanten Stoffe sowie der dargestellten Stoff- und Energieströme. Am Beispiel des Küchenbedarfs lässt sich der Abbau der Ebene 2 verdeutlichen. Für ein Krankenhaus können sich für die Getränke- und die Konservenbehältnisse beispielhaft die In **Tabelle 5.6-4** dargestellten Werte ergeben.

Die Minimierung der Umweltbelastung sollte als Teil- oder Unterziel in das Zielsystem des Krankenhauses aufgenommen werden, nicht zuletzt in Anbetracht der besonderen Verantwortung der Krankenhausträger als Organe des Gesundheitswesens.

Die Belastung der Umwelt mit Schadstoffen schädigt letztendlich auch die menschliche Gesundheit, deren Erhaltung, Verbesserung bzw. Wiederherstellung der eigentliche Inhalt aller Krankenhausaktivitäten darstellt. Eine derartige Zieldefinition unterstützt zudem die Durchführung eines aktiven Umweltschutzes im Krankenhausbereich, die auch der Umsetzung umweltentlastender Maßnahmen förderlich sein könnte.

Umweltorientiertes Verhalten muss durch ein entsprechendes Angebot an Umweltschulungen erlernbar gemacht werden. Die Komplexität

Tabelle 5.6-3: Betriebsbilanz – Ebene 1 (Quelle: Haubrock. M.; Vorlesungsunterlagen Krankenhausbetriebswirtschaftslehre; Fachhochschule Osnabrück, Osnabrück, 2004)

Input		Output	
1	**Stoffe**	**1**	**Produkte**
1.1	Lebensmittelbedarf	**2**	**Stoffliche Emissionen**
	Getränkebehältnisse	2.1	Reststoffe
	Konservenbehältnisse		Papier/Kartonagen
	Gebindebehältnisse		Glas
	Glasbehältnisse		Weißblech
1.2	Medizinischer Bedarf		Biomüll
	Infusionsflaschen		Abscheiderinhalte
	Med. Sachbedarf	2.2	Abfälle
1.3	Wirtschaftsbedarf		Hausmüllähnlicher Gewerbeabfall
	Reinigungsmittel		Bauschutt
	Desinfektionsmittel		Holzmaterialien
	Einwegmaterialien	2.3	Sonderabfall
	Kraftstoffe		Lacke und Öle
	Technischer Bedarf		Röntgenfilme
	Sonstiges		Labor- bzw. Röntgenabfälle
1.4	Verwaltungsbedarf		Leuchtstoffröhren
	Büromaterial		Sonstiges
2	**Aufgenommene Energien**	2.4	Abwasser
2.1	Strom	2.5	Abluft
2.2	Heizöl		Luft
2.3	Gas		Lösemittel
2.4	Fernwärme	**3**	**Abgegebene Energien**
2.5	Wasser	3.1	Abwärme
		3.2	Lärm

Tabelle 5.6-4: Betriebsbilanz 2 – Küche (Quelle: Haubrock. M.; Vorlesungsunterlagen Krankenhausbetriebswirtschaftslehre; Fachhochschule Osnabrück, Osnabrück, 2004)

Input	Output
Getränkebehältnisse/Tetraverpackungen • Fruchtsäfte - 0,5 l – 40092 Stück - 1,0 l – 2928 Stück • Milch - 0,5 l – 32850 Stück - 1,0 l – 140000 Stück	Papier/Kartonagen Der Reststoff fällt in sehr unterschiedlichen Qualitäten an. Die Produkte werden zurzeit nur global in der Küche gesammelt.
Konservenbehältnisse • 3 l – 10684 Stück • 5 l – 3028 Stück • 10 l – 770 Stück	Weißblechmaterialien: Diese Stoffe werden in der Klinik global in einem Presscontainer gesammelt.
u. a.	u. a.

des Entsorgungsbereiches und die heterogene Zusammensetzung der Abfallfraktionen im Krankenhaus machen zudem eine Aus- und Weiterbildung unerlässlich. Krankenhäuser benötigen neben einem qualifizierten Abfallmanagement zusätzlich Sachverstand an der Basis, d. h. auf den ausführenden Ebenen der Pflege-, Funktions- und Verwaltungsbereiche. Die Schulung der Mitarbeiter mit dem Ziel einer Sensibilisierung für betriebliche und gesellschaftliche Umweltprobleme ist Voraussetzung für den Einstieg in eine umweltfreundlich ausgerichtete Entsorgung im Krankenhaus.

Krankenhäuser benötigen, um ihre Aufgaben im Gesundheitswesen erfüllen zu können, eine Vielzahl von Verbrauchs- und Gebrauchsgütern. Art und Umfang des zu deckenden Güterbedarfs sind durch das Leistungsangebot der Krankenhäuser vorgegeben und können von den Beschaffungsstellen kaum beeinflusst werden. Trotzdem kommt dem Einkauf eine sehr wichtige Rolle zu, wenn es um den Umweltschutz im Krankenhaus geht. Denn für fast jedes Einsatzgebiet, sei es medizinischer Sachbedarf, Bürobedarf oder auch Lebensmittel, werden mehrere Produkte angeboten, die die gestellten Anforderungen erfüllen, sich jedoch im Einkaufspreis und in ihrer ökologischen Verträglichkeit unterscheiden.

Hier besteht sehr großer Handlungsbedarf, um ökologisches Wirtschaften im Krankenhaus überhaupt erst zu ermöglichen. Durch die gezielte Auswahl von Produkten kann Abfallvermeidung praktiziert werden, was auch im Krankenhaus zu einer dringenden Aufgabe geworden ist.

In den letzten Jahren wurden in vielen Bereichen der Medizin Einmalartikel aus infektionsprophylaktischen Gründen eingesetzt. Gerade diese aufwändig verpackten Einmalartikel erhöhen die Abfallmengen im Krankenhaus erheblich. Durch den verstärkten Einsatz von Mehrwegartikeln und die Wiederaufbereitung von Einmalartikeln kann die enorme Abfallproduktion der Krankenhäuser reduziert werden.

Neben der Abfallvermeidung kommt der Abfallentsorgung und hier ganz speziell der Abfallverwertung für den Umweltschutz eine entscheidende Bedeutung zu. Nicht nur wachsendes Umweltbewusstsein, sondern auch schwindende Deponieflächen und steigende Entsorgungskosten machen auch im Krankenhaus ein umfassendes Müllkonzept mit den Inhalten Vermeiden – Verwerten – Entsorgen notwendig. Einen wesentlichen Bestandteil bildet dabei das Recycling, das jedoch gerade im Krankenhaus zum Teil noch Probleme bereitet. Schwierigkeiten weist auch die Abfallentsorgung, besonders die Entsorgung krankenhausspezifischer Abfälle auf. Die Forderung nach einem umfassenden Müllkonzept setzt eine genaue Analyse der Abfallmengen und -zusammensetzung voraus, die herausstellt, wo vermeidbare Abfälle anfallen, welche Abfälle dem Recycling zugeführt werden und welche Abfälle als Hausmüll entsorgt werden können oder einer besonderen Behandlung bedürfen.

Die Minimierung der Umweltbelastung sollte als Teilziel in das Zielsystem des Krankenhauses aufgenommen werden, nicht zuletzt in Anbetracht der besonderen Verantwortung der Krankenhausträger als Organe des Gesundheitswesens. Die Belastung der Umwelt mit Schadstoffen schädigt letztendlich auch die menschliche Gesundheit, deren Erhaltung, Verbesserung bzw. Wiederherstellung der eigentliche Inhalt aller Krankenhausaktivitäten darstellt. Eine derartige Zieldefinition unterstützt zudem die Durchführung eines aktiven Umweltschutzes im Krankenhausbereich, die auch der Umsetzung umweltentlastender Maßnahmen förderlich sein könnte.

Umweltorientiertes Verhalten muss durch ein entsprechendes Angebot an Umweltschulungen erlernbar gemacht werden. Krankenhäuser benötigen neben einem qualifizierten Abfallmanagement zusätzlich Sachverstand an der Basis, d. h. auf den ausführenden Ebenen der Pflege-, Funktions- und Verwaltungsbereiche. Die Schulung der MitarbeiterInnen mit dem Ziel einer Sensibilisierung für betriebliche und gesellschaftliche Umweltprobleme ist Voraussetzung für den Einstieg in eine umweltfreundlich ausgerichtete Entsorgung im Krankenhaus.

Die Erreichung der angestrebten Ziele im Abfall- und Umweltbereich setzt voraus, dass entsprechende Maßnahmen und Anregungen mit der nötigen Intensität erarbeitet, verfolgt und umgesetzt werden. Ausgangspunkt derartiger Aktivitäten könnten Kommissionen bilden, deren Mitglieder sich aus allen Berufsfeldern des Krankenhauses zusammensetzen. Gerade vor dem Hintergrund, dass in den Krankenhäusern eine Vielzahl unterschiedlicher Berufsgruppen vertreten sind, ist eine interdisziplinäre Zusammenarbeit die Voraussetzung für ein aktives Umweltschutzmanagement. Der betriebliche Umweltschutz ist nur wirkungsvoll, wenn die Mitarbeiter in Umweltschutzaktivitäten einbezogen werden und deren Fachwissen genutzt wird. Die Einbeziehung verschiedener Berufsgruppen beinhaltet gleichzeitig die Abdeckung eines breiten Spektrums an Anregungen, Vorschlägen, Problemen usw., was wiederum eine positive Wirkung auf Qualität und Umsetzbarkeit der erarbeiteten Lösungsansätze erwarten lässt. Diesen Kommissionen sollte dabei jedoch lediglich eine beratende Funktion zukommen.

Der Gesetzgeber hat im Kreislaufwirtschafts- und Abfallgesetz bestimmt, dass für Krankenhäuser ein Betriebsbeauftragter für Abfall zu bestellen ist. Dabei sollte gewährleistet sein, dass die zu bestellende Person über eine ausreichende Sachkunde und Zuverlässigkeit verfügt. Im Rahmen ihrer Tätigkeit hat die Person folgende Funktionen wahrzunehmen:

- Überwachung der Abfallentsorgung
- Einhaltung geltender Gesetze und Rechtsverordnungen
- Abfallvermeidung und -reduzierung
- Beachtung krankenhausspezifischer Maßnahmen und
- Aufdeckung von Mängeln und Erarbeitung von Lösungsansätzen.

Literatur

Behörde für Umwelt und Gesundheit Hamburg (Hrsg.): Prozessorientiertes Umweltmanagement im Krankenhaus. Hamburg, 2002

Bundesgesundheitsamt: Richtlinie der Kommission für Krankenhaushygiene und Infektionsprävention für die Erkennung, Verhütung und Bekämpfung von Krankenhausinfektionen (BGA-Richtlinien). Stuttgart, 1983

Deutsche Krankenhausgesellschaft: Umweltschutz im Krankenhaus. Düsseldorf, 1993

Deutsche Krankenhausgesellschaft: Daten, Zahlen, Fakten 03. Düsseldorf, 2003

Gesetz zur Vermeidung, Verwertung und Beseitigung von Abfällen (GVVBAbf) vom 27. 9. 1994

Gesetz zur Förderung der Kreislaufwirtschaft und Sicherung der umweltverträglichen Beseitigung von Abfällen (Kreislaufwirtschafts- und Abfallgesetz – KrW/AbfG) vom 27. 9. 1994

Halley, H.: Die Ökobilanz – ein betriebliches Informationssystem. Berlin, 1990

Hopfenbeck, W.: Umweltorientiertes Management und Marketing. Landsberg/Lech, 1991

Richtlinien über die ordnungsgemäße Entsorgung von Abfällen aus Einrichtungen des Gesundheitswesens. In: www.laga-online.de

Zwierlein, E.: Klinik-Management. München, Wien, Baltimore. 1997

Kinkertz, A.: Diplomarbeit. Fachhochschule Osnabrück, Osnabrück, 1996

Länderarbeitsgemeinschaft Abfall (LAGA): Merkblatt über die Vermeidung und die Entsorgung von Abfällen aus öffentlichen und privaten Einrichtungen des Gesundheitsdienstes (Laga-Merkblatt). Bonn, 1992

Verordnung über die Vermeidung von Verpackungsabfällen (Verpackungsverordnung – VerpackV) vom 12. 6. 1991

5.7 Marketing als marktorientierte Unternehmensführung

M. Haubrock

5.7.1 Begriffliche Abgrenzungen

Die Begriffe «Marketing» und «Marketingmanagement» werden in der Literatur keineswegs einheitlich definiert. So bestimmt Meffert Marketing als «die bewusst marktorientierte Führung des gesamten Unternehmens» (Meffert/Bruhn, 1995: 29). Nieschlag et al. (1991) kennzeichnen das Marketing zum einen als Bestandteil einer abnehmerorientierten Unternehmensphilosophie, die besagt, dass alle Aktivitäten des Unternehmens konsequent an den Bedürfnissen der Kunden auszurichten sind. Zum anderen sehen sie das Marketing als einen Katalog von Maßnahmen bzw. Techniken, mit deren Hilfe der Markt gezielt beeinflusst werden soll. Abschließend sehen sie im Marketing eine Methode im Sinne einer Menge von empirischen und analytischen Verfahren zur Planung des Mitteleinsatzes.

Diese Definitionen des Marketings sind für den öffentlichen bzw. gemeinnützigen Sektor nur begrenzt geeignet, da ihnen eine erwerbswirtschaftliche Unternehmensperspektive zu Grunde liegt. Ferner wird der Marktbezug zu eng definiert, da für öffentliche Betriebe nicht nur die Konsumentenmärkte, sondern auch die Märkte «Allgemeine Öffentlichkeit, Staat und Politik» von Bedeutung sind. Für die Entwicklung eines Marketingkonzeptes öffentlicher Betriebe sind dagegen jene Marketingdefinitionen geeigneter, die den Güteraustausch zum Gegenstand haben. So definieren Kotler und Bliemel Marketing als einen «Prozeß im Wirtschaft- und Sozialgefüge, durch den Einzelpersonen und Gruppen ihre Bedürfnisse und Wünsche befriedigen, indem sie Produkte und andere Dinge von Wert erzeugen, anbieten und miteinander austauschen.» (Kotler/Bliemel, 1995: 15). Das Marketingmanagement wird von ihnen als «Planungs- und Durchführungsprozeß der Konzipierung, Preisfindung, Förderung und Verbreitung von Ideen, Waren und Dienstleistungen» interpretiert (Kotler/Bliemel, 1995: 15). Marketing bezieht sich nach dieser Begriffsbestimmung auf die Gestaltung von Austauschbeziehungen. Das Marketingmanagement umfasst die Führungsaktivitäten, die auf die Gestaltung dieser Austauschprozesse abzielen.

Die Vielzahl der unterschiedlichen Definitionen ist u. a. darauf zurückzuführen, dass die Bedeutung und die Inhalte des Marketingbegriffs von den jeweiligen wissenschaftlichen Vorstellungen geprägt worden ist.

5.7.2 Bedeutungswandel des Marketingbegriffs

Im Folgenden soll versucht werden, einen kurzen Überblick über den Bedeutungswandel des Marketingbegriffs in der historischen Entwicklung zu geben. Dies ist vor dem Hintergrund der Chancen und Probleme zu sehen, die sich aus einer Übertragung des Profitmarketings auf ein Krankenhausmarketing ergeben. Dabei erhebt dieser Überblick keinen Anspruch auf Vollständigkeit oder chronologische Genauigkeit. Es werden hier vielmehr nur die Aspekte aufgegriffen, die einerseits für das Verständnis der Übertragung des Marketingkonzepts auf den Krankenhaussektor sowohl notwendig als auch geeignet erscheinen und andererseits für eine spätere Analyse der möglichen Marketinginstrumente von wesentlicher Bedeutung sind.

In der historisch ursprünglichen Version bezeichnet Marketing die Outputseite einer Unternehmung. Sie entsprach dem deutschen Begriff der Absatzwirtschaft. Später fand eine Ausweitung des Marketings von einer Absatzkonzeption zu einem umfassenden, alle betrieblichen Funktionsbereiche einbeziehenden Führungskonzept statt. Die wohl umfassendste Erweiterung erfuhr der Marketingbegriff durch die Übertragung auf weitere Institutionen in Form des «**Generic Concept of Marketing**». Nach diesem Konzept ist Marketing nicht nur als eine Managementfunktion zu verstehen, sondern als eine Aufgabe, die die Austauschbeziehungen zwischen einzelnen Menschen und/oder Gruppen zu analysieren hat.

Marketing ist im Zuge der Wandlung von den Verkäufer- zu den Käufermärkten nicht mehr nur als eine Aufgabe neben anderen zu betrachten, sondern Marketing ist heute als Teil der Unternehmens- bzw. Führungsphilosophie zu interpretieren. Hierbei richtet Marketing konsequent alle betrieblichen Aktivitäten auf die gegenwärtigen und zukünftigen Erfordernisse der Märkte aus, um die gesetzten Unternehmensziele zu erreichen.

Mit der Wandlung vom marktgerechten Marketing zum Marketing als **marktorientierte Unternehmensführung** vollzog sich eine inhaltliche Begriffsveränderung, die in der Literatur als «Führungskonzept» oder auch als «strategisches Marketing» umschrieben wird. Gleichzeitig hat sich in der Literatur die Auffassung durchgesetzt, die Merkmale des Marketings als Führungskonzeption in die drei folgenden Aufgabenkomplexe zusammenzufassen:

- marktbezogene Aufgaben
- unternehmensbezogene Aufgaben
- gesellschaftsbezogene Aufgaben.

Die durch die Globalisierung der Märkte hervorgerufene Wettbewerbsverschärfung, das hohe Sättigungsniveau auf vielen Märkten und die steigenden Ansprüche seitens der Konsumenten führten schließlich zur Entwicklung spezifischer Marketingstrategien in den Bereichen der Konsum- und Investitionsgüterindustrie.

Ziel des **Konsumgütermarketings** ist die Vermarktung von Verbrauchs- und Gebrauchsgütern. Da Konsumgüter vom Endverbraucher gekauft werden, die Distribution jedoch unter Einschaltung des Handels erfolgt, erfährt das Konsumgütermarketing mit einem auf die Käufer ausgerichteten Marketing (Massenmarketing) und einem auf den Handel spezialisierten Marketing (Handelsmarketing) zwei besondere Ausprägungsformen.

Das **Investitionsgütermarketing** hingegen befasst sich mit der Vermarktung von Wiedereinsatzfaktoren für in der Regel industrielle Abnehmer, wobei das Güterspektrum von Rohstoffen, Energieträgern und einfachen Maschinen bis hin zu komplexen Anlagen reicht.

Da der tertiäre Sektor durch eine Vielzahl heterogener Dienstleistungen charakterisiert ist und Dienstleistungen sowohl als reine Dienstleistungen als auch in Form von produktbegleitenden Dienstleistungen im produzierenden Gewerbe erbracht werden, ist eine eindeutige und vollständige Abgrenzung des Dienstleistungsbegriffs nicht möglich.

Sofern die menschliche Leistung bei der Erstellung einer Dienstleistung überwiegt, spricht man von persönlichen, ansonsten von automatisierten Dienstleistungen. Des Weiteren können sich Dienstleistungen auf die Veränderung eines Objektes oder auf die Veränderung eines Menschen beziehen. Entsprechend kann zwischen folgenden Formen von Dienstleistungen unterschieden werden:

- nachfragerobjektbezogen
- beiderseitig personenbezogen
- beiderseitig objektbezogenen
- anbieterobjektbezogen.

Die medizinische Versorgung und die pflegerische Betreuung, die die Kerndienstleistungen eines Krankenhauses darstellen, können nach der oben aufgeführten Systematisierung als beiderseitig personenbezogene Dienstleistungen charakterisiert werden.

Auf Grund der seit Mitte der siebziger Jahre des vergangenen Jahrhunderts zunehmenden Bedeutung des tertiären Sektors in den Industrienationen hat sich neben dem Konsum- und Investitionsgütermarketing das **Dienstleistungsmarketing** etabliert. Die Ursache für die

Entstehung eines speziell auf den Dienstleistungssektor ausgerichteten Marketings ist darin zu sehen, dass die Erstellung von Dienstleistungen einigen Besonderheiten unterliegt. Daher können die in der Konsum- und Investitionsgüterindustrie entwickelten Marketingstrategien nicht ohne Weiteres auf den Dienstleistungsbereich übertragen werden.

Die zunehmende Kritik am kommerziell ausgerichteten Marketing, die sich auf Negativwirkungen im Bereich der sozialen und ökologischen Umwelt bezieht, führte in den letzten Jahren zu einer Vertiefung bzw. Ausweitung des Marketings auch auf nichtkommerzielle Bereiche, wobei in diesem Zusammenhang u. a. das Human-Marketing und das Social-Marketing diskutiert werden. Das **Human-Marketing** kann hierbei als eine Vertiefung des kommerziellen Marketings angesehen werden, da es eine stärkere Berücksichtigung sozialer, gesellschaftlicher und ökologischer Probleme und damit eine humanere Leistungsgestaltung in gewinnorientierten Bereichen fordert. Das Human-Marketing stellt somit den Übergang vom kommerziellen zum nichtkommerziellen Marketing dar, weil es von erwerbswirtschaftlichen Unternehmen praktiziert wird, hierbei aber nur indirekt erwerbswirtschaftliche Ziele verfolgt.

Das **Social-Marketing** hingegen gilt als Ausweitung des ursprünglich kommerziell ausgerichteten Marketings, da es sich ausschließlich auf nichtkommerzielle Bereiche bezieht. Hierbei sind zwei Ausprägungsformen von besonderer Bedeutung:

- Social-Marketing ist auf die Lösung sozialer und gesellschaftlicher Probleme ausgerichtet, da es bestimmte gesellschaftspolitische Vorstellungen und Verhaltensweisen zielbezogen beeinflussen und steuern will. Beispielhaft kann die Anti-Raucher-Kampagne im gesundheitspolitischen Bereich genannt werden.
- In einer anderen Definition beinhaltet das Social-Marketing die Planung, Organisation, Durchführung und Kontrolle von Marketingstrategien und -aktivitäten für nichtkommerzielle Organisationen, die direkt oder indirekt auf die Lösung sozialer Aufgaben gerichtet sind.

Das Social-Marketing kann auf Grund dieser engen Definition als Führungskonzeption für soziale Institutionen im nichtkommerziellen Bereich betrachtet werden. Charakteristisch für diese Institutionen ist die Ausrichtung der Betriebstätigkeit auf die Lösung sozialer Aufgaben, wobei nicht das Prinzip der Gewinnmaximierung, sondern Prinzipien der Daseinsvorsorge und der Humanität die obersten Handlungsgrundsätze darstellen.

Abschließend soll das Krankenhausmarketing als moderner Marketingansatz in die traditionellen Forschungsansätze des Marketings integriert werden.

Krankenhäuser werden generell als Einrichtungen definiert, in denen durch ärztliche und pflegerische Leistungen kranke Menschen behandelt werden und in denen die zu versorgenden Patienten untergebracht und verpflegt werden können. Da es sich bei der ärztlichen Behandlung, der pflegerischen und seelsorgerischen Betreuung sowie der Hotelversorgung um immaterielle Leistungen im Sinne der Definition von Dienstleistungen handelt, sind Krankenhäuser nach Art ihrer betrieblichen Leistung eindeutig dem Dienstleistungssektor zuzuordnen, wobei Krankenhäuser innerhalb dieses Sektors den kundenpräsenzbedingten Dienstleistungsbetrieben zuzurechnen sind.

Die Aktivitäten von Krankenhäusern sind aber auch auf die Lösung sozialer Aufgaben ausgerichtet. Das Betriebsgeschehen öffentlicher und freigemeinnütziger Krankenhäuser beabsichtigt, den Bedarf der Bevölkerung an stationärer, teilstationärer und ambulanter Krankenversorgung zu decken, wobei nicht die Gewinnmaximierung, sondern Prinzipien der Daseinsvorsorge und Humanität im Mittelpunkt der betrieblichen Aktivitäten stehen.

Damit sind öffentliche, freigemeinnützige und private Krankenhäuser als nichtkommerzielle Dienstleistungsbetriebe auf die Lösung sozialer Aufgaben ausgerichtet. Aus diesem Grunde wird das **Krankenhausmarketing** als moderne Marketingrichtung wesentlich durch das Dienstleistungsmarketing und das Social-Marketing determiniert.

5.7.3 Etablierung einer Marketingstrategie in die Unternehmung Krankenhaus

Das Krankenhaus kann sein Marketing nur dann entsprechend den zielgruppenspezifischen Erwartungen realisieren, wenn es die Bedürfnisse der Zielgruppen kennt. Im Rahmen einer Marktsegmentierung müssen zunächst die wichtigen Zielgruppen des Krankenhauses definiert werden, da das Krankenhaus in ein komplexes ökonomisches, politisch-gesetzliches, soziokulturelles, technologisches und ökologisches Umfeld integriert ist. Mit dem Instrumentarium der **Marketingforschung** kann das Krankenhaus dann für die wichtigsten Zielgruppen eine spezifische Marktanalyse durchführen, um einerseits die individuellen Bedürfnisse der Zielgruppen zu ermitteln und andererseits die eigene Position im Wettbewerb mit anderen Krankenhäusern einschätzen zu können.

Informationen stellen die wesentlichen Grundlagen unternehmerischer Entscheidungen dar. In der Regel können tragfähige Entscheidungen nur dann getroffen werden, wenn die relevanten Informationen zur Verfügung stehen. Als Marketinginformationen gelten dabei alle Informationen, die für die Planung der Ziele und Instrumente im Marketing relevant sind. Hierbei handelt es sich im Wesentlichen nicht um unternehmensinterne Daten, sondern vor allem um Daten über das Umweltsystem der Unternehmung.

Für den Vorgang der Informationsgewinnung finden sich in der deutschsprachigen Literatur vor allem die Begriffe «Marktforschung» und «Marketingforschung». **Marktforschung** (*market research*) ist die zielbewusste Untersuchung eines konkreten Marktes. Sie versucht, Informationen über die Größe, die Struktur usw. von Absatz- und Beschaffungsmärkten einer Organisation zu erhalten. Die Marktforschung umfasst somit die Absatz- und die Beschaffungsmarktforschung. **Abbildung 5.7-1** verdeutlicht den Unterschied zwischen Markt- und Marketingforschung.

Die **Marketingforschung** (*marketing research*) bezieht sich ausschließlich auf die Absatzmärkte und beinhaltet die systematische Gewinnung und Analyse von Informationen, die zur Erkennung und Lösung von Marketingproblemen dienen. Sie liefert die Grundlage für die Erarbeitung, Implementierung und Kontrolle von Marketingkonzeptionen. Die Absatzforschung umschließt dabei die Beschaffung und Auswertung von Informationen sowohl aus internen Quellen (z. B. Rechnungswesen) als auch aus externen Quellen (z. B. amtliche Statistiken) zur Vorbereitung, Durchsetzung und Kontrolle von Marketingentscheidungen mit ein.

Während die Marktforschung die zielbewusste Analyse aller krankenhausrelevanten Beschaffungs- und Absatzmärkte umfasst, ist die Marketingforschung auf die Gewinnung und Analyse jener Kundeninformationen ausgerichtet, die im Rahmen des Krankenhausmarketings von Bedeutung sein können.

Der **Marktforschungsprozess** lässt sich, analog zum Ablauf des allgemeinen Kommunikationsprozesses, idealtypisch in mehrere aufeinander folgende Phasen unterteilen. Es ist jedoch nicht erforderlich, die einzelnen Phasen starr in der angegebenen Reihenfolge zu durchlaufen. Sie stellen vielmehr einen Orientierungsrahmen dar, der in der Praxis unternehmens- oder problembedingt modifiziert werden kann.

Soll ein Forschungsprojekt durchgeführt werden, ist zunächst eine sorgfältige Klärung der

Abbildung 5.7-1: Markt- und Marketingforschung (Quelle: Haubrock, M.; Vorlesungsunterlagen Krankenhausbetriebswirtschaftslehre; Fachhochschule Osnabrück, Osnabrück, 1999)

Problemlage notwendig. Somit ist es notwendig, in einem ersten Schritt die Aufgabenstellung zu konkretisieren, um aus der Definition des Problems das Untersuchungsziel und den Untersuchungsgegenstand abzuleiten.

Nach der Definition des Marketingproblems erfolgt in einem zweiten Schritt eine Bestimmung der Informationsquellen. Hier stehen dem Unternehmen diverse Wege der Informationsgewinnung zur Verfügung. Ihre Auswahl wird bestimmt vom Umfang der benötigten Daten, von der Verfügbarkeit und Aktualität sowie von der verlangten Zuverlässigkeit und Genauigkeit der Daten. Je nachdem, ob für Zwecke der Marktforschung eigene Untersuchungen durchgeführt werden oder ob Material, das bereits für andere Zwecke erstellt wurde, als Quelle genutzt wird, kann zwischen Primärforschung und Sekundärforschung unterschieden werden. Beide Methoden werden in der Praxis eingesetzt (**Abb. 5.7-2**).

Jedem Entscheidungsträger steht in der Regel ein gewisses Reservoir an Informationen zur Verfügung. Hierbei handelt es sich z. B. um eigene Kenntnisse und Erfahrungen, Mitteilungen und Berichte, laufende Geschäftsunterlagen aus dem eigenen Haus, allgemeine Statistiken und/oder Daten aus früheren Primärerhebungen. Eine derartige Gewinnung von Information aus bereits vorhandenem Datenmaterial wird als Sekundärerhebung bzw. **Sekundärforschung** (*desk research*) bezeichnet. Hierbei wird auf Daten zurückgegriffen, die selbst oder von Dritten für ähnliche oder auch ganz andere Zwecke bereits erhoben wurden. Dieses Datenmaterial wird dann unter den speziellen Aspekten der Fragestellung in die Untersuchung einbezogen. Sekundärforschung ist in vielerlei Hinsicht vorteilhaft. So sind Sekundärinformationen in der Regel preiswerter als Primärerhebungen und im Normalfall schneller als diese zu beschaffen. An dieser Stelle wird auch deutlich, welche Bedeutung einem gut ausgebauten internen Berichts- und Informationswesen für das Management zukommt.

Die Informationen, die sich mit Hilfe der Sekundärforschung gewinnen lassen, haben jedoch in vielen Fällen den Nachteil einer nur geringen Aktualität und Entscheidungsrelevanz. Daher reicht dieser Weg oft nicht aus, um alle notwendigen Informationen zu beschaffen, die zur Lösung eines betrieblichen Entscheidungsproblems erforderlich sind. In diesen Fällen müssen diese Informationen durch eine neue Erhebung originärer Daten, d. h. durch Primärforschung, gewonnen werden.

In der **Primärforschung** (*field research*) werden nicht die Informationsergebnisse Dritter übernommen, sondern durch eigenes Erfragen oder Beobachten originäre Daten ermittelt. Als Erhebungsverfahren bieten sich dabei grundsätzlich die Beobachtung oder die Befragung an. Oft wird im gleichen Atemzug noch das Experiment erwähnt.

Ist die Entscheidung zu Gunsten einer Primärforschung gefallen, erfolgt in der dritten Phase des Marktforschungsprozesses der Entwurf des **Marktforschungsdesigns**, welches das Auswahlverfahren und das Erhebungsverfahren determiniert.

Als Auswahlverfahren werden die verschiedenen Vorgehensweisen bezeichnet, die zur Festlegung der zu untersuchenden Objekte notwendig sind. So ist bei Primärerhebungen z. B. die Frage zu beantworten, welcher Personenkreis befragt bzw. beobachtet werden soll. Die Entscheidung darüber, ob alle relevanten Untersuchungsobjekte erfasst werden sollen oder ob die Betrachtung einer Teilmenge ausreicht, richtet sich nach den benötigten Informationen.

Abbildung 5.7-2: Zusammenhang im Arbeitsablauf zwischen Sekundär- und Primärforschung (Quelle: Haubrock, M.; Vorlesungsunterlagen Krankenhausbetriebswirtschaftslehre; Fachhochschule Osnabrück, Osnabrück, 1999)

Als Verfahren der Datenerhebung stehen einerseits die Befragung und andererseits die Beobachtung zur Verfügung. Die Befragung ist zweifellos die wichtigste und am häufigsten eingesetzte Erhebungsmethode im Rahmen der Primärforschung.

Im Anschluss an die Erhebung werden die gewonnenen Daten zunächst auf Vollständigkeit und logische Konsistenz überprüft und anschließend im Hinblick auf das Erhebungsziel aufbereitet und ausgewertet. Zur Datenaufbereitung gehören beispielsweise die Aussonderung nicht auswertbarer verwendbarer Fragebögen sowie die Kodierung, die Eingabe und die Überprüfung der Erhebungsdaten.

In der letzten Phase werden die gewonnenen Informationen abschließend in geeigneter Weise den Marketingentscheidungsträgern präsentiert. Dies erfolgt beispielsweise in Form eines Marktforschungsberichts. Hierbei sind Schlussfolgerungen aus dem vorliegenden Datenmaterial zu ziehen und Lösungsansätze für das vorab definierte Marktforschungsproblem zur Diskussion zu stellen.

5.7.4 Marketingziele und Marketingstrategien

Das Hauptziel des Krankenhauses, nämlich die «bedarfsgerechte Versorgung», muss durch Ableitung bereichsbezogener Zwischen- und Unterziele operationalisiert werden, um konkrete Handlungsempfehlungen für alle Managementebenen im Krankenhaus entwickeln zu können. Die Operationalisierung erfolgt durch die Festlegung des Zielinhalts, des Zielausmaßes und des zeitlichen Bezugs der jeweiligen Zwischen- und Unterziele. Auf diese Weise entsteht ein Krankenhauszielsystem.

Dem Zielsystem vorgelagert sind die Krankenhausphilosophie und die Krankenhauskultur.

Die Krankenhausphilosophie beinhaltet die vom Krankenhausträger festgelegten ethischen und moralischen Wertvorstellungen, die als Verhaltensgrundsatz das zielorientierte Handeln der Führungskräfte und Mitarbeiter bestimmen sollen. Die Krankenhausphilosophie stellt somit ein gesamtkrankenhausbezogenes Leitbild dar, aus dem bereichsbezogene Leitbilder und generelle Führungsgrundsätze (Kultur) abzuleiten sind. Die Krankenhauskultur umfasst die von den Mitarbeitern internalisierten Werte- und Normvorstellungen.

Betrachtet man das Marketing als Krankenhausführungskonzept, so ist es als ein wesentliches Element der Krankenhausphilosophie zu interpretieren und wirkt somit als wesentliche Einflussgröße auf die Krankenhauskultur ein.

Das Marketingleitbild umfasst die grundsätzlichen Hauptziele sowie die Tätigkeitsschwerpunkte des Marketings. Die im Rahmen der Marketingforschung durchgeführte Marktanalyse ist die Basis für die Ableitung dieser globalen Marketingziele. Aus diesen Hauptzielen wiederum kann ein Zielsystem aus Zwischen- und Unterzielen abgeleitet werden.

Marketingziele können nach ökonomischen, psychologischen und instrumentellen Merkmalen untergliedert werden. Die ökonomischen Marketingziele sind hierbei auf monetär erfassbare Marktgrößen ausgerichtet, die psychologischen Marketingziele hingegen beziehen sich auf emotionale Faktoren wie z. B. das Image und die Zufriedenheit. Mit Hilfe der Instrumentalziele werden die ökonomischen und psychologischen Marketingziele konkretisiert. Instrumentalziele lassen sich in Produkt-, Preis-, Distributions- und Kommunikationsziele untergliedern und geben den Handlungsrahmen für das operative Marketing vor.

Die auf Grundlage der Marktanalyse ermittelten Marketingziele des Krankenhauses müssen durch langfristig ausgerichtete **Marketingstrategien** realisiert werden. Strategien sind «Vorgaben, Richtlinien oder Leitmaximen, durch welche ein konkreter Aktivitätsrahmen sowie eine bestimmte Stoßrichtung des unternehmerischen Handelns determiniert wird. Auf diese Weise sind sie ein zentrales Bindeglied zwischen den Zielen einerseits und den […] operativen Maßnahmen […] andererseits.» (Becker, 1993: 115). Die aus den Marketingzielen abgeleiteten und vom strategischen Krankenhausmanagement festgelegten Marketingstrategien ge-

5.7 Marketing als marktorientierte Unternehmensführung

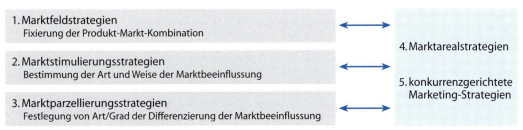

Abbildung 5.7-3: Strategieverbindungen (Quelle: Haubrock, M., Meiners, N., Albers, F.; Krankenhaus-Marketing; Stuttgart, Berlin, Köln, 1998, S. 8)

ben somit den Handlungsrahmen für den operativen Einsatz der Marketinginstrumente vor. Marketingstrategien bilden das Bindeglied zwischen den Marketingzielen und den laufenden Maßnahmen im Bereich des Marketingmix. Auf Grund der Vielzahl möglicher Strategieformen sollen nur zwei für das Krankenhaus bedeutende Marketingstrategiegruppen behandelt werden.

In Hinblick auf die Übertragungsmöglichkeiten auf das Krankenhaus werden zunächst die Strategiealternativen von Becker erläutert. Becker bezeichnet die einzelnen Strategiemöglichkeiten als

- Marktfeldstrategien
- Marktstimulierungsstrategien
- Marktparzellierungsstrategien
- Marktarealstrategien
- konkurrenzgerichtete Strategien (**Abb. 5.7-3**).

Mit dem Einsatz von **Marktfeldstrategien** soll bestimmt werden, mit welchen Produkten eine Unternehmung auf welchen Märkten tätig sein will. Am deutlichsten sind die verschiedenen Produkt-Markt-Kombinationen anhand eines so genannten Produkt-Markt-Expansionsrasters darzustellen (**Tab. 5.7-1**).

Diese Kombinationen stellen den Kern der strategischen Marketing- und Unternehmenspolitik dar.

Die Marktdurchdringungsstrategie hat das Ziel, auf gegenwärtig bestehenden Märkten eigene Produkte bzw. Dienstleistungen zu etablieren, um so vor allem bereits vorhandene Marktpotenziale effektiver ausschöpfen zu können. Mit Unterstützung der Marktentwicklungsstrategie sollen für die gegenwärtigen Produkte neue Märkte erschlossen bzw. entwickelt werden. Die Strategie der Produktentwicklung oder -innovation basiert auf der Überlegung, für bestehende Märkte neue Produkte bzw. Dienstleistungen zu entwickeln. Verschärfte Wettbewerbsbedingungen, stagnierende Märkte oder auch die Sicherung der Liefer- bzw. Absatzbasis sind für ein Unternehmen ausschlaggebende Gründe, um zu diversifizieren. Die Diversifizierungsstrategie kann somit als Ausrichtung des unternehmerischen Handelns auf neue Produkte und neue Märkte verstanden werden.

Marktstimulierungsstrategien bestimmen, in welcher Art und Weise eine Unternehmung ihre Absatzmärkte beeinflussen will. Die Marktstimulierung wird heute durch die Vorherrschaft von Käufermärkten, in denen die Nachfrage kleiner ist als das Angebot, bestimmt. Hierdurch ist ein Zwang zur verstärkt abnehmerorientierten Ausrichtung des Unternehmensprogramms entstanden.

Auf Grund der Merkmale von Käufermärkten

Tabelle 5.7-1: Produkt-Markt-Expansionsraster (Quelle: Haubrock, M., Meiners, N., Albers, F.; Krankenhaus-Marketing; Stuttgart, Berlin, Köln, 1998, S. 8)

	Gegenwärtige Produkte	**Neue Produkte**
Gegenwärtige Märkte	Marktdurchdringungsstrategie	Produktentwicklungsstrategie
Neue Märkte	Marktentwicklungsstrategie	Diversifikationsstrategie

müssen die unternehmerischen Entscheidungen darüber getroffen werden, auf welche Art und Weise ein Markt hinsichtlich potenzieller Konsumenten differenziert bzw. abgedeckt werden kann. Mit der Lösung dieser Fragestellung befasst sich die Strategie der **Marktparzellierung.**

Die Bedeutung von **Marktarealentscheidungen** liegt in der Entscheidung über zu erschließende Märkte. Hierbei werden die nationale und die internationale Strategie unterschieden. Nationale Gebietsstrategien sind durch eine lokale, regionale, überregionale oder nationale Markterschließung gekennzeichnet. Im Rahmen der so genannten Globalisierung ist es mittlerweile unerlässlich, über die nationalen Grenzen hinaus tätig zu sein.

Mit Hilfe der **konkurrenzorientierten Marketingstrategien** versuchen die Unternehmungen, sich auf dem Absatzmarkt Wettbewerbsvorteile gegenüber ihren Konkurrenten zu verschaffen und diese möglichst langfristig zu sichern.

Bei der Analyse der Marktsituation ist in der Regel auf den Märkten ein ausgeprägter Wettbewerb um Marktanteile bei den größten Kundensegmenten festzustellen. Daher versuchen kleinere Unternehmen im Rahmen einer Ausweichstrategie gezielt auf die Abnehmergruppen zuzugehen, deren Bedürfnisse von den Konkurrenzprodukten nicht oder noch nicht vollständig befriedigt werden. Eine solche Vorgehensweise wird als Nischenpolitik bezeichnet. Die Ausweichstrategie mündet letztlich in eine Marktsegmentierungsstrategie.

Im Unterschied zu Becker unterscheiden Meffert und Bruhn zwischen

- Marktfeldstrategien
- Marktbearbeitungsstrategien
- Wettbewerbsstrategien und
- Instrumentalstrategien.

Im Rahmen der **Marktfeldstrategien** sind die Marktsegmentierungsstrategien von großer Bedeutung. Mittels der Marktsegmentierung können komplexe Märkte mit heterogenen Nachfrage- bzw. Zielgruppenstrukturen in homogene Teilsegmente strukturiert werden. Für diese Teilsegmente können dann zielgerichtete Marketingstrategien abgeleitet werden.

Von großer Bedeutung im Rahmen der Marktfelddeterminierung sind für die Krankenhäuser auch die angebotsorientierten Diversifikationsstrategien. Hierbei lassen sich drei Diversifikationsformen unterscheiden. Bei der horizontalen Diversifikation kommt es zu einer Ausweitung des bestehenden Leistungsprogramms im Krankenhaus. Im Rahmen der vertikalen Diversifikation wird das Krankenhaus auf vor- bzw. nachgelagerten Märkten tätig. Bei der diagonalen Diversifikation wendet sich das Krankenhaus völlig neuen Märkten zu.

Im Gegensatz zur Diversifikation ist gerade in Ballungsgebieten die Spezialisierungsstrategie von großer Bedeutung. Durch die Konzentration auf Kernbereiche will sich das Krankenhaus in diesem Fall von der Konkurrenz abheben.

Nachdem das Marktfeld, in dem sich das Krankenhaus betätigen will, festgelegt ist, sind im nächsten Schritt die **Marktbearbeitungsstrategien** zu definieren. Bei einer undifferenzierten Marktbearbeitung bietet das Krankenhaus ohne Rücksicht auf die individuellen Bedürfnisse der Kunden standardisierte Krankenhausleistungen an, im Rahmen einer differenzierten Bearbeitung werden jedoch die Besonderheiten unterschiedlicher Kundengruppen berücksichtigt.

Auf Grund der Zunahme des Wettbewerbs im Krankenhauswesen sind auch **Wettbewerbsstrategien** für Krankenhäuser von elementarer Bedeutung. Ein wesentliches Element stellt hierbei eine direkt auf den Patienten ausgerichtete Leistungsorientierung dar. Die Patientenorientierung darf sich jedoch nicht nur auf den medizinisch-pflegerischen Bereich beschränken. Auch durch eine patientenorientierte Ausgestaltung des Serviceprogramms kann sich das Krankenhaus Wettbewerbsvorteile erarbeiten.

Die bisher aufgeführten Globalstrategien erfahren durch die Ableitung von Instrumentalstrategien eine weitere Konkretisierung.

Instrumentalstrategien sind den Globalstrategien nachgeordnet und lassen sich entsprechend den Marketinginstrumenten nach Produkt-, Preis-, Distributions- und Kommunikationsstrategien klassifizieren. Sie orientieren sich an den Vorgaben der Globalstrategien und geben den konkreten Rahmen für die Ausgestaltung der einzelnen Instrumente vor.

5.7.5 Marketinginstrumente

Die Marketinginstrumente bilden das dritte Glied in der Marketingkette. Nachdem die Marketingziele konkretisiert und auf ihnen aufbauend die Marketingstrategien formuliert sind, folgt unter Anwendung der Marketinginstrumente die eigentliche Umsetzung der Ziele und Strategien. Als Marketinginstrumente werden generell diejenigen Handlungsalternativen bezeichnet, mit denen am Markt agiert und auch reagiert werden kann, um die Marketingziele eines Krankenhauses zu erreichen.

Hierbei ist in der Regel ein kombinierter Einsatz aller Marketinginstrumente erforderlich. Dieser Einsatz wird als **Marketingmix** bezeichnet.

In der Literatur gibt es verschiedene Systematisierungsansätze zur Kennzeichnung der Instrumente. Im Folgenden soll die Vierer-Systematik mit den Marktgestaltungsprogrammen dargestellt werden:

- Produktpolitik
- Preispolitik
- Distributionspolitik
- Kommunikationspolitik.

Von zentraler Bedeutung für die Ausgestaltung der Marketingpolitik ist die Frage, welche Produkte bzw. Dienstleistungen die Unternehmung ihren Kunden anbieten will.

Die **Produktpolitik** umfasst folglich alle Aktivitäten, die auf die Gestaltung einzelner Erzeugnisse oder des gesamten Absatzprogramms gerichtet sind.

Zentrale Aufgabenfelder bestehen in der Entwicklung neuer Erzeugnisse (Produktinnovation) sowie in der ständigen Verbesserung bzw. Modifizierung bereits eingeführter Produkte (Produktvariation). Ein weiteres Aufgabenfeld im Rahmen der Produktpolitik ist die Produktelimination, in der z. B. so genannte «Flops» oder auch das gesamte Angebotsprogramm ausgesondert werden können.

Die Produktpolitik stellt neben der Kommunikationspolitik sicherlich den Kernbereich des Marketings im Krankenhaus dar. Die Produktpolitik wird hierbei auf den Bereich der Sekundärleistungen im Sinne des zweistufigen Leistungsprozesses begrenzt, das heißt, diagnostische, therapeutische und pflegerische Leistungen sowie die so genannten Hotel- bzw. Serviceleistungen sind Gegenstand der Unternehmenspolitik. Hinzu kommen die Wahlleistungen. Die Qualität und die zielgruppengerechte Realisation der Produktpolitik werden sehr stark von der Qualifikation und Motivation der Mitarbeiter eines Krankenhauses bestimmt, die diese Leistungen erbringen. Eine Möglichkeit, das Leistungsprogramm zu ergänzen bzw. zu verbessern, besteht also in der Intensivierung der Mitarbeiterbetreuung.

Durch den immer stärker werdenden Wettbewerb ist es für die Krankenhäuser wichtig, sich durch optimale Gestaltung der Produktpolitik ein entsprechendes Ansehen in der Öffentlichkeit zu verschaffen. Schwerpunkt der Produktpolitik muss es daher sein, eine hohe Qualität der Dienstleistungen im Bereich der Medizin und Pflege sowie im Wahlleistungs- und Servicebereich zur Befriedigung der Kundenwünsche zu realisieren.

Grundsätzlich ist aber zu bedenken, dass die Produktpolitik eines Krankenhauses in Bezug auf die Festlegung der Art, Breite und Tiefe der Leistungen sehr eingeschränkt ist. Gründe sind u. a. darin zu sehen, dass auf Grund der engen Restriktionen der Krankenhausplanung äußerst langfristige Produktentscheidungen erforderlich sind. Diese Umstände schränken insbesondere das Angebot von neuen Leistungen erheblich ein.

In der Betriebswirtschaftslehre werden unter dem Begriff der **Kontrahierungspolitik** alle marketingpolitischen Instrumente zusammengefasst, die der Preispolitik, der Rabattpolitik, den Liefer- und Zahlungsbedingungen und der Kreditpolitik zugerechnet werden. Preisentscheidungen sind für die betrieblichen Entscheidungsträger immer mit einem erheblichen Risiko verbunden. Der Preisbildungsprozess sollte daher immer konkurrenz-, nachfrage- und kostenorientiert erfolgen.

Für Krankenhäuser haben die Rabattpolitik, die Liefer- und Zahlungsbedingungen und die Kreditpolitik als Bestandteil der Kontrahierungspolitik so gut wie keine Bedeutung. Auch das Instrument der Preispolitik ist für den Bereich der allgemeinen Krankenhausleistungen durch die gesetzlichen Preisnormierungen ebenfalls von untergeordneter Bedeutung.

Im Wahlleistungsbereich kann die Preisgestaltung jedoch eine wichtige Rolle spielen. Im Krankenhausbereich dürfen diagnostische und therapeutische Leistungen dann als Wahlleistungen gesondert berechnet werden, wenn sie von einem Arzt erbracht werden. Bei der Abrechnung ist die Gebührenordnung für Ärzte anzuwenden. Die Preise für sonstige Wahlleistungen kann das Krankenhaus dagegen frei kalkulieren, solange sie in einem angemessenen Verhältnis zu den Leistungen stehen und mindestens die Selbstkosten decken. Es handelt sich hierbei um die so genannten Hotel- bzw. Serviceleistungen. Die Preisgestaltung der Wahlleistungen muss von den Krankenhäusern immer unter dem Aspekt der Konkurrenzsituation vorgenommen werden. Dabei ist zu berücksichtigen, welche Leistungen zu welchen Preisen ein Mitbewerber anbietet, denn Selbstzahler haben vor einem Krankenhausaufenthalt immer die Möglichkeit, Wahlleistungsangebote der in Frage kommenden Kliniken miteinander zu vergleichen.

Distributionsentscheidungen umfassen alle Entscheidungen und Handlungen eines Herstellers, die mit dem Weg eines Produktes vom Unternehmen bis zum Endverbraucher in Verbindung stehen. Vorrangige Zielsetzung der **Distributionspolitik** ist die Gestaltung der Absatzorgane und Absatzwege, d. h. der so genannten Distributionskanäle. Als Absatzorgane bezeichnet man alle Personen und/oder Institutionen, die im Zusammenhang mit dem Verteilungsweg eines Produktes Distributionsaufgaben wahrnehmen. Der Absatzweg eines Produktes ergibt sich aus der Gesamtheit aller an der Distributionsaufgabe beteiligten Institutionen bzw. Organe. Grundsätzlich wird zwischen direktem und indirektem Absatzweg unterschieden. Ein direkter Absatz liegt vor, wenn das Unternehmen seine Produkte mit Hilfe eigener Distributionsorgane an die Endverbraucher verkauft. Sobald die Produkte über Absatzhelfer (z. B. Handelsvertreter und Spediteure) vertrieben werden, spricht man vom indirekten Absatz.

Ausgangspunkt für die Gestaltungsmöglichkeiten der Distributionspolitik des Krankenhausmanagements ist der Standort eines Krankenhauses. Die infrastrukturelle Lage des Krankenhauses entscheidet z. B. über die Anbindung an öffentliche Verkehrsmittel oder über Parkmöglichkeiten. Weiterhin ist durch den Standort die Entfernung zu den Zielgruppen determiniert. Bei den meisten Krankenhäusern muss der Standort als gegeben angesehen werden. Das Instrument der Distributionsgestaltung hat daher für Krankenhäuser eine eher untergeordnete Bedeutung. Durch den Standort ist der Absatzmarkt von Krankenhäusern auf einen bestimmten Radius beschränkt und die Distribution somit an Bevölkerungszahl, Altersstruktur und Einzugsgebiet gebunden. Die überwiegende Standortgebundenheit des Krankenhauses macht es notwendig, nicht die Krankenhausleistung zum Nutzer, sondern umgekehrt den Nutzer zum Ort der Leistungserstellung zu bringen.

Ein wichtiges distributionspolitisches Instrumentarium ist hingegen die multiplikative Funktion interner und externer Distributionsorgane, durch die potenzielle Kunden mit der Leistung des Krankenhauses in Kontakt gebracht werden. Zu den internen Distributionsorganen zählen insbesondere die Mitarbeiter eines Krankenhauses, die mit dem Patienten in Kontakt kommen. Externe Distributionsorgane sind z. B. einweisende Ärzte, ambulante Pflegeeinrichtungen oder Rettungsdienste. Diese Gruppen besitzen eine erhebliche Multiplikatorfunktion, da sie das Image des Krankenhauses nachhaltig prägen.

Die **Kommunikationspolitik** stellt den wichtigsten Bereich im Rahmen des Krankenhausmarketings dar. Die Kommunikation beinhaltet die Übermittlung von Informationen zum Zweck der Steuerung von Meinungen, Einstellungen, Erwartungen und Verhaltensweisen. Im Weiteren sind die Bedürfnisse der Umwelt und deren Veränderungen zu registrieren. In dieser begrifflichen Festlegung wird die Bedeutung der Kommunikationspolitik als Element des Marketingkonzeptes sichtbar. Ihre Aufgabe ist somit die positive Darstellung der Unternehmensleistung mit dem Ziel, das Kaufverhalten der relevanten Zielgruppen direkt oder indirekt zu beeinflussen. Eine direkte Einflussnahme erfolgt z. B. dadurch, dass ein Konsument unmittelbar durch den Einsatz so genannter marktkommunikativer Mittel, z. B. durch Probieraktionen im Handel, zum Kauf bewegt wird. Bei einer indirekten Beeinflussung des Konsumenten wird beispielsweise erreicht, dass dem potenziellen Käufer durch Anzeigenkampagnen Kenntnis über das Produkt verschafft wird. Diese Kenntnis dient als Grundlage für einen eventuellen späteren Kauf.

Zur Realisierung der Kommunikationsziele steht dem Unternehmen eine Vielzahl von Instrumenten zur Verfügung. Die Instrumente der Kommunikationspolitik sind:

- Werbung
- Verkaufsförderung (Salespromotion)
- Öffentlichkeitsarbeit (Publicrelation) unter Einbeziehung einer Corporate Identity
- Sponsoring
- Productplacement.

Die **Werbung** wird häufig auch als das grundlegende Instrument der Kommunikationspolitik verstanden und zielt auf eine gerichtete Verhaltenssteuerung der Abnehmer ab. Die Hauptaufgabe der Werbung besteht darin, für die Produkte und Leistungen des Unternehmens einen möglichst hohen Bekanntheitsgrad sowie ein weitgehend unverwechselbares Image aufzubauen. Zur Realisierung dieses Ziels werden bei der Werbung in erster Linie Anzeigen in Zeitungen und Zeitschriften geschaltet, Runkfunk- und Fernsehspots gesendet oder Plakate und Handzettel eingesetzt.

Die Aufgabe der **Verkaufsförderung** ist insbesondere die Bereitstellung unmittelbarer, d. h. am Verkaufsort wirkender Verkaufshilfen. Dabei handelt es sich in der Regel um Aktionen, die sich vor allem an die eingeschalteten Absatzhelfer richten.

Die **Öffentlichkeitsarbeit** ist das zentrale Kommunikationsinstrument einer marktorientierten Unternehmensführung. Gegenstand dieser Art von Kommunikation sind allgemeine Nachrichten über die Unternehmung. Öffentlichkeitsarbeit muss verstanden werden als das dauerhafte Bestreben, ein positives Image der Unternehmung aufzubauen. Hierbei kann sich die Öffentlichkeitsarbeit einer Unternehmung sowohl nach innen als auch nach außen richten. Die unternehmensinterne Öffentlichkeitsarbeit zielt u. a. auf die Zufriedenheit und Arbeitsmotivation der Mitarbeiter ab. Interne Öffentlichkeitsarbeit gewinnt unter dem Aspekt der Kundenorientierung an Bedeutung, da die Betriebe doch mehr und mehr dazu übergehen, auch ihre Mitarbeiter als Kunden zu betrachten und sich vermehrt um deren Zufriedenheit zu bemühen. Mittel und Methoden der externen Öffentlichkeitsarbeit sind z. B. Pressearbeit, persönlicher Dialog und Publicrelations-Veranstaltungen.

Eine Weiterentwicklung des Gedankens, ein positives Image in der Öffentlichkeit zu schaffen, ist die Corporate-Identity-Politik. **Corporate Identity** hat die Aufgabe, die verschiedenen Kommunikationsmöglichkeiten so zu koordinieren und zu integrieren, dass der externen und der internen Öffentlichkeit eine bestimmte unternehmerische Identität vermittelt wird. Ziel ist es, die Eigenarten der Unternehmung darzustellen und den Kunden die Möglichkeit zu verschaffen, sich mit ihnen zu identifizieren. Hierbei hat die Corporate-Identity-Politik folgende Gestaltungselemente:

- Corporate Design
- Corporate Behavior und
- Corporate Communication.

Corporate Design befasst sich mit der Gestaltung der Identifikationselemente. Dazu gehören z. B. Firmenname, Firmenzeichen, Schrifttypen und Produktdesign. Corporate Behavior hingegen kennzeichnet typische Verhaltensweisen der Mitarbeiter nach innen und außen. Corporate Communications versucht, mit Hilfe der Kommunikationsinstrumente die Identifikationselemente sichtbar und/oder hörbar zu machen. Dies zeigt sich beispielsweise bei der Verwendung eines entsprechenden Firmenslogans.

Als weitere Instrumente der Kommunikationspolitik haben sich das so genannte Sponsoring und das Productplacement herausgebildet.

Beim **Sponsoring** handelt es sich um die Unterstützung sozialer, sportlicher oder kultureller Projekte durch Werbetreibende über Sach- oder Geldleistungen unter Gewährung konkret definierter Gegenleistungen.

Unter **Productplacement** wird die gezielte Platzierung von Markenartikeln bzw. Markendienstleistungen, z. B. in den Ablauf künstlerischer Veranstaltungen, verstanden.

Im Hinblick auf die Fülle der Marketinginstrumente und ihrer Differenzierungsmöglichkeiten wird deutlich, dass es sich um eine sehr komplexe Aufgabe handelt. Auch für Krankenhäuser ist es notwendig, zur Erreichung ihrer Zielvorstellungen gleichzeitig mehrere Marketinginstrumente einzusetzen. Durch deren gebündelten Einsatz kann ein Krankenhaus im Vergleich zu den Konkurrenten seine Wettbewerbsposition dauerhaft verbessern. Insgesamt muss jedoch eine geschlossene Marketingkonzeption, bestehend aus Marketingzielen, Marketingstrategie und Marketingmix, zur langfristigen Zukunftssicherung beitragen.

5.7.6 Rechtliche Rahmenbedingungen für das Krankenhausmarketing

Bei der Ausgestaltung der **Produktpolitik** können die Krankenhäuser nicht autonom entscheiden, welche Dienstleistungen von ihnen angeboten werden. Die rechtlichen Grundlagen der Angebotssteuerung sind u. a. das V. Sozialgesetzbuch, das Krankenhausfinanzierungsgesetz sowie die Landeskrankenhausfinanzierungsgesetze. Aus den Landesgesetzen lassen sich die Krankenhauspläne und die Investitionsprogramme ableiten.

Der Versorgungsauftrag eines Krankenhauses, der den Leistungsumfang einer Einrichtung festlegt, ergibt sich bei Plankrankenhäusern aus den Vorgaben des jeweiligen Landeskrankenhausplans, bei Hochschulkliniken aus der Aufnahme der Hochschule in das Hochschulverzeichnis sowie ergänzenden Vereinbarungen. Mit der Erteilung des Versorgungsauftrags wird automatisch ein Versorgungsvertrag abgeschlossen. So gilt bei Hochschulkliniken die Aufnahme der Hochschule in das Hochschulverzeichnis und bei Plankrankenhäusern die Aufnahme des Krankenhauses in den Landeskrankenhausplan als Abschluss des Versorgungsvertrags.

Bei den Vorsorge- und Rehabilitationseinrichtungen muss hingegen ein spezifischer Versorgungsvertrag abgeschlossen werden.

Durch die aufgezeigten Regelungen entstehen hinsichtlich der Produktgestaltung verbindliche Vorgaben. So kann ein Krankenhaus z. B. nicht frei zwischen den alternativen Behandlungsformen (ambulant, teilstationär, vollstationär) wählen, da ein Anspruch des Patienten auf vollstationäre Behandlung nur dann besteht, wenn das Behandlungsziel nicht durch andere Behandlungsformen erreicht werden kann.

Die Krankenhäuser sind bei ihrer **Preisgestaltung** für den Bereich der allgemeinen Krankenhausleistungen durch die Vorschriften der Bundespflegesatzverordnung und des 5. Sozialgesetzbuches eingeschränkt.

Im Bereich der Wahlleistungsangebote hingegen bestehen für die Krankenhäuser gewisse Spielräume, in denen sie eine aktive Preispolitik betreiben können.

Für öffentliche, freigemeinnützige und private Krankenhäuser gilt zunächst der Grundsatz, dass **Öffentlichkeitsarbeit** und Werbung im Rahmen der Kommunikationspolitik rechtlich zulässig sind.

> Grenzen bilden das Heilmittelwerbegesetz (HWG), das Gesetz gegen unlauteren Wettbewerb (UWG) und die Musterberufsordnung der deutschen Ärzte (MBO) (Tab. 5.7-2).

Das **Heilmittelwerbegesetz** (HWG) verfolgt u. a. den Zweck, nichtfachkundige Verbraucher vor einer unsachgemäßen oder nicht zu durchschauenden Beeinflussung zu schützen. Nach den Vorgaben des HWGs wird das Krankenhaus

Tabelle 5.7-2: Überblick über die Rechtsvorschriften des Wettbewerbs- und Werberechts für Krankenhäuser (Quelle: Nolden, U., Siekkötter, K.; Diplomarbeit; Fachhochschule Osnabrück, Osnabrück, 1997, S. 51)

HWG	§	UWG	§	MBO	§
Irreführende Werbung	3	Generalklause	1	Werbung und Anpreisung	25
Publikumswerbung	11, Nr. 4	Irreführende Angaben	3	Information unter Ärzten	26
Publikumswerbung bei bestimmten Krankheiten und Leiden	12			Berufliches Wirken in der Öffentlichkeit	27
HWG Heilmittelwerbegesetz, UWG Gesetz gegen den unlauteren Wettbewerb, MBO Musterberufsordnung der deutschen Ärzte					

zu einer wahren und seriösen Werbung verpflichtet, sodass es alles Nötige unternehmen muss, um irreführende Angaben in seinen Veröffentlichungen über Verfahren oder Behandlungen zu vermeiden. Weiterhin ist eine Werbung mit der bildlichen Darstellung von Personen in ihrer Berufskleidung oder bei der Ausübung ihrer Tätigkeit dann untersagt, wenn es dabei um Angehörige der Heilberufe, des Heilgewerbes oder des Arzneimittelhandels geht. Dadurch soll verhindert werden, dass die bei der Bevölkerung immer noch in hohem Ansehen stehende Autorität der Heilberufe im Rahmen von Werbemaßnahmen ausgenutzt wird, um damit direkt oder indirekt die Vorstellung einer besonderen Wirksamkeit bestimmter Präparate oder Behandlungen entstehen zu lassen. Des Weiteren darf das Krankenhaus in Veröffentlichungen außerhalb der Fachkreise nicht für Verfahren oder Behandlungen werben, die sich auf die Erkennung, Beseitigung oder Linderung einer der in der Anlage zu § 12 HWG aufgeführten Krankheiten (z. B. Geschwulst- oder Geisteskrankheiten) beziehen.

Der Gesetzgeber beabsichtigt mit dieser Regelung, den Gefahren, die sowohl im Zusammenhang mit Behandlungen durch nichtfachkundiges Personal als auch im Rahmen einer Selbstheilung kranker Personen auftreten können, entgegenzuwirken.

Neben dem HWG gelten für die Öffentlichkeitsarbeit von Krankenhäusern die Wettbewerbsvorschriften des **Gesetzes gegen den unlauteren Wettbewerb** (UWG). Das UWG ergänzt die Bestimmungen des HWG dahingehend, dass derjenige, der mit sittenwidrigen Handlungen wirbt, auf Unterlassung und Schadensersatz in Anspruch genommen werden kann. Darüber hinaus untersagt das Gesetz jede Werbung, die dazu geeignet ist, die Öffentlichkeit über das Leistungsangebot eines Krankenhauses irrezuführen. Die Weiterverwendung des Namens eines bereits ausgeschiedenen Chefarztes auf Briefbögen und Formularen ist ebenso unzulässig wie die Verwendung einer Zusatzbezeichnung mit regionalem Bezug führt, durch die der unzutreffende Eindruck erweckt wird, nur dieses Krankenhaus sei kompetent, bestimmte Krankheiten zu behandeln.

Der Öffentlichkeitsarbeit und Werbung für das Krankenhaus werden schließlich auch durch die **Musterberufsordnung** (MBO) der deutschen Ärzte Grenzen gesetzt. Danach ist dem Arzt jegliche Werbung für sich oder andere Ärzte untersagt. Dies gilt also auch für den Arzt im Krankenhaus. Ebenso darf der Arzt Veröffentlichungen mit werbendem Charakter weder veranlassen noch dulden.

Der Krankenhausträger unterliegt nicht dem ärztlichen Berufsrecht. Er wird das Standesrecht aber bei seiner Informationswerbung berücksichtigen, da ihm als Arbeitgeber gegenüber seinen Arbeitnehmern die Fürsorgepflicht als eine Nebenpflicht aus dem Dienstvertrag obliegt. In der Berufsordnung ist die Information unter Ärzten geregelt, die es dem Arzt erlaubt, andere Ärzte über sein Leistungsangebot zu informieren. Voraussetzung ist allerdings, dass die Information räumlich auf ein angemessenes Einzugsgebiet begrenzt ist und dass sie auf die Ankündigung der Leistungsbereitschaft sowie des Leistungsangebotes beschränkt ist. Der Arzt im Krankenhaus darf seine niedergelassenen

Kollegen demnach über das Leistungsangebot und Teile der Leistungsbereitschaft der Abteilung informieren.

Dem Arzt ist laut MBO die Mitwirkung an Veröffentlichungen medizinischen Inhalts gestattet, wenn sie seine Person nicht werbend herausstellen und seine Mitwirkung auf sachliche Informationen begrenzt ist. Dies gilt auch für öffentliche Vorträge zu medizinischen Themen.

Trotz der genannten Einschränkungen bleibt den Krankenhäusern aber noch genügend Raum für eine sachliche und den Tatsachen entsprechende Information der Öffentlichkeit über das Leistungsspektrum und die Leistungsfähigkeit.

In **Tabelle 5.7-3** werden erlaubte und verbotene Handlungen des Krankenhauses im Rahmen der Arztwerbung noch einmal exemplarisch dargestellt.

Literatur

Becker, J.: Marketing-Konzeption, Grundlagen des strategischen Marketing-Managements. München, 1993
Bruhn, M.: Marketing; Grundlagen, Fallstudien, Problemlösungen. Wiesbaden, 1990
Haubrock, M.; Meiners, N.; Albers, F.: Krankenhaus-Marketing. Stuttgart, Berlin, Köln, 1998
Haubrock, M.: Vorlesungsunterlagen Krankenhausbetriebswirtschaftslehre. Fachhochschule Osnabrück, Osnabrück, 1999
Kotler, P.; Bliemel, F.: Marketing-Management. Stuttgart, 1995
Meffert, H.; Bruhn, M.: Dienstleistungsmarketing; Grundlagen, Konzepte, Methoden. Wiesbaden, 1995
Nieschlag, R.; Dichtl, E.; Hörschgen, H.: Marketing. Berlin, 1991
Nolden, U.; Siekkötter, K.: Diplomarbeit. Fachhochschule Osnabrück, Osnabrück, 1997, S. 51

5.8 Krankenhausfinanzwirtschaft

M. Haubrock

5.8.1 Rechtliche Grundlagen

5.8.1.1 Chronologie der Gesetzgebung

Zum 1. 1. 1993 trat das **Gesetz zur Sicherung und Strukturverbesserung der gesetzlichen Krankenversicherung** (Gesundheitsstrukturgesetz – GSG) in Kraft. Es enthält u. a. Änderungen des Gesetzes zur wirtschaftlichen Sicherung der Krankenhäuser und zur Regelung der Krankenhauspflegesätze (Krankenhausfinanzierungsgesetz – KHG), der Verordnung zur Regelung der Krankenhauspflegesätze in der Fassung vom September 1994 (Bundespflegesatzverordnung – BPflV '95) und des SGB V.

Tabelle 5.7-3: Arztwerbung durch das Krankenhaus (Quelle: Nolden, U., Siekkötter, K.; Diplomarbeit; Fachhochschule Osnabrück, Osnabrück, 1997, S. 54)

Maßnahme	erlaubt	verboten
Ausscheiden Chefarzt	Knappe Tatsacheninformation	Werturteile, Foto in Berufskleidung
Einstellung Chefarzt	Knappe Tatsacheninformation	
Arztinterview	Ja, soweit Tatsacheninformation	Erfolgshinweise, Behandlungsmethoden, Apparateausstattung, Selbstberührung
Krankenhausinterview	Ja, soweit Tatsacheninformation	Von Ärzten, wertende Urteile
Großgeräteaufstellung	Hinweis des Krankenhauses	Hinweis des Arztes
Sonstige neue Technologien/Apparate	Hinweis des Krankenhauses	Hinweis des Arztes
(Neue) Behandlungsmethoden	Hinweis des Krankenhauses/Arztes, soweit Tatsacheninformation	Erfolgshinweise, Selbstberührung, Werbung für den Arzt
Vortragsveranstaltung	Krankenhaus/Arzt	Werbung für den Arzt
Seminare	Krankenhaus/Arzt	Werbung für den Arzt

Das **KHG** soll gemäß § 1 KHF die wirtschaftliche Sicherung der Krankenhäuser ermöglichen, um eine bedarfsgerechte Versorgung der Bevölkerung sicherzustellen. Krankenhäuser sind nach der Definition des § 2 KHG hierbei «Einrichtungen, in denen durch ärztliche und pflegerische Hilfeleistung Krankheiten, Leiden oder Körperschäden festgestellt, geheilt oder gelindert werden sollen oder Geburtshilfe geleistet wird und in denen die zu versorgenden Personen untergebracht und verpflegt werden können...». Jedoch unterliegen die Krankenhäuser im Straf- oder Maßregelvollzug, die Polizeikrankenhäuser, die Krankenhäuser der Träger der gesetzlichen Rentenversicherung der Arbeiter oder der Angestellten, die Häuser der gesetzlichen Unfallversicherung sowie die Krankenhäuser, die nicht nach den Vorschriften des KHG gefördert werden, nicht den Regelungen des Krankenhausfinanzierungsgesetzes.

Die Versorgung mit Krankenhausleistungen ist somit eine so genannte **hoheitliche Versorgung**. Diese Versorgung ist im KHG als **bedarfsgerechte Versorgung** festgeschrieben worden. Dieser Terminus ist so zu interpretieren, dass sich das Angebot an Gesundheitsgütern am Bedarf auszurichten hat. Der Bedarf setzt sich als Nachfragekomponente wiederum aus den Teilen «Bedürfnis» und «Kaufkraft» zusammen. Die Bedürfnisse sind die Wünsche der Patienten, durch den Einsatz von Gesundheitsgütern im optimalen Fall gesund zu werden, die Kaufkraft umfasst die Geldsumme der Krankenkassen. Im Gesundheitssystem treten somit auf der Nachfrageseite zwei Partialkunden auf, nämlich die Patienten mit ihren Bedürfnissen (Bedürfnisträger) und die Krankenkassen mit ihrer Kaufkraft (Kostenträger). Diese Besonderheit der Leistungsfinanzierung erklärt den so genannten Zahlungsumweg. Eine weitere Eigentümlichkeit des Gesundheitssystems besteht darin, dass der Patient nur mit Genehmigung der Profession Medizin den Zugriff auf die sozialfinanzierten Gesundheitsgüter erhält. Die Medizin ist somit der Leistungsveranlasser. Hierbei muss der subjektive Bedarf des Patienten in einen objektiven Bedarf umgewandelt werden. Unter Bedarf wird hierbei ein personenbezogener Zustand verstanden, dessen Behandlung durch spezifizierbare Maßnahmen einen gesundheitlichen Nutzen erwarten lässt.

In der folgenden Aufstellung werden die Unterschiede zwischen subjektivem und objektivem Bedarf verdeutlicht:

- Der subjektive Bedarf setzt einen Wunsch bzw. gewisse Präferenzen eines Individuums nach einer Leistung voraus, die Inanspruchnahme dieser Leistung wird zudem tatsächlich gewünscht.
- Der objektive Bedarf setzt die professionell und wissenschaftlich bestätigte Feststellung z. B. einer Krankheit bzw. einer Funktionseinschränkung voraus.

Diese am Bedarf orientierte Angebotssteuerung des Gesundheitssystems muss demnach folgende Ziele haben:

- Das Angebot an Gesundheitsleistungen baut auf einer realen Nachfrage der Versicherten auf.
- Die angebotenen Güter bewirken bei den Patienten eine Verbesserung ihres augenblicklichen Gesundheitszustandes.
- Die Leistungen sind in der geforderten fachlichen Qualität zu erbringen.
- Die Gesundheitsleistungen werden wirtschaftlich bereitgestellt, das heißt, es dürfen nur die Leistungen oder Versorgungsformen zur Verfügung gestellt werden, die effizient oder effektiv angeboten werden können.

Der Anwendungsbereich der **BPflV '95** umfasst die **Vergütungsvorschriften** der voll- und teilstationären Leistungen der Krankenhäuser. Zu diesen **Krankenhausleistungen** gehören insbesondere die ärztliche Behandlung, die Krankenpflege, die Versorgung mit Arznei-, Heil- und Hilfsmitteln sowie die Unterkunft und die Verpflegung. Die Krankenhausleistungen wiederum werden unterteilt in allgemeine Krankenhausleistungen und Wahlleistungen. Die **allgemeinen Krankenhausleistungen** sind primär die Leistungen, «die unter Berücksichtigung der Leistungsfähigkeit des Krankenhauses im Einzelfall nach Art und Schwere der Krankheit für die medizinisch zweckmäßige und ausreichende

Versorgung der Patienten notwendig sind.» (Verordnung zur Regelung der Krankenhauspflegesätze). Die **Wahlleistungen** sind zusätzliche Leistungsanbote der Krankenhäuser, die nicht von den gesetzlichen Kostenträgern übernommen werden. Die Inanspruchnahme von Wahlleistungen ist vor ihrer Erbringung schriftlich zwischen den Patienten und dem Krankenhaus zu vereinbaren. Aus diesem Vertrag ergeben sich z. B. die Rechte und Pflichten des Patienten. Eine Pflicht ist hierbei die individuelle Zahlung der in Anspruch genommenen Wahlleistungen. Bei den Wahlleistungen lassen sich wiederum die wahlärztlichen Leistungen und die nichtärztlichen Wahlleistungen unterscheiden. Eine Vereinbarung über die wahlärztlichen Leistungen erstreckt sich u. a. auf alle an der Behandlung der Patienten beteiligten Mediziner des Krankenhauses, soweit diese zur Berechnung berechtigt sind. Für die nichtärztlichen Wahlleistungen können die Deutsche Krankenhausgesellschaft und der Verband der privaten Krankenversicherung Empfehlungen zur Bemessung der relevanten Entgelte herausgeben.

Das **SGB V** umfasst u. a. Regelungen für die vor- bzw. nachstationäre Krankenhausbehandlung und zur ambulanten Durchführung von Operationen im Krankenhaus für die gesetzlich versicherten Personen. Die **vor- und nachstationäre Behandlung** ist in § 115 a SGB V geregelt. Hiernach kann das Krankenhaus bei Verordnung einer stationären Krankenhausbehandlung in medizinisch geeigneten Fällen ambulant behandeln. Auf der Grundlage einer Vereinbarung nach § 115b SGB V, die zwischen den Spitzenverbänden der Krankenkassen, der Kassenärztlichen Bundesvereinigung und der Deutschen Krankenhausgesellschaft abgeschlossen worden ist, können u. a. die Krankenhäuser ambulant operieren. Diese Eingriffe sind jedoch auf die Leistungen begrenzt, die in einem Katalog der **ambulant durchführbaren Operationen** festgelegt worden sind.

Anlass für das **Gesundheitsstrukturgesetz** von 1993 war die finanzielle Lage der gesetzlichen Krankenversicherungen, die aus Sicht des Deutschen Bundestages und des Deutschen Bundesrates eine Sofortbremsung bei den Ausgaben nötig machte. Durch die Gesundheitsreform sind z. B. 1993 Einsparungen in Höhe von ca. 10 Mrd. DM für die Krankenkassen erreicht worden. Hierbei trugen die Krankenhäuser z. B. etwa 3,2 Mrd. DM, die Patienten rund 2,5 Mrd. DM, die Pharmaindustrie und die Apotheken ca. 2,1 Mrd. DM sowie die Ärzte und Zahnärzte etwa 2,1 Mrd. DM zu den gesamten finanziellen Entlastungen bei. Hieraus wird deutlich, dass schon zu diesem Zeitpunkt der Krankenhausbereich im Zentrum der Reform stand.

Für die stationäre Versorgung sind im GSG u. a. folgende Eckpunkte festgeschrieben worden:

- Aufhebung des Selbstkostendeckungsprinzips
- Grundlohnsummenanbindung des Krankenhausbudgets
- Einführung von Sonderentgelten und Fallpauschalen
- Verzahnung der ambulanten und der stationären Versorgung
- Einführung der ambulanten Operationen
- Einführung der vor- und nachstationären Versorgung
- Veränderung der Kostenerstattung an das Krankenhaus aus privatärztlicher Liquidation
- Zuzahlung der Versicherten
- Berücksichtigung der besonderen Lage in den neuen Bundesländern
- Schaffung von zusätzlichen Stellen für Pflegekräfte sowie für Hebammen bzw. Geburtshelfer.

Wie bereits erwähnt, hat der Gesetzgeber das GSG auf Grund der zunehmenden Kosten im Gesundheitswesen erlassen. Neben einer Sofortbremsung bei den Ausgaben der gesetzlichen Krankenversicherung sah er weiterhin weit reichende strukturelle Veränderungen vor. Die Reform beinhaltete somit auch umfangreiche Änderungen im Krankenhausbereich. Dabei lag ein besonderer Schwerpunkt bei den Vorschriften zur Vergütung von Krankenhausleistungen und einer besseren Verzahnung von stationärer und ambulanter Behandlung.

Aber schon 1995 wurde deutlich, dass das angestrebte Ziel, nämlich Einnahmen und Ausgaben der gesetzlichen Krankenkassen zur Deckung zu bringen, nicht zu erreichen war. In der zweiten Hälfte des Jahres 1995 ergab sich bei den Kassen ein Defizit von ca. 7 Mrd. DM. Nach der Vorgabe der Beitragssatzstabilität und der Logik der grundlohnsummenorientierten Ausgabenpolitik hätte dies aber nicht eintreten dürfen. Bei der Ursachensuche stellte sich heraus, dass die personalintensiven Verordnungen bzw. Regelungen, wie z. B. die Personalverordnung für phsychiatrische Einrichtungen (PsychPV), die Pflegepersonalverordnung (PPR) und die Hebammenregelung (HebR) die wesentlichen Kostentreiber waren. Zum Verständnis muss an dieser Stelle ergänzt werden, dass die durch die Verordnungen bzw. Regelungen entstandenen zusätzlichen Personalkosten außerhalb des vorab festgelegten Budgets finanziert worden sind. Zum Abbau des Kassendefizites wurde ein Sondergesetz für den Krankenhaussektor mit der Begründung verabschiedet, dass die Personalmehrkosten nahezu ausschließlich im stationären Bereich entstanden seien und somit dieser Sektor die Sparmaßnahmen allein zu tragen habe. Durch das Votum des Vermittlungsausschusses, der sich im März 1996 mit den kontroversen Einschätzungen der Mehrheit des Bundestages und des Bundesrates über die vorgelegten Gesetze und Verordnungen zur weiteren Kostendämpfung im Krankenhausbereich zu beschäftigen hatte, wurde analog zu den im Gesetzgebungsverfahren vorgebrachten Argumenten festgelegt, dass im Jahre 1996 eine spezielle Deckelung der Krankenhausbudgets greift. Im **Gesetz zur Stabilisierung der Krankenhausausgaben 1996** (Stabilisierungsgesetz 1996) war festgelegt worden, dass der Gesamtbetrag für die Erlöse eines Krankenhauses aus den Fallpauschalen, den Sonderentgelten, den Abteilungspflegesätzen, dem Basispflegesatz, der vor- und nachstationären Behandlung und des ambulanten Operierens nicht höher sein dürfe als die relevante Berechnungsgrundlage für das Jahr 1995, erhöht um die lineare Steigerung der Vergütung nach dem Bundesangestelltentarifvertrag. Hieraus folgt, dass die Deckelung der Krankenhäuser in den Jahren 1996 und 1997 nicht mehr analog zur Grundlohnsummensteigerung der gesetzlichen Krankenversicherungen, sondern analog zu den Lohn- und Gehaltssteigerungen der Beschäftigten im öffentlichen Dienst erfolgte. Weiterhin setzt dieses Gesetz bestimmte Regelungen der Bundespflegesatzverordnung 1995 für das Jahr 1996 außer Kraft. So mussten die Krankenhäuser z. B. für den Budgetbereich nach § 12 Abs. 4 BPflV '95 die Mehrerlöse gegenüber dem vereinbarten flexiblen Budget zu 100 % ausgleichen. Zudem fand der Kapazitätsausgleich gemäß § 12 Abs. 5 BPflV '95 bei Verschiebungen zwischen dem Fallpauschalen- und dem Budgetbereich keine Anwendung. Im Fallpauschalen- und Sonderentgeltbereich sind letztlich die Regelungen über Minder- und Mehrerlöse (§ 11 Abs. 8 BPflV '95) ausgesetzt worden.

Für eine langfristige Stabilisierung der Ausgaben im Krankenhausbereich sollten die **Krankenhaus-Neuordnungsgesetze 1997** sorgen. Diese Gesetze, die für die Jahre 1998 bis 1999 die Rahmenbedingungen für die Finanzierung der stationären Behandlungseinrichtungen vorgeben sollten, stellten den Teil der gescheiterten dritten Stufe der Gesundheitsreform dar. Aus dem Gesamtreformpaket wurden nur die Teile durch den Bundestag verabschiedet, die nicht auf ein positives Votum des Bundesrates angewiesen waren. Diese nicht bundesratszustimmungspflichtigen Kernpunkte dieses Gesetzes sind folgende:

- Vereinbarung der Vertragsparteien auf Landesebene über eine Gesamtvergütung sowie über eine Zuwachsrate als Obergrenze der Erlöse aller Krankenhäuser in dem jeweiligen Bundesland
- Erweiterung der Kataloge für Fallpauschalen und Sonderentgelte auf Bundesebene durch die Selbstverwaltungsorgane; Preisfestsetzung für die leistungsbezogenen Entgelte auf Landesebene
- verstärkte Einbeziehung der Landesverbände der Krankenkassen bei der Krankenhausplanung
- Erleichterungen für die Krankenkassen für den Abschluss und für die Kündigung von Versorgungsverträgen

- Förderung von Praxiskliniken und des Belegarztwesens
- Ermächtigung von Krankenhausärzten zur ambulanten Erbringung hoch spezialisierter medizinischer Leistungen.

Die Gesetze aus dem Jahre 1997 stärkten die Selbstverwaltungsorgane. Hierdurch wurden einige Verantwortlichkeiten, die zuvor bei der öffentlichen Hand lagen, auf die Verbände des Gesundheitswesens übertragen. Gesundheitspolitisch wurden hiermit Ansätze des Neoliberalismus bzw. der Deregulierung realisiert.

Mit dem Regierungswechsel im Herbst 1998 veränderten sich auch die Vorstellungen über die Reform des Gesundheitssystems. Die Stärkung der Solidarität wurde als ein wichtiges gesundheitspolitisches Leitbild genannt. Mit dieser Formulierung sollte zum Ausdruck gebracht werden, dass die Ansätze der Regierung Kohl, die das Subsidiaritätsprinzip stärken wollte, nicht weiter verfolgt werden. An die Stelle des Subsidiaritätsgedankens sollten Elemente des Solidaritätsansatzes treten. Hierbei war jedoch nicht daran gedacht, die Gesundheitspolitik ausschließlich solidarisch zu gestalten. Der Begriff der «Neuen Mitte» verdeutlicht anschaulich die neue Sichtweise, nämlich als Mitte zwischen dem reinen Solidaritäts- und dem reinen Subsidiaritätsprinzip. Analog zu diesem Paradigmenwechsel wurde zum 1. 1. 1999 das **Gesetz zur Stärkung der Solidarität in der Gesetzlichen Krankenversicherung** (GKV-Solidaritätsstärkungsgesetz) verabschiedet. Dieses Gesetz sah u. a. vor, die Selbstbeteiligungsanteile der Versicherten zu senken. So wurden die Anteile für die Medikamentenbeteiligungen reduziert, eine deutliche Verbesserung für chronisch erkrankte Personen wurde realisiert, und die durch Minister Seehofer eingeführte Finanzierung der Zahnersatzleistungen wurde rückgängig gemacht. Die Gesundheitssektoren blieben auch ab 1999 gedeckelt bzw. budgetiert. Die Veränderungsrate der Budgets orientierte sich aber nicht mehr an den Vorgaben der Selbstverwaltungsorgane auf Bundesebene, diese Rate wurde nunmehr wiederum durch das Bundesgesundheitsministerium festgelegt. In diesem Punkt deckte sich diese Regelung mit den Vorschriften der Jahre 1993 bis 1997. Im Unterschied zu dieser Phase wurden ab 1999 die Daten jedoch nicht prospektiv, sondern retrospektiv fixiert. Mit der Einberechnung der sozalversicherungspflichtigen Bruttoentgelte aus der Vergangenheit erübrigte sich auch das Problem der Ausgleichszahlungen, die sich aus dem Unterschied zwischen den angenommenen und den realen Lohnzuwächsen ergeben können.

Das Jahr 1999 war bestimmt durch die Diskussionen um die avisierte Gesundheitsreform 2000. Auf Grund der unterschiedlichen politischen Mehrheitsverhältnisse im Bundestag und im Bundesrat deutete sich im Herbst 1999 an, dass die «große» Reform am Widerstand des Bundesrates scheitern würde. Wesentliche Kritikpunkte waren das so genannte Globalbudget und die schrittweise Einführung der monistischen Finanzierung. Unter einem Globalbudet ist ein Budget zu verstehen, das sektorübergreifend angelegt ist und alle Einrichtungen der verschiedenen Gesundheitssektoren einbezieht. Die Realisierung der monistischen Finanzierung, die an die Stelle der dualen Finanzierung treten sollte, war in Teilschritten geplant. Der erste Schritt, die so genannte Teilmonistik, sah die Übernahme der pauschalen Fördermittel durch die Krankenkassen vor. In einer zweiten Stufe sollten auch die Einzelinvestitionen durch die Krankenversicherungen finanziert werden. Am Ende dieser Entwicklung hätten die Kassen die Betriebskosten und die Investitionsmittel decken müssen.

Im Dezember 1999 wurden nach langer und kontroverser Debatte die beiden folgenden Gesetze vom Bundestag bzw. vom Bundestag und Bundesrat verabschiedet, die beide am 1. 1. 2000 in Kraft getreten sind:

- GKV-Gesundheitsreform 2000 (nicht zustimmungspflichtig)
- GKV-Rechtsangleichungsgesetz (zustimmungspflichtig).

Das **Gesetz zur Reform der gesetzlichen Krankenversicherung** (GKV-Gesundheitsreform 2000) bewirkte Veränderungen, Ergänzungen bzw. Streichungen im KHG, in der BPflV '95 und im SGB V. Auf die Modifikationen, die für die

Krankenhausfinanzierung relevant sind, wird später genauer eingegangen.

Zusammenfassend sind im Folgenden die wesentlichen Aspekte des Gesundheitsreformgesetzes 2000 aufgeführt:

- Verzahnung der ambulanten und der stationären Versorgung
- Stärkung der hausärztlichen Versorgung
- stärkere Orientierung auf Prävention, bedarfsgerechte Behandlung und Qualitätssicherung in der zahnmedizinischen Versorgung
- Verbesserung der Qualität und der Wirtschaftlichkeit der Arzneimittelversorgung
- Einführung eines leistungsorientierten, pauschalierten Preissystems für Krankenhäuser
- Stärkung der Gesundheitsförderung und der Selbsthilfe
- Förderung der Rehabilitation
- Verbesserung der Qualität der gesundheitlichen Versorgung
- Erweiterung der Patientenrechte
- Beibehaltung der Beitragssatzstabilität
- Beseitigung der Wettbewerbsverzerrungen zwischen gesetzlicher und privater Krankenversicherung
- Abbau der ambulanten Überversorgung.

Dieses Gesetz hatte nach Meinung der Deutschen Krankenhausgesellschaft außerordentlich tief greifende und nachhaltige Neuerungen, die die Krankenhauslandschaft in Deutschland drastisch verändert hat. Nach Auffassung der Gesellschaft zählen dazu:

- die schärfere Fassung des Prinzips der Beitragssatzstabilität
- die Einführung eines pauschalierenden Entgeltsystems
- die Verpflichtung zur Qualitätssicherung und zum einrichtungsinternen Qualitätsmanagement
- die Regelungen zur Bewertung von Untersuchungs- und Behandlungsmethoden
- der Komplex der vertragsgesteuerten integrierten Versorgung
- die Verschärfung im Bereich der Ausnahmetatbestände nach § 6, Absatz 1 BPflV '95 und
- der BAT-Berichtigungsanspruch nach § 6 Absatz 3 BPflV '95 in der Fassung des 2. Neuordnungsgesetzes.

Das **Rechtsangleichungsgesetz** wurde am 17. 12. 1999 mit den Stimmen der SPD-regierten Bundesländer und den Voten der Länder Bremen, Rheinland-Pfalz, Sachsen und Thüringen vom Bundesrat verabschiedet. Ziel dieses Gesetzes ist die stufenweise Einführung des **gesamtdeutschen Risikostrukturausgleichs** (RSA). Mit Hilfe des RSA sollen die Defizite der ostdeutschen Krankenkassen ausgeglichen werden. Im Rahmen dieses Ausgleichs werden die durchschnittlich höheren Ausgaben im Westen und die niedrigeren Ausgaben in den neuen Bundesländern zu einheitlichen Werten zusammengefasst. Diese einheitlichen Werte bilden dann die Standardausgaben je Versichertengruppe. Hierdurch ergibt sich bei den ostdeutschen Krankenkassen ein höherer Beitragsbedarf zur Deckung der Leistungsausgaben als bei den westdeutschen Kassen. Infolge dieser Differenz müssen Transfersummen von West nach Ost fließen. Den betroffenen Krankenkassen in den neuen Bundesländern stehen somit mehr Finanzmittel zur Verfügung. Der gesamtdeutsche Risikostrukturausgleich hat im Jahre 2001 begonnen und endet im Jahre 2007. Die Anpassung erfolgt über eine stufenweise Zusammenführung der Transfersummen. Das Transfervolumen wird in der Endstufe des Risikostrukturausgleichs auf 2,5 Mrd. Euro pro Jahr geschätzt.

Flankierend zu dem Gesetz wurde durch den Bundesrat beschlossen, dass die Bundesregierung eine Untersuchung in Auftrag geben muss, in der die Auswirkungen des gesamtdeutschen RSA auf die Höhe der Beitragssätze in den alten und neuen Bundesländern überprüft werden sollen. Sollte diese Überprüfung zu dem Ergebnis kommen, dass gravierende Belastungsunterschiede eingetreten sind, so kann die Bundesregierung mit Zustimmung des Bundesrates per Rechtsverordnung die RSA-Regelungen verändern.

Ergänzend zu diesem Gesetz wurde Ende 2001 das **Gesetz zur Reform des Risikostrukturausgleichs** verabschiedet. Kernstück der zum

1. 1. 2002 in Kraft getretenen Neuregelungen des RSA sind der so genannte Risikopool, die Einführung eines besonderen Ausgleichsverfahrens für Versicherte, die in **Disease-Management-Programmen** (DMP) eingeschrieben sind, sowie die Eröffnung eines mittelfristigen Umbaus des RSA zu einem unmittelbaren «morbiditätsorientierten Ausgleichssystem». Somit wird den gesetzlichen Krankenkassen seit Januar 2002 die Möglichkeit eröffnet, gezielt DMPs zur optimalen Behandlung chronischer Erkrankungen einzurichten. Die Details zu den strukturierten Behandlungsprogrammen bei chronischen Krankheiten sind in § 137 f SGB V geregelt. Bei der Auswahl der vom gemeinsamen **Bundesausschuss** (ehemals Koordinierungsausschuss) zu empfehlenden chronischen Krankheiten sind u. a. folgende Kriterien zu berücksichtigen:

- die Zahl der von der Krankheit betroffenen Versicherten
- Möglichkeiten zur Verbesserung der Versorgungsqualität
- Verfügbarkeit von evidenzbasierten Leitlinien
- sektorübergreifender Behandlungsbedarf
- hoher finanzieller Aufwand der Behandlung.

Die Zulassung der strukturierten Behandlungsprogramme erfolgt nach den Vorgaben des § 137 g SGB V. Danach hat das **Bundesversicherungsamt** auf Antrag einer Krankenkasse oder eines Verbandes der Krankenkassen die Zulassung von Disease-Management-Programmen zu erteilen, wenn die Programme die gesetzlich geregelten Voraussetzungen erfüllen.

Im Sinne des Risikostrukturausgleiches ergeben sich zwischen den Krankenkassen finanzielle Erstattungen. Erstattungen für Maßnahmen im Rahmen strukturierter Behandlungsprogramme sind dann möglich, wenn:

- das jeweilige DMP durch eine neutrale Akkreditierungsstelle die Zulassung erhält.
- sowohl die Akkreditierung selber als auch die einzelne Einschreibung qualitätsgesichert erfolgt und Akkreditierung und Einschreibung kontrolliert und evaluiert werden.

Langfristiges Ziel ist es, bis zum Jahre 2007 einen **morbiditätsorientierten RSA** einzuführen. Damit wird die direkte Erfassung von Morbiditätsunterschieden zwischen den Versicherten möglich. Dies bedeutet, dass die Krankenversicherungen künftig keine Beitrags- und Wettbewerbsvorteile dadurch erzielen können, dass sie vor allem gesunde Versicherte an sich binden. Gesunde und kranke Versicherte werden entsprechend ihrer Risikobelastung unterschiedlich berücksichtigt.

Wie oben bereits ausgeführt, sind in dem Gesetz zur Reform des Risikostrukturausgleichs die **Disease-Management-Programme** festgeschrieben worden. In diesen Programmen werden Versicherte mit chronischen Erkrankungen behandelt, die in zugelassenen strukturierten Behandlungsprogrammen eingeschrieben sind. Zu den finanzierten Behandlungen gehören auch die stationär erbrachten Leistungen.

Alle Disease-Management-Programme haben folgende Grundprinzipien gemein:

- Sie gewährleisten eine sektorenübergreifende medizinische Versorgung.
- Durch Vermeidung von Über-, Unter- und Fehlversorgung erfolgt ein effizienter Umgang mit den zur Verfügung stehenden Ressourcen des Gesundheitssystems.
- Sie orientieren sich an medizinischen Leitlinien und medizinischer Evidenz.
- Sie ermöglichen dem Arzt eine optimale und regelmäßige Versorgung seiner Patienten.
- Die Teilnahme an strukturierten Behandlungsprogrammen ist für die Versicherten freiwillig.
- Sie helfen den Patienten, ihre Erkrankung besser zu verstehen und danach zu handeln. (Boweleit, 2003: 25)

Am 23. 4. 2002 trat das **Gesetz zur Einführung des diagnoseorientierten Fallpauschalensystems für Krankenhäuser** (Fallpauschalengesetz – FPG) in Kraft. Mit diesem Artikelgesetz wurden Regelungen des SGB V, des KHG und der BPflV verändert. Die oben genannten rechtlichen Vorschriften wurden bereits am 17. 7. 2003 durch das **Fallpauschalenänderungsge-**

setz (FPÄndG) an einigen Stellen überarbeitet. Die relevanten Veränderungen werden in den folgenden Ausführungen berücksichtigt.

Durch das Fallpauschalen- bzw. Fallpauschalenänderungsgesetz ergaben sich Novellierungen im **SGB V** u. a. beim § 137 SGB V. Es geht hierbei um die Ausnahmeregelung bei den erforderlichen Mindestmengen:

> Wenn die [...] erforderliche Mindestmenge bei planbaren Leistungen voraussichtlich nicht erreicht wird, dürfen ab dem Jahr 2004 entsprechende Leistungen nicht erbracht werden. Die für die Krankenhausplanung zuständige Landesbehörde kann Leistungen aus dem Katalog [...] bestimmen, bei denen die Anwendung von Satz 4 die Sicherstellung einer flächendeckenden Versorgung der Bevölkerung gefährden könnte; sie entscheidet auf Antrag des Krankenhauses bei diesen Leistungen über die Nichtanwendung von Satz 4. (SGB V, 2003)

Die Neuformulierungen im **KHG** betreffen primär § 17b KHG. Die Vorschriften regeln u. a. die optionale Einführung des neuen Vergütungssystems für das Jahr 2003, die Verpflichtung zur Einführung der Fallpauschalenabrechnung ab 2004 sowie die Umsetzung der Übergangsregelungen für den Zeitraum 2005 bis 2007. Neu eingeführt wurde § 17c KHG (Prüfung der Abrechnung von Pflegesätzen), in dem u. a. die Krankenhäuser verpflichtet werden, durch geeignete Maßnahmen darauf hin zu wirken, dass

- keine Patienten aufgenommen werden, die nicht der stationären Krankenhausbehandlung bedürfen (Fehlbelegungen)
- eine vorzeitige Verlegung oder Entlassung aus wirtschaftlichen Gründen unterbleibt
- die Abrechnung der Fallpauschalen ordnungsgemäß erfolgt.

Außerdem wurde in dem veränderten § 17a KHG z. B. neu festgeschrieben, dass die Finanzierung von Ausbildungsstätten und -vergütungen der Krankenpflege und Kinderkrankenpflege bis Ende 2004 im Pflegesatz zu berücksichtigen sind. Bei der Ermittlung der Ausbildungsvergütung sind Personen, die in der Kranken- und der Kinderkrankenpflege ausgebildet werden, im Jahre 2004 im Verhältnis 7:1 und ab 1. 1. 2005 im Verhältnis 9,5:1 auf die Stelle einer vollausgebildeten Person anzurechnen. Für den Ausbildungsbereich der Krankenpflegehilfe gilt die Relation 6:1.

Ab 1. 1. 2005 erfolgt die Ausbildungsfinanzierung pauschaliert über einen Zuschlag je Fall, den alle Krankenhäuser im Land einheitlich erheben. Die Kosten der Ausbildungsvergütung sind hierbei jedoch nur für die Ausbildungsplätze zu berücksichtigen, die die anzurechnenden Stellen übersteigen. Die Vertragsparteien ermitteln und vereinbaren u. a. jährlich für die jeweiligen Berufe die Durchschnittskosten je Ausbildungsplatz und die Mehrkosten der Ausbildungsvergütungen.

Die Änderung der Bundespflegesatzverordnung erfolgte in zwei Stufen. Die erste Reformstufe berücksichtigte in der **BPflV '95** den Sachverhalt, dass die verpflichtende Einführung der Fallpauschalen nicht wie ursprünglich geplant zum 1. 1. 2003, sondern erst im Jahre 2004 erfolgen sollte. Zum 1. 1. 2004 trat die zweite Reformstufe in Kraft. In der **BPflV 2004** wird festgelegt, dass der Anwendungsbereich dieser Verordnung auf die voll- und teilstationären Leistungen der Krankenhäuser oder Krankenhausabteilungen beschränkt wird, die nicht in das DRG-Vergütungssystem einbezogen sind. Die Finanzierung der allgemeinen Krankenhausleistungen erfolgt weiterhin über tagesgleiche Pflegesätze. Die Finanzierung der Ausbildungsstätten und der Ausbildungsvergütung erfolgt durch einen Zuschlag für jeden Behandlungsfall. Die Vorschriften über Fachpauschalen und Sonderentgelte (§ 11 BPflV '95) entfallen. Weiterhin wird festgehalten, dass die vor- und nachstationären Leistungen weiterhin auf der Grundlage des § 115a SGB V finanziert werden. Abschließend ist festzuhalten, dass die Vorschriften über «Gesondert berechenbare ärztliche und andere Leistungen» (§§ 22 ff BPflV 2004) überarbeitet worden sind.

Artikel 5 des Fallpauschalengesetzes hat die Einführung des **Gesetzes über die Entgelte für voll- und teilstationäre Krankenhausleistun-**

gen (Krankenhausentgeltgesetz – KHEntgG) zum Regelungsgegenstand. Das KHEntgG, das die Vergütung für die voll- und teilstationären Leistungen der Krankenhäuser durch Fallpauschalen regelt, beinhaltet im Wesentlichen die folgenden Vorschriften:

- Festschreibung der budgetneutralen Einführung des Fallpauschalensystems für die Jahre 2003 und 2004
- Stufenweise Angleichung des krankenhausindividuellen Basisfallwertes und des Erlösbudgets des Krankenhauses an den landesweit geltenden Basisfallwert und dem sich daraus ergebenden DRG-Erlösvolumens jeweils zum 1. 1. 2005, 2006 und 2007
- Festschreibung der Vereinbarungen auf der Bundesebene der Selbstverwaltungspartner (z. B. Fallpauschalenkatalog, Bewertungsrelationen)
- Festschreibung der Vereinbarungen auf der Landesebene der Selbstverwaltungspartner (z. B. landesweit geltender Basisfallwert)
- Festschreibung der Vereinbarungen auf der Krankenhausebene (z. B. Gesamtbetrag, Erlösbudget, krankenhausindividueller Basisfallwert).

Für die Vergütung der vor- und nachstationären Leistungen werden für alle Benutzer einheitlich die Rechtsnormen des § 115a SGB V festgeschrieben. Die ambulante Durchführung von Operationen und stationsersetzenden Eingriffen wird für die gesetzlich Versicherten der § 115b SGB V zu Grunde gelegt, für die sonstigen Patienten gelten die jeweiligen Tarife bzw. Vereinbarungen.

Als Ergänzung zu den dargestellten gesetzlichen Rahmenbedingungen, die für die Einführung des Fallpauschalensystems und die freiwillige Abrechnung der Krankenhausleistungen im Jahre 2003 notwendig waren, wurde am 19. 9. 2002 die **Verordnung zum Fallpauschalensystem für Krankenhäuser** (KFPV) in Kraft gesetzt. Diese Verordnung musste im Sinne einer Ersatzvornahme nach § 17b KHG durch den Gesetzgeber festgelegt werden, da die Vertragsparteien (Spitzenverbände der Krankenkassen, Verband der privaten Krankenversicherung, Deutsche Krankenhausgesellschaft) kein Einvernehmen über den Fallpauschalenkatalog erzielen konnten.

Am 20. 12. 2002 hat der Bundestag mit der so genannten Kanzlermehrheit den Einspruch des Bundesrates gegen das **Beitragssicherungsgesetz** zurückgewiesen. Damit konnte das Gesetz am 1. 1. 2003 in Kraft treten. In diesem Gesetz waren die Ausnahmetatbestände festgehalten, mit denen die politisch festgesetzte so genannte Nullrunde des Jahres 2003 aus Kraft gesetzt werden konnte. Ein Ausnahmetatbestand war die freiwillige Teilnahme am DRG-System im Jahre 2003. Die Frist zur Erklärung der freiwilligen Teilnahme (Optionsfrist) endete am 31. 10. 2002. Alle Krankenhäuser, die sich bis zu diesem Zeitpunkt für eine Teilnahme entschieden hatten, bekamen somit die Steigerungsrate der Grundlohnsumme des Zeitraumes vom 1. 1. 2001 bis 30. 6. 2002 als Budgetzuwachs gutgeschrieben.

Am gleichen Tage wurde das **12. SGB-V-Änderungsgesetz** durch den Bundesrat abgelehnt. Diese Ablehnung betraf die geplante Verlängerung der Frist zur Erklärung der Teilnahme am DRG-System bis zum 31. 12. 2002. Erst im Laufe des Jahres 2003 konnten sich Bundestag und Bundesrat auf einen Kompromiss verständigen, sodass diese Regelung rückwirkend in Kraft gesetzt werden konnte.

Im Herbst des Jahres 2003 wurde das **Gesetz zur Modernisierung der Gesetzlichen Krankenversicherung** (GKV-Modernisierungsgesetz – GMG) vom Bundestag und Bundesrat verabschiedet. Es trat am 1. 1. 2004 in Kraft. Für den Krankenhausbereich traten wesentliche Veränderungen im **SGB V** ein. Details werden in Kapitel 5.8.1.2 aufgeführt.

Am 13. 10. 2003 wurde die **Verordnung zum Fallpauschalensystem für Krankenhäuser für das Jahr 2004** (Fallpauschalenverordnung 2004 – KFPV 2004) im Bundesgesetzblatt veröffentlicht. Diese Verordnung wurde ebenso wie die Verordnung für das Jahr 2003 im Sinne einer Ersatzvornahme nach § 17b KHG durch den Gesetzgeber festgelegt, da die Vertragsparteien, nämlich die Spitzenverbände der Krankenkassen, der Verband der privaten Krankenversicherung und die Deutsche Krankenhausgesellschaft auch im Jahre 2003 kein Einvernehmen über den Fallpauschalenkatalog erzielen konnten.

Am 19. 12. 2003 wurde die **Verordnung zur Bestimmung besonderer Einrichtungen im Fallpauschalensystem für Krankenhäuser für das Jahr 2004** (Fallpauschalenverordnug besondere Einrichtungen 2004 – FPVBE 2004) verabschiedet. Sie wurde speziell für die Krankenhäuser oder für die Teile von Krankenhäusern erlassen, die von der Anwendung der DRG-Fallpauschalen ausgenommen werden können.

5.8.1.2 Das Sozialgesetzbuch V

Das **GSG 1993** hat neue Aufgaben für die Krankenhäuser gebracht. Die Änderungen des Sozialgesetzbuches V führten zu einer tief greifenden Reform der Krankenhausbehandlung. So schreibt der Gesetzgeber in § 39 Abs. 1 SGB V die folgenden Formen der Krankenhausbehandlung vor:

- vollstationäre Behandlung
- teilstationäre Behandlung
- vor- und nachstationäre Behandlung
- ambulantes Operieren.

Gleichzeitig wird der Vorrang der ambulanten sowie teil-, vor- und nachstationären Behandlung vor der vollstationären Behandlung explizit verankert.

Für den Krankenhausbereich sind somit die beiden folgenden Veränderungen besonders relevant, die durch zwei- bzw. dreiseitige Verträge und Rahmenempfehlungen zwischen Krankenkassen, Krankenhäusern und Vertragsärzten geregelt werden müssen:

- die gesetzliche Möglichkeit und Verpflichtung zur vor- und nachstationären Behandlung
- die Zulassung zum ambulanten Operieren.

Folglich haben nach § 39 SGB V Versicherte erst dann Anspruch auf eine vollstationäre Behandlung, wenn nach Prüfung durch das Krankenhaus eine stationäre Aufnahme deshalb erforderlich ist, weil das Behandlungsziel nicht durch eine andere Behandlungsform einschließlich häuslicher Krankenpflege erreicht werden kann. Neben diesen Reformen sind 1993 weitere diverse Modifikationen in das Sozialgesetzbuch eingebaut worden. So regelt z. B. § 109 SGB V den Abschluss von Versorgungsverträgen mit den Krankenhäusern. Diese Neufassung ermöglicht es, die Krankenhausplanung zu modifizieren, indem die Bettenzahl oder die Leistungsstruktur eines Krankenhauses ergänzend zwischen den Krankenkassen und dem Krankenhausträger vereinbart werden kann.

Eine Verstärkung des Kündigungsrechtes der Krankenkassen hinsichtlich des Versorgungsauftrages beinhaltet § 110 SGB V. So wurden z. B. die Voraussetzungen, bei deren Vorliegen die zuständige Landesbehörde die Genehmigung einer Kündigung verweigern kann, verschärft.

Nach **§ 112 SGB V** (zweiseitige **Verträge und Rahmenempfehlungen über Krankenhausbehandlung**) werden die Landesverbände der Krankenkassen gezwungen, mit den Landeskrankenhausgesellschaften Verträge abzuschließen, um sicherzustellen, dass die Art und der Umfang der bereit gestellten Leistungen eine bedarfsgerechte Versorgung ermöglichen. Hierzu regeln die Verträge u. a.:

- die allgemeinen Bedingungen der Krankenhausbehandlung (z. B. Aufnahme und Entlassung der Versicherten, Kostenübernahme)
- die Verfahrens- und Prüfungsgrundsätze für Wirtschaftlichkeits- und Qualitätsprüfungen
- die Überprüfung der Notwendigkeit und Dauer der Krankenhausbehandlung einschließlich eines Kataloges von Leistungen, die in der Regel teilstationär erbracht werden können.

Neu eingeführt wurde die Möglichkeit für Krankenhäuser, **vor- und nachstationäre Behandlungen** im Krankenhaus durchführen zu können. Nach **§ 115a SGB V** können Krankenhäuser bei einer Verordnung von Krankenhausbehandlung Versicherte in medizinisch geeigneten Fällen ambulant versorgen. Diese Behandlungsvariante ist gegeben, wenn:

- die Notwendigkeit einer vollstationären Krankenhausbehandlung zu klären ist

- eine festgestellte vollstationäre Versorgung vorzubereiten ist
- im Anschluss an eine vollstationäre Behandlung der Behandlungserfolg zu sichern oder zu festigen ist.

Hierbei wird die vorstationäre Versorgung auf einen Zeitraum von maximal 3 Tagen innerhalb eines Zeitraumes von 5 Tagen vor Beginn der stationären Versorgung begrenzt. Die nachstationäre Versorgung darf längstens 7 Tage innerhalb eines zeitlichen Korridors von 14 Tagen nach der Entlassung erfolgen. Die Details sind durch einen dreiseitigen Vertrag auf Landesebene zwischen den Krankenkassen, der Kassenärztlichen Vereinigung und der Krankenhausgesellschaft geregelt worden.

Der **§ 115 b SGB V** sieht die Möglichkeit vor, **ambulantes Operieren im Krankenhaus** durchzuführen. Im Rahmen eines dreiseitigen Vertrages auf Bundesebene zwischen der Deutschen Krankenhausgesellschaft, der Kassenärztlichen Bundesvereinigung und den Spitzenverbänden der Krankenkassen wurden bereits im Jahre 1993 die notwendigen Regelungen getroffen. In diesem Zusammenhang wurde ein Katalog ambulant durchführbarer Operationen festgelegt, die Vergütungen für Krankenhäuser und Vertragsärzte wurden einheitlich festgeschrieben, und die Sonderregelungen zur Sicherung der Qualität und Wirtschaftlichkeit wurden in Kraft gesetzt.

Die Vorschriften über die **Abstimmung der medizinisch-technischen Großgeräte** sind in **§ 122 SGB V** geregelt. Der neugefasste Paragraph sieht eine gemeinsame Großgeräteplanung zwischen Krankenhäusern und niedergelassenen Ärzten sowie die Mitbenutzung der Geräte durch andere Ärzte vor.

Im Jahre 1993 wurde auch der **§ 137 SGB V** eingeführt. Diese Vorschrift regelte bis zum 31. 12. 1999 die **externe Qualitätssicherung** in der stationären Versorgung. Danach hatten sich die Einrichtungen an Maßnahmen zu beteiligen, die die Qualität der Behandlung, der Versorgungsabläufe und der Behandlungsergebnisse sichern sollen.

Mit der **GKV-Gesundheitsreform** sind auch im SGB V zum 1. 1. 2000 einige gesetzliche Vorschriften geändert oder neu eingeführt worden. Die folgenden Ausführungen beinhalten im Wesentlichen die **Modifiaktionen**, die sich (auch) auf den Krankenhausbereich beziehen.

Mit **§ 37 a SGB V** ist für die Versicherten ein begrenzter **Anspruch auf Soziotherapie** festgeschrieben worden. Dieser Anspruch kommt dann zum Tragen, wenn dadurch z. B. eine Krankenhausbehandlung vermieden oder verkürzt werden kann. Er gilt für Versicherte, die wegen einer schweren psychischen Erkrankung nicht in der Lage sind, ärztliche bzw. ärztlich verordnete Leistungen selbstständig in Anspruch zu nehmen. Zur Realisierung des Versorgungsangebotes schließen die Krankenkassen, die Landesverbände der Kassen bzw. die Verbände der Ersatzkassen Verträge mit geeigneten Personen oder Einrichtungen ab (§ 132 b SGB V).

Die Förderung von Einrichtungen zur **Verbraucher- und Patientenberatung** wurde ebenfalls neu in die Vorschriften aufgenommen. Nach **§ 65 a SGB V** sollen die Spitzenverbände der Krankenkassen im Rahmen von Modellversuchen derartige Einrichtungen fördern, die sich die gesundheitliche Aufklärung, Beratung und Information zur Aufgabe gemacht haben und als förderungswürdig eingestuft werden.

Der **Grundsatz der Beitragssatzstabilität** wird durch den **§ 71 SGB V** erneut unterstrichen. Danach haben die Krankenkassen und die Leistungserbringer in ihren Verträgen die Leistungsvergütungen so zu vereinbaren, dass Beitragssatzsteigerungen ausgeschlossen werden. Als Ausnahmeregelungen werden explizit nur die Fälle zugelassen, bei denen die notwendige medizinische Versorgung auch nach dem Ausschöpfen aller Rationalisierungsreserven nicht ohne eine Beitragssatzsteigerung gewährleistet werden kann.

Zur Fortschreibung der Krankenhausbudgets stellt das Bundesgesundheitsministerium bis zum 15. September die retrospektiven durchschnittlichen Veränderungsraten der beitragspflichtigen Bruttoentgelte der Versicherten (Rate für das gesamte Bundesgebiet sowie Raten für die alten und neuen Bundesländer) per Veröffentlichung im Bundesanzeiger fest. Diese Raten gelten für das jeweils folgende Kalenderjahr. Sie errechnen sich aus den Lohnveränderungen, die sich in der zweiten Hälfte des Vorjahres und in der ersten Hälfte des laufenden Jahres ergeben haben.

Die Regelungen über das **ambulante Operieren im Krankenhaus** nach § 115 b SGB V sind ebenfalls verändert worden. So wurde festgeschrieben, dass die Vertragsparteien bis zum 31. 12. 2000 u. a. die ambulant durchführbaren Operationen und die sonstigen stationsersetzenden Eingriffe gesondert zu vereinbaren hatten. Wäre diese Vereinbarung nicht oder nur zum Teil zu Stande gekommen, hätte das Bundesschiedsamt eine Entscheidung treffen müssen. Mit Wirkung zum 1. 1. 2004 ist zwischenzeitlich ein neuer Vertrag zwischen den drei Partnern abgeschlossen worden. Dieser Vertrag sieht u. a. einen erweiterten Katalog der ambulant durchführbaren Operationen und sonstiger stationsersetzender Eingriffe vor.

Nach **§ 118 SGB V** sind psychiatrische Krankenhäuser vom zuständigen Zulassungsausschuss der jeweiligen Kassenärztlichen Vereinigung zur **ambulanten psychiatrischen und psychotherapeutischen Versorgung** zu ermächtigen. Eine Ermächtigung erhalten auch die Allgemeinkrankenhäuser, die über eine selbstständige, fachärztlich geleitete psychiatrische Abteilung mit regionaler Versorgungsverpflichtung verfügen. Zur Festlegung der Patientengruppe werden seitens der Spitzenverbände der Krankenkassen, der Deutschen Krankenhausgesellschaft und der Kassenärztlichen Bundesvereinigung vertragliche Vereinbarungen getroffen. Hierbei sollen die Patienten erfasst werden, die wegen der Art, Schwere oder Dauer ihrer Erkrankung eine ambulante Behandlung durch die Einrichtungen benötigen. Auch hier gilt, dass das Bundesschiedsamt eine Entscheidung treffen muss, wenn diese Vereinbarung nicht oder nur zum Teil zu Stande kommt.

Aus den Vorgaben der §§ 115a und 118 SGB V sollen die beiden folgenden Aspekte hervorgehoben werden:

- Den Krankenhäusern sind demnach mehr ambulante Versorgungsaufgaben zugewiesen worden.

- Die inhaltliche Ausgestaltung und die organisatorische Umsetzung wurde den Selbstverwaltungsorganen übertragen.

Auf die Ausführungen zum internen Qualitätsmanagement (§ 135 a SGB V), zu den Vorschriften für die externe Qualitätssicherung (§§ 137 ff SGB V) sowie zu der integrierten Versorgung (§§ 140a SGB V) wird an dieser Stelle nicht noch einmal eingegangen, da diese Punkte bereits in dem Punkt «Qualitätsmanagement» angesprochen worden sind.

Abschließend ist exemplarisch eine Veränderung in **§ 301 SGB V** zu nennen, die mit der Einführung eines pauschalierenden Entgeltsystems zusammenhängt. Nach den Bestimmungen dieses Paragraphen sind die Krankenhäuser verpflichtet, den Krankenkassen genau festgelegte Angaben *maschinenlesbar* zu übermitteln. Zu den bisherigen Aufgaben kommt nunmehr die folgende Verpflichtung hinzu:

> Die Operationen und sonstigen Prozeduren [...] sind nach dem vom Deutschen Institut für medizinische Information und Dokumentation [...] herausgegebenen Schlüssel zu verschlüsseln; der Schlüssel hat die sonstigen Prozeduren zu umfassen, die nach § 17b des Krankenhausfinanzierungsgesetzes abgerechnet werden können. Das Bundesministerium für Gesundheit gibt den Zeitpunkt der Inkraftsetzung der jeweiligen Fassung des Diagnoseschlüssels [...] sowie des Prozedurenschlüssels [...] im Bundesanzeiger bekannt. (§ 301 SGB V)

Wie bereits erwähnt trat im Januar 2004 das Gesetz zur Modernisierung der Gesetzlichen Krankenversicherung (GKV-Modernisierungsgesetz – GMG) in Kraft.

Für den Krankenhausbereich traten die im Folgenden beschriebenen wesentlichen Veränderungen im SGB V ein.

Träger von medizinischen Versorgungszentren
Nach **§ 95 SGB V** nehmen medizinische Versorgungszentren an der vertragsärztlichen Versor-

gung teil. Bei diesen Versorgungszentren handelt es sich um fachübergreifende ärztlich geleitete Einrichtungen, in denen Ärzte, die in das Arztregister eingetragen sind, als Angestellte oder Vertragsärzte tätig sind. Die Zentren können sich aller gesetzlich zulässigen Organisationsformen (z. B. GmbH, BGB-Gesellschaft) bedienen. Die Gründung eines Versorgungszentrums kann von allen Leistungserbringern, die auf der Grundlage einer Zulassung, einer Ermächtigung oder eines Vertrages an der vertragsärztlichen Versorgung teilnehmen dürfen, bei dem zuständigen Zulassungsauschuss beantragt werden. Somit können auch Krankenhäuser Träger dieser Versorgungszentren werden. Mit der Zulassung ist die Teilnahme an der vertragsärztlichen Versorgung in den Fachgebieten erteilt, für die die in dem Zentrum tätigen Ärzte die weiterbildungsrechtlichen Befähigungen haben. Die gesetzlichen Vorschriften für die sächlichen und personellen qualitativen Anforderungen nach § 135 SGB V sind mindestens zu erfüllen. Die Leistungen des medizinischen Versorgungszentrums werden aus der vertragsärztlichen Gesamtvergütung honoriert.

Ambulante Behandlung durch Krankenhäuser bei Unterversorgung
Der Zulassungsausschuss kann nach § 116 a SGB V den Krankenhäusern auf Antrag für die entsprechenden Fachgebiete, in denen der Landesausschuss der Ärzte und Krankenkassen eine Unterversorgung festgestellt hat, eine Ermächtigung erteilen. Die Teilnahme an der vertragsärztlichen Versorgung ist abhängig von der Dauer und der Intensität der Unterversorgung.

Ambulante Behandlung des Krankenhauses im Rahmen von Disease-Management-Programmen
Die Krankenkassen, die Landesverbände der Krankenkassen oder die Verbände der Ersatzkassen können nach § 116 b SGB V mit den zugelassenen Krankenhäusern, die stationär an der Durchführung von strukturierten Behandlungsprogrammen teilnehmen, auch Verträge über ambulante ärztliche Behandlungen abschließen. Seitens der Krankenhäuser besteht jedoch kein Rechtsanspruch auf Abschluss eines Vertrages. Die gesetzlichen Vorschriften für die sächlichen und personellen qualitativen Anforderungen nach § 135 SGB V sind mindestens zu erfüllen. Die vertraglich erbrachten Leistungen des Krankenhauses werden unmittelbar von der Krankenkasse vergütet.

Ambulante Behandlung des Krankenhauses bei hochspezialisierten Leistungen, seltenen Krankheiten und Erkrankungen mit besonderem Behandlungsverlauf
Die Krankenkassen, die Landesverbände der Krankenkassen oder die Verbände der Ersatzkassen können nach **§ 116 b SGB V** mit den zugelassenen Krankenhäusern Verträge über spezielle ambulante Leistungen abschließen. Die relevanten Leistungen sind in § 116 b Abs. 3 SGB V aufgelistet. Dazu gehören hochspezialisierte Leistungen (z. B. Brachytherapie) sowie seltene Erkrankungen mit besonderen Krankheitsverläufen (z. B. Diagnostik und Versorgung von Patienten mit onkologischen Erkrankungen). Der Gemeinsame Bundesausschuss muss diesen Katalog kontinuierlich um Erkrankungen und hochspezialisierte Leistungen erweitern. Seitens der Krankenhäuser besteht jedoch kein Rechtsanspruch auf Abschluss eines Vertrages. Die gesetzlichen Vorschriften für die sächlichen und personellen qualitativen Anforderungen nach § 135 SGB V sind mindestens zu erfüllen. Die vertraglich erbrachten Leistungen des Krankenhauses werden von der Krankenkasse vergütet. Die Vergütung hat der Vergütung vergleichbarer vertragsärztlicher Leistungen zu entsprechen.

Integrierte Versorgung
Die Krankenkassen können auf der Grundlage der **§§ 140 a–d SGB V** seit dem 1. 1. 2004 u. a. mit folgenden Partnern Einzelverträge über eine verschiedene Leistungssektoren übergreifende Versorgung der Versicherten oder über eine interdisziplinär-fachübergreifende Versorgung (integrierte Versorgung) abschließen:

- einzelnen, zur vertragsärztlichen Versorgung zugelassenen Ärzten und Zahnärzten

- Trägern zugelassener Krankenhäuser
- Trägern von stationären Vorsorge- und Nachsorgeeinrichtungen
- Trägern von ambulanten Rehabilitationseinrichtungen
- Trägern von medizinischen Versorgungszentren.

Bei den in § 140b Abs. 1 SGB V aufgeführten Vertragspartnern handelt es sich um eine abschließende Aufzählung. Hieraus lässt sich ableiten, dass die Kassenärztlichen Vereinigungen seit 2004 nicht mehr als Vertragspartner zugelassen sind. Ein Beitritt Dritter zu den abgeschlossenen Verträgen ist nur mit Zustimmung aller Vertragspartner möglich.

Als Rechtsformen stehen sämtliche Rechts- und Gesellschaftsformen zur Verfügung. Dazu gehören z. B. Personengesellschaften, juristische Personen des Privatrechts, Kapitalgesellschaften, Vereine.

Hinsichtlich der Vergütung ist für die Jahre 2004 bis 2006 geregelt, dass die Krankenkassen jeweils bis zu 1% der vertragsärztlichen Gesamtvergütung und der Krankenhausrechnungen für die voll- und teilstationäre Versorgung einbehalten sollen. Diese einbehaltenen Geldbeträge sind ausschließlich zur Finanzierung der Leistungen vorgesehen, die auf der Grundlage der Verträge zur integrierten Versorgung erbracht werden (Anschubfinanzierung). Für die teilnehmenden Krankenhäuser bedeutet diese Regelung, dass die Krankenhausbudgets nicht um die Leistungen bereinigt werden, die ein Krankenhaus in der Integrationsversorgung erbringt. Die darüber hinausgehenden vereinbarten Leistungen werden unmittelbar über die pauschal einbehaltenen Mittel vergütet.

Werden die von den Krankenkassen einbehaltenen Geldbeträge jedoch nicht innerhalb von 3 Jahren für den vorgesehenen Zweck verwendet, sind die nicht verwendeten Mittel auszuzahlen.

Ein zusätzlicher Anreiz ist darin zu sehen, dass für die Integrationsverträge, die bis zum 31. 12. 2006 geschlossen werden, der Grundsatz der Beitragssatzstabilität aufgehoben worden ist.

5.8.1.3 Das Krankenhausfinanzierungsgesetz

Bei den Grundsätzen zur Krankenhausfinanzierung wurde 1993 eine entscheidende Weichenstellung vorgenommen. Die Regelungen des KHG, in denen der Anspruch der Krankenhäuser auf Deckung der vorauskalkulierten Selbstkosten eines sparsam wirtschaftenden und leistungsfähigen Krankenhauses festgeschrieben waren, sind zum 1. 1. 1993 außer Kraft gesetzt worden. Mit dieser Aufhebung des Selbstkostendeckungsprinzips ist jedoch nicht die vollständige Streichung des § 4 KHG verbunden. Nach wie vor wird dort festgelegt, dass die Krankenhäuser dadurch wirtschaftlich gesichert werden, dass

- ihre Investitionskosten im Wege öffentlicher Förderung übernommen werden und sie
- leistungsgerechte Erlöse aus den Pflegesätzen sowie aus den Vergütungen für die vor- und nachstationäre Behandlung und für ambulantes Operieren erhalten.

Gemäß § 17 Abs. 1 KHG ist der Anspruch auf Deckung der Selbstkosten ersetzt worden durch den Anspruch auf medizinisch leistungsgerechte Pflegesätze sowie auf die Vergütung für vor- und nachstationäre Behandlung und für ambulantes Operieren. Hierbei sind nicht die Kosten, sondern die erbrachten Leistungen maßgeblich für die Berechnung der Pflegesätze. Weiterhin müssen die Pflegesätze einem Krankenhaus bei wirtschaftlicher Betriebsführung ermöglichen, den Versorgungsauftrag zu erfüllen. Bei der Ermittlung der Pflegesätze ist der Grundsatz der Beitragssatzstabilität zu beachten. Höhere Abschlüsse sind nur dann möglich, wenn ansonsten die notwendige medizinische Versorgung nicht mehr gewährleistet werden kann. Ausdrücklich schreibt der Gesetzgeber fest, dass die Überschüsse in den Krankenhäusern verbleiben sollen, auf der anderen Seite die Häuser aber auch ihre Verluste tragen müssen.

Trotz dieser strengen gesetzlichen Vorgaben galt im **Personalbereich** der Krankenhäuser bis 1997 sowohl bei der Preis- als auch bei der Mengenkomponente faktisch noch das Selbstkostendeckungsprinzip. Die **Preiskomponente** wurde dadurch berücksichtigt, dass die Lohn- bzw. Gehaltssteigerungsrate zu 100 % von den Kassen ausgeglichen werden mussten.

Seit der Einführung des zweiten Neuordnungsgesetzes gilt die Regelung, dass die Differenz zwischen einer über der Veränderungsrate der beitragspflichtigen Einnahmen aller Mitglieder der Krankenkassen liegenden linearen **BAT-Erhöhung** und der Veränderungsrate nur noch zu 50 % ausgeglichen wird. Hieraus folgt, dass die Krankenhäuser die restlichen 50 % zu tragen haben. Damit wurden die durch Tarifabschlüsse entstehenden Kosten, die nicht vom Krankenhaus beeinflusst werden können, nur noch bedingt durch die Kassen betragen. Diese Vorschrift ist durch das GKV-Reformpaket korrigiert worden, in dem die BAT-Berichtigung nur dann um ein Drittel des Unterschieds einer linearen Erhöhung nach BAT (inklusive einer vereinbarten Einmalzahlung) und der Veränderungsrate erfolgt, wenn dies erforderlich ist, um den Versorgungsauftrag zu erfüllen. Hiermit ist im Gegensatz zu der alten Fassung eine Öffnungsklausel eingeführt worden. Die bisher flächendeckende Regelung wird durch eine krankenhausindividuelle Regelung ersetzt. Aber die praktische Anwendung hat gezeigt, dass diese Klausel nur selten zu einer Besserstellung der Krankenhäuser geführt hat.

Der **Mengenkomponente** wurde u. a. durch die Umsetzung der Psychiatrie-Personalregelung, der Pflege-Personalregelung und der Empfehlung zum Hebammenbereich außerhalb der Grundlohnsummenanbindung Rechnung getragen. Durch die Aussetzung bzw. frühzeitige Beendigung der Laufzeit der Pflege-Personalregelung Mitte der neunziger Jahre des vergangenen Jahrhunderts ist der Mengenausweitungseffekt jedoch eingegrenzt worden. Die Paragraphen 17 und 18 KHG befassen sich mit der Handhabung von Fallpauschalen, Sonderentgelten, Abteilungspflegesätzen und dem Basispflegesatz. Auf diese Entgeltformen wird, ebenso wie auf die Regelungen zu den anderen Erlösformen, in Kapitel 5.8.1.5 näher eingegangen.

Die **Instandhaltungspauschale** für Anlagegüter in Höhe von 1,1 % der für die allgemeinen Krankenhausleistungen vereinbarten Vergütung, die 1997 eingeführt worden ist, gilt auch in Zukunft unbefristet weiter. Dagegen ist der so genannte **Fehlbelegungsabzug** in Höhe von 1 % des Budgets und des Betrages für Fallpauschalen und Sonderentgelte zum 31. 12. 1999 ausgelaufen.

Der § 17 b KHG ist am 1. 1. 2000 neu in das Gesetz aufgenommen worden. Mit diesem Passus schreibt die Legislative an Stelle voll- und teilstationärer Pflegesätze die Einführung eines **pauschalierenden Entgeltsystems** vor. Mit diesem durchgängigen und leistungsorientierten Vergütungssystem mussten spätestens ab dem 1. 1. 2004 nahezu alle allgemeinen Krankenhausleistungen für einen Behandlungsfall in der Somatik vergütet werden. Es gilt folglich nicht für die psychiatrischen Einrichtungen. Bei dem neuen Vergütungssystem sind die nachfolgenden Punkte zu beachten:

- Das neue Vergütungssystem hat die Komplexitäten und Komorbiditäten abzubilden. Zudem sind bundeseinheitliche Regelungen für Zu- und Abschläge zu treffen, mit denen z. B. die Notfallversorgung, die Ausbildungsstätten und die Ausbildungsvergütungen sowie die Aufnahme von Begleitpersonen finanziell berücksichtigt werden sollen.
- Die Fallgruppen und ihre jeweiligen Bewertungsrelationen in Form von Relativgewichten sind für das gesamte Bundesgebiet festzulegen. Relativgewichte ermöglichen somit die Vergleichbarkeit von Krankenhäusern untereinander. Damit können die Krankenhausvergleiche auf eine einfache Basis gestellt werden. Die Werte pro Punkt hingegen können nach Versorgungsregionen jeweils differenziert ermittelt werden.

Die Spitzenverbände der Krankenkassen, der Verband der privaten Krankenversicherung und die Deutsche Krankenhausgesellschaft mussten das Vergütungssystem konzipieren und vereinbaren und müssen es weiterentwickeln. Dabei hat der Gesetzgeber festgelegt, dass das Vergütungssystem sich an einem international bereits eingesetzten System auf der Grundlage der Diagnosis Related Groups (DRGs) zu orientieren hat. Die Vertragsparteien haben sich für die **Australian Refined-DRGs** entschieden. Die Australian Refined Diagnosis Related Groups (AR-DRGs), die nach Einschätzung der Selbstverwaltungspartner zum damaligen Zeitpunkt das modernste DRG-System waren, bilden somit die Grundlage des deutschen DRG-Systems. Sie wurden zwischenzeitlich der Krankenhausversorgung in Deutschland angepasst und werden nunmehr als **German Diagnosis Related Groups (G-DRGs)** bezeichnet.

In der Vereinbarung vom Juni 2000 wurden weiterhin die Grundsätze über die **Kalkulation der Entgelte** vereinbart. Zudem legten die Selbstverwaltungspartner fest, dass sich an die budgetneutrale Einführung des neuen Vergütungssystems im Jahre 2003 für den Zeitraum vom 1. 1. 2004 bis zum 31. 12. 2006 eine 3-jährige Konvergenzphase anschließen sollte. Dieser Zeitrahmen wurde im Jahre 2002 auf Grund eingetretener zeitlicher Verzögerungen, u. a. im Zusammenhang mit dem Kalkulationsverfahren, um ein Jahr nach hinten verschoben. Zusätzlich ist ein **Optionsjahr** eingeführt worden. Danach konnten die Krankenhäuser im Jahre 2003 freiwillig die DRGs einführen, die Abrechnungspflicht mit dem DRG-System begann somit erst am 1. 1. 2004. Die **Konvergenzphase** umfasst somit die Jahre 2005 und 2006. Die Anzahl der voll- und teilstationär abrechenbaren Fallgruppen wurden zunächst auf ca. 800 DRGs festgelegt.

Mit dieser Entscheidung war die Weiterentwicklung des bestehenden deutschen Fallpauschalen- und Sonderentgeltsystems ausgeschlossen. Die Grundelemente der DRGs werden in Kapitel 5.8.3 näher erläutert.

Für die Einführung des pauschalierenden Entgeltsystems galt der nachstehende Zeitplan, der zum Teil revidiert worden ist:

- Vereinbarung über die Grundstrukturen des Vergütungssystems und über das Verfahren zur Ermittlung der Bewertungsrelationen (Punktzahlen) auf Bundesebene bis zum 30. 6. 2000. Wäre dieser Vertrag nicht zu Stande gekommen, hätte die Bundesregierung eine Rechtsverordnung erlassen müssen.
- Vereinbarung über die Bewertungsrelationen und über die Bewertung der Zu- und Abschläge bis zum 31. 12. 2001
- Einführung des Vergütungssystems zum 1. 1. 2003. Diese verbindliche Vorgabe ist später auf den 1. 1. 2004 verschoben worden. Der 1. 1. 2003 galt dann als so genannter Optionstermin. Im Jahre 2004 wurde das System verpflichtend budgetneutral eingeführt. Hinter der Formulierung «Budgetneutralität» steht die Vorgabe, dass für das Jahr 2004 ein prospektives, krankenhausindividuelles Erlösbudget vereinbart worden ist. Dieses Erlösbudget wird durch die Punktsumme aller Pauschalen geteilt. Als Ergebnis ergibt sich für das Jahr 2004 ein krankenhausindividueller Punktwert.

Die Vertragspartner einigten sich außerdem auf weitere Regelungen, um die zur Einführung des neuen Vergütungssystems notwendigen Voraussetzungen zu schaffen. Hierzu zählen unter anderem die:

- Übersetzung der Handbücher für die computergestützte Abrechnung und ergänzender systembeschreibender Materialien in die deutsche Sprache
- Festlegung der Kodierregeln für die Dokumentation der diagnosen-, prozeduren- und sonstigen gruppierungsrelevanten Merkmale
- Entwicklung eines bundesweit einheitlichen Kalkulationsschemas zur Ermittlung und Pflege der Relativgewichte
- Festlegung des Verfahrens zur jährlichen Ermittlung des bundeseinheitlichen Basisfallwertes, ggf. in regionaler Differenzierung jeweils bis zum 30. September des laufenden Jahres für das Folgejahr
- Festlegung der Regelungen der bundeseinheitlichen Zu- und Abschläge.

Die Ermittlung und Fortschreibung der Relativgewichte der Fallgruppen wurden auf der Basis bundesdeutscher Daten vorgenommen. Hierzu vereinbarten die Selbstverwaltungspartner zur Auswahl der an der Kalkulation beteiligten Krankenhäuser eine repräsentative Stichprobe. Die Datenerhebung erfolgte retrospektiv und hatte sich grundsätzlich auf ein abgeschlossenes Kalenderjahr zu beziehen. Für die im Jahre 2003 gültigen Relativgewichte wurden jedoch Daten des Jahres 2002 verwendet, die unterjährig erfasst worden waren, das heißt, es wurden nur die Daten von einigen Monaten in die Berechnung einbezogen.

Wichtig ist es, noch einmal zu erwähnen, dass das neue Finanzierungssystem im Jahre 2003 optional und 2004 verpflichtend budgetneutral umgesetzt wurde. Nach der Übergangsfrist von 3 Jahren haben die Krankenhäuser für fast alle voll- und teilstationären somatischen Leistungen die auf Landesebene zwischen den Krankenkassen und den Krankenhausgesellschaften ausgehandelten Festpreise zu akzeptieren.

Außerdem wurde in dem veränderten **§ 17a KHG** z. B. neu festgeschrieben, dass die Finanzierung von Ausbildungsstätten und -vergütungen der Krankenpflege und Kinderkrankenpflege bis Ende 2004 im Pflegesatz zu berücksichtigen sind. Bei der Ermittlung der Ausbildungsvergütung sind Personen, die in der Kranken- und Kinderkrankenpflege ausgebildet werden, im Jahre 2004 im Verhältnis 7:1 und ab 1. 1. 2005 im Verhältnis 9,5:1 auf die Stelle einer vollausgebildeten Person anzurechnen. Für den Ausbildungsbereich der Krankenpflegehilfe gilt die Relation 6:1. Ab 1. 1. 2005 erfolgt die Ausbildungsfinanzierung pauschaliert über einen Zuschlag je Fall, den alle Krankenhäuser im Land einheitlich erheben. Die Kosten der Ausbildungsvergütung sind hierbei jedoch nur für die Ausbildungsplätze zu berücksichtigen, die die anzurechnenden Stellen übersteigen.

Neu eingeführt wurde weiterhin **§ 17c KHG (Prüfung der Abrechnung von Pflegesätzen)**, in dem u. a. die Krankenhäuser verpflichtet werden, durch geeignete Maßnahmen darauf hin zu wirken, dass:

- keine Patienten aufgenommen werden, die nicht der stationären Krankenhausbehandlung bedürfen (Fehlbelegungen)
- eine vorzeitige Verlegung oder Entlassung aus wirtschaftlichen Gründen unterbleibt
- die Abrechnung der Fallpauschalen ordnungsgemäß erfolgt.

Seit dem 1. 1. 1996 sieht der **§ 18b KHG** die Finanzierung von **Rationalisierungsinvestitionen** über den Pflegesatz vor. Voraussetzung ist hierbei, dass die damit bewirkten Betriebskosteneinsparungen in einem Zeitraum von 7 Jahren die Investitions- und Finanzierungskosten decken sowie das Budget und damit auch die Kostenträger entlasten.

Das duale Krankenhausfinanzierungssystem sollte ursprünglich auf Grund der politischen Vorgaben der Bundesregierung schrittweise durch ein monistisches System ersetzt werden. Im Rahmen des GKV-Reformgesetzes 2000 war die Durchsetzung dieses Ziels nicht möglich.

Bereits 1993 war auch § 9 Abs. 3 KHG geändert worden. Die Pauschalbeträge, die die Länder für die Wiederbeschaffung kurzfristiger Anlagegüter und kleiner baulicher Maßnahmen aufbringen müssen, sollten nicht mehr ausschließlich nach der Zahl der in den Krankenhausplan aufgenommen Betten bemessen werden. Die **Pauschalförderung** nach Betten verhinderte den Abbau überflüssiger Krankenhausbetten und belastete die Krankenkassen über die Pflegesätze mit den laufenden Betriebs- und Behandlungskosten. Mit der neuen Regelung sollte die Bezugsgröße «Bett» durch andere Parameter ergänzt werden. Inwieweit diese Forderung umgesetzt werden konnte, ist den jeweiligen Landeskrankenhausfinanzierungsgesetzen zu entnehmen.

5.8.1.4 Das Krankenhausentgeltgesetz

Artikel 5 des Fallpauschalengesetzes hat die Einführung des **Gesetzes über die Entgelte für voll- und teilstationäre Krankenhausleistungen** (Krankenhausentgeltgesetz – KHEntgG) zum Regelungsgegenstand. Das Gesetz ist am 23. 4. 2002 in Kraft getreten. Die letzte Änderung erfolgte im November 2003 durch das GKV-Modernisierungsgesetz. Das KHEntgG regelt die Vergütung für die voll- und teilstationären Leistungen der Krankenhäuser durch Fallpauschalen. Im Gesetz wird explizit darauf hingewiesen, dass die Vorschriften unter bestimmten Voraussetzungen auch für Bundeswehrkrankenhäuser und für Krankenhäuser der Träger der gesetzlichen Unfallversicherungen gelten.

Die Definition der Krankenhausleistung ist deckungsgleich mit dem bereits vorgestellten Begriff.

In § 3 KHEntG wird auf die budgetneutralen Einführungsjahre 2003 und 2004 eingegangen. So ist für das Jahr 2004 ein **Gesamtbetrag** zu vereinbaren. Dieser ist aufzugliedern in ein **Erlösbudget** und in ein **Restbudget**. Das Erlösbudget setzt sich aus den Fallpauschalen und den Zusatzentgelten nach § 17b KHG zusammen. Das Restbudget umfasst die voll- und teilstationären Leistungen, die zwar nach dem KHG, aber noch nicht über die Fallpauschalen und Zusatzentgelte vergütet werden. Diese sonstigen Entgelte sind nach § 6 KHEntG jeweils separat zu vereinbaren. Der Gesamtbetrag und das Erlösbudget sind um bestimmte Ausgleiche, Berichtigungen und Entgeltanteile zu bereinigen.

Für die Abrechnung gegenüber den Kostenträgern ist es in den Jahren *2003* und *2004* notwendig, den Fallpauschalen **krankenhausindividuelle Basisfallwerte** zuzuordnen. Bei einem solchen Basisfallwert handelt es sich um den Eurobetrag, der für das Relativgewicht 1 hausintern ermittelt wird. Hierzu wird zunächst von dem Erlösbudget die Summe der Zusatzentgelte abgezogen. Der sich dann ergebende Betrag wird durch die Summe der Bewertungsrelationen der vereinbarten Behandlungsfälle dividiert.

Dieser Basisfallwert wird, um die Erlöse der einzelnen DRGs zu ermitteln, mit den jeweiligen DRG-Relativgewichten multipliziert.

Ab dem Jahre 2005 gilt eine veränderte Regelung. Jeweils zum 1. Januar der Jahre *2005*, *2006* und *2007* werden die krankenhausindividuellen Basisfallwerte und das entsprechende Erlösbudget neu vereinbart. Hierbei wird der krankenhausindividuelle Basisfallwert stufenweise durch den **landesweit geltenden Basisfallwert** ersetzt. Dadurch gleicht sich das DRG-Erlösvolumen automatisch an. Dieser stufenweise Angleichungsprozess erfolgt so, dass für die Jahre 2005 und 2006 jeweils ein **DRG-Erlösvolumen als Zielwert** für das Krankenhaus vereinbart wird. Hierzu werden z. B. für das Jahr 2005 die Art und Menge der voraussichtlich zu erbringenden Fallpauschalen prospektiv vereinbart. Die Größen werden anschließend mit dem landesweit geltenden Basisfallwert des Jahres *2005* multipliziert. Die Summe wird noch um die voraussichtliche Summe der Zusatzentgelte erhöht. Das Ergebnis ist der Zielwert des Jahres 2005. Im nächsten Schritt wird das auf der Basis des Jahres 2004 angepasste Erlösbudget, das auf den hausindividuellen Basisfallwerten beruht, mit dem Zielwert des laufenden Jahres, der auf dem landesweit geltenden Basisfallwert basiert, verglichen. Das Ergebnis der Subtraktion wird durch drei geteilt. Ein Drittel dieses Differenzbetrages wird verrechnet. Ist z. B. das Erlösbudget auf der Basis von «Hauspreisen» höher als der Zielwert, so wird das Erlösbudget um diesen Betrag reduziert. Im umgekehrten Falle wird das Erlösbudget erhöht.

Im Jahre *2006* wiederholt sich der Vorgang. Nunmehr werden zwei Drittel des relevanten Restbetrages ausgeglichen. Das Ende der **Konvergenzphase** ist am 1. 1. *2007* erreicht. Ab diesem Zeitpunkt werden nur noch landesweit geltende Basisfallwerte verrechnet.

Die Krankenhäuser sind verpflichtet, den Krankenkassen zur Vorbereitung der Verhandlung zwischen den Vertragsparteien die **Aufstellung der Entgelte und Budgetermittlung** (AEB) vorab zuzusenden. Die Vordrucke sind dem KHEntG als Anlage beigefügt worden. In **Tabelle 5.8-1** und **5.8-2** (S. 412 f.) sollen exemplarisch die Formulare E1 und B2 vorgstellt werden.

Zusammenfassend lassen sich die wesentlichen Aspekte des Gesetzes wie folgt festhalten:

- Festschreibung der budgetneutralen Einführung des Fallpauschalensystems für die Jahre 2003 und 2004
- stufenweise Angleichung des krankenhausindividuellen Basisfallwertes und des Erlösbudgets des Krankenhauses an den landesweit geltenden Basisfallwert und das sich daraus ergebende DRG-Erlösvolumen jeweils zum 1. 1. 2005, 2006 und 2007.
- Festschreibung der Vereinbarungen auf der Bundesebene der Selbstverwaltungspartner (z. B. Fallpauschalenkatalog, Bewertungsrelationen)

Tabelle 5.8-1: B2 – Erlösbudget und Basisfallwert nach § 4 KHEntG für 2005 und 2006 (Quelle: Gesetz über die Entgelte für voll- und teilstationäre Krankenhausleistungen [KHEntgG, BGBl. I S. 2190])

lfd. Nr.	Berechnungsschritte	Vereinbarung für das laufende Kalenderjahr	Vereinbarungszeitraum	
			Forderung	Vereinbarung
1		2	3	4
	Ermittlung des Ausgangswerts (Abs. 2 oder 3):			
1	Erlösbudget für das laufende Jahr			
2	./. Kosten für Zuschlagstatbestände Nr. 1 a; nur 2005			
3	+/– Veränderung Entgelte § 6 (Nrn. 1 b und 3)			
4	./. entfallende Beträge nach § 18b KHG (Nr. 1 c)			
5	./. Leistungsverlagerungen (Nr. 1 d)			
6	./. Integrationsverträge, Modelle (Nr. 1 e)			
7	./. Ausgliederung ausländ. Patienten (Nr. 1 f)			
7 a	./. Zahlungen für Ausbildung (Nr. 1 g; nur 2005)			
8	+/– Bereinigung um enthaltene Ausgleiche (Nr. 2; nur 2005)			
9	**= Ausgangswert des Vorjahres**			
10	DRG-Erlösvolumen nach Absatz 4 Satz 1			
11	./. Abschläge nach § 17 b Abs. 1 Satz 4 KHG (Abs. 4 Satz 2)			
12	**= Zielwert: DRG-Erlösvolumen (Abs. 4)**			
	Ermittlung des Angleichungsbetrags:			
13	Zielwert aus lfd. Nr. 12			
14	./. Ausgangswert des Vorjahres aus lfd. Nr. 9			
15	= Differenzbetrag			
16	: 3 für das Jahr 2005 (oder : 2 für das Jahr 2006)			
17	**= Angleichungsbetrag (Abs. 5 Satz 1 oder Abs. 6 Satz 1)**			
	Ermittlung des Erlösungsbudgets:			
18	Ausgangswert aus lfd. Nr. 9			
19	+/– Angleichungsbetrag aus lfd. Nr. 17			
20	+ BAT-Angleichung (Abs. 5 Satz 2, 2. Halbsatz oder Abs. 6 Satz 2, 2. Halbsatz)			
21	**= Erlösbudget (Abs. 5 Satz 2 oder Abs. 6 Satz 2)**			
	Ermittlung des Basisfallwerts (Abs. 7):			
22	Erlösbudget aus lfd. Nr. 21			
23	./. Erlöse aus Zusatzentgelten			
23 a	./. Erlöse für Überflieger am Jahresbeginn			
24	+/– neue Ausgleiche und Berichtigungen für Vorjahre*			
25	= Verändertes Erlösbudget (Abs. 7 Satz 1)**			
26	: Summe der effektiven Bewertungsrelationen			
27	**= krankenhausindividueller Basisfallwert**			
28	nachrichtlich: Basisfallwert ohne Ausgleiche und Berichtigungen			

* Die Ausgleiche und Berichtigungen sind auf einem gesonderten Blatt einzeln auszuweisen.
** Erlösbudget einschließlich der Erlöse bei Überschreitung der oberen Grenzverweildauer, der Abschläge bei Unterschreitung der unteren Grenverweildauer und der Abschläge bei Verlegungen.

Tabelle 5.8-2: E1 – Aufstellung der Fallpauschalen für das Krankenhaus (Quelle: Gesetz über die Entgelte für voll- und teilstationäre Krankenhausleistungen [Krankenhausentgeltgesetz – KHEntG, BGBl. I S. 2190])

				davon Verlegungen				davon Kurzlieger				davon Langlieger				
DRG Nr.	Fallzahl (Anzahl der DRG)[3]	Bewertungsrelationen nach Fallpauschalenkatalog	Summe der Bewertungsrelationen ohne Zu- und Abschläge (Sp. 2 x 3)	Anzahl der Verlegungsfälle	Anzahl der Tage mit Abschlag bei Verlegung	Bewertungsrelation je Tag bei Verlegung	Summe der Abschläge für Verlegungen (Sp. 6 x 7)	Anzahl der Kurzliegerfälle	Anzahl der Tage mit uGVD-Abschlag	Bewertungsrelation je Tag bei uGVD-Abschlag	Summe der uGVD-Abschläge (Sp. 10 x 11)	Anzahl der Langliegerfälle	Anzahl der Tage mit oGVD-Zuschlag	Bewertungsrelation je Tag bei oGVD-Zuschlag	Summe der oGVD-Zuschläge (Sp. 14 x 15)	Summe der effektiven Bewertungsrelationen (Sp. 4 – [Sp. 8 + 12] + Sp. 16)
1	2	3	4	5	6	7	8	9	10	11	12	13	14	15	16	17

Summe:

* Musterblatt; EDV-Ausdrucke möglich.
1 Die Aufstellung ist unter Beachtung der Vorgaben von Fußnote 2 für die folgenden Zeiträume jeweils gesondert wie folgt aufzustellen und vorzulegen.
   – für das abgelaufene Kalenderjahr die IST-Daten,
   – für den Vereinbarungszeitraum die Forderung des Krankenhauses.
   Die Daten für beide Zeiträume sind unter Anwendung der für den Vereinbarungszeitraum geltenden Version des DRG-Fallpauschalen-Katalogs und des Groupers zu ermitteln. Für die Leistungen von Belegabteilungen ist eine gesonderte Aufstellung vorzulegen.
2 Für die Vorlage der Ist-Daten des abgelaufenen Kalenderjahres sind alle Spalten auszufüllen. Für die Forderung des Vereinbarungszeitraumes brauchen die markierten Spalten 5–6, 8–10, 12–14 und 18 nicht ausgefüllt werden; für diese sind lediglich die jeweiligen Endsummen zu schätzen.
3 Ohne Überlieger am Jahresbeginn.

- Festschreibung der Vereinbarungen auf der Landesebene der Selbstverwaltungspartner (z. B. landesweit geltender Basisfallwert)
- Festschreibung der Vereinbarungen auf der Krankenhausebene (z. B. Gesamtbetrag, Erlösbudget, krankenhausindividueller Basisfallwert).

5.8.1.5 Die Bundespflegesatzverordnung 2004

Das KHG enthält die grundsätzlichen Vorgaben der gesetzlichen Regelungen. Die Einzelausgestaltung und Umsetzung geschahen durch die Bundespflegesatzverordnung 1995 bzw. geschehen durch die Bundespflegesatzverordnung 2004. Die Bundespflegesatzverordnung '95 ist zum 1. 1. 2004 durch die Bundespflegesatzverordnung '04 abgelöst worden. Die weiteren Ausführungen beziehen sich daher nur auf die zurzeit gültige Verordnung.

Die Bundespflegesatzverordnung 2004 regelt nur die Vergütung der voll- und teilstationären Leistungen der Krankenhäuser bzw. Krankenhausabteilungen, die nicht in das DRG-Vergütungssystem einbezogen sind. Dies entspricht den Vorgaben des Gesetzgebers. Dieser hat durch die Regelungen des § 17b KHG festgelegt, dass die Vorschriften für die Einführung eines pauschalierenden Entgeltsystems keine Anwendung für Leistungen der in § 1 Abs. 2 der Personalverordnung für phsychiatrische Einrichtungen (PsychPV) genannten Einrichtungen findet. Damit sind alle psychiatrischen Krankenhäuser und die psychiatrischen Abteilungen der somatischen Krankenhäuser von der Einführung der DRGs ausgeschlossen.

Unabhängig von dieser Festsetzung gilt die Regelung des § 39 SGB V. Danach darf eine vollstationäre Behandlung in einem zugelassenen Krankenhaus erst dann vorgenommen werden, wenn das Behandlungsziel nicht durch die anderen Behandlungsformen einschließlich der häuslichen Krankenpflege erreicht werden kann. Das Krankenhaus hat daher bei der Aufnahme zu prüfen, ob das Behandlungsziel nicht auf eine Art und Weise zu erreichen ist. Erst wenn dies nicht Gewähr leistet ist, darf eine vollstationäre Behandlung erfolgen.

Nach § 2 BPflV 2004 umfasst eine allgemeine Leistung auch in der Psychiatrie alle Leistungen, die unter Berücksichtigung der Leistungsfähigkeit des Krankenhauses im Einzelfall nach Art und Schwere der Krankheit für die medizinisch zweckmäßige und ausreichende Versorgung der Menschen notwendig sind. In diesem Sinne gehören auch die im Krankenhaus durchgeführten Maßnahmen zur Früherkennung von Krankheiten, die vom Krankenhaus veranlassten Leistungen Dritter und die aus medizinischen Gründen notwendige Mitaufnahme einer Begleitperson des Patienten zu den Krankenhausleistungen. Die Dialyse wird nicht zu den Krankenhausleistungen gezählt.

Zur Finanzierung der stationären Leistungen werden aber nur Abteilungs- und Basispflegesätze herangezogen.

Die **Abteilungspflegsätze** beinhalten die Kosten, die auf Grund der ärztlichen und pflegerischen Leistungserbringung in einer organisatorisch selbstständigen, bettenführenden Abteilung entstehen. Bei den Abteilungspflegesätzen handelt es sich um so genannte tagesgleiche Pflegesätze, das heißt, jeder Tag während des Aufenthaltes wird gleich entgolten. Die Ermittlung des Abteilungspflegesatzes erfolgt anhand einer Kalkulationsvorgabe, die als Anlage K7 der BPflV 2004 beigefügt ist.

In den für das ganze Krankenhaus einheitlichen **Basispflegesatz** fließen alle nichtmedizinischen und pflegerischen Leistungen, wie z. B. die Kosten der Unterkunft, Verpflegung und Verwaltung ein. Die Kostenbestandteile sind Anlage K 6 der BPflV 2004 zu entnehmen. Bei dem Basispflegesatz handelt es sich ebenfalls um einen tagesgleichen Pflegesatz.

Die vollstationären Abteilungspflegesätze und der Basispflegesatz sowie die entsprechenden teilstationären Pflegesätze werden für den Aufnahmetag und jeden weiteren Tag des Krankenhausaufenthaltes berechnet (Berechnungstage). Der Entlassungs- oder Verlegungstag, der nicht zugleich Aufnahmetag ist, wird nur bei teilstationärer Behandlung berechnet. Mit den Pflegesätzen werden alle für die Versorgung des Patienten notwendigen allgemeinen Krankenhausleistungen vergütet. Zu diesem Zweck vereinbaren die Krankenkassen und das jeweilige Krankenhaus (Vertragsparteien) für einen zukünftigen Zeitraum, den **Pflegesatzzeitraum**, ein Budget und die daraus resultierenden Pflegesätze. Dieses **Budget** basiert auf der Grundlage der voraussichtlichen Leistungsstruktur und auf der zu erwartenden Entwicklung des Krankenhauses.

Dieses prospektive **Budget** und die Pflegesätze müssen medizinisch leistungsgerecht sein. Sie müssen einem Krankenhaus bei wirtschaftlicher Betriebsführung ermöglichen, den Versorgungsauftrag zu erfüllen. Hierbei ist der Grundsatz der Beitragssatzstabilität nach § 6 BPflV 2004 zu beachten.

Für den Fall, dass die Gesamterlöse des Krankenhauses aus den Pflegesätzen höher ausfallen als das festgelegte Budget, werden die durch eine abweichende Belegung entstandenen **Mehrerlöse** zu 85 % (bei Mehrerlösen bis zu 5 %) bzw.

zu 90 % (bei Mehrerlösen über 5 %) ausgeglichen, das heißt, die Krankenhäuser müssen dieses Geld an die Krankenkassen abführen. Treten **Mindererlöse** ein, so werden diese nur zu 40 % anteilig durch die Krankenkassen finanziert. Diese finanziellen Ausgleichsmechanismen werden als **flexible Budgetierung** bezeichnet.

In beiden Fällen der flexiblen Budgetierung führen die Mehr- bzw. Minderleistungen zu finanziellen Verlusten. Bei den Mehrleistungen werden die zusätzlichen variablen Kosten (in der Regel 25 % der Gesamtkosten) nicht gedeckt, bei den Minderleistungen ist eine Unterdeckung der Fixkosten (in der Regel 75 % der Gesamtkosten) zu verzeichnen. Für die Krankenhäuser ist es somit aus wirtschaftlichen Gründen notwendig, am Ende des Haushaltjahres eine «Punktlandung» zu erreichen.

Es ist den Vertragsparteien aber freigestellt, andere Ausgleichsprozentwerte zu vereinbaren. Der Ausgleichsmechanismus der flexiblen Budgetierung wird in **Abbildung 5.8-1** verdeutlicht.

In § 5 BPflV 2004 ist ein **Krankenhausvergleich** vorgegeben. Dieser Paragraph bestimmt, dass zur Ermittlung angemessener, medizinisch leistungsgerechter Budgets und tagesgleicher Pflegesätze auf der Grundlage der Leistungs- und Kalkulationsaufstellung ein Krankenhaus- oder Abteilungsvergleich vorgenommen wird. Dieser Vergleich wird durch die Deutsche Krankenhausgesellschaft und die Spitzenverbände der Krankenkassen durchgeführt. Die Krankenhäuser bzw. Abteilungen sollen hierbei länderbezogen miteinander verglichen werden.

Die Angemessenheit der den letzten Budgetvereinbarungen zu Grunde liegenden Beträge und Pflegesätze soll durch den Vergleich mit anderen Einrichtungen beurteilt werden.

Der Krankenhausvergleich, der bereits in der BPflV '95 festgeschrieben wurde, war zunächst bis zum 1.1.1998 ausgesetzt, um die Ergebnisse der Begleitforschung zur neuen Bundespflegesatzverordnung abzuwarten. Anfang 1999 konnten sich die Deutsche Krankenhausgesellschaft und die Spitzenverbände der Krankenkassen auf eine unterschriftsreife Vereinbarung nach § 5 BPflV '95 verständigen. Diese Vereinbarung legt den organisatorischen Rahmen für die Durchführung sowie für die Finanzierung des Vergleichs fest. Weiterhin werden grundsätzliche Entscheidungen für die Gewinnung von Vergleichsmaßstäben sowie über die Ermittlung vergleichbarer Krankenhausabteilungen bzw. Krankenhäuser getroffen. Aus der vorgelegten Vereinbarung sollen nunmehr einige wichtige Aspekte herausgestellt werden:

- *Zielsetzung der Vereinbarung:* Die Zielsetzung liegt in der Unterstützung der Vertragsparteien, vergleichbare Krankenhäuser zu ermitteln sowie medizinisch leistungsgerechte Budgets und tagesgleiche Pflegesätze zu bemessen.

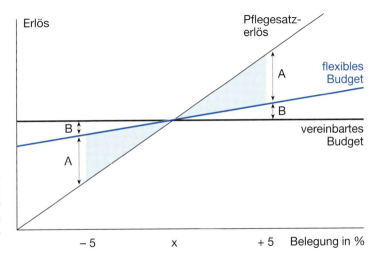

Abbildung 5.8-1: Mechanismus der flexiblen Budgetierung (Quelle: Haubrock, M., Peters, Sönke H. F., Schär, W. [Hrsg.]; Betriebswirtschaft und Management im Krankenhaus, 2. Aufl.; Berlin, Wiesbaden, 1997, S. 275)

- *Gegenstand des Krankenhausvergleichs:* Der Vergleich soll vorwiegend auf Abteilungsebene ermöglicht werden. Damit ist das Leistungsspektrum der Abteilung unter Berücksichtigung der Vernetzung zum Leistungsgeschehen des ganzen Hauses Gegenstand der Benchmarkings. Mit Hilfe eines Modells einer Vorstrukturierung wird die leistungshomogene Bildung von Vergleichsgruppen erleichtert. Dieses Modell strukturiert eine Fachabteilung nach den Kriterien «Haupt- oder Belegabteilung», «Intensivbetten – ja oder nein?» und «Fallzahl der Fachabteilung».
- *Grundsätze des Vergleichs:* In den Grundsätzen wird festgehalten, dass der Krankenhausvergleich als Unterstützung der Vertragsparteien vor Ort für die Festlegung der Leistungen im folgenden Pflegesatzzeitraum zu sehen ist.
- *Maßstäbe für den Vergleich:* Die Parteien haben sich darauf verständigt, die Clusteranalyse für die Bildung der Vergleichsgruppen heranzuziehen. Hiermit wird ein Verfahren zur systematischen Klassifizierung von Objekten bezeichnet. Die Objekte werden hierbei auf Grund ihrer Ähnlichkeit in Gruppen (Cluster) eingeteilt. Dabei müssen die Cluster intern möglichst homogen und extern möglichst heterogen sein. Für den Krankenhaussektor wird die Gruppeneinteilung mittels der L4- und L5-Statistiken auf der Basis der ICD/OPS-Schlüsselung durchgeführt.
- *Arbeitsgemeinschaft:* Die Durchführung des Vergleichs ist einer paritätisch aus Vertretern der Krankenkassen und der Deutschen Krankenhausgesellschaft zusammengesetzten Arbeitsgemeinschaft übertragen worden.

Nach § 13 BPflV 2004 werden auf der Grundlage des Budgets und der voraussichtlichen Belegung Abteilungspflegesätze und ein Basispflegesatz sowie entsprechende teilstationäre Pflegesätze vereinbart. Maßgabe zur Ermittlung dieser Pflegesätze und Grundlage der Verhandlungen zwischen Krankenkassen und Krankenhäusern ist eine **Leistungs- und Kalkulationsaufstellung** (LKA). Die LKA muss nach § 17 Abs. 4 BPflV auf Verlangen einer Vertragspartei zur Vorbereitung der Pflegesatzverhandlungen vom Krankenhausträger vorgelegt werden. In der LKA sind nur die Kosten der voll- und teilstationären Leistungen des Krankenhauses sowie der eng damit verbundenen Leistungen auszuweisen (Nettoprinzip). Welche Daten aus der Leistungs- und Kalkulationsaufstellung gewonnen werden können, ist **Tabelle 5.8-3** zu entnehmen.

Zur Ermittlung der **pflegesatzfähigen Kosten** bei geförderten Krankenhäusern sind nach § 7 Abs. 2 BPflV 2004 von den vereinbarten Gesamtbeträgen die nicht pflegesatzfähigen Kosten abzuziehen. Zu diesen Kosten gehören u. a. belegärztliche Leistungen, ein Teil der wahlärztlichen Leistungen, die gesondert berechenbare Unterkunft sowie anteilig die Entgelte der vor- und nachstationären Behandlung.

Zusammenfassend lassen sich einige Schwerpunkte benennen, die zwischen 1995 und 2004 im Zusammenhang mit der Bundespflegesatzverordnung zu Veränderungen im Finanzierungssystem der Krankenhäuser geführt haben:

- Aufhebung des Selbstkostendeckungsprinzips
- Anspruch des Krankenhauses auf medizinisch leistungsgerechte Pflegesätze
- Beachtung des Grundsatzes der Beitragssatzstabilität
- Einführung eines Krankenhausvergleichs
- Aufhebung des BPflV-Kataloges für Fallpauschalen und Sonderentgelte
- Möglichkeit begrenzter Investitionsfinanzierung über die Pflegesätze
- Erfüllung des Versorgungsauftrages durch eine medizinisch leistungsgerechte Budgetbemessung
- Einführung des Nettoprinzips für die Budgeterstellung und -verhandlung.

5.8.1.6 Fallpauschalenverordnungen

Am 13. 10. 2003 wurde die **Verordnung zum Fallpauschalensystem für Krankenhäuser für das Jahr 2004** (Fallpauschalenverordnung 2004 – KFPV 2004) im Bundesgesetzblatt veröffentlicht. Diese Verordnung wurde ebenso wie die

Tabelle 5.8-3: Leistungs- und Kalkulationsaufstellung (Quelle: Verordnung zur Regelung der Krankenhauspflegesätze [Bundespflegesatzverordnung – BPflV] vom 14.11.2003, BGBl. I: 2190)

V	Vereinbarte Vergütungen
V1	Budget und tagesgleiche Pflegesätze
V2	Sonderentgelte für die Fachabteilung
V3	Fallpauschalen für die Fachabteilung
V4	Erlöse
L	**Leistungsdaten**
L1	Belegungsdaten des Krankenhauses
L2	Personal des Krankenhauses
L3	Belegungsdaten der Fachabteilung
L4	Diagnosestatistik
L5	Operationsstatistik
K	**Kalkulation von Budget und Pflegesätzen**
K1	Vereinbarung für den laufenden Pflegesatzzeitraum
K2	Forderung für den Pflegesatzzeitraum
K3	Vereinbarung für den Pflegesatzzeitraum
K4	Medizinischer Bedarf
K5	Budget für den Pflegesatzzeitraum
K6	Ermittlung des Basispflegesatzes
K7	Ermittlung des Abteilungspflegesatzes
K8	Kostenausgliederung für Fallpauschalen und Sonderentgelte

Verordnung für das Jahr 2003 im Sinne einer Ersatzvornahme nach § 17 b KHG durch den Gesetzgeber festgelegt, da die Vertragsparteien, nämlich die Spitzenverbände der Krankenkassen, der Verband der privaten Krankenversicherung und die Deutsche Krankenhausgesellschaft auch im Jahre 2003 kein Einvernehmen über den Fallpauschalenkatalog erzielen konnten.

Die Verordnung besteht aus einem Textteil und vier Anlagen. Der Textteil beinhaltet u.a. die Abrechnungsbestimmungen für DRG-Fallpauschalen und für andere Entgeltarten sowie sonstige Vorschriften, u.a. für die Geltungsdauer. Anlage 1 der Verordnung umfasst den erweiterten und überarbeiteten Fallpauschalenkatalog, in dem über 800 DRGs aufgeführt sind. Der Katalog beginnt mit der DRG A01A (Lebertransplantation mit Langzeitbeatmung) und endet mit der DRG 963Z (Neonatale Diagnose unvereinbar mit Alter oder Gewicht). Anlage 2 ist der Zusatzentgeltekatalog. Hier sind die bundeseinheitlich festgelegten Zusatzentgelte aufgelistet, die zusätzlich zu einer Fallpauschale oder zu den Entgelten für die Leistungen, die im Jahre 2004 noch nicht oder in den Jahren 2005 und 2006 noch nicht sachgerecht über die DRG-Fallpauschalen vergütet wurden bzw. abgerechnet werden können. In Anlage 3 sind die sonstigen Entgelte festgeschrieben, die krankenhausindividuell zu vereinbaren sind, soweit diese als Krankenhausleistungen erbracht werden dürfen. Es handelt sich also um Leistungen, die noch nicht im Fallpauschalenkatalog 2004 aufgeführt sind. In Anlage 4 befinden sich die Zusatzentgelte, die zusätzlich zu einer Fallpauschale oder zu den Entgelten aus Anlage 3 KFPV 2004 bezahlt werden können. Diese Zusatzentgelte sind jedoch nicht bundeseinheitlich festgeschrieben worden, sie können somit zwischen den Vertragsparteien krankenhausindividuell vereinbart werden. **Tabelle 5.8-4** zeigt einen Ausschnitt aus dem Fallpauschalenkatalog.

Wie aus Tabelle 5.8-4 zu entnehmen ist, werden jeder Diagnosegruppe folgende Werte zugeordnet:

- *Bewertungsrelation:* Es handelt sich hierbei um das Relativgewicht (Kostengewicht). Jeder DRG wird ein Kostengewicht (*cost weight*) zugeordnet. Kostengewichte sollen die durchschnittliche Aufwändigkeit einer Behandlung widerspiegeln. Das mittlere Gewicht

Tabelle 5.8-4: Ausschnitt aus dem Fallpauschalenkatalog – Teil a) Bewertungsrelationen bei Versorgung durch Hauptabteilungen (Quelle: Verordnung zum Fallpauschalensystem für Krankenhäuser für das Jahr 2004 [Fallpauschalenverordnung 2004 – KFPV 2004], BGBl. I: 1995)

DRG	Partition	Bezeichnung	Bewertungsrelation bei Hauptabteilung	Bewertungsrelation bei Hauptabteilung und Belegshebamme	Mittlere Verweildauer[1]	Untere Grenzverweildauer Erster Tag[2] mit Abschlag	Untere Grenzverweildauer Bewertungsrelation/Tag	Obere Grenzverweildauer Erster Tag[3] zus. Entgelt	Obere Grenzverweildauer Bewertungsrelation/Tag	Externe Verlegung Abschlag/Tag (Bewertungsrelation)	Verlegungsfallpauschale	Ausnahme von Wiederaufnahme[4]
1	2	3	4	5	6	7	8	9	10	11	12	13
Prä-MDC												
A01A	O	Lebertransplantation mit Langzeitbeatmung	21,434		39,2	12	1,378	57	0,320	0,446		x
A01B	O	Lebertransplantation ohne Langzeitbeatmung, mit Transplantatabstoßung	17,333		37,7	12	1,147	56	0,277	0,385		x
A01C	O	Lebertransplantation ohne Langzeitbeatmung, ohne Transplantatabstoßung	12,189		28,8	9	1,000	47	0,243	0,336		
A02A	O	Transplantation von Niere und Pankreas mit Transplantatabstoßung	15,978		51,3	16	0,883	69	0,205	0,287		x
A02B	O	Transplantation von Niere und Pankreas ohne Transplantationsabstoßung	12,014		31,3	9	0,931	49	0,208	0,288		x
A03A	O	Lungentransplantation mit Langzeitbeatmung	27,142		40,9	13	1,655	59	0,397	0,554		x
A03B	O	Lungentransplantation ohne Langzeitbeatmung, bei zystischer Fibrose (Mukoviszidose)	18,232		50,4	16	0,927	68	0,219	0,307		x
A03C	O	Lungentransplantation ohne Langzeitbeatmung, außer bei zystischer Fibrose (Mukoviszidose)	12,854		32,1	10	0,941	50	0,226	0,313		x
A04A	O	Knochenmarktransplantation/Stammzelltransfusion, allogen, HLA-verschieden	31,273		50,7	16	1,662	69	0,390	0,546		x
A04B	O	Knochenmarktransplantation/Stammzelltransfusion, allogen, HLA-identisch, Alter < 19 Jahre oder äußerst schwere CC	28,552		46,1	14	1,719	64	0,392	0,548		x
A04C	O	Knochenmarktransplantation/Stammzelltransfusion, allogen, HLA-identisch, Alter > 18 Jahre oder äußerst schwere CC	22,223		39,8	12	1,569	58	0,358	0,499		x
A05A	O	Herztransplantation mit Langzeitbeatmung, Alter < 19 Jahre	26,171		50,8	16	1,112	69	0,260	0,365		x

5.8 Krankenhausfinanzwirtschaft

DRG	Partition	Bezeichnung	Bewertungsrelation bei Hauptabteilung	Bewertungsrelation bei Hauptabteilung und Beleghebamme	Mittlere Verweildauer¹	Untere Grenzverweildauer – Erster Tag² mit Abschlag	Untere Grenzverweildauer – Bewertungsrelation/Tag	Obere Grenzverweildauer – Erster Tag³ zus. Entgelt	Obere Grenzverweildauer – Bewertungsrelation/Tag	Externe Verlegung Abschlag/Tag (Bewertungsrelation)	Verlegungsfallpauschale	Ausnahme von Wiederaufnahme⁴
1	2	3	4	5	6	7	8	9	10	11	12	13
A05B	O	Herztransplantation ohne Langzeitbeatmung, Alter > 18 Jahre	15,876		50,4	16	0,761	68	0,180	0,252		x
A05C	O	Herztransplantation ohne Langzeitbe	13,337		29,2	9	0,900	47	0,216	0,298		x
A06Z	O	Langzeitbeatmung > 1799 Stunden	48,272		110,6	5)		129	0,266	0,405		x
A07Z	O	Langzeitbeatmung > 1199 und < 1800 Stunden	32,562		73,5	5)		91	0,289	0,407		x
A08Z	O	Langzeitbeatmung > 959 und < 1200 Stunden	23,673		57,0	5)		75	0,262	0,366		x
A09Z	O	Langzeitbeatmung > 719 und < 960 Stunden	19,690		46,6	5)		65	0,266	0,372		x
A10Z	O	Langzeitbeatmung > 479 und < 720 Stunden	14,930		35,2	5)		53	0,261	0,363		x
A11A	O	Langzeitbeatmung > 263 und < 480 Stunden Alter < 4 Jahre oder äußerst schwere CC	9,920		26,3	5)		44	0,232	0,319		
A11B	O	Langzeitbeatmung > 263 und < 480 Stunden Alter > 3 Jahre ohne äußerst schwere CC	8,695		24,2	5)		42	0,217	0,298		x
A12Z	O	Langzeitbeatmung > 143 und < 264 Stunden	6,967		21,3	6	0,845	39	0,194	0,265		x
A13Z	O	Langzeitbeatmung > 95 und < 144 Stunden	6,162		19,7	6	0,725	38	0,181	0,245		x
A14Z	O	Beatmung, Alter < 16 Jahre	4,527		17,8	5	0,593	34	0,140	0,189		x
A15A	O	Knochenmarktransplantation/Stammzelltransfusion, autogen, mit In-vitro-Aufbereitung, Alter < 19 Jahre	19,922		34,6	11	1,601	52	0,389	0,540		
A15B	O	Knochenmarktransplantation/Stammzelltransfusion, autogen, mit In-vitro-Aufbereitung, Alter > 18 Jahre	9,369		25,2	7	1,045	39	0,233	0,320		x
A15C	O	Knochenmarktransplantation/Stammzelltransfusion, autogen, ohne In-vitro-Aufbereitung	7,423		22,8	7	0,900	35	0,221	0,303		x
A16A	O	Transplantation von Darm oder Pankreas(gewebe), Transplantation von Darm oder Pankreas (gesamtes Organ oder Segment)	10,376		25,1	7	0,964	40	0,213	0,292		
A17A	O	Nierentransplantation, Alter < 16 Jahre	7,822		28,1	8	0,744	43	0,167	0,230		x
A17B	O	Nierentransplantation, Alter > 15 Jahre	5,950		21,6	6	0,700	38	0,159	0,217		x

über alle Fälle wird üblicherweise auf 1,0 festgesetzt.
- *Mittlere Verweildauer:* Die durchschnittliche Liegezeit eines Patienten, die zur Behandlung seines spezifischen Krankheitsbildes eingeplant wird. Die mittlere Verweildauer ist die Grundlage der ermittelten Bewertungsrelationen (z. B. 21,434 Pkt.).
- *Untere Grenzverweildauer:* erster Tag mit Abschlag (z. B. 12 Tage), Bewertungsrelation/Tag (z. B. 1,378 Pkt./Tag). Ist die Verweildauer der Patienten kürzer als die untere Grenzverweildauer (z. B. Liegezeit 10 Tage), wird ein Abschlag von der Bewertungsrelation der Fallpauschale vorgenommen. Dieser wird ermittelt, indem die aus dem Katalog zu entnehmende Bewertungsrelation/Tag mit den Mindertagen multipliziert und von der Bewertungsrelation subtrahiert wird. **Beispiel:** Bewertungsrelation – Tage mit Abschlägen = Bewertungsrelation/Tag: 21,434 Pkt. – (12 Tage – 10 Tage) × 1,378 Pkt/Tag = 16,300 Pkt. Diese Bewertungsrelation wird für den 10. Tag eingerechnet.
- *Obere Grenzverweildauer:* erster Tag mit zusätzlichem Entgelt (z. B. 57 Tage), Bewertungsrelation/Tag (z. B. 0,320 Pkt./Tag). Ist die Verweildauer der Patienten länger als die obere Grenzverweildauer (z. B. 59 Tage), wird für jeden weiteren Tag im Krankenhaus zusätzlich ein belegungstagesbezogenes Entgelt abgerechnet. Dieses zusätzliche Entgelt wird ermittelt, indem die für die obere Grenzverweildauer festgesetzte Bewertungsrelation/Tag mit der Zahl der Mehrtage multipliziert wird. Das Ergebnis wird auf die Bewertungsrelation der DRG addiert. **Beispielrechnung:** Bewertungsrelation + Tage mit Zuschlägen = Bewertungsrelation/Tag: 21,434 Pkt. + (59 Tage – 57 Tage) × 0,320 Pkt./Tag = 22,394 Pkt. Diese Bewertungsrelation wird für den 59. Tag eingerechnet.
- *Externe Verlegung, Abschlag/Tag (Bewertungsrelation):* Wird die Verlegung in ein anderes Krankenhaus vor Erreichen der mittleren Verweildauer durchgeführt (z. B. 36 Tage), so wird je Tag ein Abschlag vorgenommen. Die Berechnung ist deckungsgleich mit der Berechnung im Falle des Erreichens der unteren Grenzverweildauer. **Beispielrechnung:** Bewertungsrelation – Tage mit Abschlägen = Bewertungsrelation/Tag: 21,434 Pkt. – (39,2 Tage – 36 Tage) × 0,446 Pkt./Tag = 20,007 Pkt. Diese Bewertungsrelation wird mit 20,007 eingerechnet.

Am 19. 12. 2003 wurde die **Verordnung zur Bestimmung besonderer Einrichtungen im Fallpauschalensystem für Krankenhäuser für das Jahr 2004** (Fallpauschalenverordnung besondere Einrichtungen 2004 – FPVBE 2004) verabschiedet. Diese Verordnung wurde speziell für die Krankenhäuser oder für die Teile von Krankenhäusern erlassen, die von der Anwendung der DRG-Fallpauschalen ausgenommen werden können. Für die Leistungen dieser Einrichtungen können fall- oder tagesbezogene Entgelte vereinbart werden. In § 1 FPVBE 2004 sind damit die Einrichtungen gemeint, die «insbesondere aus medizinischen Gründen, wegen einer Häufung von schwer kranken Patienten oder Patientinnen oder aus Gründen der Versorgungsstruktur mit dem Entgeltkatalog noch nicht sachgerecht vergütet werden» (Verordnung zur Bestimmung besonderer Einrichtungen im Fallpauschalensystem für Krankenhäuser für das Jahr 2004). Im weiteren Gesetzestext werden u. a. die folgenden Ausnahmetatbestände für das Kalenderjahr 2004 genannt:

- Im Jahre 2003 hatten mehr als drei Viertel der Patienten eines Krankenhauses Verweildauern, die oberhalb der mittleren Verweildauer, aber unterhalb der oberen Grenzverweildauer der jeweiligen Fallpauschale lagen (Inlier).
- Im Jahre 2003 hatten mehr als die Hälfte der entlassenen Fälle eines Krankenhauses Verweildauern, die oberhalb der oberen Grenzverweildauer der jeweiligen Fallpauschale lagen (Langlieger).
- Ein organisatorisch abgrenzbarer Teil eines Krankenhauses bietet ein besonderes Leistungsangebot mit hohen pflegesatzfähigen Vorhaltekosten an. Das Angebot ist zur Sicherstellung der Versorgung der Bevölkerung

notwendig, und seine Finanzierung kann mit Fallpauschalen allein nicht gewährleistet werden.

Literatur

Broweleit, Katja: Disease Management Programme im Wettbewerb, unveröffentlichte Diplomarbeit, Fachhochschule Flensburg, Flensburg 2003

Deutsche Krankenhausgesellschaft: GKV-Gesundheitsreform 2000. das krankenhaus (2000) 1: Redaktionsbeilage

Gesetz zur wirtschaftlichen Sicherung der Krankenhäuser und zur Regelung der Krankenhauspflegesätze (Krankenhausfinanzierungsgesetz – KHG) in der Fassung vom 14. 11. 2003, BGBl. I: 886

Gesetz über die Entgelte für voll- und teilstationäre Krankenhausleistungen (Krankenhausentgeltgesetz – KHEntgG) in der Fassung vom 14. 11. 2003, BGBl. I: 2190

Gesetz zur Modernisierung der gesetzlichen Krankenversicherung (GKV-Modernisierungsgesetz – GMBG) in der Fassung vom 14. 11. 2003, BGBl. I: 2190

Haubrock, M.; Schär, W.; Betriebswirtschaft und Management im Krankenhaus (3. Aufl.). Bern u.a., 2002

Sozialgesetzbuch (SGB), Fünftes Buch (V) in der Fassung vom 17. 12. 1999

Sozialgesetzbuch (SGB), Fünftes Buch (V) in der Fassung des Gesetzes zur Modernisierung der gesetzlichen Krankenversicherung (GKV-Modernisierungssgesetz – GMG) vom 14. 11. 2003, BGBl. I: 2190

Verordnung zur Regelung der Krankenhauspflegesätze (Bundespflegesatzverordnung – BPflV '95) in der Fassung vom 23. 12. 2002, BGBl. I: 2750

Verordnung zur Regelung der Krankenhauspflegesätze (Bundespflegesatzverordnung – BPflV 2004) in der Fassung vom 14. 11. 2003, BGBl. I: 2190

Verordnung zur Bestimmung besonderer Einrichtungen im Fallpauschalensystem für Krankenhäuser für das Jahr 2004 (Fallpauschalenverordnung besondere Einrichtungen 2004 – FPVBE 2004) in der Fassung vom 13. 10. 2003, BGBl. I: 1995

Verordnung zur Bestimmung besonderer Einrichtungen im Fallpauschalensystem für Krankenhäuser für das Jahr 2004 (Fallpauschalenverordnung besondere Einrichtungen 2004 – FPVBE 2004) in der Fassung vom 19. 12. 2003, BGBl. I: 2811

5.8.2 Investitionsförderung

5.8.2.1 Vorbemerkungen

Wie bereits in Kapitel 5.8.1 aufgeführt, ist das Selbstkostendeckungsprinzip im Krankenhaus zum 1. 1. 1993 aufgehoben worden. Damit war jedoch nicht die Streichung des § 4 Krankenhausfinanzierungsgesetz (KHG) verbunden.

In § 4 wird nach wie vor festgelegt, dass die Krankenhäuser dadurch wirtschaftlich gesichert werden, dass:

- ihre Investitionskosten im Wege öffentlicher Förderung übernommen werden und sie
- leistungsgerechte Erlöse aus den Pflegesätzen, die nach Maßgabe dieses Gesetzes auch Investitionskosten enthalten können, sowie Vergütungen für vor- und nachstationäre Behandlung und für ambulantes Operieren erhalten.

Die öffentlichen Fördermittel und die im Voraus zu bemessenden Erlöse aus den Pflegesätzen sowie die Vergütungen für vor- und nachstationäre Behandlungen müssen somit nach Maßgabe dieses Gesetzes und des jeweiligen Landesrechtes zusammen die Gewähr dafür bieten, dass eine bedarfsgerechte Versorgung der Bevölkerung mit leistungsfähigen und eigenverantwortlich wirtschaftenden Krankenhäusern auf der einen Seite und sozial tragbaren Pflegesätzen auf der anderen Seite gesichert werden kann.

Zur Realisierung dieses Zieles müssen nach den Grundsätzen für die Pflegesatzregelung (§ 17 KHG) die Pflegesätze medizinisch leistungsgerecht sein, und sie müssen es einem Krankenhaus bei wirtschaftlicher Betriebsführung ermöglichen, den Versorgungsauftrag zu erfüllen. Bei der Ermittlung der Pflegesätze ist u. a. der Grundsatz der Beitragssatzstabilität zu berücksichtigen. Der Anspruch auf Deckung der vorauskalkulierten Selbstkosten ist somit seit 1993 ersetzt worden durch den Anspruch auf medizinisch leistungsgerechte Pflegesätze.

Die leistungsgerechten Erlöse aus den Pflegesätzen können auch Investitionskosten enthalten.

Dem damit eingeleiteten schrittweisen Übergang von einer dualistischen zu einer teilmonistischen Finanzierung über die Pflegesätze sollte in der Formulierung von § 4 Nr. 2 KHG Rechnung getragen werden.

Das **duale Finanzierungssystem** ist in der Bundesrepublik Deutschland mit der Einführung des Krankenhausfinanzierungsgesetzes im Jahre 1972 relevant geworden. Hintergrund waren einerseits die Finanzierungsprobleme der Krankenhäuser in den sechziger Jahren des vergangenen Jahrhunderts, die unter dem Stichwort «Investitionsstau» zusammengefasst werden können, und andererseits die Annahme, dass die Krankenkassen die wirtschaftliche Sicherung der Häuser auf Grund ihrer bruttolohnbezogenen Einnahmenentwicklung nur bedingt garantieren können. Im Rahmen des dualen Finanzierungssystems sind folglich die Bundesländer und die Krankenkassen zur Finanzierung der Krankenhäuser verpflichtet. Die Krankenkassen finanzieren ihre Ausgaben durch Krankenkassenbeiträge ihrer Mitglieder. Der Staat finanziert die Investitionen durch Steuereinnahmen.

Durch die im Rahmen der dualen Finanzierung vorgenommene Trennung in eine Beitrags- und eine Steuerfinanzierung ergibt sich das Problem, wie die Zuordnung der Wirtschaftsgüter erfolgen soll. Die Wirtschaftsgüter sind hierbei einerseits dem Bereich der Investitionskosten und andererseits dem Bereich der Betriebskosten zuzuordnen. Zu den **Investitionskosten** zählen u. a.:

- Kosten der Errichtung von Krankenhäusern einschließlich der Erstausstattung mit den für den Krankenhausbetrieb notwendigen Anlagegütern
- Kosten der Wiederbeschaffung von Anlagegütern mit einer durchschnittlichen Nutzungsdauer von mehr als 3 Jahren
- Kosten, die den Investitionskosten gleichgestellt sind (z. B. Zinsen und Tilgung zweckbezogener Darlehen).

Zu den **Betriebskosten** gehören die pflegesatzfähigen Kosten nach § 7 BPflV 2004 und § 1 KHEntG. Diese umfassen u. a. folgende Elemente:

- Kosten der allgemeinen Krankenhausleistungen
- Kosten der Qualitätssicherung
- Kosten für die Instandhaltung der Anlagegüter
- Kosten für Wirtschaftlichkeitsprüfungen.

Die Verbindung der Investitions- und Betriebskosten mit den Anlage- und Verbrauchsgütern wurde schon in Kapitel 5.6.2 aufgezeigt. Der Prozess der dualen Finanzierung wird zusammenfassend noch einmal in **Abbildung 5.8-2** verdeutlicht.

5.8.2.2 Einzel- und Pauschalförderung

Zur wirtschaftlichen Sicherung der Krankenhäuser im Sinne des § 2 KHG werden durch öffentliche Förderung Investitionskosten übernommen. Von diesen so genannten geförderten Krankenhäusern sind diejenigen Krankenhäuser abzugrenzen, für die Förderungsrichtlinien des Krankenhausfinanzierungsgesetzes keine Anwendung finden. Zu diesen Einrichtungen zählen:

- Krankenhäuser, deren Träger der Bund ist
- Krankenhäuser im Straf- oder Maßregelvollzug

Abbildung 5.8-2: Der Prozess der Krankenhausfinanzierung (Quelle: Haubrock, M., Peters, Sönke H. F., Schär, W. [Hrsg.]; Betriebswirtschaft und Management im Krankenhaus, 2. Aufl.; Berlin, Wiesbaden, 1997, S. 278)

- Polizeikrankenhäuser sowie
- Krankenhäuser der Renten- und Unfallversicherungsträger.

Bei der letzten Gruppe sind unter bestimmten Voraussetzungen jedoch die Fachkliniken zur Behandlung von Erkrankungen von Atmungsorganen ausgenommen.

Zur Verwirklichung der wirtschaftlichen Sicherung stellen die Länder Krankenhauspläne und Investitionsprogramme auf. Hierbei stimmen die Länder ihre Krankenhausplanungen auch auf die pflegerischen Leistungserfordernisse nach dem SGB XI ab. Diese Abstimmung hat den Zweck, die Krankenhäuser von Pflegefällen zu entlasten und die dadurch vakanten Krankenhauseinrichtungen in wirtschaftlich selbstständige ambulante bzw. stationäre Pflegeeinrichtungen umzuwidmen.

Zu den Grundsätzen der Investitionsförderung gehören u. a. die **Förderungsvoraussetzungen**. Die Voraussetzungen der Förderung sind in § 8 KHG festgeschrieben. Danach haben die Krankenhäuser Anspruch auf Förderung, soweit und solange sie in den Krankenhausplan eines Landes und – bei Investitionen – in das Investitionsprogramm aufgenommen sind. Die zuständige Landesbehörde und der Krankenhausträger können für bestimmte Investitionsvorhaben eine nur teilweise Förderung mit Restfinanzierung durch den Krankenhausträger vereinbaren. Es ist Einvernehmen mit den Landesverbänden der Krankenkassen, den Verbänden der Ersatzkassen und den Vertragsparteien anzustreben. Die Aufnahme oder Nichtaufnahme in den Krankenhausplan wird durch Bescheid festgestellt. Gegen den Bescheid können Rechtsmittel eingelegt werden.

Hiernach ist auch eine nur teilweise Förderung durch das jeweilige Land für die Investitionskosten vorgesehen, die Restfinanzierung haben die Krankenhausträger zu übernehmen. Diese Regelung bewirkt, dass sich die Länder ihrer Förderungspflicht entziehen können, ohne dass sie Einbußen hinsichtlich ihrer Planungskompetenz hinnehmen müssen. Angesichts der knappen Kassen der Bundesländer sind in den letzten Jahren wiederum Investitionsstaus in den alten und neuen Ländern entstanden. Investitionen müssen entweder durch die Träger zwischenfinanziert oder in die Zukunft verlagert werden.

Als erste Form einer Förderungsmöglichkeit durch das jeweilige Bundesland ist die **Einzelförderung** auf Antrag zu nennen. Diese Einzelförderungen können folgende Tatbestände umfassen:

- Neu-, Um- und Erweiterungsbauten, Sanierung von Krankenhäusern
- Erstausstattung mit Anlagegütern
- Wiederbeschaffung von Anlagegütern
- Ausgleich für die Abnutzung von Anlagegütern, soweit die Güter durch Eigenmittel der Krankenhausträger finanziert worden sind
- Erwerb, Erschließung, Miete, Pacht von Grundstücken
- Anlauf- und Umstellungskosten
- Umstellung von Krankenhäusern oder Krankenhausabteilungen auf andere Aufgaben.

Die zeitlichen Dispositionen der Förderungsmaßnahmen werden in Investitionsprogrammen der Länder geregelt.

Als zweite Variante existiert die **Pauschalförderung**. Hiermit bewilligen die Länder auf Antrag Fördermittel gemäß § 9 Abs. 3 ff KHG.

Bei der Pauschalförderung handelt es sich um:

- Mittel zur Wiederbeschaffung, Ergänzung, Nutzung und Mitnutzung von kurzfristigen Anlagegütern mit einer Nutzungsdauer von mehr als 3 bis zu 15 Jahren
- kleine bauliche Maßnahmen.

Zur Finanzierung kurzfristig nutzbarer Anlagegüter stellt das Bundesland dem Krankenhaus jährlich einen bestimmten Betrag zur Verfügung, der nicht ausschließlich an der Anzahl der Planbetten bemessen sein soll. In der Vergangenheit ist kritisch hinterfragt worden, ob das Planbett als Grundlage für die Zulassung der pauschalen Fördermittel zweckmäßig sei. Kritiker dieser Art der Fördermittelzuteilung betonen, dass der Bedarf an Fördermitteln nicht so sehr durch die Anzahl der vorgehaltenen Planbetten, sondern mehr durch die ärztlich-pflegerisch notwendigen Diagnose-Therapie-Versorgungseinrichtungen verursacht wird. Eine Lösung des Problems ist nunmehr durch die Vorgabe des § 9 KHG erzielt worden. Danach werden die Pauschalbeträge ab 1. 1. 1994 nicht mehr ausschließlich nach der Zahl der in den Krankenhausplan aufgenommenen Betten ermittelt. Die Einzelförderung und die pauschale Förderung liegen in der Kompetenz eines jeden Bundeslandes. Daher sind Details dem jeweiligen Landeskrankenhausfinanzierungsgesetz zu entnehmen.

Nach den **Überleitungsvorschriften** aus Anlass der Wiedervereinigung Deutschlands galten hinsichtlich der Fördertatbestände Übergangsregelungen, die bis zum 31. 12. 1993 Gültigkeit hatten. Ab dem 1. 1. 1994 gelten auch in den **Beitrittsgebieten** die Vorschriften des § 9 KHG. Unterschiede existieren jedoch im Bereich der Fördermittel. So ist z. B. die Pauschalförderung in den neuen Bundesländern sowohl hinsichtlich der aus der Pauschale zu finanzierenden Maßnahmen als auch hinsichtlich der Höhe der Förderpauschale gegenüber den Regelungen für die alten Länder umfassender. Der Gesetzgeber gibt damit den Krankenhäusern die Möglichkeit, viele zur Verbesserung des Versorgungsstandards notwendige Maßnahmen schnell und unbürokratisch zu realisieren.

Nach § 23 KHG wird beispielsweise hinsichtlich der Höhe der jährlichen Fördermittelpauschale je Planbett nach Versorgungsstufen unterschieden. So können nach den Vorgaben des Bundesgesetzes die Fördermittel zwischen Einrichtungen der Grundversorgung (Orts- und Stadtkrankenhäuser) in Höhe von ca. 4000 Euro pro Planbett und Jahr und den Krankenhäusern der Zentralversorgung in Höhe von ca. 7500 Euro pro Planbett und Jahr differieren.

Die Aufnahme eines Krankenhauses in den **Krankenhausplan** ist Voraussetzung für die Gewährung staatlicher Finanzierungsmittel.

Am Beispiel des «Niedersächsischen Gesetzes zum Bundesgesetz zur wirtschaftlichen Sicherung der Krankenhäuser und zur Regelung der Krankenhauspflegesätze (**Nds.KHG**)» haben die Landkreise, kreisfreien Städte und das Land die Finanzierungsmittel jeweils wie folgt aufzubringen:

- Investitionsmittel (60 % vom Land, 40 % von den kommunalen Gebietskörperschaften)
- Fördermittel (66,6 % vom Land, 33,3 % von den kommunalen Gebietskörperschaften). Bei den Fördermitteln für Erwerb, Erschließung, Miete und Pacht von Grundstücken ist eine andere Verteilung festgeschrieben worden.

Die von den kommunalen Gebietskörperschaften aufzubringenden Mittel werden durch eine Umlage nach der Einwohnerzahl und der Umlagekraftmesszahl erhoben. Die Umlagekraftmesszahl errechnet sich aus der Kreisumlage oder der Steuerkraftmesszahl und den Schlüsselzuweisungen.

Das Investitionsprogramm ist die Grundlage für die Bereitstellung der Investitionsmittel und der Fördermittel. Das Investitionsprogramm wird vom niedersächsischen Sozialminister aufgestellt und vom Landesministerium beschlossen. Die Mitwirkung der Beteiligten (z. B. Krankenhausgesellschaft, Krankenkassen) wird durch die Mitgliedschaft im **Planungsausschuss** sichergestellt.

Der **Ablauf des Planungsverfahrens** vollzieht sich in der Regel in folgenden sechs Schritten:

1. Ermittlung des Bedarfs an stationärer Krankenhausversorgung
2. Aufstellung eines Planentwurfs durch das zuständige Landesministerium
3. Diskussion des Planentwurfs in so genannten Zielplankonferenzen mit den beteiligten bzw. betroffenen Stellen (z. B. Krankenhausträger, Krankenhausgesellschaft, Krankenkassen und Gebietskörperschaften)
4. Stellungnahme des Landesparlaments
5. Beschluss des Landesministeriums
6. Veröffentlichung im Ministerialblatt.

Die beschlossenen **Investitionsmittel** werden den Krankenhausträgern auf Antrag als Einzelförderung gewährt. Diese Einzelfördermaßnahmen können u. a. für die Errichtung von Krankenhäusern einschließlich der Erstausstattung mit Anlagegütern mit einer Nutzungsdauer N > 3 Jahre sowie für die Wiederbeschaffung dieser Anlagegüter verwendet werden.

Die pauschale Förderung wird vom Land in Form von Fördermitteln für die Finanzierung von den kurzfristigen Anlagegütern sowie für kleine bauliche Maßnahmen bewilligt. Hierbei handelt es sich um feste jährliche Beträge. Das Krankenhaus kann im Rahmen der Zweckbindung mit diesen Mitteln frei wirtschaften. Die **pauschale Förderung** ist in Niedersachsen gekoppelt an das als förderungsfähig anerkannte Krankenhausbett (Planbett). Somit sind die Fördermittel wie folgt festgelegt worden:

- Anforderungsstufe 1 (bis zu 230 Betten): 1226 Euro
- Anforderungsstufe 2 (231–330 Betten): 1488 Euro
- Anforderungsstufe 3 (331–630 Betten): 717 Euro
- Anforderungsstufe 4 (mehr als 630 Betten): 2198 Euro.

Im Zusammenhang mit der Diskussion um den **Bettenabbau** und der **Bettenumwidmung** sind die Regelungen zu nennen, wonach das Land Fördermittel zur Erleichterung der Schließung von Krankenhäusern sowie zur Umstellung von Krankenhäusern oder Krankenhausabteilungen auf andere Aufgaben bzw. zu ihrer Umwidmung in selbstständige, organisatorisch und wirtschaftlich vom Krankenhaus getrennte Pflegeeinrichtungen zur Verfügung stellen kann.

Mit der Aufnahme des § 17 c KHG (Prüfung der Abrechnung von Pflegesätzen) und der Veränderungen in den §§ 6 und 9 KHG wurden die Voraussetzungen geschaffen, dass keine Patienten in das Krankenhaus aufgenommen werden oder dort verbleiben, die nicht oder nicht mehr stationär behandelt werden müssen.

Literatur

Deutsche Krankenhausgesellschaft: GKV-Gesundheitsreform 2000. das krankenhaus (2000) 1: Redaktionsbeilage

Gesetz zur wirtschaftlichen Sicherung der Krankenhäuser und zur Regelung der Krankenhauspflegesätze (Krankenhausfinanzierungsgesetz – KHG) in der Fassung vom 14. 11. 2003, BGBl. I: 886

Gesetz über die Entgelte für voll- und teilstationäre Krankenhausleistungen (Krankenhausentgeltgesetz – KHEntgG in der Fassung vom 14. 11. 2003, BGBl. I: 2190

Gesetz zur Modernisierung der gesetzlichen Krankenversicherung (GKV-Modernisierungsgesetz – GMBG) in der Fassung vom 14. 11. 2003, BGBl. I: 2190

Haubrock, M.; Schär, W.: Betriebswirtschaft und Management im Krankenhaus (3. Aufl.). Bern u.a., 2002

Niedersächsisches Gesetz zum Bundesgesetz zur wirtschaftlichen Sicherung und zur Regelung der Krankenhauspflegesätze (Nds.KHG) in der Fassung vom 19. 12. 1995. Nds.GVBl: 463

Sozialgesetzbuch (SGB), Fünftes Buch (V) in der Fassung vom 17. 12. 1999

Verordnung zur Regelung der Krankenhauspflegesätze (Bundespflegesatzverordnung – BPflV '95) in der Fassung vom 23. 12. 2002, BGBl. I: 2750

Verordnung zur Regelung der Krankenhauspflegesätze (Bundespflegesatzverordnung – BPflV 2004) in der Fassung vom 14. 11. 2003, BGBl. I: 2190

Verordnung zur Bestimmung besonderer Einrichtungen im Fallpauschalensystem für Krankenhäuser für das Jahr 2004 (Fallpauschalenverordnung besondere Einrichtungen 2004 – FPVBE 2004 in der Fassung vom 13. 10. 2003, BGBl. I: 1995

Verordnung zur Bestimmung besonderer Einrichtungen im Fallpauschalensystem für Krankenhäuser für das Jahr 2004 (Fallpauschalenverordnung besondere Einrichtungen 2004 – FPVBE 2004) in der Fassung vom 19. 12. 2003, BGBl I: 2811

5.8.3 Betriebskostenfinanzierung

5.8.3.1 Begriffliche Abgrenzungen

Nach § 4 KHG, in dem die wirtschaftliche Sicherung der Krankenhäuser festgeschrieben ist, legt der Gesetzgeber fest, dass die Betriebskosten für die Krankenhausleistungen aus Pflegesätzen, die auch Investitionskosten enthalten können, sowie aus Vergütungen für vor- und nachstationäre Behandlung und für ambulantes Operieren gedeckt werden müssen. Hierbei werden die Vergütungen für vor- und nachstationäre Behandlung sowie für ambulante Operationen durch Verträge festgeschrieben, während das KHEntgG in § 7 KHEntgG und die Bundespflegesatzverordnung 2004 in § 10 BPflV 2004 die Entgeltformen für allgemeine Krankenhausleistungen festschreibt.

Mit diesen Entgelten werden die allgemeinen

Krankenhausleistungen vergütet, soweit die Kosten pflegesatzfähig sind. Zu den **pflegesatzfähigen Kosten** bei den geförderten Krankenhäusern gehören neben den Kosten, die durch die Vergütung der allgemeinen Krankenhausleistungen entstehen, z. B. auch die Kosten der Qualitätssicherung, die Kosten für die Instandhaltung der Anlagegüter sowie die Kosten der betriebsnotwendigen Fort- und Weiterbildung der Beschäftigten der Krankenhausunternehmung.

Die Kosten, die seitens des Krankenhauses jeweils als Betriebskosten berücksichtigt werden dürfen, sind durch die Verordnung über die Rechnungs- und Buchführungspflichten von Krankenhäusern (**Krankenhausbuchführungsverordnung** – KHBV) festgelegt worden. Durch die KHBV werden die Krankenhäuser unter anderem verpflichtet, eine Kosten- und Leistungsrechnung zu führen, die eine interne Steuerung sowie eine Beurteilung der Effizienz und der Effektivität erlaubt.

Funktion der Kosten- und Leistungsrechnung ist es, den Prozess der Leistungserstellung und -verwertung im Krankenhaus zu verdeutlichen. Hierbei sind Leistungen das Ergebnis der betrieblichen Tätigkeit, während Kosten den bewerteten Verzehr von Gütern und Dienstleistungen, die für die Leistungserstellung notwendig sind, darstellen.

Betrachtet man die Entgeltarten, so ist festzustellen, dass an die Ausgestaltung der Kosten- und Leistungsrechnung und somit an das Rechnungswesen der Krankenhäuser unterschiedliche Anforderungen gestellt werden.

Für die Ermittlung des Basispflegesatzes, der für alle bettenführenden Einrichtungen des Krankenhauses einheitlich ermittelt wird, ist grundsätzlich eine **Kostenartenrechnung** ausreichend, um die einzelnen Kostenkomponenten, die in den Basispflegesatz einfließen, eindeutig zu erfassen.

Die Kostenartenrechnung gibt Auskunft darüber, welche Kostenarten bei der Erstellung und Verwertung der Krankenhausleistung in einer Abrechnungsperiode entstanden sind. Die Kostenartenrechnung hat folgende Aufgaben zu erfüllen:

- Erfassung und Darstellung der angefallenen Kosten
- Ermittlung der Kostendaten für die Kostenstellen- und Kostenträgerrechnung
- Kontrolle der absoluten Kosten im Zeitvergleich sowie der relativen Kostenartenanteile an den Gesamtkosten.

Zur systematischen Erfassung der Kostenarten werden diese nach bestimmten Gliederungskriterien aufgegliedert. So lassen sich z. B. folgende **Kostenarten** unterscheiden:

- primäre und sekundäre Kosten (Gliederung nach der Herkunft der Kosten)
- Personal- und Sachkosten (Gliederung nach der Art der verbrauchten Güter)
- Einzel- und Gemeinkosten (Gliederung nach der Art der Zurechnung)
- fixe und variable Kosten (Gliederung nach der Art der Abhängigkeit von der Kosteneinflussgröße).

Für die Weiterleitung der Kosten auf die Kostenstellen spielt die Einteilung in Einzel- und Gemeinkosten eine Rolle. Einzelkosten sind Kosten, die dem Kostenträger (z. B. homogene Patientengruppe) direkt zugerechnet werden können. Hierzu zählen z. B. in der Regel die so genannten A-Güter (z. B. Implantate, teure Medikamente). Gemeinkosten können dem Kostenträger nur indirekt zugeordnet werden. Dies erfolgt in der Regel im Rahmen der Kostenstellenrechnung über eine Schlüsselung.

Die Erfassung der Kostenarten im Krankenhaus erfolgt mittels eines Musterkontenplans, der als ein Mindestgliederungsschema anzusehen ist.

Zur Kalkulation der Abteilungspflegesätze ist neben der kostenartenbezogenen eine abteilungsbezogene Kostenstellenrechnung mit einer innerbetrieblichen Leistungsverrechnung erforderlich. Die Krankenhäuser sind schon seit einigen Jahren verpflichtet, eine **Kostenstellenrechnung** einzurichten. Die Mindestanforderungen hierfür sind in § 8 KHBV fixiert.

Die Kostenstellenrechnung beschäftigt sich mit der Frage, wo die Kosten entstanden sind. Sie stellt fest, in welchen Bereichen bzw. an welchen

Orten die Kosten entstanden sind. Kostenstellen sind somit die Leistungsbereiche, in denen die Kosten verursacht werden. Die Kostenstellenrechnung verbindet die Kostenarten- mit der Kostenträgerrechnung. In der Kostenstellenrechnung werden alle nicht direkt zurechenbaren Gemeinkosten auf die Verursachungsbereiche verteilt, dann auf die Bezugsgrößen und schließlich in Form von Kalkulationssätzen auf die Kostenträger verrechnet.

Bei der Einrichtung einer Kostenstellenrechnung werden im ersten Schritt die Kostenstellen gebildet, die im Kostenstellenplan dokumentiert sind. Im zweiten Schritt erfolgt die Kostenstellenkontierung. Hierbei werden die Kostenarten den Kostenstellen zugeordnet. Drittens werden die Kosten innerhalb des Kostenstellensystems verteilt.

Unter verrechnungstechnischen Aspekten werden die Kostenstellen in Vor- und Endkostenstellen unterschieden. Unter erzeugungstechnischen Gesichtspunkten lassen sich die Kostenstellen unterteilen in Haupt-, Hilfs- und Nebenkostenstellen. In den Hauptkostenstellen werden die eigentlichen Leistungen (Kernaufgaben) erstellt. Im Krankenhausbereich gehören z. B. die Kontengruppen 93 bis 95 (Pflegefachbereiche – Normalpflege) und 96 (Pflegefachbereiche – abweichende Pflegeintensität) dazu. Die Hilfskostenstellen dienen nur mittelbar der Leistungserstellung. Dazu zählen u. a. die Kontengruppen 91 (Versorgungseinrichtungen) und 92 (medizinischen Institutionen). Sie geben Leistungen speziell an die Hauptkostenstellen ab. Diese Übergabe wird als innerbetriebliche Leistungsverrechnung bezeichnet. In den Nebenkostenstellen (z. B. Ambulanzen, Personalwohnheime) werden Leistungen erbracht, die nicht zum eigentlichen Leistungsprogramm des Krankenhauses gehören und an andere Leistungserbringer bzw. an Kostenträger abgegeben werden.

Für die Kalkulation der Sonderentgelte und Fallpauschalen ist eine **Kostenträgerrechnung** notwendig. Sie soll aufzeigen, welche Kosten bei einem bestimmten Leistungskomplex (Sonderentgelt) oder bei einem speziellen Behandlungsfall (Fallpauschale) anfallen. Die Kostenträgerrechnung beschäftigt sich somit mit der Frage, wofür die Kosten angefallen sind. Sie ermittelt die Kosten für die im Leistungsprozess hergestellten Leistungen. Die Stückrechnung kann als Trägerstück- oder als Trägerzeitrechnung durchgeführt werden. Grundlage aller Ermittlungen sollte eine stückbezogene Kostenträgerrechnung sein, um die erforderlichen Vor- und Nachkalkulationen der pauschalierten Entgelte durchführen zu können. Besonders im Hinblick auf die Kostenausgliederung dieser Entgelte ist die Kostenträgerrechnung bedeutsam.

Der eigentliche Kostenträger im Krankenhaus ist der Patient. Da eine Kostenträgerrechnung für jeden Patienten jedoch wegen des Erfassungs- und Verrechnungsaufwandes nicht sinnvoll ist, wurden mit dem GSG bestimmte Behandlungsfälle und Leistungskomplexe als die relevanten Kostenträger eingeführt. Die drei Teilbereiche der Kostenrechnung sind somit die Kostenarten-, die Kostenstellen- und die Kostenträgerrechnung (**Abb. 5.8-3**).

Für den Krankenhausbereich ist durch die Notwendigkeit, die Effizienz der Leistungserstellung zu belegen, eine Einteilung der Kosten nach

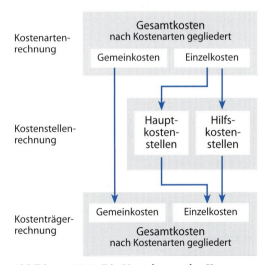

Abbildung 5.8-3: Die Verrechnung der Kosten von der Kostenarten- in die Kostenstellenrechnung (Quelle: Haubrock, M., Peters, Sönke H. F., Schär, W. [Hrsg.]; Betriebswirtschaft und Management im Krankenhaus, 2. Aufl.; Berlin, Wiesbaden, 1997, S. 283)

dem Umfang der verrechneten Kosten sowie nach dem Zeitbezug der Kosten wichtig geworden. Diese Einteilungen werden unter dem Terminus «Kostenrechnungssysteme» zusammengefasst. **Kostenrechnungssysteme** lassen sich demnach nach dem Umfang der verrechneten Kosten (Voll- und Teilkostenrechnung) und nach dem Zeitbezug der Kosten (Ist-, Normal- und Plankostenrechnung) verrechnen. Durch die Kombination der beiden Kriterien ergibt sich die in **Tabelle 5.8-5** gezeigte Einteilung der Kostenrechnungssysteme.

Bei der **Istkostenrechnung** stehen die Erfassung und Verrechnung der tatsächlich anfallenden Kosten im Vordergrund. Sie wird zum Ende einer Abrechnungsperiode erstellt und dient der Nachkalkulation der Selbstkosten der einzelnen Krankenhausleistungen sowie dem Ausweis der realen Kosten.

Der **Normalkostenrechnung** liegen durchschnittlich anfallende Kosten zu Grunde, unabhängig davon, ob sie in der betrachteten Abrechnungsperiode tatsächlich eingetreten sind.

Bei der **Plankostenrechnung** werden auf der Basis von zukunftsorientierten Leistungszahlen (Planzahlen) Kosten kalkuliert, die man bei wirtschaftlicher Umsetzung der Planung erwarten kann. Hierzu werden die Verbrauchsmengen und die Preise aller Güter im Voraus geplant und die sich daraus ergebenden Kosten ermittelt.

In der **Vollkostenrechnung** werden die gesamten Kosten (fixe und variable Kostenbestandteile) von der Kostenarten- über die Kostenstellen- in die Kostenträgerrechnung weiterverrechnet.

Bei der **Teilkostenrechnung** werden im Gegensatz zur Vollkostenrechnung nur die variablen Kosten auf die Kostenträger umgelegt. Der verbleibende Fixkostenrest geht als Block in die Betriebsrechnung ein.

In den Krankenhäusern ist die Vollkostenrechnung zur Erfüllung der gesetzlichen Verpflichtungen, z. B. zur Erstellung der Leistungs- und Kostenaufstellung, erforderlich. Für ein Krankenhaus ist es aber darüber hinaus wichtig, die Entstehung und die Quellen des Betriebsergebnisses aufzuzeigen. Als Instrument für diese Managementaufgabe bietet sich z. B. die Teilkostenrechnung in Form einer mehrstufigen **Deckungsbeitragsrechnung** an. Allerdings ist die verbesserte Aussagekraft der Teilkostenrechnung mit einem hohen Bearbeitungsaufwand verbunden, der sich durch die Zerlegung der Fixkosten ergibt.

Ein weiteres Führungsinstrument ist die Deckungsbeitragsrechnung mit relativen Einzelkosten. Diese Berechnung unterlässt die Schlüsselung der Gemeinkosten und proportionalisiert somit die fixen Kosten nicht. Weiterhin geht sie davon aus, dass Kosten immer als Einzelkosten zu sehen sind. Grundlage ist die Bezugsgrößenhierarchie für die Leistungserstellungs- und -verwertungsseite. Auf dieser Grundlage ist es möglich, alle Kosten als Einzelkosten zu erfassen. Die Deckungsbeitragsrechnung mit relativen Einzelkosten kann, unter den Rahmenbedingungen des Gesundheitsreformgesetzes, als ein betriebliches Steuerungsinstrument erfolgreich eingesetzt werden.

Tabelle 5.8-5: Kostenrechnungssysteme (Quelle: Haubrock, M.; Peters, S., Schär, W.; Betriebswirtschaft und Management im Krankenhaus, 2. Aufl.; Berlin, Wiesbaden, 1997, S. 284)

Zurechnungsumfang/ Zeitbezug	Istkostenrechnung	Normalkostenrechnung	Plankostenrechnung
Vollkostenrechnung	Istkostenrechnung auf Vollkostenbasis	Normalkostenrechnung auf Vollkostenbasis	Normalkostenrechnung auf Vollkostenbasis
Teilkostenrechnung	Istkostenrechnung auf Teilkostenbasis	Normalkostenrechnung auf Teilkostenbasis	Normalkostenrechnung auf Teilkostenbasis a) mit variablen Kosten b) mit relativen Einzelkosten

5.8.3.2 Behandlungsformen

Seit dem GSG ist die bisher übliche Aufgabenstellung der Krankenhäuser in Form der voll- und teilstationären Krankenhausbehandlung um die Formen der vor- und nachstationären Behandlung und des ambulanten Operierens erweitert worden. Damit ist die bislang im deutschen Gesundheitssektor herrschende strikte Trennung zwischen ambulanter Versorgung, deren Sicherstellung über die Kassenärztlichen Vereinigungen erfolgt, und stationärer Behandlung, deren Gewährleistung traditionell die Krankenhäuser übernehmen, aufgehoben worden. Eine Erweiterung gab es weiterhin durch die Reformgesetze 2000 und 2004, indem die ambulanten Leistungsmöglichkeiten der Krankenhäuser erheblich ausgeweitet wurden (s. Kap. 5.8.1.1).

Der Grundsatz «So viel ambulant wie möglich und so wenig stationär wie nötig» ist durch die Erweiterung bzw. Einführung der **ambulanten Behandlungsformen** im Krankenhausbereich um weitere wichtige Schritte erweitert worden. Danach können Krankenhäuser neben den ambulanten Leistungen durch Krankenhausärzte (personenbezogene Ermächtigung und Privatambulanz) und den so genannten Institutsleistungen, die in den Notfallambulanzen, Polikliniken, psychiatrischen Institutsambulanzen und sozialpädiatrischen Zentren durchgeführt werden können, weitere Behandlungen ambulant erbringen. Hierdurch will man zukünftig alle nicht notwendigen oder zu langen Krankenhausaufenthalte vermeiden. Die Verzahnung dieser beiden Bereiche hat somit das Ziel, Unwirtschaftlichkeiten, die sich durch die weit gehende Trennung von ambulanter und stationärer Versorgung ergeben, abzubauen. In diesem Zusammenhang ist selbstverständlich auch der Ansatz der **integrierten Versorgung** zu nennen, der an anderer Stelle bereits dargestellt worden ist.

Wie die Verzahnung der einzelnen Behandlungsformen erfolgt, wird durch **Abbildung 5.8-4** deutlich.

Seit dem 1. 1. 2000 werden die Spitzenverbände der Krankenkassen, die Deutsche Krankenhausgesellschaft oder die Bundesverbände der Krankenhausträger sowie die Kassenärztliche Bundesvereinigung nach § 115 b SGB V (Ambulantes Operieren im Krankenhaus) verpflichtet, im Rahmen eines dreiseitigen Vertrages Folgendes zu vereinbaren:

- einen Katalog ambulant durchführbarer Operationen und sonstiger stationsersetzender Eingriffe
- einheitliche Vergütungen für Krankenhäuser und Vertragsärzte und
- Maßnahmen zur Sicherung der Qualität und der Wirtschaftlichkeit.

Für die Vereinbarung über den neuen und erweiterten Leistungskatalog gilt, dass die Selbstverwaltungsorgane bis zum 31. 12. 2000 die entsprechenden Leistungen benannt haben müssen. In dieser Regelung sind speziell die Eingriffe zu katalogisieren, die in der Regel ambulant durchgeführt werden können, bzw. es sind die Tatbestände festzulegen, bei denen diese Operationen stationär erbracht werden können. Weiterhin sind in diesem Vertrag Qualitätsvoraussetzungen sowie Vergütungsabschläge zu bestimmen, wenn Krankenhäuser und Vertragsärzte ihre Verpflichtungen zur Qualitätssiche-

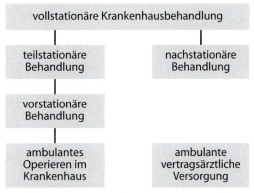

Abbildung 5.8-4: Rangfolge zur Erreichung des Behandlungsziels (Quelle: Haubrock, M., Peters, Sönke H. F., Schär, W. [Hrsg.]; Betriebswirtschaft und Management im Krankenhaus, 2. Aufl.; Berlin, Wiesbaden, 1997, S. 286)

rung nicht einhalten. Kommt eine Vereinbarung bis zu dem genannten Termin nicht zu Stande, dann entscheidet das Bundesschiedsamt.

Zum 1. 1. 2004 kam auf der oben dargestellten gesetzlichen Grundlage ein neuer Vertrag nach § 115 b Abs. 1 SGB V zu Stande. Darin ist u. a. geregelt, dass die Krankenhäuser als Institution die Möglichkeit haben, gleichberechtigt neben den niedergelassenen Ärzten ambulant zu operieren. Die Teilnahme am **ambulanten Operieren** setzt hierbei lediglich eine Mitteilung an die Landesverbände der Krankenkassen, an die Verbände der Ersatzkassen, an die Kassenärztliche Vereinigung und an den Zulassungsausschuss voraus.

Weiterhin hat der Patient beim ambulanten Operieren die freie Wahl zwischen einem niedergelassenen Arzt und dem Krankenhaus. Bei der Entscheidung für ein Krankenhaus ist eine Überweisung oder Einweisung des Vertragsarztes nicht erforderlich.

Der erheblich erweiterte Katalog ambulant durchführbarer Operationen und stationsersetzender Maßnahmen, der dem Vertrag als Anlage beigefügt wurde, bestand ursprünglich nur aus den im Einheitlichen Bewertungsmaßstab (EBM) aufgeführten ambulanten Operationen und ambulanten Anästhesien. Ferner haben sich die Deutsche Krankenhausgesellschaft, die GKV-Spitzenverbände und die Kassenärztliche Bundesvereinigung auf eine Vereinbarung von Qualitätsmaßnahmen beim ambulanten Operieren geeinigt, die ebenfalls am 1. 1. 2004 in Kraft trat.

Die folgenden Gründe haben den Gesetzgeber veranlasst, das ambulante Operieren einzuführen:

- Vermeidung von vollstationären Behandlungen im Interesse des Patienten
- Senkung der Behandlungskosten und Verminderung des Planbettenbestandes durch Nutzung der Einrichtungen des Krankenhauses für die ambulante Krankenversorgung.

Der Ablauf des ambulanten Operierens wird in **Abbildung 5.8-5** gezeigt.

Gemäß § 115 a SGB V in Verbindung mit § 39 Abs. 1 Satz 1 SGB V ist die **vor- und nachstationäre Behandlung** dem Krankenhausbereich zuzuordnen. Somit ist es dem Krankenhaus möglich, in medizinisch geeigneten Fällen Versicherte ohne Unterkunft und Verpflegung zu behandeln, um die Notwendigkeit einer vollstationären Krankenhausbehandlung abzuklären oder

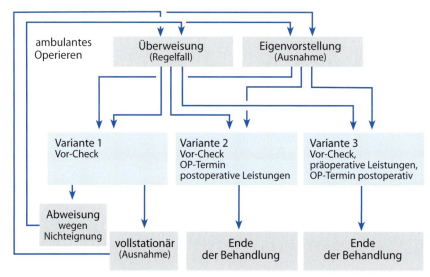

Abbildung 5.8-5: Ablauf des ambulanten Operierens (Quelle: Haubrock, M., Peters, Sönke H. F., Schär, W. [Hrsg.]; Betriebswirtschaft und Management im Krankenhaus, 2. Aufl.; Berlin, Wiesbaden, 1997, S. 287)

die vollstationäre Behandlung vorzubereiten bzw. abzuschließen. Im Anschluss an einen vollstationären Aufenthalt kann das Krankenhaus den Behandlungserfolg sichern bzw. festigen. Es bedarf der Einweisung durch einen Vertragsarzt.

Die vorstationäre Behandlung darf höchstens 3 Behandlungstage innerhalb eines Zeitraumes von 5 Tagen vor Beginn der vollstationären Behandlung betragen. Die nachstationäre Behandlung ist auf 7 Tage innerhalb von 14 Tagen nach der Entlassung begrenzt. In begründeten Einzelfällen kann diese Frist im Einvernehmen mit dem einweisenden Arzt überschritten werden. Diese zeitliche Befristung der vor- und nachstationären Behandlung soll sicherstellen, dass die ambulante vertragsärztliche Versorgung Vorrang hat.

Zur Umsetzung dieser gesetzlichen Vorgaben hatten die Landesverbände der Krankenkassen, die Verbände der Ersatzkassen, die Landesausschüsse der privaten Krankenversicherungen, die Landeskrankenhausgesellschaften sowie die Kassenärztlichen Vereinigungen im Rahmen eines dreiseitigen Vertrages die Leistungsvergütungen festzulegen. Bei diesen Landesverträgen sollten die Empfehlungen der entsprechenden Bundes- bzw. Spitzenverbände berücksichtigt werden. Mit Wirkung vom 13. 11. 1995 trat die erste Bundesempfehlung in Kraft. Diese wurde durch eine zweite Absprache, die seit dem 1. 1. 1997 Gültigkeit hat, ersetzt.

Intention des Gesetzgebers, diese Behandlungsformen einzuführen, war es u. a.:

- die Verbindung zwischen ambulanter und stationärer Versorgung zu verbessern, um so die Effizienz des Versorgungssystems zu erhöhen und Unwirtschaftlichkeiten zu reduzieren bzw. zu vermeiden.
- durch die Verlagerung von diagnostischen und therapeutischen Maßnahmen in die vor- und nachstationäre Phase den Bedarf an vollstationärer Krankenhausbehandlung zu reduzieren, um somit durch die verminderte Bettennutzung den Bettenbedarf zu verringern und Planbetten abzubauen.

Die **teilstationäre Behandlung** (**Abb. 5.8-6**) ist eine Form der stationären Behandlung, die zeitlich auf einen Tag beschränkt ist. Im Gegensatz zur ambulanten Behandlung ist die Aufnahme in das Krankenhaus erforderlich, das heißt, der Patient wird physisch und organisatorisch in das Versorgungssystem des Krankenhauses eingegliedert.

Nach § 39 SGB V hat die teilstationäre Behandlung Vorrang vor der vollstationären Versorgung. Hierbei hat das Krankenhaus einen Katalog über die Leistungen, die in der Regel teilstationär erbracht werden können, zu berücksichtigen. Dieser Katalog ist Inhalt der zweiseitigen Verträge nach § 112 SGB V, die auf Landesebene zwischen der Krankenkassen- und der Krankenhausseite abgeschlossen werden. Nach den gesetzlichen Vorgaben sind für die Krankenhausleistungen, die teilstationär erbracht werden, eigene Vergütungssätze zu ermitteln. Diese sollen in einem vereinfachten Verfahren aus den entsprechenden vollstationären Vergütungssätzen abgeleitet werden. Zu den Versicherten, die teilstationär behandelt und abgerechnet werden können, zählen z. B. Aids- und Dialysepatienten.

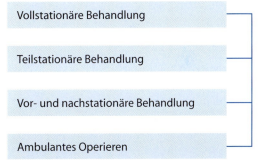

Abbildung 5.8-6: Formen der Krankenhausbehandlung (Quelle: Hessische Krankenhausgesellschaft; Informationsveranstaltung zum Gesundheitsstrukturgesetz 1993; Frankfurt/M., 1992, Teil B, S. 1)

In § 39 SGB V ist der Grundsatz geregelt, dass eine **vollstationäre Behandlung** in einem zugelassenen Krankenhaus erst dann vorgenommen werden darf, wenn das Behandlungsziel nicht durch die anderen Behandlungsformen einschließlich der häuslichen Krankenpflege erreicht werden kann. Das Krankenhaus hat daher bei der Aufnahme zu prüfen, ob das Behandlungsziel nicht auf andere Art und Weise zu erreichen ist. Erst wenn dies nicht gewährleistet ist, darf eine vollstationäre Behandlung erfolgen. Einzelheiten einer solchen Überprüfung werden in den zweiseitigen Verträgen geregelt.

Eine vollstationäre Leistung umfasst alle Leistungen, die im Einzelfall nach Art und Schwere der Krankheit für die medizinische Versorgung der Menschen im Krankenhaus notwendig sind.

5.8.3.3 Finanzierungsformen

In § 120 SGB V wird die **Vergütung ambulanter Krankenhausleistungen** geregelt. Danach werden die im Krankenhaus erbrachten ambulanten ärztlichen Leistungen der ermächtigten Ärzte, der Polikliniken sowie der ermächtigten Institutionen aus der vertragsärztlichen Gesamtvergütung finanziert. Diese Leistungen werden somit nach Gebührenordnungen oder Pauschalen über die Kassenärztliche Vereinigung abgerechnet. Die Leistungen der psychiatrischen Institutionsambulanzen und der sozialpädiatrischen Zentren werden auf der Grundlage einer Landesvereinbarung direkt von den Krankenkassen bezahlt.

Auf der Grundlage des dreiseitigen Vertrages nach § 115 b SGB V erfolgt die Vergütung für die **ambulanten Operationen** auf der Grundlage des Einheitlichen Bewertungsmaßstabes (EBM) nach den für die Versicherten geltenden vertragsärztlichen Vergütungssätzen. Weiterhin beinhaltet der § 6 des Vertrages, dass die Vertragsparteien in geeigneten Fällen Komplexgebühren für die Vergütung von operativen Leistungen und Nebenleistungen vereinbaren konnten.

Die Vergütung für die **vor- und nachstationäre Behandlung** wird nach § 115 a SGB V durch einen dreiseitigen Vertrag ausgehandelt, der die Empfehlungen der Bundes- bzw. Spitzenverbände zu berücksichtigen hat. Diese Empfehlungsvereinbarung auf Bundesebene legte fest, dass die vorstationäre Behandlung als fallbezogene Pauschale vergütet wird. Diese vorstationäre Pauschale orientierte sich ursprünglich an dem 1,8fachen des krankenhausindividuellen Pflegesatzes. Für die nachstationäre Behandlung wurde eine tagesbezogene Pauschale in Höhe des 0,6-fachen Pflegesatzes abgerechnet. Mit Wirkung vom 1.1.1997 wurden in der Rahmenempfehlung der Bundes- und Spitzenverbände der relevanten Selbstverwaltungsorgane die Finanzierungsbedingungen neu geregelt. Nunmehr gelten landeseinheitliche Vergütungen:

- Für die vorstationäre Behandlung wird eine fachabteilungsbezogene Pauschale pro Fall vergütet (z. B. ca. 150 Euro/Fall in der Fachabteilung «Innere Medizin»).
- Für die nachstationäre Behandlung wird eine fachabteilungsbezogene Pauschale pro Tag vergütet (z. B. ca. 55 Euro/Tag in der Fachabteilung «Innere Medizin»).
- Für ausgewählte medizinisch-technische Großgeräte wird eine Pauschale vergütet (z. B. Computertomograph, ca. 130 Euro).

Auf der Grundlage des GSG '93 mussten die Krankenhäuser vor rund 10 Jahren das neue Entgeltsystem für die **Vergütung der stationären Krankenhausleistungen** einführen. Da das Entgeltsystem aus einem Preissystem mit vorgegebenen Entgelten und aus einem krankenhausindividuellen Budget besteht, wurde der Entgeltbereich der Krankenhäuser aufgespalten.

Bei den differenzierten, **leistungsbezogenen Entgelten** (Sonderentgelte Fallpauschalen) waren bundeseinheitliche Bewertungsrelationen (Punktzahlen) festgelegt, die Punktewerte (Preise) wurden auf Landesebene für alle Krankenhäuser im Lande, jedoch getrennt nach Personal- und Sachkosten, vereinbart. Gemäß § 11 Abs. 3 BPflV '95 konnten bei den Sonderentgelten und Fallpauschalen Zuschläge vereinbart werden, wenn das Krankenhaus die Leistung insgesamt nicht verlustfrei erbringen kann und dadurch eine bedarfsgerechte Versorgung der Bevölkerung nicht gesichert war. Ebenso konnten Zuschläge für Qualitätssicherungsmaßnahmen vereinbart werden. Diese Zuschläge wurden im Einzelfall festgelegt.

Fallpauschalen vergüteten die gesamten allgemeinen Leistungen des Krankenhauses für einen bestimmten Behandlungsfall, unabhängig von der Behandlungsdauer. Sie umfassen sämtliche pflegesatzfähigen Kostenarten und waren in der Regel (Ausnahme: Ausreißerpatienten) das alleinige Entgelt für einen Behandlungsfall.

Im Unterschied zu den Fallpauschalen vergüteten **Sonderentgelte** nur die Kosten für einen bestimmten Leistungskomplex (in der Regel für eine bestimmte Operation). Sie beinhalteten alle im direkten Zusammenhang mit der Operation entstehenden Kosten, sofern sie für die jeweilige Leistung charakteristisch waren. Die übrigen Behandlungskosten wurden über die tagesgleichen Pflegsätze entrichtet, die somit neben den Sonderentgelten zu zahlen waren.

Bei der Berechnung eines Sonderentgeltes für operative Leistungen wurde der Abteilungspflegesatz der entsprechend operativ tätigen Abteilung für die Dauer des Krankenhausaufenthaltes um 20 % gesenkt, um eine Doppelberechnung von Operationskosten zu vermeiden. Diese Ermäßigung galt jedoch höchstens für 12 Tage und nicht bei den tagesgleichen Pflegesätzen für Intensivmedizin, neonatologische Intensivbehandlung und Psychiatrie.

Für alle Bereiche eines Krankenhauses, die nicht über Fallpauschalen und Sonderentgelte abgerechnet wurden, mussten tagesgleiche Pflegesätze ermittelt werden. Diese wurden wiederum in einen Basispflegesatz und in Abteilungspflegesätze, jeweils voll- und teilstationär, differenziert. Sie stellten Abschlagszahlungen auf das flexible Budget dar.

Seit dem 1. 1. 2004 gelten die Vorschriften für die Pflegesätze nur noch für die **psychiatrischen Krankenhäuser bzw. die psychiatrischen Abteilungen** in den somatischen Krankenhäusern.

Hierbei ist für jede organisatorisch selbstständige bettenführende Abteilung, die von einem fachlich nicht weisungsgebundenen Arzt mit entsprechender Fachgebietsbezeichnung geleitet wird, ein eigener **Abteilungspflegesatz** zu bilden. Er vergütet die ärztlichen und pflegerischen Leistungen einer Abteilung. Es gehen die Kosten für den ärztlichen Dienst, den Pflegedienst, den technischen Dienst, den medizinischen Bedarf, die Instandhaltung, die Gebrauchsgüter sowie die Kosten für die innerbetriebliche Leistungsverrechnung ein. Zudem können Abteilungspflegesätze für besondere Einrichtungen (z. B. Onkologie, schwerst Schädel-Hirn-Verletzte) vereinbart werden. Die Kostenbestandteile können **Abbildung 5.8-7** entnommen werden.

Der **Basispflegesatz** vergütet nach § 17 KHG und nach § 13 Abs. 3 BPflV 2004 die nicht ärztlich und pflegerisch veranlassten Leistungen. Es gehen alle Personalkosten mit Ausnahme der Kosten für den Arzt-, Pflege- und Funktionsdienst sowie für den medizinisch-technischen Dienst ein. Ebenso fließen alle Sachkosten außer den Kosten des medizinischen Bedarfs, der Instandhaltung und der medizinischen Gebrauchsgüter in die Kalkulation ein. **Abbildung 5.8-8 (S. 435)** zeigt die Kalkulationsschemata für den Basispflegesatz.

Im Rahmen der Gesundheitsreform 2000 hat der deutsche Gesetzgeber die Einführung eines neuen pauschalierenden Vergütungssystems für die allgemeinen voll- und teilstationären Krankenhausleistungen beschlossen. Laut der gesetzlichen Vorgabe sollen mit diesem System diejenigen Krankenhausleistungen abgegolten werden, die im Einzelfall für eine medizinisch zweckmäßige und ausreichende Versorgung des Patienten nötig sind. Dabei sind die Leistungsfähigkeit des Krankenhauses und die Art und Schwere der Erkrankung zu berücksichtigen. Die Reform zielt auf Krankenhäuser, also auf Einrichtungen, die nach dem Krankenhausfinanzierungsgesetz (KHG) gefördert werden und in den Krankenhausplänen der Bundesländer aufgenommen sind. Einrichtungen der Psychiatrie sind davon ausgenommen. Die neuen Entgelte sollen für voll- und teilstationäre Leistungen gelten.

Bei einem vollstationären Krankenhausaufenthalt nimmt der Patient ununterbrochen, Tag und Nacht, die stationären Leistungen des Krankenhauses in Anspruch. Bei einem teilstationären Aufenthalt ist seine Aufenthaltsdauer pro Tag zeitlich begrenzt. Trotzdem müssen die Merkmale einer stationären Behandlung erfüllt sein, und die medizinische und organisatorische Infrastruktur des Krankenhauses muss benötigt werden. Eine teilstationäre Krankenhausbehandlung kann eine vollstationäre ersetzen oder verkürzen. Der § 17 b KHG gibt eine Reihe von Vorgaben für das neue Vergütungssystem:

K 7 – Ermittlung des Abteilungspflegesatzes nach § 13 Abs. 2

Abteilung: besondere Einrichtung: Belegarzt:

Bezeichnung:

Nr.	Ermittlung des Pflegesatzes (§ 13 Abs. 2 und 4)	Vereinbarung für den laufenden Pflegesatzzeitraum	Pflegesatzzeitraum	
			Forderung	Vereinbarung [2]
	1	2	3	4
	Direkte Kosten für den Pflegesatz (K1–K3) [31]			
1	Ärztlicher Dienst [32]			
2	Pflegedienst			
3	Technischer Dienst [14]			
4	Medizinischer Bedarf			
5	Instandhaltung [20]			
6	Gebrauchsgüter [21]			
	Innerbetriebl. Leistungsverrechn. (K1–K3) [33]			
7	Intensiv [42]			
8	**OP und Anästhesie**			
9	Medizinische Inst.			
10	In der Psychiatrie: Sonstige*			
11	(gestrichen)			
12	**Kosten insgesamt**			
	Abzüge nach § 7 Abs. 2 für:			
13	./. vor- und nachstationäre Behandlung; 70 % [34]			
14	(aufgehoben)			
15	./. belegärztliche Leistungen			
16	./. wahlärztliche Leistungen			
17	./. sonstige ärztliche Leistungen			
18	pflegesatzfähige Kosten			
19	(gestrichen)			
20	(gestrichen)			
21	verbleibende pflegesatzfähige Kosten			
22	anteilige Ausgleichs- und Zuschläge von K 5, Nr. 20 [29] [42]			
23	./. Erlöse aus teilstat. Abteilungspflegesatz			
24	Budgetanteil vollstat. Abteilungspflegesatz			
25	: vollstationäre Berechnungstage [30] [42]			
26	= vollstationärer Abteilungspflegesatz			
	Nachrichtlich: 1. Pflegesatz ohne Ausgleich und Zuschläge [36] 2. Zu-/Abschlag nach ß 21 Abs. 2			

* In der Psychiatrie: Ausweis der direkt und indirekt zugeordneten Diplom-Psychologen, Ergo-, Bewegungstherapeuten und Sozialdienst

Abbildung 5.8-7: Kalkulationsschema für Abteilungspflegesätze (Quelle: Verordnung zur Regelung der Krankenhauspflegesätze [Bundespflegesatzverordnung – BPflV 2004] in der Fassung vom 14.11.2003, BGBl. I: 2190)

Nr.	Ermittlung des Pflegesatzes	Vereinbarung für den laufenden Pflegesatzzeitraum	Pflegesatzzeitraum	
			Forderung	Vereinbarung [2]
	1	2	3	4
1	Summe Kostenarten (K1–K3, Nr. 27, Sp. 2)			
	Abzüge nach § 7 Abs. 2 für:			
2	./. vor- und nachstationäre Behandlung; 30 % [26]			
3	(aufgehoben)			
4	./. sonstige nichtärztliche Wahlleistungen			
5	pflegesatzfähige Kosten			
6	(gestrichen)			
7	verbleibende pflegesatzfähige Kosten			
8	./. gesondert berechenbare Unterkunft [28]			
9	Budgetanteil ohne Ausgleich und Zuschläge			
10	anteilige Ausgleichs- u. Zuschläge (K5, Nr. 20) [29]			
11	Zuschlag nach § 18b KHG			
12	Budgetanteil Basispflegesatz			
13	./. Erlöse aus teilstationärem Basispflegesatz			
14	Budgetanteil vollstationär			
15	: vollstationäre Tage [30]			
16	= vollstationärer Basispflegesatz			
17	Nachrichtlich: 1. Pflegesatz ohne Ausgleich und Zuschläge			
18	2. Bezugsgröße Unterkunft (Nr. 7: Berechnungstage)			
19	3. Zu-/Abschlag nach § 21 Abs. 2			
	4. Tage mit gesondert berechenbarer Unterkunft			
20	– Einbettzimmer			
21	– Einbettzimmer bei Zweibettzimmer als allgemeine Krankenhausleistung			
22	– Zweibettzimmer			

Abbildung 5.8-8: Kalkulationsschema für den Basispflegesatz (Quelle: Verordnung zur Regelung der Krankenhauspflegesätze [Bundespflegesatzverordnung – BPflV 2004] in der Fassung vom 14. 11. 2003, BGBl. I: 2190)

- Die Vergütung hat je Behandlungsfall zu erfolgen und gilt für allgemeine voll- und teilstationäre Krankenhausleistungen.
- Das Vergütungssystem hat Komplexitäten und Komorbiditäten abzubilden, dabei soll der Differenzierungsgrad praktikabel bleiben.
- Es soll Zu- und Abschläge für die Notfallversorgung, die Sicherstellung der Versorgung von nicht kostendeckend finanzierbaren Leistungen mit geringem Versorgungsbedarf, Ausbildungskosten und Begleitpersonen geben.
- Fallgruppen und Bewertungsrelationen sind bundeseinheitlich festzulegen.
- Punktwerte können nach Regionen differenziert festgelegt werden.
- Das neue Vergütungssystem soll auf der Grundlage der Diagnosis Related Groups aufgebaut und bereits international eingesetzt sein.

Die Spitzenverbände der Krankenkassen und die Deutsche Krankenhausgesellschaft (DKG) hatten bis zum 30. 6. 2000 Zeit für die Auswahl und haben sich für die Australian Refined DRGs entschieden. Die **Australian Refined Diagnosis Related Groups** (AR.DRGs), die nach Einschätzung der Selbstverwaltungspartner das modernste DRG-System sind, bilden somit die Grundlage eines zukünftigen deutschen DRG-Systems. Sie werden der Krankenhausversorgung in Deutschland angepasst und als **German Refined Diagnosis Related Groups (GR-DRGs)** bezeichnet. Neben der Einigung über die Grundsätze der Kalkulation vereinbaren die Selbstverwaltungspartner, dass sich an die budgetneutrale Einführung des neuen Vergütungssystems im Jahre 2003 für den Zeitraum vom 1. 1. 2003 bis zum 31. 12. 2006 eine dreijährige Entwicklungs- und Konvergenzphase anschließen soll. Die Anzahl der voll- und teilstationär abrechenbaren Fallgruppen wurde zunächst auf maximal 800 DRGs festgelegt.

Die Vertragspartner einigten sich außerdem über zeitliche Fristen zur Schaffung der bis zur Einführung des neuen Vergütungssystems notwendigen Voraussetzungen. Hierzu zählen unter anderem die:

- Modifizierung der Konditionen des Vertrages zwischen der australischen Regierung und den Selbstverwaltungsparteien
- Übersetzung der Handbücher für die computergestützte Abrechnung und ergänzender systembeschreibender Materialien in die deutsche Sprache bis zum 30. 11. 2000
- Festlegung der Kodierregeln für die Dokumentation der diagnosen-, prozeduren- und sonstiger gruppierungsrelevanter Merkmale bis zum 30. 11. 2000
- Entwicklung eines bundesweit einheitlichen Kalkulationsschemas zur Ermittlung und Pflege der Relativgewichte
- Festlegung des Verfahrens zur jährlichen Ermittlung des bundeseinheitlichen Basisfallwertes, ggf. in regionaler Differenzierung jeweils bis zum 30. 9. des laufenden Jahres für das Folgejahr
- Festlegung der Regelungen der bundeseinheitlichen Zu- und Abschläge.

Die Ermittlung und Fortschreibung der Relativgewichte der Fallgruppen wurden auf der Basis bundesdeutscher Daten vorgenommen. Hierzu hatten die Selbstverwaltungspartner zur Auswahl der an der Kalkulation beteiligten Krankenhäuser eine repräsentative Stichprobe vereinbart. Die Datenerhebung erfolgte retrospektiv und bezog sich grundsätzlich auf ein abgeschlossenes Kalenderjahr. Für die im Jahre 2004 gültigen Relativgewichte wurden Daten des Jahres 2002 verwendet.

Auf nationaler und internationaler Ebene wird heute davon ausgegangen, dass durch eine Differenzierung der Behandlungsfälle der Output eines Krankenhauses mit Hilfe von Gruppierungssystemen am besten beschrieben werden kann. Die Frage ist jedoch, nach welchen Kriterien die Patienten am sinnvollsten klassifiziert werden sollen. Mit Hilfe eines **Patientenklassifikationssystems** (PKS) kann die Gesamtheit der Patienten in definierte Gruppen mit ähnlichen Behandlungskosten aufgeteilt werden. Bei der Bildung dieser **homogenen Fallgruppen** sind zwei unterschiedliche Sichtweisen in Einklang zu bringen. So geht die klinische Seite von den Behandlungszielen und den damit verbundenen

Problemstellungen aus. Patienten, die nach diesen Kriterien vergleichbar sind, werden zu homogenen Gruppen zusammengefasst. Das Ziel ist eine optimale Behandlung. Aus ökonomischer Sicht sind dagegen die Kosten der einzelnen Behandlungsfälle das ausschlaggebende Element für die Bildung von Gruppen.

Ein PKS dient nun dazu, eine Brücke zwischen den beiden Sichtweisen zu schlagen und einen gemeinsamen Nenner zu schaffen, auf den sich beide Seiten verständigen können. Es ist daher in der Lage, die Behandlungsfälle eines Krankenhauses sinnvoll zu benennen und zu strukturieren. Dabei ist es wichtig, PKS nicht mit Fallpauschalen oder sogar einem Entgeltsystem zu verwechseln.

Bei den **Klassifikationskriterien** lassen sich vier Blickrichtungen unterscheiden. Zum einen kann man Gruppen anhand des Zustandes des Patienten bilden. Hier werden der Patient selbst und seine Probleme beschrieben. Zu diesen Kriterien gehören beispielsweise die Diagnosen, das Alter und das Geschlecht. Außerdem lässt sich anhand der durchgeführten Behandlung eine Einteilung vornehmen. Als Indikatoren können die Art der Entlassung sowie die durchgeführten Prozeduren als Hinweise auf das Behandlungsverfahren herangezogen werden. Letzteres gilt vor allen Dingen bei chirurgischen Fällen. Alle genannten Kriterien sind im stationären Bereich verfügbar und werden in fast allen eingesetzten PKS' benutzt.

Die dritte Dimension ist die Einteilung anhand von Resultaten. Ausreißer könnten sich über ungewöhnlich hohe oder niedrige Verweildauern oder Kosten abbilden lassen. Die Qualität der Resultate könnte dadurch bestimmt werden, ob ein Patient noch einmal aufgenommen werden muss, weil die Behandlung noch nicht erfolgreich abgeschlossen war, oder in welchem Maße es während eines Behandlungsaufenthaltes zu Infektionen gekommen ist.

Die Dimension der Behandlungsziele wird nicht gegliedert, weil sie in der Praxis kaum spezifiziert und auch in der relevanten Literatur vernachlässigt wird.

Bereits 1981 wurde von der Europäischen Gemeinschaft ein Vorschlag für einen **Minimaldatensatz** (Minimum Basic Data Set) im stationären Krankenhausbereich gemacht. Dieser enthält Daten über die Person des Patienten, Verweildauer, Diagnosen und Prozeduren und krankenhausbezogenen Informationen. Die dort aufgeführten Punkte sind alle in den Datensätzen enthalten, die der deutsche Gesetzgeber von den Krankenhäusern fordert. Daten aus dem Pflegebereich, z.B. die internationale Klassifikation der Pflegepraxis (ICNP), werden weitestgehend vernachlässigt. Man geht davon aus, dass sie sich aus den ärztlichen Grunddaten ableiten lassen. Dies ist jedoch gar nicht bzw. nur bedingt umsetzbar, sodass in diesem Bereich großer Handlungsbedarf entstanden ist.

In **Abbildung 5.8-9** sind die oben genannten Dimensionen mit ihren jeweiligen Merkmalen aufgeführt. Aus den zur Verfügung stehenden vier Dimensionen mit ihren unterschiedlichen Ausprägungen sind nun die zu wählen, die für eine medizinische Einteilung der Behandlungsfälle von Bedeutung und dabei gleichzeitig auch für die kostenmäßige Betrachtung wichtig sind. Bei der Entwicklung von PKS war es ein wichtiges Ziel, die Krankenhausleistungen anhand von nur einer Dimension abzubilden, die in einem zweiten Schritt dann mit Produktpreisen versehen werden kann. Viele der heute eingesetzten PKSs haben eine solche eindimensionale Struktur. Aus der Dimension «Patientenzustand» ist besonders das Kriterium «Schweregrad» zu beachten.

Will man Patientengruppen anhand des *Schweregrades* ihrer Erkrankung klassifizieren, so ist es in der Regel nur möglich, diesen von den Haupt- und Nebendiagnosen abzuleiten. Eine Veränderung des Schweregrades im Verlauf der Krankheit kann aber nur zum Teil so erfasst werden. Im Verlauf der Erkrankung ändert sich allerdings das Risiko für den Patienten, zu sterben oder bleibende gesundheitliche Störungen zurückzubehalten. Diese Risiken, Mortalitäts- und Morbiditätsrisiko, können als die Schwere der Erkrankung berücksichtigt werden.

Multimorbidität ist ein weiterer Bestandteil des Schweregrades. Unter Multimorbidität versteht man, dass ein Behandlungsfall mehrere Krankheiten zugleich aufweist. Solche Fälle kön-

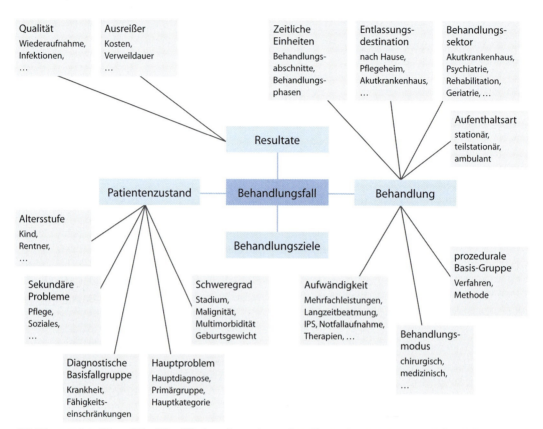

Abbildung 5.8-9: Wesentliche Klassifikationsdimensionen (Quelle: Fischer, W.; Diagnosis Related Groups und verwandte Patientenklassifikationssysteme; a.a.O., S. 27)

nen durch die Angabe aller Diagnosen abgebildet werden.

Ein weiterer Anhaltspunkt für den Schweregrad ist das Alter des Patienten. Dieser Aspekt ist besonders bei pädiatrischen Fällen zu beachten. In diesem Zusammenhang kann auch das Geburtsgewicht genannt werden, welches in Verbindung mit dem Alter in Tagen als Klassifikationsmerkmal verwendet werden kann. Darüber hinaus können bestimmte aufwändige Prozeduren als Indikator für eine außergewöhnlich aufwändige Behandlung gesehen werden. So ist z. B. ein Luftröhrenschnitt zur künstlichen Beatmung, eine so genannte temporäre Tracheostomie, oft mit einem Aufenthalt auf der Intensivstation verbunden.

Ein PKS kann die Grundlage für ein Vergütungssystem sein. Dazu ordnet es Behandlungsfälle in medizinisch vergleichbare Gruppen mit einem ähnlichen Bedarf an Leistungen. Um diese homogenen Gruppen zu bilden, müssen aus der großen Anzahl von Patientenmerkmalen diejenigen isoliert werden, die zugleich klinisch relevant sind und darüber hinaus Einfluss auf die Kosten des Falles haben.

Unter **Homogenität** versteht man die Fähigkeit von PKSs, möglichst gleichartige Behandlungsfälle zu Gruppen zusammenzufassen, die sich dann so gut wie möglich von Fällen außerhalb der Kategorie unterscheiden. Je besser dies gelingt, umso besser ist die Homogenität der Behandlungsfallgruppe. Da PKSs die verschiedenen Ansprüche, z. B. der Ärzte auf der einen Seite und die der Kostenträger auf der anderen Seite, in Einklang zu bringen versuchen, sind auch hier zwei Arten von Homogenität zu unterscheiden.

Bei einer medizinischen Homogenität ist es wichtig, dass Ärzte und Pflegekräfte anhand der Behandlungsfallgruppe ein bestimmtes Krankheitsbild und idealerweise eine typische Behandlung ableiten können. In der Praxis wird von ärztlicher Seite oft bemängelt, dass die Gruppen in den etablierten PKSs zu undifferenziert sind. Dies ist ein Hinweis auf mangelnde medizinische Homogenität. Je mehr Gruppen ein PKS aufweist, desto spezifischer und homogener werden diese sein. Hierbei besteht jedoch die Gefahr, dass es zu einer schwierig zu bewältigenden Anzahl von Gruppen kommt. Aus diesem Grunde müssen Fälle zusammengefasst werden. In der Literatur findet sich der in **Tabelle 5.8-6** wiedergegebene Vorschlag für eine sinnvolle Aufteilung.

Nicht nur die Forderung nach einer möglichst genauen Abbildung des medizinischen Spektrums, sondern auch die kostenmäßige Homogenität muss beachtet werden. Behandlungsfälle mit ähnlichen Kosten sollen zu Gruppen zusammengefasst werden. Dabei ist darauf zu achten, dass sich die Sollkosten innerhalb einer Gruppe nicht zu stark voneinander unterscheiden. Um die Homogenität einer Gruppe zu messen, sind zwei statistische Verfahren aus dem Bereich der Streuungsmaße gebräuchlich. Mit Hilfe der Varianzreduktion wird die Streuung der Werte innerhalb einer Gruppe untersucht. Einige DRG-Systeme erreichen Varianzreduktionen von 50 %. Dies wird momentan als ausreichend betrachtet, obwohl es aus statistischer Sicht ungenügend ist. Frühe PKSs konnten nur Werte von 20 bis maximal 30 % erreichen.

Bei der Verwendung von PKSs wird in der Regel jeder homogenen Behandlungsfallgruppe ein **Kostengewicht** zugeordnet. Kostengewichte sollen die durchschnittliche Aufwändigkeit einer Behandlung widerspiegeln und werden gewöhnlich als relative Punktwerte (Relativgewichte) angegeben. Das mittlere Gewicht über alle Fälle wird üblicherweise auf 1,0 festgesetzt. Kostengewichte sind zwar nicht zwangsläufig mit einem PKS verbunden, können aber in vielfältiger Weise verwendet werden. Sie können zur Aufteilung von Budgets, sowohl in einer Region als auch in einem einzelnen Krankenhaus, dienen. Man kann sie zum Leistungsausweis einer Einrichtung oder zur Wirtschaftlichkeitsbeurteilung nutzen, indem man die Kostengewichte, die ja die Sollkosten wiedergeben sollen, den Istkosten der Kostenrechnung gegenüberstellt. Wird das PKS als Instrument zur Vergütung benutzt, so können in den Entgelten die unterschiedlichen Tarifhöhen der jeweiligen Region berücksichtigt werden, indem unterschiedliche Kostengewichte berechnet werden. Für deren Berechnung stehen mehrere Möglichkeiten zur Verfügung. Sie können im Voraus kalkuliert werden, wenn die Behandlungspfade bekannt sind. Das amerikanische Fallklassifikationssystem der Patient Management Categories (PMCs) nutzt diese Vorgehensweise. Die Gruppen werden ausschließlich anhand typischer Behandlungswege im Krankenhaus gebildet. Die Kostengewichte der ersten DRGs wurden auf Grund von durchschnittlichen Verweildauern berechnet. Dieses Verfahren wurde bis vor kurzem auch für die englischen Healthcare Resource Groups verwendet. Eine weitere Möglichkeit ist die Nachkalkulation in Modellkrankenhäusern. Dieser Weg wurde für die deutschen Fallpauschalen und Sonderentgelte gewählt. Das amerikanische Verfahren berechnet aus einer großen Anzahl von Einzelleistungsabrechnun-

Tabelle 5.8-6: Vorschlag für die Anzahl von Behandlungsfallgruppen pro Fachabteilung (Quelle: Fischer, W., Diagnose Related Groups (DRGs) im Vergleich zu den Patientenklassifikationssystemen von Österreich und Deutschland; Wolfertswil, 1999, S. 90)

Behandlungsfallgruppen pro Fachabteilung	Bewertung
0 bis 19	> zu undifferenziert
20 bis 30	> gut
31 bis 50	> ausreichend
50 und mehr	> nicht mehr zu überblicken

gen Durchschnittsbeträge, die dann gewichtet werden. Letztlich könnte man auch die Kostengewichte eines international bereits eingesetzten Systems übernehmen und den deutschen Verhältnissen anpassen. Dies ist aber problematisch, da in verschiedenen Ländern oft unterschiedliche Kosten gewichtet werden. In Amerika sind beispielsweise die Arztkosten nicht enthalten, da dort das Belegarztsystem vorherrscht und deren Leistungen separat vergütet werden. Daraus wird auch deutlich, dass ein internationaler Vergleich von Gesundheitsleistungen anhand der Kostengewichte nur schlecht möglich ist.

Die Festlegung der Kostengewichte muss mit großer Sorgfalt erfolgen, da es sonst zu unerwünschten Anreizen kommen kann. Werden z. B. die Kostengewichte für stationäre Behandlungen zu hoch angesetzt, führt dies zu einer Erhöhung der Fallzahlen, die mit einer Umschichtung der Fälle vom ambulanten in den stationären Bereich einhergehen kann.

Der durchschnittliche Ressourcenverbrauch einer Behandlungsfallgruppe soll sich also im jeweiligen Kostengewicht widerspiegeln. Gewichtet und summiert man alle Behandlungsfälle einer Periode, so erhält man den so genannten Case Mix:

Case Mix = Summe der Kostengewichte aller Behandlungsfälle.

Wird von diesem Wert der Durchschnitt berechnet, ergibt sich der durchschnittliche Aufwand der Fälle. Das durchschnittliche Kostengewicht pro Behandlungsfall wird Case-Mix-Index genannt:

Case-Mix-Index = Summe der Kostengewichte aller Behandlungsfälle : Anzahl der Behandlungsfälle.

Der Case-Mix-Index gibt Aufschluss darüber, wie hoch der durchschnittliche Ressourcenverbrauch der behandelten Fälle war. Der Index kann sowohl für ein Land, eine Region oder ein einzelnes Krankenhaus ermittelt werden. In den USA werden die Kostengewichte mit dem mittleren Fallpreis pro DRG multipliziert, um so den Rechnungsbetrag zu erhalten. Diese *base-rate* errechnet sich aus den mittleren Rechnungsbeträgen pro Fallgruppe auf der Basis einer Einzelleistungsabrechnung. In Deutschland ist vorgesehen, dass die Vertragsparteien die Höhe des durchschnittlichen Basisfallwertes ggf. in regionaler Differenzierung bis zum 30. 9. des laufenden Jahres für das Folgejahr vereinbaren. Die Details werden in einer gesonderten Vereinbarung festgelegt.

Es kann vorkommen, dass Behandlungsfälle viel mehr Kosten verursachen oder eine längere Verweildauer aufweisen als ihre Gruppenzuteilung berücksichtigt. Solche so genannten Ausreißer können durch eine unwirtschaftliche Leistungserstellung entstehen oder auf eine nicht homogene Zusammenstellung der Fallgruppe zurückzuführen sein. Damit solche Fälle nicht mit einem zu niedrigen Entgelt vergütet werden, sind in den meisten PKSs Grenzwerte definiert. Liegt ein Behandlungsfall außerhalb der Vorgaben, so kann er gesondert vergütet werden. Es ist beispielsweise sinnvoll, obere und untere Grenzen für Verweildauern festzulegen. Die obere Grenze sorgt dafür, dass das Krankenhaus auch für aufwändigere Behandlungen ein angemessenes Entgelt erhält. Die untere Grenze kann sicherstellen, dass Patienten nicht zu früh entlassen werden, um einen Erlös zu erzielen, der für eine höhere Verweildauer berechnet war. Hierbei handelt es sich aber, genau wie bei den Kostengewichten, nicht um ein Kernelement von PKSs. Sie können individuell für das gewählte PKS bestimmt werden.

Die Klassifikation von Behandlungsfällen nach der Art und Weise der DRGs wurde Ende der sechziger Jahre des vergangenen Jahrhunderts an der Yale Universität im US-Bundesstaat Connecticut entwickelt. Ursprüngliche Zielrichtung war es, ein Instrument zur Qualitätskontrolle und Qualitätssicherung in der Krankenhausversorgung zu haben. Ab 1983 wurde das System dann von der staatlichen Medicare-Versicherung, die für Rentner und ältere Menschen aufkommt, für die Vergütung von stationären Behandlungsfällen verwendet. Diese Versicherung wird von der **Health Care Financing Administration** (HCFA) des amerikanischen Gesundheitsministeriums betrieben. Es entstanden die HCFA-DRGs. Dies war eine Reaktion auf die politische Forderung nach einer Kostensenkung im Gesundheitswesen. Da das Selbstkostendeckungsprinzip für die Ausgabensteigerung verantwortlich gemacht wurde, wurde mit den DRGs ein prospektives Vergütungssystem eingeführt. Die Abrechnungseinheit war jetzt der Behandlungsfall. Man ging davon aus, dass die Zahl und die Struktur der Fälle für ein Krankenhaus weniger zu beeinflussen sind als die Zahl der Einzelleistungen und die Verweildauer. Das von der Medicare eingesetzte Fallklassifikationssystem sollte in der Abgrenzung der Fälle sowohl den medizinischen als auch den ökonomischen Ansprüchen gerecht werden. Man ging davon aus, dass die Verweildauer eine ausreichende Grundlage ist, um auf statistischem Weg die Ressourcenintensität der verschiedenen Behandlungsfälle zu ermitteln. Die so ermittelten Gruppen wurden dann von Ärzten auf ihre medizinische und klinische Zweckmäßigkeit hin überprüft. In vielen Fällen wurden zu Gunsten der medizinischen Homogenität die Ansprüche an die statistische Homogenität zurückgenommen. Für die Klassifizierung wurden folgende Kriterien verwendet:

- die Hauptdiagnose
- weitere Diagnosen zur Abbildung von Multimorbidität oder Komplikationen
- die Behandlungsart (operativ: ja/nein)
- das Alter des Patienten (in der Abstufung 0, 18 und 69 Jahre)
- das Geschlecht des Patienten
- der Entlassungsstatus (überwiesen, verstorben, geheilt).

In der aktuellen 17. Version der HCFA-DRGs gibt es 499 Behandlungsgruppen. Dies ist im Gegensatz zur ersten Version mit 470 Gruppen nur ein geringer Anstieg.

Diese erste Generation von DRGs wies aber noch eine Reihe von Unzulänglichkeiten auf, sodass Mitte der achtziger Jahre im Staate New York beschlossen wurde, das System weiterzuentwickeln. Es sollte für alle stationären Patienten und nicht nur auf die Medicare-Versicherten anwendbar sein. Die **All Patient DRGs** (AP-DRGs) wurden im Auftrag des New York State Department of Health von der Firma 3M Health Information Systems entwickelt und zu Beginn des Jahres 1988 eingeführt. Gegenüber den HCFA-DRGs gab es eine Reihe von Veränderungen. Es wurden neue Gruppen für pädiatrische Fälle bzw. für Fälle mit Neugeborenen gebildet. Zur Klassifizierung werden zusätzliche Geburtsgewichtsklassen und ggf. Informationen über eine Beatmung benötigt. Darüber hinaus wurden neue DRGs für HIV- und Polytrauma-Patienten gebildet. Multimorbidität und Komplikationen sollten besser als bisher abgebildet werden. Daher wurden für besonders schwer wiegende Begleiterkrankungen so genannte Major CCs definiert. CC steht dabei für *comorbidity and complications*. Für diese wurden eigene DRGs geschaffen, da bestimmte schwer wiegende CCs zu einer ungewöhnlich aufwändigen Behandlung führen können, die den Aufwand der Grunderkrankung bei weitem übertrifft. Diese Fälle würden sonst nicht leistungsgerecht abgebildet und erfordern so eine eigenständige Bewertung. Das AP-DRG-System beinhaltet in seiner derzeitigen Version 641 DRGs.

Das Problem der möglichst exakten Berücksichtigung der Multimorbidität und der Komplikationen veranlasste die HCFA dazu, ihre DRGs von der Yale Universität weiterentwickeln zu lassen. Die ursprünglichen DRGs wurden in unterschiedliche Komplexitätsunterklassen aufgeteilt. Diese werden auch als Schweregrad bezeichnet. Die DRGs im operativen Bereich wurden vierfach, die konservativen in drei Komplexitätsklassen unterteilt. Auch die Firma 3M überarbeitete ihre AP-DRGs in dieser Richtung. Diese neue Generation der «refined DRGs» soll im Folgenden an den APR-DRGs, den **All Patient Refined DRGs** von 3M dargestellt werden, da diese wiederum für alle Patienten und nicht nur für die Medicare-Versicherten anwendbar sind. In einem ersten Schritt wurden die verschiedenen AP-DRGs auf Grund neuer Daten aus dem Bereich der pädiatrischen Krankheitsklassen überarbeitet. Im Anschluss daran wurden alle MDCs nach den beiden Dimensionen «Komplexität/Multimorbidität» und «Mortalitätsrisiko» unterteilt. Anhand der angegebenen Nebendiagnosen werden vier Komplexitätsunterklassen unterschieden (**Tab. 5.8-7**).

Tabelle 5.8-7: Komplexitätsklassen von Refined-DRG-Systemen (Quelle: in Anlehnung an Mansky, Th.; Bewertung von Krankenhausleistungen mit Hilfe von Fallgruppensystemen: Neuere Entwicklungstendenzen: a. a. O., S. 224; in Verbindung mit: Lauterbach, K.; Lüngen, M.; DRG-Fallpauschalen: eine Einführung – Anforderungen an die Adaption von Diagnosis Related Groups in Deutschland; Köln, 2000, S. 15)

Komplexitätsklassen	Bezeichnung
1	> keine oder leichte Begleiterkrankung (minor CC)
2	> signifikante Begleiterkrankungen (moderate CC)
3	> schwere Begleiterkrankung (major CC)
4	> schwer wiegende Begleiterkrankung (extreme CC)

Da in den USA eine große Anzahl von empirischen Daten aus dem Gesundheitswesen vorliegt, konnte eine umfangreiche Liste von Komplikationen aufgestellt werden. Darüber hinaus wurde festgelegt, ob und wann das Zusammentreffen von mehreren leichten Komplikationen zu einer Hochstufung des Komplexitätsgrades des Behandlungsfalles führt. Damit gehört das APR-DRG-System von 3M zu den fortschrittlichsten Systemen in Bezug auf die Berücksichtigung von multimorbiden Zuständen bei der Bewertung von Krankenhausleistungen. Die zweite Dimension beinhaltet die Aufteilung nach dem Mortalitätsrisiko. Durch die amtlichen Mortalitätsstatistiken in den USA ist es in Verbindung mit den Falldaten aus den Krankenhäusern möglich, die Mortalität der Patienten nach deren Entlassung zu ermitteln. Es kann z. B. eine so genannte 30-Tage-Mortalität ermittelt werden, etwa bei Patienten, die wegen eines Herzinfarktes im Krankenhaus behandelt wurden. Diese Information kann Auskunft über die Qualität der Krankenhausbehandlung geben. Die APR-DRGs werden, unabhängig von den Komplexitätsklassen, in vier Mortalitätsrisikoklassen eingeteilt. Jedem Patienten kann auf Grund seiner Einstufung ein Mortalitätsrisiko zugeteilt werden. Die Unterteilung ist unabhängig von der Einteilung in Komplexitätsklassen, die klassisch die Patienten nach Ressourcenverbrauch einteilen.

Das APR-DRG-System von 3M umfasst in der Version von 1998 insgesamt 1422 Behandlungsfallgruppen. Ein Vertreter der vierten Generation von DRG-Systemen sind die **International All-Patient DRGs,** die ebenfalls von 3M entwickelt werden. Über diese neuen DRGs liegen erst wenige Informationen vor. Grundlage sind die firmeneigenen APR-DRGs. Bei der Berücksichtigung der Fallschwere werden hier nur drei Unterscheidungen getroffen. Die Klassen 3 und 4 werden zusammengefasst. Die Zuordnung der Fallschwere erfolgt, anders als bei den Systemen der dritten Generation, ausschließlich über die schwerste vorliegende Nebenerkrankung. Das Verfahren wird mit diesen Veränderungen zwar wesentlich vereinfacht, aber es wird befürchtet, dass das System dadurch gegenüber Manipulationen anfälliger wird.

Ein weiteres DRG-System der vierten Generation sind die **Australian Refined DRGs** (AR-DRGs). Sie werden später ausführlich erläutert.

Um einen besseren Überblick über die verschiedenen Systeme und ihre Herkunft zu haben, folgt in **Abbildung 5.8-10** ein Stammbaum, der die hier besprochenen beinhaltet.

Die DRGs sind das heute weltweit am meisten verbreitete PKS. Sie werden z. B. in den USA, Skandinavien, Frankreich, Großbritannien und Australien eingesetzt. Ziel dieser Systeme ist es, alle stationären Behandlungsfälle nach medizinischen Kriterien in Gruppen mit ähnlichen Kosten zusammenzufassen. Basis sind routinemäßig erhobene Daten, wie etwa Alter, Geschlecht, Austrittsart und eventuell das Geburtsgewicht. DRGs beziehen sich aber in erster Linie auf die erste angegebene Diagnose. Hierbei wird unter einer **Hauptdiagnose** derjenige Zustand des Patienten verstanden, der am Ende der Gesundheitsbetreuung als Diagnose feststeht und der Hauptanlass für die Behandlung und Untersuchung des Patienten war. Wird mehr als ein Zustand aufgeführt, ist derjenige auszuwählen, der den größten Aufwand an Mitteln erfordert.

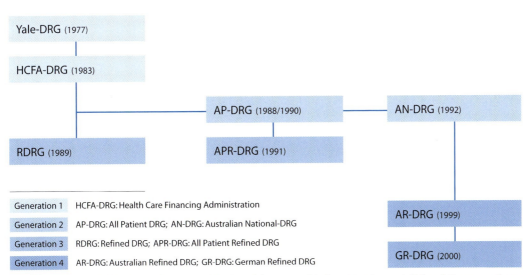

Abbildung 5.8-10: DRG-Stammbaum (Quelle: in Anlehnung an Fischer, W.; Diagnosis Related Groups und verwandte Patientenklassifikationssysteme: a.a.O., S. 46, in Verbindung mit Roeder, N., Rochell, B. u.a.; Empirischer Vergleich von Patientenklassifikationssystemen auf der Grundlage von Diagnosis Related Groups (DRG) in der Herzchirurgie; online im Internet: http://www.dkgev.de [Stand 5.5.2000])

Erfolgt keine Diagnosestellung, dann ist das Hauptsymptom, der schwerstwiegende abnorme Befund oder die schwerstwiegende Gesundheitsstörung als Hauptdiagnose auszuwählen.

Bei chirurgischen Behandlungsfällen werden die Gruppen durch die wichtigste Prozedur bestimmt. Liegt ein Fall mit mehreren Prozeduren vor, so bestimmt ein Gruppierungsprogramm, welche Prozedur als wichtigste zu gelten hat. Diese Programme, die auch alle anderen Daten des Behandlungsfalles verarbeiten, um ihn einer Gruppe zu zuordnen werden **Grouper** genannt. Anhand ausgewählter Diagnosen können die Grouper auch die Multimorbidität für einen Behandlung bestimmen, die ja Hinweis auf den Schweregrad ist. Pro Behandlungsfall wird ein Gesamtkostengewicht generiert, und jeder Behandlungsfall wird nur genau einer Behandlungsfallgruppe zugeordnet. DRG-Systeme sind also eindimensional. Setzt man sie als Vergütungssystem ein, so heißt dies, dass pro Krankenhausaufenthalt nur eine Pauschale abgerechnet werden kann. In einem solchen System ist es nicht möglich, Entgelte für Zusatzleistungen zu erwirtschaften. Einerseits erwartet man, dass sich hieraus ein Anreiz zur Kostenersparnis ergibt, etwa durch das Senken von Verweildauern und vermehrte ambulante und teilstationäre Versorgung. Andererseits dürfen die vereinbarten Entgelte nicht zu stark von durchschnittlichen Kosten für eine Behandlung abweichen, um die Leistungserbringer wirtschaftlich nicht zu gefährden.

Eine weitere Eigenart von DRG-Systemen ist die Möglichkeit, gruppierte Fälle zu **Basisfallgruppen** zusammenzufassen, in denen es noch keine Unterteilung nach eventuellen Begleiterkrankungen oder Altersstufen gibt. Besondere Indikatoren führen zu einer getrennten Klassifizierung von Fällen. Dabei handelt es sich um schlecht kalkulierbare und aufwändige Behandlungen. Neben den schon erwähnten Tracheostomien und den IPS-Aufenthalten können noch Transplantationen und Polytraumata bzw. HIV-Patienten hinzugezählt werden. Um Neugeborene zu klassifizieren, wird in DRG-Systemen das Alter in Tagen und bei Bedarf zusätzlich noch das Geburtsgewicht angegeben. Eine weitere Ähnlichkeit unter den verschiedenen DRG-Systemen ist die Liste der diagnostischen Hauptkategorien, die **Major Diagnostic Categories**

(MDCs). Sie umfasst in ihrer Grundform 23, meist organgebietsbezogene Gruppen. Ausnahmefälle und solche, die nicht einzuordnen sind, sind bereits berücksichtigt.

In unterschiedlichen Systemen wurde diese Liste den jeweiligen Bedürfnissen angepasst. Allgemein hat man sie um die Gruppen HIV-Infektion und Polytrauma erweitert. Die Handhabung ist allerdings unterschiedlich, in einigen Systemen wurden sie in die Liste integriert, in anderen einfach angehängt.

Die MDCs stellen in der Regel den Einstieg in einen Entscheidungsbaum da, der bei DRG-Systemen eine typische Struktur aufweist. Nach dem Festlegen der Hauptdiagnose erfolgt die nächste Aufteilung nach dem Kriterium, ob eine Operation (OP) durchgeführt wird oder nicht. Ist dies nicht der Fall, erfolgt die weitere Einteilung anhand der Hauptdiagnose. Hier könnte man u. a. nach spezifischen organbezogenen Diagnosen, bestimmten Symptomen oder Neubildungen unterscheiden. Fälle, die sich in keine Gruppe einordnen lassen, können unter der Bezeichnung «Sonstige» oder «Übrige» zusammengefasst werden. Innerhalb der Gruppen kann jetzt noch nach Alter und dem Vorliegen von Komplikationen und Begleiterkrankungen unterteilt werden, um so zu einer DRG zu kommen. Diese kann dann, unter anderen, dazu verwandt werden, dem Behandlungsfall ein Entgelt zuzuordnen. Wird ein chirurgischer Eingriff vorgenommen, so lassen sich die entsprechenden Behandlungsfälle danach weiter untergliedern, ob es ein Eingriff ist, der in Zusammenhang mit der Hauptdiagnose steht oder nicht und ob es sich um eine OP mit einem größeren oder eher kleineren Aufwand handelt. Die weitere Unterteilung entspricht der oben genannten. Die typische DRG-Struktur ist **Abbildung 5.8-11** zu entnehmen.

Im Jahre 1991 leitete das australische Gesundheitsministerium die Entwicklung und die Einführung eines eigenen DRG-Systems ein, indem es das **Australian Casemix Clinical Committee** (ACCC) gründete. Diese Einrichtung war auch für die Ermittlung der Kostengewichte zuständig und wurde durch das **Casemix Applications and Developement Advisory Committee** (CADAC) technisch unterstützt. In Zusammenarbeit mit der amerikanischen Firma 3M wurde auf der Grundlage der 3M-eigenen APR-DRGs die erste Version der AN-DRGs entwickelt. Die AN-DRGs verfügten zu Beginn über 527 Behandlungsfallgruppen. Die aktuellste Version stammt aus dem Jahr 1996 und beinhaltet 667 abrechenbare Gruppen.

Ab 1995 wurden die AN-DRGs mit Hilfe von Praktikern aus dem klinischen Alltag wesentlich überarbeitet. Ziel war es, das PKS an neue Entwicklungen in der Medizin und im Bereich der Diagnose- und Prozedurverschlüsselung anzupassen. Darüber hinaus sollte die Homogenität sowohl im medizinischen, als auch im ökonomischen Bereich verbessert werden. Als Ergebnis dieser Bemühungen wurden Mitte 1998 die AR-DRGs in der Version 4.0 eingeführt. Am Anfang der Entwicklung stand eine klinische Untersuchung der AN-DRGs durch das ACCC. Unterstützt durch klinische Spezialisten aller Disziplinen wurden Vorschläge zur Überarbeitung der Fallzuordnung und zur Erweiterung und Anpassung der AN-DRGs gemacht. Diese Empfehlungen wurden dann anhand von statistischen Leitlinien durch das CADAC überprüft. Zu den Anforderungen aus diesen Leitlinien gehört beispielsweise die Forderung, dass eine Fallgruppe mindestens 250 Fälle enthalten muss. Sollte eine bereits bestehende Behandlungsfallgruppe aufgeteilt werden, so sollen in jeder neuen Gruppe mindestens 10 % der Fälle der ursprünglichen zu finden sein. Der Ressourcenverbrauch der Fälle wurde über die durchschnittliche Verweildauer ermittelt, Basis hierfür waren die Daten der Krankenhäuser aus den Jahren 1994 und 1995. Die Anzahl der Fallgruppen wurde nur geringfügig von 667 auf 661 verringert, das Vorgehen zur Ermittlung des Schweregrades wurde dagegen vollkommen neu gestaltet. Die Einteilung der medizinischen Schweregrade wurde nach einer klinischen und statistischen Analyse neu definiert. Der Algorithmus zur Ermittlung des patientenindividuellen Schweregrades wurde ganz neu entwickelt. Darüber hinaus wurden noch einige andere Änderungen durchgeführt. Dazu gehört unter anderem, dass einige Fallgruppendefinitionen anhand des Schweregrades und nicht

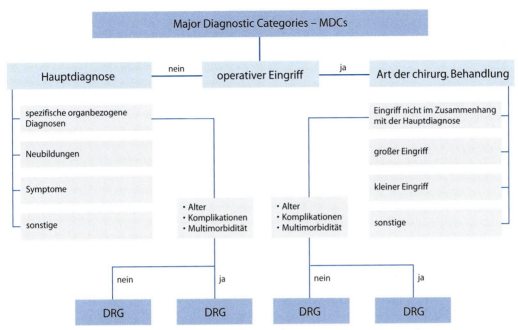

Abbildung 5.8-11: Typische DRG-Struktur (Quelle: in Anlehnung an Neubauer, G.; Von der Leistung zum Entgelt – Neue Ansätze zur Vergütung von Krankenhäusern; Stuttgart, 1989, S. 82)

mehr, wie bisher, über das Alter des Patienten bestimmt wurden. Die Altersgrenze für pädiatrische Fälle wurde in der Regel von 10 auf 3 Jahre gesenkt, und die Schweregradzuordnung der Diagnosen bei Neugeborenen wurde wesentlich verändert. Darüber hinaus wurden einige Hauptkategorien restrukturiert, und das Klassifikationskriterium «Geplante-Ein-Tages-Behandlung» wurde durch «Ein-Tages-Behandlung» ersetzt.

Zur selben Zeit wie die AR-DRGs wurde in Australien eine Modifikation der «ICD-10 Diagnose- und Prozedurenkodierung» eingeführt. Die aktuelle Version 4.1 der AR-DRGs verschlüsselt daher auch nach ICD-10-AM (ICD-10-Australian Modification) und nicht wie der Vorgänger nach ICD-9-AM. Der Gruppierungsprozess und die Anzahl der Fallgruppen sind aber in beiden Versionen identisch. In Australien sind zwischenzeitlich höhere Versionen eingeführt worden. Die fünfte Version ist Ende 2002 erschienen. Nach australischer Einschätzung hat sich die Selbstverwaltung in Deutschland aber trotzdem nicht für ein veraltetes System entschieden, da in den Versionen 4.2 und 4.3 keine neuen DRGs aufgenommen werden sollen; weiterhin wird es keine Veränderungen in der Schweregradeinteilung geben.

Die Mitglieder der Selbstverwaltung haben sich am 27. 6. 2000 auf ein PKS-System im Sinne des § 17b KHG geeinigt und sich für die AN-DRGs entschieden. In der engeren Auswahl stand noch eine Reihe von anderen, international bereits eingesetzten Systemen, wie die HCFA-DRGs und AP-DRGs aus den USA, die so genannten Nord-DRGs der skandinavischen Länder Schweden, Norwegen, Dänemark, Finnland und Island und die Groupes homogènes de malades aus Frankreich.

Der grundlegende **Aufbau der AR-DRGs** in der Version 4.1 ist typisch für ein DRG-System. Ziel ist es auch hier, Behandlungsfälle mit einem ähnlichen Ressourcenverbrauch anhand medizinischer Kriterien einer gemeinsamen Fallgruppe zuzuordnen und mit einem Kostengewicht zu verbinden, welches den durchschnittlichen Kostenaufwand aller Fälle dieser Gruppe widerspiegelt. Die ökonomische Homogenität hat dabei

Vorrang vor der medizinischen. Die Zuordnung der Fälle ist immer eindeutig, gleichartig kodierte Fälle werden immer derselben DRG zugeordnet. Es handelt sich um ein eindimensionales PKS. Das heißt, jeder Behandlung wird genau eine DRG zugeordnet. Es ist hier nicht möglich, zusätzliche Leistungen abzurechnen, wie es im noch aktuellen Fallpauschalen- und Sonderentgeltsystem der Fall ist. Die vom System benötigten Informationen für den Gruppierungsprozess sind schon fast vollständig im **Datensatz** nach § 301 SGB V enthalten:

- Haupt- und Nebendiagnosen (laut ICD-10-AM, Band 1)
- Haupt- und Nebenleistungen (laut ICD-10-AM, Band 2)
- Alter
- Geschlecht
- Geburts- bzw. Aufnahmegewicht
- Verweildauer
- Entlassungsart.

Neu hinzugekommen sind:

- Tagesfallstatus
- Beatmungsstundenzahl
- Status der psychiatrischen Zwangseinweisung.

Mit Hilfe dieser Informationen werden den Behandlungsfällen abrechenbare DRGs zugeordnet. Gleich zu Beginn werden die Fälle ausgesondert, die falsch kodiert sind oder auf Grund ihres besonderen Aufwandes aus dem Rahmen fallen. Die sieben so genannten **Error-DRGs** beinhalten Tatbestände wie ungruppierbare oder falsch gruppierte Fälle oder Prozeduren, die nicht zu der angegebenen Hauptdiagnose passen. Unter den neun **Pre MDCs** findet man Fälle, die durch besonders kostenintensive Prozeduren gekennzeichnet sind, wie etwa Organtransplantationen. In der Regel werden die Fälle aber auf Grund ihrer Hauptdiagnose einer von 25 MDCs zugeteilt. Die einzelnen **MDCs** werden statt nach Zahlen anhand von Buchstaben benannt. Bei den australischen MDCs ist darüber hinaus zu beachten, dass die Liste der MDCs teilweise geändert wurde. So wurde z. B. die Kategorie «infektiöse und parasitäre Erkrankungen» aufgeteilt, sodass die Infektion mit HIV in einer eigenen MDC berücksichtigt wird. Die Ebene der MDCs wird noch weiter unterteilt. So werden *drei Partitionen* unterschieden. Die chirurgische Partition enthält die Fälle, bei denen ein operativer Eingriff unter Nutzung des Operationssaales erbracht wurde. Voraussetzung für diese Einteilung ist, dass der Eingriff zur Hauptdiagnose passt. MDCs, bei denen eine solche Unterteilung vorliegt, haben in der Spalte «Sub-MDCs» den Buchstaben «S» für das englische Wort *surgical*. Die Abkürzung «O» für *others* steht für die Partition «Sonstige». Hier werden Fälle gruppiert, bei denen ein diagnostischer oder therapeutischer Eingriff stattgefunden hat, der aber nicht an die Nutzung eines Operationssaales gebunden ist. Ein Beispiel wäre eine endoskopische Untersuchung. Diese Partition ist einzigartig unter den DRG-Systemen, bei denen therapeutische und diagnostische Maßnahmen nur eine untergeordnete Rolle spielen. Die dritte Gruppe ist mit dem Buchstaben «M» gekennzeichnet für das englische *medical*. Diese Behandlungsfälle wurden konservativ behandelt, bzw. es hat keine Prozedur stattgefunden, die gruppierungsrelevant wäre.

Nach der Aufteilung in eine der hier beschriebenen Klassen werden die Fälle einer **Basis-DRG** zugeordnet. Im AR-DRG-System werden sie Adjacent-DRGs genannt. Vergleichbare Fälle werden in der Regel anhand ihrer Hauptdiagnose und/oder eines Eingriffes einer Basis-DRG zugeordnet. Als weitere Gruppierungskriterien könnten zum Beispiel das Alter oder das Geburtsgewicht eine Rolle spielen. Im nächsten Bearbeitungsschritt wird für jeden Fall der individuelle Schweregrad berechnet. Pro Adjacent-DRG ist die Aufteilung in fünf Schweregrade möglich, diese werden aber nicht direkt in abrechenbare DRGs umgesetzt, sondern in ein bis drei DRGs zusammengefasst. Dies geschieht in erster Linie nach ökonomischen Gesichtspunkten, also anhand des Ressourcenverbrauchs und anderer Kriterien, wie etwa dem Alter. **Abbildung 5.8-12** zeigt den AR-Algorithmus in einer schematischen Darstellung.

Das AR-DRG-System kann neun verschiedene Sondertatbestände darstellen und verfügt

5.8 Krankenhausfinanzwirtschaft

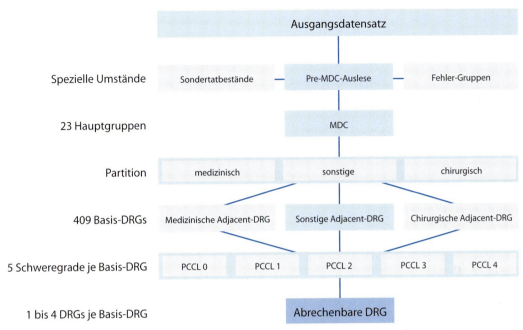

Abbildung 5.8-12: AR-DRG-Gruppierungsschema (Quelle: in Anlehnung an Rochell, B., Roeder, N.; Import aus Übersee – Die Selbstverwaltung entscheidet sich für ein modernes Patientenklassifikationssystem aus Australien; Krankenhaus Umschau, 92. Jg., Heft 8, 658, 2000)

über sieben Fehlergruppen. Die 23 MDCs sind in zwei Fällen nochmals unterteilt. Es gibt insgesamt 409 Adjacent-DRGs, aus denen das System 661 effektiv abrechenbare DRGs macht. Damit gehört das australische System zu den mittelgradig differenzierten DRG-Systemen. Die Zahl der abrechenbaren Fälle bleibt aus ökonomischer Sicht also überschaubar. Das australische System wird aber auch der Forderung von medizinischer Seite nach einer möglichst differenzierten Fallabbildung gerecht. In Verbindung mit den fünf verschiedenen Schweregraden lassen sich mit den 409 Basis-DRGs über 2000 Schweregradgruppen darstellen. Unter den 661 AR-DRGs sind zwölf für Tagesfälle vorgesehen, und es gibt 112 DRGs mit einer Aufteilung gemäß dem Alter. Davon sind 13 für pädiatrische Fälle, bei denen es unterschiedliche Altersstufen zwischen einem und 16 Jahren gibt. Zusätzlich gibt es eigene Fallgruppen für Neugeborene. Darüber hinaus gibt es 72 geriatrische Fallgruppen, die sich in Altersstufen zwischen 60 und 80 Jahren unterscheiden.

Wie oben bereits erwähnt, ist die Einordnung der Fälle in eine Basis-DRG der Ausgangspunkt für eine weitere Unterteilung. Anhand aller dokumentierten Nebendiagnosen wird nach einem feststehenden Schema der **patientenindividuelle Schweregrad** berechnet. In den meisten anderen DRG-Systemen wird für gewöhnlich nur die schwerstwiegende Nebendiagnose berücksichtigt. Im AR-System aber bestimmen Art und Anzahl aller Nebendiagnosen das Maß der Fallschwere. In einigen Fällen werden noch das Geschlecht (z. B. bei Erkrankungen, die nur Frauen betreffen) und die Entlassungsart (z. B. gegen ärztlichen Rat) berücksichtigt. Im australischen System ist für insgesamt 3215 Diagnosen ein klinischer Schweregrad festgelegt. Dabei ist zu beachten, dass zwei CC-Listen eingesetzt werden. Es gibt eine Liste für Neugeborene, die 3100 Diagnosen umfasst, und eine für alle anderen Patienten, die 2802 relevante Komplikationen und Komorbiditäten beinhaltet. Zwischen beiden Listen gibt es Überschneidungen. Der Gesamtschweregrad errechnet sich aus den Schweregraden der einzelnen Nebendiagnosen. Man spricht vom **Complication and Comorbidity Level** (CCL).

Bei medizinischen Fällen wird eine Skala von 0 bis 3 verwendet, bei chirurgischen Fällen und bei Neugeborenen eine von 0 bis 4. Vier stellt dabei den höchsten Schweregrad dar. Die CCL-Einstufung der Nebendiagnosen ist dabei nicht starr für das gesamte System, sondern variiert abhängig von der Grunderkrankung und damit von der Basis-DRG. In einigen Fällen kann die Nebendiagnose sogar ihren CCL-Status verlieren. Dies geschieht, wenn:

- sie der Hauptdiagnose sehr ähnlich ist.
- sie bereits zur Definition der Basis-DRG verwendet wurde.
- es sich um ein Polytrauma oder einen HIV-Fall handelt (für diese aufwändigen Fälle wurden eigene MDCs geschaffen).
- sie einem bereits verarbeiteten Diagnosecode entspricht.

Bei Neugeborenen gibt es keine Abhängigkeit zu der Basis-DRG, hier wird die CC-Stufe direkt zugeordnet.

Die einzelnen Schweregrade der einzelnen Nebendiagnosen können aber nicht einfach addiert werden, weil sich so ein unrealistisch hoher Schweregrad ergeben würde. Um dies zu verhindern, wurde eine statistische Glättungsformel entwickelt, mit der der patientenbezogene Gesamtschweregrad, der **Patient Complication and Comorbidity Level** (PCCL), errechnet wird. Diese Formel und ihre Wirkung wird in **Abbildung 5.8-13** veranschaulicht.

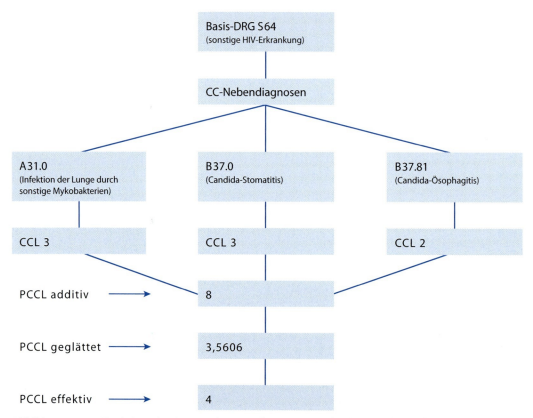

Abbildung 5.8-13: Ermittlung des Gesamtschweregrades unter Berücksichtigung der Glättungsformel (Quelle: in Anlehnung an Rochell, B., Roeder, N.; Australian Refined-Diagnosis Related Groups (AR-DRGs) – Ein Überblick. Das Krankenhaus, 92. Jg., Heft 8, Redaktionsbeilage, 2, 2000)

5.8 Krankenhausfinanzwirtschaft

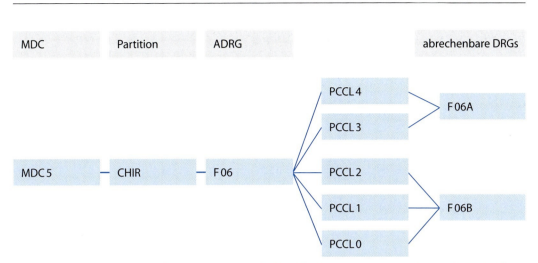

Abbildung 5.8-14: AR-DRGs-Schweregrad-Systematik: Von der Hauptgruppe zur effektiven DRG (Quelle: in Anlehnung an Rochell, B., Roeder, N.; Australian Refined-Diagnosis Related Groups [AR-DRGs] – Ein Überblick; Das Krankenhaus, 92. Jg., Heft 8, Redaktionsbeilage, 2, 2000)

Liegt der geglättete Wert über 4, so wird auf 4 abgerundet. Kommen zu einer schwer wiegenden CCL-Nebendiagnose noch weitere hinzu, so bewirkt die Glättungsformel, dass der PCCL in der Regel nur im Nachkommabereich gesteigert wird. Liegen aber mehrere hohe CCLs vor, so ergibt sich über den Rundungseffekt eine Anhebung des PCCL über den Ausgangswert der schwersten Nebendiagnose hinaus. Dadurch ist das AR-System in der Lage, extreme Multimorbidität besser darzustellen. Um die Menge der abrechenbaren DRGs übersichtlich zu halten, werden häufig zwei oder drei Schweregradgruppen zusammengefasst. Die Voraussetzung ist dabei, dass sie sich in ihren Kosten ähneln. Oft werden sogar alle fünf PCCL-Gruppen zu einer DRG zusammengefasst. Die Basis-DRG stimmt also mit der abrechenbaren DRG überein. **Abbildung 5.8-14** soll dies veranschaulichen.

In der Hauptkategorie 5 sind die Erkrankungen des Kreislaufsystems (Circulatory System) zusammengefasst. Nach der Aufteilung in die chirurgische Partition ergibt sich hier die Basis-DRG F06, das heißt, hier ist ein koronarer Bypass gelegt worden. Die Schweregradgruppen werden zu zwei abrechenbaren DRGs zusammengefasst. F06A berücksichtigt das Vorliegen eines katastrophalen bzw. schweren CCs. In der DRG F06B werden die Fälle eingeordnet, die keinen katastrophalen oder hohen Schweregrad aufweisen. Schon die Benennung der DRGs gibt eine Reihe von Auskünften.

Das AR-DRG-System verwendet sowohl Buchstaben als auch Zahlen zur Beschreibung der DRGs. Basis-DRGs werden dabei immer dreistellig, abrechenbare DRGs vierstellig benannt. Die ersten drei Stellen sind identisch. **Abbildung 5.8-15** verdeutlicht dies an einem Beispiel. Der erste Buchstabe gibt die entsprechende MDC an. Danach folgt eine zweistellige Zahl, die die Basis-DRG definiert. Es ergibt sich folgende Ordnung:

- 01–39 → operativ
- 40–59 → sonstige
- 60–99 → medizinisch.

Nach der Ermittlung der PCCL-Einstufung wird ein weiterer Buchstabe angehängt. Mit «A» wird die jeweils kostenaufwändigste Variante bezeichnet. Die Buchstaben «B» bis «D» werden bei weniger ressourcenintensiven Fällen verwendet. Der Buchstabe «Z» wird verwendet, wenn Basis- und abrechenbare DRG in ihrem Aufwand übereinstimmen. Schon anhand der DRG-Bezeichnung lässt sich also eine Reihe von Informationen über den Fall gewinnen. Zu beachten ist,

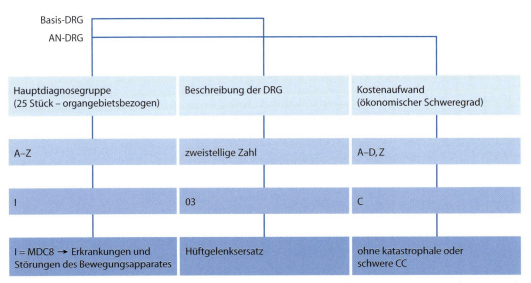

Abbildung 5.8-15: Aufbau der AR-DRGs (Quelle: in Anlehnung an Fischer, W.; AR-DRG-Liste [Version 4.1]; online im Internet; URL: http//www.fischer-zim.ch/tab/DRG-AR-v4-0010.htm [Stand 2.11.2000])

dass die Buchstaben nicht immer der gleichen PCCL-Stufe zugeordnet sein müssen. Das Alter des Patienten oder besonders schwere Eingriffe, die der Basis-DRG zugeordnet sind, können hier für Verschiebungen sorgen.

Die Definition von **Behandlungspfaden** bzw. **Leitlinien** soll die optimale Behandlung fördern und die Diagnostik und Therapie wirtschaftlicher gestalten. Für die maßgeblichen Diagnosen soll der notwendige Umfang an Krankenhausleistungen festgelegt werden. Während durch DRGs das Leistungsgeschehen eines Krankenhauses klarer wird, wird durch die Behandlungspfade die DRG an sich transparent.

In Australien sind die so genannten **Pathways** ein Standardinstrument zur Behandlungsplanung und Dokumentation. In standardisierter Form werden Reihenfolge und Umfang von medizinischen Prozessen definiert, die bei einem bestimmten Behandlungsfall durchgeführt werden müssen. Damit soll ein vorgegebenes Behandlungsergebnis in einem festgelegten Zeitraum erreicht werden. Pathways sind fachdisziplinübergreifend zu verstehen. Alle am Behandlungsprozess Beteiligten müssen die erforderlichen Maßnahmen und Abläufe kennen. Bei Behandlungsmethoden, deren Erfolgsnachweis gesichert ist, kann von einer ethisch und rechtlich verbesserten Entscheidungsgrundlage für die Leistungserstellung ausgegangen werden. Durch die erhöhte Transparenz der Vorgänge lassen sich auch die Kosten von Krankheitsbildern vorab kalkulieren. Für die Kassen und ihre Mitglieder wird es einfacher, Leistungen und Qualität verschiedener Anbieter im Gesundheitswesen besser zu vergleichen.

Die Entscheidung der Selbstverwaltung am 27. 6. 2000 wurde getroffen, ohne den zukünftigen finanzpolitischen Ordnungsrahmen zu kennen. Die AR-DRGs stellen nur die Basis für ein neues pauschalierendes Entgeltsystem dar. Die DKG hat eine Reihe von Anforderungen aufgestellt, die die Einführung der DRGs in Deutschland begleiten müssen. Dazu gehören:

- Die Einführung der DRGs ist zum 1. 1. 2004 verpflichtend erfolgt. Die Umsetzung hat in diesem Jahr noch keine Auswirkungen auf die jeweiligen Budgets der Krankenhäuser. Die DKG erwartet jedoch in den nächsten Jahren tief greifende strukturelle und finanzielle Änderungen in den Krankenhäusern.
- Die Auswirkungen des neuen Entgeltsystems werden durch eine krankenhaus- und patien-

tenbezogene Forschung beobachtet. Dabei wird besonders auf Veränderungen der Qualität, der Leistungserfassung und der Krankenhausstruktur eingegangen.
- Nach Ansicht der DKG ist es nicht ausreichend, nur die Leistungen der Psychiatrie aus dem DRG-System herauszunehmen, wie es § 17 b KHG vorsieht. Darüber hinaus sollten bestimmte Patientengruppen, wie z. B. Bluter und Dialysepatienten, und die Organbeschaffung für Transplantationen aus dem System der pauschalen Entgeltfindung herausgenommen werden.

Die DKG lehnt es nach wie vor ab, dass das neue Entgeltsystem für die Verteilung von Globalbudgets oder sektoralen Budgets verwendet wird. Darüber hinaus sollte am Ende der Konvergenzphase die Deckelung des Krankenhausbudgets aufgehoben werden. Eine Budgetierung hätte, so die Argumentation, einen «floatenden» Punktwert zur Folge, wie er aus dem Bereich der Vertragsärzte bekannt ist. Höchst- und Richtpreise werden von der DKG nicht empfohlen, vielmehr sollen die regional bestimmten Punktwerte als Festpreise ausgestaltet werden. So wissen die Krankenhäuser im Voraus, wie viel Geld sie mit welchen Leistungen erzielen können. Die DKG räumt aber ein, dass das Problem der Mengensteuerung auch mit ihren Vorstellungen über einen ordnungspolitischen Rahmen nicht gelöst ist.

Durch die Einführung eines durchgängig pauschalierenden Entgeltes für Krankenhausleistungen werden auch Art und Umfang der Verhandlungen zwischen Kassen und Krankenhäusern sich ändern müssen. In Zukunft wird es keine Budgets mehr geben, die aus krankenhausindividuellen Kosten abgleitet worden sind. Solche Etats sind meistens historisch aus den alten, auf Selbstkosten beruhenden Budgets entstanden und seitdem fortgeschrieben worden. Damit gibt es keine Verhandlungen mehr über Inhalte von Kalkulationsaufstellungen, Art und Höhe einzelner Kostenarten, die Ausgliederung von Wahlleistungen oder die Höhe von Abteilungs- und Basispflegesätzen. Nach der Einführung der DRGs werden in den Verhandlungen zwischen Krankenhäusern und Kassen zentral die Art und die Menge der Leistungen im Mittelpunkt stehen.

Die Form der pauschalierten Vergütung der Krankenhausleistungen bringt also das Problem der Mengensteuerung mit sich. Wird im Entgeltsystem auf DRG-Basis keine Mengenbegrenzung eingebaut, würden Mehrleistungen in voller Höhe vergütet. Damit könnte ein Krankenhaus Gewinne erzielen. Dem gegenüber würde auf Seiten der Kassen eine Ausgabensteigerung stehen. Dies wäre nicht mit dem Grundsatz der Beitragsstabilität zu vereinbaren.

Im Folgenden sollen vier Modelle genannt werden, die versuchen, diese Problematik zu lösen:

- Vorschlag 1 → Preisverfall bei Überschreitung der vereinbarten Mengen
- Vorschlag 2 → Höchstpreissystem mit Mengenöffnung
- Vorschlag 3 → Erlösbudget mit Mehrerlösausgleichen
- Vorschlag 4 → Landesbudget mit Punktwertabsenkung.

Es ist vorgesehen, dass mit den DRGs die Kosten der voll- und teilstationären Behandlungsfälle eines Krankenhauses vergütet werden. Dennoch gibt es Leistungen, die zwar erbracht werden, aber nicht in die Fallpauschalen mit eingerechnet sind. Daher wurden im KHG die Vertragsparteien aufgefordert, für eine Reihe von Finanzierungstatbeständen **Zu- und Abschläge** auf Bundesebene zu vereinbaren. Zuschläge wurden zwischenzeitlich durch die Vertragsparteien auf Bundesebene vereinbart für:

- die Notfallversorgung
- die Sicherstellung der Versorgung
- die Ausbildungsstätten und die Ausbildungsvergütung und
- die Aufnahme von Begleitpersonen.

Zudem erfolgt die Berücksichtigung von Finanzierungstatbeständen, die über die hier genannten hinaus gehen, im Rahmen der Systemanpassung und -pflege.

Für die Ermittlung der Bewertungsrelationen oder **Kostengewichte** bzw. *cost weights* hat das

KHG der Selbstverwaltung grundsätzlich mehrere Möglichkeiten offen gelassen. So konnten international bereits eingesetzte Bewertungsrelationen übernommen oder als Grundlage für eine Weiterentwicklung herangezogen werden. Die Wahl ist aber auf die dritte Möglichkeit gefallen. Die Selbstverwaltung hat sich entschlossen, auf der Grundlage bundesdeutscher Daten die Relativgewichte der Fallgruppen anhand der Istkosten neu zu berechnen. Mittelfristig sollten alle Krankenhäuser an einer Kalkulation beteiligt werden. Da die Zeit bis zur Einführung der DRG aber sehr kurz angesetzt war, wurde seitens der Selbstverwaltung eine Reihe von Krankenhäusern für eine repräsentative Stichprobe ausgewählt. Das für alle beteiligten Krankenhäuser verbindliche Kalkulationsschema wurde von der Selbstverwaltung vorgegeben. Die Kalkulation wurde von einer entsprechenden EDV-Lösung unterstützt. Über einen Zeitraum von einem Jahr wurden die Leistungs- und Kostendaten der beteiligten Krankenhäuser gesammelt. Für die Einführung des neuen Entgeltsystems im Jahre 2004 wurden die Daten des gesamten Kalenderjahres 2002 verwendet. Die Bewertungsrelationen sollen zukünftig jährlich überprüft und ggf. angepasst werden. Dazu werden dann immer die Daten des letzten, abgelaufenen Kalenderjahres herangezogen. Die von den Krankenhäusern zu übermittelnden Informationen werden in einer Datenannahmestelle gesammelt und müssen durch einen Prüfer bestätigt werden. Stelle und Prüfer wurden von der Selbstverwaltung benannt.

Neben den Kostengewichten spielen die Basisfallwerte eine wichtige Rolle. Der **Basisfallwert** oder die *base rate* wird für das Relativgewicht von 1 festgelegt. Durch Multiplikation des Basisfallwertes mit der Bewertungsrelation einer DRG ergibt sich die Höhe der Vergütung pro Fall. Der Basisfallwert wird erstmalig im Jahre 2005 durch die Selbstverwaltungspartner festgelegt und muss anschließend regelmäßig angepasst werden. Danach wird jeweils bis zum 30. 9. des laufenden Jahres der Wert für das Folgejahr bestimmt. So müssen z. B. Preissteigerungen oder Preissenkungen bei Produkten, die im Krankenhaussektor gebraucht werden, ebenso berücksichtigt werden wie Änderungen im Arbeitszeitgesetz, die zu einer Veränderung der Personalkosten führen können. Die erste Ermittlung des Basisfallwertes ist besonders wichtig. Nachträgliche Veränderungen in großem Umfang sind auf dem Verhandlungsweg kaum durchzusetzen.

Die Kosten für die Übernahme, die Einführung und die Pflege des Klassifikationssystems sowie die Kosten, die durch die Kalkulation der Relativgewichte entstehen, sollen mittels Zuschlagszahlungen über die Krankenhäuser finanziert werden. Dieser Systemzuschlag wird für jeden voll- und teilstationären Behandlungsfall erhoben. Die Höhe des Zuschlages soll jeweils bis zum 30. 10. des laufenden Kalenderjahres vereinbart werden und gilt bundesweit.

Literatur

Commonwealth of Australia: Development of the Australian Refined Diagnosis Related Groups (AR-DRG) Classification Version 4. Online im Internet: URL: http://www.health.gov.au/casemix/volume1.pdf (Stand 16. 6. 2000)

Deutsche Krankenhausgesellschaft: GKV-Gesundheitsreform 2000. das krankenhaus (2000) 1: Redaktionsbeilage

DKI-GmbH; Gebera: Entwicklung und Kalkulation eines erweiterten Sonderentgeltkataloges. Düsseldorf, Köln, 1993

DKI-GmbH; Gebera: Methodik zur Kalkulation von Fallpauschalen. Düsseldorf, 1993

Eichhorn, S.: Handbuch Krankenhaus-Rechnungswesen (2. Aufl.). Wiesbaden, 1988

Fischer, W.: Diagnosis Related Groups und verwandte Patientenklassifikationssysteme. Zentrum für Informatik und wirtschaftliche Medizin. Wolfertswil (Schweiz). Online im Internet: URL: http://www.fischer-zim.ch/text-pcssa/t-ga-0003.htm (Stand 9. 5. 2000)

Fischer, W.: Diagnosis Related Groups (DRGs) im Vergleich zu den Patientenklassifikationssystemen von Österreich und Deutschland. Wolfertswil, 1999

Gesetz zur wirtschaftlichen Sicherung der Krankenhäuser und zur Regelung der Krankenhauspflegesätze (Krankenhausfinanzierungsgesetz – KHG) in der Fassung vom 14. 11. 2003, BGBl. I: 886

Gesetz über die Entgelte für voll- und teilstationäre Krankenhausleistungen (Krankenhausentgeltgesetz – KHEntgG in der Fassung vom 14. 11. 2003, BGBl. I: 2190

Gesetz zur Modernisierung der gesetzlichen Krankenversicherung (GKV-Modernisierungsgesetz – GMBG) in der Fassung vom 14. 11. 2003, BGBl. I: 2190

Haberstock, L.: Grundzüge der Kosten- und Erfolgsrechnung (3. Aufl.). München, 1982

Haubrock, M.; Schär, W.: Betriebswirtschaft und Management im Krankenhaus (3. Aufl.). Bern u.a., 2002

Keun, F.; Einführung in die Krankenhaus-Kostenrechnung (3. Aufl.). Wiesbaden, 1999

Mansky, Th.: Bewertung von Krankenhausleistungen mit Hilfe von Fallgruppensystemen: Neuere Entwicklungstendenzen. In: Mayer, E. (Hrsg.): Vom Krankenhaus zum Medizinischen Leistungszentrum (MLZ): ambulante und stationäre Patientenversorgung der Zukunft. Köln, 1997: 219–234

Neubauer, G.: Von der Leistung zum Entgelt – Neue Ansätze zur Vergütung von Krankenhäusern. Stuttgart, 1989

Neubauer, G.; Nowy, R.: Wege zur Einführung eines leistungsorientierten und pauschalierenden Vergütungssystems für operative und konservative Krankenhausleistungen in Deutschland. Gutachten im Auftrag der Deutschen Krankenhausgesellschaft. München: Institut für Gesundheitsökonomie. Online im Internet: http//www.dkgev.de (Stand 26. 2. 2000)

Roeder, N.; Rochell, B.; Scheld H. H.: Das australische System wird Ärzten und Ökonomen am besten gerecht. f&w, 17. Jg., Heft 4: 344–346 (2000)

Sozialgesetzbuch (SGB), Fünftes Buch (V), in der Fassung vom 17. 12. 1999

Verordnung zur Regelung der Krankenhauspflegesätze (Bundespflegesatzverordnung – BPflV '95) in der Fassung vom 23. 12. 2002, BGBl. I: 2750

Verordnung zur Regelung der Krankenhauspflegesätze (Bundespflegesatzverordnung – BPflV 2004) in der Fassung vom 14. 11. 2003, BGBl. I: 2190

Verordnung zur Bestimmung besonderer Einrichtungen im Fallpauschalensystem für Krankenhäuser für das Jahr 2004 (Fallpauschalenverordnung besondere Einrichtungen 2004 – FPVBE 2004 in der Fassung vom 13. 10. 2003, BGBl. I: 1995

Verordnung zur Bestimmung besonderer Einrichtungen im Fallpauschalensystem für Krankenhäuser für das Jahr 2004 (Fallpauschalenverordnung besondere Einrichtungen 2004 – FPVBE 2004) in der Fassung vom 19. 12. 2003, BGBl I: 2811

6 Dokumentation und Informatik im Gesundheitswesen

H. Laux, W. Schär

6.1 Zu einigen Entwicklungsetappen des Dokumentationswesens

Die geschichtliche Entwicklung der Dokumentation lässt sich bis ins alte Ägypten um 2500 v. Chr. zurückverfolgen, wo die mündliche Weitergabe von Informationen durch Aufzeichnungen auf Papyrusrollen ergänzt wurde. Durch Inschriften an Tempelsäulen wurden Krankengeschichten überliefert.

Alte Aufzeichnungen aus englischen Krankenhäusern lassen erkennen, dass man im Jahre 1138 eine Art Krankenblatt entwickelt hatte. Florence Nightingale forderte in der ersten Hälfte des 19. Jahrhunderts eine Form der Dokumentation der medizinischen Behandlung und Datensammlung, insbesondere im Pflegeprozess. Diese chronologischen Aufzeichnungen dienten hauptsächlich als Gedächtnisstütze.

In dem Bemühen um eine Systematisierung entstanden Anfang des 19. Jahrhunderts die Grundlagen einer fachwissenschaftlichen Verwertung solcher Unterlagen. So wurde 1821 in Amerika die Institution eines *medical records officer* geschaffen, die nur für die Krankenblattdokumentation zuständig war.

6.2 Datenerfassung im Gesundheitswesen

Gesundheitseinrichtungen sind Organisationen mit einem hohen Maß an sozialer Interaktion. Dies trifft zuallererst auf die Betreuung der Patienten durch Ärzte bzw. Pflegekräfte zu. Auf Grund der hohen Personalintensität und der komplexen Leistungen auf allen hierarchischen Ebenen entstehen viele soziale Kontakte, die eine breit gefächerte Speicherung von Informationen erforderlich machen. Es wird immer deutlicher, dass der Informationsfluss im Krankenhaus eine unverzichtbare Ressource darstellt. Dies gilt für den eigentlichen *Behandlungs- und Pflegeprozess* ebenso wie für *Managemententscheidungen*, die Führungsprozesse beinhalten.

Der Einsatz von Computern hat bewiesen, dass man Informationen wie übliche materielle Güter behandeln kann. Mit Computern lassen sich Informationen erfassen, speichern, verarbeiten, umwandeln, verzweigen, heraussortieren und wieder zugänglich machen, und es lassen sich Entscheidungen treffen und logische Schlussfolgerungen ziehen. Auf Wunsch kann textlich in den Arbeitsprozess eingegriffen werden. Mit dieser Möglichkeit wurden auch in der Medizin und in der Pflege neue Dimensionen erschlossen. So wurden Fragestellungen in Angriff genommen, die wegen des erforderlichen Rechenaufwandes bisher nicht lösbar waren. Die Formulierung und Anwendung von Denkmodellen wurde gefördert. Erstmalig waren systematische Qualitätskontrollen klinischer Datensammlungen möglich. Der Computer zwingt zeitgleich zur *Präzisierung von Begriffen und Problemstellungen*.

In den Einrichtungen des Gesundheitswesens hat sich in der Vergangenheit oft gezeigt, dass vorhandene manuelle Informations- und Kommunikationssysteme nicht in der Lage sind, die Vielzahl anfallender Informationen zeitkritisch zur Verfügung zu stellen.

Informationen, die in Formularen «versteckt» werden, müssen zeitaufwändig herausgesucht werden. Notwendige Verknüpfungen von Informationen sind oft gar nicht herstellbar, und wenn eine Auswertung möglich ist, so ist der Zeitaufwand relativ hoch.

Problematisch ist auch der Zeitfaktor. So sind Informationen oft bereits veraltet, da sie mit einer zeitlichen Verzögerung in Formularsystemen gespeichert werden bzw. durch Übertragungsfehler wenig aussagekräftig sind. Darüber hinaus ergibt sich das Problem, dass diese Systeme in der Regel viele Detailinformationen enthalten.

In **Abbildung 6.2-1** wird dargestellt, dass ausgehend von einem Problem bzw. einer Aufgabenstellung während des Problemlösungsprozesses Informationen gesammelt und verwertet werden. Als Ergebnis einer Kommunikation mit anderen Datenbereichen wird eine möglichst effiziente Entscheidung getroffen. Dieser Entscheidung folgt eine Aktion, die das eigentliche Ziel des gesamten Entscheidungsprozesses darstellt.

Als **Helfer im quantifizierbaren Bereich** hat sich der Computer in der Vergangenheit bewährt und wird zukünftig noch stärker Eingang in praktische und theoretische Aufgabenstellungen finden. Sein Einsatz erfolgt zunehmend auf komplexen Ebenen wie:

- Kommunikation und Datenerfassung
- Speichern und Wiederauffinden von Daten
- Rechenarbeit und Automatisierung
- Mustererkennung und Diagnosestellung
- Therapie und Kontrolle
- Forschung und Modellbildung.

Die Basistechniken der konventionellen Dokumentation sollten nicht völlig vernachlässigt werden. Sie bilden den Grundstein für jede Weiterentwicklung einer Datenverarbeitung. Die manuelle Dokumentation stagniert in ihrer Entwicklung, die EDV dagegen erlebt durch ihre scheinbar unbegrenzten Einsatzmöglichkeiten eine fulminante Entwicklung.

Die Vernetzung einzelner Arbeitsbereiche geht von der Prämisse aus, dass alle Entwicklungsüberlegungen im Dokumentationsgeschehen auf die zentrale Position des Patienten ausgerichtet sind (**Abb. 6.2-2**).

Durch die Beantwortung der nachfolgenden **W-Fragen** werden skizzenhaft Kriterien, Anforderungen und Ergebnisse der Dokumentation dargestellt:

- *Weshalb* muss dokumentiert werden?
  - Um die Aufgabenstellung wissenschaftlich betreiben zu können.
  - Um die erbrachten Leistungen mit dem Ausgangszustand vergleichen zu können.
  - Um Änderungen der Tätigkeit begründen zu können.
  - Um die Durchführung der Maßnahmen beurteilen und kontrollieren zu können.
  - Um notwendige Veränderungen der Maßnahmen empfehlen zu können.
  - Um Mitarbeiter und Patienten juristisch abzusichern.
  - Um die Qualität des Arbeitsprozesses zu erhöhen und damit den notwendigen Personalbedarf zu bemessen.
- *Was* muss dokumentiert werden?
  - Ergebnisse der Beobachtung
  - daraus abgeleitete Probleme
  - durchgeführte Maßnahmen
  - der Krankheitsverlauf, bezogen auf die Wirkung der Pflegemaßnahmen und die Befindlichkeit des Patienten.
- *Wie* sollte dokumentiert werden?
  - Beschreibungen übersichtlich, effektiv und verständlich

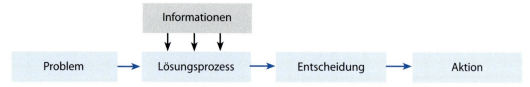

Abbildung 6.2-1: Vom Problem zur Aktion (Quelle: Haubrock, M., Schär, W.; Betriebswirtschaft und Management im Krankenhaus, 3. Aufl.; Bern, 2002, S. 357)

Abbildung 6.2-2: Die zentrale Position des Patienten im Dokumentationskonzept (Quelle: Haubrock, M., Peters, Sönke H. F., Schär, W. [Hrsg.]; Betriebswirtschaft und Management im Krankenhaus, 2. Aufl.; Berlin, Wiesbaden, 1997, S. 254)

Überwachungsbogen	RR-Plan	Diverses	Archivakte	Nachtwachenbuch
Fieberkurve				Spritzenplan
Stammblatt		Patient		Visitenbuch
Pflegebericht				Antibiotikaplan
Bilanzbogen u. ä.	BKS	Notizzettel	Wiegebuch	Laborausdrucke

- Möglichkeit der verbalen Ausformulierung für die Erfassung des Ist-Zustandes
- Zeichen oder Abkürzungen können verwendet werden.

6.3 Begriffe und Begriffssysteme

6.3.1 Dokumentation

Laut Duden bedeutet Dokumentation die «[…] Zusammenstellung, Ordnung und Nutzbarmachung von Dokumenten und Materialien jeder Art». Dazu gehören z. B. Urkunden, Akten oder Zeitschriftenaufsätze zur Information über den neuesten Erfahrungsstand in einem beliebigen Bereich.

So ist im Bereich des Gesundheitswesens die Dokumentation ein Instrument für die ordnungsgemäße Versorgung des Patienten, mittels dessen der behandelnde Arzt, die mit- und nachbehandelnden Ärzte und die zuständigen Pflegekräfte informiert werden. Durch die Dokumentationen wird die Koordination des arbeitsteiligen Zusammenwirkens der für die Behandlung Verantwortlichen sichergestellt. Die Dokumentation beinhaltet auch die Aufzeichnung ärztlicher und pflegerischer Tätigkeiten. Sie erstreckt sich insbesondere auf die Anamnese, Diagnose und Therapie, auf den Krankheitsverlauf sowie auf die getroffenen Maßnahmen und deren Wirkung.

Um eine den medizinischen Erfordernissen und Standards adäquate Patientenversorgung zu gewährleisten, ist eine Arbeitsteilung im Krankenhaus notwendig, sinnvoll und üblich, daher wird zwischen den Inhalten der ärztlichen und pflegerischen Dokumentationspflicht unterschieden.

Dokumente können in Form verschiedener Datenträger angelegt sein, auf denen Daten zum Zwecke der Dokumentation festgehalten werden. Dazu gehören:

- Textdokumente, bei denen sich die Dokumente auf einer magnetisierbaren Schicht, z. B. auf einer Festplatte, einer Diskette oder einem Band, befinden (EDV)
- grafische Dokumente, wie z. B. Bilder, Mikrofilme und Dias
- audiovisuelle Dokumente, z. B. Schallplatten, Filme, Tonbänder, Kassetten und Videos.

6.3.2 Hardware

Hardware ist die Sammelbezeichnung für alle Bestandteile eines Computers, die mit den Händen berührt werden können. Hierzu gehören z. B.:

- Tastatur und Maus
- Bildschirm
- Drucker
- Zentraleinheit
- Verbindungskabel
- Disketten und andere feste Datenträger.

Das *Computergehäuse* beinhaltet neben verschiedenen unterstützenden Einheiten folgende wesentlichen Elemente:

- den Prozessor, das Herz des Computers, auch Central Processing Unit (CPU) genannt

- den Arbeitsspeicher (RAM – Random Access Memory)
- die Festplatte (HD – Hard Disk) als zentrale Speichereinheit des Computers (auf ihr sind sowohl die Software als auch die eingegebenen Daten gespeichert).

Mit Hilfe von *Eingabemedien* können Daten aufgenommen werden. Meist handelt es sich dabei um eine Tastatur, deren Aufbau im Wesentlichen einer Schreibmaschinentastatur entspricht, oder um die «Maus», mit der man durch Anklicken Zeichen und Objekte auf dem Bildschirm aktivieren oder bewegen kann. Außerdem gibt es Lichtstifte, mit deren Hilfe durch Berühren des Monitors Daten eingegeben werden können. Touch-Screens sind Monitore, die die Dateneingabe durch Berühren mit dem Finger ermöglichen.

Ausgabemedien, wie z. B. ein Tintenstrahl- oder Laserdrucker, ermöglichen den Ausdruck der gespeicherten Daten.

Auf einem normalen Schreibtisch kann dies alles mühelos aufgestellt werden. Der Zentralrechner mit der Datenbank nimmt hingegen mehr Raum ein und steht meist in einem besonderen Computerraum, da in diesem Zusammenhang mehrere Geräte untergebracht werden müssen. Bei der herkömmlichen Dokumentation bestünde die Hardware in einer Schreibmaschine, einem Tischrechner, Papier, Bleistift und einem Aktenordner.

Neben dem stationären Computer, der fest am Arbeitsplatz steht, gibt es auch transportable Geräte, die an vielfältige und wechselnde Einsatzorte mitgenommen werden können. Dies ist besonders für die Pflege wichtig, da die eigentliche Pflege ja direkt am Patienten stattfindet. Daher ist es sinnvoll, speziell für die Pflege nach EDV-Lösungen zu suchen, die auch die direkte Dateneingabe und -abfrage vor Ort ermöglichen. Einige Möglichkeiten werden im Folgenden beschrieben.

Bed-Side-EDV. Die Computeranlage wird als vernetzte Anlage so aufgebaut, dass die Datenein- und -ausgabe in jedem Patientenzimmer oder sogar an jedem Bettplatz möglich ist.

Notepad. Das Notepad ist ein tragbares Gerät, bei dem die Datenerfassung mit einem Stift vorgenommen wird. Die Kommunikation zwischen dem Notepad und dem Zentralrechner kann auf unterschiedlichen Wegen erfolgen.

Tablett-PC. Der Tablett-PC gleicht einem Notepad oder Flachbildschirm. Er wird ebenfalls statt mit Tastatur und Maus mit einem Stift oder mit dem Finger bedient. Die Möglichkeit der Nutzung handelsüblicher Betriebssysteme führt zum vermehrten Einsatz von Tablett-PCs. Optional lassen sich über Dockingstationen oder direkt eine Tastatur oder eine Maus anschließen.

Laptop. Ein Laptop ist ein voll funktionsfähiger, tragbarer Computer, der von unterschiedlichen Berufsgruppen benutzt werden kann. Aus Gründen des Datenschutzes muss dann sichergestellt werden, dass nur bestimmte Personengruppen Zugang zu jeweils bestimmten Daten haben. Dazu kann die Software so gestaltet werden, dass der Datenzugang jeweils nur mit Hilfe eines Passwortes möglich ist. Mobile Geräte können heute über eine Funkverbindung in ständigem Kontakt mit dem Zentralrechner stehen.

PDA ist die Abkürzung für «Personal Digital Assistant». Ein PDA ist ein Computer im Taschenformat, der die täglichen Arbeitsabläufe erleichtern soll. Meist werden diese Computer per Kabel bzw. Dockingstation oder per Infrarot mit den PC-Arbeitsplätzen verbunden. Bekannte Vertreter dieser Kategorie sind z. B. die Palm-Handhelds oder Geräte, die auf Microsoft Windows CE basieren.

6.3.3 Software

Software ist die Sammelbezeichnung für Programme, ohne die der Computer nicht arbeiten kann. *Anwendersoftware* heißen Programme, die der Nutzer anwendet, um seine Daten zu bearbeiten. *Individualsoftware* sind Programme, die der Nutzer selbstständig für seine Zwecke programmiert hat. *Betriebssystem* nennt man eine Gruppe von Programmen, die für den Betrieb des Computers notwendig sind und auf die der Nutzer keinen direkten Einfluss nehmen kann.

Bei *Einplatzlösungen* steht der Rechner jeweils ohne Verbindung zu anderen Rechnern am Arbeitsplatz. Wenn Daten mit anderen Arbeitsplätzen ausgetauscht werden müssen, geschieht dies entweder durch Ausdruck der Daten oder durch Weitergabe einer Diskette. Die *Vernetzung* von Computern, die sich an unterschiedlichen Orten befinden, ermöglicht den direkten Datenaustausch.

Daten, die nicht im Computer selbst vorgehalten werden können oder sollen, lassen sich auf externen Medien speichern. Ein externes Speichermedium, z. B. die Diskette, dient dem Datentransport. Externe Speichermedien werden auch gebraucht, wenn ein Back-up, d. h. eine Sicherungskopie des Datenbestandes, angelegt wird. Dies ist ratsam, damit die Daten bei einem Datenverlust, z. B. durch einen Absturz, extern gespeichert vorliegen und nicht verloren sind. Größere Datenmengen werden auf einem *Streamer*, einer Art Bandgerät, gespeichert. Gängige externe Speichermedien sind die *Diskette* (transportabler Datenträger, der eine begrenzte Datenmenge aufnehmen kann) oder die *CD-ROM* (*Compactdisk, Read Only Memory*). Im Unterschied zur Diskette können die Daten auf einer CD-ROM zwar gelesen und auf die Festplatte des Computers überspielt, nicht jedoch verändert werden.

6.3.4 Elektronische Datenverarbeitung (EDV)

EDV bedeutet die maschinelle elektronische Datenverarbeitung mit Hilfe einer EDV-Anlage. Über eine automatische Steuerung laufen Vorgänge in bestimmter Reihenfolge selbsttätig ab, ohne dass der Mensch in die gewünschten Abläufe eingreifen muss. Ein Rechenautomat führt Prozesse automatisch nach einem fest vorgegebenen oder frei programmierten Programm aus. Elektronische Datenverarbeitung müsste eigentlich automatisierte Datenverarbeitung heißen, da durch den Begriff «elektronisch» nur die Bauweise der Elemente einer EDV-Anlage gekennzeichnet wird.

Die Voraussetzungen und Arbeitsschritte der elektronischen Datenverarbeitung lassen sich wie folgt skizzieren:

- Vorhandensein eines Gerätes, das Daten elektronisch verarbeiten kann (Computer)
- gemeinsame Sprache zwischen Mensch und Computer
- Vorhandensein eines Speichermediums (Kurz- und Langzeitspeicher)
- Dateneingabe in den Computer
- Ordnen von Daten nach bestimmten Kriterien (z. B. Sortieren oder Mischen einer Datenmenge)
- Umformen einer Datenmenge (z. B. Herstellen von Verknüpfungen zwischen einzelnen Daten)
- Datenausgabe durch den Computer auf dem Drucker oder einem externen Speichermedium
- Datendokumentation durch den Computer.

6.3.5 Einstellung zu Computern und zur EDV

Häufig haben Mitarbeiter und Mitarbeiterinnen Angst davor, dass der Einsatz der EDV durch die genaue Nachvollziehbarkeit der einzelnen Arbeitsschritte zur vermehrten Kontrolle führen könnte. Hier sollte eine sorgfältige Information der Beschäftigten bestehende Bedenken abbauen helfen.

> Ängste vor der EDV sind oft nur das Ergebnis unzureichender Information und fehlenden technischen Verständnisses.

Der Computer wird manchmal auch als Elektronengehirn bezeichnet. Darin drückt sich die Vorstellung aus, dass er wie ein menschliches Gehirn arbeitet. Dies wäre dann die Hardware. Die Software wäre das Wissen, das sich der Mensch im Laufe des Lebens aneignet. Je höher die Intelligenz und je besser die Lernfähigkeit, desto mehr Wissen und Erfahrung – Software – erwirbt sich ein Mensch. Dies gilt natürlich auch umgekehrt. Ist die Software schlecht, d. h. entweder fehlerhaft oder nicht benutzerfreundlich, kann die Hardware gut sein, aber der Endbenutzer kann mit beidem nicht gut arbeiten.

6.4 Ärztliche und pflegerische Dokumentation

6.4.1 Ärztliche Dokumentation

Um den medizinischen Erfordernissen und einer den Standards angemessenen Patientenversorgung zu entsprechen, ist eine *Arbeitsteilung im Krankenhaus* notwendig und üblich. Entsprechend ist zwischen der ärztlichen und der pflegerischen Dokumentation zu unterscheiden. Die in der Vergangenheit häufig voneinander unabhängig geführte Dokumentation wird heute häufig als interdisziplinäre Dokumentation geführt. Hierbei werden entweder gemeinsame Formulare verwendet, oder beim Einsatz einer elektronischen Patientenakte wird eine gemeinsame Datenbasis genutzt.

Der Fortschritt ärztlicher Tätigkeit hängt bekanntermaßen von Erfahrung ab. Es kommt demnach auf eine rationale Sammlung und kritische Auswertung der Elemente an, die zu Erfahrungen und Erfolgen führen. Dazu musste nach neuen Methoden des Sammelns, Kontrollierens, Speicherns, Wiederauffindens, Auswertens und Interpretierens anfallender Daten, Befunde und Informationen gesucht werden. Zögernder als in Wissenschaft und Technik, Industrie und Verwaltung haben elektronische Datenverarbeitungsanlagen auch Eingang in Medizin und Pflege gefunden. Einer der Gründe dafür könnte in der Befürchtung liegen, der Computer könnte das für den Erfolg einer Therapie so wichtige Vertrauensverhältnis zwischen Arzt und Patient stören. Die praktischen Erfahrungen der Vergangenheit haben gezeigt, dass solche Befürchtungen unbegründet sind und sich der Fortschritt mit einem solchen Argument nicht aufhalten lässt.

> Die Dokumentationspflicht des Arztes ergibt sich aus § 11,1 der (Muster-)Berufsordnung der Deutschen Ärzte in der zurzeit gültigen Fassung von 1987. Danach ist der Arzt verpflichtet, über die in Ausführung seines Berufes gemachten Feststellungen und getroffenen Maßnahmen die erforderlichen Aufzeichnungen zu machen. Die ärztlichen Aufzeichnungen beinhalten z.B. für jeden Patienten die Anamnese, die angeordnete Diagnostik und Therapie sowie den Verlaufsbericht im Krankenblatt.

Ärztliche Dokumentation besteht im Wesentlichen aus Folgendem:

- Krankenblatt
- chronologisch geordnete Sammlung von Befunden
- Verlaufskurven.

Im **Krankenblatt** werden die Angaben des Patienten und seiner Angehörigen (Anamnese), die Befunde der körperlichen Erstuntersuchung, weitere persönlich vom behandelnden Arzt gemachte Feststellungen und alle sonstigen für den Krankheitsverlauf wichtigen Angaben verzeichnet. Dazu gehören auch Beurteilungen, Diagnosen, Verdachtsdiagnosen und Hinweise zur Prognose. Der Krankheitsverlauf ist durch zeitnahe, chronologische Vermerke festzuhalten.

Das Krankenblatt wird mit einer Epikrise oder einem Arztbrief abgeschlossen und vom behandelnden Arzt unterzeichnet. Bei einer Verlegung des Patienten innerhalb des Krankenhauses ist jeder Behandlungsabschnitt mit einem kurzen Resümee abzuschließen und jeweils vom Arzt zu unterschreiben.

Die herkömmliche Krankengeschichte in handgeschriebenem, oft unleserlichem und meist unstrukturiertem Klartext mag in Zeiten einer beständigen, individuellen Arzt-Patient-Beziehung als Gedächtnisstütze ausreichend gewesen sein. Inzwischen haben sich die Formen der Krankenbetreuung und -behandlung jedoch geändert. Insbesondere bei älteren, ins Krankenhaus aufgenommenen Patienten werden immer mehr und wechselnde Personen und Spezialisten eingeschaltet. Für dieses Behandlungsteam hat die Krankengeschichte als Informationsvermittler zur Wahrung der Kontinuität in der Patientenbetreuung die Funktion des wichtigsten Kommunikationskanals. Außerdem gilt es, die große Menge in der Klinik anfallender Daten unterschiedlichster Art, z. B. Laborergebnisse, Bildinformationen und Freitext, sowie deren logische Beziehungen untereinander in den Griff zu bekommen.

Die **chronologisch geordnete Sammlung** umfasst im Wesentlichen sämtliche während der Behandlung anfallenden Befundberichte, Untersuchungsergebnisse, Laborbefunde, Berichte über Röntgen-, EKG-, EEG-, Ultraschall- und andere Untersuchungen, Histologiebefunde, Konsiliarberichte, OP-Berichte, Anästhesieprotokolle sowie ärztlich gegengezeichnete Anordnungen.

Verlaufskurven sind patientennah geführte, zeitgerasterte Kurven oder Eintragungen der Körpertemperatur und Pulsfrequenz, des Blutdrucks und anderer richtungsweisender Labor- und Röntgenbefunde sowie anderer stichwortartiger Untersuchungsergebnisse. Verlaufskurven ermöglichen dem Arzt am Patientenbett einen raschen Überblick über das jeweilige Krankheitsgeschehen und können bei detaillierter und lückenloser Führung einen Verlaufsbericht im Krankenblatt auch ganz oder teilweise ersetzen.

6.4.2 Pflegerische Dokumentation

Die Pflegedokumentation erfasst die Schritte des Pflegeprozesses, darunter:

- bestehende und auftretende Pflegebedürfnisse
- pflegerische Krankenbeobachtung
- Verlaufsbeschreibung
- pflegerische Maßnahmen
- Angaben zur subjektiven Befindlichkeit des Patienten.

Wie bei der ärztlichen Dokumentation ist auch die Pflegedokumentation durch die zuständige Pflegekraft abzuzeichnen. Bei einer Verlegung des Patienten innerhalb des Krankenhauses ist jeder Pflegeabschnitt mit einem kurzen Resümee und Pflegeempfehlungen zu versehen und abzuzeichnen.

Oft stellt sich die Frage, was in einer Pflegedokumentation darzustellen ist. Abzulehnen ist die Auffassung, man müsse in epischer Breite einen Pflegebericht abfassen. Dies ist ein Zeichen von Schwäche, da der bzw. die Schreibende offenkundig nicht weiß, auf was es ankommt.

> Wie in sonstigen Dokumentationssystemen sind auch in der Pflegedokumentation im so genannten Mantel die Grundinformationen wie Diagnose und Therapie aufzunehmen. Im eigentlichen Pflegebericht sind dann stichwortartig die Grundinformationen und besondere Vorkommnisse darzustellen.

Das **Krankenpflegegesetz von 1985** beschreibt in § 4 die Ausbildungsziele in der Krankenpflege. Im Text wird u. a. darauf hingewiesen, dass die Ausbildung insbesondere auf folgende Punkte gerichtet sein soll:

- sach- und fachkundige, umfassende, geplante Pflege des Patienten
- gewissenhafte Vorbereitung, Assistenz und Nachbereitung bei Maßnahmen der Diagnostik und Therapie
- Anregung und Anleitung zu gesundheitsförderndem Verhalten
- Beobachtung des körperlichen und seelischen Zustandes des Patienten und der Umstände, die seine Gesundheit beeinflussen
- Weitergabe dieser Beobachtungen an diejenigen, die an Diagnostik, Therapie und Pflege beteiligt sind.

Der **Pflegeprozess** beruht also auf einer Informationssammlung, die neben der Sozialanamnese auch Behinderungen und Ressourcen des Patienten umfasst. Auf dieser Informationssammlung und deren Bewertung aufbauend werden Pflegeziele erarbeitet und in die Pflegeplanung umgesetzt. Während des Pflegeprozesses am Patienten wird der Erfolg dieser Maßnahmen dokumentiert. Effektive Entscheidungen sind in der Regel nur möglich, wenn die benötigten Informationen aktuell sind und in einer entsprechenden Repräsentationsform zur Verfügung stehen.

6.5 Dokumentation am Beispiel der Krankenakte und der Ambulanzkarte

6.5.1 Vorbemerkung

Das Dokument bildet die Grundlage des Dokumentationsprozesses, dementsprechend sind die **Krankenakte** und die **Ambulanzkarte** Sammelpunkte für alle klinischen Daten. Diese Daten

- dienen der Identifizierung des Patienten.
- werden für eine Diagnosestellung und das Ausschließen von Risiken benötigt.
- ermöglichen dem Arzt eine genaue Verlaufskontrolle.
- liefern eine Pflegeverlaufskontrolle für das Pflegepersonal und den Arzt.
- sind die Grundlage für eine geplante Pflege.
- geben Hinweise für Forschung und Lehre.
- können bzw. müssen bei eventuellen juristischen Tatbeständen zur Beweisführung herangezogen werden.

6.5.2 Datengruppe Krankenakte

Die Krankenakte enthält folgende Datengruppen:

- Daten, die vom Patienten und/oder seinen Angehörigen erfragt werden, z. B. die Angaben zur Person, die Arztanamnese und das Aufnahmegespräch
- Behandlungsdaten, d. h. Daten über durchgeführte Therapien und das Ansprechen des Patienten darauf. In Berichten über operative Eingriffe stehen Behandlungsdaten. In einem Arztbrief befinden sich ebenfalls Behandlungsdaten.
- Daten, die in Zusammenhang mit einer diagnostischen Untersuchung erhoben wurden, z. B.:
  - körperliche Untersuchungsbefunde
  - Laborbefunde
  - histologische Befunde
  - Röntgen- und EKG-Befunde
- Daten, die auf ärztlichen Anordnungsbögen und Verordnungsbögen stehen
- Daten, die in Zusammenhang mit der Pflegeplanung erhoben werden, z. B.:
  - Aufnahmegespräch
  - Pflegeprobleme
  - Pflegeziele
  - geplante Pflegemaßnahmen
  - Verlaufsdaten über die jeweils durchgeführte Pflege.

6.5.3 Datengruppe Ambulanzkarte

Die Ambulanzkarte enthält außer den Daten, die im Zusammenhang mit der Pflegeplanung erhoben werden, dieselben Datenbereiche wie die Krankenakte.

Krankenakte und Ambulanzkarte geben Auskunft über aktuelle und bereits abgeschlossene Krankheitsverläufe und sind durch ihre aktive Funktion ein *Kommunikationsmittel innerhalb des Informationssystems Krankenhaus*. Aus dieser funktionellen Aufgabenstellung ergeben sich folgende Forderungen:

- Akten, und in ihnen jeweils das einzelne Formular, sollen so übersichtlich gestaltet sein, dass die benötigten Informationen «auf einen Blick» zu finden sind.
- Der Aufbau der Krankenakte und der Ambulanzkarte muss innerhalb eines Krankenhauses einheitlich gestaltet sein.
- Akten über aktuelle und abgeschlossene Fälle müssen für den legitimierten Benutzer sofort greifbar sein.

> Die ärztliche und pflegerische Dokumentation bedarf eines einheitlich gestalteten Formulars. Es muss zusammen mit der Dokumentationsstelle verfügbar sein, und es muss an eine Auswertung mit Hilfe der elektronischen Datenverarbeitung gedacht werden.

6.6 Spezifische Aussagen zur EDV-gestützten Pflegedokumentation

Nach Trill (2002) ist die Pflegedokumentation eine kontinuierliche Sammlung aller pflegerelevanten auf den Patienten bezogenen Daten. Die Daten ergeben sich aus Beobachtung und Messung, durch Aussagen zum Patienten und zu pflegerischen Tätigkeiten am Patienten sowie aus Notwendigkeit, Art, Umfang, Qualität und Ergebnis der eigenständigen pflegerischen Leistung.

Pflegedokumentation ist Arbeitsmittel im Sinne einer Informationsquelle und Grundlage einer kontinuierlichen, geplanten und umfassenden Pflege.

In Zusammenführung dieser Aussagen kann gesagt werden, dass sie eine Methode darstellt, mit deren Hilfe die Handlungsabläufe der Pflege auf der Basis eines Modells systematisiert und strukturiert werden. Dieses Vorgehen baut auf dem Problemlösungsprozess auf, dient weniger der Lösung von Problemen, sondern der Erreichung von Zielen und wird meist algorithmisiert als Abfolge von Teilschritten dargestellt, die in der vorgegebenen Richtung in Kreis- oder Spiralform als Regelkreis unumkehrbar sind.

Hinsichtlich der Wirksamkeit des Dokumentationsprozesses im Rahmen solcher Modellvorstellungen werden in den letzten Jahren auch kritische Meinungen geäußert. Zu Recht wird darauf hingewiesen, dass professionelle Pflege im holistischen (ganzheitlichen) Sinne jeweils subjektive Wahrnehmung und individualisierte Einzellösungen impliziert, die ihrerseits wiederum auf Verstehens-, Anpassungs- und Handlungsleistungen beruhen. Es wird angemerkt, dass sich demzufolge eine professionelle Pflege nur schwer in vorgegebene formale Schritte des Pflegeprozesses hineinpressen und dokumentieren lässt.

Der Pflegeprozess und damit auch die Pflegedokumentation müssen als handlungstheoretische Grundlage auf einem Pflegemodell beruhen, um so theoriegestützt praktisch angewendet werden zu können. Ohne Bezugnahme auf ein Modell kann keine schlüssige Aussage zur praktischen Ausgestaltung der einzelnen Handlungselemente des Pflegeprozesses getroffen werden.

Es ist unbestreitbar, dass die systematisierte und geplante Pflege eine Grundlage für die Professionalisierung des Pflegeberufes darstellt. Gegenwärtig ist es sicherlich nicht sinnvoll, den theoretischen Ansatz des Pflegeprozesses in seinen modellhaften Schritten generell in Frage zu stellen.

Die Pflegewissenschaft ist gefordert, Methoden zu begründen, die professionelles situatives Handeln nachhaltig erleichtern, statt ein rezeptartiges, mechanistisches Regelwerk vorzugeben.

Die Pflegedokumentation garantiert einen raschen Überblick über den Pflegezustand des Patienten und erlaubt einen chronologischen Einblick in den ablaufenden Pflegeprozess. Von wesentlicher Bedeutung ist, dass die aktuelle Pflegesituation nachvollziehbar und damit die Kontinuität des Pflegeprozesses auch bei einem Wechsel der Pflegeperson gewährleistet ist.

6.6.1 Inhalte und Funktionen

Die zentralen Inhalte der Pflegedokumentation lauten:

- Beobachtungen über den Patienten
- Festhalten der bestehenden und neu auftretenden Bedürfnisse und Ressourcen des Patienten
- Erfassen durchgeführter Maßnahmen
- Festhalten der Verlaufsbeschreibungen
- Festhalten subjektiver Befindlichkeiten des Patienten.

Hinzu kommen folgende ergänzende Daten:

- Pflegebedürftigkeit bei der Aufnahme
- Maßnahmen und deren Wirkungen
- Entlassungszustand des Patienten aus pflegerischer Sicht
- ggf. Maßnahmen der Überleitungspflege.

Die Pflegedokumentation muss folgende Aufgaben unterstützen:

- gezielte Vorerhebung (Pflegeanamnese)
- Festlegungen über Verbindlichkeiten der speziellen, auf den Patienten bezogenen Pflegemaßnahmen
- unverzügliche Dokumentation nach erfolgter Pflegemaßnahme bzw. bei Veränderungen der jeweiligen Situation des Patienten
- Möglichkeiten von Effektivitätsüberprüfungen der Pflege
- Beachtung der Übersichtlichkeit, der einheitlichen Interpretierbarkeit und Gewährleistung des sofortigen Zugriffs auf bestimmte Daten.

Nicht nur diese spezielle pflegerische Datenerfassung, sondern auch andere Geschehnisse, Aktionen, Reaktionen und subjektive Empfindlichkeiten des Patienten müssen festgehalten und weiterverarbeitet werden. Die Dokumentation ist demnach einer der wichtigsten Faktoren zur Qualitätsförderung der Pflegetätigkeiten.

In diesem Sinne kann auch gesagt werden: Wenn nicht dokumentiert wird, was getan wurde, können Pflegende nicht beweisen, was sie getan und wie gut sie die Pflegemaßnahmen durchgeführt haben.

6.6.2 Anforderungen an die Dokumentation

Aus dem Vorgenannten ergeben sich folgende grundsätzlichen Anforderungen an das Dokumentationsgeschehen:

- Übersichtlichkeit
- Unkompliziertheit in der Handhabung
- transparenter Informationsfluss für andere Bereiche und nach Möglichkeit
- Vernetzung ärztlicher und pflegerischer Maßnahmen.

Die erfolgreiche Nutzung der EDV-gestützten Dokumentation als Instrument der Pflegetätigkeit setzt voraus, dass Ziele, Durchführungspositionen und Vorteile der Pflegedokumentation im Sinne des Einsatzes erkannt werden. Die Umsetzung dieser Bedingungen erfordert in Bezug auf …

- … die Ziele:
  - Transparenz der Leistung
  - Sicherung der Qualität.
- … die Durchführung:
  - Festhalten der Daten auf speziell entwickelten Masken (Patienten-/Klientendaten)
  - Diagnose, Verordnungen, Informationen, Änderungen
  - ergriffene bzw. durchgeführte Maßnahmen
  - Messergebnisse
  - Pflegedaten.
- … das Erkennen und die Nutzung von Vorteilen für alle Beteiligten:
  - für den Patienten/Klienten
  - für den Pflegenden
  - für die Pflegeadministration.

Für die Pflegenden gilt es, Ziele und Vorteile der Dokumentation zu erkennen und durch professionelle Durchführung die Pflegequalität anzuheben. Im Zentrum der Zielsetzung stehen die Unterstützung der gewünschten Pflegequalität, eine Optimierung des Krankenhausaufenthaltes, ein möglichst hoher Informationsstand der MitarbeiterInnen und damit auch die Kontinuität der Pflege bzw. die kontinuierliche Qualitätsverbesserung.

Die Pflegeperson kann die Komplexität von Pflegesituationen in einer Datendokumentation reduzieren, wenn sie auf vollständige, geordnete und verfügbare Informationen zurückgreifen kann. Der im Ablauf gedanklicher Informationsverarbeitung gewonnene Überblick erlaubt Diagnostik und Therapie bei gleichzeitiger Berücksichtigung der spezifischen Erlebnislage des Patienten.

6.7 Zu einigen rechtlichen Grundlagen der Dokumentation

Grundsätzlich gilt, dass bei einem Rechtsstreit nicht der Patient, sondern das Krankenhaus den Beweis für die durchgeführte Leistung erbringen muss.

6.7.1 Zuständigkeiten und Dokumentationspflichten

Zum Thema «Zuständigkeiten und Dokumentationspflichten» ist Folgendes zu beachten:

- Der leitende Abteilungsarzt trägt die Verantwortung für die ärztliche Dokumentation und die geordnete Zusammenführung der Dokumentationsteile zu einer Krankengeschichte.
- Die Verpflichtung zur Dokumentation gilt auch für die Versorgung belegärztlicher Patienten (gespaltener Krankenhausbehandlungsvertrag); neben den Dokumentationspflichten des Krankenhauses ist der Belegarzt für die Dokumentation im Rahmen seiner Zuständigkeit verantwortlich.
- Die zuständige leitende Pflegekraft trägt die Verantwortung für die pflegerische Dokumentation.
- Die Zuständigkeit des leitenden Abteilungsarztes für die Einhaltung der pflegerischen Dokumentation beschränkt sich auf eine Kontrolle der inhaltlichen Vollständigkeit.
- Jeder Arzt trägt die Verantwortung für die Dokumentation seiner ärztlichen Anordnungen und deren Durchführung.
- Die Dokumentation kann delegiert werden. Wird die Dokumentation einer ärztlichen Anordnung delegiert, so hat der anordnende Arzt die Dokumentation abzuzeichnen.
- Die Dokumentationspflicht des Krankenhauses gegenüber dem Patienten ergibt sich als Nebenpflicht aus dem Krankenhausbehandlungsvertrag. Krankenhausärzte, Pflegepersonal und sonstige nichtärztliche Mitarbeiter werden als Erfüllungsgehilfen des Krankenhausträgers tätig.
- Die Dokumentationspflicht des Arztes leitet sich aus § 11 Abs. 1 der (Muster-)Berufsordnung der Deutschen Ärzte ab, wonach der Arzt über die in Ausführung seines Berufes gemachten Feststellungen und getroffenen Maßnahmen die erforderlichen Aufzeichnungen zu machen hat. Für den Kassenarzt enthält § 5 BMV-Ä zusätzliche Regelungen über die Fertigung von Aufzeichnungen.
- Von der *Dokumentationspflicht des Pflegepersonals* geht das Krankenpflegegesetz § 4 Abs. 1 aus.
- Darüber hinaus ergeben sich Dokumentationspflichten aus spezialgesetzlichen Verordnungen, z. B. aus der Röntgenverordnung und der Strahlenschutzverordnung.

6.7.2 Aufbewahrungsfristen

Die Verpflichtung zur Führung der Krankengeschichte umfasst auch die Pflicht des Krankenhausträgers gegenüber dem Patienten zur Aufbewahrung der im Zusammenhang mit einer Behandlung anfallenden wesentlichen Krankenunterlagen. Nach Abschluss der Behandlung werden die Teilunterlagen abteilungsbezogen zu einer Krankengeschichte zusammengeführt. Ist der Patient in verschiedenen Abteilungen behandelt worden, werden die Krankenunterlagen zu einer Gesamtdokumentation zusammengeführt. Wenn eine Zusammenführung aus technischen Gründen nicht erfolgt, ist ein Zugriff im Bedarfsfall auf die jeweiligen Krankenunterlagen sicherzustellen.

Bei mehreren stationären Aufenthalten des Patienten sollte entsprechend verfahren werden.

Die Krankengeschichte geht nach Anfertigung in das Eigentum des Krankenhausträgers über, der sie unter Sicherung der ärztlichen Schweigepflicht und unter Beachtung der Datenschutzbestimmungen aufbewahrt. Dies geschieht unabhängig davon, ob allgemeine Krankenhausleistungen oder wahlärztliche Leistungen erbracht wurden.

Der *Belegarzt* hat die ihm obliegende Dokumentation dem Krankenhaus zur Vervollständigung der Krankenunterlagen und zur Aufbewahrung zu überlassen. Die zur stationären Versorgung erstellte Krankengeschichte wird unter Sicherung der ärztlichen Schweigepflicht im Krankenhaus aufbewahrt.

Aufzubewahren sind die Unterlagen, die für eine Dokumentation des Behandlungsverlaufs erforderlich sind. Bei Röntgenserienaufnahmen ist es zulässig, nur diejenigen Aufnahmen aufzubewahren, die die zur Befunderhebung bedeutsamen Einzelheiten wiedergeben. Erfolgen im Rahmen der Krankenhausbehandlung Entnahmen von Blut oder Gewebeproben usw., ist es ausreichend, wenn die schriftlichen Untersuchungsergebnisse, wie Labor- oder Histologiebefunde, aufbewahrt werden.

Erfolgte neben dem Vermerk des Arztes über die Aufklärung des Patienten im Krankenblatt eine zusätzliche Dokumentation, ist diese ebenso wie die Einwilligungserklärung des Patienten aufzubewahren.

Die Aufbewahrungspflicht gilt auch für die *Krankengeschichte Verstorbener.* Sie beträgt unter Zugrundelegung der Verjährungsfristen des Bürgerlichen Gesetzbuches grundsätzlich 30 Jahre und beginnt mit der Beendigung der Krankenhausbehandlung. Aus medizinischer Sicht kann in Einzelfällen eine längere Aufbewahrungsfrist in Frage kommen.

Die Krankengeschichten sind *gesondert* und *gesichert* im Krankenhaus aufzubewahren. Zugang ist *nur befugten Personen* zu gestatten. Nach Ablauf der Aufbewahrungsfrist werden die Krankengeschichten unter Beachtung der datenschutzrechtlichen Bestimmungen vernichtet.

Nach § 11 Abs. 2 Satz 1 der (Muster-)Berufsordnung der Deutschen Ärzte müssen ärztliche Aufzeichnungen *10 Jahre nach Abschluss der Behandlung* aufbewahrt werden, soweit nicht nach anderen gesetzlichen Vorschriften eine längere Aufbewahrungspflicht besteht. Folgende *längere Aufbewahrungsfristen* gelten:

- Nach der Berliner Krankengeschichtenverordnung sind Krankengeschichten von *im Krankenhaus verstorbenen Erwachsenen 10 Jahre, von im Krankenhaus verstorbenen Minderjährigen 20 Jahre und in allen sonstigen Fällen 30 Jahre lang aufzubewahren.*
- Gemäß § 28 Abs. 4 der Röntgenverordnung und § 43 Abs. 3 der Strahlenschutzverordnung sind Aufzeichnungen über die Behandlung 30 Jahre und solche über Untersuchungen 10 Jahre lang aufzubewahren.
- Gemäß C 4 der Richtlinien für die Bestellung von Durchgangsärzten in der Fassung vom 1. 4. 1982 ist der Durchgangsarzt verpflichtet, alle Unterlagen über das Durchgangsarztverfahren einschließlich der Röntgenbilder mindestens 15 Jahre lang aufzubewahren.
- Eine *20-jährige Aufbewahrungsfrist für ärztliche Unterlagen über Unfallverletzte* wird bei Zulassung zum berufsgenossenschaftlichen Verletzungsartenverfahren gemäß den Anforderungen der gesetzlichen Unfallversicherungsträger für die Zulassung von Krankenhäusern zur Behandlung Schwer- bzw. Unfallverletzter gefordert.
- Krankengeschichten im Hochschulbereich des Landes Nordrhein-Westfalen (NRW) sind gemäß den Richtlinien des Ministers für Wissenschaft und Forschung des Landes NRW 30 Jahre lang aufzubewahren.
- Gemäß § 10 Abs. 1 Satz 2 des Gesetzes zur Bekämpfung der Geschlechtskrankheiten sind die *Unterlagen über die Untersuchung und Behandlung eines Geschlechtskranken oder eines einer Geschlechtskrankheit Verdächtigen 5 Jahre lang aufzubewahren.*
- Die *Mikroverfilmung und anschließende Vernichtung der Originalunterlagen* ist u. a. bei Einhaltung folgender Voraussetzungen zulässig:
  – Der für die Verfilmung Verantwortliche hat am Ende des Mikrofilms die ordnungsgemäße Verfilmung mit Datum und Unterschrift zu bestätigen.
  – Die Wiedergabe muss mit den Aufzeichnungen bildlich/inhaltlich übereinstimmen.
  – Die verfilmten Unterlagen müssen sich jederzeit innerhalb angemessener Zeit lesbar machen lassen.
  – Die verfilmten Unterlagen der Krankengeschichte des Patienten können unter Beachtung der datenschutzrechtlichen Bestimmungen vernichtet werden, sofern

nicht spezielle Einzelvorschriften, z. B. § 28 Abs. 5 RÖV, eine längere Aufbewahrung vorschreiben.

6.8 Zu Grundlagen der Informatik und des Krankenhausinformationssystems

6.8.1 Einleitende Bemerkungen

Vielfältige Datenmengen müssen gesichert und die daraus extrahierten Informationen zueinander in Beziehung gebracht werden. Diese Informationsfindung konnte durch Methoden der Datenanalyse verbessert und die erforderliche Datenmenge reduziert werden. Die medizinische Informatik ist als Wissenschaft von der Informationsverarbeitung und der Gestaltung informationsverarbeitender Systeme zu betrachten. Sie verfolgt das Ziel, Mediziner bei der Behandlung von Patienten zu unterstützen sowie Einrichtungen der Gesundheitsversorgung und diagnostische und therapeutische Geräte mit Methoden der Informationstechnologie zu analysieren, zu simulieren, zu entwickeln und zu betreiben.

Die Anwendungsgebiete der modernen Informatik sind breit gefächert. Sie reichen von der Krankenhausverwaltung, Patientenbetreuung und Pflege über die Diagnostik und Therapie bis zur Unterstützung der Kommunikation zwischen allen Beteiligten.

Die Bezeichnung «Pflegeinformatik» ist die Übersetzung des englischen Begriffs *nursing informatics*. Synonym gibt es auch die Formulierung «Informationsverarbeitung in der Pflege» oder «Computer in der Pflege» bzw. «EDV in der Pflege».

6.8.2 Aufgaben der Informationsverarbeitung im Krankenhaus

Bei der Informationsverarbeitung im Krankenhaus geht es um:

- Erhebung und Dokumentation medizinischer und pflegerischer Daten zur Unterstützung der originären Aufgabenbereiche und
- Erhebung und Weiterverarbeitung administrativer Daten, wie z. B. die Abrechnung der erbrachten Leistungen mit diversen Kostenträgern.

Aufgaben eines Informationssystems bestehen nicht nur im Informieren. Ein solches System hat außerdem die Funktion, verschiedene Bereiche zu integrieren, eine gute Kommunikation zu gewährleisten sowie auf Anfrage sachbezogene und schnelle Auskunft an berechtigte Benutzer zu geben.

Ziele eines Informationssystems sind:

- Verbesserung des Informationsflusses innerhalb eines Bereiches/Objektes
- Arbeitsplanung und -organisation in Zusammenarbeit mit anderen Bereichen/Objekten
- Erreichung eines geschlossenen Regelkreises zwischen den unterschiedlichen Informationsströmen.

In Einrichtungen des Gesundheitswesens werden Informationssysteme entwickelt, um eine überprüfbare und umfassende patientenorientierte Datenerfassung zu gewährleisten.

Die Verfügbarkeit vollständiger, genauer und zeitgerechter Daten am Ort der Patientenversorgung ermöglicht es den Pflegenden, eine hohe Qualität der Versorgung zu gewährleisten. So werden unnötige Doppeluntersuchungen und u. U. auch Mehrfachdiagnosen verhindert. Zudem wird gewährleistet, dass z. B. Medikamentenallergien und andere Auffälligkeiten besser berücksichtigt werden.

6.8.3 Bedeutung und Funktionen des Krankenhausinformationssystems

Das Krankenhausinformationssystem umfasst alle Bereiche des Krankenhauses, alle zuständigen Gebäude sowie alle Personengruppen, die im Krankenhaus tätig sind.

Charakteristische Aufgaben des Krankenhausinformationssystems sind:

- Erkennen der sendenden und empfangenden Stelle, Formatierung von Nachrichten, Verwaltung der Nachrichtenwege und Schaltung von Nachrichten
- Validieren, Überprüfen und ggf. Ändern einer Nachricht bzw. Information
- Überwachen und Steuern der für die Umsetzung der oben genannten Funktionen notwendigen Hard- und Software
- Aufzeichnen der Transaktionsdaten und deren Übermittlung zum Verwaltungssystem.

Das Krankenhausinformationssystem entwickelt sich schrittweise zu Systemen, in denen Datenein- und -ausgabegeräte in zentralen Bereichen der Patientenversorgung und in Dienstleistungsabteilungen mit einem Zentralrechner verbunden sind und grundlegende Funktionen der Patientenversorgung koordinieren. Der Unterschied zwischen verschiedenen Krankenhauskommunikationssystemen liegt weniger in ihrer Kommunikationsleistung, sondern mehr in der Komplexität und Integration der Anwendungen selbst.

Alle Patientendaten werden in einer zentralen Patientendatenbank zusammengefasst. Anhand einzelner Daten können auch Daten über mehrere Patienten zusammengefasst werden. Ein solches Verfahren gewinnt auch Bedeutung für die Berechnung des Materialverbrauchs und insbesondere für die Arbeitsbelastung.

Prinzipiell können elektronische Akten jederzeit und ohne langwieriges Vorarbeiten zusammengefasst werden. Es handelt sich also im Wesentlichen um ein datenbasiertes Informationssystem, an das dezentrale klinische und nichtklinische Arbeitsplätze und zentrale Rechnerressourcen zur Koordination der Versorgung der Patienten angeschlossen sind, also im Kommunikationssystem zwischen Abteilungen, wie z. B. Küche/Diätetik, Stationen, Apotheke, Labor, Verwaltung, Lager, Empfang, OP, Radiologie, Funktionsdiagnostik.

Neben Abteilungssystemen fungieren ein zentraler Rechner für den Dateninput, die Übertragung und Speicherung und das Auffinden der betreffenden Informationen sowie ein leistungsfähiges Rechnersystem zur geeigneten Verarbeitung und Aufbereitung der Daten.

Die Entwicklung von neuen Behandlungsformen, Programmen und Technologien wird von den gestiegenen Erwartungen der Bürger an ihr Gesundheitswesen begleitet. Es wird erwartet, dass sich Effizienz und Effektivität des Versorgungssystems bei gleich bleibender oder gesteigerter Qualität der Versorgung verbessern.

Nach Hannah (2002) gibt es im Rahmen der Verantwortlichkeiten, mit denen das Gesundheitsversorgungssystem verbunden ist, solche Einflussgrößen wie:

- Bewertung/Analyse des Gesundheitszustandes
- Zielvorgabe zentraler Aufgaben der Versorgung und des Gesundheitsschutzes
- Definieren der strategischen Ausrichtung
- Angebot an Programmen und Dienstleistungen
- Kommunizieren mit der Gesamtheit der Bevölkerung
- Verwaltung der Ressourcen
- Evaluieren des Gesundheitsversorgungssystems.

Das Krankenhausinformationssystem integriert auch die Personen, die …

- … Daten liefern (u. a. Patienten/Klienten sowie Angehörige verschiedener Gesundheitsberufe).
- … Daten und Geräte warten, mit denen Daten erfasst, gespeichert, verarbeitet, zusammengeführt und dargestellt werden (u. a. Personen, die Daten erheben und/oder eingeben).
- … Daten in ihren verschiedenen Formen nutzen (u. a. Angehörige verschiedener Gesundheitsberufe, Manager, Gesetzgeber).

Es wird im Zuge der Entwicklung solcher Systeme erkennbar, dass Entscheidungen, denen sich verantwortliche Mitarbeiter des Gesundheitswesens stellen müssen, komplexer geworden sind:

Entscheidungen beziehen sich auf den Patienten im Zentrum des Gesamtgeschehens.

- Entscheidungen für eine integrierte Versorgungsstruktur erfordern genaue Informationen über den betreffenden Problembereich.
- Entscheidungen, die zunächst nur einen Teil des Gesamtunternehmens betreffen, erfordern Informationen aus anderen Sektoren, zu denen es eine starke Abhängigkeit gibt.
- Entscheidungen über die Reduktion von Ausgaben sollen getroffen werden bei gleichzeitigem Erhalt der Qualität und bei Maximierung des Nutzens für den Betroffenen. Das bedeutet, dass man Gewissheit haben muss, ob die Behandlung eines Patienten auch tatsächlich ein erwartetes bzw. erhofftes Ergebnis zur Folge hatte.

6.8.4 Anwendung des Krankenhausinformationssystems nach Personengruppen

Patienten und deren Angehörige
Das Krankenhausinformationssystem muss dazu beitragen, dass die Patienten auf schnelle, sachgemäße und preisgünstige Art gesund werden und sich auch über den Stand der Therapie ihrer Krankheit informieren können. Auch Angehörige wollen informiert werden und Hinweise über die spätere Folgebetreuung nach der Entlassung erhalten.

Medizinisches Personal
Ärzte benötigen zur Visite rechtzeitig Befunde und wollen auch möglichst schnell und effizient ihre Leistungen dokumentieren. Dazu gehören auch Befunde vorheriger Aufenthalte des Patienten.

Ärzte wollen jederzeit nicht nur die gesamte Krankengeschichte des betreffenden Patienten einsehen, sondern auch auf das benötigte medizinische Wissen zurückgreifen können.

Pflegekräfte erwarten, dass Befunde schnell verfügbar sind.

Medikamente und Arzneimittel müssen nach Aufforderung zur Verfügung stehen, und der Zugriff auf aktuelle Pflegestandards soll jederzeit möglich sein.

Administratives Personal
Um eine hochwertige Patientenversorgung zu sichern, müssen für die Abrechnung der Leistungen rechtzeitig die entsprechenden Informationen zur Verfügung stehen.

6.8.5 Zu einigen Charakteristika der Dokumentation und Informatik der medizinischen Versorgung und pflegerischen Betreuung

Primäre Aufgaben der Tätigkeitsbereiche der medizinischen Versorgung und pflegerischen Betreuung werden in den unterschiedlichsten Formen wahrgenommen. Die ablaufenden Informationsprozesse beziehen sich weitgehend auf spezifische Situationen. Soweit es sich vorwiegend um die Erfassung und Verarbeitung von Messwerten oder formalen Vorgängen von Daten handelt, wird ein einheitlicher Charakter in der Begriffswahl angestrebt.

Die Periodizität des Datenanfalls ist je nach Betreuungsform verschieden. Bei stationärer Behandlung sind über einen bestimmten Zeitraum Daten zu verarbeiten, während bei ambulanter Behandlung Daten unregelmäßig und oft über eine längere Zeitspanne anfallen. Ferner erfolgen hier bestimmte Maßnahmen häufig zu festgelegten Zeiten bzw. an bestimmten Tagen und stellen nicht selten einmalige Aktionen dar. Besonderheiten solcher Betreuungsformen haben sicherlich wesentlich dazu beigetragen, dass die Anwendung moderner Verfahren der Informationsverarbeitung bislang vorwiegend für den stationären Bereich entwickelt wurde.

Im Bereich der Befunddokumentation gibt es vielseitige Bemühungen um die Weiterentwicklung der Methoden und Formen. Die Dokumentation eines Befundes setzt eindeutige Definitionen hauptsächlicher Begriffe und klare Festlegungen von Bewertungsskalen neben standardisierten Untersuchungsmethoden voraus.

Der Begriff «Informationsprozess» umfasst alle Formen der Erfassung, Verarbeitung, Speicherung, Wiederauffindung und Bereitstellung von Daten, die aus dem Leistungs- und Leitungsprozess resultieren bzw. für deren Ablauf benötigt werden. Bei medizinischen und pflegerischen Informationen ist es wegen der großen Variabilität schwieriger als z. B. bei betriebswirtschaftlichen Informationen der Speise- oder Wäscheversorgung, bestimmte zeitliche Rhythmen festzulegen.

Informationen haben einen überwiegend patientenbezogenen Charakter. Sie gliedern sich vor allem in:

- Merkmale, die den Patienten selbst und seinen Gesundheitszustand kennzeichnen
- Angaben über die für den Patienten erbrachten medizinischen und pflegerischen Leistungen
- versorgungs- und verwaltungstechnische Angaben zum betreffenden Krankenhausaufenthalt des Patienten.

6.9 EDV-gestützte Dokumentation am Beispiel praktischer Demonstrationen

6.9.1 Vorbemerkungen zur Bedeutung EDV-gestützter Dokumentationssysteme

Die Veränderungen der Gesetzgebung fordern bei der Versorgung der Patienten Wirtschaftlichkeit, Transparenz und Kundenorientierung. Mit teils langjährigen Erfahrungen bieten verschiedene Unternehmen Patientendokumentationssysteme an. Diese Systeme entsprechen in der Regel den gestiegenen Ansprüchen der Leistungsbereiche im Gesundheitswesen. Sie erlauben individuelle Problemlösungen und sind flexibel einsetzbar. Neben den angebotenen Standardvarianten können einrichtungsspezifische Bestandteile zugeschnitten bzw. eingefügt werden. Patientendokumentationssysteme enthalten Elemente für die medizinisch relevanten Probleme, für die Dokumentation und eventuell auch für die Durchführung einrichtungsspezifischer Aufgaben.

Am Beispiel des Leistungsangebotes der HINZ-Organisation und einiger anderer Hersteller werden nachfolgend die Notwendigkeit, Nützlichkeit und damit Hilfestellung des Dokumentationswesens aufgezeigt.

Die steigenden Anforderungen an Quantität und Qualität der Dokumentation beschleunigen die Einführung entsprechender Software. Es handelt sich um Programme, die nicht nur der Dokumentation dienen, sondern auch die Erfordernisse der Arbeitsablauforganisation unterstützen und Aspekten des Controllings und des Qualitätsmanagements dienen. Betrachtet man die Erwartungen der künftigen Anwender, so ergeben sich bei der Komplexität der Programme Forderungen wie:

- Verbesserung der Information
- Qualitätsmanagement
- Transparenz
- Organisationsunterstützung
- Abbildung des Pflegeprozesses
- Vermeidung von Übertragungsfehlern
- Unterstützung bei Managementaufgaben
- Erstellung von Budgetgrundlagen
- einfache Bedienung
- Reduzierung der Schreibtätigkeiten
- Unterstützung bei Aufnahme, Verlegung und Entlassung
- Optimierung der Dienstübergaben
- höhere Verfügbarkeit der Information
- Vermeidung von Informationsverlusten
- Leistungserfassung
- Terminkoordinierung bzw. -überwachung,
- Zugriff auf Infodatenbanken (Rote Liste usw.)
- Auftrags- und Befundkommunikation
- Unterstützung unterschiedlicher Pflegetheorien und -modelle
- Steuerung von Leistungsprozessen
- Einbindung von Klassifikationen wie ICD, ICPM, OPS 301, LEP®, ENP, ICNP
- aktuelle Information
- Unterstützung der DRG-relevanten Informationsverarbeitung.

Diese Aufzählung ist keineswegs vollständig und zeigt auch, dass beim Einsatz einer Software zur Dokumentation nicht nur die Dokumentation auf ein moderneres Medium portiert werden sollte. Sie zeigt vielmehr einen erheblichen Reorganisationsbedarf im klinischen Alltag. Dieser Wunsch nach Reorganisation beinhaltet aber auch die Forderung, durch ein System Strukturen zu definieren und festzulegen.

6.9.2 Datenkataloge Medizin und Pflege

Ein System für den klinischen Arbeitsplatz muss Anforderungen aus der Sicht der

- Information
- Planung
- Organisation
- Kommunikation und
- Dokumentation

erfüllen. *Dies erfordert beim Softwarehersteller eine ausgeprägte Kompetenz in der allgemeinen Programmierung und Erfahrung, die auf der genauen Kenntnis des Klinikalltags basiert.* Einige Generalisten unter den Softwareherstellern lassen erkennen, dass dieses Know-how nur unzureichend vorhanden ist oder nicht in der Entwicklung genutzt wird. So ist das Hauptargument für deren Software die freie Generierbarkeit von Bildschirmmasken bzw. Formularen. Mit solchen Systemen wird weder den Forderungen an eine moderne Softwareergonomie noch an die Restrukturierung der Abläufe beim Kunden Rechnung getragen, da diese sich zu sehr am Istzustand orientieren. Dieses Vorgehen lässt dann die Frage aufkommen, wozu der erhebliche Aufwand überhaupt betrieben werden soll. Erste Erfahrungen haben gezeigt, dass es durchaus möglich ist, gute Softwaresysteme einzusetzen. Der Kompromiss beginnt nicht bei der Beschaffung der Software, sondern zeigt sich eher in der Planung, in behutsamer Einführung und in stetiger Begleitung der künftigen Anwender.

Nachfolgend werden wesentliche Komponenten solcher Programme und deren Nutzen dargestellt. Die beschriebenen Softwarefunktionalitäten orientieren sich nicht ausschließlich an der HINZ Online Software. **Abbildung 6.9-1** zeigt bereits den hohen Stellenwert, der den Katalogdaten zugewiesen wird. Dies ist nicht verwunderlich, da ein umfangreicher und komplexer Datenbestand dem Endanwender auf Station die tägliche Routine mit dem System erheblich erleichtert.

Datenkataloge
Die Datenkataloge beinhalten die *zur Unterstützung der medizinischen und pflegerischen Behandlung des Patienten notwendigen Basisdaten.* Selbstverständlich können auch die Daten weiterer am Behandlungsprozess beteiligter Berufsgruppen hinterlegt werden. *Die Strukturierung der Daten unterstützt das Arbeiten für alle an der Behandlung beteiligten Disziplinen.* In vielen Datenbereichen macht es Sinn, die Daten hierarchisch anzulegen. Dies minimiert den Eingabeaufwand, da gemeinsame Informationen nur einmalig erfasst werden. Die Hierarchie bildet auch eine Grundlage für spätere Auswertungen (Minimal-Data-Set). Alle relevanten Datensätze werden mit Zusatzparametern versehen, die eine Filterung der Daten nach beliebigen Kriterien zulassen. Datenfilter sind für den Gebrauch der Daten am klinischen Arbeitsplatz unerlässlich, da die Gesamtdatenmenge ansonsten nicht mehr überschaubar bzw. bearbeitbar ist. Beispiele für Parameter sind:

- Alter
- Fachrichtung
- Geschlecht
- Kontraindikation
- Gruppenzugehörigkeit (ATL, AEDL, Orem, eigene)
- Graduierung usw.

Eine sehr wichtige Rolle übernimmt auch die Verknüpfung der Daten. Sie kann zur Selektion der Daten genutzt werden, ist aber auch das Mittel der Wahl bei der Erstellung von virtuellen Behandlungsroutinen bzw. Behandlungskonzepten in der Medizin. Von der Pflege wird diese Funktionalität zur Erstellung von virtuellen Standardpflegeplänen übernommen, die heute auch **leitliniengestützte Pflegepläne** genannt werden. Die Daten der verschiedenen Disziplinen können wechselseitig in den Bildschirmmasken der jeweiligen Berufsgruppe angezeigt werden. Die Verknüpfung der Prozessdaten gar-

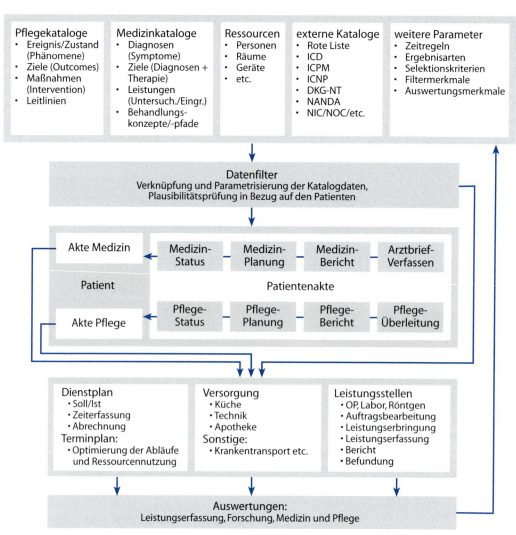

Abbildung 6.9-1: Grafische Übersicht der im Text beschriebenen Komponenten (Quelle: Laux)

antiert bei einer individuellen Planung den Vorschlag sinnvoller Daten unter Berücksichtigung des Qualitätsmanagements und der Ökonomie.

Informationssammlung/Medizin. Für die Informationssammlung/Status/Anamnese werden Zustandsbeschreibungen bzw. Symptome hinterlegt. Diese werden entsprechend dem Aufbau der Bildschirmmaske für die Anamnese mit Sortierungskennzeichen versehen. Auch hauseigene Diagnosekataloge oder der lCD-Katalog können für die Informationssammlung genutzt werden.

Zunehmend werden unter dem Einfluss der DRG's neben eigenen, hausspezifischen Katalogen auch externe Datenkataloge mit eigenen Zugriffsmethoden integriert. Als Beispiel hierfür sind die Programme *KODIP* von SBG und *ID-Diacos* von ID zu nennen. Die Datenkataloge sind so anzulegen oder zu integrieren, dass eine spätere Verwendung zur Diagnoseübermittlung im Rahmen der Aufnahme des Patienten und zur Gruppierung genutzt werden können. Auch die Anwendung von Scores gewinnt im Bereich der medizinischen Informationssammlung an

Bedeutung. So ist die Verknüpfung der Daten z. B. mit Katalogen des Barthel-Indexes oder der ENP, der ICF oder des FIM sinnvoll. Eine weitere Notwendigkeit der Parametrisierung der Daten ergibt sich aus den betriebsinternen und -externen Forderungen im Zusammenhang mit dem Qualitäts- und Risikomanagement.

Informationssammlung/Pflege. Die Kataloge für die Informationssammlung/Pflege beinhalten mehrere Datenarten. Die Vielfalt wird nicht zuletzt durch die uneinheitlichen Begriffsbestimmungen verursacht. Unter dem Oberbegriff «Ereignis/Zustand» werden aufgelistet:

- Ereignisse (Ursache für einen Zustand)
- Zustand (in dem sich der Patient befindet)
- Phänomene
- Symptome
- Merkmale
- Zeichen
- beeinflussende Faktoren und
- Pflegediagnosen.

Alle Daten in diesem Bereich werden mit sinnvollen Zielen und durch Parametrisierung für eine optimale Verarbeitungsmöglichkeit auf den Stationen vorbereitet. Außerdem können Merkmale zur späteren automatischen Berechnung von Scores angefügt werden (z. B. Norton, Braden, Barthel). Im Zusammenhang mit der Einführung der DRG's ist eine Kodierung der Daten aus dem Bereich der Informationssammlung mit den DRG-relevanten Diagnosen der ICD-10 unerlässlich. Wie im Bereich der medizinischen Informationssammlung ist eine Parametrisierung der Daten aus den betriebsinternen und -externen Forderungen im Zusammenhang mit dem Qualitäts- und Risikomanagement notwendig.

Diagnose/Medizin. Der ICD-Katalog und hauseigene Diagnosenkataloge gehören zum Umfang dieses Katalogbereiches. Die Diagnosen können mit diagnostischen und therapeutischen Leistungen verknüpft werden. Auch eine Parametrisierung zur Datenselektion und als Grundlage für Auswertungen ist sinnvoll. Der Übergang zwischen der Anwendung der Daten aus dem Bereich der Informationssammlung und dem Bereich der Festlegung einer Diagnose ist in der Praxis und in den Softwareprodukten oft fließend bzw. nicht klar voneinander abgrenzbar. Dies muss bei der Abbildung von Datenkatalogen in diesen Bereichen berücksichtigt werden. Das heißt, dass je nach Nutzung der Kataloge auch die Parametrisierungsvorgaben nahezu identisch sind.

Diagnose/Pflege. Neben hauseigenen Pflegediagnosen können auch andere, wie z. B. die der NANDA oder ICNP, eingebunden werden. Die Diagnosen werden entweder zur Verknüpfung mit leitliniengestützten Pflegeplänen bzw. Standardpflegeplänen oder zur Zuordnung in der individuellen Planung verwendet. Wie im Bereich der Informationssammlung der Pflege ist auch im Bereich der Pflegediagnose im Zusammenhang mit der Einführung der DRG's eine Kodierung mit den DRG-relevanten Diagnosen der ICD-10 unerlässlich. Eine Parametrisierung der Daten aus Gründen betriebsinterner und -externer Anforderungen im Zusammenhang mit dem Qualitäts- und Risikomanagement ist auch hier erforderlich.

Der Übergang zwischen der Anwendung der Daten aus dem Bereich der Informationssammlung und dem Bereich der Festlegung einer Pflegediagnose ist in der Praxis und in den Softwareprodukten jeweils oft fließend bzw. nicht klar voneinander abgrenzbar. Dies muss bei der Abbildung von Datenkatalogen für die Pflege in diesen Bereichen berücksichtigt werden. Je nach Nutzung der Kataloge werden Parametrisierungsvorgaben nahezu identisch sein können.

Ziele/Medizin. Unter dem Einfluss der DRG's erfordern ein funktionierendes Qualitätsmanagement bzw. Controlling auch für die Medizin objektivierbare Ziele. Diese Ziele können mit sinnvollen Leistungen in der Praxis verknüpft werden. Sollte eine umfangreiche Zielformulierung nicht erwünscht sein, macht es immer noch Sinn, zwischen diagnostischen, therapeutischen und durch Forschung bzw. Lehre bedingten Zielen zu unterscheiden.

Ziele/Pflege. Die für den Pflegeprozess notwendigen Ziele werden in diesem Katalogbereich eingegeben. Sie sollten so formuliert werden, dass sie mit konkreten Maßnahmen erreichbar sind. Hier besteht auch die Möglichkeit, die Ereignisse bzw. Zustände zu verwenden oder die Einbindung bzw. Verknüpfung mit internationalen Katalogen, wie z. B. NOC oder ENP, vorzunehmen. Eine Parametrisierungsmöglichkeit zur Datenselektion ist auch hier gegeben. Im Bereich der Ziele werden heute drei Varianten diskutiert:

- keine Verwendung von Zielen
- eigenständige Zielkataloge
- Zielkataloge basierend auf dem gewünschten Zustand des Patienten.

Die Verwendung von Zielen wird von einigen Pflegewissenschaftlern nicht mehr propagiert, da ihre praktische Anwendung bzw. Formulierung in der Vergangenheit oft nur unzureichend umgesetzt wurde. Diese Tendenz ist aus der Sicht des Qualitätsmanagements und des Controllings eher fragwürdig, da nicht geklärt ist, woran bei der Nichtanwendung von Pflegezielen die Erfüllung der Vorgaben aus den oben genannten Bereichen gemessen werden soll.

Eigenständige Zielkataloge können gut zur prozessorientierten Datenverknüpfung verwendet werden. Hierbei ist jedoch darauf zu achten, dass die Ergebnisse messbar sind. Da bisher die meisten Zielformulierungen in der Pflegepraxis in Bezug auf eine Veränderung oder Erhaltung des Zustandes des Patienten formuliert sind, liegt es nahe, dies auch in den Datenkatalogen zu realisieren. So ist bei dem Ziel, den Zustand des Patienten zu erhalten, das Ziel identisch mit dem aktuellen Zustand des Patienten. Soll der Zustand des Patienten verändert werden, wird der angestrebte Soll-Zustand als Ziel formuliert. In diesem Fall wird also eine veränderte Ausprägung des aktuellen Zustandes als Pflegeziel (ggf. Nahziel/Fernziel) angeboten.

Leistungen/Medizin. Alle medizinischen Leistungen wie die

- des Arztes
- des Labors
- der Radiologie
- des Operationsbereiches
- und andere Leistungen

werden in den Leistungskatalogen erfasst. Neben der Leistungsbezeichnung können alle Informationen, die zur Durchführung, zum Qualitätsmanagement und für spätere Auswertungen notwendig sind, eingetragen werden. Auch die im ICPM bzw. OPS 301 enthaltenen Leistungen werden hier in einen hauseigenen Katalog importiert oder zugeordnet.

Zunehmend werden unter dem Einfluss der DRG's auch externe Datenkataloge mit eigenen Zugriffsmethoden integriert. Als Beispiel hierfür sind die Programme *KODIP* von SBG und *ID-Diacos* von ID zu nennen. Die Datenkataloge sind so anzulegen oder zu integrieren, dass sie später zur Prozedurenübermittlung für den Patienten und zur Gruppierung genutzt werden können. Jede diagnostische oder therapeutische Leistung beinhaltet in ihrem Datensatz ergänzende Informationen wie

- eindeutige Bezeichnung
- Durchführungshinweise
- Zeitregeln
- Aufwand an Personal
- Aufwand an Hilfsmitteln
- Ergebnisart (Wert/Text)
- Schlag-/Suchworte
- beliebige Katalogzuordnungen (z. B. OPS 301, DKG-NT) bzw.
- Verknüpfung zu Zielen
- Verknüpfung zu Diagnosen.

Leistungen/Pflege. Die Pflegeleistungen werden auch Maßnahmen, Handlungen, Interventionen oder Aktionen genannt. Sie werden im Katalog so eingegeben, dass sie den Anforderungen der Definition eines Standards bzw. einer Leitlinie entsprechen. Jede Pflegeleistung beinhaltet in ihrem Datensatz ergänzende Informationen wie:

- eindeutige Bezeichnung
- Durchführungshinweise
- Zeitregeln
- Aufwand an Personal

- Aufwand an Hilfsmitteln
- Ergebnisart
- Schlag-/Suchworte
- beliebige Katalogzuordnungen (z. B. LEP® 3.0, ENP, ICNP, NIC, OPS 301) bzw.
- Ziele.

Behandlungskonzepte/Pathways in Medizin und Pflege. Behandlungskonzepte werden heute von den jeweiligen Berufsgruppen auf der Grundlage ihres berufsspezifischen Wissens unter Einbeziehung des Qualitätsmanagements und des Controllings erstellt. Diese berufsgruppenspezifischen Behandlungs- und Pflegekonzepte werden aufeinander abgestimmt und zu einem interdisziplinär zu verwendenden Behandlungspfad/Pathway zusammengefasst. Der Behandlungspfad/Pathway wird nach dem Baukastenprinzip aus einzelnen Katalogdaten zusammengestellt. Deren Verknüpfung mit den Katalogen ermöglicht die prospektive Kalkulation der Kosten, die die Anwendung dieses Behandlungspfades/Pathways bei dessen Einsatz in der Praxis verursachen wird. Die Behandlungspfade/Pathways sollten so in die Akte integrierbar sein, dass eine retrospektive Bewertung möglich ist über:

- Häufigkeit der Nutzung
- unveränderte Nutzung
- veränderte Nutzung und deren Begründung.

Standardpläne Medizin. Die aus der Sicht des Qualitätsmanagements, des Controllings und vom Verordnungsgeber geforderten Behandlungskonzepte werden auch als Standardbehandlungspläne, Pathways, Leitlinien oder Routinen bezeichnet. Die Behandlungskonzepte werden meist diagnosebezogen erstellt. Sie vereinfachen die Anordnungen auf Station erheblich. Zu Erstellung von Behandlungspfaden/Pathways haben sich bereits viele Anwender zusammengetan, um schneller zu Ergebnissen zu kommen bzw. die Ergebnisse im Interesse eines Benchmarkings aufeinander abzustimmen.

Standardpläne Pflege. Die Standardpläne für die Pflege bzw. für leitliniengestützte Pflegepläne sind Pläne für Patienten mit bestimmten Diagnosen (Pflege/Medizin). Auch situationsbezogene Standardpläne sind in der Praxis üblich. So sind in diesem Bereich der Kataloge auch Pläne für die Situation bei Infektionen, Aufnahme, Verlegung und Entlassung vorhanden. Die NANDA-Diagnosen bieten hier eine gute Vorlage bei der Erstellung angepasster Pläne für die Pflege. Seit 2004 steht mit den ENP's (*European Nursing Care Pathways*) eine Datenbasis zur Einbindung in die verschiedenen elektronischen Pflegeinformationssysteme zur Verfügung. Diese ENP's beinhalten alle Katalogkomponenten des Pflegeprozesses einschließlich der aus der Sicht der DRG's relevanten Verknüpfung der Daten zur ICD-10, zur PPR und zur LEP®.

Ergebnisdokumentation. Es kann zwischen zwei Arten der Ergebnisdokumentation unterschieden werden. So stellt die erneute Eingabe eines Zustandes oder von Diagnosen und Symptomen ein Ergebnis dar. Eine weitere Ergebnisart sind die Ergebnistypen, welche die Struktur der Ergebnisdokumentation genau beschreiben. Dies ist aus Gründen der Einheitlichkeit, Übersichtlichkeit und Auswertungsmöglichkeit sinnvoll. Einige Ergebnistypen sind z. B.

- Bericht
- Bild und
- Zahlenwert.

Für jedes Ergebnis sollte die Art seiner Visualisierung in der Patientenakte vorgegeben werden können.

Zeitregeln. Die Überwachung der Durchführung, die Ermittlung von Personalkennzahlen und das Erstellen von Arbeitslisten erfordert Zeitregeln mit genauen Zeitpunkten. Die Aussage «3 × täglich» ist nicht ausreichend, um den vorgenannten Forderungen gerecht zu werden. Vielmehr wird eine exakte Benennung der Uhrzeiten vorausgesetzt, wobei natürlich in der praktischen Durchführung vereinbarte Toleranzen genutzt werden können. Die Zeitregeln werden schon in den Katalogen mit den Leistungen verknüpft. Dies rationalisiert die spätere individuelle Planung für den Patienten.

Qualitätsmanagement der Datenpflege. Der Katalogbereich enthält einen speziellen Bereich, in dem die Wirkung der Datenverknüpfung und Selektionsparametrisierung überprüft werden kann. Der Abgleich mit externen Katalogen, wie ICNP, ENP, NANDA, ermöglicht es, die eigenen Daten auf Vollständigkeit zu überprüfen.

Mitarbeiter. Die Mitarbeiter werden in den Katalogen eingetragen, damit ihnen im Rahmen des Sicherheitssystems individuelle Benutzerrechte zugewiesen werden können. Außerdem können oft individuelle Vorgaben zur Präsentation der Daten und zum Aussehen der Bildschirmmasken definiert werden. Zum Zwecke der Dienstplanung sind weitere mitarbeiterbezogene Daten erforderlich, darunter:

- vereinbarte Arbeitszeit
- individuelle Dienstprofile
- Urlaubsanspruch
- Vergütungsbezug
- Ausschluss von Diensten
- Qualifikation
- Sonderurlaub
- Zusatzvereinbarung
- Personalnummer
- Zeiterfassungskennung
- allgemeine Personalien und
- Einsatzort.

Dienste. Alle Dienste werden in den Katalogen eingerichtet. Hierzu gehören u. a.:

- Dienstbezeichnung
- Dienstvisualisierung
- Dauer
- Tag
- Vergütungsbezug
- Planungsgebote
- Planungsverbote
- die festgelegte Dienstfolge
- Zeiterfassungsregeln.

Bedarf. Für alle Abteilungen bzw. Bereiche einer Einrichtung können Bedarfsprofile hinterlegt werden.

Viele Systeme erlauben die Unterscheidung zwischen:

- Minimalbesetzung
- Optimalbesetzung
- Maximalbesetzung.

Diese Bedarfsprofile sind die Grundlage für die automatische Planung und die Plus-Minus-Anzeige während der Arbeit mit dem Planungsmodul.

Geräte, Räume usw. Zur Termin- und Ressourcenplanung werden neben den Personen auch die verfügbaren Geräte und Räume erfasst. Die Leistungen werden mit den von ihnen jeweils benötigten Ressourcen verknüpft.

6.9.3 Der klinische Arbeitsplatz

Der klinische Arbeitsplatz umfasst die Software zur Abbildung der elektronischen Patientenakte, die Dienst- und Ressourcenplanung sowie Programme, die das Management und Controlling betreffen.

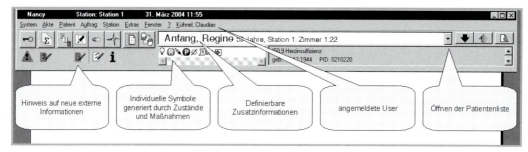

Abbildung 6.9-2: Hauptmaske (Quelle: HINZ, Berlin)

6.9 EDV-gestützte Dokumentation

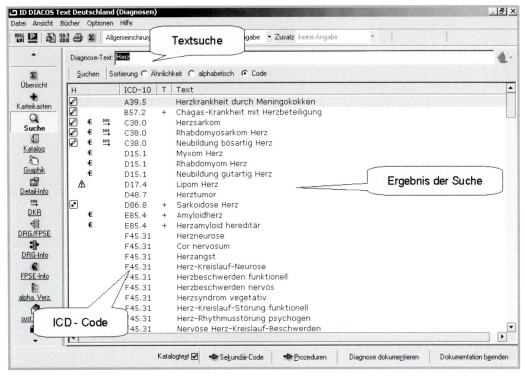

Abbildung 6.9-3: Diagnosenerfassung (Quelle: ID-Diacos/ID)

6.9.3.1 Anwendung medizinischer Bereich

Der klinische Arbeitsplatz im stationären Bereich umfasst alles von der Anamnese bis zum Entlassungsbrief (**Abb. 6.9-2**).

Status, Anamnese
Die aus der Formulardokumentation bekannten Bestandteile einer Anamnese und Aufnahmeuntersuchung fehlen auch in einer umfassenden Softwarelösung nicht. Deutlicher als in der Vergangenheit wird heute zwischen den als Anamnese abgefragten Daten und den durch Untersuchung bzw. Messung erhobenen Daten unterschieden. Nur so sind die Anwendung und Überprüfung von Behandlungspfaden bzw. Pathways möglich. Der medizinische Status wird vom System in einer Historie gespeichert, sodass der Verlauf jederzeit nachvollziehbar ist. Wichtig ist besonders, dass die Aufnahmediagnose und die geplante Aufenthaltsdauer erfasst wird und

somit auch am DRG-Arbeitsplatz zur Verfügung steht (**Abb. 6.9-3**). Hierdurch wird die Effizienz der Dokumentation gesteigert.

Planung, Diagnostik und Therapie
Alle diagnostischen und therapeutischen Leistungen können entweder individuell oder unter Einbindung von Behandlungskonzepten bzw. -routinen geplant werden. Die tägliche Arbeit wird durch die Verwendung von vorselektierten Listen, Hitlisten und durch die Plausibilitätsprüfungen erleichtert. Die Verwendung der den Formularen nachempfundenen Bildschirmmasken bei den Leistungsanforderungen ist gerade in der Einführungsphase hilfreich (**Abb. 6.9-4**).

Bei der Anordnung von Medikamenten besteht der direkte Zugriff auf die Informationen der Roten Liste. Die diagnostischen und therapeutischen Leistungen können den DRG-relevanten Diagnosen und Prozeduren zugeordnet werden. Hierdurch ist die Dokumentation auch

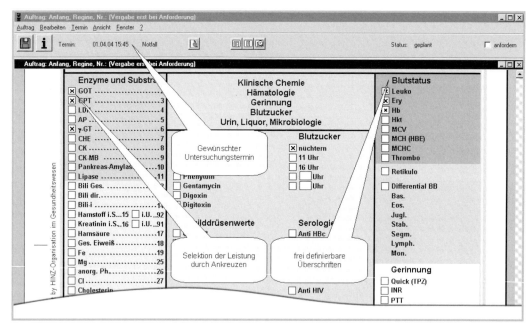

Abbildung 6.9-4: Anforderung diagnostischer bzw. therapeutischer Leistungen (Quelle: HINZ, Berlin)

bei einer Überprüfung durch die Kostenträger beweiskräftig. Die erfassten Diagnosen und Prozeduren werden ohne Mehraufwand am DRG-Arbeitsplatz angezeigt und stehen somit beim Gruppieren zur Verfügung.

Verlaufskurve/Durchführung
Die Verlaufskurve visualisiert alle Leistungen für den Patienten. Durch eine entsprechende Parametrisierung der Leistungen in den Katalogen werden diese hier in den zugeordneten Anzeigegruppen sichtbar (**Abb. 6.9-5**).

Die Anzeigegruppen entsprechen den bisherigen Abschnittsüberschriften in den Formularen. Alle Messwerte können wahlweise numerisch oder gemäß ihrer Ergebnisart als Diagramm visualisiert werden. Der Stand der Durchführung wird durch unterschiedliche Symbole angezeigt (**Tab. 6.9-1**). Erfahrungen zeigen, dass die Anwender die zusätzliche Hilfestellung in Form von Farbsymbolen gern annehmen. Alle Symbole sind auch mit einer Kontexthilfe selbsterklärend. Die Anzeige des visualisierten Zeitraums ist wahlweise einstellbar von einer Stunde bis zu mehreren Monaten.

Alternativ zu der Darstellung in Anlehnung an die mehrtägige Verlaufskurve besteht in einigen elektronischen Patientenakten die Möglichkeit, die Leistungen in Listenform anzuzeigen. Diese Liste ist dann meist chronologisch sortiert. Auch bei dieser Form der Darstellung legen die Hersteller der elektronischen Patientenakten Wert auf eine workflowbezogene Visualisierung des jeweiligen Bearbeitungszustandes der Leistungen. Bei beiden Varianten ist es üblich, durch Anklicken des Datensatzes (Punkte/Zeilen) weiter gehende Detailinformationen zu erhalten. Die Inhalte der Kurven oder Listen werden möglichst zeitgleich mit der Erbringung aktualisiert. Somit stehen dem anfordernden Arzt neue Befunde und weitere Informationen schnellstmöglich zur Verfügung. Die Kenntlichmachung nicht rechtzeitig erbrachter Leistungen fördert schnelles korrigierendes Eingreifen und unterstützt hierdurch die Einhaltung der geplanten Aufenthaltsdauer.

Arztbericht
Berichte können im Zusammenhang mit jeder Leistungserbringung erfasst werden. Zusätzlich

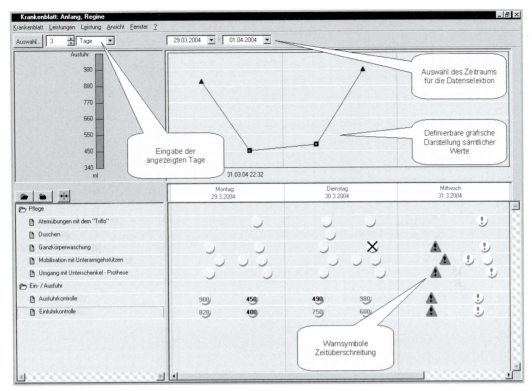

Abbildung 6.9-5: Patientenverlaufskurve (Quelle: HINZ, Berlin)

steht dem Arzt eine gesonderte Berichterfassungsmaske zur Verfügung (**Abb. 6.9-6**). Hier kann neben der Freitexterfassung auch mit Textbausteinen gearbeitet werden.

Das Verfassen von Arztbriefen ist entweder direkt im Stationsarbeitsplatz oder an einem anderen Arbeitsplatz des Arztes integriert, oder es wird ein spezieller Schreibplatz zur Verfügung gestellt. Der Arztbrief kann zu einem großen Teil auf der Grundlage entsprechender Markierungen automatisch generiert werden. Er kann überarbeitet und durch Freitexteingaben oder Textbausteine ergänzt werden. Außerdem werden bisherige Berichte (Verlauf/Befund) zur Übernahme in den Arztbrief angeboten. Bis zur Freigabe ist er komplett überarbeitbar. Viele Systeme unterstützen aus organisatorischer Sicht auch die Weiterleitung des Dokumentes an die Person, die es als Nächste bearbeiten soll. Nach dem Speichern ist das Dokument nicht mehr zu verändern und somit Bestandteil der Patientenakte. Sollte doch noch eine Änderung nötig

Tabelle 6.9-1: Symbole für den Stand der Durchführung von Leistungen (Quelle: Laux)

Kodierung	Parameter
Grün	durchgeführt
Rot	fällig
Gelb mit rotem X	storniert
Gelbt mit schwarzem X	nicht durchgeführt
Türkis	geändert durchgeführt
Gelb	geplant/zukünftig

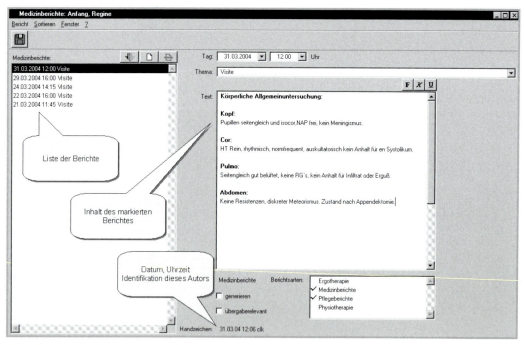

Abbildung 6.9-6: Erfassung von Arztberichten (Quelle: HINZ, Online)

sein, wird dies in einer Kopie vorgenommen. Kombinierbar ist die Funktion der Arztbriefschreibung auch mit Systemen zum digitalen Diktat. Hierbei wird entweder ein spezielles Diktiergerät oder direkt eine digitale Sprachaufzeichnung am PC genutzt. Die digitale Erfassung von Sprache kann auch um eine Spracherkennung erweitert werden. Hierzu liegen bereits erste positive Erfahrungsberichte vor. Die abgeschlossenen Arztbriefe können ausgedruckt oder als elektronisches Dokument versendet werden.

DRG-Arbeitsplatz

Der DRG-Arbeitsplatz unterstützt den Arzt bei der Erledigung der mit der Abrechnung nach DRG's anfallenden Aufgaben. Alle erforderlichen Funktionen werden zusammengefasst.
Die Hauptfunktionen sind optional:

- Erfassung der Diagnosen
- Auflistung aller in der elektronischen Patientenakte erfassten Diagnosen
- Erfassung der Prozeduren
- Auflistung aller in der elektronischen Patientenakte erfassten Prozeduren
- Auflistung aller in den Leistungsstellen erbrachten Prozeduren
- Festlegung der Aufnahmediagnose
- Eingabe der geplanten Aufenthaltsdauer
- Erfassung von Beatmungszeiten
- Erfassung bzw. Übernahme des Aufnahmegewichtes
- Versenden der Aufnahmeinformation an das Administrationssystem
- Festlegung der Hauptdiagnose
- Festlegung der Nebendiagnosen
- Festlegung der Entlassungsdiagnose
- Übernahme von Diagnosen aus der Pflegedokumentation
- Unterstützung der Eingaben durch die Einbindung von Standard-Kodierhilfen
- selbstlernende Hitlisten für Diagnosen und Prozeduren
- hausspezifische Vorschlagslisten
- Controllingfunktionen (Arbeitslisten) durch Selektions- und Prüfkriterien
- Entlassungs- und Verlegungsmeldungen.

Nach der Eingabe aller relevanten Daten können die DRG-Gruppe und das damit verbundene Kostengewicht ermittelt werden. Der Anwender kann durch eine Anzeige der möglichen Gruppierungen bei der Findung der DRG-Gruppe mit der entsprechenden Hauptdiagnose und dem höchstmöglichen Kostengewicht unterstützt werden. Diese Funktionen ermöglichen entweder als eigenständiges Programm oder als ein auf der Patientenakte basierendes Modul eine effiziente Erledigung der administrativen, abrechnungsrelevanten Zusatzaufgaben. Basierend auf der elektronischen Patientenakte werden alle Diagnosen (Medizin/Pflege) und Prozeduren automatisch, also ohne zusätzlichen Erfassungsaufwand angezeigt. Außerdem erlaubt die Integration in die Akte eine schnellere und genauere Behandlungsrelevanz von Diagnosen und Prozeduren sowie deren Zusammenhang. DRG-Arbeitsplätze haben neben Dokumentations- und Gruppierungsaufgaben eine Vielzahl weiterer Funktionen, die überwiegend im Bereich des Controlling, des Qualitätsmanagements und der Workflowunterstützung angesiedelt sind.

6.9.3.2 Anwendung pflegerischer Bereich

Der Pflege stehen alle zum Pflegeprozess gehörenden Formularkomponenten zur Verfügung. Bei der Entwicklung wird empfohlen, sich nicht zu eng an den bisherigen Formularen zu orientieren, da diese bisher schon oft an die Grenzen der Verwendbarkeit stoßen. Die Chancen einer Neuorientierung kurzfristigen Wiedererkennungseffekten zu opfern, wäre unprofessionell.

Status
Der Pflegestatus ist die Bildschirmmaske zur Erfassung und Visualisierung der jeweiligen Patientensituation (**Abb. 6.9-7**).

Die Anzeigebeschriftung erscheint hier (ATL) entsprechend der Vorgabe in den Katalogen. Die

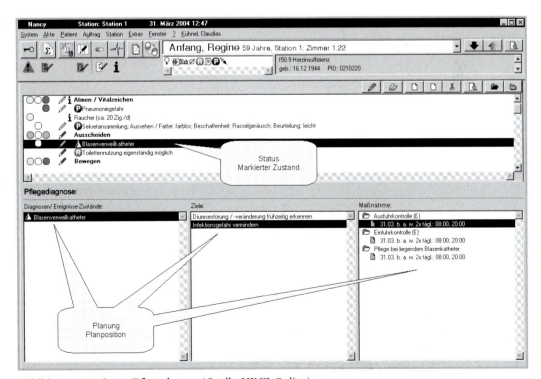

Abbildung 6.9-7: Status/Pflegeplanung (Quelle: HINZ, Online)

Daten sind zusätzlich mit dem jeweiligen Grad der Selbstständigkeit des Patienten (rot, gelb, grün) gekennzeichnet. Alle zugeordneten Informationen werden entweder dem Bereich «planungsrelevant» oder «informativ» zugeordnet. Somit stehen die planungsrelevanten Zustände für die weitere Planung und Planungsüberwachung zur Verfügung. Die Patientendaten werden im Status in einer Historie gespeichert. Somit ist der Verlauf jederzeit nachvollziehbar. Der erste Status ist demzufolge der Aufnahmestatus, es folgt der jeweilige Momentanstatus oder auch der Verlegungsstatus. Der letzte Status ist der Entlassungsstatus. In einem zusätzlichen Arbeitsschritt kann eine Bewertung der Zustände des Patienten vorgenommen werden. Hierbei werden Probleme und Ressourcen festgelegt und ggf. Pflegediagnosen zugeordnet. Einige Pflegeinformationssysteme bieten die Möglichkeit, die im Status eingetragenen Informationen auf der Grundlage der Datenverknüpfung hinsichtlich ihrer Relevanz in Bezug auf Scores auszuwerten. Dies erspart zusätzlichen Erfassungsaufwand und verbessert die Qualität.

Planung
Die zuvor im Status als planungsrelevant gekennzeichneten Zustände werden auf Knopfdruck automatisch in die Planungsmaske übertragen (Abb. 6.9-7). Auf der Grundlage der Parametrisierung und der Verknüpfung der Daten werden nun die passenden Ziele und die zu den Zielen passenden Maßnahmen vorgeschlagen.

Eine Variante ist auch die pflegediagnosebezogene Bündelung von Zuständen. Diese werden dann zusammenhängend weiterverarbeitet. Als weitere Möglichkeit besteht das Hinzufügen von Pflegestandardplänen bzw. leitliniengestützten Pflegeplänen. Der Status wird dann automatisch um die in dem Standardpflegeplan bzw. den Behandlungspfaden enthaltenen Zustände, Ziele und Leistungen ergänzt. Alle Daten, die aus den Katalogen zugeordnet werden, lassen sich verändern bzw. durch Freitext ergänzen. Dies stellt eine individuelle Pflege sicher. Alle geplanten Leistungen werden mit konkreten Zeitregeln geplant, die die Zeitpunkte der Durchführung (Häufigkeit) und die Dauer der geplanten Leistungserbringung dokumentieren. Die Planung beinhaltet auch die Terminierung der Kontrolle der Planung. Hierdurch wird eine rechtzeitige Evaluation der Planung sichergestellt.

Durchführung
Alle geplanten Leistungen stehen in Form von Arbeitslisten zur Verfügung. Systembedingt wird eine Kontrolle über den Stand der aktuellen Abarbeitung von Arbeitsaufträgen vorgenommen. Eventuelle Rückstände werden automatisch in Erinnerung gebracht. Die Verlaufskurve bietet durch die Anzeige von unterschiedlichen Symbolen eine gute Übersicht über den Stand der Durchführung der Leistungen. Die Leistungen lassen sich auch auf PDA zur mobilen Leistungserfassung übertragen. Die mittels PDA erfassten Leistungen werden nach einem Datenabgleich mit ihrem Durchführungsstand in der Verlaufskurve angezeigt. Gleichzeitig mit der Bestätigung der Leistungserbringung werden auch ggf. deren Ergebnisse in Form von Berichten, Messwerten oder z. B. auch Fotos dokumentiert. Neben der zuvor bereits beschriebenen Möglichkeit, den Pflegeaufwand durch die in den Katalogen festgelegten Zuordnungen zu LEP® oder PPR darzustellen, können bei der Erfassung der Durchführung einer Leistung auch die damit verbundenen Ressourcen erfasst werden. Die Ressourcen beschreiben sowohl den jeweiligen personellen Aufwand (Qualifikation, Anzahl, Dauer) als auch den jeweiligen materiellen Aufwand (Geräte, Verbrauchsmaterial etc.). Die Erfassung des Ressourcenverbrauchs dient der Kalkulation der tatsächlichen Fallkosten.

Bericht
Beim Erfassen eines Berichtes wird dieser systembedingt mit Datum, Uhrzeit und Handzeichen der angemeldeten Person versehen. Zur besseren Gliederung können oft thematisierende Überschriften vergeben werden. Der eigentliche Bericht wird entweder als Freitext eingegeben oder mit Hilfe von Textbausteinen erstellt. Berichte können auch im Zusammenhang mit jeder Leistungserbringung erfasst werden. Erfasste Berichte können durch entspre-

chende Kennzeichnung auch direkt anderen Berufsgruppen angezeigt werden. Die Kennzeichnung eines Berichtes mit dem Parameter «übergaberelevant» führt demnach zu dessen automatischer Integration in den Übergabebericht.

Übergabe

Der Übergabebericht wird automatisch aus den im vorherigen Verlauf eingegebenen Informationen erstellt. Da die Menge der Informationen sehr groß ist, kann der Betrachtungszeitraum eingegrenzt werden. Außerdem kann anhand von Selektionseinstellungen die Art der Information bestimmt werden. Auch der Signalplan ist im Übergabebericht sichtbar (**Abb. 6.9-8**). Einige Systeme ermöglichen zusätzlich die Dokumentation der Kenntnisnahme durch die jeweiligen Benutzer.

Überleitung

Die Überleitungsinformationen bei internen und externen Verlegungen werden größtenteils aus dem Status, der Medikamentenanordnung und der Pflegeplanung generiert. Zur Ergänzung können Freitexteingaben oder Textbausteine verwendet werden (**Abb. 6.9-9**). Ein Überleitungsbericht kann entweder ausgedruckt oder als elektronische Dokument versendet werden.

6.9.3.3 Anwendung Pflegediagnosen, Leistungserfassung und Auswertung

Pflegediagnosen

Die Pflege kann im Rahmen der DRG's wesentlich zur Sicherung der Erlössituation beitragen. Die Pflege bearbeitet Patientenprobleme, wie z.B. Inkontinenz (ICD-10 R15), die als Nebendiagnose in die DRG's einbezogen werden

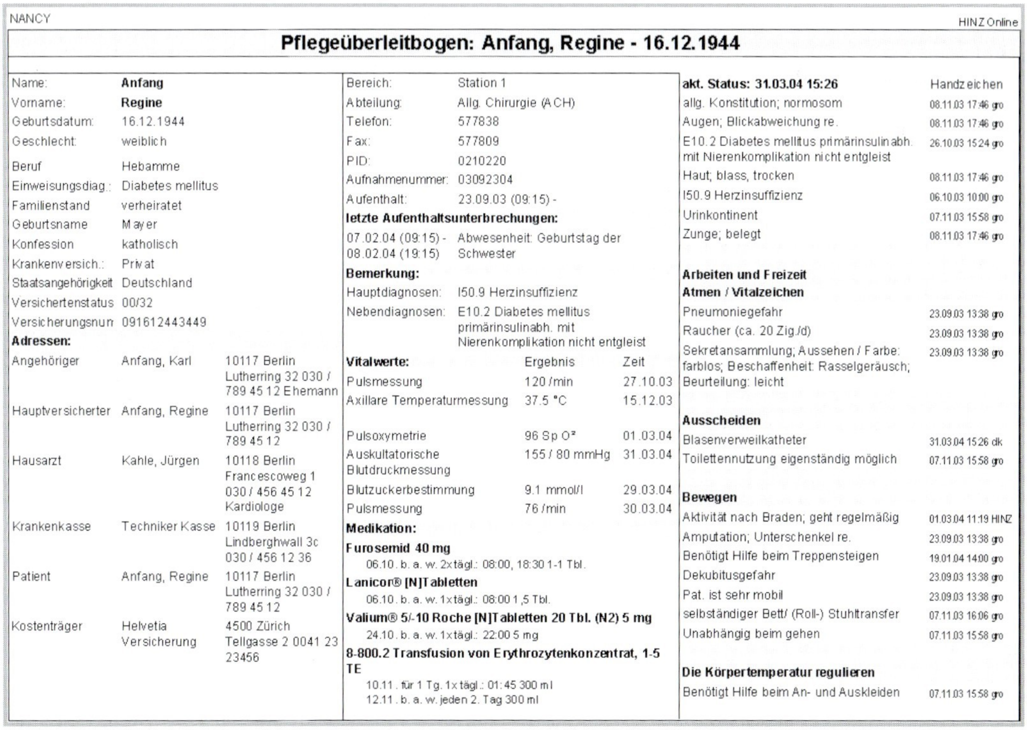

NANCY | HINZ Online

Pflegeüberleitbogen: Anfang, Regine - 16.12.1944

Name:	**Anfang**	
Vorname:	**Regine**	
Geburtsdatum:	16.12.1944	
Geschlecht:	weiblich	
Beruf	Hebamme	
Einweisungsdiag.:	Diabetes mellitus	
Familienstand	verheiratet	
Geburtsname	Mayer	
Konfession	katholisch	
Krankenversich.:	Privat	
Staatsangehörigkeit	Deutschland	
Versichertenstatus	00/32	
Versicherungsnun	091612443449	
Adressen:		
Angehöriger	Anfang, Karl	10117 Berlin Lutherring 32 030 / 789 45 12 Ehemann
Hauptversicherter	Anfang, Regine	10117 Berlin Lutherring 32 030 / 789 45 12
Hausarzt	Kahle, Jürgen	10118 Berlin Francescoweg 1 030 / 456 45 12 Kardiologe
Krankenkasse	Techniker Kasse	10119 Berlin Lindberghwall 3c 030 / 456 12 36
Patient	Anfang, Regine	10117 Berlin Lutherring 32 030 / 789 45 12
Kostenträger	Helvetia Versicherung	4500 Zürich Tellgasse 2 0041 23 23456

Bereich:	Station 1
Abteilung:	Allg. Chirurgie (ACH)
Telefon:	577838
Fax:	577809
PID:	0210220
Aufnahmenummer:	03092304
Aufenthalt:	23.09.03 (09:15) -
letzte Aufenthaltsunterbrechungen:	
07.02.04 (09:15) - 08.02.04 (19:15)	Abwesenheit: Geburtstag der Schwester
Bemerkung:	
Hauptdiagnosen:	I50.9 Herzinsuffizienz
Nebendiagnosen:	E10.2 Diabetes mellitus primärinsulinabh. mit Nierenkomplikation nicht entgleist

Vitalwerte:	Ergebnis	Zeit
Pulsmessung	120 /min	27.10.03
Axillare Temperaturmessung	37.5 °C	15.12.03
Pulsoxymetrie	96 Sp O²	01.03.04
Auskultatorische Blutdruckmessung	155 / 80 mmHg	31.03.04
Blutzuckerbestimmung	9.1 mmol/l	29.03.04
Pulsmessung	76 /min	30.03.04

Medikation:

Furosemid 40 mg
06.10. b. a. w. 2xtägl.: 08:00, 18:30 1-1 Tbl.

Lanicor® [N]Tabletten
06.10. b. a. w. 1xtägl.: 08:00 1,5 Tbl.

Valium® 5/-10 Roche [N]Tabletten 20 Tbl. (N2) 5 mg
24.10. b. a. w. 1xtägl.: 22:00 5 mg

8-800.2 Transfusion von Erythrozytenkonzentrat, 1-5 TE
10.11. für 1 Tg. 1x tägl.: 01:45 300 ml
12.11. b. a. w. jeden 2. Tag 300 ml

akt. Status: 31.03.04 15:26	Handzeichen
allg. Konstitution; normosom	08.11.03 17:46 gro
Augen; Blickabweichung re.	08.11.03 17:46 gro
E10.2 Diabetes mellitus primärinsulinabh. mit Nierenkomplikation nicht entgleist	26.10.03 15:24 gro
Haut; blass, trocken	08.11.03 17:46 gro
I50.9 Herzinsuffizienz	06.10.03 10:00 gro
Urinkontinent	07.11.03 15:58 gro
Zunge; belegt	08.11.03 17:46 gro
Arbeiten und Freizeit	
Atmen / Vitalzeichen	
Pneumoniegefahr	23.09.03 13:38 gro
Raucher (ca. 20 Zig./d)	23.09.03 13:38 gro
Sekretansammlung; Aussehen / Farbe: farblos; Beschaffenheit: Rasselgeräusch; Beurteilung: leicht	23.09.03 13:38 gro
Ausscheiden	
Blasenverweilkatheter	31.03.04 15:26 dk
Toilettennutzung eigenständig möglich	07.11.03 15:58 gro
Bewegen	
Aktivität nach Braden; geht regelmäßig	01.03.04 11:19 HINZ
Amputation; Unterschenkel re.	23.09.03 13:38 gro
Benötigt Hilfe beim Treppensteigen	19.01.04 14:00 gro
Dekubitusgefahr	23.09.03 13:38 gro
Pat. ist sehr mobil	23.09.03 13:38 gro
selbständiger Bett/ (Roll-) Stuhltransfer	07.11.03 16:06 gro
Unabhängig beim gehen	07.11.03 15:58 gro
Die Körpertemperatur regulieren	
Benötigt Hilfe beim An- und Auskleiden	07.11.03 15:58 gro

Abbildung 6.9-8: Überleitungsbericht (Quelle: HINZ, Online)

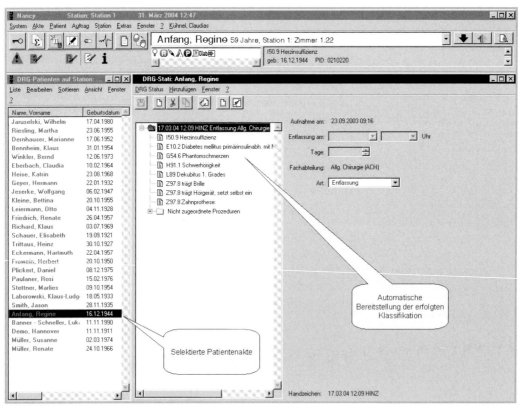

Abbildung 6.9-9: Auswahl von Prozeduren (Quelle: SGB, Berlin)

können. Wichtig ist für die Praxis, dass die Diagnosen nicht unberücksichtigt bleiben. Die Diagnosen werden entweder in entsprechenden Bildschirmmasken erfasst oder automatisch aus der elektronischen Patientenakte generiert. Je nach der Leistungsfähigkeit des Systems kann schon bei der automatischen Ermittlung geprüft werden, ob die Diagnose auch einen Bezug zur tatsächlichen Pflege und Behandlung des Patienten hatte. Die so ermittelten DRG-relevanten Diagnosen aus der Pflege werden dem mit der Gruppierung beauftragten Mitarbeiter als Ausdruck oder direkt in den Bildschirmmasken des DRG-Arbeitsplatzes zur Verfügung gestellt (**Abb. 6.9-10**).

Methoden zur Leistungserfassung
Im Krankenhaus stehen heute zwei Methoden zur Leistungserfassung im Vordergrund.

PPR-Methode. Die PPR-Methode ist heute zwar nicht mehr vorgeschrieben, wird aber dennoch vielerorts noch angewendet. Dies beruht auf der lange Zeit fehlenden Alternative. Der Zeitraum für die Ermittlung der PPR-Einstufung ist die Zeit von 6 bis 20 Uhr. Die PPR-Einstufung kann auch manuell erfasst werden, wenn noch keine elektronische Patientenakte im Einsatz ist. Hierfür stehen zwei Erfassungswege zur Auswahl. Der erste Weg ist die direkte Erfassung der PPR-Einstufung des Patienten. Bei dem zweiten Weg wird die jeweilige Einstufung in den Erfassungsbereichen A und S dokumentiert. Aus den Zuordnungen in den Erfassungsbereichen wird dann automatisch die PPR-Einstufung des Patienten ermittelt (**Abb. 6.9-11**). Die Struktur der Katalogdaten erlaubt die automatische Auswertung der PPR-Stufe aus der elektronischen Patientenakte.

6.9 EDV-gestützte Dokumentation

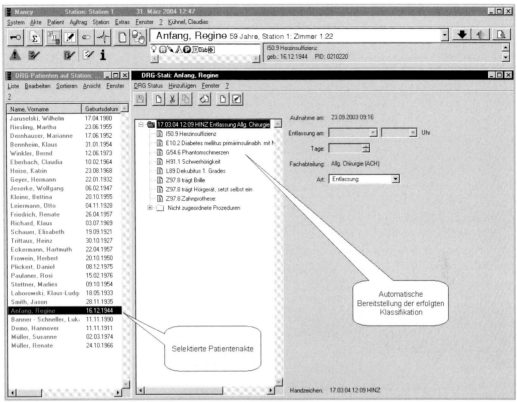

Abbildung 6.9-10: Auswertung der Pflegeakte am DRG-Arbeitsplatz (Quelle: HINZ, Online)

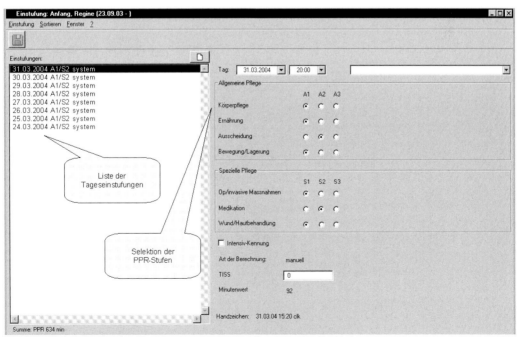

Abbildung 6.9-11: Eingabe-/Anzeigemaske PPR (Quelle: HINZ, Online)

LEP®-Methode. Neben der PPR gewinnt die Leistungserfassung nach der LEP®-Methode zunehmend an Bedeutung, da diese Methode die Erfassung aller Leistungen voraussetzt. Im Gegensatz zur PPR wird bei der LEP®-Methode nicht nur ein zeitlicher Tagesabschnitt, sondern der Zeitraum von 24 Stunden betrachtet. Die Bewertung der Leistungen wird durch den in der LEP®-Methode definierten normativen Zeitwert sichergestellt. Die Einbeziehung aller Leistungen und der normative Zeitwert erlauben die Nutzung der Leistungskennzahlen zu einer fallbezogenen Kalkulation.

Die Anwendung der LEP®-Methode setzt, wie bereits beschrieben, eine Erfassung der Pflegeleistungen voraus. Diese Leistungen werden entweder in einem Pflege-Leistungserfassungssystem manuell erfasst oder durch die Auswertung der elektronischen Patientenakte automatisch generiert. Die automatische Generierung stellt eine Übereinstimmung mit der Dokumentation sicher und erfordert von den Pflegenden keinen zusätzlichen Erfassungsaufwand.

Nach der LEP®-Methode werden die erfassten Pflegeleistungen den tatsächlichen Personalressourcen gegenübergestellt. Die Differenz zwischen den verfügbaren und den verbrauchten Ressourcen wird als C-Wert bezeichnet (**Abb. 6.9-12**). Die Höhe des C-Wertes lässt Rückschlüsse auf die Pflegequalität (ausreichende Personalressourcen = normaler oder hoher C-WERT), das Pflegerisiko (zu wenig Personalressourcen = niedriger C-Wert) und auf Unter- oder Überkapazitäten bei der Personalsetzung einer Organisationseinheit zu.

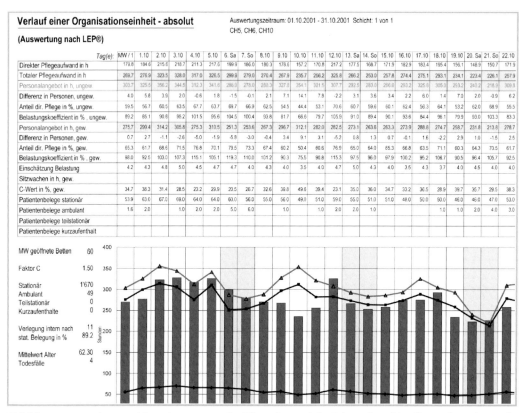

Abbildung 6.9-12: Automatisierte Auswertung der Pflegeakte und des Dienstplans (Quelle: Boxler Informatik, Zürich/HINZ, Online)

6.9.3.4 Anwendung Dienst- und Terminplan

Termin- und Dienstplan basieren auf einer Datenbank. Somit stehen alle Informationen wechselseitig zur Verfügung.

Dienstplan
Der Personalbereich gehört zu den größten Kostenfaktoren eines Krankenhauses, deshalb ist eine Unterstützung durch die EDV in diesem Bereich unerlässlich. Der Dienstplan unterstützt das Personalmanagement im Bereich der:

- Planung der Dienste
- Erfassung der Istzeit
- Abrechnungsvorbereitung
- Planung von Funktionen und Aufgaben.

Die eigentliche Planung wird unterstützt durch:

- automatische Berechnung von Zeitkonten
- Plausibilitätsprüfungen

- Planungsvorschläge
- Transparenz
- Übersichtlichkeit.

Die Erfassung der von der Sollzeit abweichenden Istzeiten erfolgt mittels Tastatur am Bildschirm. Alternativ hierzu können auch Zeiterfassungsterminals durch die Mitarbeiter direkt genutzt werden. Dies reduziert den Aufwand der Abrechnungsvorbereitung erheblich. Der wichtigste Faktor ist die automatische Datenübergabe zur Erstellung der mitarbeiterbezogenen Monatsabrechnung. Hierzu gehören auch die Berechnung der Mehrzeiten und die Berechnung der Zuschläge für Dienst zu ungünstigen Zeiten.

Der Dienstplan ist außerdem die Grundlage für vielfältige Statistiken. In einem Dienstplanprogramm stellt das Planblatt die zentrale Arbeitsmaske dar. Die gleichzeitige Sicht auf

- Mitarbeiter

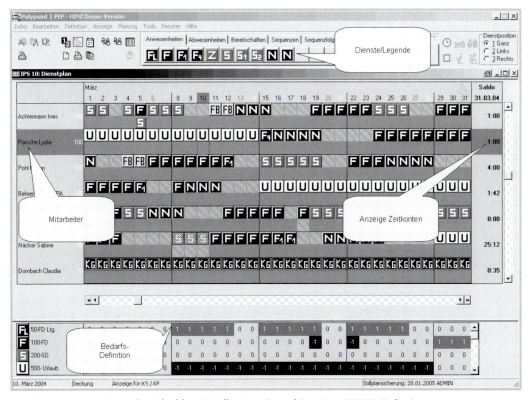

Abbildung 6.9-13: Dienstplan/Planblatt (Quelle: Erne Consulting, Bern/HINZ, Online)

- Mitarbeiter-Saldostand
- Planungsbedarf
- Zeitkonten und
- die Verteilung der Dienste

bietet die optimale Voraussetzung für eine optimierte Planung (**Abb. 6.9-13**).

Terminplan
Die Planung und Überwachung und besonders die Einhaltung von Terminen gewinnt bei der Anwendung von Behandlungspfaden/Pathways zunehmend an Bedeutung. Jede Abweichung von den Planvorgaben kann zu negativen Auswirkungen auf die Aufenthaltsdauer und somit auf die Kosten führen. Die Terminplanung ist in der Praxis häufig an eine Bettendispositionen gekoppelt, damit bei planbaren Aufenthalten des Patienten auch die gewünschten Ressourcen zur Verfügung stehen. Ein gutes Terminplanungsprogramm zeichnet sich durch die gleichzeitige Sicht auf die jeweils zu planenden Ressourcen aus (**Abb. 6.9-14**). Auf eventuelle Konflikte wird sofort hingewiesen. Die Planinformationen stehen allen Beteiligten als Listen zur Verfügung.

Literatur
Bamert, U.: Pflegeleistungen sichtbar machen. Heilberufe, 55. Jg., 1/2003
Buchholz, W.; Haux, R.: Informationsverarbeitung in den Universitätsklinika Baden-Württembergs. Heidelberg, 1995
Deutsche Krankenhausgesellschaft: Hinweise zur Dokumentation der Krankenhausbehandlung. Deutsche Krankenhaus-Verlagsgesellschaft mbH, Düsseldorf, 1990
Haas, P.; Köhler, C.; Kühn, K.; Pietrzyk, P.; Prokosch, H.-U.: Praxis der Informationsverarbeitung im Krankenhaus (Bd. 13). Landsberg/Lech, 1996
Hannah, K. J.; Ball, M. J.; Edwars, M. J. A.; Hübner U. H.: Pflegeinformatik. Berlin, Heidelberg, 2002

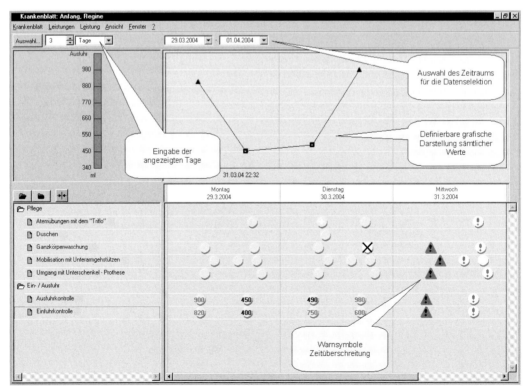

Abbildung 6.9-14: Ressourcenplan/Auswertung Dienst- und Terminplan (Quelle: Erne Consulting, Berlin/HINZ, Berlin)

Haubrock, M.; Peters, Sönke H. F.; Schär, W. (Hrsg.): Betriebswirschaft und Management im Krankenhaus (2. Aufl.). Berlin, Wiesbaden, 1997: 254

Herrmann, G.; Haas, P.; Kühn, K.; Prokosch, H.-U.; Schmücker, P.; Köhler, C.: Praxis der Informationsverarbeitung im Krankenhaus (Bd. 15). Landsberg/Lech, 1998

Holl, H.; Fischbach, F.: Gedanken zur Einführung einer elektronischen Pflegedokumentation in Akutkrankenhäusern. Pflegeinformatik, Jg. 1999

Kühn, K.; Haas, P.; Köhler, C.; Pietrzyk, P.; Prokosch, H.-U.; Schmücker, P.: Praxis der Informationsverarbeitung im Krankenhaus (Bd. 14). Landsberg/Lech, 1997

Laux, H.: ICNP – Die Verwendung von Klassifikationen in Pflegeinformationssystemen. Bern, Göttingen, Toronto, Seattle, 2003

Laux, H.: Mit Informatik leicht gemacht – Anwendung und Nutzen in der Pflege. Heilberufe, 55. Jg., 1/2003

Ohmann, C.: Grundlagen der Dokumentation. In: Ohmann, C.; Heicappel, R.: Personalcomputer im Krankenhaus. Stuttgart, 1990

Ohmann, C.; Heicappel, R.: Personalcomputer im Krankenhaus. Stuttgart, 1990

Reinhart, M.; Ev. Fachhochschule Berlin: Hat unsere Pflegedokumentation Schwachstellen – und wie kann ich das herausfinden? Heilberufe, 49. Jg., 8/1997

Reinhart, M.; Schär, W.: Computer in der Pflege – eine Einführung, l. Teil. Heilberufe, 51. Jg., 1/1999

Roggenkemper, D.: Haftungsrechtliche Aspekte elektronischer Dokumente im Krankenhaus. Hausarbeit an der Katholischen Fachhochschule Norddeutschland, Abteilung Osnabrück, Studiengang Sozialökonomie, Studienrichtung Pflegemanagement. Pflegeinformatik PR-Internet 9/99

Schär, W.; Laux, H.: Pflegeinformatik in der klinischen Praxis. München, 2003

Seelos, H.-J.: Informationssysteme und Datenschutz im Krankenhaus: strategische Informationsplanung – informationsrechtliche Aspekte – konkrete Vorschläge. Braunschweig, Wiesbaden, 1991

Trill, R. (Hrsg.): Informationstechnologie im Krankenhaus – «Strategien – Auswahl – Einsatz». Neuwied, Kriftel/Ts., 2002

Trill, R.: DRG's verändern das KIS. Balk Info, 49/06/2001

7 Klinisches Risikomanagement

Das folgende Kapitel definiert Risikomanagement aus pflegerischer Sicht, verortet es im Pflegeprozess, definiert und listet Risiko-Pflegediagnosen und potenzielle Komplikationen auf, beschreibt Risikoassessmentformen und -instrumente und ihre Dokumentation, erläutert die Bedeutung von Risikoassessment-Protokollen, stellt exemplarisch eine Risikopflegediagnose und potenzielle Komplikation dar, zeigt den Zusammenhang mit Expertenstandards und interdisziplinären Versorgungspfaden auf.

7.1 Definition und Ziele

Das pflegerisch-klinische Risikomanagement ist Teil des Pflegeprozesses. Während des Risikomanagement-Prozesses werden potenzielle Gesundheitsprobleme in einem Risikoassessment eingeschätzt, Risiko-Pflegediagnosen und potenzielle Komplikationen diagnostiziert sowie gezielte präventiv-prophylaktische, überwachende Interventionen und Erste-Hilfe-Maßnahmen geplant, ausgeführt und bewertet, um erkennbare Gesundheitsgefahren zu vermeiden oder zu beherrschen (s. **Abb. 7.1-1**).

7.2 Risikoassessment

Ein Risikoassessment bezeichnet die systematische Einschätzung potenzieller Gesundheitsgefahren. Während eines systematischen Risikoassessments werden Risikofaktoren beobachtet, erfragt und untersucht, die eine empfängliche, vulnerable Person gefährden könnten, ein manifestes Gesundheitsproblem zu entwickeln. Ziel des Risikoassessments ist es, Risiko-Pflegediagnosen und potenzielle Komplikationen zu erkennen, zu benennen und begründete präventive Interventionen einzuleiten.

7.2.1 Risikoassessmentformen und -instrumente

Risikoassessments erfolgen initial, zu Beginn einer professionellen Pflegebeziehung, fortlaufend während des Risikomanagementprozesses und rückwirkend, um klinische Vorfälle, sog. critical incidents (z. B. Stürze, Infektionen, Dekubitus) zu erfassen, zu erklären und zukünftig zu verhindern. Ein Risikoassessment kann übersichtsartiger (Screening-Risikoassessment), umfassender (Basis-Risikoassessment) und/oder spezifischer (Fokus-Risikoassessment) Form sein.

Ein *Screening-Risikoassessment* schätzt initial mögliche gesundheitliche Gefahren und Risikofaktoren ein und dient dazu, sich einen ersten Eindruck über mögliche Gesundheitsrisiken zu verschaffen. Es arbeitet mit direkten geschlossenen Fragen, Beobachtungskriterien und Tests. Konkret kann ein Patient gefragt werden ob er in den letzten 4 Wochen schon einmal gestürzt ist (Nikolaus/Pientka, 1999), unwillentlich seinen Urin nicht halten kann, verbunden mit einer ersten Beobachtung des Gangbildes. Mit diesem exemplarischen ersten Risikoassessment lassen sich Risikofaktoren für eine Sturzgefahr eruieren.

Ein *Basis-Risikoassessment* stellt eine umfassende initiale Informationssammlung über die Gefährdung des Gesundheitszustandes eines Patienten dar. Es dient dazu umfassend und überblicksartig die Gesundheitsgefährdungen eines Patienten einzuschätzen. Informationen aus einem Risiko-Basisassessment lassen sich mit ver-

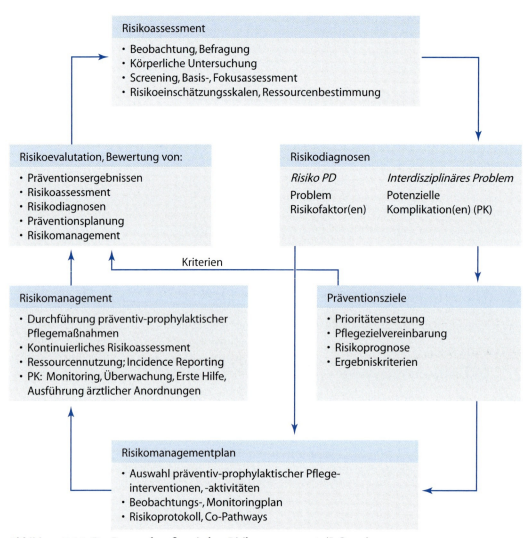

Abbildung 7.1-1: Der Prozess des pflegerischen Risikomanagements (J. Georg)

schiedenen Pflege- und Assessmentmodellen wie ABEDLs (Krohwinkel, 2007) oder funktionellen Gesundheitsverhaltensmustern (Gordon, 2007) strukturieren.

Ein *Fokus-Risikoassessment* stellt eine spezifische Form der Informationssammlung dar. Sie konzentriert sich darauf, weitergehende Informationen über ein spezifisches potenzielles Problem zu erheben (vgl. Alfaro-LeFevre, 2002). Die Schlüsselfragen im Rahmen eines Risiko-Fokusassessments sind, was der gegenwärtige Status des Problems ist, ob Risikofaktoren für ein potenzielles Gesundheitsproblem vorliegen und wie der Patient diese wahrnimmt. Im Rahmen eines Fokus-Risikoassessments können auch Risikoassessmentinstrumente in Form so genannter Pflegeskalen genutzt werden. Mit ihnen lassen sich Risikofaktoren quantifizieren und deren Ausprägungsgrad messen. Bekannte Skalen sind z. B. die Norton- oder Braden-Skala zur Einschätzung der Dekubitusgefahr (Bienstein et al., 1997) oder die Skalen von Morse (1997, s. **Tab. 7.2-1**), Tideiksaar (2000) oder Tinetti (1990) zur Einschätzung von Sturzgefahren. Bartholo-

Tabelle 7.2-1: Ein Risikoassessment-Protokoll am Beispiel eines Sturzprotokoll des Waid-Spitals in Zürich (nach: Morse, 1997)

Einschätzung des Sturzrisikos (nach Morse)											
Datum der Einschätzung:											
Sturzanamnese Stürzte der Patient in der letzten Zeit?	❏ Nein ❏ Ja	0 25									
Sekundärdiagnose Liegt mehr als eine medizinische Diagnose vor?	❏ Nein ❏ Ja	0 15									
Hilfsmittel zur Fortbewegung (nur 1 Feld ankreuzen!)											
keine / bettlägerig / mit Begleitung	❏	0									
benützt Gehhilfen (Stöcke, Rollator etc.)	❏	15									
Stützt sich «überall» ab (Wände, Mobiliar etc.)	❏	30									
Intravenöse Therapie / Venenzugang Hat der Patient einen venösen Zugang?	❏ Nein ❏ Ja	0 20									
Gehfähigkeit (nur 1 Feld ankreuzen!) (bei Patienten im Rollstuhl Gehfähigkeit beim Transfer beurteilen)											
normaler Gang / Bettruhe / Rollstuhl	❏	0									
kurze Schritte, gebeugte Haltung, geschwächt	❏	10									
unsicherer Gang, Mühe beim Aufstehen Absitzen etc.	❏	20									
Psychischer Zustand (nur 1 Feld ankreuzen!)											
orientiert, adäquate Selbsteinschätzung	❏	0									
inadäquate Selbsteinschätzung, desorientiert	❏	15									
Das Sturzrisiko wird bei jedem Patienten bei Eintritt, danach alle 3 Tage, nach einem Sturz, sowie bei Entlassung eingeschätzt.	**Punktetotal:**										
	Visum:										

Ergänzende Legende zur Risikoskala (Einschätzung der Sturzgefährdung)

Sturzanamnese
Stürzte der Patient in der letzten Zeit?
• *Sturz während oder vor dem jetzigen Spitalaufenthalt (in den letzten Wochen/Monaten)*

Sekundärdiagnose
Liegt mehr als eine medizinische Diagnose vor?
• *Mehr als eine dokumentierte, medizinische Diagnose*

Hilfsmittel zur Fortbewegung
keine / bettlägerig / mit Begleitung
• *gehen ohne Hilfsmittel, mit Personenbegleitung, benützt Rollstuhl, verlässt das Bett nicht*
benützt Gehhilfen (Stöcke, Rollator etc.)
• *benützt Hilfsmittel zum Gehen, gehen mit Hilfsmitteln ohne Personenbegleitung*
Stützt sich «überall» ab (Wände, Mobiliar etc.)
• *gehen nur mit abstützen, sich festhalten möglich, braucht Hilfe zum gehen etc.*

Intravenöse Therapie / Venenzugang
Hat der Patient einen venösen Zugang?
• *inkl. «abgestöpselte» Venenverweilkanäle*

Gehfähigkeit
(bei Patienten im Rollstuhl Gehfähigkeit beim Transfer beurteilen)
normaler Gang / Bettruhe / Rollstuhl
• *unbehindertes, sicheres gehen, aufrechte Körperhaltung, Kopf/Blickrichtung geradeaus, Arme schwingen frei*
kurze Schritte, gebeugte Haltung, geschwächt
• *gehen mit kurzen Schritten, eher gebeugte Körperhaltung, Kopf/Blickrichtung eher gesenkt, Gleichgewicht ok etc.*

Tabelle 7.2-1: Fortsetzung

Gehfähigkeit (Fortsetzung)
unsicherer Gang, Mühe beim Aufstehen Absitzen etc.
• unsicherer, ev. schleifender/schwankender Gang, gebeugte Körperhaltung, Blick zu Boden, stützt sich zum aufstehen etc.

Psychischer Zustand
orientiert, adäquate Selbsteinschätzung
• schätzt z. B. eigene Gehfähigkeit richtig ein, kennt eigene Kräfte/Grenzen etc.
inadäquate Selbsteinschätzung, desorientiert
• überschätzt eigene Fähigkeiten, vergisst eigene Grenzen, «unrealistisch» Selbsteinschätzung etc.

meyczik und Halek (2004) bieten eine gute Übersicht über pflegerische Assessmentinstrumente und ihre Einsatzmöglichkeiten und -grenzen.

7.2.2 Risikoassessment-Protokolle

Mögliche Risikofaktoren oder sich manifestierende potenzielle Gesundheitsprobleme, wie z.B. Stürze oder Infektionen können in Form von entsprechenden Protokollen erfasst, dokumentiert, statistisch ausgewertet und evaluiert werden. Die **Tabelle 7.2-1** dokumentiert exemplarisch ein Sturzprotokoll des Waid-Spitals in Zürich, das auf einer Studie von Morse (1997) basiert. Mit Hilfe von Risikoassessment-Protokollen kann individuell, aber auch bezogen auf eine Station oder einen Fachbereich, ein Ereignis (hier: Sturz) erfasst werden (incidence reporting). Das Protokoll dokumentiert was, wann, wo, wem, wie, mit welchen Folgen und bei welchen bestehenden Risikofaktoren geschah.

7.3 Risiko-Pflegediagnosen und potenzielle Komplikationen

Risiko-Pflegediagnosen beschreiben potenzielle Gesundheitsprobleme oder Komplikationen eines Individuums, dessen Unabhängigkeit hinsichtlich der Aktivitäten, Beziehungen und existenziellen Erfahrungen des Lebens (ABEDL), (Krohwinkel, 2007) gefährdet ist oder dessen funktionelle Gesundheitsverhaltensmuster (Gordon, 2007) potenziell gestört sind. Risikodiagnosen liegen im Zuständigkeits- und Verantwortungsbereich von Pflegenden. *Potenzielle Komplikationen* beschreiben nach Carpenito (2006) ein potenzielles Gesundheitsproblem, dessen Schwerpunkt in der pathophysiologischen Reaktion des Körpers auf Verletzungen, Erkrankungen, Untersuchungen und Behandlungsformen liegt. Potenzielle Komplikationen liegen im interdisziplinären Zuständigkeitsbereich von Pflege und Medizin. Risikopflegediagnosen bilden die Grundlage, um präventive Pflegeinterventionen auswählen, planen und durchführen zu können und um Pflegeziele erreichen und -ergebnisse bewerten zu können

Potenzielle Komplikationen bilden die Grundlage, um Erste Hilfe Maßnahmen einzuleiten und in Kooperation mit der Medizin interdisziplinäre Interventionen auswählen, planen und durchführen zu können, um physische Gesundheitsgefahren frühzeitig zu erkennen und manifesten Gesundheitsproblemen vorzubeugen.

Risiko-Pflegediagnosen werden zweiteilig nach dem «PR-Schema» dokumentiert, z. B.:

• P: Sturzgefahr beeinflusst durch (b/d)
• R: Stürze in der Vorgeschichte, Drangurininkontinenz und beeinträchtigte Sehfähigkeit

Potenzielle Komplikationen werden einteilig dokumentiert und mit der Abkürzung «PK» eingeleitet, z. B.:

• PK: Hyperglykämie

Die aktuelle Liste der Risikopflegediagnosen (NANDA-I, 2005), ergänzt um Pflegediagnosen von Gordon (2007), umfasst über 41 Risikopflegediagnosen. Diese werden in **Tabelle 7.2-2** benannt.

Die folgende **Tabelle 7.2-3** beschreibt einige potenzielle Komplikationen bei häufigen medizinischen Diagnosen und Therapien. Eine vollständige Liste potenzieller Komplikationen findet sich in Carpenito-Moyet (2006).

Exemplarisch und stellvertretend für die anderen 41 Risiko-Pflegediagnosen werden in **Tabelle 7.2-4** (S. 497) Definitionen und Risikofaktoren der Risiko-Pflegediagnose «Sturzgefahr» beschrieben.

In **Tabelle 7.2-5** (S. 498) werden die «potenzielle Komplikation: Sepsis» definiert und besonders gefährdete Personengruppen benannt. Carpenito-Moyet (2006) stellt in ihrem umfas-

Tabelle 7.2-2: Liste der Risiko-Pflegediagnosen nach NANDA-I (2005) und Gordon (2007)

- Aktivitätsintoleranz, Gefahr der
- Aspirationsgefahr
- Dekubitusgefahr
- Drangurininkontinenzgefahr
- Dysreflexie, Gefahr einer autonomen
- Elterlichen Fürsorge, Gefahr einer beeinträchtigten
- Eltern-Kind-Bindung, Gefahr einer beeinträchtigten
- Entwicklung, verzögerten, Gefahr einer
- Erstickungsgefahr
- Flüssigkeitsdefizits, Gefahr eines (Dehydratationsgefahr)
- Flüssigkeitshaushalts, Gefahr eines unausgeglichenen
- Gewalttätigkeit, Gefahr einer fremdgefährdenden
- Gewalttätigkeit, Gefahr einer selbstgefährdenden
- Hautschädigung, Gefahr einer
- Immobilitätssyndroms, Gefahr eines
- Infektionsgefahr
- Kindstodes, Gefahr eines plötzlichen
- Kontrakturgefahr
- Körperschädigung, Gefahr einer
- Körpertemperatur, Gefahr einer unausgeglichenen
- Lagerungsschadens, Gefahr eines perioperativen
- Latexallergischen Reaktion, Gefahr einer
- Machtlosigkeit, Gefahr der
- Neurovaskulären Störung, Gefahr einer peripheren
- Obstipationsgefahr
- Posttraumatischen Syndroms, Gefahr eines
- Religiosität, Gefahr einer beeinträchtigten
- Relokationssyndroms, Gefahr eines
- Rollenüberlastung pflegender Angehöriger/Laien, Gefahr einer
- Selbstverletzungsgefahr
- Selbstwertgefühls, Gefahr eines situationsbedingt geringen
- Sturzgefahr
- Suizidgefahr
- Trauerns, Gefahr eines erschwerten
- Überernährung, Gefahr der
- Vereinsamungsgefahr
- Vergiftungsgefahr
- Verhaltensorganisation, kindliche, Gefahr einer ausgereiften
- Verletzungsgefahr
- Verzweiflung, existenziellen, Gefahr der
- Wachstums, unproportionalen, Gefahr eines

Tabelle 7.2-3: Potenzielle Komplikationen (PK) bei häufigen medizinischen Diagnosen und Therapien

Angina pectoris/Myokardinfarkt	Schädelhirntrauma (SHT)
• PK: Arrhythmie • PK: Herzversagen/Lungenödem • PK: Kardiogener Schock • PK: Reinfarkt • PK: Thrombus-/Emboliebildung • PK: Hypoxämie • PK: Elektrolystörungen • PK: Säure-Basen-Störung • PK: Perikarditis • PK: Herztamponade • PK: Herzstillstand	• PK: Hirndrucksteigerung • PK: Atemdepression • PK: Schock • PK: Hyper/Hypotension • PK: Koma
Asthma/COLE	**Intravenöse Therapie**
• PK: Hypoxämie • PK: Säure-Basen-/Elektrolytstörung • PK: Atemversagen • PK: Herzversagen	• PK: Phlebitis/Thrombophlebitis • PK: Infiltration/Parainfusion • PK: Überwässerung • PK: Infektion/Sepsis • PK: Blutung • PK: Luftembolie • PK: Medikamenteneinnahme • PK: abnorme Reaktionen (Allergische Reaktion, überschiessende Reaktion, Nebenwirkungen, Medikamentensynergismus • PK: Überdosierung, Toxizität
Diabetes mellitus	
• PK: Hyper-/Hypoglykämie • PK: verzögerte Wundheilung • PK: Hypertonie • PK: Retinablutung	
Fraktur	**Thoraxdrainagen**
• PK: Blutung • PK: Frakturdislokation • PK: Thrombus-/Emboliebildung • PK: behinderte Blutzirkulation • PK: Nervenkompression • PK: Infektion	• PK: Hämo-/Pneumothorax • PK: Blutung • PK: Atelektase • PK: Blockade der Thoraxdrainage • PK: Infektion/Sepsis

senden Lehrbuch ausführlich einzelne präventiv-prophylaktische Interventionen oder Maßnahmen der Erste Hilfe im Umgang mit Potenziellen Komplikationen und das dem zugrunde liegende «bifokale klinische Praxismodell» dar.

7.4 Risikomanagement, Pflegeinterventionen und Expertenstandards

Um zu verhindern, dass sich aus Risikopflegediagnosen und potenziellen Komplikationen aktuelle Pflegediagnosen oder manifeste Gesundheitsprobleme entwickeln, werden präventiv-prophylaktische Pflegeinterventionen im Rahmen des klinischen Risikomanagements geplant, ausgewählt und angewendet. Die Auswahl kann auf der theoretischen Grundlage des in **Abbildung 7.4-1** (S. 498) beschriebenen «Pflegewissens- und Entscheidungsfindungsmodells» (McCloskey-Dochterman/Bulecheck, 2007) erfolgen. Demnach kann nach Identifikation der entsprechenden Risikopflegediagnosen (z.B. Sturzgefahr) aus dem Wissensfundus der Pflegeinterventionsklassifikation (NIC) die geeignete Pflegeintervention (z.B. Sturzprävention) ausgewählt werden, um mit spezifischen Pflegeaktivitäten eine Gesundheitsgefahr abzuwenden.

Tabelle 7.2-4: Risiko-Pflegediagnose «Sturzgefahr»

Sturzgefahr

Definition: Erhöhte Anfälligkeit für Stürze, die zu körperlichen Schäden führen kann.

Risikofaktoren
Erwachsene
- anamnestisch bekannte Stürze
- Gebrauch eines Rollstuhls
- Alter über 65 Jahre
- weibliches Geschlecht (wenn älterer Mensch)
- alleinstehend
- Prothese(n) der unteren Gliedmaßen
- Gebrauch von Hilfsmitteln (z.B. Rollator, Gehstock)

physiologische
- Vorliegen einer akuten Erkrankung
- Zustand nach einer Operation
- Sehstörung; Hörstörung
- Arthritis
- orthostatische Hypotonie
- Schlaflosigkeit
- Schwäche/Ohnmacht beim Wenden bzw. Strecken des Halses
- Anämie
- Gefäßerkrankung
- Erschöpfung, begrenzte Mobilität in Verbindung mit einer Neubildung (Tumor)
- Harndrang und/oder Inkontinenz
- Diarrhö
- verringerte Kraft der unteren Extremität(en)
- postprandiale Blutzuckerschwankungen
- Fußprobleme
- beeinträchtigte körperliche Mobilität
- Gleichgewichtsstörungen
- Schwierigkeiten beim Gehen
- propriozeptive Defizite (z.B. Neglect, Gleichgewichtsstörung)
- Neuropathie

kognitive
- beeinträchtigter Geisteszustand (z.B. Verwirrtheit, Delirium, Demenz, beeinträchtigter Realitätsabgleich)

Medikamente
- Antihypertonika; ACE-Hemmer
- Diuretika; trizyklische Antidepressiva
- Alkohol; Anxiolytika
- Narkotika; Hypnotika oder Tranquilizer

Umgebung
- freiheitsbeschränkende Maßnahmen (z.B. Fixierung)
- Witterungsbedingungen (z.B. nasse Böden, Eis)
- unaufgeräumte Umgebung
- lose verlegte überlappende Teppiche
- unvertrauter, spärlich beleuchteter Raum
- fehlende rutschfeste Unterlagen in der Badewanne/Dusche

Tabelle 7.2-5: Potenzielle Komplikation: Sepsis

Definition: Die «PK: Sepsis» beschreibt eine Person, die eine systemische Reaktion im Kontakt mit Bakterien, Viren, Pilzen oder deren Toxinen erfährt oder gefährdet ist diese zu erfahren.
Hochrisikogruppen: Personen mit ... • Infektionen (Magen-Darm, Harnweg, Gallenwege) • Immunsuppression • invasiven Zugängen (urethral, arteriell, ZVD, tracheal) • AIDS • metastasierendem Tumor • Dekubitus • ausgedehnten, schlecht heilenden Wunden • chirurgische Wundinfektionen (gram-) • Diabetes mellitus • Unterernährung • Zustand nach der Geburt • Zirrhose • chronischer Erkrankung

Die Expertenstandards zur Dekubitus- und Sturzprophylaxe (DNQP 2004 und 2006) können herangezogen werden, um Prozess-, Struktur- und Ergebniskriterien für das Risikomanagement dieser Pflegephänomene zu beschreiben. Detaillierte Beschreibungen dieser auf die Risikopflegediagnosen «Dekubitusgefahr» und «Sturzgefahr» ausgerichteten Expertenstandards finden sich in den Veröffentlichungen des Deutschen Netzwerkes für Qualitätsentwicklung in der Pflege (2004, 2006).

7.5 Risikomanagement und interdisziplinäre Versorgungspfade

DRG-Fallgruppen lassen sich interdisziplinär mit Hilfe so genannter interdisziplinärer Versorgungspfade (Critical Pathways) managen. Da die DRGs und medizinische Diagnosen laut Fischer (2002) selten den Versorgungsbedarf eines individuellen Patientenfalls homogen beschreiben, kommt es zu Abweichungen (Varianzen) vom Versorgungspfad. Die meisten dieser Varianzen lassen sich mit Hilfe eines Risikoassessments vorhersagen und als Risiko-Pflegediagnosen oder potenzielle Komplikationen beschreiben.

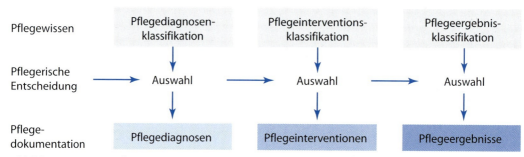

Abbildung 7.4-1: Das Pflegewissens- und -entscheidungsfindungsmodell (McCloskey-Dochterman/Bulecheck, 2007)

Sie lassen sich begleitend zum bestehenden interdisziplinären Versorgungspfad in Form so genannter Co-Pathways beschreiben und bewältigen (Johnson, 2002).

«Co-Pathways» oder «begleitende Versorgungspfade» sind strukturiertere Pläne, um erwünschte Ergebnisse beim Klienten zu erzielen, die bei einer bestimmten Begleiterkrankung oder bei einem zusätzlichen Gesundheitsproblem als potenzielle Gesundheitsgefahren auftreten könnten. «Co-Pathways» werden mit dem Ziel konzipiert Begleiterkrankungen oder Probleme, die zu Abweichungen führen, in einer eindeutigen, knappen und auf den Patienten fokussierten Weise anzugehen. Co-Pathways legen Patientenergebnisse fest, die bis zur Entlassung erreicht werden müssen. «Co-Pathways» lassen sich bei Bedarf für jeden Patienten individualisieren. Sie schreiben – im Gegensatz zu interdisziplinären Versorgungspfaden – nicht einzelne Intervention für eine bestimmte Verweildauer vor. Die erreichten Ergebnisse werden direkt in den Co-Pathway dokumentiert. Nicht erreichte Ergebnisse werden in Entlassungsplanungsbogen dokumentiert. Abweichungen von «Co-Pathways» werden als patientenbedingte, durch Leistungserbringer bedingte oder systembedingte Varianzen differenziert und können im Rahmen des Qualitätsmanagements genutzt werden (vgl. Dykes/Wheeler, 2002). Ein Muster eines Co-Pathways für die Risikodiagnose «Suizidgefahr» findet sich in dem Praxishandbuch über «Critical Pathways» oder interdisziplinäre Versorgungspfade von Dykes und Wheeler (2002).

Literatur

Alfaro-LeFevre, R.: Applying Nursing Process. Philadelphia, Lippincott, 2002, 5. Aufl.
Bartholomeyczik, S.; Halek, M. (Hrsg.): Assessmentinstrumente in der Pflege – Möglichkeiten und Grenzen. Hannover, Schlütersche, 2004
Bienstein, Ch.; Schröder, G.; Neander, K.-D.: Dekubitus. Stuttgart, Thieme, 1997
Brobst, R. A.: Der Pflegeprozess in der Praxis. Bern, Huber, 2007
Carpenito, L. J.: Nursing Diagnosis – Application to clinical practice. Philadelphia, Lippincott, 2006, 11. Aufl.
Deutsches Netzwerk für Qualitätsentwicklung in der Pflege (DNQP), (Hrsg.): Expertenstandard Dekubitusprophylaxe in der Pflege, Entwicklung – Konsentierung – Implementierung. Osnabrück 2004 (www.dnqp.de)
Deutsches Netzwerk für Qualitätsentwicklung in der Pflege (DNQP), (Hrsg.): Expertenstandard Sturzprophylaxe in der Pflege, Entwicklung – Konsentierung – Implementierung. Osnabrück 2006 (www.dnqp.de)
Doenges, M. E.; Moorhouse, M. F.; Geissler-Murr, A. C.: Pflegediagnosen und Pflegemassnahmen Bern, Huber, 2003, 3. Aufl.
Dykes, P. C.; Wheeler, K.: Critical Pathways – Interdisziplinäre Versorgungsplanung. Bern, Huber, 2002
Georg, J.: Interdisziplinäre Behandlungspfade. NOVA 37 (2006) 1: 24–25
Gordon, M.: Handbuch Pflegediagnosen. Bern, Huber, 2007, 5. Aufl.
Johnson, S. (Hrsg.): Interdisziplinäre Versorgungspfade – Pathways of Care. Bern, Huber, 2002
McCloskey-Dochterman, J. C.; Bulecheck, G. M.: Pflegeinterventionsklassifikation (NIC). Bern, Huber, 2007
Morse, J.: Preventing patient falls. Sage, Thousand Oaks, 1997
NANDA international: NANDA-Pflegediagnosen. Klassifikation und Definitionen 2005–2006. Bern, Huber, 2005
Krohwinkel, M.: Rehabilitierende Prozesspflege am Beispiel von Apoplexiekranken. Fördernde Prozesspflege als System – Entstehung, Entwicklung und Anwendung. Bern, Huber, 2007
Nikolaus, T.; Pientka, L.: Funktionelle Diagnostik – Assessment bei älteren Menschen. Wiebelsheim, Quelle & Meyer, 1999
Schwendimann, R.: Häufigkeit und Umstände von Sturzereignissen im Akutspital: Eine Pilotstudie. Pflege (1998) 11: 335–341
Tideiksaar, R.: Stürze und Sturzprävention. Bern, Huber, 2000
Tinetti, M. E.: A simple procedure for general screening for functional disability in elderly patients. Annuals of Internal Medicine (1990) 112: 699–706
Zander, K.: Case Management, klinische Pfade und CareMaps. In: Ewers, M.; Schaeffer, D.: Case Management in Theorie und Praxis. Bern, Huber, 2005, 2. Aufl.

8 Pflegemanagement

M. Reinhart, J. Georg

8.1 Die pflegerische Aufgabenstellung als Teilleistung der Krankenhausleistung

Es ist unstrittig, dass die pflegerische Leistung im Krankenhaus ein unverzichtbarer Teilprozess der Gesamtleistung des Unternehmens ist. Dennoch ist die Frage zu stellen, wie sich unter den veränderten externen und internen Bedingungen der Leistungserbringung die Position der Pflege im Unternehmen Krankenhaus heute darstellen lässt. Diese Frage ist gegenwärtig schwieriger zu klären, als in der Vergangenheit.

Mit der eingeleiteten Emanzipation der Pflege von der Medizin und der Abkehr der Pflege von der reinen Krankheitsorientierung wird die gängige Einteilung des pflegerischen Handlungsfelds entlang der medizinischen Fachgebiete immer fragwürdiger.

In der ökonomisch dominierten Diskussion um die Reform des Gesundheitswesens hat die Pflege sich in den letzten Jahren durchgängig innovationsbreit gezeigt. Oft war sie Entwicklungsmotor bei der Gestaltung der Wandlungsprozesse. Zentrum pflegerischer Aufgabenstellung im Betrieb Krankenhaus ist neben der unmittelbaren Patientenversorgung die Verknüpfung der ärztlichen, pflegerischen, technischen und sozialen Dimensionen der Krankenhausbehandlung. Auch und gerade unter dem Aspekt der Einführung neuer Vergütungsformen, der DRGs, wird der wesentliche Beitrag der Pflege in der Optimierung der Behandlungsprozesse liegen. Optimierte Behandlungsprozesse sind unerlässlich, wenn es gelingen soll, die Patienten zeiteffektiv durch die Krankenhausbehandlung zu schleusen. Die Pflege hat im Hinblick auf die Prozessgestaltung das umfangreichste Wissen, da sie 24 Stunden am Tag unmittelbar die Prozesse gestaltet, die Schnittstellen genau kennt, die Ablaufmängel und Ablaufstärken jeden Tag aus erster Hand erlebt und fundierte Vorschläge zur Verbesserung machen kann. Darüber hinaus hat die Pflege durch zeitliche und personelle Nähe vermutlich den wichtigsten Einfluss auf die Compliance des Patienten. Die Compliance der Patienten, seine Bereitschaft, die Therapievorschläge umzusetzen, ist wiederum der erfolgkritische Faktor für die Verweildauer im Krankenhaus.

Neben der Kundenorientierung ist es also im pflegerischen Management eine zentrale Gestaltungsaufgabe, die Mitarbeiter als Erfolgsfaktor des Unternehmens zu betrachten und Mitarbeiterorientierung als Kernelement der erfolgreichen Leistungserbringung zu betrachten.

Literatur
Borsi, G. M.: Das Krankenhaus als lernende Organisation. 3. Aufl. Heidelberg, Asanger, 2000
Greiling, M.; Hofstetter, J.: Patientenbehandlungspfade optimieren, Prozessmanagement im Krankenhaus. Baumann Fachzeitschriften Verlag, 2002
Jung, B.: Prozessmanagement in der Praxis. TÜV-Verlag. 2002
Mühlbauer; G.: Krankenpflege kann zum Organisationsgestalter werden. In: Pflegemanagement und BALK Info, 63/Okt. 2003

8.1.1 Pflegemanagement – Bedeutung und Spezifik

Das Pflegemanagement befindet sich heute in einem Spannungsfeld zwischen unterschiedlichen Einfluss- und Wirkfaktoren:

- Die Modernitätskrise ist charakterisiert durch den gesellschaftlichen Wertewandel, der die Bedürfnisstrukturen der Mitarbeiter, aber auch der Patienten beeinflusst.
- Die Organisationskrise der Gesundheitsbetriebe ist gekennzeichnet durch Differenzierung, Spezialisierung und zunehmende Komplexität.
- Die Krise im Gesundheitssystem resultiert aus den Restriktionen der Gesundheitsstrukturreform, die ihrerseits eine Reaktion auf die Leistungs- und Kostenexpansion im Gesundheitswesen ist.
- Alte Führungskonzepte in Gesundheitsbetrieben beziehen sich auf die noch immer zu beobachtende Dominanz der Verwaltung vor dem Management.
- Unzureichende Personalentwicklungskonzepte beschreiben die Mängel in der Organisationsentwicklung sowie Schwächen im Führungsverhalten.
- Veraltete Theorien meinen das Festhalten an überholten Organisations- und Managementauffassungen, an tradierten Vorgehensweisen, an berufsständischen Prioritäten.

Bereits 1992 (S. 75 ff.) legt die Robert Bosch Stiftung dar, dass sich die Anforderung an das pflegerische Management seit den 1970er Jahren grundlegend gewandelt haben. Als wesentliche Gründe dafür werden genannt:

- Völlig neue Anforderungen, die sich im Gefolge des gesellschaftlichen Wertewandels an die Führungskräfte stellen. Tragende Motive wie etwa Professionalität, soziale Anerkennung, soziale Sicherheit, berufliches Fortkommen, attraktive Arbeitszeiten und ein konkurrenzfähiges Einkommen verlangen vom pflegerischen Management die Schaffung entsprechender Voraussetzungen.
- Die Ausweitung des medizinischen Leistungsangebotes auf der einen Seite und die Ressourcenverknappung im Gesundheitswesen auf der anderen Seite stellen das pflegerische Management in das Spannungsfeld zwischen den Erwartungen der einzelnen Patienten und den tatsächlichen Möglichkeiten. Diese ergeben sich aus den zur Verfügung stehenden Ressourcen und den krankheitsbedingten Dringlichkeiten. Um das Potenzial an möglicher Zuwendung und Pflege angemessen auf die Patienten zu verteilen, müssen dauerhaft implizite Nutzeneinschätzungen beim Einsatz von Ressourcen getroffen und in Bezug zu der ethischen Aufgabe gesetzt werden.

Abbildung 8.1-1: Pflegemanagement im Spannungsfeld, modifiziert nach Borsi und Schröck, 1995, S. 24

> Zusammenfassend ergibt sich, dass die Komplexität der Einzelaufgaben im Management erheblich gestiegen ist, da die schon in sich differenzierter gewordenen Aufgaben überlagert werden durch den Wertewandel, den medizinischen Fortschritt und durch die Ökonomisierung der Leistungserstellung und Leistungszuteilung im Gesundheitswesen.

Im Hinblick auf das Top-Management beschreibt die Robert Bosch Stiftung (1992, S. 76) erhöhte Anforderungen an die Qualifikation der Leitung und damit auch des pflegerischen Managements, die sich aus den Erfordernissen der betrieblichen Aufbau- und Ablauforganisation, der Mitarbeiterführung sowie der Information und Berichterstattung ergeben und sich gleichermaßen auf die Organisationsverantwortung, die Führungsverantwortung und die Budgetverantwortung beziehen.

Definition und Eingrenzung des Aufgabengebietes leitender Pflegepersonen bleiben jedoch bis heute schwierig. Eine eindeutige Eingrenzung und Positionszuordnung leitender Pflegepersonen in das institutionelle Management von Gesundheitsbetrieben ist wegen deren unterschiedlicher Organisationsstrukturen kaum möglich (Albert, 1998, 11). Die Positionsbezeichnungen sind heterogen. Bezeichnungen wie «Pflegedirektion», «Pflegedienstleitung», «Oberin» u. a. m. sind gebräuchlich. Der aus den neu eingerichteten Pflegemanagementstudiengängen abgeleitete und durch Beschluss der Kultusministerkonferenz eingeführte akademische Titel «Diplom-Pflegewirt/in» setzt sich in der Praxis des Pflegemanagements nur langsam durch (Bokeloh, 1996, 449).

Einige rechtlich verbindliche Hinweise zur Verortung leitender Pflegepersonen finden sich in den Bestimmungen des Bundes-Angestellten-Tarifvertrags (BAT) (Kurtenbach et al., 1992, 328ff). Der BAT sieht als Grundlage für die Eingruppierung leitender Pflegepersonen quantitative und qualitative Aspekte vor. Die quantitativen Aspekte haben hierbei Vorrang, da die Eingruppierung im wesentlichen von der Zahl der unterstellten Mitarbeiter abhängig ist. Qualitative Aspekte spielen eine nachrangige Rolle, so etwa der Grad der Selbständigkeit der einzelnen Tätigkeitsbereiche und der Nachweis entsprechender Fachweiterbildungen.

Etliche Autoren unterscheiden zwischen mittlerem und gehobenem Pflegedienst sowie der Pflegedienstleitung und ordnen die erste institutionalisierte Leitungsebene, nämlich die der Stationsleitungen, bereits dem mittleren Management zu (so etwa Schlüter, 1989, S. 400). Dem kann nicht gefolgt werden.

Die Unterscheidung der institutionellen Managementebenen in der Pflege muss vielmehr entlang den strategischen und operativen Aufgabenstellungen der jeweiligen Leitungsposition erfolgen.

Daraus ergibt sich, dass die erste institutionalisierte Managementebene, die der Stationsleitungen, als unteres Management angesehen werden muss. Dem folgt im mittleren Management die Ebene der Abteilungsleitungen und im oberen Management die Ebene der Pflegeleitung, die gleichzeitig Mitglied der Betriebsleitung ist.

8.1.2 Das pflegerische Management im Krankenhaus

Die Stellung und die Funktion der Krankenhausleitung und damit auch der Leitung des Pflegedienstes kann nicht ausschließlich an den Krankenhauszwecken orientiert werden. Krankenhaus und Krankenhausträger sind bei der Gestaltung der Leitungsorganisation und damit auch der Leitungsaufgaben, -kompetenzen und -verantwortung an die geltenden rechtlichen Normen gebunden.

Entsprechende Vorschriften sind in der folgenden **Tabelle 8.1-1** dargestellt (ebd. 35):

> Der Bezugsrahmen für Aufgabenstellung, Ziele und Kompetenzen der Pflegedienstleitung ergibt sich also aus den zu beachtenden Rechtsvorschriften und den Trägerregelungen zu Betrieb und Leitung eines Krankenhauses, die auf dieser Basis getroffen werden.

Tabelle 8.1-1: Rechtliche Grundlagen, durch die Stellung und Aufgaben des pflegerischen Managements im Krankenhaus mitbedingt sind

Rechtsgrundlagen zur Stellung des Pflegemanagements
Krankenhausgesetzgebung der Bundesländer
Gesetze zu privatrechtlichen Rechtsformen, in denen Krankenhäuser betrieben werden
Rechtsvorschriften, die Aufgaben und Organisation – vorrangig öffentlicher Träger – regeln und damit auch die Krankenhäuser dieser Träger betreffen

Hierbei sind die krankenhausspezifischen Normen der Krankenhausgesetzgebung und die rechtsformspezifischen Vorschriften in gleicher Weise zu beachten. So müssen etwa unterschiedliche Regelungen zur Betriebsleitung in der Krankenhausgesetzgebung und zur Geschäftsführung in den verschiedenen Rechtsformen gleichwertig beachtet werden (BALK[1], 1994, 35 ff.).

Aus der föderativen Struktur der BRD ergibt sich für das Gesundheitswesen die Situation, dass viele Regelungen bezüglich der Krankenhäuser auf Länderebene bestehen und daher zwischen den Bundesländern divergieren können. Derzeit sehen in 12 von 16 Bundesländern Rechtsregelungen eine kollegiale Leitung von Krankenhäusern ausdrücklich vor und fordern dafür eine paritätische Besetzung aus den Bereichen Medizin, Pflege und Wirtschaft/Verwaltung (BALK, 1994).

Die durch die Rechtsregelungen der Bundesländer ausdrücklich zugewiesenen Aufgaben für Leitende Pflegepersonen lassen sich wie folgt zusammenfassen:

- Leitung/Koordination des pflegerischen Personaleinsatzes
- Ermittlung und Begründung des Personalbedarfs
- Aufstellung des Stellenplans für den pflegerischen Bereich
- Regelungen zu Dienstplänen, Urlaubsplänen, Gestaltung von Arbeitsabläufen
- Aufsicht Krankenpflegekräfte
- Überwachung der Pflegequalität
- Weiterentwicklung und Anpassung der pflegerischen Arbeit
- Vertretung der pflegerischen Belange in der Krankenhausleitung
- Wirtschaftliche Verwendung von Ge- und Verbrauchsgütern
- Beschaffung von Anlagegütern
- Beschwerden über die pflegerische Versorgung
- Koordinierung der Fort- und Weiterbildung
- Durchführung der praktischen Pflegeausbildung

Neben den Rechtsgrundlagen der Bundesländer zeigt die Weiterbildungsempfehlung der Deutschen Krankenhaus Gesellschaft (DKG) auf, worin die Aufgaben Leitender Pflegepersonen bestehen. Die DKG nennt als Weiterbildungsziele die Befähigung zur Übernahme, in **Tabelle 8.1-2** dargestellter, Aufgaben (ebd. 1989, S. 452):

8.1.3 Betriebsführungsstrukturen

Grundsätzlich ist festzuhalten, dass die Gestaltung der Betriebs- bzw. Geschäftsleitung wesentlich vom Trägerwillen, der Qualität der Führungspersonen und der Unternehmensphilosophie des Krankenhauses abhängt.

Bis heute findet die Führungsstruktur im Krankenhaus in der Regel ihren Niederschlag in Funktionskreisen mit einer sektoralen Einteilung. Es lassen sich die Funktionskreise des Ärztlichen Dienstes, des Pflegedienstes und der Verwaltung unterscheiden. In diesen Funktionskreisen werden die berufsbezogenen Aufgaben erfasst und entsprechend der funktionalen Ordnung abgegrenzt. Für den praktischen Verlauf des wirtschaftlichen Geschehens mit seinen unvermeidlichen Überschneidungen und Reibungsmöglichkeiten ist eine solche Abgrenzung erkennbarer und festgelegter Verantwortungsbereiche notwendig. Im Sinne der Zielsetzung

Tabelle 8.1-2: Weiterbildungsziele gemäß der Empfehlung der DKG

Weiterbildungsziele gemäß der Empfehlung der DKG
• Festlegung des Pflegestandards und der Arbeitsmethoden
• Planung des Personalbedarfs sowie des Sachmittelbedarfs
• Organisatorische Gestaltung des Pflegedienstes (Aufbau- und Ablauforganisation) unter besonderer Berücksichtigung der Wirtschaftlichkeit und rechtlicher Bedingungen
• Führung und Beurteilung des Personals sowie Entscheidung über Einstellungen, Beförderungen und Entlassungen
• Mitentscheidung in der Leitung des Gesamtbetriebs unter besonderer Berücksichtigung der vom Träger vorgegebenen Ziele sowie wirtschaftlicher und rechtlicher Bedingungen
• Planung und Organisation von inner- und außerbetrieblichen Fortbildungsmaßnahmen
• Mitwirkung bei der praktischen Ausbildung der Schüler in Zusammenarbeit mit den Schulen für Krankenpflegeberufe
• Mitwirkung bei der Öffentlichkeitsarbeit

des Krankenhauses werden die Funktionskreise zu einer Organisationseinheit Krankenhaus verknüpft (**Abb. 8.1-2**). Organisatorisch dient also die Krankenhausleitung (das Krankenhausdirektorium) als Mittel zur Verfolgung und Realisierung der gemeinsamen Zielsetzung. Diese Organisationsstruktur ist berufsständisch. Jedes Mitglied der Krankenhausleitung nimmt für seinen Verantwortungsbereich die Betriebs- und Personalführungsaufgaben wahr. Die berufsständisch getrennte Zuständigkeit ist in der Regel auch für die ausführenden Instanzen der darunter liegenden hierarchischen Ebenen gegeben. Dabei besteht jedoch die Gefahr, dass die notwendige betriebsübergreifende Kooperation behindert werden kann.

Je nach institutioneller Verankerung und operativer Aufgabenzuweisung lassen sich neben der Pflegeleitung (Top-Management) als weitere Leitungsebenen das mittlere Management der Pflege (Middle-Management) und das untere Management der Pflege (Lower-Management) unterscheiden (**Abb. 8.1-3**, S. 506).

Neben den verschiedenen Strukturformen der Stations- und Pflegearbeit ist ein eigenständiges pflegerisches Management eine wichtige Voraussetzung für die Realisierung einer patientenbezogenen Krankenhausorganisation.

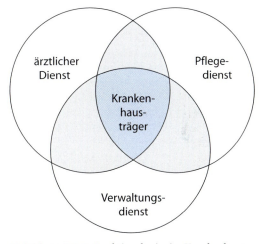

Abbildung 8.1-2: Funktionskreise im Krankenhaus

Literatur

Albert, M.: Krankenpflege auf dem Weg zur Professionalisierung. Eine qualitative Untersuchung mit Studierenden der berufsintegrierten Studiengänge «Pflegedienstleitung/Pflegemanagement und Pflegepädagogik» an der Katholischen Fachhochschule Freiburg. Genehmigte Dissertation der Pädagogischen Hochschule Freiburg, 1998

Bokeloh, C.: In Freiburg wird berufsbegleitend studiert. In: Pflegezeitschrift, 7/1996, S. 459–452, 1996

Borsi, G.; Schröck, R.: Pflegemanagement im Wandel, Berlin, Springer, 1995

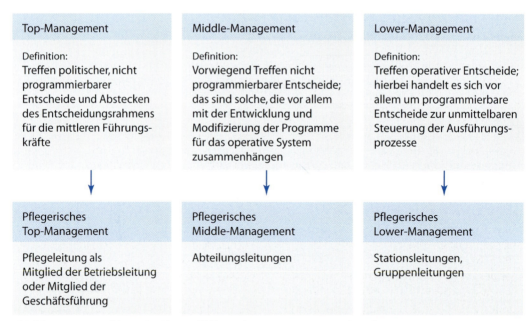

Abbildung 8.1-3: Positionen im Top-, Middle- und Lower-Management der Pflege

Bundesarbeitsgemeinschaft leitender Krankenpflegepersonen e. V. (BALK): Leitfaden zur Stellenbeschreibung für Pflegedirektorinnen und Pflegedirektoren. BALK e.V., Geschäftsstelle, Postfach 106130, 40859 Ratingen, 1994

Deutsche Krankenhaus Gesellschaft: Empfehlungen der Deutschen Krankenhausgesellschaft zur Weiterbildung und Prüfung von Krankenschwestern, Krankenpflegern, Kinderkrankenschwestern und Kinderkrankenpflegern für die Leitung des Pflegedienstes und Aufgaben in der Krankenhausbetriebsleitung. In: Das Krankenhaus, 8/1989, S. 452–453

Gertz, B.: Die Pflegedienstleitung. Bern, Huber, 2002

Kelm, R.: Personalmanagement in der Pflege. Stuttgart, Kohlhammer, 2002

Kerres, A.; Seeberger, B.; Mühlbauer, B.-H.: Pflegemanagement III, Berlin, Springer, 2003

Kurtenbach, H.; Golombek, G.; Siebers, H.: Krankenpflegegesetz: mitAusbildungs- und Prüfungsverordnung für die Berufe in der Krankenpflege. 3. Aufl., Stuttgart, Kohlhammer, 1992

Robert Bosch Stiftung (Hrsg.): Pflege braucht Eliten. Denkschrift der Kommission der Robert Bosch Stiftung zur Hochschulausbildung für Lehr- und Leitungskräfte in der Pflege. Beiträge zur Gesundheitsökonomie 28. Gerlingen, Bleicher, 1992

8.1.4 Gesundheit/Krankheit im pflegerischen Alltag

Die Reform des Gesundheitswesens in Deutschland ist regelmäßig Gegenstand intensiver öffentlicher und fachlicher Diskussion. Zentrale Ziele dieser Reformbemühungen sind Kostentransparenz und Kostenreduktion bei gleicher oder besserer Qualität der angebotenen Leistungen. Für die Gesundheitsunternehmen treten daher betriebswirtschaftliche und organisatorische Aspekte im Leistungserstellungsprozess mehr und mehr in den Vordergrund. Die zukünftigen Versorgungsstrukturen müssen sich an Konzepten der primären Gesundheitsversorgung orientieren, sie erfordern Dezentralisierung, Vernetzung und Kooperation.

Die Gesundheitsunternehmen, die sich über einen langen historischen Zeitraum hinweg vor allem als karitative oder als Einrichtungen im Dienste des Gemeinwohls sahen, verstehen sich mehr und mehr als Wirtschaftsunternehmen. Während früher, vor allem im Gefolge der strikten funktionellen Spezialisierung, der Krankenhauspatient eher zum Objekt des Anstaltszwecks degradiert wurde, wird gerade hier in den letzten Jahren ein erheblicher Wandel im Selbstverständnis der Gesundheitsbetriebe deutlich. Die lange weitgehend unwidersprochen hingenommenen Versorgungsmerkmale in Gesundheitseinrichtungen, wie etwa die Unterwerfung des Patienten unter die Autoritäten der Medizin, die stetige Verfügbarkeit der Patienten für das Personal, die Einhaltung striktester Regelungen zum Essen, zum Besuch, zur Mediennutzung oder zum Tagesablauf, die Unterbringung in einer kargen und sterilen Innenarchitektur u.a.m. sind innerhalb weniger Jahre zugunsten einer betriebswirtschaftlich begründeten Kundenorientierung obsolet geworden.

So haben die Leistungserbringer der Gesundheitsversorgung in den letzten Jahren einen hohen Aufwand betrieben, um Maßnahmen des Wandels sinnvoll zu gestalten. Insbesondere die Neuordnung tradierter Strukturen stand im Mittelpunkt der Aktivitäten. Die Positionierung von Krankenhäusern in dynamischen und gesättigten Märkten erfordert eine besondere Beachtung der Schnittstelle zum Endkunden der personenbezogenen Dienstleistung – dem Patienten. Dabei wird die gezielte Nutzung von für den Patienten/Klienten konkret erfahrbaren Qualitätsmerkmalen auf der Station eine Schlüsselfunktion einnehmen, denn hier besteht der intensivste Kontakt zwischen Anbieter und Klient/Patient. Hier erfährt der Klient/Patient subjektiv die Qualität am eigenen Leibe.

Das gesellschaftliche, ökonomische und gesetzliche Bedingungsgefüge beeinflusst die Angebots- und Wirtschaftssituation der Krankenhäuser unmittelbar. Haftungsrechtliche Aspekte, sinkende Verweildauern, Qualitätsmanagement und insbesondere die einzuführenden DRGs haben innerhalb einer relativ kurzen Zeitspanne einem außerordentlichen Anstieg der Dokumentations- und Codieraufgaben in allen Bereichen des Krankenhauses bewirkt.

Zusätzlich regelt § 17 KHG die stufenweise Einführung eines bis auf wenige Ausnahmen durchgängigen Fallpauschalensystems. Dabei handelt es sich um die weitreichendste und einschneidendste Veränderung in der Krankenhausfinanzierung, die in Deutschland seit dem zweiten Weltkrieg in Kraft getreten ist. Die Umsetzung erfordert derzeit einen erheblichen Schulungsaufwand in den beteiligten Institutionen und wird auch zukünftig den Verwaltungsaufwand auf den unterschiedlichen Krankenhausebenen steigen lassen.

Es ist nicht zu übersehen, dass die Einführung der DRGs zu einer bisher nicht gekannten Transparenz der Leistungs- und Patientenstruktur der Krankenhäuser führen wird. Durch die Clinical Pathways werden die Kernprozesse identifiziert, dokumentiert und gesteuert.

Zeitgleich zu dieser Entwicklung, die vom Krankenhaus zu einem modernen Gesundheitsunternehmen führen wird, das sich als Dienstleister einem selbstbewussten und informierten Kunden im Wettbewerb zuwendet, werden auch die Unternehmensgrenzen, wie sie heute zwischen stationär und ambulant vorliegen, verschwimmen. Vor- und nachstationäres Behandeln, ambulantes Operieren, Rehabilitation, integrierte Versorgung, Wellness oder Life Science sind nur einige Bestimmungsgrößen der neuen Unternehmen. Ihre komplexen Dienstleistungsprozesse werden ganz unterschiedliche heute noch nicht definierte Qualitätsindikatoren aufweisen. Damit verändern sich auch das berufliche Selbstverständnis und die Anforderungen, die von den anderen Akteuren und den Kunden an die Berufsgruppe der Pflegenden gestellt werden.

Die WHO (World Health Organization) definiert als Kern pflegerischer Tätigkeit die Ermittlung und Beurteilung von Pflegebedürfnissen sowie die Planung, Durchführung und Dokumentation der erforderlichen Pflege unter Anwendung akzeptierter und sachgerechter kultureller, ethischer und professioneller Standards. Als weitere zentrale Pflegeaufgabe zeichnet sich ab die Weitergabe von Wissen an die Patienten/Klienten und die übrigen an der Gesundheitsversorgung beteiligten Mitarbeiter.

Diese Verbreiterung der pflegerischen Handlungsbasis betont in den Eckpunkten Aufgaben der primären Gesundheitsversorgung, der Prävention, der Beratung und der Kooperation. Die

Orientierung wechselt damit von der (medizinischen) Krankheitsorientierung zur (salutogenetischen) Gesundheitsorientierung. Seit den achtziger Jahren des 20. Jahrhunderts werden neue Konzepte zur Förderung der Gesundheit diskutiert. Das salutogenetische Modell von Antonovsky, das von einem erweiterten Gesundheitsverständnis ausgeht (vgl. BZgA 1999) und die Ottawa Charta (WHO) (vgl. www.radix.ch, 1996) prägen die heutige Gesundheitsförderung maßgeblich. Antonovsky (1997) fand in seinen Forschungen heraus, dass es bestimmte Einstellungen gibt, die dazu führen, dass Menschen unter identischen Stressbedingungen eher gesund bleiben als andere.

Er arbeitete drei Faktoren heraus, die nach seinen Erkenntnissen dafür verantwortlich sind, dass Menschen körperlich und psychisch gesünder sind:

- das Gefühl der Verstehbarkeit (comprehensibility)
- das Gefühl der Handhabbarkeit (manageability)
- und das Gefühl der Sinnhaftigkeit (meaningfulness) des eigenen Lebens.

Diese drei Faktoren ergeben zusammen das Kohärenzgefühl (sense of coherence), das Gefühl einer inneren «Stimmigkeit». Im Vordergrund steht hier das Prozesshafte und Wandelbare von Gesundheit.

Der Strukturwandel im Gesundheitssystem und die sukzessive wirksam werdenden Veränderungen im Gesundheits- und Krankheitsverständnis haben sich bereits in den für die Pflegeberufe geltenden Rechtsregelungen niedergeschlagen. So verändert sich mit dem «Gesetz über die Berufe in der Krankenpflege und zur Änderung anderer Gesetze vom 16. Juli 2003» (KrPflG § 1 [1]) die Berufsbezeichnung von «Krankenschwester/-pfleger» in «Gesundheits- und Krankenpflegerin/Gesundheits- und Krankenpfleger». Das Ausbildungsziel wird durch KrPflG § 3 (1) wie folgt definiert:

«Die Ausbildung (…) soll entsprechend dem allgemein anerkannten Stand pflegewissenschaftlicher, medizinischer und weiterer bezugswissenschaftlicher Erkenntnisse fachliche, personale, soziale und methodische Kompetenzen zur verantwortlichen Mitwirkung (…) vermitteln. Pflege im Sinne von Satz 1 ist dabei unter Einbeziehung präventiver, rehabilitativer und palliativer Maßnahmen auf die Wiedererlangung, Verbesserung, Erhaltung und Förderung der physischen und psychischen Gesundheit der zu pflegenden Menschen auszurichten. Dabei sind die unterschiedlichen Pflege- und Lebenssituationen sowie Lebensphasen und die Selbständigkeit und Selbstbestimmung der Menschen zu berücksichtigen.»

Dieses erweiterte Anforderungsprofil an die Pflege kann nur realisiert werden, wenn eine fortlaufende Entwicklung der pflegerischen Praxis durch kritisches Denken und Forschung stattfindet und wenn das pflegerische Management sich von tradierten Konzeptionen löst und das Management des Wandels zukünftig als seine zentrale Aufgabenstellung ansieht.

Literatur

Antonovsky, A.: Salutogenese. Tübingen, Dgvt, 1997

Bundeszentrale für Gesundheitliche Aufklärung (Hrsg.): Was erhält Menschen gesund? Antonovskys Modell der Salutogenese – Diskussionsstand und Stellenwert. Köln, 1998

Schaefer, H.; Brendt, H.; Gostomzyk, G.: Vom Nutzen des Salutogenese-Konzepts. Münster, Daedalus, 2002

Gesetz über die Berufe in der Krankenpflege und zur Änderung anderer Gesetze, vom 16. 7. 2003 (KrPflG)

Weltgesundheitsorganisation (WHO): Die Ottawa-Charta. In: Trojan, A.; Stumm, B. (Hrsg.): Gesundheit fördern statt kontrollieren. Eine Absage an den Mustermenschen, 1992, S. 84–95

Weltgesundheitsorganisation (WHO): Pflege im Aufbruch und Wandel. WHO Europa, Quintessenz, 1995 (engl. 1993)

http://www.radix.ch (Schweizerische Gesellschaft für Gesundheitsförderung)

8.1.5 Professionalisierung der Pflege

Die im 19. Jahrhundert einsetzende Verberuflichung der Pflege ist untrennbar verbunden mit der allgemeinen gesellschaftlichen Modernisierung. Industrielle Gesellschaften weisen eine fortschreitende Segmentierung und Rationalisierung der Arbeitswelt auf. Luckmann und Sprondel (1972, 15) stellen hierzu fest, dass man «(…) die Geschichte der modernen Gesellschaft unter anderem auch als die Geschichte der Ablösung von Laienlösungen durch Formen rationalisierter Expertenlösungen von Problemen beschreiben kann.»

8.1.5.1 Pflege – ein Frauenberuf?

Geschlecht ist, ähnlich wie Klasse oder Rasse, ein sozialer Platzanweiser, der Frauen und Männern ihren Ort in der Gesellschaft, Status, Funktionen und Lebenschancen zuweist. Es ist daher zu fragen, welche Bedeutung die Strukturkategorie «Geschlecht» im geschlechtsspezifisch segregierten Arbeitsmarkt im Bereich pflegerischen und sozialen Berufe einnimmt.

Betrachtet man diesen Arbeitsmarkt unter der Fragestellung horizontaler Segregierung, so stellt man fest, dass bis heute rund 85% der Beschäftigten in der Pflege Frauen sind. Betrachtet man die vertikale Segregierung, das heisst, die hierarchische Arbeitsteilung zwischen den Geschlechtern, so kann ebenfalls konstatiert werden, dass die Pflegeberufe bis heute im Gesamtfeld der medizinisch dominierten Heilberufe eine eher untergeordnete Position einnehmen (Overlander, 1994, 217).

Ostner (1978) bietet einen Erklärungsansatz für die Bedingungen von Frauenerwerbsarbeit an. Grundlage ihrer Analyse ist die geschlechterspezifische Arbeitsteilung, die Männern die Erwerbsarbeit zuweist und Frauen die familienbezogene Arbeit. Es wird idealtypisch unterschieden zwischen Hausarbeit und Berufsarbeit. Ostner (1978) analysiert die historisch gewachsene Zuständigkeit der Frauen für den Hausarbeitsbereich. Damit einher geht die Herausbildung eines «weiblichen Arbeitsvermögens». Durch die geschlechtsspezifische Sozialisation erwerben Frauen bestimmte Fähigkeiten und Orientierungen, die mehr der familiären-reproduktionsbezogenen Arbeit entsprechen als der beruflichen. Deshalb neigen Frauen dazu, Berufe zu wählen, die diesen inhaltlichen Interessen entgegenkommen. Funktionserfordernisse und Arbeitsweisen zwischen Berufs- und Hausarbeit unterscheiden sich jedoch. Sie ergänzen sich, sind aber nicht notwendigerweise austauschbar. Berufsarbeit ist tauschwertorientiert, Hausarbeit ist personenbezogen angelegt. Frauen orientieren sich sozialisationsbedingt eher am Gebrauchswert der Arbeit. Das macht es ihnen schwerer, die Durchsetzung von Tausch- und Karriereinteressen über die Aufgabenerfüllung zu stellen.

Frauenberufe enthalten Elemente, die auf das weibliche Arbeitsvermögen verweisen, sie sind nicht allein auf formalen Qualifikationen begründet. Es werden in ihnen vorwiegend Dispositionen des weiblichen Lebenszusammenhangs verwertet. Bischoff (1984, 143) nennt hier insbesondere die an Frauen gestellte Forderung, für andere da zu sein, ihre Zuständigkeit für den Gefühlsbereich, für Wärme, Liebe, Mütterlichkeit, Zuwendung und Ganzheitlichkeit. Den Frauen, so Bischoff (ebd., 143), werden die Funktionen des Sorgens und Behütens, des Ausgleichens und Kompensierens, des Ergänzens und Wiedergutmachens übertragen. Diese nichtberuflichen Elemente bilden die Voraussetzung und die eigentlichen inneren Garanten der Aufgabenerfüllung. In weiblichen Arbeitsfeldern ist ein Konflikt zwischen inhaltlichen Interessen und Statusgesichtspunkten angelegt, während die Männerberufe hinsichtlich dessen eine weitgehende Übereinstimmung aufweisen. Ostner und Beck-Gernsheim (1979) beziehen das Konzept des weiblichen Arbeitsvermögens gezielt auf die den Pflegeberufen typische Berufsforderung nach Mitmenschlichkeit.

Obwohl Ostner und Beck-Gernsheim (1978, 1979) in mehrfacher Hinsicht kritisiert werden, kann in der Realität beobachtet werden, dass alle in der Kategorie weiblichen Arbeitsvermögens enthaltenen Fähigkeiten und Kompetenzen in allen pflegenden und sozialen Frauenberufen als positive Norm gelten und in der Ausbildung und auf dem Arbeitsmarkt täglich realisiert werden.

Seit Mitte des 19. Jahrhunderts werden Entwicklungen beschrieben, die Kennzeichen einer Verberuflichung der Pflege aufzeigen, sie benennt jedoch drei Kernbereiche, die sich im Hinblick auf die beginnende Verberuflichung als besonders problematisch erweisen: die Entwicklung der Berufsorganisationen, die Entwicklung der Gesetzgebung in der Krankenpflege und die Entwicklung eines abgesicherten Berufsbildes.

8.1.5.2 Verberuflichung in der Pflege

Ansätze zur Verberuflichung zeichnen sich erst im Rahmen der zunehmenden gesellschaftlichen Differenzierung im Verlauf des vergangenen Jahrhunderts ab (Prüfer, 1997, 19). Unter Verberuflichung versteht Hartmann (1972, 36) den Übergang von Arbeitsverrichtungen zum Beruf. Hierbei verändert sich das Wissen und die soziale Orientierung von einer relativ schwachen Ausprägung zu einer relativ stärkeren Ausprägung (ebd. 40). Die Systematisierung des Wissens dient in erster Linie dazu, den Berufsangehörigen die Lösung spezifischer Berufsaufgaben zu ermöglichen. Im Prozess der Verberuflichung geraten immer größere Sozialräume in den Blick, während es bei Arbeitsverrichtungen bei relativ eingeschränktem Sozialbewusstsein bleibt (ebd., 41). Während Arbeit sich auf reinen Gelderwerb richtet, zielen Berufe auf einen höheren Grad von Strukturierung ab (ebd., 42). Demgegenüber verstehen Daheim und Schönbauer (1993, 9) unter «arbeiten» ganz allgemein als «(…) die Auseinandersetzung des Menschen mit seiner natürlichen und sozialen Umwelt zur Sicherung des Lebensunterhaltes».

Die Verberuflichung der Pflege in Deutschland kann als in den sechziger und siebziger Jahren des letzten Jahrhunderts abgeschlossen betrachtet werden. Gegenwärtig werden die Berufsstrukturen und die Berufsbildung im Gesundheitswesen bereits als grundlegend reformierungsbedürftig betrachtet (DBfK, 1997, 45). Die gesellschaftlichen Ansprüche an pflegerische und pädagogische Dienstleistungen und die Notwendigkeiten und Voraussetzungen für professionelle gesundheits- und sozialpflegerische Interventionen haben sich seit den 1950er und 1960er Jahren nachhaltig verändert (ebd., 45). Das wird auch und vor allem daran erkennbar, dass sich die traditionellen Berufe im gesundheits- und sozialpflegerischen Bereich in ihren gegenwärtigen Einsatzgebieten immer mehr überschneiden, so dass festgestellt werden muss, dass die auf traditionelle Einsatzorte fixierte Berufsqualifikation heute nur noch bedingt taugt (ebd., 45).

8.1.5.3 Professionalisierung in der Pflege

Neben der Diskussion um die erforderliche Reform der berufliche Grundbildung wird gerade in den letzten Jahren die Diskussion in den Pflegeberufen unter dem Signum der Professionalisierung geführt, es wird sogar hier und da der Anspruch erhoben, bereits eine Profession im professionstheoretischen Sinne zu sein (vgl. etwa: Die in der konzertierten Aktion im Gesundheitswesen vertretenen Pflegeorganisationen, 1998, 10).

Unter Professionalisierung kann zunächst recht einfach der Vorgang verstanden werden, durch den eine Person oder eine Organisation professioneller wird, was darauf hinweist, dass ihre Arbeitsweisen auf diese Besonderheiten ausgerichtet sind, und das damit gerechnet werden kann, dass dafür in Zukunft eine höhere Entlohnung erfolgt (ebd., 18).

Hartmann (1972, 37 ff.) beschreibt die Verberuflichung als eine Entwicklung in der Dimension des Wissens und in der Dimension der Sozialorientierung. Im Prozess der Verberuflichung verdinglicht und systematisiert sich das für die Arbeitstätigkeit notwendige Wissen. Im Prozess der Professionalisierung dagegen werden die Wissenskombinationen zur Theorie weiterentwickelt, also verwissenschaftlicht (ebd., 41). Entscheidend ist dabei jedoch nicht die bloße Dauer der Ausbildung, sondern die wachsende Ausrichtung auf die Forschung, bzw. die wachsende Ausrichtung auf die Ergebnisse der Forschung (ebd., 45). Die Entwicklung zum Beruf bedeutet in der Dimension der sozialen Orientierung, dass sich die Berufsangehörigen nicht nur auf die Befriedigung individueller Bedürfnisse beschränken, sondern dass sie sich ihrer Rolle in größeren Wirtschaftszusammenhängen bewusst werden (ebd., 41). Professionen zeichnen sich entsprechend durch eine hohe soziale Orientierung aus, sie sind in ein soziales Netzwerk eingebunden und sind sich ihrer besonderen sozialen Stellung bewusst (ebd., 42).

Wenn Professionalisierung der Pflege betrachtet wird, erfolgt in der Regel eine Anknüpfung bei den klassischen Konzepten der Professionssoziologie (Weidner, 1995, 16). Diesen geht es im Kern um die Bestimmung von Prozessen zwischen einzelnen Berufen (oder sog. Professionen) und der Gesellschaft, an deren Ende besondere Berufe wiederum mit besonderen Merkmalen ausgestattet werden, die diese von anderen Berufen unterscheiden (ebd., 16).

Weidner (ebd., 27 ff.) stellt dar, dass die Professionalisierungsdiskussion in der deutschen Berufssoziologie ihren Höhepunkt in den siebziger Jahren erreichte und hierbei vor allem die eher unkritische Rezeption vorangegangener Entwicklungen im englischsprachigen Raum beinhaltete. Anstoß zur Diskussion von Professionalisierungsprozessen war die Entwicklung der modernen Wirtschaftsgesellschaften mit ihrem steigenden Wohlstand und der damit zusammenhängenden Nachfrage nach qualifizierten Dienstleistungen. Albert (1998, 27) weist darauf hin, dass die Frage nicht eindeutig zu klären sei, welcher Beruf nun als Profession bezeichnet werden könne, da der Sprachgebrauch zu uneinheitlich sei. Daheim und Schönbauer (1993, 63) verzichten ganz auf den Begriff Profession um eine unnötige Diskussion zu vermeiden und verwenden statt dessen den Begriff der Spezialisten- oder Expertenarbeit.

Die in der Berufssoziologie der 1970er Jahre erörterten Ansätze zur Professionalisierung gehen in Anlehnung an die vorangegangenen angelsächsischen Analysen davon aus, dass Berufe, die sich als Professionen begreifen, einer bestimmten Anzahl von Kriterien entsprechen müssen (Weidner, 1995, 37). Dieser merkmalsbezogene Ansatz nennt als zentrale Kriterien (ebd., 36 f; Albert, 1998, 29):

- die Systematisierung des Wissens (wissenschaftliche Ausbildung)
- die soziale Orientierung an zentralen Werten der Gesellschaft (verbindlicher ethischer Kodex der Berufsausübung)
- die Autonomie der Professionellen gegenüber einer externen Kontrolle der beruflichen Ausbildung bzw. der Berufsausübung.

Als klassische Professionen in diesem indikatorischen Sinne gelten Mediziner, Juristen und Theologen. Ihre Berufsgeschichte begründet sich in den Universitätsfakultäten des frühen Mittelalters und entspricht in besonderem Maße den dargestellten Merkmalen einer Profession (Albert, 1998, 27).

Bei den Professionalisierungsbestrebungen in den Pflegeberufen ist zunächst die Frage zu stellen, ob eine explizite oder implizite Orientierung an den o.g. Indikatoren der klassischen Professionen erfolgt. Danach sollte gefragt werden, ob das eine erfolgversprechende und sinnvolle Herangehensweise ist.

8.1.5.4 Stand der Professionalisierung

In einer Publikation des Bundesministeriums für Gesundheit (BMfG) (1993, 13 ff.) wird unter der Überschrift «Professionalisierungsstand» die Berufsentwicklung der Pflege im Zeitraum der letzten 20 Jahre skizziert:

Beginnender Wandel im beruflichen Selbstverständnis

Für den Zeitraum der 1970er Jahre wird die Pflege als arztorientiert bezeichnet. Die Professionalisierungsbemühungen belaufen sich auf medizinische Spezialisierung; arztnahe und administrative Aufgaben gewinnen an Attraktivität. Der Zugewinn an medizinisch/naturwissenschaftlichen Kenntnissen führt aber nicht zu einer Weiterentwicklung des pflegerischen Berufsbildes (ebd., 13).

Für die 1980er Jahre wird der beginnende Wandel im beruflichen Selbstverständnis beschrieben und als berufliche Emanzipationsbemühung gekennzeichnet. Hier spielen eine

Rolle, Versuche das Berufsbild der Pflegende auszugestalten, Forderungen nach struktur- und arbeitsverbessernden Maßnahmen, sowie Forderungen nach neuen Aus-, Fort- und Weiterbildungskonzepten. Die Unterordnung unter die Medizin und die hierarchische Arbeitsteilung wird problematisiert und in der Tendenz zunehmend abgelehnt (ebd., 13 f.).

Die Systematisierung der Wissensbasis
Ende der 1980er Jahre und mit Beginn der 1990er Jahre trägt die allmähliche Etablierung der Pflegewissenschaft und -forschung sowie die Einrichtung akademischer Bildungsgänge für lehrende und leitende Aufgaben zu den Professionalisierungsbemühungen bei. Hier wird der Versuch unternommen, die Pflege konzeptionell und aufgabenorientiert zu definieren, sowie ihre Eigenständigkeit und Notwendigkeit zu begründen. Systematisches Wissen und systematische Begründungszusammenhänge werden der Intuition und dem Erfahrungswissen entgegengesetzt. Der pflegerische Alltag bleibt davon jedoch weitgehend unberührt. Es kommt zu nicht unerheblichen Spannungen zwischen gesicherten konzeptionellen Erkenntnissen und der Alltagspraxis (ebd. 14 f.). Albert (1998, 75) bezeichnet die Akademisierungsbemühungen als lediglich eine Teilprofessionalisierung und stellt fest, dass Wirkungen, die davon für das gesamte Berufsfeld ausgehen werden, ungeklärt scheinen und derzeit für die Zukunft nicht abzusehen sind.

Berufliche Autonomie
Seit den frühen 1990er Jahren wird in der Berufsgruppe der Pflegende die Forderung nach der Etablierung berufsständischer Kammern laut. Kellnhauser (1994) setzt sich grundlegend mit der Frage nach einer Verkammerung für die Pflegeberufe auseinander. In einer Vielzahl weiterer Publikationen, werden die Berufsangehörigen über Sinn und Zweck sowie Möglichkeiten und Grenzen von Kammern informiert. Schließlich lassen die Berufsverbände der Pflege durch ein Auftragsgutachten (Igl, 1998) die öffentlich-rechtlichen Grundlagen für das Berufsfeld Pflege im Hinblick auf vorbehaltene Aufgabenbereiche prüfen. In mehreren Bundesländern (Bayern 1997, Berlin 1998) kommt es zur Vorlage erster Entwürfe eines Kammergesetzes für die Pflegeberufe.

In einer parallelen Entwicklung beginnen die aus historischen Gründen in eine Vielzahl von Einzelverbänden aufgesplitterten Berufsorganisationen der Pflege sich zusammenzuschließen um ihre politische Wirkkraft zu verstärken. Beispielsweise werden 1993 der Deutsche Bildungsrat für Pflegeberufe und 1998 der Deutsche Pflegerat und als überverbandliche Gremien gegründet, erstmalig werden 1997 Pflegexperten der Berufsorganisationen in das jährlich erscheinende Gutachten der Konzertierten Aktion im Gesundheitswesen (KAiG) eingebunden.

Deutlich erkennbar wird hier der Versuch unternommen, politische Einflussnahme zu verstärken und auf der institutionellen Ebene berufliche Autonomie einzufordern. Dennoch können diese Versuche nicht unkritisiert bleiben. Einmal bleibt die Frage offen, wie es mit der Handlungsautonomie in der pflegerischen Praxis aussieht. Weidner (1995, 113) weist zu recht darauf hin, dass die hierarchische Arbeitsteilung zwischen Medizin und Pflege, die Bürokratisierung der Pflegearbeit innerhalb der Gesundheitsbetriebe und die zunehmende Standardisierung pflegerischer Arbeitsabläufe die Professionalisierbarkeit pflegerischen Handelns begrenzt.

In diesem Zusammenhang darf auch nicht außer acht gelassen werden, dass mit einen Organisationsgrad von lediglich ca. 8% der Berufsangehörigen mehr als 90% der Berufsgruppe an diesen Autonomiebestrebungen nicht aktiv teilnehmen. Effektiv kann eine Berufsvertretung aber nur arbeiten, ganz gleich in welcher institutionalisierten Form, wenn sie von der breiten Mehrheit der Berufsangehörigen getragen wird.

Der berufsethische Kodex
Im Hinblick auf einen verbindlichen berufsethischen Kodex, der einer berufsinternen Disziplinargewalt unterliegt, kann bis heute nicht behauptet werden, dass ein inhaltlicher Konsens in der Berufsgruppe der Pflegenden besteht oder eine Überwachung dieser Berufsethik in institu-

tionalisierter Form möglich ist. Unstrittig ist selbstverständlich, dass Pflege sich an Werten orientiert. Albert (1998, 76) stellt hierzu fest, dass der Pflege bis heute das Merkmal einer karitativ-fürsorgenden Tätigkeit anhaftet. «Da die Pflege als Assistenzberuf des Arztes konzipiert wurde, unterliegt sie auch im Hinblick auf ihre Ethik fortlaufend der Gefahr der «Medizinalisierung» (ebd., 76). Publikationen zum Thema Pflegeethik nehmen jedoch zu, das ist wahrscheinlich wesentlich der großen Zahl der inzwischen etablierten pflegebezogenen Fachhochschulstudiengänge und Universitätsstudiengänge zuzuschreiben.

Der DBfK (1995, 13) formuliert programmatisch: «Auf den Grundlagen der ethischen Grundregeln des International Council of Nursing (ICN) hat die Ethikkommission im DBfK einen nationalen ethischen Kodex entwickelt. Dieser gilt als Handlungsgrundlage für alle Pflegenden in Deutschland». In der Realisierung wird es aber für unerlässlich gehalten, dass «der pflegeethische Kodex in Pflegepraxis, Pflegeforschung, Pflegemanagement und Lehre angewendet wird» (ebd., 13).

Zusammenfassend kann also festgestellt werden, dass die Pflegeberufe sich um den Erwerb der klassischen Professionsattribute bemühen. Ganz grundsätzlich ist jedoch anzufragen, ob die Bemühungen um den Erwerb der klassischen Professionsattribute im Berufsfeld Pflege nicht bereits im Ansatz verfehlt sind. Die Orientierung am indikatorischen Modell der Professionalisierung ist an sich fragwürdig. Zunächst ist die indikatorische Herangehensweise als solche zu kritisieren. Weidner (1995, 36) stellt hierzu fest, dass bei der indikatorisch-merkmalstheoretischen Bestimmung des Professionsbegriffs die gewählten Merkmale rein äußerlich zu sein scheinen und keine Kriterien zur Bestimmung der relativen Bedeutung der Merkmale untereinander sowie der strukturellen Beziehungen der Merkmale zueinander vorliegen.

Ebenso ist die Frage zu stellen, ob im gesellschaftlichen Wandel die klassischen Professionen Bestand haben werden und ob nicht vielmehr der flexibel einsetzbare Generalist das Berufsmodell der Zukunft sein wird. Prozesse der Deprofessionalisierung werden beschrieben und können gesellschaftlich beobachtet werden.

Seit den 1970er Jahren hat der Glaube an die Wissenschaft und damit auch an die wissenschaftlich ausgewiesene Expertise deutlich abgenommen (Albert, 1998, 39). Seit den 1980er Jahren werden die ökonomischen Rahmenbedingungen auch für die Professionals schwieriger, die akademische Ausbildung ist durch den massenhaft Zugriff inflationiert worden. Der Verdrängungswettbewerb zwischen Akademikern und Nichtakademikern führt zu einer Deklassifikation akademischer Qualifikationen (ebd. 40). Die Computerisierung weiter Bereiche der Wirtschaft hat zu einer zunehmenden Standardisierung von Arbeitsabläufen geführt und die Spielräume für autonomes Handeln entsprechend eingeengt (ebd. 40). Der zunehmend geltend gemachten Ansprüche der Klienten/Patienten auf Partizipation durch Information, Mitbestimmung und Mitbeteiligung steht dem professionellen Wissensmonopol entgegen (Weidner, 1995, 39). Es scheint zweifelhaft, ob es die freie Profession mit ihrem Anspruch auf Autonomie und exklusives Wissen überhaupt noch gibt (Albert, 1998, 40).

Die Restriktionen und der grundsätzliche Strukturwandel im Gesundheitswesen im Gefolge einer allgemeinen Ressourcenverknappung begrenzen noch einmal und dann vermutlich entscheidend, die Professionalisierungschancen der Pflegeberufe im Sinne einer Orientierung an den klassischen Professionsmerkmalen.

Literatur

Albert, M.: Krankenpflege auf dem Weg zur Professionalisierung. Eine qualitative Untersuchung mit Studierenden der berufsintegrierten Studiengänge «Pflegedienstleitung/Pflegemanagement» und «Pflegepädagogik» an der Katholischen Fachhochschule Freiburg. Genehmigte Dissertation der Pädagogischen Hochschule Freiburg, 1998

Bischoff, C.: Frauen in der Krankenpflege: zur Entwicklung von Frauenrolle und Frauenberufstätigkeit im 19. und 20. Jahrhundert. Frankfurt a. M., Campus, 1984

Bundesministerium für Gesundheit: Leitfaden zur

Neuorientierung des Pflegedienstes, Band 31, Schriftenreihe des Bundesministeriums für Gesundheit. Baden-Baden, Nomos, 1993
Daheim, H.; Schönbauer, G.: Soziologie der Arbeitsgesellschaft. Grundzüge und Wandlungstendenzen der Erwerbsarbeit. Weinheim, Beltz, 1993
Deutscher Berufsverband für Pflegeberufe (Hrsg.): Pflegekammer. Beitrag zur Diskussion über Kammern in der Pflege. Deutscher Berufsverband für Pflegeberufe, Hauptstraße 392, 65760 Eschborn, 1995b
Die in der Konzertierten Aktion im Gesundheitswesen Vertretenen Pflegeorganisationen: ADS, BKK, BALK, BA, DBfK (Hrsg.): Pflegerischer Fortschritt und Wandel. Basispapier zum Beitrag «Wachstum und Fortschritt in der Pflege» im Sondergutachten des Sachverständigenrates für die Konzertierte Aktion im Gesundheitswesen. Göttingen, Druckhaus, 1998
Hartmann, H.: Arbeit, Beruf, Profession. In: Luckmann, T.; Sprondel, W.-M.(Hrsg.). Berufssoziologie. Köln, Kiepenheuer & Witsch, 1972, S. 36–52
Igl, G.: Öffentlich-rechtliche Grundlagen für das Berufsfeld Pflege im Hinblick auf vorbehaltene Aufgabenbereiche. Herausgegeben von: Arbeitsgemeinschaft deutscher Schwesternverbände und Pflegeorganisationen e.V., Berufsverband für Kinderkrankenschwestern und Kinderkrankenpfleger e.V., Bundesarbeitsgemeinschaft der Lehrer/innen für Pflegeberufe, Bundesarbeitsgemeinschaft Leitender Krankenpflegepersonen e.V., Deutscher Berufsverband für Pflegeberufe e.V., Göttingen, Druckhaus, 1998
Kellnhauser, E.: Krankenpflegekammern und Professionalisierung der Pflege: ein internationaler Vergleich mit Prüfung der Übertragbarkeit auf die Bundesrepublik Deutschland. Melsungen, Bibliomed, 1994
Luckmann, T.; Sprondel, W.-M. (Hrsg.): Berufssoziologie. Köln, Kiepenheuer und Witsch, 1972
Ostner, I.: Beruf und Hausarbeit. Die Arbeit der Frau in unserer Gesellschaft. Frankfurt a.M., Campus, 1978
Ostner, I.; Beck-Gernsheim, E.: Mitmenschlichkeit als Beruf. Eine Analyse des Alltags in der Krankenpflege. Frankfurt a.M., Campus, 1979
Schaeffer, D.: Zur Professionalisierbarkeit von Public Health und Pflege. In: Schaeffer, D.; Moers, M.; Rosenbrock, R. (Hrsg.): Public Health und Pflege. Zwei neue gesundheitswissenschaftliche Disziplinen. S. 103–126. Berlin, Wissenschaftszentrum für Sozialforschung, 1994
Weidner, F.: Professionelle Pflegepraxis und Gesundheitsförderung. Eine empirische Untersuchung über Voraussetzungen und Perspektiven des beruflichen Handelns in der Krankenpflege. Wissenschaft 22. Frankfurt a.M., Mabuse, 1995

8.2 Instrumente zur Prozessgestaltung in der Pflege

J. Georg

8.2.1 Der Pflegeprozess

Der Pflegeprozess ist ein logischer, klientenzentrierter, zielgerichteter, universell anwendbarer und systematischer Denk- und Handlungsansatz, den Pflegende während ihrer Arbeit nutzen (vgl. Wilkinson, 2007). Im Rahmen dieses Prozesses werden aktuelle und potenzielle Gesundheitsprobleme, Entwicklungspotenziale und Ressourcen eingeschätzt, diagnostiziert sowie gezielte Interventionen geplant, ausgeführt und bewertet, um Ressourcen und Möglichkeiten zur Förderung der Gesundheit zu nutzen, zu entwickeln und aktuelle und potenzielle Gesundheitsprobleme und Krisen zu lösen, zu lindern oder Menschen bei deren Bewältigung zu unterstützen. Eine Pflegediagnose wird nach einem *Pflegeassessment* erstellt. Dabei schätzt die Pflegende systematisch Patienten ein, indem sie sie beobachtet, befragt und untersucht. Das Pflegeassessment klärt, ob ein Bedarf an pflegerischen Interventionen besteht, weil Aktivitäten, Beziehungen und existenzielle Erfahrungen des Lebens nicht mehr unabhängig ausgeführt, gestaltet oder bewältigt oder Gesundheitsverhaltensmuster nicht mehr funktionell ausgeführt werden können.

Die *Pflegediagnose* bildet den Ausgangspunkt, um mit Patienten und Angehörigen festzulegen wie sie prioritär betreut und beraten werden möchten und um gemeinsame *Pflegeziele* und Kriterien für die Bewertung der Ergebnisse der Pflegeinterventionen zu vereinbaren. Ausgehend von den Einfluss- oder Risikofaktoren der Pflegediagnosen wird ein *Pflegeplan* zur pflegerischen Betreuung entwickelt, der geeignete und effektive *Pflegeinterventionen* auswählt und festlegt, um aktuelle Gesundheitsprobleme zu lösen, zu lindern oder zu bewältigen, um potenziellen

Gesundheitsproblemen vorzubeugen und um dem Wunsch nach Gesundheitsförderung nachzukommen. Im Rahmen der *Pflegeinterventionen* werden Ressourcen genutzt, Maßnahmen ausgeführt und der Gesundheitszustand von Patienten und Angehörigen kontinuierlich eingeschätzt. Abschließend wird mittels *Pflegeevaluation* bewertet, ob die angestrebten Ziele erreicht wurden, das Assessment umfassend, die Diagnosen akkurat und die geplanten Interventionen effektiv waren.

Parallel zum Pflegeprozess läuft ein *Beratungs-* und *Entlassungsprozess* (**Abb. 8.2-2**, S. 519). Während des *Beratungsprozesses* werden die Lernfähigkeiten und -motivation eingeschätzt, der Lernbedarf benannt, Lernziele vereinbart, ein Informations-, Schulungs- und Beratungsplan entwickelt, durchgeführt und bewertet. Im Rahmen des *Entlassungsprozesses* wird prognostiziert, ob der Patient oder Angehörige nach der Entlassung noch von einer Pflegenden betreut oder beraten werden muss. Während des Entlassungsprozesses werden mögliche Entlassungsprobleme erkannt und benannt, Entlassungsziele gemeinsam formuliert, ein Entlassungsplan entwickelt, ausgeführt und bewertet.

8.2.1.1 Pflegeassessment

Das *Pflegeassessment* ist der erste Schritt des Pflegeprozesses. Mittels eines Pflegeassessments schätzen Pflegende Klienten ein. Der Begriff des Assessments wurde vom Englischen (engl. Assessment = Einschätzung, Beurteilung, Bewertung, Einstufung) übernommen. Bezogen auf die Akutpflege in Krankenhäusern geht es darum, Patienten und Familien systematisch einzuschätzen. Pflegende tun dies indem sie Patienten beobachten, befragen und körperlich untersuchen. Als Systematik dienen Strukturierungshilfen für pflegerische Informationen wie ABEDLs (Krohwinkel, 2007) oder funktionelle Gesundheitsverhaltensmuster (Gordon, 2003, 2007). Pflegende schätzen in diesem Sinne systematisch die Ressourcen, gesundheitlichen Entwicklungspotenziale, Risiken und Pflegeprobleme und potenziellen Komplikationen ein. Sie erkennen damit aktuelle und potenzielle Gesundheitsprobleme und Entwicklungspotenziale bezüglich der unabhängigen Ausführung von Lebensaktivitäten, Gestaltung von Beziehungen und der Bewältigung existenzieller Erfahrungen des Lebens (ABEDLs) oder der funktionellen Ausführung gesundheitsbezogener Verhaltensmuster.

Pflegeassessments erfolgen zeitlich betrachtet *initial*, zu Beginn einer professionellen Pflegebeziehung, *fortlaufend* während des Pflegeprozesses und *rückwirkend*, um Pflegeergebnisse zu bewerten oder zu evaluieren. Ein Pflegeassessment kann übersichtsartiger (*Screening-Assessment*), umfassender (*Basisassessment*) und/oder spezifischer (*Fokusassessment*) Form sein und es umfasst die *Elemente* des Beobachtens, Befragens und Untersuchens. *Ziel* des Pflegeassessments ist es, aktuelle und potenzielle Gesundheitsprobleme in Form von Pflegediagnosen zu erkennen sowie Ressourcen und Entwicklungspotenziale zum unabhängigen Ausführen von Aktivitäten des Lebens, zum Gestalten von Beziehungen und zum Bewältigen von existenziellen Erfahrungen des Lebens zu identifizieren (vgl. Georg, 2004 und 2006a).

Allegorisch bildhaft gesprochen geht es bei einem Pflegeassessment darum, sich ein Bild vom Patienten zu machen in den man Stück für Stück einzelne Puzzleteile (Informationen) in einen Rahmen (Pflegemodell) zu einem Ganzen zusammenfügt (vgl. Georg, 2004).

Ein Pflegeassessment stellt, wie eingangs beschrieben, den ersten Schritt im Rahmen des Pflegeprozesses dar. Es bildet die Informationsbasis, aus der sich evtl. Pflegediagnosen, Ressourcen und potenzielle Komplikationen ableiten. Ohne ein systematisches Pflegeassessment ist es nicht möglich, akkurate und genaue Pflegediagnosen zu erstellen (Lunney, 2007). Der Weg vom Pflegeassessment zur -diagnose wird in Form des *diagnostischen Prozesses* beschrieben. Im Rahmen des diagnostischen Prozesses werden, wie in **Abbildung 8.2-1** dargestellt, Informationen über den Gesundheitszustand einer Person gesammelt, geprüft, geordnet, Muster erkannt, erste Eindrücke getestet und Informationen berichtet und dokumentiert, um über das

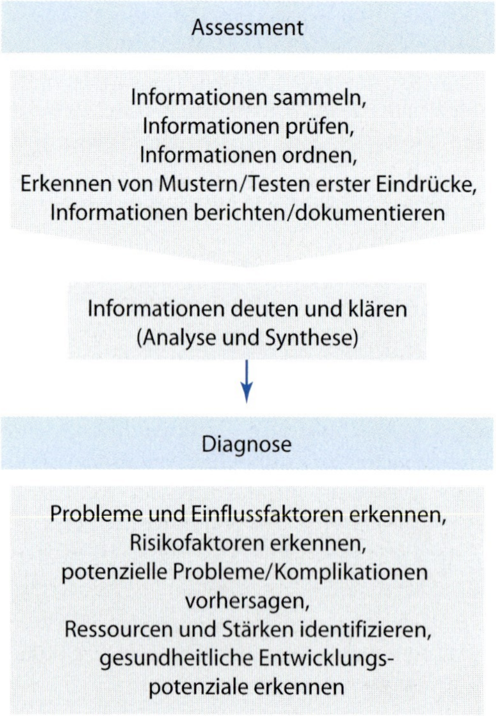

Assessment

Informationen sammeln,
Informationen prüfen,
Informationen ordnen,
Erkennen von Mustern/Testen erster Eindrücke,
Informationen berichten/dokumentieren

Informationen deuten und klären
(Analyse und Synthese)

Diagnose

Probleme und Einflussfaktoren erkennen,
Risikofaktoren erkennen,
potenzielle Probleme/Komplikationen
vorhersagen,
Ressourcen und Stärken identifizieren,
gesundheitliche Entwicklungspotenziale erkennen

Abbildung 8.2-1: Vom Assessment zur Diagnose, der diagnostische Prozess (n. Alfaro-LeFevre 2002)

Deuten und Erklären der Informationen zu einer Pflegediagnose zu gelangen (Alfaro-LeFevre, 2002: 80).

Pflegeassessment und Pflegeevaluation (frz. évaluer, (ab)schätzen, berechnen) stellen einschätzende und bewertende Elemente am Anfang und am Ende des Pflegeprozesses dar. Beim Pflegeassessment handelt es sich primär um das initiale und fortlaufende Einschätzen der Pflegebedürftigkeit. Bei der Pflegeevaluation wird rückwirkend bewertet, ob Pflegediagnosen akkurat gestellt, Pflegeziele erreicht wurden und Pflegeinterventionen wirksam waren.

Pflegeassessmentformen. Hinsichtlich der Spezifität der gesammelten Informationen lassen sich drei Formen des Pflegeassessments – Screening-, Basisassessment und Fokusassessment – unterscheiden. Ein *Screening-Assessment* (engl. to screen sb/st = etwas genauer untersuchen, jmd. einer Auswahlprüfung unterziehen, jmd. auf etwas hin untersuchen, durchsieben) stellt eine initiale Einschätzung des Gesundheitszustandes eines Patienten dar, die dazu dient, sich einen ersten Eindruck über möglicherweise vorliegende Gesundheitsprobleme zu verschaffen. Man arbeitet mit einem groben Raster an geschlossenen Fragen, Beobachtungskriterien und Untersuchung und schaut was im «Sieb» hängen bleibt (vgl. Alfaro-LeFevre, 2002). Als Muster für ein Screening-Assessment für alte Menschen kann das geriatrische Screening in Nikolaus und Pientka (1999) dienen.

Ein *Basisassessment* stellt eine umfassende initiale Informationssammlung über den Gesundheitszustand eines Patienten mittels Gespräch, Beobachtung und Untersuchung dar. Es dient dazu, den Gesundheitszustand und die Pflegebedürftigkeit des Patienten umfassend einzuschätzen und eine professionelle Pflegebeziehung aufzubauen (vgl. Alfaro-LeFevre, 2002, Wilkinson, 2007). Informationen aus einem Basisassessment lassen sich mit verschiedenen Pflege- und Assessmentmodellen strukturieren, z. B.:

- Aktivitäten des täglichen Lebens [ATL], (Juchli, 1997)
- Aktivitäten, Beziehungen und existenzielle Erfahrungen des Lebens [ABEDL], (Krohwinkel, 2007)
- Funktionelle Gesundheitsverhaltensmuster [FVM], (Gordon, 2003, 2007)
- Funktionelle Selbständigkeitsmessung [FIM], (IVAR, 1999)
- Lebensaktivitäten [LA], (Roper, Logan, Tierney, 2002)
- Menschliche Reaktionsmuster (NANDA, 2005)
- Pflegeabhängigkeit [PAS] (Dassen et al., 2005)
- RAI-Abklärungshilfen [RAPs/CAPs], (Garms-Homolová, Gilgen, 2000; Garms-Homolová, 2002)
- Selbstpflegeerfordernisse [SPE], (Orem, 1997)
- Thematische Gliederung (Doenges et al., 2003)

Ein *Fokusassessment* stellt eine spezifische Form der Informationssammlung dar, die sich auf die

Erhebung von weitergehenden Informationen über ein spezifisches Problem oder einen spezifischen Zustand konzentriert (vgl. Alfaro-LeFevre, 2002). Schlüsselfragen im Rahmen eines Fokusassessments sind:

- Was ist der gegenwärtige Status des Problems (liegen Kennzeichen, Symptome oder Risikofaktoren eines Problems vor)?
- Weisen die mit den Ausgangsinformationen verglichenen Daten darauf hin, dass sich das Problem gebessert, verschlechtert hat oder unverändert ist?
- Welche Faktoren beeinflussen das Problem; wie wurde bislang mit diesen Faktoren umgegangen?
- Wie sieht der Patient das Problem, wie wurde bislang damit umgegangen?

Beispiele für Fokusassessments finden sich u. a. zu folgenden Themen: Atmung/Atemprobleme (Kraut/Kasper, 2000), Dekubitus/-gefahr (Bienstein et al. 1997; Philipps, 2001), Hoffnung/Hoffnungslosigkeit (Farran, 1998), Inkontinenz (Norton, 1999), Machtlosigkeit (Fitzgerald Miller, 2003), Schlaf/Schlafstörung (Morgan/Closs, 1999), Schmerz (McCaffery 1997: 44; Carr/Mann, 2002), Sturz/Sturzgefährdung (Tideiksaar, 1999), Wahrnehmung (Buchholz/Schürenberg, 2003).

Im Rahmen eines Fokusassessments können auch sog. *Pflegeskalen* genutzt werden, die zur Quantifizierung der Einschätzungsbefunde dienen und es mit Hilfe von Bewertungskriterien und/oder numerischen Einschätzungsskalen erlauben, den Ausprägungsgrad des jeweiligen Kriterium zu messen. Bekanntesten Skalen sind u.a. die Norton-Skala zur Einschätzung der Dekubitusgefahr (Bienstein, 1997) oder der Bartel-Index zur Einschätzung der ADL-Selbstversorgungsfähigkeiten (Mahoney/Barthel, 1965). Weitere pflegerische Einschätzungsinstrumente finden sich in dem Buch über das Assessment älterer Menschen (Nikolaus/Pientka, 1999) und in dem Werk über Assessmentinstrumente in der Pflege von Bartholomeyczik und Haleck (2004).

8.2.1.2 Pflegediagnosen und -diagnostik

Pflegediagnosen bilden den zweiten Schritt des Pflegeprozesses. Pflegediagnostisch geht es darum, den Gesundheitszustand eines Patienten unterscheidend zu beurteilen, zu erkennen und zu benennen. Die Liste der diagnostischen Begriffe umfasst z. Zt. 172 Pflegediagnosen (NANDA-I, 2005).

Definitionen. Was Pflegediagnosen sind, lässt sich auf drei Ebenen definieren. Erstens *konzeptionell*, d.h. was versteht man unter Pflege und wie definiert man den Gegenstand von Pflege (→ Pflegeverständnis). Zweitens *kontextuell*, in welchen Prozess sind Pflegediagnosen eingebettet und wie sind sie mit den anderen Elementen des Prozesses verknüpft (→ Pflegeprozess). Drittens *strukturell*, welche Arten von Pflegediagnosen gibt es und wie sind sie aufgebaut. – Die bekannteste Definition der NANDA International (2005) lautet: «Eine Pflegediagnose ist eine klinische Beurteilung der Reaktion eines Individuums, einer Familie oder einer Gemeinde/Gemeinschaft auf aktuelle oder potenzielle Gesundheitsprobleme/Lebensprozesse. Pflegediagnosen bilden die Grundlage, um Pflegeinterventionen auszuwählen, um Ergebnissen zu erreichen für die Pflegende verantwortlich sind.» Diese Definition fußt konzeptionell auf einem Pflegeverständnis des amerikanischen Pflegeverbandes (ANA, 1980). Der ANA versteht Pflege als «Diagnose und Behandlung menschlicher Reaktionsmuster auf aktuelle und potenzielle Gesundheitsprobleme». Nach diesem, für den deutschsprachigen Raum ungewöhnlichen, Verständnis sind auch «Gemeinden» Empfänger von Pflege. – Legt man zur Klärung des Pflegeverständnisses konzeptionell die Aktivitäten, Beziehungen und existenziellen Erfahrungen des Lebens (ABEDL) aus dem Modell der «fördernden Prozesspflege» von Monika Krohwinkel (2007) zu Grunde oder die funktionellen Gesundheitsverhaltensmuster von Marjory Gordon (2003, 2007) und definiert man *kontextuell* den Prozess, in den Pflegediagnosen eingebettet sind, als Pflegeprozess in dem aktuelle und potenzielle Gesundheitsprobleme eingeschätzt

(Pflegeassessment), benannt (Pflegediagnose) sowie gezielt (Pflegeziele) und geplant (Pflegeplan) gelöst (Pflegeintervention) und die Pflegeergebnisse bewertet (Pflegeevaluation) werden, dann kann man Pflegediagnosen auch folgendermaßen definieren:

«Eine **Pflegediagnose** ist eine unterscheidende Beurteilung, die von professionell Pflegenden nach einem Assessment – bestehend aus Beobachtung, Interview, körperlicher Untersuchung und Ressourceneinschätzung – gemacht wird. Diese Beurteilung bezieht sich auf die Art, die möglichen Einflussfaktoren und die Merkmale oder Risikofaktoren für aktuelle oder potenzielle Gesundheitsprobleme oder -syndrome und -entwicklungspotenziale von Individuen und Familien, deren Unabhängigkeit hinsichtlich der *Aktivitäten, Beziehungen und existenziellen Erfahrungen des Lebens (ABEDL)* [oder der *funktionellen Gesundheitsverhaltensmuster* gestört] beeinträchtigt oder entwicklungsfähig sind. Pflegende sind für das Stellen von Pflegediagnosen zuständig und verantwortlich. Pflegediagnosen bilden die Grundlage, um Interventionen auswählen, planen und durchführen zu können, und um gemeinsam vereinbarte Ziele und Ergebnisse erreichen und bewerten zu können (Georg, 2006b).»

Die *konzeptionelle Definition* von Pflegediagnosen wird im oberen Teil der **Abbildung 8.2-2** veranschaulicht. Pflegende betreuen, beraten und überwachen insbesondere Individuen und Familien über die gesamte Spanne des Lebenslaufs. Ziel ihrer Arbeit ist, die Gesundheit und das Wohlergehen von Individuen und Familien zu erhalten und zu fördern. Ein weiteres Ziel ist es Individuen und Familien dabei zu unterstützen, unabhängig und selbstbestimmt Aktivitäten auszuführen, Beziehungen zu gestalten und existenzielle Erfahrungen des Lebens zu bewältigen und bei vorübergehend beeinträchtigter Unabhängigkeit für Individuen und Familien zu sorgen, sie zu betreuen, zu beraten bis sie ihre Autonomie wieder erlangen. Dabei greifen Pflegende auf ihr Wissen über (patho-)physiologische, behandlungs-, entwicklungs- und umgebungsbezogene, sowie psychosoziale, politisch-ökonomische, kulturelle und spirituelle Einfluss- und Risikofaktoren zurück, die das unabhängige Ausführen, Gestalten und Bewältigen von Aktivitäten, Beziehungen und existenziellen Erfahrungen des Lebens fördern oder behindern. Anders betrachtet sorgen Pflegende dafür, dass Individuen und Familien, ungestört funktionelle Gesundheitsverhaltensmuster ausleben und entwickeln können und sie erkennen, benennen und behandeln gestörte gesundheitsbezogene Verhaltensmuster in Form von Pflegediagnosen (vgl. Georg, 2006a).

Die *strukturelle Definition* einer Pflegediagnose beschreibt welche Diagnosen-Typen es gibt und wie diese aufgebaut sind und dokumentiert werden können. **Tabelle 8.2-1** (S. 520) gibt einen Überblick über die fünf verschiedenen Typen von Pflegediagnosen, ihre Definition und Struktur mit exemplarischen Formulierungen und Beispielen einzelner Diagnosen.

Diagnostizieren und Dokumentieren. Wie Pflegende eine Pflegediagnose stellen können, lässt sich in zehn Schritten beschreiben, die im Kasten auf Seite 521 dargestellt werden.

Bedeutung von Pflegediagnosen. Was Pflegediagnosen für Pflegepraxis, -forschung, -lehre, -politik, das Pflegemanagement und die Theorieentwicklung in der Pflege bedeuten, illustriert ein Zitat von Norma Lang und June Clark (2003): «If we cannot name it, we cannot control it, finance it, research it, teach it or put in into public policy». Frei übersetzt: «Wenn wir den Gegenstand der Pflege, die pflegerischen Probleme, Ziele und Handlungen nicht benennen, dann können wir sie auch nicht kontrollieren, finanzieren, erforschen, lehren und in (berufs)politische Forderungen und Richtlinien umsetzen.»

Es illustriert ein Problem der heutige Pflege, dass immer offener zu Tage tritt – das Problem der *Unsichtbarkeit* pflegerischer Probleme, Handlungen und Handlungsergebnisse. Welchen wesentlichen Beitrag leisten Pflegende zur Gesunderhaltung und Genesung von Patienten und Klienten in unserem heutigen Gesundheitswesen? Vielfach ist unklar was Pflegende tun,

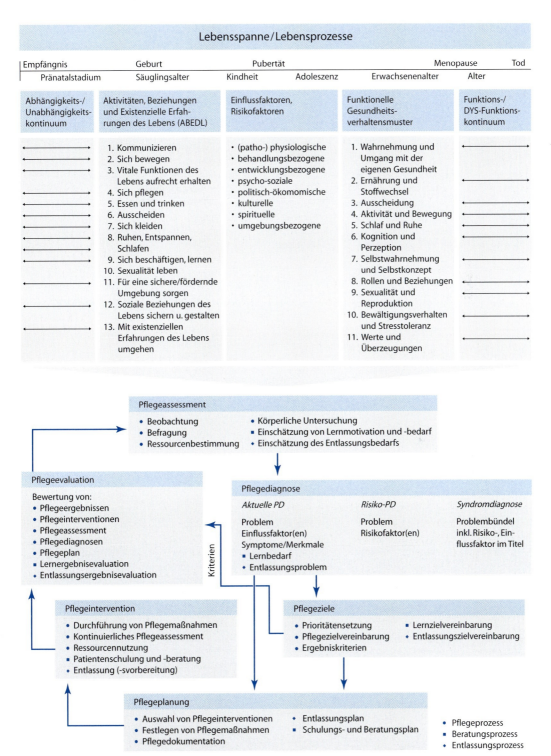

Abbildung 8.2-2: Pflegediagnosen, konzeptionelle, kontextuelle und strukturelle Ebene; Modelle (ABEDL, funktionelle Gesundheitsverhaltensmuster), Pflegeprozess, Beratungs- und Entlassungsprozess (© Georg, 2006).

Tabelle 8.2-1: Pflegediagnosen – Typen, Definitionen, Aufbau, Dokumentation und Beispiele

Typen	Definition	Struktur	Beispiel	PD-Titel (Bsp.)
Aktuelle Pflegediagnose	Die Beurteilung des Zustandes eines Individuums, einer Familie oder sozialen Gemeinschaft, der durch den Nachweis von Symptomen und Kennzeichen belegt werden konnte	dreiteilig; PES, **P**roblemtitel, **E**influssfaktor **S**ymptom und Kennzeichen	**P:** Selbstversorgungsdefizit, beeinflusst durch (b/d) **E:** eingeschränkte körperliche Mobilität (a/d) **S:** Unfähigkeit, sich selbständig Rücken und Beine zu waschen	Selbstversorgungsdefizit, beeinträchtigte Mobilität, Inkontinenz, Körperbildstörung, akute Verwirrtheit, chronischer Schmerz, Machtlosigkeit
Risiko-Pflegediagnose	Die Beurteilung eines Individuums, einer Familie oder sozialen Gemeinschaft als anfälliger für die Entwicklung eines Problems als andere in der gleichen Situation	zweiteilig; PR, **P**roblemtitel, **R**isikofaktor	**P:** Dekubitusgefahr beeinflusst durch (b/d) **R:** lang anhaltende Druckeinwirkung infolge eingeschränkter Bewegung und auftretende Scherkräfte beim Lagern	Dekubitusgefahr, Infektionsgefahr, Verletzungsgefahr, Gefahr einer Rollenüberlastung pflegender Angehöriger, Sturzgefahr, Suizidgefahr
Syndrom-Pflegediagnose	Syndrom-Pflegediagnosen sind komplexe Bündelungen (cluster) einzelner Pflegediagnosen	einteilig; Pflegediagnosentitel gibt Hinweis auf die Ursache und Einflussfaktoren des Problems	Immobilitätssyndrom	Gefahr eines Immobilitätssyndroms Vergewaltigungssyndrom, posttraumatisches Stresssyndrom, Relokationssyndrom
Gesundheitsförderungs-Pflegediagnose	Die Beurteilung eines Individuums, oder einer Familie oder sozialen Gemeinschaft, die sich in einem Übergangsstadium zu einem höheren Gesundheitsniveau befinden und das/die eine Bereitschaft zur Gesundheitsförderung signalisier/en	zweiteilig; GE meist mit Zusatz «Bereitschaft für ein verbessertes …» **G**esundheitsförderungs-Diagnosentitel **E**influssfaktor	**G:** Bereitschaft für eine verbesserte Ernährung, beeinflusst durch b/d **E:** geäußerten Wunsch, mehr über Nährstoffe und Nahrungsmittelgruppen zur Gesunderhaltung zu erfahren	Effektives Stillen, Gesundheitsförderung anstrebende Verhaltensweisen, Bereitschaft für eine verbesserte Ernährung oder Kommunikation
Verdachts-Pflegediagnose	Die vorläufige Beurteilung des Zustandes eines Individuums, einer Familie oder sozialen Gemeinschaft, die noch durch den Nachweis von Kennzeichen und Symptomen belegt werden muss	zweiteilig PE; **P**roblemtitel, **E**influssfaktor – «Verdacht auf», Abk.: «V. a. …»	V. a.: Körperbildstörung, beeinflusst durch (b/d) **E:** veränderte äußere Erscheinung, sekundär beeinflusst durch Stomaanlage	

1. Lernen Sie den Patienten und seine Familie/Angehörige kennen, bauen Sie eine professionelle Beziehung ihm/ihnen auf.
2. Sammeln Sie *direkte* Informationen von Patienten, indem Sie ihn befragen, beobachten und untersuchen. Sammeln Sie *indirekt* Informationen von den Angehörigen, anderen Teammitgliedern oder aus den schriftlichen Unterlagen.
3. Fassen Sie die Informationen zusammen und ordnen Sie diese Ihrer Assessmentstruktur (z. B. Aktivitäten, Beziehungen und existenziellen Erfahrungen des Lebens [ABEDLs], Funktionelle Gesundheitsverhaltensmuster) zu.
4. Identifizieren Sie allgemeine Probleme, fassen Sie die Informationen nochmals zusammen, sammeln Sie b. Bed. weitere Daten und formulieren Sie eine vermutete Diagnose.
5. Wählen Sie dazu passende Pflegediagnosen aus und überprüfen Sie ob die Patientendaten mit der Definition und den Merkmalen oder Risikofaktoren der Pflegediagnose übereinstimmen. Schließen Sie unzutreffende Diagnosen aus. Formulieren Sie eine diagnostische Aussage.
6. Im Fall einer aktuellen Pflegediagnose formulieren Sie eine dreiteilige diagnostische Aussage:
    Problemtitel beeinflusst durch (b/d)
    Einflussfaktoren angezeigt durch (a/d)
    Symptome und Kennzeichen
7. Im Fall einer Risiko-Pflegediagnose formulieren Sie eine zweiteilige diagnostische Aussage:
    Problemtitel beeinflusst durch (b/d)
    Risikofaktor
8. Im Falle einer Gesundheitsförderungs-Diagnose formulieren Sie eine zweiteilige diagnostische Aussage:
    Gesundheitsförderungs-Diagnosentitel (Bereitschaft für ein verbessertes …) b/d
    Einflussfaktor
9. Erstellen Sie eine Verdachtsdiagnose, falls Sie ein Problem vermuten, Ihnen aber Informationen fehlen, um zu belegen, dass eine Pflegediagnose vorliegt: Verdacht auf (**V.a.**): Pflegediagnosentitel
10. Die Verdachtsdiagnose muss in der Folge belegt oder widerlegt werden.

warum sie dies tun, und welche Ergebnisse sie damit erzielen. Die eigene Pflegefachsprache weiter zu entwickeln und Pflegediagnosen, Pflegeinterventionen und Pflegeergebnissen einheitlich zu bezeichnen, bleibt eine essenzielle Aufgabe (vgl. Georg, 2006b).

Pflegediagnosen tragen wesentlich zu Fachsprachen- und Wissensentwicklung in der Pflege bei. Sie helfen pflegerisches Wissens über gesundheitliche Probleme und Entwicklungsmöglichkeiten von Patienten, die Pflegende weitgehend eigenständig erkennen, benennen und behandeln können, zu strukturieren und zu klassifizieren. Damit ermöglichen sie nach Carpenito-Moyet (2006, S. 4), den pflegerischen Wissensbestand über aktuelle und potenzielle Gesundheitsprobleme von Menschen zu erkennen und zu erweitern. Sie fördern und erweitern dadurch den Verantwortungs- und Zuständigkeitsbereich der Pflege und steigern die professionelle Autonomie.

Sich über eine gemeinsame Fachsprache für pflegerische Probleme zu verständigen erleichtert es, Informationen über einen Patienten einzuschätzen und menschlichen Reaktionen auf aktuelle und potenzielle Gesundheitsprobleme zu erkennen. Einheitliche Fachbegriffe für Pflegediagnosen ermöglichen es, mit Pflegenden und anderen Berufsgruppen effizienter schriftlich und mündlich zu kommunizieren. Sie bieten eine grundlegende und systematische Terminologie, um pflegerische Probleme elektronisch zu erfassen und in einer elektronischen Patientenakte und Pflegedokumentation zu dokumentieren. Pflegebezogene Datenbanken und Informationssysteme wiederum, können in Praxis, Lehre, Management und Forschung genutzt werden. Mit Pflegediagnosen können und konnten nationalen Expertenstandards entwickelt werden, die Schwerpunkte und Leitlinien für die Pflegepraxis formulieren.

Pflegediagnosen sind kleinste Bausteine, um Begriffe für Theorien mittlerer Reichweite zu entwickeln (Brandenburg/Dorschner 2007). Sie können vielfältiger Gegenstand von Pflegeforschung sein, um neue Pflegephänomene zu beschreiben, bestehende Pflegediagnosen zu validieren (Chang 1999) und die Prävalenz von Pflegeabhängigkeit zu beschreiben (Dassen 2005). Pflegediagnosen helfen Pflegecurricula inhaltlich zu strukturieren und auszugestalten (Lunney, 2007). Sie können Instrumente liefern, um die Pflegepraxis zu beschreiben und zu dokumentieren. Sie bieten eine Wissensbasis für klinische Entscheidungen über Pflegeinterventionen und pflegebezogene Ergebnisse. Sie liefern Begriffe und ein Klassifikationssystem, um pflegerische Informationen in Datenverarbeitungssysteme zu integrieren, um bei gesundheitspolitischen Entscheidungen und gesetzgebenden Verfahren berücksichtigt zu werden. Sie ermöglichen es, potenzielle Gesundheitsprobleme für ein klinisches Risikomanagement zu erkennen und zu kontrollieren und sie erlauben es, Abweichungen von DRG-bezogenen Critical Pathways zu erfassen und mit Co-Pathways zu steuern (s. Kap. 7 und Dykes/Wheeler 2002).

8.2.1.3 Pflegeziele und -ergebnisse

Der dritte Schritt des Pflegeprozesses beinhaltet, ausgehend von den erkannten Pflegediagnosen, anzustrebende *Pflegeziele* und Ergebniskriterien, mit dem Patienten und/oder Angehörigen gemeinsam zu vereinbaren und festzulegen, um die durch pflegerisches Handeln erreichten Ergebnisse zu bewerten. Prioritäten zu setzen und der Pflegebedarf bis zur Entlassung zu prognostizieren gehört ebenfalls zu diesem Schritt des Pflegeprozesses (vgl. Wilkinson, 2007; Georg, 2005; Fischer, 2002). Pflegeziele können zeitlich als Nah- und Fernziele formuliert werden (Heering, 2006), wobei Fernziele eher wegweisenden Charakter haben und Nahziele klare, realistische und erreichbare Erwartungen an den Patienten beschreiben (Sauter et al., 2006). Pflegeziele liefern die Kriterien, um während der Pflegeevaluation die erreichten Pflegeergebnisse zu bewerten.

Folgende Kriterien können hilfreich sein, um Pflegeziele und -ergebnisse zu formulieren:

- Die Ergebnisse werden aus den Pflegediagnosen abgeleitet.
- Die Ergebnisse werden, falls möglich und angemessen, gemeinsam mit dem Klienten und anderen Mitgliedern des Teams formuliert.
- Die Ergebnisse sind, gemessen an den derzeitigen und zukünftigen Fähigkeiten des Klienten, kulturell angemessen und realistisch.
- Die Ergebnisse sind, gemessen an den für den Klienten verfügbaren Ressourcen, erreichbar.
- Für die Realisierung der Ergebnisse wird ein zeitlicher Rahmen festgelegt.
- Die Ergebnisse helfen, die Pflegekontinuität zu gewährleisten.
- Die Ergebnisse werden als messbare Ziele dokumentiert. (ANA, 1998)

Diese Kriterien lassen sich auch mit der sog. «RUMBA-Regel» zusammenfassen. Nach dem aus dem Englischen stammenden Akronym sollten Pflegeziele **r**elevant für den Patienten und die erkannten Pflegediagnosen sein, **g**ut verständlich formuliert sowie **m**essbar, **b**eobachtbar und **a**ngemessen und erreichbar sein (Heering, 2006).

Eine standardisierte Terminologie und eine Klassifikation der pflegerisch beeinflussbaren Pflegeergebnisse bietet die von Johnson und Maas (2005) herausgegebene Pflegeergebnisklassifikation (NOC). Sie kann in elektronischen Pflegedokumentationssystemen genutzt werden. Die Pflegeergebnisklassifikation umfasst 250 bzw. in der neuesten amerikanischen Version 330 Pflegeergebnisse. Jedes pflegerisch beeinflussbare Pflegeergebnis besteht aus einem Titel, einer Definition, Indikatoren/Kriterien und einer Messskala (vgl. Georg, 2005). Johnson und Maas (2005) definieren *Pflegeergebnisse* als «messbare Zustände, Verhaltensweisen oder Wahrnehmungen eines Patienten oder einer Familie, die (…) im größeren Umfang beeinflussbar und empfänglich für Pflegeinterventionen sind». Ein *Indikator/Kriterium* ist «eine spezifische Variable, die sich auf ein Patientenergebnis bezieht, welches beeinflussbar durch Pflegeinterventionen ist.» Ein Indikator/Kriterium ist eine beobachtbarer Zustand, ein Verhalten, eine geäußerte Wahrnehmung, oder eine Bewertung eines Patienten. Eine *Messskala* beschreibt, welcher Indikator, wie gemessen und quantifiziert werden soll (vgl. Georg, 2005).

8.2.1.4 Pflegeplanung

Der vierte Schritt des Pflegeprozesses umfasst, wirksame Pflegeinterventionen auszuwählen, einzelne Pflegemaßnahmen oder -aktivitäten mit dem Patienten und dem Team festzulegen und zu dokumentieren. Pflegemaßnahmen sollten nach der «6-W-Regel» formulieren: was zu tun ist, wie es durchzuführen ist, wie viel/oft es zu tun ist, womit es zu tun ist und von wem die Pflegemaßnahme ausgeführt werden soll (Heering, 2006). In der Planungsphase entscheiden Pflegende für welche Probleme ein individuell entwickelter Plan notwendig ist und welche Probleme durch Versorgungspfade, Expertenstandards und standardisierte Maßnahmen abgedeckt sind. Sie wählen entsprechende standardisierte, möglichst evidenzbasierte Interventionen und Pflegepläne aus und passen sie dem konkreten Fall an (Wilkinson, 2007; Behrens/Langer, 2004). Pflegende wählen Pflegeinterventionen so aus, dass diese Einfluss- oder Risikofaktoren der Pflegediagnosen derart beeinflussen, dass aktuelle gesundheitliche Probleme des Patienten gelindert, gebessert oder gelöst werden und potenziellen Problemen vorgebeugt wird. Für die Auswahl von Pflegeinterventionen können Pflegende auf Pflegeinterventionen der Pflegeinterventionsklassifikation (NIC) von McCloskey-Dochterman und Bulecheck (2007) und die Pflegemaßnahmen des Leistungserfassungssystems in der Pflege (LEP, 2002) zurückgreifen. Die NIC umfasst 486 Pflegeinterventionen mit ihren Titeln, Definitionen und Pflegeaktivitäten.

8.2.1.5 Pflegeintervention

Zum fünften Schritt des Pflegeprozesses gehört es, Pflegemaßnahmen und -aktivitäten der Pflegeinterventionen durchzuführen, den Patienten kontinuierlich weiter einzuschätzen und Ressourcen des Patienten zur Linderung, Lösung oder Besserung der gesundheitlichen Probleme des Patienten zu nutzen. Pflegeinterventionen definieren «Tätigkeiten, die eine professionelle Pflegeperson, auf der Grundlage einer klinischen Beurteilung und pflegerischen Wissens, ausübt, um die gemeinsamen Ziele des Patienten und der Pflege zu erreichen, um die Unabhängigkeit des Patienten zu erhalten, zu fördern oder zu befähigen und um zum Wiedererlangen von Wohlbefinden und Unabhängigkeit beizutragen. – Im Rahmen von Pflegeinterventionen handeln Pflegende für Patienten, sie führen und leiten diese, sorgen für eine entwicklungsfördernde Umgebung, unterstützen und fördern Patienten, sie beraten und unterrichten Patienten und leiten sie an. Pflegeinterventionen umfassen direkte und indirekte, pflege- und arztinitiierte Tätigkeiten» (McCloskey-Dochterman/Bulecheck, 2007). Um pflegerische Interventionen auf größtmögliche Evidenz zu stützen (Behrens/Langer, 2004) kann mittlerweile für einige Pflegephänomene und -interventionen auf die Expertenstandards der Deutschen Netzwerkes für Qualität in der Pflege (www.dnqp.de) zurückgegriffen werden.

8.2.1.6 Pflegeevaluation

Während des sechsten Schritts des Pflegeprozesses, der Pflegeevaluation wird bewertet und rückwirkend eingeschätzt, ob Pflegeziele und -ergebnisse erreicht und realisiert wurden und Pflegeinterventionen wirksam, Pflegediagnosen genau und Pflegeassessments umfassend und fokussiert genug waren. Die der erneute und rückwirkenden pflegerischen Situationseinschätzung wird im optimalen Fall kombiniert mit der Selbstbeurteilung des Patienten (Sauter et al., 2006). Ob die pflegerischen Ziele erreicht wurden, kann mit Kriterien und Messskalen von Zielerreichungsskalen wie z.B. der NOC oder

der Goal Attainment Scale (GAS) gemessen und objektiviert werden (vgl. Sauter et al. 2006). Um den Pflegeprozess übergeordnet zu beurteilen und um zu bewerten ob Pflegediagnosen, -ziele und -maßnahmen übereinstimmen, können die von Needham entwickelten «Wiler Kriterien zur Beurteilung von Pflegeplänen» (WiKriPP) herangezogen werden (Needham, 2003). Die Wiler Kriterien werden in **Tabelle 8.2-2** zusammengefasst dargestellt.

8.2.1.7 Die Umsetzung des Pflegeprozesses in die Pflegepraxis

Den Pflegeprozess umzusetzen bereitet nach wie vor Schwierigkeiten, die im Folgenden in aktualisierter Form dargestellt werden. Am Beispiel der «Pflegediagnosen» wird beschrieben, wie sich diese aus der Praxis heraus in die Praxis umsetzen lassen. Dessen ungeachtet erwarten Patienten gerade wegen der verkürzten Verweildauer, dass Pflegende rasch und systematisch die für ihre pflegerische Versorgung relevanten Probleme und Entwicklungspotenziale erkennen, benennen und behandeln, sie diesbezüglich beraten oder Hinweise geben und Vorkehrungen treffen wie mit ungelösten Problemen über die Entlassung hinaus umgegangen werden kann.

Umsetzungsprobleme. Die von Reinhardt (vgl. 2002) beschriebenen Probleme, den Pflegeprozess in der Praxis umzusetzen, bestehen weiterhin fort:

- Das Pflegeprozessmodell wird in der Praxis nur unzureichend vor dem Hintergrund eines pflegetheoretischen Modells (z. B. Fördernde Prozesspflege (ABEDL), ATL, Funktionelle Gesundheitsverhaltensmuster) reflektiert und angewendet.
- Die Schulung im Hinblick auf den Pflegeprozess ist theoretisch, aber noch nicht nachhaltig praktisch durchgeführt worden.
- Die Pflegeausbildung befähigt vielfach nicht zu einem praxistauglichen Umgang mit dem Pflegeprozess, bzw. im Praxiseinsatz fehlen vielfach zeitliche Ressourcen und Rollenmodelle, um für Auszubildende den Umgang mit dem Pflegeprozess zu einem selbstverständlichen Handwerkszeug zu machen.
- Die Kompetenzen der Verschriftlichung und Dokumentation sind in der Berufsgruppe noch nicht ausreichend vorhanden (Mosby, 2005).
- Die Kompetenzen des kognitiv-analytischen oder kritischen Denkens sind in der Berufsgruppe noch nicht ausreichend vorhanden (Lunney, 2007).
- Die Pflegenden lehnen den mit der (handschriftlichen) Dokumentation des Pflegeprozesses verbundenen administrativen Mehraufwand ab, bzw. elektronische Pflegedokumentationssysteme sind noch nicht flächendeckend verbreitet, um die Dokumentation zu erleichtern.
- Die Pflegeprozess trifft in der Praxis vielfach noch auf funktionelle Ablauforganisationen, die dem patientenorientierten, beziehungsorientierten und problemlösungsorientierten Ansatz zuwiderlaufen.
- Die mit der Klassifikation von Pflegediagnosen/-phänomenen, -interventionen und -ergebnissen verbundene Chance, den Pflege*prozess* nun mit Inhalt zu füllen, aus dem sich Pflegende bei ihren täglichen Entscheidungen bedienen können, ist noch nicht ausreichend bekannt und bewusst.
- Durch sich weiterhin verknappende materielle und personelle Ressourcen im Gesundheitswesen, bei gleichzeitigem kontinuierlichem Anstieg der Arbeitsbelastung stoßen Konzepte, die nicht unmittelbar entlasten vermehrt auf Ablehnung.

Einführung und Umsetzung von Pflegediagnosen. Die Einführung von Pflegediagnosen ist dort sinnvoll wo es «Probleme mit den Problemen» gibt. Auf die Frage ob im täglichen Umgang mit Pflegeproblemen Schwierigkeiten auftauchen, werden häufig Formulierungs-, Kommunikations-, Identifikations-, Rollen- und konzeptionelle Probleme angeführt (Georg in Collier 1998, S.V). Kurzum Probleme, die um die Fragen kreisen: «Was ist (k)ein Pflegeproblem?», «Wie erkenne ich umfassend die Probleme des Patienten?», «Wer hat hier eigentlich

Tabelle 8.2-2: Wiler Kriterien zur Beurteilung von Pflegeplänen (WiKriPP), (Needham, 2003), leicht modifiziert vom Autor

Kategorie	Kriterium	Punkte
Pflegediagnose	Problembeschreibung (P) ist vorhanden	1
	Einflussfaktor (E) ist vorhanden	1
	Symptome, Auswirkungen sind vorhanden[1]	1
	Problembeschreibungen und Einflussfaktoren sind mit «beeinflusst durch» (b/d) verbunden	1
	Einflussfaktoren und Symptom sind verbunden mit «angezeigt durch» (a/d)	1
	Die Problembeschreibung steht vor dem Einflussfaktor	1
	Der Entstehungsfaktor (E) steht vor dem Symptom (S)	1
	In einer diagnostischen Aussage ist nur eine Problembeschreibung vorhanden	1
	Die Problembeschreibung ist keine medizinische Diagnose	1
	Die Problebeschreibung ist (wo empfohlen) spezifiziert mit Grad und Stufe oder Akutheit	1
	Die Pflegediagnose ist nicht moralisch wertend und juristisch unbedenklich formuliert	1
Ressourcen	Es gibt mindestens eine Ressource je Pflegediagnose	1
	Alle Ressourcen stehen in Verbindung mit einem Element im PES-Format (**P**roblem, **E**influssfaktor, **S**ymptom)	1
Pflegeziel	Alle Ziele stehen in Verbindung zur Problembeschreibung	1
	Alle Ziele sind überprüfbar	1
Pflegemaßnahmen	Alle Pflegemaßnahmen beziehen sich auf die Pflegediagnose	1
	Alle Pflegemaßnahmen beziehen sich auf das Pflegeziel	1
	Alle Pflegemaßnahmen sind konkret	1
	Alle Pflegemaßnahmen sind pflegerische Angelegenheiten und entsprechen den beruflichen Kompetenzen	1
	Mindestens eine Maßnahme ist ein aktiver Beitrag des Patienten[2]	1
Pflegeevaluation	Im Verlaufsbericht gibt es mindestens einen schriftlichen Eintrag zur Pflegediagnose, die nicht länger als 14 Tage alt ist	1
	Im Verlaufsbericht wird die Pflegediagnose explizit benannt	1

[1] Bei Risiko-Pflegediagnosen gibt es der Regel nach keine Symptome, sondern nur Risikofaktoren (das Symptom tritt erst auf, wenn die potenzielle Gefahr eingetreten und manifest geworden ist). In diesem Fall mit einem Punkt (1) bewerten.
[2] Bei schwer kranken PatientInnen in der Gerontopsychiatrie, die keinen aktiven Beitrag leisten können, mit einem Punkt (1) bewerten.

ein Problem, die Pflege oder der Patient?», «Ist es eine pflegerische Aufgabe ‹Diagnosen› zu benennen?», «Wie formuliere ich das Problem kurz, knapp, prägnant und für die Kollegen verständlich?».

Gibt es «Probleme mit den Problemen», dann kann die Frage: «Wie lauten die Pflegeprobleme, die Sie in Ihrer Pflegepraxis erkennen, benennen und behandeln können?» weiterhelfen, um sich mehr Klarheit über die Art, die Häufigkeit, die Zuordnung und das Verständnis von Pflegediagnosen zu verschaffen. Diese Probleme sollten von den Pflegenden direkt und ausführlich gesammelt werden. Diese Problemliste gilt es dahingehend zu prüfen, ob sie Formulierungen enthält, die keine Pflegediagnose darstellen. Die verbleibenden Probleme können dahingehend untersucht werden, welche Problemformulierungen identisch oder zumindest ähnlich sind. Diese Vorgehensweise hilft, bereits vereinheitlichte Begriffe wie «Dekubitusgefahr», «Schmerz», «Angst» zu erkennen und sie verweist auf häufig vorkommende Probleme.

Ob aktuelle, Risiko-, Syndrom- oder Gesundheitsförderungsdiagnosen vorliegen kann mit der Frage: «Um welche Arten von Pflegediagnosen handelt es sich bei den vorliegenden Problemen?» geklärt werden. Formulierungen wie «Pat. ist bewegungseingeschränkt, weil …, wegen …, aufgrund …, durch …, infolge …»

etc., geben einen Hinweis auf eine PES-Struktur und fortgeschrittene diagnostische Fähigkeiten. Weil damit Probleme hinsichtlich ihrer Ursachen analysiert werden. Solcherart vorzugehen und kritisch über Pflegeprobleme nachzudenken ist wesentlich für kognitiv-analytisches bzw. diagnostisches Denken und kann durch die drei «W's» einer Pflegediagnose gefördert werden:

«Was ist das Problem?», «Warum tritt das Problem auf, welche Faktoren beeinflussen die Entstehung des Problems?», «Wie sieht das Problem aus?» – Eine ausreichend große Zahl identifizierter Pflegediagnosen, kann gruppiert und zusammengefasst werden, z. B. in «Ausscheidungsprobleme» wie «Inkontinenz», «Harnverhalt», «Obstipation» und «Diarrhö». Derartige gruppierte oder klassifizierte Pflegeprobleme führen induktiv zu einer ordnenden Struktur für Pflegediagnosen. Pflegekonzepte wie LAs, ATLs, ABEDLs und Funktionelle Gesundheitsverhaltensmuster können auch als Strukturierungshilfe genutzt werden.

Ausgehend von der identifizierten Liste der Pflegediagnosen, sollten diese genauer auf ihre Kennzeichen und ursächlichen oder beeinflussenden Faktoren untersucht und unterschieden werden. Das kann mit Hilfe der publizierten Handbücher von Gordon (2003, 2007), Doenges (2003) und NANDA-I (2005) erfolgen oder durch die Frage: «Welches sind die Merkmale und beeinflussenden Faktoren der vorliegenden Probleme?» Die Frage wer Pflegediagnosen erstellen sollte, ist berufspolitisch einfach zu beantworten: Gesundheits- und (Kinder)KrankenpflegerInnen und AltenpflegerInnen. Die Qualität der Pflegediagnosen hängt jedoch von dem professionellen Wissen, der praktischen Erfahrung und einer gehörigen Portion kognitiv-analytischer Fähigkeiten der einzelnen Pflegeperson ab, die Lunney (2007) als «kritisches Denken» (critical thinking) bezeichnet. Weitergehende diagnostische Fähigkeiten können theoretisch anhand von allmählich komplexer werdenden Fallstudien (Collier 1998, Lunney, 2007), Pflegeassessmentübungen und mit problemorientiertem Lernen (Price, 2006) erworben werden. Intensive Schulungen zu einzelnen Pflegediagnosen, Einführungen in Pflegeassessmentelemente, -formen und -fertigkeiten, können die bestehenden Kenntnisse und Fähigkeiten vertiefen. Eine praktische Anleitung durch PflegediagnostikexpertInnen, um die Beobachtungsfähigkeit zu verfeinern, das analytischen Denkens zu schärfen und weitere Assessmentfähigkeiten zu schulen, fördert die praktische Einführung von Pflegediagnosen. Pflegediagnosen in einem Pflegesystem der Bezugspflege oder ein Primary Nursing System einzuführen, wäre ablauforganisatorisch passend und für eine kontinuierliche Pflegebeziehung förderlich. Um häufigen Pflegediagnosen leichter auf die Spur zu kommen ist es notwendig ein/e Pflegeassessmentformular/-datei zu entwickeln oder zu verbessern. Die konzeptionelle Arbeit zielt während der Einführung darauf, das Pflegeverständnisses zu klären, die Rolle der Pflegenden um die des «Diagnostizierenden» zu erweitern und die Pflegediagnosen in die jeweilige Unternehmensphilosophie (Pflegeleitbild) zu integrieren. Ferner sollten Pflegediagnosen als fester Bestandteil und zweiter Schritt des Pflegeprozesses vermittelt werden.

Eine in dieser skizzierten Form durchgeführte Einführung in das Konzept der Pflegediagnosen kann das professionelle Rollenverständnis der Pflegenden erweitern und pflegerische Probleme insgesamt besser benennbar, kontrollierbar, kommunizierbar, finanzierbar, beforschbar, lehrbar in (berufs)politische Forderungen und Richtlinien umsetzbar machen (vgl. Georg 2006b).

8.2.2 Interdisziplinäre Prozessgestaltung und Pflegeprozess

Der folgende Abschnitt beschreibt den Zusammenhang zwischen Clinical Pathways und DRGs, klärt deren Gegenstand, Hintergründe und Ziele und zeigt wie PflegemanagerInnen Critical Pathways entwickeln können.

8.2.2.1 Clinical Pathways und DRGs

Im Zeitalter der DRGs kommt es nicht mehr ausschliesslich darauf an wie gut eine Berufsgruppe ihre Arbeitsprozesse gestaltet, sondern wie gut, schnell und leistbar alle an der Patientenversorgung beteiligten Berufsgruppen die gesundheitliche Versorgung koordinieren und dabei kooperieren. Vergleicht man die Prozesse der verschiedenen Gesundheitsberufe (Sauter et al. 2006, S. 248), dann fällt auf, dass alle Berufsgruppen Informationen sammeln, Diagnosen stellen oder Beurteilungen abgeben, Ziele setzen, Maßnahmen oder Interventionen planen und durchführen und abschließend evaluieren. Aus diesem Grund ist es nahe liegend, diese interprofessionellen Behandlungsprozesse zusammenzufassen. Dazu wurden so genannte «interdisziplinäre Versorgungs- oder Behandlungspfade» (engl. clinical pathways) entwickelt, die im Folgenden definiert und bezüglich ihrer Hintergründe, Ziele, Strukturen, Elemente und Einführung beleuchtet und dargestellt werden (vgl. Georg, 2006c).

Definition. Clinical Pathways (CP) sind interdisziplinäre Behandlungspfade oder -pläne, welche bei einer bestimmten Diagnose, Fallgruppe (DRG) oder Behandlungsform, innerhalb eines definierten Zeitrahmens und ergebnisorientiert, die effektiven und evidenz-basierten Interventionen aller Berufsgruppen festlegen. Ziel ist eine hochwertige, effiziente und berufsgruppenübergreifende Behandlung.

Hintergrund und Ziele. Interdisziplinäre Behandlungspfade werden angesichts eines sich ökonomisierenden Gesundheitswesens eingeführt. Dabei werden Leistungserbringer wie Pflegende, Ärzte und Therapeuten immer stärker von Kostenträgern (Kassen) gedrängt, effektiver und effizienter zu arbeiten. Beide Akteure versuchen insbesondere durch eine verkürzte Verweildauer im Akutbereich, die Verlagerung von stationären Leistungen in den ambulanten Bereich, fallbezogene Leistungsentgelte (DRGs) und ein gezieltes Fallmanagement die Behandlungskosten zu senken (Fischer, 2002; Malk et al., 2006). Interdisziplinäre Behandlungspfade sind dabei Instrumente des Fallmanagements oder in Form von Co-Pathways des Risikomanagements (s. Kap 7). Interdisziplinäre Behandlungspfade werden eingesetzt, um

- eine interdisziplinäre Zusammenarbeit zu fördern, um durch klarere Zuständigkeiten und Verantwortlichkeiten, Reibungsverluste und Mehrfachuntersuchungen zu verringern.
- eine gute Behandlungsqualität zu sichern, durch effektiven und effizienten Einsatz von Ressourcen, optimale Planung von Untersuchungen und Interventionen und stärkere Ergebnisorientierung.
- die Kommunikation unter den Leistungserbringern und -erstattern zu verbessern.
- interdisziplinären Behandlungsziele, -wege und -leistungen sichtbar und mittels Benchmarking vergleichbar zu machen.
- Leistungen für Klienten transparenter zu machen, um sie besser beraten zu können und stärker an der Behandlung teilhaben zu lassen.
- evidenzbasierte Forschungsergebnisse rascher in die Behandlungspraxis zu integrieren.

8.2.2.2 Entwicklung interdisziplinärer Behandlungspfade

Interdisziplinäre Behandlungspfade benennen die für die interdisziplinäre Versorgung wesentlichen Bereiche, Interventionen und Zeitspannen, um die angestrebten Behandlungsergebnisse zu erreichen. Die Behandlungsbereiche können sich an einem medizinischen, pflegerischen oder therapeutischen Modell orientieren. Entscheidend ist, alle Bereiche zu berücksichtigen, die entscheidend zu einem positiven Behandlungsergebnis beitragen. Mögliche und beispielhafte Behandlungsbereiche können sein:

- Assessments, Monitoring
- diagnostische Untersuchungen
- Therapien, Behandlungen
- Medikamente
- Ernährung, Diät, Flüssigkeitshaushalt

- Aktivität und Mobilität
- Ausscheidung
- Selbstversorgung (ADL)
- Psychosoziale Bedürfnisse (Coping, Selbstkonzept)
- Klientenberatung
- Entlassungsplanung

Die Behandlungsaktivitäten beschreiben die am besten belegten, evidenzbasierten Handlungen der beteiligten Berufsgruppen, die wirkungsvoll sind, um angestrebte Behandlungsergebnisse im vorgegebenen Zeitrahmen zu erledigen. Die Behandlungsergebnisse beschreiben messbare Kriterien, um den Erfolg der Intervention bewerten zu können. Die Zeitleiste beziffert die Zeitspanne, die zur erfolgreichen Behandlung notwendig ist. Sie kann in der Akutversorgung Stunden und Tage umfassen und Wochen oder Monate in der Langzeitversorgung. Die Elemente eines Muster-Behandlungspfades veranschaulicht **Tabelle 8.2-3**. Weitere Behandlungspfade finden sich in den Büchern von Ewers/Schaeffer (2005), Dykes/Wheeler (2002) und Johnson (2002).

Ewers und Schaeffer (2005) formulierten in ihrem Buch zum Thema Fallmanagement vier Fragen, deren Beantwortung hilfreich ist, um einen interdisziplinären Behandlungspfad zu entwickeln

1. Welche Arbeiten, Aufgaben und Handlungen sind nötig, um Klienten einer bestimmten Fallgruppe dabei zu helfen, erwünschte Behandlungsergebnisse zu erreichen?
2. Welches ist der beste Weg, um diese Arbeiten – einschließlich klinisch-praktischer Entscheidungsprozesse und Strukturen zur Planung, Überwachung, Dokumentation und Evaluation der Versorgung – auszuführen?
3. Wer übernimmt und wer sollte Verantwortung übernehmen, um einzuschätzen ob die Ergebnisse der Behandlung erreicht wurden?
4. Was sollte umstrukturiert, verändert werden, um Behandlungsprozesse besser unterstützen zu können?

Um einen interdisziplinären Behandlungspfad (Clinical Pathway, CP) zu entwickeln und einzuführen sind folgende Schritte sinnvoll (vgl. Walsh, 1998):

1. Eine Klientengruppe mit einem häufigen oder kostenintensiven Gesundheitsproblem zu ermitteln, deren Behandlung vorhersagbar ist und für die Daten und Informationen vorliegen.
2. Ein multidisziplinäres Team zusammenzustellen, damit alle Berufsgruppen der Entwicklung eines CP zustimmen.
3. Mit allen Beteiligten interdisziplinär die Literatur und Dokumente zu sichten und zu be-

Tabelle 8.2-3: Elemente eines Muster-Behandlungspfades

Behandlungsbereiche	Zeitrahmen		
	1. Tag/Woche	2. Tag/Woche	3. Tag/Woche
Assessments, Monitoring Diagnostik			
Therapie, Behandlung			
Medikamente			
Ernährung, Flüssigkeitshaushalt, Diät			
Aktivität und Mobiliät			
Ausscheidung			
Selbstversorgung (ADL)			
Psychosoziales Bedürfnisse (Coping, Selbstkonzept)			
Klientenberatung			
Entlassungsplanung			

werten, um zusammenzutragen, welche Behandlungen aktuell, evidenzbasiert und notwendig sind, um die anvisierte Klientengruppe effektiv und effizient zu versorgen. Ein CP sollte dabei auf die evidenzbasierten und praxiserprobten Praxisdaten und -richtlinien zurückgreifen und nicht nur die lokale Behandlungspraxis abbilden.
4. Einen Zeitrahmen abzustimmen und zu füllen, der nötig ist, um die Behandlungsergebnisse zu erreichen.
5. Die Interventionen und Ergebnisse für jede/n Tag oder Woche des CP parallel und zeitlich gestaffelt notieren, welche die effektivsten Interventionen enthalten, um die aufgestellten Ziele im angestrebten Zeitrahmen zu erreichen.
6. Kriterien festzulegen, nach denen Patienten eingeschätzt werden und mit denen entschieden wird, ob ein Patient in den CP aufgenommen wird. Festlegen wer verantwortlich ist, um über den Beginn und das Ende eines CPs zu entscheiden.
7. Entscheiden wie Abweichungen von einem CP beobachtet und dokumentiert werden und wie, wer, mit welcher Kompetenz darauf reagieren soll. Pflegerisch ist dazu am besten die primäre Pflegende oder Bezugspflegeperson (Primary Nurse) geeignet.
8. Entwickeln eines kurzen, einfachen und verständlichen CPs, um Patienten über ihre Behandlung informieren, auf ihre Entlassung vorbereiten und zur Zusammenarbeit motivieren zu können.
9. Zusammenfassen und kopieren des CPs nach Konsentierung und Schulen aller Teammitglieder und Entscheider.
10. Einführen des CPs in Form einer Pilotstudie, um festzustellen ob Patienten zufrieden gestellt, Verweildauern verkürzt und Kosten kontrolliert werden konnten. Anpassen des CPs falls dies erforderlich ist.
11. Abweichungen kontinuierlich mit Varianzanalysen untersuchen, Verbesserungsvorschläge aus der Praxis fortlaufend sammeln und in Co-Pathways berücksichtigen und belohnen.
12. Regelmäßig Fortschritte des Patienten hinsichtlich der geplanten Ergebnisse bewerten und dokumentieren.
13. Regelmäßig Abweichungen des Klienten vom Behandlungspfad analysieren, dokumentieren, kommunizieren und ggfs. korrigieren.

Gut entwickelte und evaluierte interdisziplinäre Behandlungspfade werden zukünftig ein wesentliches Instrument sein, um Prozesse in der Pflege und Gesundheitsversorgung interdisziplinär, koordiniert und kooperativ zu gestalten.

Literatur
Alfaro-LeFevre, R.: Applying Nursing Process. Philadelphia, Lippincott, 2002^5
American Nurses' Association (ANA): Nursing: a social policy statement. Kansas City, Missouri 1980
American Nurses' Association: Standards oft Clinical Nursing Practice. Washington, 1998^2
Bartholomeyczik, S.; Halek, M. (Hrsg.): Assessmentinstrumente in der Pflege – Möglichkeiten und Grenzen. Hannover, Schlütersche, 2004
Behrens, J; Langer, G.: Evidence-based Nursing. Bern, Huber, 2004
Bienstein, Ch.; Schröder, G.; Neander, K.-D.: Dekubitus. Stuttgart, Thieme, 1997
Brandenburg, H.; Dorscher, S. (Hrsg.): Pflegewissenschaft 1. Lehr und Arbeitsbuch zur Einführung in wissenschaftliches Denken in der Pflege. 2. Aufl. Bern, Huber, 2007
Brobst, R. A.: Der Pflegeprozess in der Praxis. Bern, Huber, 2007^2
Buchholz, T.; Schürenberg, A.: Lebensbegleitung alter Menschen – Basale Stimulation in der Pflege alter Menschen. Bern, Huber, 2003
Carr, E. C.; Mann, E.: Schmerz und Schmerzmanagement. Bern, Huber, 2002
Chang, R.: Pflegediagnosen und die Konstruktvalidität von Schmerz, Selbstpflegedefizit und eingeschränkter körperlicher Mobilität. Pflege & Gesellschaft, (1999) 5: 25–32
Clark, J.: Naming Nursing. Bern, Huber, 2003
Collier, I.; McCash, K. E.; Bartram, J. M.: Arbeitsbuch Pflegediagnosen. Wiesbaden Ullstein Medical, 1998
Dassen, T. et al.: Pflegeabhängigkeit, Sturzereignisse, Inkontinenz, Dekubitus. Erhebung 2005. Berlin, Inst. F. Medizin-/Pflegepädagogik u. Pflegewissenschaft 2005
Doenges, M. E.; Moorhouse, M. F.; Geissler-Murr, A. C.: Pflegediagnosen und Pflegemaßnahmen. Bern, Huber, 2003^3

Dykes, P. C.; Wheeler, K.: Critical Pathways – Interdisziplinäre Versorgungsplanung. Bern, Huber, 2002

Ewers, M.; Schaeffer, D.: Case Management in Theorie und Praxis. Bern, Huber, 2005[2]

Farran, C. J.; Herth, K. A.; Popovich, J. M.: Hoffnung und Hoffnungslosigkeit. Wiesbaden, Ullstein Medical, 1998

Fischer, W.: Diagnoses Related Groups (DRGs) und Pflege. Bern, Huber, 2002

Fitzgerald-Miller, J.: Coping fördern – Machtlosigkeit überwinden – Hilfen zur Bewältigung chronischen Krankseins. Bern, Huber, 2003

Garms-Homolová, V.; Gilgen, R.; interRAI (Hrsg.): RAI 2.0 Resident Assessment Instrument – Beurteilung, Dokumentation und Pflegeplanung in der Langzeitpflege und geriatrischen Rehabilitation. Bern, Huber, 2000

Garms-Homolovà, V.; interRAI (Hrsg.): Assessment für die häusliche Versorgung und Pflege – Resident Assessment Instrument – Home Care RAI HC 2.0. Bern, Huber, 2002

Georg, J.: Pflegeassessment in der Langzeitpflege. NOVA 35 (2004) 10: 15–19

Georg, J.; Bähr, M.: Pflegediagnosen in der Alten- und Langzeitpflege. NOVA 33 (2002) 1: 11–13

Georg, J.: Pflegeimage, Berufsbild, Pflegevisionen. NOVA 34 (2003) 5: 10–13

Georg, J.: Klassifikationssysteme in der Pflege. In: Abt-Zegelin, A.; Schnell, M. W. (Hrsg.): Sprache und Pflege. Bern, Huber, 2005[2]

Georg, J.; Cignacco, E.: Hebammendiagnosen. In: Cignacco, E.: Hebammenarbeit. Bern, Huber, 2006a

Georg, J.: Pflegediagnosen. Fachhochschule Jena, Jena 2006b

Georg, J.: Interdisziplinäre Behandlungspfade. NOVA 37 (2006c) 1: 24–25

Gordon, M.: Handbuch Pflegediagnosen. München, U&F, 2003[4]; Bern, Huber, 2007[5]

Heering, C. (Hrsg.): Das Pflegevisiten-Buch. Bern, Huber, 2006[2]

Juchli, L.: Pflege. Stuttgart, Thieme, 1997[8]

IVAR (Hrsg.): Manual FIM – Funktionale Selbständigkeitsmessung. 1999

Johnson, M.; Maas, M.: Pflegeergebnisklassifikation (NOC). Bern, Huber, 2005

Johnson, S.: Interdisziplinäre Versorgungspfade und -planung – Pathways of Care. Bern, Huber, 2002

Kraut, D.; Kasper, M.: Atmung und Atemtherapie. Bern, Huber, 2000

Krohwinkel, M.: Der Pflegeprozess am Beispiel von Apoplexiekranken. Baden-Baden, Nomos, 1993

Krohwinkel M.: Rehabilitierende Prozesspflege am Beispiel von Apoplexiekranken. Fördernde Prozesspflege als System – Entstehung, Entwicklung und Anwendung. Bern, Huber, 2007

LEP Nursing Version 2.1, LEP-AG, St. Gallen, 2002

Lunney, M.: Arbeitsbuch Pflegediagnostik. Bern, Huber, 2007

Malk R.; Kampmann T.; Indra P. (Hrsg.): DRG-Handbuch Schweiz. Bern, Huber, 2006

Mahoney, F. I.; Barthel, D. W.: Functional Evaluation: The Barthel Index. Maryland State Medical Journal (1965) 14: 61–65

McCloskey-Dochtemann, J. C.; Bulechek, G. M.: Pflegeinterventionsklassifikation (NIC). Bern, Huber, 2007

Morgan, K.; Closs, J.: Schlaf, Schlafstörungen, Schlafförderung. Bern, Huber, 2000

MOSBY; Krämer, U.; Schnabel, M. (Hrsg.): Pflegedokumentation – leicht gemacht. Bern, Huber, 2005[2]

NANDA international: NANDA-Pflegediagnosen. Klassifikation und Definitionen 2005–2006. Bern, Huber 2005

Needham, I. (2003): Kriterien zur Überprüfung von Pflegeplänen. Krankenpflege/Soins Infirmiers 96 (2003) 6: 28

Niklaus, T.; Pientka, L.: Funktionelle Diagnostik. Wiebelsheim, Quelle & Meyer, 1999

Norton, Ch.: München, Praxishandbuch Inkontinenz. U&F 1999

Orem, D. E.: Strukturkonzepte der Pflegepraxis. Wiesbaden/Berlin, Ullstein Mosby, 1997

Price, B.: Problem- und forschungsorientiertes Lernen. Bern, Huber, 2005

Reinhart, M: Umsetzung des Pflegeprozesses in der Praxis. In: Haubrock, M.; Schär, W.: Betriebswirtschaft und Management im Krankenhaus. Bern, Huber, 2002, S. 418ff.

Sauter, D.; Abderhalden, C.; Needham, I.; Wolff, S.: Lehrbuch psychiatrische Pflege. Bern, Huber, 2006[2]

Tideiksaar, R.: Stürze und Sturzprävention. Bern, Huber, 2000

Walsh, M.: Models and Critical Pathways in Clinical Nursing. London, Bailliere Tindall, 1998

Wilkinson, J. M.: Das Pflegeprozess-Lehrbuch. Bern, Huber, 2007

Zander, K.: Case Management, klinische Pfade und CareMaps. In: Ewers, M.; Schaeffer, D.: Case Management in Theorie und Praxis. Bern, Huber, 2005[2]

8.2.3 Pflegesysteme

(M. Reinhart)

Im Rahmen der Gestaltung der betrieblichen Aufbauorganisation entstehen die institutionalisierten Leitungssysteme in einem Unternehmen. Die betriebliche Aufbauorganisation ergibt sich aus der Analyse und Synthese der Betriebsaufgaben.

Von der Aufbauorganisation des Betriebs ist die Ablauforganisation zu unterscheiden. Unter der *Ablauforganisation* sind die betrieblichen Handlungen und Abläufe zu verstehen. Die pflegerischen Abläufe werden unmittelbar auf der Station durch die Ablauforganisation gestaltet, für diese Gestaltung ist die jeweilige Stationsleitung primär verantwortlich.

Das Krankenhaus ist, wie jeder andere Betrieb auch, durch eine hohe Funktionalisierung gekennzeichnet. Die Funktionalisierung von Arbeitsgängen hat sich im Verlauf der Industrialisierung durchgesetzt, da sie zu rationellen und kostengünstigen Produktionsbedingungen geführt hat.

Funktionalisierung nachdem arbeitsteiligen Prinzip bedeutet, dass alle an der Arbeit Beteiligten jeweils nur einen Teil dieser Arbeit tun. Eine klassische Ausprägung findet die Funktionalisierung in der Fließbandarbeit. Nach dem Autor, der erstmalig dieses Organisationsprinzip beschrieben hat, spricht man auch von Taylorismus oder tayloristischer Arbeitsteilung.

In der Pflege zeigt sich die Funktionalisierung in einer Arbeitsablauforganisation, die als Funktionspflege oder *funktionelle Pflege* bekannt geworden ist. Von dieser sind Organisationsformen zu unterscheiden, die nicht die einzelnen Arbeitstätigkeiten in den Mittelpunkt stellen, sondern die vollständige und eigenverantwortliche Betreuung von Patienten. Obwohl es zur begrifflichen Klärung wenig beiträgt, werden letztere auch als «ganzheitliche» Pflegesysteme bezeichnet. Pflegesysteme, die nicht die Tätigkeiten, sondern den Patienten in den Mittelpunkt stellen, sollen hier personenorientiert genannt werden. Personenorientierte Pflegesysteme werden mit unterschiedlichen Begriffen bezeichnet, die jeweils auch Unterschiede in der konkreten Ausgestaltung aufweisen.

Es ist also an die Ablauforganisation der Station die Frage zu stellen, welches Organisationsprinzip jeweils zugrunde liegt:

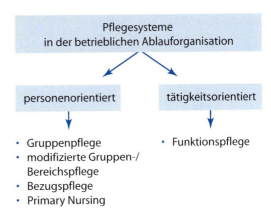

Abbildung 8.2-3: Pflegesysteme in der betrieblichen Ablauforganisation

8.2.3.1 Tätigkeitenorientiertes Pflegesystem

Die **Funktionspflege** ist die typische Ausprägung eines tätigkeitenorientierten Pflegesystems. Ihr Charakteristikum ist die Zuteilung von Tätigkeiten an die Pflegepersonen, die diese Tätigkeiten bei allen Patienten erledigen soll. So werden Pflegende etwa damit beauftragt, zunächst die Betten zu machen, dann die Verordnungen durchzuführen, dann die Temperaturen zu messen usw. Hier stehen die Tätigkeiten im Mittelpunkt, nicht die Menschen, die gepflegt werden. Das Funktionspflegesystem trägt die in **Tabelle 8.2-4** zusammengefassten Merkmale.

Da die funktionelle Arbeitsablauforganisation weder den heutigen Bedürfnissen der Patienten noch denen der Mitarbeiter entspricht, haben sich zunehmend andere Pflegesysteme durchgesetzt.

Tabelle 8.2-4: Merkmale des Funktionspflegesystems

Merkmal	Kennzeichen	Vorteile	Nachteile
Führungsstil	Die Arbeitsverteilung obliegt der Stationsleitung	Bei qualitativ unzureichender Personalbesetzung kann eine Arbeitsverteilung gemäß der Qualifikation erfolgen	Autoritative Führungsstile werden begünstigt
Patient	Viele verschiedene Pflegepersonen erledigen jeweils einzelne Arbeitsgänge beim Patienten		Dem Patienten fehlt Transparenz, er hat keine Bezugsperson und kann nicht erkennen, wer eigentlich für ihn zuständig ist.
Mitarbeiter	Der Mitarbeiter erhält konkrete Aufträge, bestimmte Tätigkeiten bei allen Patienten zu erledigen		Der Mitarbeiter erlebt seinen Arbeitsablauf als zerrissen. Er ist unzureichend informiert und qualitativ unterfordert. Er braucht sich weder für die Gesamtheit der durchgeführten Pflege noch für die Gesamtheit der Stationsabläufe verantwortlich zu fühlen.

8.2.3.2 Personenorientierte Pflegesysteme

Als **Gruppenpflege** wird eine Organisationsform bezeichnet, die eine bauliche Basisstruktur erfordert, in der – statt Stationen in üblicher Größe – Pflegegruppen in der Größe von durchschnittlich 16 bis 18 Patienten vorgesehen sind.

Mehrere solcher Gruppen werden zu einer Abteilung zusammengefasst, die pflegerisch von einer Abteilungsschwester geleitet werden. Die Abteilungsschwester übernimmt hier für die ihr zugeordneten Gruppen übergeordnete Aufgaben, etwa das Bestellwesen oder die Dienst- und Urlaubsplanung. Die Gruppe wird jeweils durch eine Gruppenschwester geleitet. Dieses System setzt eine vollständige Zentralisierung des Krankenhauses voraus, da durch die geringe Gruppengröße der Personalbestand, vor allem im Spätdienst, so gering ist, dass Botengänge oder Hol- und Bringedienste von den pflegerischen Mitarbeitern der Gruppen nicht mehr geleistet werden können. Die Merkmale des Gruppenpflegesystems sind in **Tabelle 8.2-5** dargestellt.

Als **modifizierte Gruppenpflege** oder **Bereichspflege** wird ein Pflegesystem bezeichnet, in dem innerhalb einer bestehenden baulichen Stationsstruktur eine Neuverteilung stattfindet, die zur Bildung von mehreren kleinen Pflegegruppen führt. Die Pflegenden sind nach wie vor der Stationsleitung unterstellt, die die fachliche und disziplinarische Gesamtverantwortung trägt. Hierbei ist insbesondere die Rolle und Aufgabe der Stationsleitung neu zu definieren und ggf. in einer entsprechenden Stellenbeschreibung festzuhalten. Mögliche Aufgaben der Stationsleitung innerhalb der Bereichspflege können sein:

- Koordination der Pflegeleistungen
- Einarbeitung neuer Mitarbeiter

Tabelle 8.2-5: Merkmale des Gruppenpflegesystems

Merkmal	Kennzeichen	Vorteile	Nachteile
Führung	Übergeordnete Aufgaben der Gruppen werden durch die Abteilungsschwester erledigt	Damit wird die Gruppe vor allem von administrativen Aufgaben entlastet und gewinnt Zeit für die unmittelbare Patientenpflege	
Patient	Die Patienten werden in kleinen Gruppen durch einen überschaubaren Kreis von pflegerischen Mitarbeitern betreut	Die Patienten können eine Beziehung zu den Pflegenden aufbauen, es entsteht mehr Transparenz	Die Gruppenpflege garantiert nicht automatisch eine individuelle Pflege. Es besteht die Gefahr, dass auch in der Gruppe überwiegend funktionell gepflegt wird.
Mitarbeiter	Die Mitarbeiter betreuen einen kleineren Kreis von Patienten pflegerisch	Die pflegerischen Mitarbeiter in der Gruppe können sich auf eine qualifizierte Pflege konzentrieren und sind von vielen Nebenaufgaben entlastet	

- Organisation der Pflegeausbildung
- Kooperation mit anderen Berufsgruppen
- Überwachung der Pflegequalität auf der Station
- Überwachung wirtschaftlicher Parameter
- Sicherstellung der Logistik
- Führung der Dienst- und Urlaubspläne
- Information und Kommunikation nach innen und außen.

Die Merkmale, Kennzeichen, Vor- und Nachteile des Bereichspflegesystems werden in **Tabelle 8.2-6** dargestellt.

Als **Bezugspflege** wird ein Pflegesystem bezeichnet, in dem jeder Patient eine für ihn zuständige Pflegeperson hat.

Die Pflegeperson ist von der Aufnahme bis zur Entlassung für den Patienten zuständig. Bei ihr liegt die Verantwortung für den gesamten Pflegeprozess dieser Patienten. Durch die Bezugspflege wird eine kontinuierliche Patientenbetreuung erreicht. Allerdings bestimmen insgesamt die organisatorischen und personellen Rahmenbedingungen, ob eine solche Bezugspflege ermöglicht werden kann.

Als **Primary Nursing** oder Primäre Pflege wird ein Pflegesystem bezeichnet, das in den USA entwickelt wurde und umgesetzt wird. Jeder Patient erhält bei der Aufnahme in das Krankenhaus eine für ihn verantwortliche und zuständige Pflegende, die Primary Nurse.

Die Primary Nurse oder Primärpflegende verantwortet ihre Pflege nicht nur gegenüber dem Patienten, sondern auch gegenüber dessen Angehörigen und den anderen Berufsgruppen, die an der Pflege und Betreuung beteiligt sind. Der Primary Nurse sind Associated Nurses zugeordnet, die in der Abwesenheit der Primary Nurse nach deren Pflegeplan die Pflege fortführen. Von diesem Pflegeplan dürfen die Associated Nurses nur in Notfällen abweichen. Um als Primary Nurse tätig zu sein, muss eine entsprechende Berufserfahrung und Qualifikation nachgewiesen werden. In der Umsetzung des Primary Nursing kann es so sein, dass die Primary Nurse im Schwerpunkt für die Organisation der Pflege ihrer Patienten verantwortlich ist. Für die Durchführung der Pflege stehen dann Pflegende zur Verfügung, die sich entweder auf die Funktion der Primary Nurse vorbereiten oder die auf der Basis einer geringeren Ausbildungsqualifikation

Tabelle 8.2-6: Merkmale, Kennzeichen, Vor- und Nachteile des Bereichspflegesystems

Merkmal	Kennzeichen	Vorteile	Nachteile
Führungsstil	Das Bereichspflegesystem ermöglicht eine Dezentralisierung der Aufgaben und der Verantwortung	Die Pflegenden versorgen die ihnen zugeteilten Patienten in eigener Verantwortung	Die Stationsleitung muss ihre Rolle und ihre Aufgaben neu definieren und den Mitarbeitern die Verantwortung auch tatsächlich überlassen
Mitarbeiter	Eine kleine Gruppe von Patienten wird innerhalb einer bestehenden Station von einer kleinen Gruppe von Pflegenden verantwortlich betreut	Die Pflegenden arbeiten selbständig, sie werden entsprechend ihrer Qualifikation gefordert. Sie sind Ansprechpartner für die anderen Berufsgruppen. Sie sind besser und umfassender informiert	Die Pflegenden müssen eventuell erst durch entsprechende Schulungsmaßnahmen befähigt werden, in einem solchen Pflegesystem zu arbeiten
Patient		Es entsteht Betreuungskontinuität. Der Patient kennt seine pflegerischen Bezugspersonen. Der Pflegeablauf wird ihm transparenter, er ist besser informiert.	

helfend tätig werden. Von der Bezugspflege unterscheidet sich das Primary Nursing vor allem durch die unterschiedlichen Rahmenbedingungen im Gesundheitssystem in Deutschland und etwa in den USA.

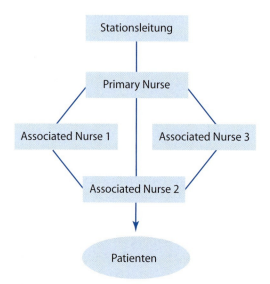

Abbildung 8.2-4: Organisationsstruktur im Primary Nursing, in: Schlettig, 1993, 87

8.2.3.3 Aspekte der Einführung eines neuen Pflegesystems

Die Umstellung der Stationsorganisation von einer tätigkeitenorientierten zu einer personenorientierten Stationsorganisation kann mit erheblichen Schwierigkeiten verbunden sein.

Insbesondere die fehlende Erfahrung in einer solchen Ablauforganisation hat bei vielen Mitarbeitern eine Verunsicherung und ein Festhalten am Altbekannten zur Folge. Deshalb ist es wichtig, sich in der Planungsphase einer solchen Umstellung ausreichend Zeit zu lassen, sorgfältig die bestehenden Abläufe zu erheben, neu zu definieren und die Aufgaben der Mitarbeiter im Rahmen des neuen Pflegesystems klar zu benennen. Hierbei kann es helfen, entlang einer Checkliste Fragen zur Umstellung auf das neue Pflegeorganisationssystem zu stellen und das Konzept anhand der Diskussionsergebnisse zu strukturieren.

Checkliste zur Einführung einer patientenorientierten Ablauforganisation im stationären Bereich

1. Schwachstellenanalyse
   - Was funktioniert bereits im bestehenden funktionellen Ablauf nicht so, wie man es sich wünscht?

2. Räumliche Gegebenheiten
   - Hilfsmittel: evtl. Grundriss der Station zur Hilfe nehmen
   - Kann ich meine Station räumlich sinnvoll in kleinere Gruppen aufteilen?
     – Wenn ja, in wieviele?
     – Wenn nein, was müsste geändert werden?
   - Wenn ich in kleinere Gruppen aufteile, wie kann ich die Wege kurz halten?
     – Wo ist der Telefonanschluss?
     – Wo wird das Material gelagert?
     – Wo wird die Patientendokumentation geschrieben?
     – Wo ist der Pflegearbeitsraum?
   - Wenn ich die Raumaufteilung meiner Station ändere, wer muss dem zustimmen?
     – Im ärztlichen Dienst?
     – Im pflegerischen Dienst?

3. Material
   - Habe ich genug Arbeitsmittel, um in mehreren Gruppen gleichzeitig zu arbeiten?
     – Pflegehilfsmittel?
     – Bettenwagen?
     – Wäschewagen?
     – Pflegedokumentation?
   - Welches Material muss zur Einführung der neuen Arbeitsorganisation noch beschafft werden?

4. Unterstützung
   - Wo finde ich Unterstützung für die gewünschte Veränderung?
     – Was halten die eigenen Kollegen davon?
     – Was hält der ärztliche Dienst davon?
     – Entspricht die Neuorganisation dem Betriebsleitbild/dem Pflegeleitbild?

5. Stationsleitung
   - Wie verändert sich das Aufgabengebiet der Stationsleitung?
   - Kann für das neue Aufgabenprofil vor der Einführung dieser Veränderung mit den Stationsleitungen eine entsprechende Stellenbeschreibung vereinbart werden?
   - Soll die Stationsleitung sich in die Gruppen integrieren?
   - Soll die Stationsleitung übergeordnete Aufgaben wahrnehmen?
   - Wenn ja, welche?
   - Muss der Stationsleitung vor Einführung noch eine entsprechende Fortbildung angeboten werden?

6. **Kooperation mit dem ärztlichen Dienst**
   - Was verändert sich für den Arzt, wenn er nicht mehr die Stationsleitung als zentralen Ansprechpartner hat?
     – Welche Hilfsmittel kann ich dem Arzt anbieten, um sich zu orientieren?
     – Wer soll die ärztlichen Visiten begleiten?

7. **Dienstplanung**
   - Wie gestalte ich einen gruppenbezogenen Dienstplan?
   - Wie lange sind die Zeiträume, die ich pro Mitarbeiter in der Gruppe verplanen will?
   - Wie stelle ich sicher, dass sich keine neuen Cliquen im Stationsteam bilden?
   - Was sind die personellen Mindestforderungen für die Durchführung dieser Ablauforganisation?
   - Was tue ich, wenn ich diese personellen Forderungen nicht erfüllen kann?

8. **Mitarbeitermotivation**
   - Kennen die Mitarbeiter das Konzept der patientenorientierten Pflege?
   - Muss noch Fortbildung erfolgen?
   - Sind die Mitarbeiter eher für oder eher gegen die Umstellung der Organisation?
   - Gibt es spezifische Ängste der Mitarbeiter bezüglich der Umstellung?

9. **Patientenverteilung**
   - Muss die Verteilung der schwer und leicht kranken Patienten anders als bisher erfolgen?
   - Wie komme ich zu einer gleichmäßigen Pflegebelastung in den einzelnen Gruppen?

10. **Zeitplanung**
    - Ist der Schulungs- und Informationsstand bei allen von der Umstellung betroffenen Mitarbeitern ausreichend?
    - Ist eine Umsetzungsphase von mindestens 6 Monaten geplant?
    - Erfolgt während dieser Zeit Beratung für die umstellenden Stationen?

11. **Ergebnissicherung**
    - Wer stellt wann und wie fest, ob die Umstellung gelungen ist?
    - Wie kann bei erfolgreicher Umstellung das Engagement der Mitarbeiter honoriert werden?

Literatur

Ersser; St.; Tutton, E.: Primary Nursing. Bern, Huber, 1999

Hinck, A.: Die Bezugspflege schafft neues Arbeitsprofil–Projekt im Kantonsspital Basel. In: Krankenpflege Soins infirmiers, Jg. 1995, Heft 7, 2002, S. 8–11

Josuks, H.: Mehr Handlungsfreiheit für die Pflege. In: Häusliche Pflege, Jg. 11, Heft 8, 2002, S. 29–33

Scupin, O.: Von der Raupe zum Schmetterling. Die Einführung eines fallbezogenen Pflegeorganisationssystems unter Berücksichtigung eines theoriebasierten Pflegekonzepts. In: Pr-Internet, Jg. 4, Heft 10, 2002, S. 98–106

Kellnhauser, E.: Primary Nursing - Primär-Pflege. Primary Nursing und die Interaktionstheorie von Hildegard Peplau. In: Die Schwester/Der Pfleger, 8/1998, S. 633–638

Kichner, J.: Lean Management im Krankenhaus. Erfahrungsbericht der Zentralklinikum GmbH Südthüringen. In: BALK INFO, Heft 41, 200, S. 24–26

Klingbeil-Baksi, D.: Mehr Qualität durch Beziehung. In: Häusliche Pflege, Jg. 11, Heft 10, 2002, S. 24–28

Manthey; M: Primary Nursing. Bern, Huber, 2002

Mischke, C. Ziel: Primary Nursing – eine Idee wird umgesetzt. In: Pflege Aktuell, Heft 2, 2002, S. 74–76

Mischo-Kelling M.; Schütz-Pazzini P. (Hrsg.): Primäre Pflege in Theorie und Praxis. Bern, Huber 2007

Schlettig, H.-J.; von der Heide, U.: Bezugspflege, Berlin, Springer, 1993

Thiel, H.: Miteinander in Beziehung treten. In: Pflegezeitschrift, Jg. 55, Heft 10, 2002, S. 701–794

Zaddach, M.: Primary Nursing: Zurück zu den Wurzeln. In: Klinik-Management-Aktuell, Heft 77, 2002, S. 88–90

8.3 Arbeitszeitorganisation

Im Gesundheitswesen stehen die Arbeitszeitregelungen immer wieder zur Diskussion. Hierbei geht es entweder um die Einhaltung und Umsetzung tariflicher und gesetzlicher Regelungen oder um die Suche nach neuen Modellen zur Gestaltung der Arbeitszeit.

Im Gefolge der Gesundheitsstrukturreform wird auch die Frage immer wichtiger, ob und wie der Personaleinsatz im Pflegebereich möglichst kostenschonend gestaltet werden kann

Jedoch kann die Arbeitszeitgestaltung in der Pflege nicht als eine isolierte Maßnahme im Unternehmen Krankenhaus gesehen werden. Sie muss in ein entsprechendes Konzept der Organisationsentwicklung eingebunden sein, das alle Berufsgruppen, die an der Versorgung der Patienten beteiligt sind, mit einbezieht (Büssing, 1999, S. 391). Positive Veränderungen durch Arbeitszeitmodelle treten jedoch nur ein als Synergieeffekte zwischen einer innovativen Arbeitszeitorganisation und einer umfassenden betrieblichen Reorganisation (Büssing, 1999, S. 393).

Die tatsächlichen Arbeitszeitstrukturen im Pflegebereich sind vielfach Grund für Unzufriedenheit unter den Pflegenden. Das in der Pflege typische Dreischichtensystem der Arbeitsverteilung führt zu einer hohen Belastung durch Schichtwechsel und Nachtdienste. Hinzu kommt der regelmäßige Anfall von Überstunden und Mehrarbeit. Viele Pflegende berichten, dass im normalen Arbeitsalltag die Inanspruchnahme von Arbeitspausen vielfach nicht möglich ist.

8.3.1 Flexibilisierungsmodelle der Arbeitszeit im Pflegebereich

Veränderungen in der Arbeitszeitgestaltung im Pflegedienst streben eine Patientenorientierung der Tagesabläufe und damit eine verstärkte Kundenorientierung an. Daneben sind aber auch Faktoren der Mitarbeiterzufriedenheit wichtig. Hier soll durch die Flexibilisierung der Arbeitszeit den Mitarbeitern mehr Spielraum für die persönliche Lebensgestaltung gegeben werden. Gleichzeitig sollen Arbeitszeitmodelle realisiert werden, die dem Gesundheitsschutz dienen und im Pflegeberuf vermehrt Aspekte der frauen- und familienfreundlichen Arbeitszeitgestaltung berücksichtigen. In ökonomischer Hinsicht werden bei der Neugestaltung der Arbeitszeit im Pflegedienst auch zunehmend Varianten entwickelt, die Personalkosten einsparen helfen sollen. Dabei ist jedoch zu bedenken, dass Modelle, die primär der Kostenreduzierung dienen in der Regel auf erheblichen Widerstand unter den Beschäftigten stoßen. Alle Veränderungen der Arbeitszeitgestaltung im Pflegedienst sind nach der geltenden Rechtslage mitbestimmungspflichtig und müssen mit den zuständigen Personalvertretungen ausgehandelt werden.

Das bekannteste Organisationsmodell veränderter Arbeitszeiten im Pflegedienst ist das **Kernarbeitszeitmodell.**

> Im **Kernarbeitszeitmodell** wird in einer Hauptzeit, die in der Regel zwischen 7.00 Uhr und 17.00 Uhr liegt, einen besonders hohe Personalbesetzung vorgehalten. In den Nebenzeiten und in der Nacht wird eine entsprechende Minimalbesetzung mit Personal vorgesehen.

Damit ein solches Modell umgesetzt werden kann, ist es erforderlich, zunächst den gesamten Tagesablauf der Station zu erfassen und darauf hin zu überprüfen, welche Tätigkeiten im Tagesverlauf regelmäßig anfallen und zu welchen Zeitpunkten diese bisher erledigt worden sind. Eine solche Ablaufanalyse ist Grundlage für die neu zu gestaltende Arbeitsverteilung. Hierbei ist es notwendig, gleichzeitig mit festzustellen, wo die Tätigkeitsabläufe der Station durch äußere Erfordernisse, etwa der Diagnostik und Therapie, zwingend vorgegeben werden.

Langfristig ist es für das Gelingen eines Kernarbeitszeitmodells unabdingbar, dass auch in der gesamtbetrieblichen Organisation des Krankenhauses Änderungen vorgenommen werden, die eine solche Blockung der Arbeitszeit auf den Stationen ermöglichen.

Es hat sich als vorteilhaft erwiesen, wenn Stationen, die ein Kernarbeitszeitmodell anstreben, das Konzept für die Gestaltung der Arbeitszeit und die Neuverteilung der Arbeitsaufgaben jeweils selbst erarbeiten. Hierzu ist eine Projektbegleitung durch entsprechende Stabsstellen oder Mitarbeiter der Pflegeleitung unerlässlich. Es ist unschädlich, wenn die vereinbarten Arbeitszeiten von Station zu Station oder von Abteilung zu Abteilung differieren. Allerdings erhöht sich durch eine solche Umstellung der Aufwand bei der Dienstplanerstellung und der Dienstplanüberwachung. Durch die Etablierung eines Kernarbeitszeitmodells kann es sein, dass für die einzelnen Mitarbeiter nicht mehr genug Dienste zu ungünstigen Zeiten anfallen, die für die Auszahlung entsprechender Schichtzulagen erforderlich sind. Dadurch erhöht sich häufig der Widerstand der Mitarbeiter gegen ein solches Modell.

Durch die Einführung eines Kernarbeitszeitmodells können eine Reihe von positiven Effekten auftreten:

- Erhöhung der Qualität der Pflegearbeit und der Patientenbetreuung
- Beruhigung des Tagesablaufs auf der Station
- Einführung patientenfreundlicher Tagesabläufe
- Verbesserung der Kooperationsstrukturen zwischen den Berufsgruppen
- Einführung Frauen- und familienfreundlicher Arbeitszeiten im Pflegedienst

Neben der Einführung eines Kernarbeitszeitmodells sind weiter Flexibilisierungsmodelle der Arbeitszeit auch im Pflegedienst im Gespräch oder bereits umgesetzt.

Durch die Einführung von **Arbeitszeitkonten** erhält der Mitarbeiter mehr Zeitsouveränität. Mitarbeiter erhalten hier die Gelegenheit, Zeit anzusparen und eigenverantwortlich Stundenkontingente von einen Zeitkonto abzubuchen (Zeitausgleich). Die Einrichtung eines Arbeitszeitkontos für den Mitarbeiter bedeutet, dass dieser über die jährliche Arbeitszeit hinaus Zeit auf seinem Arbeitszeitkonto bis zur vereinbarten Höchstgrenze ansammeln darf. Wie viel Stunden auf dem Zeitkonto angesammelt werden dürfen und mit wie vielen Stunden der Mitarbeiter auch im Minus sein darf, muss durch eine entsprechende Dienstzeitenvereinbarung geregelt werde.

Bei der **Faktorisierung von Arbeitszeit** wird geleistete Arbeitszeit nicht in Geld ausbezahlt, sondern in Form von Zeit dem Zeitkonto gutgeschrieben. Hierbei erfolgt eine Anrechnung dieser Zeiten mit einem vorher vereinbarten Faktor. So schlägt die ÖTV beispielsweise vor, eine Kernzeit zu definieren, die nicht faktorisiert werden kann. Dazu kommt eine Zwischenzeit und eine Nachtzeit. Arbeit in der Zwischenzeit wird mit einem Faktor von 1,3 auf die wöchentliche Arbeitszeit angerechnet, Arbeit in der Nachtzeit

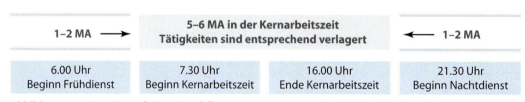

Abbildung 8.3-1: Das Kernarbeitszeitmodell

mit einem Faktor von 1,5. Ebenso werden Überstunden mit einem Faktor von 1,25 auf die wöchentliche Arbeitszeit angerechnet. Entsprechende Regelungen gelten auch für Sonn- und Feiertagsarbeit und für Bereitschaftsdienste. Durch die Faktorisierung entfallen die bisher gezahlten Schicht- und Wechselschichtzulagen und die Zeitzuschläge. Damit hat der Mitarbeiter die Wahl zwischen mehr Freizeit oder Geld.

Literatur
Adamski, B.: Praktisches Arbeitszeitmanagement. Frechen, Datakontext, 2000
Büssing, A.; Seifert, S.: Die Stechuhr hat ausgedient. Berlin, Edition Sigma, 1999
Flintrop, J.: Fast am Ziel. In: Deutsches Ärzteblatt. Jg. 99, Heft 33, 2002, S. C1721–C1723
Gebert, H.; Heupel, H.; Schall, S.: Flexible Arbeitszeitmodelle im öffentlichen Dienst. Praktiker Handbuch. Heidelberg, Rehm, 2001
Fauth-Herkner, A.; Wiebrock, St.: Alles eine Frage der Zeit. In: Heim und Pflege, Jg. 33, Heft 6, 2002, S. 182–184
Hamm, I.: Arbeitszeitkonten. Frankfurt a.M., Bund-Verlag, 2003
Kelm, R: Arbeitszeit- und Dienstplangestaltung in der Pflege. Stuttgart, Kohlhammer, 2002
Linnenkohl, K.; Rauschenberg, H.-J.; Gressierer, Ch.: Arbeitszeitflexibilisierung. Heidelberg, Recht und Wirtschaft, 2001
Neu, H.: Weniger arbeiten, mehr leben. Frankfurt a.M., Campus, 2003
Thurnberger, P.: Arbeitszeiten. Dienstplan nach Wunsch. In: Klinik-Management-Aktuell, Heft 75, 2002, S. 68–70

8.4 Die Pflegevisite

8.4.1 Zum Begriff

Im Zusammenhang mit Qualität, Qualitätsentwicklung und Qualitätssicherung in der Pflege wird die Pflegevisite in der deutschsprachigen Fachliteratur seit Anfang der achtziger Jahre diskutiert. Hierbei lassen sich zwei unterschiedliche Betrachtungsweisen herausarbeiten. Die Pflegevisite wird entweder vorrangig als «top to down» Instrument des pflegerischen Managements, oder als «bottom up» Instrument in der Verantwortung der Pflegenden selbst gesehen.

Juchli (1991, S. 470) definiert die Pflegevisite so:

> «Die Oberschwester oder ein Pflegeexperte/eine -expertin (…) besucht die Kranken in regelmäßigen Abständen. Im Erfahrungsaustausch in der Pflegegruppe wird anschließend die gegebene Pflege auf ihre Wirksamkeit hin geprüft und es werden Weg zu einer bestmöglichen, individuellen Pflege gesucht (Pflegeanalyse).»

In der Durchführung von Pflegevisiten sieht sie die Möglichkeit, pflegerische Fragestellung innerhalb der Pflegegruppe eigenständig zu diskutieren und zu bearbeiten. Hier wird eine Zuordnung der Pflegevisite als Managementinstrument sichtbar. Ähnlich definiert Uhde (1996, 8):

> «Pflegevisiten sind der regelmäßige Besuch beim Patienten mit Gesprächen über den Pflegeverlauf.»

Hierbei wird der Patient durch die verantwortliche Pflegende der Pflegeleitung vorgestellt. Dabei sollen die pflegerischen Probleme, die Zweckmäßigkeit der geplanten Pflege und die Wirksamkeit der pflegerischen Interventionen Gesprächsgegenstand sein. In dieses Gespräch wird der Patient aktiv einbezogen, er wird gehört und gefragt. Die Pflegenden präsentieren und vertreten hierbei gleichzeitig ihre Arbeit gegenüber der Pflegeleitung. Dadurch erfahren sie Anerkennung und Aufwertung ihrer Arbeit.

Die Ziele der Pflegevisite beschreibt Bieg (1995, S. 208) so:

> «**Pflegevisite ist:** eine Interaktion von Sachverständigen der Pflege
> - initiiert von Pflegedienstleitung und Pflegenden
> - durchgeführt mit dem Patienten
> - analog der Methode des Pflegeprozesses

- mit dem Ziel der Qualitätssicherung und der Entwicklung einer Pflegekultur im Krankenhaus.»

Die Pflegevisite bietet also die Möglichkeit, dem Patienten die Pflegeleistungen transparent zu machen, ihn an der Planung und Evaluierung seiner Pflege unmittelbar zu beteiligen und gleichzeitig ermöglicht sie eine institutionalisierte Form der Ermittlung und Evaluierung der Pflegebedürfnisse und Ergebnisse. Also kann zusammenfassend die Pflegevisite betrachtet werden als:

«(…) ein Abstimmungsinstrument zwischen pflegerischer Leistung und Bedürfnissen der Patienten im Sinne des Pflegeprozesses. Der Besuch beim Patienten dient der Überprüfung des Pflegeverlaufs und der gemeinsamen Beratung weiterer Pflegehandlungen. Die Reflexion der eigenen Rolle von Pflegenden soll unterstützt werden und die Entscheidungs- und Handlungskompetenz fachlich und situativ gefördert werden.» (Universitätsklinikum Benjamin Franklin, 1995, S. 5).

Kellnhauser (1995, S. 590) unterscheidet zwischen Mikrovisiten und Makrovisiten:

Abbildung 8.4-1: Pflegevisite nach Kellnhauser

Es wird deutlich, dass in Bezug auf die Pflegevisite das Begriffsverständnis bis heute noch nicht einheitlich ist. Neben der Tatsache, dass unter der Pflegevisite durchaus Unterschiedliches verstanden wird, werden weitere Begriffe diskutiert. So sprechen manche Autoren von der «Dienstübergabe am Patientenbett» und setzen diese mit der Pflegevisite gleich, bzw. sehen darin eine günstige Rahmenbedingung für die Durchführung von Pflegevisiten. Andere vertreten hier die Auffassung, dass es sich bei der «Dienstübergabe am Patientenbett» lediglich um eine Berichterstattung und Information handelt, während die Pflegevisite eine gründliche inhaltliche Auseinandersetzung mit der Pflege erforderlich macht (so etwa Kellnhauser, 1995).

Die Diskussion um die Pflegevisite ist also noch nicht abgeschlossen. Daher ist es erforderlich, dass jeder Anwender sein eigenes Konzept entwickelt, anhand der vorhandenen Literatur (*Heering*, 2006) überprüft und die Begriffe, die er verwenden will, eindeutig definiert.

8.4.2 Die Pflegevisite als Instrument des pflegerischen Managements

Die Pflegevisite steht in einem engen Zusammenhang mit dem Pflegeprozess. Sie kann dazu beitragen, die Umsetzung des Pflegeprozesses in die Pflegepraxis kontinuierlich zu evaluieren. In enger Zusammenarbeit zwischen der Pflegeleitung und den Pflegenden bietet die Pflegevisite die Möglichkeit:

- die Pflegequalität zu erfassen
- Schwachstellen im Pflegeprozess zu erkennen und Lösungsvorschläge dazu zu entwickeln
- die Pflegearbeit der Mitarbeiter positiv zu bestätigen.

Die Rolle der Pflegeleitung bei der Durchführung der Pflegevisiten wird unterschiedlich gesehen:
Die Beteiligung der Pflegeleitung an der Pflegevisite und die Wahrnehmung der geschilderten Funktionen wird kontrovers diskutiert. Es wird die Auffassung vertreten, dass mit dem

Mögliche Rolle und Funktionen der Pflegeleitung bei der Pflegevisite	
Reflexion des Pflegeprozesses	Jeder Schritt des Pflegeprozesses wird auf Richtigkeit und Vollständigkeit hinterfragt
Evaluierung der Pflegeauffassungen	Gemeinsame Arbeit am Pflegeleitbild
Information	Zur Beantwortung von Fragen der Pflegenden
Moderation	Hilfe bei der Konfliktbewältigung
Beratung	Besprechung des pflegerischen Arbeitsprozesses, Aufzeigen von Mängeln und Beratung zur Mängelbehebung
Organisation	Hilfe in komplexen Arbeitssituationen, Klärung der Rahmenbedingungen, Zielsetzungen, Bereitstellung von Hilfsmitteln
Mitarbeiterpflege	Ausgleich zwischen Patienten- und Mitarbeiterbedürfnissen, Beurteilung der Pflegeintensität in der Relation zu den personellen Möglichkeiten, Anerkennung der Leistungen der Mitarbeiter

Abbildung 8.4-2: Mögliche Rolle und Funktionen der Pflegeleitung bei der Pflegevisite

Wechsel in das Pflegemanagement die Pflegeleitung nicht länger pflegerische «Expertenfunktionen» übernehmen kann (etwa Kellnhauser, 1995). Andererseits wird auch dargelegt, dass die Pflegeleitung im Rahmen ihrer Fachaufsicht zur Überwachung und Beobachtung des gesamten pflegerischen Aufgabengebiets verpflichtet ist. Sicher lässt sich die Beteiligung der Pflegeleitung an der Pflegevisite für die Wahrnehmung pflegerischer Führungsaufgaben sinnvoll nutzen und die Entwicklung pflegerischer Qualität kontinuierlich beeinflussen. Es ist dabei zweifellos entscheidend, ob die Pflegeleitung durch ihren Führungsstil Akzeptanz und Kooperation bei den Mitarbeitern bewirken kann.

8.4.3 Die Pflegevisite als partizipatives Instrument der Pflegenden und Patienten

Die Pflegenden betrachten den Patienten zunehmend als aktiven Mitgestalter der Pflegesituation. Daher ist es auch erforderlich, dass die Gestaltung der Pflege immer neu in Aushandlungsprozessen zwischen Patienten und Pflegenden festgelegt wird. Hierfür ist die gemeinsame Situationsbestimmung zwischen Patienten und Pflegenden der Ausgangspunkt.

Durch die zunehmende Rationalisierung im Gesundheitswesen ist in den letzten Jahren eine erhebliche Arbeitsverdichtung aufgetreten. Es wird also immer schwieriger, die erforderlichen Freiräume zu erschließen und Nischen zu finden, in denen solche Aushandlungsprozesse zwischen Pflegenden und Patienten überhaupt noch stattfinden können.

Heering et al. (1995) empfehlen deshalb, die Pflegevisite im Rahmen einer Mittagsübergabe am Patientenbett stattfinden zu lassen. Die Dienstübergabe, vor allem am Mittag, ist für die Pflegenden ein zentrales Instrument der Informationsweitergabe. Sie findet bislang fern vom Patienten statt. Heering et.al. (1995, S. 303) empfehlen die Verlegung an das Patientenbett. Hierbei findet die Pflegevisite zwischen den Pflegenden und den jeweiligen Patienten statt, die Pflegeleitung ist nicht anwesend, da sie weder an der direkten Pflege beteiligt ist noch bei der Pflegevisite eine definierte Rolle oder Funktion innehat. In der Ablauforganisation der Station ist dafür die Umsetzung einer Bereichs- oder Bezugspflege Voraussetzung. Bei funktioneller Ablauforganisation ist die Tätigkeitenorientierung ein Hindernis für den patientenorientierten Pflegeprozess und die Pflegevisite. Im Pflegesystem der Bereichs- oder Bezugspflege stellt die verantwortliche Pflegeperson des Frühdienstes bei der Pflegevisite den Patienten der ablösenden verantwortlichen Pflegeperson des Spätdienstes vor. Hierbei wird der Patient in das Pflegegespräch integriert. Die vollständige Dokumentation ist unersetzliches Hilfsmittel bei der Durchführung der Pflegevisite. Die Ergebnisse der Pflegevisite werden in einem geeigneten Formular in der pflegerischen Dokumentation dokumentiert.

Mit der Durchführung solcher Pflegevisiten wird der Pflegeprozess in den Mittelpunkt der täglichen Routine gerückt. Der Patient wird regelmäßig in die Planung und Evaluierung seiner Pflege einbezogen, er ist besser informiert und hat Gelegenheit, seine Anliegen und Bedürfnisse unmittelbar mit den verantwortlichen Pflegepersonen zu besprechen.

8.4.4 Die Gestaltung der Pflegevisite

Wird die Pflegevisite eingeführt, so ist vorab eine Information des ärztlichen Dienstes über Sinn und Zweck notwendig. Hierbei soll aufgezeigt werden, dass es sich nicht um eine konkurrierende Veranstaltung zur Arztvisite handelt. Vielmehr nehmen in der Pflegevisite die Pflegenden ihre Aufgabe professionell wahr und ergänzen damit die unverzichtbar notwendige ärztliche Visite. Um eine ungestörte Durchführung der Pflegevisite abzusichern, ist es zweckmäßig, währenddessen einen Außendienst bereitzustellen, der die sonstigen Belange der Station unterdessen erledigt. Die Pflegevisite kann nach nebenstehendem Ablaufschema strukturiert werden (s. **Abb. 8.4-3**):

8.4.5 Aufwand und Nutzen der Pflegevisite

Der mit der Pflegevisite verbundene materielle Aufwand im Bereich der pflegerischen Dokumentation ist gering. Der zeitliche Aufwand hängt davon ab, wer an regelmäßigen Pflegevisiten teilnimmt. Je größer die Gruppe der beteiligten Spezialisten, desto höher ist der Aufwand. Im Hinblick auf den organisatorischen Aufwand bedingen folgende Aspekte den tatsächlichen Aufwand:

- die Auswahl der Patienten
- die Häufigkeit und Dauer der durchgeführten Pflegevisiten
- die Einbindung der Pflegevisite in den Stationsablauf
- der Ablauf der Pflegevisite.

Für den Patienten bietet die Pflegevisite folgende Vorteile:

- Er fühlt sich in seiner Gesamtheit ernst genommen und in seinen Bedürfnissen und Interessen berücksichtigt
- Ihm wird Zeit gegeben und ehrliches Interesse entgegengebracht.

Für die Pflegenden entstehen durch die Einführung von Pflegevisiten ebenfalls Vorteile:

- Die Pflegevisite bietet einen zeitlichen und inhaltlichen Rahmen, in dem die pflegerischen Fragen zielorientiert besprochen werden können
- Der Pflegeprozess wird an und mit dem Patienten einer kontinuierlichen Evaluation unterzogen.
- Die pflegerische Arbeit wird angemessen reflektiert und schrittweise optimiert
- Die Pflegenden beanspruchen und erhalten den notwendigen Raum, ihre Arbeit darzustellen und weiter zu entwickeln.

Zu prüfen und sorgfältig zu handhaben ist jedoch die Frage nach der Einhaltung der Schweigepflicht (STGB[2] § 203, Abs. 1). Die Pflegevisite erfordert hier die Zustimmung durch den Patienten.

Insgesamt bietet die Pflegevisite sowohl als

Der Ablauf der Pflegevisite

Vorbesprechung	Alle pflegerischen Teilnehmer besprechen vor dem Besuch beim Patienten die Schwerpunkte des Visitengesprächs. Gleichzeitig wird auch vereinbart, welche Sachverhalte gegebenenfalls nicht besprochen werden können, etwa weil der Patient darüber durch den ärztlichen Dienst noch nicht aufgeklärt wurde. Auch der zeitliche Rahmen der Pflegevisite soll grob bestimmt werden, damit gerade in der Anfangsphase ein Orientierungsrahmen vorhanden ist.
Pflegevisite	Das Gespräch mit dem Patienten kann am Patientenbett, aber auch in einer gesprächsförderlichen Atmosphäre, etwa in einer Sitzecke stattfinden. Fachtermini sind zu vermeiden, damit das Gespräch dem Patienten verständlich bleibt. Anders als vielfach bei ärztlichen Visiten zu beobachten ist, wird hier mit dem Patienten gesprochen und nicht über ihn.
Nachbesprechung	In der Nachbesprechung werden die Ergebnisse reflektiert und dokumentiert. Notwendige Änderungen im Pflegeplan des Patienten werden dokumentiert und veranlasst.

Abbildung 8.4-3: Der Ablauf der Pflegevisite

Führungsinstrument als auch als direktes Instrument der Pflegenden und Patienten selbst eine gute Möglichkeit, pflegerische Qualität zu entwickeln und den Pflegeprozess patientenorientiert zu verwirklichen.

Literatur
Bieg, U.: Theorie und Praxis der Pflegevisite. 5. Folge: Probleme der Pflegevisite. In: Die Schwester/Der Pfleger, 34. Jg.3, S. 208–212
Deutscher Berufsverband für Pflegeberufe, Landesverband Berlin-Brandenburg e.V.: DBFK-Leifaden zur Pflegevisite. Eine Arbeitsanleitung für die Praxis. DBfK, Kreuzstraße 7, 14482 Potsdam-Babelsberg, 2002
Görres, S.; Hinz, I. M.; Reif, K. et al.: Pflegevisite: Möglichkeiten und Grenzen. In: Pflege, 15, 2002, S. 25–32
Heering, C., Heering, K., Müller, B.; Bode, K.: Pflegevisite und Partizipation, Berlin, Wiesbaden, Ullstein Mosby, 1997
Heering, C.: Das Pflegevisitenbuch. Huber, Bern 2006, 2. Aufl.
Juchli, L.: Krankenpflege: Praxis und Theorie der Gesundheitsförderung und Pflege Kranker. 6. überarb. u. erw. Aufl. Stuttgart, New York, Thieme, 1991
Kämmer, K.: Auf Visite kommen – Die Pflegevisite ist eine Art Controlling unter Beteiligung von Pflegekräften, Bewohnern und Angehörigen. In: Altenpflege, 26, 2001, 8, S. 28–30
Kellnhauser, E.: Theorie und Praxis der Pflegevisite. 7. Folge: Patientenübergabe versus Pflegevisite. In: Die Schwester/Der Pfleger, 34. Jg., 7/1995, S. 590–591
Kellnhauser, E.: Theorie und Praxis der Pflegevisite. 8. Folge: Die Rolle der Pflegedirektorin/Pflegedienstleitung bei der Durchführung von Pflegevisiten. In: Die Schwester/Der Pfleger, 34. Jg., 8/1995, S. 684–686
Marx, W.: Die Bedeutung der Pflegevisite in Alten- und Pflegeheimen. In: Die Schwester/Der Pfleger, 41, 2002, 1, S. 55–57
Mogendorf, J.: Zeitkiller oder (Führungs)instrument – Pflegevisite durch die Pflegedienstleitung. In: Pflegezeitschrift, 54, 2001, 4, S. 269–272
Piehler; B.: Noch mehr Sicherheit für die BewohnerInnen und Pflegende schaffen – Richtlinien zur Pflegevisite. In: Pflegezeitschrift, 53, 2000, 7, S. 457–461
Uhde, C.: Die Pflegevisite als Instrument des Pflegemanagements. In: Pflegemanagement, 1/1996, S. 8–11
UKBF: Konzept einer Pflegevisite für den stationären Bereich am UKBF, Universitätsklinik Benjamin Franklin, Hindenburgdamm 30, 12200 Berlin, 1995

8.5 Pflegebildung im Prozess des gesellschaftlichen Wandels

8.5.1 Begriffe und Abgrenzungen

Der gesellschaftliche Wandel, die rasche Veraltung von Wissen und die moderne Beschäftigungsstruktur haben es notwendig gemacht, dass jeder Berufstätige sich auf einen Prozess lebenslangen Lernens einlässt.

> Lebenslanges Lernen umfasst Lernen aus persönlichen, sozialen und beruflichen Gründen. Es kann in den unterschiedlichsten Umgebungen erfolgen, d.h. innerhalb oder außerhalb der formalen Bildungssysteme. Lebenslanges Lernen zu fördern bedeutet, mehr in Menschen und ihr Wissen zu investieren.

Erfolgreiche Unternehmen setzen auf Innovationen, die Gesundheit und Wohlbefinden der Beschäftigten, ihre Fähigkeiten und Qualifikationen, die Arbeitsorganisation und den Technikeinsatz umfassen. Denn: Qualifikation und lebenslanges Lernen der Beschäftigten sind erforderlich, um notwendige Innovationen zu erbringen. Eine breite Qualifikation ist Voraussetzung für die Bewältigung inhaltlich angereicherter Tätigkeiten mit weitgesteckter Handlungskompetenz und den Umgang mit moderner Technik.

Die Betriebspädagogik als wissenschaftliche Disziplin befasst sich mit den Lebenswirklichkeiten in Betrieben und Organisationen. Sie entwickelt für betriebliches Lernen theoretische Konzepte. Die Organisation des Lernens in Unternehmen ist die primäre Aufgabe von Betriebspädagogen.

Zu den betriebspädagogischen Aufgabenbereichen gehören:

- Personalentwicklung (PE)
- betriebliche Aus- und Weiterbildung
- Organisationsentwicklung (OE)
- Unternehmenskultur
- Führungskonzepte
- Coaching

In der Betriebspädagogik hat sich ein ganzheitlicher Lernbegriff durchgesetzt. Führung als eine pädagogische Aufgabe bedeutet, Lernen professionell organisiert als Führungsinstrument einzusetzen. Eine Unternehmenskultur, in der Mitarbeiter und professionelle Führungskräfte gerne zusammenarbeiten, sichert den zukünftigen (wirtschaftlichen) Erfolg eines Unternehmens oder einer Organisation.

Ausbildung. Als Ausbildung wird sowohl die erreichte allgemeine Schulbildung als auch die abgeschlossene Berufsausbildung der sozialversicherungspflichtig beschäftigten Arbeitnehmer angesehen. Der Abschluss an einer Fachhochschule und Hochschule/Universität gilt als abgeschlossene Berufsausbildung. Die Angaben beziehen sich auf den höchsten Abschluss, auch wenn diese Ausbildung für die derzeit ausgeübte Tätigkeit nicht vorgeschrieben oder verlangt ist.

Fortbildung dient dazu Kenntnisse und Fertigkeiten zu erweitern und zu erhalten. §1 Berufsbildungsgesetz Abs. 3 (Geänderte Fassung vom 23. 12. 2002 [BGBl. I S. 4621]). Im Gegensatz dazu dient eine Umschulung dazu andere Fähigkeiten zu erlernen.

Unter **betrieblicher Weiterbildung** werden alle betrieblich veranlassten oder finanzierten Maßnahmen verstanden, die dazu dienen, beruflich relevante Kompetenzen der Mitarbeiter oder des Unternehmers zu erhalten, anzupassen, zu erweitern oder zu verbessern. Betriebliche Aus- und Weiterbildung, auch PEM Personal-Entwicklungs-Management genannt, hat die Aufgabe Mitarbeiter, Teams und Organisationen bei ihrem Lernen professionell zu unterstützen.

Bildungsmanagement als Teilaufgabe des pflegerischen Managements muss sich also mit der Frage nach den betrieblichen Wissensbeständen befassen. Wissensmanagement ist in den letzten Jahren eines der meist diskutierten Themen in der Managementtheorie geworden. Veröffentlichungen zum Wissensmanagement behandeln sowohl das theoretische Konzept als auch Fragen der praktischen Umsetzung oder berichten über Erfahrungen mit dem Wissensmanagement.

8.5.2 Wissen als bedeutende Unternehmensressource

Nonaka und Takeuchi (1997) setzen in ihrem für das Wissensmanagement grundlegende Werk bei «Wissen» als zentralem Erklärungsmodell für das Verhalten von Organisationen an. Dabei gehen sie davon aus, dass Wissen nicht nur verarbeitet sondern auch erzeugt wird. Ihr Untersuchungsschwerpunkt ist also die Frage nach der Generierung von Wissen im Unternehmen. Nonaka und Takeuchi klassifizieren dabei menschliches Wissen in zwei Kategorien: einmal als explizites, formales Wissen, das sich in Handbüchern etc. niederlegen lässt und zum anderen als implizites Wissen, das sich dem formalen und sprachlichen Ausdruck entzieht. Implizites Wissen (tacit knowledge) betrifft Faktoren wie «persönliche Überzeugungen», «Perspektiven», «Wertsysteme». Explizites und implizites Wissen stehen in einem komplementären Verhältnis zueinander, die beiden Wissensformen in ihrem dynamischen Wechselspiel bilden den Schlüssel zur Wissensbeschaffung im Unternehmen. Das Modell dieser Wissensbeschaffung stellen Nonaka und Takeuchi als eine sieben-schrittige Wissensspirale dar.

In vielen anderen Publikationen zum Wissensmanagement wird die Unterscheidung in explizites und implizites Wissen übernommen und weiter bearbeitet. Kritisch betrachtet jedoch z.B. Schreyögg (1998, 550) die Auffassung, dass nur implizites Wissen durch seine Externalisierung die Schaffung neuen Wissens ermöglicht. Schreyögg (1998, 550) weist darauf hin, dass Wissen in Unternehmen auch auf andere Weise generiert werden kann, etwa durch experimentieren, reflektieren, beobachten, nachahmen oder vergleichen.

Schüppel (1996) stellt unter Bezug auf Nonaka und Takeuchi ein Modell vor, das ein Wissensmanagementmodell in vier Akten vor:

- Identifizierung des Kernwissens des Unternehmens, selbstreflexive Analyse der individuellen und kollektiven Lernprozesse durch die Organisationsmitglieder, Identifizierung vorhandener Wissens- und Lernbarrieren, Gestaltung des unternehmensspezifischen Wissensmanagements auf der Basis der Wissensspirale nach Nonaka und Takeuchi.

Schüppel stellt die theoretischen Grundlagen dar, die für die Implementierung eines strukturierten Veränderungsprozesses im Hinblick auf die Nutzung betrieblichen Wissens erforderlich sind. Für die praktische Umsetzung dieses Modells müssen jedoch die geeigneten Instrumente und Verfahren noch entwickelt und erprobt werden.

Willke (1998) strukturiert den Wissensmanagementprozess unter systemischer Betrachtungsweise in folgende Schritte:

- Wissensgenerierung, Wissensaktivierung, Wissensgeneralisierung, Wissensverteilung, Wissensnutzung und Wissensrevision.
- Willke bietet damit ebenfalls ein theoretisches Modell zum Verständnis der betrieblichen Wissensprozesse, zu dem mögliche Implementierungsschritte noch abgeleitet werden müssen.

Probst et al. (1999) verbinden in ihrer Darstellung des Wissensmanagements Elemente und Aspekte der Arbeiten von Nonaka und Takeuchi, Schüppel und Willke und bieten darüber hinaus praxisorientierte Ansätze zur betrieblichen Umsetzung von Wissensmanagement.

Probst et al. (1999, 51) stellen die Frage, wie organisationale Wissensbestände zu lenken und in ihrer Entwicklung zu beeinflussen sind, damit Unternehmen mit der Dynamik der Wissensumwelt mithalten können, die sie umgibt. Ihre Ausgangspositionen sind, neben theoretischen Vorüberlegungen, reale Problemstellungen, die mit Hilfe der *Action Research Forschung* in Unternehmen ausfindig gemacht wurden.

Anforderungen, die an ein Wissensmanagementkonzept zu stellen sind formulieren Probst et al. (1999, 23) wie folgt:

- Anschlussfähigkeit an im Unternehmen bereits bestehende Konzepte, wie etwa Total Quality Management
- Orientierung an konkreten Problemstellungen der Praxis
- verständlicher Aufbau
- Bezug auf konkrete Handlungen
- Bereitstellung erprobter Instrumente.

Als Kernprozesse des Wissensmanagements identifizieren Probst et al. (ebd. 53ff.) folgende Bausteine:

- Wissensidentifikation, Wissenserwerb, Wissensentwicklung, Wissens(ver-)teilung, Wissensnutzung, Wissensbewahrung.

Diese Bausteine stehen in einem interdependenten Zusammenhang, sie beeinflussen sich jeweils gegenseitig und ermöglichen die Gestaltung der Wissensressourcen im operativen Bereich der Unternehmensgestaltung (ebd. 56ff.).

Der Unternehmensleitung obliegt die Aufgabe, im strategischen Bereich die Formulierung von Wissenszielen und die Durchführung von Maßnahmen der Wissensbewertung zu veranlassen, damit eine zielgerichtete Steuerung von betrieblichen Wissensprozessen möglich wird (ebd. 57).

Zusammengefasst lassen sich die Bausteine des Wissensmanagementkonzepts daher wie folgt abbilden:

Probst et al. betrachten die von ihnen vorgelegten Bausteine des Wissensmanagements als ein integriertes Konzept, das die Ressource Wissen als ausschließliches und integrierendes Gliederungsprinzip in den Mittelpunkt stellt und Aktivitäten beschreibt, die unmittelbar wissensbezogen sind und keiner anderen Logik folgen (ebd. 59).

Diese Bausteine des Wissensmanagements lassen sich als Leitfaden für wissensbezogene Interventionsansätze verstehen (ebd. 60). Sie umfassen sowohl Interventionen, die auf der individuellen Ebene ansetzen (etwa Maßnahmen der Personalentwicklung), als auch Interventionen, die auf der organisationalen Ebene ansetzen (wie etwa EDV-Organisation o.Ä.). Alle Aktivitäten, die entlang der Struktur der Bausteine des Wissensmanagements erfolgen, lassen sich auch in bestehende Managementkonzepte integrieren, selbst wenn diese auf anderen Interventionsansätzen beruhen (ebd. 60).

8.5.3 Pflegebildung im Prozess des gesellschaftlichen Wandels

Die Reformerfordernisse der pflegerischen Berufsausbildung in Deutschland werden seit einer Reihe von Jahren in der Fachwelt der Pflege intensiv diskutiert, Konzeptionen werden entwickelt und erörtert, die Fachverbände tragen den Wunsch an den Gesetzgeber heran, entsprechende Rechtsreglungen zu schaffen.

Neben fachlichen Begründungen geben ohne

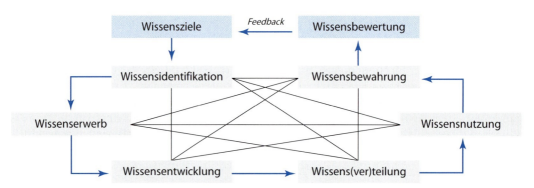

Abbildung 8.5-1: Bausteine des Wissensmanagements, entnommen aus: Probst et al., 1999, 58

Frage allgemeine gesellschaftliche Entwicklungen als vorgelagerte Ursachen mittelbar und unmittelbar dieser Reformdebatte in der Pflege Anstöße und Impulse. Summarisch sind hier zu nennen:

- der gesellschaftliche Wandel
- der Wertewandel
- der demografische Wandel
- der Strukturwandel im Gesundheitssystem
- die Europäisierung des Ausbildungs- und Arbeitsmarkts

Der **gesellschaftliche Wandel** erfolgt von der Industriegesellschaft zu einer Dienstleistungs-, Informations- und Wissensgesellschaft. Gesellschaftlich erforderliche Dienstleistungen sind rationalisierungsresistent, sie können weder durch Produkt- und Prozessinnovationen noch durch Maschinen ersetzt werden, sondern erfolgen stets von Mensch zu Mensch [face to face]. In der nachindustriellen Dienstleistungsgesellschaft verschieben sich die Beschäftigungsverhältnisse so, dass immer mehr Menschen Dienstleistungen erbringen, wobei hier besonders die Bereiche Gesundheit, Erziehung, Forschung und Verwaltung im Vordergrund stehen.

Zeitdiagnosen weisen weiterhin auf Trends hin, die einen Wandel von der Berufs- und Leistungsorientierung zur privat-hedonistischen *Werthaltung* erkennen lassen. Nicht mehr Ordnung, Fleiß, Tüchtigkeit, Unterordnung und Selbstlosigkeit stehen im Mittelpunkt, vielmehr möchte der moderne Mensch Partizipation, Autonomie und Demokratie verwirklichen, er strebt nach Genuss, Selbstentfaltung, Ungebundenheit und Eigenständigkeit. Das gilt auch für die Pflegenden und hat zur Folge, dass historisch gewachsene Berufsmotivationen aus religiösen Begründungszusammenhängen und einem eher ideologisch vorausgesetzten spezifisch weiblichen Arbeitsvermögen nicht mehr länger tragen.

Der **demografische Wandel** lässt eine Bevölkerungsalterung und daraus gegebenenfalls folgend Mehrbedarfe an pflegerischen Leistungen erwarten, bei gleichzeitigem Rückgang junger Bevölkerung, die in das Berufsleben eintritt. Damit wird die Frage akut, wie der Berufseintritt und Berufsverbleib in einen Pflegeberuf für junge Menschen zukünftig attraktiv gemacht werden kann.

Der **Strukturwandel im Gesundheitswesen** weist spezifische neue Aspekte auf, wie etwa «Ökonomisierung» und «Verwirtschaftlichung» ehemals eher caritativ-fürsorgend erbrachter Gesundheitsleistungen. Weiterhin kommt es im Gesundheitssystem zu einer Verschiebung von Leistungen aus dem stationären in den nichtstationären Sektor. Sektorale Grenzen müssen durchlässiger werden. Sektorenübergreifendes Verständnis und Zusammenarbeit werden zwingend erforderlich. Im Rahmen der Einführung von Disease Management, Case Management und pauschalierter Vergütung wird Prozessorientierung in den Vordergrund treten, dies erfordert qualifizierte interdisziplinäre Zusammenarbeit der Gesundheitsberufe über die bisherigen Berufs-, Macht-, Status- und Hierarchiegrenzen hinweg.

Und last not least wächst **Europa** zusammen, der entstehende gemeinsame Arbeitsmarkt verlangt, dass der Blick über die Grenzen des eigenen Landes hinaus gerichtet wird und europaweit kompatible Berufsqualifikationen ermöglicht werden.

Dass daher eine Reform pflegerischer Bildung in Deutschland ansteht, ist seit etlichen Jahren Konsens in der Berufsgruppe und wird auch in den angrenzenden Feldern der weiteren Akteure im Gesundheitswesen sowie der Politik intensiv und nicht immer einvernehmlich diskutiert.

Zentrale Qualifizierungsprobleme der Pflegebildung in Deutschland ergeben sich aus drei wesentlichen Gesichtspunkten:

Die unzureichende Durchlässigkeit der Pflegebildungsstrukturen

Erfolgreiche Berufsabschlüsse der Pflege führen in eine Bildungssackgasse, sie ermöglichen nicht den Anschluss an die dem Bundesbildungssystem sonst eigentümlichen Strukturen. Fort- und Weiterbildung erfolgt weitgehend innerhalb des

Berufsfelds Pflege, sie wird unter hohen persönlichen Investitionen an Zeit und Geld von den Akteuren erbracht, die dann aber in der Regel nicht mit entsprechenden Berufspositionen und Vergütungen rechnen können.

Trennung der Pflegeberufe in einen Kanon jeweils gesonderter Ausbildungen
Die Trennung der Pflegeberufe in einen Kanon jeweils gesonderter Ausbildungen und Abschlüsse (Krankenpflege, Altenpflege, Kinderkrankenpflege, Technische Operations-Assistenten, Anästhesie-Assistenten etc.) ist eher ein deutsches Spezifikum, dessen Veränderung in Richtung einer gemeinsamen generalistisch angesetzten pflegerischen Grundqualifikation mit nachfolgender Spezialisierung diskutiert wird. Diese generalistische Qualifikation fokussiert auf den gesunden und kranken Menschen, sie überwindet die Beschränkung auf Sektoren, Institutionen und Lebensaltersstufen.

Sonderstellung der Pflegeausbildung
Die Sonderstellung der Pflegeausbildung als nicht schulische und nicht duale Berufsausbildung verhindert, dass die dort geltenden Regelungen hinreichend greifen. Die Finanzierung der Ausbildungskosten aus den Versicherungsbeiträgen der Solidargemeinschaft führt zur anteiligen Anrechnung der Auszubildenden auf die Stellenpläne der Einrichtungen. Das wiederum hat zur Folge, dass innerhalb der Praxisausbildung in der Regel das Verwertungsinteresse vor dem Ausbildungsinteresse steht.

8.5.3 Reformbestrebungen in der Pflegeausbildung

Der Gesetzgeber hat im Rahmen der Erstellung des Bundes-Altenpflegegesetzes eine Öffnungsklausel (Experimentierklausel) in das Altenpflege- (§ 4 (6)) und in das Krankenpflegegesetz (§ 4 (6)) eingefügt. Dies ermöglicht die Erprobung neuer Ausbildungsangebote grundsätzlich.

Durch die Einfügung der sog. «Experimentierklausel» in die Berufsgesetzgebung (Krankenpflegegesetz v. 16. 7. 2003, § 4(6), Bundes-Altenpflegesetz v. 1. 8. 2003, § 4(6)) wurde die Erprobung neuer Ausbildungsformen in der Alten- und Krankenpflegeausbildung erstmals grundsätzlich möglich. Bis zu dieser Gesetzesänderung waren Innovationen der pflegerische Berufsausbildungsgänge nur innerhalb des engen gesetzlichen Gestaltungsrahmens vorzunehmen, also vornehmlich nur im Bereich curricular-inhaltlicher Ausgestaltung.

Als wichtigen Beitrag zur Reformdebatte in der Pflegeausbildung haben Experten im Jahr 2000, gefördert durch die Robert Bosch Stiftung, die Denkschrift «Pflege neu denken» vorgelegt. Hier wird eine vierfach gestufte Qualifikation empfohlen, die Durchlässigkeit garantiert und generalistisch angelegt ist, also Lebensaltersstufen und Versorgungssektoren übergreift. Darüber hinaus wird vorgeschlagen, die Ausbildungsinhalte fächerübergreifend zu ordnen, in Modulen zusammenzufassen und in der Leistungsbeurteilung mit einem Credit-Point-System zu belegen.

In einer Reihe von Modellvorhaben werden derzeit neue Formen der Pflegeausbildung erprobt, die integrative, integrierte und generalistische Ausbildungsansätze verwirklichen:

- Modellversuch gemeinsame Grundausbildung in der Alten- Kranken- und Kinderkrankenpflege, Caritasverband für das Bistum Essen
- Integrierte Unterrichtseinheiten: ein Modell für die Ausbildung in der Krankenpflege, Nürnberg
- Modellprojekt integrierte Pflegeausbildung, Bremen
- Modellprojekt integrierte Pflegeausbildung, Saarland
- Modellprojekt integrierte Pflegeausbildung, Flensburg
- Modellprojekt integrative Pflegeausbildung, Stuttgart
- Hamburger Modell
- Curriculum für eine generalistische Ausbildung in der Krankenpflege, Heidelberg
- Studiengang Bachelor of Nursing an der Evangelischen Fachhochschule Berlin

Die gemeinsame Zielrichtung aller Initiativen zur Reform der Pflegeausbildung ist es, die formale Trennung zwischen den unterschiedlichen Pflegeausbildungen aufzuheben, die Sonderstellung der Pflegeausbildung im Bundesbildungssystem zu überwinden und die Vermittlung der pflegerelevanten Kompetenzen zukunftsoffen an den Bedürfnisse einer sich entfaltenden Dienstleistungs- und Wissensgesellschaft zu orientieren.

Allerdings sind der Innovationsbereitschaft auch deutliche Realisierungsgrenzen gesetzt. Die Bindung an geltendes Recht zwingt dazu, Wege zu suchen, die Neues ermöglichen und dennoch nicht gegen bestehende rechtliche Regelungen verstoßen. Das kann zunächst nur im Kompromiss zwischen Wünschenswertem und Möglichem erfolgen.

Sicher ist auch in Rechnung zu stellen, dass der Weg der Gesetzesveränderungen langwierig ist und die Fragestellungen der Pflege im Kontext der allgemeinen Problemlagen in unserer Gesellschaft von vielen eher als randständig betrachtet werden.

Die Reformbereitschaft der Politik wird auch beeinflusst von den Einwirkungen anderer Akteure im Gesundheitswesen. Diese Akteure haben durchaus nachvollziehbare Gründe, weit reichende Reformen der Pflegeausbildung eher misstrauisch zu betrachten. Sie fürchten, und das vielleicht auch nicht ganz zu Unrecht, langfristig zu erwartende Veränderungen im bestehenden Macht-, Zuständigkeits- und Finanzierungsgefüge.

8.5.3.1 Die Pflegeberufsausbildung als Hochschulstudium

Die Forderung nach der Einrichtung beruflich erstausbildender Pflegestudiengänge wird seit mehreren Jahren von vielen verschiedenen Seiten an den Gesetzgeber herangetragen. Exemplarisch sei der **Wissenschaftsrat** genannt, der seit 1970 immer wieder die Einführung akademischer Berufsausbildungen für die nichtärztlichen Gesundheitsberufe fordert. In der «Erklärung von München» der **WHO-Gesundheitsministerkonferenz** artikuliert sich dieses Anliegen erneut. Auch der **Sachverständigenrat** für die Konzertierte Aktion im Gesundheitswesen, der das Bundesministerium fortlaufend berät, fordert seit 2001 den Übergang der Pflegeausbildung von einer handwerklich-technischen Orientierung zu einer wissenschaftlich begründeten Pflege. Im Gutachten des Sachverständigenrats von 2003 zur «Finanzierung, Nutzerorientierung und Qualität» wird das Gesundheitsministerium aufgefordert, die Pflegenden zukünftig verstärkt in die Bereiche Gesundheitsförderung, Prävention und Rehabilitation einzubinden und gleichzeitig diese Aspekte in der Ausgestaltung neuer Ausbildungskonzepte in stärkerem Umfang zu berücksichtigen.

Die **WHO** hat bereits 2000 die Kompetenzen aufgelistet, die zukünftig durch die pflegerische Berufsausbildung erreicht werden sollen:

- Befähigung zur systematischen, wissenschaftsbasierten, auf den Einzelnen und seine Bedürfnisse hin orientierten Pflege Gesunder und Kranker
- Befähigung zu einer nicht wertenden, fürsorglichen (caring) Einstellung
- Befähigung zum analytischen und kritischen Denken
- Befähigung zum planvollen, prioritätensetzenden, problemlösenden Denken und Handeln
- Befähigung zur Teamarbeit, partnerschaftlichen Zusammenarbeit, gemeinsamen Entscheidungsfindung
- Befähigung zur Nutzung der Informationstechnologie
- Befähigung zur Durchsetzung einheitlicher Pflege
- Befähigung zur Wahrnehmung von Führungsaufgaben
- Befähigung zur Einschätzung der Situation in der ambulanten Pflege
- Befähigung zum Umgang mit Notsituationen sowie praktischem Wissen, das Leben retten kann

Die Evangelische Fachhochschule Berlin hat im Wintersemester 2004 einen Studiengang eröffnen, der die Pflegeausbildung nach dem Krankenpflegegesetz integriert und innerhalb von 8 Semestern zum Berufsabschluss und zum ersten akademischen Abschluss auf Bachelor-Niveau führt.

Das Studienangebot der EFB hat unter Berücksichtigung der geschilderten Aspekte seine Struktur gewonnen. Es wird als duales, berufsintegriertes Studium geführt und folgt damit auch der Empfehlung des Wissenschaftsrats zur Implementierung dualer Studiengänge. Im Studiengangskonzept der FEB wurde zunächst die Realisierung einer generalistischen Qualifikation angestrebt, die es den potenziellen Studierenden auch ermöglichen sollte, den Berufsabschluss entweder nach den Kranken- oder nach dem Altenpflegegesetz zu erwerben. Diesem Vorschlag konnte die berufszulassende Behörde im Land Berlin sich aus rechtlichen Gründen nicht anschließen. Auch der Wunsch der Hochschule, Kooperationspartner aus dem gesamten Bundesgebiet zu gewinnen und damit auch Studieninteressenten aus anderen Bundesländern den Zugang zum Studium zu eröffnen, ließ sich aus rechtlichen Gründen nicht realisieren. Es sind daher sieben Kooperationspartner im Land Berlin gewonnen worden, die sich durch einen Kooperationsvertrag mit der Hochschule verpflichten, mit dem Studierenden ein Ausbildungsverhältnis zu begründen, die Praxiseinsätze zu ermöglichen, die Ausbildungsvergütung während der dreijährigen berufsqualifizierenden Studienphase zu bezahlen und in enger Kooperation mit der EFB das Studienangebot im Praxisanteil weiter auszugestalten. Insoweit ist der Studiengang zulassungsbeschränkt. Die Studierenden erhalten einen Ausbildungsvertrag bei ihrem Kooperationspartnern und sind gleichzeitig immatrikulierte Studenten der EFB. Die erforderlichen Reglungen dazu sind im Kooperationsvertrag zwischen der EFB und den kooperierenden Einrichtungen verbindlich niedergelegt.

Nach sechs Semestern erfolgreichen Studiums legt der Studierende die berufszulassende Prüfung nach dem Krankenpflegegesetz ab und darf ab dann die Berufsbezeichnung Krankenschwester/-pfleger führen und im Beruf tätig werden. Nach acht Semestern erfolgt der akademische Abschluss mit der Verleihung des Grades ‹Bachelor of Nursing›.

Das Studienangebot wird als Bachelor-Studiengang aufgelegt und unterliegt daher auch der Verpflichtung zur Einführung des European Credit Transfer Systems und der Verpflichtung zur Akkreditierung

Die Eröffnung dieses Studiengangs ermöglicht erstmalig einen neuen und akademischen Bildungsweg für die Krankenpflegeausbildung in Deutschland (**Abb. 8.5-2**):

Der Abschluss dieses Studiengangs eröffnet den Absolventen ganz neue Optionen bei der Gestaltung ihrer Berufsbiografie. Das Studienangebot richtet sich an Interessenten, die hochschulzugangsberechtigt sind. Die Quote der Abiturienten und Fachabiturienten gibt der Sachverständigenrat mit rund 25% der Berufsangehörigen der Pflegeberufe an. Das lässt begründet erwarten, dass ein ausreichend großes Marktsegment auch bei zukünftigen Bewerbern vorliegen wird. Erfahrungen in andern Branchen (z.B. im Bankgewerbe), die duale Studienangebote vorhalten, zeigen, dass diese Ausbildungsform auf breites Interesse stößt und außerordentlich lebhaft nachgefragt wird.

Der modulare Studienaufbau gliedert sich nach den Vorgaben für Bachelor-Studiengänge in Kernbereich, Softskills, Grundlagen, praxisnahe Transfer-Übungen, Instrumente und Vertiefung. Die bislang übliche Fächerstruktur wurde aufgelöst und durch ein Kompetenzportfolio ersetzt (**Tab. 8.5-1**)

Im Vergleich zum geltenden Krankenpflegegesetz wird wie folgt neu definiert: Der Kernbereich Gesundheit und Pflege einschließlich der unerlässlich notwendigen praxisnahen Transfer-Übungen mit 45% des Lehr-/Lernaufwands. Die Förderung relevanter Softskills in den Bereichen Kommunikation und Organisation mit 22,5% des gesamten Lehr-/Lernaufwands Das macht für das Kernstudium und die Förderung der Softskills 67,5% des Studienangebots aus. Das Grundlagenstudium beinhaltet mit 26,5% des Angebots naturwissenschaftliche medizinische und rechtliche Fragestellungen. Spezifisches Instrumentarium (Forschungsmethodik und In-

8.5 Pflegebildung im Prozess des gesellschaftlichen Wandels

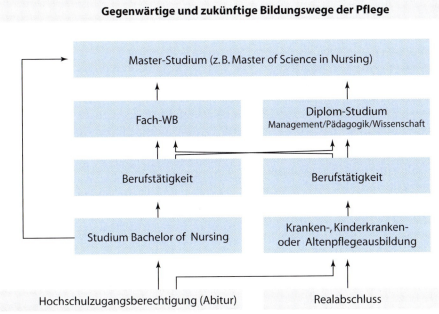

Abbildung 8.5-2 Bildungswege in der Pflege (M. Reinhart)

Tabelle 8.5-1: Kompetenzportfolio – Studiengang Bachelor of Nursing an der EFB (Reinhart)

Studienbereiche	Kompetenzen	%
Kernbereich (KB)	Pflegewissenschaft als Grundlage pflegerischen Handelns begreifen. Dimensionen von ‹Pflege› und ‹Gesundheit› aus wissenschaftlicher Sicht verstehen und in einen gesellschaftlichen Kontext stellen können. Präventive und rehabilitative Aspekte der Gesundheitsversorgung von Menschen in verschiedenen Lebensaltern beachten und diese in Beratungs- und Pflegesituationen adäaquat berücksichtigen.	37,5
Praxisnahe Transfer-Übungen (PTÜ)	Pflegeleistungen planen, in den unterschiedlichen Sektoren des Gesundheitssystems erbringen und evaluieren. Der Pflegeempfänger wird als Individuum wahrgenommen, erfährt Wertschätzung und wird dem Lebensalter und der Lebenssituation gemäß in den gesamten Prozess der Leistungserbringung mit eingebunden.	7,5
Softskills (SK)	Den Menschen in seinen Aktionen und Reaktionen einschätzen, ihm in Kommunikation und Interaktion professionell begegnen. Anleitungs- und Beratungssituation angemessen gestalten. Organisation und Ablauf im Team einschätzen und konstruktiv weiterentwickeln. Pflegewissenschaftliche Literatur in den Originalfassungen bearbeiten und gewonnene Erkenntnisse für Pflegesituationen nutzbar anwenden.	22,5
Grundlagen (GR) Instrumente (IN)	Biowissenschaftliche und medizinisches Wissen in den Pflegekontext setzen und im Rahmen der pflegerischen Leistungserbringung anwenden. Wissenschaftliche Ergebnisse ermitteln, verstehen und bewerten sowie auf Alltagssituationen beziehen und für diese nutzbar machen.	26,2
Vertiefung (VT)	Eigene Schwerpunkte bilden und Wissenvertiefen.	4,6

formatik) für diesen primär wissenschaftsbenutzenden Studiengang schlägt mit 4,6% der Angebote zu Buche.

Diese Neuzuordnung der Inhalte, die Auflösung der Fächerstruktur, die Orientierung an zu erwerbenden Kompetenzen haben gegenüber der herkömmlichen Krankenpflegeausbildung folgende Vorteile:

- Der handwerklich-technische Fokus wird ersetzt durch einen wissenschaftlichen Fokus.
- Die bisherige Krankheits- und Krankenhausorientierung wird ersetzt durch eine Gesundheits- und Pflegeorientierung.
- Die bisher häufig anzutreffende frontale Unterweisung wird ersetzt durch Studienformen und methodisch-didaktische Vermittlungsformen, die primär auf selbstständigen und eigenverantwortlichen Wissenserwerb abstellen. Hier wird insbesondere das inzwischen sehr bewährte und wissenschaftlich als wirksam nachgewiesene «problem based learning (PoL)» eingesetzt.
- Die gezielte Förderung der Softskills im Bereich der Kommunikation und Organisation wird neue Handlungskompetenzen erschließen, die die Absolventen zur insbesondere zur Wahrnehmung von Beratungs- und Gesundheitsförderungsaufgaben befähigen und ihnen ermöglichen, das eigene berufliche Handeln fortlaufend zu reflektieren und neu zu bewerten.

Die Planung und Umsetzung der Praktika im Studiengang Bachelor of Nursing muss sich aus genehmigungsrechtlichen Gründen bindend an den Forderungen des Krankenpflegegesetzes orientieren. Die Praktika erfolgen in der vorlesungsfreien Zeit. Damit verlängert sich das akademische Jahr für die Studierenden in der berufsqualifizierenden Studienphase (Semester 1–6) auf 45 Kalenderwochen. Im vierten Studienjahr (Semester 7–8) erfolgt ein herkömmlicher Studienbetrieb, hier steht es dann den Studierenden frei, entweder BAföG zu beziehen oder auch eine Teilzeitbeschäftigung als Krankenschwester/-pfleger aufzunehmen. Der Vorschlag der Hochschule, die erforderlichen praktischen Einsätze über die gesamte Studiendauer von vier Jahren zu strecken und damit auch die Berufsausbildungszeit auf vier Jahre zu verlängern, fand keine Zustimmung bei der berufszulassenden Behörde.

Die Herausforderungen des Übergangs von der nichtakademischen Pflegeausbildung zur akademischen Pflegeausbildung in der Umsetzung des Studiengangs Bachelor of Nursing liegen in den erforderlichen inhaltlichen und strukturellen Veränderungen an der Evangelischen Fachhochschule Berlin, in der Qualität der vertrauensvollen und konstruktiven Zusammenarbeit, die mit den Kooperationspartnern herzustellen ist, in der fachlich fundierten und berufspolitisch geschickten Auseinandersetzung mit den Institutionen, Einrichtungen und Verbänden, die die Gesundheits- und Pflegepolitik gestalten.

Literatur
Centrum für Hochschulentwicklung: Erste umfassende Studie zur Einführung von Bachelor- und Masterprogrammen in Deutschland http://www.che.de/html/news_b_m-studie.htm

Dalichow, F.: Kredit- und Leistungspunktssysteme im internationalen Vergleich. Herausgeber: Bundesministerium für Bildung, Wissenschaft, Forschung und Technologie, 53170 Bonn, Fax 0228157-3917, E-Mail: information@bmbf.bund400.de, 1997

Deutscher Berufsverband für Pflegeberufe: Stellungnahme der Pflegeverbände zur generalistischen Ausbildung: «Wer zu spät kommt ...». Erreichbar unter: http://www.dbfk.de/bv/generalistischeausbildung.htm (15. 8. 2001)

Deutscher Bildungsrat für Pflegeberufe: Protokoll der 33. Sitzung vom 26. 6. 2001, Hauptstraße 392, 65760 Eschborn, 2001

Deutscher Bildungsrat für Pflegeberufe: Entwurf nach Überarbeitung. Bildungskonzept des Deutschen Bildungsrates für Pflegeberufe. Stand September 2000. Deutscher Bildungsrat für Pflegeberufe, c/o Deutscher Berufsverband für Pflegeberufe, Landesverband Bayern, Romanstraße 67, 80639 München, 2000

Dielmann, G.: Das Konzept der ÖTV zur Reform der Ausbildung in den Pflegeberufen. In: Deutscher Berufsverband für Pflegeberufe (Hrsg.). Ausbildung in den Pflegeberufen: Dokumentation eines Expertengesprächs am 14. 3. 1997 in Eschborn. Deutscher Berufsverband für Pflegeberufe, Hauptstraße 392, 65760 Eschborn, S. 59–70, 1997a

Dielmann, G.: Pflegeausbildung in Europa – Gleichklang oder Disharmonie? Zur aktuellen Situation der Krankenpflegeausbildung in den Mitgliedstaaten der Europäischen Union. In: Die Schwester/Der Pfleger, 7/1997, S. 272–279, 1997b

Dreiner, U.; Grünewald, M.; Meurer, P. F. (Hrsg.): Multimedia in der Pflege. Beiträge zur Fachtagung am 9. 3. 2001. Hannover, Schlütersche, 2001

Döring, K.; Ritter-Mamcek, B.: Weiterbildung im lernenden System. 2. Aufl., Weinheim/Basel, Beltz, 1999

EFB: Bericht der Rektorin 2000. Download unter: www.evfh-berlin.de/Wir/Bericht.htm, 2000

Europäische Kommission: Europäisches System zur Anrechnung von Studienleistungen. ECTS-Handbuch für Benutzer. http://www.stifterverband.org/dokumente/positionen_november_2000.pdf, 1997

Evangelische Kirche In Deutschland. Entwicklungen und Perspektiven der evangelischen Fachhochschulen in Deutschland. Bestandsaufnahme zur Lage der evangelischen Fachhochschulen. Herausgegeben vom Kirchenamt der Evangelischen Kirche in Deutschland, Herrenhäuser Straße 12, 30419 Hannover, 1997

Fawcett-Henesy, A.: Zukünftige Anforderungen an die Pflege aus der Sicht der WHO. In: Deutscher Berufsverband für Pflegeberufe (Hrsg.). Ausbildung in den Pflegeberufen. Dokumentation eines Expertengesprächs am 14. 3. 1997 in Eschborn. Deutscher Berufsverband für Pflegeberufe, Hauptstraße 392, 65760 Eschborn, 1997, S. 17–25

Gehring, W.: Ein Rahmenwerk zur Einführung von Leistungspunktesystemen.http://www.informatik.uni-ulm.de/pm/Rahmenwerk/, 2002

Konzertierte Aktion im Gesundheitswesen. Pflegerischer Fortschritt und Wandel. Basispapier zum Beitrag «Wachstum und Fortschritt in der Pflege» im Sondergutachten 1997 des Sachverständigenrates für die Konzertierte Aktion im Gesundheitswesen. Bd. II: Fortschritt und Wachstumsmärkte, Finanzierung und Vergütung. Druck: Druckhaus Göttingen, 37070 Göttingen, 1998

Kultusministerkonferenz: Strukturvorgaben für die Einführung von Bachelor-, Bakkelaureus- und Master-/Magisterstudiengängen. Beschluss der KMK vom 5. 3. 1999 in der Fassung vom 14. 12. 2001. Erreichbar unter http://www.kmk.de

Kultusministerkonferenz: Einführung eines Akkreditierungsverfahrens für Bachelor-, Bakkelaureus- und Master-/Magisterstudiengänge. Beschluss der Kultusministerkonferenz vom 3. 12. 1998. Erreichbar unter: http://www.kmk.de

Meifort, B.: Vorstellungen zur Reform der beruflichen Bildung für die Gesundheits- und Sozialpflege. In: Deutscher Berufsverband für Pflegeberufe (Hrsg.).

Ausbildung in den Pflegeberufen. Dokumentation eines Expertengesprächs am 14. 3. 1997 in Eschborn. Deutscher Berufsverband für Pflegeberufe, Hauptstraße 392, 65760 Eschborn,1997, S. 43–58

Nonaka, I.; Takeuchi, H.: Die Organisation des Wissens – Wie japanische Unternehmen eine brachliegende Ressource nutzbar machen. Frankfurt, Campus, 1997

Price, B.: Problem und forschungsorientiertes Lernen. Huber, Bern 2005

Probst, G.; Raub, S.; Romhardt, K.: Wissen managen: Wie Unternehmen ihre wertvollste Ressource optimal nutzen. Wiesbaden, Gabler, 1999

Robert Bosch Stiftung (Hrsg.): Pflege braucht Eliten. Denkschrift zur Hochschulausbildung für Lehr- und Leitungskräfte in der Pflege. Beiträge zur Gesundheitsökonomie 28. Gerlingen, Bleicher, 1997

Robert Bosch Stiftung (Hrsg.): Pflege neu denken. Zur Zukunft der Pflegeausbildung. Stuttgart (u.a.), Schattauer, 2000

Sachverständigenrat für die Konzertierte Aktion im Gesundheitswesen. Sondergutachten Bedarfgerechtigkeit und Wirtschaftlichkeit. Kurzfassung. download von: http://www.svr-gesundheit.de am 6. 6. 2001

Stifterverband für die Deutsche Wissenschaft (Hrsg.): Credits an deutschen Hochschulen. Transparenz – Koordination – Kompatibilität. Stifterverband für die Deutsche Wissenschaft, Postfach 16 44 60, 45224 Essen, 2000

Sieger, M.: Pressemitteilung der Dekanekonferenz Pflegewissenschaft vom 13. 3. 2000: Empfehlungen der Dekanekonferenz Pflegewissenschaft zu den neuen Studienabschlüssen Bachelor und Master. Kontaktadresse: Prof. Margot Sieger, Ev. Fachhochschule R-W-L, Immanuel-Kant-Straße 18–20, 44803 Bochum, 2000

Terbuyken, G.: Bedingungen und Chancen für konsekutive Studiengänge. Erschienen in: EJ Heft 2/2002, S. 81–94, 2002

Verbundprojekt Agrarwissenschaften. Modularisierung und Einführung von Bachelor- und Masterstudiengängen. Erfahrungsbericht BLK-Programm Modularisierung http://www.uni-kiel.de/modularisierung/blk_agrar.pdf, 2002

Tippelt, R.: Handbuch Erwachsenenbildung, Weiterbildung. 2. Aufl., Opladen, Leske und Budrich, 1999

Vogel, B.; Stratmann, B.: Public Private Partnership in der Forschung. Neue Formen der Kooperation zwischen Wissenschaft und Wirtschaft. Hochschulplanung. Bd. 146. Gefördert vom Stifterverband der Deutschen Wissenschaft. HIS Hochschul-Informations-System GmbH, Goseriede 9, 30159 Hannover, 2000

WHO: Pflegende und Hebammen für Gesundheit. Eine WHO-Strategie für die Ausbildung von Pflegenden und Hebammen in Europa. EUR/00/5019309/15 00055, 25. 1. 2000. Erreichbar unter: http://www.who.dk/nursing/Nurs Conf/German/document.htm (15. 8. 2001), 2000a

WHO: Erklärung von München: Pflegende und Hebammen – ein Plus für Gesundheit. EUR/00/5019309/6 00602 – 17. 6. 2000. Erreichbar unter: http://www.who.dk/nursing/Nurs Conf/German/document.htm [15. 8. 2001], 2000b

Willke, H.: Systemisches Wissensmanagement. Stuttgart, Lucius und Lucius, 1998

Wissenschaftsrat (Hrsg.): Empfehlungen zur Einführung neuer Studienstrukturen und -anschlüsse (Bakkalaureus/Bachelor – Magister/Master) in Deutschland. Drs. 4418/2000, 21. 1. 2000

Wissenschaftsrat (Hrsg.): Stellungnahme zur Strukturplanung der Hochschulen in Berlin, Köln, Mai 2000, S. 101

Wittneben, K.: Das Konzept der ASG [Arbeitsgemeinschaft der Sozialdemokraten und Sozialdemokratinnen im Gesundheitswesen] zur Reform der Pflegeausbildung. In: Deutscher Berufsverband für Pflegeberufe [Hrsg.]. Ausbildung in den Pflegeberufen. Dokumentation eines Expertengesprächs am 14. 3. 1997 in Eschborn. Deutscher Berufsverband für Pflegeberufe, Hauptstraße 392, 65760 Eschborn, 1997, S. 33–41

Zielke-Nadkarni, A.: Integration von Pflegewissenschaft und Pflegemanagement unter pädagogischen Gesichtspunkten. In: Pflegemanagement, 5/1997, S. 31–37, 1997

Zopfy, I.: Ausbildungsreform in der Pflege? Vortrag von Ilsedore Zopfy am 26. 5. 2000 zur Mitgliederversammlung von Gkind. Erreichbar unter: http://www.dbfk.de/bay/generalausbild.html (8. 8. 2001), 2000

9 Zu einigen Aspekten der Pflegepolitik

Marie-Luise Müller

9.1 Problemaufriss

Mit Beginn des 21. Jahrhunderts steht das deutsche Gesundheits- und Sozialwesen vor der bisher größten politischen Herausforderung, die Finanzierbarkeit, Steuerung und soziale Sicherung neu zu gestalten. Es fehlen Einnahmen auf Grund des niedrigen Wirtschaftswachstums, der Verlust von Vollbeschäftigung und der Erosion der Erwerbsarbeit. Die Ausgaben steigen auf Grund der zunehmenden Alterung der Menschen, der Zunahme chronisch Kranker sowie des Kostenanstiegs durch den Fortschritt in Diagnostik, Therapie und Medizintechnik. Eine jahrzehntelange Fremdfinanzierung anderer nicht versicherungsgerechter Leistungen (Verschiebebahnhöfe) minimieren beträchtlich den Gesamthaushalt «Krankenversicherung» und bedürfen zwingend der Revision.

Gesundheitspolitisch gilt jedoch die Einhaltung des Gebotes der Beitragsstabilität nach § 71 SGB V. Die Verantwortung für die Umsetzung wurde vom Gesetzgeber auf die Selbstverwaltungspartner nach SGB V § 71 Abs. 1: «Die Vertragspartner haben die Vereinbarungen über die Vergütung so zu gestalten, dass Beitragssatzerhöhungen ausgeschlossen werden, es sei denn, die notwenige medizinische Versorgung ist auch nach Ausschöpfung von Wirtschaftlichkeitsreserven ohne Beitragserhöhung nicht zu gewähren» übertragen. (1)

Der Sachverständigenrat für die Konzertierte Aktion im Gesundheitswesen hat bereits in seinem Gutachten 2000/2001 festgestellt, dass es eine erhebliche Über-, Unter- und Fehlversorgung im System gibt und darin noch beträchtliches Effektivitäts- und Effizienzpotenzial liegen (2).

Diese bedeutsamen Problemfelder sind seit Jahren bekannt, spitzen sich jetzt aber durch Realitäten und die sich daraus ergebenden Konsequenzen zu. Die seit Jahrzehnten eingesetzten Reforminstrumente der Gesundheitspolitik zur Steuerung der Einnahmen und Ausgaben können durch eine alleinige Reformierung der gesetzlichen Krankenversicherung (GKV) nicht mehr bewältigt werden. Mit den gesundheitspolitischen Zielen seit der Reform 2000 stehen die Gesundheit der Bevölkerung und deren Versorgungsbedarf im Mittelpunkt. Damit werden – neben dem dominierenden und primär kurativen Medizinsystem – im günstigsten Fall erstmals *Ziele, Betrachtungsweisen, Fragen und Überlegungen aller an der Gesundheitsversorgung beteiligter Akteure in die gesundheitspolitische Debatte eingebunden.*

Nachfolgend wird insbesondere im Rahmen der Pflegepolitik der Deutsche Pflegerat e.V. als Teil einer institutionalisierten Zielstellung hinsichtlich seiner Bedeutung und Aufgabenstellung vorgestellt.

9.2 Rahmenbedingungen einer Pflegepolitik in der Gesundheitspolitik

Ein systemorientiertes Gesundheitswesen, das in seinem Aufbau dem alten Primat folgte – Finanzierer (Kassen) und Verordner (Ärzteschaft) steuern, gestalten, entscheiden und kontrollieren sich im System selbst – bedarf dringender Erneuerung. Entscheidend dabei ist, dass es zu einer Anpassung an eine Nutzerpartizipation – sowohl auf der Seite der Leistungsempfänger (Versicherte, Patienten) wie auch der verschiedenen Leistungserbringer – kommt, was deren Selbstverantwortung und Beteiligungserweiterung betrifft. Damit sollte der Weg für den Umbau zu einem «verbraucherorientierten Gesundheitswesen» frei gemacht werden. Dieser neue Denkansatz erfordert weitere politische Maßnahmen, die sich auch im GMG 2004 nur zögerlich und nur in allgemeinen Aussagen erkennbar zeigen. Professionelle Pflege als Wachstumsgröße erfährt dabei nicht die erwünschte politische Stärkung, viel eher zeigt sich eine Schwächung ihrer noch sehr jungen Mitwirkung. (3)

Bedeutsam wären eine Offensive für eine differenzierte Gesundheitsberichterstattung und die Verpflichtung, das Rahmenkonzept der Weltgesundheitsorganisation (WHO, Gesundheit für Alle, Nr. 6, 1999) in die politische Debatte, die strategische Zielplanung und das gesetzliche Regelwerk einzubringen.

Das Rahmenkonzept der WHO legt für die ersten beiden Jahrzehnte des 21. Jahrhunderts globale Prioritäten fest. Konkret werden zehn Ziele vorgestellt, durch welche die Voraussetzungen geschaffen werden, den Menschen während ihres Lebens ein Höchstmaß an Gesundheit zu ermöglichen (4) (**Tab. 9.2-1**).

Die in der öffentlichen Diskussion befindliche einheitliche Qualitätsstrategie im deutschen Gesundheitswesen der **Gesundheitsministerkonferenz** (GMK, 1999) (5) trägt wesentlich zur Versachlichung der Debatte bei. In der Qualitätsdiskussion nennt die GMK folgende Ziele für das Qualitätsmanagement im Gesundheitswesen:

1. konsequente Patientenorientierung im Gesundheitswesen
2. ärztliche Leitlinien und Pflegestandards für die Qualitätsentwicklung nutzen
3. Qualitätssicherung und Qualitätsmanagement sektorenübergreifend gestalten
4. Qualitätsmanagement in den Einrichtungen des Gesundheitswesens stärken
5. Datenlage zur Qualitätsbewertung verbessern
6. Qualität darlegen
7. qualitätsorientierte Steuerung weiterentwickeln
8. weitere Anreize zur kontinuierlichen Qualitätsverbesserung setzen
9. Unterstützung und Moderation für Qualitätsentwicklung weiterentwickeln
10. Koordination bei der Umsetzung der Qualitätsziele auf Bundes- und Länderebene verstärken
11. Professionalität auf dem Gebiet der Qualitätssicherung und des Qualitätsmanagements weiterentwickeln.

> Wachsendes Kundenbewusstsein bei den Patienten und ihren Angehörigen sowie mehr Aufklärung und Zugang zu modernen Informationsmedien werden dafür sorgen, dass Veränderungen nicht mehr aufzuhalten sind; ein neues Verhältnis zwischen Leistungserbringer und Leistungsempfänger wird entstehen.

Der politische Wille, die Weiterentwicklung des Gesundheitssystems in Deutschland durch zielführende Reformen zu realisieren, wird ganz erheblich dadurch erschwert, dass einer ziel- und sachorientierten, solidarisch ausgerichteten Reformpolitik der Gegenwart und Zukunft zunehmend parteipolitische Interessen und zahlreiche Kommunal-, Landes- und Bundestagswahlen im Wege stehen.

Notwenige weitere Maßnahmen für Qualität und Wirtschaftlichkeit werden gewissermaßen als Generalmotto des folgenden Gesetzes deutlich (**Abb. 9.2-1**).

Unabhängig von der politischen Gesetzgebungsnovelle nimmt die gesellschaftliche und politische Diskussionsbreite zur Problemlösung eines zukunftsfähigen, stabilen und gerechten Finanzierungsmodells für Gesundheit und Soziales zu. Angelehnt ist diese Diskussion an die Expertengutachten und Aussagen aus dem Ökonomie-, Sozial-, Rechts-, Wirtschafts- und Pflegesektor. Zu Beginn des Jahres 2004 bewegt sich die Diskussion zwischen der alternativen «Bürgerversicherung», der Kopfpauschale und einem Mix aus Beitrag und Pauschale.

Tabelle 9.2-1: Ziele des Rahmenkonzeptes der WHO

Ziel-Nr	Ausformulierung
1	Solidarität für die Gesundheit in der europäischen Region
2	Gesundheitliche Chancengleichheit
3	Ein gesunder Lebensanfang
4	Gesundheit junger Menschen
5	Altern in Gesundheit
6	Verbesserung der psychischen Gesundheit
7	Verringerung übertragbarer Krankheiten
8	Verringerung nichtübertragbarer Krankheiten
9	Verringerung von auf Gewalteinwirkung und Unfälle zurückzuführenden Verletzungen
10	Eine gesunde und sichere natürliche Umwelt

Für eine erfolgreiche Gesundheitspolitik ist zentraler Bezugspunkt die Zielgröße «Gesundheit» selbst und eine auf die Bevölkerung gelenkte Gestaltung von *medizinischer Versorgungssicherstellung und -verbesserung.*

Unter dem Druck der beschriebenen Einflussfaktoren auf Gesellschaft und Wirtschaft wird dem Staat als institutionalisiertem Zentrum von Gesundheitspolitik zur Steuerung des Gesundheitswesens eine wichtige Aufgabe zugeschrieben. Das Grundgesetz (GG) weist ihm die Aufgabe zu, die Gesundheit und körperliche Unversehrtheit der Bürger zu gewährleisten (Art. 2, Abs. 2 GG).

Gesundheitspolitik muss auch in Zukunft Vertrauen schaffen, nicht zerstören. Patienten und Versicherte erwarten zu Recht, eine individuelle und vertrauensvolle Beziehung zu den Gesundheitsberufen aufbauen zu können. Nur bei einer gesicherten Basis an Vertrauen in die Leistungsfähigkeit und -bereitschaft der Gesundheitsberufe werden die Menschen die Möglichkeiten von Gesundheitsangeboten auch außerhalb der gesetzlichen Krankenversicherung nutzen.

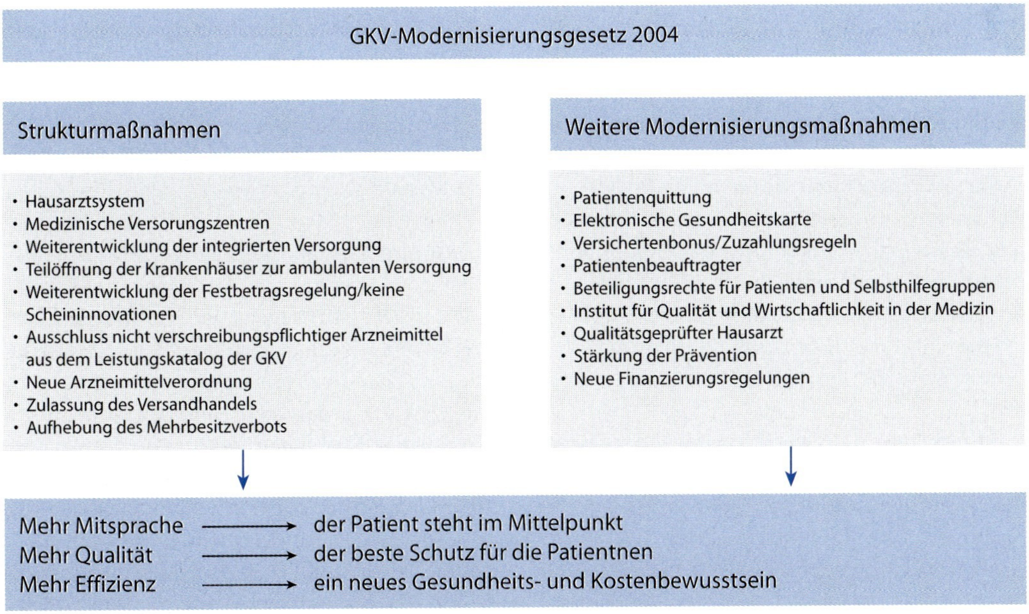

GKV-Modernisierungsgesetz 2004

Strukturmaßnahmen
- Hausarztsystem
- Medizinische Versorgungszentren
- Weiterentwicklung der integrierten Versorgung
- Teilöffnung der Krankenhäuser zur ambulanten Versorgung
- Weiterentwicklung der Festbetragsregelung/keine Scheininnovationen
- Ausschluss nicht verschreibungspflichtiger Arzneimittel aus dem Leistungskatalog der GKV
- Neue Arzneimittelverordnung
- Zulassung des Versandhandels
- Aufhebung des Mehrbesitzverbots

Weitere Modernisierungsmaßnahmen
- Patientenquittung
- Elektronische Gesundheitskarte
- Versichertenbonus/Zuzahlungsregeln
- Patientenbeauftragter
- Beteiligungsrechte für Patienten und Selbsthilfegruppen
- Institut für Qualität und Wirtschaftlichkeit in der Medizin
- Qualitätsgeprüfter Hausarzt
- Stärkung der Prävention
- Neue Finanzierungsregelungen

Mehr Mitsprache → der Patient steht im Mittelpunkt
Mehr Qualität → der beste Schutz für die Patientnen
Mehr Effizienz → ein neues Gesundheits- und Kostenbewusstsein

Abbildung 9.2-1: GKV-Modernisierungsgesetz 2004 (Quelle: Informationsdienst BMGS, 2003)

Dafür bedarf es eines gestaltbaren Konzeptes für den Umgang mit Gesundheit und Krankheit, gesellschaftlich wie epidemiologisch einschließlich der Gesundheitsrisiken vor und nach ihrem Eintritt.

Dieser fundamentale Umbau hat eine weitere Diskussion zur Neuausrichtung der Beteiligten im sozialversicherungsrechtlichen Bereich (SGB V und SGB XI) eingeleitet.

Mehr Mitsprache und Informationen sollen zukünftig den Patienten und Versicherten die Chance bieten, ihre gesundheitlichen Bedürfnisse und Erwartungen als Koproduzent eigenständiger und selbstverantwortlicher wahrzunehmen. Dabei setzt die Gesundheitspolitik auf mehr Selbstbeteiligung, Prävention und soziales wie gesellschaftliches Engagement.

Unser deutsches Gesundheitswesen ist naturgemäß sozialversicherungsrechtlich und medizindominierend geprägt. Die feststellbaren Defizite lassen sich durchaus damit begründen, dass bisher eine professionelle Pflege nicht den sozial- und leistungsrechtlich angemessenen Platz zugewiesen bekommen hat. Dieser wird erforderlich werden, um einen am hilfebedürftigen Menschen orientierten Pflege- und Betreuungsbedarf politisch mitzugestalten.

Berücksichtigt man die Bevölkerungs- und Beschäftigungsentwicklung in den kommenden 30 Jahren, so wird nachvollziehbar, welcher Diskussionsbedarf zwischen der Gesundheitspolitik und der Pflegepolitik zu erwarten ist (**Abb. 9.2-2**).

Diese Entwicklungsannahmen bilden die Plattform für eine zukunftsorientierte Pflegepolitik als integralem Bestandteil der Gesundheitspolitik. Dabei gilt es auch, den Blick über die deutschen Grenzen zu lenken und die nicht zu unterschätzende Eigendynamik europäischer Gesundheitsnetzwerkentwicklungen zu erkennen.

Mit derzeit 1,2 Mio. Pflegenden von insgesamt 4,2 Mio. Beschäftigten im Gesundheitswesen, mit prognostizierter steigender Tendenz an Nachfrage von Pflegeleistungen, erwartet die Gruppe der Pflegenden gesellschaftliche Impulse durch den Zuwachs an Transparenz und Informationen für Verbraucher von Gesundheitsleistungen sowie wachsende Autonomie und Selbstverantwortung der Menschen für ihre Gesundheit und den erwünschten Hilfebedarf (6).

Für die einzelnen Menschen in der Gesellschaft spiegelt sich durch die aktive Beteiligung und Transparenz eine neue Form von Professionsvielfalt mit ihren fachlichen Kompetenzen wider (7).

Institutionalisierte Pflegepolitik im Sinne einer sich selbst verwaltenden und partnerschaftlichen Einrichtung zu den gesetzlich etablierten Gruppierungen, wie Krankenkassen (GKV), Deutsche Krankenhausgesellschaft (DKG) und Bundesärztekammer (BÄK), erfordert allerdings Rahmenbedingungen (rechtliche Anerkennung als Beruf, staatlich geregelte Berufsordnung und Zulassung in das Vertrags- und Leistungsrecht der Sozialversicherungsgesetze), die es für die Zukunft zu entwickeln, auszuhandeln und zu gestalten gilt (9).

Das Bundesverfassungsgericht bestätigte zuletzt mit seinem Urteil vom 24.10.2003 zum Altenpflegegesetz, was sinngemäß übertragbar auf das neue Krankenpflegegesetz ab 2004 wirkt, dass Pflegeberufe gemäß Art. 74 (19) GG den Heilberufen zuzuordnen sind (9).

Dass Pflege eine gesamtgesellschaftliche Aufgabe wahrnimmt, findet Übereinstimmung, jedoch fehlt ihr die rechtliche Berufsanerkennung im Sinne einer staatlich legitimierten öffentlichen Aufgabe (10).

Gesamtpolitisch, berufsrechtlich und in Abgrenzung zum Heilgesetz der Ärzte, fehlen die Anerkennung einer eigenständigen Profession (11) neben der Medizin sowie die Übertragbarkeit von gesundheitspolitischen Versorgungsaufgaben.

Die bislang vorwiegend berufsintern geführte Professionalisierungsdebatte wird in der alternden Gesellschaft mit wachsendem Bedarf an pflegerischen Leistungen zunehmend auch die Öffentlichkeit erreichen.

Der **Professionalisierungsprozess der Pflege** hat im Zuge der pflegerischen Akademisierung zwischen den Berufsgruppen, vor allem zwischen Medizin und Pflege, zu heftigen und engagierten Diskussionen geführt, verläuft jedoch inzwischen auf argumentativ qualifiziertere Weise.

Abbildung 9.2-2: Beschäftigte im Gesundheitswesen, Vortrag a. d. 5. CMK, Luzern, 2004 (Quelle: IfG, Neubauer, München)

Dazu tragen die Erkenntnisse aus dem Gutachten zu den vorbehaltenen Aufgabenbereichen der Pflege bei, das von den Pflegeverbänden in Auftrag gegeben wurde (12). Dieses Gutachten wird in naher Zukunft den Pflegeberufen sowohl in der Außendarstellung als auch in der Einflussnahme auf Gesetzgebungsverfahren eine wichtige Argumentationshilfe sein.

Zur **Transparenz und konkreten Beschreibung von Pflege** haben die leistungs- und aufwandsbezogenen Personalbemessungsverfahren nach der Pflegepersonalregelung (PPR, gültig von 1993 bis 1996) und der Psychiatrie-Personalverordnung (Psych-PV, gültig seit 1992) erheblich beigetragen. Im Rahmen des gesetzlich geforderten Qualitätsmanagements (§ 137 SGB V, § 80 SGB XI) in Gesundheitsbetrieben finden zunehmend berufsgruppenübergreifende Qualitätsmanagement-Qualifizierungen statt, die den Prozess gegenseitiger beruflicher Anerkennung fördern.

Mit der Einführung der gesetzlichen **Pflegeversicherung** (PV, 1994) konnte durch Festlegung der Pflegeleistungen (auch bei ärztlicher Verordnung) der Einstieg in eine neue gesamtgesellschaftliche Verantwortung der Pflege für das Allgemeinwohl etabliert werden. Ob diese allerdings strukturell und finanziell genügend abgesichert und der Eigenständigkeit von Pflege tatsächlich langfristig dienlich ist, bleibt abzuwarten (13).

Die in § 4 des Krankenpflegegesetzes von 1983 verankerte Ausbildungsverpflichtung zur geplanten Pflege im Sinne des Pflegeprozesses hat die Professionalisierung pflegerischen Handelns ebenfalls vorangebracht (14).

Als Merkmale einer Profession gelten neben anderen zentralen Kriterien auch eine qualifizierte Dienstleistung sowie die Bearbeitung von und die Beschäftigung mit gesellschaftlich relevanten Problemen und Fragestellungen. Dies erfolgt auf der Basis wissenschaftlicher Grundlagen, vor allem berufsständischer und berufsethischer Standards, und deren Anwendung in fachlicher Autonomie.

Die bei einer Profession erforderliche interne und externe Kontrolle leisten für die Pflege derzeit die Regierungspräsidien, die berufsständischen Organisationen und die Trägergesellschaften. Die politischen Ziele des Deutschen Pflegerates (DPR) sind auf die Entwicklung eines Selbstverwaltungsorgans «Berufliche Pflege» ausgerichtet, um so den Prozess der beruflichen Eigenständigkeit im Gesundheitswesen zu unterstützen.

Es wird in naher Zukunft darauf ankommen, ob und wie die traditionell einflussreichen und starken Professionen im Gesundheitswesen, in der Medizin und in der Ökonomie die weitere Profilbildung der Pflege und ihre Autonomie zulassen werden.

> Im Hinblick auf die weitere Professionalisierung der Pflege kommt den ordnungspolitischen Rahmenbedingungen, der gesundheitspolitischen Gesetzgebung und dem politischen Selbstbewusstsein der Pflege höchste Bedeutung zu.

In diesem Kapitel soll der Zusammenhang zwischen Gesundheitspolitik und Pflegepolitik an Beispielen aus dem GMG 2004 und den jüngsten Entwicklungen pflegepolitischer Strukturen hergestellt werden.

9.3 Institutionalisierte Pflegepolitik

Verbände, in denen sich Pflegende zusammengeschlossen haben, um u. a. berufspolitische Ziele durchzusetzen, haben oft mehr gegeneinander als miteinander gearbeitet. Die Entstehung solcher Berufs- und Interessenverbände ist historisch gewachsen. Hierbei lassen sich bis heute grob sechs Richtungen unterscheiden, aus denen sich die beruflichen Zusammenschlüsse gebildet haben (**Abb. 9.3-1**):

1. die kirchlich organisierten Pflegepersonen (z. B. in der ADS, Caritas, Diakonie)
2. die «frei organisierten» Pflegepersonen (z. B. DBfK, BKK, DPV)
3. die gewerkschaftlich organisierten Pflegepersonen (z. B. in der ÖTV, DAG)
4. die im Roten Kreuz organisierten Pflegepersonen (DRK-Schwesternschaft)
5. die Verbände der lehrenden und leitenden Pflegepersonen (z. B. BA, BALK)
6. die Fachpflegeverbände (z. B. DGF).

Diese Unterschiedlichkeit der Ansätze zum beruflichen Zusammenschluss und der verschiedenen historischen Prägungen erwies sich als wenig wirkungsvoll in Bezug auf eine gemeinsame Vertretung und Aktionsbündelung der pflegerischen Interessen gegenüber der Politik, der Ärzteschaft, den Medien und der Öffentlichkeit. Aus Abbildung 9.3-1 wird ersichtlich, dass es selbst für berufspolitisch fortgebildete Kolleginnen und Kollegen schwierig ist, eine gemeinsame Struktur *berufspolitischer Organisationsentwicklung der Pflege in Deutschland* zu erkennen.

Das Gesundheitsstrukturgesetz (1993) leitete eine positive Entwicklung für die Pflege ein. Mit der Pflege-Personalregelung (PPR) wurde erstmals eine leistungsbezogene Personalbemessung ermöglicht. Zugleich wurde in die Konzertierte Aktion im Gesundheitswesen (KaiG) ein Vertreter der Pflegeberufsorganisationen berufen. Die Verbände ADS, BA, BALK, BeKD und DBfK entschlossen sich, einen Pflegebeirat zur Konzertierten Aktion im Gesundheitswesen zu bilden, der auf Fragen aus der KaiG Stellungnahmen und Sitzungsteilnahme festgelegt hat.

Noch Anfang 1997 waren die Vorstände der Verbände der Meinung, auf die Institutionalisierung eines neuen Gremiums verzichten zu können.

9.4 Zur Bedeutung und Aufgabenstellung des Deutschen Pflegerates e.V.

Die Gründung des Deutschen Pflegerates e.V. entstand aus einer steigenden Nachfrage nach Wissen über Pflegefachlichkeit, Entwicklungszahlen sowie Rechts- und Qualitätsfragen insbesondere aus dem gesundheits- und sozialpolitischen Umfeld und den beratenden Gremien, wie z. B. dem Sachverständigenrat, sowie aus dem Hochschulbereich. Dieser Tatbestand konnte über einen bisher etablierten Pflegebeirat, wie ihn die Verbände eingerichtet hatten, nicht mehr geleistet werden.

Der «Deutsche Pflegerat e.V. (DPR) – Bundesarbeitsgemeinschaft der Pflegeorganisatio-

9.4 Bedeutung und Aufgabenstellung des Deutschen Pflegerates

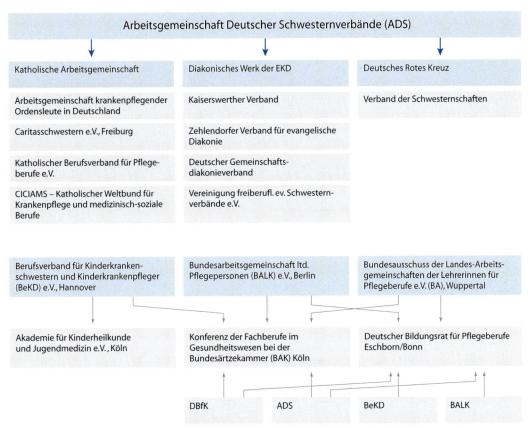

Abbildung 9.3-1: Arbeitsgemeinschaft Deutscher Schwesternverbände (ADS) (Quelle: nach BeKD, Berufsverband der Kinderkrankenschwestern und Kinderkrankenpfleger e. V., Kinderkrankenhaus auf der Bult, Janusz-Korczak-Allee 12, Hannover; in Kinderkrankenschwester 18 [11]: 479 [1999]; aktualisiert: Marie-Luise Müller, 2004 [15])

nen» wurde als Nachfolgeorganisation zum Pflegebeirat für die Konzertierte Aktion im Gesundheitswesen 1998 gegründet.

Die beschriebenen Beispiele zeigen die Aufgabenstellung:

- Die Rechtsunsicherheit zum Thema Vorbehaltsaufgaben in der Pflege führte dazu, dass die Verbände gemeinsam das Gutachten «Öffentlich-rechtliche Grundlagen für das Berufsfeld Pflege im Hinblick auf vorbehaltende Aufgabenbereiche» in Auftrag gaben. Das Ergebnis wurde am 15. 1. 1998 der Öffentlichkeit vorgestellt.
- Das Gutachten des Sachverständigenrates für die Konzertierte Aktion im Gesundheitswesen 1997 nimmt erstmals ausdrücklich zur Pflege Stellung. In Zusammenarbeit mit der Ev. Fachhochschule Bochum wurde ein entsprechender Beitrag erstellt und unter dem Titel «Pflegerischer Fortschritt und Wandel – Basispapier zum Sondergutachten 1997 des Sachverständigenrates für die Konzertierte Aktion im Gesundheitswesen» anlässlich der Interhospital 1998 vorgestellt. (16)

Der Deutsche Pflegerat e.V. (DPR) als Bundesarbeitsgemeinschaft der Pflegeorganisationen und des Hebammenwesens ist heute der Zusammenschluss von zehn Pflegeverbänden und einem Bundesverband für das Hebammenwesen. Der DPR ist Partner der Selbstverwaltung im Gesundheitswesen, war bis 31. 12. 2003 gesetzlich benanntes, vertragsbeteiligtes Mitglied nach § 137 SGB V und vertritt die gesundheitspolitischen Interessen der Pflege auf Bundesebene. Zunächst arbeitete der DPR im Innenverhältnis mit einer verbindlichen Vereinbarung, um seine internen und externen Strukturen gemeinsam aufzubauen. Seit dem 1. 1. 2004 ist der DPR eingetragener Verein. Seine Arbeitsweise ist in der Vereinssatzung und definierten Geschäftsordnungen für Präsidium und Rat festgelegt. (17)

Über seine Internetseite www.deutscher-pflegerat.de können diese entnommen werden.

Mitgliedsorganisationen des DPR e.V. (s. a. **Tab. 9.4-1** und **Abb. 9.4-1**, S. 564) sind:

- ADS Arbeitsgemeinschaft deutscher Schwesternverbände und Pflegeorganisationen e.V.
- BA Bundesausschuss der Lehrerinnen und Lehrer für Pflegeberufe e.V.
- BALK Bundesarbeitsgemeinschaft der Leitenden Krankenpflegepersonen e.V.
- BDH Bund Deutscher Hebammen e.V.
- BeKD Berufsverband Kinderkrankenpflege Deutschland e.V.

Tabelle 9.4-1: Netzwerk und Projekte des DPR – Stand 2004

Kürzel	Name	Zielsetzung
AHPGS e.V.	*Beteiligung nach § 17b KHG:* Akkreditierungsagentur *(Heilpädagogik, Pflege, Gesundheits-Wissenschaft, Sozialwissenschaft) (vom Wissenschaftsrat anerkannt)*	Akkreditierung von Bachelor- und Masterstudiengängen *(Mitglied)*
BÄK	Bundesärztekammer: 1) Fachberufkonferenz bei der BÄK 2) Bündnis Gesundheit 2000 3) InterKiK 4) Ständige Kommission Transplantationsmedizin	verschiedene Gremien: *1) Konf. aller Gesundheitsfachberufe 2) Bündnis gegen GKV-Reform 2000 3) interdisziplinäres Projekt zur Kommunikation im Krankenhaus 4) Zusammenarbeit: BÄK, Wiss. Fachgesellschaft., Eurotransplant, und Deutsche Stiftung Organtransplantation (DSO)*
GMB	Gemeinsamer Bundesausschuss nach SGB V § 91	Koordinierung der Selbstverwaltung, Normen setzende Funktion, Kompetenzen zur Richtlinienfestlegung, Körperschaft des öffentl. Rechts
BUKO-QS e.V.	Bundeskonferenz zur Qualitätssicherung im Gesundheits- und Pflegewesen	Initiator des Projektes «Qualitätsentwicklung Pflege und Betreuung»
DeKa	Dekankonferenz	Zusammenschluss der Dekane von Hochschulen mit Pflegestudiengängen
DIMDI	Deutsches Institut für Medizinische Datenverarbeitung und Informatik	Umsetzung des Artikels 19 GKV-Gesundheitsreformgesetz 2000
DAHTA	Deutsche Agentur für Health Technology Assessement	bezieht sich auf den ICD-Katalog (Diagnoseschlüssel)
dip	Deutsches Institut für angewandte Pflegeforschung, an der kath. FHS Köln	Initiative durch Durchführung von pflegebezogenen Projekten
DKG	Deutsche Krankenhausgesellschaft	Zusammenschluss der Spitzenverbände der Krankenhausträger auf Bundesebene
DNQP	Deutsches Netzwerk für Qualitätsentwicklung in der Pflege	Sicherung wissenschaftsgestützter Pflegequalität *(z. B. Nationaler Standard Dekubitus, Entlassungsmanagement, Schmerz).*

Tabelle 9.4-1 (Forts.)

Kürzel	Name	Zielsetzung
InEK	Krankenhaus	Institut für Entgeltfragen im «DRG-Institut» *Umsetzung und Weiterentwicklung des DRG-Systems Träger: Selbstverwaltungspartner*
KBV	Kassenärztliche Bundesvereinigung *Spitzenvertretung der niedergelassenen Ärzte, Vertragspartner der Kassen, Mitglied im Ausschuss «Ärzte und Krankenkassen»*	Arbeitsgruppe Pflege: Verbesserung der häuslichen Krankenpflege in der ambulanten Versorgung
KTQ®	Kooperation für Transparenz und Qualität im Krankenhaus GmbH	Zertifizierung von Krankenhäusern *(DPR = Gesellschafter)*
LEP®	Leistungserfassung Pflege	Instrument zur Erfassung pflegerischer Leistungen *(Schweiz)*
MCC	Management Center of Competence	Ausrichter des Kongresses MCC Health World
Runder Tisch beim BMGS/ BMFSFJ	Diskussionsforum ministerienübergreifend von Gesundheit und Familie	Vertreter aller Spitzenorganisationen und Interessenvertretungen im Gesundheitswesen: Zukunft des Gesundheitswesens *(durch Ministerin berufen)*
WISO	WISO S. E. Consulting GmbH	Ausrichter des Hauptstadtkongresses Berlin *(Vertragspartner)*

- BFLK Berufsfachvereinigung Leitender Krankenpflegepersonen in der Psychiatrie e.V.
- DBfK Deutscher Berufsverband für Pflegeberufe e.V.
- DBVA Deutscher Berufsverband für Altenpflege e.V.
- DGF Deutsche Gesellschaft für Fachkrankenpflege e.V.
- DPV Deutscher Pflegeverband e.V.
- VPU Verband der Pflegedirektorinnen und Pflegedirektoren der Universitätskliniken und der medizinischen Hochschulen e.V.

Zielsetzungen des DPR sind:

- Darstellung der Bedeutung und des Nutzens professioneller Pflege und des Hebammenwesen für ein effektives und effizientes Gesundheitssystem im Interesse der Bevölkerung
- politische Durchsetzung von pflegeberuflichen Zielen auf Landes- und Bundesebene sowie innerhalb der Europäischen Union (EU)
- Mitgestaltung bei Strukturveränderungen, Entwicklungen und Anpassungsprozessen im Gesundheits-, Sozial- und Bildungswesen der Bundesrepublik Deutschland und innerhalb Europas
- Positionierung zu Lohn- und Tariffragen sowie zur entgeltlichen Vergütung professioneller Pflegeleistungen
- Förderung und Weiterentwicklung der Pflegewissenschaft zum Nutzen des Gesundheits- und Sozialwesens
- Wahrnehmung von Selbstverwaltungsaufgaben im Gesundheits-, Sozial- und Bildungswesen
- Initiierung und Förderung von Qualitätsentwicklung in allen Handlungsfeldern des Gesundheits- und Sozialwesens.

Seit Gründung des DPR im Jahre 1998 hat sich dieser aktiv mit den pflege- und hebammenrelevanten Themen der Strukturreform 2000 und insbesondere mit Fragen zur Qualitätssicherung und zu neuen Finanzierungssystemen in Krankenhäusern beschäftigt. Zum Ausdruck kommt die Beteiligung insbesondere durch die gesetz-

9 Zu einigen Aspekten der Pflegepolitik

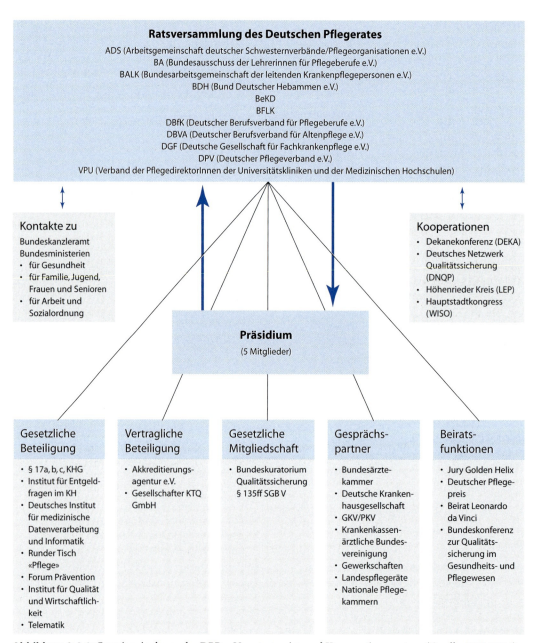

Abbildung 9.4-1: Gremien, in denen der DPR e. V. vertreten ist, und Kooperationspartner (Quelle: DPR 2004)

lich festgeschriebene Vertragsbeteiligtenrolle im SGB V, § 135 ff. (internes und externes Qualitätsmanagement) und im KHG § 17b. Hiermit wurde ein erster eigenständiger Zugang zum Sozial- und Leistungsrecht erreicht.

Berufspolitische Lobbyarbeit leistet der DPR durch Stellungnahmen, Pressemitteilungen, TV-Beiträge, Rundfunkinterviews, Impulsveranstaltungen, Anhörungsverfahren, Gespräche mit Abgeordneten, Mitwirkung im gesundheitspolitischen Arbeitskreis Berlin, Kongress- und Messebeteiligungen u. a. m. Dies zeigt exemplarisch die Entwicklungschancen und Einflussmöglichkeiten des DPR auf der politischen Ebene. Pflege wird über den DPR und in Verbindung mit der pflegerischen Akademisierung zukünftig den Weg des Selbstverwaltungspartners gehen und damit für das Gesundheitswesen, für die Patienten und für die Bürger einen wachsenden Stellenwert erhalten.

Schon vor der Gründung des DPR kam es auf Länderebene zu Zusammenschlüssen in Dachverbänden der Pflegeorganisationen Deutschlands (DPO).

9.5 Beispiele für Pflegepolitik in der Gesundheitspolitik

9.5.1 KTQ® – Kooperation, Transparenz und Qualität im Gesundheitswesen GmbH

Das Konzept KTQ®-Kooperation für Transparenz und Qualität – entstand aus einer Arbeitsgruppe AG-Zert, der Bundesärztekammer und des Verbandes der Angestelltenkrankenkassen (VDAK/AEV) für das Krankenhaus. Erst im Zuge des kommerziellen Angebots und der Gründung einer GmbH im Jahre 2000 wurde für das Geschäftsjahr 2004 der Unternmensgegenstand auch auf Einrichtungen im Gesundheitswesen erweitert. Es handelt sich um ein Verfahren für die kritische Selbst- und Fremdbewertung einer Einrichtung im Gesundheitswesen.

Hinter dem Kürzel KTQ steckt nicht nur die Vision eines qualitätsverbesserten Krankenhauses, nicht nur eine neue Philosophie im Sinne von «Tue Gutes und sprich darüber», sondern eine systematische, unter wissenschaftlicher Begleitung und internationalen Einflüssen aufgebautes, Qualitätssicherungs- und Förderungskonzept.

Die Ziele des KTQ sind:

- Anstoß zur Verbesserung von Qualität, Prozessen und Ergebnissen der Patientenversorgung im Krankenhaus
- Erhöhung der Transparenz nach innen und außen hinsichtlich der Leistungsfähigkeit, insbesondere gegenüber Patienten, Angehörigen, einweisenden Ärzten, Mitarbeiterinnen und Mitarbeitern und Krankenkassen
- Förderung und Stärkung der Kooperation zwischen Patienten, Leistungsanbietern und Leistungserbringern (Mitarbeiter- bzw. Kundenorientierung).

Die Kernelemente des KTQ®-Konzeptes sind drei aufeinander aufbauende Elemente:

- strukturierte Selbstbewertung des Krankenhauses anhand des KTQ®-Kriterienkatalogs
- Fremdwertung des Krankenhauses anhand des Kriterienkataloges und akkreditierter Visitoren
- Zertifizierung und Vergabe eines zeitlich befristeten Zertifikates.

In der ersten Entwicklungsphase von 1998 bis 1999 wurde dem DPR zunächst ein Gaststatus im Lenkungsgremium der AG-Zert eingeräumt. Vertragliche Kooperationspartnerschaft erfolgte ab 1999, und 2000 kam es zur Mitgründung der Gesellschaft. Heutige Gesellschafter der KTQ® sind Gesetzliche Krankenkassen (GKV), Deutsche Krankenhausgesellschaft (DKG), Bundesärztekammer (BÄK) und Deutscher Pflegerat e.V. (DPR).

Die Aufbausystematik des KTQ®-Kataloges in der 2004er Anwendungsversion 4.1 beruht auf einer Kategorie-, Kriterien-, und Fragesystematik, die mittels des PCDA-Zyklus als Arbeitsmethode für die Selbst- und Fremdbewertung eingesetzt wird. Die Übertragung des Verfahrens auf weitere Einrichtungen, wie beispielsweise den Bereich niedergelassener Ärzte oder Rehabilitationseinrichtungen, steht vor der Prätestphase. Der KTQ-Grundgedanke aus der Praxis für die Praxis bleibt auch hier bestehen.

Der KTQ®-Katalog ist nach sechs Kategorien geordnet. Sie entsprechen Sachgebieten, die sich bei einer Betrachtung des Krankenhauses aus der Perspektive des Qualitätsmanagements sowohl international als auch national innerhalb der Projektphasen dieses Zertifizierungsverfahrens bewährt haben (**Abb. 9.5-1**).

Die Mitarbeit pflegerischer Experten in der KTQ® ist für die Weiterentwicklung in folgenden Punkten besonders förderlich:

- *Patientenorientierung:* Pflegeberufliches Fachwissen, fundierte Erfahrung und Kenntnisse in der Realisierung einer patientenorientierten Behandlung, Betreuung und Beratung gehen in das KTQ®-Konzept ein.
- *Mitarbeiterorientierung:* Personalführung, -entwicklung, -betreuung, -qualifizierung und -motivierung sind wesentliche Kernfunktionen des Pflegemanagements in den unterschiedlichen Hierarchieebenen. Der Leitsatz: «Mitarbeiterorientierte Führung ist eine wesentliche Voraussetzung für patientenorientiertes Handeln» spiegelt die Handlungsorientierung des Pflegemanagements wider.
- *Organisationskompetenz:* Projektbezogen wird KTQ® durch die umfassenden Kenntnisse, Erfahrungen und Kompetenzen pflegerischen Wissens und entsprechender Fertigkeiten für die Weiterentwicklung des Bewertungskatalogs einen Qualitäts- und Akzeptanzfortschritt erfahren. Pflege verfügt über qualifizierte Kenntnisse der Krankenhausorganisation und ist an nahezu allen Schnittstellen des Krankenhauses beteiligt. Hieraus leitet sich ihre Qualifikation im Organisationsmanagement ab.

Die Anwendung von KTQ® wird für das Krankenhaus eine zentrale Rolle beim Aufbau eines berufsgruppenübergreifenden Qualitätsmanagementsystems erhalten. Die gegenseitige Akzeptanz der Berufsgruppen wird u. a. durch die Auseinandersetzung im Selbstbewertungsver-

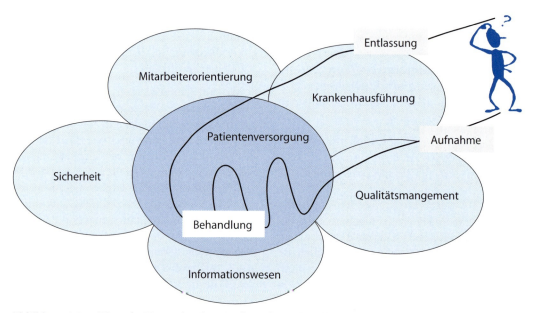

Abbildung 9.5-1: Die sechs Kategorien des KTQ®-Kataloges (Quelle: KTQ-GmbH Informationsdienst, Siegburg)

fahren, in der interdisziplinären Kommunikation und in der sich bildenden partnerschaftlichen Kooperation positiv in Richtung Partnerschaft und Teamfähigkeit entwickelt. Dem Trend, sich berufsgruppenspezifisch jeweils losgelöst und als Teilbereich eines Krankenhauses weiterzuentwickeln, wird durch den Einsatz von KTQ® entgegengewirkt. KTQ® stellt auf das Gesamtkrankenhaus bzw. definierte Betriebsteile und seine QM- Prozesse ab. Das Zertifizierungsverfahren am Ende des KTQ®-Prozesses gibt dem Krankenhaus die Möglichkeit, sich öffentlich positiv darzustellen (Qualitätsbericht). Das Verfahren ist auf Freiwilligkeit abgestellt.

Für die Pflege ist KTQ® in folgenden Aspekten bedeutsam:

- Pflege ist integraler Bestandteil einer medizinisch-pflegerischen Behandlung und wird daher in der KTQ® jeweils bei den medizinischen Themenfeldern, der Mitarbeiterorientierung, der Patientenorientierung und im Führungsbereich abgebildet.
- Das pflegespezifische Themenmodul ist auf Grund der Logik und Systematik im Bewertungskatalog knapp und bedarf sicher einer weiteren internen Diskussion in den KTQ®-Arbeitsgremien.
- Pflege wird mit zunehmender Leistungstransparenz des Behandlungsprozesses für die eigene pflegerische Diskussion quantitativ und qualitativ wichtige Informationen erhalten. Eine entsprechende Bearbeitung hinsichtlich der Leistungs-, Kosten- und Nutzendarstellung ist eine zwangsläufige Aufgabe. Zusammenfassend lässt sich also feststellen, dass KTQ die Möglichkeit bietet, Prozess- und Ergebnisorientierung im Qualitätsmanagement zu stärken und dabei der Patientenorientierung eine zentrale Rolle zuzuweisen.

KTQ® wird als Qualitätsmanagementinstrument im Sinne der Selbstbewertung in den Krankenhäusern eingesetzt und als Zertifizierungsverfahren angewendet. Mit Stand 2004 (Frühjahr) wurden über 35 Zertifizierungsurkunden vergeben. Über die akkreditierten Zertifizierungsstellen liegen 60 Anträge zur Zertifizierung für 2004 vor.

Damit leistet KTQ® einen wichtigen Beitrag zu mehr Transparenz für Leistungsempfänger, Kooperationspartner, Finanzierer zum medizinischen Geschehen, fördert die Kooperation und Partnerschaft zwischen den Berufsgruppen und stärkt die Orientierung an den Bedürfnissen der Patienten im Krankenhaus.

Weiterführende Informationen sind unter www.ktq.de zu beziehen.

9.5.2 Gesetzliche Qualitätssicherung nach SGB V und XI

Das GMG 2004 hat die Zuständigkeit für die Umsetzung der §§ 137 und 137c SGB V mit der Neuregelung des § 91 Abs. 7 SGB V «Gemeinsamer Bundesausschuss» entscheidend geändert (**Abb. 9.5-2**).

Gehörten bis zum 31. 12. 2003 die Berufsorganisationen der Krankenpflege, vertreten durch den DPR, als Vertragsbeteiligte ebenso die BÄK in die Strukturen, Verfahren und Entscheidungsprozesse der externen vergleichenden Qualitätssicherung eingebunden, reduzierte der Gesetzgeber ab 1. 1. 2004 nunmehr die Beteiligung auf eine Beratung und Teilnahme an den Sitzungen der jeweiligen Unterausschüsse. Gleichzeitig setzte der Gesetzgeber die seit langer Zeit geforderte Beteiligung von Patienten im SGB V § 140 f. «Beteiligung von Interessenvertretungen der Patienten und Patientinnen» um. (18).

Die Vertragspartner der Selbstverwaltung (GKV, DKG, BÄK) bauten zur Umsetzung des gesetzlichen Auftrages externe vergleichende Qualitätssicherung systematisch, strukturierte Verfahrensebenen zwischen Bund- und Landesebenen auf (**Abb. 9.5-3**, S. 507).

Im Blick war Akzeptanz bei den betroffenen Anwendern in den Krankenhäusern (Ärzte) und in den Landesstellen für Qualitätssicherung verbesserten Transferleistung der Daten.

BQS-Fachgruppen (**Tab. 9.5-1**) erarbeiten medizinische Indikatoren für ausgewählte Krankheitsbereiche und legen die Bewertungsinhalte fest. Die BQS selbst entwickelt Methoden

9 Zu einigen Aspekten der Pflegepolitik

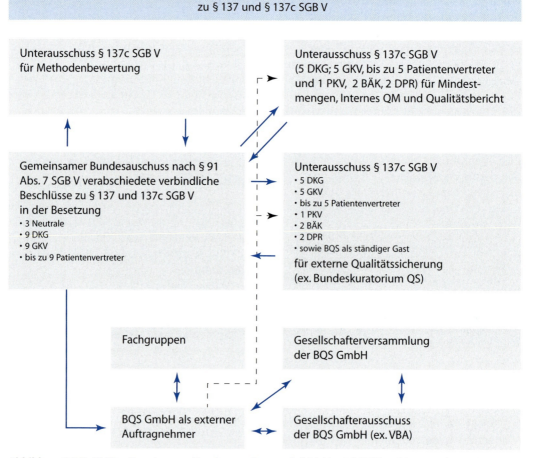

Abbildung 9.5-2: GMB – Gemeinsamer Bundesausschuss nach § 91 Abs. 7 SGB V zu §§ 137 und 137c SGB V

Tabelle 9.5-1: BQS – Fachgruppen 2004

Augenheilkunde	Mammachirurgie
Perinatalmedizin	Nervenkompressionssyndrom
Gefäßchirurgie	Orthopädie und Unfallchirurgie
Gynäkologie	Pflege
Herzchirurgie	Prozessqualität Transplantation
Herzschrittmacher	PTA
Herz- und Lungentransplantation	Urologie
HNO	Viszeralchirurgie
Kardiologie	

9.5 Beispiele für Pflegepolitik in der Gesundheitspolitik

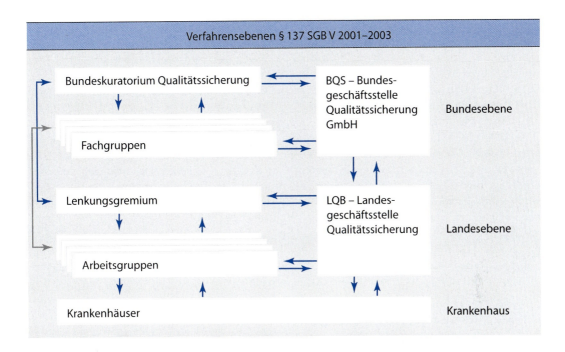

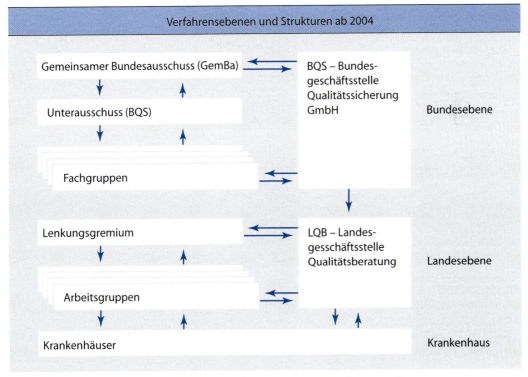

Abbildung 9.5-3: Verfahrensebenen ab 2004 (Quelle: BQS-Informationsdienst, 2004)

zur Erhebung, Auswertung, Bewertung und Präsentation. In strukturierten Bundeskonferenzen werden die Ergebnisse vorgestellt und diskutiert. Auffällige Ergebnisse sind zukünftig in Form eines strukturierten Dialogs zwischen Vertretern der Länderqualitätsstelle und Krankenhausmitarbeitern durchzuführen.

Die Pflege in Deutschland erreichte durch die Geschlossenheit der Pflegeverbände (DPR) erstmals eine gesetzlich verpflichtende Datenerhebung, deren Ziel es ist, externe Vergleiche zur Ergebnisqualität von Pflege mittels eines Generalindikators «Dekubitusprophylaxe» bei ausgewählten medizinischen Fällen zu erheben, auszuwerten, die Ergebnisse zu diskutieren und – wenn erforderlich – entsprechende Maßnahmen zur Verbesserung einzuleiten. Die aktuelle Umsetzung 2004 ist wie folgt:

- Erfassung ab 2004: Konzentration auf Ergebnisqualität zur Dekubitusprophylaxe
- international anerkannter Indikator für Versorgungsqualität
- Grundlage: evidenzbasierter Expertenstandard/Auditinstrument

- trennscharfes Erhebungsinstrument
- explizite Ausfüllhinweise
- verbesserte Dokumentationsqualität.

Die Entwicklung eines Generalindikators für Dekubitusprophylaxe erfolgt in der BQS-Fachgruppe «Pflege» (**Abb. 9.5-4**). Die Teilnahme ist verpflichtend. Datensätze der Herzchirurgie sowie der Orthopädie bzw. Unfallchirurgie können ohne Pflegedatensatz nicht abgeschlossen werden. Die Abschlagsregelung ist mit einer Vereinbarung zwischen den Vertragsparteien geregelt worden.

Nachdem 2002 sehr stark das Thema «Pflegeanamnese» diskutiert wurde und in ein freiwilliges Erhebungsverfahren 2003 eingeflossen ist, konnte erstmals gezeigt werden, wie die Krankenhauspflege reagiert, wo der Pflegeprozess aufenthaltsbezogen dokumentiert wird und wie das entwickelte Erhebungsinstrument Akzeptanz findet. Das Qualitätsziel war immer Erhebung der Pflegeanamnese. Diese Erhebung ist Grundlage für:

Teildatensatz Pflege ab 2004

Aufnahme

1. Lagen bei Aufnahme ein oder mehrere Dekubitalulzera vor?
0 = nein   j = Ja

Wenn Ja:
2. Anzahl der Dekubitalulzera

Wenn mindestens ein Dekubitalulkus vorlag:
3. Gradeinstellung des höchstgradigen Dekubitalulkus (nach NPUAP 1989, Seilter)

   1 = Grad 1: Rötung (nicht wegdrückbar) bei intakter Haut
   2 = Grad 2: Läsion der Haut
   3 = Grad 3: Läsion der Unterhaut und/oder von Faszie und/oder Muskel
   4 = Grad 4: Läsion von Knochen und/oder Gelenk

Entlassung

1. Lagen bei der Entlassung ein oder mehrere Dekubitalulzera vor?
0 = nein   j = Ja

Wenn Ja:
2. Anzahl der Dekubitalulzera

Wenn mindestens ein Dekubitalulkus vorlag:
3. Gradeinstellung des höchstgradigen Dekubitalulkus (nach NPUAP 1989, Seilter)

   1 = Grad 1: Rötung (nicht wegdrückbar) bei intakter Haut
   2 = Grad 2: Läsion der Haut
   3 = Grad 3: Läsion der Unterhaut und/oder von Faszie und/oder Muskel
   4 = Grad 4: Läsion von Knochen und/oder Gelenk

Abbildung 9.5-4: Teildatensatz Pflege, «Dekubitusprophylaxe» (Quelle: BQS-Informationsdienst, 2004)

- patientenzentrierte
- bedarfsorientierte
- systematische Pflege.

Für jeden Patient wird der Bedarf erfasst, und zwar in Form von:

- Ressourcen
- Bedürfnissen und
- Problemen.

Die erste öffentliche Diskussion zur Bewertung des Erhebungsergebnisses zeigte, dass gute Pflegequalität nachweisbar, vergleichbar und leistbar ist:

- Eine Gesamtrate von 92 % ist als Ausdruck insgesamt guter Qualität zu werten.
- Krankenhausergebnisse:
  - Medizin: 99,25 %
  - Referenzwert: 100 %
  - Empfehlung zum strukturierten Dialog in 167 von 299 Krankenhäusern mit Ergebnissen unterhalb des Referenzwertes.

Gleichzeitig wurden Verbesserungspotenziale identifiziert, was den Dokumentationsaufwand (Anzahl der Items), den Indikatorenumfang (Pflegeanamnese und Dekubitus) und die Fallzuordnung betrifft.

Wie auf der Landesebene für den Bereich Pflege der strukturierte Dialog gestaltet und moderiert werden soll, wird gegenwärtig diskutiert.

Die Anforderungen an die Qualitätssicherung liegen insbesondere in der Klärung der Zuständigkeiten für die Organisation und Administration im Einfluss auf die internen Prozess und den EDV-technischen Zugang auch für Pflege. Für die Umsetzung der Ergebnisse im Krankenhaus wird maßgeblich der Entwicklungsgrad eines internen Qualitätsmanagements Einfluss nehmen. So wird erkennbar sein ob, ein Standard für Dekubitusprophylaxe vorliegt, wer die Verantwortung hat und wer die Hilfsmittel budgetteilig verantwortet.

Das Verfahren wird schrittweise eine an die neuen Strukturen angepasste Entscheidungsgröße des Gemeinsamen Bundesausschusses erhalten. Positiv ist sicherlich die Beteiligung von Patientenvertretern in den Gremien zu sehen.

Der DPR wird durch seine Vertreterinnen und Vertreter in den diversen Ausschüssen die Patientenvertreter als Kooperations- und Kommunikationspartner gewinnen müssen. Erstmals ergeben sich neue Kommunikations- und Kooperationsstrukturen, die gerade von der Pflege nutzbar aufgebaut werden sollte.

Die Mitwirkung des DPR zur inhaltlichen und vertraglichen Gestaltung des gesetzlich erstmals vorgeschriebenen Qualitätsberichtes zum 1.10.2005 stellt Pflege im Bereich der Qualitätssicherung auf Augenhöhe und Vertragsbeteiligung mit den Verantwortlichen aus Medizin und Ökonomie im Krankenhaus fest.

Das im GMG 2004 § 139 a SGB V neu einzurichtende «Institut für Qualität und Wirtschaftlichkeit» wird vom gemeinsamen Bundesausschuss gegründet, z.B. als Stiftung, arbeitet jedoch fachlich unabhängig und soll den medizinischen Nutzen, die Qualität und Wirtschaftlichkeit der Leistungen nach definierten Gebieten erbringen.

Für den Pflegebereich wird es von großer Bedeutung sein, inwieweit es gelingen wird, die Selbstverwaltungspartner (GKV, KBV, DKG) und das BMGS von einer qualifizierten Mitwirkung pflegerischer Expertise durch Festlegung von Sitz und Stimme im wissenschaftlichen Beirat und Kuratorium zu überzeugen. Die Potenziale der Pflege erfahren zunehmend eine gesundheitspolitische Positionierung. Nach Aussagen des Gutachtens des Sachverständigenrates 2003 dürfen sich Versorgungskonzepte nicht (nur) an einem Krankheitsverlaufmodell orientieren. Der Sachverständigenrat empfiehlt in seinem Gutachten 2003, die bisher traditionelle Vorstellung, dass Pflege am Ende der Versorgungskette steht, neu zu denken. Funktionale und rechtliche Lücken seien zu schließen. Der Widerspruch zwischen traditioneller Einordnung von Pflege und dem bestehenden Bedarf an präventiver und rehabilitativer Pflege in der Praxis sei aufzuheben. Ebenso führt der Rat an, dass Pflege – als ganzheitliche, personenbezogene Dienstleistung definiert – mehr ist, als auf «helfen und sorgen» ausgerichtet zu sein (20). Daraus würde der Pflege innerhalb der neuen Strukturen eine Funktion als Querdisziplin «Pflege» zukommen.

Ebenso wirken sich die ersten evidenzbasierten Standardentwicklungen positiv auf die Anforderungen der Methoden und Prüfsysteme für die Normenfestsetzung beim GMB aus.

Die Beteiligung der Pflege im SGB XI, bezogen auf die Qualitätsentwicklung, erstreckt sich nach dem 2002 in Kraft getretenen Pflegequalitätssicherungsgesetz (PQsG) im Wesentlichen auf die Inhalte der Rahmenverträge (§ 75) und die Maßstäbe zur Sicherung und Weiterentwicklung der Pflegequalität (§ 80).

Die Ziele richten sich auf die Qualitätssicherung und Stärkung des Verbraucherschutzes. Erreicht werden soll weiterhin, dass die Eigenverantwortung der Pflegeselbstverwaltung gestärkt, Pflegequalität gesichert und weiterentwickelt wird und die externe Prüfung effektiver erfolgt. Obwohl in diesen Bereichen zurzeit gegen die Pflege nicht mehr ohne die Pflege entschieden wird, bleibt sie durch finanzielle Ressourcenknappheit Spielball im Tagesgeschäft. Die im Trend befindlichen Entwicklungszahlen der quantitativen wie qualitativen Personalmaßstäbe orientieren sich nur selten an den im PQsG gesetzten Zielformulierungen.

Angesichts der aktuellen politischen Entwicklungen zur Finanzierung und Leistungssteuerung der gesetzlichen Krankenversicherung (GKV) und der Pflegeversicherung (PV) werden die Schnittstellenprobleme zwischen den Versorgungsbereichen Medizin und Pflege immer transparenter. Die Versorgungseinbrüche nach stationärer Akutbehandlung, Personalengpässe in den stationären Nachsorgeeinrichtungen, Veränderungsrate durch die Einstufungsproblematik (Pflegestufen 1 bis 3), die Wirkung des einsetzenden demografischen Prozesses, Umsetzung der neuen Vergütungsstruktur in den Krankenhäusern mit früheren Entlassungen, um nur die gravierendsten Veränderungen zu benennen, kennzeichnen den aktuellen Handlungsbedarf zwischen der Politik, Selbstverwaltungspartnern, Ärzten und Pflege. Die Umsetzungserfordernisse treten insbesondere im SGB XI, Heimgesetz, BSHG und in der Verschränkung zum SGB V auf. Auf Grund der Komplexität der Gesamtthematik erscheint es sinnvoll, die Qualitätsdebatte sektorenübergreifend, interprofessionell und interdisziplinär aufzusetzen und nicht im abgeschotteten Detaildenken der letzten 100 Jahre zu verharren.

9.5.3 Umsetzung des G-DRG-Systems 2002 bis 2007

Erlöse sichern und Kosten steuern lautet die betriebswirtschaftliche Generalformel, wenn es um die Umsetzung des politisch vorgegebenen Zeitfahrplans zur Einführung, Umsetzung, Angleichung und endgültigen Integration des neuen Entgeltsystems der German-Diagnosis-Related-Groups (G-DRG) geht. Der DPR hat sich im Sinne der gesetzlich vorgegebenen Beteilung nach § 17 b KHG von Beginn 1999 an der Debatte beteiligt und die Entscheidung für ein lernendes System am Beispiel des australischen Erfahrungsmodells anlehnt. (19)

Die spezifische Logik des G-DRG-Systems liegt in der ökonomisch-medizinischen Betrachtung eines Krankheitsfalles auf der Grundlage der genehmigten internationalen, medizinisch eingeführten Klassifikationssystematik ICD-10, Operationsschlüssel § 301 SGB V und § 21 KHG allgemeiner Krankenhausstatistikdaten.

Keine dieser Datenquellen lässt spezifische Pflegedaten, die eine besondere Relevanz für Kosten, Erlöse und Qualität haben, zunächst zu. Daher war es für den DPR erforderlich, Pflegeexperten zu gewinnen, die über Erkenntnisse verfügen, wie datenbezogene Pflegerelevanz in die DRG-bezogene Patientenklassifikation und Vergütungskalkulation überführt werden kann. Der Höhenrieder Kreis, dem Vertreterinnen und Vertreter aus Pflegewissenschaft, Pflegemanagement, Medizincontrolling und Pflegepolitik angehörten, entwickelte einen pflegerelevanten Nebendiagnosenkatalog, der für die Pflegepraxis einsetzbar wurde.

Am Beispiel der verkürzten Version des Nebendiagnosenkataloges kann ein Zusammenhang zwischen einer medizinischen Diagnose und einem spezifischen Pflegeaufwand abgeleitet werden (**Tab. 9.5-2**).

Jüngste Erfahrungen im Umgang mit diesem

Tabelle 9.5-2: AR-Drg-4.1-CCL-Diagnosen aus der gekürzten Liste (Quelle: DPR-Informationsdienst, 2003)

Chir. CCL	Med. CCL	Bezeichnung der Diagnose nach ICD-10	Kapitel bzw. ICD-10-Code
		Bestimmte infektiöse und parasitäre Krankheiten	(I)
2	2	Diarrhoe und Gastroenteritis, vermutlich infektiösen Ursprungs	A09
		Endokrine, Ernährungs- und Stoffwechselkrankheiten	(IV)
3,4	2,3	Nicht näher bezeichnete Energie- und Eiweißmangelernährung	E46
3,4	2,3	Flüssigkeitsüberschuss	E87.7
		Psychische und Verhaltensstörungen	(V)
2	1,2	Sonstige Essstörungen	F50.8
2	1,2	Essstörung, n.n.b.	F50.9
		Krankheiten des Atmungssystems	(X)
3,4	1,3	Funktionsstörung eines Tracheostomas	J95.0
		Krankheiten der Haut und der Unterhaut	(XII)
3,4	2,3	Dekubitalgeschwür	L89
3,4	2,3	Ulcus cruris, a.n.k.	L97
3,4	2,3	Chronisches Ulkus der Haut, a.n.k.	L98.4
		Krankheiten des Urogenitalsystems	(XIV)
2,3	2,3	Sonstige näher bezeichnete Harninkontinenz	N39.4
		Symptome und abnorme klinische und Laborbefunde, die andernorts nicht klassifiziert sind	(XVIII)
2,4	2,3	Stuhlinkontinenz	R15
2,3	2,3	Nicht näher bezeichnete Harninkontinenz	R32
2,3	2,3	Harnverhaltung	R33
1,2	2	Sonstige und n.n. bezeichnete Sprech- und Sprachstörungen	R47.8
1,2,3,4	1,2	Fieberkrämpfe	R56.0
1,2,3,4	1,2	Sonstige und n.n. bezeichnete Krämpfe	R56.8
3,4	2,3	Ernährungsprobleme und unsachgemäße Ernährung	R63.3
		Faktoren, die den Gesundheitszustand beeinflussen und zur Inanspruchnahme des Gesundheitswesens führen	(XXI)
2,3	1,2	Versorgung eines Tracheostomas	Z43.0
2	2	Probleme mit Bezug auf: Ungenügende familiäre Unterstützung	Z63.2
2	2	Diätberatung und -überwachung	Z71.3

Instrument zeigen jedoch sehr deutlich, dass Klassifikationssysteme, die auf medizinischen Diagnosen (ICD) und Prozeduren (OPS) beruhen, keine besondere Ausprägung für eine pflegefachliche Expertise ermöglichen.

Die Pflegewissenschaft in Deutschland steht erst am Anfang ihrer Forschung. Internationale Studien zeigen, dass andere Klassifikationssysteme, die eine einheitliche Pflegesprache (ICPM) bereits einsetzen, umfassendere Informationen über die tatsächliche Pflegebedürftigkeit sowie den Bedarf und erforderliche Intervention liefern.

Hinsichtlich des Entgeltkalkulationsverfahrens war der Zugang zu einer spezifischen Leistungserfassungssystematik, z. B. durch die Pflegepersonalregelung (PP-R) aus den Jahren 1993 bis 1996, weniger problematisch. Perspektivisch können hier kompatibel differenziertere Leistungserfassungsverfahren Chancen zur Anwendung erhalten.

In der Phase der Weiterentwicklung des Systems beteiligt sich der DPR als Vertragsmitwirkender Partner beim zuständigen Institut für die Weiterentwicklung (InEK) (**Abb. 9.5-5**).

Die Erkenntnis, dass Pflegedaten bis heute gesetzlich und damit kassenorientiert noch nicht eingefordert und hinterfragt werden, erklärt den Stand der Pflege in der politischen Diskussion. Hieraus lassen sich auch u. a. Schlüsse zur Ein-

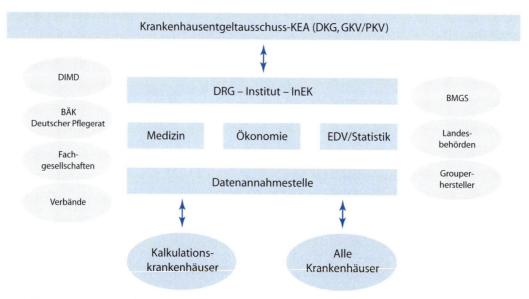

Abbildung 9.5-5: Der Krankenhausentgeltausschuss (KEA) (Quelle: In EK-Informationsdienst, 2003)

ordnung und Stellung in sozial-, leistungs-, und berufsrechtliche Hinsicht ziehen.

9.5.4 Integrierte Versorgung

Die integrierte Versorgung könnte einen guten Teil der Finanzprobleme im deutschen Gesundheitswesen lösen. Sie hebt die strikte Trennung zwischen den Sektoren «ambulant» und «stationär» auf und ermöglicht so eine interdisziplinäre und interprofessionelle Behandlung (20). Hieraus lassen sich Qualitätssteigerungen und Kostensenkung erzielen. Das GMG 2004 versucht mit neuen Impulsen, wie Anschubfinanzierung und Modellversuchen, die sektorenübergreifende Versorgung durch die Zusammenarbeit der verschiedenen Stellen besser und zielführender zu gestalten. Die integrierte Versorgung wird so zu einem Kernstück des GMG und fordert die Pflege geradezu heraus, sich aktiv in den Gestaltungsprozess einzubinden (**Abb. 9.5-6**).

Zwar müssen Leistungserbringer grundsätzlich zugelassen oder ermächtigt sein, jedoch können sie als Teilnehmer an der integrierten Versorgung auch Leistungen außerhalb ihrer Zulassung und ihres Ermächtigungs- oder sonstigen Berechtigungsstatus erbringen. Damit wird der Kreis der Vertragspartner bewusst erweitert, was der Pflege für bestimmte Leistungskomplexe, wie z. B. die Wundversorgung, Pflegebedürftigkeitserhebung, Pflegehilfsmittelbedarf, Prophylaxebedarf, um nur einige Expertenfelder professionellen Pflege zu nennen, vertragsgestaltende Chancen ermöglichen kann.

Für die politische Arbeit des DPR stehen jetzt Aushandlungsprozesse auf bundespolitischer Ebene mit den Selbstverwaltungspartnern an, um vertrags- und leistungsrechtliche Voraussetzungen für einen vertragsgebundenen Zugang geeigneter Pflegepartner zu ermöglichen. Hierbei könnte beispielsweise ein Bundesmantelvertrag mit der KBV nach § 75 ein erster Schritt in die richtige Richtung sein.

Die neu angelegte Struktur integrierter Versorgung sollte verstärkt Modellversuchen Raum bieten, um so für den Teilbereich «Professionelle Pflege» Leistungs- und Kostenmodule abbildbar zu machen. Inwieweit im Rahmen des zwingend vorgeschriebenen Vertragspartners «Krankenhaus» über eine Dienstleistungsgesellschaft «Ambulanter Pflegedienst» oder «Stationäre Altenpflege» Vertragskonstruktionen zur Vor- und

Nachsorge von Patienten gedacht werden können, sollte dringend erforscht werden. Dabei kann Pflege als ein konstitutives Element in der integrierten Versorgung wirksam werden, setzt allerdings Bedingungen an die Teilnehmer, wie Teamorientierung und die Änderung des Bewusstseins dahingehend, dass kurative Medizin nur noch ein Teil des Gesamtsystems darstellen wird, voraus.

Eine Neudefinition der Rollen und Aufgaben, was Qualifikation und eigenverantwortliche Kompetenzen betrifft, ist erforderlich. Dies setzt einen Diskussionsprozess in Gang, der die bisher hoheitlichen Themen, wie Verordnungsautonomie und Therapiefreiheit, Vergütungsbeteiligung und Qualitätssicherung, öffentlich machen und das Verhältnis zwischen den Gesundheitsberufen neu klären wird.

Da künftig nicht mehr Kassenärztliche Vereinigungen (KVs) automatisch Vertragspartner in der integrierten Versorgung sind, sondern medizinische Versorgungszentren und Managementgesellschaften Vertragspartner werden können, scheint es nahe liegend, sich mit Modellen auseinander zu setzen, die Pflege beteiligen können und wollen.

9.6 Abschließende perspektivische Bemerkungen

Das politische Ziel, den Bürgerinnen und Bürgern mehr Eigenverantwortung für ihre Gesundheit im persönlichen Leben zu überlassen, erfordert Informationen, Transparenz, weitere Beteiligungsrechte und partnerschaftliche Kooperationen aller Akteure.

Dabei werden Qualifikationen, Fähigkeiten und Kompetenzen – insbesondere auf kommunikativer und sozialer Ebene – eingefordert, die sich in einer neuen Wertekultur mehr auf die Ganzheit des Menschen und weniger auf bisher vorhandene Macht bzw. Lobbys und Finanzierungsstärke beziehen. Das Thema «Pflege» ist das Zukunftsthema der Gesundheitsdebatte. Eine Verdrängung auf Nebenfelder hermetisch gegen Pflegeaspekte sich abgrenzender weiterer Reformprozesse richtet sich gegen die betroffenen Menschen und ist ethisch nicht vertretbar (21). Inwieweit die seit Jahren auf Länderebene stattfindende Berufskammerdiskussion dem eigenständigen und selbstverantwortbaren Prozess beruflicher Pflege als Leistungserbringer hilfreich wirkt, ist offen.

Der DPR versteht derzeit seine Selbstverwaltungsaufgaben in Abgrenzung zu Berufskammern nur in der Zusammenarbeit mit den durch Bundesgesetze zur Selbstverwaltung beauftrag-

---

Hat die Integrierte Versorgung jetzt eine Chance?
Entwicklung der gesetzlichen Basis zur Integrierten Versorgung

Seit Juni 1997: Modellvorhaben	Seit Dezember 1999: Integrierte Versorgung	Änderungen durch GMG (ab 2004) – integrierte Versorgung
Durchführung von Modellvorhaben nach §§ 63 SGB V (vor GMG)	Erste Regelung der Integrierten Versorgung im Rahmen der §§ 140 a–h SBG V	Radikalreform des §§ 140 a ff SBG V
Vereinbarung dieser Modellvorhaben mit Leistungserbringern nach § 64 SGB V	Sehr detaillierte Regelung mit geringem Gestaltungsspielraum	Maximaler Gestaltungsspielraum der Vertragspartner
		Möglichkeit einer Anschubfinanzierung

Abbildung 9.5-6: Hat die integrierte Versorgung jetzt eine Chance? (Quelle: McKINSEY HEALTH, 2004, Nr. 1)

ten Partnern (Spitzenverbände der GKV/PKV, DKG, KBV und BÄK bzw. Bundeskassenärztliche Vereinigung).

Der dazu gesetzlich erteilte Auftrag wird von den Selbstverwaltungspartnern wie von den zuständigen Ministerien auf Bundesebene anerkannt und umgesetzt. Beispiele hierfür finden sich im SGB V § 137 ff., § 17 b KHG, Artikel 19 GKV, § 91 GMG 2004, sodass der DPR auf Bundesebene als Vertragspartner und -beteiligter ein anerkannter Partner in den Gremien geworden ist (s. a. Tab. 9.4-1).

Im Gegensatz zu Berufskammern oder anderen Selbstverwaltungskörperschaften kann es solche nur auf Landesebene geben. Daher werden sich die Aufgaben der Berufskammern stets auf die Gesundheitspolitik der Länder beziehen. Allenfalls ein Zusammenschluss aller Länderkammern könnte als eine Bundespflegekammer mit dem Aufgabenspektrum des DPR auf der Bundesebene konkurrieren.

Der DPR begrüßt das Engagement der pflegepolitischen Vertretungen wie z. B. der Länderräte. Aufgaben der beruflichen Selbstorganisation und Selbstverantwortung (wie z. B. Berufs-, Ausbildungs- oder Prüfungsaufsicht oder unmittelbare Einflussnahme auf die Berufsausübung) können entsprechend der föderalen Struktur der Bundesrepublik nur durch Bundesländer über spezifische Ländergesetze übertragen werden. Insofern entsteht auch hier keine Konkurrenz zu den Aufgaben des DPR.

Das breite Feld der Prävention und gesundheitlichen Vorsorge wird für die berufliche Pflege neue und erweiterte Aufgabenfelder erschließen lassen. Dabei wird es heute darauf ankommen, dass wir auch politisch die Weichen dafür stellen müssen, dass das neue Ausbildungspotenzial, z. B. für integrative Versorgung und Prävention, auch im Pflege-Betreuungsalltag eingesetzt werden kann.

Mit dem Konzept «Familien-Gesundheitsschwester» zeigt der Deutsche Berufsverband für Pflegeberufe (DBfK) bereits seit geraumer Zeit neue Wege eines Betreuungs- und Versorgungsangebotes mit international nachweisbarem gesellschaftlichem Nutzen auf.

Beeindruckend ist die «Münchener Erklärung 2000», ein Ergebnis der Paneuropäischen Konferenz, zeigt sie doch deutlich auf, dass das deutsche Gesundheits- und Pflegewesen Handlungsbedarf aufweist, was die internationale Anpassung an den Bildungsstand (tertiärer Bereich), pflegeberufliche Eigenständigkeit, Verordnungskompetenz und multiprofessionelles Lernen und Arbeiten betrifft (22).

Um die politische Mitwirkungskraft von Pflege im Gesundheitssystem zu fördern, ist es bedeutsam, den Organisationsgrad von Pflege in Deutschland zu erhöhen. Wie der internationale Vergleich (Österreich, Skandinavien, England u. a.) zeigt, wirkt sich ein hoher Organisationsgrad der Pflege unmittelbar auf deren politische Wirksamkeit aus.

Die Erwartungen an einen modernen Verbändeverband sind neu zu justieren und zu entwerfen. Der Deutsche Pflegerat unterstützt die Initiativen zweier seiner Mitgliedsverbände zur «Freiwilligen Registrierung» von professionell Pflegenden in Deutschland, um die bis heute öffentlich verwendeten Zahlen für die Gesundheitsberichterstattung auf dem Gebiet der beruflichen Pflege deutlich zu verbessern. Dies betrifft insbesondere die Bereiche der Altersstufen, Arbeitsfelder, Qualifikation, Dauer der Berufszugehörigkeit und Verbleib im Beruf/Arbeitsfeld. Ziel ist es, in Verbindung mit den erweiterten Daten zur zukünftigen Bedarfslage, zur Bildungsentwicklung und für eine prozessorientierte Qualitätssicherung, den jeweiligen Interessengruppen Informationen zur Verfügung zu stellen. Im Gegenzug wird der Deutsche Pflegerat die Regierung auffordern, eine finanzielle Anschubunterstützung zu übernehmen. Ist es doch eine politische Aufgabe, den Akteuren für ihre gesamtgesellschaftliche Aufgabe aus dem Gesundheits-, Sozial-, Bildungs- und Arbeitsmarkt valide und perspektivisch umfassende Daten als Planungsgrößen zur Verfügung zu stellen.

Diese Strategie zeigt einmal mehr, dass Initiative und Eigenverantwortung innerhalb einer Profession Motor für Entwicklungen sein kann. Gleichzeitig initiiert es jedoch auch, dass die verantwortlichen Vertreterinnen und Vertreter der Verbände ihren Mitgliedern den Nutzen der Verbandszugehörigkeit im Beruf, im sozialen und gesellschaftlichen Umfeld und im persönlichen Lebensraum wirkungsvoller erklären können.

Obwohl manche Zielsetzung der pflegerischen Berufspolitik, wie z. B. eine Selbstverwaltung Pflege (vierte Säule im Gesundheitssystem) oder eine grundlegende Organisationsentwicklung des pflegerischen Verbändewesens zu einem Dachverband oder Übernahme von Verordnungsfunktion, in Teilbereichen des Gesundheitswesens noch visionär erscheint, lassen die in diesem Kapitel aufgezeigten Entwicklungspotenziale gute Chancen für die Pflege erkennen.

Anmerkungen und Literatur

1. Sozialgesetzbuch V (SGB V) § 71 Abs. 1
2. Sachverständigenrat für die Konzertierte Aktion im Gesundheitswesen, Gutachten 2000/2001, Bedarfsgerechtigkeit und Wirtschaftlichkeit, Band III
3. Gesundheitsmodernisierungsgesetz (GMG) 2004 § 137 b, Buchstabe f, Satz 5 neu SGB V
4. Weltgesundheitsorganisation (Hrsg.), Regionalbüro für Europa, Kopenhagen: «Gesundheit 21» – Das Rahmenkonzept: «Gesundheit für alle», Europäische Schriftenreihe «Gesundheit für alle», Nr. 6, 1999
5. 72. Gesundheitsministerkonferenz am 9./10. Juni 1999, Trier, Sachverständigenrat für die Konzertierte Aktion im Gesundheitswesen, Gutachten 2003, Finanzierung, Nutzerorientierung und Qualität, S. 28
6. Neubauer, Institut für Gesundheitsökonomie, München, Vortrag anlässlich der 5. Casemixkonferenz, Luzern, 2004
7. Müller, M. L.: Vortrag anlässlich des Coburger Gesundheitsforums 2004
8. Herbst, U.: unveröffentlichtes Statement zu Selbstverwaltung/Kammer für Pflegeberufe, Göttingen, 2002
9. Bundesgerichtsurteil vom 24. Oktober 2003
10. Prowasnik, R.: Die Bedeutung der Pflegekammer für die Professionalisierung der Pflege, Abs. 2: Pflege als Heilberuf mit zentralem gesellschaftlichem Wert und legitimer öffentlicher Aufgabe. Pflege und Management, Nr. 3, 2004
11. vgl. Wagner: Professionelle Pflege 1, Theoretische und praktische Grundlagen (3. Aufl.). Verlag Hans Huber, Bern
12. Igl, G.; Welti, F.: Öffentlich-rechtliche Grundlage für das Berufsfeld Pflege im Hinblick auf vorbehaltene Aufgabenbereiche, ADS, BA, BALK, BKK und BfK Hg., u.a. Wuppertal, 1998
13. Konzertierte Aktion im Gesundheitswesen 1998, S. 10
14. vgl. auch Kurtenbach, H.; Kolombek, G.; Siebers: Krankenpflegegesetz mit Ausbildungs- und Prüfungsverordnung für die Berufe in der Krankenpflege (3. Aufl.). Stuttgart, 1992
15. Berufsverband der Kinderkrankenschwestern und Kinderkrankenpfleger e.V. (BKK): Übersicht über die Berufsorganisationen der Pflege. Kinderkrankenschwester, 18 Jg., Nr. 11 (1999), S. 479–480
16. Sieger, M.; Kunstmann, W.: Pflegerischer Fortschritt, ein Beitrag zum Gutachten des Sachverständigenrates für die Konzertierte Aktion im Gesundheitswesen, Fortschritt und Wandel im Gesundheitswesen. ADS, BA, BALK, BKK und DBfK Hg. u.a., Wuppertal, 1998
17. Deutscher Pflegerat e.V., Geisbergstraße 39, D-10777 Berlin, www.deutscher-pflegerat.de
18. Gesundheitsmodernisierungsgesetz 2004, SGB V § 140 f, Abs. 2, Satz 2
19. Teichmann, W. (Hrsg.): Erlöse sichern – Kosten steuern, 5-Punkte-Programm zur erfolgreichen Umstellung auf G-DRGs im Krankenhaus, Standpunkt 2.7. Pflegemanagement. Flensburg 2003
20. McKinsey: Health-Management-Wissen für die Gesundheitsbranche, 1/2004, S. 32 ff.
21. Erklärung des Zentralkomitees der deutschen Katholiken (ZdK), Dokumentation 21. November 2003, Abs. 4. Zukunft der Pflege
22. Erklärung der WHO von München vom Juni 2000, Thesenpapier (Akklamation)

Autorenverzeichnis

Jürgen Georg
- Pflegefachmann, -lehrer und -wissenschaftler (MScN)
- Lektor und Programmplaner für die Bereich «Pflege und Gesundheitsberufe» beim Verlag Hans Huber, Bern
- Dozent und Lehrbeauftragter zum Thema «Pflegediagnosen und -diagnostik»
- Autor und Herausgeber zahlreicher Publikationen zum Thema «Pflegeprozess und Pflegediagnosen»

Prof. Dr. rer. pol. Manfred Haubrock
- Stiftung Fachhochschule Osnabrück
- Fakultät Wirtschafts- und Sozialwissenschaften
- Beauftragter
  - des Diplomstudiengangs Pflege- und Gesundheitsmanagement
  - des Weiterbildungsstudiengangs MBA/Gesundheitsmanagement/Health-Management
- Sprecher des Profils Gesundheit
- Professur für BWL/Gesundheits- und Sozialmanagement/Gesundheitsökonomie
- Referent, Autor, Herausgeber einschlägiger Fachpublikationen

Heiner Laux
- Krankenpfleger, Pflegemanager
- Absolvent der Fachhochschule Osnabrück
- Prokurist der HINZ-Organisation Berlin mit den Aufgabenschwerpunkten Vertriebsleitung/Produktinnovation und Support/Key-Account
- Referent/Dozent auf Messen, Tagungen und an Bildungseinrichtungen
- Referent, Autor, Herausgeber einschlägiger Fachpublikationen

Marie-Luise Müller
- Krankenhausführungs- und Managementfunktionen im Bereich Pflege und Funktionsdienste in Krankenhäusern
- Aufbau der Gesellschaft «MedServ GmbH» und Stiftung zur Förderung der Gesundheit und des medizinische Fortschritts
- freiberufliche Tätigkeit mit den Schwerpunkten «Beratung im Pflege- und Qualitätsmanagement» und «Produktentwicklung für Servicedienstleistungsunternehmen»
- 1995: 1. Vorsitzende der Bundesarbeitsgemeinschaft Leitender Krankenpflegepersonen (BALK) bis 2003
- 2000: Präsidentin des Deutschen Pflegerates
- 2004: Bundesverdienstkreuz am Bande
- Mitautorin zahlreicher Publikationen und Fachzeitschriften

Margarete Reinhart
- Krankenschwester, Diplom-Pflegepädagogin
- Koordinatorin des Studiengangs Pflege/Pflegemanagement an der evangelischen Fachhochschule in Berlin
- Vertretungsprofessur im Bachelor-Studiengang Pflegemanagement an der Fachhochschule im DRK, Göttingen
- Doktorandin im Fachbereich Erziehungswissenschaft an der Freien Universität Berlin

Jörg Reschke
- Verwaltungsleiter, HELIOS-Kliniken Berlin-Buch (Akademisches Lehrkrankenhaus der Charité/Humboldt-Universität, Berlin)
- Referent für medizinökonomische Fragestellungen und Problembereiche
- Ausbilder von Nachwuchsführungskadern
- Autor von Fachbüchern und Beiträgen in Fachzeitschriften

Prof. em. Dr. habil. Walter Schär
- Humboldt-Universität Berlin, Universitätsklinikum
- Institut für Medizin und Pflegepädagogik, Pflegewissenschaft
- Schulungstätigkeit in Bereichen der Fort- und Weiterbildung
- Betreuung einschlägiger wissenschaftlicher Arbeiten
- Herausgabe von Studienmaterialien für Fachhochschulen (Lehrbriefe, Module)
- Autor und Herausgeber einschlägiger Fachpublikationen
- Mitwirkung in der fachlichen Leitung des Pflegemagazins «Heilberufe»

Prof. Dr. rer. pol. Winfried Zapp
- Leitungsfunktionen und fachwissenschaftlich führende Tätigkeit in Einrichtungen des Gesundheitswesens
- Professur an der Fachhochschule Osnabrück mit den Lehrgebieten «Betriebswirtschaftslehre» und «Krankenhausrechnungswesen»
- tätig in der Bearbeitung der Forschungsschwerpunkte «Kostenmanagement und Controlling in Einrichtungen des Gesundheitswesens (Krankenhäuser)», «Stationäre Altenhilfe» und «Fach- und Reha-Einrichtungen»
- Mitglied in zentralen Fachgesellschaften (u. a. Verband der Krankenhausdirektoren, Kuratorium der Akademie für Krankenhaus-Management, Deutscher Verein für Krankenhaus-Controlling
- Autor und Herausgeber von Fachpublikationen

Sachwortverzeichnis

A

Abbildung 301
ABC-Analyse 169, 281, 366ff., 377
ABEDL siehe Aktivitäten, Beziehungen und existenzielle Erfahrungen des Lebens
Abfallbeauftragte 373
Abfallbecken 370
Abfallbeseitigung 372
Abfallbilanz 371, 373, 374
Abfallrecht 371, 372, 378
–, feste 371, 377
–, kontaminierte 375
–, medizinische 376
Abfallentsorgung 379
Abfallfraktionen 379
Abfallgesetz 372, 374, 380
Abfallgruppen 375
– A 375
– B 375
– C 376
– D 376
– E 376
Abfallkonzept 371
Abfallmanagement 362, 368, 370ff., 379, 380
Abfallmengen 379
Abfallnachweisverordnung (AbfNachwV) 375
Abfallproduktion 379
Abfallproduzenten 374
Abfallrecht 373
Abfallschlüssel 376
Abfalltrennung 373
Abfallvermeidung 371, 379
Abfallverwertung 371, 373, 379
Abfallverzeichnis 375
– Verordnung (AVV) 375, 376
Abfallwirtschaft 371
Abfallwirtschaftskonzept 374
Abfallwirtschaftsziele 374
Abfallzusammensetzung 379
AbfNachwV siehe Abfallnachweisverordnung
Abgrenzung 244
Abgrenzungsverordnung (AbgrV) 361, 362
AbgrV siehe Abgrenzungsverordnung
Ablauf
–, reibungsloser 143
Ablaufdiagramm 177
Ablaufelemente 184
Ablaufmängel 501
Ablauforganisation 142ff., 157, 173, 503, 531, 540
– Flexibilisierungsmodelle 537ff.
–, funktionelle 541, 524
–, patientenorientierte 535
Ablaufstärken 501
Abluft 378
Abnutzung 423

Abrechnung 410
Abrechnungsbestimmungen 417
Abrechnungsvorbereitung 487
Absatz 120, 145, 267, 364
Absatzgüter 297
Absatzhelfer 390
Absatzkonzeption 382
Absatzleistungen 298
Absatzmärkte 384
Absatzmarktsituation 253
Absatzorgane 390
Absatzplan 145
Absatzpolitik 127
Absatzvorgänge 267
Absatzwege 390
–, direkte 390
–, indirekte 390
Absatzwirtschaft 382
Abschied 85
Abschläge 409, 420, 436, 451
Abschlagszahlungen 433
Abschluss
–, akademischer 550
Abschreibungen 281
Abschreibungsbeträge 362
Absprachen 332
Abstimmung 229ff.
Abstimmungsinstrument 539
Abstimmungsprobleme 178
Abstimmungsprozess 230
–, intersystemischer 230
Abteilungen 143, 256, 468
–, psychiatrische 433
Abteilungsarzt 465
Abteilungsleitung 503
Abteilungspflegesätze 397, 408, 414, 416, 433, 434
Abteilungsschwester 532
Abteilungssystem 468
Abwasser 377, 378
Abwasserrecht 373
Abweichungen 339, 498, 529
Abweichungsanalyse 234, 243, 246, 248, 301, 338
–, gesamtsystemische 248
–, geschlossene 248
–, kostensystemische 248
–, partielle 248
Abweichungsberichte 256, 257
Abweichungswert 234
Abwesenheit 138
ACCC siehe Australian Casemix Clinical Committee
Action Research Forschung 545
Activities of Daily Living (ADL) 528
Activity-based Costing 243
Adaptationsmechanismen 234
Adel 89

Adjacent-DRGs 446, 447
ADL siehe Activities pf Daily Living
ADL-Selbstversorgungsfähigkeit 517
ADS siehe Arbeitsgemeinschaft Deutscher Schwesternverbände
AEB siehe Aufstellung der Entgelte und Budgetermittlung
AEV siehe Arbeiterersatzkassen-Verband
AG siehe Aktiengesellschaft
Aggressivität 325
Agieren
–, selbstsicheres 325
AGIP siehe Arbeitsgruppe Innovative Projekte
AG-Zert 565
AIDS-Erkrankungen 107
AIDS-Patienten 431
Akademisierung 558, 565
Akademisierungsbemühungen 512
Akao, Y. 168
Akkreditierung 550
Akkreditierungsstelle 400
Akten 457
Aktien 134, 135
Aktiengesellschaften (AG) 104, 130ff., 222
Aktiengesetz 134
Aktion
–, Konzertierte siehe Konzertierte Aktion
Aktionäre 134
Aktionsplanung 237, 238
Aktivitäten 176, 332, 528
Aktivitäten des täglichen Lebens (ATL) 481, 516, 524, 526
Aktivitäten, Beziehungen und existenzielle Erfahrungen des Lebens (ABEDL) 492, 494, 515ff., 526
Aktualität 255, 256
Akutkrankenhäuser 152
Akutversorgung 528
Akzeptanzfortschritt 566
Alkoholkonsum 138
All Patient DRGs (AP-DRGs) 441, 445
All Patient Refined DRGs (APR-DRGs) 441, 444
Alltagskompetenz 109
Alltagspraxis 512
Altenberatung 78
Altenheime 76
Altenhilfe 77
–, stationäre 295
Altenklubs 78, 79
Altenpflege
–, stationäre 574
Altenpflegeausbildung 548
Altenpflegegesetz 548, 558
Altenpflegeheim 76, 77
AltenpflegerIn 526
Altentagesstätten 78, 79

Altenwohnheime 76
Alter 78, 94, 138, 437, 438, 441, 443, 444, 446, 471
Altersbezüge 115
Altersgrenzen 114, 115, 445
Altershilfe 65
Altersquotient 74
Altersrente 91, 94, 114
Alterssicherung 93, 97
Alterssicherungssysteme 100
Altersstruktur 107, 390
Altersteilzeitarbeit 101, 115
Altersteilzeitförderung 101
Altersteilzeitgesetz 101
Altersversicherung 90, 106
Altersversorgung 65, 144, 306
–, betriebliche 90, 96, 116
Altersvorsorge
–, betriebliche 97
–, kapitalgedeckte 96
–, private 96, 97, 114
Altersvorsorgeaufwendungen 115
Alterung 555
Altprodukte 371
Ambulanzen 298, 427
Ambulanzkarte 461
American Nurses' Association (ANA) 517
Amtsgericht 132
ANA siehe American Nurses' Association
Analyse 250
–, selbstreflexive 545
Analyseansatz
–, vieldimensionaler 328, 329
Anamnese 457, 460, 477
Anästhesieprotokolle 461
AN-DRGs 444, 445
Anerkennung
–, soziale 502
Anfangszustand 141
Anforderungen 248, 255, 274
–, benutzerorientierte 274, 275
–, querschnittorientierte 274
–, rechnungsorientierte 274
Anforderungsniveau 192
Anforderungsprofile 311, 318, 508
Anforderungsstufen 425
Angaben
–, maschinenlesbare 405
Angebot 39, 40, 134
Angebotskapazitäten 72, 73
Angebotsorientierung 27
Angebotssteuerung 37ff.
Angebotsüberhang 126, 129
Angebotswirtschaft 159
Angebotswirtschaftsziel 158
Angehörige 306, 469
Angemessenheit 415
Angestellte 103, 406
Angleichung
–, stufenweise 411
Angrenzungsverordnung 359
Angst 525
Anlagegüter 360, 361, 362, 408, 422, 423, 426, 504
–, abnutzbare 361
–, bewegliche 361
–, kurzfristige 361
–, langfristige 361
–, mittelfristige 361
–, ultrakurzfristige 362
–, wiederbeschaffte 361

Anlagen
–, technische 361
Anlagevermögen 340, 361
Anlaufkosten 423
Anleitung
–, praktische 526
Annehmlichkeiten 192
Anordnungen 461
Anordnungsbögen 462
Anpassung 233, 234
Anpassungsformel 113
Anpassungsleistungen 463
Anpassungsmaßnahmen 257, 319, 339
–, örtliche 319
–, quantitative 319
–, zeitliche 319
Anpassungsprozesse 563
Anpassungsraten 114
Anpassungssätze 113
Anreizinstrumente 212
Anreizsystem 161, 243, 313
Ansatz
–, dreidimensionaler 327
–, eindimensionaler 328
–, instrumentalischer 326
–, prozessorientierter 196
–, situationsanalytischer 326
–, zweidimensionaler 327
Ansatzpunkte 198
Anschaffungskosten 361, 362
Anschubfinanzierung 223, 407, 574
Anschubunterstützung 576
Ansparphase 96
Anspruchsgruppen 159
Anstaltsordnung 156
Anteilseigner 131
Anti-Raucher-Campagnen 383
Anwartschaften 96, 98
Anwartschaftsversicherungen 105
Anwartschaftszeit 100
Anwendersoftware 458
Anwendungsorientiertheit 274
Anwesenheit 317
Anzeigebeschriftung 481
Anzeigemaske 485
Anzeigen 391
Anzeigenkampagnen 391
AP-DRGs siehe All Patient DRGs
AP-DRG-System 441
Apothekenabschlag 60
Apothekenmehrbesitz 60
Apotheker 103
Apparate 150
Apparategemeinschaft 51
Approbation 219
APR-DRGs siehe All Patient Refined DRGs
APR-DRG-System 442
Äquivalenzdifferenzrechnung 289
Äquivalenzprinzip 104, 105
Äquivalenzziffern 290
Äquivalenzziffernkalkulation 290, 291
Äquivalenzziffernrechnung 298
Arbeit 121, 147
–, nichtselbständige 95
Arbeiten
–, multiprofessionelles 576
Arbeiter 103
Arbeiter-Ersatzkassen-Verband (AEV) 199, 200, 565
Arbeiterorganisation 89
Arbeiterparteien 89
Arbeitgeber 90, 91, 93, 97

Arbeitnehmer 95, 97
Arbeitnehmerbeitrag 99
Arbeitnehmerleistungen 65
Arbeitnehmerschutz 89
Arbeitsabläufe 68, 142, 304, 504
Arbeitsablaufprogramm 470
Arbeitsamt 78, 100, 312
Arbeitsanweisungen 185
Arbeitsbedingungen 187
Arbeitsbelastung 308, 468, 524
Arbeitsberatung 100
Arbeitseinkommen 98, 99, 107
Arbeitsentgelt 95, 98ff.
–, beitragspflichtiges 99
Arbeitsfeld 313
–, weibliches 509
Arbeitsförderung 65, 99ff.
Arbeitsförderungsgesetz (AFG) 91, 99
Arbeitsförderungsrecht 100
Arbeitsgemeinschaft 416
Arbeitsgemeinschaft Deutscher Schwesternverbände (ADS) 560ff.
Arbeitsgemeinschaft zur Förderung der Hospizbewegung 83
Arbeitsgemeinschaft zur Förderung der Qualitätssicherung 189
Arbeitsgesetz 452
Arbeitsgruppe 306
Arbeitsgruppe Innovative Projekte (AGIP) 295
Arbeitsintensität 176
Arbeitskräfte 156, 277, 305
– Bereitstellung 305
Arbeitsleistungen 149, 158, 234, 267, 279, 305, 359
Arbeitslisten 480
Arbeitslosengeld 100, 101, 103
Arbeitslosenhilfe 103
Arbeitslosenversicherung 65, 90, 101, 106, 111
Arbeitslosigkeit 94, 100, 101, 115
– Leistungen 100
Arbeitslosmeldung 101
Arbeitsmarkt 99, 100, 115, 122, 312, 547
Arbeitsmarktentwicklung 112, 113
Arbeitsmarktpolitik 99, 100
Arbeitsmaske 487
Arbeitsministerien 93
Arbeitsmittel 463
Arbeitsmotivation 391
Arbeitsorganisation 467
Arbeitspausen 537
Arbeitsplanung 467
Arbeitsplatz 100, 153
–, klinischer 476
Arbeitsplatzwechsel 98
Arbeitsprinzipien 170
Arbeitsproduktivität 144
Arbeitsprozess 172, 455
Arbeitsqualität 219
Arbeitsschritte 143
Arbeitsschutz 101
Arbeitsschutzgesetz 101
Arbeitssicherheitsgesetz 101
Arbeitsspeicher 458
Arbeitsstättenverordnung 101
Arbeitssystem 172
Arbeitstätigkeit 510
Arbeitsteilung 24, 172, 205, 460
–, tayloristische 531
–, trägerspezifische 152
Arbeitsunfähigkeit 33, 66

Sachwortverzeichnis **583**

Arbeitsunfall 93, 94, 101, 103
Arbeitsverdichtung 540
Arbeitsverhältnis 95, 207, 306
Arbeitsvermögen 315
–, spezifisch weibliches 547
–, weibliches 509
Arbeitsverrichtungen 510
Arbeitsverteilung 538
Arbeitsvertrag 311, 313, 321
Arbeitswechsel 173
Arbeitswilligkeit 143
Arbeitszeiten 101, 148, 290, 306, 476, 502, 538
Arbeitszeitgesetz 101
Arbeitszeitgestaltung
–, familienfreundliche 537
–, frauenfreundliche 537
Arbeitszeitkonten 538
Arbeitszeitmodelle 537
Arbeitszeitorganisation
–, innovative 537
Arbeitszeitregelung 537
Arbeitszeitverkürzungen 319
Arbeitszufriedenheit 333
AR-DRGs siehe Australian Refined Diagnosis Related Groups (Australian Refined DRGs)
AR-DRG-System 446, 447
AR-System 447, 449
Artikelgesetz 373
Arzneimittel 359, 362
–, patentgeschützte 59
–, verordnungsfähige 59
Arzneimittelausgabenbegrenzungsgesetz 59
Arzneimittelbudget 60
– Ablösungsgesetz 59
Arzneimittelhandel 393
Arzneimittelversorgung 47, 58, 59
Arzt
–, niedergelassener 50
–, zufriedener 68
Arztanamnese 462
Arztbericht 478, 480
Arztbrief 479
Arztbriefschreibung 480
Ärzte 84
Ärzteschaft 555
Arzthaftpflichtversicherung 219
Arzthonorare 217
Arzt-Patient-Beziehung 209, 219
Arztregistereintragung 52
Arztvisite 541
Arztwahl 218
Arztwerbung 394
Aspekte
–, haftungsrechtliche 507
Assessment 527
Assessment-Center-Problematik 313
Assistenzberuf 513
Associated Nurses 533
Asthma bronchiale 191, 212
Atembeutel 362
Atemwegserkrankungen
–, chronisch obstruktive (COPD) 191
ATL siehe Aktivitäten des täglichen Lebens
Atomgesetz 374
Audit
–, internes 373
Auditinstrument 570
Aufbauelemente 184
Aufbauorganisation 31, 143, 157, 173, 503, 531

Aufbautarife 106
Aufbewahrungsfristen 465, 466
Aufbewahrungspflicht 466
Aufenthaltsdauer 477, 480, 488
Auffinden 468
Aufgaben 176, 270
–, marktbezogene 382
Aufgabenbereiche 143
Aufgabenbildung 276
Aufgabenorientierung 328
Aufgabenperspektive
–, öffentliche 355
Aufgabenstellung
– Betriebsführungsstrukturen 504, 505
– Gesundheit/Krankheit 506ff.
– Pflegemanagement 502, 503
– Pflegemanagement im Krankenhaus 503, 504
–, pflegerische 501ff.
– Professionalisierung 509ff.
Aufgabenträger 143
Auflistung 143
Aufnahme 160
Aufnahmediagnose 477, 480, 73
Aufnahmegespräch 462
Aufnahmegewicht 446, 480
Aufnahmeinformation 480
Aufnahmestatus 482
Aufnahmetag 414
Aufnahmezustand 195
Aufrechterhalten 327
Aufsichtspflicht
–, staatliche 77
Aufsichtsrat 134, 135
Aufsichtsratsmitglieder 134
Aufstellung der Entgelte und Budgetermittlung (AEB) 411
Auftragsdokumentation 470
Aufwand 272
–, materieller 482
–, personeller 482
Aufwand-Nutzen-Verhältnis 195
Aufwendungen 28
–, pflegebedingte 112
Ausbildung 46, 100, 156, 285, 508, 544
–, betriebliche 544
–, gesonderte 548
–, wissenschaftliche 511
Ausbildungsangebote 548
Ausbildungsfinanzierung 401
Ausbildungsförderung 61, 65, 65, 95
Ausbildungskosten 436, 548
Ausbildungsplätze 100
Ausbildungspotenzial 576
Ausbildungsstätten 401, 408, 451
Ausbildungsvergütung 401, 408, 451
Ausbringungsgüter 296
Ausbringungsmenge 270
Ausdauer 325
Ausfallzeit 241
Ausführungsprozesse 173
Ausführungssystem 230
Ausfüllhinweise 570
Ausgabemedien 458
Ausgabenentwicklung 35, 44
Ausgabenerweiterungen 44
Ausgabenpolitik
–, einnahmenorientierte 96
–, grundlohnsummenorientierte 35
Ausgabenvolumen 60
Ausgangsbasis 290
Ausgangsdaten 273

Ausgangspunkt 229
Ausgleich 373, 423
Ausgleichsbetrag 60
Ausgleichsfunktion 366
Ausgleichssystem
–, morbiditätsorientiertes 48, 400
Ausgleichsverfahren 48, 400
Ausgleichszahlungen 398
Aushandlungsprozesse 540
Auslandsreiseschutz 58
Auslastungsgrad 144
Auslastungslücken 141
Ausreißer 440
Aussagekraft 337
Ausscheidung 528
Ausschluss 476
– Krankenhaus 53
Außenstrukturierung 260, 261
Außenwelt 229
Ausstattungen 361
Austauschbeziehungen 382
Austauschprozesse 381
Australian Casemix Clinical Committee (ACCC) 444
Australian Council on Healthcare Standards 200, 203
Australian Refined Diagnosis Related Groups (AR-DRGs) 310, 409, 436, 442, 444, 445, 449, 450
Austritt 222
Auswahlverfahren 385
Auswertung 483ff.
–, automatisierte 486
Auswertungsziele 273
Auswertungszweck 256
Auszahlungen 272
Auszubildende 90, 103, 311
Aut-idem-Regelung 60
Automatisierung 321, 456
Automobilindustrie 170
Autonomie 158, 216, 218, 511, 547, 558
–, berufliche 512
–, fachliche 559
–, professionelle 521
Autonomiebestrebungen 512
Autonomieerhaltung 364
Autonomieprinzip 119
AVV siehe Abfallverzeichnis-Verordnung

B
BA siehe Bundesausschuss der Lehrerinnen und Lehrer für Pflegeberufe
Bachelor of Nursing 548, 550ff.
Bachelor-Niveau 550
Back-up 459
BAföG siehe Bundesausbildungsförderungsgesetz
Bahn 90
BÄK siehe Bundesärztekammer
Balanced Scorecard (BSC) 152, 164, 235, 252, 253, 258ff., 336, 344, 348, 349, 351ff., 372
– Dimensionen 259
– Nachteile 259
– Vorteile 259
BALK siehe Bundesarbeitsgemeinschaft Leitender Krankenpflegepersonen
Ballungszentren 89
Band 457
Bandgerät 459
Bankbetriebslehre 120
Banken 270

Barthel-Index 473, 527
base rate 440, 452
Basisanforderungen 357
Basisassessment 515, 516
Basisdaten 471
Basis-DRG 446ff.
Basisfallgruppe 443
Basisfallwerte 164, 402, 409, 412, 436, 452
–, krankenhausindividuelle 411
–, landesweit geltende 411
Basispflegesatz 397, 408, 414, 416, 426, 433, 435
Basisrisikoassessment 491, 492
Basisstruktur 532
BAT siehe Bundes-Angestellten-Tarifvertrag
BAT
– Berichtigungsanspruch 399
– Erhöhung 408
Baumwollwindeln 376
Bauzielplanung 159
BC siehe Blue Cross
BDH siehe Bund Deutscher Hebammen
Beamte 90
Beamtenpension 65
Bearbeitungszeiten 144
Beatmung 441
Beatmungsstundenzahl 446
Beatmungszeiten 480
Becher 375
Bedarf 40, 125, 126, 395, 424, 476
–, notwendiger 72
–, objektiver 34, 40, 395
–, subjektiver 40, 395
Bedarfsberichte 256
Bedarfsdeckung 366
Bedarfsdeckungsziel 157
Bedarfsermittlung 365, 366
–, ambulante 42
Bedarfsgerechtigkeit 45
Bedarfskongruenz 157
–, dringliche 157, 158
–, räumliche 157, 158
Bedarfslage 353
Bedarfspersonalplanung 309
Bedarfsplanung 53, 365
–, kassenärztliche 42
Bedarfsprofile 476
Bedarfsprognose 41, 42
–, analytische 42
–, angebotsorientierte 41
–, inanspruchnahmeorientierte 41, 42
–, morbiditätsorientierte 41
–, mortalitätsorientierte 41
–, ressourcenorientierte 41
Bedarfsstruktur 125
Bedarfsträger 71, 126
Bedingung
–, räumliche 306
Bed-Side-EDV 458
Bedürfnisbefriedigung 74, 125, 127, 147
Bedürfnisse 39, 86, 124ff., 172, 325, 360, 395, 463
–, psychosoziale 528
Bedürfnisskala 34
Bedürfnisstrukturen 502
Bedürfnisträger 39, 356, 395
Bedürftigkeitsprüfung 107
Beeinflussungsinstrument 219
Beerdigungsunternehmen 103
Befähigeraspekte 199
Befähigerkriterien 197, 199
– Führung 198

– Mitarbeiter 198
– Partnerschaft 198
– Politik 198
– Prozesse 198
– Ressourcen 198
– Strategie 198
Befindlichkeit
–, subjektive 461, 463
Beförderung 138
Beförderungsautomatik 313
Befragung 385, 386
Befreiungsregelung 57
Befundberichte 461
Befunddokumentation 469, 470
Befunde 460
Begleiterkrankungen 444, 499
–, schwer wiegende 441
Begleitpersonen 408, 436, 451
Begünstigung
–, steuerliche 96
Behandlung 49, 104, 527
–, ambulante 58, 359, 406
–, interdisziplinäre 574
–, interprofessionelle 574
–, nachstationäre 47, 359, 396, 403, 407, 430ff., 507
–, palliativ-medizinische 84
–, semistationäre 359
–, stationäre 48, 112, 285
–, teilstationäre 47, 403, 431
–, vollstationäre 47, 359, 403, 414, 431
–, vorstationäre 47, 359, 396, 403, 407, 430ff., 507
Behandlungsaktivitäten 528
Behandlungsart 441
Behandlungsauftrag 72
Behandlungsbedarf
–, besonderer 406
–, sektorübergreifender 48
Behandlungsdaten 462
Behandlungseinrichtungen
–, stationäre 69ff.
–, teilstationäre 69
Behandlungsergebnisse 195, 527ff.
Behandlungsfälle 66, 75, 411, 436, 440, 441
Behandlungsfallgruppen 439, 440
Behandlungsformen
–, ambulante 429
Behandlungsgeschehen 192
Behandlungskonzepte 475, 477
Behandlungskosten 430, 527
Behandlungsleistungen
–, interdisziplinäre 527
Behandlungsleitlinien 159
Behandlungsmaßnahmen
–, alternative 34
Behandlungsmethoden 399
Behandlungspfade 439, 450, 477, 482, 488, 528
–, interdisziplinäre 527, 528
Behandlungspflege 53, 80
–, medizinische 112
Behandlungsplanung 450
Behandlungspraxis 529
Behandlungsprogramme
–, strukturierte 48, 49, 190, 191
Behandlungsprozesse 455, 501
–, interprofessionelle 527
–, optimierte 501
Behandlungsqualität 527
Behandlungsrisiko
–, wirtschaftliches 214

Behandlungsroutinen 471, 477
–, virtuelle 471
Behandlungsverlauf 49, 466
Behandlungswege 439
–, interdisziplinäre 527
Behandlungsziele 68, 437
–, interdisziplinäre 527
Beherbergungsbetrieb 81
Behinderte 90, 91, 95, 103, 313
Behindertenhilfe 110
Behinderungen 107, 138, 461
Behüten 509
Beihilfen 65
Beiträge 91
Beitragsbemessungsgrenze 34, 36, 37, 63, 96, 99, 104
Beitragsfinanzierung 422
Beitragsfreiheit 97
Beitragshöhe 91, 105
Beitragskalkulation 105
Beitragsnachweis 91
Beitragspflicht 91, 99
Beitragsreduzierungen 105
Beitragsrückzahlungen 57
Beitragssatz 35, 95, 96, 99, 104, 113, 114
Beitragssatzerhöhungen 65
Beitragssatzgestaltung 34
Beitragssatzstabilisierung 27
Beitragssatzstabilität 35, 44, 71, 223, 397, 399, 404, 407, 414, 421
Beitragssicherungsgesetz 59, 402
Beitragsstabilität 36, 67, 416, 451, 555
Beitragszahler 15, 93, 104, 113, 114
Beitragszahlungen 90
Beitragszusage 97
Beitrittsgebiete 424
Bekanntheitsgrad 391
BeKD siehe Berufsverband Kinderkrankenpflege Deutschland
Belastung
–, steuerliche 115, 136
Belastungsobergrenze 57
Belastungsunterschiede 399
Belegabteilung 416
Belegarzt 465
Belegarztberechtigung 219
Belegarztwesen 398
Belegbetten 51
Belegung 253
Belegungsgrad 42
Belegungsplanung 241
Belegungszahlen 162
Belohnungssystem 243
Bemessungsstandard 141
Benchmarking 159, 219, 250, 252, 304, 416, 527
– Formen 250
– Merkmale 250
– Projekte 164, 251
– Verfahren 251
Beobachtung 385, 386, 463
Beobachtungsgabe 150
Beobachtungsinstrument 219
Beratung 331
Beratungsaufgaben 552
Beratungsprozess 515
Beratungsservice 219
Beratungsstellen 78
Berechnungstage 414
Berechtigungsschein 55, 58
Bereich
–, intersystemischer 229

–, intrasystemischer 229
–, pflegerischer 481
–, quantifizierbarer 456
Bereichspflege 532, 541
Bereichspflegesystem 534
Bereitschaftsdienste 539
Bereitschaftserhaltung 148
Bereitstellungskosten 122
Bergleute 90
Berichte 482, 258, 482
–, übergaberelevante 483
Berichterfassungsmaske 479
Berichterstattung 255, 503
Berichterstellung 257
Berichtscharakter 273
Berichtsformen 256
Berichtsinhalte 255, 256
Berichtssystem 163, 253, 254
–, gestuftes 163
–, ökonomisches 267
Berichtswesen 161ff., 238, 254, 256, 258
– Anforderungen 255, 256
– Balanced Scorecard 258ff.
– Begriffsbestimmung 254
– Formen und Inhalte 256ff.
– Funktion 254, 255
– Institution 254
Berichtszeitraum 256
Berichtszweck 258
Beruf 510, 511
Berufsarbeit 509
Berufsausbildung 95, 99
–, abgeschlossene 544
Berufsberatung 100
Berufsbild 509
Berufsbildung 95
Berufseintritt 547
Berufserfahrung 533
Berufsfachvereinigung Leitender Krankenpflegepersonen in der Psychiatrie (BFLK) 563
Berufsgenossenschaften 101, 132, 151
Berufsgrenzen 547
Berufsgruppen 180, 192
Berufskleidung 393
Berufskrankheiten 101, 103
Berufsmotivationen 547
Berufsordnung 460, 466
Berufsorganisationen 509, 512
Berufsorientierung 547
Berufsqualifikationen 510, 547
Berufsrecht 393
Berufssoldaten 90
Berufssoziologie 511
Berufsstände 65
Berufsunfähigkeitsrente 91
Berufsverband Kinderkrankenpflege Deutschland (BeKD) 560, 562
Berufsverbände 512, 560
Berufsverbleib 547
Berufungsinstanz 92
Beschaffenheit
–, realisierte 182
Beschaffenheitsmerkmale 149
Beschaffung 120, 145, 363, 364
–, verbrauchssynchrone 367
Beschaffungsentscheidungen 364
Beschaffungskosten 368
Beschaffungsmärkte 372, 384
Beschaffungsmenge 366
Beschaffungsplan 145
Beschaffungsplanung 366

Beschaffungspotenzial
–, offenes 312
Beschaffungspreise 290
Beschaffungsverfahren 313
Beschaffungsvollzugsplanung 366
Beschaffungsvorgänge 267, 365, 366
Beschaffungszeit 366
Beschäftigung 95, 99
–, geringfügige 95, 99
– Kriterium 95
–, versicherungspflichtige 99
Beschäftigungsabweichungen 249
Beschäftigungsänderung 280
Beschäftigungschancen 100
Beschäftigungsentwicklung 558
Beschäftigungslosigkeit 100
Beschäftigungsschwankungen 280
Beschäftigungssuche 100
Beschreibung 332
–, konkrete 559
Beseitigung 371
best practices 197
Bestand
–, eiserner 366
Bestände 272, 365
Beständerechnung 272
Bestandsbewertung 284
Bestandsformel 269
Bestellbestand 366
Bestellintervalle 366
Bestellmenge 366
Bestellpunktverfahren 366
Bestellrhythmusverfahren 366
Bestelltermine 366
Bestimmungen
–, datenschutzrechtliche 466
Beteiligungserweiterung 556
Betrachtung
–, ökonomische 265
Betrachtungszeitraum 483
Betreuung 76
–, ambulante 74
–, ärztliche 85
–, offene ambulante pflegerische 75
–, pflegerische 359, 469
–, psychosoziale 85
–, soziale 112
–, stationäre ambulante pflegerische 75
–, teilstationäre ambulante pflegerische 75
Betreuungsleistungen 77, 109
Betriebe 119ff., 131
– Bestimmungsfaktoren 121
Betriebsarzt 279
Betriebsaufgaben 531
Betriebsbauten 361
Betriebsbilanz 376ff.
Betriebsblindheit 312
Betriebsbuchhaltung 271, 272
Betriebsergebnis 347
Betriebsergebnisrechnung 292
–, kurzfristige 292
Betriebsführung 153, 157, 267, 360, 505
Betriebsführungsstrukturen 153, 504, 505
Betriebsgeschehen 270
Betriebsklima 306
Betriebskosten 361, 362, 422, 426
Betriebskosteneinsparungen 410
Betriebskostenfinanzierung 425ff.
– Behandlungsformen 429ff.
– Finanzierungsformen 432ff.
Betriebskrankenkassen 92
Betriebsleitung 503

Betriebsmittel 119, 121, 149, 156, 158, 234, 267, 360
Betriebspädagogen 544
Betriebspädagogik 544
Betriebsprozesse 149, 155, 348, 357, 364
–, betriebliche 377
Betriebsrentenanwartschaften 116
Betriebsrichtlinien 138
Betriebssicherheit 150
Betriebsstatistik 272
Betriebsstoffe 279, 280
Betriebssystem 142, 458
Betriebstypen 123
Betriebsverfassungsgesetz 119, 134, 321
Betriebsvergleich 337, 341
–, externer 338
Betriebswirtschaft 127ff., 119
Betriebswirtschaftslehre 119ff.
–, allgemeine 120
–, spezielle 120
Betriebsziele 136ff.
Betriebszweck 29
Bettenabbau 425
Bettenbedarf 42, 431
– Formel 42
Bettenbelegung 308
Bettendisposition 488
Bettenkapazitäten 72
Bettennutzung 431
Bettenumwidmung 425
Bettenzahl 403
Bettlägerigkeit 107
Beurteilung 515
Beurteilungsmaßstab 188
Beurteilungssystem 139
Beutel 375
Bevölkerungsdichte 158
Bevölkerungsentwicklung 89, 113, 558
Bevölkerungsstagnation 148
Bevölkerungswachstum 89
Bevölkerungszahl 41, 42, 390
Bewegung 272
Bewegungsbad 83
Bewegungsrechnung 272
Bewegungsunfähigkeit 107
Beweisführung 462
Bewerbungsgespräch 313
Bewertung 270, 297, 515
–, retrospektive 475
Bewertungskatalog 566
Bewertungskriterien 517
Bewertungsmaßstab 55
Bewertungsmaßstab, Einheitlicher (EBM) 55
Bewertungsregeln 141
Bewertungsrelationen 402, 408, 409, 411, 417, 420, 436, 452
Bewertungsskala 469
Bewertungsverfahren 219
Bewilligungsfunktion 161
Beziehungen 159, 260
–, formelle 306
–, individuelle 557
–, informelle 306
–, interaktive 150
–, vertrauensvolle 557
–, zwischenmenschliche 324
Beziehungsnetz 74
Beziehungszahlen 337
Bezug
–, zeitlicher 386
Bezugsgrößenkalkulation 288, 291

Bezugsorte 290
Bezugspflege 526, 533, 541
Bezugspflegeperson 529
BfA siehe Bundesversicherungsanstalt für Angestellte
BFLK siehe Berufsfachvereinigung Leitender Krankenpflegepersonen in der Psychiatrie
BGA siehe Bundesgesundheitsamt
BGA-Richtlinien 375
BGB siehe Bürgerliches Gesetzbuch
Bilanz 134, 135, 271, 272, 288, 377
Bilanzrechnung 272
Bilanzsumme 135, 247, 337
Bilder 457
Bildinformationen 461
Bildschirm 457
Bildschirmmasken 471, 476, 484
Bildträger 362
Bildung 315
Bildungsarbeit 316
Bildungsgänge
–, akademische 512
Bildungsmanagement 544
Bildungsstand 576
Bildungswege 551
Binnenstrukturierung 260, 261
Binnenwanderung 89
Biomüll 378
BIP 221
Björn-Schulz-Stiftung 83
BKK 560
Blister 375
Blue Cross (BC) 206, 207, 217
Blue Shield (BS) 206, 207, 217
Blut 375
Blutdruck 461
Bluter 451
BMfG siehe Bundesministerium für Gesundheit
Boden 147, 370, 372
Bodenbelastung 370, 371
Bodenschätze 370
Bonusangebote 57
Bonusregelung 224
Bonussystem 138
Bonuszahlungen 60
Botengänge 532
Botschaft 324
Bottom up 539
– Planung 145
– Ansatz 163
BPflV siehe Bundespflegesatzverordnung
BPflV-Katalog 416
BQS-Fachgruppe 570, 567, 568
Braden-Score 473, 492
Branchenanalysen 248
Branchensituation 253
Brennstoffe 362
Brennkrebs 56
Bringdienste 532
Brustkrebs 191
Bruttoeinkommen 57, 98
Bruttoeinkünfte 99
Bruttoinlandprodukt 31, 34, 35
Bruttolöhne
–, sozialversicherungspflichtige 34
Bruttopersonalbedarf 311
BS siehe Blue Shield
BSC siehe Balanced Scorecard
BSeuchG siehe Bundesseuchengesetz
BSHG siehe Bundessozialhilfegesetz

Buchführungspflichten 426
Buchhaltungssysteme 139
Budget 237, 414
–, extrasystemisches 237
–, flexibles 397
–, gedeckeltes 72
–, innerbetriebliches 237
–, intrasystemisches 237
– Planungsinstrument 237
–, prospektives 255, 414
–, sektorales 451
Budgetaktivitäten 240
Budgetanpassungen 163
Budgetbemessung 416
Budgetbereich 397
Budgetberichte 254
Budgetberichtswesen 254
Budgetdurchsetzung 238, 243
Budgeterstellung 161, 163, 238, 240, 241, 416
Budgetgrundlagen 470
Budgetierung 60, 161, 237, 238, 239, 355
–, fixe 355
–, flexible 415
–, interne 161ff., 238, 240, 295
–, kostenorientierte 238
–, leistungsorientierte 238
–, operative 237
– Vorgehensweise 238
Budgetierungsformen 238
–, leistungsabhängige 239
–, leistungsbezogene 239
Budgetierungsprozess 162ff.
Budgetkonferenz 163
Budgetkontrolle 238, 240, 242
Budgetneutralität 409
Budgetorgane 240
Budgetregelung 60
Budgetüberwachung 163, 242
Budgetverantwortung 153, 162, 243, 503
–, abgestufte 243
Budgetvergabe 238, 242
Budgetverhandlung 416
Bund Deutscher Hebammen (BDH) 562
Bundesagentur für Arbeit 99
Bundes-Altenpflegegesetz 548
Bundesamt
–, Statistisches 98, 121
– Listen 447
Bundes-Angestellten-Tarifvertrag (BAT) 397, 503
Bundesanstalt für Arbeit 91, 93, 99
Bundesarbeitsgemeinschaft Leitender Krankenpflegepersonen (BALK) 560, 562
Bundesärztekammer (BÄK) 199, 558, 565, 567, 576
Bundesausbildungsförderungsgesetz (BAföG) 552
Bundesausschuss 400
Bundesausschuss der Lehrerinnen und Lehrer für Pflegeberufe (BA) 562 560
Bundesausschuss für Ärzte und Krankenkassen 53
Bundesausschuss für Zahnärzte und Krankenkassen 53
Bundesausschuss, Gemeinsamer 54, 57, 189
Bundesgesundheitsamt (BGA) 375
Bundesimmissionsschutzgesetz 373, 374
Bundeskassenärztliche Vereinigung 576
Bundesknappschaft 189
Bundeskonferenzen 570
Bundesministerium für Arbeit und Sozialordnung 83

Bundesministerium für Gesundheit (BMfG) 93, 189, 200, 511, 571
Bundespflegesatzverordnung (BPflV) 27, 361, 392, 394ff., 413ff., 422, 425, 432, 433
Bundesschiedsamt 430
Bundesseuchengesetz (BSeuchG) 374
Bundessozialgericht 66, 92
Bundessozialhilfegesetz (BSHG) 74, 77, 80, 572
Bundesstaatsprinzip 61
Bundesträger 112
Bundesverbände 189
Bundesverfassungsgericht 558
Bundesversicherungsamt 93, 191, 400
Bundesversicherungsanstalt für Angestellte (BfA) 90, 112
Bürgerliches Gesetzbuch (BGB) 406, 466
Bürgerversicherung 556
Bürobedarf 379
Büromaterial 279
Business Reengeneering 168, 173
Bypass
–, koronarer 449

C

CADAC siehe Casemix Applications and Development Advisory Committee
Canadian Council on Health Services Accreditation 200
Capitation 211, 216
– System 211
– Verfahren 216
Caring 549
Caritas 204, 560
Case
– Management 209, 212, 220, 547
– Manager 212, 220
– Methode 327
Casemix 164, 440
– Applications and Developement Advisory Committee (CADAC) 444
– Index 164, 440
Cashflow Return on Investment (CFROI) 350
CC siehe Comorbidity and Complications
CC
– Listen 447
– Status 448
– Stufe 448
CCL siehe Complication and Comorbidity Level
CCL
– Diagnosen 573
– Einstufung 448
– Nebendiagnose 449
CD siehe Compactdisc
CD-ROM 459
Central Processing Unit (CPU) 457
CFROI siehe Cashflow Return on Investment
Chancen 253
Change-Management-Projekt 138
Check 229
Checkliste 534, 535
Chefarzt 162
Chemikaliengesetz 373, 374
Chemotherapie 56
Chroniker-Richtlinie 57
Circulatory System 449
Clark, June 518
Clinical Pathways (CP) 507, 526ff.

Closed Panel 216
Cluster 416
Clusteranalyse 416
Coaching 544
Codieraufgaben 507
Comorbidity and Complications (CC) 441, 449
Compactdisc (CD) 459
Company-Wide-Quality-Control-Konzept 168
Compliance 501
Complication and Comorbidity Level (CCL) 448, 449
Comprehensibility 508
compter 229
Computer 455, 456, 459, 467
Computergehäuse 457
Computerisierung 513
Computerraum 458
Contra 228
contre-role 228, 229
control 229
Controller 227ff., 254
Controllerakademie 228
Controllership 229
Controlling 144, 163, 227ff., 297, 302, 470, 473, 474, 476, 481
– Aktivitäten 302
– Anteile 227
– Aufgaben 229ff.
– Begriffsbestimmung 228ff.
– Definition 235, 236
– Ergebnisebene 234
– Handeln 261
– Instrumente 235, 236, 237
– Leitbild 227, 228
– Lenkungsebene 233ff.
– Maßnahmen 235
– Matrixstruktur 260
–, operatives 232, 352
– Organisation 260ff.
– Perspektiven 232ff., 235
– Planungssysteme 237
– Schwerpunkte 236
–, strategisches 232
– Struktur 227
– Systeme 180, 235, 236, 352
–, taktisches 232
– Unterteilungen 236
– Werkzeuge 235ff.
– Zeitebene 232
Co-Pathways 499, 522, 527, 529
COPD siehe Atemwegserkrankungen
Coping 528
Corporate
– Behavior 391
– Communications 391
– Design 391
– Identity 391
– Identity-Politik 391
Cost Management 209, 211
cost weight 417, 451
Costcenter 140
–, mittelminimierende 140
countreroullour 228
CP siehe Clinical Pathways
CPU siehe Central Processing Unit
Credit-Point-System 548
Critical
– Incidence 491
– Pathways 498, 499, 522, 526
– Thinking 526

Curriculum 548
C-Wert 486

D

Dachverband 112
DAG 560
Darstellung 177, 244
–, horizontale 177
–, tabellarische 257
–, vertikale 177
Darstellungsformen 257, 258
–, grafische 257
Daseinsfürsorge 33
Daseinsvorsorge 383
Daten 265, 266, 462
–, administrative 467
–, klinische 462
–, medizinische 467
–, pflegerische 467
–, weiche 302
–, zahlenorientierte 302
Datenabfrage
–, direkte 458
Datenabgleich 114, 482
Datenanalyse 467
Datenanfall 469
Datenaufbereitung 386
Datenausgabe 459
Datenausgabegeräte 468
Datenaustausch 459
Datenbanken 458
–, pflegebezogene 521
Datenbasis 308
Datenbestand 459
Datendokumentation 459
Dateneingabe 459
–, direkte 458
Dateneingabegeräte 468
Datenerfassung 455ff., 456
Datenkataloge 471
Datenmenge 459
–, vielfältige 467
Datenpflege 476
Datensammlung 455
Datensätze 446, 570
Datenschutz 138, 222, 458
Datenschutzbestimmungen 465
Datenselektion 474
Datenträger 362, 457
Datenübermittlung 179
Datenverarbeitung 456
–, elektronische (EDV) 162, 235, 254, 457, 459, 467, 487
Datenverknüpfung 476, 482
–, prozessorientierte 474
Datenverlust 459
DBfK siehe Deutscher Berufsverband für Pflegeberufe
DBVA siehe Deutscher Berufsverband für Altenpflege
DCF siehe Discounted Cashflow
Debatte
–, gesundheitspolitische 555
Deckelung 451
Decken 362
Deckungsbedarf 312
Deckungsbeitrag 300, 347
Deckungsbeitragsrechnung 299, 428
–, einfache 300
–, einstufige 300
–, mehrstufige 300
defined benefit 97

defined contributions 97
Definition
–, konzeptionelle 518
–, mengenmäßige 128
–, strukturelle 518
–, wertmäßige 128
Defizite 397, 399
Deklassifikation 513
Dekubitus 491
Dekubitusgefahr 492, 498, 517, 525
Dekubitusprophylaxe 498, 570, 571
Delegationsfähigkeiten 333
Delegieren 333
Delegierung 332
Deliktrecht 373
Deming, W. E. 168
Deming-Zyklus 168, 184
Demokratie 547
Demokratieprinzip 61
Demonstrationsverfahren 200
Denken 170
–, diagnostisches 526
–, ganzheitliches 170
–, kognitiv-analytisches 524, 526
–, kritisches 524, 526
–, ökonomisches 170
–, proaktives 170
–, prozessorientiertes 169
–, sensitives 170
Denkmodelle 455
Denkmuster
–, einheitliches 227
Denkschrift 548
Denkvermögen 150
Deponieflächen 379
Deprofessionalisierung 205, 513
Deregulierung 342, 398
–, staatliche 43
Deregulierungsstrategie 44
Desinfektionsmittel 362, 376
desk research 385
Destabilisierung 89
Detailinformationen 456
Deteninput 468
Deutsche Gesellschaft für Fachkrankenpflege (DGF) 560, 563
Deutsche Gesellschaft für Humanes Sterben 82
Deutsche Gesellschaft für Qualität (DGQ) 182, 184, 197
Deutsche Gesellschaft zur Zertifizierung von Managementsystemen 204
Deutsche Krankenhaus Gesellschaft (DKG) 45, 189, 200, 395, 399, 436, 451, 504, 558, 565, 567, 571, 576
Deutscher Berufsverband für Altenpflege (DBVA) 563
Deutscher Berufsverband für Pflegeberufe (DBfK) 513, 560, 563, 576
Deutscher Bildungsrat für Pflegeberufe 512
Deutscher Evangelischer Krankenhausverband 204
Deutscher Pflegerat (DPR) 200, 512, 555, 559ff., 599, 563, 565, 567, 570ff., 575, 576
– Netzwerk 562, 563
– Projekte 562, 563
– Gremien 564
– Kooperationspartner 564
Deutscher Pflegeverband (DPV) 560, 563
Deutscher Verein für Krankenhaus-Controlling (DVKC) 228
Deutsches Institut für Normung (DIN) 196

Deutsches Netzwerk für Qualität in der Pflege 523
Deutsches Netzwerk für Qualitätsentwicklung in der Pflege 498
Deutsches Rotes Kreuz (DRK) 560
Dezentralisierung 506
DGF siehe Deutsche Gesellschaft für Fachkrankenpflege
DGQ siehe Deutsche Gesellschaft für Qualität
Diabetes mellitus 191, 212
Diagnosecode 448
Diagnoseerfassung 477
Diagnosen 160, 437, 457, 460, 473, 480, 484, 516
– Medizin 473
–, medizinische 573
–, neonatale 417
–, organbezogene 444
– Pflege 473
Diagnoseschlüssel 405
Diagnosestellung 456, 462
Diagnose-Typen 518
Diagnoseverschlüsselung 444
Diagnosis Related Group (DRG) 164, 218, 223, 287ff., 297, 309ff., 355ff., 408ff., 417, 420, 436, 440ff., 470ff., 483ff., 498, 501, 507, 522, 526, 527
Diagnostik 150, 359, 477, 555
Diagnostizieren 518, 526
Diagramm 478
Diakonie 204, 560
Dialoge 332, 570
–, strukturierte 570
Dialyse 414
Dialysebehandlung 56
Dialysepatienten 431, 451
Diarrhö 526
Dias 457
Diät 527
Dienst
–, ärztlicher 541
–, öffentlicher 65
Dienstanweisungen 313
Dienstbezeichnung 476
Dienste 476, 487
–, ambulante 107
–, ärztliche 153, 154
Dienstfolge 476
Dienstkleidung 362
Dienstleister 507
Dienstleistungen 31ff., 38, 120, 121, 126, 127, 141, 155, 172, 191ff., 267, 277, 360, 381, 382
–, anbieterobjektbezogene 382
–, automatisierte 382
–, beiderseitig objektbezogene 382
–, beiderseitig personenbezogene 382
– Definitionen 38
–, nachfrageobjektbezogene 382
–, personenbezogene 507
–, persönliche 382
–, produktbegleitende 382
–, qualifizierte 511
Dienstleistungsabteilung 468
Dienstleistungsanbieter 191
Dienstleistungsbereich 34
Dienstleistungsbetriebe 30, 67, 148
–, kundenpräsenzbedingte 383
–, nichtkommerzielle 383
Dienstleistungseigenschaften 348
Dienstleistungserstellungsprozess 193

Dienstleistungsgesellschaft 574
Dienstleistungskosten 279
Dienstleistungsmarketing 193, 382, 384
Dienstleistungsmarkt 38
Dienstleistungsökonomie 34
Dienstleistungsort 192
Dienstleistungsprozess 173
–, komplexes 507
Dienstleistungsqualität 192
Dienstleistungsströme 267, 268
Dienstpläne 486, 487ff., 504
Dienstplanerstellung 538
Dienstplanprogramm 487
Dienstplanüberwachung 538
Dienstplanung 476, 532, 533
Dienstprofile 476
Dienstübergabe 470, 539, 540
Dienstvisualisierung 476
Dienstvorgesetzter 152
Dienstzeitenvereinbarung 538
Differenz 337
Differenzierung 502
–, horizontale 42
–, vertikale 42
Diktat
–, digitales 480
Dilemma 330
Dimension
–, ärztliche 501
–, gesellschaftliche 193, 194
–, pflegerische 501
–, soziale 501
–, technische 501
DIN ISO 9001 196
DIN ISO 9004:2000 196
DIN siehe Deutsches Institut für Normung
Diplom-PflegewirtIn 503
Direct Contract Model 216
Direktor
–, ärztlicher 180, 280
Direktorium 157
Direktoriumsmitglieder 154
Direktversicherung 97
Discounted Cashflow (DCF) 350
Disease Management 48, 49, 209, 212, 213, 547
Disease Management Programme (DMP) 48ff., 54, 58, 190, 191, 224, 400, 406
– Grundprinzipien 49
– Vorteile 50
Disketten 457, 459
Diskriminierung 138
Disposition 142
–, fallweise 231
Dispositionsebene 255
Dispositionszwecke 255, 288
Disproportionalität 41
Distributionsentscheidungen 390
Distributionskanäle 390
Distributionslogistik 364
Distributionsorgane 390
–, externe 390
Distributionspolitik 389, 390
Distributionsstrategien 388
Distributionsziele 386
Disziplin 169
Disziplinierungsinstrument 44
Diversifikation
–, diagonale 388
–, horizontale 388
–, vertikale 388
Diversifikationsstrategien 388

Diversifizierungsstrategien 387
Divisionalorganisation 154
Divisionskalkulation 288ff.
Divisionsrechnung 298
DKG siehe Deutsche Krankenhaus Gesellschaft
DM siehe Disease Management
DMP siehe Disease-Management-Programme
Dockingstationen 458
Dokument 462
Dokumentation 185, 255, 273, 301, 332, 450, 455ff., 467, 470, 524
– Ambulanzkarte 462
–, ärztliche 460ff., 461, 465
– Begriffe 457ff.
– Beispiel 470ff.
– Datenerfassung 455ff.
– Grundlagen, rechtliche 465ff.
–, interdisziplinäre 460
– Krankenakte 462
– Krankenhausinformationssystem 467ff.
– Pflegedokumentation 463ff.
–, pflegerische 460ff., 465, 541
Dokumentationsaufgaben 481, 507
Dokumentationsaufwand 571
Dokumentationsberichte 255
Dokumentationsfunktion 273
Dokumentationskonzept 457
Dokumentationspflicht 460, 465
–, ärztliche 457
–, pflegerische 457
Dokumentationsprozess 462
Dokumentationsqualität 570
Dokumentationsstelle 463
Dokumentationssysteme 470
Dokumentationswesen 455, 470
Dokumente 457, 528
–, grafische 457
–, audiovisuelle 457
Dokumentieren 518
DoPont-Kennzahlensystem 340, 341
Doppelarbeiten 266
Doppelbesteuerungsabkommen 114
Doppelfunktion 205
Doppelgesellschaft 134
Doppeluntersuchungen 467
Dosen 375
Dosenöffner 362
DPO 565
DPR siehe Deutscher Pflegerat
DPV siehe Deutscher Pflegeverband
Drei-Säulen-Konzept 90
Dreischichtensystem 537
DRG siehe Diagnosis Related Group
DRG
– Arbeitsplatz 477, 478, 480, 485
– Basis 451
– Einführung 340
– Erlösvolumen 402, 411
– Erstkalkulation 287
– Fallgruppen 498
– Fallpauschalen 310, 403, 417, 420
– Gruppe 481
– Relativgewichte 411
– Stammbaum 443
– Struktur 444, 445
– Systeme 309, 402, 436, 443ff., 451, 439
– Vergütungssystem 401, 414
Dringlichkeit 158
DRK siehe Deutsches Rotes Kreuz
DRK-Schwesternschaft

Drogenmissbrauch 138
Drucker 457, 459
DuPont-System 339
Durchführung 478, 482
Durchführungsprozess 381
Durchgangsärzte 466
Durchlässigkeit
–, unzureichende 547, 548
Durchlaufwirtschaft 370
Durchlaufzeiten 173ff., 178, 258, 290, 365
Durchschnittsbeträge 440
Durchsetzung
–, politische 563
DVKC siehe Deutscher Verein für Krankenhaus-Controlling
Dynamisierung 102

E
Ebene
–, individuelle 546
–, operative 343
–, organisatorische 546
–, strategische 343
EBM siehe Evidence Based Medicine
Economic Value Added (EVA) 350
EDV siehe Datenverarbeitung, elektronische
EDV
– Anlage 459
– Lösung 452
– Organisation 546
EEG 461
EFB 550
Effekte
–, ökologische 377
Effektivität 28, 72, 75, 112, 148, 189, 426
Effektivitätskriterium 40
Effektivitätspotenzial 555
Effektivitätssteigerung 343
Effektivitätsüberprüfungen 464
Effizienz 28, 32, 54, 71, 72, 75, 148, 189, 426, 431
Effizienzerhöhung 209
Effizienzkontrolle 70
Effizienzkriterium 40
Effizienzpotenzial 555
Effizienzprinzip 140
Effizienzsteigerung 50, 169, 343
EFQM siehe European Foundation for Quality Management
EFQM
– Excellence-Modell 197
– Modell 199
– Modell für Excellence 197
– Perspektiven 352
– System 350, 351
EG-Abfallrahmenrichtlinie 371
Ehegatte 108
Ehehindernisse 89
Ehrenamtliche 83, 84
Eigenbeteiligung 210
Eigenbetriebe 150, 151
Eigenbezug 294, 299
Eigenfertigung 270
Eigenfinanzierung 79
Eigenkapital 135, 350
Eigenkapitalrendite 350
Eigenkapitalrentabilität 342
Eigenkapitalzuwachs 340
Eigenkontrolle 227
Eigenleistungen 293
Eigenreparaturkosten 281
Eigenständigkeit 547, 576

Eigentümer 132, 135
Eigentumsordnung 24
Eigenunfallversicherung 101
Eigenverantwortung 171, 173, 572, 575, 576
Eigenvorsorge 90
Eigenwirtschaftlichkeit 158
Einarbeitungsverfahren 313
Einarbeitungszeit 313
Einbestellpraxis 241
Einbußen 423
Einflussfaktoren 340
Einflussgröße 340
Einflussmöglichkeiten 153
Einfühlungsvermögen 150, 193, 193
Einführungsperspektive 349
Eingabemaske 485
Eingabemedien 458
Eingliederung
–, berufliche 100
Eingriffe 462
Einheiten 181
–, organisatorische 142, 143
Einheitlichkeit 275
Einkauf 147
Einkaufsplan 145
Einkaufspreise 366, 379
Einkommen 502
–, niedriges 97
Einkommensbesteuerung 97
Einkommensgrenzen 104
Einkommenssicherheit 96
Einkommenssteuergesetz 98
Einkommensteuerrecht 98
Einkommensteuer 135
Einmalartikel 379
Einmalzellstoffwindeln 376
Einnahmeentwicklung 34
Einnahmen
–, beitragspflichtige 99
Einnahmenentwicklung 44
Einnahmepolitik
–, ausgabenorientierte 96
Einpersonenführung 154
Einplatzlösung 459
Einproduktunternehmen 292
Einrichtungen 361
–, ambulante ärztliche 67
–, mehrgliedrige 77
Einsamkeit 82
Einsatz
–, ärztlicher 359
Einsatzfaktoren 150
Einsatzort 476
Einschätzung 515
Einschätzungsskalen 517
Einschränkung 82
Einsparvolumen 240
Einstandskosten 147
Einstellungen 315
Einstellungsstopp 319, 320, 321
–, befristeter 320
–, genereller 320
–, modifizierter 320, 321
–, qualifizierter 320, 321
–, relativer 320
Einstellungsverfahren 313
Einstufung 515
Ein-Tages-Behandlung 445
Eintritt 222
Eintrittsalter 94
Einwegartikel 362, 371
Einwegbestecke 375

Einweggeschirr 375
Einwegspritzen 362
Einwegwäsche 375
Einweiser 180
Einweiserstatistik 356
Einweisungsdiagnose 73
Einweisungsraten 356
Einwilligungserklärung 466
Einwohnerzahl 424
Einzahlungen 272
Einzelbeschaffung 367
Einzelfallsituation 74, 75
Einzelfertigung 291, 292
Einzelförderung 361, 422ff.
Einzelhandelsläden 132
Einzelinformationen 242
Einzelkennzahlen 338
Einzelkosten 147, 280, 283, 291, 301, 426, 428
Einzelleistungen 55, 150, 441
Einzelleistungslösung 56
Einzelleistungsvergütung 206, 217, 218
Einzellösungen
–, individualisierte 463
Einzelpersonenunternehmung 143
Einzelpraxis 50
Einzelpreisvergütung 223
Einzelunternehmen 131, 132
Einzelunternehmungen 132ff.
Einzelwirtschaft 119
Einzelzahl 337
Einzugsgebiet 156, 390
Einzugsstellen 91
EKG 461
Elastizität 142
Elektronengehirn 459
Elementarfaktoren 267, 359, 360
Elemente
–, formelle 139
–, informelle 139
Ellwood, Paul M. 208
Emanzipationsbemühungen 511
EMAS siehe Environmental Management and Audit Scheme
Emissionen
–, energetische 378
Empfängerorientierung 255
Empowerment 349, 357
EN siehe Europäische Norm
Endbenutzer 460
Endkontrolle 182
Endkostenstellen 285, 294, 427
Endoprothesen 362
Endzustand 141
Energie 373
Energieeinsatz 377
Energiefaktoren 377
Energieströme 373, 377, 378
Energieträger 382
Engagement 138, 323
–, ehrenamtliches 86
–, gesellschaftliches 558
Engpässe 142, 144, 177
ENP siehe European Nursing Care Pathway
ENP
– Klassifikation 470
Entbindung 105
Entbindungsgeld 56
Entbindungspfleger 90
Entgeltarten 417
Entgelte
–, fallorientierte 167

–, leistungsbezogene 432
–, pauschalierte 427
Entgeltersatzleistungen 100
Entgeltkalkulationsverfahren 573
Entgeltsystem 43, 73 452
–, pauschalierendes 399, 408
Entlassung 160
Entlassungsart 446, 447
Entlassungsdiagnose 480
Entlassungsmeldungen 480
Entlassungsplanung 528
Entlassungsplanungsbogen 499
Entlassungsprozess 515
Entlassungsstatus 441, 482
Entlassungstag 414
Entlassungszustand 185, 464
Entlastung
–, steuerliche 115
Entlohnung 138
Entscheidungen 330, 360
–, optimale 332
–, personalwirtschaftliche 321
–, wirtschaftliche 127
–, zufrieden stellende 332
Entscheidungsaufgaben 339
Entscheidungsautonomie 152
Entscheidungsbefugnisse 140, 141
Entscheidungsfindung 138, 196, 332
–, ökonomische 276
Entscheidungsgrundlage 255
Entscheidungshilfen
–, rationale 70
Entscheidungskompetenz 539
Entscheidungskonsequenz 270
Entscheidungspartizipation 327
Entscheidungsphase 339
Entscheidungsprozess 72, 172, 173
Entscheidungsspielräume 140, 161, 162, 172
Entscheidungsträger 72, 332
Entscheidungsverantwortung 243
Entscheidungswege 152, 173
Entscheidungszentren 139
Entsorgen 379
Entsorgung 362, 363, 368
Entsorgungsaktivitäten 374
Entsorgungskosten 379
Entsorgungssicherheit 374
Entsorgungswege 374
Entsorgungsverantwortlichkeit 374
Entstehungsgröße 297
Entwicklung 147, 315
–, berufliche 316
–, demographische 104
–, wirtschaftliche 104
Entwicklungsmaßnahmen 316
Entwicklungsmöglichkeiten 138
Entwicklungsorientierung 159
Entwicklungsperspektive 258, 344, 346, 348, 349, 355, 357, 358
Entwicklungspotenziale 514, 524
Entwicklungsstufe 329, 330
Entwurzelung 89
Environmental Management and Audit Scheme (EMAS) 373
Epikrise 460
Ereignismethode
–, sequenzielle 194
Ereignisse 473
Erfahrung 150, 460, 566
–, praktische 526
Erfahrungsbericht 161

Erfahrungsstand
–, neuester 457
Erfassungsaufwand 482
Erfassungswege 484
Erfolg 268, 272
Erfolgsfaktor 501
Erfolgsrechnung
–, kurzfristige 292, 292, 299, 301
Erfolgsstatistik 272
Erfüllungsleistungen 67
Ergänzungssystem
–, kapitalgedecktes 96
Ergebnisaspekte 199
Ergebnisbericht 160, 161
Ergebnisdimension 191
Ergebnisdokumentation 475
Ergebnisebene 234, 235
Ergebniserzielung 234
Ergebnisgröße 340
Ergebniskontrollen 247
Ergebniskriterien 195, 197, 199, 498
Ergebnismaßgröße 348
Ergebnisorientierung 139, 191, 192, 197, 527, 567
Ergebnisqualität 187, 188, 194, 195, 197, 204, 211, 355, 570
Ergebnisrechnung 264, 271ff., 297ff.
Ergebnisse 161
– der Organisation 199
–, gesellschaftsbezogene 199
–, kundenbezogene 198, 199
–, mitarbeiterbezogene 199
Ergebnisverantwortung 252, 261
Ergebniswachstumsraten 347
Erhebung 467
Erhebungsergebnisse 571
Erhebungsinstrument 570
Erhebungsverfahren 385
Erkennen 205
Erkenntnisgewinnung
–, betriebswirtschaftliche 119, 120
Erkenntnisobjekt 119
Erklärung von München 549
Erkrankungen
–, chronische 212
–, onkologische 406
–, seltene 49
Erleichtern 327
Erlösabweichungen 163
Erlösarten 298
Erlösartenrechnung 297, 298
Erlösbetrag
–, maximaler 128
Erlösbudget 402, 411, 412, 451
–, angepasstes 411
Erlöscontrolling 242
– Budgetvorgabe 243
Erlöse 271, 277, 297, 300
–, budgetorientierte 297
–, leistungsgerechte 421
Erlösentwicklung 161
Erlöskontrolle 298
Erlösplanung 163, 242, 298
Erlösrechnung 264, 271ff., 297ff.
–, innerbetriebliche 298
Erlössituation 483
Erlösstellen 282, 283
Erlösstellenrechnung 297, 298
Erlösträger 298
Erlösträgerrechnung 297
Ermessensentscheidung 47
Ermittlung 301

Ermittlungsfunktion 273
Ernährung 109, 110, 527
Ernährungsberatung 67
Erntephase 347
Erpressbarkeit 153
Erprobungsregelungen 224
Erreichungsgrad 161
Error-DRGs 446
Ersatzbedarf 310, 321
Ersatzeinstellungen 320
Ersatzkassen 92, 189
Ersatzpflegekraft 111
Erschließung 423
Ersparnisbildung
–, private 96
Erstattungshöchstbeträge 59
Erstausstattung 423
Erste-Hilfe-Maßnahmen 491, 494
Erstuntersuchung 460
Ertrag 28, 272, 297
Ertragsverhältnisse 141
Erwartungshaltung 358
Erweiterungsbauten 423
Erwerb 423
Erwerbsarbeit 555
Erwerbsminderungsrente 91
Erwerbsminderungsrenten 115
Erwerbsquoten 114
Erwerbstätige
–, selbständig 90
Erwerbstätigkeit 100
–, verminderte 90
Erwerbsverlauf 115
Erziehungsgeld 65
Erziehungsrente 91
Essen auf Rädern 79
Etatbegriff 237
Ethikkommission 513
EU siehe Europäische Union
Euro-Einführungsgesetz 109
Europa 547
Europäische Norm (EN) 196
Europäische Union (EU) 563
Europäisierung 547
European Association for Palliative Care 84
European Credit Transfer System 550
European Foundation for Quality Management (EFQM) 197, 350
European Nursing Care Pathways (ENPs) 473ff.
Euthanasie 86
EVA siehe Economic Value Added
Evaluation 332
Evangelische Fachhochschule Berlin 548, 549
Evangelische Fachhochschule Bochum 561
Evidence Based Medicine (EBM) 190, 222ff., 430, 432
Evidenz
–, medizinische 49
Ex-ante-Rechnung 301
Excellence-Modell 199
Existenzbedingungen 63
Existenzbedürfnisse 124, 126
Experimentierklausel 548
Experten 321
Expertenarbeit 511
Expertenfelder 574
Expertenfunktionen 540
Expertenstandards 491, 496ff., 522, 523, 570
Expertise
–, pflegerische 571

Expost-Betrachtung 270
Ex-post-Rechnung 301
Externalisierung 545
Externes 565

F
Face to face 547
Fachabteilungen 353, 416
Fachaufsicht 540
Fächerstruktur 550, 552
Fachpresse 313
Fachrichtung 471
Fachsprache
–, gemeinsame 521
Fachsprachenentwicklung 521
Fachweiterbildungen 503
Fachwissen 150, 566
Fähigkeiten 315, 316, 328, 329
–, diagnostische 526
–, kognitiv-analytische 526
–, manuelle 150
Fahrtkosten 56, 281
Faktoren
–, abiotische 372
–, beeinflussende 473
–, biotische 372
–, demographische 113
–, derivative 360
–, dispositive 359, 360
–, produktive 360
Faktorisierung 538, 539
Faktormärkte 122
Fallabbildung 447
Fallgruppen 164, 288, 408, 436
–, homogene 436
Fallklassifikationssystem 439, 441
Fallkosten 282, 308, 309, 482
Fallmanagement 527
Fallpauschale 52, 55, 288, 297, 309, 396, 397, 401, 408ff., 416, 427, 432, 433
–, diagnosebezogene 218
Fallpauschalenabrechnung 401
Fallpauschalenänderungsgesetz (FPÄndG) 400, 401
Fallpauschalenbereich 397
Fallpauschalengesetz (FPG) 287, 400, 401
Fallpauschalenkatalog 402, 411, 417, 418, 419
Fallpauschalensystem 402, 409, 411, 507
Fallpauschalenverordnung 2004 (KFPV 2004) 402, 416ff., 417
Fallpauschalenverordnung besonderer Einrichtungen 2004 (FPVBE 2005) 403, 420
Fallschwere 447
–, durchschnittliche 164
Fallzahlen 162, 416, 440
Fallzuordnung 571
Familie 171
Familienangehörige 103
Familien-Gesundheitsschwestern 576
Familienpolitik 65, 95
Familienversicherung 103
Familienzuschläge 65
Farbbänder 279
Farbsymbole 478
Fässer 375
Fee for Service 209, 211
Feedback 171, 230
Fehlbelegung 401, 410
Fehlbelegungsabzug 408
Fehleinschätzungen 338
Fehlentscheidungen 338

Fehlentwicklungen 173, 257, 340
Fehlerabstellung 171
Fehlergruppen 447
Fehlermöglichkeits- und -einflussanalyse (FMEA) 186
Fehlerquote 144
Fehlerverhütung 182
Fehlinvestitionen 318
Fehlmengenkosten 368
Fehlversorgung 40, 49, 555
Fehlzeiten 311
Feiertagsarbeit 539
Feigenbaum, A. V. 168
Feinsteuerung 209, 210, 212
Fernsehspots 391
Fernziel 474, 522
Fertigarzneimittel
–, nicht verschreibungspflichtige 60
–, verschreibungspflichtige 60
Fertigfabrikate 291
Fertigkeiten 315
Fertigungsstoffe 279
Fertigungstechnologie 143
Fertigungszeit 258
Festbeträge 55, 59
Festbetragsregelung 59
Festplatte 458
Festzuschlag 60
field research 385
Filme 457
FIM siehe Functional Independance Measurement
Finanzamt 132
Finanzbedarf 72
Finanzbuchhaltung 162, 271, 272
Finanzentscheidungen 127
Finanzierbarkeit 555
Finanzierer 555
Finanzierung 45, 119, 131, 135, 158
–, duale 398
–, kurzfristige 158
–, langfristige 158
–, mittelfristige 158
–, monistische 398
Finanzierungselemente 89ff.
Finanzierungsform
–, prospektive 214
Finanzierungskosten 410
Finanzierungsmodelle 556
Finanzierungsmöglichkeiten 131
Finanzierungssysteme 46, 255, 563
–, duale 422
Finanzierungsträger 72
Finanzkennzahlen 140
Finanzkennzahlensysteme 339, 342
–, klassische 339
–, monetäre 339
–, nichtmonetäre 339
Finanzplan 145
Finanzpolitik 99
Finanzrechnung 272
Finanzverantwortung 72, 243
Finanzwesen 227
Finanzwirtschaft 120, 155
Finanzwirtschaftsziel 158
Firmenname 391
Firmenslogan 392
Firmenzeichen 391
Fishbone-Diagram 168
Fitnessprogramme 46
Fixkosten 141, 299, 300, 415
Fixkostenrechnung 300

Flachbildschirm 458
Flächenversiegelung 377
Flexibilisierung 349, 537
Flexibilisierungsmodelle 537ff.
Flexibilität 142, 238, 255, 275, 349
Fließbandarbeit 531
Flop 389
Fluktuationsquoten 311
Flussdiagramm 365
Flüssigkeitshaushalt 527
FMEA siehe Fehlermöglichkeits- und -einflussanalyse
Fokus-Assessment 515, 516, 517
Fokus-Risikoassessment 491, 492
Folien 375
Fördermittel 361, 424
–, öffentliche 421
Forderung 315
Förderung 381
–, pauschale 361, 425
–, staatliche 96
Förderungskonzept 565
Förderungsvoraussetzungen 423
Formalziele 269
Formatierung 468
Formen
–, numerische 265
Formulare 279, 471
Formulierungsprobleme 524
Forschung 46, 147, 285, 359, 456, 462, 510
–, medizinische 156
Forschungsergebnisse
–, evidenzbasierte 527
Forschungsmethodik 550
Fortbildung 162, 311, 312, 426, 504, 544
Fortbildungsmaßnahmen 349
Fortkommen
–, berufliches 502
Fortschritte 103, 555, 529
Fotos 482
FPÄndG siehe Fallpauschalenänderungsgesetz
FPG siehe Fallpauschalengesetz
FPVBE 2004 siehe Fallpauschalenverordnung besonderer Einrichtungen 2004
Frage
–, soziale 62, 89
Fragesystematik 565
Frankfurter Erklärung 225
Frauen 98
Frauenberuf 509
Frauenerwerbsarbeit 509
Freiplatzprinzip 366
Freisetzungsbedarf 319
Freisetzungsursachen 319
Freistellungsanteil 116
Freitext 482
Freitexteingabe 483
Freizeit 306
Fremdbewertung 203, 565
Fremdbezug 294, 299
Fremdfertigung 270
Fremdfinanzierung 555
Fremdkapital 133, 135
Fremdkontrolle 227, 245
Fremdleistungskosten 279, 280
Frieden
–, sozialer 26, 90
Frühdienst 541
Früherkennung 104, 253, 340
Früherkennungssystem 253
Früherkennungsuntersuchungen 57

Frühverrentung 114, 115
Frühwarnsystem 233, 253, 337, 340
Führung 54, 196ff., 322ff.
–, betriebswirtschaftliche 161
–, dezentrale 353
–, effektive 333
– Effizienz 322
– Eigenschaften 323ff.
– Instrumente 322, 323
–, mitarbeiterorientierte 566
– Modelle 328ff.
– Prozesse 330ff.
– Rollendilemma 331
– Situationstheorien 326, 327
– Stile 327, 328
– Theorien 325, 326
Führungsabsichten 332
Führungsaktivitäten 381
Führungsaufgabe 182, 232, 324, 540
Führungsebene
–, oberste 145
–, untere 145
–, unterste 146
Führungseffektivität 327
Führungseffizienz 322, 323
Führungseigenschaften 322, 323
Führungselemente 184, 185
Führungsentscheidungen 233
Führungsforschung 326
Führungsgremium 154
Führungsgrundsätze 138, 157
Führungsinstrument 161, 322, 323, 544
–, organisatorisches 322
–, personales 322
–, strukturelles 322
Führungskonzepte 352, 382, 502, 544
Führungskraft 139, 140 321ff., 331, 333, 544
Führungsleitlinien 138
Führungsmodelle 328, 329
–, situative 330
Führungspersonen 322
Führungsprozesse 142, 323, 330ff. 335, 455
– Delegieren 333
– Entscheidungsfindung 332
– Organisation 330ff.
Führungssituation 328
Führungsstile 322ff., 326ff.
–, aufgabenorientierte 237
– Ausprägung 334
–, autoritäre 327
–, mitarbeiterorientierte 327
–, partizipative 327
–, situative 333
Führungsstilkontinuum 327
Führungsstrategien 327
Führungssubsysteme 232
Führungssystem 229, 230
Führungsteilsysteme 254
Führungstheorien 322, 324ff.
Führungsverantwortung 153, 243, 503
Führungsverhalten 180, 327, 330
Functional Independance Measurement (FIM) 473, 516
Fünf(5)-S-Bewegung 169
Funktion 254
Funktionalisierung 531
Funktionen 270
–, interpersonelle 322, 323
–, primäre 147
–, sekundäre 147
Funktionskreise 153, 154, 505

Funktionsorientierung 172, 173
Funktionspflege 531
Funktionspflegesystem 531, 532
Funktionsreife 328
Funktionsspezialisierung 180
Fürsorge
–, soziale 359
Fürsorgepflicht
–, staatliche 77
Fusion 25
Fusionen 255
FVM 516

G

Ganzheitlichkeit 150, 509
GAS siehe Goal Attainment Scale
Gatekeeper 209, 212, 213, 215, 219, 224
Gatekeeper-Modell 221
GBR siehe Gesellschaft bürgerlichen Rechts
G-DRGs siehe German Diagnosis Related Groups
G-DRG-System 260, 572
Gebäude 280
Gebietskörperschaften
–, kommunale 424
Gebrauchsgüter 127, 360ff., 376, 379, 382, 504
Gebührenordnung für Ärzte (GOÄ) 55, 56, 218, 432
Geburtenentwicklung 115
Geburtenrate 95
Geburtenrückgang 115
Geburtenzahl 89
Geburtsgewicht 438, 443, 446
Geburtsgewichtsklassen 441
Gedächtnisstütze 455
Gedanken 325
Gefährdungen 253
Gefahrstoffverordnung 101
Gefühle 325
Gefühlsbereich 509
Geführte 331
Gegenleistung 105
Gegenmaßnahmen 340
Gegenregister 229
Gegenrolle 228, 229
Gegenstände
–, körperliche 131
Gegenstromverfahren 145, 163
Gehalt 306
Gehbehinderungen 56
Geisteskrankheiten 130, 393
Geistesschwäche 130
Geisteszustand 66
Geld 270, 277
Geldeinheiten 70
Gelderwerb 510
Geld-Kosten 70
Geldleistungen 101, 109, 111
Geldmarkt 122
Geldmittel 268
Geldmittelstrom 268
Geld-Nutzen 70
Geldordnung 24
Geldrechnung 270
Geldströme 272
Geldwerte 270
Geltungsdauer 417
Gemeindebehörde 132
Gemeinden 150
Gemeinerlöse 298, 299
–, echte 298

Gemeinkosten 280, 283, 291, 301, 426, 427
–, unechte 280
Gemeinkostenblöcke 299
Gemeinkostenmanagement 251
Gemeinkostenwertanalyse (GWA) 251
Gemeinsamer Bundesausschuss 568, 571
Gemeinschaftspraxis 51
Genauigkeit 255, 256
Generalindikator 570
Generationsgerechtigkeit 93
Generic Concept of Marketing 382
Generierbarkeit
–, freie 471
Generierung 266
Genuss 547
Geplante-Ein-Tages-Behandlung 445
Geräte 150, 476
Gerätesicherheitsgesetz 101
Gerechtigkeit
–, soziale 26, 61
Geringverdienergrenze 99
German Diagnosis Related Group's (G-DRGs) 310, 409, 436
Gesamtarbeitsfähigkeit 143
Gesamtbetrag 411
Gesamtbudget 161, 163, 242
Gesamtdokumentation 465
Gesamteinkommen 98
Gesamtkapitalrentabilität 368
Gesamtkostengewicht 443
Gesamtkostenverfahren 292
Gesamtleistung 501
Gesamtplanung 144
Gesamtschweregrad 447, 448
Gesamtsozialversicherungsbeitrag 91
Gesamtvergütung 56, 60, 397
–, vertragsärztliche 406
Gesamtvergütungsformen 55
Gesamtverträge 224
Gesamtwirtschaft 43
Gesamtzielsetzung 31
Gesamtzuschlag 283
Geschäftprozesse 144
Geschäftsbericht 135
Geschäftsbuchhaltung 271
Geschäftsfähigkeit 130
–, beschränkte 130
Geschäftsführer 92, 136
–, nichtmedizinischer 51
Geschäftsführung 133, 134, 256
Geschäftsgrundsätze
–, ethische 138
Geschäftsordnung 54
Geschäftsprozess 141, 142, 172, 176, 177
Geschäftsunfähigkeit 130
Geschäftsvorfälle 271
Geschehen
–, betriebswirtschaftliches 256
Geschirr 362
Geschlecht 138, 437, 441, 446, 447, 471, 509
Geschlechtskrankheiten 466
Geschwindigkeit 142
Geschwulstkrankheiten 393
Gesellschaft bürgerlichen Rechts (GBR) 132, 222
Gesellschaft mit beschränkter Haftung (GmbH) 31, 130ff., 152, 222, 406
Gesellschaft
–, bürgerliche 61
–, komplementäre 133
–, stille 132

Gesellschafter 132ff.
–, haftender 132, 134
Gesellschaftsordnung 61
Gesellschaftsvermögen 134
Gesellschaftsvertrag 133ff.
Gesetz gegen den unlauteren Wettbewerb (UWG) 393
Gesetz über die Entgelte für voll- und teilstationäre Krankenhausleistungen siehe Krankenhausentgeltgesetz
Gesetz zur Einführung des diagnoseorientierten Fallpauschalensystems für Krankenhäuser siehe Fallpauschalengesetz
Gesetz zur Kontrolle und Transparenz im Unternehmensbereich (KonTraG) 350
Gesetz zur Modernisierung der Gesetzlichen Krankenversicherung siehe GKV-Modernisierungsgesetz
Gesetz zur Rechtsangleichung 104
Gesetz zur Reform des Risikostrukturausgleichs 190, 399
Gesetz zur Sicherung und Strukturverbesserung der gesetzlichen Krankenversicherung siehe Gesundheitsstrukturgesetz (GSG)
Gesetz zur Stabilisierung der Krankenhausausgaben siehe Stabilisierungsgesetz
Gesetz zur Stärkung der Solidarität in der Gesetzlichen Krankenversicherung siehe GKV-Solidaritätsstärkungsgesetz
Gesetzbuch, Bürgerliches (BGB) 105, 130, 131
Gesetzgebung 509
Gesetzliche Krankenversicherung (GKV) 34, 35, 54, 223, 555, 558, 565, 567, 571, 576
Gesprächsgegenstände 313
Gestaltung 271
–, formale 271
–, inhaltliche 271, 272
–, problemorientierte 272
Gesundheit 28, 29, 31, 32ff., 66, 506ff., 557
– Begriff 33
– Definition 33
Gesundheitsamt 330
Gesundheitsberatungen 355
Gesundheitsberichterstattung 576
Gesundheitsberufe 527
Gesundheitsbewusstsein 103, 217
Gesundheitsbudget 34, 94
Gesundheitsdefinition 32
Gesundheitsdienste
–, öffentlich 65
Gesundheitseinrichtung 193
Gesundheitsförderung 224
Gesundheitsförderungsaufgaben 552
Gesundheitsfürsorge 149
–, integrierte 60
Gesundheitsgefahren 101, 491
–, potenzielle 499
Gesundheitsgüter 26, 31ff., 37ff., 63, 95, 105, 188, 395
Gesundheitskonzerne 26
Gesundheitsleistungen 34, 94, 103, 167, 187, 360
Gesundheitsmanagement 206
Gesundheitsmarkt 26, 39, 167
Gesundheitsministerkonferenz (GMK) 556
Gesundheitsökonomie 23ff., 34
– Grundlagen 23ff.
Gesundheitsorientierung 508

Gesundheitspfleger 508, 526
Gesundheitspolitik 29, 61ff., 103, 557, 576
Gesundheitsprobleme 514, 518
–, potenzielles 494
Gesundheitsprüfung
–, betriebsärztliche 313
Gesundheitsquote 34
Gesundheitsreform 59, 103, 396, 433
Gesundheitsreformgesetz 27, 47, 103, 105, 187
Gesundheitsschutz 468
Gesundheitssektor 34
Gesundheitssicherung 206
Gesundheitsstrukturgesetz (GSG) 72, 103, 148, 187, 394, 396, 403, 427, 429, 432, 560
Gesundheitsstrukturreform 537
Gesundheitssyndrome 518
Gesundheitssystem 46ff., 83
Gesundheitsunternehmen 507
Gesundheitsverhalten 103
Gesundheitsverhaltensmuster 492, 515
–, funktionelles 494, 516ff., 524, 526
Gesundheitsversorgung
–, ambulante private 58
Gesundheitsvorsorge 468
Gesundheitswesen 28, 34, 103, 255, 599
– Beschäftigte 559
– Eigentümlichkeiten 34
– ökonomierendes 527
– Sektoren 46ff.
– Struktur 46ff.
–, verbraucherorientiertes 556
–, wettbewerbsorientiertes 205
Gesundheitsworkshops 355
Gesundheitszustand 359, 468, 470
Getränkebehältnisse 378
Gewährleistungsauftrag 52
Gewässerbelastung 370
Gewässerverschmutzung 371
Gewerbeamt 132
Gewerbebetrieb 132
Gewerbefreiheit 132
Gewerkschaften 89, 153, 270
Gewicht 377
Gewichtsreduzierung 371
Gewichtungsfaktoren 290
Gewichtungskriterien 199
Gewinn 135, 247, 269, 271, 272, 337, 368
–, existenzieller 122
Gewinnbeteiligung 131
Gewinnmaximierung 127, 141, 383
Gewinnrechnung 271
Gewinnspanne 340
Gewinn- und Verlust-Rechnung 135
Gewinnverteilung 131, 133, 135, 136
GG siehe Grundgesetz
Gipsverbände 375
GKV siehe Gesetzliche Krankenversicherung
GKV
– Beitragssatz 37
– Gesundheitsreform 60, 27, 398, 404
– Gesundheitsreformgesetz 221
– Leistungen 54
– Modernisierungsgesetz (GMG) 36, 44ff., 51, 57, 59, 74, 180, 190ff., 221, 355, 361, 402, 405, 410, 556, 557, 560, 567, 574, 576
– Neuordnungsgesetz 167
– Rechtsangleichungsgesetz 398, 399
– Reformgesetz 188, 218
– Solidaritätsstärkungsgesetz 59, 398
Glasartikel 362

Glättungsformel 449
Gläubiger 132
Glaubwürdigkeit 266
Gleichbehandlung 138
Gleichgewicht 142
–, finanzielles 122
Gleichgewichtsmenge 126, 129
Gleichgewichtspreis 126
Gleichgewichtszustand 126
Gleichstellung 316
Gleichstellungsgesetz 313
Gleichwertigkeit 316
Gliederung 271
–, institutionalisierte 271
–, klassische 271
–, organisatorische 271
–, problemorientierte 271, 272
–, thematische 516
Gliederungszahlen 337
Globalbudget 398, 451
Globalisierung 25, 119, 173, 342, 382, 388
Globalsteuerung 26, 34, 43, 209, 210
Globalstrategien 388, 389
GMB 568, 572
GmbH siehe Gesellschaft mit beschränkter Haftung
GmbH-Gesetz 133
GMG siehe GKV-Modernisierungsgesetz
GMK siehe Gesundheitsministerkonferenz
Goal Attainment Scale (GAS) 524
GOÄ-Punkte 291
GOÄ-Ziffern 290
Gordon, Marjory 517
Gordon-Liste 494
Graduierung 309, 471
Grenzen
–, ökonomische 161
–, persönliche 325
–, sektorale 547
Grenzverweildauer
–, obere 420
–, untere 420
Großbürgertum 89
Größen
–, monetäre 290
Großgeräte
–, medizinisch-technische 404
Großgruppenveranstaltungen 139
Großhandelshöchstabgabepreis 60
Großunternehmen 25
Group Model 216
Grouper 443
Group-HMO 216, 217
growth 347
Gründer 132
Grundgesetz (GG) 61, 557, 558
Grundinformationen 461
Grundkapital 134, 135
Grundlagen
–, wissenschaftliche 559
Grundlagenstudium 550
Grundlöhne 34ff.
Grundlohnsumme 34ff., 104
Grundlohnsummenanbindung 396, 408
Grundlohnsummenentwicklung 44
Grundlohnsummenorientierung 27
Grundlohnsummensteigerung 397
Grundpflege 53, 80, 111
Grundqualifikation 548
Grundsatz der Beitragssatzstabilität 404
Grundsätze
–, ethische 138

–, generelle 248ff.
Grundsatzentscheidungen 145, 346
–, personelle 304
Grundsatzplanung 146
Grundsicherung 116, 117
Grundstrategien 170
Grundstücke 361
Gründungsphase 136
Grundversorgung 158, 424
Grundwerte
–, soziale 62
Gruppe 171, 172
–, politische 89
Gruppenleistung 326
Gruppenmacht 324
Gruppenmitglieder 322
Gruppenpflege 532
–, modifizierte 532
Gruppenpflegesysteme 532, 533
Gruppenpraxen 50, 221
Gruppenschwester 532
Gruppenverhandlung 34, 40, 43
Gruppenversicherung 207
Gruppenverträge 218
Gruppenzugehörigkeit 471
Gruppierungsaufgaben 481
Gruppierungsprogramm 443
GSG siehe Gesundheitsstrukturgesetz
Gut 147
–, höchstes 71
–, ökonomisches 32ff.
Güter 28, 31, 33, 121, 125ff., 148, 267, 360, 455
–, bewegliche 279
–, freie 125, 127
–, heterogene 127
–, homogene 127
–, immaterielle 31, 33, 38
–, knappe 360
–, materielle 31, 33, 38, 279
–, wirtschaftliche 37, 125, 127
Güteraustausch 381
Güterbedarf 379
Güterbegriff 147
Güterentstehung 277, 297
Gütererstellung 148
Güterertrag 130, 234
Gütermärkte 122
Güterpreise 277
Güterstrom 267, 268
Güterverbrauch 279
Güterversorgung 127
Güterverzehr 148
GWA siehe Gemeinkostenwertanalyse 251

H

Haeckel, Erich 372
Haftung 131, 135, 136, 222
–, beschränkte 135
–, gesamtschuldnerische 133
–, unbegrenzte 135
Haftungsbeschränkung 135, 136
Haftungspflicht 374
Haftungsrecht 68
Halbfabrikate 291
Handbücher 231, 409, 436, 526
Handel 374, 375
Handeln
–, patientenorientiertes 566
–, soziales 61
–, wirtschaftliches 128, 299
Handelsgesellschaft, offene (OHG) 131ff.

Handelsgesetzbuch (HGB) 105, 132
Handelskammer 132
Handelsmarketing 382
Handelsregister 131, 132
Handelsvermittlung 132
Handelsvertreter 390
Handhabbarkeit 508
Handlungen
–, aufeinanderfolgende 171
Handlungsabläufe 463
Handlungsalternativen
–, komplexe 70
Handlungsautonomie 512
Handlungsbedarf 379, 572
Handlungskompetenz 539
Handlungsleistungen 463
Handlungsregeln 119, 120
Handlungszuweisungen 173
Handwerksbetriebe 132
Handwerkskammer 132
Handzettel 391
Hard Disc (HD) 458
Hardware 457, 459, 460
Harmonisation 230, 232, 236, 237
Harnverhalt 526
Härtefallbefreiung 57
Härtefälle 112
Harvard Business School 344
harvest 347
Häufigkeit 255, 256
Hauptabteilung 143, 416
Hauptdiagnosen 441, 442, 437, 444, 446, 448, 480, 481
Hauptkennzahlen 341
Hauptkostenstelle 147, 285, 427
Hauptkostenträger 286
Hauptleistung 285, 446
Hauptmaske 476
Hauptprozesse 160, 244
Hauptversammlung 134, 135
Hauptziele 156, 157
Hausarbeit 509
Hausarztmodell 57
Hausbetreuungsdienste 85
Haushalte 121, 126
–, private 125
Haushaltseinkommen 124
Haushaltsmitglieder 124
Haushaltsnachfrage 124, 125
Haushaltsprinzip 35
Hausmüll 375, 380
Hautfarbe 138
HCFA siehe Health Care Financing Administration
HCFA-DRG 440, 441, 445
HD siehe Hard Disc
Health Care Financing Administration (HCFA) 218, 440, 441
Health Maintenance Act 208
Health Maintenance Organization (HMO) 208, 213ff., 217
Health Plan Employer Data and Information Set (HEDIS) 211
Health Risk Appraisal 219
Healthcare Ressource Groups 439
Hebammen 90
Hebammenbereich 408
Hebammenregelung (HebR) 379
HebR siehe Hebammenregelung
HEDIS siehe Health Plan Employer Data and Information Set
Heilbehandlung 66

Heilberufe 393, 558
Heilgewerbe 393
Heilmittel 359
Heilmittelwerbegesetz (HWG) 392, 393
Heimatgesetzgebung 89
Heimgesetz 572
Heimpflegeplätze 77
Heizdecken 362
Heizkissen 362
Heizung 279
Herberge 81
Herstellerabgabepreis 60
Herstellkosten 287
– des Umsatzes (HKU) 147
Herstellungskosten 122
Herzkrankheit
–, koronare 191
Herzschrittmacher 362
HGB siehe Handelsgesetzbuch
Hierarchiegrenzen 547
Hilfe
–, erste 93, 101
–, seelsorgerische 359
–, soziale 100
Hilfebedarf 107ff., 558
–, dauerhafter 66
Hilfeleistungen 74
Hilfen
–, technische 109
Hilfestellung 75
Hilflosigkeit 107
–, dauerhafte 67
Hilfsangebote 79
Hilfsbetriebe 121
Hilfskennzahlen 341
Hilfskostenstelle 147, 285, 427
Hilfskostenträger 282
Hilfsmittel 359
Hilfsstelle 143
Hilfsstoffe 279, 280
Hinterbliebenenrecht 98
Hinterbliebenenrente 98
Hinterbliebenenversorgung 91, 114
HINZ Online Software 471
HINZ-Organisation 470
Histogramm 169, 170
Histologiebefunde 461
HIV 446
– Fall 448
– Infektionen 444
– Patienten 441, 443
HKU siehe Herstellkosten des Umsatzes
HMO siehe Health Maintenance Organization
HMO
– Konzept 220
– Programme 208
– System 216
Hobbys 306
Hochglanzleitbilder 139
Hochrechnungen 234
Hochschulbereich 560
Hochschulstudium 549, 550
Höchstbeitrag 108, 111
Höchstbestand 367
Höchstpreise 451
Höchstpreissystem 451
Höhenrieder Kreis 572
Holdienste 532
Holding 255
Homogenisierung
–, künstliche 290

Homogenität 438, 439, 441, 445
Hörgeräteakustiker 103
Hörkissen 362
Hörmuscheln 362
hospitium 81
Hospiz 82, 83, 85
Hospizarbeit 83, 85, 86
–, ambulante 84
Hospizbewegung 81 ff., 86
Hospizdienste 81 ff., 84, 86
–, ambulante 85
–, stationäre 86
Hospizeinrichtung 82
Hospizidee 84, 86
Hospiz-Statistik 85
Hospizstiftung 83
Hotelleistungen 390
Hotelversorgung 359
Humanität 383
Human-Marketing 383
HWG siehe Heilmittelwerbegesetz
Hyperglykämie 494
Hypothesensystem 258

I

ICD 573
– Katalog 472, 473
– Klassifikation 470
– Schlüsselung 416
ICD-10 473, 475, 572
ICD-10-AM siehe ICD-10-Australian Modification
ICD-10-Australian Modification (ICD-10-AM) 445
ICF 473
ICG siehe International Group of Controlling
ICMP 573
ICN siehe International Council of Nursing
ICNP 437, 473, 476
– Klassifikation 470
ICPM 474
– Klassifikation 470
ID 472, 474
– Diacos 472, 474
Idealzielstellung 68
Ideen 381
Idemnity (IDY) 211, 214
Identifikation 138
Identifikationselemente 391
Identifikationsgrad 161
Identifikationsprobleme 524
Identifizierung 462, 545
Identitätsbildung 138
IDY siehe Idemnity
Image 386, 391
Imagesteigerung 373
Imageverlust 168
IMI siehe Medizinische Informationsverarbeitung
Immissionsschutzrecht 373
Immobilienmarkt 122
Impfungen 58, 67
Implantate 279, 426
Implementierung 250
Importarzneimittel 60
Improvisation 142, 231, 260
Inanspruchnahme 42
–, ressourcenschonende 370
incidence reporting 494
Indemnity Health Insurance 208
Indemnity-Versicherungen 214

Independent Practice Association (IPA) 216, 217
Indexzahlen 337
Indikatoren 523, 253, 340
–, wirtschaftliche 340
Indikatorenumfang 571
Individualbedarf 158
Individualbedürfnisse 124, 126
Individualsoftware 458
Individualtarife 57
Industrialisierung 182, 531, 89
Industrie 148, 149
Industriebetrieb
–, medizinischer 148
Industriebetriebslehre 120
Industriegesellschaft 24
Industriekammer 132
InEK 573
Infektionen 491
Infektionsprävention 375
Infektionsstation 376
Infektionsverhütung 375
Inflation 153
Infodatenbanken 470
Informatik 455 ff., 550
–, medizinische 467
Informationen 147, 232, 254, 266, 273, 309, 336, 455, 470, 515, 533
–, sachliche 394
–, verlässliche 266
Informationsbasis 515
Informationsbedarf 254, 255, 257, 273
Informationsbedarfsanalyse 257
Informationsberichte 253
Informationscharakter 336
Informationsentstehung 254
Informationsfindung 467
Informationsfluss 144, 455, 464, 467
Informationsgehalt 338
Informationsgenerator 276
Informationsgewinnung 384, 385
Informationsmanagement 253
Informationsmedien 556
Informationspolitik 49
Informationsprozess 172, 469
Informationsquelle 385, 463
Informationssammlung 472, 492
–, initiale 516
– Medizin 472
– Pflege 472
Informationsströme 467
Informationssysteme 180, 229, 230, 237, 254, 255, 273, 345, 349, 455, 462, 521
–, manuelle 455
Informationstechnologie 143, 321, 467
Informationsübermittlungsvorgänge 254
Informationsveranstaltungen 139
Informationsverarbeitung 467
Informationsverluste 173, 470
Informationsverwendung 254
Informationsweitergabe 540
Informationswerbung 393
Informationswesen 161 ff., 203
Infrarot 458
Infrastruktur 321, 348, 349
Initialbewertungen 312
Initiative 576
Inkontinenz 483, 526
Innenaufträge 293
Innenverhältnis 222
Innenwelt 229
Innovationen 197, 544

Innovationsfähigkeit 339, 343
Innovationsmanagement 206
Innovationsprozesse 357
Innungskrankenkassen 92
Input 142, 172, 175, 187, 234, 247, 332, 370, 377
– Daten 378
– Faktoren 147, 362
– Größen 378
– Informationen 316
– Output-Beziehungen 177
– Output-Daten 377
– Output-Modell 359
– Output-Relationen 71
– Output-Systematik 377
Inschriften 455
Insolvenzen 126
Instandhaltung 422, 426
Instandhaltungskosten 361
Instandhaltungspauschale 408
Instanz 143
–, erste 92
Institut für Ökologische Wirtschaftsforschung (IÖW) 376, 377
Institut für Qualität und Wirtschaftlichkeit 571
Institut für Qualität und Wirtschaftlichkeit im Gesundheitswesen 54, 189
Institutionalisierung 260
–, zielorientierte 260
Institutionen 254
–, medizinische 427
Institutsambulanzen
–, psychiatrische 432
Instrumentalstrategien 388
Instrumentalziele 386
Instrumente 277
–, kennzahlenorientierte 247
–, kostenorientierte 247
–, partizipative 540, 541
Integrated Delivery Systems 215
Integration 232
Integrationsfunktion 240
Integrationstarif 222
Integrationsversorgung 223
Integrationsverträge 223, 407
Intelligenz 459
Intensivabteilung 289
Intensivbehandlung 289
Intensivbetten 416
Intensivversorgung 149
Interaktionsdimension 194
Interaktionsqualität 193
Interdependenz 254
Interessen 315
Interessengruppen 44
Interessenverbände 560
Interessenvertretung 52
International All Patient DRGs 442
International Council of Nursing (ICN) 513
International Group of Controlling (ICG) 228
International Standard Organisation (ISO) 196
Internet-Apotheken 60
Interpretationszeichen 265
Interpretierbarkeit 46
Interventionen
–, evidenzbasierte 523
–, gezielte 514
–, präventiv-prophylaktische 491
–, überwachende 491

Interventionsansätze 546
Intrarollenkonflikt 330
Invaliditätsfall 102
Invaliditätsleistung 102
Invaliditätsversicherung 90, 106
Invaliditätsversorgung 114
Investitionen 422
Investitionsentscheidungen 127
Investitionsfinanzierung 416
Investitionsförderung 421ff.
– Einzelförderung 422ff.
– Pauschalförderung 422ff.
Investitionsgüter 360
Investitionsgütermarketing 382
Investitionsgütermärkte 122
Investitionskosten 362, 407, 410, 421, 422
Investitionskraft 158
Investitionsmittel 424
Investitionsobjekte 152
Investitionsprogramme 423
Investitionsrechnung 119, 272
Investitionsstau 422
Investmentcenter 140, 141
IÖW siehe Institut für Ökologische Wirtschaftsforschung
IPA siehe Independent Practice Association
IPS-Aufenthalte 443
Ishikawa, K. 168
Ishikawa-Diagramm 197
ISO siehe International Standard Organisation
Ist
– Abweichung 255
– Daten 246, 248
– Größe 176, 245
– Kennzahlen 339
– Kosten 164, 249, 268, 277, 281, 301, 439, 452
– Kostenrechnung 301, 428
– Situation 315
– Werte 234, 257, 338, 340
– Zeit 487
– Zustand 350, 471
IT-Technik 144

J

Jahresabschluss 134, 135
Jahresarbeitsverdienst 102
Jahresumsatz 337
Joint Commission on Accreditation of Healthcare Organizations 200
Jugendhilfe 65
Jugendschutzgesetz 101
Juristen 511
Just-in-Time 170
– Verfahren 366

K

KAiG siehe Konzertierte Aktion im Gesundheitswesen
Kaiser, Henry 207
Kaizen 168
– Ansatz 349
– Konzeption 168
– Modell 169
– Philosophie 169, 174
– Schirm 169
– Werkzeuge 169
Kalkulation 287, 288, 301, 409, 452, 482
–, fallbezogene 486
–, prospektive 475
Kalkulationsaufstellung 415
Kalkulationshandbuch 164, 282
Kalkulationsschema 409, 436
Kalkulationsverfahren 284, 288, 289, 409
Kammergesetze 512
Kammern
–, berufsständische 512
Kantine 306
Kantinenabfälle 375
Kanülen 362
Kapazitäten 365
Kapazitätsausgleich 319, 397
Kapazitätsintensität 176
Kapazitätsminderung 318
Kapital 147
–, investiertes 368
Kapitalauszahlungsplan 114
Kapitalbedarf 153
Kapitalbeschaffung 136
Kapitalbeteiligung 135
Kapitalbindungskosten 364
Kapitaldeckung 97
Kapitaleigner 135
Kapitaleinlagen 133, 135
Kapitaleinsatz
–, strategischer 171
Kapitalerhaltung
–, funktionelle 158
Kapitalgeber 133
Kapitalgesellschaften 25, 131ff., 407
Kapitallokation 97
Kapitalmarkt 97, 122
Kapitalreduzierung 141
Kapitalrendite 141, 347
Kapitalumschlag 340, 368
Kaplan, Robert S. 258, 344
Karriereplanung 312
Kartell 25
Kartonagen 375
Kassen 555
Kassenärztliche Bundesvereinigung (KBV) 52, 54, 189, 190, 571, 574, 576
Kassenärztliche Vereinigung (KV) 407, 432
Kassendefizit 397
Kassenzahnärztliche Bundesvereinigung (KZBV) 54
Kassetten 457
Katalogdaten 471
Kataloge
–, internationale 474
Katalogzuordnungen 474, 475
Kategoriesystematik 565
Kategorisierung 145
Katholischer Krankenhausverband Deutschlands 205
Käufermärkte 382
Kaufkraft 39, 125, 395
KBV siehe kassenärztliche Bundesvereinigung
KEA siehe Krankenhausentgeltausschuss
Kenntnisse 315, 328, 329, 566
Kennzahlen 28, 247, 248, 253
–, betriebsinterne 337
–, interne 337
–, monetäre 343, 344
–, nichtmonetäre 343. 344
–, verdichtete 338
Kennzahlenarten 337
Kennzahlenbegriff 336
Kennzahlensysteme 164, 176, 258, 336ff. 343
– Arten 337
– Balanced Scorecard 344ff.
– Balanced Scorecard-Einsatzmöglichkeiten 352ff.
–, innovative 343
– Performance-Measurement-Systeme 343, 344
– Systeme, traditionelle 338ff.
–, traditionelle 338, 343
Kennziffern 248, 290
Kennziffernermittlung 251
Kernarbeitszeitmodelle 538, 537
Kernaufgaben 427
Kerndienstleistungen 382
Kernelement 501
Kernkennzahlengruppe 348
Kern-Know-how 172
Kernkompetenz 172
Kernleistungsaufgabe 244
Kernprozesse 142, 173, 244, 251, 357, 507
Kernwissen 545
Kernzeit 538
Keynes, John M. 26
Keynesianismus 26
KFPV 2004 siehe Fallpauschalenverordnung 2004
KG siehe Kommanditgesellschaft
KGaA siehe Kommanditgesellschaft auf Aktien
KHBV siehe Krankenhausbuchführungsverordnung
KHEntgG siehe Krankenhausentgeltgesetz
KHF 395
KHG siehe Krankenhausfinanzierungsgesetz
Kieser, Alfred 230
Kilger, Wolfgang 297
Kinder 108
– Hospiz 83
–, pflegebedürftige 110ff.
Kindererziehung 306
Kindererziehungszeiten 96
Kindergeld 65
Kinderkrankenpflege 401
KinderkrankenpflegerIn 526
Kirchen 77, 89
Kisten 375
KKV 572
Klage 92, 93
Klarheit 68
Klassifikation 271
Klassifikationsdimensionen 438
Klassifikationskriterien 437
Klassifikationsmerkmal 438
Klassifikationssysteme 522, 572, 573
Klassifizierung 332
KLEE-Rechnung 264ff.
Kleinbetriebe 132
Klienten 507
Klientenberatung 528
Klientengruppe 528, 529
Klima 372
Klinikalltag 471
Klinikleitbild 333
KNA siehe Kosten-Nutzen-Analyse
Kodex
–, berufsethischer 512
–, ethischer 511
Kodierqualität 340
Kodierregeln 409, 436
KODIP 472, 474
Kohärenzgefühl 508
Kohäsion 138
Kollektivbedürfnisse 124, 126

Kollektivgüter 34, 38
Kollektivverträge 43, 44
Kombinationsgeschäfte 298
Kombinationsleistung 109
Kombinationsprozess 271
Kommanditeinlage 133
Kommanditgesellschaft (KG) 131ff.
Kommanditgesellschaft auf Aktien 134
Kommanditisten 133ff.
Kommanditkapital 135
Kommission für die Nachhaltigkeit in der Finanzierung der Sozialen Sicherungssysteme 112
Kommissionen 380
Kommunen 77, 150
Kommunikation 138, 163, 231, 322, 331, 332, 456, 467, 527, 533
–, interdisziplinäre 567
–, offene 327
Kommunikationsdefizite 245
Kommunikationsfähigkeiten 324
Kommunikationsgrundlage 138
Kommunikationsinstrument 391
Kommunikationskanal 461
Kommunikationsmedium 185
Kommunikationsmittel 462
Kommunikationspartner 571
Kommunikationsperspektive 349
Kommunikationspolitik 138, 389ff.
Kommunikationsprobleme 524
Kommunikationsstrategien 388
Kommunikationssysteme 345, 455
Kommunikationsziele 386, 391
Komorbidität 408, 436, 447
Kompensation 138
Kompetenz 349, 524
–, fachliche 558
Kompetenzportfolio 550, 551
Kompetenzträger 138
Kompetenzzuweisungen 173
Komplementär 133, 134
Komplementärgüter 127
Komplexität 173, 352, 408, 436, 441, 502, 503
Komplexitätsgrad 442
Komplexitätsklassen 442
Komplexitätsreduzierung 229
Komplexitätsunterklassen 441
Komplexpauschale 223
Komplikationen 441, 442, 444, 447
Komplikationen
–, potenzielle (PK) 491, 494ff.
Konfigurationsebene 256
Konflikte 325
Konfliktmanagement 332
Konkurrenz 25
–, freie 25
–, vollkommene 25
–, vollständige 25
Konkurrenzdruck 167
Konkurrenzkampf 126
Konsequenz
–, ökonomische 270
–, wettbewerbliche 164
Konservenbehältnisse 378
Konsiliarberichte 461
Konsumeinheit 126
Konsumfreiheit 24
Konsumgüter 122, 127
Konsumgütermarketing 382
Konsumgütermärkte 122
Konsumtion 120

Kontakte 159
Kontinuität 68, 69, 250
KonTraG siehe Gesetz zur Kontrolle und Transparenz im Unternehmensbereich
Kontrahierungspolitik 389, 390
Kontraindikationen 471
Kontrazeptiva
–, orale 57
Kontrollaufgaben 339
Kontrollaufwand 112, 321
Kontrollbegriff 247
Kontrollberichte 254
Kontrolldefinition 245
Kontrolle 205, 229, 232, 234, 246, 282, 301, 322, 360, 364, 456
–, ergebnisorientierte 247
–, inputorientierte 247
–, laufende 257
–, prozessablauforientierte 144
–, verfahrensorientierte 247
–, verhaltensorientierte 247
Kontrolleur 229
Kontrollfunktion 161, 255, 255, 273
Kontrollinstrumente 247
Kontrollkarten 169
Kontrollobjekte 247
Kontrollrechnung 298
Kontrollsysteme 139, 140, 229ff., 237, 245ff., 254
Kontrollverfahren 247
Kontrollzwecke 255
Konvergenzphase 409, 411, 451
Konzentration 25
Konzern 25
Konzertierte Aktion 43, 44, 45, 71, 370, 555, 549, 561
Konzertierte Aktion im Gesundheitswesen (KAiG) 512, 560
Konzipierung 381
Kooperation 25, 138, 164, 255, 506
–, ärztliche 51
–, horizontale 225
–, partnerschaftliche 567
Kooperation, Transparenz und Qualität im Gesundheitswesen GmbH (KTQ®) 200, 565ff.
Kooperationsbeziehungen 67
Kooperationspartner 550, 571
Kooperationspartnerschaft 565
Kooperationsvertrag 204, 550
Koordination 142, 163, 230ff., 457, 532
–, persönliche 230
–, unpersönliche 230
Koordinationsaufgaben 231
Koordinationsaufwand 173
Koordinationsfunktion 161
Koordinationsinstrumente 230, 231
–, technische 231
–, unpersönliche 231
Koordinierungsausschuss 48, 53, 190, 400
Koordinierungssystem 72
Kopfpauschale 55, 216, 556
Körperpflege 109, 110
Körperschaft des öffentlichen Rechts 52, 91
Körperschaften 150
–, rechtsfähige 91
Körperschaftsteuer 135
Körperteile 376
Körpertemperatur 461
Körperzustand 66
Korporatismus 26
Korrekturmaßnahmen 246, 257

Korridore 72
Kosiol, Erich 267
Kosten 28, 32, 70, 142, 148, 167, 174ff., 239, 278ff., 488
–, angemessene 305
–, auszugliedernde 298
–, fixe 280, 426
–, irrelevante 281
–, ökologische 371
–, ökonomische 371
–, pflegesatzfähige 416, 426
–, primäre 281, 426
–, relevante 281
–, sekundäre 281, 426
–, soziale 370
–, variable 280, 300, 415, 426
– Verteilung 283, 284
– Zuordnung 245
Kostenabweichungen 163, 242
Kostenanstieg 555
Kostenarten 239, 276, 278, 286, 426
Kostenartengruppierungen 276
Kostenartenrechnung 239, 277, 278, 426, 427
–, branchenspezifische 279
–, entscheidungsorientierte 279
Kostenauswertung 276, 277
Kostenbelastungsdivergenz 290
Kostenbereiche 281
Kostenbestandteile
–, fixe 428
–, variable 428
Kostenbewusstsein 161
Kostenblock 281
Kostenbudget 284
Kostendämpfung 221, 397
Kostendämpfungsgesetze 219
Kostendaten 452
Kostendeckung 126
Kostendeckungsbegriff 158
Kostendeckungsprinzip 128
Kostendeckungsprüfung 163
Kostendruck 304
Kosteneinflussgröße 242, 340, 426
Kosteneinsparung 234
Kostenentwicklung 161
Kostenerfassung 276, 277
Kostenermittlung 276, 277
Kostenersparnis 443
Kostenerstattungsprinzip 57, 104, 167, 218
Kostenerstattungsverfahren 57
Kostenexpansion 502
Kostenexplosion 35, 65, 104
Kostengewicht 417, 439ff., 444ff., 451ff., 481
Kostengliederung 280
Kostengüter 156, 281
Kosteninformationen 352
Kostenintensität 176
Kostenkontrolle 242
Kostenmanagementstrategien 235
Kostenmessung 276
Kosten-Nutzen-Analyse (KNA) 34, 70, 71
Kosten-Nutzen-Betrachtung 251
Kosten-Nutzen-Relation 40
Kosten-Nutzen-Untersuchungen 70
Kosten-Nutzen-Verhältnis 213
Kostenperspektive 297
Kostenplan 145
Kostenplanung 163, 164, 241, 242, 284
–, analytische 242
Kostenplanungsverfahren
–, analytisches 242

Kostenprozess 281
Kostenrechnung 162, 227, 264, 267, 271ff.,
  276ff., 297, 309, 426, 439
– Aufgaben 276
– Begriffsdefinition 276
– Kosten 278
– Kostenarten 279ff.
– Kostenstelle 284
– Kostenstellenrechnung 282
– Kostenträger 286
– Kostenträgerrechnung 285
– Kostenträgerstückrechnung 288
– Kostenverteilung 293ff.
–, systemische 240
Kostenrechnungsstufen 278
Kostenrechnungssysteme 428
Kostenreduktion 35, 364, 506
Kostenreduzierung 167, 206, 537
Kostensätze
– Ableitung 245
Kostenschwankungen 309
Kostensenkung 140, 373, 574
Kostensteigerung 239
Kostenstelle 242, 277, 281ff., 427
– Aspekte, ablauftechnische 285
– Aspekte, produktionstechnische 285
– Aspekte, rechnungstechnische 285
– Budgetierung 240
– Definition 284, 285
– Einteilung 285
Kostenstellenbereiche 242
Kostenstellenblatt 266
Kostenstellenkontierung 427
Kostenstellenkosten 239
Kostenstellenleiter 248
Kostenstellenplan 243, 427
Kostenstellenrechnung 239, 277, 278, 282ff.
  426, 427
– Aufgaben 283
Kostentheorie 119
Kostenträger 39, 66, 74, 77, 242, 276, 277,
  281, 286ff., 356, 395, 427, 478, 527
– Arten 286, 287
– Gemeinkosten 299
–, künstlicher 288
– Rechnung 285ff.
– Stückrechnung 288ff.
Kostenträgerrechnung 277, 278, 283, 285ff.,
  427
–, managementorientierte 164
Kostenträgerstückrechnung 288ff., 292, 298
Kostenträgerzeitrechnung 292, 293
Kostentransparenz 239, 309, 506
Kostentreiber 245
Kostenverantwortung 161
Kostenvergleiche 251
Kostenverrechnung 277
Kostenversicherung 108
Kostenverteilung 276, 277
–, innerbetriebliche 293
Kostenverursachung 239
Kosten-Wirksamkeits-Analyse (KWA) 34,
  70, 71
Kostenwirtschaftlichkeit 157
Kranke
–, chronisch 555
Krankenakte 462
Krankenblatt 460
Krankenblattdokumentation 455
Krankenbobachtung
–, pflegerische 461
Krankengeld 56

Krankengeschichte 466
Krankenhaus 47, 119ff., 503
– Aspekte, betriebswirtschaftliche 148ff.
– Betriebswirtschaftslehre 119ff.
– Prozesse, betriebliche 141ff.
– Rechtsformen 130ff.
– Trägerschaft 151
– Ziele 136ff.
Krankenhaus(bedarfs)planung 40, 41
Krankenhausarbeit 159
Krankenhausbehandlung 403
– Formen 47
Krankenhausbehandlungsvertrag 465
–, gespaltener 465
Krankenhausbetrieb 157
Krankenhausbetriebslehre 120
Krankenhausbetriebsleitung 149
Krankenhausbetriebsvergleich 164
Krankenhausbuchführungsverordnung
  (KHBV) 285, 286, 361, 426
Krankenhausbudget 361
Krankenhausdienstleistungsqualität 193
Krankenhausdirektorium 153, 180, 505
Krankenhausentgeltausschuss (KEA) 574
Krankenhausentgeltgesetz (KHEntgG) 401,
  402, 410ff., 422, 425
Krankenhausfinanzierungsgesetz (KHG)
  361, 398, 400ff., 407ff., 410ff., 417, 421ff.,
  433, 445, 451, 452, 507, 572, 576
Krankenhäuser 29, 149, 188, 189, 191,
  395
– Bedarfsbereiche 150
–, der Rentenversicherungsträger 423
–, der Unfallversicherungsträger 423
–, im Maßregelvollzug 422
–, im Strafvollzug 422
–, psychiatrische 433
– Rechtsformen 150, 151
Krankenhausfinanzierung 164, 422, 507
Krankenhausfinanzierungsgesetz (KHG)
  40, 155, 392, 394, 395, 407ff., 422
Krankenhausfinanzierungssystem
–, duales 410
Krankenhausfinanzwirtschaft 394ff.
– Betriebskostenfinanzierung 425ff.
– Bundespflegesatzverordnung 413ff.
– Fallpauschalenverordnung 416ff.
– Grundlagen, rechtliche 394ff.
– Investitionsförderung 421ff.
– Krankenhausentgeltgesetz 410ff.
– Krankenhausfinanzierungsgesetz 407ff.
– Sozialgesetzbuch 403ff.
Krankenhausführung 203
Krankenhausgesellschaft 424
Krankenhaushäufigkeit 42
Krankenhaushygiene 375
Krankenhausinformationssystem 467ff.
Krankenhauskultur 386
Krankenhausleistungen 70, 155ff., 395, 422
–, allgemeine 395, 426
–, ambulante 432
–, primäre 285
–, stationäre 432
Krankenhausleistungsproduktion 360
Krankenhausleitung 162, 505
Krankenhausmanagement 180, 181, 227ff.,
  353ff.
Krankenhausmarketing 381, 383
Krankenhaus-Neuordnungsgesetze 397
Krankenhausorientierung 508
Krankenhauspersonal 156
Krankenhauspflege 108

Krankenhauspflegesätze 394, 396
Krankenhausphilosophie 386
Krankenhausplan 424
Krankenhauspläne 423
Krankenhausplanung 73, 397
Krankenhausproduktion 150
Krankenhausqualität 194
Krankenhausstatistikdaten 572
Krankenhausstruktur 451
Krankenhausträger 149, 154, 155, 424, 503
Krankenhausvergleich 415, 416
Krankenhausversorgung
–, bedarfsgerechte 72
Krankenhauswirtschaft 70, 72, 370
Krankenkassen 67, 78, 84, 91, 108, 132, 189,
  221, 224, 508
–, gesetzliche 60
Krankenpflege 401
–, allgemeine 74
–, häusliche 53, 56, 74, 80, 108
–, spezielle 74
Krankenpflegeausbildung 533, 548
Krankenpflegegesetz (KrPflG) 458, 461, 465,
  508, 550, 552
Krankenpflegehilfe 401
Krankenpflegekräfte 504
Krankenpfleger 508, 526
Krankenschwester 508
Krankentagegeldversicherungen 105
Krankentransport 47
Krankenversichertenkarte 55
Krankenversicherung 50, 65, 66, 91, 103ff.,
  321, 356, 555
–, gesetzliche (GKV) 66, 90, 103ff., 106
–, private (PKV) 103ff., 108
– Tarifarten 105, 106
Krankenversicherungsschutz 207
–, betrieblicher 208
Krankenversicherungssystem 103
Krankenversorgung 149, 150, 158
–, ambulante 149
–, stationäre 58
–, teilstationäre 149
–, vollstationäre 149
Krankheit 32, 56ff., 94, 105, 506ff.
–, chronische 48, 49, 57, 400
–, meldepflichtige 375
–, seltene 406
Krankheitsbestimmung 32
Krankheitsdefinition 32
Krankheitskosten-Zusatzversicherung 105
Krankheitsquote 316
Krankheitsrisiko 217
Krankheitsverkäufe 462
Krankheitsverlauf 457, 460
Krankheitsverlaufmodell 571
Krankheits-Vollversicherung 105
Kreativitätstechniken 186
Krebs 83
Krebsvorsorgeuntersuchungen 46
Kredit 135
Kreditbasis 131
Kreditgeberperspektive 349
Kreditpolitik 389
Kreise
–, externe 270
–, interne 271
Kreisform 463
Kreislaufsystem 449
Kreislaufwirtschaft 372, 373, 374, 380
Kreislaufwirtschafts- und Abfallgesetz
  (KrW/AbfG) 371, 374

Sachwortverzeichnis

Kreislaufwirtschaftsgesetz 372
Kreisumlage 424
Kriegsopferversorgung 65, 95
Krise
–, existenzielle 83
Krisenmanager 26
Krisensituationen 112
Kriterien 198
Kriterienkatalog 350
Kriteriensystematik 565
Kriterium 523
Krohwinkel, Monika 617
KrPflG siehe Krankenpflegegesetz
KrW/AbfG siehe Kreislaufwirtschafts- und Abfallgesetz
KTQ® siehe Kooperation, Transparenz und Qualität im Gesundheitswesen GmbH
KTQ®
– Akkreditierungsstelle 200
– Arbeitsgruppen 200
– Geschäftsstelle 200
– Katalog 203, 565, 566
– Kategorien 566
– Kenntnisse 202
– Konzept 203, 565
– Kooperation 565
– Kriterienkatalog 203, 565
– Prozess 567
– Qualifikationsanforderungen 201
– Qualitätsbericht 204
– Visitoren 201
Kubicek, Herbert 230
Küchebedarf 378
Küchemesser 362
Küchenabfälle 375
Kultur 386
Kulturbedürfnisse 124
Kunde 159, 176, 270, 356,
Kundenakquisition 348, 356
Kundenanforderungen 178
Kundenbedürfnisse 169, 174, 348
Kundenbestellung 348
Kundenbetreuung 348
Kundenbewusstsein 556
Kundenbeziehungen 348
Kunden-Lieferanten-Beziehung 172, 175
Kundennähe 174
Kundenorientierung 27, 69, 159, 168, 171, 173, 196ff., 391, 470, 501, 507, 537
Kundenperspektive 258, 344, 346ff., 354ff.
Kundenprozesse 357
Kundenrentabilität 348
Kundenstruktur 143
Kundentreue 348
Kundenunzufriedenheit 168
Kundenwechsel 173
Kundenwunsch 142, 174, 348
Kundenzufriedenheit 139, 142, 167, 174ff., 187, 258, 343, 348, 356
Kundenzufriedenheitsbefragung 193
Kündigungen 311, 318
Kündigungsrecht 114, 403
Künstler
–, selbständige 90
Kuppelkalkulation 289
Kuppelproduktion 292
Küpper, Hans-Ulrich 297
Kuration 33, 46, 47
Kurorte 103
Kurven 169
Kurzarbeit 319
Kurzzeitpflege 107, 109ff.

Kurzzeitpflegeeinrichtungen 77
Kurzzeitspeicher 459
KV 60, 575
KWA siehe Kosten-Wirksamkeits-Analyse
Kybernetik 233
KZBV siehe Kassenzahnärztliche Bundesvereinigung

L

L4-Statistiken 416
L5-Statistiken 416
LA siehe Lebensaktivitäten
Laborabfälle 376
Laborbefunde 461
Laborergebnisse 461
Laborgemeinschaft 51
Laboruntersuchungen 57
Lacke 378
LAGA siehe Länderarbeitsgemeinschaft Abfall
Lager
–, dezentrales 366
–, zentrales 366
Lagerbestand 366
Lagerhaltung 366
Lagerhaltungskosten 368
Lagerkosten 268
Lagerung 364
Länder 150
–, skandinavische 445
Länderarbeitsgemeinschaft Abfall (LAGA) 375, 376
Landesarbeitsagenturen 99
Landesbudget 451
Landeskrankenhausfinanzierungsgesetz 392, 424
Landesministerium 424
Landesparlament 424
Landessozialgerichte 92
Landesvereinbarung 432
Landesversicherungsanstalten 90
Landesverträge 431
Landwirte 65, 90, 95
Lang, Norma 518
Langlieger 420
Langzeitqualität 210
Langzeitspeicher 459
Langzeitversorgung 149, 528
Laptop 458
Lärm 371
Laserdrucker 458
Lastenausgleich 65
Lean Management 167, 168, 170, 173
– Arbeitsprinzipien 171
– Grundstrategien 171
– Leitgedanken 170
Lean Production 170
Leben 83
Lebensaktivitäten (LA) 66, 516
Lebensaltersstufen 548
Lebenserwartung 84, 93, 95, 115, 217
Lebensführung
–, selbständige 76
Lebensgewohnheiten 74
Lebenshilfe 86
Lebensmittel 362, 379
Lebensmittelbedarf 378
Lebensmotivation 86
Lebensqualität 84, 86
Lebensraum
–, sozialer 75
Lebensstandard 39, 96, 117

Lebenswirklichkeiten 544
Lebenszyklen 355
Lebertransplantation 417, 418
Lehraufwand 550
Lehre 46, 359, 462
Lehrkräfte 330
Leiden 81
Leistenerbringer 221
Leistungen 28, 29, 67, 105, 136, 152, 271, 273, 277, 474, 479,
–, berufsfördernde 90
–, betriebliche 234, 296, 299
–, diagnostische 478
–, hochspezialisierte 49, 406
–, immaterielle 294
–, indizierte 40
–, innerbetriebliche 294
–, komplexe 455
–, materielle 294
– Medizin 474
–, medizinische 90, 470
–, menschliche 360
–, nicht sachzielbezogen 296
– Pflege 474
–, soziale 34
–, teilstationäre 410
–, therapeutische 478
–, vollstationäre 410
Leistungs- und Kalkulationsaufstellung (LKA) 416, 417
Leistungsabhängigkeiten 239
Leistungsabrechnungssystem 162
Leistungsabweichungen 163
Leistungsanbieter
–, private 77
Leistungsanforderungen 477
Leistungsangebote 72, 80, 157, 187, 393, 394
–, medizinische 502
Leistungsanspruch
–, individueller 75
Leistungsaufstellung 415
Leistungsbedarf 71, 72
Leistungsbeiträge 109, 110
Leistungsbereiche 163, 192, 255, 427
Leistungsbereitschaft 360, 393, 394
Leistungsbereitstellung 28
Leistungsdaten 452
Leistungsdruck 325
Leistungseingrenzungen 65
Leistungseinheiten 298
Leistungsempfänger 71, 356, 555
Leistungsentwicklung 161
Leistungserbringer 54, 67, 71, 188, 217, 527, 556
Leistungserbringung 54, 72, 146ff., 206, 482, 501
Leistungserfassung 451, 470, 483ff.
–, differenzierte 162
Leistungserfassung in der Pflege (LEP®) 308, 309, 475, 482, 523
Leistungserfassungssystem 523
Leistungserfassungssystematik 573
Leistungserstellung 28, 120, 127, 141ff., 149, 188, 272
–, zweistufiger 506
Leistungserstellungsprozess 506
Leistungserstellungsziel 156
Leistungsexpansion 502
Leistungsfähigkeit 28, 157, 277, 394
Leistungsfinanzierung 71, 72, 179
Leistungsform 152

Leistungsinanspruchnahme
–, individuelle 74
Leistungsindikatoren 176
Leistungsinhalte 74
Leistungskatalog 214, 474
Leistungskennzahlen 486
Leistungskompetenz 193
Leistungskomplexe 433
Leistungskontrolle 214
Leistungsmanagement 206
Leistungsmaßnahmen 71
Leistungsmengen 163
Leistungsmengenplanung 241
Leistungsmethoden 153
Leistungsmodelle 224
Leistungsneufestsetzung 102
Leistungsniveau 95
Leistungsorientierung 238, 547
Leistungspalette 144
Leistungsplanung 144ff., 161ff., 241
Leistungspotenziale 187
Leistungsprogramme 163, 241
Leistungsprogrammplanung 241
Leistungsprozesse 147, 155, 157, 470
Leistungsqualität 192
Leistungsrealisierung 196
Leistungsrechnung 162, 164, 264, 267, 271ff., 276ff., 295ff., 426
– Begriffsdefinition 276
–, systemische 240
Leistungsschwerpunkte 353
Leistungsspektren 68, 163, 394, 416
Leistungsstatistiken 163
Leistungssteigerung 152
Leistungssteuerung 161ff.
Leistungsstruktur 403, 507
Leistungsträger 77
Leistungsumfang 392
Leistungsveranlasser 40, 356, 395
Leistungsveranlassung 71, 72
Leistungsverbesserung 153, 363
Leistungsverbrauch 71, 72
Leistungsverbundenheit 298
Leistungsvereinbarung 167, 176
Leistungsverflechtung 293
–, einfache 294
–, innerbetriebliche 294
–, komplexe 294
Leistungsvergütung 222, 431
Leistungsverhalten 152
Leistungsverläufe 271
Leistungsverpflichtungen 239
Leistungsverrechnung 102, 244
–, innerbetriebliche 284, 285, 294
Leistungsverwertung 127
Leistungswettbewerb 25
Leistungsziel 140
Leistungszusage 97
Leitbild 137ff., 227, 228, 345, 346
–, gesamtkrankenhausbezogenes 386
Leitgedanken 170
Leitlinien 450, 475
–, ärztliche 556
–, evidenzbasierte 54
Leitmaximen 386
Leitperspektive 344
Leitung
–, ärztliche 31
Leitungsbefugnis 131, 134, 135
Leitungsebenen 153, 154
Leitungsfunktion 143
Leitungsorgane 359

Leitungsstellen 360
Leitungsstrukturen 153
Lenken 205
Lenkung 233, 236
–, extrinsische 233
–, interne 299
–, intrinsische 233
–, ökonomische 255
Lenkungsaktivitäten 239
Lenkungsebene 233
Lenkungseingriffe 233
Lenkungsfunktion 273
–, sachrationale 273
–, sozioemotionale 273
Lenkungsgremium 200
Lenkungsrelevanz 255
Lenkungssystem 273
LEP* siehe Leistungserfassung in der Pflege
LEP*
– Klassifikation
– Methode 486
Lernaufwand 550
Lernbarrieren 545
Lernen 197
–, lebenslanges 544
–, multiprofessionelles 576
–, problemorientiertes 526
Lernfähigkeit 459
Lernperspektive 258, 346, 348, 349, 355, 357, 358
Lernprozesse 231
–, individuelle 545
–, kollektive 545
Lernsystem 345
Liberalisierung 89
Lichtstifte 458
Lichtverhältnisse 306
Lieferanten 175, 270, 363, 364
Lieferantenbeziehung 196
Lieferanten-Kunden-Beziehung 175, 176
Lieferantenperspektive 349
Lieferantenwechsel 173
Lieferbedingungen 389, 390
Liefertermine 268, 366
Lieferverträge 364
Liegezeit 420
Life Science 507
Linienorganisation 154
Liquidation
–, privatärztliche 396
Liquidität 269, 272, 341
Liquiditätssicherung 158
Listenform 478
Literatur 528
LKA siehe Leistungs- und Kalkulationsaufstellung
Lobbyarbeit
–, berufspolitische 565
Logistik 147, 237, 364, 533
Lohn 306
Lohnentwicklung 98
Lohnfortzahlung 65
Lohnfragen 563
Lohnkosten 122
Lohnkostenindex 337
Lohnnebenkosten 27, 36
Lohnsteuerkarte 98
Lohnzuwachsraten 114
Lösungsvorschläge 539
Lotsen 224
Lower-Management 505, 506
Lücken 173

Luftröhrenschnitt 438
Luftverschmutzung 371
Luxusbedürfnisse 124

M

M7 siehe Sieben Management-Werkzeuge
Machtgrenzen 547
Machtkämpfe 325
Machtposition
–, wirtschaftliche 127
Machtpotenziale 304
Machtstrategien 304
Machtstruktur 324
Madecare Act 218
Magazinprinzip 366
Magenpumpen 362
Mahlzeitendienste 78, 79
Major CCs
Major Diagnostic Categories (MDCs) 441, 443, 444, 446ff.
Makroprozesse 173
Makrovisiten 539
Malteser Hilfsdienst 83
Manageability 506
Managed Care 205ff., 208, 223
– Akzeptanz 220, 221
– Basisformen 215
– Deutschland 221ff.
– Elemente 218, 220
– Entwicklung 206ff.
– Feinsteuerung 209
– Globalsteuerung 209
– Instrumente 213, 214
– Konzept 190
– Organisation (MCO) 205, 208ff., 218, 219
– Organisationsformen 213ff.
– Prinzipien 214
– Strukturen 219ff.
– System 205, 211
– Techniken 209ff.
– Umfeld 214
– Unternehmen 220
– USA 217ff.
Management 197, 271, 322, 360, 476
– by Exception 257
– by objectives (MBO) 137, 239, 393, 394
–, mittleres 505
–, pflegerisches 503ff., 539
–, strategisches 353
–, systemorientierter 196
–, unteres 505
Managementauffassung 502
Managementaufgaben 470
Managementebenen 153, 503
Managemententscheidungen 455
Managementfunktion 173, 322, 382
–, sachorientierte 323
Managementgesellschaft 575
Managementinstrumente 227ff., 539
Managementkonzepte 168ff.
–, prozessorientierte 173
Managementkonzeption 143
Managementmethoden 167ff. 168ff.
– Kaizen 168
– Krankenhausmanagement 180
– Lean Management 170
– Managed Care 205
– Prozessarten 173
– Prozessleistungstransparenz 178
– Prozessmanagement 170, 173
– Prozessmanagement im Krankenhaus 178

– Prozessorientierung 172
– Prozessstrukturtransparenz 176
– Qualitätsmanagement 181
Managementprinzipien 205
Managementprozesse 142, 144, 254, 267
–, kritische 345
Managementqualitäten 152
Managementseminare 168
Managementsystem 170, 197, 258, 339
Managementtechniken 137
Managen 322
– Führen 322
Manager 322
Mängel 245
Mantel 461
market research 384
Marketing 119, 120, 147, 236, 381ff.
– Instrumente 389ff.
–, kommerzielles 383
–, nichtkommerzielles 383
–, proaktives 171
– Rahmenbedingungen, rechtliche 392ff.
– Strategien 384ff.
–, strategisches 382
– Ziele 386ff.
Marketingaktivitäten 357
Marketingansatz 383
Marketingbegriff 381
Marketingentscheidungen 384
Marketingentscheidungsträger 386
Marketingforschung 384, 386
Marketinggestaltungsprogramme 389
Marketinginformationen 384
Marketinginstrumente 381, 387, 389ff.
Marketingkette 389
Marketingkonzepte 381, 391
Marketingkonzeptionen 392, 384
Marketingleitbild 386
Marketingmanagement 381
Marketingmix 387, 389, 392
Marketingpolitik 389
Marketingprobleme 384, 385
Marketingstrategiegruppen 387
Marketingstrategien 382, 384ff., 392
–, konkurrenzgerichtete 387, 388
Marketingziele 386ff., 392
Markforschungsdesign 385
Markforschungsprozess 384
Markpreise 141
Markt 89
Marktanalyse 384, 386
Marktanteil 258, 388
Marktarealentscheidungen 388
Marktarealstrategien 387, 388
Marktbearbeitungsstrategien 388
Marktbeziehung 57
Marktbezug 381
Marktdurchdringungsstrategien 387
Märkte 122
Marktentwicklungsstrategien 387
Markterfordernisse 167
Marktergebnis 25
Marktfelddeterminierung 388
Marktfeldstrategien 387, 388
Marktforschung 384
Marktforschungsberichte 386
Marktforschungsprozesse 385
Marktidentifizierung 348
Marktleistungen 143, 285
Marktmechanismus 205
Marktmodell 61
Marktoptimum 126

Marktparzellierungsstrategien 387, 388
Marktpreisbildung 23
Marktpreise 141, 290
Marktprozess 89, 122ff.
Marktsättigungstendenzen 148
Marktsegmente 348
Marktsegmentierung 342, 384, 388
Marktsegmentierungsstrategien 388
Marktsituation 241, 388
Marktstimulierungsstrategien 387
Marktstruktur 25
Marktumfeld 241
Marktverhalten 25
Marktversagen 153
Marktwirtschaft 39, 106, 122, 152
–, freie 61
–, soziale 23, 24, 61, 106
Marx, Karl 147
Maschinen 382
Maschinenzeiten 290
Massachusetts Institute of Technology (MIT) 170
Massenfertigung 292
Massenmarketing 382
Masseure 103
Maßgrößen 245, 246
–, leistungsmengeninduzierte 245
–, leistungsmengenneutrale 245
Maßnahmen 457, 463
–, organisatorische 240
–, personalpolitische 319
–, pflegerische 461
–, regulierende 73
–, verhaltensbeeinflussende 243
–, verordnungsfähige 53
–, weiche 319
Maßnahmenbetrachtung 234
Maßstäbe 290
–, technisch orientierte 290
Materialbereitstellungssicherheit 365
Materialbeschaffung 363, 364
Materialfluss 364, 368
–, kontinuierlicher 171
Materialhandhabung 364
Materialien 457
–, gebrauchte 371
Materialinformationssystem 162
Materialität 360
Materialkosten 122, 281, 369
Materialkreislauf 365
Materiallogistik 363, 364
Materialmanagement 359ff.
– Abfallmanagement 370ff.
– Materialwirtschaft 363ff.
– Produktionsfaktoren 359, 360
– Sachgüter 361ff.
Materialrechnung 279
Materialverbrauch 468
Materialwirtschaft 119, 362ff., 368, 369
–, betriebliche 363
Materialwirtschaftssystem 363, 365, 370
Matrix 271
Matrixorganisation 143, 154
Maus 457, 458
Maximalbesetzung 476
Maximalprinzip 28, 68, 128, 234
Maximalversorgung 158
Maximalvorrat 366
MBO siehe Management by objectives
MCO siehe Managed-Care-Organisation
MDCs siehe Major Diagnostic Categories
Meaningfulness 508

Medicaid 218
– Programm 218
– Versicherte 219
medical 446
Medical Management 209, 212, 213
medical records officer 455
Medicare 218
– Programm 218
– Versicherte 219
– Versicherung 440
Medikamente 426, 527
Medikamentenallergien 467
Medikamentenanordnung 483
Medizinalisierung 513
Medizinbetrieb 359
Medizincontrolling 260
Mediziner 511
Medizinische Informationsverarbeitung (IMI) 200
Medizintechnik 217, 555
Mehrarbeit 266, 319, 537
Mehraufwand
–, administrativer 524
Mehrbedarf 111, 310, 547
Mehrerlösausgleichen 451
Mehrerlöse 355, 397, 414, 415
Mehrfachdiagnosen 467
Mehrfachuntersuchungen 527
Mehrleistungen 415, 451
Mehrpersonenunternehmungen 143
Mehrproduktfertigung 289
Mehrproduktunternehmung 292
Mehrwegartikel 371, 379
Mehrzeiten 487
Meldeaufwand 112
Meldebestand 366
Mengenausweitung 239
Mengenausweitungseffekt 408
Mengenbegrenzung 451
Mengengrößen 291
Mengenkomponente 34, 408
Mengenöffnung 451
Mengenrechnungen 270
Mengenverbrauch 158
Mengenvorstellungen 126
merketing research 384
Merkmale 181, 473
Messgrößen 336
Messinstrumente 193
Messskala 523
Messtechniken 182
Messwerte 482
Methode kritischer Ereignisse 194
Methoden
–, analytische 242
–, industrielle 149
Methodenwechsel 173
Me-too-Präparate 59
Microsoft Windows CE 458
Middle-Management 505, 506
Miete 423
Mikrofilme 457
Mikroprozesse 173
Mikroverfilmung 466
Mikrovisiten 539
Mindererlöse 397, 415
Minderleistungen 415
Mindertage 420
Mindestabnahmemengen 298
Mindestausstattung 158
Mindestbestand 366
Mindesteigenbeitrag 114

Mindestgliederungsschema 426
Mindestleistung 97
Mindestpreisdifferenz 60
Mindestpunktzahl 203
Mindeststammkapital 133
Mindestversicherungszeit 91
Minimalbesetzung 476
Minimal-Data-Set 471
Minimaldatensatz 437
Minimalprinzip 28, 68, 128, 234, 355
Minimalstandards 159
Minimum Basic Data Set 437
Ministerialblatt 424
– Veröffentlichung 424
Mischform 328
Missbrauchsgefahr 152
Mission 345
Misstrauen 266
MIT siehe Massachusetts Institutes of Technology
Mitarbeiter 198, 199, 303, 344, 362, 476, 487
–, neue 532
– Unternehmensressource 304
–, zufriedene 68
Mitarbeiterbefragung 194
Mitarbeiterbeteiligung 197
Mitarbeiterentwicklung 197
Mitarbeiteressen 298
Mitarbeiterführung 180, 503
Mitarbeiterinitiative 349
Mitarbeitermotivation 159, 173, 349
Mitarbeiterorientierung 69, 159, 169, 174, 203, 566
Mitarbeiterpotenziale 349, 357
Mitarbeiter-Saldostand 488
Mitarbeiterstrukturen 306
Mitarbeitervertretung 271
Mitarbeiterwechsel 173
Mitarbeiterzufriedenheit 167, 185, 204, 258, 537
Mitbestimmung 131
Mitbestimmungsgesetze 321
Mitbewerber 143
Mitfinanzierer 156
Mitgliederstruktur 104
Mitnutzung 423
Mitsprache 558
Mittagsübergabe 540
Mittel
–, marktkommunikative 391
Mittelalter 81
Mitteleinsatz 130, 239, 374
Mitversicherung 108
Mixed Model 216, 217
Mobilität 109, 110, 528
Modell
–, dreidimensionales 327
–, pflegetheoretisches 524
Modellbildung 456
Modellierbarkeit 177
Modellprojekte 548
Modellversuche 548, 574
Modellvorhaben 224
Moderatoransatz 326
Modernität 150
Modernitätskrise 502
Modifikationen 404
Momentstatus 482
Monatsabrechnung 487
Monitore 458
Monitoring 527
Monopolleistungen 152

Monotonie 173
Morbidität 41, 54, 103
Morbiditätsrisiko 437
Morse-Skala 492
Mortalität 54
Mortalitätsrisiko 437, 441, 442
Mortalitätsrisikoklassen 442
Motivation 161, 180, 315, 322, 328, 329, 349, 357, 358, 389
Motivationserhöhung 373
Motivationsfunktion 161
Motivationskraft 346
Motivationsschub 204
Motive 328
Müllkonzept 379
Multimorbidität 437, 441, 443, 449
Multiplikatoren 139, 313
Multiplikatorfunktion 390
Münchner Erklärung 576
Musterberufsordnung (MBO) 392
Mustererkennung 456
Musterlösung 212
Mutterschaft 56
Mutterschutzgesetz 101, 321

N

Nachfrage 39, 40, 124ff., 134, 253, 511
–, angebotsreduzierte 42
–, wirtschaftliche 124
Nachfrageintensität 122
Nachfragekomponente 395
Nachfragerückgang 168
Nachfragesteuerung 37ff.
Nachfrageüberhang 126, 129
Nachfrageverhalten 124
Nachhaltigkeitsfaktor 113, 114
Nachkalkulation 287, 288, 308, 309, 427, 439
Nachrechnung 270, 301
Nachrichtenwege 468
Nachsorge 33, 49
Nachsorgeeinrichtungen 180
Nachtdienste 537
Nachtkliniken 69
Nachtpflege 109ff.
Nachtversorgung 75
Nachtwächterstaat 61
Nachtzeit 538
Nachversicherung 90
Nachvollziehbarkeit 255
Nachweispflicht 375
Nadelhalter 362
Nahtmaterial 279, 280
Nahziel 474, 522
NANDA siehe North American Nursing Diagnosis Association
NANDA
– Diagnosen 475
– I 494, 495
– I 517
– I 526
Narkosemasken 362
National Practitioner Data Bank 219
Navigationshilfen 338
Nebendiagnosekatalog 572
Nebendiagnosen 437, 446, 447, 480, 483
–, schwerste 449
Nebenkostenstelle 285, 427
Nebenkostenträger 286
Nebenleistungen 446
Nebenpflicht 465
Nebenziele 156, 157

Neigungen 316
Nennbetrag 134
Neokorporativismus 43, 44
Neoliberalismus 398
Nettodurchschnittslohn 98
Nettomarktwert 297
Nettopersonalbedarf 311
–, negativer 311
–, positiver 311
Nettoprinzip 416
Nettorente 116
Network 216
– Management 209, 210
– Model 217
– HMO 217
Netz
–, familiäres 107
– Leistungselemente 66ff.
–, soziales 65ff., 93, 94
Neubauten 423
Neubildungen 444
Neueinstellung 138, 312, 320
Neugeborene 441, 443
Neuordnungsgesetz 224, 27
Neuprodukte 259
New York State Department of Health 441
NIC 496, 523
Nichtrauchertraining 46
Niederlassungen 121
Nightingale, Florence 455
NOC 474, 522, 523
Nolan Norton Institute 344
Non-Profit
– Krankenversicherungen 206
– Organisationen 247
– Unternehmungen 234
Nord-DRGs 445
Norm
– DIN EN ISO 8402 182
– DIN EN ISO 9000ff. 196
– DIN ISO 8402 187
Normalkosten
Normalkostenrechnung 428
Normalpflege 427
Normalversorgung 149
Normen 196
Normenfestsetzung 572
Normgröße 245
Normreihe DIN EN ISO 9000ff. 183
Normung 196
Normvorstellungen 386
North American Nursing Diagnosis Association (NANDA) 473, 476, 516
Norton, David P. 258, 344
Norton
– Score 473
– Skala 492, 517
Notepad 458
Notfälle 232
–, planbare 57
Notfallversorgung 408, 436, 451
Notrufsystem 219
nursing informatics 467
Nutzanwender 205
Nutzbarmachung 457
Nutzen 69
– von Arzneimitteln 54
Nutzeneinschätzungen 502
Nutzenstiftung 137
Nutzerorientierung 45
Nutzerpartizipation 555

Nutzung 423
Nutzungsdauer 360ff., 422, 423

O

Oberin 503
Oberziel 338
Objektivität 275
Objektorientierung 168
Obstipation 526
OE siehe Organisationsentwicklung
Öffentlichkeit 159, 197, 389
–, allgemeine 381
Öffentlichkeitsarbeit 391ff.
–, externe 391
–, interne 391
–, unternehmensinterne 391
Öffnungsklausel 408
OHG siehe Handelsgesellschaft, offene
Ökobilanz 373, 376, 377
Ökobilanzierung 377
Ökobilanzsystematik 376, 377
Ökologie 159, 372
Ökonomie 472
Ökonomisierung 547
Ökosteueraufkommen 96
Onkologie 433
OP siehe Operation
OP
– Abdeckmaterialien 376
– Abdeckungen 280
– Berichte 461
– Einmalabdecktücher 376
– Kapazitäten 356
Open Panel 216
Open-Space 139
Operating Cashflow 347
Operationen 443, 444
–, ambulant durchführbare 396
–, ambulante 396
Operationsschlüssel 572
Operationstischauflagen 362
Operieren
–, ambulantes 47, 51, 355, 397, 403ff., 430, 432, 507
OPS 474, 573
– Klassifikation 470
– Schlüsselung 416
Optiker 103
Optimalbesetzung 476
Optionsjahr 409
Ordnung 169, 457
Ordnungsmäßigkeit 275
Ordnungspolitik 24, 69, 73
Ordnungssinn 169
Ordnungssysteme 339
Ordoliberalismus 25
Organbeschaffung 451
Organe 65
Organigramm 243
Organisation 142, 143, 232, 322, 330ff., 344, 360
–, berufsständische 559
–, betriebliche 142
–, divisionale 162
–, externe 197
– Lernende 160
–, objektorientierte 143
–, prozessorientierte 162
–, verrichtungsorientierte 143
–, zentralistische 332
Organisationsauffassung 502
Organisationseinheiten 144, 153, 173, 505

Organisationsentwicklung (OE) 304, 502, 537, 544
–, berufspolitische 560
Organisationsergebnis 335
Organisationsformen 51, 222, 406
–, dezentrale 331
Organisationsgrad 576
Organisationsgrundsätze 142
Organisationskompetenz 566
Organisationskrise 502
Organisationsoptimierung 167, 373
Organisationsperspektive 349
Organisationsplanung 142
Organisationsprozess 332, 333
Organisationsreform 112
Organisationsstrukturen 25, 153, 155, 243
–, staatliche 152
Organisationssystem 229, 230
Organisationsunterstützung 470
Organisationsverantwortung 503
Organized Delivery Systems 215
Organtransplantationen 446
Orientierung
–, medizinische 508
–, salutogenetische 508
–, soziale 511
Orientierungsrahmen 138
Originalregister 229
Ort
–, richtiger 169
Ortkrankenkassen 92
Ortskrankenhäuser 424
OTC-Produkte 60
others 446
ÖTV 538, 560
Outcome 188, 235
Output 142, 172, 175, 187, 234, 239, 247, 296, 370, 377
– Daten 378
– Informationen 316
– Kennzahlen 352
– Seite 378, 381
Outsourcing 244
Overhead-Value-Analysis 251
Over-the-Counter-Produkte siehe OTC-Produkte

P

Pacht 423
Packungsgröße 59
Paletten 375
palliare 84
Palliativa 84
Palliative Care 85
Palliativmedizin 82, 84
Palliativpflege 82, 84
Palliativstationen 85
Palm-Handhelds 458
Papier 279
Papyrusrolle 455
Parameter
–, wirtschaftliche 533
Parametrisierung 473
Parametrisierungsmöglichkeiten 474
Pareto-Diagramm 169, 170
Parkmöglichkeiten 390
Partialinteressen 180
Partition 446
–, chirurgische 446, 449
Partizipation 547
Partnerschaft 198, 199, 567
PAS 516

Passwort 139, 458
Pathways 450, 475, 477, 488
Patient Complication and Comorbidity Level (PCCL) 448, 449
Patient Management Categories (PMCs) 439
patient value 179
Patienten 149, 159, 179, 193, 469, 507
–, zufriedene 68
Patientenakquisition 356
Patientenakte
–, elektronische 476, 484
Patientenberatung 404
Patientenbeschwerden 219
Patientenbild 73
Patientendaten 468, 482
Patientendatenbank 468
Patientendokumentationssysteme 470
Patienteneinstufung 307
Patientenführung 214
Patientengruppen 159
–, homogene 426
Patientenklassifikation 572
Patientenklassifikationssystem (PKS) 436ff., 442, 444
Patientenorientierung 69, 203, 204, 388, 537, 556, 566, 567,
Patientenstruktur 507
Patientenverlaufskurve 479
Patientenversorgung 468, 501, 527
Pauschalbeträge 424
Pauschale 217, 361, 432
–, fallbezogene 432
Pauschalförderung 410, 422ff.
Pauschalhonorar 216
Pauschallösung 56
PC-Arbeitsplätze 458
PCA-Systeme 85
PCCL siehe Patient Complication and Comorbidity Level
PCCL
– Einstufung 449
– Gruppen 449
– Stufe 450
PCDA
– Regelkreis 168
– Schritte 203
– Zyklus 184, 565
PDA siehe Personal Digital Assistant
PE siehe Personalentwicklung
PEM siehe Personal-Entwicklungs-Management
Pensionsfond 97
Pensionskasse 97
Performance Measurement 343, 344
Performance
–, unternehmerische 350
Performance-Measurement-Systeme 343, 344
Periodenvergleich 163
Person
–, juristische 134
–, rechtsfähige 132
Personal 149, 157, 232
–, administratives 469
–, medizinisches 469
–, medizinisch-technisches 149
Personal Digital Assistant (PDA) 458, 482
Personalabbau 316
Personalanpassung 318ff.
Personalanpassungsmaßnahmen 319, 320

–, antizipative 319
–, reaktive 319
Personalanzeigen 312
Personalarbeit 304
Personalaufwand 241
Personalbedarf 310, 311, 316, 504
–, örtlicher 310
–, qualitativer 310
–, quantitativer 310
–, zeitlicher 310
Personalbedarfsdeckung 318
Personalbedarfsermittlung 310, 311
–, örtliche 311
–, qualitative 311
–, quantitative 311
Personalbemessung 307
Personalbemessungsverfahren 559
Personalbereich 407, 487
Personalbeschaffung 311ff.
–, außerbetriebliche 312
–, externe 311, 312, 314
–, innerbetriebliche 311
–, interne 312, 314
Personalbeschaffungsbedarf 311
Personalbestand 311, 532
Personalbetreuung 566
Personalbeurteilung 313
Personaleinsatz
–, pflegerischer 504
Personalentwicklung (PE) 147, 315, 316, 321, 544, 546, 566
– Konzepte 502
– Management (PEM) 544
– Maßnahmen 312
– Ziele 317
Personalerhaltung 316ff.
Personalfreisetzung 320, 321
Personalfreistellung 318
Personalführung 505, 566
Personalführungssystem 229, 230
Personalien 476
Personalinformationssystem 162
Personalintensität 455
Personalkosten 162, 279, 281, 282, 397, 426, 432, 452, 537
Personalleistungen 159
Personalmanagement 30, 303ff., 487
– Bedeutung 303ff.
– Personalbedarf 310, 311
– Personalbeschaffung 311ff.
– Personalentwicklung 315, 316
– Personalerhaltung 316ff.
– Personalplanung 306ff.
– Zielsetzungen 305, 306
Personalanpassung 318ff.
Personalmehrkosten 397
Personalmotivierung 566
Personalnebenkosten 279
Personalnummer 476
Personalplanung 306ff.
–, qualitative 306
–, quantitative 306
Personalpolitik 304
Personalqualifizierung 566
Personalrat 271
Personalressourcen 486
Personalstatistik 272
Personalüberdeckung 318, 319
Personalüberhang 318
Personalunterdeckung 311
Personalverordnung für psychiatrische Einrichtungen (PsychPV) 397, 414, 559

Personalvertretung 537
Personalwesen 119
Personalwirtschaft 119, 155, 305
Personalwohnheime 427
Personen
–, juristische 130ff., 407
–, natürliche 130ff.
–, unparteiische 54
Personengesellschaft 131ff., 407
Personengruppen 469
Personenkennzahlen 475
Personenkreis
–, relevanter 95
Personenorientierung 328
Personenvereinigungen 130
Persönlichkeit 227
Persönlichkeitsstruktur 322
Persönlichkeitstypen 322
Perspektive 346, 347, 545
–, finanzwirtschaftliche 258, 344, 346ff., 354, 356
–, individuelle 344
–, interne 258
–, öffentliche 349
Perspektivwahl 349
PES-Struktur 526
Pfennigfuchser 275
Pflege 82, 150, 359
–, allgemeine 307
–, ambulante 108
–, berufliche 559
–, erforderliche 507
–, funktionelle 531
–, geplante 462
–, häusliche 80, 107ff.
–, individuelle 482
–, lindernde 83
–, palliativ-medizinische 85
–, professionelle 556, 574
–, spezielle 307
–, stationäre 107ff.
–, teilstationäre 107ff.
–, vollstationäre 110, 112
–, vorübergehende leichte 76
Pflegeabhängigkeit 516, 522
Pflegeadministration 464
Pflegeakte 485
Pflegeaktivitäten 523
Pflegeanalyse 539
Pflegeanamnese 464, 570
Pflegearbeit 505, 539
Pflegeassessment 514, 515ff.
–, fortlaufendes 515
–, initiales 515
–, rückwirkendes 515
–, spezifisches 515
–, übersichtsartiges 515
–, umfassendes 515
– Ziele 515
Pflegeassessmentdatei 526
Pflegeassessmentformen 516
Pflegeassessmentformular 516
Pflegeassessmentübungen 526
Pflegeaufwand 110, 307, 309, 482
Pflegeausbildung 504, 524, 548
–, akademische 552
–, nichtakademische 552
Pflegebedürfnisse 507, 539
Pflegebedürftige 56
Pflegebedürftigkeit 66ff., 94, 106, 107, 109ff., 461, 464,
–, erhebliche 109

– Stufen 109ff.
Pflegebeirat 560
Pflegebereitschaft 107
Pflegebericht 461
Pflegeberuf 463, 548
Pflege-Betreuungsalltag 576
Pflegebeziehung 526
Pflegebildung 544ff.
– Hochschulstudium 549ff.
– Reformbestrebungen 548, 549
– Wandel, gesellschaftlicher 546ff.
– Wissen 545, 546
Pflegebildungsstrukturen 547, 548
Pflegecontrolling 260
Pflegecurricula 522
Pflegedatensatz 570
Pflegediagnose 473, 482ff., 514ff. 517ff., 520ff.
– Ebenen 519
–, kontextuelle 517
–, konzeptionelle 517
–, strukturelle 517
Pflegediagnostik 517ff.
PflegediagnostikexpertInnen 526
Pflegedienst 74, 75, 153, 154, 162
–, ambulanter 574
–, gehobener 503
–, mittlerer 503
Pflegedienstleitung 74, 75, 162, 503
Pflegedirektion 503
Pflegedirektor 180
Pflegedokumentation 461, 463, 464, 480
Pflegedokumentationssystem
–, elektronisches 522, 524
Pflegeeinrichtungen 112
Pflegeempfehlungen 461
Pflegeentscheidungsmodell 496, 498
Pflegeergebnisklassifikation 522
Pflegeergebnisse 515, 518, 522, 523
Pflegeethik 513
Pflegeevaluation 515, 516, 518, 522, 523
Pflegeexperten 512, 539
Pflegefachbereiche 427
Pflegefachlichkeit 560
Pflegefall 66
Pflegefallabsicherung
–, private 108
Pflegeforschung 512, 522
Pflegeführungskraft 327
Pflegegeld 111
Pflegegesetzbuch 74
Pflegegespräch 541
Pflegehandlungen 539
Pflegeheime 77
Pflegehilfe
–, häusliche 109
Pflegehilfsmittel 109, 111
Pflegeinformatik 467
Pflegeinformationssysteme 482
Pflegeinfrastruktur 107
Pflegeintensität
–, abweichende 427
Pflegeintervention 496ff., 514ff., 523
–, präventive 494
–, präventiv-prophylaktische 496
Pflegeinterventionsklassifikation 496, 523
Pflegekassen 66, 77, 80, 111, 112
Pflegekontinuität 522
Pflegekosten 108, 308
Pflegekraft 84
–, leitende 465
Pflegekrankenversicherung 108

Pflegekultur 539
Pflegekurse 109
Pflegeleistungen 75, 77, 108, 112, 474
Pflege-Leistungserfassungssystem 486
Pflegeleitbild 526
Pflegeleitung 31, 503, 505, 538ff.
Pflegemanagement 501ff., 540
– Arbeitsorganisation 537ff.
– Aufgabenstellung 501ff.
– Pflegebildung 544ff.
– Pflegesysteme 531ff.
– Pflegevisite 539ff.
– Prozessgestaltung 514ff.
Pflegemanagementstudiengänge 503
PflegemanagerIn 526
Pflegemaßnahmen 464, 523
–, geplante 462
Pflegemodell 463, 470, 515
Pflegende
–, primäre 529
Pflegeperson 109, 111
Pflegepersonalregelung (PPR) 306, 307, 309, 408, 475, 482, 486, 559, 560, 573
Pflegepersonalschlüssel 309
Pflegepersonalverordnung (PPR) 397
Pflegepersonen
–, selbständige 90
Pflegepflichtversicherung 105
Pflegephänomene 522, 523
Pflegeplan 475, 514, 518, 523
–, leitliniengestützte 471, 482
Pflegeplanung 162, 462, 481, 483, 523
Pflegepolitik 555ff.
– Beispiele 565ff.
– Deutscher Pflegerat 560ff.
–, institutionalisierte 558, 560
– Perspektiven 575ff.
– Probleme 555
– Rahmenbedingungen 555ff.
–, zukunftsorientierte 558
Pflegepraxis 254, 437, 522
Pflegeprobleme 462, 524, 525, 526
–, gruppierte 526
–, klassifizierte 526
Pflegeprozess 455, 461ff., 470, 491, 514ff., 524, 526ff., 539
Pflegeprozessmodell 524
Pflegequalität 464, 486, 504, 533, 539, 571
Pflegequalitätssicherungsgesetz (PQSG) 73, 572
Pflegerentenversicherung 108
Pflegerisiko 486
Pflegesachleistung 109
Pflegesätze 108, 407, 410, 416, 421
–, krankenhausindividuelle 432
–, tagesgleiche 288, 297, 401, 433
–, teilstationäre 416
Pflegesatzverhandlungen 161, 163, 309
Pflegesatzzeitraum 414
Pflegeselbstverwaltung 572
Pflegesituation 463
Pflegeskala 492, 517
Pflegestandardpläne 482
Pflegestandards 162, 556
Pflegestationen 73
Pflegestatus 481
Pflegestudiengänge 549
Pflegestufen 109ff.
– I 109, 110
– II 109, 110
– III 109, 110
Pflegesysteme 531ff.

–, ganzheitliche 531
–, neue 534ff.
–, personenorientierte 531ff.
–, tätigkeitsorientierte 531, 532
Pflegetag 150
Pflegetagegeldversicherung 108
Pflegetheorien 470
Pflegevariablen 308, 309
Pflegeverlauf 539
Pflegeverlaufskontrolle 462
Pflegeversicherung (PV) 65, 73, 77, 80, 90, 91, 106ff., 110, 111, 559, 572
–, gesetzliche 106ff.
– Leistungen 108ff.
–, private 108
– Rentner 116
–, soziale 108
Pflegeversicherungsbeiträge 116, 117
Pflegeversicherungsgesetz 67
Pflegeverständnis 517
Pflegevertretung 110
Pflegevisite 539ff.
– Ablauf 543
– Aufwand und Nutzen 542, 543
– Gestaltung 542
– Management, pflegerisches 540, 541
– Instrument, partizipatives 541, 542
Pflegewissenschaft 463, 512, 573
Pflegewissensmodell 496, 498
Pflegeziele 461, 462, 474, 514, 518, 522, 523
Pflegezustand 463
Pflichtleistungen 104
Pflichtmitgliedschaft 52
Pflichtversicherung 39, 63, 65, 95, 103
PGP's siehe Prepaid Group Practices
Phänomene 473
Pharmaindustrie 103
PHO's siehe Physician Hospital Organizations
Physician Hospital Organizations (PHO's) 215
Pilotstudie 529
PK siehe Komplikationen, potenzielle
PKS siehe Patientenklassifikationssystem
PKS
–, eindimensionales 446
– System 445
PKV 576
Plakate 391
Planbetten 423, 431
Planbettenbestand 430
Planblatt 487
Plandaten 246, 248
Pläne 146, 332
–, operative 146
–, strategische 146
–, strukturierte 499
–, taktische 146
Planentwurf 424
Planfortschrittskontrollen 247
Planinformationen 488
Plan-Ist-Soll-Vergleich 286
Plan-Ist-Vergleiche 301
Plankosten 249, 281
Plankostenkurve 249
Plankostenrechnung 243, 249, 301, 428
–, flexible 249
Plankrankenhäuser 392
Planorientierung 238
Planstellen 311
Planung 34, 40, 146, 183, 232ff., 322, 332, 360, 364, 477, 482

–, kurzfristige 146
–, langfristige 146
–, mittelfristige 146
–, operative 237, 353
–, optimale 527
–, strategische 237
–, taktische 237
Planungsabteilungen 144
Planungsaufgaben 339
Planungsausschuss 424
Planungsbedarf 488
Planungsberechnung 271
Planungsberichte 254
Planungsebene 255
Planungsfehler 179
Planungsgebote 476
Planungsinstrument 161, 237
Planungsmaske 482
Planungsphase 339, 534
Planungsprozess 381
Planungsrechnung 272, 298
Planungsrichtung 145
Planungsschritte 237
Planungssystem 144, 145, 229, 230, 232, 237, 254
Planungstheorie 235
Planungsverbote 476
Planungsverfahren 41, 424
Planungsvorschläge 487
Planungszeitpunkt 311
Planungszeitraum 146, 241, 366
Planungszwecke 255, 338
Planvorgaben 257, 339, 488
Planwerte 234, 257
Planzahlen 428
Planzanweiser
–, sozialer 509
Plausibilitätsprüfungen 477, 487
PMCs siehe Patient Management Categories
Point of Service (PSO) 211
PoL siehe Problem Based Learning
Poliermittel 279
Politik 198, 199, 381
Polizeikrankenhäuser 423
Polster 362
Polytrauma 443, 448
– Patienten 441
Portfolio 253
Porzellanartikel 362
POS 214
Positionierung 353
Potenzialdenken 170
Potenzialdimension 191
Potenzialorientierung 191
Potenzialqualität 194
PPO siehe Preferred Provider Organization
PPR siehe Pflegepersonalregelung
PPR
– Einstufung 484
– Methode 484
PQSG siehe Pflegequalitätssicherungsgesetz
PR siehe Risiko-Pflegediagnosen
Prämissenkontrollen 247
Prävention 33, 46, 47, 107, 558, 576
–, primäre 33
–, sekundäre 33
–, tertiäre 33
Praxisablauf
–, professioneller 68
Praxisalltag 72
Praxisausbildung 548
Praxisbegleitung 84

Praxisdaten 529
Praxisführung
–, ärztliche 68
Praxisgebühr 56, 57
– Ausnahmefälle 57
Praxisgemeinschaft 50
Praxisklinik 51, 398
Praxismodell
–, bifokales klinisches 496
Praxisorganisation 69
Praxisregeln 68
Praxisrichtlinien 529
Praxisschild 224
Präzisierung 455
Pre MDCs 446
Preferred Provider Organization (PPO) 211, 214
Preisabstandklausel 60
Preisabweichung 250
Preisbildungsprozess 390
Preise 432
Preiserhöhung 234
Preisfestsetzung 397
Preisfindung 382
Preisgestaltung 158, 392
Preisindex 337
Preiskalkulation 277
Preisklassen 59
Preiskomponente 34, 408
Preispolitik 389, 390
–, aktive 392
Preisrelation 129
Preissenkungen 452
Preissteigerungen 452
Preisstrategien 388
Preissystem
–, leistungsorientierte pauschalierte 167
Preistheorie 119
Preisverfall 451
Preisvorstellungen 126
Preisvorteile 268
Preiswettbewerb 34, 214
Preisziele 386
Prepaid Group Practices (PGP's) 206ff.
Pressearbeit 391
Primärarzt 213, 215
Primärerhebungen 385
Primärforschung 385, 386
Primärinput 369
Primärleistungen 156, 157, 359, 360
Primäroutput 188, 359
Primary Nurse 529, 533, 534
Primary Nursing System 526
Primary-Nursing 327
Prinzip
– der ständigen Verbesserung 184
–, erwerbswirtschaftliches 119, 128
–, ökonomisches 121, 128
–, systemimmanentes 268
–, wirtschaftliches 127ff.
Priorisierung 354
Prioritäten 332
Privatambulanzen 429
Privateigentum 23
Privatisierung 152, 153, 244
–, echte 152
–, finanzwirtschaftliche 152
–, formelle 152
– Gründe 152
–, materielle 152
–, rechtliche 152
Privatisierungsüberlegungen 159

Privatrecht 130, 373, 407
Privatvermögen 133, 134
Privatvorsorge 96
Privatwirtschaft 153
Pro Adjacent-DRG 446
Probezeit 313
Probieraktionen 391
Problem Based Learning (PoL) 552
Probleme 524ff.
–, konzeptionelle 524
–, ökologische 377
Problemformulierungen 525
Problemgebiet 160
Problemliste 525
Problemlösetechniken 186
Problemlösungen 178
–, individuelle 470
Problemlösungspotenzialformel 269
Problemlösungsprozess 315, 463
Problemsituation 253
Problemstellungen 455
Problemsuche 178
proCum Cert GmbH 200, 204
Productplacement 391, 392
Produktbilanz 377
Produktdesign 391
Produkte 38
–, umweltfreundliche 373
Produkteigenschaften 348
Produktelimination 389
Produktentsorgung 377
Produktentwicklung 344
Produktinnovation 389, 547
Produktion 119, 145, 147, 267
–, forstwirtschaftliche 34
–, handwerkliche 34
–, industrielle 34
–, landwirtschaftliche 34
Produktionsablauf
–, mehrstufiger 291
Produktionsausschuss 277
Produktionsbetrieb 132, 282
Produktionseinheit 126
Produktionsergebnisse 122
Produktionsfaktoren 28, 121, 147ff., 172, 187, 234, 273, 277, 279, 359, 360
–, betriebliche 360
–, dispositive 359
–, elementare 359
–, immaterielle 339
Produktionsfreiheit 24
Produktionsgüter
Produktionsplan 145
Produktionsprogramm 127
–, geplantes 296
Produktionsprogrammplanung 299
Produktionsprozesse 173
Produktionsschritte 377
Produktionstheorie 119
Produktionsverfahren 127, 377
Produktionsvorgänge 267
Produktivfaktoren 156
Produktivgüter 122
Produktivität 148, 258
–, technische 268
Produktivitätsvorteile 173
Produktlebenszyklus 377
Produktlieferung 348
Produktmanagement 154, 209, 210
Produkt-Markt-Expansionsraster 387
Produkt-Markt-Kombination 387
Produktorientierung 175

Produktpolitik 389, 392
Produktqualität 73
Produktstrategien 388
Produktvariation 389
Produktverwendung 377
Produktziele 386
Profession 559
Professionalisierung 463, 509ff., 560
Professionalisierungsdebatte 558
Professionalisierungsgrad 511
Professionalisierungsprozess 558
Professionalität 180, 502, 556
Professionen 511
Professionssoziologie 511
Professionsvielfalt 558
Profitcenter 140, 141, 162
Profit-Krankenversicherungen 207
Profitmarketing 381
Profit-Unternehmungen 234
Prognose 301, 460
Prognosefunktion 273
Prognosekostenrechnung 301
Programme 470
Programmeffektivität 49
Programmierung 471
Programmplanung 241
Projektbegleitung 538
Projektmanagement 154
Projektorientierung 168, 175
Prophylaxe 253
Prospective Payment 211
Prospective Review 209
Protokolle 494
Provider Sponsored Organizations 220
Provisionssysteme 138
Prozeduren 480, 484, 573
Prozedurenschlüssel 405
Prozedurenübermittlung 474
Prozedurverschlüsselung 444
Prozessabbildung 177
–, horizontal 177
–, vertikal 177
Prozessabgrenzung 252
Prozessabwicklung 144
Prozessanalyse 159, 242, 244, 252, 302
Prozessänderung 142
Prozessarten 173
Prozessauswahl 244, 251
Prozessbeginn 178
Prozessbeschreibung 244
Prozessbilanz 377
Prozessdarstellung 252
Prozessdiagramm 176
Prozessdimension 191
Prozessdurchlaufzeit 178
Prozesse 141ff., 171ff., 196ff., 276, 302
–, betriebliche 141ff.
–, crossfunktionale 175
–, diagnostische 515
–, informationelle 173
–, kontextuelle 517
–, materielle 173
–, nichtwertschöpfende 173
–, primäre 173
–, sektorübergreifende 49
–, sekundäre 173
–, unterstützende 173
–, wertschöpfende 173
Prozessebenen 160, 177
Prozesseffizienz 175, 178
Prozessende 178
Prozesserfassung 159, 160

Prozessergebnisse 144
Prozessgestaltung 244, 245, 302, 501, 514ff.
–, interdisziplinäre 526ff.
Prozessidentifikation 251
Prozessinformationen 316
Prozessinnovationen 547
Prozesskette 176
Prozesskosten 175, 178
Prozesskostenrechnung 178, 243ff., 252
– Aufbau 245
– Prozessanalyse 244
Prozesskostensätze 246
Prozesskriterien 498
Prozessleistungstransparenz 175, 178
Prozesslenkung 251, 252
Prozessmanagement 167, 168, 173ff., 180, 196, 252 302
– Krankenhaus 178ff.
Prozessmodell 196
Prozessmodul 175, 176
Prozessor 457
Prozessorganisation 142, 143
Prozessorientierung 172ff., 191, 192, 197, 547, 567
Prozessparameter 174, 242
Prozessperspektive 344, 346, 347, 349, 348, 355
–, interne 348, 358
Prozesspflege
–, fördernde 517, 524
Prozesspolitik 24
Prozessqualität 178, 187, 188, 194, 197, 204, 355
Prozesssteuerung 177
Prozessstruktur 177
–, hierarchische 177
Prozessstrukturierung 177
Prozessstrukturtransparenz 175ff.
Prozessteam 144, 252
Prozessverantwortliche 175
Prozessverantwortung 252
Prozesswelt 160
Prozesswürdigung 245, 252
Prozesszyklen 344
PR-Schema 494
Prüfformulare 169
Prüfstelle 188
Prüfung 246
–, externe 245
–, interne 245
PSO siehe Point of Service
Psychiatrie 451
– Personalregelung 408
Psychotherapeuten 57
PsychPV siehe Personalverordnung für psychiatrische Einrichtungen
Public Relation 391
– Veranstaltungen 391
Publizierungsvorschriften 131, 135
Publizisten
–, selbständige 90
Publizität 136
Publizitätsverpflichtungen 131
Pufferfunktion 366
Pulsfrequenz 461
Punkte 199
Punktlandung 415
Punktsumme 409
Punktwertabsenkung 451
Punktwerte 432, 436
–, floatende 451

–, relative 439
Punktzahlen 409, 432
PV siehe Pflegeversicherung 559

Q
Q7 siehe Sieben Elementare Qualitätswerkzeuge
Qualifikation 306, 315, 316, 339, 389, 476, 533
–, berufliche 315
–, generalisierte 548
–, individuelle 315
–, vierfach gestufte 548
Qualifikationskriterien 219
Qualifikationsmerkmale 311
Qualifikationsniveau 358
Qualifikationsstand 317
Qualifizierungsprofile 311, 318
Qualifizierungsziel 312
Qualität 32, 45, 54, 60, 70, 112, 142, 148, 150, 167, 174ff., 181, 187, 195, 332, 343ff., 360, 389, 451
– Sichtweisen 181
Qualitätsaspekte 235
Qualitätsaudit 185, 186
–, externes 186
–, internes 186
Qualitätsaufzeichnungen 185
Qualitätsbegriffe 181, 182
Qualitätsbericht 567, 571
Qualitätsbewertung 556
Qualitätsdimensionen 194
Qualitätsentwicklung 556, 563, 572
Qualitätsfortschritt 566
Qualitätsfragen 560
Qualitätsgebot 32
Qualitätsindikatoren 507
Qualitätskategorien 184, 192
Qualitätskontrolle 169, 440, 455
–, produktorientierte 168
Qualitätskonzepte 182
Qualitätslenkung 183, 183
Qualitätsmanagement 159, 168, 181ff., 191, 203, 353, 399, 470, 472ff., 481, 499, 507, 556, 566
– Ablaufelemente 184
– Aufbauelemente 184
– Beauftragte 184
–, berufgruppenübergreifendes 566
– Definition 182ff.
– Handbuch 185
– im Krankenhaus 187ff.
– Instrument 567
– internes 186, 571
– Kenntnisse 202
– Konzept 196
– Krankenhaus 187
– Qualifizierungen 559
– Qualitätsbegriffe 181, 182
– System 174, 184ff., 196
– Total Quality Management 186, 187
–, umfassendes 171, 186
Qualitätsmerkmale 507
Qualitätsminderung 140, 141
Qualitätsniveau 188, 305
Qualitätsperspektive 355
Qualitätsplanung 183
Qualitätspolitik 183
Qualitätsprüfungen 73, 403
Qualitätssicherung 27, 43, 54, 140, 143, 178, 182ff., 195, 210, 355, 399, 422, 426, 440, 556, 563, 575

–, externe 43, 188, 190, 191, 195, 204, 211, 404, 405
–, gesetzliche 567ff.
–, interne 191, 195, 210, 405
Qualitätssicherungskonzept 565
Qualitätssicherungsmaßnahmen 432
Qualitätsstandard 144, 168, 180
Qualitätssteigerung 50, 574
Qualitätsstruktur 183
Qualitätstechniken 186
Qualitätsurteil 193
Qualitätsverbesserung 174, 183, 196, 209, 234, 464
–, kontinuierliche 556
Qualitätsverlustfunktion 168
Qualitätswahrnehmung 193
Qualitätsziele 197, 556
Qualitätszirkel 182
Qualitätszirkelarbeit 194
quality assurance 183
Quality Management 209
Quality-Function-Deployment-Modell 168
Quantifizierbarkeit 336
Quantifizierung
–, monetäre 296
Quantität 360
Quasimarkt 55, 58
Quellen
–, externe 384
–, interne 384
Querschnittsfunktionen 144
Querschnittslähmungen 107
Quirle 362
Quotentarife 106
Quotientenbildung 337

R
Rabatte 268
Rabattpolitik 389, 390
RADAR 199
– Bewertungsmatrix 199
Rahmenbedingungen
–, rechtliche 392ff.
–, wirtschaftliche 353
Rahmenvereinbarungen 223
RAI-Abklärungshilfen 516
RAM siehe Random Access Memory
Random Access Memory (RAM) 458
RAPs/CAPs 516
Rasse 138
Rationalisierung 71, 141, 196, 540
Rationalisierungseffekte 167
Rationalisierungsinvestitionen 410
Rationalisierungsmaßnahmen 312
Rationalisierungsprinzipien 305
Rationalisierungsreserven 404
Rationalprinzip 28, 121, 128
Räume 476
Raumkosten 281
Rauschgiftsucht 130
Read Only Memory (ROM) 459
Reaktionsfähigkeit 192
Reaktionsmuster
–, menschliche 516
Reaktionszeiten 173, 234, 365
Realisierbarkeit 163, 242
Realisierungsgrenzen 549
Rechenbarkeit 456
Rechenschaft 134
Rechensysteme 299ff., 339
Rechnung
–, datenorientierte 301

–, verhaltensorientierte 301
Rechnungsführungspflichten 426
Rechnungswesen 119, 120, 139, 140, 148, 162, 163, 227, 266, 270, 273, 384
–, betriebliches 267, 342
–, betriebswirtschaftliches 267, 271, 272
Rechnungszielorientierung 301
Recht
–, öffentliches 130
Rechtsangleichungsgesetz 399
Rechtsfähigkeit 130, 131
Rechtsform 127, 132, 136, 157, 222, 131
–, betriebliche 130ff.
Rechtsfragen 560
Rechtsgeschäft 131ff.
Rechtsgestaltung 131
Rechtsleben 130
Rechtsordnung 130, 131
Rechtspersönlichkeit 151
Rechtsregelungen 505
Rechtsstaat
–, sozialer 61
Rechtsstaatsprinzip 61
Rechtsunsicherheit 561
Rechtsverkehr 132
Rechtsvorschriften 144, 271
Recycling 371, 379
Refined DRGs 441, 442
Reflektionsmöglichkeit 84
Reflexion 539
Reformbemühungen 506
Reformbereitschaft 549
Reformbestrebungen 548
Reformmaßnahmen 96
Regelkreis 233, 463
–, geschlossener 467
Regelkreiselemente 373
Regelkreisprinzip 184
Regeltechniken 182
Regelung 233, 234
–, gesetzliche 537
–, tarifliche 537
Regelungsgegenstand 402
Regelversorgung 158
Regenerationsfähigkeit
–, natürliche 370
Regenerationskraft 107
Regiebetrieb 150, 156, 158
Regierungspräsidien 559
Reglementierung
–, staatliche 72
Rehabilitation 33, 46, 47, 90, 104, 107, 507
Rehabilitationseinrichtungen 49, 190, 191, 392
Rehabilitationsträger 49
Rehabilitationszentren 330
Reibungsverluste 179, 527
Reichweite
–, zeitliche 145
Reife
–, psychologische 328
Reifegrad 324, 329
Reifephase 347
Reifestadium 329
Reinigungsmittel 362
Relativgewichte 164, 408ff., 417, 436, 439, 452
Religion 138
Rentabilität 141, 148, 258, 269, 341, 347
Rentabilitätsanalyse 340
Rentabilitätszahl 340

Renten
– wegen Alters 91
– wegen Todes 91
– wegen verminderter Erwerbsfähigkeit 91
Rentenabschläge 115
Rentenalter
–, gesetzliches 115
Rentenanpassungen 113, 114
Rentenanpassungsformel 113
Rentenanpassungssatz 98
Rentenanteil
–, steuerpflichtiger 116
Rentenarten 90ff., 94
Rentenausgaben 97
Rentenbezugsdauer 93
Renteneintrittsalter 93, 114, 115
Rentenempfänger 113
Rentenleistung 90, 96, 99
Rentenniveau 97, 98
Rentenreform 93, 96ff., 112ff., 113
Rentenreformgesetz 94, 96
Rentensplitting 98
Rentensystem 94
Rentenversicherung 50, 65, 90 ff, 106, 111ff., 321
– Altersgrenze 114
–, gesetzliche 90, 94, 100, 116
– Modifizierung 113
– Riester-Rente 114
– Stabilisierung 112
Rentenversicherungsbeitrag 97
Rentenversicherungsträger 113
Rentner 93, 103, 114
Reorganisation 159
–, betriebliche 537
Reparatur 348
Reporting 254
Repräsentation 156
Reputation 348
Reservebedarf 310
Reservebestand 366
Responsibility Accounting 284
Ressource Based Relative Value Scale 218
Ressourcen 71, 157ff., 198, 199, 212, 349, 353, 461, 522, 527
–, materielle 332, 524
–, personelle 46, 150, 524
–, sachliche 150
–, zeitliche 524
Ressourcenallokation 39, 40
Ressourcenausnutzung 356
Ressourcenintensität 176, 441
Ressourcenkalkulation 28
Ressourcenknappheit 572
Ressourcenmanagement 196
Ressourcenplan 488
Ressourcenplanung 476
Ressourcenverbrauch 142, 180, 440, 444, 445
Ressourcenverknappung 502, 513
Restbudget 411
Restfinanzierung 423
Restriktionen 502
Restrukturierung 471
Reststoffe 371, 378
Restverrentung 114
Restwertmethode 292
Resultate 437
Retrospective Review 209, 212
Rettungsdienst 47
Return on Investment (ROI) 141, 340, 368
Revision 245, 246

–, interne 247
Revisionsinstanz 92
Rezept 58
Richter 90
Richtlinien 332, 386, 53
Richtpreise 451
Riester-Rente 114
Risiken 105, 350, 437
–, finanzielle 94
–, ökologische 377
–, wirtschaftliche 211
Risikoassessment 491ff., 498
–, fortlaufendes 491
–, initiales 491
–, rückwirkendes 491
Risikoassessmentformen 491
Risikoassessmentinstrumente 491
Risikoassessmentprotokoll 491, 493, 494
Risikodiagnosen 494
Risikoentwicklung 340
Risikofaktoren 491
Risikofrüherkennungssystem 350
Risikomanagement 350, 353, 473, 491.ff., 496ff., 527
– Definition 491
– Expertenstandards 496ff.
–, klinisches 496
– Komplikationen, potenzielle 494ff.
– Pflegeinterventionen 496ff.
– Prozess 491
– Risikoassessment 491ff.
– Risikopflegediagnosen 494ff.
– System (RMS) 350
– Ziele 491
Risikopflegediagnosen (PR) 491, 494ff.
Risikopool 400
Risikostrukturausgleich (RSA) 48
–, gesamtdeutscher 399, 400
–, morbiditätsorientierter 400
– Verordnung 191
Risikozuschläge 108
Rituale 81
RMS siehe Risikomanagementsystem
Robert Bosch Stiftung 502, 503, 548
Rohfallkosten 287
Rohfallkostenkalkulation 164
Rohstoffe 279, 290, 373, 382
ROI siehe Return on Investment
ROI
– Kennzahl 340
– Schema 141
Rollenmodelle 524
Rollenprobleme 524
Rollenverständnis
–, professionelles 526
ROM siehe Read Only Memory
Röntgen 461
Röntgenbefunde 461
Röntgenserienaufnahmen 466
Röntgenverordnung 466
Rote Liste 470, 477
rotulus 228
Routine 83, 475
–, minimale 83
RSA siehe Risikostrukturausgleich, gesamtdeutscher
Rückkopplung 233
Rücknahmepflicht 374
Rücknahmeverpflichtung 375
Rückstände
–, stoffliche 371
Rufbereitschaft 85

Sachwortverzeichnis

RUMBA-Regel 522
Rundfunkspots 391
Rundungseffekt 449
Rürup-Kommission 106

S

Sachaufwand 241
Sachbedarf 379
Sachdimension 192, 194
Sachen 131
–, bewegliche 131
–, unbewegliche 131
Sachenrecht 373
Sachgüter 127, 149, 150, 156, 158, 172, 277, 360ff.
Sachgüterbereitstellungsproblem 367
Sachgüterfluss 364
Sachkapital 321
Sachkosten 162, 279, 282, 426, 432, 433
– Gliederung 282
Sachleistungen 31, 33, 34, 111, 112, 120, 159
Sachleistungsprinzip 55, 104
Sachverständigenrat 44, 66, 96, 549, 555, 560, 561, 571
Sachzielbezogenheit 279
Sachziele 241, 268
Salespromotion 391
Sammlung
–, chronologisch geordnete 461
Sarasohn, Homer 168
Sättigungsniveau 382
Satzungsänderung 135
Satzungsleistungen 104
Sauberkeit 169
SBG 472, 474
Schädel-Hirn-Verletzte 433
Schadenbeseitigung 370
Schadensbilanz
–, ökologische 370
Schadensminderung 370
Schadensversicherung 108
Schadstoffe 377, 380
Schallplatten 457
Schätzungen 242
Schichtwechsel 537
Schichtzulagen 539
Schienen 362
Schlüsselfragen 492
Schlüsselprozesse 143
Schlüsselungsverfahren 292
Schlüsselwörter 160
Schlüsselzuweisungen 424
Schlussfolgerungen
–, logische 455
Schmerzen 82, 525
Schmerzfreiheit 83
Schmerzkontrolle 82
Schmerztherapie 83ff.
Schmiergelder 138
Schneider, Erich 266
Schnelligkeit 256
Schnittstellen 173, 177, 192, 244, 501
Schnittstellenanalyse 245, 252
Schnittstellenprobleme 173, 178
Schreibmaschinentastatur 458
Schreibtätigkeit 470
Schrifttypen 391
Schritte 171
Schrittfolge 332
Schulden 272
Schuldzuweisungen 178
Schule
–, Freiburger 61
Schulungen 67, 139
–, intensive 526
Schutzgesetze 321
Schutzimpfungen 57
Schutzkleidung 362
Schutzmaßnahmen 373
Schwächen 324
Schwächeprofil 253
Schwachstellen 338, 539
Schwankungen
–, saisonale 367
–, trendmäßige 367
–, unregelmäßige 367
Schweigepflicht 222, 465
Schweitzer, Marcel 297
Schwerbehinderte 103
Schwerbehindertengesetz 321
Schwerbeschädigte 313
Schweregrad 437, 441, 444, 446
– Gruppen 447
–, patientenindividueller 447
Schwerpflegebedürftige 109
Schwerpunkt 159
Schwerpunktversorgung 158
Schwerstkranke 84, 86
Schwerstpflegebedürftige 85, 109
Scores 482
Screening
– Assessment 515, 516
– Risikoassessment 491, 492
Sechs(6)-W-Regel 523
Seeleute 90, 91
Seelsorger 84
Segregierung
–, horizontale 509
–, vertikale 509
Sehhilfen 56, 57
Sekrete 375
Sekundärerhebung 385
Sekundärforschung 385
Sekundärinformationen 385
Sekundär-Input 359
Sekundärleistungen 156, 157, 359, 360, 389
Sekundär-Output 359
Selbständigkeit 503
–, funktionelle 516
–, rechtliche 132, 133
Selbstbehaltetarife 105
Selbstbestimmung 82, 83, 86, 230
Selbstbestimmungsrecht 81
Selbstbeteiligung 57, 105, 215, 356, 558
Selbstbeteiligungsanteile 398
Selbstbeurteilung 523
Selbstbewertung 203, 350, 565
Selbstbewertungsverfahren 566
Selbstbewusstsein 323, 324
Selbstentfaltung 547
Selbstevaluation 315
Selbstheilung 393
Selbsthilfe 315
Selbsthilfegruppe 79
Selbstkontrolle 245
Selbstkonzept 528
Selbstkosten 242, 287, 294, 390
Selbstkostendeckungsprinzip 396, 407, 416, 421, 441
Selbstmanagement 315
Selbstorganisation 234, 576
Selbstpflegeerfordernisse (SPE) 516
Selbstregulation 234
Selbstsicherheit 323, 325
–, empathische 325
–, eskalierende 325
–, grundsätzliche 325
–, konfrontative 325
Selbststeuerung 315
Selbstverantwortung 556, 558, 576
Selbstversorgung 528
Selbstverständnis
–, berufliches 511
Selbstverwaltung 43, 52, 73, 91, 452, 577
Selbstverwaltungsaufgaben 104, 563
Selbstverwaltungskörperschaften 93
Selbstverwaltungsorgane 93, 398, 405, 429
Selbstverwaltungsorganisation 61
Selbstverwaltungsparameter 402
Selbstverwaltungsparteien 436
Selbstverwaltungspartner 409, 413, 555, 565, 576
Selbstzahlung 156
Selbstzweck 254, 271
Selektionseinstellungen 483
Selektionsparametrisierung 476
self insurer 218
Sense of Coherence 508
Sepsis 495, 498
Serienfertigung 291, 292
Service 258
Servicebereich 389
Serviceleistungen 390
Serviceprogramme 388
Serviceprozesse 142
Servicequalität 73, 192
SGB siehe Sozialgesetzbuch
Shareholder Value (SHV) 350, 351
SHV siehe Shareholder Value
Sicherheit 203, 135
–, soziale 26, 502
Sicherheitsbestand 367
Sicherheitsbestimmungen 138
Sicherheitsdienst 139
Sicherheitssysteme 476
Sicherstellungsauftrag 52, 73, 112, 221
Sicherung
– Bausteine 63ff.
–, finanzielle 100
–, freiwillige 63
– Gestaltungsgrundsätze 63
–, materielle 96
– Prinzipien 63ff.
–, soziale 61ff., 90, 95, 98, 106, 109, 555
–, zwangsweise 63
Sicherungskopie 459
Sicherungssysteme 34
Sicherungszwang 63
Sicht
–, ethische 376
–, funktionale 276
–, institutionelle 277
–, instrumentale 276
Sichtweisen
–, anwenderbezogene 181
–, ergebnisorientierte 195
–, produktorientierte 181
–, prozessbezogene 182
–, transzendente 181
–, wertorientierte 182
Sieben Elementare Qualitätswerkzeuge (Q7) 186
Sieben Management-Werkzeuge (M7) 186
Signale
–, schwache 253

Signalplan 483
Simultaneous Engeneering 171
Sinnhaftigkeit 508
Situationsansätze 326
Situationseinschätzung 523
Situationstheorien 326, 327
Situationsvariablen 326
Skonto 268
SM Health Information System 441
Snoezelzimmer 83
Social-Marketing 383, 384
Sockelbetrag 114
Softkills 550, 552
Software 458ff., 470
Softwareergonomie 471
Softwarefunktionalitäten 471
Softwarehersteller 471
Softwaresysteme 471
Soldaten
– auf Zeit 90
Solidareffekt 63
Solidargemeinschaft 66, 106
Solidarität 398
Solidaritätsprinzip 63, 64, 66
Solidarprinzip 104
Soll-Abweichung 255
Solldaten 246, 248
Sollgrößen 176, 193
Soll-Ist-Abweichung 176
Soll-Ist-Prozessabgleich 142
Soll-Ist-Vergleich 337ff.
Sollkonzeption 245, 252
Sollkosten 249, 268, 439
Sollsituation 315
Soll-Vorgaben 234
Sollwerte 233, 234, 337ff.
Sollzeit 487
Soll-Zustand 474
Sonderabfälle 375
Sonderanstalten 90
Sonderausgabenabzug 97
Sonderbetrieb 152
Sondereinzelkosten 280
Sonderentgeltbereich 397
Sonderentgelte 297, 396, 397, 401, 408, 416, 427, 432, 433
Sonderentgeltsystem 409
Sonderkrankenhäuser 152
Sonderregelungen 57, 90
Sonderschichten 319
Sonderurlaub 476
Sonntagsarbeit 539
Sorgen 509
Sortenfertigung 290
Sozialamt 77, 78
Sozialanamnese 461
Sozialarbeiter 84
Sozialausgaben 94
Sozialbewusstsein 510
Sozialbudget 34, 94
Sozialgefüge 381
Sozialgericht 92, 93
Sozialgerichtsbarkeit 92, 93
Sozialgesetzbuch (SGB) 68, 90, 99, 392, 394, 396, 398, 400ff., 414, 423, 429ff., 432, 558, 572, 576
Sozialgesetzbuch III (SGB III) 100
Sozialgesetzbuch IV (SGB IV) 95, 98
Sozialgesetzbuch V (SGB V) 42, 66, 80, 84, 103, 104
Sozialgesetzbuch VI (SGB VI) 90, 91
Sozialgesetzbuch XI (SGB XI) 74, 80, 106

Sozialgesetze 90
Sozialgesetzgebung 321
Sozialgüter 34
Sozialhilfe 61, 65, 77, 95, 107
Sozialhilfeempfänger 57
Sozialhilfeträger 80
Sozialistengesetze 89
Soziallasten 107
Sozialleistungen 65
Sozialleistungsquote 34
Sozialministerien 93
Sozialorientierung 510
Sozialperspektive 349
Sozialpolitik 61ff., 89, 99, 106
– Entwicklung 89ff.
–, staatliche 63
Sozialprodukt 34
Sozialräume 510
Sozialrente 116
Sozialsicherungssystem 95
Sozialstaat 61, 89, 106
– Aspekte 62
– Grundlagen, verfassungsrechtliche 62
Sozialstaatsprinzip 61, 62
Sozialstation 73ff., 111
– Leistungsbereich 76
Sozialsystem 84
Sozialtransfer 65, 95
Sozialversicherung 32, 61, 65, 90ff., 98, 99, 156
– Formen 93ff.
Sozialversicherungsbeiträge 27, 36
Sozialversicherungsfreiheit 116
Sozialversicherungssystem 90
Sozialversicherungswahlen 91
Sozialwahlen 92
Sozialziele 269
Soziotherapie 404
Spannungsfeld 502
Sparkapital 97
Sparsamkeit 255
Spätdienst 532, 541
SPE siehe Selbstpflegeerfordernisse
Spediteure 390
Speichereinheit
–, zentrale 458
Speichermedium 459
–, externes 459
Speichern 456
Speicherung 468
Spezialisierung 24, 172, 502, 548
–, medizinische 511
Spezialisierungsgrad 218
Spezialisierungsstrategien 388
Spezialistenarbeit 511
Spezialkatheter 362
Spinnwebeneffekt 126
Spiralform 463
Sponsoring 391, 392
SPR siehe Statistische Prozessregelung
Sprachaufzeichnung 480
Spracherkennung 480
Springer 317
Staat 381
Staatsangehörigkeit 138
Stabilisator
–, regelgebunder 113
Stabilisierung
–, staatliche 26
Stabilisierungsgesetz 397
Stabilität 142
– des Preisniveaus 26

Stabilitätsgesetz 26, 43
Stabslinienorganisation 154
Stabsstelle 143
Stadtkrankenhäuser 424
Staff
– Model 216
– HMO 216
Stakeholder 354
– Perspektive 354
Stammanteile 135
Stammdaten 308
Stammeinlage 133, 134
Stammkapital 133
Standardberichte 256, 257
Standardentwicklungen 572
Standardinstrument 450
Standardisierung 171, 205, 231, 513
Standard-Kodierhilfen 480
Standardkostenrechnung 301
Standardperspektiven 349, 354
Standardpflegepläne 475, 482
– Medizin 475
– Pflege 475
–, virtuelle 471
Standardrente 98, 116
Standards
–, berufsethische 559
–, berufsständische 559
–, professionelle 138
Standardvarianten 470
Standort 127, 390
Standortbilanz 377
Standortgebundenheit 390
Stärken 353
Stärkeprofil 253
Stärke-Schwächen-Analyse 374
Station 256, 282
Stationsarbeit 505
Stationsleitung 503
Stationsorganisation
–, personenorientierte 534
–, tätigkeitsorientierte 534
Statistik 271, 272, 384, 487
Statistische Prozessregelung (SPR) 186
Statistische Versuchsplanung (SVP) 186
Status 477, 481
Statusgrenzen 547
Statusveränderung 156, 195, 359
Stellen 142, 143
–, ausführende 143
–, offene 100
Stellenausschreibung 311, 313, 318, 333, 532
–, innerbetriebliche 312
Stellenbildung 143
Stellenclearing 312
Stellengesuche 312
Stellenplan 308, 504
Stellenprofil 313
Stellenwechsel 312
Stellgröße 233
Sterbebegleitung 83, 85
Sterbegeld 56, 104
Sterbehilfe 82, 86
Sterbeklinik 81
Sterben 81ff., 86
Sterbende 81, 84, 86
Sterilisation 56
Stetigkeit 275
Steuerbelastung 131
Steuereinnahmen 153, 422
Steuerfinanzierung 422
Steuerfreibetrag 116

Steuerkraftmesszahl 424
Steuern 131, 135, 268
Steuersatzpunkte 96
Steuerung 205, 233, 364, 555
–, betriebswirtschaftliche 161
–, marktwirtschaftliche 72
–, qualitätsorientierte 556
–, strategische 353
Steuerungsdiagramm 169
Steuerungsfehler 179
Steuerungsfunktion 161
Steuerungsinformationen 343
–, vergangenheitsorientierte 343
–, zukunftsorientierte 343
Steuerungsinstrumente 161, 212
–, betriebliche 428
Steuerungskompetenzen 26
Steuerungsmechanismen 34
Steuerungsrelevanz 255
Steuerungssystem 72, 139ff.
Steuerungsvarianten 40
Steuervorteile 134
Stichprobe 409
Stifte 279
Stiftung 130, 222
Stimmenverhältnis 54
Stimmigkeit
–, innere 508
Stoffe 371
Stoffeinsatz 377
Stofffaktoren 377
Stoffrechnung 279
Stoffströme 373, 377, 378
Störgröße 233, 234
Strafrecht 373
Strahlenschutzverordnung 466
Strahlentherapie 56
Strategie 198, 199, 250, 346, 347
Strategieentwicklung 374
Strategiemodell 346
Strategiemöglichkeiten 387
Strategieverbindungen 387
Streamer 459
Stress 325
Streuungsmaße 439
Strom
–, monetärer 268
Strukturanalysen 342
Strukturkriterien 498
Strukturmodell 194, 224
– der Krankenhausqualität 193
Strukturqualität 187, 188, 197, 355
Strukturveränderungen 563
Strukturverträge 224
Strukturwandel 508, 547
Stückdeckungsbeitrag 300
Stückerlöse 298
Stückkosten 299
Stückzahl 377
Studenten 103
Studienangebote
–, duale 550
Studienaufbau
–, modularer 550
Studiengang 548
Stürze 491
Sturzgefahr 492, 494ff.
Sturzprävention 496
Sturzprophylaxe 498
Sturzprotokoll 493, 494
Sub-MDCs 446
Subprozesse 177

Subsidiaritätsprinzip 63, 64, 66, 73, 217, 398
Substanzbetrachtungen 377
Substitutionsgüter 127
Subsysteme 232
Subtraktionsmethode 292
Subunternehmer 353
Subventionen 268
Subventionierung 164
Subziele 338
Suizidgefahr 499
Summe 337
Supervision 84
Supportprozesse 173, 244, 251, 357
surgical 446
sustain 347
SVP siehe Statistische Versuchsplanung
Symptome 444, 472, 473
Symptomkontrolle 85
Symptomlinderung 84
Syndrom
–, apallisches 107
Systematisierung 455, 511
Systemdenken 172
Systeme 216, 156, 232
–, adaptive 156
–, arbeitsteilige 232
– der ambulanten (kassenärztlichen) Versorgung 55
– der sozialen Sicherung 63
–, dynamisch-offene 156
–, geschlossene 216, 338
–, informationsverarbeitende 467
–, intersystemische 232
–, marktwirtschaftliche 218
–, offene 216
–, ökonomische 269
–, sozial-technische 156
–, verhaltenslenkende 301
–, zielgerichtete 156
–, zielorientierte 232
Systemthoerie 233
Systemwechsel 173
Systemzuschlag 452

T

Tablett-PC 458
Tacit knowledge 545
Tagegeld-Versicherung 105
Tagesabschnitt 486
Tagesfallstatus 446
Tageshospiz 85
Tageskliniken 69
Tagespflege 107, 109, 110, 112
Tagespflegeheim 75
Tagespresse 313
Tagesversorgung 75
Taguchi, G. 168
Tarifabschlüsse 408
Tariffragen 563
Tarifvertrag 101, 321
Tastatur 457, 458
Tatbestand 338
–, juristischer 462
Tätigkeiten 531
–, arztinitiierte 523
–, direkte 523
–, indirekte 523
–, karitativ-fürsorgende 513
–, leitende 359
–, personenorientierte 531
–, pflegeinitiierte 523

–, selbständige 95
Tätigkeitsabläufe 538
Tätigkeitsanalyse 245
Tätigkeitsbereiche 68, 313, 503
Tätigkeitsorientierung 541
Tätigkeitsprofile 307
Tauschprozesse
–, wirtschaftliche 270
Taxiunternehmen 103
Taylorismus 531
Team 171
–, interdisziplinäres 84
–, multidisziplinäres 528
Teamarbeit 168
Teamfähigkeit 339, 567
Teamorganisation 154
Teamorientierung 575
Teilautonomie 353
Teilbereichsvergleich 337
Teilbudget
–, externes 161, 163
–, internes 161
Teildatensatz 570
Teilhabe
–, soziale 61, 62
Teilharmonisation 231
Teilkostenbasis 301
Teilkostenmethode 242
Teilkostenrechnung 299, 301, 428
Teilkriterien 198
Teilleistungen 90
Teilmenge 337
Teilmonistik 398
Teilpläne 144
Teilprofessionalisierung 512
Teilprozesse 144, 176, 177, 244ff., 377
Teilprozesskosten 246
Teilzeitbeschäftigte 321
Teilzeitbeschäftigung 552
Telefon-Triage-System 219
Tempelsäulen 455
Terminabsprache 179
Terminkoordinierung 470
Terminplan 487ff.
Terminplanung 476, 488
Terminplanungsprogramm 488
Terminschwierigkeiten 366
Terminsicherung 143
Terminüberwachung 470
Textbausteine 482, 483
Textilien 362
Theologen 511
Theorie
– der Beziehungsketten 55
– der Firma 25
Therapie 150, 160, 359, 456, 457, 462, 477, 527, 555
–, palliative 84
Therapiefreiheit 575
Therapierisiko 370
Tideiksaar-Skala 492
Tilgung 422
Tinetti-Skala 492
Tintenstrahldrucker 458
Todesfall 102
Tonbänder 457
Tonträger 362
Top to down 539
– Ansatz 163
– Planung 145
Top-Management 145, 503, 505, 506
Top-Manager 168

Total Productive Maintenance 170
Total Quality Control 168
Total Quality Management (TQM) 167,
  182, 186, 187, 197, 210, 350, 546
Tötung 86
Touch-Screen 458
Toyota-Produktionssysteme 170
TQM siehe Total Quality Management
Tracheostomie 438
Tradition 139
Träger
–, freie 78
–, freigemeinnützige 151, 152
–, öffentliche 151, 152
–, öffentlich-rechtliche 151, 152
–, private 77
–, privatrechtliche 151, 152
Trägergesellschaften 559
Trägerschaft 151 ff., 255
–, öffentliche 77, 78
Transaktionsdaten 468
Transferpreise 141
Transfersummen 399
Transfervolumen 399
Transformationsprozesse 267
Transparenz 161, 177, 204, 220, 244, 285,
  304, 308, 336, 450, 470, 487, 558, 559
–, fehlende 173
Transplantation 443, 451
Transport 364, 368
Transportkosten 108
Transportphasen 377
Transportverpackungen 375
Trauer 85
Trauerbegleitung 84
Treibhauseffekt 370
Trunksucht 130

U

Überalterung 320
Überbeanspruchung 370
Überbehandlung 213
Überdeckung 318, 319
Überforderungsklausel 57
Überforderungsregelung 57
Übergabe 483
–, manuelle 257
Übergabebericht 483
Übergangsgeld 90
Übergangsregelung 401, 424
Überhang 311
Überkapazität 319 ff., 486
Überlebensstrategie 279
Überleitung 483
Überleitungsbericht 483
Überleitungsinformationen 483
Überleitungspflege 464
Überleitungsvorschriften 424
Übermittlung
–, maschinelle 257
Übermittlungsfehler 173
Überprüfung 245
Überqualifikation 318
Übersichtlichkeit 464, 487
Überstunden 319, 537
Übertragung 468
Übertragungsfehler 470
Überversorgung 40, 42, 43, 49, 53, 555
–, medizinische 40
–, ökonomische 40
Überwachung 245, 246
–, maschinelle 247

–, objektorientierte 247
–, personelle 247
Überzeugung
–, persönliche 545
Ultraschalluntersuchungen 461
Umbaumaßnahmen 111
Umbauten 423
Umfeldanalyse 353
Umfeldbedingungen 253
Umfelder
–, außerbetriebliche 321
–, ökologische 321
–, ökonomische 321
–, rechtlich-politische 321
–, soziokulturelle 321
–, technologische 321
Umgebung
–, häusliche 85
Umlagekraftmesszahl 424
Umlagenfinanzierung 32
Umlagenverrechnung 285
Umlaufvermögen 340
Umrechnungsfaktoren 290
Umsatz 337
–, korrigierter 297
Umsatzanteile 259
Umsatzerlöse 135, 368
Umsatzkostenverfahren 292, 293
Umsatzprozess
–, interdependentes 267
Umsatzrendite 368
Umsatzrentabilität 340
Umsatzsteuer 361
Umsatzsteueraufkommen 96
Umsatzwachstumsraten 347
Umsatzzahlen 139
Umsetzungserfordernisse 572
Umsetzungsprobleme 524
Umstellung 534
– Checkliste 534, 535
Umstellungskosten 423
Umstellungsprozesse 319
Umsystem 229, 231
Umwandlung 136
Umwelt 269
Umweltanalyse 374
Umweltbedingungen 321
Umweltbelastung 380
Umweltbetriebsführung 373
Umweltbewusstsein 379
Umwelterklärung 373
Umweltgesetzgebung 373
Umwelthaftung 373
Umwelthaftungsgesetz 373
Umweltinformationssystem 373
Umweltleitlinie 373
Umweltmanagementsystem 373
Umweltprivatrecht 373
Umweltprobleme 379
Umweltprogramm 373
Umweltprüfung 373
Umweltrecht 373
Umweltschäden 373
Umweltschädigung 370
Umweltschulung 380
Umweltschutz 370, 372
–, betrieblicher 380
Umweltschutzaktivitäten 373
Umweltschutzaspekt 370
Umweltschutzgedanke 370
Umweltschutzgesetze 373
Umweltschutzmanagement 380

Umweltsituation 253
Umweltstrafrecht 373
Umweltverpackungen 375
Umweltverträglichkeitsprüfung 373
Umweltverwaltungsrecht 373
Unabhängigkeit 523
Unfall 105, 107
Unfallhäufigkeit 316
Unfallverhütung 93, 101
Unfallverletzte 466
Unfallversicherung 50, 65, 99, 101 ff., 111,
  321
–, gesetzliche 90, 101 ff., 106
–, gewerbliche 101
–, landwirtschaftliche 101
–, private 102
Unfallversicherungsträger 466
Ungebundenheit 547
Unisex-Tarife 114
Unkompliziertheit 464
Uno-acto-Prinzip 191
Unsicherheit 146, 325
Unterausschüsse 567
Unterdeckung 319, 415
Untergrenze 141
Unterhaltsgeld 103
Unterkunft 359
Unterlassung 373
Unternehmen 120 ff.
–, landwirtschaftliches 103
Unternehmensanalyse 341, 374
Unternehmensbewertungsmodell 350
Unternehmensentwicklung 351
Unternehmensform 143
Unternehmensführung 119, 136, 137,
  304
–, marktorientierte 381 ff.
Unternehmensgrenzen 507
Unternehmensgröße 143
Unternehmensklima 349
Unternehmenskultur 136 ff., 544
Unternehmensleitbild 137 ff.
Unternehmensleitung 133, 546
Unternehmensphilosophie 136, 154, 526
Unternehmenspolitik 304
Unternehmensprozesse 177
Unternehmensrentabilität 368
Unternehmensressource 545
Unternehmenssteuerung
–, strategische 339
Unternehmensstrategien 146
Unternehmensvision 137
Unternehmenswert 138, 350
Unternehmensziele 120, 139, 340
– Findung 137
–, ökonomische 372
Unternehmenszweck 136, 137
Unternehmerangebot 122, 124
Unternehmung 119 ff., 126, 267
– Struktur 143
Unternehmungsführung 232
Unternehmungsleitung 133, 271
Unternehmungslenkung 229
Unternehmungsprozess
–, realisierter 277
Unternehmungsrechnung 272
Unternehmungswert 258
Unterprozesse 177
Unterrichtseinheiten
–, integrierte 548
Unterstützen 327
Unterstützungsprozesse 142, 173

Untersuchung
–, diagnostische 462, 527
–, endoskopische 446
Untersuchungsergebnisse 461
–, schriftliche 466
Untersuchungsmethoden 399
Unterversorgung 40, 43, 47, 49, 53, 58, 406, 555
Unterziele 157
Unwirtschaftlichkeit 431
Urerzeugung 126
Urkunden 457
Urlaub 306
Urlaubsanspruch 476
Urlaubsgeld 99
Urlaubspflege 111
Urlaubspläne 504
Urlaubsplanung 532, 533
Ursachenanalyse 163
Ursachen-Wirkungs-Beziehungen 336, 337, 344, 352, 353
Ursachen-Wirkungs-Diagramm 168ff.
Ursachen-Wirkungszusammenhänge 258, 259
Ursache-Wirkungs-Kette 339
Utilization Management 219
Utilization Review 208, 219
Utilization Review Organisations 219
UWG siehe Gesetz gegen den unlauteren Wett–bewerb

V

Validierung 373
Variabilität 470
Variablen 308, 309
Variablenkatalog 308
Variablentypen 308
Varianz 498
Varianzanalyse 529
Varianzreduktion 439
VdAK siehe Verband der Angestellten-Krankenkassen
VDR 112
Venendruckmesser 362
Veränderungsprozesse 139, 167
Verantwortlichkeiten 323, 527
Verantwortung 138, 324
–, sozialpolitische 63
Verantwortungsbereiche 238, 284, 505, 521
Verantwortungsbewusstsein 333
Verantwortungsorientierung 238
Verantwortungszentren 140, 141
Verband der Angestellten-Krankenkassen (VdAK) 199, 200, 565
Verband der Pflegedirektorinnen und Pflegedirektoren der Universitätskliniken und der medizinischen Hochschulen (VPU) 563
Verband der privaten Krankenversicherung 396
Verbände 270
Verbandsmaterial 362
Verberuflichung 510
Verbesserung 250
–, ständige 168, 171
Verbesserungslernen 234
Verbesserungsmaßnahmen 194
Verbesserungspotenziale 571
Verbesserungsprozess 252
Verbesserungsstrategien 169
Verbesserungsvorschläge 529

Verbetrieblichung 205
Verbindlichkeiten 134
Verbindlichkeitsgrad 238
Verbindungskabel 457
Verbindungsstelle 178
Verbrauch 367
–, konstanter 367
–, mengenmäßiger 279
Verbraucherberatung 404
Verbraucherschutz 572
Verbrauchsabweichung 249
Verbrauchsdaten 365
Verbrauchsgröße 297
Verbrauchsgüter 127, 360, 361, 362, 376, 379, 382, 504
–, geborene 361
Verbrauchsmenge 148, 277
Verbrauchssenkung 373
Verbreitung 381
Verbundlösung 222
Verdachtsdiagnosen 460
Verdienstausfall 105
Verdrängungswettbewerb 513
Vereinbarung 415
Vereine 130, 222, 407
Vereinigung
–, Kassenärztliche 52, 55
Vereinsregister 131
Verelendung 89
Verfahren
–, analytisches 242
–, statistisches 439
–, technisches 374
Verfahrensanweisungen 185
Verfahrensebenen 569
Verfahrensordnung 54
Verfahrenregelungen 144
Verfahrensrichtlinien 231
Verfahrensweisen 139
Verfälschung 178
Verflechtungen 304
Verfügbarkeit 470
Verfügbarmachung 294
Vergesellschaftung 61
Vergleich 249, 250
– Durchführung 249
Vergleichbarmachen 271
Vergleichsgruppen 416
Vergleichszahlen 337, 338
Vergütung 152, 432
–, pauschalierte 547
Vergütungsbeteiligung 575
Vergütungsbezug 476
Vergütungsformen 211, 501
Vergütungskalkulation 572
Vergütungskürzungen 60
Vergütungssätze 431
Vergütungssystem 164, 401, 408, 409, 438
–, prospektives 441
Vergütungsvereinbarungen 112
Vergütungsverteilung 222
Vergütungsvorschriften 395
Verhalten 325
–, aggressives 325
–, aufgabenorientiertes 327
–, beziehungsorientiertes 327
–, sicheres 325
–, umweltorientiertes 378
–, unsicheres 325
–, wirtschaftliches 271
Verhaltensabstimmung 40, 43

Verhaltensdimensionen 328
Verhaltensdisposition 315
Verhaltenserwartungen 260
Verhaltensform 386
Verhaltensgrundsatz 386
Verhaltensweisen 391, 522
Verhältniswahl 91
Verhältniszahlen 337
Verhütung
– von Krankheiten 104
Verjährungsfristen 466
Verkäufermärkte 382
Verkaufsförderung 391
Verkaufsstatistik 272
Verkaufswert 147
Verkaufverpackungen 375
Verkehrsbetriebslehre 120
Verkehrsmittel
–, öffentliche 390
Verkehrsunfälle 107
Verknüpfung 341, 459, 471
Verkoppelung 233, 234
Verlässlichkeit 266
Verlaufsbeschreibung 461, 463
Verlaufsdaten 462
Verlaufskontrolle 462
Verlaufskurve 460, 461, 478, 482
Verlegung
–, externe 420
Verlegungsmeldungen 480
Verlegungsstatus 482
Verlegungstag 414
Verletztenrente 102
Verletzungsartenverfahren 466
Verlust 271, 415
Verlustbeteiligung 131
Verlustbewältigung 85
Verlustrechnung 271, 272
Vermeiden 371, 379
Vermindern 371
Vermittlungsbemühungen 100
Vermögen 108, 135, 272
Vermögensbildung 65
Vermögensbildungsgesetze 96
Vermögensmassen 130
Vermögenssteuer 135
Vermögenswerte 135
Vernetzung 456, 459, 464, 506
Vernunftprinzip 128
Veröffentlichungen 393, 394
Verordner 555
Verordnung zum Fallpauschalensystem für Krankenhäuser (KFPV) 402
Verordnung zum Fallpauschalensystem für Krankenhäuser für das Jahr 2004 siehe Fallpauschalenverordnung 2004
Verordnung zur Bestimmung besonderer Einrichtungen im Fallpauschalensystem für Krankenhäuser für das Jahr 2004 siehe Fallpauschalenverordnung besonderer Einrichtungen 2004
Verordnungsautonomie 575
Verordnungsbögen 462
Verordnungsgeber 475
Verordnungskompetenz 576
Verpackungen 371
Verpackungsabfälle 374
Verpackungsindustrie 375
Verpackungsmaterial 374
Verpackungsverordnung (VerpackV) 374
VerpackV siehe Verpackungsverordnung
Verpflegung 359

Verpflichtung
–, finanzielle 267
–, soziale 138
Verrechnung 283
–, interne 141
Verrichtung 171, 252
–, effektive 252
–, effiziente 252
Versandhandel 60
Verschiebebahnhöfe 555
Verschwendung 130, 173
Verschwendungserscheinungen 71
Versicherte 93, 222
Versicherung 89ff., 280
–, freiwillige 103
–, gemeinnützige 217
–, länderübergreifende 93
– Träger 90ff.
Versicherungsämter 78
Versicherungsbedingungen
–, allgemeine 105
Versicherungsbeiträge 207
Versicherungsberechtigung 95
Versicherungsfall 90
Versicherungsformen 215
Versicherungsgesellschaften
–, kommerzielle 217
Versicherungsleistungen 90
Versicherungspflicht 90, 91, 95, 104, 112,
Versicherungspflichtgrenze 63, 104
Versicherungsprämie 210
Versicherungsschutz 90, 105, 207, 217
Versicherungssummen 102
Versicherungssystem
–, soziales 66
Versicherungsträger 92, 93
Versicherungsvereine 104
Versicherungsvertragsgesetz 105
Versicherungszeiten 113
Versicherungsprämie 210
Versorgung 40, 47, 150, 180, 359, 362, 363, 451
–, ambulante 47, 50, 55, 66, 67, 79
–, ambulante pflegerische 73ff.
–, ambulante psychiatrische 405
–, ärztliche 52
– Aufgabenstellung 74
–, bedarfsgerechte 39ff., 386, 395
–, behandlungspflegerische 74
– Formen 75
–, geleitete 206
– Grundlagen, gesetzliche 74
–, grundpflegerische 74
–, hausärztliche 108ff., 223, 224
–, hauswirtschaftliche 53, 80
–, hoheitliche 39, 395
–, integrative 34, 57, 205ff., 221ff., 405, 407, 429, 507, 574ff.
–, interdisziplinäre 527
–, interdisziplinär-fachübergreifende 406
–, medizinische 469
– mit Heilmitteln 47
– mit Hilfsmitteln 47
–, nachstationäre 404
–, pflegerische 504
–, privatärztliche 57
–, psychotherapeutische 405
–, sektorenübergreifende 49, 222
– Sicherstellung 52
–, stationäre 47, 58, 66, 404
–, teilstationäre 66
– Träger 77

–, vertragsärztliche 406
–, vollstationäre 404
–, vorstationäre 404
–, wirtschaftliche 40
Versorgungsämter 78
Versorgungsangebot 221
Versorgungsaufgaben
–, ambulante 50, 405
Versorgungsauftrag 30, 72, 360, 392, 403, 407, 416, 421
Versorgungsausgleich 90, 98
Versorgungsbedarf 34, 42
Versorgungseffizienz 97
Versorgungseinrichtungen 427
Versorgungsgebiete 72
Versorgungsnetz
–, integriertes 58
Versorgungspfade
–, begleitende 499
–, interdisziplinäre 491, 498, 499, 527
Versorgungsprozess 48, 49, 150
Versorgungsqualität 48, 570
Versorgungsschwierigkeiten 366
Versorgungssektoren 548
Versorgungssicherstellung
–, medizinische 557
Versorgungsstruktur, 506
–, integrierte 469
Versorgungssysteme 47ff., 55ff.
– Elemente 47ff.
– Grundmodelle 55ff.
–, integrierte 60
Versorgungsverbesserung
–, medizinische 557
Versorgungsverpflichtung 405
Versorgungsvertrag 112, 392
–, spezifischer 392
Versorgungswerke 65
Versorgungszentren 406
–, medizinische 51, 58, 405, 406
Verstaatlichung 61
Verstädterung 89
Verstehbarkeit 508
Verstehensleistungen 463
Verstorbene 466
Verteilung 363
Verteilungsmethode 292
Verträge 222
–, individuelle 57
Verträge und Rahmempfehlungen über Krankenhausbehandlung 403
Verträglichkeit
–, ökologische 379
Vertragsärzte 461
Vertragsfreiheit 23, 223
Vertragsgestaltung 152
Vertragskreise 221, 222
Vertragsparteien 414
Vertragspartner 407, 575
Vertragsrecht
–, individuelles 321
–, kollektives 321
Vertrauen 557
Vertreterversammlung 92
Vertretungsberechtigung 132
Vertriebsplan 145
Verwaltung 147, 152ff., 280, 282
Verwaltungsbedarf 362
Verwaltungsbehörden
–, oberste 93
Verwaltungsbereich 308
Verwaltungsbetriebe 121

Verwaltungsdirektor 180
Verwaltungskosten 93, 217
Verwaltungsleitung 31
Verwaltungspersonal 149
Verwaltungsrat 92
Verwaltungsstrukturen 112
Verweildauer 42, 162, 420, 441, 446, 507
–, mittlere 420
Verwendbarkeit 361
Verwerten 371, 379
Verwirtschaftlichung 547
Verzögerung 178
Video 247, 457
Vierer-Systematik 389
Vierundzwanzig(24)-Stunden-Pflege 85
Vier-V-Philosophie 371
Vierzehn(14)-Punkte-Programm 168
Vision 345, 347
Visitoren 200, 203, 565
Visualisierung 177, 475
–, workflowbezogene 478
Volkseinkommen 39
Volkswirtschaft 31, 120, 125
Volkswirtschaftslehre 119
Volkswohlstand 70
Vollbeschäftigung 26, 555
Vollkosten 141
Vollkostenbasis 301
Vollkostenmethode 242
Vollkostenrechnung 164, 299, 428
Vollständigkeit
–, inhaltliche 465
Volumen 377
Volumenreduzierung 371
Vorausdenken 171
Vorauskoordination 230, 231
Vorausplanen 171
Vordrucke 279
Vorerkrankungen 108
Vorfälle
–, klinische 491
Vorgabe 301, 386
Vorgabefunktion 273
Vorgabeziffern 248
Vorgänge
–, wirtschaftliche 119
Vorgehen
–, planvolles 142
Vorgehensweise 161
Vorhaltung 294
Vorhersagegenauigkeit 367
Vorkalkulation 270, 287, 288, 427
Vorkommnisse
–, besondere 461
Vorkostenstelle 285, 294, 427
Vorleistungen 90
Vormundschaft 130
Vorrat 366
Vorratshaltung 366, 367
Vorrechnung 270
Vorschlagslisten 480
Vorschlagswesen
–, betriebliches 194
Vorschriften 139, 417
Vorsorge 49, 105
–, private 96
Vorsorgeeinrichtungen 47, 190, 191, 392
Vorsorgeuntersuchungen 57, 58, 67
Vorstand 92, 134, 135
–, geschäftsführender 92
Vorstellungsgespräch 313
Vorträge 394

Vorverfahren
–, außergerichtliches 93
VPU siehe Verband der Pflegedirektorinnen und Pflegedirektoren der Universitätskliniken und der medizinischen Hochschulen

W

W's (wer, warum, Wie) 526
Wachstum 258
Wachstums- und Beschäftigungsförderungsgesetz (WFG) 94
Wachstumsanalysen 342
Wachstumsfeld 355
Wachstumsgesetz 26, 43
Wachstumsphase 347
Wahl 322
Wahlbedarf 126
Wahlleistungen 298, 389, 395, 396
Wahlleistungsangebote 392
Wahlleistungsbereich 389, 390
Wahltarif 222
Wahrnehmung 522
–, subjektive 463
Waid-Spital 494
Waisenrente 91
Wandel
–, demografischer 547
–, gesellschaftlicher 546ff.
Waren 381
Warenannahme 366
Wareneingangserfassung 366
Wareneinkauf 366
Warenkontrolle 366
Warmhaltekannen 362
Wartezeit 91, 173, 179
Wartungsservice 348
Wäsche 362
Waschmittel 362
Waschräume 306
Wasser 370, 373
Wassermatratzen 362
weak signals 253
Weber, Helmut Kurt 167
Wechselbeziehungen 176
Wechselschichtzulagen 539
Wechselwirkung 327
Wegeunfall 103
Wehrdienstleistende 90
Weihnachtsgeld 99
Weisung
–, persönliche 230
Weisungsbefugnis 143, 161, 162
Weiterbildung 162, 311, 426, 504
–, betriebliche 544
Weiterbildungsmaßnahmen 349
Weiterbildungsziele 505
Weiterentwicklung 563, 573
Weiterentwicklungsbedarf 189
Weiterverarbeitung 126, 467
Weiterverwendung 371
Weiterverwertung 372
Wellness 507
Wellnessangebote 355
Weltgesundheitsorganisation siehe WHO
Werberecht 393
Werbung 391
Werkstoffe 234, 267, 279, 360
Wert 176, 232, 360, 366
–, zentraler 511
Wertangebote 348
Wertekultur 575

Wertentstehung 172
Wertentwicklung 297
Wertesystem 230, 332
Werteverzehre 281
Wertewandel 502, 503, 547
Wertfortschritt 147
Wertgrenze 361
Werthaltung
–, privat-hedonistische 547
Wertkettenmodell
–, generisches 348
Wertkomponenten 270
Wertorientierung 238
Wertpapierbörse 134
Wertschätzung 34
Wertschöpfung 141, 142, 148, 171, 172, 174, 267, 297
Wertschöpfungsaktivitäten 142, 147
Wertschöpfungsanalyse 252
Wertschöpfungsbegriff
–, dynamischer 172
–, statischer 172
Wertschöpfungskette 142, 146, 172, 173, 179, 244, 252, 348
Wertschöpfungsprozess 142, 167, 173
Wertstoffe 371
Wertsysteme 545
Wertvorstellungen 386
Wertziele 268
Wertzuwachs 176
Western Clinic 206
Wettbewerb 24, 25, 27, 72, 141, 167, 388
–, freier 25
–, funktionsfähiger 25
–, unlauterer 392
Wettbewerber 270, 338
Wettbewerbsbedingungen 342
Wettbewerbsbeschränkungen 25
Wettbewerbsdruck 353
Wettbewerbsfähigkeit 27, 36, 187, 372
Wettbewerbsfreiheit 25
Wettbewerbsordnung 24, 70
Wettbewerbsparameter 187
Wettbewerbspolitik 25
Wettbewerbspotenziale 70
Wettbewerbsrecht 393
Wettbewerbssteuerung 39
Wettbewerbsstrategien 388
Wettbewerbsumwelt 351
Wettbewerbsverschärfung 382
Wettbewerbsvorschriften 393
Wettbewerbsvorteile 174, 176, 349, 353, 357, 388
Wetterkarte 264, 265
W-Fragen 456
WHO siehe World Health Organization
WHO
– Gesundheitsministerkonferenz 549
– Rahmenkonzept 556, 557
Widerspruch 93
Widerspruchsbescheid 93
Widerspruchsrecht 105
Wiederaufbereitung 379
Wiederauffinden 456
Wiederbeschaffung 422, 423
Wiedereingliederung 33, 46
Wiedereinsatzgüter 297
Wiedergutmachung 65
Wiederherstellungskosten 362
Wiederverwendung 371
WiKriPP siehe Wiler Kriterien zur Beurteilung von Pflegeplänen

Wiler Kriterien zur Beurteilung von Pflegeplänen (WiKriPP) 524, 525
Wille 324
Willensbestimmung
–, freie 130
Willensbildung 222, 328
Wirkkraft
–, politische 512
Wirtschaften 28
–, ökologisches 379
Wirtschaftgesellschaften 511
Wirtschaftgüter 363
Wirtschaftlichkeit 28, 32, 43, 45, 60, 67ff., 112, 136, 142, 148, 195ff., 234, 239ff., 268, 274, 277, 284, 295, 370, 470
Wirtschaftlichkeitsanalyse 159, 272
Wirtschaftlichkeitsbetrachtung 234
Wirtschaftlichkeitsbeurteilung 439
Wirtschaftlichkeitsgebot 32, 67, 354
Wirtschaftlichkeitsgesichtspunkte 282
Wirtschaftlichkeitsprinzip 28, 121, 234
Wirtschaftlichkeitsprüfung 403, 422
Wirtschaftlichkeitsrechnung 119
Wirtschaftlichkeitsreserven 27, 70, 71, 205, 555
Wirtschaftlichkeitsuntersuchungen 34
Wirtschaftsbedarf 362
Wirtschaftsbereiche 128
Wirtschaftseinheit 29, 31, 131, 120, 148
–, konsumierende 121
–, rechtliche 121
Wirtschaftsentwicklung 112, 114
Wirtschaftsgefüge 381
Wirtschaftsgüter 29, 31, 63, 267, 359ff., 422
Wirtschaftskreislauf 34
Wirtschaftsleistung 31
Wirtschaftsliberalismus 26, 89
Wirtschaftspersonal 149
Wirtschaftsplan 149
Wirtschaftspolitik 27, 70, 99
Wirtschaftsprüfung 245
–, externe 247
Wirtschaftssektoren 65, 128
Wirtschaftsunternehmen 506
Wirtschaftsverfassung 24, 61
Wirtschaftswachstum 26, 555
Wirtschaftswissenschaften 28, 119
Wirtschaftszusammenhänge 511
Wirtschaftszweige 119, 120
Wissen 460, 510, 545ff.
–, explizites 545
–, formales 545
–, implizites 545
–, medizinisches 54
–, professionelles 526
Wissens(ver)teilung 546
Wissensaktivierung 545
Wissensbarrieren 545
Wissensbasis 512
Wissensbeschaffung 545
Wissensbestände 545
Wissensbewahrung 546
Wissensbewertung 546
Wissenschaftsrat 549
Wissensentwicklung 521, 546
Wissenserwerb 546, 552
Wissensgenerealisierung 545
Wissensgenerierung 545
Wissensidentifikation 546
Wissenskombinationen 510
Wissenslücken 266, 267

Wissensmanagement 160, 545, 546
–, unternehmensspezifisches 545
Wissensmanagementkonzept 545
Wissensmanagementmodell 545
Wissensmanagementprozess 545
Wissensnutzung 545, 546
Wissensprozesse 545, 546
Wissensressourcen 546
Wissensrevision 545
Wissensspirale 545
Wissensstand 332
Wissensumwelt 545
Wissensverteilung 545
Wissensziele 546
Witwenrente 91, 98
Witwerrente 91, 98
Wohlbefinden 523
Wohlfahrtsindikatoren 70
Wohlfahrtspflege 77
Wohlfahrtsverbände 77, 78, 204
Wohlstand 34, 511
Wohnen
–, betreutes 75
Wohngeld 65
Wohnumfeld
–, gewohntes 75
Wohnungsbaupolitik 65, 95
Workflowunterstützung 481
working poor 217
World Health Organization (WHO) 33, 84, 507, 508, 549, 556
Wunschvorstellungen 345
XYZ-Analyse 366, 367, 368, 377

Y
Yale University 441

Z
Zahlen 265, 266
–, absolute 337
–, relative 337
Zahlenkombination 309
Zahlung
–, individuelle 396
Zahlungsbedingungen 389, 390
Zahlungsfähigkeit 158
Zahlungsmittelbeschaffung 267
Zahlungsmittelfreisetzung 267
Zahlungsmittelstrom 268
Zahlungsmittelverwendung 267
Zahlungsströme 267, 272
Zahlungstermine 268
Zahlungsumweg 34, 40, 395
Zahlungsunfähigkeit 272
Zahnärzte 103
Zahnarztvorsorgeuntersuchungen 46
Zahnersatz 56, 57
Zahnersatzleistungen 398
Zeichen 473
Zeit 160, 167, 174, 236
Zeitaspekt 270
Zeitausgleich 538
Zeitbedarf 111
Zeitbezug 281
Zeitebene 232
Zeiterfassungskennung 476
Zeiterfassungsregeln 476
Zeiterfassungsterminal 487
Zeitgrößen 291
Zeitintensität 176
Zeitkonten 487, 488, 538
Zeitleiste 528

Zeitmanagement 174
Zeitmaßstäbe 290
Zeitorientierung 238
Zeitpunkte 475
Zeitrahmen 529
Zeitrechnungen 270
Zeitregeln 475, 482
Zeitschriftenaufsätze 457
Zeitsouveränität 538
Zeitvergleich 337, 340, 341
Zeitverträge 152
Zeitzuschläge 539
Zentraleinheit 457
Zentralisierung 158, 532
Zentralrechner 458, 468
Zentralverband der elektronischen Industrie (ZVEI) 340, 341, 342
Zentralversorgung 158
Zentren
–, sozialpädiatrische 432
Zerlegung
–, horizontale 173
–, vertikale 173
Zertifikat 199, 203
Zertifikatsvorgabe 203
Zertifizierung 203, 565
Zertifizierungsstelle 188, 200, 203
Zertifizierungsverfahren 199, 200, 566, 567
Zielausmaße 386
Zielausrichtung 159, 349, 357
Zielbeschreibung 160, 161
Zieldefinition 268
Ziele 155ff., 233, 268, 332, 346, 473
– Betriebsziele 28, 29
–, gesamtwirtschaftliche 28, 29
– Individualziele 28, 29
– Medizin 473
–, ökonomische 354
– Pflege 474
–, volkswirtschaftliche 26
Zielentscheidungsprozesse 136
–, individuelle 136
–, kollektive 136
Zielerreichung 233
Zielerreichungskontrolle 144
Zielerreichungsskalen 523
Zielgruppen 159, 353
Zielhierarchien 269
Zielinhalte 386
Zielkataloge 474
Zielkomponente 29, 30
–, finanzwirtschaftliche 30, 31
–, leistungswirtschaftliche 30, 31
–, soziale 30, 31
Zielkonflikt 31
Zielkonsequenz 197
Zielorientierung 145
Zielplankonferenz 424
Zielrealisierung 338
Zielrichtung
–, gesellschaftliche 159
Zielsetzung 69, 360, 415
–, ärztlich-pflegerische 156
Zielsystem 136, 138, 155ff., 230, 268
–, betriebliches 31
–, mehrdimensionales 70
Zielvereinbarungen 60, 137
Zielvorgaben 339
Zielvorstellungen 156
Zielwechsel 173
Zielwert 411
Zinsen 281, 422

Zivildienstleistende 90
Zufriedenheit 325, 386, 391
Zufriedenheitsforschung 193
Zugriffsmethoden 474
Zukunftsgüter 38
Zukunftssicherung 392
Zulagenstelle 114
Zulassungsausschuss 406
Zulassungsbedingungen 72
Zulassungsbeschränkung 42, 43, 53
Zurechenbarkeit 280, 281, 298
Zurückhaltung 178
Zusagen
–, beitragsbezogene 97
–, leistungsbezogene 97
Zusammenarbeit 68, 138, 529
–, interdisziplinäre 527, 547
Zusammenstellung 457
Zusammenwirken
–, arbeitssteiliges 457
Zusatzaufwand 173
Zusatzbedarf 310
Zusatzentgelte 411
Zusatzentgeltkatalog 417
Zusatzvereinbarungen 476
Zusatzversicherungspakete 57
Zusatzversorgung 65, 116
Zusatzversorgungssystem
–, privates 96
Zuschlag 283, 409, 432, 436, 451, 487
Zuschlagskalkulation 289, 291
Zuschlagsrechnung 298
Zuschlagszahlungen 452
Zuschüsse 109
Zustand 473
–, informativer 482
–, messbarer 522
–, planungsrelevanter 482
Zuständigkeiten 527
Zuständigkeitsbereich 69, 521
Zustandsbeschreibung 266, 472
Zustandsveränderung 244, 357
Zuverlässigkeit 150, 192
Zuwachsrate 397
Zuwanderung 95
Zuzahlungen 56, 58, 59, 104, 215, 224, 396
Zuzahlungsveränderungen 56
ZVEI siehe Zentralverband der elektronischen Industrie
ZVEI
– Kennzahlensystem 339, 340
Zwangseinweisung
–, psychiatrische 446
Zweckbindung 425
Zweckdienlichkeit 150
Zweckmäßigkeit 68, 69, 142
Zwischenkalkulation 288
Zwischenzeit 538
Zwischenziele 157
Zwölftes(12.) SGB-V-Änderungsgesetz 402